COMENTARIO MACARTHUR
DEL
NUEVO TESTAMENTO

HEBREOS Y SANTIAGO

JOHN MACARTHUR

Editorial
PORTAVOZ

Título del original: *The MacArthur New Testament Commentary: Hebrews* © 1983 por The Moody Bible Institute of Chicago y publicado por Moody Press, 820 N. LaSalle Boulevard, Chicago, IL 60610. Traducido con permiso.

Título del original: *The MacArthur New Testament Commentary: James* © 1998 por John MacArthur y publicado por The Moody Bible Institute of Chicago/Moody Press, 820 N. LaSalle Boulevard, Chicago, IL 60610. Traducido con permiso.

Edición en castellano: *Comentario MacArthur del Nuevo Testamento: Hebreos y Santiago* © 2014 por Editorial Portavoz, filial de Kregel, Inc., Grand Rapids, Michigan 49505. Todos los derechos reservados.

EDITORIAL PORTAVOZ
2450 Oak Industrial Dr. NE
Grand Rapids, Michigan 49505 USA
Visítenos en: www.portavoz.com

ISBN 978-0-8254-1549-4

3 4 5 6 / 24 23 22 21

Impreso en los Estados Unidos de América
Printed in the United States of America

HEBREOS

*D*edicatoria

Con profunda gratitud a mi padre,
el doctor Jack MacArthur,
quien estimuló en mí la pasión por los libros
y me alentó con su ejemplo a usar los comentarios.

Contenido

Prólogo

La predicación expositiva del Nuevo Testamento sigue siendo para mí una comunión divina enriquecedora y gratificante. Mi objetivo siempre es tener comunión profunda con el Señor en la comprensión de su Palabra y, a partir de esa experiencia, explicar a su pueblo el significado de un pasaje. En palabras de Nehemías 8:8, me esfuerzo por ponerle sentido al mensaje de modo que ellos puedan oír realmente la voz de Dios hablándoles, y le puedan responder.

Obviamente, el pueblo de Dios necesita entenderle y esto requiere conocer su Palabra de verdad (2 Ti. 2:15) y permitir que su Palabra more en ellos en abundancia (Col. 3:16). Por tanto, el impulso prevalente en mi ministerio es ayudar a que la Palabra viva de Dios esté viva en su pueblo. Es una aventura reconfortante o renovadora.

Esta serie del comentario al Nuevo Testamento refleja el objetivo de explicar y aplicar las Escrituras. Algunos comentarios son sobre todo lingüísticos, otros son más que nada teológicos y algunos están más enfocados en la homilética. Este es particularmente explicativo o expositivo. No es técnico lingüísticamente, aunque se adentra en la lingüística cuando parece útil para la interpretación apropiada. No es teológicamente expansivo, aunque se enfoca en las doctrinas principales de cada texto y en su relación con todas las Escrituras. No es homilético principalmente, aunque cada unidad de pensamiento en general se trata como un capítulo, con un delineamiento claro y un flujo lógico de pensamiento. La mayoría de las verdades se ilustran —y se muestra su aplicación— con otras porciones de las Escrituras. Tras establecer el contexto de un pasaje, he intentado seguir de forma ajustada el desarrollo y el pensamiento del autor.

Mi oración es que cada lector entienda a cabalidad lo que dice el Espíritu Santo a través de esta parte de su Palabra, de forma tal que su revelación pueda arraigarse en las mentes de los creyentes y los lleve a una mayor obediencia y fidelidad, para la gloria de nuestro gran Dios.

Introducción

He titulado este estudio de la Epístola a los Hebreos "La preeminencia de Jesucristo". Jesucristo es superior y preeminente a todos y a todo.

Los primeros tres versículos proporcionan una presentación adecuada. Pero antes de meternos a estudiarlos, necesitamos un poco de trasfondo como fundamento de nuestro estudio. El estudio de Hebreos es una aventura emocionante. Parte de la aventura se debe a la dificultad del libro. Es un libro con muchas verdades profundas y difíciles de captar que exigen un estudio diligente y fiel. Hay cosas aquí que están más allá de la comprensión y que requieren completa confianza en el Espíritu de Dios y en el compromiso sincero de entender su Palabra.

Mi antiguo profesor del Antiguo Testamento, el doctor Charles L. Feinberg, solía decir que no es posible entender la carta a los Hebreos sin entender el libro de Levítico, porque Hebreos tiene su base en los principios del sacerdocio levítico. Pero no se preocupe por la falta de comprensión de Levítico. Para cuando terminemos con Hebreos, también tendrá usted una buena comprensión de Levítico. Sin embargo, sería una clara ventaja si usted empezara, por su propia cuenta, a familiarizarse con Levítico, pues este contiene los símbolos ceremoniales para los cuales Hebreos presenta las realidades.

AUTOR

La epístola fue escrita por un autor desconocido. Algunos dicen que la escribió Pablo, otros dicen que fue Apolos y otros, que fue Pedro, y algunos dicen que fue tal o aquella persona. Debido a las diferencias en estilo, vocabulario y modelo de referencia personal en las epístolas que se conocen de Pablo, dudo yo que esta sea suya. Sabemos que fue escrita por un creyente, bajo inspiración, a un grupo de judíos sufrientes y perseguidos en alguna parte del Cercano Oriente, fuera de Israel. En cuanto a la autoría humana exacta, estoy con uno de los grandes maestros de la historia primitiva llamado Orígenes, quien dijo simplemente: "nadie sabe". Muy adecuado, puesto que el propósito del libro es exaltar a Cristo. A lo largo de este estudio nos vamos a referir al hecho de que, como el resto de la Biblia, lo escribió el Espíritu Santo; y a Él sí lo conocemos.

AUDIENCIA

No hay referencias a los gentiles en el libro. No se mencionan ni se reflejan aquí los problemas entre gentiles y judíos en el seno de la iglesia, lo cual indica casi ciertamente que la congregación a la cual va dirigida la carta era estrictamente judía. Los méritos del Señor Jesucristo y el nuevo pacto se revelaron a estos judíos creyentes y sufrientes —y a algunos incrédulos—; méritos que están en contraste con el antiguo pacto, bajo el cual habían vivido y adorado desde hacía tanto tiempo.

No conocemos la ubicación exacta de este grupo de hebreos. Quizás estaban en algún lugar cercano a Grecia. Sabemos que fueron los apóstoles y profetas quienes evangelizaron esta comunidad (2:3-4). Por supuesto, por los profetas quiere decirse profetas del Nuevo Testamento (Ef. 2:20). Evidentemente, esta iglesia se había fundado poco después de la ascensión de Cristo. En el momento en que la carta se escribió, ya existía allí una congregación pequeña de creyentes.

La carta también está dirigida a incrédulos que, evidentemente, eran miembros de la comunidad judía. A diferencia de muchos judíos en Palestina, ellos nunca tuvieron la oportunidad de conocer a Jesús. Cualquier cosa que supieran sobre Él era de segunda mano (He. 2:3-4). Por supuesto, ellos no tenían los escritos del Nuevo Testamento como testimonio, porque esos escritos no se habían unificado aún. Lo que supieran de Cristo y su evangelio lo habían aprendido de creyentes cercanos, o quizás directamente por boca de algún apóstol o profeta.

La carta debió escribirse después de la ascensión de Cristo, que ocurrió alrededor del año 30 d.C., y antes de la destrucción de Jerusalén en el año 70 d.C., puesto que el templo aún estaba de pie. Creo que probablemente se escribió cerca del 70, quizás en el 65. Sabemos que no hubo misioneros apostólicos enviados desde Jerusalén hasta al menos siete años después de haberse fundado la iglesia allí. Probablemente, poco tiempo después de aquello, los apóstoles habrían llegado a esta comunidad judía, tal vez a muchos kilómetros de distancia. Y, después de haberla alcanzado, los creyentes debieron tener cierto tiempo ya para aprender, como se refleja en la carta:

> *Porque debiendo ser ya maestros, después de tanto tiempo, tenéis necesidad de que se os vuelva a enseñar cuáles son los primeros rudimentos de las palabras de Dios; y habéis llegado a ser tales que tenéis necesidad de leche, y no de alimento sólido (5:12).*

En otras palabras, les está diciendo: "Tuvieron tiempo suficiente para madurar, pero no son maduros".

Debemos entender que a lo largo de esta epístola se tienen en mente tres grupos básicos de personas. Si no tenemos en cuenta a esos grupos, el libro resulta bastante confuso. Si, por ejemplo, como algunos han dicho, fuera escrito exclusivamente para cristianos, surgirían problemas extremos de interpretación en varios pasajes que difícilmente son válidos para los creyentes. Y como la carta se refiere con frecuencia a los creyentes, tampoco puede haberse escrito principalmente para los incrédulos. De modo que debió escribirse para incluirlos a los dos. De hecho, la carta se dirige a tres grupos básicos en esta comunidad judía. Esa es la base fundamental para entender la epístola, y ahí es donde las personas suelen confundirse, especialmente en la interpretación de los capítulos 6 y 10.

GRUPO I: CRISTIANOS HEBREOS

Primero, en esta comunidad de judíos había una congregación de verdaderos creyentes en el Señor Jesucristo, provenientes del judaísmo en el que habían nacido y crecido. Ahora habían nacido de nuevo, habían recibido a Jesucristo como su Mesías y Salvador personal, y se habían hecho sus seguidores. El resultado fue una hostilidad tremenda por parte de su propio pueblo: ostracismo de sus familias, persecución y sufrimiento de muchas clases, aunque todavía no el martirio (10:32-34; 12:4). Sufrieron mucho, pues fueron perseguidos por sus compatriotas judíos y tal vez también por los gentiles.

Debieron haber anticipado gran parte de lo que les pasó y madurado lo suficiente para lidiar con ello. Pero no pasó ni lo uno ni lo otro. Carecían de total confianza en el evangelio, y por ende, en su Señor. Estaban en peligro de volver a los patrones y normas del judaísmo; no de perder su salvación, sino de confundir el evangelio con las ceremonias y el legalismo del judaísmo, debilitando así su fe y su testimonio. No pudieron llegar al punto de aceptar la distinción clarísima del evangelio, el nuevo pacto en Cristo, con las formas, ceremonias, patrones y métodos del judaísmo. Por ejemplo, aún se aferraban a la adoración y al ritual del templo. Por esa razón el Espíritu les habló tanto acerca del nuevo sacerdocio, el templo nuevo, el sacrificio nuevo y el santuario nuevo, todos estos mejores que sus versiones antiguas.

Habían ido más allá del judaísmo cuando recibieron a Jesucristo; sin embargo, era entendible que se sintieran tentados a aferrarse a muchos hábitos del judaísmo que habían formado parte de su vida. Cuando sus amigos y compatriotas comenzaron a perseguirlos intensamente, la presión los llevó a asirse aun más fuerte a algunas de sus tradiciones judías antiguas. Sentían que debían mantener un pie en sus relaciones antiguas. Era difícil romper con ellas.

Con toda esa presión, además de su fe débil y su ignorancia espiritual, estaban en grave peligro de mezclar lo nuevo con lo viejo. Estaban en grave peligro de convertir su cristianismo en rituales, ceremonias y legalismos. Era una congregación completa de hermanos "débiles" (cp. Ro. 14:2; 1 Co. 8:9) que aún llamaban "inmundo" lo que el Señor había santificado (Mr. 7:19; Hch. 10:15; Ro. 14:12; 1 Ti. 4:1-5).

El Espíritu Santo les envió directamente esta carta para fortalecer su fe en el nuevo pacto, para mostrarles que no necesitaban el templo antiguo (que de cualquier forma a los pocos años sería destruido por Tito Vespasiano, mostrando que Dios había terminado ese asunto; cp. Lc. 21:5-6). No necesitaban el sacerdocio levítico-aarónico. No necesitaban los sacrificios diarios de antaño. No necesitaban las ceremonias. Tenían un pacto nuevo y mejor con un sacerdocio nuevo y mejor, un santuario nuevo y mejor, y un sacrificio nuevo y mejor. Las imágenes y los símbolos habrían de dar paso a la realidad.

La Epístola a los Hebreos se escribió para dar confianza a estos creyentes que se estaban hundiendo. El Señor le estaba hablando a cristianos, diciéndoles que asieran el pacto mejor y el sacerdocio mejor que no retrocedieran a los patrones del judaísmo, en cuanto al sacerdocio y en cuanto a todo lo demás. Debían vivir exclusiva y decididamente en el presente y dar testimonio de su nueva relación en Cristo.

GRUPO II: HEBREOS NO CRISTIANOS QUE ESTABAN CONVENCIDOS INTELECTUALMENTE

Todos hemos conocido personas que han oído la verdad de Jesucristo y están intelectualmente convencidas de que Él es de verdad quien dijo ser, pero no están dispuestos a hacer un compromiso de fe en Él.

En el grupo de hebreos a quienes se escribió esta epístola había esta clase de no cristianos, como ocurre hoy en muchos grupos. Es probable que desde Pentecostés haya habido en las iglesias personas convencidas de que Jesús es el Cristo, y que nunca se entregaron a Él.

Estos hebreos no cristianos, convencidos intelectualmente pero no comprometidos espiritualmente, son destinatarios de algunas de las cosas que el autor tiene por decir. Creían que Jesús era el Cristo, el Mesías al que se referían las Escrituras judías (lo que ahora llamamos el Antiguo Testamento), pero no estaban dispuestos a recibirlo personalmente como su Señor y Salvador. ¿Por qué? Quizás, como aquellos a quien describió Juan, creían en Él pero amaban más la aprobación de los hombres que la aprobación de Dios (Jn. 12:42-43). No estaban dispuestos a hacer el sacrificio requerido. De modo que el Espíritu Santo los exhorta a recorrer el camino completo de la fe salvadora, a recorrer todo el camino de compromiso con el señorío de Cristo.

En el capítulo 2 se encuentra una de las declaraciones especiales para este grupo de convencidos intelectualmente, mas no comprometidos espiritualmente:

Por tanto, es necesario que con más diligencia atendamos a las cosas que hemos oído, no sea que nos deslicemos. Porque si la palabra dicha por medio de los ángeles fue firme, y toda transgresión y desobediencia recibió justa retribución, ¿cómo escaparemos nosotros, si descuidamos una salvación tan grande? (2:1-3a).

Estaban en el punto de reconocer, pero no de comprometerse. Eran culpables del gran pecado de negarse a hacer aquello de lo cual intelectualmente estaban convencidos. Los mismos apóstoles les habían confirmado la verdad del evangelio, con todos los milagros y los dones del Espíritu Santo (v. 4).

En el capítulo 6, el autor vuelve a hablar a este grupo:

Porque es imposible que los que una vez fueron iluminados y gustaron del don celestial, y fueron hechos partícipes del Espíritu Santo, y asimismo gustaron de la buena palabra de Dios y los poderes del siglo venidero, y recayeron, sean otra vez renovados para arrepentimiento, crucificando de nuevo para sí mismos al Hijo de Dios y exponiéndole a vituperio (6:4-6).

Esta es una advertencia al convencido meramente en su intelecto de no parar en el punto en que se encuentra. Si se detiene después de haber recibido la revelación total, y especialmente después de estar convencido de la verdad de esa revelación, solo queda un camino por recorrer. Si una persona está totalmente convencida de que Jesucristo es quien afirmó ser y luego se niega a creer, tal persona se queda sin excusa y sin esperanza, pues aunque está convencida de la verdad del evangelio, no deposita su confianza en este. A tal persona se le advierte aquí que Dios no puede hacer nada más.

¿Cuál es el pecado más grande que puede cometer un hombre? Rechazar a Cristo:

Porque si pecáremos voluntariamente después de haber recibido el conocimiento de la verdad, ya no queda más sacrificio por los pecados (10:26).

Si una persona oye el evangelio, lo entiende y está convencida en su mente de la verdad, pero voluntariamente rechaza a Cristo, ¿qué más puede hacer Dios? ¡Nada! Todo lo que Dios puede prometerle es "una horrenda expectación de juicio, y de hervor de fuego que ha de devorar a los adversarios" (v. 27).

La advertencia continúa:

¿Cuánto mayor castigo pensáis que merecerá el que pisoteare al Hijo de Dios, y tuviere por inmunda la sangre del pacto en la cual fue santificado, e hiciere afrenta al Espíritu de gracia? (10:29).

13

Cuando usted conoce la verdad del evangelio y lo rechaza, las consecuencias son terribles y permanentes.

En 12:15, vuelve a haber otra advertencia:

> *Mirad bien, no sea que alguno deje de alcanzar la gracia de Dios; que brotando alguna raíz de amargura, os estorbe, y por ella muchos sean contaminados; no sea que haya algún fornicario, o profano, como Esaú, que por una sola comida vendió su primogenitura. Porque ya sabéis que aun después, deseando heredar la bendición, fue desechado, y no hubo oportunidad para el arrepentimiento, aunque la procuró con lágrimas (12:15-17).*

Esta es la tragedia de llegar tarde, y nadie más tiene la culpa sino nosotros.

Los pasajes mencionados son controversiales y hablaremos de ellos en detalle en los lugares apropiados.

GRUPO III: HEBREOS NO CRISTIANOS QUE NO ESTABAN CONVENCIDOS

En este libro el Espíritu Santo no habla solamente a los cristianos para fortalecer su fe, o a los convencidos intelectualmente para empujarlos hacia la línea de la fe salvadora; también habla a quienes no han creído en absoluto, a quienes aún no están convencidos de ninguna parte del evangelio. Busca mostrarles con claridad que Jesús es quien dijo que era. Esta verdad es la idea principal del capítulo 9.

Por ejemplo, en 9:11 dice:

> *Pero [está] ya presente Cristo, sumo sacerdote de los bienes venideros, por el más amplio y más perfecto tabernáculo, no hecho de manos, es decir, no de esta creación.*

Y pasa a explicar el nuevo sacerdocio de Cristo:

> *¿Cuánto más la sangre de Cristo, el cual mediante el Espíritu eterno se ofreció a sí mismo sin mancha a Dios, limpiará vuestras conciencias de obras muertas para que sirváis al Dios vivo? Así que, por eso es mediador de un nuevo pacto, para que interviniendo muerte para la remisión de las transgresiones que había bajo el primer pacto, los llamados reciban la promesa de la herencia eterna… Y de la manera que está establecido para los hombres que mueran una sola vez, y después de esto el juicio, así también Cristo fue ofrecido una sola vez para llevar los pecados de muchos; y aparecerá por segunda vez, sin relación con el pecado, para salvar a los que le esperan (9:14-15, 27-28).*

Estos mensajes hablan directamente a los incrédulos, no a los cristianos y tampoco a quienes ya están convencidos intelectualmente del evangelio. Son para quienes necesitan saber de verdad quién es Cristo.

Entonces, estos son los tres grupos que la epístola tiene en perspectiva. La clave para interpretar cualquier parte de Hebreos es entender a qué grupo se está dirigiendo. Si no lo entendemos, podemos confundir las cosas. Por ejemplo, con seguridad el Espíritu no está diciendo a los creyentes: "Está establecido para los hombres que mueran una sola vez, y después de esto el juicio" (9:27). Siempre debemos entender a qué grupo está Él hablando. En cuanto procedamos con el estudio de Hebreos, relacionaremos cada texto con alguno de los tres grupos.

El mensaje principal va dirigido a los creyentes y periódicamente hay advertencias superpuestas a los dos grupos de incrédulos. De una forma maestra, de una forma tal que no puede ser sino divina, el Espíritu Santo habla para los tres, a cada una de sus necesidades particulares y a sus preguntas específicas.

En Hebreos hay confianza y seguridad para el cristiano. Hay advertencia para el intelectualmente convencido sobre recibir a Cristo o ser condenado por su conocimiento. Finalmente, hay una presentación convincente para el judío incrédulo que ni siquiera está persuadido intelectualmente de creer en Jesucristo. Hebreos es para estos tres grupos una presentación de Cristo, el Mesías, el autor de un nuevo pacto mayor que el del Antiguo Testamento. El antiguo pacto no era ni malo ni equivocado; Dios lo dio y, por tanto, era bueno. Pero era incompleto y preliminar. Preparó el escenario para el nuevo.

ESBOZO TEMÁTICO DEL LIBRO

Como ya hemos aclarado, el tema general es la superioridad o preeminencia de Cristo. Él es mejor que cualquier cosa anterior a Él, es mejor que cualquier persona del Antiguo Testamento, es mejor que cualquier institución del Antiguo Testamento, es mejor que cualquier ritual del Antiguo Testamento, es mejor que cualquier sacrificio del Antiguo Testamento, es mejor que todos los demás y que todo lo demás. Este esbozo general de Hebreos muestra el patrón básico de presentación de la superioridad de Jesucristo. Seguiremos de manera amplia este patrón en nuestro estudio.

La carta comienza con la superioridad general de Cristo sobre todo y sobre todos, una especie de resumen de toda la epístola en los primeros tres versículos. Luego viene la superioridad de Cristo con respecto a los ángeles; luego con respecto a Moisés, a Josué, a Aarón y su sacerdocio; luego con respecto al antiguo pacto; la superioridad del sacrificio de Cristo con respecto a los sacrificios antiguos; la superioridad del pueblo fiel de Cristo con respecto a todos los infieles; y la superioridad del testimonio de Cristo con respecto al testimonio de cualquier otro. Este delineamiento breve nos proporciona la estructura del libro que, sobre todo lo demás, enseña la superioridad absoluta, completa y total, de Jesucristo.

ALGUNAS OBSERVACIONES DEL TRASFONDO

NINGÚN JUDÍO PODÍA VER A DIOS Y SEGUIR VIVIENDO

Antes de empezar a mirar los pasajes y versículos particulares, permítaseme sugerir un par de notas. Para los judíos siempre había sido peligroso acercarse a Dios. "No me verá hombre, y vivirá" (Éx. 33:20). En el gran día de la expiación (Yom Kipur) —que ocurría una vez al año y que muchos judíos siguen guardado hoy de una forma u otra— y solamente ese día, el sumo sacerdote podía entrar al Lugar Santísimo, donde habitaba la gloria *shekinah*, donde Dios estaba presente de manera única. No podían ver a Dios, no podían contemplarlo. Ni siquiera podían acercársele, excepto en este único día del año; y solo una persona podía hacerlo, el sumo sacerdote. Debía entrar y salir rápido. No se podía quedar allí sin poner a Israel en terror de juicio.

Naturalmente, como no había ninguna cercanía personal con Dios, debía existir alguna base para la comunión entre Israel y Dios. Así, Dios estableció un pacto. En este pacto, Dios en su gracia e iniciativa soberana le ofreció a Israel una relación especial con Él. De una manera única, Él sería su Dios y ellos serían su pueblo para alcanzar el mundo. Ellos tendrían acceso especial a Él si obedecían su ley. Quebrantar la ley era pecado, y el pecado interrumpía el acceso a Él. Y puesto que siempre había pecado, el acceso siempre se interrumpía.

LOS SACRIFICIOS ANTIGUOS

De modo que Dios instituyó un sistema de sacrificios como hechos externos de arrepentimiento interno. Por medio del sacerdocio levítico, se hacían sacrificios que simbolizaban la expiación por el pecado, de modo que la barrera pudiera quitarse para tener acceso a Dios. Funcionaba así: Dios les dio su pacto, que incluía su ley, y con ello le ofreció al pueblo acceso a Él. El hombre pecaba, la ley se rompía y la barrera volvía a elevarse. Entonces se ejecutaba otro sacrificio de arrepentimiento para que la barrera cayera y la relación se restableciera.

Naturalmente, nos surge la pregunta de cuán seguido tenía que haber sacrificios. La respuesta es: incesantemente. Hora tras hora, día tras día, mes tras mes, año tras año. Nunca paraban. Además de esto, los sacerdotes también eran pecadores. Tenían que hacer sacrificios por sus pecados antes de que pudieran hacer sacrificios por los pecados del pueblo. De modo que la barrera subía y caía, subía y caía, subía y caía. Este solo hecho ya demuestra la ineficacia del sistema. Era una batalla perdida contra el pecado y la barrera que este erigía. Y aparte de todo esto, el sistema en su totalidad nunca eliminaba el pecado de manera completa y final. Solamente lo cubría.

El hombre necesitaba un sumo sacerdote y un sacrificio perfectos para abrir el paso de una vez por todas: un sacrificio que fuera más que una simple figuración, no que tratara uno a uno nuestros pecados, sino que se los llevara todos de una vez por todas. Eso, dice el escritor de Hebreos, es exactamente lo que Jesús fue y lo que hizo.

EL SACRIFICIO NUEVO

Jesucristo vino como el mediador de un pacto mejor porque no debía repetirse hora tras hora ni mes tras mes ni año tras año. Cristo viene como el mediador de un pacto mejor porque su sacrificio quita de una vez y para siempre todos los pecados cometidos. Cristo viene como mediador de un pacto mejor porque es un sacerdote que no necesita hacer sacrificios para sí. Es totalmente perfecto, el sacerdote perfecto, el sacrificio perfecto. Jesucristo, en su sacrificio propio —su sacrificio de sí mismo— mostró la perfección que eliminaba el pecado.

> *En esa voluntad somos santificados mediante la ofrenda del cuerpo de Jesucristo hecha una vez para siempre (10:10).*

Aquí, santificados significa "hechos puros" y el énfasis está en "mediante la ofrenda del cuerpo de Jesucristo hecha UNA VEZ PARA SIEMPRE". Esto es algo sorprendentemente nuevo en el sistema de sacrificios: un sacrificio, ofrecido una sola vez. De veras es un pacto maravillosamente mejor.

> *Pero Cristo, habiendo ofrecido una vez para siempre un solo sacrificio por los pecados, se ha sentado a la diestra de Dios (10:12).*

Se trata de algo que ningún sacerdote podía hacer. Ni siquiera había sillas en el área de sacrificios en el tabernáculo o el templo. Los sacerdotes debían hacer sacrificios continuamente; su tarea no terminaba nunca. Jesús, habiendo hecho su sacrificio, "se ha sentado". Se terminó. Se acabó. "Porque con una sola ofrenda hizo perfectos para siempre a los santificados" (10:14).

MEJOR SACERDOTE, MEJOR SACRIFICIO

Entonces hay un sacerdote mejor que hizo un mejor sacrificio. Tal es el mensaje central de la carta a los Hebreos. El Espíritu dice al judío creyente: "Mantén tu confianza en este Sacerdote y este sacrificio". Al convencido intelectualmente le dice: "Recibe a este Sacerdote y acepta el sacrificio que hizo. Estás en la línea divisoria de la decisión, no te pierdas sabiendo que estás tan solo a un paso". Y a quien no está convencido le dice: "Mira a Jesucristo. Ve que Él es mejor que los sacerdotes levíticos y su sacrificio es mejor que los incontables sacrificios de ellos. Recíbelo".

El Espíritu dice aquí: "Judíos, toda su vida han buscado al Sacerdote perfecto. Han buscado el Sacrificio perfecto final. Se los presento: Jesucristo".

DIFICULTADES PARA LOS CRISTIANOS JUDÍOS

Téngase en mente que la idea de un nuevo pacto no era fácil de aceptar para los judíos. Aun después que aceptaran el nuevo, les parecía difícil romper el antiguo en su totalidad. Por supuesto, los gentiles no tenían ese problema, debido a que nunca fueron parte del antiguo. Hacía mucho tiempo habían perdido cualquier conocimiento real del Dios verdadero y, en consecuencia, adoraban ídolos —algunos primitivos, algunos sofisticados, pero finalmente ídolos— (cp. Ro. 1:21-25).

Pero los judíos siempre habían tenido una religión divina. Durante siglos habían sabido de un lugar señalado por Dios para adorar, de una forma revelada por Dios de adorar. El mismo Dios había establecido su religión. En efecto, podían decir al testificar a los gentiles: "Aquí está la verdad". Pero si alguien llegaba donde un judío y le decía lo mismo, probablemente el judío le respondería: "Yo ya conozco la verdad". Si le respondían: "Pero esta verdad es del Dios verdadero", el judío respondería: "Mi verdad también lo es".

Para un judío no era fácil deshacerse completamente de toda su herencia, especialmente cuando sabía que Dios le había dado gran parte de ella. Aun después que los judíos recibían al Señor Jesucristo, esta parte les era difícil. Tenían un deseo tradicional de retener algunas de las formas y ceremonias que habían sido una parte de sus vidas desde su niñez. Por tanto, parte del propósito de Hebreos era confrontar a los judíos nacidos de nuevo con el hecho de que podían, y debían, dejar ir todos sus tropezaderos judaicos. Pero como el templo seguía de pie y los sacerdotes seguían ministrando allí, esta parte era particularmente difícil. Dejar ir esas cosas se hizo más fácil después de la destrucción del templo en el 70 d.C.

Cuando se considera la persecución intensa que los judíos cristianos estaban padeciendo en aquel momento, es fácil apreciar las dificultades y tentaciones que enfrentaban. El sumo sacerdote Ananías era particularmente duro e implacable. Había prohibido la presencia de todos los judíos cristianos en los lugares santos. Eso fue fuerte. Toda la vida habían tenido acceso a tales lugares sagrados. Ahora no podían tener parte en los servicios que Dios ordenó. Se les consideraba impuros. No podían ir a la sinagoga, mucho menos al templo; no podían ofrecer sacrificios; no podían comunicarse con los sacerdotes. No podían hacer nada con su propio pueblo. Se les arrancó de su sociedad. Por aferrarse a Jesús como Mesías, se les prohibió casi todo lo sagrado que habían conocido. Aunque para los ojos de Dios eran los únicos judíos verdaderos (Ro. 2:28-29), sus compatriotas judíos los consideraban peores que los gentiles.

Muchos judíos cristianos estaban comenzando a decirse: "Esto no es fácil. Recibimos el evangelio y lo creímos. Pero es difícil romper con nuestra religión, con nuestro propio pueblo, con las tradiciones a las que siempre nos hemos aferrado, y enfrentar una persecución. Es difícil para nosotros no dudar de que Jesús sea el Mesías". Tales dudas eran su gran problema, porque eran infantiles espiritualmente.

A lo largo de todo Hebreos, se les dice a estos cristianos inmaduros pero amados que mantengan su confianza en Cristo, su nuevo gran sumo sacerdote y mediador de un pacto mejor. Se les recuerda que no estaban perdiendo nada por lo cual no fueran a obtener algo infinitamente mejor. Se les privó del templo terrenal, pero ahora iban a obtener uno celestial. Se les privó del sacerdocio terrenal, pero ahora tenían un sacerdote celestial. Se les privó de la antigua norma de sacrificios, pero ahora tenían un sacrificio final.

TODO ES MEJOR

En esta epístola reina el contraste. Todo lo que aquí se presenta es presentado como mejor: una esperanza mejor, un pacto mejor, una promesa mejor, un sacrificio mejor, una sustancia mejor, un país mejor, una resurrección mejor, un todo mejor. Aquí se presenta a Jesucristo como el Mejor supremo. Y nosotros somos presentados como estando en Él, habitando en una dimensión completamente nueva: la celestial. Leemos del Cristo celestial, del llamado celestial, del don celestial, de la patria celestial, de la Jerusalén celestial y de nuestros nombres escritos en los cielos. Todo es nuevo. Todo es mejor. No necesitamos lo antiguo.

Ahora bien, el punto principal de lo que venimos diciendo es que tenemos tal sumo sacerdote, el cual se sentó a la diestra del trono de la Majestad en los cielos (8:1).

Este es el resumen completo de Hebreos en una sola frase. Nuestro sacerdote es el Sumo Sacerdote de sumos sacerdotes, y está sentado. Su obra está terminada, completamente consumada por toda la eternidad y a favor nuestro.

La superioridad de Cristo

1

Dios, habiendo hablado muchas veces y de muchas maneras en otro tiempo a los padres por los profetas, en estos postreros días nos ha hablado por el Hijo, a quien constituyó heredero de todo, y por quien asimismo hizo el universo; (1:1-2)

El escritor no se demora en declarar su propósito. Lo deja claro de forma sencilla en los tres primeros versículos. Nos dice que Cristo es superior a todos y a todo. Las tres características principales de superioridad son: preparación, presentación y preeminencia. Téngase en mente que todo el libro presenta a Cristo como lo mejor de lo mejor entre todo y todos los que le precedieron; absolutamente mejor que cualquier cosa provista en el Antiguo Testamento, el antiguo pacto.

LA PREPARACIÓN PARA CRISTO

Dios, habiendo hablado muchas veces y de muchas maneras en otro tiempo a los padres por los profetas, (1:1)

Esta es una indicación de cómo escribió Dios el Antiguo Testamento. Su propósito era preparar para la venida de Cristo. Ya fuera por profecía, tipificación, principio, mandamiento o cualquier cosa, su propósito era preparar para Cristo.

Los sentidos del hombre, maravillosos como son, son incapaces de llegar más allá del mundo natural. Para que sepamos algo sobre Dios, Él debe decírnoslo. Nunca podríamos conocer a Dios si Él no nos hablara. Por eso, el escritor nos recuerda, en el Antiguo Testamento Dios habló.

LOS CAMINOS DEL HOMBRE HACIA DIOS

El hombre vive en una "caja" natural que lo encierra en las cuatro paredes del tiempo y el espacio. Por fuera de esta caja está lo sobrenatural, y en alguna parte de su interior el hombre sabe que lo sobrenatural está ahí afuera. Pero en sí mismo, el hombre nada sabe con certeza sobre ello. De manera que alguien aparece y dice: "Tenemos que descubrir lo sobrenatural, el mundo de 'allá afuera'", y nace una religión nueva. Quienes están interesados corren hacia las paredes de la caja, toman sus cinceles mentales imaginativos e intentan hacer un agujero en una pared de la caja por medio del cual puedan salir, o al menos mirar, y descubrir los secretos del otro mundo.

En sentido figurado, es eso lo que siempre ocurre. El budista dice que cuando nos concentramos y nos esforzamos por alcanzar el nirvana, de repente salimos de la caja. Hemos trascendido lo natural y nos hemos abierto camino a lo sobrenatural. Básicamente, el musulmán dice lo mismo, aunque con diferentes palabras. Así también todas las demás religiones: zoroastrismo, hinduismo, confucionismo o cualquiera que sea. Todos son intentos del hombre por escapar de la natural a lo sobrenatural, por salir de la caja. Pero el problema es que no puede salir por su cuenta.

EL CAMINO DE DIOS HACIA EL HOMBRE

Por definición, el hombre natural no puede escapar a lo sobrenatural. No podemos meternos en una cabina telefónica religiosa y transformarnos en Supermán. No podemos trascender por nosotros mismos nuestra existencia natural. Si algo hemos de saber acerca de Dios, no será por escapar, escalar, pensar o esforzarnos por llegar a Él. Solamente será porque Él venga hacia nosotros, porque Él nos hable. No podemos entender a Dios por nuestra cuenta más de lo que un insecto en nuestra mano puede entendernos a nosotros. Tampoco podemos bajar al nivel del insecto; y aun si pudiéramos hacerlo, no podríamos comunicarnos con él. Pero Dios puede bajar a nuestro nivel y puede comunicarse con nosotros. Lo ha hecho.

Dios se hizo hombre y entró en nuestra caja para hablarnos de Él, más completa y cabalmente de lo que pudo hablar por medio de sus profetas. No solo fue aquello revelación divina, sino revelación divina personal del estilo más literal, perfecto y maravilloso. Todas las religiones humanas reflejan sus intentos de abrirse camino a través de la caja. Sin embargo, el mensaje del cristianismo es que "el Hijo del Hombre vino a buscar y a salvar lo que se había perdido" (Lc. 19:10).

Cuando Dios irrumpió en la caja, lo hizo en forma humana, y el nombre de esa forma humana es Jesucristo. Esa es la diferencia entre el cristianismo y todas las demás religiones del mundo. Por esa razón es tan necio cuando alguien dice: "No importa lo que usted crea o qué religión siga". Importa muchísimo. Todas las religiones no son más que el intento del hombre por descubrir a Dios. El cristianismo es que Dios irrumpe en el mundo del hombre, mostrándole y diciéndole cómo es Él. Dios tuvo que invadir el mundo del hombre y hablarle sobre sí mismo, porque el hombre es incapaz de identificar, comprender o entender cosa alguna sobre Dios. Él nos dijo desde el principio que iba a venir.

POR LOS PROFETAS: DE MUCHAS MANERAS

Esto lo hizo por medio del Antiguo Testamento. Usó a hombres como instrumentos, pero estaba detrás de ellos iluminándolos y capacitándolos. Los deístas enseñan que Dios empezó el mundo y luego se alejó, dejándolo andar por sí mismo. Pero Dios no se ha separado de su creación, Él participa en nuestro mundo. El Dios vivo y verdadero, a diferencia de los dioses falsos creados por el hombre, no es mudo ni indiferente. El Dios de las Escrituras, a diferencia de "la primera causa" impersonal de algunos filósofos, no se queda callado. Habla. Habló primero en el Antiguo Testamento, que no es una colección de sabiduría de hombres antiguos, sino la voz de Dios.

Nótese ahora cómo habló Dios: "muchas veces y de muchas maneras". El escritor usa un juego de palabras en el idioma original: "Dios, *polumerōs* y *polutropōs...*". Estas dos palabras griegas son interesantes. Significan, respectivamente, "muchas veces" (en términos de los libros) y "de muchas maneras". Hay muchos libros en el Antiguo Testamento: treinta y nueve. Dios habló a los hombres **muchas veces** (*polumerōs*) en tales porciones y **de muchas maneras** (*polutropōs*). A veces por una visión, a veces por una parábola, a veces mediante tipos o símbolos. Hubo muchas formas diferentes por las cuales habló Dios en el Antiguo Testamento. Pero siempre es Dios hablando. Se incluyen también aquí palabras de los ángeles y los hombres porque Él quiere que las conozcamos.

Dios usaba hombres —sus mentes y sus personalidades—, pero estaban totalmente controlados por el Espíritu de Dios. Cada palabra que escribían era la palabra que Dios había decidido y se deleitaba con lo que escribían.

La expresión **de muchas maneras** incluye formas literarias. Parte del Antiguo Testamento es narrativa. Parte es poesía en la hermosa métrica hebrea. "De muchas maneras" incluye también muchos tipos de contenido. Parte es ley, parte es profecía, parte es doctrina, parte es ética y moral, parte es advertencia, parte es ánimo, y así sucesivamente. Pero siempre es Dios hablando.

REVELACIÓN PROGRESIVA

VERDAD PERO INCOMPLETA

No obstante, el Antiguo Testamento, a pesar de ser hermoso, importante y autoritativo, también es fragmentario e incompleto. Fue dado en el transcurso de unos mil quinientos años por medio de más de cuarenta escritores; en muchas revelaciones diferentes, cada una con sus propias verdades. Comenzó a construirse verdad por verdad. Era lo que llamamos revelación progresiva. Génesis presenta algunas verdades, Éxodo presenta otras más. La verdad se fue edificando de manera sucesiva. En el Antiguo Testamento, a Dios, por su gracia, le pareció bien dispensar su verdad a los judíos por medio de los profetas; de muchas formas diferentes, desarrollando su revelación progresivamente de menores a mayores grados de iluminación. La revelación no se edificó de error a verdad, sino de verdad incompleta a verdad más completa. Y permaneció incompleta hasta la culminación del Nuevo Testamento.

Por tanto, la revelación divina que va del Antiguo al Nuevo Testamento es revelación progresiva. Progresó de promesa a cumplimiento. El Antiguo Testamento es promesa, el Nuevo Testamento es cumplimiento. Jesucristo dijo: "No penséis que he venido para abrogar la ley o los profetas", esto es, el Antiguo Testamento; "sino para cumplir" (Mt. 5:17). Su revelación progresó de promesa a cumplimiento. De hecho, el Antiguo Testamento indica claramente que los hombres de fe que lo escribieron confiaban en una promesa que aún no habían entendido. Confiaban en una promesa que aún estaba por cumplirse.

Permítanme dar algunos versículos que respalden esto. Hebreos 11 menciona a muchos de los grandes santos del Antiguo Testamento. "Y todos éstos, aunque alcanzaron buen testimonio mediante la fe, no recibieron lo prometido" (v. 39). En otras palabras, nunca vieron el cumplimiento de la promesa. Previeron lo que había de pasar sin verlo cumplido completamente. Pedro nos dice que los profetas del Antiguo Testamento no entendieron todo lo que escribieron: "Los profetas que profetizaron de la gracia destinada a vosotros, inquirieron y diligentemente indagaron acerca de esta salvación, escudriñando qué persona y qué tiempo indicaba el Espíritu de Cristo que estaba en ellos, el cual anunciaba de antemano los sufrimientos de Cristo, y las glorias que vendrían tras ellos. A éstos se les reveló que no para sí mismos, sino para nosotros, administraban las cosas que ahora os son anunciadas por los que os han predicado el evangelio" (1 P. 1:10-12).

Por supuesto, debemos entender claramente que el Antiguo Testamento no tenía errores en ningún sentido. Antes bien, contenía un desarrollo de luz espiritual y normas morales, hasta que la verdad divina se refinó y finalizó en el Nuevo Testamento. La distinción no está en la validez de la revelación —su integridad o falibilidad— sino en su plenitud y el momento de ella. Al igual que a los niños se les enseña primero las letras y luego las frases, así también entregó Dios su revelación. Comenzó con "el libro de dibujos" de tipos, ceremonias y profecías, y progresó a la finalización total en Jesucristo y su Nuevo Testamento.

PROVENIENTE DE DIOS, A TRAVÉS DE SUS MENSAJEROS

Ahora la situación está lista para nosotros. Hace mucho tiempo Dios habló a "los padres", las personas del Antiguo Testamento, nuestros antepasados espirituales, y también físicos si somos judíos. Incluso Dios habló a algunos de nuestros predecesores gentiles. Les habló por los profetas, sus mensajeros. Un profeta es alguien que habla a los hombres por Dios; un sacerdote es quien habla a Dios por los hombres. El sacerdote lleva los problemas del hombre a Dios; el profeta lleva el mensaje de Dios a los hombres. Si los dos son verdaderos, los dos están comisionados por Dios, pero sus ministerios son muy diferentes. La carta a los hebreos tiene mucho que decir sobre los sacerdotes, pero su versículo inicial se refiere a los profetas. El Espíritu Santo establece la autoridad divina del Antiguo Testamento, su precisión y autoridad, a través del hecho de que los profetas lo recibieron de Dios y entregaron el mensaje.

A lo largo de todo el Nuevo Testamento se afirma esta verdad. Por ejemplo, Pedro nos dice que "la profecía no ha tenido su origen en la voluntad humana, sino que los profetas hablaron de parte de Dios, impulsados por el Espíritu Santo" (2 P. 1:21). "Profecía" en el texto se refiere al Antiguo Testamento. Ningún autor humano del Antiguo Testamento escribió por su propio albedrío, solamente escribió cuando el Espíritu Santo lo dirigía.

También Pablo nos dice que "toda la Escritura es inspirada por Dios y útil para enseñar, para reprender, para corregir y para instruir en la justicia" (2 Ti. 3:16). Recibimos todas las Escrituras por inspiración de Dios. Todas las Escrituras están completamente inspiradas por Dios. Dios no ha ocultado su Palabra en las palabras de los hombres, dejando a sus criaturas por sus propios medios para decidir si algo es Palabra divina o no lo es. El Antiguo Testamento es tan solo una parte de la verdad de Dios, pero no es su verdad parcial. No es su verdad completa, pero es completamente su verdad. Es la revelación de Dios, su revelación progresiva en preparación a su pueblo para la venida de su Hijo, Jesucristo.

POR EL HIJO: UNA MANERA

en estos postreros días nos ha hablado por el Hijo, a quien constituyó heredero de todo, y por quien asimismo hizo el universo; (1:2)

La revelación perfecta y completa de Dios esperaba la venida de su Hijo. Dios, quien solía hablar de formas diferentes y a través de personas distintas, finalmente ha hablado de una manera, por medio de una Persona, su Hijo Jesucristo.

Todo el Nuevo Testamento se centra en Cristo. Los Evangelios cuentan su historia, las epístolas hablan de ella y el Apocalipsis nos dice cómo termina. De principio a fin, el Nuevo Testamento es Cristo. Ningún profeta recibió la verdad total de Dios. Los múltiples hombres del Antiguo Testamento lo recibieron en partes, porciones y fragmentos. Jesús no solo trajo la revelación final y completa de Dios, Él era esa revelación.

VIENE EN ESTOS POSTREROS DÍAS

Hay varias formas de interpretar la frase **en estos postreros días**. Podría referirse a los últimos días de la revelación. Podría significar que esta es la revelación final en Cristo, no habiendo nada más que añadir. O podría significar que en los últimos días de la revelación, esta llegaría por medio del Hijo de Dios. Pero creo que el escritor está haciendo una referencia mesiánica. La frase "los últimos días" era muy común a los judíos de la época y tenía un significado distintivo. Toda vez que un judío veía u oía estas palabras, inmediatamente tenía pensamientos mesiánicos, porque la promesa de las Escrituras era que el Mesías vendría en los postreros días (Jer. 33:14-16; Mi. 5:1-4; Zac. 9:9, 16). Interpretaremos la frase en dicho contexto, puesto que esta carta se escribió para judíos principalmente.

La mujer en el pozo, aunque era samaritana, le dijo a Jesús: "Yo sé que el Mesías va a venir. Cuando venga hablará de todo esto" (Jn. 4:25). Sabía que cuando llegara el Mesías, Él entregaría la revelación completa y final, como en efecto lo hizo.

Entonces el escritor está diciendo: "En estos últimos días prometidos, el Mesías (Cristo) ha venido y nos ha dado la revelación final de Dios". Jesús vino en estos días finales. Tristemente, el propio pueblo del Mesías lo rechazó a Él y su revelación, y por ello el cumplimiento de todas las promesas de los últimos días aún está por completarse.

VERDADERO Y COMPLETO

El Antiguo Testamento se entregó en porciones. A Noé le fue revelada la parte del mundo de la que vendría el Mesías. A Miqueas, el pueblo en el que nacería. A Daniel, el tiempo de su nacimiento. A Malaquías, el precursor. Jonás fue una tipificación de la resurrección. Cada una de esas porciones de la revelación era cierta y precisa, y cada una estaba relacionada con las otras de una u otra forma. Cada una, de una forma u otra, señalaba al Mesías, al Cristo. Pero solo en Jesucristo se juntó todo y se completó. La revelación en Él era total y plena.

Como la revelación está completa, añadir algo al Nuevo Testamento es blasfemo. Añadir el Libro del Mormón, Ciencia y Salud o cualquier otra cosa que afirme ser revelación de Dios es blasfemo. "En estos últimos días, Dios ha finalizado su revelación en su Hijo". Se culminó. El final del libro de Apocalipsis advierte que si le añadimos algo, sus plagas caerán sobre nosotros; y si le quitamos algo, también nos removerán del árbol de la vida y de la ciudad santa (Ap. 22:18-19).

En el primer versículo y medio de Hebreos, el Espíritu Santo establece la preeminencia de Jesucristo sobre todo el Antiguo Testamento, sobre su mensaje, sus métodos y sus mensajeros. Era exactamente lo que aquellos judíos, creyentes e incrédulos necesitaban oír.

Y así quedó establecida la prioridad de Jesucristo. Él es mayor que los profetas. Él es mayor que cualquier revelación del Antiguo Testamento, porque Él es la personificación de toda la verdad, y más. Dios se ha expresado completamente en Cristo.

La preeminencia de Cristo

2

en estos postreros días [Dios] nos ha hablado por el Hijo, a quien constituyó heredero de todo, y por quien asimismo hizo el universo; el cual, siendo el resplandor de su gloria, y la imagen misma de su sustancia, y quien sustenta todas las cosas con la palabra de su poder, habiendo efectuado la purificación de nuestros pecados por medio de sí mismo, se sentó a la diestra de la Majestad en las alturas, (1:2-3)

Alguien dijo que Jesucristo había venido desde el seno del Padre al seno de una mujer. Vino a lo humano para que nosotros pudiéramos ir a lo divino. Se hizo el Hijo del hombre para que nosotros pudiéramos llegar a ser hijos de Dios. Nació en contra de las leyes de la naturaleza, vivió en pobreza, lo criaron en la oscuridad y solo una vez —en su niñez— cruzó los límites de la tierra en la que nació. No tuvo riqueza ni influencia, tampoco tuvo formación o educación en las escuelas seculares. Sus familiares eran del montón y no tenían influencia. En su infancia, asustó a un rey. En su niñez, dejó perplejos a los sabios doctores. Como adulto, gobernó el curso de la naturaleza. Caminó sobre las olas y silenció el mar para dormir. Sanó a multitudes sin medicina y no cobró por sus servicios. Nunca escribió un libro, pero todas las bibliotecas del mundo no podrían contener los libros que se han escrito sobre Él. Nunca escribió una canción, pero ha proporcionado material para más canciones que las de todos los compositores juntos. Nunca fundó una universidad, pero ni siquiera todas las escuelas juntas pueden ufanarse de tener más estudiantes que Él. Nunca practicó la medicina, pero ha sanado más corazones enfermos que cuerpos enfermos los médicos. Este Jesucristo es la estrella de la astronomía, la roca de la geología, el león y el cordero de la zoología, el armonizador de todas las disonancias y el sanador de todas las enfermedades. A lo largo de la historia, hay grandes hombres que han llegado y se han ido, pero Él vive. Herodes no pudo matarlo. Satanás no pudo seducirlo. La muerte no pudo destruirlo y la tumba no pudo retenerlo.

CUMPLIMIENTO DE LAS PROMESAS

El Antiguo Testamento nos dice al menos en dos lugares (Jer. 23:18, 22; Am. 3:7) que a los profetas se les permitió entrar en los secretos de Dios. Sin embargo, en ocasiones escribieron esos secretos sin entenderlos (1 P. 1:10-11). En Jesucristo esos secretos se cumplieron y se hicieron entendibles. Él es la Palabra final de Dios. "Porque todas las promesas de Dios son en él Sí, y en él Amén, por medio de nosotros, para la gloria de Dios" (2 Co. 1:20). Todas las promesas de Dios se resuelven en Cristo. Todas sus promesas se vuelven sí (verificadas y cumplidas). Jesucristo es la revelación suprema y final.

En estos postreros días. Los últimos días son días de cumplimiento. En el Antiguo Testamento los judíos veían los últimos días como aquellos en que todas las promesas se cumplirían. En aquellos días el Mesías vendría, el reino vendría, la salvación vendría e Israel no volvería a estar en cadenas. En los últimos días, las promesas cesarían y los cumplimientos se darían. Exactamente eso es lo que Jesús vino a hacer. Vino a cumplir las promesas. Aun cuando el aspecto milenario y terrenal del reino prometido sigue siendo futuro, la era del cumplimiento del reino comenzó cuando Jesús llegó, y no se completará hasta que entremos en los cielos eternos. La era del Antiguo Testamento de la promesa terminó cuando Jesús llegó.

Nos ha hablado por el Hijo. Jesucristo es la culminación de la revelación de Dios. Dios se expresó completamente en su Hijo. Tal cosa afirma que Cristo es más que un ser humano. Lo hace infinitamente superior a cualquier ser creado, porque Él es Dios manifestado en la carne. Es la revelación final de Dios, en quien todas las promesas divinas se cumplen.

Ya hemos visto la preparación para Cristo y la presentación de Cristo. Ahora miraremos su preeminencia. En esta sección potente y breve (1:2-3), el Espíritu Santo exalta a Cristo como la expresión final y total de Dios: superior y exaltado sobre todos y sobre todo. En estos versículos vemos a Cristo como el fin de todas las cosas (Heredero), el principio de todas las cosas (Creador) y el medio de todas las cosas (Sostén y Purificador).

Cuando surge la pregunta de quién era Jesucristo en realidad, algunos dirán que era un buen maestro; otros dirán que era un fanático religioso; otros, que era un farsante; y otros, que era un delincuente, un fantasma o un revolucionario político. Otros probablemente creerán que era la forma más elevada del ser humano, alguien con una chispa de divinidad que Él convirtió en una llama; ellos afirman que todos tenemos esa chispa, pero no la volvemos una llama. Hay incontables explicaciones humanas sobre quién era Jesús. En este capítulo vamos a revisar qué dice Dios acerca de quién era —y quién *es*— Jesús. En tan solo la mitad del versículo 2 y el versículo 3 se presentan siete características excelentes de Jesucristo. En todas ellas queda claro que Él es más que un hombre.

SU CONDICIÓN DE HEREDERO

La primera característica de Jesús que aquí se menciona es su condición de heredero: **En estos postreros días [Dios] nos ha hablado por el Hijo, a quien constituyó heredero de todo.** Si Jesús es el Hijo de Dios, es el heredero de todo lo que Dios posee. Todo lo que existe hallará su significado verdadero solo cuando esté bajo el control final de Jesucristo.

Hasta los Salmos predecían que un día Él sería el heredero de todo lo que Dios posee. "'He establecido a mi rey sobre Sion, mi santo monte'. Yo proclamaré el decreto del SEÑOR: 'Tú eres mi hijo', me ha dicho; 'hoy mismo te he engendrado'" (Sal. 2:6-7, NVI). Y continúa diciendo: "'Pídeme, y como herencia te entregaré las naciones; ¡tuyos serán los confines de la Tierra! Las gobernarás con puño de hierro; las harás pedazos como a vasijas de barro'" (Sal. 2:8-9, NVI). Y vuelve a decir: "Yo también le pondré por primogénito, el más excelso de los reyes de la Tierra" (Sal. 89:27). Aquí *primogénito* no significa que Cristo no existiera antes de que naciera como Jesús en Belén. No se trata en absoluto de un término cronológico; más bien, sí tiene todo que ver con derechos legales, especialmente los de herencia y autoridad (de los cuales hablaremos más en detalle en el capítulo 3). En los últimos días, Jesucristo recibirá por fin y eternamente el reino destinado de Dios.

Pablo explica que Cristo no solo creó todas las cosas, sino que las cosas fueron crearon *para* Cristo (Col. 1:16) y que "de él, y por él, y para él, son todas las cosas. A él sea la gloria por los siglos. Amén" (Ro. 11:36). Todo lo que existe, existe para Jesucristo. ¿Qué verdad prueba mejor su igualdad con Dios?

En Apocalipsis 5, se describe a Dios sentado en un trono, con un rollo en su mano: "Y vi en la mano derecha del que estaba sentado en el trono un libro escrito por dentro y por fuera, sellado con siete sellos" (v. 1). El rollo es la escritura de propiedad de la Tierra y todo lo que hay en ella. Es la propiedad para el Heredero, Aquel que tiene el derecho de tomarla para sí. En tiempos del Nuevo Testamento, la ley romana requería que un testamento tuviera siete sellos para protegerlo de alteraciones. Cuando lo enrollaban, lo iban sellando en siete lugares, más o menos un sello por vuelta. Los sellos no debían romperse hasta después de la muerte de la persona que había hecho el testamento.

Juan continúa con su visión: "Y vi a un ángel fuerte que pregonaba a gran voz: ¿Quién es digno de abrir el libro y desatar sus sellos?" (v. 2). ¿Quién —se preguntaba el ángel— es el heredero legal de la Tierra? "Y ninguno, ni en el cielo ni en la Tierra ni debajo de la Tierra, podía abrir el libro, ni aun mirarlo" (v. 3). Juan, perplejo y apesadumbrado, "lloraba... mucho, porque no se había hallado a ninguno digno de abrir el libro, ni de leerlo, ni de mirarlo. Y uno de los ancianos [le] dijo: No llores. He aquí que el León de la tribu de Judá, la raíz de David, ha vencido para abrir el libro y desatar sus siete sellos" (vv. 4-5). Tras continuar mirando, vio "que en medio del trono y de los cuatro seres vivientes, y en medio de los ancianos, estaba de pie un Cordero como inmolado, que tenía siete cuernos, y siete ojos, los cuales son los siete espíritus de Dios enviados por toda la Tierra" (v. 6). Jesucristo, el Cordero, vino y tomó el rollo de la diestra de Dios. ¿Por qué? Porque Él y solamente Él tenía el derecho de tomarlo. Él es el Heredero de la Tierra.

El capítulo 6 de Apocalipsis empieza con la descripción de la tribulación, el primer paso cuando Cristo retome la Tierra, que es suya por derecho. Él va desenrollando los sellos, uno por uno. Cuando cada uno de los sellos se rompe, la posesión y el control sobre su herencia se incrementa. Finalmente, "El séptimo ángel tocó la trompeta, y hubo grandes voces en el cielo, que decían: Los reinos del mundo han venido a ser de nuestro Señor y de su Cristo; y Él reinará por los siglos de los siglos" (11:15). Cuando desenrolle el séptimo sello y suene la séptima trompeta, la Tierra será suya.

En su primer sermón en Pentecostés, Pedro dijo a sus oyentes judíos: "Por tanto, sépalo bien todo Israel que a este Jesús, a quien ustedes crucificaron, Dios lo ha hecho Señor y Mesías" (Hch. 2:36, NVI). En efecto, el carpintero que murió clavado en una cruz es el Rey de reyes y Señor de señores. Él gobernará el mundo. Satanás sabía esta verdad cuando se acercó a Jesús en el desierto y lo tentó con tomar el control del mundo de la manera equivocada: inclinándose ante él. Siendo Satanás el usurpador del gobierno de Dios sobre la Tierra, él intenta continuamente evitar por todos los medios que el Heredero verdadero reciba su herencia.

Cuando Cristo vino por primera vez a la Tierra, se hizo pobre por nosotros, para que nosotros pudiéramos ser ricos por medio de su pobreza. No tenía nada para sí. No tenía "dónde recostar la cabeza" (Lc. 9:58). Hasta de la ropa lo despojaron cuando murió. Lo enterraron en una tumba que pertenecía a otra persona. Pero cuando Cristo vuelva de nuevo a la Tierra, heredará todas las cosas completa y eternamente. Y, oh, grata sorpresa, por haber confiado en Él, seremos "coherederos con Cristo" (Ro. 8:16-17). Cuando entremos en su reino eterno, poseeremos conjuntamente todo lo que Él posee. No seremos cristos o señores junto con Él, pero seremos coherederos con Él. Su herencia maravillosa será nuestra también.

AÚN ASÍ, ALGUNOS LO RECHAZAN

De manera sorprendente, aunque Cristo es el Heredero de todo lo que Dios posee, y aunque ofrece hacer partícipe de su herencia a todo aquel que confíe en Él, aún así, algunos lo rechazan. Muchos rechazaron a Dios cuando se reveló en el Antiguo Testamento. Ahora Dios se ha revelado perfectamente en el Nuevo Testamento de su Hijo y las personas lo siguen rechazando.

Jesús ilustró esta tragedia en una parábola.

Oíd otra parábola: Hubo un hombre, padre de familia, el cual plantó una viña, la cercó de vallado, cavó en ella un lagar, edificó una torre, y la arrendó a unos labradores, y se fue lejos. Y cuando se acercó el tiempo de los frutos, envió sus siervos a los labradores, para que recibiesen sus frutos. Mas los labradores, tomando a los siervos, a uno golpearon, a otro mataron, y a otro apedrearon. Envió de nuevo otros siervos, más que los primeros; e hicieron con ellos de la misma manera. Finalmente les envió su hijo, diciendo: Tendrán respeto a mi hijo. Mas los labradores, cuando vieron al hijo, dijeron entre sí: Este es el heredero; venid, matémosle, y apoderémonos de su heredad. Y tomándole, le echaron fuera de la viña, y le mataron. Cuando venga, pues, el señor de la viña, ¿qué hará a aquellos labradores? Le dijeron: A los malos destruirá sin misericordia, y arrendará su viña a otros labradores, que le paguen el fruto a su tiempo. Jesús les dijo: ¿Nunca leísteis en las Escrituras: La piedra que desecharon los edificadores ha venido a ser cabeza del ángulo. El Señor ha hecho esto, y es cosa maravillosa a nuestros ojos? Por tanto os digo, que el reino de Dios será quitado de vosotros, y será dado a gente que produzca los frutos de él. Y el que cayere sobre esta piedra será quebrantado; y sobre quien ella cayere, le desmenuzará (Mt. 12:33-44).

La parábola no necesita explicación.

Rechazar voluntariamente a Jesucristo trae completa condenación y destrucción por parte de un Dios vindicativo. Para Israel, la parábola dice: "Porque fue tan evidente lo que hicieron, no solo rechazando y matando a los profetas sino rechazando y matando al Hijo, ustedes perdieron la promesa, que ha pasado a ser de una nación nueva: la Iglesia". Dios separó a Israel hasta el tiempo en que Él le restaure.

SU CONDICIÓN DE CREADOR

La segunda característica de Cristo mencionada en Hebreos 1 es su condición de Creador: **Por quien asimismo hizo el universo.** Cristo es el agente por medio del cual Dios creó el mundo. "Todas las cosas por él fueron hechas, y sin él nada de lo que ha sido hecho, fue hecho" (Jn. 1:3). Una de las más grandes pruebas de la divinidad de Jesús es su capacidad para crear. Excepto por su completa ausencia de pecado, su justicia total, nada lo separa más de nosotros que su capacidad de creación. La capacidad para crear pertenece solo a Dios, y el hecho de que Jesús pueda crear indica que Él es Dios. Él creó todo lo material y todo lo espiritual. Aunque el hombre ha manchado su obra con el pecado, Cristo en el principio lo hizo todo bueno, y esa creación anhela la restauración a como eran las cosas en el principio (Ro. 8:22).

La palabra griega para **universo** es *kosmos*, pero no es esta la palabra que aparece en Hebreos 1:2. Aquí la palabra es *aiōnas*, que no significa el mundo material, sino "los siglos", como suele traducirse. No solamente es Jesucristo responsable por la Tierra física; también es responsable por la creación del tiempo, el espacio, la materia y la energía. Cristo creó todo el universo y todo lo que lo hace funcionar, y lo hizo sin esfuerzo.

John C. Eccles, médico premio nobel de neurofisiología, dijo que la probabilidad de la combinación exacta de circunstancias para que la vida inteligente evolucionara en la Tierra era muy baja, aunque continuó diciendo que creía que había ocurrido pero que nunca volvería a ocurrir en otro planeta ni en otro sistema solar ("Evolution and the Conscious Self" [Evolución y la persona consciente] en John D. Rolansky, *The Human Mind: A Discussion at the Nobel Conference* [La mente humana: Una charla en la conferencia del nobel] [Amsterdam: North Holland, 1967]). Si usted no reconoce al Creador, tiene un gran problema a la hora de explicar cómo llegó a existir este universo maravilloso, intrincado e inconmensurable.

Sin embargo, miles y miles de hombres creen que el hombre emergió del cieno primitivo. El hombre simplemente evolucionó. Esa criatura maravillosa cuyo corazón late ochocientos millones de veces en un período de vida normal y bombea tanta sangre que podría llenar los depósitos de una fila de autos cuya longitud sea de Nueva York a Boston; esa misma criatura que en una sección del cerebro de poco más de un centímetro cúbico contiene todos los recuerdos de toda la vida; esa misma persona cuyos oídos transfieren las ondas de sonido y las pasa de aire a líquido sin que se pierda el sonido.

A. K. Morrison, otro científico brillante, nos dice que las condiciones para la vida en la Tierra exigen tantos miles de millones de circunstancias interrelacionadas minúsculas simultáneamente, en el mismo instante infinitesimal, que tal perspectiva está más allá de la credibilidad y de la posibilidad.

Considérese la inmensidad del universo. Si usted pudiera meter de alguna manera 1.2 millones de planetas Tierra en el sol, aún tendría espacio para 4.3 millones de lunas. El sol tiene casi 1.4 millones de kilómetros de diámetro y está a aproximadamente 150 millones de kilómetros de la Tierra. Nuestra estrella más cercana, Alfa Centauro, es 5 veces más grande que nuestro sol. La luna está a una distancia de alrededor de 340 mil kilómetros y se podría caminar hasta ella en 27 años. Un rayo de luz viaja a casi 300 mil kilómetros por segundo, de modo que un destello de luz llegaría a la luna en tan solo segundo y medio. Si pudiéramos viajar a esa velocidad, nos tomaría 2 minutos y 18 segundos llegar a Venus, 4 minutos y medio llegar a Mercurio, 1 hora y 11 segundos llegar a Saturno, y así sucesivamente. Llegar a Plutón, que está a más de 4300 millones de kilómetros de la Tierra, nos tomaría casi 4 horas. Habiendo llegado tan lejos, aún estaríamos dentro del sistema solar. La Estrella Polar está a 643 mil millones de kilómetros de la Tierra, pero esa es una distancia que sigue siendo cercana, incluso con relación al espacio conocido. La estrella Betelgeuse está a más de 1.4 trillones de kilómetros de nosotros (1.4 trillones es 14 seguido de 17 ceros). Tiene un diámetro de más de 400 millones de kilómetros, aun mayor que la órbita de la Tierra.

¿De dónde provino todo esto? ¿Quién lo concibió? ¿Quién lo hizo? No puede ser un accidente. Alguien tuvo que hacerlo, y la Biblia nos dice que el Hacedor fue Jesucristo.

SU RESPLANDOR

Tercero, vemos el resplandor de Cristo, el brillo de la gloria de Dios. Jesús es **el resplandor de su gloria**. Aquí **resplandor** (*apaugasma*, "envío de luz") representa a Jesús como la manifestación de Dios. Él nos revela a Dios. Nadie puede ver a Dios; nadie lo hará nunca. El único resplandor que nos llega de Dios está mediado por Jesucristo. Tal como los rayos del sol iluminan y calientan la Tierra, así también Jesucristo es la luz gloriosa de Dios que brilla en los corazones de los hombres. Tal como el sol no dejó nunca de brillar y no puede separarse de su brillo, Dios tampoco estuvo sin la gloria de Cristo y no se puede separar de ella. Dios nunca estuvo sin Cristo ni Cristo sin Él, y nunca, de ninguna forma, se puede separar de Dios. Sin embargo, el brillo del sol no es el sol. Cristo tampoco es Dios en ese sentido. Él es Dios completa y absolutamente, pero es una Persona distinta.

Nunca podríamos ver o disfrutar la luz de Dios si no tuviéramos a Jesús para verlo a Él. Jesús dijo una vez, estando en el templo, "Yo soy la luz del mundo; el que me sigue, no andará en tinieblas, sino que tendrá la luz de la vida" (Jn. 8:12). Jesucristo es el **resplandor de** la **gloria** de Dios, Él puede transmitir esa luz en nuestras vidas, para que a su vez nosotros podamos alumbrar con la gloria de Dios. Vivimos en un mundo de oscuridad. Está la oscuridad de la injusticia, el fracaso, las privaciones, la separación, la enfermedad, la muerte, y mucho más. Está la oscuridad moral de hombres ciegos por sus apetitos y pasiones impíos. A este mundo oscuro envió Dios su Luz gloriosa. Sin el Hijo de Dios, solo hay oscuridad.

Por supuesto, la gran tragedia es que la mayoría de los hombres ni siquiera quieren ver, mucho menos aceptar y vivir, la luz de Dios. Pablo explica que "el dios de este siglo cegó el entendimiento de los incrédulos, para que no les resplandezca la luz del evangelio de la gloria de Cristo, el cual es la imagen de Dios" (2 Co. 4:4). Dios envió su luz en la persona de Jesucristo, para que el hombre pudiera contemplar, aceptar y resplandecer esa luz. Pero Satanás se ha movido en este mundo para cegar las mentes de los hombres y evitar que la luz gloriosa del evangelio los alumbre.

Sin embargo, quienes recibieron su luz pueden decir: "Porque Dios, que mandó que de las tinieblas resplandeciese la luz, es el que resplandeció en nuestros corazones, para iluminación del conocimiento de la gloria de Dios en la faz de Jesucristo" (2 Co. 4:6). Es esto lo que sucede cuando Dios entra en una vida.

Un escritor de himnos dijo: "Ven a la luz. Está brillando por ti. La luz ha amanecido dulcemente sobre mí". Qué maravilloso es darse cuenta de que Jesucristo, el cual es la expresión total de Dios en la historia humana, vino a nuestras vidas y nos dio la luz para ver y conocer a Dios. De hecho, su luz nos dio la vida en sí misma, la vida espiritual. Y su luz nos dio también propósito, significado, felicidad, paz, alegría, comunión, todo, por toda la eternidad.

SU SER

La siguiente característica de Cristo es su ser. Él es **el resplandor de su gloria, y la imagen misma de su sustancia**. Jesucristo es la imagen expresa de Dios. Cristo no era solamente la manifestación de Dios, era Dios en sustancia.

La imagen misma es una traducción del término griego que se usa para la impresión hecha con un sello o estampilla. El diseño del sello se reproduce en la cera. Jesucristo es la reproducción de Dios. Él es la impresión personal y perfecta de Dios en el tiempo y el espacio. Colosenses 1:15 ofrece una ilustración semejante para esta verdad incomprensible: "Él es la imagen del Dios invisible". Aquí, la palabra *imagen* es *eikōn*, de la cual se deriva *ícono*. La palabra *eikōn* quiere decir "copia precisa", "reproducción exacta", como en una escultura o retrato finos. Llamar a Cristo el *Eikōn* de Dios significa que Él es la reproducción exacta de Dios. "Porque en él habita corporalmente toda la plenitud de la Deidad" (Col. 2:9).

SU ADMINISTRACIÓN

En Hebreos 1:3, encontramos también la quinta característica de Cristo. Su administración o sustento. Él **sustenta todas las cosas con la palabra de su poder**. No es solo que Cristo haya hecho todas las cosas y que algún día las vaya a heredar, sino que Él las sostiene mientras tanto. La palabra griega para **sustenta** quiere decir "apoyar, mantener", y aquí se usa en tiempo presente para implicar una acción continua. Jesucristo en este momento es quien sustenta todas las cosas en el universo.

Basamos toda nuestra vida en la continuidad, la constancia, de las leyes. Cuando sucede algo que interrumpe aunque sea un poco la condición u operación normal de las cosas, como un terremoto, las consecuencias suelen ser desastrosas. ¿Puede imaginarse qué ocurriría si Cristo renunciara a sustentar con su poder las leyes del universo? Dejaríamos de existir. Si suspendiera la ley de la gravedad solo por un momento breve, moriríamos, de formas inimaginables.

Si las leyes físicas variaran, tendríamos un desorden increíble. Quizás no existiríamos. Nuestra comida podría ser venenosa. No podríamos mantenernos en la Tierra; saldríamos despedidos hacia el espacio. Los océanos nos anegarían con frecuencia. Muchísimas más cosas ocurrirían, muchas que ni siquiera podríamos suponer.

Considérese, por ejemplo, la destrucción instantánea que ocurriría si la rotación de la Tierra se hiciera tan solo un poco más lenta. El sol tiene una temperatura en su superficie de aproximadamente 6650 grados centígrados. Si estuviera más cercano a nosotros, nos quemaríamos, si estuviera más alejado nos congelaríamos. Nuestro planeta tiene una inclinación exacta de 23 grados, por lo cual tenemos cuatro estaciones. Si no tuviéramos esa inclinación, los vapores de los océanos se moverían al norte y al sur, convirtiéndose en continentes monstruosos de hielo. Si la luna no estuviera a la distancia exacta de la Tierra, las mareas de los océanos inundarían los terrenos completamente, dos veces al día. Por supuesto, después de la primera inundación, en lo que a nosotros respecta, las otras no importarían. Si el suelo oceánico tuviera tan solo unos cuantos decímetros más de lo que tiene hoy, el dióxido de carbono y el nivel de oxígeno en la atmósfera terrestre se alteraría completamente y no podría existir vida animal o vegetal. Si la atmósfera no permaneciera en su densidad presente y se hiciera un poco más delgada, muchos de los meteoros inofensivos que se derriten al entrar en la atmósfera nos estarían bombardeando constantemente. Tendríamos que vivir bajo tierra o en edificios a prueba de meteoros.

¿Cómo puede el universo permanecer en este equilibrio tan fantásticamente delicado? Jesucristo sustenta y vigila todos sus movimientos e interacciones. Cristo, el Poder preeminente, lo mantiene.

Las cosas no ocurren por accidente en nuestro universo. No sucedieron por accidente en el principio. No van a ocurrir por accidente en el final y no están ocurriendo por accidente en este momento. Jesucristo es quien sustenta el universo. Él es el Príncipe de la cohesión. No es el creador "relojero" de los deístas, quien hizo el mundo, lo puso en movimiento y no se volvió a preocupar por él desde ese entonces. El universo es un cosmos, no un caos; un sistema confiable, no un desorden errático e impredecible; solo porque Jesucristo lo sostiene.

Los científicos que descubren las verdades grandes y sorprendentes lo único que hacen es encontrar algunas de las leyes que Jesucristo diseñó y que hoy usa para controlar el mundo. Ningún científico, matemático, astrónomo o físico nuclear, podría hacer algo sin el poder sustentador de Jesucristo. El universo completo pende del brazo de Jesús. Su sabiduría inescrutable y su poder sin límite se manifiestan en el gobierno del universo. Y lo hace con la palabra de su poder, sin esfuerzo. La clave para el relato de la creación en Génesis está en dos palabras: "Dios dijo". Dios habló y ocurrió.

Cuando pienso en el poder de Cristo para sostener el universo, esta verdad me llega directo al corazón. En Filipenses 1:6 leemos esta promesa maravillosa:

"Estando persuadido de esto, que el que comenzó en vosotros la buena obra, la perfeccionará hasta el día de Jesucristo". Cuando Cristo comienza una obra en nuestros corazones, la sostiene y la sustenta durante todo el proceso. Podemos imaginar la emoción de Judas cuando escribió: "Y a aquel que es poderoso para guardaros sin caída, y presentaros sin mancha delante de su gloria con gran alegría, al único y sabio Dios, nuestro Salvador, sea gloria y majestad, imperio y potencia, ahora y por todos los siglos. Amén" (Jud. 24-25). Cuando le entregamos la vida a Cristo, Él la sostiene y la sustenta y un día la llevará a la misma presencia de Dios. Tal como con el universo, una vida es un caos si Cristo no la sustenta.

SU SACRIFICIO

La sexta característica de Cristo es su sacrificio: **Habiendo efectuado la purificación de nuestros pecados por medio de sí mismo**. ¡Qué declaración más impresionante!

La Biblia dice que la paga del pecado es muerte. Jesucristo fue a la cruz, murió en nuestro lugar (nosotros merecíamos morir), llevó el castigo de nuestro pecado sobre Él. Si aceptamos su muerte y creemos que murió por nosotros, Él nos librará del castigo por el pecado y nos purificará de su mancha.

La creación del mundo fue una obra maravillosa de Dios. Es maravilloso que sustente el mundo. Pero una obra más grande que hacer y sostener el mundo es purgar a los hombres de su pecado. En Hebreos 7:27 se nos dice que Jesús "no tiene necesidad cada día, como aquellos sumos sacerdotes, de ofrecer primero sacrificios por sus propios pecados, y luego por los del pueblo; porque esto lo hizo una vez para siempre, ofreciéndose a sí mismo". En el Antiguo Testamento los sacerdotes tenían que hacer sacrificio tras sacrificio por ellos y por el pueblo. Jesús hizo un único sacrificio. No solamente era el sacerdote, también era el sacrificio. Y por cuanto su sacrificio era puro, podía purificar nuestros pecados, algo que todos los sacrificios juntos del Antiguo Testamento no podían hacer.

Y no por sangre de machos cabríos ni de becerros, sino por su propia sangre, entró una vez para siempre en el Lugar Santísimo, habiendo obtenido eterna redención. Porque si la sangre de los toros y de los machos cabríos, y las cenizas de la becerra rociadas a los inmundos, santifican para la purificación de la carne, ¿cuánto más la sangre de Cristo, el cual mediante el Espíritu eterno se ofreció a sí mismo sin mancha a Dios, limpiará vuestras conciencias de obras muertas para que sirváis al Dios vivo?... Pero ahora, en la consumación de los siglos, se presentó una vez para siempre por el sacrificio de sí mismo para quitar de en medio el pecado (He. 9:12-14, 26b).

Jesucristo resolvió el problema del pecado de una vez por todas. Tenía que hacerse. No nos podíamos comunicar con Dios o entrar en comunión con Él a menos que se hiciera algo con el pecado. De modo que Cristo fue a la cruz y cargó con el castigo por el pecado de todo aquel que acepte su sacrifico, crea en Él y lo reciba. Él purgó el pecado, lo limpió.

Esta verdad debió haber parecido especialmente notable a los destinatarios originales de Hebreos. La cruz era una piedra de tropiezo para los judíos, pero el autor no se excusa por ello. En su lugar, muestra que es una de las siete características gloriosas de Cristo. Sus palabras son directas, como las de Pedro: "Sabiendo que fuisteis rescatados de vuestra vana manera de vivir, la cual recibisteis de vuestros padres, no con cosas corruptibles, como oro o plata, sino con la sangre preciosa de Cristo, como de un cordero sin mancha y sin contaminación" (1 P. 1:18-19).

Todos somos pecadores. O pagamos el castigo por nuestro pecado, que es la muerte eterna, o aceptamos el pago de Jesucristo, por medio del cual recibimos vida eterna. Si el deseo de nuestro corazón es recibirle como Salvador, creer en su sacrificio y aceptarlo, en ese momento Él lavará nuestros pecados. La Biblia dice que sin derramamiento de sangre no hay remisión de pecado (He. 9:22) y que "la sangre de Jesucristo... nos limpia de todo pecado" (1 Jn. 1:7). Jesús vino como el sacrificio perfecto. Aquel a quien se le perdonan sus pecados recibe el perdón solo por medio de Jesucristo. Pero la sangre de Jesucristo nunca será aplicada a nosotros a menos que le recibamos por fe en nuestras vidas.

Y, de nuevo, ¡aun así hay personas que lo rechazan! Hebreos 10:26 nos advierte: "Si pecáremos voluntariamente después de haber recibido el conocimiento de la verdad, ya no queda más sacrificio por los pecados". Si rechazamos a Jesucristo, no hay nada en el universo que pueda limpiarnos de nuestro pecado y moriremos en él. A tales personas, Jesús les dijo: "En su pecado morirán. Adonde yo voy, ustedes no pueden ir" (Jn. 8:21, NVI).

SU EXALTACIÓN

La última de las características de Cristo que aparecen en este pasaje es su exaltación. **Se sentó a la diestra de la Majestad en las alturas.** Ahora, **la Majestad en las alturas** es Dios. **La diestra** es el lado del poder. Jesús tomó su lugar como mano derecha de Dios. Lo maravilloso de esta declaración es que Jesús, el sumo sacerdote perfecto, **se sentó.** Esto manifiesta un contraste grande con el procedimiento sacerdotal del Antiguo Testamento. En los santuarios del templo y del tabernáculo no había sillas. El sacerdote no tenía un lugar para sentarse porque Dios sabía que no era apropiado que aquel se sentara allí. Su responsabilidad era hacer sacrificios, hacer sacrificios, hacer sacrificios, una vez tras otra. De modo que los sacerdotes ofrecían sacrificios a diario y nunca se sentaban. Pero

Jesús ofreció un sacrificio y dijo: "Consumado es". Luego fue y se sentó con el Padre. La tarea estaba hecha. Lo que no se pudo lograr bajo el pacto antiguo, ni siquiera tras siglos de sacrificios, se logró con Jesucristo para siempre.

Que Cristo esté sentado a la diestra del Padre significa al menos cuatro cosas. Brevemente, esas cosas son:

Primera, se sentó como señal de honor, para que "toda lengua confiese que Jesucristo es el Señor, para gloria de Dios Padre" (Fil. 2:11). Sentarse a la derecha del Padre es un honor de verdad.

Segunda, se sentó como señal de autoridad. Cristo, "habiendo subido al cielo está a la diestra de Dios; y a él están sujetos ángeles, autoridades y potestades" (1 P. 3:22). Se sentó como gobernante.

Tercera, se sentó a descansar. Su obra estaba terminada. "Cristo, habiendo ofrecido una vez para siempre un solo sacrificio por los pecados, se ha sentado a la diestra de Dios" (He. 10:12).

Cuarta, se sentó para interceder por nosotros. "Cristo es el que murió; más aun, el que también resucitó, el que además está a la diestra de Dios, el que también intercede por nosotros" (Ro. 8:34). Se sentó a la derecha del Padre para interceder por todos los que le pertenecemos.

Tenemos aquí la descripción divina de Jesucristo. Hemos visto la preeminencia de Cristo en todos sus oficios. Lo hemos visto como profeta, el portavoz definitivo de Dios. Lo hemos visto como sacerdote, expiando e intercediendo. Lo hemos visto como Rey, controlando, sustentando y sentado en su trono. Etse es nuestro Señor Jesucristo.

Quien diga que Jesucristo es menos que esto es un necio y hace a Dios un mentiroso. Dios dijo que su Hijo es preeminente en todas las cosas.

¿Qué significa esto para nosotros? Rechazar a Jesucristo es quedar excluido de su presencia e ir al infierno eterno. Pero recibirlo es entrar en todo lo que Él es y posee. No hay más opciones.

Jesucristo es superior a los ángeles

3

Hecho tanto superior a los ángeles, cuanto heredó más excelente nombre que ellos. Porque ¿a cuál de los ángeles dijo Dios jamás: Mi Hijo eres tú, yo te he engendrado hoy, y otra vez: Yo seré a él Padre, y él me será a mí hijo? Y otra vez, cuando introduce al Primogénito en el mundo, dice: Adórenle todos los ángeles de Dios. Ciertamente de los ángeles dice: El que hace a sus ángeles espíritus, y a sus ministros llama de fuego. Mas del Hijo dice: Tu trono, oh Dios, por el siglo del siglo; cetro de equidad es el cetro de tu reino. Has amado la justicia, y aborrecido la maldad, por lo cual te ungió Dios, el Dios tuyo, con óleo de alegría más que a tus compañeros. Y: Tú, oh Señor, en el principio fundaste la tierra, y los cielos son obra de tus manos. Ellos perecerán, mas tú permaneces; y todos ellos se envejecerán como una vestidura, y como un vestido los envolverás, y serán mudados; pero tú eres el mismo, y tus años no acabarán. Pues, ¿a cuál de los ángeles dijo Dios jamás: Siéntate a mi diestra, hasta que ponga a tus enemigos por estrado de tus pies? ¿No son todos espíritus ministradores, enviados para servicio a favor de los que serán herederos de la salvación? (1:4-14)

En este capítulo vamos a tratar con carne, no con leche. No puedo recordar un pasaje en el que haya pasado más tiempo. En alguna medida, es como un iceberg. Usted puede ver la cima con claridad, pero tal vez piense que no es muy impresionante ni importante. Veremos lo que hay por debajo de la superficie del pasaje, hasta sus verdades más profundas. En ese sentido, los versículos del 4 al 14 no son fáciles de entender. Si en alguna medida, aunque mínima, puedo ayudar a hacer más comprensibles estas verdades, habré tenido éxito en lo que le pedí a Dios.

Téngase en mente que la carta a los Hebreos se escribió para personas judías; principalmente para judíos creyentes, aunque también para judíos incrédulos. A los dos grupos se les insta que el nuevo pacto es mejor que el antiguo, que Jesucristo es el mejor sacerdote, el mejor mediador; y que Él es el sacerdote y el sacrificio definitivo al mismo tiempo. A través de todo el libro tenemos comparaciones entre el nuevo pacto y el antiguo, y entre Jesucristo y todos los demás, para mostrar la superioridad de Jesús en cualquier sentido.

En los primeros tres versículos se muestra la superioridad de Jesús sobre todo y todos. Después de pasar por todas las categorías humanas para las que Cristo es superior, el Espíritu Santo enseña que Jesucristo también es superior a los ángeles.

El hombre es una creación maravillosa y asombrosa; con seguridad está por encima de las plantas y los animales, incluso de los animales más complejos. Está por encima de cualquier otra creación material. Pero también hay seres creados por encima de los hombres: los ángeles. Hebreos 2:9 nos dice que cuando Jesús se hizo hombre, "fue hecho un poco menor que los ángeles". Después de la caída de los ángeles rebeldes bajo el mando de Lucifer, los ángeles que permanecieron en el cielo ya no quedaron sujetos al pecado. Son santos, poderosos y sabios. No tienen las dolencias de los hombres. Estos seres son una creación espiritual especial, Dios los hizo antes que al hombre. De hecho, veían desde el cielo cómo Dios creaba el mundo. Eran de un orden superior al hombre, al menos están por encima del hombre caído.

La Biblia dice muchas cosas sobre los ángeles. Hay 108 referencias directas a los ángeles en el Antiguo Testamento y 165 en el Nuevo. El propósito principal de su creación fue darle a Dios un servicio y adoración especiales.

¿QUÉ SON Y QUÉ HACEN LOS ÁNGELES?

Los ángeles son seres espirituales, no tienen carne ni huesos. Sin embargo, tienen cuerpos. Cualquiera que sea la forma celestial de los ángeles, son capaces de aparecer en forma humana. De hecho, en Hebreos 13:2 se nos advierte que tengamos en consideración a los extranjeros, puesto que podríamos estar albergando ángeles sin saberlo.

Los ángeles también aparecen en otras formas. Mateo, hablando de un ángel en la resurrección de Cristo, nos dice que "su aspecto era como un relámpago, y su vestido blanco como la nieve. Y de miedo de él los guardas temblaron y se quedaron como muertos" (Mt. 28:3-4). Este ángel apareció en gloria brillante y deslumbrante.

Los ángeles son muy inteligentes y tienen emociones. Por ejemplo, se alegran cuando un pecador se salva (Lc. 15:10). Los ángeles pueden hablar a los hombres, como consta en muchos lugares de las Escrituras. El apóstol Pablo dice: "Mas si aun nosotros, o un ángel del cielo, os anunciare otro evangelio diferente del que os hemos anunciado, sea anatema" (Gá. 1:8).

Los ángeles no se casan y no pueden procrear (Mt. 22:28-30). Al leer Colosenses 1:16-17, parece que Dios creó a todos los ángeles simultáneamente. La

Biblia no menciona que se haya añadido ángeles a los creados originalmente, Dios los hizo a todos de una sola vez, cada uno con una identidad única.

Los ángeles no están sujetos a la muerte. Las Escrituras no indican por ninguna parte que mueran o que se les pueda aniquilar. Un tercio de ellos cayó (Ap. 12:4), pero aún existen como seres espirituales demoníacos. Cada uno es una creación permanente y directa de Dios que está en relación personal con Él. Por tanto, su número no se incrementa por procreación o creación adicional ni decrece por muerte o aniquilación.

Dios creó a los ángeles antes que al hombre, por tanto, tienen mucha más antigüedad que los hombres; evidentemente, hay billones de ellos. Incluso tras la caída de las huestes con Satanás, quedó una innumerable cantidad de ángeles. Daniel, en su visión del Anciano de días, vio "millares de millares" que le servían y "millones de millones" que le asistían (Dn. 7:10). Juan, en su visión de Patmos, también habla de una extensa multitud celestial que incluía ángeles. "Y su número era millones de millones" (Ap. 5:11).

Según Marcos 13:32 y Judas 6, los ángeles no caídos viven en todos los cielos. A los cielos en los cuales reside Dios se les llama de manera especial *el tercer cielo*; el segundo cielo es el espacial, el cielo infinito; y el primer cielo es alrededor de la Tierra. Hoy día oímos muchas teorías y relatos superficiales sobre la vida extraterrestre, y sí hay seres especiales, que habitan otras partes del universo, aunque no sean del estilo que se ve en la televisión y las películas. Son los ángeles.

Los ángeles tienen un alto nivel de organización y están divididos en rangos, en lo que puede considerarse una organización muy compleja. Al parecer, los diferentes rangos tienen la responsabilidad de supervisar tronos, dominios, principados, potestades, autoridades y cosas de ese estilo. Entre las clases especiales de ángeles se encuentran los querubines, los serafines y a los que se describe como criaturas vivientes.

Son más poderosos que los hombres, y los hombres deben invocar el poder divino para lidiar con los ángeles caídos. En Efesios 6:10, 12 se nos pide fortalecernos "en el Señor, y en el poder de su fuerza… Porque no tenemos lucha contra sangre y carne", sino contra ángeles… ángeles caídos.

Los ángeles pueden moverse y actuar a velocidades increíbles. A veces se les dibuja con alas para sugerir que viajan rápido. Algunos tienen nombres: Miguel, Gabriel, Lucifer. Miguel está a la cabeza del ejército celestial y a Gabriel se le llama "el poderoso". Lucifer es el nombre de Satanás antes de la caída.

Los ángeles sirven y atienden a Dios. Son espectadores y participantes de las maravillosas obras divinas de redención y juicio. Sirvieron a Cristo durante su humillación. Al final de su tentación, los ángeles vinieron y le sirvieron. También sirven a los redimidos de Dios, velando por la Iglesia, ayudándolos en las respuestas a sus oraciones, librándolos del peligro, dándoles aliento y protegiendo a los niños. Además, sirven a quienes no son salvos, anunciándoles el juicio e infligiéndoselo.

PERSPECTIVAS JUDÍAS DE LOS ÁNGELES

Para cuando se escribió esta epístola, el pueblo judío había comenzado a embellecer las enseñanzas básicas del Antiguo Testamento sobre los ángeles, debido a los escritos talmúdicos y a las interpretaciones rabínicas populares. Por tanto, el autor de Hebreos no solo escribía con el trasfondo de la verdadera enseñanza bíblica, sino contra las ideas falsas y comunes judías.

La mayoría de los judíos creía que los ángeles eran muy importantes en el antiguo pacto. Consideraban que eran los seres más altos después de Dios. Creían que Dios estaba rodeado de ángeles y que ellos eran los instrumentos para traer su palabra a los hombres y para obrar la voluntad divina en el universo. Creían que los ángeles eran criaturas etéreas, hechas de alguna sustancia ardiente como luz centelleante, y que no comían ni bebían ni procreaban.

Muchos creían que los ángeles actuaban como el senado o concilio de Dios y que Él no hacía nada sin consultárselo; que, por ejemplo, el plural en "hagamos al hombre a nuestra imagen" (Gn. 1:26) se refería al concilio angélico.

Algunos judíos creían que un grupo de ángeles objetó la creación del hombre, pero que fueron aniquilados inmediatamente, y que otro grupo objetó la entrega de la ley y atacó a Moisés en el Monte Sinaí. Se acuñaron muchos nombres de ángeles. Los supuestos "ángeles de presencia", que estaban delante de Dios en todo momento, recibieron nombres como Rafael, Yuriel, Panuel, Gabriel y Miguel. *El* era un nombre de Dios que se usaba al final de cada uno de los nombres de los ángeles.

Creían que doscientos ángeles controlaban los movimientos de las estrellas y que un ángel especial, el ángel del calendario, controlaba la sucesión interminable de días, meses y años. Un ángel poderoso estaba a cargo de los mares, mientras otros vigilaban las heladas, el rocío, la lluvia, la nieve, el granizo, los truenos y los relámpagos. Otros eran guardianes del infierno y torturaban a los condenados. Incluso había ángeles que registraban por escrito cada palabra de los hombres. Había un ángel de la muerte y, por otro lado, un ángel guardián para cada nación y cada niño. Los ángeles eran tan numerosos que un rabino afirmó que cada brizna de hierba tenía su ángel.

Muchos judíos creían que el antiguo pacto lo recibieron de Dios por medio de ángeles. Esto, sobre todas las cosas, exaltó a los ángeles en la mente de los hijos de Israel. Creían que los ángeles eran los mediadores de su pacto con Dios, que los ángeles ministraban continuamente las bendiciones de Dios sobre ellos.

El sermón de Esteban en el que acusa a Israel alude a esta creencia básica:

¡Duros de cerviz, e incircuncisos de corazón y de oídos! Vosotros resistís siempre al Espíritu Santo; como vuestros padres, así también vosotros. ¿A cuál de los profetas no persiguieron vuestros padres? Y mataron a los que anunciaron de antemano la venida del Justo, de quien vosotros ahora habéis sido entregadores y matadores; vosotros que recibisteis la ley por disposición de ángeles, y no la guardasteis (Hch. 7:51-53).

Vea ahora Gálatas 3:19: "Entonces, ¿para qué sirve la ley? Fue añadida a causa de las transgresiones, hasta que viniese la simiente a quien fue hecha la promesa; y fue ordenada por medio de ángeles en mano de un mediador".

El antiguo pacto llegó a los hombres y se mantuvo por la mediación angélica. Los judíos lo sabían y, en consecuencia, tenían en alta estima a los ángeles. Algunos respetaban tanto a los ángeles que en realidad los adoraban. El gnosticismo (ver capítulo 1), entre otras cosas, requería la adoración de los ángeles. Incluso llegó a reducir a Jesucristo a un ángel. La iglesia de Colosas había estado coqueteando con el gnosticismo, pero Pablo les advirtió: "No dejen que les prive de esta realidad ninguno de esos que se ufanan en fingir humildad y adoración de ángeles" (Col. 2:18).

Así, la mentalidad judía exaltaba mucho y daba gran importancia a los ángeles. Por tanto, si el autor de Hebreos quería persuadir a sus compatriotas judíos de que Cristo era el Mediador de un pacto nuevo y mejor que el de Moisés, tendría que mostrarles, entre otras cosas, que Cristo era mejor que los ángeles; esa es la razón de ser de 1:4-14. Debía mostrar que Cristo es mejor que quienes mediaron y dieron el antiguo pacto: los ángeles. El autor utiliza siete pasajes del Antiguo Testamento para establecer esta verdad.

Las citas de Hebreos varían ligeramente de los textos del Antiguo Testamento de los cuales se tomaron. La razón es que, para la época en que esta carta se escribió, muchos judíos usaban una traducción griega del Antiguo Testamento, llamada Septuaginta (LXX). De la LXX se toman las citas de Hebreos. Una de las razones por las que no creemos que Pablo haya escrito esta carta es porque, en los escritos que sabemos suyos, él cita del texto hebreo y no de la LXX.

Si el escritor hubiera intentado probar a partir de los escritos cristianos que Cristo era un mediador mejor, sus lectores judíos habrían dicho: "No aceptamos estos escritos como parte de las Escrituras, como si vinieran de Dios". De modo que él les responde sabia y hábilmente: "Abran sus Escrituras y les mostraré con ellas que Cristo es mejor mediador y que el nuevo pacto es mejor que el antiguo". Su argumento es poderoso e irresistible.

Antes de ir más lejos, sería bueno señalar que algunas sectas y otras religiones heterodoxas niegan la deidad de Cristo con base en la traducción de Reina-Valera en el versículo 4 ("hecho"), asumiendo con esto que Jesús fue creado. Pero la palabra griega aquí no es *poieō*, "hacer o crear", sino *ginomai*, "llegar a ser", un significado que las traducciones más modernas dejan claro. Jesucristo siempre existió, pero se hizo mejor que los ángeles en su exaltación, implicando que alguna vez estuvo por debajo de los ángeles, verdad que queda clara en Hebreos 2:9. Pero la referencia en 1:4 es a su encarnación como Hijo de Dios. Como Hijo llegó a ser menor que los ángeles. Pero por causa de su fidelidad, obediencia y de la obra maravillosa que logró como Hijo, se le volvió a exaltar por encima de los ángeles, como había estado antes. Sin embargo, esta vez fue exaltado como Hijo. Técnicamente, Cristo no se hizo Hijo de Dios sino hasta su encarnación. Cristo no era el Hijo de Dios en el pasado eterno; era Dios en cuanto segunda persona de la Deidad. Llegó a identificársele como el Hijo, y como el Hijo fue exaltado por encima de los ángeles. De modo que se hizo mejor que los ángeles una vez más, aunque por un tiempo había sido inferior. Veremos esa verdad en detalle.

Esta sección maravillosa muestra que Jesús era mejor que los ángeles en cinco formas: su título, su adoración, su naturaleza, su existencia y su destino. Estos son los puntos del mensaje que el Espíritu Santo nos ha dado en el texto, por haber sido hecho **superior a los ángeles**.

SUPERIOR POR SU TÍTULO

Hecho tanto superior a los ángeles, cuanto heredó más excelente nombre que ellos. Porque ¿a cuál de los ángeles dijo Dios jamás: Mi Hijo eres tú, yo te he engendrado hoy, y otra vez: Yo seré a él Padre, y él me será a mí hijo? (1:4-5)

Jesucristo es mejor que los ángeles, primero de todo porque tiene un título mejor, un **más excelente nombre**. ¿A qué ángel dijo Dios alguna vez: **Mi Hijo eres tú, yo te he engendrado hoy**? La respuesta es: a ninguno. De ningún ángel ha dicho Dios: **Yo seré a él Padre, y él me será a mí hijo**. Los ángeles siempre han sido solo ministros y mensajeros. Solamente Cristo es el Hijo. A los ángeles se les creó para servir. Obviamente, es mejor ser hijo que siervo (Lc. 15:19). En realidad, la condición de hijo en la cultura hebrea tiene que ver con igualdad, no con subordinación (Jn. 5:18). No existe posición o título más excelso.

Nuestra cultura no le presta mucha atención al significado de los nombres. Excepto por los sobrenombres, por lo general no se pretende una relación entre la personalidad del niño y el significado de su nombre (que rara vez se conoce). Pero en los tiempos bíblicos Dios escogía nombres específicos, relacionados con el carácter o algún otro aspecto de la vida de la persona.

El escritor de Hebreos era bien consciente de haber hecho una pregunta retórica: **¿A cuál de los ángeles dijo Dios jamás: Mi Hijo eres tú, yo te he engendrado hoy** [Sal. 2:7], **y otra vez: Yo seré a él Padre, y él me será a mí hijo** [2 S. 7:14]? Por supuesto, la cita de 2 Samuel se refiere al más grande de los hijos de David (cp. Lc. 1:32; Jn. 7:42; Ap. 5:5, y otros). Ni un solo ángel ha sido llamado alguna vez "hijo de Dios". Como sucede con los cristianos, los ángeles reciben el nombre colectivo de "hijos de Dios" en el sentido de que Dios los creó y de que, en algunas maneras, ellos reflejan los atributos comunicables de Dios. Pero en las Escrituras a ningún ángel por separado se le llama "hijo de Dios". Tampoco le ha dicho Dios a ningún ángel alguna vez: **Yo te he engendrado hoy**, porque no es esta la forma en que los ángeles están relacionados con Dios.

Este pasaje presenta a sus lectores judíos la sorprendente verdad de que Cristo es el Hijo eterno de Dios. Pero resulta ser un texto que debe leerse y entenderse con sumo cuidado. El hecho de que el Padre engendrara al Hijo parece, a primera vista, un acontecimiento que tiene lugar en un tiempo determinado: **Yo te he engendrado** *hoy*. Yo *seré* a él **Padre, y él me** *será* **a mí hijo** (cursivas añadidas). "Engendrar" trata normalmente con el origen de una persona. Y, por lo general, los hijos están subordinados a sus padres. Visto de este modo, el título "Hijo" podría sugerir una posición subordinada o existencia temporal. Esta sería una posición muy opuesta a lo que el escritor resalta aquí.

Hay que tener en cuenta que, para cualquier lector judío del primer siglo, el título "Hijo" representaba una declaración de igualdad con el Padre. De hecho, como es bien sabido, Jesús fue acusado de blasfemia porque "llamaba a Dios su propio Padre, *con lo que él mismo se hacía igual a Dios*" (Jn. 5:18, cursivas añadidas). En esa cultura, al hijo adulto de un dignatario se le consideraba del mismo rango y privilegio que su padre. La misma deferencia exigida por un monarca se le otorgaba a su hijo adulto. Después de todo, el hijo poseía la misma esencia de su padre y era el heredero de todos los derechos y privilegios del padre; y por consiguiente, era igual en todo aspecto de importancia. Por tanto, cuando a Jesús se le llamó "Hijo de Dios", todos lo entendieron categóricamente como un título de deidad, ya que lo hacía igual a Dios y (más importante aún) de la misma esencia del Padre. Por eso, precisamente, los dirigentes judíos consideraron el título "Hijo de Dios" como una gran blasfemia.

Además, la cita del Salmo 2:7 debe entenderse en su contexto original. Ese salmo habla de una sucesión de voces. En los primeros versículos del salmo, las naciones se sublevan contra el Señor y su Ungido, declarando: "Rompamos sus ligaduras, y echemos de nosotros sus cuerdas" (v. 3).

Entonces el Padre ("que mora en los cielos") responde. Se ríe y se burla de la insolencia de las naciones que se sublevan, declarando: "Yo he puesto mi rey sobre Sion, mi santo monte" (v. 6). Esta rebelión humana de ninguna manera representa una amenaza para Dios, ni tampoco una interrupción en sus planes.

Al despectivo rechazo que el Padre hace de los rebeldes le sigue la voz de su Ungido. Ahora es el Hijo quien habla y repite la misma postura inquebrantable del Padre, afirmando que las naciones son su herencia prometida. Él mismo expresa: "Los quebrantarás con vara de hierro; como vasija de alfarero los desmenuzarás" (v. 9); el resultado es que los reyes y las naciones rebeldes de esta tierra ya están derrotados. Sabemos que es el Ungido del Señor quien hace esta declaración de victoria, porque Él mismo se presenta en el versículo 7 con el mismo texto citado en Hebreos 1:5: "Mi Hijo eres tú, yo te he engendrado hoy, y otra vez: yo seré a él Padre, y él me será a mí hijo".

El salmo termina con la voz del Espíritu Santo en los versículos 10-12, haciendo un llamado urgente a los rebeldes (y a los lectores del salmo) a rendirse humildemente en fe: "Honrad al Hijo, para que no se enoje, y perezcáis en el camino; pues se inflama de pronto su ira. Bienaventurados todos los que en él confían" (v. 12).

Desde esta perspectiva, la palabra "hoy" en el versículo 7 y en Hebreos 1:5 adquiere un nuevo significado. "El decreto" que menciona el Salmo 2:7 únicamente puede referirse al decreto eterno de Dios, ya que el vocablo "hoy" no puede ser una referencia a un día (o a cualquier momento) en el tiempo, sino a la eternidad pasada. Es una declaración de la condición eterna de hijo de Cristo, expresada por el Padre y citada aquí por el mismo Salvador.

¿Qué pasa con las implicaciones de la palabra "**engendré**" en el Salmo 2:7 y Hebreos 1:5? Según se indicó, la expresión, por lo general, sugiere la idea de concepción, lo cual, por supuesto, marca el origen temporal de una persona o cosa. Pero el punto que el argumento pretende establecer es que "Hijo de Dios" es un título de deidad (cp. He. 1:8: "Mas del Hijo dice: Tu trono, oh Dios, por el siglo del siglo"). Sugerir que el Hijo fue engendrado *en un momento en el tiempo* socavaría en gran manera el caso que aquí se presenta.

¿Qué significa entonces esta expresión?

El título "Hijo unigénito" es conocido para todos los que saben Juan 3:16. La misma designación se encuentra en Juan 3:18, Hebreos 11:17 y 1 Juan 4:9. (Véase también Juan 1:14, el "unigénito del Padre"; y Juan 1:18, "el unigénito Hijo".) El término resalta enfáticamente la singularidad y superioridad de Cristo *como Dios*. (La palabra griega traducida "unigénito Hijo" también puede significar "uno de la misma clase"). Tal expresión subraya la misma verdad que se destaca aquí en Hebreos 1: que Cristo no solo es superior a los ángeles, sino que también comparte la misma esencia del Padre. En otras palabras, el título nos comunica quién es Él, y no de dónde vino.

Los teólogos usan el término oximorónico *generación eterna* en un intento de hacer justicia a ambos aspectos de esta verdad: primero, que Cristo es de la misma esencia de (e idéntico en naturaleza a) Dios el Padre en una manera análoga a las criaturas engendradas "según su género" (Gn. 1:11-12, 24-25; 6:20; 7:14); y segundo, que el Hijo de Dios ni nació ni fue creado en esa relación. Él es tanto eterno como inmutable (Jn. 1:1-3, He. 13:8). Su cualidad de eterno es un aspecto intrínseco de su unidad esencial con el Padre.

Desde luego, la expresión *generación eterna* no está en las Escrituras, y no arroja mucha luz sobre la verdad inescrutable de la eterna condición de hijo que Cristo posee. Spurgeon afirmó correctamente que generación eterna es "un término que no nos transmite gran significado; simplemente encubre nuestra ignorancia". No obstante, los teólogos cristianos han empleado la expresión durante siglos como una manera de explicar la relación eterna entre Dios el Padre y Dios el Hijo, y tal vez esta sea también lo mejor que podríamos hacer. Por supuesto, las ideas con las que tratamos son quizás de mayor magnitud que lo que la mente humana podría comprender, ya que tales verdades no se pueden expresar en términos precisos y simples. Sin embargo, afirmamos de todo corazón lo que generación eterna pretende transmitir. El Credo Niceno lo declara de este modo: "Jesucristo [es] Hijo Unigénito de Dios, engendrado del Padre antes de todos los siglos: Dios de Dios, Luz de Luz, Dios verdadero de Dios verdadero, engendrado, no creado, de la misma naturaleza del Padre, por quien todo fue hecho".

SUPERIOR PORQUE RECIBE ADORACIÓN

Y otra vez, cuando introduce al Primogénito en el mundo, dice: Adórenle todos los ángeles de Dios. (1:6)

Jesucristo no solo es superior a los ángeles por ser el Hijo de Dios, sino porque recibe adoración. Aun cuando Cristo se humilló, aun cuando se hizo inferior a los ángeles por un tiempo, los ángeles están para adorarlo. Y si los ángeles lo adoran, Él debe ser mayor que ellos. Y si es superior que ellos, su pacto es mejor que el que ellos trajeron: el nuevo pacto es mejor que el antiguo, y el cristianismo es superior al judaísmo.

Adórenle todos los ángeles de Dios es una cita del Salmo 97:7. El salmista predijo que todos los ángeles adorarían a Cristo el Señor. Los judíos no debían sorprenderse con esta idea aquí en Hebreos. La verdad es que esas mismas palabras vienen de sus propias Escrituras. Los ángeles, lejos de igualarse al Hijo encarnado en gloria, tienen la orden de adorarlo.

¿Siempre han adorado a Cristo los ángeles? Sí, lo han adorado durante todo lo que llevan existiendo, pero antes de la encarnación lo adoraban como Dios. Ahora también lo adoran como el Hijo, en su carácter encarnado. Este Hijo, el cual se hizo hombre, está por encima de los ángeles. Es el mismo Dios a quien los ángeles siempre han adorado. Es un pecado absoluto y una violación de las leyes divinas más básicas adorar a alguien diferente a Dios. De modo que si el mismo Dios dice que los ángeles deben adorar al Hijo, ¡entonces el Hijo debe ser Dios! En su forma encarnada, así como en su forma eterna, Cristo debe recibir adoración.

EL PRINCIPAL

En este pasaje, Cristo recibe el nombre de **Primogénito**. Y aquí, de nuevo, muchas sectas afirman tener una prueba textual para mostrar que Jesús es un ser creado. "¡Miren! ¡Es el primogénito! ¿Ven? Nació tal como el resto de nosotros". Una supuesta prueba textual relacionada es Colosenses 1:15: "Él es la imagen del Dios invisible, el primogénito de toda creación". Pero *primogénito* (*prōtotokos*) no tiene nada que ver con el tiempo. Se refiere a la posición. No es una descripción sino un título que significa "el principal". El concepto estaba asociado con el primogénito porque el hijo mayor solía ser el heredero de todas las propiedades del padre.

El primer hijo nacido no siempre era el *primogénito*. Por ejemplo, Esaú era mayor que Jacob, pero Jacob fue el primogénito, el *prōtotokos*. Génesis 49:3 da una buena descripción del primogénito: "Rubén, tú eres mi primogénito, mi fortaleza, y el principio de mi vigor; principal en dignidad, principal en poder". Fortaleza, vigor, dignidad y poder son las palabras que describen el significado de *primogénito*. No es una palabra de tiempo; es una palabra para el derecho a gobernar, una palabra para autoridad. Y Jesucristo es el Primogénito supremo, el *prōtotokos* supremo, el Hijo supremo con derecho a gobernar. Por tanto, estos pasajes no se refieren al nacimiento de Cristo como tal, sino a su soberanía.

"Él es la cabeza del cuerpo que es la iglesia, él que es el principio, el primogénito de entre los muertos, para que en todo tenga la preeminencia" (Col. 1:18). Jesús fue "el primogénito de entre los muertos". ¿Hubo resucitados antes de Jesús? Sí. Lázaro, las otras personas que Jesús resucitó durante su ministerio terrenal, todos los santos del Antiguo Testamento que volvieron a la vida en la crucifixión… todos estos y otros ya se habían levantado de los muertos antes de Jesús. Por tanto, obviamente, el término no se refiere al tiempo. Jesús, como primogénito, es el más honrado, el más digno, el más alto, el más poderoso. De todos los que han resucitado, Él es el mayor y está por encima por mucho.

EL SIGNIFICADO DE "OTRA VEZ"

La expresión **otra vez** en Hebreos 1:6 ha provocado entre los comentaristas una dificultad grande. Antes de poder entender la expresión **de nuevo** necesitamos mirar otra palabra clave en el pasaje: **mundo**. Escribe: **Y otra vez, cuando introduce al Primogénito en el mundo, dice: Adórenle todos los ángeles de Dios.** Aquí no se usa la palabra griega más común para *mundo* (*kosmos*, "el universo"), sino *oikoumenē* ("la tierra habitada"). Cristo no fue el primero en nacer en la tierra, pero es el **primogénito** —el principal, el que tiene más honra— que vino a una tierra ya habitada donde habían nacido millones antes que Él.

El orden de las palabras en la Reina Valera (**Y otra vez, cuando introduce al Primogénito en el mundo**) ha añadido confusión a la interpretación en el versículo 6). Como se refleja en traducciones más modernas, el orden griego de las palabras es: "Y cuando introduce otra vez al Primogénito". De modo que, en el versículo 6, **de nuevo** se refiere a que Dios introduce a su Hijo primogénito en el mundo en otro momento. ¿Cuándo volverá a ocurrir este "de nuevo"? La única respuesta posible es en la Segunda Venida. Dios ya había introducido a su Hijo una vez y lo volverá a hacer, ¡en gloria resplandeciente!

Solo en la segunda venida se cumplirá la profecía en su totalidad, cuando **todos los ángeles de Dios** lo adoren. En el presente los ángeles no entienden el concepto general lo suficientemente bien como para que le den al Hijo toda la adoración. Los profetas del Antiguo Testamento tenían una dificultad semejante para entender el significado completo de lo que habían escrito. Estaban inspirados por el Espíritu Santo, pero en muchos casos no entendían totalmente los mensajes que recibían, y escudriñaban "qué persona y qué tiempo indicaba el Espíritu de Cristo que estaba en ellos, el cual anunciaba de antemano los sufrimientos de Cristo, y las glorias que vendrían tras ellos" (1 P. 1:11).

En el versículo siguiente, el apóstol explica que "a éstos se les reveló que no para sí mismos, sino para nosotros, administraban las cosas que ahora [nos] son anunciadas por los que [nos] han predicado el evangelio por el Espíritu Santo enviado del cielo" (1 P. 1:12). Ellos buscaban ver las cosas que no serían entendibles hasta que Cristo viniera, se predicara el evangelio y el Espíritu Santo se manifestara. De hecho, estas son "cosas en las cuales anhelan mirar los ángeles" (v. 12b). Los ángeles no las entienden aún. Tal vez las entiendan los "ángeles de la presencia" alrededor del trono, pero la gran mayoría de las huestes angelicales evidentemente aún no puede discernirlo todo. Los ángeles tienen una gran inteligencia, pero no son omniscientes. Cuando Dios traiga de nuevo a su primogénito al mundo, les dirá: "Ahora tienen el cuadro completo, y vuestra adoración puede ser total y completa".

> *Y miré, y oí la voz de muchos ángeles alrededor del trono, y de los seres vivientes, y de los ancianos; y su número era millones de millones, que decían a gran voz: El Cordero que fue inmolado es digno de tomar el poder, las riquezas, la sabiduría, la fortaleza, la honra, la gloria y la alabanza (Ap. 5:11-12).*

¡Aquí está la adoración angélica! Cristo está listo para volver de nuevo a la Tierra y tomarla para sí. En Apocalipsis 5:1 se dice que el Padre tiene el título de propiedad de la Tierra (el libro) y quienes estaban alrededor del trono decían: "¿Quién es digno de abrir el libro y desatar sus sellos?" (v. 2). Juan lloraba porque no había nadie que lo abriera, y de repente uno de los ancianos le dijo: "No llores. He aquí que el León de la tribu de Judá, la raíz de David, ha vencido para abrir el libro y desatar sus siete sellos" (v. 5). Entonces Jesucristo, el Cordero, tomó el rollo. Cuando estaba a punto de desenrollar los juicios y tomar posesión de la Tierra, los ángeles dijeron: "¡Ahora todo está claro!". Y había un número incontable de ellos, de todas partes del cielo, que emergieron en alabanza, junto con todas las otras criaturas del universo:

Y a todo lo creado que está en el cielo, y sobre la tierra, y debajo de la tierra, y en el mar, y a todas las cosas que en ellos hay, oí decir: Al que está sentado en el trono, y al Cordero, sea la alabanza, la honra, la gloria y el poder, por los siglos de los siglos. Los cuatro seres vivientes decían: Amén; y los veinticuatro ancianos se postraron sobre sus rostros y adoraron al que vive por los siglos de los siglos (Ap. 5:13-14)

Aquí se habla de su Segunda Venida, cuando Él se revelará en toda su gloria como Hijo, como *Prōtotokos*, el **Primogénito**. Finalmente, los ángeles entenderán todo cuando lo vean venir como el Rey de reyes y Señor de señores.

SUPERIOR POR SU NATURALEZA

Ciertamente de los ángeles dice: El que hace a sus ángeles espíritus, y a sus ministros llama de fuego. (1:7)

Jesús es también superior a los ángeles por su naturaleza. En el versículo 7, el Espíritu Santo muestra las diferencias básicas entre la naturaleza de los ángeles y la del Hijo. El griego para la palabra **hace** es *poieō* ("crear" o "hacer"). Puesto que Cristo creó a los ángeles (Col. 1:16), Él es obviamente superior a ellos. No solamente Él los creó, sino que son su posesión, **sus ángeles**. Son sus siervos creados, sus **ministros**, sus **espíritus** y sus **llamas de fuego**.

LA AFIRMACIÓN DEL PADRE SOBRE LA DEIDAD DE JESÚS

Mas del Hijo dice: Tu trono, oh Dios, por el siglo del siglo; (1:8a)

La primera parte del versículo 8 amplía la diferencia entre la naturaleza de Cristo y los ángeles. Esta es una de las declaraciones más sorprendentes e importantes en todas las Escrituras: ¡Jesús es el Dios eterno! Quienes dicen que Jesús era solo un hombre, uno de muchos ángeles, uno de los profetas de Dios o un semidiós de alguna clase, mienten y llevan sobre sí el anatema, la maldición de Dios. Jesús no es menos que Dios. El Padre dice al Hijo: **Tu trono, oh Dios, por el siglo del siglo**. Dios Padre reconoce a Dios Hijo. Creo que este versículo da la prueba más clara, poderosa, enfática e irrefutable de la deidad de Cristo en la Biblia, dicho por el mismo Padre.

LA AFIRMACIÓN DEL PROPIO JESÚS SOBRE SU DEIDAD

El testimonio del Padre sobre el Hijo corresponde con el testimonio del Hijo sobre sí mismo. Jesús, a través de todo su ministerio, afirmó ser igual a Dios. "Por esto los judíos aun más procuraban matarle, porque no sólo quebrantaba el día de reposo, sino que también decía que Dios era su propio Padre, haciéndose igual a Dios" (Jn. 5:18). Cuando dijo "Yo y el Padre uno somos" (Jn. 10:30), los líderes judíos entendieron bien su afirmación. A la luz de quien ellos pensaban que Él era, un simple humano, su reacción era de esperar: "Por buena obra no te apedreamos, sino por la blasfemia; porque tú, siendo hombre, te haces Dios" (v. 33).

LA AFIRMACIÓN DE LOS APÓSTOLES SOBRE LA DEIDAD DE JESÚS

Pablo escribió lo siguiente hablando de Israel y todas su bendiciones: "De quienes son los patriarcas, y de los cuales, según la carne, vino Cristo, el cual es Dios sobre todas las cosas, bendito por los siglos. Amén" (Ro. 9:5). La afirmación es que Jesucristo es Dios. En 1 Timoteo 3:16 el mismo apóstol escribe: "E indiscutiblemente, grande es el misterio de la piedad: Dios fue manifestado en carne, justificado en el Espíritu, visto de los ángeles, predicado a los gentiles, creído en el mundo, recibido arriba en gloria". Y otra vez Pablo vuelve a declarar: "Aguardando la esperanza bienaventurada y la manifestación gloriosa de nuestro gran Dios y Salvador Jesucristo" (Tit. 2:13).

Juan dice en su primera carta: "Pero sabemos que el Hijo de Dios ha venido, y nos ha dado entendimiento para conocer al que es verdadero; y estamos en el verdadero, en su Hijo Jesucristo. Este es el verdadero Dios, y la vida eterna" (1 Jn. 5:20). A través de todo el Nuevo Testamento la afirmación es inequívoca: Jesucristo es Dios.

AMANTE DE LA JUSTICIA

En Hebreos 1:8 continuamos leyendo: **Tu trono, oh Dios, por el siglo del siglo; cetro de equidad es el cetro de tu reino.** Jesucristo tiene un **trono** eterno desde el cual gobierna la eternidad como Dios y Rey. Él es Rey eterno, con un reino eterno y un **cetro de equidad.**

Has amado la justicia, y aborrecido la maldad, por lo cual te ungió Dios, el Dios tuyo, con óleo de alegría más que a tus compañeros. (1:9)

Este versículo revela las acciones de Jesús y sus motivos. No solo actuó en **justicia**. Él había **amado la justicia**. ¿Cuántas veces hacemos lo que sabemos es la voluntad de Dios, pero lo hacemos sin gozo, con condescendencia? Sin embargo, Jesús *amó* la justicia. "Toda buena dádiva y todo don perfecto desciende de lo alto, del Padre de las luces, en el cual no hay mudanza, ni sombra de variación" (Stg. 1:17). Esa es la justicia verdadera. Nunca varía de lo que es verdadero, justo y bueno. "Este es el mensaje que hemos oído de él, y os anunciamos: Dios es luz, y no hay ningunas tinieblas en él" (1 Jn. 1:5). Dios nunca varía; sus motivos, acciones y carácter nunca varían. Él es la luz total. Él es la justicia total. En todo lo que Jesús hizo estaba su amor por la justicia. Incluso más que el salmista, Él podía decir: "¡Oh, cuánto amo yo tu ley! Todo el día es ella mi meditación" (Sal. 119:97).

Dado que Cristo ama la justicia, aborrece **la maldad**. Si usted ama las normas de Dios, va a odiar las normas equivocadas. Estas dos convicciones son inseparables. No puede existir la una sin la otra. No se puede decir verdaderamente "Amo la justicia, pero me gusta el pecado". Cuando hay amor verdadero por Dios, habrá amor total por la justicia y odio total por el pecado. Jesús odiaba tanto el pecado como amaba la justicia. Puede verse esto en su tentación. Puede verse cuando limpió el templo. Puede verse en su muerte en la cruz. Y cuanto más seamos como nuestro Dios, más vamos a encontrar que nosotros también amamos la justicia y odiamos el pecado. Por nuestras actitudes hacia la justicia y el pecado podemos decir cuán cerca estamos de ser semejantes a Cristo.

En Hebreos 1:9 está la declaración más directa de la superioridad de Cristo con respecto a los ángeles: Por lo cual te ungió Dios, el Dios tuyo, con óleo de alegría más que a tus compañeros. Algunos comentaristas creen que compañeros se refiere a los hombres. Pero en este pasaje se habla de los ángeles, no de los hombres. La palabra griega simplemente connota una asociación, nada más. Lo que aquí se dice es que Jesucristo es superior a los ángeles, los cuales son sus socios, sus compañeros celestiales. Pero ellos tan solo son mensajeros de Dios. Cristo también es un mensajero de Dios, pero mucho más que un mensajero y, por lo tanto, mucho mayor que ellos. Él es el ungido, el exaltado, sobre todos los demás.

En su sermón en la casa de Cornelio, Pedro dice que Dios ungió a Jesús de Nazaret (Hch. 10:38). Dios lo había ungido y ordenado. El Salmo 2:2 y otros lugares del Antiguo Testamento anticipan esta unción. La palabra *Mesías* es una transliteración de la palabra hebrea para *Ungido*. La palabra *Cristo* es una transliteración de la palabra griega con idéntico significado. En otras palabras, el título supremo de Jesús (Mesías o Cristo) significa *Ungido*. Jesús era el Ungido de Dios. ¿Cuándo ocurrió esto? Creo que a Jesús se le *ungió* oficialmente como rey cuando subió al cielo, después de su resurrección. En ese momento, el Padre lo exaltó y le dio un nombre que es sobre todo nombre (Ef. 1:20-22). Él *asumió* su reinado al ascender. Aunque no ha reunido todo su reino, algún día cercano lo hará.

La naturaleza de Jesús (esto es, su deidad), como su título y el hecho de recibir adoración, muestra que es superior a los ángeles.

SUPERIOR POR SU EXISTENCIA

Y: Tú, oh Señor, en el principio fundaste la tierra, y los cielos son obra de tus manos. Ellos perecerán, mas tú permaneces; y todos ellos se envejecerán

como una vestidura, y como un vestido los envolverás, y serán mudados; pero tú eres el mismo, y tus años no acabarán. (1:10-12)

La cuarta forma en la que Jesús es superior a los ángeles es en su existencia. En esta cita del Salmo 102, el Espíritu Santo revela que Cristo es mejor que los ángeles porque existe eternamente. Si Jesús estuvo en el principio para crear, debió haber existido antes del principio y, por lo tanto, no tener principio. "En el principio era el Verbo" (Jn. 1:1).

Tal como se dobla y se desecha un vestido usado cuando ya no se le quiere más, así Jesús descartará los cielos y la Tierra. Un día, "los elementos ardiendo serán deshechos, y la tierra y las obras que en ella hay serán quemadas" (2 P. 3:10). "Y el cielo se desvaneció como un pergamino que se enrolla; y todo monte y toda isla se removió de su lugar" (Ap. 6:14). Durante la tribulación, los cielos se doblarán como un rollo que se estira y al que luego se le cortan las puntas. Las estrellas caerán, vendrán y golpearán la Tierra, y toda isla y montaña se moverá de su lugar. El mundo completo se derrumbará.

Las cosas que podemos ver y sentir parecen permanentes. Como el pueblo al que advirtió Pedro, nos sentimos tentados a pensar que "todas las cosas permanecen así como desde el principio de la creación" (2 P. 3:4). Pero todas esas cosas perecerán y el Señor creará unos cielos nuevos y una Tierra nueva. Cambiará la creación, pero no el Creador. "Tus años no acabarán". Cristo es eterno. Él es inmutable, nunca cambia. "Jesucristo es el mismo ayer, y hoy, y por los siglos" (He. 13:8).

Los hombres van y vienen. Las estrellas vienen y van. Los ángeles estaban sujetos a decaer, como lo demuestra su caída. Pero Cristo nunca cambia, nunca está sujeto a cambio, nunca es sujeto de alteración. Él es eternamente el mismo. Por tanto, es superior a los ángeles en el título, en la adoración, en la naturaleza, en la existencia y, finalmente, en el destino.

SUPERIOR DEBIDO A SU DESTINO

Pues, ¿a cuál de los ángeles dijo Dios jamás: Siéntate a mi diestra, hasta que ponga a tus enemigos por estrado de tus pies? ¿No son todos espíritus ministradores, enviados para servicio a favor de los que serán herederos de la salvación? (He. 1:13-14)

Aquí, tan solo en el primer capítulo, está la séptima cita del Antiguo Testamento, del Salmo 110:1. Esta lleva a su apogeo la enseñanza de la superioridad de Cristo con respecto a los ángeles.

Primero vemos el destino de Cristo y luego vemos el de los ángeles. A ningún ángel le ha prometido Dios sentarse a su derecha. Solo el Hijo se sentará allí. El destino de Jesucristo es que al final todo el universo se sujetará a Él. "En el nombre de Jesús se [doblará] toda rodilla de los que están en los cielos, y en la tierra, y debajo de la tierra" (Fil. 2:10). En el plan de Dios, Jesucristo está destinado a ser el soberano del universo y de todo lo que hay en él. "Luego el fin, cuando entregue el reino al Dios y Padre, cuando haya suprimido todo dominio, toda autoridad y potencia. Porque preciso es que él reine hasta que haya puesto a todos sus enemigos debajo de sus pies... Pero luego que todas las cosas le estén sujetas, entonces también el Hijo mismo se sujetará al que le sujetó a él todas las cosas, para que Dios sea todo en todos" (1 Co. 15:24-25, 28). El escritor resalta el punto de que Cristo es igual a su Padre en cada atributo de su naturaleza. En su encarnación, Cristo está sujeto al Padre, tal como el hijo de un rey terrenal se encuentra en su infancia sujeto incluso a tutores (Gá. 4:2). Sin embargo, a su debido tiempo Cristo será exaltado por sobre todos los poderes y principados. Todos los reinos y poderes del mundo se pondrán bajo sus pies y Él regresará en gloria.

Apocalipsis 19:15-16 da una descripción vívida de su próxima venida: "De su boca sale una espada aguda, para herir con ella a las naciones, y él las regirá con vara de hierro; y él pisa el lagar del vino del furor y de la ira del Dios Todopoderoso. Y en su vestidura y en su muslo tiene escrito este nombre: REY DE REYES Y SEÑOR DE SEÑORES". El destino de Jesucristo es reinar eternamente sobre los cielos nuevos y la Tierra nueva.

Observe cuál es el destino de los ángeles: **¿No son todos espíritus ministradores, enviados para servicio a favor de los que serán herederos de la salvación?** El destino de Jesús es reinar. El destino de los ángeles es servir para siempre a quienes son herederos de la salvación. ¡Qué perspectiva tan maravilloso y asombrosa para los cristianos! Además de estar por siempre en la presencia de Dios, nuestro destino es que los ángeles nos sirvan para siempre.

El rey de Siria amenazó una vez a Eliseo y su siervo y ellos no tenían forma de defenderse: "Y se levantó de mañana y salió el que servía al varón de Dios, y he aquí el ejército que tenía sitiada la ciudad, con gente de a caballo y carros. Entonces su criado le dijo: ¡Ah, señor mío! ¿qué haremos? Él le dijo: No tengas miedo, porque más son los que están con nosotros que los que están con ellos. Y oró Eliseo, y dijo: Te ruego, oh Jehová, que abras sus ojos para que vea. Entonces Jehová abrió los ojos del criado, y miró; y he aquí que el monte estaba lleno de gente de a caballo, y de carros de fuego alrededor de Eliseo" (2 R. 6:15-17). ¿Quiénes montaban los carros y los caballos? Eran ángeles. Los ángeles protegen y liberan al creyente, al santo, del peligro temporal. Los ángeles rescataron a Lot y su familia, arrebatándolos de Sodoma. Los ángeles estuvieron con Daniel en el foso y cerraron la boca de los leones. ¡Qué verdad tan reconfortante y maravillosa es saber que los ángeles nos sirven! Su destino es continuar sirviéndonos por toda la eternidad. Pero el destino de Jesús es reinar. Por tanto, Él es infinitamente superior a los ángeles.

De modo que nos encontramos con que el Hijo de Dios es superior a los ángeles en todo aspecto, y cada una de sus superioridades está descrita en el Antiguo Testamento. Jesús es el Mesías. Él es Dios hecho carne. Es el Mediador de un nuevo pacto, un pacto mejor que el antiguo.

En este capítulo breve de catorce versículos, vemos la deidad de Jesucristo establecida por los nombres divinos. Se le llama Hijo, Señor y Dios. Por las obras divinas: Él crea, sustenta, gobierna, redime y limpia el pecado. Por el valor divino de recibir adoración de los ángeles y de todas las demás criaturas del universo. Por sus atributos divinos de omnisciencia, omnipotencia, inmutabilidad y eternidad. En todas estas formas se proclama la superioridad de Jesucristo.

¿Por qué son tan importantes estas verdades? El siguiente pasaje nos da la respuesta. "Por tanto, es necesario que con más diligencia atendamos a las cosas que hemos oído, no sea que nos deslicemos. Porque si la palabra dicha por medio de los ángeles fue firme, y toda transgresión y desobediencia recibió justa retribución, ¿cómo escaparemos nosotros, si descuidamos una salvación tan grande?" (He 2:1-3). Si Dios esperaba una respuesta tan positiva a la ley, que vino por medio de ángeles, ¿qué respuesta espera concerniente al evangelio, que vino a través de Jesucristo?

La tragedia de rechazar la salvación

4

Por tanto, es necesario que con más diligencia atendamos a las cosas que hemos oído, no sea que nos deslicemos. Porque si la palabra dicha por medio de los ángeles fue firme, y toda transgresión y desobediencia recibió justa retribución, ¿cómo escaparemos nosotros, si descuidamos una salvación tan grande? La cual, habiendo sido anunciada primeramente por el Señor, nos fue confirmada por los que oyeron, testificando Dios juntamente con ellos, con señales y prodigios y diversos milagros y repartimientos del Espíritu Santo según su voluntad. (2:1-4)

Sin duda, el infierno está lleno de personas que nunca se opusieron activamente a Jesucristo, sino que simplemente rechazaron el evangelio. A esas personas se refieren estos cuatro versículos. Saben la verdad e incluso la creen, en el sentido de que la reconocen como verdadera y justa. Son conscientes de las buenas nuevas de la salvación provistas por Jesucristo, pero no están dispuestas a entregarle sus vidas a Él. De modo que dejan pasar el llamado de Dios y caen en la condenación eterna. Esta tragedia hace que estos versículos sean muy importantes y urgentes.

LA ENSEÑANZA CORRECTA EXIGE UNA RESPUESTA

En medio del tratado sobre los ángeles, el escritor intercala una invitación. Aplica directamente a los creyentes lo que ha estado hablando sobre Cristo: que Él es superior a todo y todos, que es el Exaltado, que solo Él puede limpiar el pecado, que es Dios, que es el Creador, que es digno de adoración. Da una invitación personal a sus lectores y oyentes a responder a lo que han aprendido. Podría decirse que aquí la doctrina se vuelve invitación.

Un maestro eficaz debe hacer mucho más que tan solo presentar los hechos bíblicos. También debe exhortar, advertir e invitar. Cuando el autor llega a Hebreos 2:1 ya está apasionado con el tema. Le importa la salvación de sus oyentes. No le satisface tan solo decir cuál es la doctrina y después terminar e irse. Anhela que sus lectores respondan positivamente a lo que dice. No solamente quiere que Cristo sea exaltado, sino también aceptado. Un maestro puede saber mucho de la verdad, pero si no tiene preocupación compasiva por la forma en que las personas reaccionan a esta verdad, no es un maestro valioso. La Palabra de Dios exige respuesta, y un maestro fiel de la Palabra enseña para que respondan.

Así era el apóstol Pablo. Aunque era un gran teólogo, con un gran dominio de la filosofía y la lógica, era apasionado. En Romanos 9:1-3 (después de ocho poderosos capítulos explicando el evangelio), Pablo da paso a una explosión de interés: "Verdad digo en Cristo, no miento, y mi conciencia me da testimonio en el Espíritu Santo, que tengo gran tristeza y continuo dolor en mi corazón. Porque deseara yo mismo ser anatema, separado de Cristo, por amor a mis hermanos, los que son mis parientes según la carne".

Pablo tenía una obsesión santa porque todas las personas, especialmente sus compatriotas judíos, llegaran a Cristo. "Hermanos, ciertamente el anhelo de mi corazón, y mi oración a Dios por Israel, es para salvación" (Ro. 10:1). He aquí el carácter del maestro verdadero. Le interesa más que lo académico, más que la sola información y pedagogía. Tiene una preocupación compasiva por la forma en que las personas responden a lo que oyen. "Por lo cual, siendo libre de todos, me he hecho siervo de todos para ganar a mayor número. Me he hecho a los judíos como judío, para ganar a los judíos; a los que están sujetos a la ley (aunque yo no esté sujeto a la ley) como sujeto a la ley, para ganar a los que están sujetos a la ley; a los que están sin ley, como si yo estuviera sin ley (no estando yo sin ley de Dios, sino bajo la ley de Cristo), para ganar a los que están sin ley. Me he hecho débil a los débiles, para ganar a los débiles; a todos me he hecho de todo, para que de todos modos salve a algunos. Y esto hago por causa del evangelio" (1 Co. 9:19-23).

A pesar del rechazo de su propio pueblo, la dureza de sus corazones y de su historia de persecución de los mensajeros de Dios, no obstante, Jesús se preocupaba por su salvación. "¡Jerusalén, Jerusalén, que matas a los profetas, y apedreas a los que te son enviados! ¡Cuántas veces quise juntar a tus hijos, como la gallina junta sus polluelos debajo de las alas, y no quisiste!" (Mt. 23:37). En otra ocasión dijo a sus oyentes judíos: "Escudriñad las Escrituras; porque a vosotros os parece que en ellas tenéis la vida eterna; y ellas son las que dan testimonio de mí; y no queréis venir a mí para que tengáis vida" (Jn. 5:39-40). Tenía una preocupación compasiva por la respuesta de sus oyentes. La enseñanza fiel siempre exige una respuesta.

En Hebreos 13:22 se dice que toda la carta es una "palabra de exhortación". Por lo tanto, requiere una respuesta. De modo que cuando el corazón del escritor está más entusiasmo con su disertación por la superioridad de Cristo sobre los ángeles, él intercala una invitación conmovedora. Como todas las buenas invitaciones, esta incluye tanto exhortación como advertencia: qué hacer y qué pasa si no se hace.

Los versículos iniciales de Hebreos 2 contienen la primera de cinco grandes advertencias intercaladas en el libro; a menudo, como aquí, en medio de un discurso sobre las características superiores de Cristo. Es como si el escritor no pudiera avanzar mucho sin parar a hacer un llamado de atención: "¿Y ahora qué van a hacer con esto?". Podemos conocer todo lo que se pueda conocer de Jesucristo y aun así ir al infierno si nunca lo hacemos nuestro, por no hacernos suyos.

ADVERTENCIA A LOS CONVENCIDOS INTELECTUALMENTE

¿cómo escaparemos nosotros, si descuidamos una salvación tan grande? La cual, habiendo sido anunciada primeramente por el Señor, nos fue confirmada por los que oyeron, (2:3)

¿A quién va dirigida esta advertencia? No puede ser a los cristianos. Ellos nunca pueden estar en peligro de rechazar la **salvación**, en el sentido de no recibirla, puesto que ya la tienen. Pueden rechazar el crecimiento y el discipulado, pero no pueden rechazar la salvación. La advertencia tampoco puede ser a quienes nunca han oído el evangelio, porque no pueden rechazar lo que ni siquiera saben que existe. Por tanto, la advertencia debe estar dirigida a no cristianos, específicamente a judíos, convencidos intelectualmente del evangelio, pero que no lo reciben para sí mismos.

Sin embargo, si la advertencia es para los incrédulos, ¿por qué escribe el autor "nosotros" y "nos"? ¿Se está incluyendo él entre los convencidos intelectualmente pero los no entregados? ¿Está diciendo el autor que no es cristiano? No. Ese *nosotros* es de nacionalidad o de todos los que han oído la verdad. La decisión del autor de identificarse con sus lectores no implica que esté en la misma posición espiritual que ellos. Simplemente parece estar diciendo: "Todos los que hemos oído el evangelio debemos aceptarlo".

Todos hemos conocido a personas que dicen: "Sí, yo creo que Cristo es el Salvador y que lo necesito, pero aún no estoy listo para ese compromiso". Tal vez así sea su esposo, su esposa, su hermano o un buen amigo. Van a la iglesia y oyen y oyen y oyen la palabra de Dios. Saben que es verdad y que la necesitan, pero no están dispuestos a comprometerse y aceptar personalmente a Jesucristo. Tienen todos los hechos pero no se han entregado. Son como la persona que cree que un yate lo puede mantener a flote, pero no se suben.

Creemos que esta advertencia es a todos los que han oído el evangelio, conocen los hechos sobre Jesucristo, saben que Él murió por ellos, que desea perdonarles sus pecados, que puede darles una nueva vida, pero no están dispuestos a confesarlo como Señor y Salvador. Con seguridad, esta es la categoría de personas más trágica en la existencia.

Nunca olvidaré a la mujer que llegó un día a mi oficina, me informó que era prostituta y dijo: "Necesito ayuda; estoy desesperada". Después de presentarle las afirmaciones de Cristo, le dije: "¿Te gustaría confesar a Jesucristo como tu Señor?". Ella me contestó: "Sí. No puedo soportar más". Ella estaba en el fondo y lo sabía. De modo que hicimos una oración y en apariencia invitó a Cristo a su vida. Le dije: "Ahora quiero que hagas algo. ¿Tienes aquí el libro de todos tus contactos?". Cuando respondió que sí lo tenía, le sugerí: "Hagamos algo a la altura de las circunstancias: quemémoslo ahora mismo". Ella me miró sorprendida y replicó: "¿Qué me quiere decir?". "Así como lo dije —expliqué—. Si de verdad conociste a Jesucristo como tu Señor, si de verdad aceptaste su perdón y vas a vivir para Él, quememos el libro, celebremos tu nuevo nacimiento y alabemos al Señor". "¡Pero este libro vale mucho dinero!", objetó ella. Le dije: "Estoy seguro de que sí". Entonces, guardando el libro y mirándome a los ojos, me dijo: "No quiero quemar mi libro. Supongo que eso significa que en realidad no quiero a Jesús". Y se fue.

Cuando calculó el costo, se dio cuenta de que no estaba lista. No sé lo que le pasó a esa mujer amada por Dios. Mi corazón arde por ella y suelo pensar en ella. Sé que conoció los hechos del evangelio y creyó en ellos; pero no estaba dispuesta a hacer el sacrificio, aun cuando lo que se negó a entregar no valía nada y lo que pudo haber tenido en Jesucristo lo valía todo.

Hay muchas personas como ella. Saben la verdad, están al borde de la decisión correcta, pero nunca la toman. Se deslizan. A ellos es a quienes habla este pasaje de Hebreos. El propósito de estos cuatro versículos es darles a estas personas un empujón poderoso hacia Jesucristo.

Por supuesto, el mensaje no está restringido a los judíos incrédulos. Es para cualquiera que esté en el borde de la decisión por Cristo, pero le dice que no —por su propia voluntad, pecado, miedo a la persecución de su familia y sus amigos, o cualquier otra razón—y continúa rechazándolo. El hombre es necio, un necio más allá de todos los necios, una tragedia eterna, cuando no se decide por Jesucristo.

TRES RAZONES PARA SEGUIR A CRISTO

El pasaje nos da tres grandes razones para recibir la salvación: el carácter de Cristo, la certeza del juicio y la confirmación de Dios.

EL CARÁCTER DE CRISTO

Por tanto, es necesario que con más diligencia atendamos a las cosas que hemos oído, no sea que nos deslicemos. (2:1)

Se preguntará usted qué tiene que ver esa declaración con el carácter de Cristo. **Por tanto**, es equivalente a "en consecuencia". La primera razón a la que debemos poner atención está en el capítulo 1. Está hablando de Jesucristo. A Él se le llamó Hijo, heredero de todas las cosas y creador del mundo (1:2). Él es el resplandor de la gloria de Dios, la representación exacta de la naturaleza divina, quien sustenta el universo, el purificador del pecado y el que se sienta a la diestra de la Majestad en lo alto (v. 3). Los ángeles le adoran y le sirven (vv. 4-7). Tiene unción sobre todos los demás, es el Señor de la creación, el Dios eterno e inmutable (vv. 8-12).

Cristo es estas cosas. ¿Quién podría rechazarlo? ¿Qué clase de persona podría rechazar a esa clase de Cristo: el Cristo que vino al mundo como Dios encarnado, murió en la cruz para el perdón de nuestros pecados, pagó nuestra pena, nos mostró amor divino y se ofreció a presentarnos ante Dios y a darnos su bendición y alegría más allá de toda imaginación?

Jesús era la voz de Dios. Jesús era Dios en el mundo y rechazarlo es rechazar a Dios. Rechazar a Dios es rechazar la razón de nuestra existencia. El hombre que rechaza la salvación que Cristo en su magnificencia ofrece es un necio. No entiendo cómo alguien puede saber quién es Cristo, admitir que el evangelio es verdad y aun así no entregarle su vida. ¡Qué misterio tan incomprensible, qué tragedia!

Una mirada a algunas de las palabras en griego en 2:1 ayudará a entender estos cuatro versículos de apertura. Las dos palabras clave son *prosechō* ("prestar atención a algo") y *pararheō* ("dejar deslizar"). Con su modificador, *prosechō* traduce "**con más diligencia** atender a algo" y es enfático. En otras palabras, sobre la base de quien Cristo es, debemos prestar mucha atención a lo que sobre Él hemos oído. No podemos oír estas cosas y permitir que se deslicen de nuestra mente. La palabra *pararheō* aquí se traduce "deslizarse de" y puede tener múltiples significados. Se puede usar para algo que fluye o se resbala, como un anillo que se sale de un dedo. Se puede usar para algo que se cae y se queda atrapado en un lugar difícil. Se usa para cosas que, por descuido, las personas dejan deslizar.

Pero las dos palabras tienen también connotaciones náuticas. *Prosechō* significa amarrar un barco, atarlo. *Pararheō* se puede usar para un barco que se rodó por el puerto porque a un marinero se le olvidó prestarles atención a los instrumentos de navegación o registrar apropiadamente los vientos, mareas y la corriente.

Con estos significados en mente, el texto podría traducirse así: "En consecuencia, debemos asegurar con prontitud nuestras vidas a las cosas que hemos aprendido; no sea que el barco de la vida se deslice por el puerto de la salvación y se pierda para siempre". La ilustración es gráfica y apropiada. La mayoría de las personas no se lanza al infierno de cabeza o con intención. Se deslizan para allá. La mayoría de las personas no le da la espalda a Dios ni lo maldicen en algún momento dado. La mayoría de las personas, bien despacio, casi imperceptiblemente, se desliza por el puerto de la salvación y va a parar en la destrucción eterna.

Un escritor lo puso en estas palabras, tomando como base a Shakespeare: "Hay una marea en los asuntos de los hombres que, cuando está bajando, lleva a la victoria; cuando se le ignora, las playas del tiempo quedan llenas de escombros". ¡Cuán cierto es! La descripción no es de un marinero ignorante o de uno rebelde y licencioso, sino de un marinero descuidado. Por lo tanto, debemos tener el mayor cuidado, no sea que, sin intención e inesperadamente, nos encontremos un día con que nos deslizamos para siempre del puerto de la salvación.

Debemos entender que no es el evangelio el que se desliza, como parece implicar la versión inglesa *King James*. Ese no es el significado. El griego y la mayoría de traducciones modernas dejan claro que quienes se deslizan son las personas que no prestan atención. La Palabra nunca se aleja de nosotros. El peligro está en que nosotros nos alejemos de ella. El puerto de la salvación es absolutamente seguro. Jesucristo es quien nunca se mueve, nunca cambia y siempre está disponible para quien quiera la protección y seguridad de su justicia.

Para cuando se escribió Hebreos, multitudes de judíos habían oído el evangelio, muchos directamente de algún apóstol. Muchos, sin duda, estaban impresionados favorablemente con el mensaje, incluso intrigados por este. Lo oyeron y quizás lo ponderaron. Pero la mayoría no lo aceptó. La advertencia de Jesús en Lucas 9:44 puede aplicarse a todo el evangelio: "Haced que os penetren bien en los oídos estas palabras". Las palabras deben adentrarse en nosotros y provocar un cambio en nuestras vidas. No es suficiente con oírlo. Eso es tan solo el principio, como nos lo recuerda Proverbios: "Hijo mío, está atento a mis palabras; inclina tu oído a mis razones. No se aparten de tus ojos; guárdalas en medio de tu corazón; porque son vida a los que las hallan, y medicina a todo su cuerpo" (4:20-22). Cuando oiga la Palabra de Dios, hágala suya. No se deslice de ella, porque eso es lo más peligroso que puede hacer.

No puede evitarse la pregunta de cuántos miles de personas en el infierno estuvieron cerca de la salvación, cuántos miles estuvieron cerca de echar las amarras y anclar, tan solo para deslizarse para siempre porque no recibieron lo que oyeron y, en muchos casos, creyeron de verdad. Deslizarse es silencioso, muy fácil, pero absolutamente condenatorio. Todo lo que usted necesita hacer para ir al infierno es no hacer nada. Resulta muy difícil entender cómo puede alguien rechazar a Jesucristo cuando ha visto su carácter. Yo, que como cristiano vivo todos los días con Jesucristo y lo experimento en mi vida, encuentro altamente misterioso que las personas no corran hacia Él y todo lo que Él tiene para ellos.

Y por eso, a quien oye se le urge a responder por causa del carácter del incomparable Jesucristo.

Suelo pensar en una historia que leí sobre William Edward Parry, un explorador inglés que reunió un grupo y se fue al océano Ártico. Querían ir más al norte para continuar trazando los mapas, de manera que calcularon su ubicación con las estrellas y comenzaron una marcha muy difícil y peligrosa hacia el norte. Caminaron hora tras hora y, finalmente, totalmente exhaustos, pararon. Cuando volvieron a revisar su posición, se dieron cuenta de que estaban más al sur que cuando comenzaron. Iban caminando sobre un témpano de hielo que se movía hacia el sur más rápido de lo que ellos caminaban hacia el norte. Me pregunto cuántas personas creerán que sus buenas obras, sus méritos y su religiosidad los están acercando, paso a paso, a Dios, cuando en realidad se están alejando más rápido de lo que creen que se acercan. He ahí la tragedia en todo esto. Se despiertan un día para darse cuenta, como el grupo de Parry, que todo el tiempo anduvieron en la dirección equivocada.

Una persona no debe estar nunca satisfecha con los sentimientos religiosos, con venir a la iglesia, con casarse con una pareja cristiana o con las actividades eclesiales. Esa persona se deslizará al infierno si no hace un compromiso personal con Jesucristo, el Señor y Salvador.

LA CERTEZA DEL JUICIO

La segunda razón importante para aceptar a Cristo es la certeza del juicio para quienes no lo reciban. Los versículos 2 y 3 nos hablan de lo inevitable que es este castigo:

Porque si la palabra dicha por medio de los ángeles fue firme, y toda transgresión y desobediencia recibió justa retribución, ¿cómo escaparemos nosotros, si descuidamos una salvación tan grande? La cual, habiendo sido anunciada primeramente por el Señor, nos fue confirmada por los que oyeron, (2:2-3)

La palabra griega para **si** supone una condición cumplida, no una posibilidad. El significado en el contexto es que la palabra hablada por los ángeles era absoluta y categórica. La frase podría traducirse así: "Porque, considerando el hecho de que los ángeles en efecto hablaron esta palabra…".

¿Por qué la ley del Antiguo Testamento, particularmente los Diez Mandamientos, está tan relacionado con los ángeles? ¿Por qué enfatiza el escritor que los ángeles mediaron el antiguo pacto? Lo hace porque los ángeles jugaron un papel decisivo en la llegada de los Diez Mandamientos, como queda claro en varios pasajes.

Salmos 68:17 da una idea: "Los carros de Dios se cuentan por veintenas de millares de millares; el Señor viene del Sinaí a su santuario". En Sinaí, donde Moisés recibió la ley, el Señor estaba acompañado por una hueste de ángeles. El mismo Moisés nos informa: "Vino el Señor desde el Sinaí: vino sobre su pueblo, como aurora, desde Seír; resplandeció desde el Monte Parán, y llegó desde

Meribá Cades con rayos de luz en su diestra" (Dt. 33:2, NVI). Esto indica, creemos, que los ángeles estuvieron implicados cuando llegó la ley.

Hechos 7:38 menciona específicamente que al menos un ángel estaba con Moisés en el Sinaí: "Este es aquel Moisés que estuvo en la congregación en el desierto con el ángel que le hablaba en el Monte Sinaí, y con nuestros padres". Unos versículos más adelante se nos dice que la ley se recibió "por disposición de ángeles" (v. 53).

El Antiguo y el Nuevo Testamentos nos dicen que los ángeles estuvieron en el Sinaí y fueron decisivos al traer la ley. Y si usted rompía la ley, la ley lo rompía a usted. No había salida. Se lapidaba a una persona si cometía adulterio, adoraba falsos dioses o blasfemaba el nombre de Dios. La ley era inviolable; el castigo por violarla era seguro. Como dice nuestro texto, **toda transgresión y desobediencia recibió justa retribución**. La ley castigaba todo pecado. Y ese castigo era justo.

Aquí se usan dos palabras para pecado: **transgresión** (*parabasis*) y **desobediencia** (*parakoē*). Transgresión significa cruzar la línea en un acto voluntario. Es un pecado de comisión abierto, de hacer intencionalmente algo que sabemos errado. Sin embargo, la desobediencia conlleva la idea de no haber entendido perfectamente, aunque no en el sentido de una persona sorda, que no puede evitar no oír. La desobediencia cierra deliberadamente sus oídos a los mandamientos, advertencias e invitaciones de Dios. Es un pecado de desatención, de omisión: no hacer nada cuando debíamos hacer algo. Uno es un pecado activo, el otro es pasivo, pero ambos son voluntarios y ambos son serios.

Véase Levítico 24:14-16:

> *"Saca al blasfemo fuera del campamento. Quienes lo hayan oído impondrán las manos sobre su cabeza, y toda la asamblea lo apedreará. Diles a los israelitas: 'Todo el que blasfeme contra su Dios sufrirá las consecuencias de su pecado'. Además, todo el que pronuncie el nombre del SEÑOR al maldecir a su prójimo será condenado a muerte. Toda la asamblea lo apedreará. Sea extranjero o nativo, si pronuncia el nombre del SEÑOR al maldecir a su prójimo, será condenado a muerte" (NVI).*

Parece severo, pero Dios quería asegurarse de que se solucionara inmediatamente el problema de los falsos profetas blasfemos para mantener la pureza moral y espiritual de su pueblo.

Mírese ahora Números 15:30-36:

> *"Pero el que peque deliberadamente, sea nativo o extranjero, ofende al SEÑOR. Tal persona será eliminada de la comunidad, y cargará con su culpa, por haber despreciado la palabra del SEÑOR y quebrantado su mandamiento". Un sábado,*

durante la estadía de los israelitas en el desierto, un hombre fue sorprendido recogiendo leña. Quienes lo sorprendieron lo llevaron ante Moisés y Aarón, y ante toda la comunidad. Al principio sólo quedó detenido, porque no estaba claro qué se debía hacer con él. Entonces el Señor le dijo a Moisés: "Ese hombre debe morir. Que toda la comunidad lo apedree fuera del campamento". Así que la comunidad lo llevó fuera del campamento y lo apedreó hasta matarlo, tal como el Señor se lo ordenó a Moisés (NVI).

Se preguntara usted: "¿Matarlo por recoger leña en sábado?". Sí, porque deliberadamente desacató la ley de Dios (cp. Stg. 2:10).

La ley inviolable que Dios determinó era fuerte. En Judas 5 leemos: "Mas quiero recordaros, ya que una vez lo habéis sabido, que el Señor, habiendo salvado al pueblo sacándolo de Egipto, después destruyó a los que no creyeron". Ese es un juicio severo sobre los incrédulos.

Nótese ahora la palabra **justa** en Hebreos 2:2. A Dios suele acusársele de ser injusto cuando su castigo nos parece desproporcionado con la falta cometida. Pero Dios, por su propia naturaleza, no puede ser injusto. Bajo el antiguo pacto, castigó severamente a quienes decidieron vivir sin Él y no acatarlo. Los sacó de su pueblo por causa de quienes eran puros, santos y querían vivir para Él. Su juicio sobre el pueblo de Israel era severo porque ellos sabían la verdad.

El castigo siempre está relacionado con la luz. Cuanta más luz tengamos, más severo es el castigo. Jesús fue claro al respecto:

Entonces comenzó a reconvenir a las ciudades en las cuales había hecho muchos de sus milagros, porque no se habían arrepentido, diciendo: ¡Ay de ti, Corazín! ¡Ay de ti, Betsaida! Porque si en Tiro y en Sidón se hubieran hecho los milagros que han sido hechos en vosotras, tiempo ha que se hubieran arrepentido en cilicio y en ceniza. Por tanto os digo que en el día del juicio, será más tolerable el castigo para Tiro y para Sidón, que para vosotras. Y tú, Capernaum, que eres levantada hasta el cielo, hasta el Hades serás abatida; porque si en Sodoma se hubieran hecho los milagros que han sido hechos en ti, habría permanecido hasta el día de hoy. Por tanto os digo que en el día del juicio, será más tolerable el castigo para la tierra de Sodoma, que para ti (Mt. 11:20-24).

El principio es este: cuanto más sepa usted, más grande será el castigo por no cumplir lo que usted sabe. Tiro y Sidón eran sumamente culpables de incredulidad y desobediencia, y en las Escrituras Sodoma y Gomorra tipifican la inmoralidad e impiedad más grosera. Pero ninguna de ellas era tan culpable como Capernaum, Betsaida o Corazín, porque estas tres, además de haber tenido la luz del Antiguo Testamento, tuvieron la luz del mismo Mesías de Dios.

Marcos registra una enseñanza similar de nuestro Señor: "Guardaos de los escribas, que gustan de andar con largas ropas, y aman las salutaciones en las plazas, y las primeras sillas en las sinagogas, y los primeros asientos en las cenas; que devoran las casas de las viudas, y por pretexto hacen largas oraciones. Estos recibirán mayor condenación" (12:38-40).

El infierno es un lugar muy real. En el Nuevo Testamento se le llama lugar de fuego eterno (Mt. 25:41), donde el gusano no muere y el fuego no se apaga (Mr. 9:43-44). Se le llama lago de fuego que arde con azufre (Ap. 19:20); abismo o fosa sin fondo (Ap. 9:11; 11:7 y otros); tinieblas externas, donde está el lloro y el crujir de dientes (Mt. 22:13); y oscuridad de las tinieblas (Jud. 13).

Hay grados de castigo en el infierno. Los lugares más calientes pertenecen a quienes más luz han rechazado. Préstese atención a las palabras del mismo Jesús: "Aquel siervo que conociendo la voluntad de su señor, no se preparó, ni hizo conforme a su voluntad, recibirá muchos azotes. Mas el que sin conocerla hizo cosas dignas de azotes, será azotado poco; porque a todo aquel a quien se haya dado mucho, mucho se le demandará; y al que mucho se le haya confiado, más se le pedirá" (Lc. 12:47-48). El Señor está hablando sobre el juicio, y lo que quiere decir es sencillo: cuanta más luz, más responsabilidad.

Esta verdad se presenta de la forma más clara posible en el libro que ahora estamos estudiando. "El que viola la ley de Moisés, por el testimonio de dos o de tres testigos muere irremisiblemente. ¿Cuánto mayor castigo pensáis que merecerá el que pisoteare al Hijo de Dios, y tuviere por inmunda la sangre del pacto en la cual fue santificado, e hiciere afrenta al Espíritu de gracia?" (He. 10:28-29). La persona que conoce, entiende y cree en el evangelio, pero se desliza y se aparta de este, experimentará el castigo más severo que exista. De modo que la certeza del castigo debe ser una motivación poderosa para aceptar a Cristo.

LA CONFIRMACIÓN DE DIOS

¿cómo escaparemos nosotros, si descuidamos una salvación tan grande? La cual, habiendo sido anunciada primeramente por el Señor, nos fue confirmada por los que oyeron, testificando Dios juntamente con ellos, con señales y prodigios y diversos milagros y repartimientos del Espíritu Santo según su voluntad. (2:3-4)

La tercera razón importante para aceptar a Cristo es la confirmación de Dios. Cristo fue el primero en anunciar el evangelio y luego fue confirmado por los apóstoles, que lo habían oído de Él en persona. Sin embargo, lo que es más importante, Dios mismo dio testimonio y lo confirmó.

Cuando Jesús predicaba, también hizo algunas cosas que conferían más credibilidad al evangelio. Él dijo: "Aunque no me creáis a mí, creed a las obras, para que conozcáis y creáis que el Padre está en mí, y yo en el Padre" (Jn. 10:38).

Cuando afirmó ser Dios y luego hizo cosas que solo Dios podía hacer, confirmó su divinidad y, en consecuencia, la verdad de su mensaje. El día de Pentecostés, Pedro recordó a sus oyentes que "Jesús nazareno [fue un] varón aprobado por Dios entre vosotros con las maravillas, prodigios y señales" (Hch. 2:22).

Dios dio señales de confirmación semejantes a través de los apóstoles, los primeros predicadores del evangelio después de Jesucristo. Sin duda, muchos de los creyentes decían: "¿Por qué debemos creerles? ¿Qué pruebas tenemos de que su mensaje viene de Dios? Siempre ha habido cantidades de falsos maestros por ahí. ¿Cómo sabremos que estos son auténticos?". Así que Dios les dio la capacidad a sus testigos apóstoles de hacer las mismas cosas que Jesús hizo: señales, maravillas y milagros. Y, de hecho, realizaron milagros sorprendentes. Levantaron muertos, sanaron muchas enfermedades y aflicciones, y Dios confirmó el ministerio de ellos por medio de esas obras maravillosas. Por tanto, discutir con un apóstol sobre el evangelio era discutir con Dios. Su predicación y su enseñanza eran verdad divina sustanciada por los milagros.

Como si esta confirmación no fuera suficiente, Dios les dio también a los apóstoles **repartimientos** especiales **del Espíritu Santo según su voluntad**. La expresión **según su voluntad** parece haberse insertado para evitar que nos confundiéramos con respecto a la fuente de ciertos dones espirituales (cp. 1 Co. 12:11, 18, 28).

El doctor Earl Radmacher, presidente del Seminario Bautista Conservador del Occidente [de Estados Unidos], me contó que una vez recibió en su correo un panfleto en el cual le daban los pasos necesarios para obtener al Espíritu Santo. Primero, debían repetirse las frases "alabado sea el Señor" y "Aleluya" tres veces más rápido de lo normal y por un período de diez minutos. Si lo hacía con la suficiente velocidad, pasaría a un lenguaje extraño y entonces habría obtenido al Espíritu Santo. Eso tiene tanto de ridículo como de blasfemo. Los dones del Espíritu se reciben acorde a su voluntad, no a nuestros esfuerzos.

La idea principal al final del versículo 4 es que los dones que los apóstoles recibieron del Espíritu Santo eran una confirmación divina adicional a su mensaje y su ministerio. Los dones mencionados en Hebreos 2:4 eran milagrosos, no una promesa a los creyentes en general. Romanos 12 y 1 Corintios 12—14 ilustran de forma representativa los dones espirituales no milagrosos que no estaban reservados para los apóstoles.

En Hechos 14:3 leemos que Pablo y Bernabé "se detuvieron [en Iconio] mucho tiempo, hablando con denuedo, confiados en el Señor, el cual daba testimonio a la palabra de su gracia, concediendo que se hiciesen por las manos de ellos señales y prodigios". Pablo habló a los cristianos en Roma "con potencia de señales y prodigios, en el poder del Espíritu de Dios; de manera que desde Jerusalén, y por los alrededores hasta Ilírico, todo lo [hubo] llenado del evangelio de Cristo" (Ro. 15:19). Como apóstol, tenía el don de hacer estos milagros. En otra carta dice: "Con todo, las señales de apóstol han sido hechas entre vosotros en toda paciencia, por señales, prodigios y milagros" (2 Co. 12:12). Por tanto, estas obras especiales pertenecieron exclusivamente a la era apostólica. No estaban para durar indefinidamente, y no son para hoy.

¿Cuáles eran estos dones, específicamente? Considero que eran cuatro: sanidades, milagros, lenguas e interpretación de lenguas. Todos estos milagros cesaron después de la era apostólica. No son necesarios hoy porque no existe esa necesidad de confirmar el evangelio.

Incluso en el Nuevo Testamento estas confirmaciones fueron dadas únicamente para el beneficio de los incrédulos. "Así que, las lenguas son por señal, no a los creyentes, sino a los incrédulos" (1 Co. 14:22). Cuando se completó la Palabra de Dios escrita cesaron las otras confirmaciones. Si alguien hoy viene a decir "así dice el Señor", ¿cómo sabemos que es genuino? Usted lo verifica con lo que dicen las Escrituras. Benjamin Warfield, gran estudioso de la Biblia, dijo: "Estos dones de milagros eran parte de las credenciales de los apóstoles como agentes autoritativos de Dios en la fundación de la iglesia. Así, la función de estos dones era confirmar a los apóstoles de manera diferencial en la iglesia apostólica, y esos dones se fueron con los apóstoles".

Así, las tres grandes razones por las cuales no debe alguien rechazar el evangelio de la salvación son: el carácter de Cristo, la certeza del juicio y la confirmación de Dios. Dios ha avalado este evangelio con señales, maravillas, milagros y dones espirituales especiales; pero ahora él lo avala con el milagro y la autoridad de su Palabra escrita.

Que no se diga de usted que rechazó a Jesucristo. La historia cuenta que el fracaso al lanzar un cohete en el momento preciso de la noche provocó la caída de Antwerp, y la liberación de Holanda se retrasó veinte años. Solo tres horas de descuido le costaron a Napoleón la batalla de Waterloo. Rechazar la salvación de Cristo puede costarle a usted la bendición eterna, la dicha eterna, y traer sobre su vida juicio condenatorio y castigo eterno. No deje que la gracia de Dios se le deslice.

Recuperación del destino perdido del hombre

5

Porque no sujetó a los ángeles el mundo venidero, acerca del cual estamos hablando; pero alguien testificó en cierto lugar, diciendo: ¿Qué es el hombre, para que te acuerdes de él, o el hijo del hombre, para que le visites? Le hiciste un poco menor que los ángeles, le coronaste de gloria y de honra, y le pusiste sobre las obras de tus manos; todo lo sujetaste bajo sus pies. Porque en cuanto le sujetó todas las cosas, nada dejó que no sea sujeto a él; pero todavía no vemos que todas las cosas le sean sujetas. Pero vemos a aquel que fue hecho un poco menor que los ángeles, a Jesús, coronado de gloria y de honra, a causa del padecimiento de la muerte, para que por la gracia de Dios gustase la muerte por todos. (2:5-9)

Después del llamado urgente en 2:1-4 a no rechazar la salvación, el escritor regresa brevemente a su explicación sobre los ángeles como una introducción a su enseñanza sobre el destino del hombre. Primero, presenta otra verdad sorprendente sobre el rango o posición de los ángeles en relación con Cristo: **Porque no sujetó a los ángeles el mundo venidero, acerca del cual estamos hablando**. Solo Dios será el soberano del mundo venidero, otra indicación de su superioridad con respecto a los ángeles. Si los ángeles son los siguientes por debajo de Dios y Jesús es superior a los ángeles, obviamente Jesús es Dios.

Además de continuar con el argumento sobre la superioridad de Cristo con respecto a los ángeles, este pasaje trata el destino del hombre. El hombre está perdido hoy, totalmente perdido. Al perder su relación directa con Dios, también perdió el significado de su existencia. Estos versículos nos enseñan cuál es el destino previsto para el hombre, cómo y cuándo se perdió y cómo se puede recuperar mediante el Salvador exaltado.

EL DESTINO DEL HOMBRE ES REVELADO POR DIOS

Primero, vemos que Dios revela el destino del hombre. **Porque no sujetó a los ángeles el mundo venidero, acerca del cual estamos hablando**. Dios no pretendió nunca darles a los ángeles poder para gobernar el mundo venidero. Más bien, los ángeles están para servir a quienes serán los herederos de la salvación (1:14). En el mundo venidero los ángeles serán siervos, no gobernantes.

La palabra **sujetó** es traducción del verbo *hupotassō*, un término que se refería principalmente a tener los soldados organizados bajo un comandante. También se usaba para los sistemas administrativos. Dios no entregará la administración del mundo venidero a los ángeles. El mundo venidero será grande y maravilloso, un mundo de perfección. Quien gobierne aquel mundo será glorioso. Pero no serán los ángeles. La superioridad de los ángeles con respecto a los hombres es temporal.

La palabra griega que se traduce **mundo** en el versículo 5 no es el término general *kosmos*, cuyo significado es "sistema"; tampoco es *aiōn*, cuyo significado es "eras, siglos". La palabra usada aquí es muy específica; es *oikoumenē*, "la Tierra habitada". Por tanto, habrá una Tierra habitada venidera. Los amilenaristas afirman que no hay reino terrenal futuro. Pero este versículo dice con toda claridad que una Tierra como esta *sí* vendrá. No puede referirse al planeta Tierra presente, porque este va a cambiar significativamente (Zac. 14:9-11). De hecho, muchas señales parecen indicar que el cambio está cerca.

Por tanto, debe haber otra Tierra habitada venidera. ¿Cuál es? El gran reino milenial. La Tierra y todos los que la habitan también serán diferentes. Los animales serán diferentes y algunas de las personas serán diferentes (redimidas y glorificadas; cp. Is. 11:35). Sencillamente, lo que el versículo 5 nos dice es que los ángeles no serán los gobernantes del mundo nuevo.

Sin embargo, para poner todo el asunto en perspectiva, debemos entender que los ángeles *sí* gobiernan este mundo presente, la Tierra que habitamos hoy. El principal ángel caído es Satanás, que también es el príncipe de este mundo (Jn. 12:31; 14:30). Por Efesios sabemos también que este mundo está bajo una influencia demoniaca tremenda. Los demonios son ángeles caídos y se les llama principados, potestades, gobernadores de las tinieblas y huestes espirituales de maldad (Ef. 6:12). Pero no solo Satanás y sus ángeles caídos tienen alguna capacidad de gobernar en este mundo: los ángeles santos también tienen ahora una especie de soberanía. Daniel 10 habla de Miguel y otro ángel santo que batallaba contra los ángeles caídos que influenciaban a los gobernantes de Persia y Grecia. Por tanto, el gobierno de esta Tierra está ahora en manos de ángeles caídos y de ángeles santos. Y, no es necesario decirlo, este gobierno "conjunto" hace que haya un conflicto extremo.

Sin embargo, Dios creó al hombre como rey de la Tierra y, según el destino final de Dios para el hombre, este será un día el soberano que su Creador diseñó. De modo que no tiene sentido argumentar que Cristo no puede ser mayor que los ángeles porque se hizo hombre, pues el hombre es menor que los ángeles solo por un tiempo [N.T.: En Hebreos 2:7 algunas versiones más modernas de la Biblia traducen "por un poco de tiempo" en lugar de "un poco". Véase, por ejemplo, la nota a pie de página en la NVI]. Un día el hombre volverá a estar por encima de ellos e incluso juzgará a los ángeles caídos (1 Co. 6:3).

pero alguien testificó en cierto lugar, diciendo: ¿Qué es el hombre, para que te acuerdes de él, o el hijo del hombre, para que le visites? Le hiciste un poco menor que los ángeles, le coronaste de gloria y de honra, y le pusiste sobre las obras de tus manos; todo lo sujetaste bajo sus pies. (2:6-8)

Cuando el escritor dice **pero alguien testificó en cierto lugar** no quiere decir que no supiera dónde estaba la cita o que se le hubieran olvidado las Escrituras. Obviamente, conocía bien el pasaje, pues lo cita perfectamente (de la LXX, la versión griega del Antiguo Testamento). Y el Salmo 8, del cual cita, dice que David es el compositor. Sin embargo, a lo largo de todo Hebreos no se menciona por nombre a ningún autor humano. En realidad, el escritor está tan interesado en que sus lectores judíos entiendan quién escribió el Antiguo Testamento que no lo atribuye a nadie más que a Dios. Es la voz del Espíritu Santo lo que le interesa, el autor humano es incidental.

Los versículos citados del Salmo 8 se refieren a la humanidad, no al Mesías, el cual no se menciona en el pasaje de Hebreos antes del versículo 9. En los versículos 6-8 vemos el destino planeado de Dios para la humanidad en general. De nuevo, con mucha belleza, el escritor explica su idea utilizando el Antiguo Testamento.

David se había preguntado: "Dios, tu hiciste esto, pero ¿por qué? ¿Qué es el hombre para que hayas hecho tanto por él?". Cuando miramos el universo, extenso y en apariencia ilimitado, y pensamos en el pequeño punto que llamamos Tierra en medio de todo esto, no podemos sino preguntarnos: *¿Qué es el hombre? ¿Qué derecho tenemos a que Dios nos tenga tan presentes?* El salmista procede a responder su propia pregunta: "Lo hiciste menor que los ángeles por un poco de tiempo… lo coronaste con gloria y honra… lo pusiste sobre la obra de tus manos… sujetaste bajo sus pies todas las cosas". Dios hizo al hombre para ser rey. Ese es el destino del hombre.

Sin duda, David y el escritor de Hebreos tenían en mente el primer capítulo de Génesis.

Entonces dijo Dios: Hagamos al hombre a nuestra imagen, conforme a nuestra semejanza; y señoree en los peces del mar, en las aves de los cielos, en las bestias, en toda la tierra, y en todo animal que se arrastra sobre la tierra. Y creó Dios al hombre a su imagen, a imagen de Dios lo creó; varón y hembra los creó. Y los bendijo Dios, y les dijo: Fructificad y multiplicaos; llenad la tierra, y sojuzgadla, y señoread en los peces del mar, en las aves de los cielos, y en todas las bestias que

se mueven sobre la tierra. Y dijo Dios: He aquí que os he dado toda planta que
da semilla, que está sobre toda la tierra, y todo árbol en que hay fruto y que da
semilla; os serán para comer. Y a toda bestia de la tierra, y a todas las aves de
los cielos, y a todo lo que se arrastra sobre la tierra, en que hay vida, toda planta
verde les será para comer. Y fue así. Y vio Dios todo lo que había hecho, y he aquí
que era bueno en gran manera (Gn. 1:26-31).

Veamos Hebreos 2:6-8 parte por parte. **¿Qué es el hombre... o el hijo del**
hombre? Algunos consideran que **el hijo del hombre** es una referencia a Cristo,
pero creo que se trata sencillamente de un paralelo a **hombre**. La expresión
"hijo del hombre" suele usarse en el Antiguo Testamento para referirse a la
humanidad. Por ejemplo, a Ezequiel se le llama varias veces "el hijo del hombre", con lo cual se indicaba que era un ser humano, parte de la humanidad.

La palabra **acuerdes** en el griego tiene que ver con mirar a alguien con el
propósito de beneficiarlo. Es más que tan solo desear el bienestar de la persona;
requiere cuidado activo. La palabra se usa dos veces en Lucas 1 para describir
el hecho de que Dios visita al pueblo de Israel para redimirlo (vv. 68, 78). De
hecho, la versión Reina-Valera 1960 usa *visites* en el texto de Hebreos 2:6. Dios
tiene una preocupación activa y real por la humanidad.

Le hiciste un poco menor que los ángeles. Cuando Dios creó al hombre, en
un sentido lo hizo menor que los ángeles. No es que sea menor que los ángeles
espiritualmente o que Dios lo ame menos. Tampoco es menos que los ángeles
en importancia para Dios. El hombre es menor que los ángeles solo porque es
físico y ellos son espirituales. ¿Qué quiere decir? Solamente esto: los ángeles
son criaturas celestiales, mientras que el hombre está ligado a la Tierra. Obviamente, esta es una diferencia limitadora e importante y, por tanto, el hombre
es de menor rango ahora. Pero hay un tiempo límite para tal inferioridad. La
actual cadena de mando es temporal. Dios tiene un destino para el hombre que
lo encumbrara a la categoría de rey, donde estará al menos al mismo nivel que
los ángeles.

El hombre está confinado a la Tierra y al espacio relativamente cercano. Por
otro lado, los ángeles no están confinados a lo espiritual. Pueden venir a la Tierra por su voluntad y tienen poder y fuerza sobrenaturales que ni siquiera un
hombre sin pecado tendría. No solo eso, sino que la única comunión directa del
hombre con Dios ha sido la que existió cuando Jesús estaba en la Tierra. Los
ángeles tienen acceso continuo al trono de Dios. Los ángeles son seres espirituales; el hombre está hecho del polvo de la Tierra. Después de la rebelión de
Satanás, los ángeles fieles quedaron asegurados en la santidad para siempre;
después de la rebelión de Adán, todos los hombres se hicieron malditos con él.
En Adán todos mueren (1 Co. 15:22). En el momento de la creación, los ángeles
eran perfectos; el hombre tan solo era inocente. Hasta en su inocencia, tenía el

hombre la elección de pecar. Pero, más importante aún, lo ángeles nunca estuvieron sujetos a la muerte como sí lo estaba el hombre. Las primeras palabras de Dios para Adán en el huerto fueron: "De todo árbol del huerto podrás comer; mas del árbol de la ciencia del bien y del mal no comerás; porque el día que de él comieres, ciertamente morirás" (Gn. 2:16-17).

En la Tierra nueva venidera, las cosas serán muy diferentes. Entonces "recibirán el reino los santos del Altísimo, y poseerán el reino hasta el siglo, eternamente y para siempre... [y] el reino, y el dominio y la majestad de los reinos debajo de todo el cielo, [será] dado al pueblo de los santos del Altísimo, cuyo reino es reino eterno, y todos los dominios le servirán y obedecerán" (Dn. 7:18, 27). Los hombres redimidos no heredarán tan solo un reino perfecto, sino eterno, en el cual gobernarán ellos y no los ángeles. Apocalipsis 3:21 dice que los creyentes se sentarán con Cristo en su trono y gobernarán con Él. Efesios 1:20 dice que Él reinará sobre principados y potestades, es decir, sobre los ángeles. Por lo tanto, si Cristo reina sobre los ángeles en el reino y nosotros nos sentamos con Él en su trono, nosotros también reinaremos sobre los ángeles. El hombre es **menor que los ángeles** solo por un poco de tiempo. En Cristo, toda la Tierra recibirá la redención y el hombre recibirá su corona. Esa es la promesa para el futuro.

Nótese ahora la segunda parte de Hebreos 2:7. **Le coronaste de gloria y de honra, y le pusiste sobre las obras de tus manos**. La palabra **coronaste** es *stephanos*, sobre una corona de honor. Cuando Dios hizo a Adán puro e inocente, le dio honor y gloria. Algún día Él restaurará ese honor y gloria.

todo lo sujetaste bajo sus pies. Porque en cuanto le sujetó todas las cosas, nada dejó que no sea sujeto a él; (2:8*a*)

El trono del rey estaba siempre más arriba, cuando alguien llegaba a su presencia se inclinaba ante él y en ocasiones incluso le besaba los pies. Por tanto, se solía decir que sus súbditos estaban bajo sus pies. Cuando al hombre se le dé el derecho a gobernar la Tierra, toda la creación estará bajo los pies del hombre. Esa es la revelación del destino del hombre.

EL DESTINO DEL HOMBRE QUEDÓ RESTRINGIDO POR EL PECADO

pero todavía no vemos que todas las cosas le sean sujetas. (2:8*b*)

Algo drástico ocurrió. El destino revelado del hombre quedó restringido por el pecado de Adán y Eva. Dios le dijo a Eva: "Multiplicaré en gran manera los dolores en tus preñeces; con dolor darás a luz los hijos; y tu deseo será para tu marido, y él se enseñoreará de ti" (Gn. 3:16). El dolor del parto y la sujeción de la esposa al esposo son consecuencias directas de la caída. Dios le dijo a Adán: "Por cuanto obedeciste a la voz de tu mujer, y comiste del árbol de que te mandé diciendo: No comerás de él; maldita será la tierra por tu causa; con dolor comerás de ella todos los días de tu vida. Espinos y cardos te producirá, y comerás plantas del campo. Con el sudor de tu rostro comerás el pan hasta que vuelvas a la tierra, porque de ella fuiste tomado; pues polvo eres, y al polvo volverás" (3:17-19). Entonces Dios expulsó al hombre del huerto. Y el Señor dijo: "He aquí el hombre es como uno de nosotros, sabiendo el bien y el mal; ahora, pues, que no alargue su mano, y tome también del árbol de la vida, y coma, y viva para siempre. Y lo sacó Jehová del huerto del Edén, para que labrase la tierra de que fue tomado" (3:22-23). Cuando Adán pecó, la Tierra se corrompió, y él perdió inmediatamente su reino y su corona.

Dado que toda la humanidad cayó en Adán y él perdió su reino y su corona, ahora no vemos que la Tierra se sujete al hombre. Originalmente, la Tierra estaba sujeta al hombre y suplía todas sus necesidades sin que él tuviera que hacer algo. Solo tenía que aceptar y disfrutar la Tierra mientras esta proveía para él. Entonces, tentado por Satanás, el hombre pecó y su tentador usurpó la corona. Ahí puede verse el cambio en la línea de mando. El hombre cayó al fondo y la Tierra, bajo el poder del maligno, ahora gobierna al hombre. Si le presta mucha atención a la ecología, sabrá que nosotros no gobernamos al mundo; el mundo nos gobierna. A pesar de toda nuestra tecnología moderna, debemos luchar constantemente contra la Tierra para poder sobrevivir.

¿Qué otras cosas le pasaron a Adán después de haber pecado? Primero, hubo un asesinato dentro de su propia familia. Después hubo poligamia. En los capítulos siguientes de Génesis, leemos de muerte. Para cuando llegamos al capítulo 6, Dios envía un diluvio para destruir toda la humanidad, excepto una familia. El hombre había perdido efectivamente su corona. El príncipe de la Tierra, del sistema del mundo, ahora es Satanás. "El mundo entero está bajo el maligno" (1 Jn. 5:19). Él gobierna la Tierra maldita que, a su vez, gobierna al hombre pecador. Cuando el hombre perdió su corona, también perdió el dominio de sí mismo y el de la Tierra. Era completamente pecador y se hizo esclavo del pecado.

No solo eso, sino que ahora el reino animal pasó a estar subordinado por el hombre solo por miedo, ya no por afecto. Gran parte del reino animal ya no se pudo domesticar. El suelo, naturalmente y en abundancia, producía originalmente buenas cosas para que el hombre las tuviera a su disposición. Ahora produce espinas, cizaña y otras cosas dañinas, naturalmente y en abundancia. Las cosas buenas que el hombre obtiene ahora de la Tierra solo se consiguen con esfuerzo agotador. Los extremos de calor y frío, reptiles y plantas venenosos, terremotos, tornados, diluvios, huracanes, enfermedades y guerras; todas estas cosas cayeron sobre el hombre después de la caída. Prácticamente, todo lo que Dios le había dado al hombre para su bien y bendición se hizo su enemigo, y el hombre ha estado peleando una batalla perdida desde entonces. Durante milenios, ha estado muriendo. Y ahora está descubriendo que la Tierra está muriendo con él.

De manera sorprendente, la Tierra sabe de su condición. "Porque el anhelo ardiente de la creación es el aguardar la manifestación de los hijos de Dios. Porque la creación fue sujetada a vanidad, no por su propia voluntad, sino por causa del que la sujetó en esperanza" (Ro. 8:19-20). Dios sujetó la Tierra a su maldición para que el hombre tuviera dificultades permanentemente. El hombre debía saber que Dios estaba consciente de su pecado y tenía que sufrir las consecuencias, en parte, peleando contra la misma naturaleza que Dios diseñó para ser sierva del hombre. Pero cuando el nuevo reino comience, "la creación misma será libertada de la esclavitud de corrupción, a la libertad gloriosa de los hijos de Dios. Porque sabemos que toda la creación gime a una, y a una está con dolores de parto hasta ahora" (vv. 21-22). La Tierra, consciente de la maldición que cayó sobre ella con la caída de Adán, gime por el día en que los hijos de Dios se manifiesten en el reino, porque sabe que ella también quedará libre de la corrupción.

Mientras tanto, el hombre sigue sujeto a la Tierra. Planta pero no es seguro que coseche. Edifica ciudades, casas, diques y monumentos; pero todas esas cosas pueden destruirse con un relámpago, terremoto, diluvio, incendio, erosión o simplemente por la edad. El hombre vive amenazado a toda hora. Su cerebro puede desarrollar un tumor en el apogeo de sus logros profesionales y quedar hecho un inútil. Justo en el momento de la fama atlética, puede quedar herido y paralítico incapacitado. Pelea consigo mismo, pelea con sus congéneres y pelea con la Tierra. Todos los días leemos y oímos de problemas en las naciones, de la imposibilidad de acuerdo entre estadistas mientras el mundo se consume en conflictos políticos y sociales… por no mencionar las dificultades económicas, los quebrantos de salud y las amenazas militares. Oímos el gemido del dolor de los animales mudos e incluso vemos las luchas de los árboles y sus frutos contra la enfermedad y los insectos. Nuestros abundantes hospitales, doctores, medicinas, pesticidas, compañías de seguros, departamentos de policía y bomberos, funerarias, todas dan testimonio de la maldición de la Tierra.

No sorprende que la creación gima. Pero Dios no lo quiso así; y las cosas seguirán como están durante un tiempo en la escala de Dios. Algún día, en el mundo venidero, cuando venga el reino, no habrá hospitales, los doctores se quedarán sin negocio y la naturaleza voraz de los animales salvajes (y los seres humanos) cambiará. Las cosechas y los árboles ya no tendrán plagas. El juego de la política se acabará y las guerras cesarán. Reinará el hombre —el hombre redimido—. "Y volverán sus espadas en rejas de arado, y sus lanzas en hoces; no alzará espada nación contra nación, ni se adiestrarán más para la guerra"

(Is. 2:4). Llegará el día en que, en el plan maravilloso de Dios, el hombre recibirá de nuevo el dominio que perdió. Los redimidos de Dios, sus hijos, no volverán a estar sujetos a la muerte. Serán como ángeles (Lc. 20:36). De hecho, en el reino, los hombres reinarán sobre los ángeles.

CRISTO RECOBRÓ EL DESTINO DEL HOMBRE

Pero vemos a aquel que fue hecho un poco menor que los ángeles, a Jesús, coronado de gloria y de honra, a causa del padecimiento de la muerte, para que por la gracia de Dios gustase la muerte por todos. (2:9)

Esto nos lleva al tercer punto. Cristo ha recuperado el destino revelado del hombre que estaba restringido por el pecado.

La muerte es la maldición final del destino perdido del hombre. Cuando Dios le advirtió a Adán del árbol del conocimiento del bien y del mal, le dijo: "Del árbol de la ciencia del bien y del mal no comerás; porque el día que de él comieres, ciertamente morirás" (Gn. 2:17). La cruz conquistó la maldición. Dios le restaurará al hombre su reino y le volverá a dar la corona.

Pero ¿cómo puede pasar esto? Si todos somos pecadores, ¿cómo podemos quedar libres de pecado? El único pago por el pecado es la muerte. "Porque la paga del pecado es muerte" (Ro. 6:23). La única forma en la que el hombre puede volver a ser rey es quitando la maldición. La única forma de quitar la maldición es con el pago de la pena. Si al hombre se le ha de restaurar el reino, debe morir y resucitar hecho un hombre nuevo, con cualidades soberanas.

Pero aún queda la pregunta: ¿Cómo? Sabemos, aun sin la revelación de Dios, que no lo podemos hacer por nuestra cuenta. Hablando de Cristo, Pablo lo explica así:

Porque si fuimos plantados juntamente con él en la semejanza de su muerte, así también lo seremos en la de su resurrección; sabiendo esto, que nuestro viejo hombre fue crucificado juntamente con él, para que el cuerpo del pecado sea destruido, a fin de que no sirvamos más al pecado. Porque el que ha muerto, ha sido justificado del pecado. Y si morimos con Cristo, creemos que también viviremos con él; sabiendo que Cristo, habiendo resucitado de los muertos, ya no muere; la muerte no se enseñorea más de él. Porque en cuanto murió, al pecado murió una vez por todas; mas en cuanto vive, para Dios vive. Así también vosotros consideraos muertos al pecado, pero vivos para Dios en Cristo Jesús, Señor nuestro (Ro. 6:5-11).

Yo morí hace años. Estoy en perfecto estado de salud ahora, pero morí hace tiempo. Morí como Pablo lo describe en Gálatas: "Con Cristo estoy juntamente crucificado" (2:20). En el momento en que puse mi fe en Jesucristo me identifiqué con Cristo. Morí con Él en la cruz. Para John MacArthur la maldición ya no existe. Ahora soy rey. Aún no he heredado mi dominio, pero me han restaurado la corona. Y cada uno de ustedes, que ha conocido y amado a Jesucristo, se identificó con Él desde el momento en que lo recibió. Se les crucificó y enterró juntamente con Cristo, y Él los ha resucitado a una vida nueva. La vida en la que la maldición se ha removido.

En Cristo somos reyes. No tenemos nuestro reino aún, pero con certeza será nuestro. El reino les pertenece a los santos del Altísimo. Nuestros cuerpos viejos van a decaer algún día, pero nosotros no vamos a morir. Nuestros cuerpos morirán, e incluso esos cuerpos resucitarán un día en una forma nueva y eterna. Nos liberaremos inmediatamente para ir a la presencia de Jesús. O, si Él vuelve antes de que muramos, nos llevará con Él a su reino.

Para lograr esta gran obra por nosotros, Jesús tuvo que hacerse hombre. Durante un tiempo, se hizo **un poco menor que los ángeles**. Para volver a obtener el dominio del hombre, tuvo que probar la muerte, en lugar del hombre. Si alguien muere por su propio pecado, está condenado para siempre en el infierno. Pero Cristo vino a morir por nosotros para que al morir pudiera conquistar la muerte.

> *Y cantaban un nuevo cántico, diciendo: Digno eres de tomar el libro y de abrir sus sellos; porque tú fuiste inmolado, y con tu sangre nos has redimido para Dios, de todo linaje y lengua y pueblo y nación; y nos has hecho para nuestro Dios reyes y sacerdotes, y reinaremos sobre la tierra (Ap. 5:9-10).*

En tanto usted y yo nos identifiquemos con Jesucristo en su muerte, en tanto lo recibamos como Salvador, la maldición quedará eliminada y nos haremos herederos junto con Él del reino eterno.

Obviamente, si vamos a gobernar como reyes en la Tierra, tiene que haber un reino.

> *Y vi tronos, y se sentaron sobre ellos los que recibieron facultad de juzgar; y vi las almas de los decapitados por causa del testimonio de Jesús y por la palabra de Dios, los que no habían adorado a la bestia ni a su imagen, y que no recibieron la marca en sus frentes ni en sus manos; y vivieron y reinaron con Cristo mil años (Ap. 20:4).*

¿Quién estará en esos tronos? Nosotros, los reyes. Seremos reyes con nuestro gran Rey, el Rey de reyes. El Rey redentor gobernará con sus santos redimidos en la Tierra redimida.

El hombre cambiará:

En los últimos días, el monte de la casa del Señor será establecido como el más alto de los montes; se alzará por encima de las colinas, y hacia él confluirán todas las naciones. Muchos pueblos vendrán y dirán: "¡Vengan, subamos al monte del Señor, a la casa del Dios de Jacob!, para que nos enseñe sus caminos y andemos por sus sendas". Porque de Sion saldrá la enseñanza, de Jerusalén la palabra del Señor. Él juzgará entre las naciones y será árbitro de muchos pueblos. Convertirán sus espadas en arados y sus lanzas en hoces. No levantará espada nación contra nación, y nunca más se adiestrarán para la guerra (Is. 2:2-4, NVI).

Los animales cambiarán:

El lobo vivirá con el cordero, el leopardo se echará con el cabrito, y juntos andarán el ternero y el cachorro de león, y un niño pequeño los guiará... Jugará el niño de pecho junto a la cueva de la cobra, y el recién destetado meterá la mano en el nido de la víbora. No harán ningún daño ni estrago en todo mi monte santo, porque rebosará la tierra con el conocimiento del Señor como rebosa el mar con las aguas (Is. 11:6, 8-9, NVI).

Incluso las plantas cambiarán:

Se alegrarán el desierto y el sequedal; se regocijará el desierto y florecerá como el azafrán. Florecerá y se regocijará: ¡gritará de alegría! Se le dará la gloria del Líbano, y el esplendor del Carmelo y de Sarón. Ellos verán la gloria del Señor, el esplendor de nuestro Dios (Is. 35:1-2, NVI).

Cristo probó la muerte por usted y por mí. Lo hizo para recuperar nuestro destino perdido. Si ha estado usted andando a tientas, intentando descubrir por qué existe, espero que ahora sepa la razón. No hay razón para que seamos esclavos. No hay razón para que seamos indigentes. Solo hay razones para que seamos reyes.

Hoy día, el hombre se pregunta: "¿Qué es el hombre?". El idólatra y el animista dicen: "El hombre es inferior a los pájaros y a los animales, incluso a los que se arrastran, a las piedras y a las astillas". Y se inclina y adora a la serpiente. El materialista dice: "Obviamente, el hombre es más que cualquier otro animal, pero sigue siendo producto del azar, el resultado de la selección natural evolutiva". La mayoría de las personas creen cosas como esas o más necias. Pero Dios dice: "Yo creé al hombre para que fuera rey de la Tierra. Solo por un período breve lo he hecho inferior a los ángeles". Un día él se sentará en el trono de Jesucristo y reinará con Él en su reino.

Confío en que usted esté allá reinando con Cristo.

Nuestro Salvador perfecto 6

Pero vemos a aquel que fue hecho un poco menor que los ángeles, a Jesús, coronado de gloria y de honra, a causa del padecimiento de la muerte, para que por la gracia de Dios gustase la muerte por todos. Porque convenía a aquel por cuya causa son todas las cosas, y por quien todas las cosas subsisten, que habiendo de llevar muchos hijos a la gloria, perfeccionase por aflicciones al autor de la salvación de ellos. Porque el que santifica y los que son santificados, de uno son todos; por lo cual no se avergüenza de llamarlos hermanos, diciendo: Anunciaré a mis hermanos tu nombre, en medio de la congregación te alabaré. Y otra vez: Yo confiaré en él. Y de nuevo: He aquí, yo y los hijos que Dios me dio. Así que, por cuanto los hijos participaron de carne y sangre, él también participó de lo mismo, para destruir por medio de la muerte al que tenía el imperio de la muerte, esto es, al diablo, y librar a todos los que por el temor de la muerte estaban durante toda la vida sujetos a servidumbre. Porque ciertamente no socorrió a los ángeles, sino que socorrió a la descendencia de Abraham. Por lo cual debía ser en todo semejante a sus hermanos, para venir a ser misericordioso y fiel sumo sacerdote en lo que a Dios se refiere, para expiar los pecados del pueblo. Pues en cuanto él mismo padeció siendo tentado, es poderoso para socorrer a los que son tentados. (2:9-18)

Un artículo de periódico de hace unos años saludaba la llegada del "Hijo de Dios" al mundo. Este proclamado salvador, llamado hijo de Dios por sus seguidores, era un gurú de trece años. Asumió su posición en la línea larga de supuestos mesías, supuestos hijos de Dios, supuestos salvadores de una cosa u otra. Se unió a las filas de hombres como Simón el mago, quien murió al permitir que le enterraran para así poder resucitar como Cristo (*Enciclopedia Británica*), hasta salvadores modernos como Hitler y el Padre Divino. A algunos de estos se les recuerda más y fueron más influyentes que otros, pero todos fracasaron completamente en vivir a la altura de lo que afirmaban. Y ninguno pudo expiar los pecados.

A medida que estudiamos estos versículos, que continúan mostrando que Jesucristo es superior a los ángeles, nos encontramos con las perfecciones de nuestro Salvador. Y oro para que quienes aún no han recibido a Jesucristo puedan sentirse irresistiblemente atraídos a Él al verlo en su gran belleza.

Solo hay un Salvador real, solo hay un Salvador perfecto. Es Jesucristo. "Y en ningún otro hay salvación; porque no hay otro nombre bajo el cielo, dado a los hombres, en que podamos ser salvos" (Hch. 4:12). ¿Cómo sabemos que, en efecto, Jesucristo es el único y perfecto Salvador? ¿Por qué deberíamos creerlo? ¿Qué lo califica? La respuesta completa y bella se da en Hebreos 2:9-18.

NACIDO PARA MORIR

Pero vemos a aquel que fue hecho un poco menor que los ángeles, a Jesús, coronado de gloria y de honra, a causa del padecimiento de la muerte, para que por la gracia de Dios gustase la muerte por todos. (2:9)

Los judíos no podían comprender la idea de que Dios se hubiera hecho hombre. Menos aun podían entender cómo, habiéndose hecho hombre, podría morir. ¿Cómo podía morir el ungido de Dios, el Mesías? En consecuencia, cada vez que se predicaba el evangelio a los judíos, como en Hechos 17, era necesario explicar por qué Cristo tuvo que sufrir y morir (vv. 2-3). La cruz era una gran piedra de tropiezo para ellos. Incluso los judíos conversos tenían dificultades con este asunto. ¿Cómo podía Jesús ser superior a los ángeles si los ángeles no morían? ¿Cómo podía ser Salvador si murió? Estas preguntas eran constantes.

Por un tiempo, Cristo **fue hecho un poco menor que los ángeles**, de forma tal que pudiera hacerse hombre. Se hizo hombre para poder morir, vino a morir porque su muerte y nada más que su muerte podía lograr la salvación del hombre. El Espíritu Santo diseñó en el vientre de María esas manos diminutas para que pudieran asir dos grandes clavos; diseñó sus pies para que pudiera subir una montaña y para que lo pudieran crucificar en una cruz; diseñó su cabeza sagrada para cargar una corona de espinas; y su cuerpo tierno, envuelto en pañales, para que una lanza lo perforara. Cristo vino para esto a la Tierra. Su muerte fue lo más lejano a un accidente. Y, a pesar del maligno que lo crucificó, su muerte fue lo más lejano a una tragedia. Era el plan supremo de Dios para su Hijo y su regalo supremo para la humanidad.

Dios creó al hombre en inocencia y le dio el dominio de la Tierra. El hombre pecó y perdió ese dominio. Jesucristo vino a morir, a quitar la maldición para que el hombre pudiera volver a obtener el dominio; por tanto, su muerte fue la muerte con mayor propósito en la historia. Vino a restaurarle al hombre la corona. Pero la corona no podía restaurarse sin eliminar la maldición. Si Él iba a quitar la maldición del hombre, tenía que tomar el lugar del hombre, haciéndose Él hombre. Y aunque para este propósito se hizo inferior a los ángeles, alcanzó lo que ningún ángel podría haber logrado.

En realidad, de esa manera logró cinco cosas. Por medio de su muerte, Jesucristo se hizo nuestro sustituto, el autor de nuestra salvación, nuestro santificador, nuestro conquistador de Satanás y quien se compadece de nosotros: el Salvador perfecto.

NUESTRO SUSTITUTO

Él murió **para que por la gracia de Dios gustase la muerte por todos**. Murió en su lugar y en el mío; se hizo nuestro sustituto. Ninguna verdad es más básica para el evangelio. Esta es la primera y la principal razón de la encarnación: Aquel que está por encima de los ángeles se hizo menor que ellos por un tiempo para sufrir la muerte por cada uno. Permítame repetir brevemente la profundidad simple del evangelio.

Ezequiel advirtió que "el alma que pecare, esa morirá" (Ez. 18:4). La misma verdad está explícita en el Nuevo Testamento: "La paga del pecado es muerte" (Ro. 6:23). El pecado trae muerte, inevitablemente y sin excepción. Por tanto, el hombre, dejado a sus propios recursos, no tiene más perspectiva que la muerte. Pero Dios tiene una solución: un Sustituto que cumpla con el castigo del hombre, que muera en lugar del hombre. Ese era su plan al enviar a la segunda persona de la Trinidad. Cristo se humilló, vino a la Tierra y murió en nuestro lugar. Sin embargo, esta es la doctrina que siempre le ha parecido más repugnante a la teología liberal. Su autosuficiencia homocéntrica no permitiría un sustituto. La muerte de Jesús puede ser un ejemplo bello e ilustrador de morir por una causa, de un mártir verdadero; pero nadie, según la teología liberal, puede tomar nuestro lugar. Sin embargo, en las Escrituras no hay evangelio, no hay buenas nuevas, sin la muerte sustitutiva de Jesucristo. Sin su muerte, no tenemos nosotros escapatoria de la muerte. Hebreos 2:9 lo deja claro.

LOS RECEPTORES DE SU HUMILLACIÓN

El mensaje fundamental de la redención es que Dios se hace hombre para sustituir al hombre en la muerte y, por tanto, liberar al hombre para que pueda vivir con Él. Esa es la sencillez del evangelio. Es sorprendente darse cuenta de que el Creador de los ángeles, el Jefe de los ángeles, el Señor de las huestes angélicas, aquel a quien los ángeles adoran, debía hacerse por un tiempo —y por causa nuestra— **un poco menor que los ángeles**. Eso es humildad suprema; y la experimentó por nosotros.

EL ALCANCE DE SU HUMILLACIÓN

En la muerte de Cristo vemos el alcance de su humillación. Los ángeles no pueden morir; pero Jesús vino a morir. Se puso tan por debajo de los ángeles que hizo algo que ellos nunca podrían hacer. Su muerte no fue fácil ni gratuita. Fue muerte con sufrimiento. La salida de Cristo de la Tierra de los vivientes no fue calmada ni pacífica, sino que estuvo acompañada de tortura externa y agonía interna. La muerte que gustó fue la maldición del pecado. Lo que Jesús sintió en pocas horas mientras moría en la cruz fue la agonía total de cada alma elegida durante toda la eternidad en el infierno. Todo el castigo por todo el pecado de todos los elegidos de todos los tiempos... tal fue la intensidad de la muerte de Cristo. Él no era culpable de pecado alguno; sin embargo, sufrió por los pecados de todo su pueblo.

EL PROPÓSITO DE SU HUMILLACIÓN

Dios envió a su Hijo, y su hijo vino voluntariamente, a morir por el hombre y redimirlo. "Pero cuando vino el cumplimiento del tiempo, Dios envió a su Hijo, nacido de mujer y nacido bajo la ley, para que redimiese a los que estaban bajo la ley" (Gá. 4:4-5). La muerte de Cristo es un sacrificio sustitutivo **por todos** los que creen. Y es solo porque el Hijo padeció la muerte como hombre en nuestro lugar que somos libres de la muerte. Históricamente, los reyes han tenido quien les pruebe su comida para protegerlos de envenenamiento. Jesucristo bebió hasta el poso la copa del veneno que nos pertenecía. Con su propia muerte, Él sustituyó la nuestra y nos liberó para vivir con Dios.

EL MOTIVO DE SU HUMILLACIÓN

Para que por la gracia de Dios gustase la muerte por todos. ¿Qué conmovió a Jesucristo para sufrir por nosotros? Fue su gracia: su bondad gratuita y amorosa. Lo que hicimos no merecía la salvación que recibimos, y lo que merecíamos no lo recibimos. Eso es gracia. ¿Y qué impulsa a la gracia? El amor. El amor sin límites impulsó la obra de Cristo por nosotros. Jesús murió únicamente con base en su amor. No fue principalmente por las manos de los hombres o por obra de Satanás que murió por nuestros pecados, sino por el plan determinado y el conocimiento previo divino. "Nadie me [quita mi vida], sino que yo de mí mismo la pongo" (Jn. 10:18). El amor del Hijo era uno con el amor del Padre. "En esto consiste el amor: no en que nosotros hayamos amado a Dios, sino en que él nos amó a nosotros, y envió a su Hijo en propiciación por nuestros pecados" (1 Jn. 4:10).

EL RESULTADO DE SU HUMILLACIÓN

El resultado de la humillación de Cristo fue su exaltación. Después de haber llevado a cabo su muerte sustitutiva, fue **coronado de gloria y honra**, exaltado a la derecha del Padre. Allí se sienta en un trono desde donde reina y reinará para siempre. No se glorifica a sí mismo. "Y nadie toma para sí esta honra, sino el que es llamado por Dios, como lo fue Aarón. Así tampoco Cristo se glorificó a sí mismo haciéndose sumo sacerdote, sino el que le dijo: Tú eres mi Hijo, yo te he engendrado hoy" (He. 5:4-5). Ha estado sentado "sobre todo principado y autoridad y poder y señorío, y sobre todo nombre que se nombra, no sólo en este siglo, sino también en el venidero" (Ef. 1:21) y ante su nombre toda rodilla en el cielo, en la Tierra y debajo de la Tierra, se doblará un día (Fil. 2:10).

De modo que el autor dice a sus lectores judíos, y a otros que se puedan escandalizar o que permanezcan escépticos: "No nos disculpamos por la cruz; no la echamos debajo del tapete, porque la cruz no solo nos salva, sino que glorifica al Señor. Lejos de ser algo en lo cual nos avergoncemos, la humillación y la muerte de Cristo son las cosas en las que nos gloriamos". Él es nuestro gran sustituto, a quien agradeceremos y alabaremos por toda la eternidad.

EL AUTOR DE NUESTRA SALVACIÓN

Porque convenía a aquel por cuya causa son todas las cosas, y por quien todas las cosas subsisten, que habiendo de llevar muchos hijos a la gloria, perfeccionase por aflicciones al autor de la salvación de ellos. (2:10)

La frase **convenía a aquel por cuya causa son todas las cosas, y por quien todas las cosas subsisten** se refiere principalmente a Dios Padre, aunque obviamente también se refiere al Hijo. La palabra **convenía** significa que lo hecho por Dios a través de Jesucristo era consecuente con su carácter. Era consecuente con la sabiduría de Dios. La cruz fue una obra maestra de sabiduría. Dios resolvió el problema que ninguna mente humana o angélica podría haber resuelto. Lo que hizo fue consecuente con su santidad, porque Dios mostró en la cruz su odio por el pecado. Fue consecuente con su poder, siendo el despliegue de poder más grande que se haya manifestado. Cristo soportó en unas cuantas horas lo que habría tomado una eternidad para los pecadores irredentos. Fue consecuente con su amor en el sentido de haber amado tanto al mundo que dio a su Hijo unigénito por la redención de aquel. Finalmente, lo que hizo fue consecuente con su gracia, porque el sacrificio de Cristo era sustitutivo. La obra de la salvación fue totalmente consecuente con la naturaleza de Dios. Era totalmente conveniente que Él hiciera lo que hizo.

Lo que le convenía al Padre también era conveniente para el Hijo. La humillación que Cristo sufrió por la salvación del hombre era consecuente con su amorosa naturaleza de gracia. Aunque todas las cosas son **por su causa** y **por Él subsisten**, se hizo por un tiempo menor que los ángeles para **llevar muchos hijos a la gloria** y convertirse **por aflicciones** en el **autor** perfecto **de la salvación de ellos**. He aquí la segunda característica de perfección que su humillación logró: autor de la salvación. Jesús se tuvo que hacer hombre, y tuvo que sufrir y morir, para ser el proveedor perfecto de la salvación.

La palabra griega para **autor** es *archēgos*; literalmente, "pionero" o "líder". En Hechos 3:15 [LBLA, en la nota a pie de página] y 5:31, se usó el término que se traduce "Príncipe" en referencia a Cristo. Este término siempre se refiere a alguien que implica a otros en sus esfuerzos. Por ejemplo, se usa para un hombre que comienza y lidera una familia en la cual nacen o se casan otros. Se usa para quien funda una ciudad en la cual otros llegan a vivir. Solía usarse para un pionero que iluminaba el camino para que otros lo siguieran. El *archēgos* nunca se quedaba atrás dando órdenes. Siempre estaba al frente liderando y dando ejemplo. Cristo, como el *Archēgos* supremo, no se queda en la retaguardia dando órdenes. Siempre está delante de nosotros, como líder perfecto y ejemplo perfecto. Vivió por nosotros el modelo de obediencia perfecta. "Y aunque era Hijo, por lo que padeció aprendió la obediencia; y habiendo sido perfeccionado, vino a ser autor de eterna salvación para todos los que le obedecen" (He. 5:8-9). Con su propia obediencia determinó el modelo perfecto para nosotros. También nos determinó el modelo para el sufrimiento: "Pues para esto fuisteis llamados; porque también Cristo padeció por nosotros, dejándonos ejemplo, para que sigáis sus pisadas" (1 P. 2:21).

Para la mayoría de las personas, la vida se hace más angustiosa y espantosa en el momento de la muerte. Ese es el punto en el cual no podemos avanzar ni un solo paso por nuestra cuenta. Pero el autor de la salvación nos promete lo siguiente: "Porque yo vivo, vosotros también viviréis" (Jn. 14:19). La pregunta última en el mundo es: *¿Alguien ha podido burlar la muerte?;* a esto la Biblia responde: *Sí, Jesucristo.* La segunda pregunta más importante es: *Si lo hizo, ¿dejó el camino abierto para mí?;* a lo cual la Biblia también responde: *Sí.* Él dejó el camino abierto. Todo lo que tenemos que hacer es poner nuestra mano en la suya y Él nos llevará de un lado de la muerte al otro. Cuando lo aceptamos como nuestro Salvador, podemos decir con el apóstol Pablo: "¿Dónde está, oh muerte, tu aguijón? ¿Dónde, oh sepulcro, tu victoria?" (1 Co. 15:55).

Cristo, como el gran pionero de la redención, iluminó el camino de la muerte a la resurrección. Dijo: "Yo soy la resurrección y la vida; el que cree en mí, aunque esté muerto, vivirá. Y todo aquel que vive y cree en mí, no morirá eternamente" (Jn. 11:25-26). Dios hizo a Cristo por un tiempo un poco menor que los ángeles de manera que pudiera descender a nosotros, ser nuestro *Archēgos* —nuestro pionero y ejemplo espiritual— y llevarnos al Padre.

NUESTRO SANTIFICADOR

Porque el que santifica y los que son santificados, de uno son todos; por lo cual no se avergüenza de llamarlos hermanos, diciendo: Anunciaré a mis hermanos tu nombre, en medio de la congregación te alabaré. Y otra vez: Yo confiaré en él. Y de nuevo: He aquí, yo y los hijos que Dios me dio. (2:11-13)

Además de convertirse en nuestro sustituto y el autor de nuestra salvación, se hizo nuestro santificador, Aquel que nos hace santos. Por supuesto, desde nuestra perspectiva y experiencia, es difícil pensar en nosotros como santos. El pecado es muy grande en nosotros. En el pensamiento y en la práctica estamos lejos de ser santos. Pero en la nueva naturaleza somos perfectamente santos. Ante Dios, quienes están en su Hijo son santos. Puede que no actuemos con santidad, pero lo somos; tal como un hijo que no suele actuar como su padre o que no suele complacerlo sigue siendo el hijo de su padre. Somos santos en el sentido de que, ante Dios, Cristo ha aplicado e impartido su justicia para nosotros. "Somos santificados mediante la ofrenda del cuerpo de Jesucristo hecha una vez para siempre" (He. 10:10). Su sacrificio nos hizo santos, y nos hemos convertido en **los que son santificados**.

Cristo ha eliminado la posibilidad de la pecaminosidad posicional: "Porque con una sola ofrenda hizo perfectos para siempre a los santificados" (He. 10:14). Por tanto, somos tan puros posicionalmente como Dios es puro, tan justos posicionalmente como Cristo es justo y tenemos el derecho a que se nos llame hermanos de Jesucristo porque ahora somos partícipes de su justicia. Tal es la maravilla y la bondad de la gracia de Dios. "Al que no conoció pecado, por nosotros lo hizo pecado, para que nosotros fuésemos hechos justicia de Dios en él" (2 Co. 5:21).

El que santifica y el santificado tienen ahora un mismo Padre, y el que santifica **no se avergüenza de** llamar hermanos a los santificados. ¡Qué verdad tan abrumadora! ¡Cuán aleccionador es que el Hijo de Dios nos llame hermanos y no se avergüence de ello! Al conquistar el pecado con su muerte, rompió el dominio del pecado sobre nosotros y puso su justicia eterna sobre nosotros. Somos "coherederos con Cristo" (Ro. 8:17) porque su santidad es ahora nuestra santidad. Su justicia no solamente nos hace santos, sino que nos hace sus hermanos. Esta es la única forma en que podemos llegar a ser hermanos de Cristo y, por tanto, hijos de Dios. No nacimos en la familia divina, solamente nacimos de nuevo en ella.

La experiencia práctica de la vida del cristiano incluye, por supuesto, el pecado; pero la realidad posicional de su nueva naturaleza es la santidad. "Y vosotros estáis completos en él" (Col. 2:10), perfectos posicionalmente y en naturaleza. El propósito primordial y básico de nuestras vidas ahora es pasar a la práctica lo que somos en esa nueva perfección y posición. Ahora que somos hermanos de Cristo, hijos de Dios, debemos vivir como tales.

¿Puede imaginarse usted a Dios feliz de llamarse el Dios suyo? Y lo está, no por quien usted es por sí mismo, sino por quien es en Cristo. Más adelante, el escritor de Hebreos dice de los creyentes: "Pero anhelaban una [patria] mejor, esto es, celestial; por lo cual Dios no se avergüenza de llamarse Dios de ellos; porque les ha preparado una ciudad" (He. 11:16). Darnos cuenta de que Jesús no se avergüenza de llamarnos hermanos y de que Dios no se avergüenza de decir "yo soy su Dios" debería conmover nuestros corazones. Y debería hacernos más conscientes de que es por la justicia de Jesucristo que tenemos esta posición y no por la nuestra que, en el mejor de los casos, es "como trapo de inmundicia" (Is. 64:6). Sin embargo, es extraño y triste que, aunque no se avergüence Dios de llamarnos suyos, a nosotros sí nos suele avergonzar llamarlo nuestro. ¿Con qué frecuencia podemos decir con sinceridad, como Pablo, que no nos avergonzamos del evangelio?

LA FRATERNIDAD COMENZÓ DESPUÉS DE LA CRUZ

El Señor Jesús nunca llamó "hermanos" a los de su pueblo antes de la cruz. Antes del Calvario los llamó discípulos, amigos u ovejas, pero nunca hermanos. ¿Por qué? Porque en realidad no podrían ser hermanos hasta después de la cruz, cuando Él pagó su pecado y les impartió su justicia. Solo entonces se hicieron hermanos espirituales del Señor. Tan pronto como Jesús se levantó de los muertos, le dijo a María: "Ve a mis hermanos". Por primera vez llamó "hermanos" a sus discípulos.

Y otra vez: Yo confiaré en él. Y de nuevo: He aquí, yo y los hijos que Dios me dio. (2:13)

Cuando Jesús estaba en este mundo, aprendió la obediencia de la fe, y con ello se hizo el Salvador perfecto. Incluso el Antiguo Testamento reveló que Cristo pondría su confianza en el Padre. En el mismo pasaje también se reveló que sus hermanos harían lo mismo: **He aquí, yo y los hijos que Dios me dio.** Jesucristo no es nuestro hermano por causa de nuestra naturaleza común, puesto que Él es divino y nosotros somos humanos. Por la misma razón, Él no es nuestro hermano por causa de la misma sabiduría o el mismo poder. Él es nuestro hermano por la justicia común y la fe común en el Padre.

¡Cuán maravilloso es darse cuenta de que cuando se nos llama a caminar por la fe, a someternos a Dios y vivir en total dependencia de Él, se nos llama a seguir el camino que Jesús recorrió! Eso es exactamente lo que Él dijo. "No puede el Hijo hacer nada por sí mismo, sino lo que ve hacer al Padre; porque todo lo que el Padre hace, también lo hace el Hijo igualmente" (Jn. 5:19). La hermandad con Jesús significa que poseemos su justicia y que caminamos por fe, como Él lo hizo.

NUESTRO CONQUISTADOR DE SATANÁS

Así que, por cuanto los hijos participaron de carne y sangre, él también participó de lo mismo, para destruir por medio de la muerte al que tenía el impe-

rio de la muerte, esto es, al diablo, y librar a todos los que por el temor de la muerte estaban durante toda la vida sujetos a servidumbre. (2:14-15)

La palabra **participaron** es del griego *koinōnia*, cuyo significado es tener comunión o estar en sociedad. Requiere tener algo en común con los demás. Todos los seres humanos somos **de carne y sangre**. En eso somos semejantes. Es nuestra naturaleza común. Pero **participó** es de una palabra diferente, *metechō*, que tiene que ver con asir algo que no nos pertenece por naturaleza. Nosotros somos por naturaleza carne y sangre; Cristo no lo era. Sin embargo, voluntariamente, Él asumió algo que no le pertenecía por naturaleza. Añadió a su naturaleza nuestra naturaleza para que pudiera morir en nuestro lugar y para que pudiéramos asir la naturaleza divina que no nos pertenecía (cp. 2 P. 1:4).

Obviamente, el poder de Satanás sobre nosotros se quebró para que pudiéramos llegar a Dios. El poder principal de Satanás sobre el ser humano, su arma suprema contra él, es la muerte. Por supuesto, el pecado le da a Satanás poder sobre nosotros, pero el poder en sí es la muerte.

Así que en este aspecto, ¿por qué se volvió hombre Cristo? ¿Por qué murió? **Para destruir por medio de la muerte al que tenía el imperio de la muerte, esto es, al diablo**. La única forma de destruir a Satanás era despojándolo de su arma, **la muerte**: la muerte física, espiritual y eterna. Satanás sabía que Dios exigía nuestra muerte por nuestro pecado. La muerte se había convertido en el hecho más cierto de la vida. Satanás sabía que los hombres, de seguir como estaban, morirían y no estarían en la presencia de Dios, sino en el infierno para siempre. Satanás quiere aferrarse a los hombres hasta que mueran, porque una vez que hayan muerto, la oportunidad que tenían de salvación se pierde para siempre. Los hombres no pueden escapar después de la muerte. De modo que Dios tuvo que arrebatarle a Satanás el poder de la muerte. Solo por ese propósito vino Jesús.

Si usted tiene un arma más poderosa que la de su enemigo, el arma de él se vuelve inútil. No se puede pelear contra una pistola con un arco y una flecha. El arma de Satanás es muy poderosa. Pero Dios tiene un arma aun más poderosa, la vida eterna, y con ella Jesús destruyó la muerte. El camino a la vida eterna es mediante la resurrección, pero el camino a la resurrección es a través de la muerte. De modo que Jesús tuvo que experimentar la muerte antes de poder resucitar y darnos vida. Jesús destruyó la muerte al morir. ¿Cómo? Fue a la muerte, mediante la muerte, y resucitó conquistándola así. Entonces pudo decir: "Porque yo vivo, vosotros también viviréis" (Jn. 14:19). La resurrección de Jesucristo le otorga vida eterna al creyente. Es lo único que le pudiera haber dado vida eterna al hombre. La muerte es el poder del dominio de Satanás; y cuando Jesús hizo añicos el poder de Satanás, también hizo añicos su dominio.

y librar a todos los que por el temor de la muerte estaban durante toda la vida sujetos a servidumbre. (2:15)

La muerte aterroriza a los hombres más que cualquier otra cosa. Es un miedo horrible, el rey de los terrores. Pero cuando recibimos a Jesucristo, la muerte no produce más miedo. Quedamos libres de la atadura del miedo a la muerte y, en su lugar, pasamos a anhelarla. Decimos con Pablo: "Para mí el vivir es Cristo, y el morir es ganancia" (Fil. 1:21) y "¿Dónde está, oh muerte, tu aguijón? ¿Dónde, oh sepulcro, tu victoria?" (1 Co. 15:55). La muerte ya no produce más miedo, porque simplemente es nuestra liberación a la presencia de Dios. ¿Por qué? Porque hemos puesto nuestras manos en las del conquistador de la muerte, y Él nos llevará de un lado del sepulcro al otro. Él nunca lo hubiera podido hacer si no se hubiera vuelto por un tiempo **un poco menor que los ángeles**.

QUIEN SE COMPADECE DE NOSOTROS

Porque ciertamente no socorrió a los ángeles, sino que socorrió a la descendencia de Abraham. Por lo cual debía ser en todo semejante a sus hermanos, para venir a ser misericordioso y fiel sumo sacerdote en lo que a Dios se refiere, para expiar los pecados del pueblo. Pues en cuanto él mismo padeció siendo tentado, es poderoso para socorrer a los que son tentados. (2:16-18)

Cristo no vino a redimir ángeles, sino hombres. De modo que tomó para sí la forma de los descendientes de Abraham y se hizo judío. "Qué raro que Dios haya escogido a los judíos", dirá alguien. Nos sorprende que los haya escogido a ellos y no a otra raza o nación para mostrar su favor especial. Pero si hubiera escogido otro grupo, estaríamos preguntándonos lo mismo con ellos. Sencillamente, los escogió por amor en su soberana voluntad. "El SEÑOR se encariñó contigo y te eligió, aunque no eras el pueblo más numeroso sino el más insignificante de todos. Lo hizo porque te ama y quería cumplir su juramento a tus antepasados" (Dt. 7:7-8, NVI).

El escritor vuelve a responder la pregunta: "Si Jesús es Dios, ¿Por qué se volvió hombre?". Vino como sustituto de los hombres, para reconciliar a los hombres con Dios, hacerlos aptos para la presencia de Dios y destruir la muerte. Pero, más allá de eso, también vino a ayudar a los reconciliados cuando **son tentados**. Quería sentir todo lo que sentimos para poder ser un **Sumo Sacerdote** misericordioso y comprensivo, además de fiel. No solo vino a salvarnos, sino a simpatizar con nosotros.

Pablo, en sus cartas a Timoteo, dio palabras de consuelo y aliento en muchos aspectos a su joven amigo: su salud, sus detractores, su moral y bienestar espiritual. Pero todos sus consejos podrían tal vez resumirse en estas palabras de la segunda carta: "Acuérdate de Jesucristo, del linaje de David, resucitado de los muertos" (2 Ti. 2:8). En efecto, Pablo estaba diciendo: "Timoteo, Recuerda a Jesucristo en su humanidad. Recuerda que, dondequiera que hayas ido, Él ha estado ahí antes que tú. Puedes arrodillarte cuando el camino se haga complicado y puedes orar: 'Señor, tú sabes por lo que pasaste cuando estuviste aquí. Yo estoy pasando por eso ahora'. Y Él dirá: 'Sí, lo sé'".

Cuando usted tiene un problema, es maravilloso poder hablarlo con Aquel que es divino, que ya lo experimentó y salió airoso de él. Los demás pueden ser comprensivos, pero no pueden entenderlo completamente. Jesús vino a identificarse con nosotros, a experimentar lo que experimentamos. "Porque no tenemos un sumo sacerdote que no pueda compadecerse de nuestras debilidades, sino uno que fue tentado en todo según nuestra semejanza, pero sin pecado" (He. 4:15). Él simpatizó con nosotros, fue un **misericordioso y fiel sumo sacerdote**. Sintió hambre, sintió sed, la fatiga lo agotó, durmió, recibió enseñanzas, creció, amó, se sorprendió, se alegró, se enfureció, se indignó, fue sarcástico, sintió pena, estuvo atormentado, se sintió abrumado por el futuro, ejerció la fe, leyó las Escrituras, oró, suspiró en su corazón cuando vio a otra persona enferma y lloró cuando le dolía en el corazón.

Jesús sintió todo lo que nosotros podríamos sentir alguna vez, y mucho más. Por ejemplo, sintió la tentación a un grado tal que nosotros no podríamos experimentar nunca. La mayoría de nosotros nunca conocerá el grado total de la tentación resistible, simplemente porque solemos sucumbir mucho antes de que alcancemos ese grado. Pero como Jesús nunca pecó, asumió la medida total de cada tentación que vino sobre Él. Y salió victorioso de cada prueba.

¿Por qué pasó por eso? Para poder hacerse un **misericordioso y fiel sumo sacerdote** que pudiera **compadecerse de nuestras debilidades** y **socorrer a los que son tentados**. Nuestro Dios no es un Dios cósmico, poderoso y santo, pero indiferente. Sabe dónde nos duele, dónde somos débiles, dónde somos tentados. Es el Dios al que podemos ir no solo para salvación, sino para compasión.

Ese es nuestro Salvador, el Salvador perfecto, nuestro sustituto, el autor de nuestra salvación, nuestro santificador, nuestro conquistador de Satanás y quien se compadece de nosotros. ¡Qué gran Salvador es! No hay otro.

Jesús es superior a Moisés   7

Por tanto, hermanos santos, participantes del llamamiento celestial, considerad al apóstol y sumo sacerdote de nuestra profesión, Cristo Jesús; el cual es fiel al que le constituyó, como también lo fue Moisés en toda la casa de Dios. Porque de tanto mayor gloria que Moisés es estimado digno éste, cuanto tiene mayor honra que la casa el que la hizo. Porque toda casa es hecha por alguno; pero el que hizo todas las cosas es Dios. Y Moisés a la verdad fue fiel en toda la casa de Dios, como siervo, para testimonio de lo que se iba a decir; pero Cristo como hijo sobre su casa, la cual casa somos nosotros, si retenemos firme hasta el fin la confianza y el gloriarnos en la esperanza. (3:1-6)

Después de haber visto la supremacía exaltada de Jesús, quien es mejor que los profetas y los ángeles, ahora pasamos a ver que es mejor que Moisés, aquel que recibió el primer pacto.

LA GRANDEZA DE MOISÉS

Los primeros seis versículos presentan la doctrina sobre la que se basa la exhortación del resto del capítulo. Para entender la exhortación, necesitamos entender la premisa; y para entender la premisa, necesitamos revisar qué pensaban de Moisés los judíos de la época. Para apreciar cómo, por qué y a qué nivel Jesús es mejor que Moisés, necesitamos ver primero cuán importante era Moisés. Y antes que eso, necesitamos preguntarnos por qué es necesario demostrar que Jesús es superior a Moisés.

Los judíos estimaban a Moisés muy por encima de cualquier otro judío que hubiera existido. Dios lo había protegido milagrosamente cuando era un bebé y se encargó personalmente de su entierro. Entre esos dos puntos, su vida transcurrió milagro tras milagro tras milagro. Fue la persona a quien Dios le habló cara a cara. Vio la misma gloria de Dios y, de hecho, esa gloria quedó reflejándose en su cara por un tiempo. Cuando descendió del Sinaí, "la piel de su rostro resplandecía, después que hubo hablado con Dios" (Éx. 34:29). Fue quien sacó a Israel de Egipto. Como enfatiza Pablo en Romanos 2, los judíos tenían una confianza grande en la ley. Los mandamientos y rituales del Antiguo Testamento eran sus prioridades absolutas, para ellos Moisés y la ley eran sinónimos. El Nuevo Testamento suele referirse a los mandamiento de Dios como "la ley de Moisés" (Lc. 2:22; Hch. 13:39 y otros). Moisés no solo dejó los Diez Mandamientos, también escribió el Pentateuco, que establecía la ley levítica y otras leyes que gobernaban todo lo que hacían los judíos. Moisés dejó los planos para el tabernáculo y el arca del pacto.

Algunos judíos creían que Moisés era superior a los ángeles. Dios habló a los profetas en visiones, pero a Moisés le hablaba cara a cara. Le habló en una zarza ardiente. Le habló desde el cielo. Le habló en el Sinaí y escribió los mandamientos con un dedo de fuego. Sobre todos los demás, era el hombre de Dios.

Sin embargo, en este pasaje de Hebreos el Espíritu Santo llama en especial a los lectores judíos a mirar a Jesús. Moisés fue grande, en efecto; pero Jesús era mucho más grande. Se muestra que Jesús es superior a Moisés en oficio, obra y persona. En su oficio es el apóstol y sumo sacerdote. En su obra, es el constructor de la casa. En persona, es el Hijo.

EL OFICIO SUPERIOR DE JESÚS: COMO APÓSTOL Y SUMO SACERDOTE

Por tanto, hermanos santos, participantes del llamamiento celestial, considerad al apóstol y sumo sacerdote de nuestra profesión, Cristo Jesús; (3:1)

El Espíritu Santo estaba hablando directamente a los judíos cristianos que buscaban a Jesús con un ojo, pero con el otro miraban de reojo el judaísmo. Las palabras **por tanto** siempre nos llevan a algo previo. El escritor dice: "Con base en lo que acabo de decir, consideren a **Cristo Jesús**". El término **considerad** (*katanoeō*) implica atención y observación continua. La idea es "Piensen en Jesús y permanezcan así, para que puedan entender quién es Él y cuál es su voluntad".

Él recuperó el destino perdido del hombre, se humilló y se hizo nuestro sustituto, es el Autor de nuestra salvación, nuestro santificador, nuestro conquistador de Satanás y quien se compadece de nosotros; todas estas cosas lo hacen más que calificado para la consideración más seria posible. Jesús es el **apóstol** supremo, el enviado de Dios y el **sumo sacerdote** perfecto. Es poderoso, compasivo, misericordioso, fiel, salvador, reconciliador, protector, ayudador y fraternal. Basándose en quién es Él y lo que ha hecho, toda persona debería considerarlo. Toda persona debería centrarse en la suficiencia absoluta de Jesús y soltar todo lo demás. Tenemos un **sumo sacerdote** nuevo y un enviado de Dios nuevo. Él es todo lo que cualquier persona necesitaría. ¡Qué mensaje tan maravilloso!

LOS HERMANOS SANTOS SON QUIENES COMPONEN LA COMUNIDAD DE LOS CREYENTES

Como creyentes, somos hermanos con Cristo porque nos identificamos con Él como hijos adoptados del Padre celestial. Por tanto, muchas personas que han estudiado la epístola a los Hebreos han supuesto que debe haber sido escrita exclusivamente para cristianos, pues suele referirse a los lectores como "hermanos". Pero las Escrituras reconocen tipos de hermandad diferentes al espiritual. Por ejemplo, tanto Pedro (Hch. 2:29) como Pablo (Hch. 13:38) se dirigieron a los incrédulos judíos como "hermanos". Pero **hermanos santos** sí se refiere a los cristianos, a quienes son hermanos verdaderos. Este pasaje particular está escrito para cristianos, judíos santos hermanos en Cristo. "Porque el que santifica y los que son santificados, de uno son todos; por lo cual no se avergüenza de llamarlos hermanos" (He. 2:11). Estos eran hermanos espirituales, santificados, apartados, hechos santos en Cristo.

Esta sección está escrita para los **participantes del llamamiento celestial**, quienes deseaban un país celestial (11:16), quienes habían venido a la Jerusalén celestial (12:22). Todas estas bendiciones muestran que el cristianismo es superior al judaísmo. El judaísmo era un llamamiento terrenal con una herencia terrenal. El cristianismo es un llamamiento espiritual y celestial con una herencia espiritual y celestial. Por lo tanto, es superior.

Pablo dijo: "Prosigo a la meta, al premio del supremo llamamiento de Dios en Cristo Jesús... Mas nuestra ciudadanía está en los cielos, de donde también esperamos al Salvador, al Señor Jesucristo" (Fil. 3:14, 20). Nuestro hogar verdadero está en el cielo y vivimos espiritualmente en este momento en los lugares celestiales (Ef. 1:3; 2:6). Como verdaderos creyentes somos hermanos de Jesús por posición y, por tanto, santos. Solo somos extranjeros y peregrinos en la Tierra. Nuestros cuerpos están en este mundo, pero realmente no pertenecemos aquí.

El escritor está diciendo a su lectores judíos cristianos: "Son ciudadanos de los cielos, ¿por qué no dejan pasar las cosas terrenales? ¿Por qué quieren aferrarse a los rituales terrenos, los símbolos terrenos, cuando tienen la realidad celestial?". Como cristianos no necesitamos los rituales religiosos porque tenemos una realidad espiritual. Jesús dijo que *ahora* (es decir, desde que Él vino) quien quiera adorar al Padre verdaderamente, debe hacerlo en espíritu y en verdad, no en rituales y ceremonias (Jn. 4:23). En el cristianismo bíblico no hay razón para los ritos externos porque los cristianos tienen acceso continuo a la realidad espiritual.

Todos nosotros, en ocasiones, nos sentimos tentados a creer que nuestras obras y ceremonias son lo más importante. Aun cuando sabemos la verdad, solemos sentirnos más cómodos y "religiosos" en ambientes más tradicionales y conocidos de adoración y cuando realizamos ciertas obras religiosas, o buenas obras, que consideramos particularmente agradables a Dios. Sabemos y aceptamos la gracia completa y gratuita de Dios en Cristo, pero nos aferramos a algunas formas de legalismo artificial en vez de vivir una vida positiva fortalecida por el Espíritu y controlada por Cristo. Considerar y experimentar la suficiencia de Cristo debería derrumbar todos los esfuerzos legalistas, sean del judaísmo o de cualquier otra clase.

Para los cristianos, aferrarse a ceremonias religiosas terrenales no es solo algo innecesario y sin sentido, sino perjudicial espiritualmente. Hacerlo nos cohíbe de experimentar la plenitud de nuestra relación con Dios y de permitirnos seguirlo con la fidelidad debida. Tales cosas son barreras, no medios, para la bendición. Puesto que los creyentes tienen parte en la naturaleza justa de Cristo y su llamamiento celestial, viven una existencia celestial. Deben concentrarse entonces en esa existencia celestial, no en la terrenal. No son solamente los no salvos quienes necesitan considerar a Jesús. Los creyentes, no importa cuán maduros sean, también necesitan considerarlo en todo lo que hagan.

MANTENGAN LOS OJOS EN CRISTO

¿Por qué debemos estar en permanente consideración de Cristo, cuando como cristianos estamos ya en Él y nos identificamos con Él? Simplemente porque todos nosotros estamos lejos de descubrir completamente toda su gloria, toda su belleza, todo lo que Él es. Así, el Espíritu nos dice, como a aquellos primeros creyentes: "Miren a Jesús. Mantengan su mirada en Él y no volteen a ver todos los rituales, todos los problemas y todas las persecuciones. Manténganse considerando a Jesús. No necesitan más. Él es suficiente para todo. Ahora que tienen la realidad suprema, mantengan su atención en Él".

Puede que haya existido un cristiano más grande que Pablo, pero no puedo imaginar quién haya sido. Aun así, este gran apóstol dijo que su mayor deseo era "conocerle, y [conocer] el poder de su resurrección, y la participación de sus padecimientos, llegando a ser semejante a él en su muerte... No que lo [hubiera] alcanzado ya, ni que ya [fuera] perfecto; sino que [proseguía], por ver si [lograba] asir aquello para lo cual [fue] también asido por Cristo Jesús" (Fil. 3:10, 12). Ni siquiera Pablo había sondeado toda la profundidad de Cristo.

La razón por la que muchos cristianos se sienten débiles y preocupados es que dejan de considerar a Cristo, y así no hacen suyas la fuerza, tranquilidad y guía totales de Él. El Espíritu Santo dice continuamente a todos los creyentes: **Considerad** a **Cristo Jesús**. Cuando la vida se torna difícil, los problemas parecen no tener solución, todo sale mal, cuando la desilusión y la depresión se vuelven "normales" y las tentaciones parecen imposibles de resistir, ponga su mirada en Jesús y manténgala allí intensamente hasta que Él comience a revelarse con todo su poder glorioso ante sus propios ojos.

Jesús dijo: "Aprended de mí" (Mt. 11:29). No dijo: "Aprended *acerca* de mí", sino: "Aprended *de* mí". ¿Disfruta usted de verdad su vida cristiana? ¿Se despierta en la mañana y dice: "Señor, no puedo esperar para ver lo que vas a hacer hoy"? ¿Pasa su día y dice: "Señor, tu comunión y tu presencia son emocionantes"? ¿Disfruta a Jesucristo? ¿Quiere a veces pararse y gritar? Usted debe disfrutarlo de esa manera. Pero muchos cristianos no disfrutan a Jesús. Parecen desdichados e infelices, y no saben nada acerca de su gozo. Quizás piensen que lo único que el Señor hace por nosotros es reprendernos de vez en cuando. Lo ven así porque no caminan día a día con Él. No le conocen de forma abundante, profunda e íntima. Necesitan considerar a Jesús y aprender de Él.

Cuando estaba en la universidad, solía pagar cincuenta centavos de dólar para poder pasar por la puerta trasera del auditorio de la orquesta en Los Ángeles. Subía al balcón con dos o tres libros y me sentaba a escuchar todo el concierto mientras hacía mis tareas. Disfrutaba a Bartok, Moussorgsky y otros grandes compositores. Mientras escuchaba, comencé a ganar aprecio por los maestros. A quien dijera que no le gustaba la gran música o las bellas artes, le decía: "Amigo mío, ve al auditorio de la orquesta y al museo de arte, y quédate allí hasta que los disfrutes". Usted tiene que aprender a amar a los maestros. Tiene que aprender a reconocer y disfrutar la belleza de los grandes genios.

Si quiere disfrutar a Jesús, debe quedarse con Él hasta aprender a disfrutarlo. Quédese ahí hasta que su vida cristiana sea goce tras goce. Hasta que todos los momentos de despertarse en las mañanas sean de alegría tras alegría. Considérelo. Centre su atención en Él.

Cuando Timoteo aún era joven, comenzó a tener problemas estomacales. Pablo le aconsejó tomar un poco de vino (1 Ti. 5:23). Entre otras cosas, estaba recibiendo críticas de algunos cristianos efesios. Perdió las ganas y se sentía herido. Pablo, en la segunda carta a Timoteo, su hijo en la fe, le dice que continúe, que sea buen soldado, un atleta bien entrenado, un labrador industrioso (2 Ti. 2:3-6). Pero su consejo más importante fue: "Acuérdate de Jesucristo, del linaje de David, resucitado de los muertos conforme a mi evangelio" (2:8). Hay muchas cosas prácticas, como tomar medicina cuando nos enfermamos, que los cristianos pueden y deben hacer. Pero cuando enfrentamos problemas espirituales, problemas serios, problemas intratables, la prescripción realmente valiosa es: "Acuérdate de Jesucristo, fija tu mirada en Él, aprende de Él".

En Hebreos 12:1-2 el escritor dice: "Por tanto, nosotros también, teniendo en derredor nuestro tan grande nube de testigos, despojémonos de todo peso y del pecado que nos asedia, y corramos con paciencia la carrera que tenemos por delante, puestos los ojos en Jesús, el autor y consumador de la fe". Si vamos a correr la carrera cristiana, debemos mirar a Jesús.

En la universidad corrí los 100 y 200 metros. Aprendemos muy pronto que no se puede correr y mirar los pies al mismo tiempo. Miramos al frente. En las carreras cortas, poníamos la mirada en la cinta y manteníamos los ojos en ella hasta el final. Mirar a la cinta ayudaba en el deseo de ganar y nos mantenía corriendo en la dirección correcta. También desviaba la atención de nosotros y de quienes corrían a nuestro lado. Cuando estamos corriendo la carrera cristiana, debemos quitar la mirada de nuestros pies, de nosotros y de quienes nos rodean. Miramos a Jesús, el Autor y Consumador de la fe. Le miramos a Él y eso ayuda mucho a correr. Mirándolo a Él sabemos por qué corremos, para dónde vamos y tenemos el poder y la alegría de mantenernos en la carrera.

CRISTO EL APÓSTOL

Jesús ha de considerarse el **apóstol y sumo sacerdote de nuestra profesión**. En el hecho de ser las dos cosas está la primera característica en que es superior a **Moisés**. Aunque en las Escrituras nunca se llamó a Moisés "apóstol", se le podría considerar un apóstol del Antiguo Testamento en el sentido más básico de la palabra. La palabra *apostolos* significa "enviado" y era un título que solía usarse para los embajadores. En este sentido, Moisés era un apóstol de Dios, su enviado para darle a su pueblo la ley y el pacto. Pero Jesús fue las dos cosas, **apóstol y sumo sacerdote**. Aunque a Moisés se le podría haber considerado una especie de apóstol, no tenía nada de sacerdote, mucho menos de sumo sacerdote. Jesús es superior a Moisés en su oficio porque el suyo es doble, mientras que Moisés tenía solo uno.

Aun en el oficio de apóstol, Jesús es superior; primero, porque trajo un mejor pacto; y segundo, porque Él fue el sacrificio que hizo eficaz el mejor pacto. Jesús es el **apóstol** supremo, el enviado de Dios supremo.

¿Cuáles son las características de un apóstol o embajador? Primera, tiene los derechos, el poder y la autoridad del gobernante que lo envía. Jesús vino en el poder de Dios, con toda la gracia de Dios, todo el amor de Dios, toda la misericordia de Dios, toda la justicia de Dios y todo el poder de Dios. Segunda, un embajador habla totalmente en nombre de quien lo envió. Jesús dijo: "Porque yo no he hablado por mi propia cuenta; el Padre que me envió, él me dio mandamiento de lo que he de decir, y de lo que he de hablar" (Jn. 12:49; cp. 8:28, 38). Jesús fue el embajador perfecto, el apóstol perfecto enviado de Dios.

CRISTO EL SUMO SACERDOTE

Jesús también es nuestro **sumo sacerdote**. Pero como su papel de sumo sacerdote se trata con mucho detalle en Hebreos 4 y 5, no desarrollaremos esa idea aquí. Baste decir que Él es el sacerdote supremo, el mediador supremo, entre Dios y los hombres. No solamente es el enviado de Dios, quien tiene todo el poder de Dios y quien habla en nombre de Dios; también es quien acerca a Dios y al hombre. Así, Él lleva a Dios al hombre y al hombre a Dios.

LAS OBRAS SUPERIORES DE JESÚS: COMO EDIFICADOR

el cual es fiel al que le constituyó, como también lo fue Moisés en toda la casa de Dios. Porque de tanto mayor gloria que Moisés es estimado digno éste, cuanto tiene mayor honra que la casa el que la hizo. Porque toda casa es hecha por alguno; pero el que hizo todas las cosas es Dios. (3:2-4)

Esta es una comparación breve de las obras de Jesús con las de Moisés. Téngase en mente que para los gentiles es difícil entender el afecto que los judíos siempre han sentido por Moisés. Fue un gran hombre, un hombre cuyos hombros y cabeza sobresalían sobre todos los de los demás. En la mente de los judíos, casi todo lo que tiene importancia relacionado con Dios, está relacionado con Moisés. Por tanto, el Espíritu Santo trata muy cuidadosamente el asunto en este pasaje. Su sabiduría es maravillosa. Antes de mostrar la superioridad de Jesús con respecto a Moisés, señala Él las semejanzas entre los dos. Antes de hablar de sus diferencias, habla sobre sus similitudes.

Moisés es estimado digno. El Antiguo Testamento confirma ese testimonio. "A mi siervo Moisés, que es fiel en toda mi casa. Cara a cara hablaré con él, y claramente" (Nm. 12:7-8). Él ejecutó el plan de Dios. Salió de Egipto al desierto, Dios lo perfeccionó. A Dios le tomó cuarenta años hacer de Moisés alguien útil; después lo usó por otros cuarenta años. El siervo de Dios sacó fielmente a los hijos de Israel de Egipto. Cuando llegó al Mar Rojo, creyó la promesa de liberación divina y guió fielmente a su pueblo a través de las aguas divididas. Fue fiel en el desierto. Flaqueó en varias oportunidades, como le sucedió también mucho tiempo antes en Egipto cuando mató al egipcio. Por ejemplo, golpeó la roca en lugar de hablarle, como Dios había ordenado. Pero la mayor parte del tiempo Moisés fue fiel. Y el Espíritu Santo enfatiza aquí su fidelidad.

Tal como Moisés fue fiel a quien lo escogió, Jesús también lo fue, solo que mucho más. Jesús, como el apóstol supremo, el enviado supremo de Dios, fue completamente fiel a su Padre. "El que habla por su propia cuenta, su propia gloria busca; pero el que busca la gloria del que le envió, éste es verdadero, y no hay en él injusticia" (Jn. 7:18). En otras palabras, Jesús dijo: "Saben que soy un apóstol verdadero porque no busco mi propia gloria, sino la gloria del que me envió". Desde la niñez estuvo siempre en los negocios de su Padre. "Porque el que me envió, conmigo está; no me ha dejado solo el Padre, porque yo hago siempre lo que le agrada… Yo te he glorificado en la tierra; he acabado la obra que me diste que hiciese. Ahora pues, Padre, glorifícame tú al lado tuyo, con aquella gloria que tuve contigo antes que el mundo fuese" (Jn. 8:29; 17:4-5).

Jesús siempre hizo la voluntad del Padre. Fue **fiel**. La palabra *fiel* es maravillosa. La cualidad principal de un apóstol, al igual la que de un discípulo, es la fidelidad. Jesús dijo: "Si no hago las obras de mi Padre, no me creáis" (Jn.

10:37). El Padre le había dicho a Jesús: "Te envío a la Tierra como hombre y este es el trabajo que debes hacer". Jesús vino a la Tierra y cumplió la tarea, sin cuestionamientos ni titubeos.

CONFIABLE EN SU CASA

La palabra **casa** es del hebreo *oikos*, cuyo significado es "familia"; se refiere a las personas, no a los edificios o lugares de habitación. Los creyentes del Antiguo Testamento —los israelitas en particular, pero también los prosélitos— eran la familia de Dios. Moisés fue un mayordomo fiel de esa casa. "Ahora bien, se requiere de los administradores, que cada uno sea hallado fiel" (1 Co. 4:2). Un mayordomo no es el dueño de la casa, tan solo la gerencia para el propietario. Dios era el dueño de Israel; Moisés fue tan solo un gerente por un tiempo. Estaba a cargo de administrar las verdades, los mandamientos, los requisitos y las promesas que Dios le había confiado para el pueblo de Israel. Y probó él ser fiel en esto.

Cristo también fue **fiel** en *su* **casa**, la Iglesia. "Así que ya no sois extranjeros ni advenedizos, sino conciudadanos de los santos, y miembros de la familia de Dios" (Ef. 2:19). "Acercándoos a él, piedra viva, desechada ciertamente por los hombres, mas para Dios escogida y preciosa, vosotros también, como piedras vivas, sed edificados como casa espiritual" (1 P. 2:4-5). Somos la nueva casa y Jesús es quien cuida de nosotros. Tal como los creyentes del Antiguo Testamento se llamaban "casa de Moisés", los creyentes del Nuevo Testamento se llaman "casa de Cristo". Y como Moisés fue fiel a la casa terrenal, Jesús es fiel a la casa celestial. Jesús, al final de su vida, pudo decirle al Padre: "Yo te he glorificado en la tierra; he acabado la obra que me diste que hiciese" (Jn. 17:4). Lo que de hecho dijo fue: "Le dije a la casa todo lo que me instruiste a decirles, e hice por ellos todo lo que me instruiste a hacer". Fue perfectamente **fiel al que le constituyó**.

Todos los cristianos son mayordomos de la casa de Dios, aunque en un sentido menor, por supuesto. Por ejemplo, todos tenemos dones espirituales. Se nos han confiado sagradamente, no son nuestros. Si somos infieles administrando nuestros dones espirituales, somos mayordomos infieles, específicamente para las personas de nuestra comunidad, quienes Dios ha puesto a nuestro alrededor. Algunos han sido mayordomos infieles de esa confianza. A otros se les ha dado posiciones de enseñanza o instrucción y han sido infieles para estudiar con diligencia, fidelidad y sacrificio. Estos también son mayordomos infieles. La vida cristiana es un depósito sagrado que Dios nos dio y requiere nuestra fidelidad. Una de las más grandes emociones que un cristiano puede anhelar es oír a su Señor decir al final de su vida: "Así como yo fui fiel al Padre, tú me has sido fiel". No hemos comenzado a descubrir lo que Dios puede hacer por medio de nosotros si estamos dispuestos a ser fieles.

Porque de tanto mayor gloria que Moisés es estimado digno éste, cuanto tiene mayor honra que la casa el que la hizo. Porque toda casa es hecha por alguno; pero el que hizo todas las cosas es Dios. (3:3-4)

Moisés era fiel, pero era parte de la casa. Jesús hizo la casa. Esa es la diferencia, la gran diferencia. Jesús creó a Israel. "Todas las cosas por él fueron hechas, y sin él nada de lo que ha sido hecho, fue hecho" (Jn. 1:3; cp. He. 1). Moisés era tan solo un miembro de la casa que Jesús hizo. Jesús creó a Israel; Jesús creó a la Iglesia. Puesto que Dios hizo, o creó, todas las cosas, obviamente Jesús es Dios.

Antes de que cualquiera de nosotros nos hiciéramos cristianos —y por tanto parte de la casa de Cristo, la Iglesia— alguien no dio a conocer el evangelio. En un sentido humano, esa persona era responsable por una parte de la casa de Dios, tal como nosotros somos responsables de la casa cuando llevamos a otros a Cristo. Pero desde el lado divino, solo Dios crea la casa y continúa edificándola a medida que se añaden más creyentes. Los testigos humanos no son sino instrumentos que Él usa. Él es el Edificador. El Edificador es mayor que cualquiera de sus herramientas. Moisés era parte de la casa de Israel y un instrumento que Dios usó para construirla. Aferrarse a las formas del judaísmo o a su más grande líder es tan solo aferrarse a un símbolo de la realidad o a un instrumento de la realidad. Aferrarse a Jesús es aferrarse a la realidad.

JESÚS ES UNA PERSONA SUPERIOR: COMO HIJO

Y Moisés a la verdad fue fiel en toda la casa de Dios, como siervo, para testimonio de lo que se iba a decir; pero Cristo como hijo sobre su casa, la cual casa somos nosotros, si retenemos firme hasta el fin la confianza y el gloriarnos en la esperanza. (3:5-6)

Este es el momento cumbre. En este pasaje vemos que Moisés es **siervo** en su persona, mientras que Jesús es **Hijo** en su persona. Hay una gran diferencia entre un siervo y un hijo. "Y el esclavo no queda en la casa para siempre; el hijo sí queda para siempre" (Jn. 8:35). Los siervos vienen y van; los hijos lo son para toda la vida. Moisés fue siervo y se comportó como tal. La palabra griega en Hebreos 3:5 para **siervo** es *therapōn* y es un término de dignidad y libertad, no de servilismo. Solo se usa esta vez en el Nuevo Testamento y sugiere que, aun cuando era el siervo de mayor rango, Moisés seguía siendo siervo. Era un siervo preocupado, servicial, obediente y fiel, un buen mayordomo de Dios. En Éxodo 35 al 40 hay veintidós referencias a la fidelidad de Moisés con Dios. Solo Éxodo 40 se refiere ocho veces a la obediencia de Moisés en todo lo que Dios le ordenó. Pero no era hijo.

ACEPTAR A MOISÉS ES ACEPTAR A JESÚS

La fidelidad de Moisés tenía un motivo especial e importante: ser **testimonio de lo que se iba a decir**. El judaísmo no entendía antes, ni entiende ahora, que Moisés fue fiel principalmente para ser testimonio de las cosas que habrían de venir en Cristo. El judaísmo sin Cristo, el Antiguo Testamento sin el Nuevo Testamento, es incompleto. Es la sombra sin la sustancia. "Porque la ley, teniendo la sombra de los bienes venideros, no la imagen misma de las cosas, nunca puede, por los mismos sacrificios que se ofrecen continuamente cada año, hacer perfectos a los que se acercan" (He. 10:1). Lo que estaba por venir era la sombra de la sustancia perfecta; si se rechaza la sustancia, la sombra carece de valor. De otra parte, si alguien aceptó de verdad la sombra, también aceptará la sustancia una vez sea esta conocida. "Porque si creyeseis a Moisés, me creeríais a mí, porque de mí escribió él" (Jn. 5:46).

"Pero Cristo [fue fiel] como hijo sobre su casa, la cual casa somos nosotros" (He. 3:6). El edificio eclesial donde adoramos no es la casa del Señor. Nosotros somos la casa del Señor. Su casa no es un edificio, sino que los creyentes lo son. "En quien vosotros también sois juntamente edificados para morada de Dios en el Espíritu" (Ef. 2:22). "Para que si tardo, sepas cómo debes conducirte en la casa de Dios, que es la iglesia del Dios viviente, columna y baluarte de la verdad" (1 Ti. 3:15). Moisés fue siervo en la casa de otro. Jesús es Hijo en su propia casa, su propio pueblo.

LA MARCA DE LOS CREYENTES VERDADEROS

¿Cómo podemos saber que en realidad somos la casa de Dios? Reteniendo **firme hasta el fin la confianza y** gloriándonos **en la esperanza**. No quiere esto decir, como lo han interpretado muchos, que debemos ganar la salvación por medio de la perseverancia. Nosotros no podemos salvarnos ni mantener nuestra salvación. El significado es simplemente que continuar es la prueba de la realidad. Podemos decir si de verdad somos la casa de Dios porque permanecemos. Quien se cae, nunca perteneció (cp. 1 Jn. 2:19). Al parecer, muchos judíos habían caído y por causa de ellos el autor de Hebreos dice estas palabras, que sirven de advertencia y aliento. Algunos estaban convencidos del evangelio y estaban al borde de entregarse, pero caían una vez tras otra. Algunos, sin duda, habían confesado externamente su fe. Pero en los dos casos se alejaban de la iglesia, probando que no eran parte de ella. Los santos verdaderos perseveraban, y su perseverancia era la evidencia de su salvación. Jesús dijo: "Si vosotros permaneciereis en mi palabra, seréis verdaderamente mis discípulos" (Jn. 8:31). Una de las verdades más claras del Nuevo Testamento es que el Señor mantiene a quienes le pertenecen. "Y esta es la voluntad del Padre, el que me envió: Que de todo lo que me diere, no pierda yo nada, sino que lo resucite en el día postrero" (Jn. 6:39). Jesús nunca perdió a nadie y nunca perderá a nadie de su casa.

Este pasaje dice dos cosas importantes para nosotros. Primera, debemos asegurarnos de ser cristianos verdaderos. "Examinaos a vosotros mismos si estáis en la fe; probaos a vosotros mismos" (2 Co. 13:5). Segunda, cuando sabemos que estamos en Cristo, debemos mantener nuestros ojos en Él. Él es todo lo que necesitamos. Estamos completos en Él.

No endurezcáis vuestros corazones

Por lo cual, como dice el Espíritu Santo: Si oyereis hoy su voz, no endurezcáis vuestros corazones, como en la provocación, en el día de la tentación en el desierto, donde me tentaron vuestros padres; me probaron, y vieron mis obras cuarenta años. A causa de lo cual me disgusté contra esa generación, y dije: Siempre andan vagando en su corazón, y no han conocido mis caminos. Por tanto, juré en mi ira: No entrarán en mi reposo. Mirad, hermanos, que no haya en ninguno de vosotros corazón malo de incredulidad para apartarse del Dios vivo; antes exhortaos los unos a los otros cada día, entre tanto que se dice: Hoy; para que ninguno de vosotros se endurezca por el engaño del pecado. Porque somos hechos participantes de Cristo, con tal que retengamos firme hasta el fin nuestra confianza del principio, entre tanto que se dice: Si oyereis hoy su voz, no endurezcáis vuestros corazones, como en la provocación. ¿Quiénes fueron los que, habiendo oído, le provocaron? ¿No fueron todos los que salieron de Egipto por mano de Moisés? ¿Y con quiénes estuvo él disgustado cuarenta años? ¿No fue con los que pecaron, cuyos cuerpos cayeron en el desierto? ¿Y a quiénes juró que no entrarían en su reposo, sino a aquellos que desobedecieron? Y vemos que no pudieron entrar a causa de incredulidad. (3:7-19)

Desde Génesis hasta Apocalipsis, la Biblia está llena de señales de advertencia divinas, llamadas a disuadir al hombre del pecado y librarlo con ello de la ira de Dios. El Antiguo Testamento nos dice que Dios no se deleita en la muerte del impío (Ez. 33:11) y el Nuevo Testamento nos dice que no desea que nadie perezca, sino que todos se arrepientan (2 P. 3:9). Dios no creó al hombre para condenarlo al infierno, y a lo largo de toda su Palabra le advierte continuamente de los peligros y la pena por el pecado.

Hebreos 3:7-19 es una de esas advertencias. El Espíritu Santo parece estar dando un empujón sobrenatural a todo el que se encuentre a punto de aceptar a Jesucristo. Muchas personas aceptan el evangelio intelectualmente. Creen su mensaje, pero nunca se entregan a Aquel a quien el evangelio proclama. No se

arrepienten de sus pecados y se vuelven a Él de todo corazón como Salvador y
Señor. No le hace ningún favor a Dios —ni es beneficioso para nosotros— gustar, admirar, alabar su evangelio, sin aceptarlo ni obedecerlo. Saber la verdad y
no aceptarla trae peor juicio que nunca haberla conocido.

La advertencia aquí es a quienes conocen el evangelio y afirman su verdad, pero
por su amor al pecado, temor a la persecución o a cualquier otra situación, no se
han entregado a la verdad que saben que es real. Es como si hubiera un incendio
en un hotel y estuvieran en el décimo piso, el bombero les grita que salten a la red
que está abajo, pero no saltan. Dudan. Son conscientes del peligro y saben que
la red es su única vía de escape; mas no actúan con base en lo que saben que es
verdadero y necesario. Puede que los asuste salir heridos de la caída. Puede que
les preocupe cómo se verían mientras caen, que la vergüenza los asuste. Pero la
verdad es esta: saber solo del peligro y la forma de esquivarlo no los salvará. Si no
saltan, morirán. Cuando se trata de su vida, nada más debería importar.

El escritor de Hebreos, bajo la guía del Espíritu, tiene una gran inquietud
por sus compatriotas, pues están en un aprieto. Han oído el evangelio, algunos de ellos por boca de los apóstoles, pero por varias razones no se deciden a
aceptar a **Cristo**. Al parecer, algunos habían hecho la confesión de fe o habían
hecho alguna declaración de confianza en Cristo, pero estaban comenzando a
retractarse. Cuando sus amigos comenzaron a ridiculizarlos, empezaron a flaquear y a dudar. No estaban dispuestos a entregarse por completo a Jesús, por
tanto, se hicieron apóstatas. Sabiendo la verdad, le dieron la espalda voluntaria
e intencionalmente.

Para reforzar la advertencia, el Espíritu usa un relato del Antiguo Testamento
muy conocido para los judíos. Moisés acababa de ser mencionado, y es precisamente de la época de este, el líder más grande del Antiguo Testamento, que
viene el relato. La historia puede dividirse en cuatro partes: la ilustración de
Israel, la invitación a prestar atención, la instrucción de exhortarse unos a otros
y el asunto de la incredulidad.

LA ILUSTRACIÓN DE ISRAEL

Una de las mejores formas de comenzar un sermón es por medio de una ilustración. Una vez que usted ha captado la atención de las personas, va a las
Escrituras para afirmar su punto. Eso es lo que hace aquí el Espíritu de Dios.
En este caso, la ilustración proviene de las Escrituras. Hebreos 3:7-11 es una cita
del Salmo 95:7-11. El pasaje citado se escribió probablemente en tiempos de
David, pero habla acerca del tiempo de Moisés. Es un ejemplo conmovedor del
problema que enfrentaban muchos judíos en los tiempos de la iglesia primitiva.
Describe la desobediencia de Israel y el rechazo de Dios en la peregrinación del
éxodo.

El salmista usó esta historia para advertir a su pueblo de no caer en la incredulidad. Mil años después, el escritor de Hebreos la usó para el mismo propósito. Alrededor de dos mil años después, la advertencia sigue siendo válida.

El Espíritu Santo dice aquí a los hebreos que están al borde de la decisión, pero que no se han comprometido nunca: "No endurezcan sus corazones, oigan y hagan hoy lo que Dios quiere. No hagan como los hijos de Israel que, aun después de haber visto la prueba del poder de Dios y su cuidado por cuarenta años, siguieron sin creer en Él. No hagan eso".

PRUEBA DE LA INSPIRACIÓN BÍBLICA

Por lo cual, como dice el Espíritu Santo: Si oyereis hoy su voz, (3:7)

He aquí uno de los testimonios más claros de las Escrituras sobre su inspiración divina. El escritor de Hebreos dice que el **Espíritu Santo** fue el autor del Salmo 95, del cual cita Hebreos 3:7*b*-11. La inspiración es del Espíritu Santo hablando por medio de las mentes humanas que Dios usa. El salmista no estaba declarando su propia opinión ni había escogido él sus palabras. Cuando escribió estas cosas, era el Espíritu quien hablaba. Eso es inspiración divina. Esas son las palabras del Espíritu de Dios, el cual es el Autor verdadero de las Escrituras. "Porque nunca la profecía fue traída por voluntad humana, sino que los santos hombres de Dios hablaron siendo inspirados por el Espíritu Santo" (2 P. 1:21). El Espíritu Santo participó al momento de escribir cada palabra de la Biblia. Por esa razón es un pecado de primer grado, y abre las compuertas a toda clase de herejías, negar la inspiración verbal absoluta de las Escrituras. Dios originó los autógrafos, los primeros ejemplares, en cada una de sus palabras.

La advertencia básica del salmo ("Si oyereis hoy su voz, no endurezcáis vuestros corazones") se usa tres veces en Hebreos 3 (vv. 7-8, 13, 15) y una en el capítulo 4 (v. 7). La palabra **hoy**, por supuesto, indica urgencia. Significa "ahora", no necesariamente un período de veinticuatro horas. Se refiere al período de la gracia, que a veces puede ser menor a veinticuatro horas. En otras palabras, se refiere al presente. Si usted conoce la verdad de Jesucristo, si conoce el evangelio de Jesucristo, no haga lo que hizo Israel cuando conoció la verdad de Dios y vio su revelación. Es muy necio y peligroso endurecer su corazón. Nunca sabe usted cuánto tiempo tendrá para decidir. "Porque dice: En tiempo aceptable te he oído, y en día de salvación te he socorrido. He aquí ahora el tiempo aceptable; he aquí ahora el día de salvación" (2 Co. 6:2). El tiempo de la salvación de Dios es siempre *ahora*.

D. L. Moody, al principio de su ministerio, solía terminar su mensaje diciendo: "Vayan a casa y piensen en lo que he dicho". Una noche en Chicago les dijo que hicieran esto a quienes le oían y que volvieran la noche siguiente listos para tomar una decisión. En aquella noche se desató el incendio de Chicago y algunos de los que habían estado allí murieron. Fue aquella la última vez que le dijo a alguien que pensara las afirmaciones de Cristo y tomara la decisión después. Nadie sabe si tendrá un mañana para decidir. La palabra **hoy** significa el tiempo presente de la gracia. Los hombres de hoy, como en los tiempos de Moody, Hebreos, David y Moisés, nunca saben cuánto tiempo va a durar el período de gracia para ellos.

Escuchar a Dios y obedecerle es asunto de la voluntad. Endurecer el corazón, como lo hizo Israel, también lo es. Pablo advierte que nuestros corazones, o nuestras conciencias, pueden cauterizarse y volverse insensibles, como la piel que ha sufrido una quemadura (1 Ti. 4:2). La cicatriz que reemplaza la piel tiene muy poca sensibilidad.

Cuando estaba en la universidad, salí despedido de un auto que iba a 120 kilómetros por hora. Rodé 90 metros sobre mi espalda y sufrí quemaduras de tercer grado, debido a la fricción. La cicatriz resultante ahora es insensible.

Algo muy similar sucede cuando no se toma en cuenta la conciencia. La duración de *hoy* es mientras exista la oportunidad para decidir y la conciencia sea sensible a Dios. Cuando el *hoy* de una persona se acaba, es demasiado tarde. Su corazón se endurece cada vez que le dice no a Jesucristo, o a cualquier parte de su verdad o voluntad. Cuando el corazón es suave, cuando la conciencia es sensible, cuando el intelecto está convencido de Cristo, es el tiempo de decidirse, cuando aún se es flexible y receptivo. De otra forma, la persona terminará volviéndose dura, terca e insensible espiritualmente. El evangelio dejará de tener atractivo para nosotros.

No endurezcáis vuestros corazones, como en la provocación, en el día de la tentación en el desierto, (3:8)

Israel había estado en Egipto por más de cuatrocientos años, más o menos los últimos doscientos como esclavos. Los egipcios, asustados de que los hebreos se volvieran una amenaza, intentaron debilitarlos y reducir su población haciéndolos trabajar dura y opresivamente en la construcción de ciudades y quizás pirámides. Los obligaron a trabajar en exceso, los tenían mal alimentados y los azotaban regularmente. Dios, para castigar a los egipcios e inducirlos a que dejaran ir a su pueblo, los afligió con una serie de diez plagas, la última de las cuales, la peor de todas, causó la muerte de todos sus primogénitos. En ese momento, el faraón les rogó a los israelitas que se fueran, cosa que hicieron rápidamente bajo el liderazgo de Moisés. Cuando llegaron al mar Rojo, el faraón cambió de parecer y fue con sus tropas para traerlos de vuelta. Dios realizó otro milagro permitiendo que su pueblo atravesara por entre las aguas divididas, que después cayeron sobre el ejército del faraón que los perseguía y se ahogaron todos.

Después que llegaron a **la tentación en el desierto**, Dios continuó bendiciéndolos con milagros: guiando su viaje con columnas de nube y de fuego (cuando viajaban de noche), y proveyéndoles comida y agua potable. Después de cada bendición, solo se sentían satisfechos por un tiempo breve. Volvían pronto a la queja y a dudar de Dios. Se convirtieron en la ilustración clásica de incredulidad frente a la abrumadora evidencia. Dios se les había revelado clara y milagrosamente; ellos sabían que Él se había revelado, sabían lo que esperaba de ellos, y vieron evidencia tras evidencia de su poder y su bendición. Pero nunca creyeron de verdad. Tal como los egipcios obviaron rápidamente el temor de Dios, los israelitas obviaron rápidamente su confianza en Él. No se entregaron a Él en fe. Como resultado, tuvieron que andar, andar y andar... hasta que murió la generación desagradecida, la que no confiaba, la incrédula. Por causa de su incredulidad anduvieron en círculos durante cuarenta años en una tierra estéril, desolada y opresiva.

donde me tentaron vuestros padres; me probaron, y vieron mis obras cuarenta años. (3:9)

Para la incredulidad, ninguna prueba es suficiente. Pedir más pruebas es solo un pretexto, una excusa, una táctica dilatadora. El pueblo de Israel se mantenía probando a Dios y **el día de la tentación** duró cuarenta años. "Toda la congregación de los hijos de Israel partió del desierto de Sin por sus jornadas, conforme al mandamiento de Jehová, y acamparon en Refidim; y no había agua para que el pueblo bebiese. Y altercó el pueblo con Moisés, y dijeron: Danos agua para que bebamos. Y Moisés les dijo: ¿Por qué altercáis conmigo? ¿Por qué tentáis a Jehová?" (Éx. 17:1-2). No tenían fe en que Dios les daría el agua; estaban exigiéndole agua a Dios como si estuviera obligado y para ver si Él realmente la iba a proveer. El propósito real se menciona unos versículos más adelante: "los hijos de Israel... tentaron a Jehová, diciendo: ¿Está, pues, Jehová entre nosotros, o no?" (17:7). Dios había estado proveyéndoles todo el tiempo, tenían evidencia abundante de su poder y su cuidado. Pero no ponían su confianza completa en Dios, de modo que seguían diciendo: "Dios, haz esta otra cosa por nosotros para que sepamos que eres real". Pero cuando Él les volvía a proteger o les volvía a proveer, ellos seguían sin creerle. "No sean como ese pueblo —les dice el escritor de Hebreos—. No inventen excusas para no creer; no endurezcan sus corazones a Dios como lo hicieron ellos, o perderán su oportunidad como ellos".

Dios había liberado a los israelitas de Egipto con plagas impresionantes y milagrosas. Con la misma capacidad milagrosa, los llevó por el mar Rojo y destruyó a sus perseguidores. Sin falta les proveyó el maná para alimentarlos y las columnas de nube y fuego los guiaban. Pero aún se preguntaban: "¿Está Dios entre nosotros?". Nada es más ilógico e irracional que la incredulidad. Se rehúsa a aceptar la evidencia más abrumadora, simplemente porque la incredulidad no *quiere* creer. Como dejó claro Jesús en la parábola del hombre rico y Lázaro, no hay evidencia suficiente para quien no quiere creer. "Si no oyen a Moisés y a los profetas, tampoco se persuadirán aunque alguno se levantare de los muertos" (Lc. 16:31). Por otro lado, quien *quiere* creer confía en Dios a pesar de cualquier aparente ausencia de evidencia. Dice: "Creo; ayuda mi incredulidad" (Mr. 9:24).

La mayoría de las personas no necesita más pruebas de que Dios es real o de que Jesús es su Hijo y el Salvador. Necesitan odiar su pecado, arrepentirse y entregarse a Él. Nunca se aceptará a un Dios a quien se le pone a prueba continuamente. Quien prueba a Dios hoy lo hace por las mismas razones que lo hicieron los israelitas en días de Moisés: para apartarlo, porque aman su pecado, sus propios caminos, sus propios planes, demasiado para cambiarlos por los de Dios.

A causa de lo cual me disgusté contra esa generación, y dije: Siempre andan vagando en su corazón, y no han conocido mis caminos. Por tanto, juré en mi ira: No entrarán en mi reposo. (3:10-11)

La palabra **disgusté** no implica solo infelicidad o decepción. Significa irritado, agitado, furioso. Dios estaba extremadamente airado con el pecado de Israel. El pueblo seguía, seguía y seguía en lo mismo. Traduciendo de la lxx este pasaje, podría decirse: "Dios los resistió". Los rechazó y los repudió. ¿Por qué? Porque **siempre** andaban **vagando en su corazón, y no** habían **conocido** sus **caminos**.

Cuando los israelitas finalmente se acercaron a la tierra prometida, Dios les ordenó enviar doce espías antes de que entraran. El informe de la mayoría fue muy negativo y pesimista. Vieron a los enemigos como gigantes y a sí mismos como "langostas". El informe de la minoría, de Caleb y Josué, fue optimista; no porque subestimaran el poder del enemigo, sino porque sabían que el poder del Señor era mayor. El pueblo creyó lo que dijo la mayoría e inmediatamente comenzó a rezongar y a quejarse con Moisés y Aarón. Para castigarlos, Dios les dijo: "Todos los que vieron mi gloria y mis señales que he hecho en Egipto y en el desierto, y me han tentado ya diez veces, y no han oído mi voz, no verán la tierra de la cual juré a sus padres; no, ninguno de los que me han irritado la verá" (Nm. 14:22-23). Tenían evidencia más que suficiente para creer que Dios podía llevarlos a salvo a la tierra de la que fluye leche y miel, pero no le creyeron y no se les permitió entrar. El **reposo** era Canaán, donde el gran esfuerzo de andar y andar llegaría a su fin. Como veremos en el capítulo siguiente, es un símbolo de la salvación.

Es ahí cuando se acaba el hoy. Usted puede haber estado a punto de recibir a Jesucristo por mucho tiempo, jugando con la idea y pensando: "Dios, prueba una vez más que eres tú. No estoy seguro. Aún no estoy listo". Y un día Él dirá:

"Has tenido suficiente evidencia; ya no hay más tiempo. Se acabó el hoy; ya es mañana. Nunca verás mi tierra prometida".

Si Israel tuvo evidencia más que suficiente para confiar en Dios durante los tiempos de Moisés, ¿cuánta más tenemos nosotros hoy? Tenemos la evidencia de que Jesucristo, el Hijo de Dios, murió en una cruz, resucitó al tercer día, y vive y salva a los hombres. La evidencia está ahí, la evidencia es segura. Cristo, el Hijo unigénito del Padre, ha manifestado a Dios. Lo ha declarado, ha mostrado su amor, su gracia, ha enviado el Espíritu Santo. No necesitamos un Moisés. Además de toda la evidencia histórica, tenemos a la tercera persona de la Trinidad para revelar a Cristo. La incredulidad frente a tan abrumadora evidencia es de veras trágica; no tiene excusa.

Ni siquiera quienes entraron a la tierra conocieron el descanso de Dios en el sentido verdadero. Lo primero que Dios les ordenó fue exterminar a los cananeos malvados, incrédulos e impíos. Dios iba a usar a su pueblo como instrumento de juicio. Los cananeos eran tan paganos y malos que sepultaban bebés vivos en jarras en los muros de cada ciudad que construían. Eran de una maldad e impiedad tan groseras que Dios quiso barrerlos de la faz de la Tierra. Pero en lugar de exterminar a los cananeos, los israelitas se mudaron a vivir con ellos. En consecuencia, excepto por unos cuantos siglos bajo sus propios jueces y reyes, los israelitas sufrieron explotación, exilio y dominio por una serie de conquistadores gentiles. En el 70 d.C., les destruyeron su templo y desde entonces los judíos han estado esparcidos por el mundo. Solo en nuestros días Dios los ha comenzado a reunir de nuevo en su tierra. El descanso final de Israel solo llegará en el reino que su Hijo edificará cuando vuelva.

LA INVITACIÓN A PRESTAR ATENCIÓN

Mirad, hermanos, que no haya en ninguno de vosotros corazón malo de incredulidad para apartarse del Dios vivo; (3:12)

Con base en la incredulidad de Israel en el desierto, se hace un llamado a los lectores de Hebreos para no seguir este ejemplo. Es una advertencia a no rechazar la verdad que se conoce. El juicio de los días en el desierto cayó sobre los que rechazaron la Palabra de Dios por medio de Moisés, y la advertencia aquí es a quienes rechacen la Palabra de Dios en Cristo. La palabra **hermanos** no es una referencia a los cristianos, como "hermanos santos" en 3:1. Se refiere a los hermanos raciales, judíos incrédulos, como ocurre con el término en todo el libro de Hechos.

El mayor pecado del mundo es la incredulidad. Es la mayor ofensa a Dios y nos produce el daño más grande. Estos lectores tenían conocimiento del evangelio. Muchos, quizás, profesaban ser cristianos. Ninguno se consideraba activamente agresor de Cristo; pero todos estaban contra Él. No importa cuán cerca esté una persona de aceptar a Jesucristo como Salvador, si nunca llega a Él, sigue teniendo un **corazón malo de incredulidad**. Su castigo será mucho más severo por su conocimiento del Dios vivo. Si aquellos "recayeron, [es imposible que] sean otra vez renovados para arrepentimiento" (He. 6:6). Cuando usted ha oído la verdad de Jesucristo, cuando ha reconocido que esta es la verdad, para luego darle la espalda y alejarse de ella, no hay nada que Dios pueda hacer. Una vez que ha oído el evangelio y entendido sus afirmaciones, para luego decirle no a Jesucristo, usted ha recaído. Se ha convertido en un apóstata.

El Espíritu Santo dice a todos los que oyen el evangelio: "Respondan a Jesús mientras su corazón aún está cálido y suavizado por la verdad de Él, mientras está sensible. Respondan a su amor dulce y a su llamado de gracia. Si esperan demasiado, descubrirán que su corazón se vuelve más duro e insensible. La decisión será cada vez más difícil porque su corazón se hará cada vez más duro. Si siguen en pos de su corazón malo e incrédulo, en lugar de seguir el evangelio, se apartarán por siempre del Dios vivo y perderán el derecho al descanso de la salvación".

Separarse de Jesucristo no es rechazar una religión. Separarse de Jesucristo es mucho más que rechazar el cristianismo tradicional e histórico. Separarse de Jesucristo es darle la espalda al Dios vivo. Es darle la espalda a la vida.

LA INSTRUCCIÓN: EXHORTARSE UNOS A OTROS DIARIAMENTE

antes exhortaos los unos a los otros cada día, entre tanto que se dice: Hoy; para que ninguno de vosotros se endurezca por el engaño del pecado. (3:13)

La palabra **exhortaos** es del griego *parakaleō*, una forma de la palabra que usó Jesús para el Espíritu Santo en Juan 14:16. El significado de la raíz tiene que ver con caminar junto a alguien para ayudarle. El escritor dice a los creyentes entre sus lectores: "Pónganse unos al lado de los otros y ayúdense". Se les urge especialmente a ayudar a sus hermanos judíos incrédulos, animándolos a no endurecer su corazón, sino a aceptar a Jesús como el Mesías.

La palabra **engaño** quiere decir artimaña o estratagema. El pecado es una artimaña; rara vez parece lo que realmente es. Siempre se enmascara. Miente y engaña (cp. Ro. 7:11). Cuando una persona se endurece espiritualmente, rara vez está consciente de ello. Puede oír el evangelio de Jesucristo una y otra vez pero no responde. Mi padre solía usar una expresión conocida: "El mismo sol que derrite la cera endurece la arcilla". Si su corazón no se funde en la fe, la incredulidad lo endurecerá.

La vieja naturaleza sugiere constantemente que el pecado no es tan malo y que la confianza en Cristo no es tan importante como la Biblia dice. Hacerse cristiano parece muy costoso, muy exigente, muy restrictivo, muy monótono y sin emoción; pero sobre todo innecesario. Desde la perspectiva propia la persona no parece tan impía. "Cuido de mi familia, le ayudo a mi prójimo y soy buen ciudadano. No soy perfecto, por supuesto, pero tampoco soy malo. En mi vida hay espacio para mejorar, pero no necesito la 'salvación'". Ese es el razonamiento. Es esto lo que, con engaños, dice la naturaleza de pecado a los hombres en cuanto a su necesidad de salvación.

La evaluación divina es bien diferente. "Mas el justo vivirá por fe; y si retrocediere, no agradará a mi alma. Pero nosotros no somos de los que retroceden para perdición, sino de los que tienen fe para preservación del alma" (He. 10:38-39). Ahí está. Usted está al borde de la decisión, una decisión a la que no puede escapar. O cree en la salvación de su alma o cae en su condenación.

LA CONTINUIDAD ES PRUEBA DE LA SALVACIÓN

Porque somos hechos participantes de Cristo, con tal que retengamos firme hasta el fin nuestra confianza del principio, (3:14)

Si realmente creemos el evangelio, si le hemos entregado nuestra vida a Jesucristo, entonces al final del día, del año y de la vida, nuestro compromiso seguirá en pie. La prueba más grande de la salvación es la continuidad en la vida cristiana. El creyente verdadero permanece con Cristo. Jesús dijo: "Si vosotros permaneciereis en mi palabra, seréis verdaderamente mis discípulos" (Jn. 8:31). Cuando alguien se aparta del evangelio, se echa para atrás en su fe, solo podemos concluir que dicha persona no creyó nunca. "Salieron de nosotros, pero no eran de nosotros; porque si hubiesen sido de nosotros, habrían permanecido con nosotros; pero salieron para que se manifestase que no todos son de nosotros" (1 Jn. 2:19). Permanecer con el Señor es lo que marca la diferencia entre la posesión y la confesión.

EL ASUNTO: LA INCREDULIDAD

entre tanto que se dice: Si oyereis hoy su voz, no endurezcáis vuestros corazones, como en la provocación. ¿Quiénes fueron los que, habiendo oído, le provocaron? ¿No fueron todos los que salieron de Egipto por mano de Moisés? ¿Y con quiénes estuvo él disgustado cuarenta años? ¿No fue con los que pecaron, cuyos cuerpos cayeron en el desierto? ¿Y a quiénes juró que no entrarían en su reposo, sino a aquellos que desobedecieron? Y vemos que no pudieron entrar a causa de incredulidad. (3:15-19)

El llamado a acudir al Señor sin demora se vuelve a repetir. Dios se había airado con **todos los que salieron de Egipto** y no creyeron, y en su ira les negó el descanso en la tierra prometida. El escritor les ruega a sus lectores que no sigan ese ejemplo para no sufrir ese desenlace. La desobediencia de la **incredulidad** despoja de las bendiciones y trae juicio.

La ilustración, invitación e instrucción carecen de valor si no se cree en aquello a lo cual apuntan. Dios tiene grandes bendiciones preparadas. Quiere derramar estas riquezas sobre nosotros, no solo en esta vida sino durante toda la eternidad. Pero se necesita una sola cosa: fe. **No pudieron entrar a causa de incredulidad** (cp. Pr. 29:1; Jud. 5).

Muchos dicen: "No puedo creer. Tengo una mente pragmática y empírica que debe ver los hechos y ponderar toda la evidencia". Pero todos viven por fe. Vivimos por fe cuando vamos a un restaurante sin cuestionar la seguridad de lo que comemos. Cuando conducimos por una autopista, no tememos que después de la curva siguiente la ruta nos mande a un río sin puente. Confiamos en las personas que hicieron las autopistas y en las personas que han viajado por ellas antes que nosotros. Casi constantemente vivimos por fe. Si podemos poner nuestra fe en el departamento de autopistas y en quienes preparan la comida, con seguridad podemos poner nuestra fe en el Dios del universo. No confiar en Él es fatal.

Entremos al reposo de Dios **9**

Temamos, pues, no sea que permaneciendo aún la promesa de entrar en su reposo, alguno de vosotros parezca no haberlo alcanzado. Porque también a nosotros se nos ha anunciado la buena nueva como a ellos; pero no les aprovechó el oír la palabra, por no ir acompañada de fe en los que la oyeron. Pero los que hemos creído entramos en el reposo, de la manera que dijo: Por tanto, juré en mi ira, no entrarán en mi reposo; aunque las obras suyas estaban acabadas desde la fundación del mundo. Porque en cierto lugar dijo así del séptimo día: Y reposó Dios de todas sus obras en el séptimo día. Y otra vez aquí: No entrarán en mi reposo. Por lo tanto, puesto que falta que algunos entren en él, y aquellos a quienes primero se les anunció la buena nueva no entraron por causa de desobediencia, otra vez determina un día: Hoy, diciendo después de tanto tiempo, por medio de David, como se dijo: Si oyereis hoy su voz, no endurezcáis vuestros corazones. Porque si Josué les hubiera dado el reposo, no hablaría después de otro día. Por tanto, queda un reposo para el pueblo de Dios. Porque el que ha entrado en su reposo, también ha reposado de sus obras, como Dios de las suyas. Procuremos, pues, entrar en aquel reposo, para que ninguno caiga en semejante ejemplo de desobediencia. Porque la palabra de Dios es viva y eficaz, y más cortante que toda espada de dos filos; y penetra hasta partir el alma y el espíritu, las coyunturas y los tuétanos, y discierne los pensamientos y las intenciones del corazón. Y no hay cosa creada que no sea manifiesta en su presencia; antes bien todas las cosas están desnudas y abiertas a los ojos de aquel a quien tenemos que dar cuenta. (4:1-13)

Hebreos 4 continúa la advertencia que comenzó en 3:7 a los judíos informados pero insensibles. Tales judíos no solamente conocían las verdades básicas del evangelio, sino que habían renunciado al judaísmo. Sin embargo, aún no confiaban en Cristo. Por supuesto, la advertencia es válida para quienquiera que dude de entregarse completamente a Jesucristo, y puede resumirse así: "**No endurezcáis vuestros corazones** como Israel en el desierto". Los israelitas habían salido de Egipto, pero a menudo deseaban regresar. Se negaban a confiar completamente en el Señor y, a pesar de que su vida antigua solía ser tan opresiva y desilusionadora, aún les parecía atractiva. Se detuvieron en el punto crucial de la decisión. En consecuencia, no se les permitió entrar en la tierra prometida ni al **reposo** de Dios. Así sucede con muchos que se acercan a Jesucristo. La incredulidad los priva del reposo. Ese es el pensamiento del autor.

EL SIGNIFICADO DEL REPOSO

La palabra **reposo** en español y la palabra griega (*katapausis*) de la que se traduce tienen significados semejantes. La idea básica es cesar de trabajar o de ejecutar cualquier tipo de acción. Es parar de hacer lo que se está haciendo. Acción, trabajo o esfuerzo, se terminan. Aplicado al reposo de Dios, quiere decir que se acaban los esfuerzos propios en lo que a la salvación se refiere. Quiere decir que se terminan los intentos de agradar a Dios con nuestras obras carnales y débiles. El reposo perfecto de Dios es un descanso en la gracia gratuita.

Reposo también quiere decir libertad de cualquier cosa que le preocupe o perturbe. Algunas personas no pueden descansar emocional y mentalmente porque se enojan con facilidad. Cada pequeño detalle les altera y siempre se sienten molestos. Reposo no significa libertad de todos los detalles y molestias; significa libertad de dejarse alterar fácilmente por tales cosas. Significa estar tranquilo, compuesto y en paz interiormente. Entrar al reposo de Dios significa estar en paz con Dios, poseer la paz perfecta que Él da. Significa estar libre de culpa e incluso de los sentimientos innecesarios de culpa. Significa la libertad de preocuparse por el pecado, porque el pecado está perdonado. El reposo de Dios es el final de las obras legalistas y la experiencia de la paz en el perdón total de Dios.

Reposo puede significar recostarse, asentarse, estabilizarse, estar seguro. No hay más cambios hechos en frustración de una cosa a la siguiente, no hay más dar vueltas en círculo. En el reposo de Dios, estamos establecidos por siempre en Cristo. Nos libramos de correr de filosofía en filosofía, de religión en religión, de estilo de vida en estilo de vida. Nos libramos de fluctuar con cada viento de doctrina, cada idea o moda pasajera, que sople por nuestro camino. En Cristo estamos establecidos, arraigados, afianzados y somos inamovibles. Ese es el reposo cristiano.

El reposo requiere permanecer confiado, mantener la confianza. En otras palabras, descansar en algo o alguien significa mantener nuestra confianza en aquello o aquel. Por tanto, entrar al reposo de Dios, significa disfrutar la confianza perfecta e inamovible de la salvación en nuestro Señor. No tenemos razones para temer. Tenemos la confianza absoluta en el poder y el cuidado de Dios.

Reposo significa también apoyo. Entrar al reposo de Dios quiere decir que por el resto de nuestra vida y por toda la eternidad podemos apoyarnos en Dios. Podemos estar seguros de que Él nunca va a dejar de respaldarnos. En la nueva relación con Dios, podemos depender de Él en todo y para todo: para respaldo, salud, fuerza y todo lo que necesitemos. Es una relación en la cual estamos seguros y confiados en que le hemos entregado nuestra vida a Dios y que Él la sostiene en amor eterno y perfecto. Es una relación que requiere estar asentado y fijo, en la que ya no vagamos de un lado a otro. Sabemos en quién hemos creído y permanecemos en Él.

El reposo del que habla Hebreos 3 y 4 incluye todos estos significados. Es completo, bendito, dulce, satisfactorio y pacífico. Esto es lo que Dios le ofrece a toda persona en Cristo. Es el descanso descrito e ilustrado en el reposo de Canaán que Israel nunca entendió y al que nunca entró por su incredulidad. Y tal como Israel nunca entró al reposo de Canaán por la incredulidad, así también, desde ese tiempo e incluso antes, un alma tras otra ha perdido el reposo de la salvación de Dios por causa de la incredulidad.

Hay otras dos dimensiones más del reposo espiritual que no aparecerán en un diccionario: el reposo del reino del milenio y el reposo eterno del cielo. Son estas las expresiones últimas de la nueva relación con Dios en Cristo, la relación que cuida de nosotros en esta vida, en el reino y en el cielo para siempre.

Hebreos 4:1-13 nos lleva más profundamente a esta verdad enseñándonos cuatro cosas sobre el reposo de Dios: su disponibilidad, elementos, naturaleza y urgencia.

LA DISPONIBILIDAD DEL REPOSO

Temamos, pues, no sea que permaneciendo aún la promesa de entrar en su reposo, alguno de vosotros parezca no haberlo alcanzado. (4:1)

La palabra **pues** se refiere, por supuesto, a la incredulidad de Israel y el consecuente fracaso para entrar al reposo de Dios en Canaán. Como se ilustra con su experiencia, no confiar en Dios es algo que hay que temer. Jesús advirtió: "Y no temáis a los que matan el cuerpo, mas el alma no pueden matar; temed más bien a aquel que puede destruir el alma y el cuerpo en el infierno" (Mt. 10:28). Solo Dios tiene el poder de entregar una persona al infierno. Si no se cree en Él, Él es el único a quien se debe temer.

El cristiano no tiene necesidad de temer en el sentido en el que aquí se habla. Jesús dijo: "No temáis, manada pequeña, porque a vuestro Padre le ha placido daros el reino" (Lc. 12:32). La única clase de miedo que un cristiano debe tener es el temor reverente (1 P. 2:17; Ap. 14:7 y otros). Es el temor de respeto y honra, no el temor de condenación o el temor en el sentido de terror, al que se refiere el texto.

Pero estar perdido y enfrentar la separación eterna de Dios causa el miedo más extremo. Sin embargo, pocos perdidos sienten tal temor. Incluso muchos de los que han oído el evangelio y reconocen su verdad no tienen este temor. De modo que el escritor les urge, les suplica, a tener miedo de lo que hacen y de lo que enfrentan.

En tanto que permanezca **la promesa**, hay oportunidad de obtener la salvación y entrar en el reposo de Dios. De otra forma, el llamado a creer sería una farsa. Aún hay tiempo. Dios tiene todavía la puerta abierta. Cuando Israel estaba en el desierto, a quienes se negaron a creer no se les permitió entrar en la tierra prometida. Pero Dios no se olvidó de Israel como su pueblo escogido. A los judíos que rechazaron a su Hijo, los cuales se burlaron de Él y lo crucificaron, no se les permitió entrar al reposo celestial divino. Pero incluso allí Dios no se olvidó de Israel. Desafortunadamente, muchos cristianos creen que Dios no tiene más planes con Israel como nación e incluso como pueblo; creen que su pueblo escogido es ahora la Iglesia. La creencia en que no hay más promesas para Israel y que no tendrá restauración o reino futuro pertenece al amilenarismo, que hoy día es común incluso entre evangélicos. Algunos argumentan que, como nación y pueblo diferenciado, perdieron las promesas de Dios debido a lo que hicieron los judíos del Antiguo Testamento en incredulidad o más aún por lo que le hicieron a Jesucristo.

Pero la promesa de Dios a Israel permanece. Uno de los pasajes que más claramente muestra que Israel aún está en los planes de Dios, y que Dios aún obra en él, se encuentra en Hechos 3. Poco después de Pentecostés, Pedro dijo a un grupo de judíos a las afueras del templo: "Mas vosotros negasteis al Santo y al Justo, y pedisteis que se os diese un homicida, y matasteis al Autor de la vida" (vv. 14-15). Pero después de esta acusación fuerte y, al parecer, final, concluye diciendo: "Vosotros sois los hijos de los profetas, y del pacto que Dios hizo con nuestros padres, diciendo a Abraham: En tu simiente serán benditas todas las familias de la Tierra. A vosotros primeramente, Dios, habiendo levantado a su Hijo, lo envió para que os bendijese, a fin de que cada uno se convierta de su maldad" (vv. 25-26). Aunque mataron al Autor de la vida, al mismo Hijo de Dios, seguían siendo hijos del pacto incondicional que Dios hizo con Abraham. De modo que el autor de Hebreos podía decirles: "La promesa de entrar a su reposo permanece". El reposo todavía está disponible. ¡Cuán maravillosa gracia!

Una traducción más precisa de la última parte de Hebreos 4:1 es: "No sea que crea usted que ha llegado tarde para entrar en el reposo de Dios". En otras palabras, algunos judíos estaban en peligro de declarar que no confiaban en Cristo porque pensaban que era demasiado tarde. Tal vez creían que su pueblo había perdido la oportunidad de recibir al Mesías y también la salvación. No tenían razones para semejante desespero, porque la promesa seguía vigente. Pero tenían una razón para temer, no porque hubieran perdido la oportunidad de la salvación, sino porque *podrían* perderla si seguían posponiendo la aceptación de Cristo como su Salvador personal.

Mel Trotter, al principio de su adultez era tan corrupto como se pueda imaginar. Sus hijos pasaban hambre porque él se gastaba su dinero en alcohol. Su hijita murió de desnutrición cuando iba a cumplir cuatro años. Los vecinos donaron el dinero suficiente para enterrarla con ropa nueva y en un ataúd. A media noche Trotter irrumpió en la morgue, le quitó la ropa a su hija muerta y la cambió por alcohol. Sin embargo, poco tiempo después, Jesucristo lo rescató, cambió su vida y se convirtió en uno de los más grandes predicadores que Estados Unidos ha conocido.

En tanto que la persona tenga la oportunidad de decidir, *puede* decidir. Nunca está alguien tan lejos de Dios para que Él no pueda alcanzarlo. Mientras su corazón sea sensible a la voz del Espíritu, en tanto pueda oír el llamado de Dios, tiene tiempo para ser salvo. El reposo de Dios sigue disponible. Solo Dios sabe cuál es el tiempo para cada persona.

LOS ELEMENTOS DEL REPOSO

El reposo de Dios, su salvación, se basa en tres cosas: fe personal, decreto soberano y acción inmediata.

FE PERSONAL

Porque también a nosotros se nos ha anunciado la buena nueva como a ellos; pero no les aprovechó el oír la palabra, por no ir acompañada de fe en los que la oyeron. Pero los que hemos creído entramos en el reposo, de la manera que dijo: Por tanto, juré en mi ira, no entrarán en mi reposo; aunque las obras suyas estaban acabadas desde la fundación del mundo. (4:2-3)

Desde el lado humano, el primer requisito para la salvación es la **fe**. Oír el evangelio es esencial, pero no suficiente. Los israelitas de antaño oyeron las buenas nuevas del **reposo** de Dios, pero no les sirvió de nada porque no las aceptaron. No confiaron en el Dios que les dio las buenas nuevas. No sirve de nada que oigamos si no creemos. Ese es el énfasis aquí. Oír las buenas nuevas del reposo de Dios no produce beneficios ni ganancias a ninguna persona en ningún momento, a menos que el oír este acompañado **de fe**.

Es una tragedia que el infierno vaya a estar lleno de personas que dirán: "Señor, Señor, ¿no profetizamos en tu nombre, y en tu nombre echamos fuera demonios, y en tu nombre hicimos muchos milagros? Y entonces [Jesús les declarará]: Nunca os conocí; apartaos de mí, hacedores de maldad" (Mt. 7:22-23; cp. Lc. 13:26-27). Su conocimiento y su obra no estaban unidos con su fe. Los judíos se enorgullecían en el hecho de tener la ley de Dios, las ordenanzas de Dios y los rituales de Dios. Se sentían especialmente orgullosos por ser descendientes de Abraham. Pero Jesús advirtió que los hijos verdaderos de Abraham creían como Abraham y actuaban como él (Jn. 8:39). Pablo les recordó a sus compatriotas judíos que "es judío el que lo es en lo interior, y la circuncisión es la del corazón, en espíritu, no en letra; la alabanza del cual no viene de los hombres, sino de Dios" (Ro. 2:29). Espiritualmente hablando, un judío incrédulo es una contradicción.

Si usted se pasa una luz roja, un policía le obliga a pararse y le empieza a escribir una multa. Usted no le muestra su ejemplar de las leyes estatales de conducción a la hora de defenderse. No intenta usted determinar su inocencia diciéndole que ha leído el librito muchas veces y que se sabe de memoria la mayoría de sus normas. Lejos de hacerle inocente, esto le hace más responsable de vivir de acuerdo con las leyes y mucho más culpable por incumplirlas. Conocer la ley solo es ventajoso si la obedecemos. Pablo dice: "Pues en verdad la circuncisión aprovecha, si guardas la ley; pero si eres transgresor de la ley, tu circuncisión viene a ser incircuncisión" (Ro. 2:25).

Ser judío bajo el antiguo pacto no era asunto de tener la ley, sino de obedecerla. Ser cristiano bajo el nuevo pacto no es asunto de conocer el evangelio sino de confiar en él. Tener una Biblia, leerla, conocerla, llevarla cada domingo a la iglesia e incluso enseñarla, no nos hace cristianos. Lo único que nos hace cristianos es confiar en aquel de quien la Biblia testifica. Jesús les advirtió: "Escudriñad las Escrituras; porque a vosotros os parece que en ellas tenéis la vida eterna; y ellas son las que dan testimonio de mí" (Jn. 5:39). La cuestión no es conocimiento u obras, sino fe. Pablo estaba feliz y agradecido por los cristianos de Tesalónica, no solamente porque hubieran aceptado el evangelio como palabra de Dios, sino porque lo creían (1 Ts. 2:13; cp. 2 Ts. 2:13). Esto significa que debemos entregar toda nuestra vida al señorío de Cristo.

Los dos lados de esta verdad, el positivo y el negativo, son categóricos, absolutos. Los que han **creído** entrarán **en el reposo**. Y los que no creen **no entrarán en** su **reposo**. Lo que se cree y lo que no se cree son cosas muy serias. Desde la perspectiva humana, creer, y ninguna otra cosa, nos salvará; la incredulidad, acompañada del resto de las cosas, nos condenará. Estos son los dos lados igualmente verdaderos del evangelio, que es *buenas* nuevas solamente para quien lo acepta de todo corazón.

NUESTRO REPOSO ES EL REPOSO DIVINO

Otro punto debería mencionarse aquí. El reposo prometido a quienes creen es el **reposo** de Dios (**mi reposo**). El reposo de Dios de su obra en la creación y el reposo que nos da en Cristo no son la clase de reposo que se produce por debilidad o por inactividad, sino el reposo de la obra terminada. **Las obras suyas estaban acabadas desde la fundación del mundo.** Dios ya lo ha hecho todo, ha culminado su obra, y está al alcance por la fe de quien quiera entrar en ella y participar en su reposo.

Cuando Dios terminó la creación, dijo (parafraseando brevemente Gn. 2): "Terminé. He creado un mundo maravilloso para el hombre y la mujer. Les he dado todo lo que necesitan terrenalmente, inclusive el uno al otro, para que tengan una vida completa, bella y satisfactoria. Más importante aún, tienen una comunión perfecta, intacta y sin mancha conmigo. Ahora yo puedo descansar y ellos pueden descansar en mí".

Porque en cierto lugar dijo así del séptimo día: Y reposó Dios de todas sus obras en el séptimo día. (4:4)

El reposo del sábado se instituyó como símbolo del descanso verdadero que vendría en Cristo. Por esa razón, bajo el nuevo pacto se dejaron de lado las leyes ceremoniales del sábado. Cuando vino el verdadero reposo, el símbolo era innecesario. "Por tanto, nadie os juzgue en comida o en bebida, o en cuanto a días de fiesta, luna nueva o días de reposo, todo lo cual es sombra de lo que ha de venir; pero el cuerpo es de Cristo" (Col. 2:16-17).

Adán y Eva eran completamente justos cuando Dios los creó. Caminaban y hablaban con Dios tan regular y naturalmente como caminaban y hablaban entre ellos. Estaban en el reposo, en su sentido original y más completo. Dependían de Dios para todo. No tenían ansiedades, preocupaciones, dolor, frustraciones ni tristezas. No necesitaban el perdón de Dios porque no tenían pecado. No necesitaban consuelo porque nunca estaban acongojados. No necesitaban aliento porque nunca fracasaban. Solo necesitaban la comunión con Dios, porque por Él fueron hechos. Este era su "reposo" en Dios. Dios completó su obra perfecta y descansó. Ellos *eran* su obra perfecta y descansaron en Él.

Pero algo terrible ocurrió. Cuando Satanás comenzó a poner en duda la palabra, la integridad y el amor de Dios, Adán y Eva decidieron creerle a Satanás. Confiaron en él antes que en Dios. Y cuando perdieron la confianza en Dios, perdieron el reposo divino. Y desde entonces hasta hoy, el hombre separado de Dios no solamente ha sido pecador, sino intranquilo. Todo el propósito de la Biblia y toda la obra de Dios en la historia humana tiene una sola razón de ser: llevar al hombre de vuelta al reposo divino.

Para lograrlo, Dios tuvo que eliminar la barrera que los apartaba del reposo, la barrera que los separaba de Él. Envió a su Hijo para hacer precisamente eso: proveer una vez más el descanso del hombre en su Creador. Por medio de la muerte de Cristo se vuelve a ofrecer vida a los hombres. Reposo es otra palabra para vida, la vida como Dios quería que fuera. Hasta las personas que vivieron antes de Jesús fueron salvas por lo que Dios iba a hacer mediante su Hijo. Cristo cargó los pecados pasados y futuros, y el reposo de Dios, por medio de Cristo, ha estado disponible para todo aquel que en Él crea.

Quienes pecaron mientras vagaban por el desierto no se perdieron solamente de Canaán. A menos que hayan ejercido una fe personal en Dios en algún momento durante esos cuarenta años, también se perdieron la vida eterna de la cual Canaán era solamente un símbolo.

DECRETO DIVINO

Y otra vez aquí: No entrarán en mi reposo. Por lo tanto, puesto que falta que algunos entren en él, y aquellos a quienes primero se les anunció la buena nueva no entraron por causa de desobediencia, (4:5-6)

El **reposo** permanece. ¿Por qué? Porque Dios no lo podía cortar. Eso habría significado que Dios comenzó algo que no merecía la pena completar. Pero Él no hace ese tipo de cosas. Dios no estableció a la humanidad para nada. Alguien tenía que entrar al reposo que Él proveyó: **falta que algunos entren en él.** Cuando el hombre perdió el reposo divino, Dios comenzó inmediatamente el proceso de recuperación. Por medio de su Hijo, Jesucristo, algunos volverían al reposo. Dios creó al hombre para que tuviera comunión con Él y su plan no va a frustrarse por un arcángel rebelde o una humanidad incrédula. Por tanto, por decreto divino, siempre ha habido un remanente de creyentes, incluso entre el tan incrédulo Israel. "Así también aun en este tiempo ha quedado un remanente escogido por gracia" (Ro. 11:5). El camino al reposo divino siempre ha sido angosto y solo unos pocos entre todos los humanos lo han encontrado. Pero algunos deben entrar, porque el propósito de Dios debe cumplirse. Él diseñó por decreto divino un reposo para la humanidad; por tanto, algunos humanos entrarán **en él.**

El segundo elemento del reposo que aquí se menciona es el decreto soberano de Dios. Se menciona en segundo lugar, pero fue primero. Sin el decreto divino, la fe del hombre sería fútil y carecería de valor. Somos salvos por dos razones: la voluntad de Dios, manifestada en el envío de su Hijo para salvar a los hombres; y nuestra voluntad, expresada en nuestra confianza en que su Hijo nos salva. Podemos obtener la salvación porque Él planeó salvarnos antes de que el mundo fuese creado. Esta es la predestinación o la elección. Jesús dijo: "Ninguno puede venir a mí, si el Padre que me envió no le trajere" y "ninguno puede venir a mí, si no le fuere dado del Padre" (Jn. 6:44, 65). La fe personal es necesaria antes de que Dios pueda aplicar su redención en nosotros. Sin embargo, nuestra fe personal es eficaz porque antes el Padre nos llevó al Hijo. *Podemos* tener salvación porque *Dios quiere* que seamos salvos. Solo la **desobediencia** nos mantiene afuera.

ACCIÓN INMEDIATA

otra vez determina un día: Hoy, diciendo después de tanto tiempo, por medio de David, como se dijo: Si oyereis hoy su voz, no endurezcáis vuestros corazones. (4:7)

El tercer elemento del reposo es la acción inmediata. Dios **determina un día: Hoy**. La oportunidad de entrar en el reposo de Dios permanece, pero no indefinidamente. Para todo individuo terminará con la muerte o antes; y para toda la humanidad terminará en el último día. La era de la gracia no es para siempre. Por esta razón la acción inmediata es la base para entrar al reposo de Dios, de ser salvo. Por esto dijo Pablo: "He aquí ahora el tiempo aceptable; he aquí ahora el día de salvación" (2 Co. 6:2). Cuando Dios vio la civilización que estaba a punto de ahogarse, dijo: "No contenderá mi espíritu con el hombre para siempre, porque ciertamente él es carne; mas serán sus días ciento veinte años" (Gn. 6:3). En otras palabras, una persona no tiene más que su vida en la Tierra para creer en Dios. La esperanza de vida hoy día es mucho menos de 120 años; y, por supuesto, ninguno de nosotros tiene garantizado que logrará vivir hasta el promedio. Dios limita el tiempo para la salvación. Este es el hoy de Dios, en este momento; este es el único día, la única oportunidad de la que podemos estar seguros.

LA NATURALEZA DEL REPOSO

Porque si Josué les hubiera dado el reposo, no hablaría después de otro día. Por tanto, queda un reposo para el pueblo de Dios. Porque el que ha entrado en su reposo, también ha reposado de sus obras, como Dios de las suyas. (4:8-10)

ES ESPIRITUAL

El reposo del que aquí se habla no es el descanso físico de Canaán. Aquel era solo una imagen. **Porque si Josué les hubiera dado el reposo, no hablaría después de otro día**. El reposo verdadero de Dios no viene por medio de Moisés, Josué o David. Viene por medio de Jesucristo. El reposo de Dios no es esencialmente físico. Es verdad que el reposo en Dios y la confianza en sus promesas nos puede aliviar de los nervios, las tensiones y otros problemas físicos. Pero tales cosas son derivadas de su reposo. Muchas sectas prometen a sus seguidores felicidad, riqueza y salud en esta vida. La Biblia no lo hace. El reposo que promete Dios es espiritual, no físico. Independiente de los beneficios físicos o terrenales que el Señor nos pueda dar, su promesa básica es darnos reposo espiritual, bendición espiritual. Algunos de los creyentes más fieles en Dios son los más ocupados, los más trabajadores incansables y a veces hasta los más afligidos. Sin embargo, están en el reposo de la salvación divina.

ES PARA ISRAEL

La expresión **pueblo de Dios** puede referirse en general a alguien que conozca a Dios; pero aquí se refiere específicamente a Israel. La salvación es primero que todo para Israel. El evangelio "es poder de Dios para salvación a todo aquel que cree; al judío primeramente, y también al griego" (Ro. 1:16). Existe un reposo para el pueblo de Dios, y en el Antiguo Testamento a Israel se le designa el pueblo de Dios. El reposo espiritual divino se prometió primero para Israel, y no habrá terminado Dios con Israel hasta que este no entre en su reposo.

ES FUTURO

Porque el que ha entrado en su reposo, también ha reposado de sus obras, como Dios de las suyas. (4:10)

El **reposo** de Dios también es futuro. Juan oyó estas palabras hermosas desde el cielo en su visión en Patmos: "Escribe: Bienaventurados de aquí en adelante los muertos que mueren en el Señor. Sí, dice el Espíritu, descansarán de sus trabajos, porque sus obras con ellos siguen" (Ap. 14:13). Creo que Hebreos 4:10 anticipa el día final en que cesaremos todos nuestros esfuerzos y obras, y entraremos en la presencia de Jesucristo. Esto incluye el reposo prometido a Israel, el reposo final en el que Israel y todo el resto del pueblo de Dios cesará sus obras y descansará como lo hizo Dios cuando terminó su creación. Esta es la realidad del reposo del sábado.

LA URGENCIA DEL REPOSO

Procuremos, pues, entrar en aquel reposo, para que ninguno caiga en semejante ejemplo de desobediencia. Porque la palabra de Dios es viva y eficaz, y más cortante que toda espada de dos filos; y penetra hasta partir el alma y el espíritu, las coyunturas y los tuétanos, y discierne los pensamientos y las intenciones del corazón. Y no hay cosa creada que no sea manifiesta en su presencia; antes bien todas las cosas están desnudas y abiertas a los ojos de aquel a quien tenemos que dar cuenta. (4:11-13)

La necesidad del **reposo** de Dios es urgente. Las personas deberían asegurarlo con diligencia, propósito intenso y preocupación. No es que alguien pueda por sí mismo alcanzar la salvación, sino que debería buscar con diligencia entrar al reposo de Dios por medio de la fe antes de que pierda su oportunidad, como los israelitas en el desierto.

No podemos jugar con Dios. **Porque la palabra de Dios es viva y eficaz, y más cortante que toda espada de dos filos... y discierne los pensamientos y las intenciones del corazón.** En el contexto inmediato, este versículo significa que los lectores que están dudando de confiar en Cristo, que incluso están considerando caer de nuevo en el judaísmo, harán mejor en procurar entrar al descanso de Dios con diligencia, porque la Palabra de Dios está viva. No es estática, sino activa, activa constantemente. Puede perforar hasta las partes más profundas **del corazón** para ver si se cree de verdad o no.

De modo que la Palabra de Dios no solamente salva, consuela, alimenta y sana; también es una herramienta de juicio y ejecución. En el día del gran juicio, su Palabra penetrará y desnudará los corazones que no han confiado en Él. La farsa y la hipocresía quedarán descubiertas, y ninguna confesión de fe —no importa cuán ortodoxa sea—, ninguna lista de buenas obras —no importa cuán sacrificiales sean—, contará para algo delante de Él. Solamente importarán **los pensamientos y las intenciones del corazón**. La Palabra de Dios discierne perfectamente, es la perfecta *kritikos* (de donde obtenemos "crítico"). No solamente analiza perfectamente todos los hechos, sino todos los motivos, intenciones y creencias, que ni siquiera el más sabio de los jueces o críticos humanos podría discernir. La espada de su Palabra no cometerá errores en el juicio o la ejecución. Se quitarán todos los disfraces y solo la persona real quedará a la vista.

La palabra que se traduce **abierta** tenía dos usos diferentes en los tiempos antiguos. Se usaba para un luchador que tomaba a su oponente por la garganta. En esta posición, inevitablemente, los dos hombres estaban cara a cara. El otro uso tenía que ver con los juicios penales. Se ataba una daga afilada al cuello del acusado, con la punta justo debajo de su mentón, de modo que no pudiera inclinar su cabeza, sino que tuviera que mirar al juez. Los dos usos tienen que ver con situaciones graves en un cara a cara. Cuando el incrédulo llegue al escrutinio de la Palabra de Dios, inevitablemente estará cara a cara con la verdad perfecta sobre Dios y sobre sí mismo.

A la luz de un juicio tan perfecto y veraz, y de un reposo tan maravilloso y hermoso, ¿por qué endurecería una persona su corazón a Dios?

Nuestro gran sumo sacerdote

10

Por tanto, teniendo un gran sumo sacerdote que traspasó los cielos, Jesús el Hijo de Dios, retengamos nuestra profesión. Porque no tenemos un sumo sacerdote que no pueda compadecerse de nuestras debilidades, sino uno que fue tentado en todo según nuestra semejanza, pero sin pecado. Acerquémonos, pues, confiadamente al trono de la gracia, para alcanzar misericordia y hallar gracia para el oportuno socorro. (4:14-16)

El Espíritu Santo continúa llamando a los judíos que han oído el evangelio y se han apartado del judaísmo, pero aún no han confiado en Cristo. En efecto, ha estado diciendo: "Ustedes saben que Cristo es superior a los profetas, los ángeles y Moisés; saben los peligros de no confiar en Cristo y saben que lo necesitan. ¿Qué les detiene para que tomen la decisión?". Hebreos 4:1-13 era un llamado urgente a no demorarse en aceptar la salvación de Dios, su reposo perfecto, en Jesucristo.

Hasta ahora, el llamado ha sido principalmente negativo: Si no cree, estará condenado, separado por siempre de Dios y de su reposo. Se ha mostrado la Palabra de Dios en su papel de juicio y de verlo todo, como espada de dos filos (4:12).

Ciertamente, el peligro del infierno es real, y si un predicador evita esta verdad —especialmente cuando trate de alcanzar a quienes no son salvos—, no está siendo fiel al evangelio. Estas cosas *deben* enseñarse y predicarse porque son verdad y muy importantes. Gritar "¡Fuego!" en un recinto lleno en el que no hay ningún incendio no solamente es contra la ley, sino sumamente cruel y peligroso. Pero *no* gritar "¡Fuego!" cuando el edificio *sí* está en llamas es aun más cruel y peligroso. Cuando se hace con el espíritu y la forma correctos, advertir a los incrédulos de los peligros del infierno es uno de los mayores actos de bondad que podemos mostrarles.

EL MENSAJE POSITIVO

El mensaje gira ahora hacia el lado positivo del evangelio. La salvación hace más que alejarnos del infierno, infinitamente más. Muchos caricaturizan el fundamentalismo evangélico diciendo que su único mensaje es: "fuego y azufre, infierno y condenación".

La salvación no solo nos salva de la muerte espiritual, también trae vida espiritual. No solo debe buscarse por lo que nos pasaría si no la aceptamos, sino por lo que nos pasará si lo hacemos. Lo que nos pasa cuando la aceptamos tiene su base en la identidad de Jesús. Si no hubiera otra razón en el universo para obtener la salvación, el hecho de que Jesús sea quien es sería razón suficiente. Tener una relación viva con Él es la experiencia más grande que puede tener una persona. Caminar en la comunión del Cristo vivo es algo glorioso incluso si no hubiera infierno del cual escapar. De modo que tenemos razones para recibir a Jesucristo y entrar en el reposo de Dios, no solo por el miedo a su juicio, sino por su belleza; no solo por su ira, sino por su gracia; no solo porque es juez, sino porque también es un sumo sacerdote misericordioso y fiel.

Hay tres cualidades que hacen de Jesús nuestro gran sumo sacerdote: su sacerdocio perfecto, su persona perfecta y su provisión perfecta. Como Él es perfecto en estos aspectos, es el único sumo sacerdote verdadero de Dios. Todos los demás, sin importar cuán fieles, no eran más que símbolos de su sacerdocio.

SU SACERDOCIO PERFECTO

Por tanto, teniendo un gran sumo sacerdote que traspasó los cielos, Jesús el Hijo de Dios, retengamos nuestra profesión. (4:14)

El sumo sacerdocio de Jesucristo es exaltado a lo largo de todo el libro de Hebreos. El capítulo uno dice que se hizo "la purificación de nuestros pecados" (v. 3). En el capítulo dos, Él es "misericordioso y fiel sumo sacerdote" (v. 17). Y en el capítulo tres, es "apóstol y sumo sacerdote de nuestra profesión" (v. 1). Los capítulos 7—9 se enfocan casi exclusivamente en el sumo sacerdocio de Jesús. Aquí en 4:14 se le llama **gran sumo sacerdote**.

Dios escogió a los sacerdotes del antiguo Israel para ser mediadores entre su pueblo y Él. Bajo el antiguo pacto, solo el sumo sacerdote podía ofrecer el sacrificio más alto y eso solo ocurría una vez al año en el día de la expiación (Yom Kipur). El sumo sacerdote llevaba simbólicamente todos los pecados del pueblo al Lugar Santísimo y derramaba sangre sobre el propiciatorio como sacrifico para expiar los pecados de ellos. Él representaba a Dios ante el pueblo y al pueblo ante Dios como no podría hacerlo ningún otro instrumento humano.

Como aprendemos de Levítico 16, aun antes de que el sumo sacerdote pudiera entrar al Lugar Santísimo y mucho antes de que pudiera ofrecer un sacrificio allí, debía hacer una ofrenda por sí mismo, puesto que él, tal como aquellos a los que representaba, era pecador. Además, su tiempo en el Lugar

Santísimo estaba limitado. Solo tenía permitido permanecer en la presencia de la gloria *shekinah* de Dios durante el tiempo del sacrificio.

Para entrar al Lugar Santísimo el sacerdote tenía que pasar tres áreas en el tabernáculo o el templo. Recogía la sangre y pasaba por una puerta a los atrios externos, pasaba por otra puerta al Lugar Santo y luego por el velo al Lugar Santísimo. No se sentaba ni se demoraba. Tan pronto como ofrecía el sacrificio, salía del lugar y no regresaba en todo el año.

Todos los años se necesitaba un Yom Kipur tras otro. Entre cada uno de estos sacrificios anuales, —día tras día— se hacían miles de sacrificios adicionales, de lo producido o de animales. El proceso no terminaba nunca, jamás se completaba, porque el sacerdocio y los sacrificios no eran perfectos.

Jesús, nuestro gran sumo sacerdote, después de haber hecho un único sacrificio perfecto en la cruz, también pasó por las tres áreas. Cuando **traspasó los cielos**, atravesó el primer cielo (la atmósfera), el segundo cielo (el espacio exterior) y llegó al tercer cielo (la morada de Dios; 2 Co. 12:2-4). Jesús fue adonde estaba Dios, no simplemente donde habitaba su gloria. Este es el más santísimo de todos los lugares. Pero Jesús no tenía que retirarse. Su sacrificio se hizo una sola vez y para siempre. El sacrificio era perfecto, el sumo sacerdote era perfecto, y se sentó para toda la eternidad a la diestra de Dios Padre (He. 1:3). "Yo te he glorificado en la tierra; he acabado la obra que me diste que hiciese. Ahora pues, Padre, glorifícame tú al lado tuyo, con aquella gloria que tuve contigo antes que el mundo fuese" (Jn. 17:4-5). Había hecho la expiación perfecta por el pecado, el propósito para el cual había venido a la Tierra. Y la obra quedó completada cuando entró en el cielo y se presentó en persona en el Lugar Santísimo (He. 9:12).

Nuestro gran sumo sacerdote no pasó por el tabernáculo ni el templo. Él **traspasó los cielos**. Cuando llegó, se sentó, y Dios dijo: "Estoy satisfecho. Mi Hijo, Jesucristo, llevó a cabo la expiación por todos los pecados de todos los tiempos por todos los que vienen a Él por la fe y aceptan lo que Él hizo por ellos". La suplica de 4:14, por lo tanto, es que los judíos todavía no comprometidos acepten a Jesucristo como su verdadero sumo sacerdote. Deben demostrar que su confesión es verdadera aferrándose a Él como su Salvador. Esto pone de manifiesto el lado humano de la seguridad del creyente. Los verdaderos creyentes se aferran a Él, así como Dios los retiene.

EL FINAL DEL SACERDOCIO Y SACRIFICIOS JUDÍOS

La crucifixión de Jesús ocurrió menos de cuarenta años antes de la destrucción de Jerusalén en el año 70 d.C. Con ella también se destruyó el templo, el único lugar donde se podían hacer los sacrificios. Por tanto, desde poco después del tiempo de Cristo, no se han hechos sacrificios judíos, ni siquiera hasta hoy. En consecuencia, no ha habido necesidad de un sacerdocio judío desde aquella época. El Yom Kipur todavía se celebra como día santo, el más importante de los días santos, pero no hay sacerdotes o sacrificios que se ofrezcan porque no hay sacerdotes para hacer los sacrificios ni templo donde estos puedan ofrecerse.

EL FINAL DE TODO SACERDOCIO Y SACRIFICIO RITUAL

Ni Cristo ni los sacerdotes establecieron forma alguna de sacerdocio cristiano. Pedro se refiere a la Iglesia, a todos los creyentes, como un "sacerdocio santo" y un "real sacerdocio" (1 P. 2:5, 9). Los cristianos, como redimidos de Dios, somos una clase de sacerdotes en el sentido general de que tenemos la responsabilidad de llevar a Dios a otros hombres por medio de la predicación y la enseñanza de su Palabra, y de llevar a los hombres a Dios mediante nuestro testimonio. Pero el Nuevo Testamento no enseña ni reconoce ninguna orden especial de sacerdocio o sistema de sacrificios. Todas las afirmaciones de mediación especial sacerdotal entre Dios y los hombres —el ofrecimiento de sacrificios por los pecados, la expiación por ellos al repetir, supuestamente, el sacrificio de Cristo mediante un ritual, o cualquier otra afirmación o práctica— es, en su totalidad, no bíblica y pecaminosa. Es un desafío abierto a la obra terminada de Jesucristo.

Cualquier sacerdocio religioso formal en la Tierra implica hoy que la expiación perfecta y final por el pecado no se ha hecho. Es igual a la rebelión de Coré, Datán y Abiram, a quienes la Tierra se tragó por la ira de Dios debido a su insolencia impía (Nm. 16). En la economía del cristianismo no hay, en absoluto, lugar para el sacerdocio. Cualquier sacerdocio establecido es ilegítimo y una afrenta directa al sacerdocio final de Jesucristo.

Tenemos nuestro sumo sacerdote grande y perfecto, y Él, de una vez por todas, ya realizó el sacrificio único que se necesitaba por el pecado, el único sacrificio eficaz que *podría* hacerse por el pecado. Cualquier otro sacerdote que intente reconciliar a los hombres con Dios es una barrera, más que un mediador. Por la fe en Jesucristo, cualquier persona puede entrar directamente en la presencia de Dios. Cuando Jesús murió el velo del templo se rasgó de arriba abajo. El acceso a Dios quedó totalmente abierto para quien quiera entrar en los términos divinos.

SU PERSONA PERFECTA

Porque no tenemos un sumo sacerdote que no pueda compadecerse de nuestras debilidades, sino uno que fue tentado en todo según nuestra semejanza, pero sin pecado. (4:15)

Al final del versículo 14 se identifica de nuevo a **Jesús el Hijo de Dios**, combinando su nombre humano, Jesús, y su título divino, Hijo de Dios. Ambas naturalezas, divina y humana, se reflejan también en el versículo 15.

LA HUMANIDAD DE JESÚS

La mayoría de las personas parece pensar que Dios está alejado de la vida y las preocupaciones humanas. Jesús era el Hijo de Dios, pero su divinidad no evitó que experimentara nuestros sentimientos, emociones, tentaciones y dolor. Dios se hizo hombre, se hizo Jesús para participar de la tentación, pruebas y sufrimiento de los hombres y triunfar sobre ellos, para que pudiera ser un **sumo sacerdote** comprensivo y compasivo.

Cuando tenemos problemas o heridas, o estamos deprimidos, o somos tentados, queremos expresar nuestros sentimientos y necesidades con alguien que nos entienda. Jesús puede **compadecerse de nuestras debilidades**. "Nadie me entiende como Jesús", frase de un famoso himno, no solo es hermosa y alentadora sino verdad absoluta. Nuestro gran **sumo sacerdote** no es solo misericordioso y fiel, sino perfectamente comprensivo. Tiene una capacidad sin igual para compadecerse de nosotros en cada peligro, prueba y situación que aparezca en nuestro camino, porque Él ya pasó por todas estas cosas. En la tumba de Lázaro el cuerpo de Jesús se estremeció. En el huerto de Getsemaní, poco antes de su arresto, sudó gotas de sangre. Experimentó toda clase de tentaciones y pruebas, toda clase de vicisitudes, toda clase de circunstancias a las que alguien pudiera enfrentarse. Y ahora mismo está a la diestra del Padre intercediendo por nosotros.

Jesús no solo tenía todos los sentimientos de amor, preocupación, desilusión, pena y frustración que nosotros tenemos, sino que también tenía un amor mucho mayor, era infinitamente más sensible a nuestras preocupaciones, tenía puntos de justicia infinitamente más altos y era totalmente consciente del mal y los peligros del pecado. Por tanto, en oposición a lo que tendemos a pensar, su divinidad hizo que sus tentaciones y pruebas fueran mucho más difíciles de soportar para Él que lo que las nuestras son para nosotros.

Permítame dar una ilustración para ayudar a explicar cómo puede ser cierto esto. Experimentamos dolor cuando tenemos alguna herida, a veces el dolor es extremo. Pero si se hace muy severo, experimentaremos insensibilidad o incluso podemos desmayarnos. Cuando salí despedido del auto y me deslicé sobre mi espalda en la autopista, sentí dolor por un momento y después ya no sentí nada. Nuestro cuerpo tiene formas de apagar el dolor cuando está más allá de lo que podemos soportar. El umbral del dolor varía ampliamente de una persona a otra, pero todos tenemos un punto de quiebre. En otras palabras, la cantidad de dolor que podemos soportar es limitada. Por tanto, podemos concluir que hay un grado de dolor que nunca experimentaremos porque nuestros cuerpos apagarán nuestra sensibilidad de una u otra forma —tal vez hasta con la muerte— antes de que alcancemos ese punto.

Con la tentación opera un principio semejante. Existe un grado de tentación que podemos no experimentar nunca simplemente porque, no importa cuán espirituales seamos, sucumbiríamos y no saldríamos airosos. Pero Cristo no tenía esa limitación. Por cuanto no tenía pecado, asumió todo lo que Satanás le envió. No tenía sistema de choque, ni tenía un límite de debilidad, para apagar la tentación después de cierto punto. Como nunca sucumbió, experimentó la tentación al máximo. Y la experimentó como hombre, como ser humano. Fue tentado de todas las maneras, como nosotros y mucho más. La única diferencia es que Él nunca pecó. Por tanto, cuando llegamos a Jesucristo podemos recordar que Él sabe todo lo que sabemos, y mucho que nosotros no sabemos, sobre la tentación, las pruebas y el dolor. **No tenemos un sumo sacerdote que no pueda compadecerse de nuestras debilidades**.

Tal verdad era especialmente sorprendente y poco creíble para los judíos. Sabían que Dios era santo, justo, sin pecado, perfecto, omnipotente. Conocían sus atributos y naturaleza divinos y no podían comprender que experimentara dolor, mucho menos tentación. No solo esto, sino que bajo el antiguo pacto, el trato de Dios con su pueblo fue más indirecto, más distante. Excepto en momentos especiales y raros, incluso los creyentes fieles no experimentaban su intimidad y cercanía de la manera en que los creyentes lo hacemos ahora. Los judíos creían que Dios no podía ser partícipe de los sentimientos humanos. Dios estaba muy lejos, demasiado distante del hombre en su naturaleza, para poder identificarse con nuestros sentimientos, tentaciones y problemas.

Si comprender la compasión de Dios era difícil para los judíos, era aun más difícil para la mayoría de los gentiles de la época. Los estoicos, cuya filosofía dominaba gran parte de la cultura griega y romana de los tiempos neotestamentarios, creían que el principal atributo de Dios era la apatía. Algunos creían que no tenía sentimientos ni emociones de ninguna clase. Los epicúreos afirmaban que los dioses viven *intermundia*, entre los mundos físico y espiritual. Ellos no participaban en ninguno de los dos, de manera que difícilmente podía esperarse que entendieran los sentimientos, problemas y necesidades de los mortales. Estaban completamente separados de la raza humana.

La idea de que Dios pudiera identificarse con el hombre —y lo hiciera— en sus pruebas y tentaciones era revolucionaria tanto para judíos como para gentiles. Pero el escritor de Hebreos está diciendo que no solamente tenemos un Dios que "está allí", sino que "ha estado aquí".

La palabra **debilidades** no se refiere directamente al pecado, sino a flojera o falta de firmeza. Se refiere a todas las limitaciones naturales de la humanidad, que incluyen también el lastre del pecado. Jesús conocía de primera mano la tendencia de la naturaleza humana al pecado. Su humanidad era su campo de batalla. Fue aquí donde Jesús enfrentó y batalló con el pecado. Salió victorioso, pero no sin vivir la tentación, dolor y angustia más intensos.

Sin embargo, en toda esta lucha, Jesús fue **sin pecado** (*chōris hamartia*). Estaba completamente apartado, separado del pecado. Estas dos palabras griegas expresan la ausencia absoluta de pecado. Aunque fue tentado sin misericordia para que pecara, ni siquiera la más ligera mancha de pecado entró en su mente o se expresó en sus palabras o acciones.

Algunos pueden preguntarse cómo puede identificarse Jesús completamente con nosotros si en realidad no pecó como nosotros. Sin embargo, lo que lo califica es haber enfrentado el pecado con su justicia y verdad perfectas. El solo hecho de experimentar algo no nos da comprensión de ello. Una persona puede pasar por muchas cirugías exitosas sin entender nada de cirugía. De otra parte, un médico puede realizar miles de operaciones complicadas y exitosas sin haber pasado él nunca por el quirófano. Lo que lo califica es su conocimiento de la enfermedad o desorden y sus habilidades quirúrgicas, no haber padecido la enfermedad. Tiene gran experiencia con la enfermedad —mucha más que cualquiera de sus pacientes—, habiéndola confrontado en todas sus manifestaciones. Jesús nunca pecó, pero entiende el pecado mejor que cualquier ser humano. Lo ha visto con más claridad y lo ha batallado con más diligencia de lo que cualquiera de nosotros sería capaz.

La mera ausencia de pecado puede estimar apropiadamente el pecado. Jesucristo no pecó, no podía pecar, no tenía capacidad para pecar. Sin embargo, sus tentaciones fueron mucho más terribles porque nunca buscó alivio cediendo a la presión. La ausencia de pecado en Él incrementaba su sensibilidad al pecado. "Considerad a aquel que sufrió tal contradicción de pecadores contra sí mismo, para que vuestro ánimo no se canse hasta desmayar. Porque aún no habéis resistido hasta la sangre, combatiendo contra el pecado" (He. 12:3-4). Si quiere hablar con alguien que entienda qué es el pecado, hable con Jesucristo. Él conoce el pecado, y conoce y entiende nuestra debilidad. Independientemente de qué nos lance Satanás en el camino, hay victoria en Jesucristo. Él entiende; Él ha estado aquí.

El doctor John Wilson solía contar la siguiente historia. Booth Tucker estaba dirigiendo unas reuniones de evangelización en la Ciudadela del Ejército de Salvación, en Chicago. Una noche, después de haber predicado sobre la compasión de Jesús, un hombre se le acercó y le preguntó cómo podía hablar de un Dios compasivo, comprensivo y amoroso. Aquel hombre le dijo: "Si su esposa hubiera acabado de morir, como la mía, y sus bebés estuvieran llorando por su madre que no regresaría nunca, no estaría diciendo esas cosas".

Pocos días después, la esposa del señor Tucker murió en un accidente de tren. Llevaron su cuerpo a Chicago, a la Ciudadela, para el funeral. Después del servicio, el predicador desconsolado bajó la mirada al rostro silencioso de su esposa y luego se giró hacia los feligreses, y dijo: "El otro día, cuando estaba aquí un hombre me dijo que si mi esposa hubiera acabado de morir y mis hijos estuvieran llorando por su madre, no estaría en capacidad de decir que Cristo era comprensivo y compasivo, o que era suficiente para todas las necesidades. Si ese hombre está aquí, quiero decirle que Cristo es suficiente. Mi corazón está roto, deshecho, pero hay en él una canción que Cristo puso ahí. Quiero decirle a aquella persona que Jesucristo está hablándome hoy palabras de consuelo". El hombre estaba allí, fue y se arrodilló junto al ataúd y Booth Tucker lo presentó a Jesucristo.

Tenemos un sumo sacerdote compasivo, cuyo sacerdocio es perfecto y Él mismo es perfecto.

SU PROVISIÓN PERFECTA

Acerquémonos, pues, confiadamente al trono de la gracia, para alcanzar misericordia y hallar gracia para el oportuno socorro. (4:16)

Quien nos entiende perfectamente también proveerá perfectamente para nosotros. "No os ha sobrevenido ninguna tentación que no sea humana; pero fiel es Dios, que no os dejará ser tentados más de lo que podéis resistir, sino que dará también juntamente con la tentación la salida, para que podáis soportar" (1 Co. 10:13). Jesucristo conoce nuestras tentaciones y nos sacará de ellas.

ACÉRQUESE AL TRONO DE LA GRACIA DE DIOS

Una vez más, el Espíritu llama a quienes aún no han decidido aceptar a Jesucristo como su Salvador. No solamente deben evitar volver al judaísmo, sino que deben aferrarse a su confesión de Cristo y, finalmente —y necesariamente— acercarse **confiadamente al trono de la gracia**.

En la antigüedad, las personas comunes y corrientes no podían acercarse a los gobernantes. Algunos de estos ni siquiera permitían que sus oficiales de más alto rango se acercaran sin permiso. La reina Ester arriesgó su vida cuando se acercó al rey Asuero sin invitación, aunque era su esposa (Est. 5:1-2). No obstante, cualquier persona penitente, sin importar cuán pecadora sea y cuán poco lo merezca, puede acercarse al trono de Dios en cualquier momento para obtener perdón y salvación, confiado en que le recibirá con **misericordia** y **gracia**.

Por el sacrificio de Cristo, el trono del juicio divino se convirtió en el **trono de la gracia** para quienes confían en Él. Así como los sacerdotes judíos, una vez por año y durante siglos, habían rociado sangre en el propiciatorio por los pecados del pueblo, Jesús derramó su sangre una vez y para siempre por los pecados de todo aquel que en Él crea. Esa es su provisión perfecta.

La Biblia habla mucho de la justicia de Dios. Pero qué terrible sería para nosotros que Él fuera solamente justo y no proveyera gracia. El hombre pecador merece la muerte, la sentencia de la justicia; pero necesita la salvación, el regalo de la gracia. Y a este mismo trono de la gracia puede ir cualquier persona con confianza y seguridad. Es el **trono de la gracia** porque esta se otorga ahí.

¿Cómo puede alguien rechazar a semejante sumo sacerdote, semejante Salvador, el cual no solo nos permite acercarnos a su trono por gracia y ayuda, sino que nos ruega que vayamos con confianza? Su Espíritu dice: "Vengan con confianza hasta el trono de Dios, que se ha convertido en un trono de gracia por causa de Jesús. Vengan hasta aquí, reciban la gracia y la misericordia cuando la necesiten, antes de que sea demasiado tarde, su corazón se endurezca y se termine el 'hoy' de Dios". **El oportuno socorro** es ahora.

¡Qué gran sumo sacerdote tenemos! Es compasivo y salva. ¿Qué más podría Él hacer?

Cristo es el sacerdote perfecto

11

Porque todo sumo sacerdote tomado de entre los hombres es constituido a favor de los hombres en lo que a Dios se refiere, para que presente ofrendas y sacrificios por los pecados; para que se muestre paciente con los ignorantes y extraviados, puesto que él también está rodeado de debilidad; y por causa de ella debe ofrecer por los pecados, tanto por sí mismo como también por el pueblo. Y nadie toma para sí esta honra, sino el que es llamado por Dios, como lo fue Aarón. Así tampoco Cristo se glorificó a sí mismo haciéndose sumo sacerdote, sino el que le dijo: Tú eres mi Hijo, yo te he engendrado hoy. Como también dice en otro lugar: Tú eres sacerdote para siempre, según el orden de Melquisedec. Y Cristo, en los días de su carne, ofreciendo ruegos y súplicas con gran clamor y lágrimas al que le podía librar de la muerte, fue oído a causa de su temor reverente. Y aunque era Hijo, por lo que padeció aprendió la obediencia; y habiendo sido perfeccionado, vino a ser autor de eterna salvación para todos los que le obedecen; y fue declarado por Dios sumo sacerdote según el orden de Melquisedec. (5:1-10)

Entre las primeras cosas que un judío podía haberle preguntado a otra persona sobre su religión estaban: ¿Quién es su sumo sacerdote? ¿Quién es el mediador entre Dios y usted? ¿Quién ofrece los sacrificios para la expiación de los pecados? Durante los tiempos de la iglesia primitiva, un judío podría haberle preguntado a un cristiano: "¿Cómo le van a perdonar sus pecados si nadie está ofreciendo sacrificios ni intercediendo por usted? ¿Cómo puede usted afirmar que este pacto es superior al antiguo, dado por medio de Moisés, si en este usted no tiene sumo sacerdote?".

A lo cual el cristiano habría respondido: "Pero *sí* tenemos un sumo sacerdote, uno perfecto. Él *ha* ofrecido el sacrificio por nuestros pecados. No se limita a templos terrenales ni tiene que hacer sacrificios anuales, menos aun diarios. Hizo un sacrificio que expía todos los pecados cometidos en la historia, desde el principio hasta el final de los tiempos. Así de grande es Aquel sumo sacerdote y así de grande fue su sacrificio. Y más que eso, nuestro sumo sacerdote está sentado a la diestra de Dios e intercede continuamente por nosotros, quienes le pertenecemos".

El eje de Hebreos (caps. 5—9) se enfoca en el sumo sacerdocio de Jesús. Su sacerdocio superior, más que cualquier otra cosa, hace que el nuevo pacto sea mejor que el antiguo. Él ha logrado lo que todos los antiguos sacerdotes no lograron y no podrían haber logrado.

Los sacerdotes del antiguo pacto tendían puentes hacia Dios. Los hombres no podían ir directamente a la presencia de Dios, por tanto, Dios llamó a algunos de ellos para ser ujieres, por así decirlo, para que llevaran a los otros a su presencia. El acceso a Dios solo se abría mientras los sacerdotes ofrecían los sacrificios, día tras día, año tras año, presentando a Dios sangre de animales. Los sacerdotes eran mediadores de Dios.

EL GRAN SUMO SACERDOTE, ÚNICO Y PERFECTO

Pero con el sacrificio de Jesucristo en la cruz, se acabó la necesidad del templo y del sacerdocio levítico. No había necesidad de un sumo sacerdote, como los que sucedieron a Aarón, ni de alguna forma de sacerdocio humano. Jesús era las dos cosas: sumo sacerdote y sacrificio, y abrió un acceso eterno para el hombre a la presencia de Dios. Al momento de su crucifixión, el velo del templo se partió en dos, dejando abierto el Lugar Santísimo para que cualquiera fuera a Dios por medio del Hijo. En un solo acto sacrificial perfecto, Jesucristo logró lo que miles y miles de sacrificios presentados por una gran cantidad de sacerdotes nunca lograron. Él abrió de manera permanente el camino a Dios, de modo que cualquier persona de cualquier época puede entrar a la presencia de Dios por la fe en Cristo.

LAS CUALIDADES DEL SACERDOTE

Porque todo sumo sacerdote tomado de entre los hombres es constituido a favor de los hombres en lo que a Dios se refiere, para que presente ofrendas y sacrificios por los pecados; para que se muestre paciente con los ignorantes y extraviados, puesto que él también está rodeado de debilidad; y por causa de ella debe ofrecer por los pecados, tanto por sí mismo como también por el pueblo. Y nadie toma para sí esta honra, sino el que es llamado por Dios, como lo fue Aarón. (5:1-4)

Estos cuatro versículos mencionan las tres características básicas de un **sumo sacerdote** judío. Dios lo nombraba, era compasivo con quienes ministraba y ofrecía sacrificios por ellos. Los siguientes seis versículos muestran cómo cumplía Cristo esos requisitos.

NOMBRADO POR DIOS DE ENTRE LOS HOMBRES

SER HOMBRE

Un sacerdote debe participar de la naturaleza de las personas para quienes oficia. Por tanto, un **sumo sacerdote** verdadero debe tomarse **de entre los hombres**; es decir, debe ser hombre. Dios no escogió a los ángeles para ser sacerdotes. Los ángeles no tienen la naturaleza humana. No pueden entender de verdad a los hombres y no tienen comunicación abierta con ellos. Solo un hombre podría estar sujeto a las tentaciones de los hombres, podría experimentar el sufrimiento como los hombres y, por ello, estar capacitado para servirles de forma comprensiva y misericordiosa. Solo un hombre podría servir de manera correcta en favor de los hombres.

Si recordamos para quiénes se escribió esta epístola, podemos ver más fácil la importancia de la idea que se quiere resaltar sobre Jesucristo. Para ser un sumo sacerdote perfecto —de hecho, para ser un sumo sacerdote de cualquier tipo— debía ser hombre. Hasta aquí todo era, por supuesto, muy claro y aceptable para los judíos. Su problema estaba con la encarnación: que *Dios* se hiciera hombre. El Espíritu Santo responde con mucha sencillez al problema de la encarnación con esta razón básica: el Mesías, quien es Dios, no podría haber sido un sumo sacerdote verdadero si no hubiera sido hombre. A menos que Dios pudiera sentir y pasar por las cosas que pasaban los hombres, Él no tendría la comprensión experimental de aquellos a quienes representaba.

Bajo el modelo antiguo, aun después de los pactos con Abraham y Moisés, no era posible acercarse a Dios. Después de la caída, Dios expulsó a Adán y Eva del huerto, y el hombre perdió el acceso a la presencia del Señor. En el desierto, el pueblo recibió la advertencia de no acercarse al Sinaí, donde Dios escogió manifestarse a Moisés cuando le dio el pacto de la ley. En el templo y el tabernáculo, Dios estaba detrás del velo y solo el sumo sacerdote podía acercarse a Él.

Pero al enviar a su Hijo Jesucristo, Dios dejó de estar distante, por encima de y separado de los hombres. Entró al mundo humano y sintió todo lo que los hombres sentirían para poder ser un sumo sacerdote compasivo, misericordioso y fiel. Si Dios nunca se hubiera hecho hombre, jamás hubiera podido ser sumo sacerdote, mediador o intercesor. Nunca hubiera podido ofrecer el sacrificio absoluto y perfecto, requerido por la justicia divina, por los pecados de su pueblo. La encarnación no era una opción; era una necesidad absoluta. Era imperativa si el objetivo era la salvación de los hombres.

Juan Calvino dijo: "Era necesario que Cristo se hiciera un hombre real. Pues al estar tan separados de Dios, de cierta forma estamos delante de Él en la persona del sacerdote, lo cual no sería posible si este no fuese uno de nosotros. Así, pues, que el Hijo de Dios tenga una naturaleza común con nosotros no disminuye su dignidad, sino que la eleva más para nosotros, porque Él es apropiado para reconciliarnos con Dios pues es hombre". Dios tuvo que descender donde estamos para levantarnos y llevarnos de vuelta a Él.

TENÍA QUE SER ESCOGIDO POR DIOS

Pero un sacerdote verdadero no podía ser cualquier hombre. Dios debía haberlo **constituido**. No era un oficio que una persona pudiera cumplir solo porque así lo planeó o lo anheló. Debía ser la persona de Dios, no solamente en el sentido de ser fiel y obediente, sino por haber sido escogido por Él. *Dios* lo constituía **a favor de los hombres**. "Y nadie toma para sí esta honra, sino el que es llamado por Dios, como lo fue Aarón" (v. 4; cp. 8:3).

Cuando se estableció el sacerdocio, Moisés recibió esta instrucción: "Harás llegar delante de ti a Aarón tu hermano, y a sus hijos consigo, de entre los hijos de Israel, para que sean mis sacerdotes; a Aarón y a Nadab, Abiú, Eleazar e Itamar hijos de Aarón" (Éx. 28:1). Desde el comienzo del sacerdocio, los sacerdotes no solamente servían a Dios, sino que Dios mismo los escogía. Cuando Coré, Datán y Abiram insistieron en democratizar el sacerdocio y afirmaron que cualquier israelita podría ser sacerdote, el Señor hizo que la tierra se los tragara (Nm. 16).

COMPASIVO CON LOS HOMBRES

para que se muestre paciente con los ignorantes y extraviados, puesto que él también está rodeado de debilidad; (5:2)

Siendo niño, Cristo aprendió y creció como cualquier otro (Lc. 2:52). Está claro que, de manera voluntaria, ocultó su conocimiento omnisciente de su conciencia humana (Mt. 24:36). A fin de poder ser compasivo y sentir igual que nosotros, decidió experimentar todas nuestras debilidades humanas no pecaminosas. Un verdadero sumo sacerdote tenía que ser compasivo con quienes servía. Un verdadero sumo sacerdote participaría completamente de la situación humana, estaría íntimamente ligado en la madeja de la vida. Necesitaba vivir entre los hombres como un hombre, sentir como ellos en sus altos y bajos, para que pudiera mostrarse **paciente** con ellos.

Además de significar "mostrarse paciente", *metriopatheō* significa también tratar con bondad o moderación. En el contexto de Hebreos 5:2, puede conllevar la idea de estar en medio de cosas, en dos sentidos. Primero, está el significado de estar en medio, ser parte completa de algo. Segundo, está el de asumir una posición intermedia, de saber y entender, pero evitando los extremos. Por ejemplo, una persona con esta característica mostraría cierto equilibrio entre irritación y apatía frente a la maldad. Sería paciente con quien hace el mal, pero no condonaría el error; sería comprensivo, pero no indulgente.

Un mejor ejemplo sería con relación al dolor o al peligro. Una persona que es muy compasiva o muy apática no puede ayudar a quien esté en problemas. Quien es demasiado compasivo terminará inmerso en el problema, dejándose golpear demasiado por la pena o asustándose demasiado para ser de ayuda. Por otro lado, quien es apático posiblemente ni reconozca el problema que otro pueda estar teniendo y, en cualquier caso, no le interesará ayudar. En medio, está la persona que *metripatheō* describe. Se puede identificar completamente con la persona en problemas sin perder su perspectiva y juicio. El sumo sacerdote verdadero necesitaba esta característica. Debía experimentar los extremos de las emociones y tentaciones humanas, pero ser más fuerte que ellas. Con ello, estaría capacitado para mostrar paciencia con quienes servía, sin hacerse víctima de su miseria.

Aquellos con los que el sacerdote debía mostrar **paciencia** eran **los ignorantes y extraviados**; es decir, quienes pecan por ignorancia. La provisión del antiguo pacto era: "El sacerdote hará propiciación ante el Señor en favor de la persona que inadvertidamente haya pecado. El sacerdote hará propiciación, y la persona que pecó será perdonada" (Nm. 15:28, NVI). El sacerdote ministraba solo a quienes habían pecado por ignorancia y por ello se extraviaban. En todo el sistema del Antiguo Testamento, no hay absolutamente ninguna provisión para quien quebranta la ley de forma desafiante, deliberada y sin arrepentimiento. Ninguna. "Pero el que peque deliberadamente, sea nativo o extranjero, ofende al Señor. Tal persona será eliminada de la comunidad" (Nm. 15:30, NVI).

De manera que aquí el énfasis está en la compasión. El sumo sacerdote debía mostrar compasión por quienes se extraviaban por ignorantes. Como el sacerdote judío era pecador también, tenía la capacidad natural, y debía tener la sensibilidad, para captar una parte de lo que el prójimo estaba sintiendo.

SACRIFICIOS POR LOS HOMBRES

En su papel de mediador, el sumo sacerdote presentaba ofrendas y sacrificios (v. 1; cp. 8:3; 9:9).

OFRENDAS

En el sentido más amplio, las ofrendas incluían todo el dinero, joyas u otras cosas valiosas que las personas pudieran darle al Señor por medio de los sacerdotes. Pero creo que las referencias a las ofrendas en Hebreos se refieren específicamente a las ofrendas de grano o comida, las únicas ofrendas prescritas en el Antiguo Testamento que no requieren sangre. Era una ofrenda de acción de gracias y dedicación (cp. Lv. 2).

Las ofrendas de grano consistían en harina fina y aceite, mezclados con incienso para dar un aroma agradable y algunas veces preparadas como un pastel. Parte de la ofrenda se ofrecía en el altar y el resto pertenecía a los sacerdotes para su alimentación. No se podían usar limón o miel porque fermentaban. Se pedía una cantidad pequeña de sal porque ayudaba a la preservación. Restringir lo que dañaría la comida y requerir lo que la preservaba simbolizaba una dedicación duradera. La ofrenda representaba la dedicación de una persona y sus posesiones a Dios en agradecimiento completo por lo que Dios había hecho.

SACRIFICIOS

y por causa de ella debe ofrecer por los pecados, tanto por sí mismo como también por el pueblo. (5:3)

Sin embargo, los sacrificios eran la expiación por los pecados. No podían quitar la tendencia o la capacidad para pecar, sino que estaban diseñados para perdonar pecados particulares. En consecuencia, debían repetirse continuamente, día tras día, año tras año. Ofrecer sacrificios era la labor principal de un sacerdote. Y, puesto que él también era pecador, debía ofrecer sacrificios **por sí mismo** y **por el pueblo**.

EL SACERDOTE PERFECTAMENTE CALIFICADO

Así tampoco Cristo se glorificó a sí mismo haciéndose sumo sacerdote, sino el que le dijo: Tú eres mi Hijo, yo te he engendrado hoy. Como también dice en otro lugar: Tú eres sacerdote para siempre, según el orden de Melquisedec. (5:5-6)

Los versículos 5-10 muestran que Jesús satisfacía todos los requisitos para ser sumo sacerdote mencionados en los versículos 1-4, y más.

NOMBRADO POR DIOS

Primero, Dios Padre escogió, envió y honró a Jesús. Una vez más el escritor escoge citas del Antiguo Testamento —**Tú eres mi Hijo, yo te he engendrado hoy** (Sal. 2:7) y **Tú eres sacerdote para siempre, según el orden de Melquisedec** (Sal. 110:4)— para respaldar lo que afirma. Los lectores judíos sabían que los dos pasajes se referían al Mesías. Sabían que el Mesías debía ser un gran rey y sacerdote, nombrado por Dios. Aquellos pasajes del Antiguo Testamento así lo confirmaban.

No obstante, a pesar de que Jesús era el Hijo divino, Él no tomó esa posición para favorecerse o para honrarse a sí mismo. Dijo a los líderes judíos que le cuestionaron: "Si yo me glorifico a mí mismo, mi gloria nada es; mi Padre es el que me glorifica, el que vosotros decís que es vuestro Dios" (Jn. 8:54). Dios revistió a Jesús con la autoridad y la honra del sumo sacerdote **según el orden de Melquisedec.**

De Melquisedec se hablará en detalle en el capítulo 7, pero aquí es necesario mencionar algunas cosas. Fue un rey y sacerdote que vivió en la época de Abraham, cuya ascendencia es completamente desconocida. Era rey de Salem (el nombre antiguo de Jerusalén) y era sacerdote del Dios verdadero (Gn. 14:18). Vivió muchos siglos antes del establecimiento del sacerdocio aarónico y su sacerdocio no tiene fin (He. 7:3), a diferencia del de Aarón, que comenzó en tiempos de Moisés y terminó en el 70 d.C., con la destrucción del templo. Por tanto, su sacerdocio era superior al de Aarón en dos formas. Melquisedec era rey, mientras que Aarón no lo era; y su sacerdocio era perpetuo, mientras que el de Aarón fue temporal. Por tanto, el sacerdocio de Melquisedec es una descripción mejor del sacerdocio de Cristo que el de Aarón.

COMPASIVO CON LOS HOMBRES

Y Cristo, en los días de su carne, ofreciendo ruegos y súplicas con gran clamor y lágrimas al que le podía librar de la muerte, fue oído a causa de su temor reverente. Y aunque era Hijo, por lo que padeció aprendió la obediencia; (5:7-8)

Segundo, Jesucristo era compasivo con los hombres: se identificaba con ellos, los entendía, sentía con ellos. Él *era* hombre, tan cierto como cualquier hombre que sirviera en el templo o el tabernáculo. **Los días de su carne** fueron un paréntesis en la vida de Jesucristo, quien existía antes y después de su vida terrenal. Pero un paréntesis muy importante y necesario. Entre otras cosas, ofreció **ruegos y súplicas** por la angustia que enfrentó al hacerse pecado por quienes creyeron en Él. La noche anterior a la cruz, en el huerto de Getsemaní, Jesús oró y agonizó tan intensamente que sudó gotas de sangre. Tenía el corazón roto de pensar en cargar con el pecado. Sintió el poder del pecado y de la tentación. Lloró. Derramó lágrimas. Estaba herido. Sintió pena. Aprendió de una nueva forma, por su experiencia terrena, lo que siempre había sabido en su omnisciencia. No podría haber sido un sumo sacerdote completamente compasivo si no hubiera experimentado lo que experimentamos y sentido lo que sentimos.

Cuando Jesús oró al que podría librarle **de la muerte**, no esperaba escapar de la cruz o del sepulcro. Era para eso que había venido a la Tierra (Jn. 12:27). Una traducción más precisa de Hebreos 5:7 es "*sacarlo* de la muerte". Jesús no estaba pidiendo que lo salvaran de morir, sino que el Padre lo sacara de la muerte; esto es, salvarlo de quedarse muerto. No pedía evitar la cruz, sino recibir certeza de la resurrección (cp. Sal. 16:8-11).

El Padre oyó a Jesús **a causa de su temor reverente**. La palabra griega *eulabeia*, traducida "temor reverente" puede significar también "sumisión reverente", como se refleja en la Nueva Versión Internacional. Conlleva la idea de ser sumisamente devoto. Jesús reconocía la soberanía de Dios y se entregó al Padre.

Y aunque era Hijo, por lo que padeció aprendió la obediencia; (5:8)

Ocurre con frecuencia que la mejor forma de aprender compasión —y a veces la única— es sufriendo en carne propia lo que otro ha sufrido. El sufrimiento es un maestro excelente. Podemos leer y oír sobre el dolor de una quemadura. Incluso podemos ver personas que se queman. Pero hasta que nosotros mismos no sufrimos la quemadura, no podremos compadecernos completamente de la víctima. Yo había leído, visto inclusive, algunos accidentes automovilísticos, pero solo cuando fui parte de uno que casi me quita la vida me di cuenta de cuán horrible puede ser.

Jesús tenía que aprender ciertas cosas por medio del sufrimiento. No fue exento para nada del dolor y las dificultades. Aunque era el Hijo de Dios, Dios en carne humana, estaba llamado a sufrir. **Aprendió** el significado completo del costo de la **obediencia** hasta la muerte **por lo que padeció,** y por lo tanto, Dios lo confirmó como sumo sacerdote perfecto.

Esa es la clase de sumo sacerdote que necesitamos, uno que sepa y entienda lo que estamos pasando. Cuando vamos al Señor en oración, nos arrodillamos y decimos: "Dios, este problema, esta pérdida, este dolor, está rompiendo mi corazón", es maravilloso sentir sus brazos alrededor de nosotros y sentir en nuestro corazón que nos dice: "Lo sé, lo sé".

SACRIFICIO POR LOS HOMBRES

y habiendo sido perfeccionado, vino a ser autor de eterna salvación para todos los que le obedecen; (5:9)

Jesús, en su sufrimiento y muerte, cumplió el tercer requisito para ser sumo sacerdote. Se ofreció en sacrificio y con ello se perfeccionó como sumo sacerdote y fuente de salvación eterna. Jesús pasó por todo lo que tenía que pasar y logró todo lo que necesitaba lograr para poder ser un sumo sacerdote perfecto. Por supuesto, no se perfeccionó en el sentido de haber mejorado su naturaleza. Ya era eternamente perfecto en justicia, santidad, sabiduría, conocimiento, verdad, poder y en todas las demás virtudes y aptitudes. Ni su personalidad ni su naturaleza cambiaron. Se perfeccionó en el sentido de haber completado su curso de calificación para hacerse el sumo sacerdote eterno.

Sin embargo, al ofrecer Jesús su sacrificio, difería en dos formas muy importantes de los otros sumos sacerdotes. Primero, no tenía que hacer un sacrificio por sí mismo antes de poder hacerlo por los demás. Segundo, su sacrificio fue una sola vez y para siempre. No tenía que repetirse día tras día, año tras año o siglo tras siglo.

Con su muerte, Jesús abrió el camino para la **eterna salvación**. Todos los sacerdotes juntos de todos los tiempos no podrían dar salvación eterna. Solo podían proveer perdón temporal. Pero Jesucristo con un solo acto, un sacrificio, una ofrenda, perfeccionó para siempre a los suyos. El sumo sacerdote perfecto hace perfectos a quienes aceptan su sacrificio perfecto, **los que le obedecen**.

La obediencia que aquí se menciona no está relacionada con mandamientos, reglas y regulaciones. No es obediencia a la ley. Es "la obediencia a la fe" (Ro. 1:5). Dios quiere que le obedezcamos creyendo en Cristo. La verdadera obediencia, tal como las obras verdaderas, antes que nada, es creer verdaderamente. Jesús dijo: "Esta es la obra de Dios, que creáis en el que él ha enviado" (Jn. 6:29). Confiar en Jesucristo es la *obra* de la fe y la *obediencia* de la fe.

Triste y lamentablemente, no todas las personas creen. Y quien no cree no obedece verdaderamente, sin importar cuán moral, bien intencionado, religioso y sincero sea. En 1 y 2 Tesalonicenses, Pablo habla de las dos respuestas al evangelio, las únicas dos respuestas posibles. En la segunda carta habla de la retribución divina "a los que no conocieron a Dios" y a los que no "obedecen al evangelio de nuestro Señor Jesucristo" (1:8). A diferencia de la primera carta, donde elogia la obra misionera de los cristianos fieles de Tesalónica en Macedonia y Acaya (1:8). Su obediencia *en* la fe llevó a otros a la obediencia a la fe, y al don **de eterna salvación**.

La tragedia de rechazar la revelación completa —Primera parte

12

Acerca de esto tenemos mucho que decir, y difícil de explicar, por cuanto os habéis hecho tardos para oír. Porque debiendo ser ya maestros, después de tanto tiempo, tenéis necesidad de que se os vuelva a enseñar cuáles son los primeros rudimentos de las palabras de Dios; y habéis llegado a ser tales que tenéis necesidad de leche, y no de alimento sólido. Y todo aquel que participa de la leche es inexperto en la palabra de justicia, porque es niño; pero el alimento sólido es para los que han alcanzado madurez, para los que por el uso tienen los sentidos ejercitados en el discernimiento del bien y del mal. (5:11-14)

Hemos llegado a una sección de Hebreos donde hay variadas interpretaciones, a menudo en conflicto, incluso entre evangélicos. El pasaje general es 5:11—6:12, y tiene que ver con la madurez espiritual. Las primeras dos partes (5:11-14 y 6:1-8) están, en mi opinión, dirigidas a los incrédulos, mientras que la tercera (6:9-12), a los creyentes.

EL CONTRASTE ENTRE EL CRISTIANISMO Y EL JUDAÍSMO

A lo largo de todo Hebreos, se dan múltiples comparaciones y contrastes básicamente entre cristianismo y judaísmo. Esta verdad es esencial para interpretar la epístola correctamente.

La mayoría de los libros de la Biblia tiene un tema central, o un conjunto de temas estrechamente relacionados. Una de las primeras normas de la hermenéutica (interpretación) bíblica formal es descubrir ese tema central y hacer todas las interpretaciones restantes a la luz de ese tema. Por ejemplo, el Evangelio de Juan contiene muchas verdades profundas y maravillosas acerca de Dios y su plan para el hombre. Pero el mensaje central, primordial, de este Evangelio es la deidad de Jesucristo. Quien no vea esta verdad no puede entender apropiada y completamente las otras verdades que Juan presenta en el libro.

El tema y mensaje central de la carta a los hebreos es la superioridad del nuevo pacto con respecto al antiguo, esto es, del cristianismo con respecto al judaísmo. Dentro de este tema hay otros subtemas como la superioridad del nuevo sacerdocio, el nuevo sacrificio, el nuevo Mediador y otros. Esa es la clave que abre cada sección de Hebreos, y usar otra clave es, en mi opinión, forzar la entrada.

En Hebreos, el Espíritu Santo no está contrastando dos clases de cristianismo. No está contrastando a cristianos inmaduros y maduros. Está contrastando el judaísmo y el cristianismo, a los judíos no salvos del judaísmo y los judíos redimidos del cristianismo. Está contrastando la sustancia y la sombra, el modelo y la realidad, lo visible y lo invisible, el facsímil y el original, el tipo y el antitipo, la imagen y la realidad.

En esencia, el Antiguo Testamento es la revelación divina de las imágenes y los tipos, que en el Nuevo Testamento se cumplieron en Cristo. Por tanto, la Epístola a los Hebreos compara y contrasta las dos caras de la revelación divina que refleja nuestra división de la Biblia.

UNA TERCERA ADVERTENCIA

Acerca de esto tenemos mucho que decir, y difícil de explicar, por cuanto os habéis hecho tardos para oír. (5:11)

Por supuesto, **esto** se refiere al papel de Melquisedec, quien acaba de mencionarse (vv. 6, 10). Sin embargo, el autor hace una tercera nota parentética antes de explicar el orden de Melquisedec (en el cap. 7). Como ya hemos mencionado, a lo largo de todo Hebreos se encuentran intercaladas varias advertencias a los judíos intelectualmente convencidos que aún estaban al borde de la decisión, pero que todavía no habían llegado a la fe en Cristo. Estas advertencias también podían funcionar en el contexto de dar ánimo y consejo a los judíos que *habían* confiado en Cristo pero se sentían tentados a regresar al judaísmo por las dudas, las críticas y, para algunos, incluso la persecución. Pero el énfasis estaba en los incrédulos. La primera advertencia (2:1-4) tenía que ver con rechazar el evangelio, y la segunda (3:7-19) con endurecer sus corazones a este. La tercera advertencia se ocupa de la madurez espiritual: el peligro de quedarse en las verdades y promesas elementales del antiguo pacto, ahora que el Nuevo lo había superpuesto. Creo que esta advertencia está dirigida también al mismo grupo, como las otras dos: a los judíos incrédulos que conocían bien el evangelio pero aún no lo habían aceptado. Tal vez algunos habían hecho alguna confesión de fe superflua, pero no creían de verdad. Se les habla del peligro de no apropiarse de la bendición del nuevo pacto, sin la cual no pueden tener vida eterna. Están cerca y, sin embargo, muy lejos.

BEBÉS INCRÉDULOS

Por supuesto, en el Nuevo Testamento se exhorta muchas veces a los cristianos inmaduros a que crezcan. A lo largo de la historia de la Iglesia ha habido necesidad de tal consejo, pero no creo que aquí sea este el caso. El autor está hablando a los judíos dubitativos que aún se aferran al judaísmo: "Vengan a la madurez, a ser completos, en el nuevo pacto". No es esta la más tradicional de las interpretaciones, pero considero que es consecuente con el contexto general del libro y puede defenderse. Como antes, la advertencia y el llamado son evangelísticos. La madurez a la cual se llama no corresponde a la de un cristiano que crece en la fe, sino a la de un incrédulo que llega a la fe, a las verdades y bendiciones maduras y ya desarrolladas del nuevo pacto. Es la misma madurez o perfección (de *teleioō*) que aparece en 10:1 y 14, que solo puede referirse a la salvación, no al crecimiento cristiano.

El antiguo pacto era el alfabeto espiritual. El antiguo pacto era el bebé hablando, las letras y los sonidos de las primeras palabras de un niño. Usted no usa una enciclopedia para enseñarle a leer a un niño. Usa dibujos y otros objetos visuales. Señala el dibujo o el objeto y dice: "Esto es una bola. Esto es un caballo. Esto es un pez". Más adelante le explica qué son. Le dice que las bolas son redondas, que los caballos comen heno y que los peces "respiran" agua. La revelación de Dios al hombre progresó de una manera semejante. El Antiguo Testamento fue la enseñanza divina fundamental y elemental. Comenzó con "dibujos". En efecto, Dios decía: "Esta es una fiesta que deben celebrar. Este es un sacrificio que deben hacer. Esta es la ropa que debe usar un sumo sacerdote y este es el baño ceremonial que se requerirá en ciertas ocasiones". Cada una de esas cosas tenía propósitos y beneficios para el tiempo en que se entregaron. Pero, sobre todo, eran imágenes de las cosas por venir y que el pueblo no estaba preparado para entender. Eran símbolos y sombras de las realidades en Cristo y el nuevo pacto (Col. 2:17).

Ahora que el nuevo pacto ha venido en Jesucristo, el escritor de Hebreos dice a sus compatriotas judíos: "Dejen los dibujos, la leche y la comida para bebés del Antiguo Testamento. Vengan a las realidades cumplidas y a la comida sólida del Nuevo Testamento. Dejen el judaísmo y vengan a Cristo".

LA TORPEZA DIFICULTA EL ENTENDIMIENTO

Antes de que pudieran terminar de entender la importancia del sacerdocio de Jesús, semejante al de Melquisedec, los lectores necesitaban ir más allá de su entendimiento limitado e inmaduro de Dios. Una señal clara de esa inmadurez era la simple torpeza para oír, el letargo espiritual. La relación de Melquisedec y su sacerdocio con Cristo es rica y significativa, además de importante para el desarrollo del libro, pero los incrédulos no pueden entenderla, ni siquiera quienes aceptan el evangelio intelectualmente. "Pero el hombre natural no percibe las cosas que son del Espíritu de Dios... porque se han de discernir espiritualmente" (1 Co. 2:14). A estos creyentes de orilla se les decía que no había por qué profundizar en las cosas del nuevo pacto en ese momento, porque se habían vuelto **tardos para oír**.

La palabra **tardos** viene del griego *nōthros*, que está compuesta de la palabra para "no" y para "empujón". Por tanto, significa literalmente "sin empuje", lento, torpe. Cuando se usa para una persona, por lo general quiere decir intelectualmente estático o corto. Sin embargo, en el contexto de este pasaje, indica principalmente torpeza espiritual.

Cuando una persona es torpe espiritualmente, es difícil de enseñar. Estos judíos se habían quedado dormidos por el rechazo y la dureza de corazón, y tendrían que despertar y estar alertas si querían apreciar la verdad, importancia y necesidad del nuevo pacto. Por supuesto, no podían entender verdaderamente el evangelio, hasta que pusieran su confianza en el Portador del evangelio. Para poder ver su importancia, ellos tenían que "despertar y poner atención".

Estos incrédulos aletargados tienen múltiples contrapartes hoy día. Las personas oyen el evangelio, se conmueven y se emocionan. La comprensión espiritual parece empezar, pero cuanto más lo oyen sin aceptarlo, más lentos se vuelven. Se niegan a actuar en la verdad que conocen y se endurecen cada vez más contra ella, a menudo mientras afirman que la admiran y la respetan. Se aíslan más de la verdad y la comprensión espiritual... y de la vida espiritual.

Aunque, como ya hemos mencionado, este pasaje no está dirigido a los creyentes, se aplica el mismo principio. Cuando no confiamos y actuamos conforme a alguna parte de la verdad de Dios que conocemos, nos endurecemos a esa verdad y nos beneficiamos cada vez menos de ella. O cuando evitamos ahondar en las partes más profundas de la Palabra de Dios, quedando satisfechos con las cosas básicas, nos aislamos del Espíritu Santo a ese mismo nivel. Desde una perspectiva algo diferente, el maestro o predicador puede sufrir espiritualmente cuando no se preocupa por enseñar y predicar las verdades más profundas, y a veces complicadas, de las Escrituras... o cuando le da miedo hacerlo. Cuanto más se resista o se niegue a enseñarlas, menos significarán para él. Pablo podía decir que no dejó de declarar todo el consejo o propósito de Dios (Hch. 20:27). Él no rechazó ni omitió parte alguna de la Palabra de Dios. Ningún siervo fiel del Señor acomodará su enseñanza al cristiano perezoso y torpe.

LA TORPEZA ES GRADUAL

La implicación de 5:11 es que quienes son tardos para oír estuvieron alguna vez alertas e interesados, tal vez hasta ávidos, de aprender el evangelio. No comenzaron siendo torpes, se volvieron así poco a poco. Sin duda, estos eran los que alguna vez "fueron iluminados y gustaron del don celestial" (6:4). En algún momento se sintieron tocados y conmovidos, y se abrieron a la Palabra. Alguna vez estuvieron al borde de la salvación. Sin embargo, ahora se han hundido en un estado de modorra o estupor espiritual.

LA TORPEZA ES IMPRODUCTIVA

Porque debiendo ser ya maestros, después de tanto tiempo, tenéis necesidad de que se os vuelva a enseñar cuáles son los primeros rudimentos de las palabras de Dios; y habéis llegado a ser tales que tenéis necesidad de leche, y no de alimento sólido. (5:12)

Debido a la cantidad de tiempo que pasaron aprendiendo la verdad del Nuevo Testamento, deberían saber lo suficiente para estar enseñándola. Pero como nunca la aceptaron, no crecieron en ella, y *no podían* crecer en ella. Estuvieron expuestos a una parte grande de la verdad de Dios, sobre la cual probablemente hubieran aprobado un examen. Tenían la verdad de forma factual y superficial, pero la verdad no los tenía a ellos.

Pablo declaró en Romanos: "He aquí, tú tienes el sobrenombre de judío, y te apoyas en la ley, y te glorías en Dios, y conoces su voluntad, e instruido por la ley apruebas lo mejor, y confías en que eres guía de los ciegos, luz de los que están en tinieblas, instructor de los indoctos, maestro de niños, que tienes en la ley la forma de la ciencia y de la verdad. Tú, pues, que enseñas a otro, ¿no te enseñas a ti mismo?" (2:17-21). En otras palabras, se enorgullecían de la idea de ser maestros religiosos. Pero en Hebreos el Espíritu Santo dice explícitamente lo que está implícito en el pasaje de Romanos: no solamente estaban incapacitados para enseñar a aquellos judíos, sino que necesitaban volver a la clase de preescolares. No entendían el abecé de su propia fe. Era evidente por su falta de voluntad para reconocer su cumplimiento claro.

He conocido a muchos así que se confiesan cristianos, algunos de ellos teólogos reconocidos. Conocen bien las Escrituras y los idiomas bíblicos. Saben qué dice la Biblia. Pero no saben, o aceptan, su significado. Por el tiempo y estudio que le han dedicado, deberían ser maestros de la Palabra de Dios. Pero ni siquiera comprenden sus cosas fundamentales. Han sido estudiantes "avanzados" de las Escrituras por décadas, pero aun no conocen a Jesucristo. Quizás enseñen, pero lo que enseñan no es la Palabra de Cristo pura.

Hace algunos años hablé sobre escoger la pareja perfecta para la vida en una conferencia de jóvenes. Después de la sesión, una joven se me acercó y me pidió que habláramos. Cuando nos sentamos en las escaleras del templo, me contó que su novio decía que una persona podía hacer lo que quisiera, en el sexo o en cualquier otra área, y estaba bien si nadie más salía afectado. Después de indagar un poco más, descubrí que su novio tenía 21 años y ella apenas 14. Cuando le recordé brevemente qué decía Dios del sexo fuera del matrimonio, se tomó la cabeza y dijo: "Yo lo sé. ¿Sabe lo que necesito? Necesito ser salva". Me explicó que, además de haber crecido en una iglesia, su padre era pastor. Le respondí: "Entonces tú sabes cómo ser salva". Ella dijo: "No, no lo sé. He oído que mi padre predica al respecto, pero no lo entiendo".

Esta es una ilustración perfecta de lentitud espiritual. La niña había oído el evangelio toda su vida, pero había rechazado a Jesucristo por tanto tiempo que el evangelio le parecía ahora nebuloso. Ya no lo podía entender. Creía que los sermones de su padre eran aburridos y no tenían sentido. Se había vuelto completamente indiferente a la Palabra de Dios. De modo que le expliqué cuidadosamente el evangelio, y luego oramos juntos y confesó a Cristo como su Señor y Salvador.

LA TORPEZA REQUIERE VOLVER A APRENDER

Por cuanto los judíos informados pero incrédulos se habían vuelto apáticos espirituales, necesitaban que se les volviera **a enseñar**. Como la joven mencionada anteriormente, necesitaban comenzar desde el principio en **los primeros rudimentos de las palabras de Dios**.

LOS PRIMEROS RUDIMENTOS DE LAS PALABRAS DE DIOS

¿Cuáles son **los primeros rudimentos de las palabras de Dios**? La palabra *stoicheia* (**primeros rudimentos**) significa aquello que viene primero. En referencia a un lenguaje quiere decir las letras del alfabeto como partes básicas de las palabras, el abecé. En la ciencia se usaba para los elementos físicos básicos y en matemáticas para las partes básicas de una prueba.

La frase **las palabras de Dios** no se refiere al evangelio. Los receptores del mensaje eran judíos y para ellos **las palabras de Dios** significaban el Antiguo Testamento. Las palabras de Dios eran las leyes de Dios, la mente de Dios revelada en el Antiguo Testamento. Para los judíos era una ventaja grande que se les hubiera confiado las palabras de Dios (Ro. 3:1-2). Pero lo que necesitaban reaprender era los rudimentos de la revelación del Antiguo Testamento, la ley. Habían estado ya bastante tiempo expuestos al nuevo pacto, pero ni siquiera entendían el antiguo, como se evidenciaba por su incapacidad para manejar la verdad más profunda sobre Melquisedec.

Estos judíos ni siquiera entendían el significado de su propia ley. Necesitaban que alguien volviera y les mostrara los dibujos otra vez. No estaban preparados para leer el libro; debían volver al abecé, las verdades elementales en dibujos de las ordenanzas, ceremonias, sacrificios, días de fiesta y purificación. Tales cosas prefiguraban a Cristo, y no podrían reconocerlo a menos que entendieran los dibujos.

LA NECESIDAD DE MADURAR

El Antiguo Testamento es el alfabeto; el Nuevo Testamento es el mensaje maduro, completo. "Pero antes que viniese la fe, estábamos confinados bajo la ley, encerrados para aquella fe que iba a ser revelada. De manera que la ley ha sido nuestro ayo, para llevarnos a Cristo, a fin de que fuésemos justificados por la fe" (Gá. 3:23-24). La ley era un tutor, un maestro de niños, que enseñaba las verdades primeras y básicas de Dios. En el nuevo pacto, ya no estamos más bajo el tutor. Hemos crecido. Esa es la idea a resaltar aquí. Cristo ha llegado, la sustancia reemplazó las sombras, los grandes escritos que podemos leer reemplazaron el libro de dibujos. La composición completa reemplazó el alfabeto. Los tipos han dado paso a la verdad.

PROGRESIÓN O REGRESIÓN

Se les vuelve a decir: **habéis llegado** (cp. v. 11, "habéis hecho"). Un bebé no habrá **llegado** a necesitar leche. Nace con esa necesidad. La única persona que *llega* a necesitar la leche, la comida para bebés, es quien regresa a su niñez. Estos judíos, en lugar de crecer más, se estaban haciendo menos maduros. Iban deslizándose de regreso a su infancia espiritual.

Si usted no progresa, retrocede. Por el rechazo y la dureza, ellos volvieron a un lugar en que solo podían consumir **leche** otra vez. Para las personas es fácil oír el evangelio, y volverlo a oír y oír hasta que se les vuelve trivial y carente de todo significado. En lugar de ir tras la verdad de Cristo y entregarle sus vidas, se hacen lentos y se quedan estancados espiritualmente. Se hicieron tardos para oír y lentos para entender, retardados espiritualmente. Necesitan que se les alimente otra vez como a los bebés.

Estos judíos que habían desdeñado a Cristo —algunos de ellos mientras profesaban su nombre— no estaban en condiciones de consumir la comida sólida sobre el sacerdocio de Melquisedec. Tenían que empezar otra vez desde abajo, incrementando gradualmente su percepción y comprensión espiritual.

Y todo aquel que participa de la leche es inexperto en la palabra de justicia, porque es niño; (5:13)

Un niño espiritual es **inexperto** (*apeiros*) en las verdades más profundas. No las puede digerir así como un bebé no puede digerir la carne. La idea es de una persona sin experiencia, sin habilidades, y por tanto, incapaz y sin preparación. El sistema espiritual, como el físico, tiene que crecer para poder maniobrar con las cosas más difíciles. Un niño puede aprender algo mirando un libro de dibujos, pero no aprende nada si mira un texto. Un niño espiritual podría encontrar algún significado en los dibujos del Antiguo Testamento, pero nada de **la palabra de justicia** del evangelio.

pero el alimento sólido es para los que han alcanzado madurez, para los que por el uso tienen los sentidos ejercitados en el discernimiento del bien y del mal. (5:14)

El contraste aquí es sencillo. Quien continúe alimentándose solamente con las revelaciones elementales divinas no crecerá, ni tendrá discernimiento alguno. Un niño pequeño puede meterse a la boca casi todo, tocar todo lo que pueda, ir a cualquier parte a distancia de gateo, sin ningún concepto de lo que está **bien** y **mal**, de qué es útil y qué es peligroso. Por otra parte, el adulto maduro ha desarrollado un discernimiento considerable. Tiene cuidado con lo que come, lo que hace y adónde va.

El mismo principio opera en el reino espiritual. El creyente que ha **alcanzado madurez** tiene discernimiento de lo que está bien y lo que está mal, de lo verdadero y lo falso, de lo útil y lo perjudicial, de lo justo y lo injusto.

Pero como el escritor, en el capítulo 7, *sí* va a explicar la importancia del orden de Melquisedec, parece esperar que sus lectores maduren espiritualmente antes de leer esta parte del mensaje. Esto es, parece creer que pronto obtendrán la salvación, porque solo la salvación, el nuevo nacimiento, los pondrá de inmediato en el nivel de madurez espiritual necesario para entender **la palabra de justicia**. Parece estar diciendo: "Dejen el judaísmo y crezcan en el instante de la salvación". El judaísmo es la infancia que deben dejar para pasar a la madurez de la adultez por la fe en el nuevo pacto del Mesías.

La tragedia de rechazar la revelación completa —Segunda parte

13

Por tanto, dejando ya los rudimentos de la doctrina de Cristo, vamos adelante a la perfección; no echando otra vez el fundamento del arrepentimiento de obras muertas, de la fe en Dios, de la doctrina de bautismos, de la imposición de manos, de la resurrección de los muertos y del juicio eterno. Y esto haremos, si Dios en verdad lo permite. Porque es imposible que los que una vez fueron iluminados y gustaron del don celestial, y fueron hechos partícipes del Espíritu Santo, y asimismo gustaron de la buena palabra de Dios y los poderes del siglo venidero, y recayeron, sean otra vez renovados para arrepentimiento, crucificando de nuevo para sí mismos al Hijo de Dios y exponiéndole a vituperio. Porque la tierra que bebe la lluvia que muchas veces cae sobre ella, y produce hierba provechosa a aquellos por los cuales es labrada, recibe bendición de Dios; pero la que produce espinos y abrojos es reprobada, está próxima a ser maldecida, y su fin es el ser quemada. (6:1-8)

Usted puede ir al templo durante años y oír el evangelio una y otra vez, incluso ser miembro fiel de la iglesia, y jamás aceptar de verdad a Jesucristo. A esa clase de persona va dirigido este mensaje. El escritor se dirige específicamente a judíos que habían oído el evangelio pero no habían aceptado a Cristo como Salvador y Señor, sin embargo, la advertencia se aplica a cualquiera, sea judío o gentil. Todos los que conocen la verdad de la gracia salvadora de Dios en Jesucristo, los que quizás la han visto cambiar las vidas de muchos de sus amigos y familiares, los que tal vez hasta hayan hecho la confesión de fe en Él, y, no obstante, se hayan dado la vuelta y se alejan en lugar de aceptarla completamente, reciben la advertencia más severa. El rechazo persistente de Cristo puede dar como resultado que aquellas personas pasen el punto de no retorno espiritual y pierdan para siempre la oportunidad de la salvación. Eso es lo que siempre ocurre con quien es indeciso. A la larga, termina siguiendo su corazón malvado de incredulidad, y le da la espalda por siempre al Dios vivo.

Tales personas suelen haber abrazado una forma de cristianismo, pero no tienen su realidad. Jesús dice de ellos: "No todo el que me dice: Señor, Señor, entrará en el reino de los cielos, sino el que hace la voluntad de mi Padre que está en los cielos. Muchos me dirán en aquel día: Señor, Señor, ¿no profetizamos en tu nombre, y en tu nombre echamos fuera demonios, y en tu nombre hicimos muchos milagros? Y entonces les declararé: Nunca os conocí; apartaos de mí, hacedores de maldad" (Mt. 7:21-23). Ese es el asunto aquí en la declaración parentética del escritor de Hebreos a los incrédulos.

A diferencia de los cuchillos, la verdad se vuelve más aguda con el uso, que en el caso de la verdad es aceptación y obediencia. Una verdad oída pero no aceptada ni seguida se vuelve opaca y carente de significado. Cuanto más la rechacemos, más inmunes nos hacemos a ella. Por no aceptar el evangelio cuando todavía era noticia nueva, estos judíos del primer siglo estaban empezando a hacerse indiferentes a él, y se habían vuelto lentos, negligentes y duros espirituales. No podían acercarse ahora por su cuenta para tomar la decisión correcta con respecto al evangelio porque no usaron lo que de él sabían. De hecho, estaban en peligro de tomar desesperadamente la decisión incorrecta: darse la vuelta y regresar al judaísmo por la presión y la persecución.

Esa era la situación que enfrentaban los judíos incrédulos, y es el tema de 5:11-14. Espiritualmente, se estaban haciendo lentos, duros y torpes. La solución la reciben en el capítulo 6.

Por tanto, dejando ya los rudimentos de la doctrina de Cristo, vamos adelante a la perfección; no echando otra vez el fundamento del arrepentimiento de obras muertas, de la fe en Dios, de la doctrina de bautismos, de la imposición de manos, de la resurrección de los muertos y del juicio eterno. (6:1-2)

Las ideas clave las dan las expresiones **dejando** y **vamos adelante a la perfección**, que son en realidad dos partes de la misma idea. Juntas son el primer paso para que estos judíos se transformen en maduros espirituales. Tenían que dejar de una vez por todas sus lazos con el antiguo pacto, con el judaísmo, y aceptar a Jesucristo como Salvador. Debían hacerlo inmediatamente, sin titubear más. La madurez que trae la salvación no es un proceso. Es un milagro instantáneo. La madurez de la cual habla este pasaje es dejar el abecé del antiguo pacto para entrar en la revelación y bendición del nuevo.

En el griego, **dejando** es *aphiēmi*, que significa olvidar, dejar de lado, dejar atrás, ignorar, aplazar. Se refiere al desprendimiento total, a la separación total, de una ubicación o condición previa. *The Expositor's Greek Testament* [El Testamento griego del expositor] traduce Hebreos 6:1 así: "Abandonemos [renunciemos] las enseñanzas elementales sobre Cristo". Alford comenta: "Por lo tanto... dejando (en el sentido de dejar atrás, de estar harto; para ir tras otra cosa)".

En 1 Corintios 7, Pablo usa *aphiēmi* hablando de que los esposos cristianos no deben abandonar (esto es, divorciarse) de su cónyuge no creyente. El divorcio es una separación marital total, el abandono completo de la relación. En relación con el matrimonio está mal, pero en relación con dejar el judaísmo por Cristo es obligatorio. El judío incrédulo debía divorciarse completamente de su religión antigua antes de poder recibir la salvación.

La misma palabra griega se suele usar para el perdón de los pecados (como en Mt. 9:2, 5-6; Ro. 4:7 y Stg. 5:15). Cuando recibimos el perdón, nuestros pecados quedan atrás de nosotros, separados de nosotros, divorciados de nosotros. En Mateo 15:14 se usa el mismo término para hablar de alejarnos de los falsos maestros, y en Marcos 1:20 se usa cuando Jacobo y Juan dejaron a Zebedeo, su padre, para seguir a Jesús. En lo concerniente a sus vidas laborales, ellos abandonaron a su padre, se separaron completamente de él y de su negocio de pesca.

Los rudimentos de la doctrina de Cristo (el Mesías) que debían dejar los judíos incrédulos se referían al confuso reino de símbolos y sombras. Él no les estaba pidiendo que hicieran de lado el Antiguo Testamento o su doctrina. Más bien los instaba a que buscaran la luz y la libertad del nuevo pacto y que abandonaran los tipos, símbolos y ceremonias del antiguo pacto. Debe recordarse que el asunto aquí no es la madurez espiritual como cristiano, sino empezar la primera etapa de la madurez espiritual *haciéndose* cristiano. Tiene que ver con soltar algo a lo cual nos hemos estado aferrando, dejarlo, ponerlo a un lado, para tomar algo completamente nuevo. Por tanto, solamente puede tratarse de una referencia a los incrédulos, porque en ninguna parte sugiere la Palabra de Dios que el cristiano deje las enseñanzas básicas del cristianismo para ir tras algo más.

Lo que se debe soltar son las provisiones y principios del antiguo pacto, del judaísmo. No es cuestión de añadir a lo que se tiene. Es cuestión de abandonar lo que tiene para cambiarlo por algo más. Es esto precisamente lo que el Espíritu Santo les pedía a los hebreos: abandonar las sombras, los estereotipos, los dibujos y los sacrificios de la antigua economía para entrar a la realidad del nuevo pacto en Jesucristo. Se podría parafrasear así: "Dejen de mirar los dibujos del Mesías y acérquense al Mesías de verdad" o "Suelten el antiguo pacto y acepten el nuevo".

CARACTERÍSTICAS INCOMPLETAS DEL ANTIGUO TESTAMENTO

El **fundamento** del antiguo pacto tenía seis características que se señalan en los versículos 1-2. Estas son: **el fundamento del arrepentimiento de obras muertas, de la fe en Dios, de la doctrina de bautismos, de la imposición de manos, de la resurrección de los muertos y del juicio eterno.** A diferencia de cómo se suelen interpretar, estas no son verdades cristianas que hay que abandonar para poder ir a la madurez. Son conceptos del Antiguo Testamento. Para ser precisos, apuntaban al evangelio, pero como tales no son parte del evangelio.

ARREPENTIMIENTO DE OBRAS MUERTAS

El **arrepentimiento de obras muertas** es alejarse de las malas acciones, acciones que llevan a la muerte. "Porque si la sangre de los toros y de los machos cabríos, y las cenizas de la becerra rociadas a los inmundos, santifican para la purificación de la carne, ¿cuánto más la sangre de Cristo, el cual mediante el Espíritu eterno se ofreció a sí mismo sin mancha a Dios, limpiará vuestras conciencias de obras muertas para que sirváis al Dios vivo?" (He. 9:13-14). Ezequiel dijo: "El alma que pecare, esa morirá" (18:4). En el Nuevo Testamento esta verdad se expresa así: "La paga del pecado es muerte" (Ro. 6:23). El Antiguo Testamento enseñaba que el ser humano debe arrepentirse y dar la espalda a las malas obras que le conducían a la muerte. Pero este modelo del Antiguo Testamento es solo la primera parte del arrepentimiento. Los hombres solo sabían que debían dar la espalda a las malas obras y mirar a Dios. Esa era toda la doctrina que conocían.

En la predicación de Juan el Bautista, incluso al comienzo del ministerio de Jesús, el mensaje básico era: "Arrepentíos, porque el reino de los cielos se ha acercado" (Mt. 3:2; 4:17). Solamente se predicaba el arrepentimiento. Darle la espalda al pecado y mirar a Dios. Pero la doctrina del arrepentimiento maduró, se completó, en Jesucristo. Pablo les recuerda a los ancianos de la iglesia de Éfeso que deben testificar "a gentiles acerca del arrepentimiento para con Dios, y de la fe en nuestro Señor Jesucristo" (Hch. 20:21). Pablo, en su defensa ante el rey Agripa, mencionó que anunció el evangelio "primeramente a los que están en Damasco, y Jerusalén, y por toda la tierra de Judea, y a los gentiles, que se arrepintiesen y se convirtiesen a Dios, haciendo obras dignas de arrepentimiento" (26:20). Pero procedió a explicar que el objeto de su mensaje era Jesucristo y su obra de salvación (v. 23). No servía para nada el solo hecho de alejarse de las malas obras y mirar hacia Dios. Nadie se puede acercar a Dios sino por medio de Jesucristo.

Ahora que el nuevo pacto está vigente, el arrepentimiento carece de significado sin la fe en Jesucristo. Jesús dijo: "Nadie viene al Padre, sino por mí" (Jn. 14:6). Quien busque arrepentirse de sus pecados y acercarse a Dios sin consideración de Cristo no alcanzará nunca a Dios, sin importar cuán sincero sea. Jesucristo es el único camino a Dios que el mismo Dios ha proporcionado.

Arrepentirse de las obras muertas no es más que darle la espalda al pecado, y esa es una verdad importante y maravillosa del Antiguo Testamento. Pero eso no es todo. Solo se cumple, se hace eficaz, cuando una persona llega a Jesucristo en fe. El manejo incompleto del pecado se debe reemplazar con el manejo completo.

FE EN DIOS

El significado de la **fe en Dios** ya se tocó. Hoy día, no sirve para nada tener fe en Dios si no se tiene fe en su Hijo, Jesucristo, el cual es el único camino a Dios. Pedro dijo: "Arrepentíos, y bautícese cada uno de vosotros en el nombre de Jesucristo para perdón de los pecados" (Hch. 2:38). No existe un arrepentimiento aceptable sin fe en Cristo. El único "arrepentimiento para vida" está relacionado con creer en Jesucristo (Hch. 11:17-18). La única fe aceptable ahora es la fe en Dios Hijo. No hay camino al Padre sino por el Hijo.

El Antiguo Testamento enseñó el arrepentimiento de obras muertas y la fe en Dios. El Nuevo Testamento enseña el arrepentimiento por la fe en el Señor Jesucristo, el único camino a Dios. La distinción es clara. Los judíos a los cuales iba dirigida esta carta creían en Dios, pero no eran salvos. Su arrepentimiento de obras y su fe en Dios, no importa cuán sincera fuese, no los podía *acercar* a Dios sin Cristo. "En ningún otro hay salvación; porque no hay otro nombre bajo el cielo, dado a los hombres, en que podamos ser salvos" (Hch. 4:12).

DOCTRINA DE BAUTISMOS

La traducción de "doctrina de bautismos" en la mayoría de las versiones se puede prestar a confusión, especialmente porque en todo el resto del libro, inclusive en Hebreos 9:10, la misma palabra griega (*baptismos*) se traduce **abluciones** [N.T.: "ceremonias de purificación" en la NVI]. No es *baptizō*, la palabra que siempre se usa para la ordenanza del bautismo. Parece que los traductores parten del supuesto que este pasaje se dirige a cristianos, en cuyo caso la palabra "bautismos" podría ser apropiada. Pero el uso aquí de *baptismos*, en lugar de *baptizō*, es otro indicador fuerte de que el pasaje no va dirigido a cristianos.

Todos los judíos tenían a la entrada de su casa un lavabo para que los familiares y visitantes lo usaran en las purificaciones ceremoniales, que eran muchas. Lo que se les pide a los lectores es que abandonen y olviden esos lavamientos. Hasta el Antiguo Testamento predecía que algún día un lavamiento espiritual dado directamente por Dios reemplazaría las ceremonias de purificación: "Esparciré sobre vosotros agua limpia, y seréis limpiados de todas vuestras inmundicias; y de todos vuestros ídolos os limpiaré" (Ez. 36:25). Las purificaciones antiguas eran múltiples, físicas, simbólicas y temporales; la purificación nueva es de una única vez, espiritual, real y permanente. Es el "lavamiento de la regeneración y de la renovación por el Espíritu Santo" (Tito 3:5, NVI). Es haber nacido (regeneración) del agua y del espíritu que, como le dijo Jesús a Nicodemo, eran necesarios para entrar al reino (Jn. 3:5).

IMPOSICIÓN DE MANOS

Esta **imposición de manos** no tiene nada que ver con las prácticas apostólicas (Hch. 5:18; 6:6; 8:17; 1 Ti. 4:14; etc.). Bajo el antiguo pacto, quien ofrecía un sacrificio debía poner sus manos sobre él para simbolizar que se identificaba con el sacrificio (Lv. 1:4; 3:8, 13).

Nuestra identificación con Jesucristo no procede de poner nuestras manos sobre Él; procede del bautismo del Espíritu en unión con Él por la fe. El escritor les dice a estos judíos inmaduros: "Olvídense de las enseñanzas sobre la imposición de manos en los sacrificios del templo. Aférrense a Cristo poniendo su esperanza en Él".

RESURRECCIÓN DE LOS MUERTOS

La doctrina de la **resurrección** en el Antiguo Testamento no es clara o completa. Aprendemos que hay vida después de la muerte, que hay recompensas para los buenos y castigo para los impíos... y no hay mucho más allá que eso sobre la resurrección. Por ejemplo, de Job aprendemos que la resurrección será corporal, no solamente espiritual (Job 19:26). No hay mucho más que podamos aprender sobre el tema en el Antiguo Testamento.

Por supuesto, en el Nuevo Testamento la resurrección es una de las doctrinas principales y más detalladas. Es el tema principal de la predicación apostólica. El asunto se completó en Jesucristo, que dijo: "Yo *soy* la resurrección y la vida" (Jn. 11:25). La resurrección del cuerpo se describe con bastante detalle en 1 Corintios 15; y en 1 Juan 3:2 se nos dice: "Seremos semejantes a él, porque le veremos tal como él es". ¿Por qué habría alguien de contentarse con el intento de entender la resurrección desde las enseñanzas limitadas e incompletas del Antiguo Testamento?

JUICIO ETERNO

Pocas cosas adicionales a lo dicho en Eclesiastés podemos aprender del Antiguo Testamento sobre el juicio final: "Porque Dios traerá toda obra a juicio, juntamente con toda cosa encubierta, sea buena o sea mala" (12:14). El castigo vendría sobre los impíos y la bendición sobre los buenos.

Sin embargo, una vez más, el Nuevo Testamento nos dice muchas cosas sobre el **juicio eterno**, mucho más de lo que las personas quieren oír. Sabemos qué va a sucederles a los creyentes: "Ninguna condenación hay para los que están en Cristo Jesús" (Ro. 8:1). Tendremos que comparecer ante el Señor y ver el juicio de nuestras obras —para recompensa o falta de ella— pero nosotros no estaremos sujetos a juicio (1 Co. 3:12-15). También sabemos qué les va a suceder a los incrédulos. Sabemos del juicio de las ovejas y las cabras (Mt. 25:31-46) y del juicio del gran trono blanco (Ap. 20:11-15). Sabemos que Jesucristo es el responsable de todos los juicios (Jn. 5:21-29). Sabemos esto y mucho más sobre los juicios por el Nuevo Testamento.

La idea de Hebreos 6:1-2 es sencillamente que los judíos incrédulos deben dejar por completo las sombras y los símbolos elementales e inmaduros del viejo pacto, y aferrarse a la realidad perfecta y madura del nuevo. El Espíritu Santo los está llamando a dejar los abecés **del arrepentimiento de obras muertas** por la enseñanza neotestamentaria sobre el arrepentimiento con Dios y la nueva vida en Cristo. Dejar los abecés de la **fe en Dios** por la fe en Jesucristo. Dejar los abecés de las ceremonias de purificación por la limpieza del alma a través del Verbo. Dejar los abecés de **la imposición de manos** en el sacrificio por aferrarse al Cordero de Dios en fe. Dejar los abecés **de la resurrección de los muertos** por la resurrección total y gloriosa a la vida. Dejar los abecés **del juicio eterno** por la verdad total sobre el juicio y las recompensas como están reveladas en el nuevo pacto.

Estas seis doctrinas eran las básicas del judaísmo que había que dejar a un lado, a favor de las mejores cosas que vendrían en Cristo. El Antiguo Testamento es incompleto. Es verdadero. Es de Dios. Era una parte necesaria de la revelación y del plan divino de salvación para el hombre. Pero es solo una revelación parcial y no es suficiente. El judaísmo está abrogado. El judaísmo está anulado. Ya no es una expresión válida de adoración u obediencia a Dios. Debe ser abandonado.

EL PODER

Y esto haremos, si Dios en verdad lo permite. (6:3)

Interpretar este versículo es difícil, a pesar de su brevedad y su simpleza. Lo miraremos desde dos ángulos.

Algunos intérpretes creen que la primera persona del plural es aquí una referencia editorial del escritor a sí mismo. Dice él: "E iré y les enseñaré lo que necesitan saber si Dios me lo permite". Otros creen que el escritor tan solo busca identificarse con aquellos a quienes escribe, y dice: "Madurarán si Dios lo permite".

Creo que las dos interpretaciones pueden ser correctas. No son mutuamente excluyentes y son consecuentes con el resto de Hebreos. El Espíritu Santo debe energizar las dos: tanto el servicio (que el autor vaya a enseñarles) como la salvación (que los lectores pasen a la madurez espiritual en Cristo), si es que las dos cosas han de ser eficaces y fructíferas. Todo gira alrededor de lo que Dios permita. La necesidad del permiso de Dios es la idea central. "No que seamos competentes por nosotros mismos para pensar algo como de nosotros mismos, sino que nuestra competencia proviene de Dios" (2 Co. 3:5, cp. Stg. 4:13). "Ninguno puede venir a mí, si el Padre que me envió no le trajere" (Jn. 6:44). Tanto el maestro como el que busca, han de reconocer la soberanía de Dios.

CINCO GRANDES VENTAJAS

Porque es imposible que los que una vez fueron iluminados y gustaron del don celestial, y fueron hechos partícipes del Espíritu Santo, y asimismo gustaron de la buena palabra de Dios y los poderes del siglo venidero, (6:4-5)

Los hebreos a los que el autor se dirige aquí tienen cinco grandes ventajas, resumidas en estos dos versículos.

FUERON ILUMINADOS

Primero, debemos notar que este pasaje no hace referencia alguna a la salvación. No hay mención de la justificación, santificación, nuevo nacimiento o regeneración. Quienes **una vez fueron iluminados** no se mencionan nacidos de nuevo, santificados o justificados. Aquí no se usa nada de la terminología neotestamentaria normal para la salvación. De hecho, ninguno de los términos usados aquí se usa en otra parte del Nuevo Testamento para referirse a la salvación, y no debe considerarse que los términos de este pasaje aluden a ella.

La iluminación aquí mencionada tiene que ver con la percepción intelectual de la verdad bíblica y espiritual. En la LXX, la palabra griega (*phōtizō*) se traduce varias veces como "dar luz por el conocimiento o la enseñanza". Significa estar mentalmente consciente de algo, haber recibido instrucción, estar informado. No tiene ninguna connotación de respuesta: de aceptación o rechazo, de creer o no creer.

Cuando Jesús fue por primera vez a Galilea en su ministerio, declaró que había venido a cumplir la profecía de Isaías 9:1-2, que parcialmente dice: "El pueblo asentado en tinieblas vio gran luz" (Mt. 4:16). Todos los que vieron y oyeron a Jesús vieron esta "gran luz", pero no todos los que la vieron y la oyeron obtuvieron la salvación. Ver la luz de Dios y aceptarla no son la misma cosa. Aquellas personas en Galilea, como cualquier otro que oiga el evangelio, fueron *iluminados* en una u otra medida; pero, a juzgar por los relatos bíblicos, pocos creyeron en Jesús. Tenían conocimiento natural, información factual. Vieron a Cristo, oyeron el mensaje de sus propios labios, vieron sus milagros con sus propios ojos. Tuvieron la oportunidad de ver directamente la verdad de Dios encarnada, una oportunidad que solo tuvieron unos pocos miles en la historia. La Luz del evangelio había irrumpido *personalmente* en la oscuridad de sus vidas (cp. Jn. 12:35-36). La vida para ellos nunca podría volver a ser la misma. Sus vidas se vieron afectadas permanentemente por la impresión indeleble que Jesús debió haber causado en ellos. Sin embargo, muchos, si no la mayoría, no creyeron en Él (cp. Jn. 12:37-40).

Lo mismo ocurrió con los judíos a quienes estaba dirigido Hebreos 6:1-8. Fueron iluminados, pero no salvos. En consecuencia, estaban en peligro de perder toda oportunidad de obtener la salvación para volverse apóstatas. De estas personas habla Pedro en su segunda carta. "Ciertamente, si habiéndose ellos escapado de las contaminaciones del mundo, por el conocimiento del Señor y Salvador Jesucristo, enredándose otra vez en ellas son vencidos, su postrer estado viene a ser peor que el primero. Porque mejor les hubiera sido no haber conocido el camino de la justicia, que después de haberlo conocido, volverse atrás del santo mandamiento que les fue dado" (2 P. 2:20-21). Por la incredulidad, la luz que recibieron para salvarlos se volvió juicio contra ellos.

GUSTARON DEL DON CELESTIAL

Este grupo, además de haber visto la luz, había gustado **del don celestial**. El **don celestial** podría ser varias cosas. Las Escrituras dicen que el Espíritu Santo es un don celestial, pero como a Él se le menciona en el siguiente versículo, no considero que ese sea el significado aquí. Por supuesto, el don celestial más grande es Cristo (el "don inefable" de Dios, 2 Co. 9:15) y la salvación que brindó (Ef. 2:8). La salvación de Cristo es el don supremo celestial, y sin duda el don al cual se hace aquí referencia.

Sin embargo, ellos no recibieron este gran don. No lo celebraron, solamente lo degustaron, lo probaron. Ni lo aceptaron ni lo vivieron, solamente lo examinaron. Tal cosa contrasta con la obra de Jesús por nosotros: habiendo gustado la muerte por todos los hombres (He. 2:9), la bebió completa.

Jesús dijo a la mujer en el pozo de Jacob: "Si conocieras el don de Dios, y quién es el que te dice: Dame de beber; tú le pedirías, y él te daría agua viva" (Jn. 4:10). Jesús estaba hablando del don de la salvación, del "agua viva" que lleva a la "vida eterna" (v. 14). Quienes beban de ella —no que la sorban o la degusten, sino que la beban— recibirán la salvación. En Galilea, poco tiempo después, Jesús les dijo a quienes le oían: "Soy el pan vivo que descendió del cielo; si alguno comiere de este pan, vivirá para siempre" (Jn. 6:51; cp. v. 35). La vida eterna viene de comer, no solamente de gustar, el don de la salvación de Dios en Cristo. Uno de los ministerios del Espíritu previos a la salvación es dar a quienes no han recibido la salvación una degustación de las bendiciones de esta. Es parte de su ministerio de acercar a las personas a Cristo. Pero degustar no es comer. El Espíritu Santo nos dará una degustación, pero no nos obligará a comer. Dios puso la bendición de la salvación en los labios de estos judíos del Nuevo Testamento, pero aún no la habían comido. La degustación vino de lo que habían visto y oído, como muchos han visto el poder trasformador de Cristo y oído el evangelio.

FUERON PARTÍCIPES DEL ESPÍRITU SANTO

La palabra **partícipes** (*metochos* en griego) tiene que ver con asociación, no con posesión. Estos judíos no habían poseído nunca el **Espíritu Santo**, simplemente estaban cerca cuando Él estaba cerca. Es la misma palabra que se usa para los compañeros de los pescadores en Lucas 5:7 y para Cristo en relación con los ángeles en Hebreos 1:9. Tiene que ver con participar en asociaciones y acontecimientos comunes. En el contexto de Hebreos 6:4, se refiere a cualquiera que haya estado donde el Espíritu Santo haya estado ministrando. Es posible tener asociación con el Espíritu Santo, beneficiarse de lo que hace y no haber recibido la salvación. Como vimos (2:4), estos judíos habían oído la Palabra, habían visto y participado de numerosas señales, maravillas, milagros y dones del Espíritu Santo. Incluso participaron en algunas de esas obras.

La Biblia nunca habla de los cristianos en asociación con el Espíritu Santo. Habla del Espíritu Santo *en* ellos.

Sin embargo, aquí hay algunas personas que tan solo están asociadas con el Espíritu Santo. Quizás, como la mayoría en las multitudes a las cuales Jesús sanó y alimentó milagrosamente, fueron partícipes del poder del Espíritu Santo y de sus bendiciones, pero Él no habitaba en ellos. No poseían al Espíritu Santo ni el Espíritu Santo los poseía a ellos.

GUSTARON LA PALABRA DE DIOS

Una vez más, el autor dice que estos lectores **gustaron** algo de Dios, esta vez es su **palabra**. El término griego para **palabra** aquí (*rhēma*, que enfatiza las partes en lugar del todo) no es (*logos*) que es el usual para referirse a la Palabra de Dios, pero se ajusta a su significado en este contexto. Como ocurrió con los dones celestiales, habían oído hablar a Dios y habían probado sus palabras, las habían degustado, sin comerlas de verdad. Se les había enseñado sobre Dios. Sin duda, asistían regularmente a la iglesia. Quizás oyeran con atención y pensaran en detalle lo que oían. Lo absorbían todo, posiblemente con entusiasmo y aprecio. Pero no podían decir con Jeremías: "Fueron halladas tus palabras, y yo las comí; y tu palabra me fue por gozo y por alegría de mi corazón" (Jer. 15:16). La degustaron, pero no la probaron, como la nación a la cual habló Jeremías.

Herodes era así. A pesar del mensaje fuerte del profeta, inclusive acusaciones directas al rey, Herodes disfrutaba la predicación de Juan el Bautista (Mr. 6:20). Estaba perplejo y fascinado por este dinámico predicador. Le gustaba probar el mensaje de Dios. Pero cuando estuvo presionado a decidir, se olvidó del hombre de Dios y del mensaje de Dios. De mala gana, pero por su propia voluntad, accedió a decapitar a Juan. Haber degustado la Palabra de Dios, solamente le hizo más culpable.

Degustar es el primer paso para comer. No está mal degustar la Palabra de Dios. De hecho. David promueve hacerlo: "Prueben y vean que el SEÑOR es bueno" (Sal. 34:8, NVI). Todo el mundo debe probar el evangelio en algún grado antes de aceptarlo. El problema es quedarse solo con probarlo. Como muchos de los que oyen el evangelio por primera vez, estos judíos se sintieron atraídos por su belleza y dulzura. Les supo muy bien. Pero no lo mascaron ni lo tragaron, mucho menos lo digirieron. Se quedaron en la degustación. Antes de que pasara mucho tiempo, su buen sabor ya había pasado y ellos se volvieron indiferentes. Sus papilas gustativas se volvieron insensibles y dejaron de responder.

Cualquiera que haya oído el evangelio y quizás hasta haya hecho una confesión de Cristo, pero que no esté seguro de su salvación, debe prestar atención al consejo de Pablo: "Examínense para ver si están en la fe; pruébense a sí mismos" (2 Co. 13:5). Una persona así necesita saber si solo probó el evangelio, pero no lo comió.

GUSTARON LOS PODERES DEL SIGLO VENIDERO

El **siglo venidero** es el reino futuro de Dios. **Los poderes** del reino son los poderes milagrosos. Estos judíos habían visto la misma clase de milagros que ocurrirán cuando Jesús traiga su reino terrenal. Los **gustaron**. Vieron a los apóstoles hacer señales y prodigios como los que se producirán en el reino milenial de Jesucristo. Vieron milagro tras milagro. Y cuanto más veían y probaban sin recibir, más culpables se hacían. Eran como quienes vieron a Jesús obrar milagros. ¡Cuán difícil es explicar el odio y la incredulidad de quienes vieron a Lázaro resucitado, quienes vieron a los ciegos recuperar la visión y quienes vieron hablar a los mudos, y aun así rechazaban a quien realizó estas maravillas delante de sus ojos! ¡Cuán culpables serán ante Dios en el juicio del gran trono blanco!

Tales judíos habían tenido la bendición maravillosa de la iluminación divina; de la asociación con el Espíritu Santo; de haber gustado los dones celestiales, su Palabra y su poder. Y sin embargo no creían.

LA CUARTA ADVERTENCIA

Porque es imposible que los que una vez fueron iluminados y gustaron del don celestial, y fueron hechos partícipes del Espíritu Santo, y asimismo gustaron de la buena palabra de Dios y los poderes del siglo venidero, y recayeron, sean otra vez renovados para arrepentimiento, crucificando de nuevo para sí mismos al Hijo de Dios y exponiéndole a vituperio. (6:4-6)

El Espíritu Santo, todavía hablando a quienes han oído la verdad y la han reconocido, pero han dudado en aceptar a Cristo, les da una cuarta advertencia, el punto crucial de 6:1-8. La advertencia, resumida, es esta: "Mejor acérquense a Cristo ahora, porque si se alejan será **imposible** que vuelvan al punto de **arrepentimiento**". Estaban en el mejor punto para arrepentirse: plenos de conocimiento. Retroceder de esa posición sería fatal.

Muchos intérpretes afirman que el pasaje enseña que la salvación puede perderse porque creen que la advertencia está dirigida a los cristianos. Sin embargo, si esta interpretación fuera cierta, el pasaje también enseñaría que, una vez perdida, la salvación no se puede obtener de nuevo. Si, después de salvo, alguien pierde la salvación, quedaría condenado para siempre. No habría un paso adelante y un paso atrás, dentro y fuera de la gracia. Pero el pasaje no habla a los cristianos, y lo que se puede perder es la oportunidad de *recibir* la salvación, no la salvación como tal.

El creyente no necesita asustarse con perder la salvación. No puede perderla. La Biblia es absolutamente clara en esto. Jesús dijo: "Mis ovejas oyen mi voz, y yo las conozco, y me siguen, y yo les doy vida eterna; y no perecerán jamás, ni nadie las arrebatará de mi mano. Mi Padre que me las dio, es mayor que todos, y nadie las puede arrebatar de la mano de mi Padre" (Jn. 10:27-29). Pablo es igualmente claro: "¿Quién nos separará del amor de Cristo? ¿Tribulación, o angustia, o persecución, o hambre, o desnudez, o peligro, o espada?... Por lo cual estoy seguro de que ni la muerte, ni la vida, ni ángeles, ni principados, ni potestades, ni lo presente, ni lo por venir, ni lo alto, ni lo profundo, ni ninguna otra cosa creada nos podrá separar del amor de Dios, que es en Cristo Jesús Señor nuestro" (Ro. 8:35, 38-39). "El que comenzó en vosotros la buena obra, la perfeccionará hasta el día de Jesucristo" (Fil. 1:6). Vamos a obtener "una herencia incorruptible, incontaminada e inmarcesible, reservada en los cielos para [nosotros], que [somos] guardados por el poder de Dios mediante la fe, para alcanzar la salvación que está preparada para ser manifestada en el tiempo postrero" (1 P. 1:4-5). Si el poder de Dios no puede retenernos, no hay nada confiable, en lo cual podamos creer o de lo cual podamos depender. El cristiano no tiene ninguna razón en ningún momento de su vida para creer que puede perder su salvación. Si por la muerte de Cristo podemos obtener la salvación, ciertamente por su vida de poder e intercesión podemos mantener esa salvación (Ro. 5:10).

Los incrédulos sí están en riesgo de perder la salvación, en el sentido de perder la oportunidad de siquiera recibirla. Los judíos incrédulos estaban en grave peligro de retornar al judaísmo y no estar nunca en capacidad de arrepentirse y llegar a Cristo, por su inmadurez y torpeza espiritual. Se perderían para siempre porque habían rechazado, en el momento más vital de conocimiento y convicción, el único evangelio que podía salvarlos. No hay otro mensaje de salvación que pudieran oír, no hay otra evidencia de la verdad del evangelio que no hubieran visto.

Estos judíos, en particular, habían oído la predicación de los apóstoles y los habían visto realizar señales, prodigios y milagros (He. 2:4). Habían tenido el privilegio de contemplar prácticamente todas las manifestaciones de la Palabra y el poder salvadores que Dios podría dar. Lo habían oído todo, lo habían visto todo. Incluso lo habían aceptado todo intelectualmente. Quien esté así de informado, quien haya atestiguado tantas cosas, quien haya tenido tan grande bendición de conocer el evangelio de Dios en cada oportunidad y quien le dé la espalda —por el judaísmo u otra cosa—, está eternamente perdido. No solo rechazan el evangelio, también están **crucificando de nuevo para sí mismos al Hijo de Dios y exponiéndole a vituperio**. O pasaban al conocimiento pleno de Dios por medio de la fe en Cristo o le daban la espalda, haciéndose apóstatas y perdiéndose para siempre. No había otra alternativa.

Algunos han traducido *adunatos* (**imposible**) en 6:6 como "difícil". Pero es claro, aun de otros pasajes en Hebreos, que esa traducción no tiene justificación. Es la misma palabra que aparece en 6:18 ("es imposible que Dios mienta"), en 10:4 ("es imposible que la sangre de los toros y de los machos cabríos quite los pecados", NVI) y en 11:6 ("sin fe es imposible agradar a Dios"). Todos estos pasajes carecerían de sentido si *imposible* se cambiara por *difícil*. No se puede escapar del fin severo de este peligro ni minimizarlo.

Una vacuna inmuniza porque ofrece una cantidad muy moderada de una enfermedad. Una persona que se expone al evangelio puede obtener lo suficiente para inmunizarla de todo el grueso del asunto. Cuanto más se le resista, con violencia o con decencia, más inmune a él se vuelve la persona. El sistema espiritual se hace cada vez más insensible y responde menos. La única esperanza es rechazar aquello a lo cual se está aferrando y recibir a Cristo sin demora; de otra forma, la persona se endurecerá, a menudo sin saberlo, de tal forma que pierda para siempre su oportunidad.

La palabra **renovados** quiere decir restaurar, dejar en la condición inicial. La condición original de estos judíos fue de emoción por el evangelio cuando lo oyeron por primera vez. Era hermoso. Se habían alejado del judaísmo y estaban al borde del cristianismo, aun del arrepentimiento evidentemente. Habían dejado sus malos caminos. Habían intentado dejar su pecado. Habían comenzado a mirar hacia Dios. Habían escalado todo el camino hasta el límite de la salvación. Ya habían recibido toda la revelación que necesitaban. Habían escuchado la verdad. Si se alejaban, lo harían con un corazón malvado de incredulidad y en contra de la revelación total. Tenían la ventaja de haberse criado bajo el antiguo pacto y habían visto toda la belleza y perfección del nuevo. Si desertaban, si ahora se alejaban del Dios viviente, no había esperanza de que alguna vez pudieran ser restaurados al punto inicial en el que el evangelio estuvo fresco, el sabor del evangelio era dulce y el arrepentimiento era la respuesta apropiada. Tal vez nunca volvieran a ese punto. Cuando alguien rechaza a Cristo en la experiencia cumbre del conocimiento y la convicción, tampoco lo aceptará en un nivel menor. De modo que la salvación se vuelve imposible.

No podían regresar porque estaban **crucificando de nuevo para sí mismos al Hijo de Dios y exponiéndole a vituperio**. Aquí **para sí mismos** simplemente significa que en lo que a ellos les concernía el Hijo de Dios merecía que se le crucificara. Sin importar qué pudieran decir de labios para afuera, ahora se ponían del lado de quienes lo crucificaban. Dijeron en sus corazones: "Ese es el mismo veredicto nuestro". Habían juzgado a Jesucristo y, con toda la evidencia posible, habían decidido que no era el Mesías verdadero. Se dieron la vuelta y regresaron al judaísmo. Para ellos, Jesús era un impostor y engañador que recibió exactamente lo que merecía. Estaban de acuerdo con quienes mataron a Jesús y lo volvieron a exponer a vituperio. Aquí **vituperio** connota culpa. Habían declarado abiertamente que Jesús era culpable, tal como se le acusó.

Cuando alguien ha oído el evangelio y se aleja, hace exactamente lo que estos judíos hicieron. Aunque nunca tome el martillo y los clavos para clavárselos físicamente a Jesús, está de acuerdo con su crucifixión. Está de parte de los que le crucificaron. Si esto pasa en plena luz, la persona se ha convertido en apóstata y la salvación siempre estará fuera de su alcance. Ha rechazado a Jesucristo a plena luz y poder de su evangelio. Está incurablemente en contra de Dios y le espera el infierno más ardiente. Toma su lugar con Judas, quien caminó, habló y comió con el Dios encarnado pero finalmente lo rechazó. "¿Cuánto mayor castigo pensáis que merecerá el que pisoteare al Hijo de Dios, y tuviere por inmunda la sangre del pacto en la cual fue santificado, e hiciere afrenta al Espíritu de gracia?" (He. 10:29).

Es engañarse a sí mismo de forma muy peligrosa creer que se está seguro por estar en la orilla, por diferir la decisión, por considerarse tolerante del evangelio solo por no oponérsele externamente. Cuanto más tiempo permanezca alguien en la orilla, más se inclinará a su vida anterior. Quedarse ahí parado por mucho tiempo resulta inevitablemente en desertar del evangelio para siempre. Puede que no sea una decisión consciente contra Cristo. Pero *es* una decisión y *es* contra Cristo. Cuando a plena luz alguien se aleja de Él, vuelve a crucificarlo, en su propio corazón, y se ubica por siempre fuera del alcance del Señor. ¡Cuán terrible es rechazar a Jesucristo!

Porque la tierra que bebe la lluvia que muchas veces cae sobre ella, y produce hierba provechosa a aquellos por los cuales es labrada, recibe bendición de Dios; pero la que produce espinos y abrojos es reprobada, está próxima a ser maldecida, y su fin es el ser quemada. (6:7-8)

¿Ve usted la ilustración? Todos los que oyen el evangelio son como la tierra. La **lluvia** cae, la persona oyó el evangelio. La semilla del evangelio queda allí plantada, recibe alimento y crece. Algo de lo que crece es hermoso, bueno y productivo. Es la parte que está plantada, arraigada y alimentada por Dios. Pero otra parte del crecimiento es falso, espurio y no es provechoso. Proviene de la misma raíz, se ha alimentado del mismo suelo y de la misma agua, pero se torna espinoso, destructivo y queda **reprobada**. Ha rechazado la vida que se le ofreció y solo sirve para **ser quemada**.

La tragedia de rechazar la revelación completa —Tercera parte

14

Pero en cuanto a vosotros, oh amados, estamos persuadidos de cosas mejores, y que pertenecen a la salvación, aunque hablamos así. Porque Dios no es injusto para olvidar vuestra obra y el trabajo de amor que habéis mostrado hacia su nombre, habiendo servido a los santos y sirviéndoles aún. Pero deseamos que cada uno de vosotros muestre la misma solicitud hasta el fin, para plena certeza de la esperanza, a fin de que no os hagáis perezosos, sino imitadores de aquellos que por la fe y la paciencia heredan las promesas. (6:9-12)

Después de las advertencias más severas, vienen apelaciones muy amorosas. El escritor esperaba fervientemente que los incrédulos a quienes había hablado no desertaran, no apostataran. Su enfoque fue presentarles, por así decirlo, a los verdaderos cristianos en su medio, para que fueran **imitadores de aquellos que por la fe y la paciencia heredan las promesas.**

Primero, habla brevemente a los creyentes que han de ser imitados. La palabra **amados** no se usa nunca en las Escrituras para referirse a los incrédulos. Ahora está hablando de las cosas **que pertenecen a la salvación**, mientras que en la parte anterior de este capítulo había estado hablando de las cosas que concernían a la revelación. Estas dos cosas —el uso de la palabra **amados** y la explicación de las condiciones para la salvación— indican el cambio de audiencia del escritor. Los asuntos previos —la iluminación intelectual sobre la palabra de Dios, la degustación de los dones de Dios y de su Espíritu, y demás— acompañan la revelación, no la salvación. Por supuesto, se pretende que ayuden a llegar a la salvación, pero ellos no lo hacen aparte de la fe en Jesucristo.

Los cristianos a imitar provienen del mismo trasfondo de quienes los van a imitar. Todos crecieron en el judaísmo. Habían tenido la misma oportunidad de conocer la revelación de Dios y de experimentar la obra de su Espíritu. Habían tenido la misma oportunidad de oír el evangelio, y de ver y experimentar la Iglesia de Cristo en acción. La única diferencia, aunque era una diferencia muy grande, es que algunos habían confiado en Cristo como Salvador y otros no. Esa también es la gran diferencia entre el trigo y la cizaña en la parábola de Jesús (Mt. 13:24-43). El mismo sol que endurece la arcilla derrite la cera.

El término **amados** (*agapētos*, de *agapē*) expresa la forma más alta de relación. Se usa sesenta veces en el Nuevo Testamento. Las primeras nueve las usa Dios Padre hablando de Cristo, su Hijo amado. En el resto de las veces, sean judíos o gentiles, se reserva su uso solo para los creyentes. Arthur Pink observa: "En realidad, no puedo amar a un hermano con el amor del evangelio que se me demanda, a menos que esté bien persuadido de que sí es mi hermano".

El escritor estaba convencido de que sus compañeros creyentes, aquellos a quienes les escribía, exhibían todos esos rasgos, todas esas marcas verdaderas, de la salvación: de la verdadera santidad en el sentido bíblico. La implicación es que, después de una investigación considerable, estaba convencido de que sus amados hermanos poseían las cosas **que pertenecen a la salvación** y que, por consiguiente, serían ejemplos formidables para que sus amigos incrédulos los observaran e imitaran.

LO QUE VIENE CON LA SALVACIÓN

Muchas cosas **pertenecen a la salvación**. Los capítulos 5 y 6 de Romanos están dedicados en su totalidad a esas cosas. Pero las que se mencionan en esta sección de Hebreos en particular contrastan con las de la incredulidad mencionadas en 5:11—6:5. Por ejemplo, a la salvación no le pertenece la infancia, sino la madurez; no la leche, sino el alimento sólido; no la inexperiencia en la justicia, sino la justicia perfecta; no el arrepentimiento de obras muertas, sino el arrepentimiento que mira a Dios para vida. Las cosas que vienen con la salvación son, principalmente, positivas, no negativas. No reflejan la religión ceremonial externa, sino la regeneración, transformación y nueva vida internas. Su importancia no viene de la repetición de sacrificios, sino del sacrificio único, perfecto y completo de Jesucristo. No se enfocan en las verdades elementales de la resurrección y el juicio, sino en la esperanza bendita del creyente; no solo en estar iluminado, sino en que Dios los haga nuevos; no solo en degustar la salvación, sino en festejarla; no solo en ser partícipe del Espíritu Santo, sino en que Él habite adentro; no solo en degustar la buena palabra de Dios, sino en beberla y comerla; no solo en ver los milagros de Dios, sino en volverse uno de ellos. Estas son las cosas que acompañan la salvación.

¿A QUIÉN SE APLICA?

La frase **aunque hablamos así**, sin duda, busca animar a los creyentes que, después de leer la sombría sección anterior, pueden estarse preguntando, como muchos cristianos hoy, si esta advertencia se refiere a ellos. Poner la parte final del versículo 9 al principio ayuda a aclarar el significado. La lectura parafraseada sería: "Amados hermanos cristianos, aunque hemos estado hablando de estas advertencias impresionantes y atemorizantes para los incrédulos, sabemos que hay cosas mucho mejores que sí se refieren a ustedes. Ustedes tienen las cosas que pertenecen a la salvación, no a la incredulidad. Estas advertencias para los apóstatas, y para los potenciales apóstatas, están en esta carta a ustedes porque ellos están en medio de ustedes".

De nuevo, la parábola del trigo y la cizaña vuelve a ser útil. Jesús enfatizó la idea de que los verdaderos creyentes y quienes solo profesaban ser creyentes estarían juntos en la Iglesia hasta que Él regresara, y que los verdaderos creyentes nunca podrían estar seguros de quiénes eran los falsos. Las características de los incrédulos en Hebreos 5:11—6:4 no pretenden ser un criterio para que la Iglesia separe el trigo de la cizaña. Solo la condición del corazón de una persona determina su posición ante Dios, y solo Dios lo conoce. Bajo ciertas circunstancias —como enseñar falsas doctrinas o vivir en inmoralidad— la Iglesia no solamente puede, sino que debe, excomulgar a un miembro. Pero el Señor ha dejado claro que no podemos determinar quién es realmente salvo en la iglesia y quién no lo es, y que no debemos intentar ser los jueces finales para decidir tales asuntos.

Sin embargo, sabemos que toda congregación puede tener un incrédulo en sus filas, incluso en posiciones de liderazgo, y a tales personas es a quienes el Señor advierte. El predicador y maestro fiel debe advertir sobre esto, aunque no esté en capacidad de determinar a qué individuos se refiere su advertencia. Debe enseñarlo como parte del consejo completo de Dios y dejar que su Espíritu lo aplique donde sea necesario. El escritor dice: "Amados, no digo estas cosas porque estén relacionadas con todos ustedes. No es así. Pero entre ustedes hay algunos que de verdad necesitan esta advertencia".

DIOS NO SE OLVIDA DE LOS SUYOS

Porque Dios no es injusto para olvidar vuestra obra y el trabajo de amor que habéis mostrado hacia su nombre, habiendo servido a los santos y sirviéndoles aún. (6:10)

Dios sabe quiénes son los suyos y quiénes son los fieles. Él no va a **olvidar** a los suyos ni su **obra** para Él. Nuestros nombres están seguros en su libro de la vida. No perderemos nuestra salvación y nuestras recompensas no quedarán en el olvido. "Descansen tranquilos —dice el escritor—. No se preocupen".

Hoy día, y a lo largo de la historia, muchos cristianos experimentan tiempos de duda, incluso de angustia, ante la aparente posibilidad de perder la salvación. Cuando leen u oyen un mensaje de juicio, tiemblan y se sienten inseguros. No saben qué es descansar en la obra culminada de Cristo y en su posición en Él ante Dios.

Después que Malaquías había hecho varias advertencias de juicio, al parecer muchos de los creyentes fieles estaban preocupados de que se refirieran a ellos. Pero el Señor calmó su miedo: "Entonces se escribió en su presencia un libro de memorias de aquellos que temen al Señor y honran su nombre. 'El día que yo actúe ellos serán mi propiedad exclusiva —dice el Señor Todopoderoso—. Tendré compasión de ellos, como se compadece un hombre del hijo que le sirve'" (Mal. 3:16-17, NVI). En el siguiente capítulo, después de otra advertencia más para los malvados, Dios vuelve a dar seguridad a los suyos: "Pero para ustedes que temen mi nombre, se levantará el sol de justicia trayendo en sus rayos salud" (4:2, NVI). Dios siempre conoce a sus fieles; siempre conoce a los suyos. No debemos temer al juicio final. Si estamos en Cristo, no recibiremos nunca condenación. No debemos preocuparnos por perdernos el rapto. Si pertenecemos a Cristo, Él se asegurará de llevarnos con Él. La soberanía y la fidelidad de Dios nos protegen.

LAS OBRAS SON EVIDENCIA DEL AMOR

Las obras de un cristiano no son lo que le salvan ni lo que le mantienen salvo, pero sí *son* evidencia de su salvación. Como nos dice Santiago, la fe sin obras está muerta; no está viva, no es real, no es genuina. Nuestra fe se demuestra por nuestra obras (Stg. 2:18, 26). Dios no es injusto ni insensible para hacer caso omiso de las obras de amor que realizan sus amados hijos. Él claramente ve el fruto de nuestra justicia.

Pablo dijo a los creyentes tesalonicenses que sabía que Dios los había escogido para ser de Él, para salvarles, por la obra de su fe, del trabajo de su amor y de su constancia en la esperanza en nuestro Señor Jesucristo (1 Ts. 1:3-4). Tenían el fruto de las buenas obras que acompañaba su declaración de fe. El amor es un producto de la fe.

AMAR SU NOMBRE

El **amor** y el servicio para los hermanos es evidencia de la salvación (cp. Jn. 13:34-35). Pero una evidencia aun más significativa es el amor **mostrado hacia** el **nombre** de Dios. Dios sabe cuándo nuestro servicio es verdaderamente para su gloria, dependiendo de si se hace por amor de su nombre.

Aunque amar a los demás cristianos es muy importante, amar a Dios es aún mucho más importante. De hecho, sin amar más a Dios y amarlo primero, no podemos amar al prójimo como deberíamos. Los cristianos judíos reconocidos aquí servían **a los santos**, antes que nada por su amor al nombre de Dios. La razón principal por la cual podían amarse y servirse unos a otros tan bien era porque amaban totalmente a Dios. La clave para el servicio cristiano verdadero es un amor consumidor por el Señor. Todos los cristianos deberían ser atractivos y amables; pero no todos lo son. En esto no suele haber diferencias con los incrédulos. Pero nuestra responsabilidad, nuestro llamado, es amar y servir a otros cristianos —y también a incrédulos—, primero de todo por causa de Dios, no por ellos mismos.

En la introducción de su carta a los creyentes en Roma, Pablo les dice que está agradecido por su fidelidad y que anhela visitarlos (Ro. 1:8-10). Pero también les dice que la fuerza impulsora detrás de su ministerio para ellos es el amor al nombre de Dios, y que antes que todo sirve a Dios (1:5, 9). El nombre de Dios representa todo lo que Él es. Amar su nombre es tener un deseo apasionado por la gloria de todo lo que Dios es. Juan, hablando de algunos ministros itinerantes, dice: "Salieron por amor del nombre de Él" (3 Jn. 7). Ministraban por su ferviente amor al Señor. Cuando Jesús volvió a comisionar a Pedro, no le preguntó si amaba a los hombres para que así pudiera servirle. Le pregunto tres veces: "¿Me amas?". Después de cada una de las respuestas afirmativas de Pedro, Jesús le mandó que alimentara sus ovejas (Jn. 21:15-17). Nuestro servicio a Jesucristo debe tener su base en un amor preponderante por Él. No podemos amar como corresponde a los hombres, salvos o no salvos, amables o poco amables, mientras no amemos a Cristo apropiadamente.

Los creyentes fieles, los destinatarios principales de la carta, amaban el nombre del Señor, lo cual era una demostración positiva de que su fe era real. Se ministraban unos a otros porque amaban a su Señor. Oímos multitud de cosas sobre amar y ministrar al cuerpo de Cristo, sobre servirnos los unos a los otros en la vida del cuerpo. No se podría enfatizar algo más bíblico que esto: si está en la perspectiva correcta. La autenticidad y la eficiencia del ministerio que tenemos los unos con los otros como santos está directamente relacionada con el amor que tenemos por Cristo. Cuanto más amemos a Dios, más querremos hacer su voluntad. Nuestra preocupación no debería ser tratar de suscitar amor por las personas, sino amar a Dios cada vez más. Cuando nuestro amor por Él está bien, nuestro amor por los demás estará bien.

UN MINISTERIO ININTERRUMPIDO

Tener a Dios como nuestro enfoque y primer amor no solamente nos da el deseo y el poder de amar y servir a otros; además, también nos sostiene en nuestro amor y servicio. Solo el amor de Dios tiene ese poder de permanencia. Los hebreos amorosos y fieles *habían* **servido** y estaban **sirviéndoles aún**. Su amor producía un ministerio para los santos que no se había interrumpido. Seguían amando y sirviendo. Siempre podían hablar de su comunión con el Señor y su servicio a los cristianos en tiempo presente.

¿CÓMO DEBEMOS SERVIR?

Primero, servimos ministrando con nuestros dones espirituales (cp. Ro. 12:3-8; 1 Co. 12:9-11; 1 P. 4:10-11). Nuestra primera línea de servicio es mediante nuestros dones espirituales. Pero no recibimos nuestros dones espirituales para usarlos por nuestra cuenta, mucho menos para provecho propio. Deben usarse para la gloria de Dios, en su poder y por amor de su nombre. Sea cual sea nuestro don (aconsejar, mostrar misericordia, ayudar, enseñar, predicar, administrar o el que sea), es para servir porque amamos a quien nos los dio.

Por supuesto, servirnos unos a otros no tiene nada que ver con nuestros dones espirituales; simplemente es parte de la responsabilidad de todo cristiano. Por ejemplo, el ministerio de todo creyente requiere oración por los demás creyentes. Debemos estar "orando en todo tiempo con toda oración y súplica en el Espíritu, y velando en ello con toda perseverancia y súplica por todos los santos" (Ef. 6:18). Nuestro ministerio mutuo también requiere reprender el pecado en un hermano, buscar restaurarlo en amor, confesarse unos a otros, perdonar, llevar las cargas de los otros, velar por el hermano más débil, dar para las necesidades de los santos y muchas otras responsabilidades. Todas estas cosas son parte de nuestro ministerio para con el prójimo, y ninguna de ellas surge por generación espontánea. Todas deben surgir por el amor correcto a Jesucristo.

La vida cristiana se reduce a una sola cosa: la medida de nuestro amor por el Señor. ¿Cuánto nos preocupa su nombre? No se trata de decirlo sentimentalmente, en un tono "espiritual" o repitiéndolo en vano en una conversación u oración, sino de hacer su voluntad por amor de su gloria. ¿Cuán noble y exaltada es nuestra perspectiva de Dios y cuán intensos son nuestra preocupación y amor genuino por Él? Solamente cuando lo amemos con todo nuestro corazón, con toda nuestra alma, con toda nuestra mente y con toda nuestra fuerza, seremos capaces de amar a nuestro prójimo como a nosotros mismos.

Los **santos** ministrados son los demás cristianos. Todos los cristianos verdaderos son *hagios*, "santos" (cp. 1 Co. 1:2); no sin mencionar que no solemos pensar o actuar como santos en el sentido popular. Pero el escritor está hablando de nuestra identidad en Cristo. Somos santos en nuestro Señor, aun cuando somos infieles y actuamos de maneras no santas. Ser santo no tiene nada que ver con el nivel de madurez espiritual o el rango. Se refiere a una persona que es salva, apartada por Dios para Él en su Hijo Jesucristo. Puesto que Dios nos ve como ve a su Hijo, todos somos "santos delante de Él".

La prueba de que los hebreos a los cuales se dirige 6:9-10 eran creyentes verdaderos era su ministerio amoroso, fiel y continuo hacia los otros creyentes, los otros santos. El don más grande que nuestro amor puede dar a Dios es servirnos con amor y fidelidad los unos a los otros, entre sus hijos. Si le amamos, serviremos al prójimo. Decir que amamos a Dios sin aplicar ese amor por nuestros hermanos en Cristo es mentir. Juan, llamado a menudo el apóstol del amor, repasa esta verdad en su primera carta: "El que dice que está en la luz, y aborrece a su hermano, está todavía en tinieblas". Unos pocos capítulos más adelante enuncia la misma verdad aun más fuertemente: "El que no ama, no ha conocido a Dios; porque Dios es amor". En el último capítulo resume la verdad: "Todo aquel que ama al que engendró, ama también al que ha sido engendrado por él" (1 Jn. 2:9; 4:8; 5:1). Amarnos unos a otros no es opcional ni una añadidura; es el fundamento de la vida cristiana.

SEGUIR EL EJEMPLO DE ELLOS

Pero deseamos que cada uno de vosotros muestre la misma solicitud hasta el fin, para plena certeza de la esperanza, a fin de que no os hagáis perezosos, sino imitadores de aquellos que por la fe y la paciencia heredan las promesas. (6:11-12)

El escritor se dirige otra vez a los incrédulos, a quienes han hecho una confesión de fe de alguna manera pero están en peligro inminente de recaer en el judaísmo y perder para siempre la oportunidad de la salvación. La esperanza que ahora se les extiende es hacerse imitadores de los creyentes verdaderos que se acaban de describir, haciéndose creyentes ellos. Dice: "Miren a estos creyentes verdaderos. Mi deseo más sincero es que cada uno de ustedes llegue a ser como ellos. ¡Sería maravilloso si todos ustedes fueran así, si cada uno pudiera tener la misma seguridad total de la esperanza para el final! No queremos que deserten y pierdan toda esperanza". No hay esperanza aparte de Jesucristo. Por tanto, el llamado es a que vayan a Él antes de que sea demasiado tarde. Entonces podrán llamar esta esperanza "segura y firme ancla del alma" (He. 6:19).

La palabra **solicitud** (*spoudē*) puede conllevar la idea de afán o prisa. En este pasaje se sugiere que los judíos incrédulos pueden pasar a creer rápidamente. Llegar a Cristo no es un proceso largo y agotador que tome años, ni siquiera meses o semanas, de preparación. Todo lo que se requiere es un acto de fe. A algunas personas puede tomarles un tiempo largo después de haber oído el evangelio por primera vez, pero no es necesario, y no debería tomar tanto. La salvación es una experiencia instantánea que no debe posponerse.

La idea de la prisa también está en el versículo 12. La pereza de estos judíos incrédulos era un obstáculo para su salvación. La palabra **perezosos** es una traducción de la misma palabra (*nōthros*), traducida "tardos" en 5:11. Así como eran perezosos para oír, lo eran para creer. No habían rechazado consciente ni abiertamente el evangelio; pero no aceptarlo, cualquiera que sea la razón, es lo mismo que rechazarlo. Hay un tiempo para ser cuidadoso y para deliberar, pero no cuando se sabe qué es correcto y no se tiene garantía de cuánto va a durar la oportunidad. El tiempo para aceptar a Cristo nunca es después, siempre es ahora. "He aquí ahora el tiempo aceptable; he aquí ahora el día de salvación" (2 Co. 6:2). Es altamente posible que muchas más personas que hayan oído el evangelio se pierdan porque pospusieron depositar su confianza en Jesús que por haberlo rechazado a propósito.

Antes de que sea eternamente tarde, quienes están al borde de la salvación deberían imitar a los creyentes verdaderos. Por supuesto, imitarlos no es imitar su personalidad, habilidades, estilos de vida o hábitos individuales. Es imitar su fe, evidenciada por el amor y la obra para el Señor. El autor les dice: "Sigan a los salvos. Quienes han padecido la misma persecución que ustedes, pero la han soportado con paciencia porque su fe es real. Síganlos y vayan a todas las promesas que la salvación otorga" (cp. He. 13:7).

Las seguridades de la promesa de Dios

15

Porque cuando Dios hizo la promesa a Abraham, no pudiendo jurar por otro mayor, juró por sí mismo, diciendo: De cierto te bendeciré con abundancia y te multiplicaré grandemente. Y habiendo esperado con paciencia, alcanzó la promesa. Porque los hombres ciertamente juran por uno mayor que ellos, y para ellos el fin de toda controversia es el juramento para confirmación. Por lo cual, queriendo Dios mostrar más abundantemente a los herederos de la promesa la inmutabilidad de su consejo, interpuso juramento; para que por dos cosas inmutables, en las cuales es imposible que Dios mienta, tengamos un fortísimo consuelo los que hemos acudido para asirnos de la esperanza puesta delante de nosotros. La cual tenemos como segura y firme ancla del alma, y que penetra hasta dentro del velo, donde Jesús entró por nosotros como precursor, hecho sumo sacerdote para siempre según el orden de Melquisedec. (6:13-20)

Antes había un programa de televisión titulado "¿En quién confía usted?". Esa pregunta es importante. En nuestra época estamos encaminados a no confiar en nadie. Muchas personas han desarrollado una especie de psicosis de desconfianza, conocida coloquialmente como falta de credibilidad. Los jóvenes aprenden a no confiar en nadie más allá de sí mismos y a aprenderlo todo por experiencia propia. Con frecuencia se hacen promesas a la ligera, con pocas intenciones de honrarlas. Hoy día, la palabra de una persona difícilmente la compromete. Mentir se ha vuelto la norma en gran parte de la sociedad. El mundo está lleno de mentirosos. Ese es un problema básico. La Biblia dice: "El mundo entero está bajo el maligno" (1 Jn. 5:19), y Jesús dice que el maligno, el diablo, es "el padre de mentira", que mentir es la esencia de su naturaleza (Jn. 8:44).

En medio de la confusión y el desorden que siempre traen las mentiras, las personas buscan algo en lo cual puedan confiar, algo a lo cual puedan confiar sus vidas. Algunos buscan la religión. Pueden pasarse la vida entera en un sistema religioso particular, satisfaciendo todos los requisitos y normas con devoción y sacrificio, sin encontrar nunca la paz, el sentido o la satisfacción.

Pueden estar toda su vida orando y depositando toda su confianza en un santo particular, solo para descubrir que el santo nunca estuvo canonizado de verdad. O pueden depositar su confianza en alguien que se haga llamar sanador. Una madre llevó a su hijo joven a un sanador con la esperanza de que él lo curara de su parálisis en las piernas. Le dijeron que le quitara las muletas y que nunca las volviera a usar. Tras algunas semanas de dolor, tuvieron que operarlo de emergencia para evitar la amputación de sus piernas.

Los evangelistas tipo Elmer Gantry siempre han rondado por ahí para quedarse con el corazón, el dinero y la confianza de las personas. Hace pocos años, en Los Ángeles, un ministro dirigía una campaña de televisión notoria con el fin de recaudar fondos para una misión. Tras recolectar una suma considerable, desapareció. Van a iglesias que afirman adorar y honrar a Jesucristo, pero allí enseñan doctrinas e ideas completamente contrarias a lo que Él enseñó. No aprenden nada del Jesucristo de las Escrituras. Los falsos maestros, engañados y engañadores, abundan. Hay predicadores con grandes credenciales académicas de seminarios prestigiosos que enseñan filosofías y teologías completamente contrarias a la Biblia y heréticas.

¿En quién podemos confiar? ¿En quién podemos creer realmente? El cristiano, sin ser pesimista o cínico, sabe que la única persona en quien se puede confiar sin reservas es Dios. La Biblia, una vez tras otra, en todas sus páginas y de diversas maneras, nos dice que confiemos en el Señor con todo nuestro corazón. Ninguna declaración de este estilo está escrita con más belleza que la de David: "Confía en el Señor y haz el bien; establécete en la tierra y mantente fiel. Deléitate en el Señor, y él te concederá los deseos de tu corazón" (Sal. 37:3-4, NVI). Solo en Él no hay falta de credibilidad.

EL EJEMPLO DE ABRAHAM

Como hemos visto, el escritor de Hebreos ha estado urgiendo a los judíos a que abandonen por completo el antiguo pacto. Tienen que dejar todo lo relativo al judaísmo y entregarse completamente a Jesucristo en el nuevo pacto. Las formas, rituales, ceremonias y prácticas tienen que quedar en el pasado. Pero, como lo dice aquí claramente el autor —y lo dice aún más claramente en el capítulo 11—, en lo que al hombre concierne, la esencia, la sustancia, aun en el antiguo pacto, es la fe. En ningún momento las formas o las ceremonias son lo importante. La fe siempre está por encima.

Probablemente, el ejemplo más importante de confianza en Dios es **Abraham**, con certeza lo es en el Antiguo Testamento. De hecho, Pablo lo llama "padre de todos los creyentes" (Ro. 4:11; cp. Gá. 3:7). Y el autor ahora pone a Abraham como ejemplo de fe ante sus lectores. Dice: "Y no solo pueden buscar el ejemplo de verdaderos creyentes a su alrededor; aun Abraham, que vivió miles de años antes de Cristo, es un modelo para que ustedes confíen en Él. Revisen su propia historia y se encontrarán con un hombre que confió totalmente en Dios". En vista de la persecución que estos judíos indecisos enfrentarían si se volvieran cristianos, el autor les recuerda a Abraham. El padre de los judíos también es el padre de quienes tienen fe. Es la ilustración perfecta de un hombre de fe que recorrió todo el camino con Dios, en medio de la adversidad, incertidumbre y aparente imposibilidad, confiando totalmente en Él para todo. Hasta tal punto que levantó el cuchillo con el que habría de sacrificar al único hijo que podía cumplir la promesa de Dios, porque Dios le pidió que lo sacrificara. Hasta ese punto confiaba en Dios.

Pablo también utiliza a Abraham como ejemplo de la fe. Todo el asunto de Romanos 4 es que Abraham recibió la salvación —Dios lo justificó, lo contó por justo— por su fe. Y no solo recibió la salvación por fe antes del antiguo pacto (el mosaico), sino que la recibió aun antes de circuncidarse, que era la señal del pacto de Dios con Abraham. Lo que Pablo quiere decir es que la salvación nunca ha sido el resultado de la obediencia a la ley o por el cumplimiento de algún rito, sino que *siempre* ha sido por la fe. "Mas al que no obra, sino cree en aquel que justifica al impío, su fe le es contada por justicia" (Ro. 4:5; cp. Stg. 2:23). De hecho, Abraham no era solo el padre de los judíos creyentes, sino de todos los creyentes, judíos o gentiles.

¿Qué clase de fe tenía Abraham? ¿Por qué es tan importante, tan ejemplar, para que le llamen el padre de los creyentes?

Abraham, cuyo nombre original era Abram, creció en el paganismo. Era descendiente de Sem, uno de los tres hijos de Noé; pero, al parecer, por muchas generaciones, su familia había adorado a falsos dioses. Creció en Ur, una ciudad caldea antigua de Mesopotamia. Dios, por sus propias razones, le habló a Abram, y primero le mandó ir a Harán y luego a Canaán. "Por la fe Abraham, siendo llamado, obedeció para salir al lugar que había de recibir como herencia; y salió sin saber a dónde iba" (He. 11:8). Sin más garantía que la palabra de Dios asegurándole que llegaría allí, Abraham creyó y salió.

El Señor le prometió a Abraham que le daría la tierra de Canaán a él y a sus descendientes, y que por medio de Abraham serían benditas todas las familias de la Tierra (Gn. 12:1-3). Aunque Abraham no tenía hijos y su esposa, Sara, era estéril, Dios también le prometió que sus descendientes serían tantos que no se podrían contar. Sin embargo, Abraham seguía sin hijos aun después de llegar a Canaán.

Después que Isaac, el hijo prometido, finalmente nació y cuando ya era adolescente, Dios le mandó a Abraham sacrificarlo. Abraham obedeció sin tener la menor idea de los motivos del Señor o lo que ocurriría. Obedeció porque le creía a Dios. De no haber intervenido Dios milagrosamente proveyendo un sacrificio sustituto, Abraham habría matado a Isaac en el monte Moriah.

Sin embargo, la fe de Abraham no era ciega. Él no podía ver las consecuencias de su obediencia, pero podía ver el carácter de Dios. Abraham tenía una seguridad sólida. Podía confiar en Dios por algunas razones muy obvias y poderosas. Cuando el Señor hace una promesa, pone su integridad en ella. Toda promesa de Dios está asegurada por su carácter.

La integridad y la fidelidad de Dios son el tema central de Hebreos 6:13-20. Abraham es tan solo un ejemplo de quienes confían en la integridad y la fidelidad divinas, que es lo único que puede darle valor a nuestra confianza. ¿Podemos confiarle a Dios nuestras vidas? ¿Podemos creer su Palabra? ¿Puede Él evitar que caigamos? ¿Puede terminar la obra que comenzó en nosotros? ¿Será que nos soltará o perderá interés en nosotros en algún momento? En resumen, ¿hay de verdad seguridad y salvación con Dios? Abraham creía que sí.

Este pasaje de hebreos nos da cuatro razones para confiar en Dios: su persona, su propósito, su promesa y su sacerdote.

SU PERSONA

Porque cuando Dios hizo la promesa a Abraham, no pudiendo jurar por otro mayor, juró por sí mismo, diciendo: De cierto te bendeciré con abundancia y te multiplicaré grandemente. Y habiendo esperado con paciencia, alcanzó la promesa. (6:13-15)

No hay nadie en el universo más grande que Dios. La razón por la cual no puede mentir es porque Él es el autor de la verdad. Él es la verdad. Por definición, cualquier cosa que Él diga es verdad. Por su misma naturaleza, no puede mentir. No tiene la capacidad de mentir. Entonces, el primer lugar, sus promesas están aseguradas por quien Él es. Cualquier cosa que Él haga está bien; cualquier cosa que Él diga tiene que ser verdadera. Por tanto, si Dios hace una **promesa**, no solamente *la va* a cumplir, sino que *tiene que* cumplirla.

Los lectores hebreos que reconocían la verdad del evangelio, que habían visto a los apóstoles realizar milagros, todavía estaban asustados con dejar el judaísmo. Los asustaba entregarse completamente al Mesías por miedo a que Él no pudiera salvarlos, a que algo saliera mal. Y por eso, el Espíritu Santo los alienta, les asegura que pueden confiar en Dios y hacer lo que Él dice.

Al comenzar su carta a su joven amigo Tito, Pablo le recuerda "la esperanza de la vida eterna, la cual Dios, que no miente, prometió desde antes del principio de los siglos" (Tit. 1:2). Mucho tiempo atrás, Dios había prometido vida eterna a quienes fueran a Él, y Él no puede mentir. Santiago también habla de cuán confiable es Dios al principio de su epístola: "Toda buena dádiva y todo don perfecto desciende de lo alto, del Padre de las luces, en el cual no hay mudanza, ni sombra de variación" (Stg. 1:17). Dios no se desvía nunca de su voluntad o sus promesas. *No puede.*

Por tanto, puesto que Dios ha prometido que todo aquel que llegue a Él por medio de su Hijo recibirá la salvación, es imposible que quien confíe en Cristo no sea salvo o pierda la salvación una vez la obtuvo. Dios prometió una y otra vez que si los hombres se acercan a Jesucristo, conocerán la salvación. "Mas a todos los que le recibieron, a los que creen en su nombre, les dio potestad de ser hechos hijos de Dios" (Jn. 1:12).

Tan cierto como que Dios le cumplió a Abraham, él cumplirá su promesa a quienes confían en su Hijo. Su promesa básica a Abraham era: **De cierto te bendeciré con abundancia y te multiplicaré grandemente** (cp. Gn. 22:17). Entonces, una pregunta legítima es: ¿Cumplió Dios su promesa a Abraham?

Hay más de catorce millones de descendientes físicos de Abraham en el mundo hoy. Y no solo estos, sino que muchos millones más alrededor del mundo son descendientes espirituales de Abraham. Dios cumplió su promesa.

Dios nunca ha fallado y nunca lo hará. Abraham estaba seguro por quien Dios es, el que no puede mentir. No hay posibilidad de que eche para atrás sus promesas. Podemos confiar en Dios porque no tiene la capacidad de equivocar en su naturaleza. "El Señor mismo marchará al frente de ti y estará contigo; nunca te dejará ni te abandonará. No temas ni te desanimes" (Dt. 31:8, NVI).

SU PROPÓSITO

diciendo: De cierto te bendeciré con abundancia y te multiplicaré grandemente. (6:14)

Abraham estaba seguro no solo por la persona de Dios, sino por el propósito divino. Dios no sacó a Abraham de su tierra y lo envió a una tierra extranjera para que vagara por el resto de su vida y satisfacer así un capricho divino. Dios tenía un propósito para Abraham, y para el mundo por medio de Abraham. Abraham no le pidió a Dios que lo enviara a Canaán o que bendijera el mundo por medio de él. Fue idea de Dios, su propósito, era el plan divino. El llamamiento de Dios a Abraham, la promesa que le hizo y su pacto con él fueron todas decisiones completamente suyas.

El pacto abrahámico, junto con su promesa, era incondicional. Dios no le dijo a Abraham que lo bendeciría si él cumplía ciertos requisitos, si satisfacía ciertas condiciones. Dios le dijo a Abraham que hiciera muchas cosas, y él fue obediente. Pero no fue la obediencia de Abraham, tan importante y buena como pueda ser, lo que garantizó el cumplimiento de la promesa divina. La promesa de Dios era garantía de su propio cumplimiento. Dios esperaba muchas cosas de Abraham, pero en lo que al cumplimiento de la promesa concierne, Abraham era solamente un espectador que veía lo que Dios estaba haciendo por él y por medio de él. Dios tenía un propósito predeterminado para Abraham.

El propósito era que Abraham *sería* bendecido y que el mundo *sería* bendecido por medio de él.

Poco después de que Dios creó a Adán y Eva y los puso en aquel huerto hermoso, donde cada una de sus necesidades estaba satisfecha, ellos decidieron hacer lo único que Él les exigió no hacer. Comieron del árbol del conocimiento y cayeron, y el resto de la creación cayó con ellos. Toda la Tierra quedó bajo maldición. Nuestros primeros padres perdieron la comunión con Dios y fueron expulsados del Edén. Al poco tiempo, ocurrió el primer homicidio, cuando Caín mató a su hermano Abel.

La corrupción, la violencia, la poligamia, el incesto, la mentira, el robo, el adulterio, la idolatría y todo el resto de los pecados se volvieron comunes y cada vez peores. De hecho, la humanidad se volvió tan terriblemente licenciosa que Dios los destruyó a todos, excepto los ocho en la familia de Noé. Sin embargo, la naturaleza del hombre aún era pecaminosa y las generaciones posteriores al diluvio siguieron ignorando a Dios y pecando en todas las formas concebibles. Dios había intentado alcanzar a la humanidad —inclusive por medio de Noé, mientras construía el arca— pero no le oyeron ni cambiaron. El pecado alcanzó un máximo cuando, con la torre de Babel, los hombres intentaron tomar el cielo por asalto. Dios les desbarató su plan haciéndolos hablar idiomas diferentes y esparciéndolos por todo el mundo.

Aun así, Dios no se rindió con el hombre. En su plan eterno, aquellos que creó a su imagen y semejanza le servirían y le adorarían. Para ello debía redimirlos. Dios pudo recuperar al hombre solo con medidas drásticas. Fue como si un gran río hubiera quedado bloqueado por un derrumbe. Dios tuvo que hacer un canal nuevo. Escogió a un pueblo determinado para que fuera el canal por el cual el río de la vida fluyera otra vez para el mundo. El padre de ese pueblo fue Abraham. De sus descendientes vendría la nación de Israel, el canal histórico y terrenal de Dios para la revelación y la redención. Los pactos antiguo y nuevo, la ley, las profecías, los sacrificios sacerdotales: todo vino por medio de Israel. El Mesías era judío, el más judío de todos. El plan divino de la redención se llevó a cabo mediante este pueblo escogido especialmente. "La salvación proviene de los judíos" (Jn. 4:22). Y todos los judíos provienen de Abraham.

Dios escogió a Abraham. Dios predeterminó la vida de Abraham. Puso su amor sobre Abraham para ser aquel por medio del cual se abriría el canal. Fue una cuestión de elección divina. Dios honró a Abraham por su fe y él recibió la salvación por su fe, pero Dios no lo eligió por su fe. Dios no escogió a Abraham por algún mérito, cualidad o virtud. Lo escogió por su voluntad soberana. "El Señor se encariñó contigo y te eligió, aunque no eras el pueblo más numeroso sino el más insignificante de todos. Lo hizo porque te ama y quería cumplir su juramento a tus antepasados" (Dt. 7:7-8, NVI).

Cuando Dios hizo el pacto con Abraham, le dijo a Abraham que cortara por la mitad algunos animales específicos y pusiera las mitades una frente a la otra. Después Abraham cayó en un sueño profundo, el Señor le habló acerca de su promesa y entonces, en la forma de un horno humeante y una antorcha encendida, pasó entre las mitades de los animales (Gn. 15). Por lo general, cuando se hacían estos pactos, *ambas* partes caminaban entre los pedazos, para simbolizar las obligaciones mutuas de cumplir las condiciones acordadas. Pero Abraham no tuvo parte en determinar las condiciones del pacto o en la ceremonia que lo selló. Que solamente Dios hubiera caminado entre las partes significaba que la responsabilidad total por el cumplimiento del pacto era suya. Abraham no era una parte del pacto, solamente un testigo y el vehículo para su cumplimiento. El pacto era con Abraham en el sentido de que, hablando humanamente, giraba alrededor de él. Pero las condiciones y obligaciones eran de Dios únicamente. Dios hizo el pacto entre Él y Él.

El punto de esto para Hebreos 6:13-20 es que la promesa de Dios no depende de la fidelidad de nadie más que de la suya. Abraham, sus descendientes y todo el mundo a través de él *serían bendecidos*. El cumplimiento de su plan era un deber que Dios tenía consigo mismo.

PROPÓSITOS PARA ISRAEL

¿Qué estaba llamado a ser el pueblo escogido de Dios? ¿Qué debían hacer ellos —por Él y para Él— para ayudar a cumplir el propósito divino de redimir al mundo perdido? Muchas cosas. Pero esta nación, este canal construido a través del derrumbe del pecado que había bloqueado la comunión del hombre con Dios, este canal a través del cual Dios enviaría su flujo de bendiciones, tenía siete propósitos básicos.

Proclamar al verdadero Dios. El trabajo de ellos, en medio de la idolatría, el politeísmo, el polidemonismo, el animismo y todas las otras impiedades, primero de todo, era proclamar al verdadero Dios. "Este pueblo he creado para mí; mis alabanzas publicará" (Is. 43:21).

Revelar al Mesías. Debían revelar al Mesías, el Ungido, el cual sería el gran Salvador del mundo. Él vendría por medio de ellos, y ellos debían ser testimonio de su venida. Tan cierto como que los profetas y los salmistas debían proclamar su venida, era que toda la nación debía hacerlo (cp. Sal. 110; Is. 42; 49—57; Zac. 6:12-13, etc.).

Para ser una nación de sacerdotes para Dios. Cuando Dios le entregó el pacto mosaico a Israel en Sinaí, le dijo: "Y vosotros me seréis un reino de sacerdotes, y gente santa" (Éx. 19:6). Un sacerdote es un mediador entre Dios y el hombre. Todo Israel debía servir como mediador para Dios ante el resto de la humanidad. Los sacerdotes levíticos ministraban a Israel e Israel ministraba al mundo.

Para preservar y transmitir las Escrituras. Israel era el escriba y depósito de las

Escrituras, el agente de la Palabra de Dios. Los judíos escribieron todo el Antiguo Testamento, y prácticamente todo el Nuevo (cp. Ro. 9:4).

Para mostrar la fidelidad de Dios. Los israelitas serían un ejemplo de la fidelidad de Dios. Una y otra vez le fallaban a Dios, pero Él nunca les falló. Por supuesto, con su fidelidad debían dar testimonio de Dios. Pero aunque hubieran sido perfectamente fieles, su fidelidad no podía estar a la par con la de Dios. Israel sería el medio por el cual Dios mostraría su *propia* fidelidad. Dios aún no ha acabado de usar a Israel en este propósito. Pablo escribe esto hablando de los últimos tiempos: "Y luego todo Israel será salvo, como está escrito... así también éstos ahora han sido desobedientes, para que por la misericordia concedida a vosotros, ellos también alcancen misericordia" (Ro. 11:26, 31). Quienes afirman que todas las promesas que Dios no ha cumplido con Israel se cumplen en la Iglesia ponen en tela de juicio la Palabra de Dios y su fidelidad. Israel es, ha sido y será un ejemplo vivo de su fidelidad.

Para mostrar la bendición de servir a Dios. "¡Dichoso el pueblo cuyo Dios es el Señor!" (Sal. 144:15, NVI). El pueblo de Israel debía mostrar cuán bendecidos y cuán felices son quienes pertenecen y sirven al Señor. No solamente debían ser un canal de su bendición, sino un ejemplo de ella.

Para mostrar la gracia de Dios en el trato con el pecado. Todo el sistema de sacrificios retrataba la gracia de Dios para tratar con el pecado. Los sacrificios no podían quitar el pecado por sí mismos, pero eran una imagen muy bella de cómo Dios *sí* lo haría: por medio de la sangre del sacrificio eficaz y perfecto de su propio Hijo, Jesucristo (He. 9:11-14).

Israel era estratégico en el propósito divino. Dios no tenía que escogerlo, pero una vez escogido, *tenía* que usarlo para cumplir el propósito para el cual fue escogido. Él no podía dejar de usarlo sin violar su promesa incondicional a Abraham, algo que sería imposible por ser contrario a su naturaleza. Por consiguiente, su promesa a quienes confían en su Hijo está tan segura como su promesa a Abraham.

Las promesas a Abraham y a quienes confían en Cristo están tan aseguradas como Dios lo está. "Ciertamente se hará de la manera que lo he pensado, y será confirmado como lo he determinado" (Is. 14:24). "Los planes del Señor quedan firmes para siempre" (Sal. 33:11, NVI).

Como creyentes, estamos seguros en Cristo porque Dios se propuso, desde antes de la fundación del mundo, conformarnos a la imagen de su Hijo, y si Él fallaba en esa promesa, fallaría en su propósito eterno. De hecho, la promesa de Dios a quienes creen en Cristo es una extensión de la promesa a Abraham: "no todos los que descienden de Israel son israelitas... Esto es: No los que son hijos según la carne son los hijos de Dios, sino que los que son hijos según la promesa son contados como descendientes" (Ro. 9:6-8).

"Bendito sea el Dios y Padre de nuestro Señor Jesucristo, que nos bendijo con toda bendición espiritual en los lugares celestiales en Cristo, según nos escogió en él antes de la fundación del mundo, para que fuésemos santos y sin mancha delante de él" (Ef. 1:3-4). Nada se dice de nuestra parte; nuestras obras, nuestra fidelidad o cualquier cosa nuestra. Es el aspecto soberano del plan de Dios y solo tal cosa es la base de nuestra seguridad. Dios se ha propuesto amarnos, se ha propuesto conformarnos a Cristo y nada puede violar eso. "Porque a los que antes conoció, también los predestinó para que fuesen hechos conformes a la imagen de su Hijo, para que él sea el primogénito entre muchos hermanos. Y a los que predestinó, a éstos también llamó; y a los que llamó, a éstos también justificó; y a los que justificó, a éstos también glorificó" (Ro. 8:29-30). La promesa es tan cierta que Pablo la escribe en pasado, incluso para creyentes futuros.

SU PROMESA

no pudiendo jurar por otro mayor, juró por sí mismo... Porque los hombres ciertamente juran por uno mayor que ellos, y para ellos el fin de toda controversia es el juramento para confirmación. Por lo cual, queriendo Dios mostrar más abundantemente a los herederos de la promesa la inmutabilidad de su consejo, interpuso juramento; (6:13*b*, 16-17)

La tercera seguridad que da Dios, mencionada ya al final del versículo 13, es su juramento. En los tiempos del Nuevo Testamento era común que una persona jurara por algo o alguien mayor que sí mismo; por ejemplo, el altar, el sumo sacerdote o Dios. Una vez que se hacía aquel juramento, se acababa la discusión. Se suponía que nadie haría semejante juramento a menos que estuviera completamente determinado a cumplirlo.

Por supuesto, Dios no necesitaba hacer un juramento. Su palabra es igual de buena con o sin juramento, como debería ser la nuestra (Mt. 5:33-37). Pero para acomodarse a la fe débil de los hombres, juró por sí mismo. Como su promesa ya era irrompible, su juramento no aseguraba más la promesa. Sin embargo, lo hizo para dar más seguridad a quienes son lentos para creer. La sola palabra de Dios es garantía suficiente, pero Dios hizo un juramento para mostrar que eso era exactamente lo que quería decir.

Creo que la promesa en el juramento de Dios es el Espíritu Santo. Pablo se refiere tres veces al Espíritu Santo como las arras de Dios para los creyentes (2 Co. 1:22; 5:5; Ef. 1:14). En el griego moderno la misma palabra básica que usó Pablo (*arrabōn*, "arras") significa anillo de compromiso, una fianza del matrimonio. Como si su sola promesa no bastara, Dios jura por sí mismo y nos deja la presencia del Espíritu Santo como arras, como fianza, en el juramento.

para que por dos cosas inmutables, en las cuales es imposible que Dios mienta, tengamos un fortísimo consuelo los que hemos acudido para asirnos de la esperanza puesta delante de nosotros. (6:18)

Las **dos cosas inmutables** son la promesa de Dios y su juramento. Son inmutables, sin posibilidad alguna de cambio o variación. El término (*ametathetos*) se usaba en relación con los testamentos. Una vez hecho, un testamento era *ametathetos*, no lo podía cambiar nadie más que su autor. Dios ha declarado que su promesa y su juramento son *ametathetos*, incluso para Él. No se pueden cambiar ni alterar. Él dice: "Estás seguro. Acércate a Cristo; no hay nada que temer. Yo te sustentaré; nunca te dejaré ir". Nuestra seguridad no está en que *nosotros* no dejemos ir a Dios, sino en que Él nunca nos va a dejar ir a nosotros.

La LXX usa la palabra "refugio" [N.T.: La RVR-60 no usa la palabra en He. 6:18 en referencia al lugar al cual se acude, pero véase, por ejemplo, la NVI] para las ciudades de refugio que Dios proporcionó para quienes buscaban protección de los vengadores por una muerte accidental (véase Nm. 35; Dt. 19; Jos. 20). Nunca sabremos si Dios puede sostenernos hasta que, en medio del desespero, corramos a Él por refugio.

Jesús, y el evangelio que trajo, es **la esperanza puesta delante de nosotros**. Pablo habla así de su Salvador: "Jesucristo nuestra esperanza" (1 Ti. 1:1). En Colosenses se refiere al evangelio como nuestra esperanza (1:5).

SU SACERDOTE

La cual tenemos como segura y firme ancla del alma, y que penetra hasta dentro del velo, donde Jesús entró por nosotros como precursor, hecho sumo sacerdote para siempre según el orden de Melquisedec. (6:19-20)

Dios le dio a Abraham la seguridad de quien Él es, su propósito y su juramento. Él también da todas esas cosas a quienes han creído en Cristo. Pero nos da todavía otra: su Sacerdote. Jesús, como nuestro sumo sacerdote, sirve de ancla para nuestras almas, el único que siempre evitará que nos vayamos a la deriva y lejos de Dios.

Que Jesús penetrara **hasta dentro del velo** hace referencia a cuando entró al Lugar Santísimo, donde realizó el sacrificio por la expiación. Bajo el antiguo pacto, el sumo sacerdote lo hacía una vez al año. Bajo el nuevo, se hizo una sola vez y para siempre con el sacrificio de Cristo en la cruz. En la mente de Dios, nuestra alma anclada ya está segura dentro del velo, segura dentro de su santuario eterno. Cuando Jesús entró al Lugar Santísimo celestial, no salió, como lo hacían los sumos sacerdotes aarónicos, sino que "se sentó a la diestra de la Majestad en las alturas" (He. 1:3). En otras palabras, Jesús permanece allí para siempre como guardián de nuestras almas. Tan alto nivel de seguridad absoluta es casi incomprensible. ¡No se trata solamente de que nuestras almas estén ancladas en el santuario celestial, inviolable e invulnerable, sino que Jesucristo, nuestro Salvador, hace guardia cuidándolas también! ¿Cómo podría describirse la seguridad del cristiano con una palabra diferente a *eterna*? Verdaderamente podemos confiarles nuestras almas a Dios y a su Salvador, el Señor Jesucristo. He ahí una buena razón para que todos lleguen a la salvación y disfruten de su seguridad.

Melquisedec: Un tipo de Cristo

16

Porque este Melquisedec, rey de Salem, sacerdote del Dios Altísimo, que salió a recibir a Abraham que volvía de la derrota de los reyes, y le bendijo, a quien asimismo dio Abraham los diezmos de todo; cuyo nombre significa primeramente Rey de justicia, y también Rey de Salem, esto es, Rey de paz; sin padre, sin madre, sin genealogía; que ni tiene principio de días, ni fin de vida, sino hecho semejante al Hijo de Dios, permanece sacerdote para siempre. Considerad, pues, cuán grande era éste, a quien aun Abraham el patriarca dio diezmos del botín. Ciertamente los que de entre los hijos de Leví reciben el sacerdocio, tienen mandamiento de tomar del pueblo los diezmos según la ley, es decir, de sus hermanos, aunque éstos también hayan salido de los lomos de Abraham. Pero aquel cuya genealogía no es contada de entre ellos, tomó de Abraham los diezmos, y bendijo al que tenía las promesas. Y sin discusión alguna, el menor es bendecido por el mayor. Y aquí ciertamente reciben los diezmos hombres mortales; pero allí, uno de quien se da testimonio de que vive. Y por decirlo así, en Abraham pagó el diezmo también Leví, que recibe los diezmos; porque aún estaba en los lomos de su padre cuando Melquisedec le salió al encuentro. (7:1-10)

En el estudio bíblico, un tipo se refiere a una persona, práctica o ceremonia del Antiguo Testamento que tiene una contraparte, un antitipo, en el Nuevo. En ese sentido los tipos son predictivos. El tipo describe o prefigura al antitipo. Aunque el tipo es real, histórico y viene de Dios, es imperfecto y temporal. Por otro lado, el antitipo es perfecto y eterno. Como cabría esperar, el estudio de los tipos y antitipos se llama tipología.

Por ejemplo, la serpiente de bronce que Dios le ordenó a Moisés usar como estandarte (Nm. 21:8) era un tipo de Cristo estando levantado en la cruz (Jn. 3:14). El cordero del sacrificio era un tipo del Cordero de Dios, Jesucristo, que fue sacrificado por los pecados del mundo (Jn. 1:29; Ap. 5:6, 8; etc.).

Melquisedec también es un tipo de Cristo. Como se mencionó antes, la Biblia da poca información histórica acerca de Melquisedec. Todo lo que sabemos está en Génesis 14, Salmo 110 y Hebreos 5—7. La información más detallada está en Hebreos 7:1-3.

Los tipos son, en el mejor de los casos, ilustraciones frágiles. Son analogías, y, como toda analogía, se corresponden con la persona u objeto comparado solo en ciertos aspectos, quizás solo de una forma. La serpiente de bronce tipificaba a Cristo en el sentido de haber estado levantada para que todos pudieran verla y, al hacerlo, recibieran liberación. El cordero del sacrificio tipifica a Cristo en el sentido de inmensa mansedumbre (inocencia) y en el de que su sacrificio fue por los pecados de otro. De igual forma, aunque Melquisedec no es en ningún sentido igual a Cristo, su sacerdocio único, e incluso su nombre, tipifican a Jesucristo y su obra en varios sentidos importantes.

El capítulo 7 es fundamental en Hebreos. Habla de la parte central y más importante del judaísmo: el sacerdocio. Solo el sacerdote podía hacer sacrificios y solo los sacrificios servían para perdonar los pecados. La obediencia a la ley era muy importante, pero ofrecer sacrificios lo era aun más. Y el sacerdocio era esencial para ofrecerlos. En consecuencia, el sacerdocio era muy valorado en el judaísmo.

La ley que Dios le dio a Israel era santa y buena, pero debido a que los israelitas, como el resto de los hombres, eran pecadores por naturaleza, no podían cumplir la ley a cabalidad. Cuando quebrantaban la ley, la comunión con Dios también se rompía. La única forma de restaurar esa comunión era quitando el pecado cometido, y la única forma de hacerlo era mediante un sacrificio de sangre. Cuando una persona se arrepentía y hacía una ofrenda apropiada mediante el sacerdote, el sacrificio mostraba la autenticidad de la penitencia por la obediencia a lo que Dios exigía. Dios aceptaba el acto fiel y concedía el perdón.

ENTENDER A MELQUISEDEC ES PARA LOS MADUROS

El escritor introdujo a Melquisedec en el capítulo 5, pero antes de poder explicar la importancia de este rey y sacerdote de la antigüedad, lanzó una advertencia para los judíos inmaduros que aún no aceptaban a Cristo como su Salvador (5:11—6:20). Después de haber animado a los creyentes con la seguridad de la salvación que siguió a la advertencia, vuelve a decir que Jesús es "sumo sacerdote para siempre según el orden de Melquisedec" (6:20). El asunto vuelve a ser aquel sacerdote tan único.

Hay muchas conjeturas sobre Melquisedec. Algunos insisten en que es un ángel que tomó forma humana por un tiempo, durante la época de Abraham. Pero el sacerdocio era una función humana, no angélica (He. 5:1). Otros sugieren que en realidad es Jesucristo, que no es solo un tipo, que adquirió una forma preencarnada durante la época de Abraham. Pero aquí se describe a Melquisedec como **hecho *semejante* al Hijo de Dios** (7:3), no como *siendo* el Hijo de Dios. Creo que Melquisedec fue un ser humano histórico, cuyo sacerdocio era tipo del de Cristo, un hombre a quien Dios diseñó para usarlo como una descripción de Jesucristo. Pero no podemos estar seguros de los detalles de su identidad. Es un asunto que está entre las cosas secretas que pertenecen solo al Señor.

Los relatos sobre Melquisedec en la historia sagrada son una de las pruebas más notables de inspiración divina y unicidad en las Escrituras. Todo el concepto de Melquisedec da una luz sorprendente al hecho de que Dios escribió la Biblia. En Génesis solamente tenemos tres versículos sobre Melquisedec. Alrededor de mil años después, David lo menciona brevemente en el Salmo 110:4, declarando por primera vez que el sacerdocio del Mesías sería como el de Melquisedec. Después de otros mil años, el escritor de Hebreos nos dice aun más sobre la importancia de Melquisedec. Revela cosas sobre él que ni su contemporáneo Abraham sabía y de las cuales David apenas vio una parte. De modo que, razonamos, el Dios que escribió la carta a los hebreos escribió también Génesis, el Salmo 110 y el resto de las Escrituras.

Hebreos 7:1-10 presenta primero, y después prueba, la superioridad del sacerdocio de Melquisedec, comparado con el aarónico.

Porque este Melquisedec, rey de Salem, sacerdote del Dios Altísimo, que salió a recibir a Abraham que volvía de la derrota de los reyes, y le bendijo, a quien asimismo dio Abraham los diezmos de todo; cuyo nombre significa primeramente Rey de justicia, y también Rey de Salem, esto es, Rey de paz; sin padre, sin madre, sin genealogía; que ni tiene principio de días, ni fin de vida, sino hecho semejante al Hijo de Dios, permanece sacerdote para siempre. (7:1-3)

En esencia, los versículos 1-2 son un resumen del relato en Génesis 14. Nos recuerdan que **Melquisedec** era **rey de Salem** (un nombre antiguo para Jerusalén), que fue **sacerdote del Dios Altísimo**, que bendijo a **Abraham** después que el patriarca derrotó al rey opresor Quedorlaomer y a sus tres aliados, y que Abraham, a su vez, le **dio diezmos del botín**. El escritor también señala que el significado literal del título de Melquisedec es **Rey de paz** (*Salem* proviene de la misma raíz hebrea que *shālom*, "paz").

Antes de revisar el sacerdocio de Melquisedec, debemos revisar el levítico, con el cual es comparado el primero.

EL SACERDOCIO LEVÍTICO

Primero, como ya se mencionó, Dios dedicó a toda la tribu de Leví al servicio religioso. Aunque todos los sacerdotes eran levitas, no todos los levitas eran sacerdotes. De hecho, los sacerdotes no debían ser tan solo descendientes de

Leví, sino también de Aarón, el hermano de Moisés. Los levitas no sacerdotales servían ayudando a los sacerdotes, y probablemente como cantantes, músicos o cosas por el estilo. El sacerdocio era estrictamente nacional, estrictamente judío. Segundo, los levitas estaban sujetos al rey tanto como quienes pertenecieran a otra tribu. Sus funciones sacerdotales no estaban bajo el control del rey, pero en el resto de los asuntos eran súbditos comunes y corrientes. No eran la clase dominante en ninguna manera. De hecho, un levita no podía ser rey. Se les separó como los primeros frutos a Dios para un servicio sacerdotal especial (Nm. 8:14-16). Tercero, los sacrificios sacerdotales, incluido el del sumo sacerdote en el día de la expiación, no eran permanentes. Debían repetirse, repetirse y repetirse, continuamente. No tenían permanencia alguna. No aportaban perdón permanente, justicia permanente, paz permanente. Cuarto, el sacerdocio levítico era hereditario. Quien sirviera como sacerdote lo hacía por haber nacido en la familia correcta, no por haber vivido una vida correcta. Quinto, así como los efectos de los sacrificios eran temporales, el tiempo de prestar servicio sacerdotal también lo era. El sacerdote servía desde los veinticinco años hasta los cincuenta, después de lo cual su ministerio se terminaba (Nm. 8:24-25).

EL SACERDOCIO SUPERIOR DE MELQUISEDEC

El sacerdocio de Melquisedec era superior al levítico en todos los aspectos, pero había cinco específicos dados en Hebreos 7:1-3.

EL SACERDOCIO DE MELQUISEDEC ERA UNIVERSAL, NO NACIONAL

En relación con Israel, Dios tomó el nombre Jehová o Yahvé. Pero ningún judío podía pronunciar el nombre de Dios. Era demasiado santo para pronunciarlo. Debido a que el hebreo antiguo no tenía vocales, ni siquiera los manuscritos más antiguos ayudan a saber exactamente cómo se debía pronunciar el nombre (aunque probablemente era Yahvé, en vez de Jehová). Cuando las Escrituras se leían en voz alta, el título *Señor* (en hebreo *'ădōnāy*) sustituía el nombre de Dios. En la mayoría de las traducciones bíblicas, el nombre se da como Señor (en letras versalitas), y ocasionalmente como Jehová. Este nombre estaba relacionado de manera única con el pacto de Dios con Israel. Era su nombre para el pacto.

Por tanto, los sacerdotes levíticos eran sacerdotes de Jehová. Los israelitas eran el pueblo de Jehová y los levitas eran los sacerdotes de Jehová. Los sacerdotes levíticos podían ministrar solo para Israel y solo para Jehová.

Sin embargo, **Melquisedec** era **sacerdote del Dios Altísimo** (*'Ēl 'Elyôn*, un nombre más universal para Dios). El título representa que Dios es poseedor del cielo y la Tierra, que es Dios sobre toda distinción nacional o de dispensación. El Dios Altísimo está sobre judíos y gentiles, y se menciona en las Escrituras por primera vez en relación con Melquisedec (Gn. 14:18).

La importancia es esta: Jesús no es solamente el Mesías de Israel, sino del mundo. Su sacerdocio es universal, como el de Melquisedec. Esta verdad era muy importante para los judíos que habían llegado a Cristo, así como para quienes estaban considerando depositar su confianza en Cristo. Para ellos, no había otro sacerdocio establecido por el Dios verdadero más allá del levítico, que estaba restringido a Israel. Aquí se les recuerda que su padre Abraham, el primer judío, ofreció diezmos a otra clase de sacerdote. Este sacerdote servía al único Dios verdadero, pero vivió cientos de años antes de que el sacerdocio levítico existiera. Es significativo que, inmediatamente después que Abraham se encontró con Melquisedec, le habló al rey de Sodoma del "Señor, el Dios altísimo" (Gn. 14:22, NVI), una combinación del nombre del pacto y el universal.

Por tanto, el mensaje a los judíos indecisos es: "Inclusive sus propias Escrituras reconocen un sacerdocio que no solo está completamente separado del de Aarón, sino que existía mucho antes". Este era un argumento muy poderoso.

EL SACERDOCIO DE MELQUISEDEC ERA REAL

Melquisedec era **rey**. En dos versículos (7:1-2) se le llama rey cuatro veces. Como ya se mencionó, cualquier forma de gobierno era completamente ajena al sacerdocio levítico. El sacerdocio universal de Melquisedec y su oficio real tipifican de manera muy hermosa el señorío de Jesús y su labor de salvación, como Rey perfecto y Sacerdote perfecto. Aunque Israel nunca lo supo, sus profetas predijeron el papel doble de mesías-rey. Zacarías escribe esto hablando del Mesías: "Él reconstruirá el templo del Señor, se revestirá de majestad y se sentará a gobernar en su trono. También un sacerdote se sentará en su propio trono, y entre ambos habrá armonía" (Zac. 6:13, NVI). Cuando David menciona a Melquisedec en su salmo, anticipa al Mesías que iba a ser ambas cosas: Sacerdote y Rey (110:1, 4).

Como **Salem** era el nombre anterior de Jerusalén, Melquisedec gobernaba la ciudad especial de Dios, su ciudad santa, tan cercana siempre a su corazón. "El Señor ha escogido a Sion [Jerusalén]; su deseo es hacer de este monte su morada: 'Éste será para siempre mi lugar de reposo; aquí pondré mi trono, porque así lo deseo'" (Sal. 132:13-14, NVI). No sabemos cuándo comenzó Dios a considerar Jerusalén su ciudad santa, pero tenía allí un rey fiel que era un sacerdote fiel, ya en tiempos de **Abraham,** muchos siglos antes de que los sacerdotes de Israel ministraran en ella o que los reyes de Israel la gobernaran.

La verdad más definitiva de las Escrituras es que Dios escogió a los judíos como su pueblo especial, su pueblo único y querido. Pero las Escrituras también son claras en cuanto a que Israel presumía continuamente y no entendía esa relación única con Dios. Por ejemplo, le reconocían como Creador absoluto del cielo y de la Tierra, y como soberano del mundo. Pero les quedaba muy difícil entenderlo como Redentor del mundo. Como Creador y Sustentador, lo era para el mundo; pero como Salvador y Señor, lo era solo para ellos (la renuencia de Jonás para predicarles a los gentiles ilustra este hecho). Difícilmente podían concebir otro pacto divino y otro sacerdocio divino, en especial uno real y superior al suyo. Sin embargo, la carta les dice que el pacto en Cristo, aunque es nuevo, no solamente se superpone al de ellos, sino que lo *precede*.

EL SACERDOCIO DE MELQUISEDEC ERA JUSTO Y PACÍFICO

En el pacto de Aarón no hay justicia ni paz permanentes. Sin embargo, Melquisedec era rey **de justicia** y **de paz**. Su nombre significa **Rey de justicia**. Aunque no hay registro histórico de su monarquía, sabemos que gobernó justa y pacíficamente.

El propósito del sacerdocio aarónico era obtener justicia para el pueblo. Los sacrificios tenían el fin de restaurar la relación de Dios con el pueblo. Pero no siempre funcionaban de manera profunda y permanente. Dios honraba el sacrificio que se hacía en la forma debida. Después de todo, Él lo había prescrito. Pero nunca se pretendió que quitara el pecado. Solo era la imagen previa, el tipo, de un sacrificio perfecto que podría quitar el pecado y lo haría. Simbolizaba el sacrificio que justificaría a los hombres, trayéndoles con ello la paz; pero por sí mismo no hacía justos a los hombres ni les daba paz. Como ritual temporal, lograba el propósito que Dios le dio. Pero no podía acercar a los hombres a Dios. Nunca fue su intención.

Melquisedec, aunque rey de justicia y paz, no podía justificar a los hombres ni darles paz. Su sacerdocio era un mejor tipo del sacerdocio de Cristo que el levítico, pero seguía siendo un tipo. Solo el Sacerdote divino podía *dar* justicia y paz. "Justificados, pues, por la fe, tenemos paz para con Dios por medio de nuestro Señor Jesucristo". Ese es el orden necesario: justicia y luego paz. Cristo nos da paz al darnos justicia. "Y el efecto de la justicia será paz; y la labor de la justicia, reposo y seguridad para siempre" (Is. 32:17).

La sangre de Cristo hizo lo que no pudieron la de los machos cabríos o toros. Los sacrificios levíticos duraban solo hasta que la persona volvía a pecar. El sacrificio de Cristo dura toda la eternidad. Una vez reconciliados con Dios por medio de Cristo, nunca se nos volverá a considerar pecadores, sino siempre justos. Cristo es el verdadero Rey de Justicia.

Como dice el salmista con tanta belleza: "La justicia y la paz se besaron" (Sal. 85:10). El hombre ha anhelado dos cosas: el sentido de justicia ante Dios y de paz con Él. Estas bendiciones "se besaron" y se hicieron realidad en el Mesías.

Cristo vino a justificarnos para que pudiéramos estar en paz con Dios. Melquisedec retrataba eso.

EL SACERDOCIO DE MELQUISEDEC ERA PERSONAL, NO HEREDITARIO

El sacerdocio levítico era completamente hereditario, a través de Aarón. El de Melquisedec era personal. Desde el comienzo del sacerdocio aarónico, la genealogía determinaba todo; las calificaciones personales no contaban. Si usted era descendiente de Aarón, podía servir; si no lo era, no. En consecuencia, los sacerdotes solían estar más pendientes de su genealogía que de su santidad.

Que se diga que Melquisedec era **sin padre, sin madre, sin genealogía; que ni tiene principio de días, ni fin de vida**, no significa que llegó de ninguna parte. Simplemente, significa que no se dice nada sobre sus padres u origen en el registro del Antiguo Testamento.

Es interesante que la palabra griega (*ageneālogētos*), traducida **sin genealogía**, no se encuentra en ninguna otra parte de las Escrituras. De hecho, en ninguna otra parte de la literatura griega. Sin duda, la razón es que sería una palabra inútil, pues no tendría ningún sentido. Todos tienen una genealogía, la podamos rastrear o no.

El punto en Hebreos es que la parentela y el origen de Melquisedec son irrelevantes para su sacerdocio. Mientras que en el sacerdocio aarónico la genealogía lo era todo, para el sacerdocio de Melquisedec no era nada.

En esto, Melquisedec era un tipo de Cristo, no porque Jesús no haya tenido genealogía, sino porque su genealogía no era importante con relación a su sacerdocio. Para ser exactos, la genealogía real de Jesús es importante. En Mateo (1:1-17) y Lucas (3:23-38) se presenta con algún detalle. De hecho, el Evangelio de Mateo empieza como el "libro de la genealogía de Jesucristo" (1:1). Pero su linaje no va a Aarón o Leví, sino a Judá. Jesucristo, aunque era el Hijo de Dios, no estaba calificado para el sacerdocio levítico. Como Melquisedec, en cuanto al sacerdocio, no tenía genealogía sacerdotal y no la necesitaba.

La elección de Cristo como sacerdote se debió a su valor personal, sus cualidades. La elección fue por quien Él era, no por su ascendencia genealógica. Jesús "no [fue] constituido conforme a la ley del mandamiento acerca de la descendencia, sino según el poder de una vida indestructible" (He. 7:16). Las cualidades de Jesús, como las de Melquisedec, eran personales, no hereditarias.

EL SACERDOCIO DE MELQUISEDEC ES ETERNO, NO TEMPORAL

Individualmente, un sacerdote servía solamente desde los veinticinco hasta los cincuenta años. Ningún sacerdote, no importa cuán fiel, podía servir más de veinticinco años. Colectivamente, el sacerdocio también era temporal. Comenzó en el desierto, con el pacto mosaico y la ley. Terminó con la destrucción del templo de Jerusalén en el 70 d.C. El sacerdocio levítico era para el antiguo pacto y *solo* para el antiguo pacto, el pacto de la ley.

Sin embargo, el sacerdocio de Melquisedec no tenía esas barreras temporales o dispensacionales. **Permanece sacerdote para siempre.** No que viviera para siempre, sino que el orden del sacerdocio en el cual ministraba era para siempre. Si hubiera vivido para siempre, no sería un tipo sino una parte de la realidad. La descripción de un paisaje no es el paisaje, solo una sugerencia, una representación, de este. El hecho de no tener un registro bíblico ni de otro tipo sobre el sacerdocio personal de Melquisedec simplemente simboliza la eternidad de su orden sacerdotal. Es un tipo del sacerdocio verdaderamente eterno de Cristo. Y Cristo "por cuanto permanece para siempre, tiene un sacerdocio inmutable; por lo cual puede también salvar perpetuamente a los que por él se acercan a Dios, viviendo siempre para interceder por ellos" (He. 7:24-25).

Jesús es sacerdote como Melquisedec. Su sacerdocio es universal, real, justo, pacífico, personal y eterno.

SUPERIORIDADES DEMOSTRADAS DE MELQUISEDEC

Considerad, pues, cuán grande era éste, a quien aun Abraham el patriarca dio diezmos del botín. Ciertamente los que de entre los hijos de Leví reciben el sacerdocio, tienen mandamiento de tomar del pueblo los diezmos según la ley, es decir, de sus hermanos, aunque éstos también hayan salido de los lomos de Abraham. Pero aquel cuya genealogía no es contada de entre ellos, tomó de Abraham los diezmos, y bendijo al que tenía las promesas. Y sin discusión alguna, el menor es bendecido por el mayor. Y aquí ciertamente reciben los diezmos hombres mortales; pero allí, uno de quien se da testimonio de que vive. Y por decirlo así, en Abraham pagó el diezmo también Leví, que recibe los diezmos; porque aún estaba en los lomos de su padre cuando Melquisedec le salió al encuentro. (7:4-10)

En estos versículos se nos dan tres razones o pruebas de cómo y por qué el sacerdocio de Melquisedec es superior al levítico.

ABRAHAM DIO DIEZMOS A MELQUISEDEC

Abraham, el padre del pueblo judío, **dio diezmos** de lo más selecto **del botín** de guerra. Aunque Melquisedec era rey, no peleó con Abraham contra Quedorlaomer. Tampoco tenemos registro ni razón para creer que Melquisedec haya realizado alguna vez un servicio sacerdotal para Abraham, quien simplemente reconoció al primero como sacerdote fiel y merecedor del Dios Altísimo y, en consecuencia, le **dio** los **diezmos** de lo mejor de su **botín**. Fue un acto voluntario que muestra agradecimiento a Dios.

El Espíritu Santo demuestra que Melquisedec era mayor que Leví y Aarón, los progenitores del sacerdocio levítico, probando que este rey y sacerdote es mejor que Abraham, el progenitor de Leví y Aarón.

Abraham no tenía ninguna obligación, ley o mandamiento de darle nada a Melquisedec. Lo dio libre y generosamente, y le dio lo mejor, no las sobras. Dio al Señor lo más selecto, por medio de su siervo Melquisedec [N.T.: Tal afirmación proviene de la versión LBLA, donde se afirma que Abraham dio de lo mejor del botín].

Bajo la gracia, estamos libres de las exigencias de la ley. El Nuevo Testamento no especifica una cantidad o proporción definida para darle a Dios de nuestros bienes. Pero eso no significa que dar sea opcional, o que deba depender de nuestros caprichos o sentimientos personales. Significa que la base de nuestras ofrendas debe ser nuestro amor y devoción a Dios, en gratitud por su don inestimable por nosotros. Tal como el sacerdocio de Melquisedec es un tipo del sacerdocio de nuestro Señor Jesucristo, la generosidad de Abraham con Melquisedec es un tipo de lo que deben ser nuestras ofrendas con el Señor. No es un tipo en el sentido de una décima parte, sino en el de lo más selecto de nuestras posesiones y en darlo libremente, no porque hay una exigencia de la ley.

Los levitas, por ser la tribu sacerdotal, no recibieron herencia de tierra, como sí ocurrió con las demás tribus. Se suponía que debían vivir de los diezmos de sus hermanos israelitas. Por supuesto, todas las tribus eran descendientes de Abraham, por medio de Jacob. Por tanto, bajo el antiguo pacto, un grupo de descendientes de Abraham le diezmaba al otro. El punto de Hebreos 7:4-10 es que por cuanto Abraham, antepasado común y supremo de ellos, **dio diezmos** a Melquisedec, los mismos levitas también le entregaron diezmos a Melquisedec "por anticipado", por así decirlo. Aun antes de que existieran, aquellos a quienes se les daban los diezmos dieron el diezmo a otro sacerdocio, demostrando que ese sacerdocio era superior al suyo.

MELQUISEDEC BENDIJO A ABRAHAM

Una de las primeras cosas que aprendemos en las Escrituras acerca de Abraham, y que Abraham aprendió de Dios, es que por medio de él y de su descendencia todo el mundo recibiría bendición. Era una promesa impactante, sorprendente y maravillosa, especialmente porque se hizo cuando Abraham no tenía ningún descendiente y cuando parecía imposible que tuviera alguno.

Tal como no sabemos cuánto conocía Abraham a Melquisedec, tampoco sabemos cuánto conocía Melquisedec a Abraham. Solo se nos narra aquel encuentro breve descrito en los tres versículos de Génesis 14. Sin embargo, tal como Abraham sabía que debía dar el diezmo a Melquisedec, Melquisedec sabía que debía bendecir a Abraham. Y de este modo, **el menor es bendecido por el mayor**. Melquisedec, quien bendice, es, indiscutiblemente, superior a Abraham, por tanto, debe ser superior a los levitas, descendientes de Abraham. En consecuencia, su sacerdocio es superior al de ellos.

Directa o indirectamente, desde Génesis 12 hasta Malaquías, todo el Antiguo Testamento es la historia de los descendientes de Abraham, el pueblo escogido de Dios. No obstante, este rey y sacerdote que los dos Testamentos solamente mencionan en unos pocos versículos, era mayor que Abraham porque lo bendijo. Dios operaba en la vida de Melquisedec sobre la base de sus cualidades personales, y era mayor que Abraham en ellas. Por tanto, Dios lo escogió para bendecir a Abraham. Y si era mayor que Abraham, era mayor que cualquiera de sus descendientes.

En la Iglesia, Dios también opera sobre la base de las cualidades personales. La norma para los pastores maestros, para los ancianos con autoridad, para los evangelistas y para todos los demás tiene su base en las cualidades espirituales personales, no en la herencia o la clase (cp. 1 Ti. 3:1-13; Tit. 1:5-9). Dios llama a ciertas personas en su plan de gracia sobre la base de las cualificaciones personales especiales. Si alguien es fiel en lo poco, él lo hará señor de mucho. Si satisfacemos estas cualidades, Dios nos levantará en el ministerio. Él obró con Melquisedec de la misma manera. Estaba personalmente cualificado para ser quien era. Su linaje no tenía nada que ver con que Dios lo hubiera escogido y enviado para bendecir a Abraham. Era superior y por ello bendijo a Abraham.

EL SACERDOCIO DE MELQUISEDEC ES ETERNO

El escritor vuelve a señalar la permanencia del sacerdocio de Melquisedec.

Y aquí ciertamente reciben los diezmos hombres mortales; pero allí, uno de quien se da testimonio de que vive. (7:8)

Aun si a los sacerdotes levíticos no se les hubiera exigido retirarse del ministerio cuando cumplían cincuenta años, habrían cesado de ministrar cuando murieran. Aquel sacerdocio era temporal y aquellos sacerdotes eran temporales. Los judíos pagaban **diezmos** a sacerdotes que morían. Abraham pagó diezmos a un sacerdote que, en el tipo, **vive**. Como la muerte de Melquisedec no está registrada, su sacerdocio se considera eterno. En esto, su sacerdocio es claramente superior al de Aarón.

Por supuesto, Jesucristo es el verdadero y real Sacerdote eterno, del cual Melquisedec no es sino una imagen. Jesucristo es el sacerdote, él único Sacerdote que está vivo para siempre. Es un sacerdote superior porque está vivo, no muerto. Cristo es Sacerdote de un sacerdocio mejor que el de Aarón. Es de mejor sacerdocio incluso que Melquisedec. Es el único Sacerdote del único sacerdocio que puede acercar a Dios a los hombres, y a los hombres a Dios. Qué gran palabra de seguridad para aquellos judíos que habían llegado a Jesucristo.

Jesús, el sacerdote superior —Primera parte

17

Si, pues, la perfección fuera por el sacerdocio levítico (porque bajo él recibió el pueblo la ley), ¿qué necesidad habría aún de que se levantase otro sacerdote, según el orden de Melquisedec, y que no fuese llamado según el orden de Aarón? Porque cambiado el sacerdocio, necesario es que haya también cambio de ley; y aquel de quien se dice esto, es de otra tribu, de la cual nadie sirvió al altar. Porque manifiesto es que nuestro Señor vino de la tribu de Judá, de la cual nada habló Moisés tocante al sacerdocio. Y esto es aun más manifiesto, si a semejanza de Melquisedec se levanta un sacerdote distinto, no constituido conforme a la ley del mandamiento acerca de la descendencia, sino según el poder de una vida indestructible. Pues se da testimonio de él: Tú eres sacerdote para siempre, según el orden de Melquisedec. Queda, pues, abrogado el mandamiento anterior a causa de su debilidad e ineficacia (pues nada perfeccionó la ley), y de la introducción de una mejor esperanza, por la cual nos acercamos a Dios. (7:11-19)

La frase clave de este pasaje es **nos acercamos a Dios** (v. 19*b*). El mayor deseo de Dios para los hombres es que ellos lleguen a Él. Su mayor deseo para los creyentes es que continúen acercándose a Él. La meta de Dios en todo lo que hace por los hombres es que ellos puedan llegar a su presencia. Acercarse a Dios es la esencia del cristianismo. Acercarse a Dios es la mayor experiencia del cristiano, y debe ser su propósito más alto. Tal es el diseño de Dios para el cristianismo: acceso a su presencia, llegar a su presencia sin que nada se interponga. A veces lo olvidamos.

Parece que algunos cristianos miran a Jesucristo solo como un medio para la salvación y la felicidad personal. Si creen que están salvos y son medianamente felices con sus circunstancias, consideran que sus vidas están completas. Buscan felicidad y seguridad. Las encuentran en Cristo y quedan satisfechos. Otros ven la vida cristiana como una relación creciente y continua con Dios por medio del estudio y la obediencia a su Palabra. Esta perspectiva de la vida cristiana es mucho más madura que la primera. Pero la clave para la vida cristiana es acercarnos a Dios. La expresión más completa de la fe es entrar a la presencia de Dios en su lugar santísimo celestial y tener comunión con Él. Y el judaísmo estaba limitado en permitirles a los hombres esa entrada.

Pablo da la esencia de la madurez, la vida cristiana espiritualmente satisfecha, en su carta a los efesios. "Para que habite Cristo por la fe en vuestros corazones, a fin de que, arraigados y cimentados en amor, seáis plenamente capaces de comprender con todos los santos cuál sea la anchura, la longitud, la profundidad y la altura, y de conocer el amor de Cristo, que excede a todo conocimiento, para que seáis llenos de toda la plenitud de Dios" (Ef. 3:17-19). Esto es el cristianismo: "la plenitud de Dios".

Tal es la idea básica del evangelio. El judaísmo llevaba al hombre a la presencia de Dios, pero no en el sentido más puro ni total. El velo siempre estaba ahí. Solo en el nuevo pacto la entrada completa es posible. Solo por la sangre de Jesucristo, solo por la intercesión sacerdotal a la diestra de Dios, con base en su sacrificio perfecto en el Calvario, se abrió el acceso a Dios. Estos son los grandes temas recurrentes en Hebreos.

Los sacerdotes de Aarón no podían nunca llevar a un hombre completamente a Dios. Siempre había una barrera en medio. El velo no podía quitarse porque el pecado no se había quitado del todo. Pero que el Mesías fuera sacerdote **según el orden de Melquisedec** abrió el camino. Él pudo eliminar el velo porque expió el pecado. Él de verdad cargó con nuestro pecado; los sacrificios levíticos tan solo anticipaban simbólicamente la cancelación de este. Y ahora que se han ajustado las cuentas con el pecado, el sacerdocio levítico deja de ser necesario y Dios lo hizo a un lado. No se necesita un símbolo cuando se tiene lo real. Ahora que lo perfecto ha venido, lo imperfecto se ha ido.

El propósito de Hebreos 7:11-19 es mostrar esta verdad. La idea es alentar a los judíos indecisos a romper con el sistema antiguo y llegar a Jesucristo. Cosa que no era fácil de aceptar o entender para los judíos. A pesar de las múltiples profecías sobre el Mesías y el nuevo orden que Él traería, la mayoría de los judíos no podía imaginar que el orden mosaico fuera temporal, inadecuado, defectuoso e incapaz de brindar **perfección**. La sola idea es incomprensible para el judío piadoso. Toda la vida, los judíos habían supuesto que Dios instituyó el sistema levítico y que este era perfecto, suficiente y permanente. Estaban en lo cierto en cuanto a lo primero. Efectivamente, Dios los instituyó. Pero Él nunca declaró o pretendió que ese sistema fuera perfecto, permanente o eternamente suficiente.

En el presente pasaje, el Espíritu señala a la imperfección del sistema levítico. Se muestra con lógica invencible que el sacerdocio aarónico era imperfecto y por ello tenía que ser reemplazado. Primero, nos muestra la imperfección del sacerdocio antiguo, después nos muestra la perfección del nuevo.

LA IMPERFECCIÓN DEL SACERDOCIO ANTIGUO

Dios nunca pretendió que el **sacerdocio levítico** durara para siempre, y en ninguna parte de las Escrituras se enseña esta idea. De hecho, el Antiguo Testamento anticipaba la llegada de otro sacerdocio (como en Sal. 110:4). Si Dios predijo la llegada de otro sacerdocio, habría sido razonable suponer, aun sin mayor revelación, que el nuevo sería mejor y reemplazaría al antiguo. A Israel se le dijo que un mejor sacerdocio estaba por venir, del cual el Mesías sería sacerdote. Si el sacerdocio aarónico hubiera sido perfecto, otro hubiera sido innecesario. O, si de alguna forma Dios hubiera pretendido que el sacerdocio aarónico mejorara y que un día entrara a la edad de acceso perfecto al Padre, ¿por qué habría planeado que el Mesías fuera un sacerdote de un **orden** diferente?

No es un accidente o un error que Dios haya hecho a un lado el sacerdocio israelita. Así lo había planeado desde el principio. Esto es obvio porque tan pronto como llamó a Abraham, antes de que hiciera el pacto con él, Dios le presentó a Melquisedec, sacerdote de mayor orden que el que vendría por los descendientes de Abraham.

EL SIGNIFICADO DE LA PERFECCIÓN

En las Escrituras, la palabra *perfecto* suele usarse en el sentido de madurez o estar completo, de ser lo que alguien o algo está llamado a ser. A veces significa crecimiento completo. Pablo la suele usar de esta forma. Sin embargo, en Hebreos se usa para referirse al objetivo e intención del cristianismo. Este objetivo, esta madurez, es el acceso a Dios. En este sentido no quiere decir madurez espiritual (estar avanzado en la fe), sino salvación en Cristo (llegar a la fe).

Hebreos 7:11 dice que la **perfección** no llega por medio del **sacerdocio levítico**. El propósito del sacerdocio era reconciliar a los hombres con Dios mediante un sacrificio por sus pecados. Pero este sacerdocio solamente podría describir y tipificar la reconciliación real, porque solo podía tipificar la limpieza del pecado. Por tanto, era imperfecto en el sentido de que no daba a los hombres acceso a Dios. El versículo 19 dice que la ley no está en capacidad de perfeccionar a los hombres, y pasa a decir específicamente que esa imperfección, esa deficiencia, estaba en no tener la capacidad de acercar a los hombres a Dios. Los objetivos del sacerdocio aarónico y la ley mosaica eran acercar a los hombres a Dios. Los dos eran imperfectos para alcanzar esa meta, en el sentido de que no podían hacerlo por sí mismos en ausencia del sacerdocio de Cristo.

En Hebreos la perfección significa, antes que cualquier otra cosa, acceso a Dios, no la madurez espiritual de los cristianos. "Porque con una sola ofrenda hizo perfectos para siempre a los santificados" (He. 10:14). En otras palabras, una persona se perfecciona cuando, por el sacrificio de Cristo, recibe acceso completo a Dios en Cristo.

El sacerdocio levítico no podía aportar acceso completo. Jesús dijo: "Nadie viene al Padre, sino por mí" (Jn. 14:6). Hablaba a los judíos, a quienes están bajo el antiguo pacto, el sacerdocio levítico. Los sacrificios del viejo pacto tan solo cubren el pecado, no lo pueden eliminar. Hay un grado de perdón, pero nunca fue total. El perdón permanente, y por ende el acceso permanente a Dios, solo pueden venir por medio de Jesucristo, en el nuevo pacto y a través del nuevo sacerdocio.

> *Porque la ley, teniendo la sombra de los bienes venideros, no la imagen misma de las cosas, nunca puede, por los mismos sacrificios que se ofrecen continuamente cada año, hacer perfectos a los que se acercan. De otra manera cesarían de ofrecerse, pues los que tributan este culto, limpios una vez, no tendrían ya más conciencia de pecado (10:1-2)*

Si los sacrificios antiguos pudieran llevar una persona a la presencia de Dios, habrían cesado. Habrían cumplido su propósito.

Los santos del Antiguo Testamento carecían de todo sentido de libertad de la conciencia de pecado. No podían tener ese privilegio porque los sacrificios del pacto no podían quitar completamente su pecado y llevarlos a Dios. Porque sus pecados al final no quedaban limpios, sus conciencias no podían quedar limpias del todo, no podían ser libres. El nuevo pacto da una comprensión mayor de perdón total, libertad de la culpa y conciencia de paz.

Jeremías predijo claramente el nuevo pacto y muchas de sus superioridades con respecto al antiguo.

> *"Vienen días —afirma el SEÑOR— en que haré un nuevo pacto con el pueblo de Israel y con la tribu de Judá. No será un pacto como el que hice con sus antepasados el día en que los tomé de la mano y los saqué de Egipto... Éste es el pacto que después de aquel tiempo haré con el pueblo de Israel —afirma el SEÑOR—: Pondré mi ley en su mente, y la escribiré en su corazón. Yo seré su Dios, y ellos serán mi pueblo. Ya no tendrá nadie que enseñar a su prójimo, ni dirá nadie a su hermano: '¡Conoce al SEÑOR!', porque todos, desde el más pequeño hasta el más grande, me conocerán —afirma el SEÑOR—. Yo les perdonaré su iniquidad, y nunca más me acordaré de sus pecados" (Jer. 31:31-34, NVI).*

Hebreos 10:16-17 cita una porción de este pasaje, donde se expresa la idea de que si hay verdadero perdón de los pecados, el sacrificio deja de ser necesario. Una vez se haya ofrecido el sacrificio final, quedaríamos libres de pecado y con ellos libres de culpa. Pero durante todo el Antiguo Testamento los israelitas estaban atribulados porque sus pecados nunca quedaban cubiertos permanente y completamente. Aún estaban a la espera del sacrificio perfecto.

Hebreos 9:8-9 declara la misma idea: "Dando el Espíritu Santo a entender con esto que aún no se había manifestado el camino al Lugar Santísimo, entre tanto que la primera parte del tabernáculo estuviese de pie. Lo cual es símbolo para el tiempo presente, según el cual se presentan ofrendas y sacrificios que no pueden hacer perfecto, en cuanto a la conciencia, al que practica ese culto". Tales sacrificios no podían otorgarle a una persona acceso a la presencia de Dios. No ofrecían ningún "camino al Lugar Santísimo", donde habita Dios. Ofrecían libertad limitada de la culpa, "ya que [consistían] sólo de comidas y bebidas, de diversas abluciones, y ordenanzas acerca de la carne, impuestas hasta el tiempo de reformar las cosas" (v. 10). Por supuesto, "el tiempo de reformar las cosas" es el tiempo del nuevo pacto. Nadie tenía acceso completo a Dios bajo el antiguo pacto. Solo había un cubrimiento temporal del pecado, no su remoción ni la de la culpa que traía.

La enseñanza de 7:11 es clara. Si el sacerdocio levítico pudiera traer perfección —esto es, acceso a Dios o salvación—, ¿por qué habría provisto Dios otro sacerdocio?

Era sumamente importante que los judíos oyeran esta verdad. Era importante para los judíos creyentes como garantía de que estaban completamente seguros en Jesucristo, que su rompimiento con el judaísmo, sus rituales y sus sacrificios repetidos, estaba justificado. No tenían razón para mirar atrás anhelando las ceremonias y símbolos, sin importar que alguna vez hubieran sido significativos e importantes. No necesitaban más ese retrato de la salvación porque *tenían* la realidad del Salvador. Pero en el argumento de Hebreos 7, la verdad es aun más importante para los judíos que aun no habían llegado del todo a Cristo. Les muestra que el sacerdocio levítico no podía llevar a los hombres a la perfección —a Dios—. Nunca fue su intención. Mientras se aferraran a él y confiaran en sus sacrificios, nunca quedarían libres del pecado, nunca tendrían acceso a Dios.

Lo que la antigua economía no podía hacer, Cristo sí lo hizo. El sacerdocio antiguo tenía su lugar en el plan de Dios, pero era inferior y poco eficaz. Solo *describía* la perfección. De manera semejante, la ley tenía su lugar en el plan de Dios. Representaba la verdad y la justicia de Dios. *Exigía* perfección. **Porque bajo él recibió el pueblo la ley.** Pero ni el sacrificio que era descripción ni la ley que hacía exigencias podían aportar perfección. La perfección es proporcionada solamente en Jesucristo.

Porque cambiado el sacerdocio, necesario es que haya también cambio de ley; (7:12)

La palabra **cambiado** (*metatithēmi*) quiere decir poner algo en el lugar de otra cosa. En un sentido, el cristianismo proviene del judaísmo. Pero el cristianismo no es solo judaísmo mejorado, es un reemplazo del judaísmo. Para un judío converso, su fe cambió del judaísmo al cristianismo. El nuevo sacerdocio, según el orden de Melquisedec, no añadía al de Aarón, sino que lo reemplazaba. El sacerdocio de Aarón ya no tiene validez alguna, ni siquiera como imagen de la salvación o como cubrimiento temporal del pecado. Está muerto, totalmente abrogado.

Como el **sacerdocio** aarónico y la **ley** mosaica estaban tan estrechamente ligadas, un cambio (reemplazo) en el sacerdocio también significaba un cambio en la ley. Entonces, ¿queda abolida también la ley de Dios? Sí, en un sentido. La palabra **ley** tiene significados diversos en las Escrituras. En el sentido más amplio, se refiere a todo el Antiguo Testamento, el antiguo pacto. También puede significar el Decálogo, los Diez Mandamientos. También puede referirse a los rituales y ceremonias exigidos en el antiguo pacto. Por cuanto Dios se los ordenó a Israel, eran parte de su ley para ellos. Creo que eso es claramente lo que quiere decir aquí. El Espíritu Santo está diciendo que, si el antiguo sacerdocio muere, también muere toda la ley relacionada con él.

Sin embargo, la ley moral de Dios, reflejada no solamente en los Diez Mandamientos, sino a lo largo de todo el Antiguo Testamento, es parte de la naturaleza divina y, por tanto, no hay forma de que cambie. En el Nuevo Testamento, la norma de justicia de Dios para su pueblo se reafirma, no decrece; mucho menos se elimina. Si el adulterio, el robo, la mentira y la codicia estaban mal bajo el Antiguo Testamento, lo siguen estando bajo el Nuevo. Como lo deja claro Jesús en el sermón del monte, Dios nos hace responsables de nuestras intenciones, no solo de nuestras acciones (Mt. 5:21-48). Dios ha *fortalecido* la ley moral en el nuevo pacto, en vez de hacerla a un lado, en lo concerniente a su pueblo. El Nuevo Testamento exige mayor juicio para la desobediencia (Hch. 17:30-31).

Pero la ley ceremonial, el sistema aarónico de sacrificios, *ha* quedado a un lado. El mensaje a los judíos es: "No tienen que hacer la travesía hasta el templo todo el tiempo. Eso se acabó; se terminó; quedó reemplazado permanentemente". Algunos de los que se habían hecho cristianos y muchos de los que estaban pensando en hacerlo seguían adorando en el templo, aún se aferraban al ritual del antiguo sistema. Dejar de lado estas cosas resultaba muy difícil para muchos judíos y las razones para hacerlo eran sumamente difíciles de entender.

De hecho, algunos judíos creyentes no solo insistían en mantener sus prácticas judías, sino en hacerlas obligatorias para todos los que quisieran hacerse cristianos. Se les llamaba judaizantes, y fueron una plaga para la iglesia primitiva por muchos años. Les decían a los creyentes potenciales, incluso a los judíos no cristianos, que necesitaban circuncidarse, hacer sacrificios en el templo y seguir todas las leyes y rituales judíos prescritos. Pablo se opuso enérgicamente a esta judaización del cristianismo en varias de sus cartas, especialmente en Gálatas.

> *Oh gálatas insensatos! ¿quién os fascinó?... ¿Habiendo comenzado por el Espíritu, ahora vais a acabar por la carne? Mas ahora, conociendo a Dios, o más bien, siendo conocidos por Dios, ¿cómo es que os volvéis de nuevo a los débiles y pobres rudimentos, a los cuales os queréis volver a esclavizar? Porque en Cristo Jesús ni la circuncisión vale algo, ni la incircuncisión, sino la fe que obra por el amor (Gá. 3:1, 3; 4:9; 5:6).*

En el monte de la transfiguración, Pedro estaba tan anonadado cuando vio a Moisés y Elías hablando con Jesús que solo atinó a decir: "Maestro, bueno es para nosotros que estemos aquí; y hagamos tres enramadas, una para ti, otra para Moisés, y otra para Elías" (Mr. 9:5). Jesús no dijo nada, pero "entonces vino una nube que les hizo sombra, y desde la nube una voz que decía: Este es mi Hijo amado; a él oíd. Y luego, cuando miraron, no vieron más a nadie consigo, sino a Jesús solo" (vv. 7-8). Dios le estaba diciendo a Pedro —a Santiago, a Juan y a toda persona—: "No oigan a Moisés y Elías. Este es mi Hijo, óiganlo solo a Él". Aun antes de que terminara el nuevo pacto con la crucifixión y resurrección de Jesús, Dios mostraba que el antiguo había pasado. El pacto que Moisés y Elías representaban había pasado (cp. Jn. 4:21-24).

En el Sinaí, el pueblo estaba ubicado al pie de la montaña, de modo que no podía acercarse a Dios. En el tabernáculo y en el templo el velo estaba entre la presencia de Dios y ellos en el Lugar Santísimo. No solo era que el antiguo pacto no llevara a los hombres a la presencia de Dios, sino que evitaba que llegaran allí. Sin limpieza total, perdón total de los pecados, no estaban calificados. Pero Jesús, por así decirlo, bajó del monte al pueblo y rompió el velo.

De modo que todo el sistema del judaísmo cambió —y no solo cambió, sino que se intercambió— por un orden nuevo, un Sacerdote nuevo, un sacrificio nuevo, un pacto completamente nuevo.

y aquel de quien se dice esto, es de otra tribu, de la cual nadie sirvió al altar. Porque manifiesto es que nuestro Señor vino de la tribu de Judá, de la cual nada habló Moisés tocante al sacerdocio. (7:13-14)

Jesús no provenía de Leví, que era la única **tribu** sacerdotal. Era de **Judá**, que no tenía nada que ver con el servicio sacerdotal en el altar, como todas las otras tribus no levíticas. Por tanto, si Jesús llegaba a sumo sacerdote, obviamente era de un orden sacerdotal diferente al aarónico-levítico. Y sus calificaciones sacerdotales, obviamente, no eran hereditarias. Pero el precedente del Antiguo

Testamento para un sacerdocio no levítico estaba claro en la persona de Melquisedec, el misterioso sacerdote a quien Abraham ofreció los diezmos en Génesis 14.

LA PERFECCIÓN DEL NUEVO SACERDOCIO

Y esto es aun más manifiesto, si a semejanza de Melquisedec se levanta un sacerdote distinto, no constituido conforme a la ley del mandamiento acerca de la descendencia, sino según el poder de una vida indestructible. Pues se da testimonio de él: Tú eres sacerdote para siempre, según el orden de Melquisedec. (7:15-17)

El lenguaje griego tiene dos palabras para **distinto**. *Allos* significa otro (es decir, uno adicional) de la misma clase. Sin embargo, la palabra en el versículo 15 es *heteros*, cuyo significado es otro de una clase diferente. El primero indica una diferencia cuantitativa, el segundo indica una diferencia cualitativa. Si en Estados Unidos cambiara mi automóvil pequeño importado por otro automóvil pequeño e importado, estaría obteniendo otro que es *allos*, de la misma clase. Pero si lo cambiara por un auto grande estadounidense estaría obteniendo un automóvil *heteros*, de una clase diferente, de una calidad diferente.

En Cristo no tenemos otro sacerdote semejante a los que ministraban en el tabernáculo y el templo. Él es *heteros*, de una clase y **orden** completamente diferente. Bajo el antiguo pacto había muchos sacerdotes y todos eran *allos*. Bajo el nuevo, solo hay un sacerdote y es *heteros*.

EL SACERDOTE PERFECTO SURGE POR SÍ MISMO

En los versículos 11 y 15 se habla de otro sacerdote que se levanta. Pero, en el versículo 15, **se levanta** (*anistēmi*) está en voz media griega, que es reflexiva. Entonces, la frase podría traducirse así: "Otro sacerdote se levanta por sí mismo". Este significado es de importancia en varias maneras.

Primero, creo que se refiere al nacimiento virginal. Al haber nacido sin un padre terrenal, Cristo "salió de la nada", por así decirlo. Ningún sacerdote aarónico podía hacer semejante afirmación. Todos los otros sacerdotes, con excepción de Jesús, "se levantaron" por virtud de sus padres, no por sí mismos.

Segundo, levantarse implica que este Sacerdote diferente no tiene antepasados sacerdotales, no tiene herencia sacerdotal. Los sacerdotes aarónicos solamente podían afirmar su derecho al sacerdocio por quienes eran sus padres. Jesús reclamó el derecho por quien Él es.

Tercero, que Jesús se haya levantado indica su resurrección. En Hechos 2:32, Lucas usa *anistēmi* para referirse específicamente a la resurrección de Jesús.

no constituido conforme a la ley del mandamiento acerca de la descendencia, sino según el poder de una vida indestructible. Pues se da testimonio de él: Tú eres sacerdote para siempre, según el orden de Melquisedec. (7:16-17)

La norma prescrita para los sacerdotes en la antigua economía solo tenía que ver con lo físico. Por supuesto, se esperaba que el sacerdote fuera piadoso, como se esperaba que lo fuera el resto de los israelitas. Varios sacerdotes que fueron especialmente impíos recibieron un castigo severo de Dios. Pero la piedad no era una cualidad para servir en el altar. Primero, los sacerdotes debían ser descendientes de Aarón. Sin embargo, aun con este renombre, uno entre más de cien defectos o deficiencias físicas podía descalificarlos de cumplir esa labor. Pero no había una sola calificación moral o espiritual que debieran cumplir. Su servicio no tenía nada que ver con su carácter, capacidad, personalidad o santidad.

Sin embargo, el sacerdocio de Jesús, a semejanza del de Melquisedec, tenía su base de principio a fin en quien Él era. No tenía nada que ver con el cuerpo físico, sino todo que ver con el poder eterno, **el poder de una vida indestructible.** En el caso del sacerdocio levítico, no importa cuán mal se ajustara la persona al sacerdocio, o cuán renuente fuera para asumir el oficio, la ley lo hacía sacerdote por la familia en la cual había nacido y por ciertos requisitos físicos que debía satisfacer. Era compulsión externa. Para Jesucristo, el sacerdocio es compulsión interna, por quien Él es. Se hizo sacerdote —y continúa siéndolo— por el poder eterno, un poder que puede lograr lo que ningún otro sacerdote pudo hacer jamás: darnos acceso a Dios.

La evidencia y la lógica son abrumadoras a favor de la obsolescencia del sacerdocio levítico y de que el nuevo sacerdocio, predicho por Dios mucho tiempo antes, *no podía* ser levítico. Empezando con Génesis 49:10, en el Antiguo Testamento está claro que el Mesías debía venir de Judá. Y en muchos pasajes, como el Salmo 110:4, también está claro que el Mesías será sacerdote y rey, y que su sacerdocio no será por herencia ni temporal, sino eterno y su base serán las cualidades personales.

Jesucristo pudo hacer lo que Aarón no logró. Nos llevó a la presencia de Dios y nos ancló allí para toda la eternidad. "[La esperanza que] tenemos como segura y firme ancla del alma, y que penetra hasta dentro del velo" (He. 6:19). Ese es el poder máximo, el amor máximo. Es el logro del Sacerdote máximo a través del sacerdocio máximo.

Queda, pues, abrogado el mandamiento anterior a causa de su debilidad e ineficacia (pues nada perfeccionó la ley), y de la introducción de una mejor esperanza, por la cual nos acercamos a Dios. (7:18-19)

Este es el punto culminante del texto. Cristo reemplaza a Aarón. Dios ha dejado a un lado lo antiguo e imperfecto y lo ha reemplazado por algo nuevo y perfecto. La palabra **abrogado** (*athetēsis*) está relacionada con quitar algo que se ha establecido. Por ejemplo, se usa para la anulación de un tratado, promesa, ley, regulación o la eliminación del nombre de una persona en un documento. Toda la parafernalia del sistema de sacrificios, todo el sistema ceremonial, quedó cancelado, anulado, eliminado, en su totalidad. Dios confirmó su anulación en el 70 d.C., cuando permitió la destrucción del templo.

El antiguo sistema podría revelar el pecado. Incluso podría cubrirlo en cierta forma y cierto grado de temporalidad. Pero no podía quitar el pecado y, por tanto, ese sistema debía abrogarse. No terminaba nada. No daba seguridad. No daba paz. El hombre no tenía una conciencia clara. Pero el sacerdocio de Jesucristo hizo realidad todo lo que Israel anticipaba. Brindó acceso a Dios.

Pedro nos dice: "Los profetas que profetizaron de la gracia destinada a vosotros, inquirieron y diligentemente indagaron acerca de esta salvación, escudriñando qué persona y qué tiempo indicaba el Espíritu de Cristo que estaba en ellos, el cual anunciaba de antemano los sufrimientos de Cristo, y las glorias que vendrían tras ellos. A éstos se les reveló que no para sí mismos, sino para nosotros, administraban las cosas que ahora os son anunciadas por los que os han predicado el evangelio por el Espíritu Santo enviado del cielo; cosas en las cuales anhelan mirar los ángeles" (1 P. 1:10-12). En otras palabras, los santos del Antiguo Testamento solo vieron la salvación a la distancia. Nunca tuvieron certeza o seguridad antes de que viniera Cristo. Confiaban en la esperanza y anhelaban una conciencia liberada del pecado. Pero ahora podemos ir a la presencia de Dios y sentarnos ante Él para decir con Pablo: "¡Abba, Padre!". Tenemos acceso a Dios.

> *Así que, hermanos, teniendo libertad para entrar en el Lugar Santísimo por la sangre de Jesucristo, por el camino nuevo y vivo que él nos abrió a través del velo, esto es, de su carne, y teniendo un gran sacerdote sobre la casa de Dios, acerquémonos con corazón sincero, en plena certidumbre de fe, purificados los corazones de mala conciencia, y lavados los cuerpos con agua pura (He. 10:19-22).*

Una joven había acumulado muchas cuentas por pagar y no tenía cómo pagarlas todas. Estaba endeudada hasta el cuello. Tenía problemas y la situación era desesperada. Entonces apareció un joven que se enamoró de ella profundamente. Después de unos meses, le propuso matrimonio. Ella también lo amaba mucho, pero sentía que debía hablarle de sus deudas antes de aceptar casarse con él. Cuando se lo dijo, él respondió: "No te preocupes. Voy a pagar todas tus deudas. Déjamelas a mí". Antes de la boda le dio un anillo de compromiso y le reafirmó muchas veces que pagaría sus deudas. Ella confiaba en él implícitamente y sabía que era una persona de palabra. Tenía todas las razones para confiar y esperar lo mejor. Pero en realidad, no estaba aún libre de deudas y, en consecuencia, no podía tener paz por esa causa. Finalmente, se casaron y él pagó todo. No solo eso; le dijo que era rico más allá de sus sueños y le dio una cuenta corriente conjunta con él. Nunca debía volverse a preocupar ella por las deudas. Desde ese momento, estuvo segura en las riquezas de aquel a quien amaba y quien la amaba.

En ese mismo sentido, una persona está mucho mejor bajo el nuevo pacto que bajo el antiguo. En Cristo estamos libres de las deudas del pecado y vivimos para siempre en las riquezas de quien nos ama y a quien amamos.

Jesús, el sacerdote superior —Segunda parte

18

Y esto no fue hecho sin juramento; porque los otros ciertamente sin juramento fueron hechos sacerdotes; pero éste, con el juramento del que le dijo: Juró el Señor, y no se arrepentirá: Tú eres sacerdote para siempre, según el orden de Melquisedec. Por tanto, Jesús es hecho fiador de un mejor pacto. Y los otros sacerdotes llegaron a ser muchos, debido a que por la muerte no podían continuar; mas éste, por cuanto permanece para siempre, tiene un sacerdocio inmutable; por lo cual puede también salvar perpetuamente a los que por él se acercan a Dios, viviendo siempre para interceder por ellos. Porque tal sumo sacerdote nos convenía: santo, inocente, sin mancha, apartado de los pecadores, y hecho más sublime que los cielos; que no tiene necesidad cada día, como aquellos sumos sacerdotes, de ofrecer primero sacrificios por sus propios pecados, y luego por los del pueblo; porque esto lo hizo una vez para siempre, ofreciéndose a sí mismo. Porque la ley constituye sumos sacerdotes a débiles hombres; pero la palabra del juramento, posterior a la ley, al Hijo, hecho perfecto para siempre. (7:20-28)

Aquí el Espíritu Santo presenta a Jesús como un sacerdote superior en tres formas. Él es el fiador de un mejor pacto, el Salvador eterno y es santo y sin pecado.

FIADOR DE UN MEJOR PACTO

Y esto no fue hecho sin juramento; porque los otros ciertamente sin juramento fueron hechos sacerdotes; pero éste, con el juramento del que le dijo: Juró el Señor, y no se arrepentirá: Tú eres sacerdote para siempre, según el orden de Melquisedec. Por tanto, Jesús es hecho fiador de un mejor pacto. (7:20-22)

Dios no le juró a Aarón que su sacerdocio sería para siempre. De hecho, nunca sugirió, ni a Aarón ni a nadie más, que ese sacerdocio sería otra cosa sino temporal. Sin embargo, muchos israelitas creyeron sin duda que sería permanente, aunque esa idea no tuviera apoyo en las Escrituras. Cuando Dios estableció el antiguo sacerdocio o cuando consagró a los sacerdotes no hizo ningún **juramento** —ni ninguna promesa, condicional o incondicional— de que este sacerdocio sería eterno. Pero con Cristo juró un sacerdocio eterno, como lo escribió David en el Salmo 110:4, cita a la cual se refiere aquí el autor por cuarta vez en la carta (véase también 5:6; 6:20; 7:17). Para enfatizar la idea, David añadió: **Y no se arrepentirá.** Dios tomó una decisión eterna sobre el nuevo sacerdocio eterno.

Ni David ni el escritor de Hebreos sugieren que el juramento de Dios sea más confiable o válido que su palabra. Más bien, se trata de que cuando hace transacciones eternas, ha decidido hacerlas con un juramento. El juramento no representa mayor fidelidad, sino énfasis en la permanencia.

Como ya mencionamos varias veces, los sacerdotes levíticos ministraban en el templo de forma temporal y repetidamente. Eran mortales, luego morían y sus hijos debían reemplazarlos. También eran pecadores, por eso debían ofrecer sacrificios siempre a nombre propio antes de estar calificados para ofrecerlos por el pueblo. Los sacrificios solo tenían cierto efecto temporal, por ello debían repetirse una y otra vez. Dios *pretendía* que el sacerdocio operara de esa forma. No lo planeó para que fuera perfecto o permanente, razón por la cual no lo estableció con un juramento.

Sin embargo, cuando Dios le prometió el pacto a Abraham, lo hizo con un juramento (Gn. 22:16-18; cp. He. 6:13), una promesa incondicional y eterna. "Queriendo Dios mostrar más abundantemente a los herederos de la promesa la inmutabilidad de su consejo, interpuso juramento" (He. 6:17). Dios quería que Abraham, y a la larga todo Israel y todo el mundo, supiera que su promesa era permanente. Fue por medio de Abraham que vino el Mesías y, por tanto, la bendición que cada creyente experimente durante toda la eternidad será el cumplimiento perpetuo del pacto abrahámico.

El sacerdocio de Jesús tiene también su base en el juramento divino, demostrando con ello que es eterno e inmutable. Por esa razón, Jesús es un **fiador**, una garantía, **de un mejor pacto.** El pacto que Dios hizo a través de Jesús es mejor que el antiguo porque este era temporal, mientras que aquel es eterno. Un sacerdote mejor garantiza un pacto mejor.

Es importante reconocer que el antiguo pacto no era *malo.* Dios no hizo el nuevo porque el antiguo fuera malo, sino porque era imperfecto y temporal. El pacto mosaico era un pacto muy bueno, dado por Dios, ordenado por Dios, y cumplió el propósito para el tiempo en que debía permanecer vigente. En muchos aspectos, el antiguo pacto era bueno por sí solo. Era bueno en cuanto a producto de la sabiduría y la voluntad justa de Dios. Servía un buen propósito porque ayudaba a refrenar el pecado y a promover la piedad. También apuntaba al Mesías y ayudaba a prepararle el camino. El pacto mosaico era exactamente el que Israel debía tener antes de la venida de Jesucristo. El nuevo pacto era mejor sencillamente porque el antiguo era incompleto. El antiguo era bueno; el nuevo es **mejor.**

En Génesis hay una excelente ilustración sobre ser fiador. Cuando los hijos de Jacob se estaban preparando para ir a Egipto por segunda vez y obtener comida para sus familias con hambre, Judá le recordó a su padre que el gobernante egipcio (José, pero ellos no lo sabían) les había dicho que no podían esperar más comida si no le llevaban a Benjamín, su hermano menor, a Egipto. Solamente después que Judá se ofreció noblemente a servir de garantía por Benjamín, su padre aceptó con reticencia. "Yo te respondo por él; a mí me pedirás cuenta. Si yo no te lo vuelvo a traer, y si no lo pongo delante de ti, seré para ti el culpable para siempre" (Gn. 43:9). Después de haber recibido más comida de José, tuvieron que detener su regreso a casa porque José escondió su copa en el saco de comida de Benjamín. Judá, descorazonado por lo ocurrido y apenado por lo que la pérdida de Benjamín provocaría a su padre, volvió a ofrecerse en garantía por su hermano. Después de una explicación larga a José por su preocupación, Judá dijo: "Te ruego, por tanto, que quede ahora tu siervo en lugar del joven por siervo de mi señor, y que el joven vaya con sus hermanos" (44:33). Judá hizo una segunda promesa de garantía para poder cumplir la primera. Estaba dispuesto a hacer todo lo que fuera necesario para cumplir la promesa hecha a su padre de que Benjamín regresaría sano y salvo. Con ese gesto noble, Judá ilustró la idea de Cristo como garantía del nuevo pacto.

Pablo estuvo dispuesto a ser garantía por un esclavo que escapó: "Y si en algo te dañó, o te debe, ponlo a mi cuenta. Yo Pablo lo escribo de mi mano, yo lo pagaré" (Flm. 18-19).

Jesús es el mediador del nuevo pacto, y con ello ha proporcionado vida eterna. Pero Él hace más que mediar el pacto; además, lo garantiza. Él se ha convertido en garantía del pacto. Todas las promesas de Dios en el nuevo pacto las tenemos garantizadas por Jesús. Él garantiza el pago de todas las deudas que nos han dejado o nos dejarán nuestros pecados.

SALVADOR ETERNO

Y los otros sacerdotes llegaron a ser muchos, debido a que por la muerte no podían continuar; mas éste, por cuanto permanece para siempre, tiene un sacerdocio inmutable; por lo cual puede también salvar perpetuamente a los que por él se acercan a Dios, viviendo siempre para interceder por ellos. (7:23-25)

Los **sacerdotes** levíticos tenían lo que podría llamarse la descalificación fundamental para el ministerio permanente: **la muerte**. Ninguno de ellos podía servir indefinidamente. Todos morían y debía haber un sucesor para que el sacerdocio pudiera continuar. Una vez más, el escritor les recuerda a los lectores judíos las limitaciones del antiguo pacto.

Como diciendo que el sacerdocio levítico nunca le podría traer salvación a

217

Israel, Dios les dio una demostración dramática e importante, registrada en Números 20:23-29. Cuando Aarón, el primer sumo sacerdote y el progenitor de todos los sacerdotes que siguieron, estaba a punto de morir, Dios le ordenó a Moisés llevar a Aarón y a su hijo Eleazar al monte Hor, a la vista de todo el pueblo. Dios le recordó a Moisés que Aarón, al igual que Moisés, no tendría permitido entrar a la tierra prometida. El dador humano de la ley y el progenitor humano del sacerdocio morirían antes de que Israel entrara en la tierra prometida. Moisés tomó la vestimenta de sumo sacerdote de Aarón y se la entregó a Eleazar. Después que Aarón murió, el pueblo lo lloró durante treinta días. La atención del pueblo estaba especialmente centrada en la muerte de Aarón, como si Dios quisiera resaltarles el hecho de que el sacerdocio que él representaba era un sacerdocio que moría.

En esta demostración breve, junto con la muerte de Moisés poco después, hay dos símbolos del antiguo pacto: que no era permanente y que no podía llevar al pueblo a la tierra prometida. Era temporal y no podía salvar. Ni la ley (representada por Moisés) ni los sacrificios (representados por Aarón) podían librarlos del desierto del pecado y llevarlos a la tierra de la salvación.

Mas Jesucristo, **por cuanto permanece para siempre, tiene un sacerdocio inmutable.** Jesús es el sumo sacerdote superior porque no necesita sucesor. Su sacerdocio es inmutable, eterno.

La palabra **inmutable** (*aparabatos*) significa más que la mera permanencia o algo que no se va a cambiar. Significa incambiable, inalterable, inviolable, algo que *no puede* cambiarse. No es solamente que el sacerdocio de Jesús sea inmutable. Es que no puede ser nada distinto a inmutable. No está en capacidad de otra cosa diferente a la inmutabilidad. Por la naturaleza divina del sacerdocio, no puede concluir nunca, debilitarse, hacerse ineficaz. ¡Jesucristo tiene un sacerdocio que es completamente incapaz de alterarse en esa forma! Él es el último sumo sacerdote. Ningún otro volverá a ser necesario.

por lo cual puede también salvar perpetuamente a los que por él se acercan a Dios, viviendo siempre para interceder por ellos. (7:25)

Este es uno de los versículos más hermosos de las Escrituras. Como Juan 3:16, contiene toda la esencia del evangelio. La salvación es el tema central de toda la Biblia. La salvación es de lo que trata el texto.

El sacerdocio de Jesús no es solo eterno e inalterable, también es ilimitado en su alcance. Él salva **perpetuamente** (*panteles*). Aunque el significado en el contexto de 7:25 puede ser relativo a eterno, la idea básica de la palabra es su carácter de completo o perfecto. Por tanto, la traducción de la Nueva Versión Internacional ("salvar por completo") es exacta e importante. El sacerdocio de Jesús no es una medida incompleta, como los sacrificios que solo simbolizaban la remoción del pecado. El símbolo era importante para aquel pacto, Dios lo había dado y lo exigía, pero aun así solo era un símbolo. No obstante, Jesucristo sí puede salvar eterna y completamente.

Por medio de la naturaleza podemos aprender algunas cosas de Dios. Pablo reconoce que el "eterno poder y deidad" de Dios (es decir, su naturaleza y su gloria) son evidentes para toda persona (Ro. 1:18-20). A tal evidencia la llamamos revelación natural. Pero es revelación limitada. Los pájaros nos pueden sugerir la belleza de Dios, pero no cantan canciones de redención. El océano y el batir de sus olas pueden sugerir la grandeza y lo dependientes que somos de Él, pero no proclaman el evangelio. Las estrellas declaran la gloria de Dios, pero no el camino para llegar a Él. Dios entregó la revelación natural, como los sacrificios del Antiguo Testamento. La naturaleza que hizo proclama su grandeza y su gloria. Pero de la salvación solamente podemos aprender mediante la revelación especial: su Palabra escrita, la Biblia. Es una afirmación muy superficial cuando alguien dice que puede encontrar a Dios en una playa, un lago o un campo de golf. No hay forma de ver claramente en la naturaleza el juicio de Dios sobre el pecado, su bondad, su gracia, su redención o a su Hijo. En la naturaleza no podemos ver la necesidad de salvación o el camino a ella. Estas cosas solamente pueden verse con ojos espirituales, por medio de la revelación de su Palabra.

En las pocas palabras de Hebreos 7:25 podemos ver el fundamento de la salvación, su naturaleza, su poder, su objeto y su seguridad.

LA BASE DE LA SALVACIÓN

Por supuesto, la frase **por lo cual** se refiere a lo que se acaba de decir; a saber, que el sacerdocio de Jesús es inmutable, eterno. Puede salvar para siempre porque Él existe y ministra para siempre. La base de la salvación es la naturaleza divina y eterna de Cristo.

EL PODER DE LA SALVACIÓN

El poder de la salvación es la capacidad de Cristo: Él **puede**. Los otros sacerdotes nunca estuvieron en capacidad de salvar, ni siquiera parcial o temporalmente. Los sacrificios viejos cubrían el pecado parcial y temporalmente, pero no *eliminaban* el pecado ni siquiera parcial o temporalmente. No libraban del pecado en ningún grado. Pero Jesucristo sí puede, Él es perfectamente capaz.

Un amigo tuvo un hijo que a los cuatro años le diagnosticaron leucemia. Uno de nuestros hijos tenía su misma edad. Cuando visité al niño en el hospital, me sentí particularmente descorazonado e impotente. Yo tenía un tremendo deseo de hacer que se sanara. Habría hecho todo lo que pudiera para devolverle a ese pequeño la salud perfecta. Tenía toda la voluntad, pero no podía. Carecía del poder.

Muchos, quizás la mayoría, de los sacerdotes del Antiguo Testamento estaban dispuestos a limpiar al pueblo de sus pecados; pero no podían, sin importar cuánto lo desearan. Sin embargo, nuestro gran Sumo Sacerdote no solo quiere, Él puede, es absolutamente capaz. ¡Alabado sea Dios por Cristo, que sí puede!

A los evangélicos se nos suele criticar por afirmar que Jesucristo es el único camino a Dios. La razón por la cual hacemos esta afirmación es porque la Biblia así lo enseña. Jesús dijo: "Nadie viene al Padre, sino por mí" (Jn. 14:6). No solamente puede salvar, sino que es el único que puede salvar. Es el único que tiene el poder de la salvación (Hch. 4:12).

LA NATURALEZA DE LA SALVACIÓN

La naturaleza de la salvación es acercar a los hombres **a Dios**. Al liberar a los creyentes del pecado, los califica para llegar a Dios. La liberación del pecado tiene todos los tiempos verbales principales: pasado, presente y futuro. En tiempo pasado, *fuimos* libres de la culpa del pecado. En tiempo presente, *estamos* libres del poder del pecado. En tiempo futuro, *estaremos* libres de la presencia del pecado. De modo que podemos decir: "Soy salvo" (o "he sido salvo") y "seré salvo". Todas estas declaraciones son ciertas; todas son bíblicas. Juntas representan la naturaleza completa de nuestra salvación.

EL OBJETO DE LA SALVACIÓN

Por supuesto, el objeto de la salvación eterna de Cristo son quienes llegan a Él para obtener la salvación, **los que por él se acercan a Dios**. No hay más restricciones que esta, no hay más cualidades que la fe en el Hijo de Dios. "El que a mí viene, no le echo fuera" (Jn. 6:37). Jesús es el único camino, pero el camino está abierto a todo aquel que ponga su confianza en Él. El otro lado de esta verdad es que Jesús puede salvar a quienes llegan a Él en fe. Puede salvarlos a todos, pero no todos serán salvos, porque no todos creerán.

Nos sentimos tentados a pensar que cuando hemos presentado el evangelio, la verdad de la salvación, hemos cumplido con nuestra obligación. Pero para que el evangelio pueda salvar, debe haber una respuesta. Los padres necesitan estarse recordando esto cuando les enseñan a sus hijos las cosas de Dios. No podemos hacer que crean u obedezcan, pero nuestra responsabilidad no se acaba hasta que les hayamos urgido tan fuertemente como sepamos a confiar en el Salvador de quien han oído.

LA SEGURIDAD DE LA SALVACIÓN

Él vive **siempre para interceder por** nosotros. La seguridad de nuestra salvación es la intercesión perpetua de Jesús por nosotros. No podemos mantenernos salvos por nuestra cuenta, como no podemos salvarnos por nuestra cuenta. Pero tal como Jesús tiene poder para salvarnos, tiene poder para guardarnos. Jesucristo intercede por nosotros ante el Padre constantemente, eternamente, perpetuamente. Cada vez que pecamos, le dice al Padre: "Ponlo a mi cuenta. Mi sacrificio ya pagó por eso". Por medio de Jesucristo, podemos presentarnos "sin mancha delante de su gloria con gran alegría" (Jud. 24). A la vista del Padre, en su Hijo ya no tenemos culpa. Cuando seamos glorificados, no tendremos ninguna mancha en su presencia.

SANTO Y SIN PECADO

Porque tal sumo sacerdote nos convenía: santo, inocente, sin mancha, apartado de los pecadores, y hecho más sublime que los cielos; que no tiene necesidad cada día, como aquellos sumos sacerdotes, de ofrecer primero sacrificios por sus propios pecados, y luego por los del pueblo; porque esto lo hizo una vez para siempre, ofreciéndose a sí mismo. Porque la ley constituye sumos sacerdotes a débiles hombres; pero la palabra del juramento, posterior a la ley, al Hijo, hecho perfecto para siempre. (7:26-28)

Todos los sacerdotes levíticos eran pecadores y debían ofrecer sacrificios por ellos mismos antes de poder ofrecerlos por el pueblo. No ocurre así con nuestro **sumo sacerdote** presente. Él es **santo, inocente, sin mancha, apartado de los pecadores, y hecho más sublime que los cielos**. A nosotros **nos convenía**, nos era necesario, que Él fuera esa persona. De otra forma, habría tenido que ofrecer sacrificios por sí mismo y habría tenido que repetirlos una y otra vez. Solo podía ser el **sumo sacerdote** eterno y perfecto si era completamente justo y libre de pecado. Y lo es.

Como creyentes, todos somos santos en el sentido de estar separados en Cristo para justicia. Se nos cuenta por justos en Él. Pero la justicia de Cristo está en sí mismo. Él era **santo** desde el principio, es eternamente santo. Nació santo en este mundo. Era incapaz de pecar. Él dijo acerca de sí mismo: "Viene el príncipe de este mundo, y él nada tiene en mí" (Jn. 14:30). No había pecado alguno en Jesús al que Satanás pudiera apelar.

Jesús es también **inocente** o inofensivo. Ser santo tiene que ver con Dios; ser inofensivo, con los hombres. Jesús no le hizo daño a nadie. Vivió para los demás. Fue de un lado a otro haciéndoles bien a los demás, inclusive a aquellos que le habían hecho mal o que Él sabía que se lo harían. Sanó, pero nunca ofendió.

No tenía **mancha**, estaba libre de cualquier defecto espiritual o moral. Piense en esto. Durante 33 años, Jesucristo estuvo en el mundo, mezclándose con pecadores y en continua tentación de Satanás. Sin embargo, nunca se manchó en lo más mínimo con el pecado, no se ensució. Así como los rayos del sol pueden brillar hasta en el charco más estancado y desagradable sin perder su resplandor y pureza, Jesús vivió en este mundo sucio y pecador sin perder su pureza y belleza en lo más mínimo. Anduvo por el mundo y no fue contaminado por ninguno de sus defectos. Estuvo en el contacto más directo y personal con Satanás y salió tan limpio como antes de que se encontraran. Hasta que apareció Jesús, nunca hubo un sacerdote que no se hubiera contaminado.

Jesús estaba **apartado de los pecadores**. Era de una clase completamente diferente. Obviamente, no estaba separado de los pecadores en el sentido de no entrar nunca en contacto con ellos y no mezclarse. Sus padres, hermanos, amigos, discípulos y todas las personas que se encontraba, eran pecadores. Sin embargo, comía con ellos, viajaba con ellos, trabajaba con ellos y adoraba con ellos. Pero su naturaleza era totalmente aparte, totalmente diferente, de la de ellos y la nuestra. Por supuesto, por ello estamos grandemente agradecidos, pues de otra forma no habría sido nuestro Salvador.

Finalmente, es **hecho más sublime que los cielos**. Sublime por todas las otras cosas que se acaban de mencionar. Porque es santo, inocente, sin mancha y apartado de los pecadores. Por tanto, es sublime.

Por estas cinco características, Él no tiene necesidad de ofrecer sacrificios por sí mismo, **como aquellos sumos sacerdotes**. La ausencia de pecado no necesita sacrificios. Jesús ofreció un solo sacrificio, y no fue por Él, sino por los demás. Lo hizo una vez. Un sacrificio perfecto por un sacerdote perfecto hecho para toda la eternidad.

Todos los sacerdotes del antiguo pacto, incluso los más dedicados y espirituales, eran **débiles** (v. 28). Pero Dios estableció el sacerdocio de Jesús eternamente fuerte, así como también es eternamente santo y eternamente eficaz.

Cuando el sumo sacerdote del Antiguo Testamento oficiaba, usaba un efod, una vestimenta elaborada en la cual había dos piedras de ónice, cada una con los nombres inscritos de seis de las tribus de Israel. El pectoral estaba atado al efod por cadenas de oro y tenía doce piedras preciosas adicionales para representar a las doce tribus de Israel. Por tanto, cada vez que entraba a la presencia de Dios, llevaba consigo todas las tribus. Simbólicamente, el sumo sacerdote llevaba a los hijos de Israel en su corazón (sus afectos) y sus hombros (su fuerza) para Dios. Esto representaba lo que debía ser el sacerdocio: primero, un corazón para las personas; segundo, la fuerza para acercarlos a Dios. Sin duda, muchos de estos sacerdotes tenían el corazón con el pueblo. Pero ninguno de ellos podía acercarlos a Dios. Ni siquiera podían acercarse ellos mismos a Él.

Nuestro sumo sacerdote no tiene esa debilidad. Él lleva nuestros nombres en su corazón y sus hombros. Pero no necesita efod o pectoral como símbolos, porque tiene afecto verdadero y salvación verdadera. Nos ama perfectamente y nos puede salvar perfectamente. Él **puede**.

El nuevo pacto
—Primera parte

19

Ahora bien, el punto principal de lo que venimos diciendo es que tenemos tal sumo sacerdote, el cual se sentó a la diestra del trono de la Majestad en los cielos, ministro del santuario, y de aquel verdadero tabernáculo que levantó el Señor, y no el hombre. Porque todo sumo sacerdote está constituido para presentar ofrendas y sacrificios; por lo cual es necesario que también éste tenga algo que ofrecer. Así que, si estuviese sobre la tierra, ni siquiera sería sacerdote, habiendo aún sacerdotes que presentan las ofrendas según la ley; los cuales sirven a lo que es figura y sombra de las cosas celestiales, como se le advirtió a Moisés cuando iba a erigir el tabernáculo, diciéndole: Mira, haz todas las cosas conforme al modelo que se te ha mostrado en el monte. Pero ahora tanto mejor ministerio es el suyo, cuanto es mediador de un mejor pacto, establecido sobre mejores promesas. Porque si aquel primero hubiera sido sin defecto, ciertamente no se hubiera procurado lugar para el segundo. Porque reprendiéndolos dice: He aquí vienen días, dice el Señor, en que estableceré con la casa de Israel y la casa de Judá un nuevo pacto; no como el pacto que hice con sus padres el día que los tomé de la mano para sacarlos de la tierra de Egipto; porque ellos no permanecieron en mi pacto, y yo me desentendí de ellos, dice el Señor. Por lo cual, este es el pacto que haré con la casa de Israel después de aquellos días, dice el Señor: Pondré mis leyes en la mente de ellos, y sobre su corazón las escribiré; y seré a ellos por Dios, y ellos me serán a mí por pueblo; y ninguno enseñará a su prójimo, ni ninguno a su hermano, diciendo: Conoce al Señor; porque todos me conocerán, desde el menor hasta el mayor de ellos. Porque seré propicio a sus injusticias, y nunca más me acordaré de sus pecados y de sus iniquidades. Al decir: Nuevo pacto, ha dado por viejo al primero; y lo que se da por viejo y se envejece, está próximo a desaparecer. (8:1-13)

La frase **el punto principal** (*kephalaion*) significa eso exactamente —el punto principal, central—, no un resumen, como sugieren algunas versiones. Aquí aparece lo principal de lo que se ha hablado hasta ahora en la carta. El escritor está diciendo: "Esto es lo que hemos enfatizado desde el principio: el sumo sacerdo-cio de Jesucristo". Se han presentado y explicado muchas cosas, pero todas están relacionadas, directa o indirectamente, con el sumo sacerdocio de Cristo.

El enfoque principal de Hebreos 8 está en el nuevo pacto. Pero como presen-tación al argumento de lo apropiado del pacto, el escritor menciona primero otras dos indicaciones de la superioridad de Jesús como sumo sacerdote de este pacto: (1) que está sentado a la diestra de Dios, (2) su santuario celestial.

SU ASIENTO

Ahora bien, el punto principal de lo que venimos diciendo es que tenemos tal sumo sacerdote, el cual se sentó a la diestra del trono de la Majestad en los cielos, (8:1)

Como ya se mencionó, los sacerdotes levíticos nunca se sentaban. "Y cierta-mente todo sacerdote está día tras día ministrando y ofreciendo muchas veces los mismos sacrificios, que nunca pueden quitar los pecados" (He. 10:11). La labor del sacerdote nunca terminaba, porque los sacrificios que ofrecía nunca eran eficaces permanentemente. Debían repetirse una y otra vez. Por tanto, el sacerdote nunca descansaba cuando estaba ministrando en el altar, porque nunca terminaba. En el tabernáculo o el templo, no había ningún lugar para que los sacerdotes se sentaran. El propiciatorio del Lugar Santísimo no era nada parecido a una silla. En cualquier caso, habría sido completamente blasfemo que el sumo sacerdote (la única persona permitida en el Lugar Santísimo, y solo por un momento una vez al año) se hubiera querido sentar en el propiciatorio, que representaba el trono de Dios y su presencia especial.

Sin embargo, cuando Jesucristo ofreció su sacrificio, se sentó (cp. 1:3). Él podía sentarse porque había terminado su obra. Una de las últimas cosas que dijo en la cruz fue: "Consumado es". En un acto glorioso logró lo que todos los sacerdotes del Antiguo Testamento nunca habían logrado: perdonar los pecados de los hombres y así reconciliarlos con Dios. ¡Qué cosa tan maravillosa y asombrosa! Lo hizo todo con un sacrificio: su propio sacrificio. En lo que a nuestra salvación concierne, **se sentó**. Logró todo lo que podía lograrse, todo lo que se necesitaba. Sin embargo, las personas aún intentan añadirle algo a la gracia pura y simple de Dios y a la salvación por fe, aunque es absurdo creer que la obra de Cristo necesite añadiduras. El esfuerzo de salvación de nuestro Señor no puede tener nada para añadirle, porque es absolutamente perfecto.

Esta verdad debería haber sido la noticia de mayor alegría posible para los judíos. Imagine un sacrificio final, una obra terminada, de tal manera que el sumo sacerdote pudiera sentarse... ¡Y a la diestra de Dios!

La diestra de un monarca significaba honra, exaltación y poder. Estar a la diestra era un honor, pero sentarse allí era un honor supremo. Cristo **se sentó a la diestra del trono** de tronos: el trono eterno y celestial de Dios.

La idea de sentarse a la diestra quizás les haya recordado a algunos judíos el sanedrín, el concilio de gobierno judío compuesto por setenta ancianos. Este grupo tenía autoridades civiles y religiosas, y actuaba administrativa y judicialmente. Aun bajo el gobierno romano, el sanedrín tenía un poder considerable, como lo evidencia su papel en el arresto y crucifixión de Jesús. Era una especie de tribunal supremo, y más. Cuando los miembros se sentaban para un juicio, un escriba o secretario se sentaba a cada lado del juez que presidía. El escriba de la izquierda era el responsable de escribir condenas, mientras el de la derecha era responsable de las absoluciones. Jesús dijo que no había venido al mundo para condenar, sino para salvar (Jn. 3:17). Como sumo sacerdote, ahora se sienta en un lugar no solo de poder y honor, sino de misericordia. Está sentado allí intercediendo (He. 7:25) —escribiendo absoluciones, por así decirlo— por los suyos.

Jesucristo ha recibido un lugar de honor. Se ha abierto paso al Lugar Santísimo celestial. Se ha sentado con Dios en su trono. Sorprende aun más que nosotros los creyentes recibiremos un día la invitación a sentarnos en ese mismo trono. "Al que venciere, le daré que se siente conmigo en mi trono, así como yo he vencido, y me he sentado con mi Padre en su trono" (Ap. 3:21).

La carta a los Hebreos nos recuerda repetidamente que Cristo está a la diestra de Dios. Creo que el propósito de hacerlo es asegurar a quienes se les prohibieron los servicios del templo en Jerusalén que no debían sentirse atemorizados por perderse lo que ocurría en el Lugar Santísimo temporal y simbólico. Tenían al Sacerdote eterno, perfecto y verdadero en el Lugar Santísimo real y celestial, del cual el terrenal no era sino una descripción pobre y efímera. Jesucristo ministraba e intercedía por ellos en el real. Por ende, el argumento cumbre sobre el sacerdocio superior de Jesucristo es su exaltación en el cielo, para sentarse a la diestra de Dios: el lugar de honor, misericordia e intercesión.

Respecto a Jesús sentado a la diestra de Dios, me viene a la memoria una historia trágica pero bella del libro de Hechos. Justo antes de que sacaran a Esteban de Jerusalén para apedrearlo hasta la muerte por predicar con tanta vehemencia ante el sanedrín, Esteban "fijó la mirada en el cielo y vio la gloria de Dios, y a Jesús de pie a la derecha de Dios" (Hch. 7:55, NVI). En lo que a la redención concierne, Jesús está sentado porque está descansando de la obra terminada de la redención. Pero cuando uno de los suyos está en dificultades, se levanta, porque asume la posición de acción. Su poder y su energía se activan de inmediato en favor de sus amados. Se sienta como nuestro Redentor, pero se levanta como nuestro Ayudador en tiempos de necesidad.

El hecho de que Jesucristo, en toda su gloria, en toda su magnitud, en toda su exaltación celestial, aún esté preocupado con ministrarnos es sorprendente, maravilloso, provoca humildad. Siempre está sirviendo. Incluso en su gloria ahora en el trono de Dios, es condescendiente para levantarse y ministrar a favor de nosotros cuando lo necesitemos. No recibió su majestad como algo que pudiera disfrutarse de manera egoísta. En Jesucristo, la majestad y el servicio se unen perfectamente.

SU SANTUARIO

ministro del santuario, y de aquel verdadero tabernáculo que levantó el Señor, y no el hombre. Porque todo sumo sacerdote está constituido para presentar ofrendas y sacrificios; por lo cual es necesario que también éste tenga algo que ofrecer. Así que, si estuviese sobre la tierra, ni siquiera sería sacerdote, habiendo aún sacerdotes que presentan las ofrendas según la ley; los cuales sirven a lo que es figura y sombra de las cosas celestiales, como se le advirtió a Moisés cuando iba a erigir el tabernáculo, diciéndole: Mira, haz todas las cosas conforme al modelo que se te ha mostrado en el monte. (8:2-5)

El **santuario** en el cual Jesús es **ministro** es infinitamente superior a aquel en que los sacerdotes judíos ministraban. Como era de esperar, el Sacerdote superior ministra en un santuario superior. No ministra en un templo de cedro y oro o en uno de mármol blanco, aunque pueda ser muy bello e impresionante, mucho menos en un tabernáculo hecho con piel de animales. Al momento de escribir Hebreos, el tabernáculo había dejado de usarse hacía mil años, y el templo herodiano no duraría de pie más de cinco años. Pero el santuario de Jesús está en el **verdadero tabernáculo que levantó el Señor, y no el hombre**, y no puede deteriorarse, desmoronarse o ser destruido.

Aquí no se usa la palabra **verdadero** como antónimo de falso. El tabernáculo verdadero israelita no se contrasta aquí con los tabernáculos o templos falsos de sus vecinos paganos. Tampoco es la idea decir que el tabernáculo de los israelitas fuera falso en algún sentido. Era temporal e inadecuado, pero no falso. Aquí se usa **verdadero** como antónimo de vago o irreal. La comparación es entre lo típico y temporal y lo real y permanente. "Dando el Espíritu Santo a entender con esto que aún no se había manifestado el camino al Lugar Santísimo, entre tanto que la primera parte del tabernáculo estuviese de pie. Lo cual es símbolo para el tiempo presente" (He. 9:8-9).

Ciertos filósofos místicos griegos afirmaban que todo lo que vemos, oímos y tocamos, no es más que una sombra o reflejo de una contraparte "real" en otro mundo. El mundo que experimentamos no es real ni verdadero; solo es una representación, una copia efímera. Por ejemplo, en alguna parte está el caballo verdadero y universal, del cual los que usamos son apenas una sombra. En alguna parte está la silla verdadera, de la cual las que usamos para sentarnos no son más que un reflejo.

El escritor de Hebreos está diciendo casi lo mismo. No era un filósofo griego. Estaba escribiendo la revelación de Dios. Pero en algunos asuntos aquellos filósofos no estaban tan alejados de la verdad. Este mundo imperfecto y transitorio es simplemente una imitación en decadencia de una realidad infinitamente mayor (2 P. 3:13). De igual manera, el antiguo pacto, con todos sus rituales, ceremonias, altares, sacrificios, tabernáculo y templos, no era sino la sombra, el tipo, la descripción, un reflejo, de las realidades del nuevo. Todas estas cosas tenían patrones celestiales. La adoración terrenal, hasta la más sincera y piadosa, solamente es un reflejo remoto de la adoración en el cielo. El sacerdocio terreno es solo una sombra inadecuada del sacerdocio real.

Porque todo sumo sacerdote está constituido para presentar ofrendas y sacrificios; por lo cual es necesario que también éste tenga algo que ofrecer. (8:3)

El versículo 3 comienza a llevar el argumento de lo general a lo particular. En este punto puede haber surgido la pregunta: "Si Cristo ha finalizado su obra y está sentado en el cielo, ¿no tiene nada que hacer?". Como ya se dijo, la respuesta es no. Su sacrificio terminó, su obra expiatoria terminó. Pero todo su ministerio sacerdotal no ha acabado. Si **todo sumo sacerdote está constituido para presentar ofrendas y sacrificios,** entonces Jesucristo, como sumo sacerdote perfecto no puede hacer menos. Verdaderamente es un sacerdote que ministra.

En la explicación de Hebreos 5, hablamos brevemente de la distinción entre ofrendas y sacrificios. Las ofrendas se refieren a las ofrendas de comida y los sacrificios a las ofrendas de sangre. Las ofrendas se entregaban para representar la dedicación, el compromiso y la acción de gracias personales con el Señor. Por otra parte, los sacrificios de sangre eran para limpiar el pecado. Los sacerdotes tenían la responsabilidad de ofrecer los dos. La persona del común no podía ofrecer ni siquiera la comida más simple. Llevaba la ofrenda, pero solo el sacerdote la podía presentar a Dios.

Jesús ya había ministrado el único sacrificio definitivo de sangre que era suficiente para todas las personas de todos los tiempos. Su obra está completamente acabada porque no hay ni habrá necesidad de más sacrificios para limpiar el pecado; pero no ha terminado la necesidad de su pueblo de compromiso, dedicación y acción de gracias. Jesús continúa ministrando estos dones de acción de gracias por nosotros delante de su Padre.

Ninguno de nosotros puede alabar a Dios, agradecerle, comprometerse con Él, o dedicarse a Él en adoración, obediencia y servicio, aparte de Jesucristo. Así como los israelitas no podían presentar ofrendas o sacrificios a Dios en ausencia del sacerdote, los cristianos tampoco pueden hacerlo sin su sumo sacerdote. No podemos confesar los pecados o buscar perdón sin que medie Cristo, como no podríamos acercarnos a Dios sin que medie Él. Lo que hagamos como creyentes, sin importar el valor, debemos hacerlo por medio de nuestro Señor. "Y todo lo que hacéis, sea de palabra o de hecho, hacedlo todo en el nombre del Señor Jesús, dando gracias a Dios Padre por medio de él" (Col. 3:17; cp. Ef. 5:20).

Entonces, obviamente, es necesario que Jesús continúe ministrando a nuestro favor. Él lleva continuamente las ofrendas de los corazones de su pueblo —la adoración, la alabanza, el arrepentimiento, la dedicación, las acciones de gracias— ante el Padre.

Así que, si estuviese sobre la tierra, ni siquiera sería sacerdote, habiendo aún sacerdotes que presentan las ofrendas según la ley; los cuales sirven a lo que es figura y sombra de las cosas celestiales, como se le advirtió a Moisés cuando iba a erigir el tabernáculo, diciéndole: Mira, haz todas las cosas conforme al modelo que se te ha mostrado en el monte. (8:4-5)

Si el templo aún siguiera en pie, Jesús **ni siquiera sería sacerdote**, por ende no podría Él ministrar a nuestro favor bajo los términos del antiguo pacto. Jesús sanó enfermos, resucitó muertos, predicó en la ladera del monte y en la sinagoga, perdonó pecados y se llamó a sí mismo el Hijo verdadero de Dios durante su ministerio terrenal. Pero nunca reclamó el derecho a ministrar en el templo. Ni siquiera fue un paso más allá del que habría dado cualquier otro judío de su época que no fuera sacerdote para entrar al santuario. No era de la tribu sacerdotal, por tanto, no estaba calificado para el ministerio terrenal antiguo. Dios nunca mezcla la **sombra** con la sustancia, el tipo con el antitipo. Jesús no podía ministrar las ofrendas antiguas en el santuario terrenal y antiguo. Él ministra las ofrendas nuevas en el santuario celestial nuevo, construido por Dios y no por lo hombres (v. 2).

El tabernáculo cuya construcción Moisés dirigió **conforme al modelo** no era el original, no era el tipo, que determinaba el patrón para el templo más elaborado y para el infinitamente más elaborado santuario celestial. El santuario celestial no es una versión mejorada y arreglada del terrenal. Todo lo contrario. El terrenal no es más que una sombra, una copia vagamente sugestiva del celestial, que precedía al terrenal por toda la eternidad. Las ofrendas, los sacrificios, el santuario e incluso los sacerdotes eran copias y sombras de sus contrapartes celestiales.

Una **sombra** no tiene sustancia, no tiene existencia o significado independiente de lo que la produce. Solamente existe como evidencia de lo real. Por supuesto, una copia puede ser útil. Por ejemplo, la copia de un contrato puede ser útil en muchas formas: para verificar los nombres, las fechas, los términos y las cosas que se acordaron. Pero en un tribunal solamente es valedero el contrato original. La copia es buena para verificar los términos, pero solo el contrato original los hace cumplir.

Entonces, ¿por qué debería alguien quedar satisfecho con una copia cuando puede tener el original? ¿Por qué habría de quedar satisfecho un judío con el sacerdocio y los sacrificios antiguos —solamente copias y sombras del perdón y la reconciliación— cuando puede tener perdón y reconciliación reales en Jesucristo? ¿Y qué sacerdote del antiguo pacto puede compararse con el sumo sacerdote del nuevo pacto?

EL PACTO SUPERIOR

Pero ahora tanto mejor ministerio es el suyo, cuanto es mediador de un mejor pacto, establecido sobre mejores promesas. (8:6)

El asiento y el santuario superiores de Jesús son evidencia de su ministerio superior. Su ministerio superior es evidencia de un pacto superior del cual Él es mediador y que tiene promesas superiores.

La palabra **mediador** (*mesitēs*) quiere decir alguien que está entre dos personas para unirlas, un intermediario en una disputa o conflicto. Debe representar a las dos partes. En religión, un sacerdote es un mediador entre Dios y los hombres. Muchas religiones falsas tienen sacerdotes, cuyo ministerio es hacer justamente eso, según afirman: reconciliar a los hombres con Dios o con los dioses. Por supuesto, estos son todos mediadores falsos porque, aunque puedan representar a los hombres en algún grado, no representan a Dios en absoluto. El antiguo pacto con Israel tenía sus mediadores. En los asuntos ceremoniales se trataba de los sacerdotes, y nadie más que los sacerdotes. Sin embargo, Moisés también actuó como mediador del antiguo pacto (Gá. 3:19; Éx. 20:19; Dt. 5:5). En un sentido, los profetas eran mediadores de la Palabra de Dios para Israel.

Asumiendo que los mediadores israelitas estuvieran haciendo legítimamente la obra de Dios, no eran mediadores falsos como los de las otras religiones. Pero no eran mediadores verdaderos tampoco, en el mismo sentido en que el tabernáculo terrenal no era verdadero, sin ser falso (He. 8:2). Los mediadores israelitas eran verdaderos solamente en el sentido de apropiados, de ser y hacer lo que Dios quería. Sin embargo, no eran verdaderos en el sentido de eficaces. No podían juntar a Dios y a los hombres. No eran mediadores reales, solo reflejos del Mediador verdadero que había de venir. Ellos también eran solo copias y sombras.

El nuevo pacto no solo tenía un mejor Mediador, también tenía **mejores promesas**. Todos los pactos tienen su base en las promesas. A veces las promesas son nada más de una parte, a veces de las dos. A veces las promesas son condicionales, a veces no. Pero siempre hay promesas. En lo que a los pactos de Dios concierne, *sus* promesas siempre son lo importante. Los hombres incumplen sus promesas, Dios no. Los beneficios y el poder siempre están del lado de Dios; por tanto, las promesas importantes siempre son las de su parte. En consecuencia, son las promesas *de Dios* en el nuevo pacto las que aquí se llaman "mejores".

Porque si aquel primero hubiera sido sin defecto, ciertamente no se hubiera procurado lugar para el segundo. Porque reprendiéndolos dice: He aquí vienen días, dice el Señor, en que estableceré con la casa de Israel y la casa de Judá un nuevo pacto; (8:7-8)

El antiguo pacto no era falso, pero tenía defectos. **Porque si aquel primero hubiera sido sin defecto, ciertamente no se hubiera procurado lugar para el segundo.** Sus defectos y limitaciones los había descrito ya Jeremías, uno de los mismos profetas judíos. Hebreos 8:8-12, con excepción de las primeras palabras del versículo 8, es una cita directa de Jeremías 31. Lo que el escritor está diciendo es: "Vean lo que sus mismas Escrituras dicen sobre las ventajas del nuevo pacto. Deberían haber estado a la espera de un nuevo pacto y deberían haber sabido que sería superior al anterior. Uno de sus mismos profetas se lo dijo hace cientos de años". Sin embargo, millones de judíos, aun hoy, siguen aferrándose tenazmente al antiguo pacto, aun cuando sus propias Escrituras, por medio de un profeta amado por ellos, les han dicho por más de dos mil años que llegaría un nuevo pacto.

En la cita de Jeremías encontramos al menos ocho factores que muestran la superioridad del nuevo pacto con respecto al antiguo.

ESCRITO POR DIOS

Un testamento es una especie de pacto que ilustra con belleza los pactos de Dios con su pueblo. Aunque muchas personas pueden ser parte de las estipulaciones del testamento, lo escribe solo una persona: el dueño del testamento. Ningún beneficiario tiene parte en determinar sus beneficios. Solo puede aceptar o rechazar lo que el testamento le entrega, pero no lo puede cambiar.

El nuevo pacto en Cristo, el Mesías, tiene su base exclusivamente en los términos soberanos de Dios. El Señor le dijo a Jeremías: **Estableceré... un nuevo pacto.**

DIFERENTE DEL ANTIGUO

Por el hecho de que el pacto en Cristo sea **nuevo** y mejor, es obvio que también es diferente en algún grado. Pero no es solamente un arreglo o una modificación. No es que sea ligeramente diferente del antiguo, sino radicalmente distinto. Como se menciona en el punto siguiente, es semejante al antiguo en que se hizo soberanamente con el mismo pueblo. Pero su naturaleza y estipulaciones son completamente diferentes. Dios realizó **un nuevo pacto**, "no como el pacto que hice con sus padres" (v. 9).

HECHO CON ISRAEL

En este aspecto, el nuevo pacto es exactamente como el antiguo: se hizo con Israel, con los judíos. **Estableceré con la casa de Israel y la casa de Judá un nuevo pacto** (v. 8; cp. v. 10). Dios nunca ha hecho un pacto con los gentiles, y según podemos ver en las Escrituras, nunca lo hará. El nuevo pacto no es con la Iglesia, según parecen creer algunos. Es con el mismo pueblo que hizo el antiguo: Israel. Los gentiles pueden ser beneficiarios del nuevo pacto, como lo podían ser del antiguo (cp. Gn. 12:3). Pero los dos pactos se hacen con Israel solo. Israel como nación rechazó a Dios habiendo rechazado a su Hijo. Pero Dios nunca ha rechazado a Israel ni ha transferido su pacto a nadie más.

El nombre original y básico de la nación judía es Israel. Después de la división trágica del reino, las dos partes se llamaron Israel (el reino del norte) y Judá (el reino del sur). Pero a las doce tribus en conjunto se les llama siempre Israel, o Israel y Judá. A veces oímos de "las tribus perdidas de Israel" en referencia a las tribus del norte que nunca regresaron de la cautividad. Pero los que no se llevó Asiria en el 722 a.C. se hicieron parte de Judá, de modo que las doce tribus aún estaban intactas. Aunque hayan perdido sus registros tribales, Dios sabe quiénes son y el hecho de que se hayan perdido para la historia humana no abroga el pacto de Dios con ellos (cp. Ap. 7:4-8).

Como ya se mencionó —y queda abundantemente claro en todo el Nuevo Testamento— los gentiles pueden participar por la fe en los beneficios del evangelio al mismo nivel de los judíos. Los gentiles podían tener parte en el pacto mosaico e incluso en el pacto abrahámico porque todas las naciones del mundo recibirían bendición en Abraham. Pero ninguno de estos pactos era con los gentiles. Jesús dijo: "La salvación viene de los judíos" (Jn. 4:22).

Dios no añadió condiciones ni exigencias a su pacto con Abraham. El pacto era sencillamente una declaración de la intención divina de bendecir a Abraham, a sus descendientes y a todo el mundo, por medio de ellos. En el pacto mosaico, Dios adjuntó muchas exigencias, muchas leyes. Se le suele llamar el pacto de la ley. Israel debía obedecer todos los requisitos del pacto y en el Sinaí acordó que así lo haría. Muchas de las bendiciones prometidas a Israel estaban condicionadas a la obediencia prometida. Pero antes de entregarles los mandamientos, les dijo: "Y *vosotros me seréis* un reino de sacerdotes, y gente santa" (Éx. 19:6). Su llamado no estaba condicionado a la obediencia o la fidelidad. Sus bendiciones sí. Israel perdió muchas bendiciones por su desobediencia, pero nunca su llamado (Ro. 11:29). Rompió todas las leyes del pacto, pero no pudo romper el pacto. Los judíos siguen hoy día rompiendo las leyes del pacto y perdiéndose sus bendiciones. Pero, con toda su desobediencia, con toda su incredulidad y rechazo, no han roto, ni pueden romper, ninguno de los pactos que Dios ha hecho con ellos.

Cuando los gentiles reciben la salvación, se vuelven descendientes espirituales de Abraham. "Sabed, por tanto, que los que son de fe, éstos son hijos de Abraham. Y la Escritura, previendo que Dios había de justificar por la fe a los gentiles, dio de antemano la buena nueva a Abraham, diciendo: En ti serán benditas todas las naciones" (Gá. 3:7-8). El pacto abrahámico se cumple en cada uno de nosotros cuando aceptamos el único requisito del nuevo pacto: la fe en Jesucristo. "Y si vosotros sois de Cristo, ciertamente linaje de Abraham sois, y herederos según la promesa" (Gá. 3:29).

De hecho, por el momento, los gentiles están viviendo más el nuevo pacto que los judíos. Pero un día esto cambiará. Después que los gentiles hayan tenido suficiente tiempo para responder al evangelio, todo Israel será salvo (Ro. 11:26). El día de Israel está llegando. Israel volverá a ser injertada en el tronco del pacto de la salvación (cp. Ro. 11:17-24).

NO ES LEGALISTA

no como el pacto que hice con sus padres el día que los tomé de la mano para sacarlos de la tierra de Egipto; porque ellos no permanecieron en mi pacto, y yo me desentendí de ellos, dice el Señor. (8:9)

Las bendiciones del antiguo pacto estaban condicionadas a la obediencia de Israel a la ley que Dios les había dado en el pacto. Como Israel no cumplió, Dios se desentendió de ellos. Bajo la ley, el cuidado de Él dependía del cumplimiento de ellos. La desobediencia no abrogaba el pacto, pero los despojaba de todas sus bendiciones. Era un pacto de la ley.

El nuevo pacto no es así.

INTERNO, NO EXTERNO

Por lo cual, este es el pacto que haré con la casa de Israel después de aquellos días, dice el Señor: Pondré mis leyes en la mente de ellos, y sobre su corazón las escribiré; y seré a ellos por Dios, y ellos me serán a mí por pueblo; (8:10)

El nuevo pacto tendrá una forma de ley diferente: interna, no externa. Bajo la antigua economía, todo era principalmente externo. Bajo el antiguo pacto, la obediencia existía principalmente por el temor al castigo. Bajo el nuevo, es por amor y acción de gracias en adoración. Antes, Dios entregó su ley en tablas y ellos debían escribirla en las muñecas, en la frente y en los marcos de las puertas para recordarla (Dt. 6:8-9). Por supuesto, aun cuando Dios entregó la ley antigua, pretendía que estuviera en el **corazón** de su pueblo (Dt. 6:6). Pero no podían escribirla en sus corazones como la escribían en los marcos de las puertas. Y para aquel entonces, los creyentes no habían recibido al Espíritu Santo, el único que puede cambiar los corazones. Sin embargo, el Espíritu escribe ahora la ley de Dios en **la mente** y en el **corazón** de quienes le pertenecen. En el nuevo pacto, la adoración verdadera es interna, no externa; real, no ritual (cp. Ez. 11:19-20; 36:26-27; Jn. 14:17).

PERSONAL

y ninguno enseñará a su prójimo, ni ninguno a su hermano, diciendo: Conoce al Señor; porque todos me conocerán, desde el menor hasta el mayor de ellos. (8:11)

Al ser interno, el nuevo pacto debía ser personal. Y no es personal solamente porque la ley de Dios (su Palabra) esté escrita en nosotros, sino porque su Espíritu (que es una persona) está en nosotros. Todo creyente tiene un Consolador interno, un Maestro residente, un Amigo residente. "Mas el Consolador, el Espíritu Santo, a quien el Padre enviará en mi nombre, él os enseñará todas las cosas, y os recordará todo lo que yo os he dicho" (Jn. 14:26).

OTORGA PERDÓN TOTAL

Porque seré propicio a sus injusticias, y nunca más me acordaré de sus pecados y de sus iniquidades. (8:12)

He aquí la piedra angular del nuevo pacto. Es esto lo que necesitan los hombres, más que cualquier otra cosa; es esto lo que describía el antiguo pacto pero no lo podía dar. ¡Finalmente se cumple la promesa del Antiguo Testamento! Bajo el antiguo pacto, no había olvido real de los pecados porque no había perdón real de ellos. Solo quedaban cubiertos, indicando y anticipando el perdón verdadero en Jesucristo. Pero para quienes pertenecen al Hijo —ya sea que hayan creído bajo el antiguo pacto o bajo el nuevo— Dios olvida todo pecado.

ES PARA AHORA

Al decir: Nuevo pacto, ha dado por viejo al primero; y lo que se da por viejo y se envejece, está próximo a desaparecer. (8:13)

Al testificar del evangelio con los judíos —hoy o en tiempos del Nuevo Testamento—, una de las más grandes piedras de tropiezo para ellos es la idea de que el antiguo pacto ha muerto; que ya no es válido ni para ellos ni para nadie más. Dios ya no honra más ese pacto. Ha hecho otro, infinitamente mejor que el antiguo, por medio de su Hijo, Jesucristo, el Mesías de los judíos. Para los judíos es difícil darse cuenta de que el antiguo pacto con sus leyes y ceremonias era solamente un símbolo, un retrato del plan de Dios para ellos y para el mundo.

Su negación a reconocer que Jesús es el Mesías es como una persona que tiene una foto de un amigo que perdió hace tiempo. Mira frecuentemente la foto con amor, esperanza y ansias. La foto es una representación y un recordatorio hermoso de su amigo, y por ello la foto como tal se vuelve muy querida. Un día, el amigo aparece y dice: "Aquí estoy en carne y hueso, en persona". Pero la persona a la que ha venido a ver sigue viendo la foto sin reconocer nunca la presencia de su amigo. Se ha enfocado tanto en la foto que no reconocería a quien está en la foto cuando la persona apareciera. El símbolo ha sustituido la realidad. El símbolo recibe el trato de lo real y a lo real se le considera irreal. La foto no puede hacer nada y todo lo que el amigo pudiera hacer por él no se hace.

El símbolo del antiguo pacto no es malo, nunca lo fue. Tenía un propósito hermoso que Dios le dio. Señalaba al Hijo, representaba al Hijo, indicaba al Hijo, antes de que viniera a la Tierra. Pero ahora el Hijo ha venido, el símbolo ya no tiene ningún propósito y la intención de Dios es descartarlo.

Solo con decir que venía un nuevo pacto, Dios hizo **viejo** al primero, que ya no es válido. De hecho, desaparecería. El escritor humano de Hebreos no tenía ni idea de cómo se cumpliría esta verdad pocos años después de haber escrito esto. Cuando Tito destruyó Jerusalén, destruyó el templo, que se había terminado hacía poco tiempo. Sin templo, no había altar, no había Lugar Santísimo. Por tanto, no podía haber sacrificios ni sacerdocio que ministrara. Y sin el sacerdocio y sus sacrificios no podía haber antiguo pacto. Se había terminado. Cuando el autor escribió el versículo 13, el pacto obsoleto estaba **próximo a desaparecer**. En menos de cinco años desaparecería completamente.

En realidad, el antiguo sistema de sacrificios terminó cuando el velo del templo se rasgó en dos y Cristo consumó su sacrificio (Mt. 27:50-51; Mr. 15:37-39; Lc. 23:44-46). Para ese momento, el sacrificio único e irrepetible de Cristo culminó con el resultado de que todos los hombres tenían en Cristo acceso directo a Dios (1 Ti. 2:5-6). La destrucción del templo completó la clausura del viejo pacto, quitando el lugar de sacrificios que ya no tenía ningún propósito.

La era de la ley mosaica y del sacerdocio levítico se había terminado. La era del Hijo había llegado para siempre.

El nuevo pacto —Segunda parte

20

Ahora bien, aun el primer pacto tenía ordenanzas de culto y un santuario terrenal. Porque el tabernáculo estaba dispuesto así: en la primera parte, llamada el Lugar Santo, estaban el candelabro, la mesa y los panes de la proposición. Tras el segundo velo estaba la parte del tabernáculo llamada el Lugar Santísimo, el cual tenía un incensario de oro y el arca del pacto cubierta de oro por todas partes, en la que estaba una urna de oro que contenía el maná, la vara de Aarón que reverdeció, y las tablas del pacto; y sobre ella los querubines de gloria que cubrían el propiciatorio; de las cuales cosas no se puede ahora hablar en detalle. Y así dispuestas estas cosas, en la primera parte del tabernáculo entran los sacerdotes continuamente para cumplir los oficios del culto; pero en la segunda parte, sólo el sumo sacerdote una vez al año, no sin sangre, la cual ofrece por sí mismo y por los pecados de ignorancia del pueblo; dando el Espíritu Santo a entender con esto que aún no se había manifestado el camino al Lugar Santísimo, entre tanto que la primera parte del tabernáculo estuviese en pie. Lo cual es símbolo para el tiempo presente, según el cual se presentan ofrendas y sacrificios que no pueden hacer perfecto, en cuanto a la conciencia, al que practica ese culto, ya que consiste sólo de comidas y bebidas, de diversas abluciones, y ordenanzas acerca de la carne, impuestas hasta el tiempo de reformar las cosas. Pero estando ya presente Cristo, sumo sacerdote de los bienes venideros, por el más amplio y más perfecto tabernáculo, no hecho de manos, es decir, no de esta creación, y no por sangre de machos cabríos ni de becerros, sino por su propia sangre, entró una vez para siempre en el Lugar Santísimo, habiendo obtenido eterna redención. Porque si la sangre de los toros y de los machos cabríos, y las cenizas de la becerra rociadas a los inmundos, santifican para la purificación de la carne, ¿cuánto más la sangre de Cristo, el cual mediante el Espíritu eterno se ofreció a sí mismo sin mancha a Dios, limpiará vuestras conciencias de obras muertas para que sirváis al Dios vivo? (9:1-14)

Dios nunca le pide a nadie que deje algo sin ofrecerle algo mucho mejor a cambio. El principal obstáculo en el camino a la fe de los hebreos era su incapacidad de ver que todas las cosas que estaban relacionadas con la ley ceremonial (el pacto, los sacrificios, el sacerdocio y el ritual) eran preparatorias y transitorias. De modo que el escritor se da a la labor de perseguir una revelación definitivamente más clara del carácter mejor del nuevo pacto.

En consecuencia, en Hebreos 9:1-14 se siguen contrastando los pactos antiguo y nuevo. La primera parte del pasaje (vv. 1-10) delinea o resume las características del antiguo, mientras que la segunda parte (vv. 11-14) delinea las características del nuevo.

CARACTERÍSTICAS DEL ANTIGUO PACTO

Ahora bien, aun el primer pacto tenía ordenanzas de culto y un santuario terrenal. (9:1)

El **primer pacto** no carecía de valor u objeto. Dios lo dio y Él no hace nada sin valor u objeto. Por medio del antiguo pacto, Dios prescribió algunas clases de **culto** y un lugar especial para adorar. Pero era temporal, lo cual se mostraba por el carácter **terrenal** del santuario. El santuario y su culto existían por institución divina, pero eran temporales, como la Tierra. Dios los ordenó para dar una descripción hermosa, con significado, y detallada del Mesías eterno.

El escritor de Hebreos hace muchas comparaciones. Ha comparado a los profetas, a los ángeles, a Josué y a Aarón con Cristo; siempre señalando y demostrando la superioridad de Cristo. Pero nunca menosprecia a las personas que compara con Cristo o su obra. De hecho, exalta a los profetas, a los ángeles, a Aarón, a Moisés y al antiguo pacto. No compara a Cristo con personas o cosas que fueran insignificantes o carentes de significado, sino con los ordenados por Dios, fieles y con un propósito. No intenta levantar a Cristo menospreciándolos a ellos. Todo lo contrario: los ensalza y alaba. Así, exalta aun más a Cristo. Cuanto más ensalce legítimamente a las otras personas o cosas, tanto más ensalza a Jesús, más superior demuestra ser.

Dios instituyó las **ordenanzas de culto**, los ritos y las ceremonias para que ayudaran a mostrar a su Hijo, el Mesías, el Salvador verdadero. Eran servicios divinos, pero eran servicios temporales, realizados en un santuario temporal. Los versículos 2-10 mencionan tres cosas sobre el culto antiguo: su santuario, sus servicios y su importancia.

EL SANTUARIO ANTIGUO

Porque el tabernáculo estaba dispuesto así: en la primera parte, llamada el Lugar Santo, estaban el candelabro, la mesa y los panes de la proposición. Tras el segundo velo estaba la parte del tabernáculo llamada el Lugar Santí-

simo, el cual tenía un incensario de oro y el arca del pacto cubierta de oro por todas partes, en la que estaba una urna de oro que contenía el maná, la vara de Aarón que reverdeció, y las tablas del pacto; y sobre ella los querubines de gloria que cubrían el propiciatorio; de las cuales cosas no se puede ahora hablar en detalle. (9:2-5)

Esta es una descripción breve del santuario antiguo; primero del tabernáculo y después del templo. Sin embargo, aquí el énfasis está en el **tabernáculo**. Fue el primer santuario, además del más temporal y más terrenal. Por ende, sirve para ilustrar mejor la idea del autor. Estaba hecho principalmente de pieles y era transportable. Aun desde el punto de vista humano era la esencia de lo que no permanece. Daba toda la impresión de ser transitorio.

En la Biblia, hay solo dos capítulos dedicados a la creación, aunque hay como cincuenta enfocados en el tabernáculo (véase especialmente Éx. 25—40). El tabernáculo es importante y exige atención en nuestro estudio porque es un retrato gigante de Jesucristo. Todo lo que se puede ver en el tabernáculo, puede verse en Él.

El atrio del tabernáculo tenía poco más de cuarenta y cinco metros de largo y casi veintidós de ancho. Su única puerta, al lado oriental, medía más de nueve metros de ancho y dos metros de alto, para permitir la entrada al mismo tiempo de varias personas. Es una descripción gráfica de Jesucristo, que dijo: "Yo soy el camino" y "yo soy la puerta". Tal como había una entrada única al tabernáculo, hay un solo camino a Dios: Jesucristo es el único camino y la única puerta. El cristianismo no es exclusivo porque los cristianos lo hayan hecho así, sino porque Dios lo hizo así. Por supuesto, a lo largo de la historia los cristianos han hecho que la iglesia terrenal sea exclusiva de muchas formas erradas. Pero Dios ha hecho que su Iglesia eterna sea exclusiva intencionalmente. Solo se puede entrar a ella por medio de Jesucristo.

El primer accesorio en el atrio exterior era el altar de bronce. Estaba hecho de madera de acacia revestida en bronce. Medía poco más de dos metros cuadrados, estaba a más de un metro del nivel del piso y en la parte superior tenía una rejilla de bronce. Los carbones se ubicaban debajo de la rejilla y los sacrificios encima. En las cuatro esquinas del altar había cuernos para atar al animal cuando lo iban a sacrificar. El altar de bronce también es una descripción perfecta de Jesucristo, el sacrificio por el pecado.

El siguiente accesorio en el patio era el lavatorio, hecho también de bronce. Los sacerdotes lo usaban para lavarse las manos, e incluso los pies después de hacer los sacrificios de sangre. Esta es una descripción de Jesucristo como aquel que limpia a su pueblo. Una vez hemos recibido el perdón de nuestros pecados por el sacrificio de Cristo, seguimos necesitando su limpieza diaria para restaurar la comunión y el gozo.

Siguiendo más hacia el occidente, al cruzar el atrio, se llegaba al tabernáculo como tal: casi catorce metros de largo, por cuatro y medio de ancho, y cuatro y medio de alto. El **Lugar Santo** ocupaba dos tercios del área, lo cual quiere decir que el **Lugar Santísimo** era un cubo perfecto de aproximadamente cuatro metros y medio. Solo los sacerdotes podían entrar al Lugar Santo, donde había tres accesorios. El escritor de Hebreos menciona solo dos porque, como él dice, son **cosas** de las que **no se puede ahora hablar en detalle** (9:5).

El Lugar Santo. A la izquierda, cuando el sacerdote entraba, había un **candelabro** de oro sólido con siete brazos, cada uno lleno de aceite puro de oliva. A la derecha, estaba **la mesa** donde se ponían **los panes de la proposición**. La mesa, como la base del altar, era de madera de acacia recubierta de oro. Tenía noventa centímetros de largo, quince de ancho y sesenta y ocho de alto. Cada sábado ponían doce panes de pan recién hecho sobre ella, uno por cada una de las doce tribus. Al final de la semana, los sacerdotes, y nadie más que los sacerdotes, tenían permitido comerse los panes. Más allá, en el centro del Lugar Santo, estaba el **incensario**. También era de madera de acacia recubierto de oro, medía treinta centímetros por cuarenta y cinco y alrededor de noventa de alto. Sobre este altar estaban los carbones encendidos del altar de bronce en el atrio, donde se hacían los sacrificios.

Estos tres accesorios también describen a Cristo. Todo lo que había en el patio estaba relacionado con la salvación y la limpieza de los pecados. Jesús cumplió su sacrificio en la Tierra, fuera de la presencia celestial de Dios. El atrio exterior era accesible a todo el pueblo, como Cristo era accesible a todo el que iba a Él. Pero en su santuario celestial está aislado del mundo, aun temporalmente hasta para su propio pueblo. Desde este lugar celestial Jesús ilumina ahora nuestro camino (descrito por el **candelabro** dorado), nos sustenta (descrito por **los panes de la proposición**) e intercede por nosotros (descrito por el **incensario**).

Jesús dijo: "Entre tanto que estoy en el mundo, luz soy del mundo" (Jn. 9:5). Cuando dejó el mundo, este quedó en tinieblas y Él es la luz de la vida solo para los creyentes. Es la luz que dirige nuestros caminos, el único que, a través del Espíritu, ilumina nuestra mente para entender la verdad espiritual. El único que, por el Espíritu que nos habita, nos guía a través de un mundo en oscuridad. Él es nuestra luz.

Jesús es nuestro sustento. Es nuestra mesa de los panes de la proposición. Él nos alimenta cada día, nos sostiene con la Palabra. La Palabra no es solamente nuestra comida, sino nuestra luz. Y el aceite es el Espíritu de Dios, que ilumina al mundo por nosotros. El altar de incienso describe a Jesús haciendo intercesión por nosotros, el Sacrificio perfecto haciéndose el Intercesor perfecto.

El Lugar Santísimo. **Tras el segundo velo estaba la parte del tabernáculo llamada el Lugar Santísimo**, donde solo podía entrar el sumo sacerdote, y solamente una vez al año, el día de la expiación. En este lugar, el más santo de los lugares terrenales, no había más que un accesorio: **el arca del pacto**. En ella había tres artículos extremadamente preciosos: **una urna de oro que contenía el maná, la vara de Aarón que reverdeció, y las tablas del pacto**. Estaba hecha de madera de acacia **cubierta de oro**, tenía alrededor de noventa centímetros de largo, sesenta y siete y medio de ancho y sesenta de alto. En la tapa estaba **el propiciatorio**, donde estaban **los querubines de gloria**, figuras angélicas hechas de oro sólido. Entre las alas de esos ángeles, en el propiciatorio, Dios se encontraba con los hombres. "Y de allí me declararé a ti, y hablaré contigo de sobre el propiciatorio, de entre los dos querubines que están sobre el arca del testimonio, todo lo que yo te mandare para los hijos de Israel" (Éx. 25:22). Si Dios y el hombre se iban a encontrar, el encuentro solo podría ocurrir allí.

Lamentablemente, bajo la economía del Antiguo Testamento solamente una persona podía entrar al Lugar Santísimo y con muchas limitaciones. Para todo propósito práctico, el hombre no tenía acceso a Dios en absoluto. Los sacerdotes regulares no podían ir más allá de la primera parte del santuario y la persona del común no podía ir más allá del atrio exterior.

El único mobiliario en el Lugar Santísimo era **el arca**, que representa a Jesucristo, la propiciación verdadera. Cuando conocemos a Jesucristo como Salvador, llegamos a la presencia de Dios, al verdadero Lugar Santísimo. Dios ya no está en contacto con el hombre entre las alas de querubines en un propiciatorio dorado. Está en contacto con los hombres en su Hijo, por medio del cual el velo se partió en dos. Jesucristo es el propiciatorio. Solo sobre la base de la sangre de un cordero tendría Dios comunión con Israel, y solo sobre la base de la sangre de Cristo la tendrá con los hombres. Cuando Juan usa el término "propiciación" en 1 Juan 2:2, relaciona a Jesús con el propiciatorio, pues la misma palabra *hilastērion* se usa para el propiciatorio en la LXX de Éxodo 25:17.

El antiguo pacto tenía un santuario con descripciones y símbolos divinos, pero era terrenal y temporal y nunca proporcionó acceso verdadero a Dios.

LOS SERVICIOS ANTIGUOS

Y así dispuestas estas cosas, en la primera parte del tabernáculo entran los sacerdotes continuamente para cumplir los oficios del culto; pero en la segunda parte, sólo el sumo sacerdote una vez al año, no sin sangre, la cual ofrece por sí mismo y por los pecados de ignorancia del pueblo; (9:6-7)

El antiguo pacto tenía servicios divinos en su santuario. Todos los días, **los sacerdotes** debían recortar las mechas, añadir aceite al candelabro y poner incienso en el incensario. Todos los sábados debían cambiar los doce panes de la proposición. Entraban y salían **continuamente** del Lugar Santo, ministrando por el pueblo. Su trabajo no terminaba. En esto son imagen de Jesucristo, que no cesa de iluminarnos, sustentarnos e interceder por nosotros. Esta labor suya es perpetua, continua e incesante. Es maravilloso que nuestro Señor nunca detenga su labor sacerdotal por nosotros. Es un Sumo Sacerdote que vive para siempre.

Sin embargo, nada describe a Cristo tan perfectamente como la labor del **sumo sacerdote** en el Lugar Santísimo durante el día de la expiación (Yom Kipur), resumida en el versículo 7.

Cuando un israelita pecaba, su comunión con Dios cesaba. En consecuencia, los sacrificios por el pecado nunca terminaban y la obra sacerdotal nunca estaba completa. Sin embargo, a pesar de los sacrificios continuos, se acumulaban muchos pecados desconocidos u olvidados por los cuales no se había ofrecido sacrificio. El propósito del día de la expiación era hacer sacrificio por todos esos pecados que aún no se habían cubierto.

Era un día grandioso para la liberación de la conciencia (véase Lv. 16). El israelita sabía que cualquier pecado olvidado en los sacrificios diarios sería ahora considerado. La pizarra quedaba completamente limpia, al menos simbólicamente, por un tiempo. Yom Kipur era un tiempo de liberación y alivio. El judío devoto anhelaba el día de la expiación. No podía entrar por sí mismo a la presencia de Dios, pero el sumo sacerdote lo haría por él y él recibiría liberación.

En el día de la expiación, el sacerdote se limpiaba ritualmente desde muy temprano y vestía sus ropas elaboradas, con el pectoral (para dar a entender que llevaba al pueblo cerca al corazón) y el efod (sobre los hombros, para dar a entender que tenía el poder para ellos) que representaban las doce tribus. Entonces comenzaba su sacrificio diario. A diferencia de Cristo, debía hacer sacrificios por sus propios pecados. Es muy probable que hubiera matado veintidós animales diferentes antes de llegar al acontecimiento conocido como la expiación. Durante este día su labor era muy ajetreada y sangrienta. Después de finalizar todos estos sacrificios, se quitaba su vestimenta de gloria y belleza y volvía a bañarse completamente. Luego se ponía un vestido de lino blanco, sin ninguna decoración u ornamento y realizaba el sacrificio de expiación.

En este ritual, el sumo sacerdote simbolizaba a Jesucristo que, en la verdadera obra perfecta de expiación, se despojó de toda su gloria y belleza hasta hacerse el más humilde de los humildes. Se vistió de carne humana, pura pero sin adorno alguno. Y en toda su humildad nunca perdió su santidad.

Cuando el sumo sacerdote terminaba la expiación, volvía a vestir el traje de gloria y belleza, describiendo aun más la obra de nuestro Señor. Jesús dijo en su oración sacerdotal, anticipando lo que ocurriría tras la crucifixión y la resurrección, lo siguiente: "Ahora pues, Padre, glorifícame tú al lado tuyo, con aquella gloria que tuve contigo antes que el mundo fuese" (Jn. 17:5). Lo que estaba diciendo era: "Devuélveme mis ropas. He hecho la obra expiatoria. Mi trabajo de humildad se ha terminado".

Con el vestido de lino blanco, el sumo sacerdote retiraba los carbones del altar de bronce, donde habría de realizarse el sacrificio. Los ubicaba en un incensario dorado, junto con el incienso, y lo llevaba al Lugar Santísimo. Aquí vuelve a haber una descripción bellísima de Cristo en intercesión por los suyos ante la presencia de Dios. Luego, el sumo sacerdote salía y tomaba un novillo comprado con su propio dinero para ofrecerlo por sus propios pecados. Después de matar al novillo y ofrecerlo en sacrificio, otro sacerdote le ayudaba a recoger la sangre que se iba derramando. Él batía un poco de ella en un tazón pequeño y la llevaba al Lugar Santísimo, donde la rociaba en el propiciatorio. El pueblo podía oír el sonido de las campanas en su vestido a medida que se movía. Se apresuraba a salir y el pueblo respiraba aliviado al verlo. Si hubiera entrado al Lugar Santísimo ceremonialmente impuro, habría muerto.

Cuando salía, había dos cabritos esperándolo en el altar de bronce. En una urna pequeña había dos pajillas para decidir cuál cabrito usar en cada propósito. Una pajilla estaba marcada para el Señor y la otra para Azazel, para el chivo expiatorio. Cuando las suertes se echaban, se ataban a los cuernos de los cabritos. El designado para el Señor se sacrificaba sobre el altar. Su sangre se recogía de la misma forma que la del novillo y se batía en el tazón que se llevaba al Lugar Santísimo. Esta sangre también se regaba sobre el propiciatorio, pero esta vez por los pecados del pueblo. De nuevo, se apresuraba a salir.

Luego ponía sus manos sobre el cabrito que quedaba, el chivo expiatorio, para simbolizar que los pecados del pueblo pasaban a la cabeza del animal. Ese cabrito se liberaba en el desierto para que se perdiera y no regresara nunca.

El primer cabrito representaba la satisfacción de la justicia divina, en cuanto a que había habido pago por el pecado. El segundo representaba la satisfacción de la conciencia del hombre por saberse libre del castigo por el pecado. Y aquí también volvemos a ver a Cristo. En su muerte, pagó por el pecado del hombre, satisfaciendo con ello la justicia de Dios; y también se llevó nuestros pecados, dándonos paz en la mente y la conciencia. En realidad, los dos cabritos son dos partes de un mismo sacrificio. "Y de la congregación de los hijos de Israel tomará dos machos cabríos para expiación, y un carnero para [un] holocausto" (Lv. 16:5). Representaban la propiciación y el perdón, dos aspectos de un solo sacrificio expiatorio.

LA IMPORTANCIA ANTIGUA

dando el Espíritu Santo a entender con esto que aún no se había manifestado el camino al Lugar Santísimo, entre tanto que la primera parte del tabernáculo estuviese en pie. Lo cual es símbolo para el tiempo presente, según el cual se presentan ofrendas y sacrificios que no pueden hacer perfecto, en cuanto a la conciencia, al que practica ese culto, ya que consiste sólo de comidas y

bebidas, de diversas abluciones, y ordenanzas acerca de la carne, impuestas hasta el tiempo de reformar las cosas. (9:8-10)

En la ilustración del santuario antiguo y sus servicios, **el Espíritu Santo** enseña al menos tres cosas. Primera, la adoración a Dios estaba limitada en el antiguo pacto. No había acceso a Dios. El pueblo, aun el sumo sacerdote, no podía acercarse más. Segunda, el Espíritu quiere enseñar la limpieza imperfecta que se alcanzaba por medio de los **sacrificios** antiguos. Los israelitas nunca sabían si en verdad habían recibido el perdón. El chivo expiatorio se soltaba en el desierto, pero siempre había la posibilidad de que volviera al campamento. No había libertad de **conciencia**, no había seguridad de la purificación. Tercera, el Espíritu enseña que el antiguo pacto era temporal. Sin importar si el chivo expiatorio encontraba el camino de vuelta, los sacrificios —diarios y anuales— debían repetirse todos. El antiguo pacto era limitado, imperfecto y temporal. La provisión del nuevo pacto debía alcanzar a todos los creyentes del pasado para darles acceso, pureza y salvación permanente.

No había acceso (la purificación era limitada). Mientras el tabernáculo estuvo de pie, no había camino a la presencia de Dios. No había acceso. El pueblo ni siquiera podía entrar al Lugar Santo, mucho menos **al Lugar Santísimo**. Todo tenía la intención de probar que sin un Redentor, sin un Mesías, sin un Salvador, no habría acceso a Dios. El Espíritu Santo enseñaba la imposibilidad del acceso a Dios sin un sacerdote perfecto, un sacrificio perfecto y un pacto perfecto. Al no permitir que el pueblo llegara más allá del atrio, ilustraba que por medio del judaísmo no habría acceso a Él, solo el símbolo de un acceso.

Solo cuando Jesús murió y ascendió al cielo llevó "cautiva la cautividad" y dio a los creyentes acceso a la presencia de Dios. "Subiendo a lo alto, llevó cautiva la cautividad, y dio dones a los hombres. Y eso de que subió, ¿qué es, sino que también había descendido primero a las partes más bajas de la tierra?" (Ef. 4:8-9). Tal es la fuente del acceso completo a Dios y la obtuvimos por el sacrificio perfecto de Jesús, su sacerdocio perfecto y su pacto perfecto. Solamente Jesús puede llevarnos a la presencia de Dios en el cielo. El camino al Lugar Santo celestial no podría abrirse mientras el primer tabernáculo estaba en pie.

Purificación imperfecta. Aun con todas las ceremonias y rituales, era imposible alcanzar una purificación perfecta del pecado. La imperfección específica a la cual este pasaje hace alusión es la de la conciencia. El antiguo pacto era imperfecto en todos los sentidos, pero el escritor solamente seleccionó unos cuantos para ilustrar su idea.

La palabra **símbolo** (*parabolē*) se refiere a ubicar las cosas lado a lado para compararlas. Lo antiguo se ubica junto a lo nuevo para comparar las dos cosas. De esta palabra griega obtenemos *parábola*. Lo antiguo no era más que una parábola, una lección, para Israel. Los sacrificios nunca tuvieron el propósito de limpiar el pecado, solamente simbolizaban esa limpieza. La conciencia de quien sacrificaba nunca estuvo libre del *sentimiento* de culpa porque la culpa seguía ahí. La limpieza era completamente externa. En consecuencia, no podía tener nunca una conciencia clara, un sentimiento de perdón profundo y duradero. *Pureza temporal.* La limpieza, al igual que todo el pacto, no era solamente limitada e imperfecta, sino temporal. Consistía **solo de comidas y bebidas, de diversas abluciones, y ordenanzas acerca de la carne, impuestas hasta el tiempo de reformar las cosas.** Nunca se pretendió que este sistema durara para siempre. Nunca se pretendió que durara toda la historia humana. Su institución se dio miles de años después del comienzo de la historia humana y terminó miles de años antes del final de la historia humana. A día de hoy, han pasado casi dos mil años desde la última vez que hubo un sacrificio en el templo.

La palabra **reformar** viene de *diorthōsis* (se usa solo aquí) y significa "enderezar"; es decir, corregir, arreglar, poner derecho. Solo el nuevo pacto en Cristo endereza las cosas, y los antiguos símbolos y formas estaban destinados a servir solo hasta **el tiempo de reformar las cosas.** El antiguo pacto nunca fue capaz de arreglar las cosas entre Dios y el hombre. Su propósito solo era simbolizar ese arreglo hasta que ocurriera el sacrificio verdadero y eficaz, el sacrificio que "reformó" al hombre desde adentro, no meramente en lo externo.

El antiguo santuario, los servicios y su significado tenían gran importancia y propósito, mucho propósito. Pero eran limitados, imperfectos y temporales, por lo cual no eran satisfactorios. Describían a Cristo, pero no podían llevar a cabo su obra. De hecho, parte de su propósito era mostrar a Israel que solo *eran* imágenes de las cosas mejores por venir. No solo describían a Cristo, sino que mostraban cuán inadecuadas eran.

CARACTERÍSTICAS DEL NUEVO PACTO

Pero estando ya presente Cristo, sumo sacerdote de los bienes venideros, por el más amplio y más perfecto tabernáculo, no hecho de manos, es decir, no de esta creación, y no por sangre de machos cabríos ni de becerros, sino por su propia sangre, entró una vez para siempre en el Lugar Santísimo, habiendo obtenido eterna redención. Porque si la sangre de los toros y de los machos cabríos, y las cenizas de la becerra rociadas a los inmundos, santifican para la purificación de la carne, ¿cuánto más la sangre de Cristo, el cual mediante el Espíritu eterno se ofreció a sí mismo sin mancha a Dios, limpiará vuestras conciencias de obras muertas para que sirváis al Dios vivo? (9:11-14)

Ya se han mencionado o insinuado muchas características del nuevo pacto en la explicación del antiguo. Pero el escritor se enfoca aquí en varias especialmente importantes al contrastar los dos pactos.

Siguiendo el patrón usado para demostrar lo inadecuado del antiguo pacto (vv. 1-10), describe brevemente el nuevo santuario, nuevo servicio y nuevo significado. Como siempre, la idea no es menospreciar el antiguo, sino mostrar que es una sombra incompleta. Para condensar los versículos 13 y 14, el Espíritu Santo dice: "Si estas cosas viejas eran tan buenos símbolos, ¡cuánto mejores serán las cosas reales que aquellas simbolizaban! Si el pacto externo, físico y temporal, lograba tan bien su propósito, ¡cuánto mejor será el interno, espiritual y eterno en cumplir su propósito!".

EL SANTUARIO NUEVO

Pero estando ya presente Cristo, sumo sacerdote de los bienes venideros, por el más amplio y más perfecto tabernáculo, no hecho de manos, es decir, no de esta creación, (9:11)

Primero de todo, **Cristo**, como **sumo sacerdote** celestial, tiene un santuario infinitamente mayor para ministrar. Dios diseñó el antiguo tabernáculo, pero estaba hecho por hombres, con material de la creación física presente. Para aquel tiempo y para su propósito, era impresionante. Y en su interior, donde solo podían entrar los sacerdotes, también era hermoso, sin duda. Pero solo era una carpa. No se menciona aquí, pero el templo de Jerusalén, aunque muchísimo más magnífico que el tabernáculo, también estaba hecho con materiales de la creación presente y estaba sujeto al deterioro y la destrucción a la cual están sujetas todas las cosas de esta creación.

Sin embargo, el santuario nuevo no está hecho por hombres ni con materiales terrenales y no queda en la Tierra. Dios lo hizo en el cielo con materiales celestiales. De hecho, el santuario nuevo *es* el cielo. La Tierra pertenece a Dios, pero Él habita en el cielo, allí tiene su trono y su santuario (Hch. 7:48-50; 17:24). Como ha señalado varias veces el escritor de Hebreos, Jesucristo es rey y sacerdote, como Melquisedec. Y gobierna y ministra en el mismo lugar. Su santuario y su palacio son el mismo sitio. Por supuesto, en este pasaje el énfasis está en el santuario. El cielo es el **más perfecto tabernáculo, no hecho de manos**. Cristo ministra para nosotros en el cielo, en el salón del trono de Dios, a la diestra de Dios.

Los antiguos sacerdotes tenían que ir al Lugar Santo, *para* el pueblo, pero no *con* el pueblo. Igual ocurría con el sumo sacerdote en lo relacionado con el Lugar Santísimo, donde ni siquiera podían entrar otros sacerdotes. Pero nuestro Sacerdote celestial lleva a su pueblo con Él hasta el santuario. Nos lleva al santuario de los santuarios en el cielo; no a una presencia simbólica de Dios, sino a su presencia real. No es solamente que haya ido delante de nosotros, es que nos lleva con Él.

Si nosotros somos creyentes, *ya* nos ha llevado con Él. "Pero Dios, que es rico en misericordia, por su gran amor con que nos amó, aun estando nosotros muertos en pecados, nos dio vida juntamente con Cristo... y juntamente con él nos resucitó, y asimismo nos hizo sentar en los lugares celestiales con Cristo Jesús" (Ef. 2:4-6). En el instante en que Cristo nos salvó, nos llevó a la presencia del Padre donde, espiritualmente hablando, ya vivimos y viviremos para siempre con Él. En este momento vivimos con Él en lugares celestiales, en la presencia de Dios, en el salón del trono y su santuario. "Nuestra ciudadanía está en los cielos" (Fil. 3:20).

LOS SERVICIOS NUEVOS

y no por sangre de machos cabríos ni de becerros, sino por su propia sangre, entró una vez para siempre en el Lugar Santísimo, habiendo obtenido eterna redención. (9:12)

¿Cómo ministra Cristo en su santuario celestial? ¿Qué hace como nuestro Sumo Sacerdote eterno? Principalmente, tres cosas. Primera, su servicio es **por su propia sangre**, no por el sacrificio de animales. El Sacrificador fue el Sacrificio. Segunda, su sacrificio ocurrió **una vez**, y esa vez fue suficiente **para siempre** por todas las personas. Tercera, obtuvo permanente y **eterna redención**. Él limpió todos los pecados pasados, presentes y futuros en un acto único de redención.

LA IMPORTANCIA NUEVA

Porque si la sangre de los toros y de los machos cabríos, y las cenizas de la becerra rociadas a los inmundos, santifican para la purificación de la carne, ¿cuánto más la sangre de Cristo, el cual mediante el Espíritu eterno se ofreció a sí mismo sin mancha a Dios, limpiará vuestras conciencias de obras muertas para que sirváis al Dios vivo? (9:13-14)

Si el antiguo pacto, débil e imperfecto, cumplía su propósito, ¡cuánto mejor sería el nuevo pacto de Cristo, poderoso y perfecto, para cumplir su propósito! El nuevo no tenía solamente un propósito mejor, sino que lo lograba de una mejor manera, de manera perfecta. El propósito del sacrificio antiguo era simbolizar externamente **la purificación** del pecado. Y cumplió su propósito. Sin embargo, el propósito del sacrificio nuevo era la purificación verdadera, interna (donde realmente existe el pecado). Lograba su propósito superior de una forma superior.

No podía la sangre de los animales en los altares judíos
dar paz a la conciencia culpable o borrar la mancha.
Cristo, el Cordero celestial, se lleva nuestros pecados,
fue un sacrificio de nombre más noble,
y sangre más rica que la de ellos.

—Isaac Watts

Jesús lo hizo todo en la Tierra en obediencia al Padre por el Espíritu. Aun
—de hecho, *especialmente*— en su sacrificio supremo, **se ofreció a sí mismo sin
mancha a Dios**. Con ello purificó nuestra conciencia **de obras muertas para
que** sirvamos **al Dios vivo**. Él libera nuestra conciencia de la culpa; una alegría y una bendición que ningún santo del Antiguo Testamento tuvo ni podía
haber tenido. En Cristo, podemos acercarnos "con corazón sincero, en plena
certidumbre de fe, purificados los corazones de mala conciencia, y lavados los
cuerpos con agua pura" (He. 10:22).

Los antiguos sacerdotes limpiaban lo externo, e incluso esto solo ocurría simbólicamente, de manera imperfecta y temporal. Pero Cristo nos limpia desde
adentro, donde está el problema real. Hace más que purificar al viejo hombre:
lo reemplaza con uno nuevo. Él purifica la conciencia, pero recrea a la persona.
En Cristo, no somos viejas criaturas limpias, sino nuevas criaturas redimidas
(2 Co. 5:17).

Un evangelista cuenta una experiencia de hace muchos años cuando celebraba reuniones en carpas. Un joven se le acercó y le preguntó qué podía hacer
para ser salvo. El evangelista respondió: "Lo siento, es demasiado tarde". "Oh,
no —dijo el joven—. ¿Quiere decir que es demasiado tarde porque se acabaron
los servicios?". "No —dijo el evangelista—. Me refiero a que es demasiado parte
porque ya todo está hecho. Todo lo que pudiera hacerse por su salvación ya se
hizo". Después de explicarle al joven la obra completada de Cristo, lo llevó a la
fe salvadora.

Nuestra salvación tiene su base en el pacto cuya obra de redención está completa, en un sacrificio que se ofreció **una vez para siempre** por todos, que es
completo, perfecto y eterno.

El nuevo pacto
—Tercera parte

21

Así que, por eso es mediador de un nuevo pacto, para que interviniendo muerte para la remisión de las transgresiones que había bajo el primer pacto, los llamados reciban la promesa de la herencia eterna. Porque donde hay testamento, es necesario que intervenga muerte del testador. Porque el testamento con la muerte se confirma; pues no es válido entre tanto que el testador vive. De donde ni aun el primer pacto fue instituido sin sangre. Porque habiendo anunciado Moisés todos los mandamientos de la ley a todo el pueblo, tomó la sangre de los becerros y de los machos cabríos, con agua, lana escarlata e hisopo, y roció el mismo libro y también a todo el pueblo, diciendo: Esta es la sangre del pacto que Dios os ha mandado. Y además de esto, roció también con la sangre el tabernáculo y todos los vasos del ministerio. Y casi todo es purificado, según la ley, con sangre; y sin derramamiento de sangre no se hace remisión.

Fue, pues, necesario que las figuras de las cosas celestiales fuesen purificadas así; pero las cosas celestiales mismas, con mejores sacrificios que estos. Porque no entró Cristo en el santuario hecho de mano, figura del verdadero, sino en el cielo mismo para presentarse ahora por nosotros ante Dios; y no para ofrecerse muchas veces, como entra el sumo sacerdote en el Lugar Santísimo cada año con sangre ajena. De otra manera le hubiera sido necesario padecer muchas veces desde el principio del mundo; pero ahora, en la consumación de los siglos, se presentó una vez para siempre por el sacrificio de sí mismo para quitar de en medio el pecado. Y de la manera que está establecido para los hombres que mueran una sola vez, y después de esto el juicio, así también Cristo fue ofrecido una sola vez para llevar los pecados de muchos; y aparecerá por segunda vez, sin relación con el pecado, para salvar a los que le esperan. (9:15-28)

La frase **así que por eso** se refiere a lo que se acababa de decir: que Cristo, por su sacrificio mortal, se hizo **mediador de un nuevo** y mejor **pacto**. Según la norma divina de justicia, el alma que pecare, morirá (Ez. 18:4). La única forma en que una persona podía llegar a Dios era pagando la pena por su pecado. Ese es el pago que hizo Jesús para todo el que confíe en Él. Así, se convirtió en un puente, un mediador —el único mediador—, entre Dios y los hombres. En un solo acto logró lo que los antiguos sacerdotes solo podían simbolizar en muchos actos repetidos. El acto supremo de mediación de Jesús fue su propia muerte en la cruz.

Las personas suelen preguntarse cómo se salvaban los creyentes del Antiguo Testamento, puesto que la salvación ocurre solo mediante Jesucristo (Hch. 4:12). Se salvaban sobre la misma base que los creyentes de hoy día: por la obra completada de Cristo. Parte de la obra de mediación de Cristo en el nuevo pacto era **la remisión de las transgresiones que había bajo el primer pacto**. Uno de los primeros logros de la muerte de Jesús fue redimir a todos lo que creían en Dios bajo el antiguo pacto. Después que Cristo murió, vieron lo que antes había sido solo una promesa. Era una promesa cierta, una promesa garantizada pero, antes de la muerte expiatoria del Mesías, la promesa no se había cumplido. La idea aquí para los lectores originales —judíos salvos y no salvos— es que la muerte expiatoria de Cristo era retroactiva. Yom Kipur (el día de la expiación) también describía simbólicamente lo que logró la expiación de Cristo. También era retroactivo. Cuando el sumo sacerdote rociaba la **sangre** en el propiciatorio, los pecados no intencionales del pueblo durante el año anterior quedaban perdonados.

Pablo presenta la misma verdad en Romanos 3. Enseña que estamos "justificados gratuitamente por su gracia, mediante la redención que es en Cristo Jesús, a quien Dios puso como propiciación por medio de la fe en su sangre, para manifestar su justicia, a causa de haber pasado por alto, en su paciencia, los pecados pasados" (Ro. 3:24-25). Dios queda satisfecho cuando un hombre pone su fe en la sangre derramada de Cristo. Como derramó su sangre cientos —incluso miles— de años después que muchos creyentes del Antiguo Testamento habían muerto, la salvación de ellos era a crédito, por así decirlo. Por la fe obediente en Dios, se les concedió un crédito con lo que Jesucristo, su Mesías prometido, haría un día por ellos y por todos los pecadores que habían vivido y vivirían después. Dios, que sabía esto, fue tolerante y paciente hasta que el sacrificio verdadero se concretó, y cuando veía un corazón con fe verdadera, pasaba por alto los pecados de ellos. En un sentido más profundo, mucho antes de que el sacrificio ocurriera en la historia humana, ya había ocurrido en la mente de Dios, porque "las obras [de Cristo] estaban acabadas desde la fundación del mundo" (He. 4:3; cp. 1 P. 1:19-20; Ap. 13:8). Sin embargo, desde la perspectiva humana, los santos del Antiguo Testamento solamente podían mirar *al futuro* para la salvación.

De modo que los sacrificios del Antiguo Testamento no eran un medio para la salvación, sino las señales de la obediencia fiel y los símbolos del único sacrificio perfecto que *sí sería* el medio para tal salvación.

La **herencia eterna** que los santos del Antiguo Testamento no podían recibir sin la muerte de Cristo era la salvación, la **remisión** total, que era la única cosa que podía brindar acceso total a Dios. Cristo ratificó el nuevo pacto con su muerte y otorgó la salvación completa que Israel había estado anhelando desde el principio.

Tal verdad sirve para presentar la muerte de Cristo, el Mesías, cuya idea siempre había sido una piedra de tropiezo para los judíos (1 Co. 1:23). A pesar de las predicciones de su muerte en las Escrituras judías (véase Sal. 22 e Is. 53), era una verdad que prefirieron ignorar, si no negar. Se habían formado sus propias ideas sobre el Mesías. Algunas de ellas completamente bíblicas, otras parcialmente bíblicas y algunas no bíblicas en lo absoluto. Por supuesto, no se les podía responsabilizar por tener comprensión limitada del Mesías, pues Dios solo les había dado revelación limitada. El problema era que habían ignorado unas verdades mesiánicas intentando "llenar los espacios en blanco" por su cuenta, y un Mesías que moría, simplemente no se ajustaba a su teología.

NECESIDAD DE LA MUERTE DEL MESÍAS

Al ser muy consciente de ese punto débil teológico, el escritor de Hebreos procede a dar tres razones por las cuales era necesario que muriera el Mesías: un testamento exige una muerte, el perdón exige sangre y un juicio exige un sustituto.

UN TESTAMENTO EXIGE UNA MUERTE

Porque donde hay testamento, es necesario que intervenga muerte del testador. Porque el testamento con la muerte se confirma; pues no es válido entre tanto que el testador vive. (9:16-17)

Por su misma naturaleza, el **testamento** requiere la **muerte** de quien lo hizo. La palabra **testamento**, o pacto, proviene del griego *diathēkē*, cuyo significado básico corresponde cercanamente al que hoy le damos a la palabra testamento. Este no entra en efecto mientras no muera quien lo hizo. Hasta ese momento, sus beneficios y estipulaciones son solo promesas necesariamente futuras. La idea en los versículos 16-17 es simple y obvia.

Sin embargo, la relevancia para el antiguo pacto era todo menos obvia para los judíos a quienes aquí se hablaba, de modo que el escritor explica brevemente cómo se aplica. Basándose en el versículo 15, el escritor dice que Dios dejó un legado, una herencia eterna, para Israel en la forma de un pacto, un testamento. Como ocurre con cualquier testamento, solo era una especie de promesa de pago hasta que muriera su autor. En este momento no se hace ninguna mención de quién era el testador o a cómo Cristo cumple ese papel en su vida y en su muerte.

EL PERDÓN EXIGE SANGRE

De donde ni aun el primer pacto fue instituido sin sangre. Porque habiendo anunciado Moisés todos los mandamientos de la ley a todo el pueblo, tomó la sangre de los becerros y de los machos cabríos, con agua, lana escarlata e hisopo, y roció el mismo libro y también a todo el pueblo, diciendo: Esta es la sangre del pacto que Dios os ha mandado. Y además de esto, roció también con la sangre el tabernáculo y todos los vasos del ministerio. Y casi todo es purificado, según la ley, con sangre; y sin derramamiento de sangre no se hace remisión. (9:18-22)

La segunda razón por la cual murió Cristo es porque **la remisión** exige **sangre**. Esta verdad está directamente alineada con el punto anterior, pero con una tenue diferencia en el significado. La sangre es un símbolo de la muerte, por tanto, la idea es muy cercana a la de la necesidad de la muerte del testador para que el testamento entre en vigencia. Pero la sangre también sugiere el sacrificio de animales, que era la señal del antiguo pacto; de hecho, aun del pacto abrahámico. En el antiguo pacto, la muerte de los animales era típica y profética, mirando con anticipación a la muerte de Cristo que ratificaría el segundo pacto. Aun antes del comienzo de los antiguos sacrificios sacerdotales, el pacto ya había quedado **instituido** o ratificado con la sangre.

Como se explicó en el versículo 19, Moisés roció la sangre sobre el altar y el pueblo (Éx. 24:6-8). El escritor les dice: "Miren a su gran Moisés, quien instituyó el viejo pacto con sangre". Para nosotros es difícil entender hoy cuán sangriento y desagradable era el antiguo sistema de sacrificios. Pero, entre otras cosas, esa gran cantidad de sangre servía de recordatorio perpetuo de la paga por el pecado: la muerte.

Cuando Jesús se sentó con sus discípulos en la última noche antes de su muerte, tomó la copa y dijo: "Esto es mi sangre del nuevo pacto, que por muchos es derramada para remisión de los pecados" (Mt. 26:28). Él debía ratificar el pacto con su propia sangre, tal como Moisés ratificaba el antiguo pacto con la sangre de animales.

Quizás uno se vuelva morboso con la muerte de Cristo en sacrificio y se preocupe con su sufrimiento y derramamiento de sangre. Es especialmente posible preocuparse de manera no bíblica con los aspectos físicos de su muerte. No es la sangre física de Jesús la que nos salva, sino su muerte por nosotros, simbolizada en el derramamiento de su sangre física. Si pudiéramos recibir la salvación con sangre y sin muerte, los animales habrían sangrado sin morir, y habría ocurrido igual con Jesús.

Por tanto, el derramamiento de sangre era símbolo de muerte cuando Moisés ratificó el pacto en el Sinaí. De igual modo, cuando el tabernáculo fue inaugurado, Moisés roció **con la sangre el tabernáculo y todos los vasos del ministerio,** describiendo nuevamente el precio que debía pagarse por el pecado. Entonces, mientras estuviera vigente ese pacto, su lección principal se ilustraba mediante el rociamiento de sangre en el tabernáculo y el templo.

El propósito de la sangre era simbolizar el sacrificio por el pecado, lo que traía purificación del mismo. De ahí que **sin derramamiento de sangre no se hace remisión.**

No obstante, necesitamos de nuevo tener en mente que la sangre era un símbolo. Si la propia sangre física de Cristo como tal no limpia el pecado, ¡cuánto menos lo hará la sangre física de los animales! No sorprende, entonces, que el antiguo pacto permitiera un símbolo para un símbolo. El judío que fuera muy pobre para ofrecer incluso un animal pequeño tenía permitido llevar un décimo de un efa (alrededor de dos cuartos de galón) de flor de harina en su lugar (Lv. 5:11). Sus pecados quedaban tan cubiertos como los de quien podía ofrecer un cordero, un cabrito, una tórtola o una paloma (Lv. 5:6-7). La excepción es una muestra clara de que la purificación antigua era simbólica. Tal como la sangre de los animales simbolizaba la sangre de Cristo para expiación, el efa de harina simbolizaba y representaba la sangre del animal. De cualquier modo, esta ofrenda sin sangre era aceptable porque el antiguo sacrificio era completamente simbólico.

Sin embargo, esta era la única excepción. E incluso la excepción *representaba* un sacrificio de sangre. El símbolo básico no se podía cambiar porque lo simbolizado no se podía cambiar. "Porque la vida de la carne en la sangre está, y yo os la he dado para hacer expiación sobre el altar por vuestras almas; y la misma sangre hará expiación de la persona" (Lv. 17:11). Puesto que la paga del pecado es la muerte, nada diferente a la muerte, simbolizada en el derramamiento de sangre, puede expiar el pecado. No podemos entrar a la presencia de Dios por nuestros propios esfuerzos de justicia. Si pudiéramos ser buenos por nuestra cuenta, no necesitaríamos expiación. Tampoco podemos entrar a su presencia por ser ciudadanos ejemplares, ni siquiera por ser religiosos. No podemos entrar a su presencia por leer la Biblia, ir al templo, ofrendar generosamente para la obra del Señor y ni siquiera por orar. No podemos entrar a su presencia por pensar bien de Él. La única forma de entrar a la presencia de Dios, la única manera en que podemos ser partícipes del nuevo pacto, es a través de la muerte expiatoria de Jesucristo, que se hace eficaz para nosotros cuando confiamos en Él como Señor y Salvador.

Dios determinó las reglas. El alma que pecare morirá. El alma que es salva solo lo será a través del sacrificio del Hijo de Dios. Para este sacrificio no hay excepción, no hay sustituto, porque es lo real. Para los sacrificios antiguos, por ser meros símbolos, Dios permitió una excepción limitada y estrictamente calificada (la harina). Pero no puede haber excepciones para el sacrificio real, porque es el único camino a Dios.

La **remisión** es costosa, muy costosa. Pero suelo detenerme a pensar cuán ligeramente podemos tomar el perdón de Dios. Al final del día, cuando ya me acuesto, digo: "Dios, hoy hice esto y esto", haciendo una lista de las cosas que había hecho y que sabía que no le agradaban. Sé que sabe de ellas, de modo que no tiene sentido intentar ocultárselas. También sé que las perdona porque así lo prometió, y le doy gracias. Entonces me quedo dormido a los pocos minutos, aceptando pero no apreciando por completo la gracia maravillosa que puso a disposición mía tal seguridad y paz.

En otras ocasiones, cuando estoy estudiando la Palabra de Dios, y miro con más detenimiento el costo de mi salvación, termino abrumado. Cuando medito en el costo infinito del perdón de mis pecados para Dios, me doy cuenta de cuánto maltrato la gracia amorosa de mi Padre.

Pablo dijo: "Cuando el pecado abundó, sobreabundó la gracia" (Ro. 5:20). Luego, previendo que algunos distorsionarían esta verdad, procede a decir: "¿Qué, pues, diremos? ¿Perseveraremos en el pecado para que la gracia abunde? En ninguna manera. Porque los que hemos muerto al pecado, ¿cómo viviremos aún en él?" (Ro. 6:1-2). Conocer y alegrarse por la gracia de Dios ilimitada es una cosa; presumir de ella pecando a voluntad es bien diferente. Como pecadores perdonados, ¿cómo podemos presumir o tomar a la ligera el precio que se pagó por nuestro pecado? Estamos tan habituados a la gracia que abusamos de ella. De hecho, estamos tan acostumbrados a la gracia que cuando Dios nos castiga justamente, creemos que es injusto.

Dios no perdona el pecado bajando la vista y diciendo: "Está bien. Como te amo tanto, pasaré por alto tu pecado". La santidad de Dios y su justicia no le permitirían pasarlo por alto. El pecado exige pago con la muerte. Y la única muerte lo bastante grande para pagar por todos los pecados de la humanidad es la muerte de su Hijo. El gran amor de Dios por nosotros no hizo que pasara por alto nuestro pecado, pero sí *lo llevó* a pagar el precio por nuestro pecado, como nos recuerda Juan 3:16 con tanta belleza. Dios no puede ignorar nuestro pecado; pero lo perdonará si confiamos en la muerte de su Hijo para ese perdón.

Fue, pues, necesario que las figuras de las cosas celestiales fuesen purificadas así; pero las cosas celestiales mismas, con mejores sacrificios que estos. (9:23)

Las **figuras de las cosas celestiales** eran las cosas relativas a la antigua economía. Eran bocetos o esquemas de las realidades del cielo. Era necesario que estas copias tuvieran sacrificios. Por tanto, era necesario que el nuevo pacto, el nuevo esquema, tuviera **mejores sacrificios**. Toda la sangre del antiguo pacto era solo una copia, un retrato débil, de la sangre que derramó Jesús.

Dios quedó tan satisfecho con la obra de Jesús que "le exaltó hasta lo sumo, y le dio un nombre que es sobre todo nombre, para que en el nombre de Jesús se doble toda rodilla de los que están en los cielos, y en la tierra, y debajo de la tierra; y toda lengua confiese que Jesucristo es el Señor, para gloria de Dios Padre" (Fil. 2:9-11). Dios está infinitamente satisfecho con Jesús.

Sin embargo, Dios no está satisfecho con *nosotros*. Esa es la razón por la cual tenemos que llegar a Él por medio de Jesús. Él es el único que satisface al Padre y, por tanto, nadie llega al Padre sino a través de Él. La idea de que Dios nos acepta como somos no es bíblica en lo absoluto. Llegamos a Jesús como somos, pues no tenemos nada digno para ofrecerle. Pero Él no nos presenta al Padre como somos. De la forma en que estamos, somos completamente impresentables. De otra forma, nos podríamos presentar por nuestra propia cuenta. Cuando Jesús nos presenta a su Padre, se presenta a sí mismo, como es. Cuando entramos a la presencia de Dios, Él ve a Jesús y no a nosotros. El ve la justicia de Jesús, no nuestra injusticia. Ve el sacrificio de Jesús, no nuestro pecado. Su pago por nuestro pecado, no el castigo que merecíamos por él. Jesús reconoció la deuda de los pecadores. Reconoció que Dios debía quedar satisfecho y ofreció su propia sangre —se ofreció a sí mismo— por nosotros.

Jesús narra la historia de dos hombres que llegaron al templo a orar. Uno era fariseo, miembro del grupo de judíos más religioso y ortodoxo. Otro era un publicano, despreciado casi como un traidor por sus compatriotas judíos. El fariseo daba gracias porque no era como los demás: "Ladrones, injustos, adúlteros, ni aun como [el] publicano". Luego mencionaba su fidelidad para ayunar y diezmar. Pero Jesús dijo que el fariseo "oraba consigo mismo". En otras palabras, no estaba orando en absoluto, solamente congratulándose en el nombre de Dios. Por otra parte, el publicano, se sentía tan indigno que ni siquiera levantaba la mirada hacia el cielo, como suele ser la postura de oración. Se golpeaba el pecho y decía: "Dios, sé propicio a mí, pecador". Jesús dijo que este hombre "descendió a su casa justificado antes que el otro; porque cualquiera que se enaltece, será humillado; y el que se humilla será enaltecido" (Lc. 18:10-14).

Cuando el publicano dijo: "Sé propicio", usó la misma palabra usada para Cristo en Hebreos 2:17 ("hacer propiciación"). Estaba pidiendo a Dios que fuera propicio con él, que lo mirara favorablemente, aunque no lo merecía. Estaba diciendo: "Confieso mi culpa. He quebrantado tu ley. He pecado contra ti y vengo a ponerme bajo la sangre rociada en el propiciatorio. Dios, por favor, queda satisfecho. Que tu actitud conmigo sea como con quienes están cubiertos por la sangre del sacrificio. Queda satisfecho conmigo por el sacrificio y perdóname en tu amor y tu misericordia". No negó su pecado, como sí lo hizo el fariseo. Reconoció su culpa y se ubicó bajo la sangre del sacrificio. No le ofreció a Dios nada propio; nada de buenas obras, buenos hábitos, buenas intenciones, ni siquiera buenas excusas. Simplemente, se entregó a la misericordia de Dios, a su propiciación. Por ello Dios lo justificó y lo contó por justo.

Ninguna persona se puede justificar delante de Dios si no se ubica en la muerte de Cristo y dice: "Dios, soy un pecador. Me ubico en la muerte de tu Hijo. Queda satisfecho conmigo por Él".

Porque no entró Cristo en el santuario hecho de mano, figura del verdadero, sino en el cielo mismo para presentarse ahora por nosotros ante Dios; y no para ofrecerse muchas veces, como entra el sumo sacerdote en el Lugar Santísimo cada año con sangre ajena. De otra manera le hubiera sido necesario padecer muchas veces desde el principio del mundo; pero ahora, en la consumación de los siglos, se presentó una vez para siempre por el sacrificio de sí mismo para quitar de en medio el pecado. (9:24-26)

Cristo no entró a un Lugar Santísimo terrenal. Entró a la presencia de Dios, al Lugar Santísimo real y celestial. Y lo hizo **por nosotros**. ¡Qué bello es darse cuenta de que cuando entró, *nos llevó con Él*! Nos ha guiado **ante Dios**. Cristo no tuvo que **ofrecerse muchas veces**, como ocurría con los sumos sacerdotes terrenales, que debían hacer el sacrificio expiatorio cada año. El sacrificio de Jesús era mejor porque llevó con Él a su pueblo al Lugar Santísimo celestial y porque tuvo que hacer la ofrenda una única vez.

Si el sacrificio de Jesús no hubiera sido una vez y para siempre, habría tenido que sufrir **desde el principio del mundo**; es decir, desde que la humanidad comenzó. Habría tenido que morir continuamente, por así decirlo, desde el primer pecado de Adán. A semejanza del sacerdocio levítico, su obra expiatoria no terminaría jamás. Pero su sacrificio no tuvo que repetirse, ni una sola vez. Está terminado, completamente terminado. ¡Alabado sea Dios!

Él hizo su único sacrificio de sí mismo **en la consumación de los siglos**. Las epístolas así lo confirman. "Hijitos, ya es el último tiempo" (1 Jn. 2:18); "la venida del Señor se acerca" (Stg. 5:8); "el fin de todas las cosas se acerca" (1 P. 4:7). La consumación de los siglos se dio con Cristo en el Calvario. No sorprende que los apóstoles esperaran el retorno del Señor en cualquier momento para establecer su reino: la era mesiánica final, el siglo venidero (Mt. 12:32). Mientras esa era no llegue, su promesa es que estará con nosotros en la era presente (Mt. 28:20). Él fue la consumación de los siglos por su sacrificio de una sola vez y para siempre. Él quitó el pecado. No lo cubrió, como lo habrían hecho los sacrificios antiguos; lo quitó.

La idea del ofrecimiento perpetuo de Cristo es una doctrina herética que ha contradicho por siglos esta y otras enseñanzas bíblicas sobre la obra culminada de Cristo. Según esta doctrina, como el sacerdocio de Cristo es perpetuo y el sacrificio es parte esencial del sacerdocio, entonces el sacrificio de Cristo debe ser también perpetuo.

Ludwig Ott, un teólogo católico romano, explica este dogma del sacrificio perpetuo, que la Iglesia Católica asumió como oficial en el concilio de Trento a mediados del s. XVI. Escribe: "La santa misa es un sacrificio verdadero y apropiado. Es física y propiciatoria, quita pecados y confiere la gracia del arrepentimiento. Dios, propiciado por el ofrecimiento de este sacrificio, concediendo la gracia del don y el don de la penitencia, remite transgresiones y pecados sin importar cuán severos sean". En otras palabras, la satisfacción de Dios con el pecado depende de la asistencia semanal a misa. Por eso asistir a misa es tan importante para los católicos.

Pero la teoría del ofrecimiento perpetuo de Jesucristo está en oposición directa y absoluta con las Escrituras. **Pero ahora, en la consumación de los siglos, se presentó una vez para siempre por el sacrificio de sí mismo para quitar de en medio el pecado.** Sin duda, algunos católicos conocen a Cristo, pero al sostener la doctrina del ofrecimiento perpetuo de su sacrificio, minan el poder y la importancia del único sacrificio verdadero de Cristo, hecho por una única vez. Esta doctrina falsa se refleja claramente en el crucifijo, símbolo ubicuo del catolicismo romano. En imágenes, en el santuario o donde sea, la cruz rara vez está vacía en las representaciones católicas. Para los católicos, Jesús continúa siendo crucificado.

En la Comunión, la Santa Cena, *recordamos* la muerte de Cristo en sacrificio, como Él nos lo ordenó. Pero no le volvemos a sacrificar. El Señor ordenó a sus discípulos que recordaran su muerte, no que intentaran repetirla.

EL JUICIO EXIGE UN SUSTITUTO

Y de la manera que está establecido para los hombres que mueran una sola vez, y después de esto el juicio, así también Cristo fue ofrecido una sola vez para llevar los pecados de muchos; y aparecerá por segunda vez, sin relación con el pecado, para salvar a los que le esperan. (9:27-28)

Todos los hombres tenemos que morir, es un designio divino. Un designio que todos tenemos que cumplir. Después que venga la muerte, viene **el juicio**, que también es un designio divino. Y debido a que los hombres no pueden expiar sus propios pecados, el juicio de Dios exige que ellos o un sustituto pague por ellos.

Jesucristo tenía designado morir una vez, como todos los hombres. Pero a diferencia del resto, nunca enfrentará un juicio. Porque él tomó nuestros pecados, nuestro juicio, sobre Él. Pero el juicio ocurrió por *nuestros* pecados, no por los suyos porque no tenía ninguno. "Al que no conoció pecado, por nosotros [Dios] lo hizo pecado, para que nosotros fuésemos hechos justicia de Dios en él" (2 Co. 5:21). Murió como el juicio lo exigía.

Como ya se ha mencionado varias veces, las personas siempre esperaban con ansias que el sumo sacerdote saliera del Lugar Santísimo en el día de la expiación. Si hacía algo equivocado, si no seguía las instrucciones precisas de Dios, moriría. De modo que siempre respiraban aliviados, por ellos y por él, cuando reaparecía.

A esa situación se alude en Hebreos 9:28. Si el pueblo estaba tan ansioso por ver reaparecer a los antiguos sumos sacerdotes del Lugar Santísimo, ¿cuánto más deberían los cristianos anhelar la reaparición de su Sumo Sacerdote desde el Lugar Santísimo celestial? Esto ocurrirá en la segunda venida (Ap. 19:11-16).

Cuando el sumo sacerdote salía del santuario, el pueblo sabía que Dios había aceptado su sacrificio. Lo había hecho todo bien. La reaparición de Jesucristo sería una confirmación adicional de que todo lo había hecho bien, de que su Padre está satisfecho con Él. Y como el Padre está satisfecho con Él, el Padre está satisfecho con nosotros, porque nosotros estamos en Cristo. Cuando regrese, nuestra salvación estará completa. Cuando aparezca por segunda vez para quienes lo esperan, no será para tratar con el pecado. El pecado solamente necesitaba tratarse una vez y esta ocurrió en la cruz. Cuando vuelva, lo hará **sin relación con el pecado**.

En este pasaje se mencionan tres apariciones de Cristo. El versículo 26 habla de su manifestación en **la consumación de los siglos**, esto es, cuando vino para crucifixión. El versículo 24 habla de su aparición **en el cielo, ante Dios**. El versículo 28 habla de su aparición en la Tierra de nuevo. Es su tercera aparición, pero solo **por segunda vez** en la Tierra.

Al final de aquella semana de Pascua intensa, cuando Jesús estaba terminando su ministerio, los romanos habían preparado tres cruces para tres delincuentes. Dos de las cruces estaban destinadas para dos malhechores. La tercera era para un insurrecto llamado Barrabás, a quien se le había hallado culpable de traición al imperio. Pero Barrabás nunca llegó a la cruz. Era culpable y recibió su condena, pero no la ejecución, porque alguien más tomó su lugar. Ese día en la cruz del medio no había un rebelde profano o violento, sino el Hijo de Dios sin pecado. Barrabás no quedó libre por ser inocente, sino porque Jesús tomó su lugar. A Jesús no le crucificaron porque fuera culpable, sino porque *podía* tomar el lugar de Barrabás. Y el de cualquier otro pecador.

Cristo, el sacrificio perfecto   22

Porque la ley, teniendo la sombra de los bienes venideros, no la imagen misma de las cosas, nunca puede, por los mismos sacrificios que se ofrecen continuamente cada año, hacer perfectos a los que se acercan. De otra manera cesarían de ofrecerse, pues los que tributan este culto, limpios una vez, no tendrían ya más conciencia de pecado. Pero en estos sacrificios cada año se hace memoria de los pecados; porque la sangre de los toros y de los machos cabríos no puede quitar los pecados. Por lo cual, entrando en el mundo dice: Sacrificio y ofrenda no quisiste; mas me preparaste cuerpo. Holocaustos y expiaciones por el pecado no te agradaron. Entonces dije: He aquí que vengo, oh Dios, para hacer tu voluntad, como en el rollo del libro está escrito de mí. Diciendo primero: Sacrificio y ofrenda y holocaustos y expiaciones por el pecado no quisiste, ni te agradaron (las cuales cosas se ofrecen según la ley), y diciendo luego: He aquí que vengo, oh Dios, para hacer tu voluntad; quita lo primero, para establecer esto último. En esa voluntad somos santificados mediante la ofrenda del cuerpo de Jesucristo hecha una vez para siempre. Y ciertamente todo sacerdote está día tras día ministrando y ofreciendo muchas veces los mismos sacrificios, que nunca pueden quitar los pecados; pero Cristo, habiendo ofrecido una vez para siempre un solo sacrificio por los pecados, se ha sentado a la diestra de Dios, de ahí en adelante esperando hasta que sus enemigos sean puestos por estrado de sus pies; porque con una sola ofrenda hizo perfectos para siempre a los santificados. Y nos atestigua lo mismo el Espíritu Santo; porque después de haber dicho: Este es el pacto que haré con ellos después de aquellos días, dice el Señor: pondré mis leyes en sus corazones, y en sus mentes las escribiré, añade: Y nunca más me acordaré de sus pecados y transgresiones. Pues donde hay remisión de éstos, no hay más ofrenda por el pecado. (10:1-18)

Se narra la historia de un poblado inglés cuya capilla tenía un arco donde estaba escrito: "Predicamos a Cristo crucificado". Durante muchos años hombres fieles predicaron allí y presentaron al Salvador crucificado como el único medio para la salvación. Pero cuando murió la generación de predicadores fieles, surgió una que consideraba anticuados y repulsivos la cruz y su mensaje. Comenzaron a predicar la salvación por el ejemplo de Cristo, no por su sangre. No veían la necesidad de su sacrificio. Después de un tiempo, la hiedra creció sobre el arco y cubrió la palabra "crucificado", de modo que solo quedó visible "Predicamos a Cristo". Entonces la iglesia decidió que su mensaje no tenía por qué confinarse a Cristo y la Biblia. Así fue como los predicadores comenzaron a hacer discursos sobre asuntos sociales, políticos, filosóficos, rearmamento moral y cualquier tema que ocurriera y produjera interés. La hiedra continuó creciendo en el arco hasta cubrir las últimas palabras. Entonces solo se leía: "Predicamos".

En la sofisticada y culta Corinto, Pablo se propuso "no saber entre [ellos] cosa alguna sino a Jesucristo, y a éste crucificado" (1 Co. 2:2). Cristo crucificado es la única esperanza de los hombres, y ese es el tema de Hebreos 10:1-18. Aquí se presenta el registro de la muerte de Jesús desde una perspectiva teológica, más que histórica. Se nos muestra el significado y la profundidad de su muerte en toda su riqueza. Jesús fue en su muerte el sacrificio perfecto.

En el capítulo 9 vimos la necesidad de su sacrificio; aquí vemos el carácter de su sacrificio. Los primeros seis versículos son el fundamento para mostrar cuán ineficaces eran los antiguos sacrificios. Pisamos aquí un terreno conocido en el estudio de esta epístola.

EL FRACASO DE LOS ANTIGUOS SACRIFICIOS

Bajo el antiguo pacto, los sacerdotes estaban ocupados todo el día, desde el amanecer hasta el ocaso, matando y sacrificando animales. Se estima que durante la semana de Pascua mataban hasta trescientos mil corderos. La masacre era tan masiva que la sangre se drenaba afuera del templo con canales preparados especialmente para llevarla hasta el torrente de Cedrón, que al parecer corría con sangre.

Pero, sin importar cuántos sacrificios se hicieran, o cuán a menudo, eran ineficaces. Fracasaban de tres formas: no podían ofrecer acceso a Dios; no podían quitar el pecado y eran solamente externos.

NO PODÍAN OFRECER ACCESO A DIOS

El gran clamor del corazón de los santos del Antiguo Testamento era estar en la presencia de Dios (cp. Éx. 33:15; Sal. 16:11). Pero en realidad no tenían forma de llegar allá. Ni siquiera el sumo sacerdote podía llevar al pueblo dentro del velo, donde estaba la presencia simbólica de Dios. Todas las ceremonias y sacrificios antiguos, aunque se ofrecieran continuamente, año tras año, *nunca* hacían **perfectos** a los que se acercaban. Nunca podían salvar ni dar acceso a Dios.

Eran sombras y solamente podían *reflejar* **la imagen misma** de las cosas buenas venideras, las realidades de los privilegios y bendiciones de la salvación.

La ley era solo una imagen de estas cosas. Los rituales y las prácticas viejas son "sombra de lo que ha de venir; pero el cuerpo es de Cristo" (Col. 2:17). Cristo es el cumplimiento de las cosas buenas venideras: perdón, paz, conciencia limpia, seguridad y, sobre todo, acceso a Dios. El antiguo pacto era solo una descripción de estas bendiciones, pero nunca se concretaban.

La palabra **sombra** (*skia*) se refiere específicamente a la sombra pálida, contrastada con una nítida. La ley, las ceremonias y los rituales juntos no eran sino una sombra pálida de las cosas que traería Cristo. Eran la forma, no el cuerpo. Retrataban algo real, pero no eran reales en sí mismas.

Por otro lado, **la imagen misma** (*eikōn*) indica una réplica exacta, una representación completa, una reproducción detallada. Si en aquel entonces hubiera existido la fotografía, el escritor lo hubiera llamado posiblemente una fotografía: una fotografía clara, nítida, detallada y a todo color. El Espíritu está diciendo que el antiguo sistema era una sombra, mientras que el sistema nuevo es el cuerpo como tal, la realidad misma. Antes de Cristo nadie se podía acercar sino hasta la sombra de las cosas buenas de Dios.

Aun hoy el judaísmo mantiene muchas de esas sombras. Los judíos tienen las Escrituras, lo que llamamos el Antiguo Testamento y continúan celebrando algunos días de fiesta. Pero no tienen tabernáculo, templo ni sacerdocio, por tanto, no tienen sacrificios, ni diarios ni anuales. Aún se celebra el Yom Kipur, pero sin sumo sacerdote, sin altar y sin cordero para sacrificar. Como muchos judíos incrédulos modernos se niegan a reconocer el nuevo pacto que hizo Dios con ellos, incluso el antiguo ha perdido gran parte de su significado. Lo que era ya pálido está aun más desteñido. Lo que ya era borroso ahora es aun más borroso. La mayoría de los judíos no siguen las Escrituras ni las ceremonias. No aceptan el sacrificio nuevo e incluso han perdido el antiguo. Si durante el tiempo que estuvo vigente el antiguo pacto, los antiguos sacrificios no pudieron hacerlos **perfectos**, ¿cuán menos eficaces serían ahora, si de alguna manera continuaran?

La expresión **hacer perfectos** (*teleioō*) es completar, producir el fin pretendido. El fin al cual *señalaba* era el acceso a Dios, la salvación completa, pero nunca pretendió *llevar* a los hombres a Dios. No los hizo perfectos porque Dios nunca pretendió que los hiciera perfectos. Su propósito era describir, no perfeccionar.

Una vez más el escritor enfatiza que los mismos sacrificios se ofrecían **continuamente cada año**. La repetición de los sacrificios viejos es un asunto que se repite muchas veces en Hebreos. Podrían apilarse unas sombras sobre otras y aun así no obtendría cuerpo. La repetición de un símbolo es como multiplicar por cero. No importa cuántas veces se repita el proceso, el resultado nunca se incrementa.

¿Por qué, entonces, se metió Dios en la tarea de establecer el antiguo pacto, con sus ceremonias, rituales y sacrificios como sombras? ¿Cuál era la razón? Como ya aprendimos, la primera razón era simplemente que, aun siendo solo una sombra, tenía un *propósito*: reflejar la realidad de la cual era sombra. Señalaba a la salvación por venir. Debía generar expectativa en el pueblo de Dios. "Los profetas que profetizaron de la gracia destinada a vosotros, inquirieron y diligentemente indagaron acerca de esta salvación" (1 P. 1:10). Una sombra de algo —con seguridad, una sombra que Dios dio— es infinitamente mejor que la ausencia total de evidencia.

Segunda, el propósito de los sacrificios que eran sombras era recordar al pueblo de Dios que la *paga* del pecado es muerte. La sangre que en ocasiones se rociaba desde el altar venía de animales sacrificados por el pecado. Esto le recordaba constantemente al pueblo que la paga del pecado era la muerte, porque la muerte ocurrió todos los días durante toda su historia con la masacre de los animales.

Tercera, Dios le dio los sacrificios al pueblo como *cubrimiento* de los pecados. Una sombra es mejor que nada si en algo cubre el pecado. Cuando los antiguos sacrificios se ofrecían apropiadamente, con un corazón de fe, eliminaban el juicio de Dios temporal e inmediato. Que Él despreciara los sacrificios de alguien era cortar a esa persona del pueblo de Dios e incurrir en un castigo temporal, porque delataba al corazón desobediente e incrédulo. Estos sacrificios eran temporales, y su efecto y valor eran temporales. No podían llevar a una persona a la presencia de Dios, pero eran importantes para mantener una demostración de cómo era la relación pactada de esa persona con Dios.

NO PODÍAN QUITAR EL PECADO

De otra manera cesarían de ofrecerse, pues los que tributan este culto, limpios una vez, no tendrían ya más conciencia de pecado. Pero en estos sacrificios cada año se hace memoria de los pecados; (10:2-3)

Los sacrificios de animales, con su sombra, podían cubrir el pecado, pero nunca quitarlo. Pero lo que el hombre necesitaba era la eliminación del pecado. El pecado y la culpa nos carcomen. Pero el antiguo sistema no podía quitar el pecado o la culpa. Si pudiera, los sacrificios habrían parado. Una vez quitado el pecado, los sacrificios no habrían sido ya necesarios.

No era solo que los sacrificios no quitaban el pecado, además eran un *recordatorio* continuo de que no podían. **En estos sacrificios cada año se hace memoria de los pecados**. Aun el cubrimiento del pecado era temporal. Solo duraba hasta el próximo pecado. Era un sistema pesado y decepcionante.

Suponga que usted se enferma, el médico le receta una medicina y usted comienza a tomarla. Si funciona, cada vez que vea el frasco se sentirá feliz y recordará que se curó, que la enfermedad desapareció. Pero si no funciona, cada vez que vea el frasco se acordará de la ineficacia de la medicina y de que está enfermo. Tal vez alivie los síntomas en ocasiones, pero no cura la enfermedad. Alguien que debe tomar una medicina para seguir vivo no puede decirse que está curado.

Los antiguos sacrificios y ceremonias tenían, de alguna forma, el mismo efecto sobre Israel. En vez de quitarle los pecados, solo le daba un alivio temporal y le recordaban constantemente que sus pecados seguían allí. Otro año, otro cordero, otro sacrificio; y los pecados seguían allí. Los sacrificios recordaban constantemente al pueblo que eran pecadores, que estaban a la merced de Dios y que no podían entrar a su presencia. Los sacrificios del tabernáculo y el templo solo servían para llamar la atención sobre el pecado, pero estaban lejos de borrarlo.

En 10:2, **conciencia** es la misma palabra griega (*suneidēsis*) que aparece en 9:9, 10:22 y 13:18. El significado básico es el mismo en las cuatro partes. La palabra tiene que ver con la forma de percatarse de manera innata de lo que está mal en la vida y del sentido de culpa que esto produce. La conciencia es parte de la constitución del hombre. Actúa en nuestra mente y corazón de manera semejante a como actúa el dolor en el cuerpo. La culpa reacciona a las heridas espirituales y morales de modo muy similar a como reacciona el dolor con heridas físicas. Los dos son sistemas de alerta. Ninguno de los dos es para disfrutar, pero sirven a un buen propósito.

Los creyentes del Antiguo Testamento nunca pudieron librarse de la presencia y la conciencia de culpa o de la tensión y ansiedad que producen (véase Ro. 5—6). Para los cristianos, es una bendición maravillosa saber que no hay condenación para los que están en Cristo (Ro. 8:1). Es maravilloso librarse de la culpa y reconocer que nuestros pecados se perdonaron continuamente por la gracia de Dios a través de la muerte de Cristo.

Pero con el pacto previo no había tal libertad de conciencia. De hecho, cuanto más fiel y piadosa fuera la persona, más probable era que se sintiera culpable, porque era más sensible y consciente de su pecado y de la santidad de Dios. Quedaba dividida entre el conocimiento de la ley de Dios y el de haberla quebrantado. Solo necesitamos leer el Salmo 51 para darnos cuenta de cuán profundamente sentía David su culpa. Era "un hombre conforme al corazón de Dios" y, sin embargo, nunca estuvo libre de su conciencia de culpa ante Dios. Como deja claro este salmo, David conocía el amor, la misericordia y la gracia de Dios. Pero la liberación que tan bellamente describe es siempre futura. Sabía que la salvación, con su respectiva limpieza, renovación y gozo, era futura. No habla como alguien que ya la haya experimentado cuando dice: "Mi pecado está siempre delante de mí" (Sal. 51:3).

No es que el cristiano, el cual está realmente limpio del pecado, no tenga ya conciencia de este en su vida. Nadie debería estar más consciente de su propio pecado que el cristiano porque, igual que el santo fiel y piadoso del Antiguo Testamento, es más consciente de la santidad de Dios y las normas de justicia. El cristiano debería ser consciente de su pecado, pero su conciencia no debería cargarlo indebidamente.

Quienes se engañan con la presencia del pecado en su vida son el incrédulo y el creyente carnal o indocto. "Si decimos que no tenemos pecado, nos engañamos a nosotros mismos, y la verdad no está en nosotros" y "le hacemos a él mentiroso" (1 Jn. 1:8, 10). Proverbios 28:13 es completamente verdadero cuando dice: "El que encubre sus pecados no prosperará; mas el que los confiesa y se aparta alcanzará misericordia". El pecador perdonado no es insensible al pecado pero *sabe* que Dios lo perdona en Cristo y por ello está libre del miedo al juicio.

ERAN SOLAMENTE EXTERNOS

Los antiguos sacrificios también eran ineficaces porque eran solamente externos. Nunca llegaban a la raíz del problema. El pecado se suele manifestar externamente, pero su causa siempre es interna. Los antiguos sacrificios no tenían forma de llegar al interior de la persona y cambiarla, **porque la sangre de los toros y de los machos cabríos no puede quitar los pecados**. Estos sacrificios solo santificaban "para la purificación de la carne", lo externo, pero la sangre de Cristo, "el cual mediante el Espíritu eterno se ofreció a sí mismo sin mancha a Dios" (9:13-14), limpia nuestras conciencias, lo interno.

No había relación real entre el pecado de una persona y un sacrificio animal. La relación solo era simbólica, típica. Era imposible que la sangre de un animal amoral llevara perdón por la afrenta a Dios de un hombre moral. Solamente Jesucristo, la unión perfecta entre deidad y humanidad, podía satisfacer a Dios y purificar al hombre. Solo su muerte podía ser el sacrificio final, el único sacrificio eficaz.

Por lo cual, entrando en el mundo dice: Sacrificio y ofrenda no quisiste; mas me preparaste cuerpo. Holocaustos y expiaciones por el pecado no te agradaron. (10:5-6)

Es esencial saber que las ceremonias externas tenían un requisito interno que las hacía aceptables a Dios. La persona que no sacrificaba con corazón sincero no quedaba cubierta, ni siquiera externa o ceremonialmente (véase Am. 4:4-5; 5:21-25). Esta fue la clase de sacrificios que a Dios no le **agradaron**. El pueblo había tomado lo que debía ser solamente un símbolo de la fe real y lo habían vuelto un sustituto de la fe. Su confianza estaba en lo externo. Llegó a considerarse una especie de magia en la cual las palabras y actos prescritos producían automáticamente el resultado deseado. Dios había instituido el sistema de sacrificios, pero como un medio para expresarle obediencia a Él, no para usarlo a Él.

Así se lo recordó Samuel a Saúl cuando el sistema antiguo era relativamente nuevo: "El obedecer es mejor que los sacrificios, y el prestar atención que la grosura de los carneros" (1 S. 15:22). Sacrificar sin obediencia, cumplir el ritual sin fe y devoción a Dios, era una burla e hipocresía peor que no haber sacrificado nada. En el Salmo 51, David describe la única forma de sacrificio aceptable para Dios, incluso bajo el antiguo pacto: "Los sacrificios de Dios son el espíritu quebrantado; al corazón contrito y humillado no despreciarás tú, oh Dios" (Sal 51:17). Isaías dice prácticamente lo mismo:

"¿De qué me sirven sus muchos sacrificios? —dice el Señor*—. Harto estoy de holocaustos de carneros y de la grasa de animales engordados; la sangre de toros, corderos y cabras no me complace… Cuando levantan sus manos, yo aparto de ustedes mis ojos; aunque multipliquen sus oraciones, no las escucharé, pues tienen las manos llenas de sangre. ¡Lávense, límpiense! ¡Aparten de mi vista sus obras malvadas! ¡Dejen de hacer el mal! ¡Aprendan a hacer el bien! ¡Busquen la justicia y reprendan al opresor! ¡Aboguen por el huérfano y defiendan a la viuda! Vengan, pongamos las cosas en claro —dice el* Señor*—. ¿Son sus pecados como escarlata? ¡Quedarán blancos como la nieve! ¿Son rojos como la púrpura? ¡Quedarán como la lana!" (Is. 1:11, 15-18,* nvi*).*

Cuando los sacrificios no se ofrecían con el espíritu correcto, ni siquiera podían cubrir temporalmente el pecado. Hasta el valor simbólico perdían. Eran solo la forma, sin contenido, no valían absolutamente nada. En lugar de agradar a Dios, se convertían en una abominación que Él odiaba (Is. 1:13-14).

LA EFICACIA DEL NUEVO SACRIFICIO

Ahora se compara la ineficacia de los sacrificios de animales con la eficacia del sacrificio de Cristo. Se mencionan siete aspectos de esta superioridad.

REFLEJA LA VOLUNTAD ETERNA DE DIOS

Por lo cual, entrando en el mundo dice: Sacrificio y ofrenda no quisiste; mas me preparaste cuerpo… Entonces dije: He aquí que vengo, oh Dios, para hacer tu voluntad, como en el rollo del libro está escrito de mí. (10:5, 7)

Primero, el sacrificio de Cristo era eficaz porque siempre había sido la voluntad de Dios. En la mente Dios, incluso antes de la creación del mundo, Él sabía que el sistema antiguo no sería eficaz. Él planeó desde el principio que Jesús viniera y muriera. **Entrando en el mundo dice: Sacrificio y ofrenda no quisiste; mas me preparaste cuerpo**. Cuando Cristo estaba a punto de encarnarse, en el borde del cielo, por así decirlo, le reconoce al Padre que su propio cuerpo era el sacrificio que le agradaría a Dios.

Dios no podía satisfacerse con sacrificios de animales, y menos aún cuando se convirtieron en una farsa y una mofa. Para muchos de quienes los ofrecían, se habían convertido en un ritual religioso carente de significado y nada tenían que ver con la obediencia o la fe.

La misión suprema de Jesús en la Tierra era hacer la voluntad del Padre. Una y otra vez en los Evangelios, Jesús habla de haber venido a hacer la voluntad del Padre y solo la voluntad del Padre. Su sacrificio era perfecto porque lo ofreció en obediencia perfecta a Dios. El propósito de Satanás durante la tentación en el desierto era disuadir a Jesús de su misión divina, apartarlo de la voluntad de su Padre. Satanás incluso impulsó a los discípulos para que involuntariamente trataran de disuadirlo de su misión; como cuando Pedro, creyendo que le mostraba lealtad a su maestro, reprendió a Jesús por sugerir que debía morir y resucitar (Mr. 8:31-33). "Mas para que el mundo conozca que amo al Padre, y como el Padre me mandó, así hago. Levantaos, vamos de aquí" (Jn. 14:31). Cuando Jesús dijo esto, sabía que lo iban a arrestar. Por tanto, cuando dice "vamos" se refiere a la crucifixión, el acto final de obediencia de Jesús al Padre.

Los discípulos deberían haberse dado cuenta con mucha antelación, por la enseñanza de Jesús, que el ministerio terrenal de su Señor lo llevaría al sufrimiento y la muerte. De hecho, deberían saberlo por las Escrituras. Sabían que era el Mesías y debían haber sabido que el Mesías venía a morir. ¿Qué podría haber sido una predicción más clara de la muerte en sacrificio del Mesías que estas palabras de Isaías?

Ciertamente llevó él nuestras enfermedades, y sufrió nuestros dolores; y nosotros le tuvimos por azotado, por herido de Dios y abatido. Mas él herido fue por nuestras rebeliones, molido por nuestros pecados; el castigo de nuestra paz fue sobre él, y por su llaga fuimos nosotros curados (Is. 53:4-5).

Por supuesto, como tal, haber muerto no fue el acto supremo de obediencia de Jesús, sino haber tomado todo el pecado del hombre sobre sí *en* su muerte. Su prueba mayor de obediencia fue en el huerto, cuando oró: "Abba, Padre, todas las cosas son posibles para ti; aparta de mí esta copa; mas no lo que yo quiero, sino lo que tú" (Mr. 14:36). Antes y después de Jesús, muchas personas han enfrentado la muerte por martirio con disposición y valentía. Pero nadie más ha tomado —o podría haber tomado— sobre sí los pecados de todo el mundo. Nadie más ha estado —o podría haber estado— tan completamente repugnado ante la perspectiva. Y nadie más había sido —o podría haber sido— tan obediente.

En la cruz, Jesús estaba diciendo: "Padre, sé que no te satisfacen el sistema y los sacrificios antiguos, pero sé que estás satisfecho conmigo y con mi sacrificio. Así que pagaré feliz el precio de la obediencia".

REEMPLAZA EL SISTEMA ANTIGUO

Diciendo primero: Sacrificio y ofrenda y holocaustos y expiaciones por el pecado no quisiste, ni te agradaron (las cuales cosas se ofrecen según la ley), y diciendo luego: He aquí que vengo, oh Dios, para hacer tu voluntad; quita lo primero, para establecer esto último. (10:8-9)

El escritor continúa su comentario al Salmo 40:6-8, al cual se ha referido en los versículo 5-7, señalando que Dios quitó el primer pacto, esto es, el de los antiguos sacrificios, para abrirle espacio al último, el sacrificio nuevo. Quería mostrar a los lectores judíos —otra vez— que el antiguo pacto no era, nunca había sido y no podía ser, satisfactorio. No se pretendía que fuera permanente ni verdaderamente eficaz, solo temporal y simbólico. El enfoque de Dios siempre estuvo en el segundo pacto, el pacto superior, el pacto perfecto. Y el segundo pacto ya vino en Jesucristo. Les dice: "No pueden estar bajo dos pactos al mismo tiempo, y ahora que llegó el segundo, el primero tiene que irse". Cualquiera que fuera la validez y el propósito del primero, ahora eran pasado. Ya no era válido ni tenía propósito. Dios lo había dejado a un lado para siempre. Todo este énfasis repetido revela un corazón de súplica que llama a sus lectores a la salvación en el Señor Jesucristo.

SANTIFICA AL CREYENTE

En esa voluntad somos santificados mediante la ofrenda del cuerpo de Jesucristo hecha una vez para siempre. (10:10)

El sacrificio nuevo es eficaz porque santifica al creyente, lo hace santo. El sistema antiguo no tenía forma de hacer santo al hombre. Santificar (*hagiazō*) significa básicamente apartar. Cuando la palabra se usa en las Escrituras para los hombres, se refiere siempre a estar apartado *por* o *para* Dios. Por este mismo grupo de palabras en el griego obtenemos la palabra *santo*. En términos bíblicos, un santo es una persona que Dios apartó para Él. La voluntad de Dios es apartarnos, no solo en la posición, sino en la práctica. "La voluntad de Dios es vuestra santificación" (1 Ts. 4:3).

El verbo griego en el versículo 10 (**somos santificados**) es un participio perfecto con un verbo finito que muestra de la manera más fuerte la salvación continua y permanente del creyente. La fuerza de la declaración es: "Han sido santificados de manera permanente". Esto cumple el deseo de nuestro Señor: "Sed santos, porque yo soy santo" (1 P. 1:16; cp. Lv. 11:44).

Un acto, en un momento, aportó la santificación permanente para todo aquel que ponga su confianza en Jesucristo (cp. Col. 2:10; 2 P. 1:3-4). En la cruz, Él nos santificó, nos apartó hacia Él, nos hizo santos y de estima para siempre para Él y para el Padre.

Por supuesto, nuestras posiciones de lugar y práctica son dos cosas muy diferentes. Si estamos en Cristo, siempre estaremos en Él. Esta posición de lugar nunca se moverá ni una jota durante toda la eternidad. Pero nuestra santidad práctica, como todos sabemos, puede cambiar mucho. Pablo les escribió a los cristianos de Colosas: "Haced morir, pues, lo terrenal en vosotros: fornicación, impureza, pasiones desordenadas, malos deseos y avaricia, que es idolatría... en las cuales vosotros también anduvisteis en otro tiempo cuando vivíais en ellas. Pero ahora dejad también vosotros todas estas cosas: ira, enojo, malicia, blasfemia, palabras deshonestas de vuestra boca" (Col. 3:5, 7-8). Todos los creyentes a los que Pablo les hablaba aquí eran santos en cuanto a posición, pero muchos de ellos —quizás todos— no lo eran en la práctica. La voluntad de Dios es que nuestra práctica sea coherente con nuestra posición, que seamos de verdad en persona lo que somos en Cristo.

La que se considera en Hebreos 10:10 es santidad posicional, porque la santidad aquí es un hecho alcanzado: **Somos santificados**. Sin importar cuán santo pueda ser nuestro caminar, en nuestra *posición* estamos completa y permanentemente apartados para Dios si hemos confiado en **la ofrenda del cuerpo de Jesucristo hecha una vez para siempre**.

QUITA EL PECADO

Y ciertamente todo sacerdote está día tras día ministrando y ofreciendo muchas veces los mismos sacrificios, que nunca pueden quitar los pecados; pero Cristo, habiendo ofrecido una vez para siempre un solo sacrificio por los pecados, se ha sentado a la diestra de Dios, (10:11-12)

El sacrificio de Cristo es eficaz porque quita el pecado, cosa que el otro pacto nunca pudo hacer. El nuevo pacto llevó de los sacrificios diarios a un único sacrificio, de los sacrificios ineficaces a un único sacrificio perfectamente eficaz.

Estos dos versículos son una serie de contrastes: los múltiples sacerdotes contrastados con el único Sacerdote, los sacerdotes estando continuamente de pie contrastados con que el nuevo esté sentado y los sacrificios ineficaces que solo cubrían el pecado contrastados con el sacrificio eficaz que quita completamente el pecado.

El sistema levítico tenía veinticuatro órdenes en cada una de las cuales había cientos de sacerdotes que se repartían los turnos para servir en el altar. El sistema no carecía de sacerdotes, pero sí de eficacia. Ni siquiera todos los sacerdotes juntos podrían haber hecho un sacrificio eficaz por el pecado. Cristo no era sino un Sacerdote, y su obra fue perfecta y permanentemente eficaz.

Los sacerdotes levíticos estaban siempre de pie porque su ministerio nunca se terminaba. Cristo **se ha sentado a la diestra de Dios** después de haber hecho el sacrificio porque *su* obra estaba culminada.

Los sacrificios levíticos, con todos sus sacerdotes y repeticiones, **nunca pueden quitar los pecados**. El sacrificio de Cristo se llevó los pecados de los creyentes **para siempre**.

DESTRUYÓ A SUS ENEMIGOS

de ahí en adelante esperando hasta que sus enemigos sean puestos por estrado de sus pies; (10:13)

El sacrificio de Cristo era eficaz porque conquistó a sus enemigos. Ningún sacrificio del Antiguo Testamento hacía algo por deshacerse de Satanás. No tenían ningún efecto sobre él, ni en los demonios impíos y las personas que le servían. Pero cuando Jesús murió en la cruz, asestó a sus enemigos un golpe mortal. Primero de todo, conquistó "al que tenía el imperio de la muerte, esto es, al diablo" (He. 2:14). Segundo, triunfó sobre todos los demás ángeles caídos (Col. 2:14-15). Tercero, desarmó y triunfó sobre todos los gobernantes y autoridades de todos los tiempos que habían rechazado y se habían opuesto a Dios (Col. 2:15). Ahora solo está esperando hasta que todos **sus enemigos sean puestos por estrado de sus pies**; esto es, hasta que reconozcan su señorío inclinándose a sus pies (Fil. 2:10).

Jesucristo se erigirá sobre todos sus enemigos. Obtuvo la victoria sobre ellos en la cruz. Allí se reunieron todos los enemigos de Dios para asestarle el peor golpe de ellos, la muerte. Pero Jesús conquistó la muerte tal como conquistó a sus otros enemigos. Pasó de un lado de la muerte al otro. Y no solo eso, sino que conquistó la muerte para todos los que alguna vez han creído en Dios. Jesucristo convirtió lo peor de Satanás en lo mejor de Dios.

PERFECCIONA A LOS SANTOS PARA SIEMPRE

porque con una sola ofrenda hizo perfectos para siempre a los santificados. (10:14)

El sacrificio nuevo era eficaz porque da a los creyentes perfección eterna. De nuevo, debe enfatizarse que la perfección es la salvación eterna. Decir aquí que hacer **perfectos** significa "maduros espiritualmente" no sería consecuente con el contexto. La muerte de Jesucristo quita para siempre el pecado de quienes le pertenecen. Estamos totalmente seguros en nuestro Salvador. Necesitamos que se nos limpie cuando caemos en pecado, pero no necesitamos temer nunca más el juicio de Dios por nuestro pecado. En lo que al sacrificio de Cristo concierne, ya *hemos sido santificados y perfeccionados*, razón por la cual solo tuvo Él que sacrificarse una vez. **Pues donde hay remisión de** pecados, **no hay más ofrenda por el pecado** (10:18). El perdón es permanente porque el sacrificio es permanente.

CUMPLE LA PROMESA DE UN NUEVO PACTO

Y nos atestigua lo mismo el Espíritu Santo; porque después de haber dicho: Este es el pacto que haré con ellos después de aquellos días, dice el Señor: pondré mis leyes en sus corazones, y en sus mentes las escribiré, añade: Y nunca más me acordaré de sus pecados y transgresiones. (10:15-17)

Por último, el sacrificio nuevo de Cristo es eficaz porque cumple la promesa del nuevo pacto. En otras palabras, el sacrificio nuevo tenía que hacerse y tenía que ser eficaz porque Dios prometió que así sería. El sacrificio nuevo era el eje del nuevo pacto, del cual dijo Dios que pondría sus **leyes en sus corazones, y en sus mentes** las escribiría, y el cual haría que **nunca** se acordara **de sus pecados y transgresiones**. Por tanto, el sacrificio nuevo era eficaz porque *tenía* que lograr estas cosas (profetizadas en Jer. 31:33-34) para cumplir las promesas inquebrantables de Dios.

Aunque el nuevo pacto era nuevo, no era nuevo en revelación, sino el cumplimiento del antiguo. Ahora que había llegado, los judíos, más que nadie, deberían haberlo recibido con alivio y gozo ilimitados. La promesa no era de Jeremías, sino de Dios, el testimonio mismo del **Espíritu Santo**.

Los lectores estaban entre la espada y la pared en este gran dilema del cual no podían escapar. El Espíritu Santo, por medio del escritor de Hebreos, les estaba diciendo: "No pueden aceptar la enseñanza de su amado profeta Jeremías y rechazar el nuevo pacto que profetizó. No pueden aceptar el uno sin aceptar el otro". Aceptar a Jeremías es aceptar a Jesucristo. Rechazar a Jesucristo es rechazar a Jeremías (por no mencionar a los otros profetas que hablaron del Mesías) y rechazar al Espíritu Santo.

Pues donde hay remisión de éstos, no hay más ofrenda por el pecado. (10:18)

El sacrificio estaba hecho. No habría más. Ya se había otorgado el perdón a quienes confiaran en este sacrificio único y perfecto. ¿Por qué quería alguien volver a los antiguos sacrificios, que no eran eficaces y nunca se terminaban? Rechazarlo es quedarse sin otra esperanza de perdón, para siempre.

"El Señor no retarda su promesa, según algunos la tienen por tardanza, sino que es paciente para con nosotros, no queriendo que ninguno perezca, sino que todos procedan al arrepentimiento" (2 P. 3:9). El antiguo pacto prometía la salvación gloriosa y perfecta; el nuevo la consiguió.

Aceptar a Cristo

23

Así que, hermanos, teniendo libertad para entrar en el Lugar Santísimo por la sangre de Jesucristo, por el camino nuevo y vivo que él nos abrió a través del velo, esto es, de su carne, y teniendo un gran sacerdote sobre la casa de Dios, acerquémonos con corazón sincero, en plena certidumbre de fe, purificados los corazones de mala conciencia, y lavados los cuerpos con agua pura. Mantengamos firme, sin fluctuar, la profesión de nuestra esperanza, porque fiel es el que prometió. Y considerémonos unos a otros para estimularnos al amor y a las buenas obras; no dejando de congregarnos, como algunos tienen por costumbre, sino exhortándonos; y tanto más, cuanto veis que aquel día se acerca. (10:19-25)

Solo hay dos posibles consecuencias al conocer el evangelio. Cuando una persona conoce la verdad del evangelio, o lo cree o cae en apostasía. Hebreos 10:19-25 está hablando a los que creen, los que tienen una respuesta positiva a las afirmaciones de Jesucristo.

La respuesta positiva resulta en la salvación. Como Pablo lo deja claro en el bellísimo capítulo 13 de su primera carta a los Corintios, la salvación requiere fe, esperanza y amor. Este pasaje se enfoca en estos tres aspectos de la salvación.

ACERCARSE EN FE

La base principal sobre la cual podemos acercarnos a Dios en fe es **la sangre de Jesucristo**. El **Lugar Santísimo** del tabernáculo o el templo, representaba la presencia especial divina, y solo el sumo sacerdote podía entrar una vez al año. Pero en la sangre derramada de Cristo, su sacrificio perfecto, tenemos **libertad para entrar en el Lugar Santísimo**, en la misma presencia de Dios.

Creo que **hermanos** se refiere aquí, como en el resto de Hebreos y en Romanos (9:3) a los judíos, no a los creyentes. El autor urge a los hermanos físicos a aferrarse al sacrificio perfecto, Jesucristo, a acceder confiadamente por medio de Él a la presencia misma de Dios y habitar allí por toda la eternidad, sobre la base del terreno doctrinal cuidadoso que se ha dado. Para el judío que considerara con un mínimo de seriedad el antiguo pacto, esta perspectiva era tan asombrosa como maravillosa. Dándose cuenta de esto, el autor usa todos los argumentos persuasivos para llevarlos a la decisión positiva.

Si una persona intenta ir a la presencia de Dios con base en su carácter, sus obras o su afiliación religiosa, no encontrará acceso. Con seguridad, tampoco tiene acceso con base en la sola confesión verbal de Cristo. "No todo el que me dice: Señor, Señor, entrará en el reino de los cielos, sino el que hace la voluntad de mi Padre que está en los cielos. Muchos me dirán en aquel día: Señor, Señor, ¿no profetizamos en tu nombre, y en tu nombre echamos fuera demonios, y en tu nombre hicimos muchos milagros? Y entonces les declararé: Nunca os conocí; apartaos de mí, hacedores de maldad" (Mt. 7:21-23). Todas las cosas que mencionó Jesús parecían buenas. Pero no eran *realmente* en su nombre, porque no se hicieron con fe en Él y su poder. Quienes así lo confesaban no lo conocían personalmente, dijo Jesús. Obviamente, conocían su nombre, en el sentido de su título y su posición. Lo reconocían como "Señor". Pero no lo habían recibido como su Señor y su Salvador, así que todo lo demás no contaba para nada.

Sin embargo, la sangre de Jesucristo cuenta para todo, y quien confíe en su expiación puede entrar con plena confianza delante de Dios, reclamando todas las bendiciones y promesas en su Hijo. Podemos ir en busca de misericordia y gracia (He. 4:16), no de justicia. Porque si Dios nos hiciera justicia, tendría que condenarnos, pues eso es lo que merecemos. Pero Jesús satisfizo la justicia de Dios a nuestro favor por su sangre derramada, de modo que ahora podemos reclamar la gracia y la misericordia de Dios. Dios no puede ser justo y condenar a quienes estamos en Cristo.

La más clara y conmovedora ilustración de Jesús sobre la gracia de Dios es la parábola del hijo prodigo. En realidad, el hijo que estaba en la casa también era pródigo, pero la historia se enfoca en su hermano, que se dio cuenta de que era pródigo y regresó a su casa. No merecía volver a casa y, con toda seguridad, no merecía que le aceptaran de vuelta con una celebración tan espléndida. Pero fue el amor del padre, no el mérito del hijo, lo que produjo la bienvenida. El hijo volvió por el desespero, pero volvió, y que regresara era todo lo que pedía el padre. El padre se encargó de todo lo demás.

El solo concepto de *ir* a Dios era revolucionario para los judíos… y para muchos más en todos los siglos hasta hoy día. ¿No puso Dios a unos ángeles y una espada ardiente para guardar la entrada del huerto cuando Adán pecó? ¿Y no tenían todos los hombres prohibido entrar a su presencia en el Lugar Santísimo, bajo pena de muerte? Pero ahora, dice el escritor, la sangre de Jesús ha enfriado las espadas ardientes y ha rasgado el velo del Lugar Santísimo en dos. Si usted llega a algún lado por Él, solo puede ser a la presencia de Dios, pero puede hacerlo con confianza.

El camino de Jesús a la presencia de Dios es **nuevo y vivo**. El camino antiguo ni siquiera podía llevar al hombre a la presencia de Dios simbólica, ceremonial;

mucho menos a la real. Pero el camino nuevo puede llevarnos allí, **a través del velo, esto es, de su carne**. Cuando la carne de Jesús se partió, ocurrió lo mismo con el velo que separaba a Dios y los hombres. La sangre de los animales tan solo permitía que el sumo sacerdote entrara por el velo un momento. La sangre de Jesús permite que todo el que crea en Él entre a través del velo de manera permanente.

La palabra **nuevo** (*prosphatos*) en el versículo 20 se usa solo una vez en el Nuevo Testamento. Su significado original era "recién sacrificado". Jesús es el camino nuevo, el sacrificio recién sacrificado, que abre el camino a Dios. Parece contradictorio que el recién sacrificado fuera también el **camino vivo**. Pero la muerte de Jesús conquistó la muerte y dio vida. Su muerte es el único camino a la vida que dura para siempre.

Mientras Jesús estuvo predicando, enseñando y sanando —es decir, mientras estuvo vivo—, su carne era una barrera para la presencia de Dios como lo era el velo del tabernáculo. El Salvador sin crucificar no podía salvar. Si Jesús solamente hubiera venido al mundo a servir encarnado, no podría haber sido el Salvador, sin importar cuántos años lo hubiera hecho o cuántos miles de milagros más hubiera realizado. En tanto su carne estuviera viva, era una barrera, en el sentido de que solo con su sacrificio podía expiar los pecados de los hombres y abrirles el camino al cielo. Cuando el velo físico del templo terrenal se rasgó durante la crucifixión de Jesús, el velo espiritual de su carne, por así decirlo, también se rasgó.

Jesús no solamente abrió el camino a Dios, sino que ahora es nuestro **gran sacerdote sobre la casa de Dios**. No solamente nos muestra el camino a Dios e incluso nos lo aporta, sino que nos *lleva* con Él hacia Dios y ministra para nosotros en el cielo. Una paráfrasis de Romanos 5:10 podría ser: "Si su muerte pudo hacer todo esto para salvarme, ¡qué podría hacer su vida en la presencia de Dios para cuidarme!".

acerquémonos con corazón sincero, en plena certidumbre de fe, purificados los corazones de mala conciencia, y lavados los cuerpos con agua pura. (10:22)

La palabra **sincero** (*alēthinos*) significa auténtico, sin superficialidad, hipocresía o motivos ocultos. Acercarse a Dios **en plena certidumbre** exige un compromiso auténtico.

La nación de Judá, como muchos individuos, solía llegar a Dios de cualquier forma, excepto con un corazón sincero. "'A pesar de todo esto, su hermana, la infiel Judá, no se volvió a mí de todo corazón, sino que sólo fingió volverse', afirma el Señor" (Jer. 3:10, NVI). Pero llegaría el día en que su pueblo cambiaría. "Les daré un corazón que me conozca, porque yo soy el Señor. Ellos serán mi pueblo, y yo seré su Dios, porque volverán a mí de todo corazón" (Jer. 24:7, NVI).

Simón el mago hizo una confesión de fe en Cristo, pero su corazón se corrompió. Intentó usar el nombre y el poder de Cristo para su gloria y beneficio, y Pedro le reprendió con severidad. "No tienes tú parte ni suerte en este asunto, porque tu corazón no es recto delante de Dios. Arrepiéntete, pues, de esta tu maldad, y ruega a Dios, si quizá te sea perdonado el pensamiento de tu corazón" (Hch. 8:21-22). Pablo aconsejó a los esclavos que fueran obedientes a sus amos: "Siervos, obedeced a vuestros amos terrenales con temor y temblor, con sencillez de vuestro corazón, como a Cristo" (Ef. 6:5). Desde los primeros días del antiguo pacto, Dios había exigido un corazón sincero. "Pero si desde allí buscas al Señor tu Dios con todo tu corazón y con toda tu alma, lo encontrarás" (Dt. 4:29, NVI). Quienes encuentran a Dios son aquellos que lo buscan con todo su corazón, con total autenticidad.

Cierto tipo de fe es inherente a la naturaleza humana. Incluso en el nivel terrenal y puramente humano, no podemos operar sin ella. Comemos comida enlatada o en cajas que compramos en el mercado con toda la confianza en que no nos va a hacer daño. Tomamos agua del grifo sin cuestionamientos. Aceptamos pagos en papel impreso porque tenemos fe en que el gobierno nos devolverá dinero. Sin fe, la sociedad no podría funcionar.

Pero la fe salvadora no requiere solamente fe en un objeto diferente, requiere fe de una fuente diferente. Podemos confiar en la comida, el agua y el dinero por nuestro propio albedrío, nuestra propia decisión. La fe en Jesucristo debe incluir nuestra propia decisión, pero la precede la decisión de Dios. "Porque por gracia sois salvos por medio de la fe; y esto no de vosotros, pues es don de Dios" (Ef. 2:8). La salvación es un regalo de Dios, y la fe salvadora es parte de ese regalo. Dios planta en el corazón el deseo y la capacidad de creer, y la capacidad de recibir el regalo de la salvación.

Cuando llegamos a Dios por la fe, no solo debemos hacerlo con un corazón sincero, sino **purificados los corazones de mala conciencia, y lavados los cuerpos con agua pura**. Como cabe esperar, esta figura se toma de las ceremonias de sacrificios del antiguo pacto. Los sacerdotes estaban lavando continuamente los utensilios y a sí mismos en los lavatorios de agua limpia, y la sangre salpicaba continuamente como símbolo de la limpieza. Pero toda la limpieza, fuera con agua o sangre, era externa. Solo Jesús podía limpiar el corazón del hombre. Él limpia con su Espíritu los pensamientos y deseos más internos.

En Cristo, nuestros pecados quedan cubiertos por la sangre y nuestra vida se transforma. Deben estar las dos cosas; juntas son los componentes de la salvación. Podemos decir que la primera es satisfacción con la posición y la segunda es santificación práctica. Dios está satisfecho con la aspersión de la sangre de Cristo, que removió el pecado y liberó nuestras conciencias. Cambiamos por dentro cuando la Palabra nos lava y nacemos de nuevo.

SATISFACCIÓN POSICIONAL

La frase **purificados los corazones de mala conciencia** es una imagen de liberación hermosa, ya mencionada en 9:14. La conciencia nos condena y nos recuerda nuestra culpa; y la culpa no se puede eliminar mientras no se quite el pecado. Cuando Jesús murió, su sangre quitó nuestros pecados; y cuando lo aceptamos por la fe, nuestra conciencia quedó libre de culpa, quedamos limpios **de mala conciencia**. No nos condenamos más a nosotros mismos.

La purificación de nuestros corazones se refiere a la satisfacción de la justicia de Dios, la expiación por nuestros pecados, requerida antes de que seamos aceptables para Él.

LA SANTIFICACIÓN PRÁCTICA

La otra parte de nuestra purificación, tener **lavados los cuerpos con agua pura**, no se refiere al bautismo, sino que está relacionado con nuestra vida, con la forma en que el Espíritu Santo la cambia. Es la misma purificación que menciona Pablo en Tito 3:5 ("el lavamiento de la regeneración y por la renovación en el Espíritu Santo") y en Efesios 5:26 ("el lavamiento del agua por la palabra").

Estos dos aspectos de la purificación son inseparables. Cuando un hombre llega a Cristo, ocurren las dos. La muerte de Cristo paga la pena del pecado por nosotros y Dios queda satisfecho; y la purificación del Espíritu Santo comienza a cambiarnos internamente y Él queda satisfecho. La justicia de Dios queda satisfecha en los dos aspectos; por ello el creyente puede llegar a la presencia de Dios con confianza.

LOS TRES REQUISITOS DE LA FE

La fe que Dios honra, la proveniente de un corazón sincero, requiere tres cosas: sentimiento de necesidad, contenido y compromiso.

SENTIMIENTO DE NECESIDAD

La fe no puede comenzar mientras una persona no se dé cuenta de que necesita la salvación. Si no tiene a Cristo, necesita la salvación, se dé cuenta o no. Pero no tendrá razones para creer hasta que *sienta* la necesidad, hasta que la reconozca. Cuando Saulo estaba persiguiendo a la Iglesia, tenía una necesidad grande de la salvación, pero con seguridad no sentía necesidad de ella. Él estaba convencido de que estaba haciendo la voluntad de Dios. Solamente cuando el Señor se le apareció de forma inesperada en el camino a Damasco, su necesidad se hizo evidente y penetró profundamente en Saulo. Puede ser que la necesidad no se entienda claramente en principio. En el camino a Damasco, Saulo quizás no hubiera sido capaz de explicar su necesidad espiritual como lo haría años después cuando escribió la carta a los Romanos. Sencillamente, sabía que algo estaba muy mal en su vida y que la respuesta estaba en Dios. Sabía que necesitaba algo del Señor.

Suele ocurrir que el sentimiento de necesidad de una persona es tan solo parcial. El primer sentimiento de necesidad puede no ser más que el de propósito en la vida o el de alguien que nos ame y se interese por nosotros. Puede ser también un sentimiento de necesidad de perdón o de quitar la culpa, de paz interior. Lo más importante es darse cuenta de que la respuesta a esa necesidad está en Dios. Las personas iban a ver a Jesús por muchas razones, algunas bastante superficiales. Pero cuando llegaban, Jesús satisfacía *todas* sus necesidades. Quizá solo sintieran la necesidad de sanidad física, pero también les ofrecía sanidad espiritual. El sentimiento no requiere la comprensión teológica de la doctrina de la salvación, solo un **corazón sincero** que sepa que *necesita* la salvación. Por otra parte, quien no siente la necesidad de salvación, no importa cuán buena sea su teología, está lejos de la fe en Dios. Sentir la necesidad es esencial, pero inadecuado por sí solo.

CONTENIDO

La persona no necesita tener un conocimiento y comprensión plenos de la doctrina de la salvación antes de obtener la salvación, pero sí necesita la verdad del evangelio (1 Co. 15:1-5): que está perdido y necesita al Señor Jesucristo como Señor y Salvador. Debe conocer el evangelio. La idea de "fe ciega" suena espiritual, pero no es bíblica. Incluso las grandes personas de fe no conocerán muchas cosas sobre Dios hasta que vean al Señor cara a cara en el cielo. Pero Dios no exige fe sin razones. Por ejemplo, el escritor de Hebreos acuña verdad sobre verdad y presenta a Jesús como el Mesías prometido a los judíos. También muestra que el nuevo pacto es superior al antiguo, que los sacrificios antiguos no eran eficaces, que solo el sacrificio nuevo puede llevar a Dios a una persona; y así sucesivamente.

Se cuenta la siguiente historia sobre Channing Pollock, un conocido dramaturgo. El señor Pollock estaba escribiendo una obra en colaboración con otro autor. Una noche, mientras trabajaban en el apartamento de Pollock en Nueva York, algo en la obra provocó que el amigo le preguntara a Pollock: "¿Alguna vez has leído el Nuevo Testamento?". Pollock dijo que no y continuaron trabajando hasta muy tarde, cuando el amigo partió. Pollock se fue a su cama, pero no pudo dormir. La pregunta de su amigo, simple y casual en apariencia, le había dejado pensando. Finalmente, se levantó de la cama, y buscó entre sus libros hasta encontrar un Nuevo Testamento. Después de leer todo el Evangelio de Marcos, se vistió y salió a caminar hasta el amanecer. Más tarde, contándole la historia a su amigo, le dijo: "Cuando regresé, me arrodillé y estaba apasionadamente enamorado de Jesucristo". Comenzando con un sentimiento de necesidad, tan vago como era, pasó a ver la verdad y su evidencia. Y creyó.

COMPROMISO

El punto máximo de la fe es el compromiso. Confesar a Cristo, sin compromiso con Él, no es fe salvadora.

Mi padre solía contar la historia de una persona que caminaba sobre la cuerda floja y le gustaba hacerlo a través de las cataratas del Niágara, preferiblemente con alguien en la espalda. Muchas personas expresaban completa confianza en sus capacidades, pero siempre tenía problemas para encontrar un voluntario que confiara en él y se subiera a sus espaldas.

Muchas personas expresan completa confianza en Cristo, pero nunca se confían a Él.

Cuando John Paton fue traductor misionero en las Nuevas Hébridas, pasó mucho tiempo frustrado en su trabajo porque el pueblo no tenía una palabra para fe. Un día, un empleado fue a su casa y se tumbó en una silla grande. El misionero le preguntó qué palabra usaría para lo que acababa de hacer. La palabra que le dio fue lo que Paton usó para *fe* en su traducción del Nuevo Testamento. Sin dudas ni reservas. Aquel hombre le había entregado completamente su cuerpo a la silla. Había sentido la necesidad de descansar, estaba convencido de que la silla le proporcionaría un lugar para hacerlo y se entregó a la silla *para* descansar. De la misma forma, el creyente debe comprometer su vida al Señor Jesucristo. Solo entonces es fe, fe salvadora.

MANTENERSE FIRME EN LA ESPERANZA

Mantengamos firme, sin fluctuar, la profesión de nuestra esperanza, porque fiel es el que prometió. (10:23)

La segunda parte de la respuesta positiva al evangelio es la esperanza. Los mejores manuscritos griegos de este texto tienen la palabra *elphis* ("esperanza"), en lugar de *pistis* ("fe"), como en la RVR-60. Quien confía plenamente no puede evitar tener esperanza. Un creyente sin esperanza es una contradicción en sus propios términos.

Así de simple. Una persona con esperanza genuina se mantendrá firme. Quien se va, ha perdido la esperanza; quien aún tiene esperanza se mantendrá firme. Continuar es una señal de fe y de esperanza. Aferrarnos no hará mucho más por nuestra salvación que las buenas obras. Pero las dos son evidencia de que *somos* salvos. Muchos de los que han confesado a Cristo continúan dando evidencia con sus vidas de no haberlo conocido nunca.

Fui testigo de alguien que profesó a Cristo, luego se bautizó y poco después abrió un club nocturno pornográfico. Su vida es un ejemplo extremo de no mostrar correspondencia con el Cristo que había profesado. La "profesión" de su vida contradecía la profesión de sus labios. No mantuvo firme **la profesión** de su fe y esperanza en Jesucristo.

Mantenerse es el lado humano de la seguridad eterna. Los reformadores lo llamaban "la perseverancia de los santos". No es algo que hagamos para mantener nuestra salvación, pero es evidencia, desde el lado humano, de que somos salvos. Es una paradoja, como la doctrina de la elección. Dios escoge soberanamente a quienes son salvos. Pero no salva a nadie que no crea. Dios nos tiene asegurados en su Hijo, pero nuestra voluntad, expresada en aferrarnos con perseverancia, también forma parte. Como lo reconocería hasta el más fuerte teólogo calvinista, la soberanía de Dios no excluye la responsabilidad del hombre. Jesús dijo: "Ninguno puede venir a mí, si el Padre que me envió no le trajere" (Jn. 6:44), y también: "Si vosotros permaneciereis en mi palabra, seréis verdaderamente mis discípulos" (Jn. 8:31).

Es muy triste que muchos lleguen a Cristo y digan que creyeron, pero se vayan pronto. En la parábola del sembrador, Jesús ilustró cuatro respuestas diferentes al evangelio. Algunas personas están tan lejos de querer la salvación que el diablo simplemente quita la semilla de la Palabra de Dios antes de que tenga tiempo para germinar. Otros responden con alegría al escuchar la Palabra, pero creen solo hasta "el tiempo de la prueba" (Lc. 8:13). Otros más creen hasta cuando llegan algunos problemas. Sin embargo, los creyentes verdaderos "son los que con corazón bueno y recto retienen la palabra oída, y dan fruto con perseverancia" (v. 15).

Quienes oyeron y vieron a Jesús fueron ejemplo de este tipo de respuesta. Durante la primera Pascua de su ministerio, "muchos creyeron en su nombre, viendo las señales que hacía". Pero Jesús, sabiendo que sus corazones no estaban con Él, "no se fiaba de ellos" (Jn. 2:23-24). Eran ejemplo de las formas segunda y tercera de respuesta. Tuvieron un comienzo superficial con Jesús, pero pronto le dejaron. Jesús ya sabía que no eran sinceros; a los pocos días o semanas, el resto también lo sabría.

De manera similar, "aun de los gobernantes, muchos creyeron en él; pero a causa de los fariseos no lo confesaban, para no ser expulsados de la sinagoga. Porque amaban más la gloria de los hombres que la gloria de Dios" (Jn. 12:42-43). Lo que prometía ser un avivamiento entre los líderes religiosos terminó siendo la conformación de una sociedad secreta de incrédulos.

Había un grupo tan impresionado con las señales y milagros de Jesús que le llamaron "el profeta que había de venir al mundo" y estaban planeando "apoderarse de él y hacerle rey" (Jn. 6:14-15). Pero Jesús, leyendo una vez más las mentes de quienes se habían confesado creyentes, conoció su insinceridad y se retiró a una montaña solo. Nada más querían un rey externo, no uno interno.

El verdadero creyente estará cerca en el final. Quizás se desanime o se frustre y ocasionalmente caiga en un hábito pecaminoso. Pero mantendrá **firme, sin fluctuar, la profesión de** su **esperanza, porque fiel es el que prometió.** La fe y la esperanza de un creyente verdadero nunca son en vano, porque están puestas en un Dios que cumple sus promesas. "Fiel es el que os llama, el cual también lo hará" (1 Ts. 5:24). Dios hará su parte y el creyente verdadero también hará la suya.

Había un joven cuyo padre lo dejó en una esquina del centro de la ciudad una mañana y le dijo que esperara hasta que regresara en media hora. Pero el auto del padre se averió y no pudo conseguir un teléfono. Pasaron cinco horas antes de que el padre pudiera regresar y estaba preocupado porque su hijo pudiera estar asustado. Pero cuando el padre llegó, su hijo estaba frente a la tienda, mirando por el cristal del escaparate, meciéndose sobre sus talones. Cuando el padre lo vio, corrió hacia él, lo abrazó y lo besó. Se disculpó y le preguntó: "¿Estabas preocupado? ¿Creíste que no iba a volver nunca?". El joven lo miró y le dijo: "No, papá. Yo sabía que tú ibas a volver. Dijiste que lo harías".

Puede parecer que las respuestas de Dios se demoren en llegar y que nuestra espera se vuelva incómoda o incluso dolorosa. Pero Él siempre hará lo que dijo. La razón por la cual podemos mantenernos firmes sin fluctuar es porque **fiel es el que prometió.**

MOTIVARNOS AL AMOR

Y considerémonos unos a otros para estimularnos al amor y a las buenas obras; no dejando de congregarnos, como algunos tienen por costumbre, sino exhortándonos; y tanto más, cuanto veis que aquel día se acerca. (10:24-25)

La tercera señal de la respuesta positiva al evangelio es el amor. La expresión particular de amor que aquí se menciona es el amor en comunidad. Los lectores judíos no la estaban pasando bien en su rompimiento con el antiguo pacto, el templo y los sacrificios. Todavía se aferraban al legalismo, a los rituales y a las ceremonias, las cosas externas del judaísmo. De modo que el escritor les dice que una de las mejores formas de mantenerse firmes en las cosas divinas —las cosas reales divinas que solo se encuentran en el nuevo pacto de Jesucristo— es estar en la comunidad del pueblo de Dios, donde puedan amar y ser amados, servir y ser servidos. No hay mejor lugar para recorrer el camino de la fe en Cristo o para esperar continuamente en Él que la Iglesia, su cuerpo.

La expresión **aquel día se acerca** puede referirse a la destrucción inminente del templo, que acabaría con todos los sacrificios y rituales. Sencillamente, el antiguo pacto no podía funcionar sin el templo, el cual, cuando se escribió Hebreos estaba a punto de que Tito lo destruyera. Pero creo que la referencia principal es a la venida del Señor, que hace aplicable el pasaje a todos nosotros. El único lugar en que podemos permanecer firmes hasta su regreso es entre su pueblo. Nos necesitamos unos a otros. Necesitamos la comunión mutua, porque nos fortalecemos y nos alentamos unos a otros.

Hace algunos años, un joven se sentó junto a mí en un avión y nos pusimos a conversar. Cuando descubrió que yo era ministro, dijo: "Yo solía ser parte de una iglesia, pero me parece que la relación con Cristo debe ser personal, no institucional. ¿Qué piensa usted?". Después de agradecerle al Señor por semejante oportunidad tan abierta de serle testigo, le dije: "Estoy de acuerdo contigo". Entonces me preguntó si yo sabía como podía él tener una relación personal con Cristo, a lo cual también respondí afirmativamente. Pensé: *Verdaderamente, parece sentir necesidad de Cristo.* Así que le pregunté si había estudiado la verdad del evangelio y la evidencia de las afirmaciones de Cristo. Respondió: "Sí, pero no sé cómo llegar a Él". Le pregunté: "¿Estás listo para entregarte a él?". Me dijo que sí y oramos juntos para que él se entregara. Al siguiente domingo estaba en nuestro servicio matutino y después me preguntó si nuestra iglesia tenía actividades semanales en las cuales pudiera participar. Este joven mostraba todas las evidencias de ser un creyente verdadero. Sintió su necesidad, estudió la evidencia, hizo un compromiso con Jesucristo, mostraba todo el deseo de mantenerse firme y tener comunión con su iglesia.

El escritor dice con mucha sencillez: "La puerta está abierta, el acceso para entrar a la presencia de Dios está disponible. Vengan y quédense en comunión con el pueblo de Dios y disfruten de la compañía divina para siempre".

Apostasía: Rechazar a Cristo

24

Porque si pecáremos voluntariamente después de haber recibido el conocimiento de la verdad, ya no queda más sacrificio por los pecados, sino una horrenda expectación de juicio, y de hervor de fuego que ha de devorar a los adversarios. El que viola la ley de Moisés, por el testimonio de dos o de tres testigos muere irremisiblemente. ¿Cuánto mayor castigo pensáis que merecerá el que pisoteare al Hijo de Dios, y tuviere por inmunda la sangre del pacto en la cual fue santificado, e hiciere afrenta al Espíritu de gracia? Pues conocemos al que dijo: Mía es la venganza, yo daré el pago, dice el Señor. Y otra vez: El Señor juzgará a su pueblo. ¡Horrenda cosa es caer en manos del Dios vivo! Pero traed a la memoria los días pasados, en los cuales, después de haber sido iluminados, sostuvisteis gran combate de padecimientos; por una parte, ciertamente, con vituperios y tribulaciones fuisteis hechos espectáculo; y por otra, llegasteis a ser compañeros de los que estaban en una situación semejante. Porque de los presos también os compadecisteis, y el despojo de vuestros bienes sufristeis con gozo, sabiendo que tenéis en vosotros una mejor y perdurable herencia en los cielos. No perdáis, pues, vuestra confianza, que tiene grande galardón; porque os es necesaria la paciencia, para que habiendo hecho la voluntad de Dios, obtengáis la promesa. Porque aún un poquito, y el que ha de venir vendrá, y no tardará. Mas el justo vivirá por fe; y si retrocediere, no agradará a mi alma. Pero nosotros no somos de los que retroceden para perdición, sino de los que tienen fe para preservación del alma. (10:26-39)

Este capítulo podría titularse "La tragedia de pasar la página", porque tiene que ver con quienes han oído el evangelio, se han encontrado cara a cara con las afirmaciones de Cristo, se han asociado con su Iglesia, pero se han ido. Eran personas cuyo corazón se sintió tocado con el evangelio de Cristo, personas que hicieron un compromiso superficial de fe en Él y que se identificaban visiblemente con la iglesia verdadera. Pero su entusiasmo se fue enfriando y el costo de ser cristiano se estaba haciendo muy alto. Estaban "cerrando el capítulo" del evangelio y estaban en peligro de convertirse en apóstatas.

De las cinco advertencias en Hebreos, esta es con mucho la más seria y aleccionadora. Puede ser la advertencia más seria en todas las Escrituras. Tiene que ver con la apostasía.

Cuando el incrédulo escucha el evangelio de Jesucristo, solo hay dos respuestas posibles. Después de haber oído las verdades y afirmaciones básicas sobre Jesucristo, o cree y se salva o no cree y se vuelve apóstata. Como veremos, la apostasía es el pecado de rechazar el evangelio, para el cual no hay perdón. Un pasaje útil para definir la apostasía es 1 Juan 2:19, que dice: "Salieron de nosotros, pero no eran de nosotros; porque si hubiesen sido de nosotros, habrían permanecido con nosotros; pero salieron para que se manifestase que no todos son de nosotros".

Siempre ha habido apóstatas del camino de Dios. Deuteronomio dice lo siguiente: "Han salido de en medio de ti hombres impíos que han instigado a los moradores de su ciudad, diciendo: Vamos y sirvamos a dioses ajenos, que vosotros no conocisteis" (13:13). Ellos eran una especie de apóstatas.

Saúl, el primer rey de Israel, se hizo apóstata. El Señor le dijo a Samuel: "Me pesa haber puesto por rey a Saúl, porque se ha vuelto de en pos de mí, y no ha cumplido mis palabras" (1 S. 15:11). Amasías, otro rey, también se volvió apóstata: "Cuando Amasías regresó de derrotar a los edomitas, se llevó consigo los dioses de los habitantes de Seír y los adoptó como sus dioses, adorándolos y quemándoles incienso. Por eso el Señor se encendió en ira contra Amasías… Desde el momento en que Amasías abandonó al Señor, se tramó una conspiración contra él en Jerusalén. Entonces Amasías huyó a Laquis, pero lo persiguieron y allí lo mataron" (2 Cr. 25:14-15, 27, nvi).

Ni la apostasía es nueva ni la actitud de Dios frente a ella lo es. Es el pecado más serio, porque es la forma más deliberada y voluntariosa de incredulidad. No es un pecado de ignorancia, sino el rechazo de la verdad conocida.

Por supuesto, Judas Iscariote es el apóstata clásico. Ninguna otra persona que rechazara a Cristo tuvo la exposición a la verdad, amor y gracia de Dios como Judas. Conocía al Señor en la intimidad. Era uno de los doce en el círculo íntimo de discípulos de Jesús. Había creído, había sido apóstol. Pero rechazó la verdad y se convirtió en apóstata. Su historia es la contradicción suprema a la excusa usual: "Probablemente creería en Cristo si tuviera un poco más de evidencia, un poco más de luz". Judas tenía la evidencia perfecta, la luz perfecta, el ejemplo perfecto. Vivió alrededor de tres años con la Verdad encarnada, la Vida encarnada, sin embargo le dio la espalda al único que es la verdad y la vida.

LA NATURALEZA DE LA APOSTASÍA

La apostasía es abandono o retiro intencional, una deserción. Algunos de los creyentes judíos acusaron falsamente a Pablo de usar el evangelio para hacer que otros judíos cristianos apostataran de las enseñanzas de Moisés (Hch. 21:21). Pablo habla de una deserción grande cuando advierte a los tesalonicenses que no se dejen engañar con respecto a la venida del Señor: "Porque no vendrá sin que antes venga la apostasía" (2 Ts. 2:3). Claramente, Jesús está hablando de la misma apostasía en Mateo 24:10: "Muchos tropezarán entonces, y se entregarán unos a otros, y unos a otros se aborrecerán".

Hay personas que caminan hacia Cristo, derechos hasta el borde de la fe salvadora. Oyen de Él y se le acercan. Quizás están profundamente convencidos de pecado e incluso hacen la confesión de fe. Pero su interés en las cosas de Dios comienza a desvanecerse, y las presiones y distracciones del mundo los distraen aun más, hasta que ya no queda ningún interés. Tal vez se vayan tras otra religión, o tras ninguna. La apostasía está determinada por lo que se deja, no por donde se llega después que algo se deja. Después que una persona deja a Dios, poco afecta adonde vaya. Nuestro Señor ilustró esto en la parábola del sembrador (Mt. 13:1-9, 18-23).

Hace muchos años tuve un amigo con quien solíamos ir al parque Pershing en Los Ángeles a testificar de Cristo. Creció en la iglesia, era miembro regular y confiable, pero siempre sentí que algo faltaba en su vida. De repente, dejé de verlo. Alrededor de tres años después, nos encontramos con una amiga mutua y le pregunté si sabía que había sido de él. Su respuesta fue: "Ah, sí. Ahora es ateo. Ya no cree en Dios. Ha aceptado la ética situacional y no le ve el sentido a la moral. No cree que nada sea bueno o malo per se". Al parecer, se hastió de Dios y simplemente le dio la espalda.

El apóstol Pablo dijo que la apostasía sería característica de los últimos días: "El Espíritu dice claramente que en los postreros tiempos algunos apostatarán de la fe, escuchando a espíritus engañadores y a doctrinas de demonios; por la hipocresía de mentirosos que [tendrán] cauterizada la conciencia" (1 Ti. 4:1-2). Durante los últimos días, que yo creo que estamos viviendo ahora, la apostasía será cada vez peor.

CARACTERÍSTICAS DE LA APOSTASÍA

Porque si pecáremos voluntariamente después de haber recibido el conocimiento de la verdad, ya no queda más sacrificio por los pecados, (10:26)

Esta es posiblemente la definición bíblica más clara y concisa de apostasía: recibir **el conocimiento de la verdad**, es decir, el evangelio, pero permanecer **voluntariamente** en el pecado. El apóstata ha visto y oído la verdad —la conoce bien— pero la rechaza voluntariamente.

La apostasía tiene dos características principales: el conocimiento de la verdad del evangelio y su rechazo voluntario.

CONOCER Y RECONOCER LA VERDAD

Todo apóstata es un incrédulo, pero no todo incrédulo es un apóstata. Muchas personas nunca han tenido la oportunidad de oír el evangelio, ni siquiera una parte. Son pecadores y, por supuesto, no creen en Cristo, porque nunca han oído de Él ni de sus afirmaciones. Sin embargo, un apóstata está bien versado en el evangelio. Sabe más que lo suficiente para ser salvo.

El griego tiene dos palabras principales que pueden traducirse "conocimiento". *Gnōsis* tiene que ver con el conocimiento común, y en el Nuevo Testamento suele usarse para el conocimiento espiritual general. Pero *epignōsis*, la palabra que aparece en el versículo 26, denota conocimiento, comprensión y discernimiento completos. En otras palabras, quienes aquí aparecen descritos son quienes tienen más que una mera exposición al evangelio. Lo conocen bien. Un apóstata tiene toda la información. No le falta nada intelectualmente. Tiene *epignōsis*. Está entre los que "una vez fueron iluminados y gustaron del don celestial" e incluso "fueron hechos partícipes del Espíritu Santo" (He. 6:4).

El apóstata solo pudo crecer en la luz radiante de la proximidad con Cristo. Los apóstatas no se hacen en ausencia, sino en presencia, de Cristo. Crecieron, casi sin excepción, dentro de la Iglesia, en medio de todo el pueblo de Dios. Es posible que alguien lea la Biblia por sí mismo, vea claramente el evangelio y luego lo rechace, sin asociarse directamente con los cristianos. Pero la mayoría de los apóstatas proviene del interior de la Iglesia.

RECHAZO DE LA VERDAD

En algún momento, a veces incluso años después de pretensiones y autoengaños, el incrédulo que actúa como creyente finalmente deserta. Se rinde, pierde interés y se va por su propio camino. Vuelve a pecar **voluntariamente** y deja de tener en cuenta el camino de Dios y el pueblo del Señor. Conocer el camino de Dios, estudiar sobre este e identificarse con los creyentes para luego alejarse es volverse apóstata. El proceso de deserción puede ser gradual, pero en algún momento se toma la decisión consciente de dejar el camino de Dios y rechazar la gracia salvadora del Señor Jesucristo.

La palabra **voluntariamente** (*hekousiōs*) conlleva la idea de intención deliberada que es habitual. Aquí la referencia no es a los pecados de ignorancia o debilidad, sino a los planeados, determinados y premeditados. La diferencia entre pecar por ignorancia y pecar **voluntariamente** es como la diferencia entre homicidio involuntario y premeditado. *Hekousiōs* es habitual. No solamente es deliberado, sino que es una forma establecida de pensar y creer. Es la renuncia permanente al evangelio, el abandono permanente de la gracia de Dios.

Puede ocurrir que un creyente caiga en el pecado y pierda su intimidad con el Señor y su pueblo. Pero, a menos que el Señor lo discipline y se lo lleve al cielo, regresará. La carga de estar alejado permanentemente será una convicción muy pesada. Mientras tanto, perderá el gozo, la paz y muchas otras bendiciones.

No siempre podemos determinar quién es apostata y quién se resbaló, y no deberíamos intentarlo. No estamos capacitados para distinguir entre un creyente carnal desobediente y un incrédulo apóstata. Eso es asunto del Señor. Pero hay una diferencia entre los dos, una diferencia grande. La preocupación de la persona debe ser que crea verdaderamente (2 Co. 13:5) y después ser un creyente fiel. Hay muchos llamados a examinarse a sí mismo en el Nuevo Testamento. Cada vez que un creyente participa de la Santa Cena se enfrenta a la realidad o ausencia de su salvación.

Pablo distingue entre apóstatas y cristianos desobedientes y carnales en su segunda carta a Timoteo. "Si sufrimos, también reinaremos con él; si le negáremos, él también nos negará. Si fuéremos infieles, él permanece fiel; Él no puede negarse a sí mismo" (2 Ti. 2:12-13). Si un creyente falla en su fidelidad al Señor, el Señor no le fallará al creyente en su fidelidad, porque Él ha prometido no dejarnos ir nunca. "Él no puede negarse a sí mismo" faltando a su propia fidelidad, no importa lo que hagan los suyos. El cristiano puede volverse débil en la fe y desobediente, algo ya de por sí malo. Pero eso no es negar al Señor, no es apostasía. El apóstata continúa habitualmente en incredulidad y en pecado. Juan nos dice que "Todo aquel que es nacido de Dios, no practica el pecado, porque la simiente de Dios permanece en él; y no puede pecar, porque es nacido de Dios" (1 Jn. 3:9).

Entonces, las dos principales características de la apostasía son el conocimiento suficiente del evangelio para ser salvo y la negación habitual y voluntaria de Dios, a pesar del conocimiento.

CAUSAS DE LA APOSTASÍA

¿Por qué alguien que conoce el evangelio, ha visto la luz y ha experimentado muchas de las bendiciones del Espíritu Santo, rechazaría tan maravilloso don? ¿Por qué haría algo así? En un sentido, siempre hay solo una causa: incredulidad voluntaria. Seguir nuestra propia voluntad no suele tener más motivos que lo que *queremos* hacer. Pero en otro sentido, hay varias cosas que influencian fuertemente a una persona para abandonar a Dios, que estimulan su voluntad para negar a su Creador.

PERSECUCIÓN

Lo que puede acercar a un creyente al Señor probablemente alejará a un incrédulo de Él. Cuando la Iglesia ha estado bajo persecución, los fieles se han hecho más fuertes, espiritual y moralmente. Por otra parte, la persecución continua aleja a los incrédulos de la Iglesia y del contacto con las cosas divinas. No tienen la fuerza ni el deseo de pagar el precio alto por algo que significa tan poco para ellos. Las palabras son baratas, la persecución no. Los momentos difíciles no son para un incrédulo voluntarioso que simplemente usa la iglesia por negocio, por relaciones sociales u otras razones personales. O porque siempre ha ido a la iglesia y nunca ha perdido el hábito de hacerlo. La persecución, a veces tan suave como la crítica, suele ser bastante para romper el hábito.

Cuando la persecución es severa, el apóstata no solo se irá de la iglesia, sino que se unirá a los perseguidores. "Entonces os entregarán a tribulación, y os matarán, y seréis aborrecidos de todas las gentes por causa de mi nombre. Muchos tropezarán entonces, y se entregarán unos a otros, y unos a otros se aborrecerán" (Mt. 24:9-10). Algunos apostatas no solo desertan de la Iglesia, sino que se vuelven contra ella.

FALSOS MAESTROS

Los falsos maestros también tienen su parte en la apostasía. En el mismo pasaje de Mateo, Jesús dice: "Y muchos falsos profetas se levantarán, y engañarán a muchos" (Mt. 24:11). La persecución ahuyenta a los incrédulos de la verdad, mientras que los falsos maestros los seducen. La enseñanza falsa puede provocar mucho daño, incluso en el pueblo de Dios, y lo hace. Puede confundir, desalentar y corromper a cualquier creyente que sea lo bastante inmaduro para reconocerla y enfrentarla o lo suficientemente pecador para resistirla. Pero un creyente verdadero nunca aceptará que una falsa enseñanza le lleve a *negar* al Señor, sin importar cuán poco bíblica o persuasiva sea. Los creyentes verdaderos quizás nieguen algunas verdades bíblicas por causa de las enseñanzas falsas, pero a la única persona a quien la enseñanza falsa le hará negar al Señor es la que nunca le perteneció. Cuando los incrédulos se "engordan" con el evangelio, por lo general encuentran a alguien que los alimente con algo de mejor sabor a su naturaleza pecaminosa. "Porque vendrá tiempo cuando no sufrirán la sana doctrina, sino que teniendo comezón de oír, se amontonarán maestros conforme a sus propias concupiscencias" (2 Ti. 4:3).

TENTACIÓN

La tentación es a veces la causa de la apostasía. Las cosas de este mundo se vuelven más atractivas y más influyentes que las cosas divinas. Estos apóstatas son los oyentes "sobre piedra" (Lc. 8:13), que se sienten atraídos al evangelio por un momento, pero las tentaciones los alejan del compromiso. Ya sea que la tentación tome la forma de muchas tentaciones pequeñas por un período breve de tiempo, o de una muy fuerte y repentina, no tienen los recursos ni la voluntad para resistirla. Demas tal vez haya sido una de estas personas: "Amando este mundo" podría haber abandonado al Señor y a Pablo (2 Ti. 4:10).

NEGLIGENCIA

La causa más triste de la apostasía tal vez sea la negligencia. Una persona puede posponer tanto su decisión por Cristo que puede perder la oportunidad. No decidirse por Cristo es decidirse en contra de Él. Quizás esa persona nunca llegue a perseguir creyentes, ni siquiera a negar consciente y públicamente a Cristo. Pero por su resistencia continua al evangelio de Cristo, asume su posición lejos de Él poniéndose en riesgo de caer en apostasía. "¿Cómo escaparemos nosotros, si descuidamos una salvación tan grande?" (He. 2:3). No tomar una decisión positiva por Cristo es decidirse en contra de Él.

AFERRARSE A LO VIEJO

Aferrarse a la vieja religión, o simplemente a un estilo de vida antiguo, puede llevar a que una persona apostate en algún punto. Muchos de los judíos incrédulos a quienes estaba dirigido Hebreos estaban cerca de este peligro. No era solo que su religión no les produjera salvación, sino que se había vuelto un obstáculo para ella. La religión falsa puede volverse tan habitual, tan arraigada en nuestra forma de pensar y vivir, que dejarla atrás parece impensable. Sería como cortarnos una parte del cuerpo, de la vida. Jesús sabía lo difícil que podría ser romper con las costumbres antiguas, pero advirtió: "Si tu ojo derecho te es ocasión de caer, sácalo, y échalo de ti; pues mejor te es que se pierda uno de tus miembros, y no que todo tu cuerpo sea echado al infierno" (Mt. 5:29). La tradición religiosa ha sido por mucho tiempo uno de los obstáculos más grandes para el evangelio y uno de los mayores contribuyentes a la apostasía.

ABANDONO DE LA COMUNIÓN CRISTIANA

Otra causa de la apostasía es abandonar la comunión cristiana, algo que el escritor ya había mencionado (10:25). El mejor lugar para la influencia fuerte hacia Cristo es donde están los creyentes. Y el peor lugar en el que se puede estar es alejado de los creyentes, especialmente cuando la persona ha estado expuesta a la verdad del evangelio.

LOS RESULTADOS DE LA APOSTASÍA

Porque si pecáremos voluntariamente después de haber recibido el conocimiento de la verdad, ya no queda más sacrificio por los pecados, sino una

horrenda expectación de juicio, y de hervor de fuego que ha de devorar a los adversarios. El que viola la ley de Moisés, por el testimonio de dos o de tres testigos muere irremisiblemente. ¿Cuánto mayor castigo pensáis que merecerá el que pisoteare al Hijo de Dios, y tuviere por inmunda la sangre del pacto en la cual fue santificado, e hiciere afrenta al Espíritu de gracia? Pues conocemos al que dijo: Mía es la venganza, yo daré el pago, dice el Señor. Y otra vez: El Señor juzgará a su pueblo. ¡Horrenda cosa es caer en manos del Dios vivo! (10:26-31)

NO QUEDA SACRIFICIO POR LOS PECADOS

El primer resultado de la apostasía es que el apóstata se queda sin **sacrificio** que pueda expiar sus **pecados**. Por lo tanto, queda más allá de la salvación. El único sacrificio que puede llevar a una persona a la presencia de Dios es el de la sangre de Cristo en el nuevo pacto. Si se rechaza este sacrificio, entonces se desperdicia toda esperanza de salvación. La oportunidad se va, la esperanza se va, la vida eterna se va. Separados de Cristo, todo lo que valdría la pena tener se va. Los antiguos y repetidos sacrificios del judaísmo pronto pararían. De cualquier forma, eran ineficaces. El único sacrificio eficaz ya se había hecho, y solo se haría una vez. Alejarse de este sacrificio no deja ninguno disponible; solo deja el pecado cuya pena es la muerte eterna.

TRAE MAYOR JUICIO

sino una horrenda expectación de juicio, y de hervor de fuego que ha de devorar a los adversarios. (10:27)

El segundo resultado de la apostasía es un **juicio** mayor. Cuanto mayor sea el pecado, mayor es el juicio. Como la apostasía es el peor pecado, tendrá el peor juicio. Dios ve a quien conoce la verdad pero se aleja como enemigo, como adversario, y su juicio es cierto y horrendo.

Antes de que Jesús expulsara los demonios de los dos gadarenos, los demonios clamaron diciendo: "¿Qué tienes con nosotros, Jesús, Hijo de Dios? ¿Has venido acá para atormentarnos antes de tiempo?" (Mt. 8:29). Eran bien conscientes de que el juicio final de tormento llegaría con certeza, y estaban asustados de que Jesús lo acelerara. Los demonios sabían, mejor que muchos cristianos confesos, que los enemigos de Dios no podían escapar de su juicio, y que el **hervor de fuego** divino los consumiría.

Tan cierto como el juicio sobre los demonios es el juicio de quienes le dan la espalda a Jesucristo. Cuando Jesús explica la parábola de la cizaña, dice a sus discípulos:

El campo es el mundo; la buena semilla son los hijos del reino, y la cizaña son los hijos del malo. El enemigo que la sembró es el diablo; la siega es el fin del siglo; y los segadores son los ángeles. De manera que como se arranca la cizaña, y se quema en el fuego, así será en el fin de este siglo. Enviará el Hijo del Hombre a sus ángeles, y recogerán de su reino a todos los que sirven de tropiezo, y a los que hacen iniquidad, y los echarán en el horno de fuego; allí será el lloro y el crujir de dientes (Mt. 13:38-42)

Poco después, Jesús narró otra parábola con la misma idea: el final de los tiempos verá la separación entre creyentes e incrédulos, los creyentes irán al cielo y los incrédulos al infierno. "Así será al fin del siglo: saldrán los ángeles, y apartarán a los malos de entre los justos, y los echarán en el horno de fuego; allí será el lloro y el crujir de dientes" (Mt. 13:49-50).

Pablo nos da advertencias similares de juicio, incluyendo esta en su segunda carta a los Tesalonicenses:

Y a vosotros que sois atribulados, daros reposo con nosotros, cuando se manifieste el Señor Jesús desde el cielo con los ángeles de su poder, en llama de fuego, para dar retribución a los que no conocieron a Dios, ni obedecen al evangelio de nuestro Señor Jesucristo; los cuales sufrirán pena de eterna perdición, excluidos de la presencia del Señor y de la gloria de su poder (2 Ts. 1:7-9).

Nada en el Antiguo Testamento se compara a la severidad del juicio descrito en el Nuevo. Suele creerse que el Antiguo Testamento muestra a un Dios duro y juzgador, mientras que el Nuevo muestra uno misericordioso y compasivo. Pero la misericordia y la ira de Dios se revelan claramente en *los dos* Testamentos. Es cierto que el Nuevo Testamento tiene una imagen más completa y bonita de la gracia y el amor de Dios, pero también tenemos una imagen más completa y aterradora de su ira.

GRADOS DE PECADO Y JUICIO

El que viola la ley de Moisés, por el testimonio de dos o de tres testigos muere irremisiblemente. ¿Cuánto mayor castigo pensáis que merecerá el que pisoteare al Hijo de Dios, y tuviere por inmunda la sangre del pacto en la cual fue santificado, e hiciere afrenta al Espíritu de gracia? (10:28-29)

Jesús dijo a Pilato: "El que a ti me ha entregado, mayor pecado tiene" (Jn. 19:11). El pecado de Judas fue mayor que el de Pilato. Los dos eran incrédulos, pero Judas fue apóstata. Tuvo mucha más luz y evidencia que Pilato, por tanto, era más culpable por traicionar a Cristo.

Jesús también dejó claro que el juicio, como la culpa, es en proporción al pecado: "Aquel siervo que conociendo la voluntad de su señor, no se preparó, ni hizo conforme a su voluntad, recibirá muchos azotes. Mas el que sin conocerla hizo cosas dignas de azotes, será azotado poco" (Lc. 12:47-48).

La enseñanza sobre el castigo no es clara en el Antiguo Testamento, pero tampoco lo es la de la salvación. Quien pecara bajo el antiguo pacto era culpable y merecía el castigo. Todos los judíos conocían la severidad de quebrantar la ley de Moisés. Si había testigos apropiados que afirmaran la desobediencia, la pena era la muerte. Pero el peor ofensor de aquella época no podía compararse con quien había oído el evangelio de Jesucristo y lo rechazaba. Tal persona se encontrará con Judas en la misma sección del infierno, enfrentando el **mayor castigo**.

Dios es menos tolerante con el pecado hoy día, no más tolerante, porque los hombres tienen mucha más luz. "Pero Dios, habiendo pasado por alto los tiempos de esta ignorancia, ahora manda a todos los hombres en todo lugar, que se arrepientan; por cuanto ha establecido un día en el cual juzgará al mundo con justicia, por aquel varón a quien designó, dando fe a todos con haberle levantado de los muertos" (Hch. 17:30-31).

RECHAZO DE DIOS

¿Cuánto mayor castigo pensáis que merecerá el que pisoteare al Hijo de Dios, y tuviere por inmunda la sangre del pacto en la cual fue santificado, e hiciere afrenta al Espíritu de gracia? (10:29)

LOS APÓSTATAS RECHAZAN AL PADRE

La apostasía requiere el rechazo total de la deidad: del Padre, del Hijo y del Espíritu Santo. Tal como aceptar al Hijo es aceptar al Padre, rechazar al Hijo es rechazar al Padre. Dios dijo: "Este es mi Hijo amado, en quien tengo complacencia" (Mt. 3:17). Pablo nos dice: "Dios también le exaltó hasta lo sumo, y le dio un nombre que es sobre todo nombre" (Fil. 2:9). El Hijo y el Padre son uno (Jn. 10:30) y no es posible rechazar al uno sin rechazar también al otro. Por lo tanto, pisotear **al Hijo de Dios** es igual que pisotear al Padre. Y rechazar al Hijo es desdeñar al Espíritu Santo.

Pisotear **al Hijo de Dios** significa menospreciarlo, no darle valor. Quien ve una moneda en la acera puede creer que es una babosa y evitarla o darle una patada hacia una alcantarilla. No le interesa recogerla y examinarla. Algunas personas pisotean a Cristo y creen que no es nada. Lo ven claramente, se habrían podido acercar lo suficiente para examinarlo cuidadosamente si así hubieran querido. Pero no le dan valor y prosiguen su camino. No darle valor a quien el Padre ha declarado de valor infinito es una maldición y es temible.

LOS APÓSTATAS RECHAZAN AL HIJO

Considero que la frase **en la cual fue santificado** se refiere a Cristo. No podría referirse a un apóstata que ha considerado **inmunda la sangre**, porque difícilmente está él santificado. Por tanto, la referencia debe ser a Cristo. Jesús habló en la oración sacerdotal de santificarse por amor de quienes creyeran en Él (Jn. 17:19). Se aparta con Dios, aun cuando nos santifica por **la sangre del pacto** derramada en el calvario. El apóstata considera que este sacrificio es inmundo, de poca monta, sin valor. De ese modo rechaza a la segunda persona de la Trinidad, cuya misma sangre derramó por él.

El apóstata considera que la sangre de Cristo es sangre común y corriente, como la de cualquier otra persona. Considera sin valor lo que a Dios le costó su Hijo y lo que al Hijo le costó la agonía de hacerse pecado por nosotros. A lo que tiene valor infinito no le da ningún valor.

LOS APÓSTATAS RECHAZAN AL ESPÍRITU SANTO

La persona a la cual el Espíritu de gracia ha guiado por su obra preparatoria de la redención y a la cual Él ha movido al arrepentimiento (Jn. 16:8-11) insulta al Espíritu alejándose de Cristo. Rechaza la obra de preparación que el Espíritu con su gracia ha hecho en su corazón. Y eso es apostasía.

Pisoteando al Hijo de Dios, rechaza al Padre. Al considerar inmunda la sangre del pacto, rechaza al Hijo. Al insultar la dirección llena de bondad y gracia del Espíritu, lo rechaza también a Él. No sorprende que merezca tan severo castigo.

Pues conocemos al que dijo: Mía es la venganza, yo daré el pago, dice el Señor. Y otra vez: El Señor juzgará a su pueblo. ¡Horrenda cosa es caer en manos del Dios vivo! (10:30-31)

Dios es sufrido, paciente, amoroso, de gracia infinita y no quiere que nadie perezca (2 P. 3:9). Pero a quien le da la espalda a la gracia de Dios, no le queda nada que Dios pueda ofrecerle. Solamente juicio.

LOS FRENOS A LA APOSTASÍA

Dentro de esta advertencia severa hay un llamado urgente a no desertar. A los judíos que estaban a punto de creer se les dice dos cosas para prevenir que se conviertan en apóstatas y para guiarlos a la fe completa. Que revisen lo que han experimentado y que miren las recompensas que recibirán si continúan en lo que han aprendido de Cristo.

RECUERDEN SU SUFRIMIENTO Y SU SERVICIO

Pero traed a la memoria los días pasados, en los cuales, después de haber sido iluminados, sostuvisteis gran combate de padecimientos; por una parte, ciertamente, con vituperios y tribulaciones fuisteis hechos espectáculo; y por otra, llegasteis a ser compañeros de los que estaban en una situación semejante. Porque de los presos también os compadecisteis, y el despojo de vuestros bienes sufristeis con gozo, sabiendo que tenéis en vosotros una mejor y perdurable herencia en los cielos. (10:32-34)

Obviamente, el escritor conoce a quienes está escribiendo, o al menos sabe mucho sobre ellos. Era consciente de su participación profunda en la iglesia. Se les identifica muy de cerca con los cristianos (**llegasteis a ser compañeros**) que incluso experimentaron **padecimientos, vituperios y tribulaciones** por ello. Para el mundo, y con seguridad para los demás judíos de la sinagoga, ya eran cristianos. No eran creyentes, pero ya habían sufrido porque los consideraban creyentes. Y toda esa persecución no los había alejado en este punto.

Aun para un incrédulo es posible tener alguna forma de "primer amor" por Cristo. Al oír del amor de Cristo, de sus promesas y enseñanzas, de sus grandes obras y su gracia, es fácil sentirse fuertemente atraído por Él intelectual y emocionalmente. Si está en una comunidad de creyentes que sea amistosa y amorosa, la atracción es aun más fuerte.

Los judíos incrédulos a quienes este pasaje estaba dirigido se sentían así de atraídos. No habían confiado aún en el evangelio, pero ninguno se sentía avergonzado por él. Habían sufrido burlas, persecuciones y habían perdido sus propiedades por su asociación con los cristianos, pero la asociación parecía valer el sacrificio, de modo que los problemas aún no habían provocado que ellos se alejaran. No se disculpaban externamente ni negociaban su posición por Cristo, y eso les había causado un costo alto.

Tales judíos estaban intelectualmente **iluminados**. Sabían todas las cosas básicas del evangelio. Pero esto no era un sustituto para la fe. Estaban en camino a creer, pero no habían creído. Así que el autor les pide pensar en cuán lejos han llegado ya, lo que han pasado, y les dice que completen el proceso de poner toda su confianza en Jesucristo. Se les dice: "Recuerden cuidadosamente todas las experiencias que han tenido al aprender de Cristo y al ser partícipes de su pueblo. Sería terrible retroceder ahora que están tan cerca. No deben rendirse. Sería terrible si, después de todo lo que han aprendido del evangelio, y todo lo que han sufrido y sacrificado, no recibieran la bendición real del evangelio: la vida eterna. Han mostrado un gran respeto por Cristo y un gran amor por su pueblo. Ahora pongan su confianza en Cristo, de modo que puedan *volverse* uno con su pueblo". Como sucedió con la semilla en terreno pedregoso, habían soportado hasta cierto grado, pero a medida que la persecución se incrementaba, saldrían heridos y desertarían (cp. Mt. 13:20-21).

La expresión **traed a la memoria** (*anamimnēskō*) significa más que recordar. Significa reconstruir en la mente. La idea es que estos judíos, tan cercanos a la salvación, deberían rememorar lo que habían aprendido y experimentado por causa del evangelio de Jesucristo, verdad por verdad y acontecimiento por acontecimiento. Debería ser esto un freno para la apostasía y un gran impulso para creer.

Tenían la perspectiva de **una mejor y perdurable herencia**. Habían dejado atrás muchas cosas terrenales —reputación, amigos, posesiones— por lo que podían percibir como las cosas mejores del nuevo pacto. Pero puesto que no habían confiado completamente en el Cristo del nuevo pacto, estaban en peligro de retirarse a la completa incredulidad de la cual no regresarían nunca. Habían aprendido y experimentado demasiado para quedar con alguna excusa básica por no creer, por lo tanto el autor los urgía con amabilidad pero con fortaleza a terminar de recorrer el camino de la salvación antes de que fuera demasiado tarde.

EL ANHELO DEL GALARDÓN

No perdáis, pues, vuestra confianza, que tiene grande galardón; porque os es necesaria la paciencia, para que habiendo hecho la voluntad de Dios, obtengáis la promesa. (10:35-36)

El segundo freno para la apostasía es la idea del galardón para los que creen. Les dice: "Ustedes saben cuál es las promesa. Saben cuán superior e inigualable es, y saben que Cristo será fiel para cumplirla. No dejen que su confianza tambalee ahora. *Reclamen* la promesa. *Aseguren* el galardón. Miren hacia atrás para recordar cuán maravilloso parecía y miren hacia adelante para ver cuánto más maravilloso va a ser".

Necesitaban **paciencia** y perseverancia para evitar que sus circunstancias presentes los hicieran volver atrás. La luz que habían visto en el evangelio, así como los sufrimientos, persecuciones y pérdidas por su asociación externa con los creyentes no fueron inútiles. Su confianza no fue en vano, pero no era suficiente. Aún no habían hecho **la voluntad de Dios** completamente, porque no habían confiado en su Hijo plenamente. Y antes de aquello, no podían obtener **la promesa**. Conocían las promesas, se gozaban en ellas e incluso habían sufrido por ellas. Pero no las habían *recibido*. La iglesia está llena de personas como estas aún hoy. Es el lado negativo de Mateo 7:22-23. "Muchos me dirán en aquel día: Señor, Señor, ¿no profetizamos en tu nombre, y en tu nombre echamos fuera demonios, y en tu nombre hicimos muchos milagros? Y entonces les declararé: Nunca os conocí; apartaos de mí, hacedores de maldad".

Porque aún un poquito, y el que ha de venir vendrá, y no tardará. Mas el justo vivirá por fe; y si retrocediere, no agradará a mi alma. Pero nosotros no somos de los que retroceden para perdición, sino de los que tienen fe para preservación del alma. (10:37-39)

El sufrimiento que podrían soportar no duraría para siempre, pero su salvación en Jesucristo sí. El Señor vendría a arreglar su mundo y no se tardaría. Mientras tanto, la forma de *hacerse* justo es **por fe**, y la forma en que los justos deberían *vivir* es por la fe. Desde el punto de vista humano, la fe es la base de la vida espiritual y del vivir espiritual. El conocimiento del evangelio es esencial. El sufrimiento por el evangelio es posible. Servir a los demás, en especial al pueblo de Dios, en nombre del evangelio está bien. Pero solo la **fe** traerá salvación y servirá **para preservación del alma**.

El llamado y la advertencia terminan con una nota positiva y esperanzadora. El escritor parece confiar en que algunos de los que está llamando creerán de verdad; de hecho, tanto que desde ya se identifica con ellos y con los otros creyentes verdaderos. **No somos de los que retroceden para perdición**.

¿Qué es la fe? 25

Es, pues, la fe la certeza de lo que se espera, la convicción de lo que no se ve. Porque por ella alcanzaron buen testimonio los antiguos. Por la fe entendemos haber sido constituido el universo por la palabra de Dios, de modo que lo que se ve fue hecho de lo que no se veía. (He. 11:1-3)

"El salón de la fama de los santos", "Los héroes de la fe", "El cuadro de honor de los santos del Antiguo Testamento", y "El capítulo de la fe" son solo algunos de los títulos que ha recibido Hebreos 11. Este capítulo tiene que ver con la primacía y excelencia de la fe, y se ajusta perfectamente al flujo de la epístola, que lo nuevo es mejor que lo antiguo.

Los judíos del primer siglo veían todo como un asunto de obras. Aun después de ver las verdades básicas del nuevo pacto, la tendencia era que intentaran ajustar estos principios nuevos al molde de obras de justicia.

Para el tiempo de Cristo, el judaísmo había dejado de ser el sistema sobrenatural que Dios había entregado originalmente. Se había desviado a un sistema de obras, con toda clase de requisitos legalistas. Era un sistema de esfuerzo propio, de salvación propia y de glorificación propia. Estaba lejos del sistema de fe que Dios les había dado. En muchos sentidos, era una secta religiosa con base en la ética (e incluso el judaísmo ordenado por Dios quedaba falseado sin su cumplimiento en Cristo).

Como a todos los sistemas de obras, Dios lo despreció, particularmente porque era una corrupción del sistema verdadero que Él había dado. Dios nunca redimió al hombre por las obras, siempre por la fe (cp. Hab. 2:4). Como quedará claro en este capítulo, desde los tiempos de Adán, Dios ha honrado la fe, no las obras. Las obras siempre han sido mandadas como un resultado de la fe, nunca un medio para la salvación. Dios no tolera ningún sistema de ética autoimpuesto como medio para llegar a Él.

Este tema de la fe está relacionado con el capítulo 10, donde el autor presentó el principio de la salvación por fe, de la cual son ejemplos los santos mencionados en el capítulo 11. Cita a Habacuc, un profeta judío, para reforzar la verdad de que este era el principio de la redención que Dios había honrado siempre. "Mas el justo vivirá por fe; y si retrocediere, no agradará a mi alma" (He. 10:38;

Hab. 2:4). La fe es el camino a la vida, y la fe es una forma de vida. Nunca ha sido diferente.

Estos judíos habían oído argumentos poderosos sobre la superioridad del nuevo pacto con respecto al antiguo. Habían oído que, en lo relativo a su fe, los dos pactos eran iguales. Esto es, el principio de la fe no se originó con el nuevo pacto. También fue parte activa del antiguo. De hecho, estaba activo cuando el hombre cayó y necesitó un camino de regreso a Dios. Se originó incluso antes de la formación de la Tierra. Puesto que Dios nos escogió en Cristo "antes de la fundación del mundo" (Ef. 1:4) y puesto que la única forma en que Dios nos acepta en Cristo es por nuestra fe, se deduce que Dios, obviamente, estableció la salvación por la fe en aquel entonces. El camino de regreso a Dios, en lo que al hombre se refiere, es por fe; siempre ha sido por la fe y solo por la fe.

Entre la declaración del principio de la fe y la lista larga de hombres y mujeres del Antiguo Testamento que lo ilustraron, hay una definición breve de fe.

LA NATURALEZA DE LA FE

Es, pues, la fe la certeza de lo que se espera, la convicción de lo que no se ve. (11:1)

En una figura que los poetas hebreos solían usar, el escritor expresa su definición de **la fe** en dos frases paralelas casi idénticas. No es una definición teológica completa, sino un énfasis de ciertas características básicas de la fe que son importantes para entender el mensaje que el escritor quiere dar.

LA CERTEZA DE LAS COSAS QUE ESPERAMOS

En tiempos del Antiguo Testamento, los hombres y las mujeres tenían que confiar en las promesas de Dios. Él les había hablado del Mesías que vendría, un Libertador que quitaría el pecado. Les había dicho que un día ese Mesías justo los purificaría y los gobernaría. Los fieles de Dios creían las promesas de Dios, tan incompletas y vagas como muchas de ellas eran. No tenían un grado alto de claridad específica si se comparan con las del Nuevo Testamento, pero sabían que eran dadas por Dios y ellos pusieron su confianza y esperanza completas en esas promesas.

Eso es la fe. Fe es vivir en una esperanza tan real que dé absoluta **certeza**. Las promesas que Dios dio a los santos en el Antiguo Testamento eran tan reales que ellos basaron su vida en ellas porque le creían a Dios. Todas las promesas del Antiguo Testamento están relacionadas con el futuro, un futuro distante para muchos de los creyentes. Pero los fieles del pueblo de Dios actuaban como si fueran presentes. Simplemente, le creyeron a Dios y su palabra, y con base en ello vivieron. Eran personas de fe, y la fe les dio certeza y sustancia presentes de lo que aún era futuro.

La fe no es un anhelo ferviente de que algo pase en un mañana incierto. La fe verdadera es certeza absoluta, a menudo de cosas que el mundo considera irreales e imposibles. La esperanza cristiana es creer en Dios en contra del mundo, no creer en lo improbable en contra del azar. Si seguimos a un Dios cuya voz audible no hemos oído nunca y creemos en un Cristo cuya cara no hemos visto jamás, lo hacemos porque nuestra fe tiene una realidad, una sustancia, una certeza que es inamovible. Por eso, dijo Jesús, tenemos una bendición especial (Jn. 20:29).

Moisés consideró "mayores riquezas el vituperio de Cristo [el Mesías] que los tesoros de los egipcios; porque tenía puesta la mirada en el galardón" (He. 11:26). Moisés asumió una posición en la esperanza mesiánica y se olvidó de todas las cosas materiales que podría haber tocado y visto por un Mesías que no vendría a la Tierra hasta más de mil cuatrocientos años después.

Sadrac, Mesac y Abed-nego se enfrentaron con la elección de obedecer a Nabucodonosor, a quien habían visto bien, o a Dios, a quien nunca habían visto. Sin dudarlo, eligieron obedecer a Dios. La respuesta natural del hombre es confiar en sus sentidos físicos, poner su confianza en las cosas que puede ver, oír, saborear y sentir. Pero el hombre de Dios pone su confianza en algo más durable y confiable que cualquier cosa experimentable por los sentidos. Los sentidos pueden mentir; Dios no puede mentir (Tit. 1:2).

El filósofo Epicuro, que vivió varios cientos de años antes de Cristo, dijo que el fin principal en la vida es el placer. Pero no era hedonista, como muchos pudieran creer. Hablaba de un placer de larga vista: el placer final, no la gratificación temporal e inmediata. Sostenía que debemos ir en pos de lo que al final de cuentas nos traerá más satisfacción. Entendido de la manera correcta, este también debería ser el objetivo del cristiano.

Los cristianos no somos masoquistas. Todo lo contrario, vivimos para el placer final y permanente. Vivimos con la certeza de que cualquier incomodidad o dolor que podamos soportar por amor de Cristo en esta Tierra será más que compensado por una eternidad de éxtasis inagotable, de placer que ahora no podemos imaginar.

La palabra griega *hupostasis*, traducida aquí como **certeza**, aparece otras dos veces en Hebreos. En 1:3 se traduce "imagen misma", hablando de la semejanza de Cristo con Dios, y en 3:14 se traduce "confianza". El término se refiere a la esencia, el contenido real, la realidad, en oposición a la simple apariencia. La fe, pues, aporta un terreno firme sobre el cual sostenernos, esperando el cumplimiento de la promesa de Dios. Lejos de ser nebulosa e incierta, la fe es la convicción más sólida posible. La fe es la esencia presente de una realidad futura.

Los santos del Antiguo Testamento "murieron… sin haber recibido lo prometido, sino mirándolo de lejos" (He. 11:13). Vieron el cumplimiento de la promesa de Dios con los ojos de la fe que, cuando está puesta en Dios, tiene una visión infinitamente mejor que los mejores ojos físicos. Se aferraron a la promesa como la realidad final de sus vidas, como lo más cierto de su existencia.

LA CONVICCIÓN DE LO QUE NO SE VE

La frase **la convicción de lo que no se ve** lleva la misma verdad un poco más lejos, porque implica una respuesta, una manifestación externa de la seguridad interna. La persona de fe vive lo que cree. Su vida está entregada a lo que su mente y su espíritu están convencidos de que es cierto.

Por ejemplo, Noé creyó en Dios verdaderamente. No se podía haber embarcado en semejante tarea tan extraordinaria, exigente, y ridícula desde el punto de vista humano, que Dios le dio sin haber tenido fe absoluta. Cuando Dios predijo la lluvia, Noé no tenía ni idea de lo que era porque la lluvia no existía antes del diluvio. Es posible que Noé no tuviera ni idea de cómo construir una barca, mucho menos un arca gigante. Pero Noé creía en Dios y actuaba conforme a sus instrucciones. Tenía certeza y convicción: fe verdadera. La construcción del arca respaldaba su creencia interna de que la lluvia llegaría y el plan de Dios era apropiado para construir un arca que flotara. Su fe tenía base en la palabra de Dios, no en lo que podía ver o lo que había experimentado. Predicó en fe durante ciento veinte años, esperó en fe, y construyó en fe.

El hombre natural no puede entender esa clase de fe espiritual. Vemos al invisible (He. 11:27), pero quien no es salvo no puede hacerlo, porque no tiene forma de percibirlo. No cree en Dios ni en las realidades de su reino, porque no tiene sentidos espirituales. Es como un ciego que se niega a creer que la luz existe porque nunca la ha visto.

No obstante, hay una forma en que todos los hombres viven por fe. Como ya se ilustró en un capítulo anterior, la sociedad está edificada sobre un fundamento de fe. Bebemos agua del grifo con toda confianza en que es seguro. Comemos en un restaurante confiados en que la comida no está contaminada. Recibimos con toda disposición un cheque o dinero impreso, ninguno de los cuales tiene valor intrínseco. Los aceptamos por fe en la persona, compañía o gobierno que los hicieron. Ponemos nuestra fe en un cirujano, y en la medicina en general, aunque no tengamos ni el más mínimo conocimiento, competencia o experiencia en medicina. Nos entregamos al bisturí del cirujano en completa fe. La capacidad para la fe está creada en nosotros.

La fe espiritual opera en el reino de esa capacidad. Acepta y actúa de buen grado sobre muchas cosas que no entiende. Pero la fe espiritual es radicalmente diferente de la fe natural en una manera importante. No es natural, como nuestra confianza en el agua, el dinero o el médico. "Porque por gracia sois salvos por medio de la fe; y esto no de vosotros, pues es don de Dios" (Ef. 2:8). Tal como la confianza natural viene con el nacimiento natural, la confianza espiritual viene de Dios.

EL TESTIMONIO DE LA FE

Porque por ella alcanzaron buen testimonio los antiguos. (11:2)

Las personas de la antigüedad **alcanzaron buen testimonio** de Dios por su fe y nada más que por su fe. Dios siempre ha aprobado y reconocido a la persona de fe. Este versículo implica lo que otras partes del capítulo dejan claro: que Dios hace *conocida* su aprobación de quien confía en Él. Varía la forma en la que muestra la aprobación pero, al igual que Enoc (He. 11:5), todo santo tiene a Dios por testigo de que su fe le agrada a su Señor.

La fe no es tan solo una forma de agradar a Dios; es la única forma de hacerlo. "Pero sin fe es imposible agradar a Dios; porque es necesario que el que se acerca a Dios crea que le hay, y que es galardonador de los que le buscan" (11:6). No importa qué podamos pensar, decir o hacer para Dios o en su nombre, si no tenemos fe no tiene sentido ni valor. No hay posibilidad de que Dios lo apruebe.

El hombre moderno ha quedado ante un dilema, así lo han señalado con frecuencia evangélicos académicos como Francis Schaeffer. A lo largo de casi toda la historia, el hombre tuvo lo que los filósofos llaman un campo unificado de conocimiento. Esto es, el hombre entendía lo sobrenatural, la historia humana, la ciencia, la ética, la economía —todo—, dentro de un marco de referencia. Todas estas áreas eran parte de la realidad total. Pero entonces vino un movimiento grande en la filosofía conocido como racionalismo y negaba la existencia misma de lo sobrenatural, inclusive —especialmente inclusive— a Dios. Hombres como Graf, Wellhausen, Bauer, Strauss, Renan y muchos otros, comenzaron a socavar sistemáticamente toda creencia o doctrina sobrenatural.

El blanco principal era la Biblia. En el nombre de la academia bíblica, contradecían todas las afirmaciones sobrenaturales de las Escrituras, supuestamente por haberlas demostrado falsas. Reducían toda la realidad y el conocimiento a la razón natural, que trata solamente con lo que los sentidos físicos podrían observar y medir, y con lo que la mente humana podría interpretar por sí misma. El hombre llegó a ser la medida de todas las cosas. Todo lo que estuviera fuera del área de la experiencia física y el entendimiento intelectual del hombre debía negarse o descartarse.

Pero la mayoría de personas no puede manipular esta explicación tan radical. Incluso desde la perspectiva humana, hay mucho de lo cual no da razón. Hacía del hombre nada más que una parte de una máquina gigante y sin sentido.

Algunos filósofos comenzaron a notar las limitaciones del racionalismo. Por ejemplo, Kierkegard decidió abrirle un espacio a lo sobrenatural ubicándolo en un orden diferente al de la realidad del mundo cotidiano. De esta "historia superior", como la describe Schaeffer, se cree que no es conocible de la misma forma en que es conocible el nivel terrenal e inferior. Solo se experimenta por un "salto de fe". Al no poderse conocer realmente, toda persona es libre de hacer como le parezca con lo sobrenatural. Puede creer en una especie de dios "absolutamente otro", como Paul Tillich; o puede tan solo creer en creer, tener fe en la fe. Pero aquello en lo cual se cree no tiene contenido definitivo, realidad definitiva, verdad definitiva. Es puramente existencial, sin contenido, irracional e ilógico. Para usar de nuevo una frase de Schaeffer, es un "escape de la razón", el extremo opuesto del racionalismo. Por supuesto, estas dos filosofías son escapes del Dios verdadero.

Esta nueva filosofía de lo no racional empezó a influenciar primero el arte, que básicamente siempre ha sido realista. Los artistas variaban ampliamente en estilo y técnica, pero siempre buscaban retratar la realidad. Esto es, un retrato de un hombre siempre parecía un hombre, un retrato de una flor parecía una flor, y así sucesivamente. El arte era realista y podía razonarse. Pero con la llegada de la filosofía de lo no racional, el arte comenzó a reflejar esta nueva perspectiva. No había absolutos, no había certezas de nada. Un artista representaba a un hombre según como se sintiera en el momento que debía representarlo. Las flores tomaron la forma de lo que estuviera pasando por la mente del artista cuando las pintaba. Van Gogh, Gauguin, Picasso y muchos otros desarrollaron lo que llegó a conocerse como arte abstracto, que era completamente subjetivo, imaginativo y carente de contenido.

La siguiente influencia estuvo en la música. Estla también comenzó a reflejar únicamente lo subjetivo e imaginativo, sin ningún contenido o estructura, como se ve en Debussy, Cage y la música rock.

Luego el efecto llegó a la literatura, con Dylan Thomas, Arthur Miller y escritores por el estilo que usaron sus habilidades para socavar las normas y los absolutos no solo en la literatura, sino en las áreas morales y espirituales también. El amor, la honradez, la verdad, la pureza, lo sagrado, lo justo… todos pasaron por el molino existencial para triturarlos en relativismo.

El relativismo no puede llevar a otro lugar que al desespero y la falta de significado, algo que muchos proponentes de esta filosofía notaron y reconocieron. Pero insistían en que eso es todo lo que hay en el mundo, en la vida, en el hombre; por lo cual, teníamos que hacer lo que pudiéramos con ello. Puesto que el hombre desechó a Dios, el hombre se quedó sin medida del mundo y de sí mismo… y no podía esperar encontrar una.

La teología fue el área que resultó significativamente más afectada. Un dios que *pueda* estar, que *pueda* ser bueno o que *pueda* preocuparse es un dios que inspira devoción y entrega. Un dios creado e imaginado por el hombre, el hombre puede volver a crear e imaginar. La teología de un dios que no se puede conocer ni entender no tiene nada de teología. No sorprende que la forma más extrema de esta teología sin contenido declarara que Dios está muerto. Por supuesto, ni siquiera esta *doctrina* tiene contenido o significado preciso. Significa sencillamente lo que quisiera decir quien la use cuando estaba hablando o escribiendo de ella.

Tal filosofía de lo no racional queda perfectamente ilustrada en el libro *Trampa 22*, que se centra en un escuadrón de aviadores estadounidenses de la Segunda Guerra Mundial ubicados en la isla ficticia de Pianos en el Mediterráneo. Su labor era ejecutar misiones muy peligrosas sobre Europa del sur y debían completar veinticinco misiones antes de tener derecho a un traslado. Uno de ellos, Yosarian, estaba especialmente deseoso de irse. Pero cuando completó su misión veinticinco, el nuevo comandante elevó el número a treinta, luego a cuarenta, cuarenta y cinco, cincuenta, y así sucesivamente. Los problemas mentales se volvieron la única justificación para un traslado. Pero si un aviador iba a decir que estaba loco para que lo retiraran de las misiones, eso era evidencia de que estaba bien. Los aviadores se dieron cuenta de que era un juego sádico y sin salida. De modo que Yosarian decidió construir una balsa y flotar hasta Suecia. No importaba que hubiera todo un continente entre Suecia y él o que las corrientes oceánicas lo llevaran a cualquier otro lado. A pesar de la imposibilidad de lograr su cometido, no podían disuadirlo. Había desarrollado un plan de escape desesperanzado para una situación desesperanzada e insistía en su derecho a ir por ello. Se lanzó de cabeza al absurdo.

Hoy día, las personas usan alcohol y drogas porque se han quedado sin opciones racionales. Están intentando escapar por medio de la hechicería, la astrología, la reencarnación y muchos cultos más. Van en busca del significado, el sentido y la realidad, a menudo mientras niegan que tales cosas existan.

Son estos algunos de los caminos desesperados que recorren los hombres cuando rechazan a Dios, incluso los sensibles y los racionales. Se quedan solamente con el absurdo; sin fe, esperanza, paz, seguridad o confianza. Solo pueden saltar de un absurdo insípido y vacío a otro, sin posibilidad ni expectativa de que el siguiente sea mejor que el anterior.

Dios es la única respuesta racional, la única respuesta segura. Solo el Dios que creó a los hombres puede satisfacerlos. Solo el Dios que creó la razón puede hacer la vida razonable. Solo el Dios que creó el universo le puede mostrar al hombre el propósito que hay en él. Desde los tiempos de Adán, hay hombres que han creído en Dios y en lo que Él ha dicho. Para ellos la vida ha tenido sentido, seguridad, sustancia y confianza. No dieron un salto de fe ciego; más bien, pusieron su fe en una realidad futura que, por su fe, Dios hizo cierta y segura para ellos. Y con esta certeza vinieron la tranquilidad, la confianza y la esperanza. Creer en Dios da razones para vivir... y para morir. Justo antes de que lo apedrearan, "Esteban, lleno del Espíritu Santo, puestos los ojos en el cielo, vio la gloria de Dios, y a Jesús que estaba a la diestra de Dios" (Hch. 7:55). El destello de su Señor justificó todo lo que había soportado por causa del evangelio y todo lo que estaba por sufrir. Tenía algo por lo cual vivir y por lo cual morir.

LA ILUSTRACIÓN DE LA FE

Por la fe entendemos haber sido constituido el universo por la palabra de Dios, de modo que lo que se ve fue hecho de lo que no se veía. (11:3)

El escritor dice a los judíos que aún no habían confiado en Cristo: "Ya tienen algo de fe en Dios. Creen que Él creó el universo y todo lo que en éste hay". Lo creían sin ninguna duda, aun cuando no estuvieron ahí mientras Dios lo creaba. No podían ver su acto de creación, pero podían ver su creación y creían en el Creador. Tenían un comienzo de fe. Sabían y habían aceptado esta verdad por fe, no por vista. Sus propias Escrituras así lo enseñaban y ellos lo creían.

Dios no creó solamente el mundo, sino **el universo** (*aiōn*), que designa al universo físico, además de su operación, su administración. Creó todo sencillamente con su palabra (*rhēma*), su habla divina. Creó de la nada, al menos no lo hizo de nada físico o de **lo que se ve**. El escritor afirma algo absolutamente estupendo en este versículo corto. La afirmación más grande, la más difícil de aceptar para un incrédulo, es que la comprensión de la creación es un producto completo de la fe.

El origen del universo ha sido un problema de vieja data para los filósofos y los científicos. Los siglos de investigación, especulación y comparación de notas y teorías no los ha llevado más cerca de la solución. Cada vez que parece haber consenso sobre una teoría particular, viene alguien con evidencia que la refuta o la hace menos plausible.

Bertrand Russell pasó la mayoría de sus noventa años como filósofo. Su convicción más segura era que el cristianismo era el mayor enemigo de la humanidad, porque enseñaba sobre un Dios tirano que suprimía el derecho a la libertad del hombre. Al final de sus días admitió que la filosofía "era un fracaso", que no tenía respuestas para nada. Había escrito que "debemos conquistar el mundo con la inteligencia", y sin embargo, todo su gran intelecto, y el de quienes buscaban las respuestas en ellos mismos, nunca encontró nada. La fe más grande de Russell estaba en la idea de que no había Dios. Rechazó la única fuente de respuestas, significado y esperanza.

La mayoría de la filosofía es un mero garabateo de palabras, como hacen la mayoría de personas con un lápiz. Sin la revelación, la fuente básica de la verdad, lo mejor que la filosofía puede hacer son mamarrachadas verbales. Algunos son más impresionantes que otros, pero ninguno puede afirmar que es verdad o que posee significado definitivo. Pablo advirtió así a los colosenses: "Mirad que nadie os engañe por medio de filosofías y huecas sutilezas, según las tradiciones de los hombres" (Col. 2:8).

A la ciencia no le ha ido mejor que a la filosofía con las respuestas al origen del universo. Aunque la ciencia, por definición, está limitada a lo observable, medible y repetible, algunos científicos persisten en especular sobre el origen de la Tierra y del universo, intentando reconstruir el proceso por medio de lo que hoy observamos. Como los filósofos, han adoptado una carga más allá de su competencia y recursos.

Teorías científicas acerca del origen del universo están en constante cambio, y los científicos más destacados de la actualidad de ninguna manera se ponen de acuerdo en sus opiniones respecto a si hubo una "gran explosión"; y de haber sido así, a qué la provocó. Abundan teorías alternas que durante siglos han rivalizado entre sí por aceptación. Hoy día, nuevas teorías y modelos variantes siguen multiplicándose y ninguna tiene aceptación universal aún, mucho menos está demostrada. Lo mismo es cierto sobre las teorías de la evolución. Hay incluso científicos no religiosos haciendo un llamado para que la ciencia reconsidere la noción misma de evolución. El descubrimiento de los orígenes está muy lejos del alcance del conocimiento y la investigación. Los intentos del hombre por descubrir de dónde vino el universo, o de dónde vino él, no pueden terminar en otra cosa que la inutilidad. Está condenado a pasar de una teoría indemostrable a otra.

El profesor de física T. L. Moore, de la Universidad de Cincinnati dijo: "Hablar de la evolución del pensamiento del barro marino a una ameba, de una ameba a un hombre pensante y consciente, no significa nada. Es la solución simple de un cerebro que no piensa".

Por medio de la *fe* entendemos que la Palabra de Dios enmarcó el universo, una verdad que los pensadores más brillantes del mundo no han descubierto y no pueden descubrir por sí mismos. Está más allá del reino de la investigación científica, pero no está más allá del conocimiento, si estamos dispuestos a que la Palabra de Dios nos enseñe. El cristiano no tiene razón para enorgullecerse de su conocimiento. Es un regalo de Dios, como cualquier otra bendición de la fe. Por sus propios medios, el creyente no podría hacer algo más que el ateo más recalcitrante para descubrir la verdad acerca de los orígenes.

El cristiano insiste en que toda verdad es de Dios. Una parte —la del mundo natural— puede descubrirse con nuestros ojos, oídos, tacto e intelecto. Sin embargo, la mayor porción no. Solo puede aprenderse por fe, por lo cual el cristiano no debe disculparse. El mero intento de explicar el universo, o nuestro ser y naturaleza, sin contar con Dios es un esfuerzo necio. Estas cosas solamente se entienden por fe en la Palabra escrita revelada. La fe comprende lo que la mente del hombre, sin importar cuán brillante sea, no puede desentrañar. "Cosas que ojo no vio, ni oído oyó, ni han subido en corazón de hombre, son las que Dios ha preparado para los que le aman. Pero Dios nos las reveló a nosotros por el Espíritu; porque el Espíritu todo lo escudriña, aun lo profundo de Dios" (1 Co. 2:9-10).

Hace muchos años, un evangelista contó la bella historia de dos pequeños que visitó en un hospital de Londres.

Las camas estaban una al lado de la otra. Uno de los niños tenía una fiebre peligrosa, el otro había sido atropellado por un camión y su cuerpo estaba destrozado. El segundo le dijo al primero: "Guille, mira que el domingo estuve en la misión de la escuela dominical y me hablaron de Jesús. Creo que si le pides a Jesús ayuda, Él te ayudará. Dijeron que si creemos en Él y le oramos a Dios, cuando muramos Él vendrá y nos llevará con Él al cielo". Guille respondió: "¿Y qué pasa si cuando Él venga estoy dormido y no le puedo pedir ayuda?". Su amigo dijo: "Tan solo deja la mano levantada; eso es lo que hicimos en la escuela dominical. Supongo que Jesús la ve". Como Guille estaba demasiado débil para tener la mano levantada, el otro niño se la apoyó en una almohada. Esa noche murió Guille, pero cuando la enfermera lo encontró a la mañana siguiente, su mano aún estaba levantada.

Podemos estar seguros de que el Señor vio su mano, porque el Señor ve la fe y la acepta. Por fe, Guille vio el camino al cielo. Por fe, vio lo que el entendido nunca descubriría por sí mismo. Las grandes verdades de la fe se descubren por la fe sencilla. No es el camino del mundo a la verdad, pero de aquí a mil años —si el Señor retarda todo eso su venida— el mundo aún estará desarrollando y rechazando sus teorías. La persona de fe conoce la verdad ahora. La fe es el único camino a Dios.

Abel: Adorar en la fe

Por la fe Abel ofreció a Dios más excelente sacrificio que Caín, por lo cual alcanzó testimonio de que era justo, dando Dios testimonio de sus ofrendas; y muerto, aún habla por ella. (He. 11:4)

James Moffatt escribió: "La muerte nunca es la última palabra en la vida de un hombre justo. Cuando un hombre deja este mundo, sea justo o injusto, deja algo aquí. Puede dejar algo que crezca y se expanda como un cáncer o un veneno, o puede dejar algo como la fragancia de un perfume o el florecimiento de una belleza que permee la atmósfera con bendición". El hombre deja al mundo o como Pablo o como Nerón.

Los muertos narran historias. No están callados, aún hablan a quienes les oigan. Desde hace miles de años, Abel habla a la persona del siglo xx. Este personaje, que vivió cuando la Tierra era nueva, que fue la segunda generación de la humanidad, tiene algo para enseñarle al hombre moderno, sofisticado y tecnológico. Vivió en una época muy distante, en una cultura muy diferente, con mucho menos conocimiento de Dios del que nosotros tenemos. Pero lo que tiene para decirnos es más relevante que cualquier cosa que podamos leer en nuestros periódicos y revistas actuales.

El tema obvio de Hebreos 11 es la fe, y sobre la fe Abel nos habla. Es la primera persona en una lista larga de personas fieles que puede enseñarnos algo sobre la vida de fe. Él, y los otros mencionados en el capítulo 11, ilustran una clase de fe pura que se separa fuertemente de las obras. Esta es la distinción que los lectores judíos, especialmente, necesitan ver. Es necesario mostrarles que, desde el mismo principio, la fe ha sido lo único que Dios aceptará para salvar al hombre caído.

Adán y Eva no podían haber sido personas de fe en el mismo sentido que sus descendientes. Habían visto a Dios cara a cara, habían tenido comunión con Él y habían vivido en el paraíso. Hasta antes de pecar, no tenían necesidad de la fe porque vivían en la luz de Dios. Incluso después de haber pecado, tenían el recuerdo y el conocimiento de esta relación bella y única con su Creador. Sus hijos fueron los primeros en necesitar la fe en el sentido completo. Abel fue el primer hombre de fe, y es importante entender que su fe tuvo que ver con su salvación personal.

La fe de Abel llevó a tres cosas progresivas: el sacrificio verdadero, la justicia verdadera y el testimonio verdadero. Como creyó, ofreció un sacrificio mejor. Como ofreció un sacrificio mejor, obtuvo la justicia. Como obtuvo la justicia, es para todas las épocas una voz viva que dice: "La justicia es por la fe".

Dios sacó a Adán y Eva del huerto por el pecado. El pecado violó su comunión con Dios y les quitó el derecho de estar en su presencia. Pero aunque su juicio los sacó, su gracia prometió un camino para volver. De la mujer nacería un Hombre a quien Satanás heriría en el calcañar, pero quien heriría a Satanás en la cabeza (Gn. 3:15). Esto es, Aquel que nacería de la simiente de la mujer conquistaría y destruiría a Satanás, y libraría con ello a la humanidad de la maldición del pecado. Dentro de la maldición misma, estaba la promesa de un Redentor. Mientras se ejecutaba el juicio, se ofrecía misericordia.

Solamente una mujer, la madre de Jesús, ha poseído alguna vez una simiente que no proviniera de ningún hombre. El hijo de María fue concebido por un milagro mediante la intervención del Espíritu Santo, (Lc. 1:35), así fue la simiente de una mujer la que produjo el nacimiento de Jesús, el Salvador prometido. En la primera parte del primer libro de la Palabra de Dios no estaba solo profetizada la venida del Redentor, sino su nacimiento virginal.

Por los comentarios de Eva tras el nacimiento de Caín, es posible que creyera que su primogénito sería el libertador prometido. Probablemente, su nombre significa "obtener" u "obtener algo" y la declaración de Eva, "¡Con la ayuda del *Señor*, he tenido un hijo varón!" (Gn. 4:1), podría traducirse: "Obtuve a 'Él está aquí'". Si creyó que este hijo era el libertador, estaba profundamente equivocada. Este hijo llegó a ser el primer asesino de la humanidad, no su salvador. Incluso dejando de lado la impiedad e infidelidad de Caín, no podría él haber sido el salvador, ni ninguno de los descendientes físicos de Adán y Eva. La carne solamente puede producir carne. En Adán todos murieron, y los hijos de Adán no podían dar una vida que ni ellos tenían.

No sabemos la diferencia de edad entre Caín y Abel, pero Abel nació después. El significado básico de Abel podría ser "respiro", "debilidad" o "vanidad", conllevando la idea de brevedad. En cualquier caso, su vida fue breve, efectivamente; la cortó su celoso hermano.

Abel era "pastor de ovejas", mientras Caín era "labrador de la tierra". Uno era pastor, el otro era agricultor. La concepción de los dos fue posterior a la caída, y ambos nacieron fuera del Edén. Por tanto, nacieron en pecado. Fueron el segundo y el tercero de los hombres que vivieron en la Tierra. Vivieron y actuaron como toda la humanidad desde que ellos estuvieron vivos y operativos. Tenían las mismas naturalezas, capacidades, limitaciones e inclinaciones que el resto de las personas desde entonces. En otras palabras, en todos los asuntos esenciales de la naturaleza humana, eran exactamente como nosotros. No se asemejan de manera alguna a los seres primitivos de la fantasía evolucionista.

Los evolucionistas y varios intérpretes de las Escrituras, en una demostración de sus sesgos y preconcepciones, han argumentado que el relato de los inicios del hombre en Génesis no tiene forma de ser correcto porque Adán, Eva, Caín, Abel y los otros personajes mencionados en los primeros capítulos eran muy avanzados para haber sido los primeros seres humanos. Además de las afirmaciones sobrenaturales e imposibles sobre Adán y Eva hablando con Dios, los críticos razonan que el hombre original no podía haber domesticado animales, como Abel, o plantado cultivos, como Caín; mucho menos haber inventado instrumentos musicales o herramientas de metal (4:21-22).

Sin embargo, la Biblia es clara en que Adán y Eva eran altamente inteligentes cuando Dios los creó. Adán le puso nombre a todos los animales, lo cual requiere el desarrollo de un vocabulario creativo. Sus hijos entendían la crianza de animales y la agricultura, y en pocas generaciones aparecieron las herramientas y los instrumentos musicales ya mencionados. El relato de Génesis, breve como es, aporta una descripción definitiva de personas con lenguaje y cultura general bien desarrollados.

Los primeros habitantes humanos de la Tierra —Adán, Eva, Caín y Abel— vivieron y funcionaron como seres humanos de la forma en que lo hacemos hoy.

ABEL PRESENTÓ UN SACRIFICIO VERDADERO

Por la fe Abel ofreció a Dios más excelente sacrificio que Caín, (11:4*a*)

Este versículo nos lleva de vuelta a Génesis, donde leemos del sacrificio de Abel: "Tiempo después, Caín presentó al Señor una ofrenda del fruto de la tierra. Abel también presentó al Señor lo mejor de su rebaño, es decir, los primogénitos con su grasa. Y el Señor miró con agrado a Abel y a su ofrenda, pero no miró así a Caín ni a su ofrenda" (Gn. 4:3-5, NVI).

UN LUGAR PARA ADORAR

Caín y Abel tenían un lugar para adorar. Por cuanto ofrecían sacrificios, debían haber usado alguna clase de altar para hacerlos. No hay mención de que erigieran un altar en aquel momento, y puede ser que ya existiera uno cerca al lado oriental del huerto del Edén, donde Dios había ubicado al querubín con la espada de fuego para evitar que el hombre volviera a entrar.

Parece perfectamente consecuente con la gracia de Dios que haya provisto Él los medios para adorarlo desde el principio. Quizás este altar fuera un precursor del propiciatorio, un lugar donde el hombre podía ir a pedir perdón y expiación. Muy al comienzo de la historia del hombre, Dios prometió un Libertador futuro, y desde muy temprano proveyó un medio temporal de adoración y sacrificio.

UN TIEMPO PARA ADORAR

También debe haber habido un *tiempo* para adorar. "Tiempo después" significa literalmente "al final de los días"; es decir, al final de cierto período de tiempo. Por tanto, puede ser que Dios hubiera designado un tiempo especial para ofrecer sacrificios. Dios es un Dios de orden, y sabemos que en los siglos posteriores prescribió tiempos y formas definidos de adoración. El hecho de que Caín y Abel llegaran a ofrecer sacrificios al mismo tiempo sugiere que Dios había especificado un tiempo particular.

UNA FORMA DE ADORAR

También creo que Dios había designado una *forma* de adorar. Caín y Abel no sabrían nada de la necesidad de adorar u ofrecer sacrificios, mucho menos sobre la forma en que debía hacerse, si Dios no se lo hubiera dicho, quizás a través de sus padres. Es de especial importancia que el primer acto registrado de adoración fue un sacrificio, una ofrenda por el pecado, el acto supremo de adoración en todos los pactos de Dios con su pueblo. Abraham le ofreció sacrificios a Dios, y por medio de Moisés vinieron los rituales de sacrificio complicados y exigentes del antiguo pacto. El eje del nuevo pacto es el sacrificio perfecto de Jesús en la cruz, una sola vez y para siempre. Es inconcebible que Caín y Abel se tropezaran por accidente con los sacrificios como forma de adoración a Dios. El hecho de que Dios aceptara solo uno de los sacrificios también parece indicar que había establecido un patrón de adoración.

Abel ofreció su sacrificio por la fe. Puesto que "la fe viene por el oír" (Ro. 10:17), Abel debe haber tenido alguna revelación de Dios sobre la cual basar su fe. Debe haber sabido el lugar, tiempo y forma en que Dios quería que se ofreciera el sacrificio por el pecado.

No hay nada intrínsecamente malo en una ofrenda de granos, frutos o vegetales. El pacto mosaico los incluía. Pero las ofrendas de sangre siempre fueron primero, porque solamente los sacrificios de sangre lidian con el pecado.

Aquí es donde comienza la vida de fe, en el sacrificio por el pecado. Comienza con creerle a Dios que somos pecadores, que merecemos la muerte, que necesitamos su perdón y que aceptamos su plan revelado para nuestra liberación. Ese es el comienzo de la vida de fe. En esa fe Abel presentó su sacrificio a Dios. Y por esa fe su sacrificio era aceptable a Dios.

Cuando Abel hizo lo que Dios dijo, estaba revelando su obediencia y reconociendo su pecado. Por otra parte, Caín fue desobediente y no reconoció su pecado. **Abel ofreció a Dios más excelente sacrificio que Caín** porque Dios había prescrito el sacrificio de *sangre*. De alguna forma, Abel sabía lo que Dios quería —y Caín también—. La diferencia entre los dos estaba en que Abel dio a

Dios lo que Él quería, mientras Caín le dio lo que él mismo quería. Abel actuó en obediencia y Caín en desobediencia. Abel reconoció su pecado. Caín no.

En efecto, Abel se acercó a Dios y dijo: "Señor, esto es lo que querías, según dijiste. Prometiste que, si te lo traía, perdonarías mi pecado. Te creo, Dios. Reconozco mi pecado y reconozco el remedio que has prescrito. Helo aquí". Caín tenía el mismo conocimiento de las exigencias divinas, pero decidió adorar a su manera. Siguiendo el ejemplo de sus padres, hizo lo que le parecía. En realidad, estaba negando su pecado.

Caín creía en Dios, de lo contrario no le habría llevado un sacrificio. Reconocía que había un ser supremo y que le debía alguna clase de adoración. Reconocía a Dios, pero no le obedecía. Él *creía en* Dios, pero no *le creía a* Dios. Pensaba que podía acercarse a Dios como le pareciera y esperaba que Dios quedara impresionado y satisfecho. Así, Caín se hizo el padre de todas las religiones falsas.

La religión falsa intenta llegar a Dios por cualquier otro camino, excepto el que Dios prescribió. Dice: "Puedo acceder a Dios pensando que estoy en el nirvana", "puedo agradar a Dios por medio de la meditación", "puedo satisfacer a Dios con mis obras o siguiendo las enseñanzas de Mary Baker Eddy, Joseph Smith o Charles Taze Russell". La Palabra de Dios dice: "No hay otro nombre bajo el cielo, dado a los hombres, en que podamos ser salvos" (Hch. 4:12). La religión falsa dice que *hay* otro nombre, otro camino. La religión falsa es cualquier camino a Dios que Él no haya ordenado. Proverbios 14:12 señala esta verdad: "Hay camino que al hombre le parece derecho; pero su fin es camino de muerte".

La idea de que un camino es tan bueno como otro no parece aceptable en ningún área de la vida excepto la religión o la moral. Cuando alguien va al médico, lo primero que quiere saber es la verdad. A nadie le gusta oír el diagnóstico de una enfermedad terrible. Pero la persona sensible preferiría saber la verdad a vivir en la ignorancia de algo que pueda arruinar su salud o incluso quitarle la vida. Una vez conoce el diagnóstico, quiere la cura *correcta*, no cualquier cura. Quiere el mejor tratamiento que pueda encontrar y por lo general irá adonde sea para obtenerlo. Se sentiría insultado y airado si el médico tan solo le dijera que se fuera para la casa e hiciera lo que le pareciera mejor: la opinión de ese médico no sería diferente a la de cualquier otra persona. La razón por la cual pensamos así de la medicina es porque creemos que hay *verdades* médicas. La medicina no tiene todas las respuestas, pero buena parte de la medicina se sabe que tiene su base en los hechos, es fiable y segura. La razón por la cual esta misma clase de razonamiento no se aplica a lo espiritual y lo moral es el rechazo a las verdades y normas absolutas que Dios ha dado. De hecho, se rechaza la *noción* misma de los absolutos morales y espirituales. Caín rechazó las normas de Dios y se convirtió en el primer apóstata.

Caín no reconoció su pecado y se negó a obedecer a Dios al no darle el sacrificio que Él exigía. No tenía problemas con adorar a Dios, siempre que fuera en sus propios términos, a su manera. Y Dios rechazó su sacrificio, y lo rechazó a él.

La desobediencia de Caín a Dios y el establecimiento de sus propias normas de vida fueron el comienzo del sistema de Satanás en el mundo. Caín "se alejó de la presencia del SEÑOR" (Gn. 4:16, NVI) y se adentró en una vida de obstinación, que es el eje de lo mundano y la incredulidad. Por su propia decisión, su propia voluntad, se alejó de Dios y del camino de Dios para irse en pos de sí mismo y de su propio camino. No debemos sentir pesar por él porque Dios haya rechazado su sacrificio. Sabía lo que Dios exigía y estaba capacitado para hacerlo. Pero, en su lugar, escogió hacer lo que él quería.

Hay toda clase de personas a nuestro alrededor disfrazadas de religión, inclusive de la religión cristiana, que niegan a Dios. Judas dice: "¡Ay de ellos! porque han seguido el camino de Caín" (v. 11). Caín es un ejemplo del hombre natural religioso, quien cree en Dios e incluso en la religión, pero a su manera, rechazando con ello la redención por la sangre. Pablo dice de tales personas que "tienen celo de Dios, pero no conforme a ciencia. Porque ignorando la justicia de Dios, y procurando establecer la suya propia, no se han sujetado a la justicia de Dios" (Ro. 10:2-3).

Caín era hipócrita, además de impío e incrédulo. No quería adorar a Dios, tan solo daba la apariencia de adoración. Su propósito era agradarse a sí mismo, no a Dios. Su sacrificio no era más que una actividad religiosa diseñada para ajustarse a sus propósitos y cumplir su propia voluntad. Caín era como el fariseo en el templo del que habló Jesús, que oraba "consigo mismo" (Lc. 18:11). Era condescendiente con Dios y se adoraba a sí mismo. También, como el fariseo, Caín volvió a casa sin la justificación; mientras que Abel, como el publicano penitente, volvió a casa justificado.

Dios no es arbitrario ni caprichoso. No estaba jugando con Caín y Abel. No los iba a responsabilizar por lo que no podrían haber sabido o hecho. Dios aceptó el sacrificio de Abel porque él sabía lo que Dios quería y le obedeció. Y rechazó el de Caín porque sabía lo que Dios quería, pero desobedeció. Obedecer es justo; desobedecer es malo. Abel le pertenecía a Dios; Caín, a Satanás (1 Jn. 3:12).

Abel ofreció un sacrificio mejor porque representaba la obediencia de la fe. De buen grado, le llevó a Dios lo que pedía, y le dio lo mejor que tenía. En el sacrificio de Abel se prefiguró por primera vez el camino de la cruz. El primer sacrificio fue el cordero de Abel; un cordero por una persona. Después vino la Pascua, con un cordero por una familia. Luego el día de la expiación, con un cordero por una nación. Finalmente, vino el viernes santo, con un Cordero por el mundo entero.

LA JUSTICIA QUE ALCANZÓ ABEL

por lo cual alcanzó testimonio de que era justo, (11:4*b*)

Lo único que alcanzó la justicia para Abel fue que, en fe, hizo lo que Dios le dijo. Esto es lo único que cambia la relación de un hombre con Dios. No es cuán buenos seamos, sino si confiamos en Él, lo que cuenta para Dios. Esa confianza se evidencia en la obediencia a su Palabra.

Abel era pecador, como Caín. Pero es muy posible, incluso probable, que Abel fuera mejor persona que Caín. Probablemente fuera más moral, más confiable, más sincero e incluso más agradable que Caín. Sin embargo, estas no fueron las cualidades de Abel que hicieron aceptable su sacrificio. La diferencia estaba en la forma de hacer los sacrificios. Uno se hizo en fe obediente; el otro en incredulidad desobediente.

La fe de Abel era la clase de fe que permite a Dios actuar en favor nuestro y hacernos justos. La fe verdadera es siempre obediente. Jesús dijo a los judíos que creían en Él: "Si vosotros permaneciereis en mi palabra, seréis verdaderamente mis discípulos" (Jn. 8:31). Creían en Jesús, pero no habían confiado en Él, de lo cual dijo Jesús que quedaría evidenciado por la obediencia a su palabra. La obediencia no produce fe, pero la fe siempre trae obediencia y el deseo de vivir justamente.

Amados, por la gran solicitud que tenía de escribiros acerca de nuestra común salvación, me ha sido necesario escribiros exhortándoos que contendáis ardientemente por la fe que ha sido una vez dada a los santos. Porque algunos hombres han entrado encubiertamente, los que desde antes habían sido destinados para esta condenación, hombres impíos, que convierten en libertinaje la gracia de nuestro Dios, y niegan a Dios el único soberano, y a nuestro Señor Jesucristo (Jud. 3-4).

No podemos afirmar que tenemos fe en Dios para luego pasar continuamente por alto su Palabra. Santiago debió haber conocido a algunas personas que así lo consideraban, pues escribió: "Hermanos míos, ¿de qué aprovechará si alguno dice que tiene fe, y no tiene obras? ¿Podrá la fe salvarle?... La fe, si no tiene obras, es muerta en sí misma" (Stg. 2:14, 17). La fe que no tiene obras, la fe desobediente, no es fe salvadora. No es fe válida en absoluto. Caín creía que Dios existía. Incluso los demonios lo creen, como continúa diciendo Santiago. "¿Mas quieres saber, hombre vano, que la fe sin obras es muerta?" (2:19-20).

Santiago vuelve luego al origen del asunto recordando a sus lectores que la fe de Abraham, por la cual se le consideró justo, quedó demostrada por su obediencia al ofrecer a su hijo Isaac, como Dios había ordenado. "¿No ves que la fe actuó juntamente con sus obras, y que la fe se perfeccionó por las obras?" (2:21-22).

Santiago no enseña la salvación por las obras. Pero sí está diciendo que nuestra fe solamente es real cuando resulta en obras. No podemos trabajar nuestro camino a Dios, pero habiendo llegado a Él, las obras serán evidentes y demostrarán que nuestra fe es auténtica. De hecho, el cristiano fue creado "en Cristo Jesús para buenas obras, las cuales Dios preparó de antemano para que anduviésemos en ellas" (Ef. 2:10).

Me parece que el **testimonio** divino de la aceptación del sacrificio de Abel, el que lo hizo contar por justo, pudo haber estado indicado porque Dios hizo que su ofrenda se consumiera. Al menos en cinco ocasiones registradas en las Escrituras, Dios mostró su aceptación de un sacrificio enviando fuego para que lo consumiera (Lv. 9:24; Jue. 6:21; 1 R. 18:38; 1 Cr. 21:26; 2 Cr. 7:1). En cualquier caso, de Génesis queda claro qué aprobaba Dios y qué no, en los sacrificios de Caín y Abel. No los dejó en la duda mientras ellos se quedaban ahí delante de Él.

Abel no fue considerado justo porque *fuera* justo, sino porque confió en Dios. Fue justo ante Dios porque tenía fe en Dios. Abel era el mismo pecador que antes de ofrecer su sacrificio. Ni siquiera recibió el Espíritu Santo, como ocurre hoy con los creyentes. Se fue con los mismos problemas que tenía antes. Pero tenía la aprobación de Dios, y la justicia de Dios terminó abonada a su cuenta.

ABEL HABLA DESDE LOS MUERTOS

dando Dios testimonio de sus ofrendas; y muerto, aún habla por ella. (11:4*c*)

Cuando Dios confrontó a Caín, tras el homicidio de Abel, le dijo: "¿Qué has hecho? La voz de la sangre de tu hermano clama a mí desde la tierra" (Gn. 4:10). La primera vez que Abel "habló" después de **muerto** fue para Dios, le pidió que vengara su muerte. Como las almas bajo el altar "de los que habían sido muertos por causa de la palabra de Dios" (Ap. 6:9-10), Abel le pidió al Señor que vengara su sangre.

Su voz también hablaba a su hermano: "Ahora, pues, maldito seas tú de la tierra, que abrió su boca para recibir de tu mano la sangre de tu hermano. Cuando labres la tierra, no te volverá a dar su fuerza; errante y extranjero serás en la tierra" (Gn. 4:11-12). Cada parte del suelo que Caín pisara le recordaría su impiedad. En efecto, la Tierra rechazó a Caín como él había rechazado a Dios y a su hermano. Abel, aunque estaba muerto, continuaba hablándole a su hermano.

Sin embargo, el significado principal de Hebreos 11:4 tiene que ver con la enseñanza de Abel a las generaciones posteriores de creyentes y potenciales creyentes. **Aún habla**. Dice tres cosas: el hombre llega a Dios por fe, no por obras; el hombre debe aceptar y obedecer la revelación divina por encima de su propia razón y voluntad; y el pecado tiene un castigo severo. Estos son los tres puntos del sermón que Abel ha estado predicando para el mundo durante miles de años. Podría titularse "El justo por la fe vivirá".

Enoc: Caminar en la fe · 27

Por la fe Enoc fue traspuesto para no ver muerte, y no fue hallado, porque lo traspuso Dios; y antes que fuese traspuesto, tuvo testimonio de haber agradado a Dios. Pero sin fe es imposible agradar a Dios; porque es necesario que el que se acerca a Dios crea que le hay, y que es galardonador de los que le buscan. (11:5-6)

El segundo héroe de la fe es Enoc. Mientras Abel ilustra la *adoración* por la fe —que siempre debe venir primero—, Enoc ilustra cómo *caminar* por la fe.

Dios nunca pretendió que las obras fueran un camino mediante el cual los hombres llegaran a Él. Pretendía que las obras fueran un resultado de la salvación, no un camino para ella. El hombre nunca ha sido capaz de acercarse a Dios sobre la base de las obras. Más bien, Dios siempre ha pretendido que las obras sean un producto de la salvación que los hombres reciben cuando se acercan a Él sobre la base de la fe.

> *Vivió Enoc sesenta y cinco años, y engendró a Matusalén. Y caminó Enoc con Dios, después que engendró a Matusalén, trescientos años, y engendró hijos e hijas. Y fueron todos los días de Enoc trescientos sesenta y cinco años. Caminó, pues, Enoc con Dios, y desapareció, porque le llevó Dios (Gn. 5:21-24).*

Aquí vemos un concepto nuevo en el libro de Génesis. Abel sabía qué era adorar por la fe, pero en realidad no entendía el concepto de caminar con Dios. La revelación en las Escrituras es progresiva. Abel recibió parte de la revelación, Enoc recibió más.

Adán y Eva habían caminado y hablado con Dios en el huerto, pero cuando cayeron y Dios los expulsó de allí, no volvieron a caminar con Él. El destino definitivo del hombre queda reinstituido con Enoc, quien ilustra para todos los hombres qué significa estar en comunión con Dios. En Enoc volvió a alcanzarse el destino verdadero del hombre porque experimentó la comunión con Dios que Adán y Eva habían abandonado.

Creo que la fe de Enoc incluye todo lo que incluía la de Abel. Enoc debió haber ofrecido un sacrificio a Dios, simbólico del sacrificio final de Cristo, porque el sacrificio es el único camino a la presencia de Dios. No podría haber caminado con Dios a menos que primero hubiera llegado a Dios, y nadie puede llegar a Dios sin derramamiento de sangre. El principio no ha cambiado desde los días de Abel y Enoc hasta hoy.

Hebreos 11:5-6 muestra cinco características en la vida de Enoc en las cuales Dios se agradó: creía que Dios existe, buscó la recompensa divina, caminó con Dios, predicó para Dios y entró en la presencia de Dios.

ENOC CREÍA QUE DIOS EXISTE

Pero sin fe es imposible agradar a Dios; porque es necesario que el que se acerca a Dios crea que le hay, (11:6*a*)

No hay en los hombres absolutamente nada que pueda agradar a Dios aparte de la *fe*. A Dios no le agrada la religión porque es en esencia un sistema desarrollado por Satanás para contrarrestar la verdad. La nacionalidad y la herencia no agradan a Dios (cp. Gá. 3:28-29). Los judíos creían que agradaban a Dios tan solo por ser descendientes de Abraham. Pero la mayoría del tiempo desagradaban a Dios. Las buenas obras no agradan a Dios por sí mismas, "ya que por las obras de la ley ningún ser humano será justificado delante de él" (Ro. 3:20). **Sin fe es imposible agradar a Dios.**

El primer paso de la fe es, simplemente, creer que Él existe. Enoc lo creyó. A Dios le agradan quienes creen en Él, incluso en el primer paso de creer que existe. Esto por sí solo no es suficiente para salvar a una persona, pero si la convicción es sincera y tiene continuidad, llevará a fe verdadera.

J. B. Phillips describe en su libro *Your God is Too Small* [Tú Dios es demasiado pequeño] algunos de los dioses comunes que las personas inventan. Uno es el dios viejo y grande, el de apariencia senil y canoso que desde arriba sonríe con indulgencia a los hombres y guiña el ojo mientras adulteran, roban, hacen trampas y mienten. También está el dios que es como el policía vigilante de una casa, cuya labor principal es hacer la vida difícil y poco disfrutable; además, está el dios de una caja, el dios privado, exclusivo y sectario. El dios gerencial es el de los deístas: un dios que diseñó y creó el universo, lo puso en marcha y ahora lo contempla de lejos. A Dios no le place la creencia en ninguno de estos ídolos sustitutos.

Creer que Dios existe es lo que le agrada. El simple reconocimiento de alguna forma de deidad —"el fundamento del ser", "el que está arriba" o cualquier otro de los ya mencionados dioses fabricados por hombres— no es el objeto para creer que aquí se tiene en mente. Lo único que cuenta es creer en la existencia del Dios verdadero, el Dios de las Escrituras.

No podemos conocer a Dios por vista. Jesús dijo en Juan 1:18 "A Dios nadie le vio jamás". Tampoco lo podemos conocer por la razón. En el libro de Job hay dos capítulos (38—39) dedicados a ilustraciones fuertes y coloridas que Dios hace sobre cómo el hombre no puede siquiera comprender el funcionamiento de la naturaleza. ¡Cuánto menos podremos entender a Dios con nuestras propias observaciones y razonamientos!

Dios da evidencia amplia de su existencia, pero no es la clase de evidencia que los hombres suelen buscar. Por ejemplo, la ciencia no puede demostrar su existencia. En el mejor de los casos, la evidencia científica es circunstancial. Paul Little escribió: "Pero puede decirse con el mismo énfasis que tampoco puede usted demostrar a Napoleón por el método científico. La razón está en la naturaleza de la historia y en la limitación del método científico. Para que algo pueda estar sujeto a demostración científica, debe ser repetible. No se puede anunciar un nuevo descubrimiento para el mundo sobre la base de un único experimento. Pero la historia, por su misma naturaleza, es irrepetible. Nadie puede volver a correr el principio del universo, traer de vuelta a Napoleón, repetir el homicidio de Lincoln o la crucifixión de Jesucristo. Pero el hecho de que estos acontecimientos no se puedan demostrar por repetición no prueba que no sean reales".

La idea de Little es que no se puede aplicar el método científico a todo. No funciona. Tampoco puede usted colocar el amor, la justicia o la ira en un tubo de ensayo, pero ninguna persona sensible dudaría de su existencia. Por el mismo razonamiento, la existencia de Dios no debe ponerse en duda solamente porque no se puede probar científicamente.

Sin embargo, muchas cosas aprendidas por la ciencia aportan *evidencia* de su existencia. Por ejemplo, la ley de causa y efecto sostiene que para toda causa debe existir un efecto. Si usted va cada vez más para atrás en las causas, llegará a la larga a una causa sin causa. La única causa sin causa es Dios. Es este el argumento que usó previamente el escritor de Hebreos: "Porque toda casa es hecha por alguno; pero el que hizo todas las cosas es Dios" (3:4).

El filósofo J. H. Stirling dijo: "Si cada eslabón de la cadena cuelga de otro, el todo penderá únicamente de la eternidad y no tendrá un soporte, asemejando a una serpiente rígida, a menos que se encuentre dónde anclarla. Termina usted añadiendo cualquier cantidad de debilidad a la debilidad y nunca obtiene fuerza".

De acuerdo con la ley de la entropía, el universo está agotándose. Si se está agotando, no es autosostenible. Si no es autosostenible, debió haber tenido un comienzo y estamos de vuelta a la causa sin causa. Debe haber una primera causa y solo Dios califica para ella.

La ley del diseño inteligente también indica que Dios existe. Cuando vemos las plantas y los animales en toda su maravillosa complejidad, vemos cientos, miles, de diseños sorprendentemente complejos que no solo funcionan con belleza, sino que se reproducen perfectamente. Cuando miramos las estrellas, los planetas, los asteroides, los cometas, los meteoros y las constelaciones, vemos que se mantienen con precisión en su curso por las fuerzas centrífuga, centrípeta y gravitacional. Semejante nivel de diseño masivo, complejo y maravillosamente funcional requiere la existencia de un diseñador.

Sabemos por la ciencia que el agua tiene una temperatura altamente específica, absolutamente esencial para estabilizar las reacciones químicas dentro del cuerpo humano. Si el agua tuviera una temperatura específica baja, herviríamos a la mínima actividad. Sin esta propiedad, la vida humana, y la mayoría de la animal, difícilmente sería posible.

El océano es el termostato del planeta. Se requiere una gran pérdida de calor para que el agua pase de estado líquido a sólido, y una gran obtención de calor para que se convierta en vapor. Los océanos son un colchón contra el calor del sol y las corrientes congelantes del invierno. Si las temperaturas de la Tierra no estuvieran moduladas por el océano, manteniéndose dentro de ciertos límites, o nos cocinaríamos hasta morir o nos congelaríamos hasta morir. ¿Cómo podría semejante nivel de diseño tan intrincado, exacto y absolutamente necesario surgir por accidente? Se *requiere* un diseñador.

Incluso el tamaño de la Tierra da evidencia de diseño. Si fuera mucho más pequeña, no habría atmósfera que hiciera posible la vida. La Tierra sería semejante a nuestra luna o a Marte. Por otro lado, si fuera mucho más grande, la atmósfera contendría hidrógeno libre, como Júpiter o Saturno, lo cual también evitaría que hubiera vida. La distancia de la Tierra al sol es absolutamente correcta. Un cambio, por minúsculo que fuera, la haría muy caliente o muy fría. La inclinación del eje de la Tierra asegura que haya estaciones. Y así prosigue el argumento.

La ciencia no puede demostrar a Dios, pero da una evidencia abrumadora de un diseñador y sustentador avanzado, cuyas funciones solo puede cumplir Dios.

Como la ciencia, la razón no puede demostrar a Dios. Pero como la ciencia, la razón aporta gran cantidad de evidencia a su favor. El hombre es un ser personal, consciente, racional, creativo y volitivo. No es concebible que haya llegado a serlo por accidente, o que su Creador sea algo *menos* que un ser personal, consciente, racional, creativo y volitivo. Creer que un humano personal, pensante y con capacidad de tomar decisiones se pudo haber desarrollado de una ameba a partir del barro y que continuó avanzando en una cadena evolutiva no tiene sentido.

Los estudios de los antropólogos muestran que el hombre es universalmente consciente de Dios. Esto no quiere decir que no haya quien no crea en forma alguna de dios —mucho menos que no lo haga en el verdadero Dios—, sino que los hombres en general creen. Que algunos no lo crean, no niega la regla más de lo que la existencia de una persona con una sola pierna niega que los humanos sean criaturas con dos piernas.

La misma idea de Dios da sustancia al hecho de que Él existe. Que alguien pueda concebir a Dios sugiere que alguien le ha dado la posibilidad de esa concepción y que hay alguien que corresponde a esa concepción.

Pero a pesar de toda la evidencia natural, científica y racional de Dios, reconocerlo sigue siendo un asunto de fe. La demostración es posterior a la fe. "El que cree en el Hijo de Dios, tiene el testimonio en sí mismo" (1 Jn. 5:10). Incluso el científico recibe la prueba después de la fe. Su fe se vuelve cada vez más grande, a medida que se acumula la evidencia para su hipótesis. Su entrega a la hipótesis, su fe en ella, es lo que a la larga le lleva a la prueba, si la hipótesis es cierta. El testimonio del Espíritu Santo en el corazón de los creyentes es infinitamente mayor prueba de la existencia de Dios que las conclusiones cualesquiera de un experimento de laboratorio para la validez de una teoría científica.

ENOC BUSCÓ LA RECOMPENSA DE DIOS

el que se acerca a Dios crea que le hay, y que es galardonador de los que le buscan. (11:6*b*)

No es suficiente creer tan solo que Dios existe. Para agradarlo, también es necesario creer que es moral y justo, que recompensará la fe en Él. Debemos reconocer que es un Dios de gracia, personal y amoroso, para quienes le buscan. Enoc creyó esto dentro de la revelación que tenía. No creía que Dios era solamente una gran fuerza cósmica impersonal. Creía y conocía a Dios de manera personal y amorosa. No se puede "caminar" con el fundamento del ser, el motor primero o la causa final. Enoc tuvo comunión con el verdadero Dios durante trescientos años, un Dios al que conocía como justo, amoroso misericordioso, perdonador y muy personal.

No es suficiente solo con postular a Dios. Einstein dijo: "Ciertamente, hay un Dios. Alguien que no crea en una fuerza cósmica es un necio. Pero no podemos conocerlo". A pesar de que Einstein fuera tan brillante, estaba equivocado. *Podemos* conocer a Dios. De hecho, para poder agradarlo, debemos creer que es personal, conocible, amoroso, compasivo, moral y que responde con gracia a quienes llegan a Él. Ni siquiera es suficiente creer en el Dios verdadero. Muchos de los judíos a quienes estaba dirigida la carta de Hebreos reconocían al Dios verdadero, el Dios de las Escrituras. Pero no tenían fe en Él, no confiaban en Él. Enoc conocía al Dios verdadero y confiaba en Él.

Los dos Testamentos están llenos de enseñanzas no solo sobre cómo se *puede* encontrar a Dios, sino sobre su deseo de que se le encuentre. David dijo a su hijo Salomón: "Si tú le buscares, lo hallarás; mas si le dejares, él te desechará para siempre" (1 Cr. 28:9). "Ciertamente hay galardón para el justo; ciertamente hay Dios que juzga en la tierra" (Sal. 58:11). "Yo amo a los que me aman, y me hallan los que temprano me buscan" (Pr. 8:17). "Me buscaréis y me hallaréis, porque me buscaréis de todo vuestro corazón" (Jer. 29:13). Jesús fue muy explícito: "Porque todo aquel que pide, recibe; y el que busca, halla; y al que llama, se le abrirá" (Lc. 11:10). No es suficiente creer que Él es. También debemos creer que recompensa a quienes le buscan.

La recompensa que da Dios por la fe es la salvación. "Para que todo aquel que en él cree, no se pierda, mas tenga vida eterna" (Jn. 3:16). "Mas buscad primeramente el reino de Dios y su justicia, y todas estas cosas os serán añadidas" (Mt. 6:33). En otras palabras, todo lo bueno que Dios tiene, la vida eterna inclusive, constituye la recompensa de la fe. Por la fe recibimos el perdón, un corazón nuevo, la vida eterna, la alegría, la paz, el amor, el cielo… ¡todo! Cuando confiamos en Jesucristo, nos hacemos herederos mutuos con Él. Todo lo que posee el Hijo de Dios también es nuestro.

ENOC CAMINÓ CON DIOS

Creer que Dios existe es el primer paso *hacia* la fe. Creer que recompensa a quienes confían en Él es el primer paso *de* la fe. Confiar plenamente en Jesucristo como Señor y Salvador solo es el comienzo de la vida de fe en Dios. Para continuar agradando a Dios, debemos tener comunión con Él, "caminar" con Él, como lo hizo Enoc. En los cuatro versículos de Génesis en los que se describe a Enoc (5:21-24), se menciona dos veces que caminó con Dios. En la LXX (el Antiguo Testamento griego), esta frase se traduce "agradó a Dios"; usa la misma palabra griega (*euaresteō*, "estar bien agradado") que se usó dos veces en Hebreos 11:5-6. Caminar con Dios es agradar a Dios.

El término *caminar* o *andar* se usa muchas veces en el Nuevo Testamento para representar la vida con fe. "Porque somos sepultados juntamente con él para muerte por el bautismo, a fin de que… también nosotros andemos en vida nueva" (Ro. 6:4). "Porque por fe andamos, no por vista" (2 Co. 5:7). "Andad en el Espíritu, y no satisfagáis los deseos de la carne" (Gá. 5:16). "Andad en amor, como también Cristo nos amó, y se entregó a sí mismo por nosotros" (Ef. 5:2). Cristo incluso se refiere a nuestra comunión con Él en el cielo como caminar: "Andarán conmigo en vestiduras blancas, porque son dignas" (Ap. 3:4). Como Enoc, todo creyente *debería* caminar con Dios cada día que esté sobre la Tierra. Cuando estemos en el cielo *vamos a* caminar con Él para siempre.

RECONCILIACIÓN

Lo primero que queda implicado de Enoc caminando con Dios es la reconciliación. "¿Andarán dos juntos, si no estuvieren de acuerdo?" (Am. 3:3). La idea es obvia. En realidad, dos personas no pueden caminar juntas en comunión íntima si no están de acuerdo. Entonces caminar juntos presupone la existencia de armonía. Si Enoc caminó con Dios, obviamente estaba de acuerdo con Dios. La rebelión había terminado para este hombre de fe. Desde que Adán cayó, toda persona nacida en este mundo ha estado en rebelión con Dios. Nosotros no desarrollamos la rebelión o caemos en ella; *nacimos* en rebelión. Nuestra misma naturaleza, desde antes del nacimiento, está en enemistad con Dios. Todos somos "por naturaleza hijos de ira" (Ef. 2:3). El propósito de la salvación es reconciliar a los hombres con Dios, restaurar la relación rota por el pecado. Por causa de la fe, Enoc se reconcilió con Dios, y como estaba reconciliado con Dios, pudo caminar con Él.

NATURALEZA CORRESPONDIENTE

La segunda verdad implícita en que Enoc caminara con Dios es que Dios y Enoc tenían naturalezas correspondientes. Hay animales que pueden convertirse en muy buenas compañías para los hombres. Pueden dar grandes muestras de sensibilidad y lealtad con sus amos, y se puede desarrollar una relación cercana con los años. Pero el hombre no puede tener comunión ni siquiera con el más inteligente y devoto de los animales. Nuestras naturalezas son muy diferentes. Los animales pueden ofrecer compañía, pero no comunión. Podemos *sacar* a caminar a un perro, pero no podemos "caminar" con el perro, en el sentido de tener comunión con él. Para el incrédulo es igualmente imposible tener comunión con Dios (2 Co. 6:14-16) y por la misma razón: su naturaleza es diferente de la divina. Incluso al incrédulo lo creó Dios a su imagen, pero esa imagen ha quedado destrozada por el pecado, su naturaleza se corrompió tanto que la comunión con su Creador no es posible: no hay esfera común en la cual Dios y él concuerden.

Cuando obtenemos la salvación, nos hacemos ciudadanos de un reino nuevo. Aún estamos en la Tierra, pero nuestra vida verdadera, nuestra ciudadanía real, está en el cielo (Fil. 3:20). Como dice Pedro, llegamos a ser "participantes de la naturaleza divina" (2 P. 1:4). En Cristo recibimos una naturaleza celestial, su propia naturaleza y por lo tanto podemos tener comunión con Dios. Dado que Enoc caminó con Dios, debió tener una naturaleza que correspondía con la de Dios.

IDONEIDAD MORAL Y TRATO JUDICIAL DEL PECADO

Caminar con Dios implica idoneidad moral y trato judicial del pecado. No podíamos tener una naturaleza nueva si Dios no nos hubiera quitado el pecado. El hecho de que una persona camine con Dios significa que Él le ha perdonado su pecado, entonces ha quedado justificado y Dios lo da por justo. Solo cuando

Dios ha quitado el pecado, podemos pasar a la presencia de Dios y comenzar a caminar con Él. Dios no caminará por ningún camino que no sea el camino de la santidad. "Si decimos que tenemos comunión con él, y andamos en tinieblas, mentimos, y no practicamos la verdad; pero si andamos en luz, como él está en luz, tenemos comunión unos con otros, y la sangre de Jesucristo su Hijo nos limpia de todo pecado" (1 Jn. 1:6-7). Las únicas personas con quienes Dios camina son las que están limpias del pecado. Enoc caminó con Dios, Él tuvo que haberle perdonado su pecado y haberle declarado justo.

UNA VOLUNTAD RENDIDA

Caminar con Dios implica rendir la voluntad. Dios no fuerza su compañía a nadie. Él solo se ofrece a sí mismo. Dios debe tener primero la voluntad de recibir a una persona, pero esa persona también debe tener la voluntad de llegar a Dios. La fe es imposible sin la voluntad para creer. Así como caminar con Dios presupone que hay fe, también presupone que hay voluntad, una voluntad rendida.

Una voluntad rendida es una rendición en el amor. La voluntad rendida no es sumisión abyecta o resignación al camino y voluntad del Señor. Es, podría llamarse, una voluntad dispuesta, una entrega voluntaria y gozosa. "Y este es el amor, que andemos según sus mandamientos" (2 Jn. 6).

¡Enoc caminó con Dios durante trescientos años! No sorprende que el Señor saliera a caminar con él un día y se lo llevara con Él al cielo. El Nuevo Testamento se refiere a este estilo de vida como caminar en el Espíritu. Debemos vivir continuamente en la atmósfera de la presencia, el poder, la dirección y la enseñanza del Espíritu. El fruto de andar así en el Espíritu es: "amor, gozo, paz, paciencia, benignidad, bondad, fe, mansedumbre, templanza" (Gá. 5:22-23).

Caminar en el Espíritu es permitir que le llene el pensamiento. Es decirle, cuando se despierta en la mañana: "Espíritu Santo, es tu día, no el mío. Úsame como te parezca". Y es decir a lo largo del día: "Espíritu Santo continúa librándome del pecado, dirige mis elecciones y decisiones, úsame para glorificar a Jesucristo". Es poner cada decisión, cada oportunidad, cada tentación, cada deseo, delante de Él y pedirle por su dirección y poder. Caminar en el Espíritu es dinámico y práctico. No es resignación pasiva, sino obediencia activa.

El Nuevo Testamento describe el camino con Dios de muchas maneras. 3 Juan 4 dice que es caminar de verdad; Romanos 8:4 lo llama caminar espiritualmente; Efesios 5:2 lo describe como caminar en amor, 5:8 como caminar en la luz y 5:15 como caminar en sabiduría.

Habría sido maravilloso tener a Enoc como ejemplo; o a Noé, Abraham o cualquier otro de los héroes de la fe en Hebreos 11. Pero tenemos un ejemplo incluso mayor: nuestro Señor Jesucristo, quien supremamente caminó con Dios.

No hizo nada, absolutamente nada, que no fuera la voluntad del Padre. El apóstol amado nos recuerda esto: "El que dice que permanece en él, debe andar como él anduvo" (1 Jn. 2:6). Si queremos saber cómo caminar, tan solo necesitamos mirar a Jesús. Desde la niñez se interesó continuamente en los negocios de su Padre y nada más que en ellos. Caminó constantemente con Dios.

FE CONTINUA

Finalmente, una persona no puede caminar con Dios a menos que haya llegado primero a Dios por la fe. De la misma manera, tampoco puede seguir caminando sin tener fe continua. Caminar con Dios es caminar en fe y caminar por fe. "Por fe andamos, no por vista" (2 Co. 5:7). "Por tanto, de la manera que habéis recibido al Señor Jesucristo, andad en él; arraigados y sobreedificados en él, y confirmados en la fe" (Col. 2:6-7).

Enoc creyó en Dios y siguió creyendo en Dios. No podía haber caminado con Dios por trescientos años sin confiar en Dios durante todo ese tiempo. Enoc nunca vio a Dios. Caminó con Él, pero no lo veía. Tan solo creyó que Él estaba ahí. Así agradó a Dios.

ENOC PREDICÓ PARA DIOS

De éstos también profetizó Enoc, séptimo desde Adán, diciendo: He aquí, vino el Señor con sus santas decenas de millares, para hacer juicio contra todos, y dejar convictos a todos los impíos de todas sus obras impías que han hecho impíamente, y de todas las cosas duras que los pecadores impíos han hablado contra él (Jud. 14-15).

Que Enoc hubiera predicado para Dios lo aprendemos solamente por el libro de Judas. A juzgar por este relato, su mensaje sobre la impiedad fue breve y quizás repetitivo, pero inspirado. No tenemos indicios de cuán eficaz fue su predicación, pero el propósito de Enoc era ser fiel, no eficaz. Hizo lo que Dios le exigió, y a Él le dejó los resultados. Una cosa es cierta: Por su predicación y vida fiel, quienquiera que haya oído a Enoc o vivido cerca de él no tenía excusa para no creer en Dios. Hayan creído o no por su predicación, la influencia de Enoc en aquellas personas debió haber sido poderosa.

El informe de Judas sobre la predicación de Enoc contradice cualquier noción de que Enoc haya vivido en un tiempo fácil para creer. Estuvo rodeado de falsos maestros y enseñanzas falsas. No sabemos si estaba en comunión con otros creyentes, pero sabemos que vivió en medio de una multitud de incrédulos. No había forma en que predicara tan fuerte como lo hizo sin oposición considerable. Batalló contra su propia generación de la misma forma que lo haría después Noé contra la suya. Les hizo saber que eran impíos y que Dios los juzgaría. Creo que Dios se complació con Enoc porque su fe era más que algo en su corazón. Se oía de sus labios y se veía en su vida. Su fe era activa y dinámica, vocal y temeraria.

ENOC ENTRÓ A LA PRESENCIA DE DIOS

Por la fe Enoc fue traspuesto para no ver muerte, y no fue hallado, porque lo traspuso Dios; y antes que fuese traspuesto, tuvo testimonio de haber agradado a Dios. (11:5)

Al final, después de trescientos años de creer, caminar y predicar, fue a estar con el Señor en una forma única y maravillosa. Dios **lo traspuso** sin que experimentara la muerte. Le agradó tanto a Dios que bajó a llevárselo con Él al cielo. En un momento estaba aquí, al siguiente momento "le llevó Dios" (Gn. 5:24). Por la fe, Dios traspuso a Enoc. Caminó por tanto tiempo cerca de Dios que, por así decirlo, caminó hasta el cielo.

No sabemos la razón de que Dios esperara trescientos años antes de llevarse a Enoc con Él. Tal vez fuera para darle tiempo suficiente para que predicara y diera testimonio a la generación incrédula y dura en la que vivió. Más aun, no sabemos por qué se llevó Dios a Enoc de esa manera tan inusual. Tal vez fue para evitarle más persecución y ridiculización, que con seguridad las experimentó. Tal vez es porque Dios quería estar aun más cerca de quien tanto le había agradado. "Mucho valor tiene a los ojos del Señor la muerte de sus fieles" (Sal. 116:15, NVI). Dios ama a sus santos y ama la comunión con sus santos. Enoc fue tan precioso para el Señor que Él pasó por alto la etapa de la muerte con este santo admirable.

Enoc es una descripción bella de los creyentes que se irán directamente al cielo cuando el Señor regrese a por su esposa, la Iglesia. Tal como Dios traspuso a Enoc sin que viera la muerte, lo hará con su pueblo que esté vivo en el rapto. "Luego los que estemos vivos, los que hayamos quedado, seremos arrebatados junto con ellos en las nubes para encontrarnos con el Señor en el aire. Y así estaremos con el Señor para siempre" (1 Ts. 4:17).

Noé: Obedecer en la fe 28

Por la fe Noé, cuando fue advertido por Dios acerca de cosas que aún no se veían, con temor preparó el arca en que su casa se salvase; y por esa fe condenó al mundo, y fue hecho heredero de la justicia que viene por la fe. (11:7)

"La fe sin obras está muerta" (Stg. 2:26). La fe verdadera siempre tiene acciones para respaldar su afirmación. Santiago, al comienzo del segundo capítulo de su carta, condena a quien dice tener fe pero no hace nada para ayudar a otro cristiano con necesidades. Para que la fe sea válida, debe resplandecer visiblemente en buenas obras. Si usted cree realmente en Dios, habrá evidencia de ello en su vida, en las cosas que dice y en las que hace.

Abel ilustra la adoración de fe, Enoc ilustra cómo caminar en la fe. Noé, tal vez más que cualquier otra persona en la historia, ilustra la obra de la fe: la obediencia.

Satanás ha intentado continuamente confundir y engañar a las personas, inclusive al pueblo de Dios, acerca de la fe y las obras. Si fuera posible, convencería a una persona de que puede salvarse mediante algunas buenas obras. Si esta estrategia funciona, la persona estará perdida para Dios. Si una persona confía en Dios y recibe la salvación, entonces Satanás intenta convencerla de dos extremos: que debe hacer buenas obras para *mantener* su salvación (legalismo) o que, ahora que tiene la salvación por la fe, puede olvidarse de las buenas obras (licencia). Sin embargo, desde Génesis hasta Apocalipsis, la Biblia es clara en cuanto a que una persona solamente se puede salvar por la fe y, una vez salva, las buenas obras seguirán como resultado.

Pablo, que proclamó con tanta fuerza la justificación por la sola fe, también proclamó una vida de buenas obras para quienes estaban justificados: "Que hagan bien, que sean ricos en buenas obras, dadivosos, generosos" (1 Ti. 6:18). De hecho, Dios creó a los creyentes para "buenas obras, las cuales Dios preparó de antemano para que anduviésemos en ellas" (Ef. 2:10). Todos los santos mencionados en Hebreos 11 dieron a conocer su fe auténtica por algo que hicieron. La fe no puede verse sino por las cosas que hace. Si es fe verdadera, hará muchas cosas buenas.

Noé era un hombre de fe y su vida mostraba continuamente su fe por su obediencia total a Dios. "Noé, varón justo, era perfecto en sus generaciones; con Dios caminó Noé" (Gn. 6:9). Adoró a Dios con fe, como Abel, y caminó con Dios con fe, como Enoc. Además, trabajó para Dios con fe.

Una vez oí una entrevista deportiva a un jugador profesional de fútbol americano, poco antes de la final del Súper Tazón. Le preguntaron cuáles pensaba que eran las posibilidades de ganar el juego que venía. Aquel respondió: "Creemos que si hacemos justo lo que dijo el entrenador, ganaremos". El equipo tenía fe absoluta en la sabiduría y el juicio del entrenador. Pero los jugadores también sabían que ganar dependía de que *hicieran* lo que se les había dicho.

La fe de Noé fue estupenda por su confianza absoluta en Dios y por su obediencia constante y sin cuestionamientos por ciento veinte años en una labor que, desde la perspectiva humana, parecía absurda e imposible.

En Hebreos 11:7 tres cosas dan prueba de la autenticidad de la fe de Noé. Primera, respondió a la palabra de Dios. Esta es siempre una característica de la fe verdadera. Segunda, reprendió al mundo. Era tal hombre de Dios que su vida misma era una reprensión para los malvados que lo rodeaban. Tercera, recibió la justicia de Dios. Estas son las señales clásicas de la fe verdadera.

NOÉ RESPONDIÓ A LA PALABRA DE DIOS

Por la fe Noé, cuando fue advertido por Dios acerca de cosas que aún no se veían, con temor preparó el arca en que su casa se salvase; (11:7*a*)

Cuando Dios le dijo a Noé que estaba listo para destruir el mundo a causa de su maldad y le mandó que construyera un **arca** (Gn. 6:13-14), Noé lo dejó todo y comenzó a trabajar. Probablemente, Noé vivió en Mesopotamia, entre los ríos Tigris y Éufrates, a una distancia larga de cualquier océano o lago considerable. Es difícil imaginar cómo le sonó el mensaje de Dios a Noé. Para la mayoría de nosotros habría sido algo tan raro, exigente, vergonzoso y absolutamente abrumador que habríamos hecho lo posible por escapar de ello. Habríamos pensado en miles de excusas para no hacerlo. Habríamos hecho lo que pudiéramos para quitarle a Dios esa idea de la cabeza o al menos convencerle de que se buscara a otro para hacerlo.

Pero Noé, con apenas una fracción de la luz divina que nosotros tenemos, no peleó, no argumentó nimiedades, no se excusó, no se quejó ni procrastinó. No cuestionó a Dios, tan solo le obedeció. Tardó más de cien años en cumplir esta única orden. La fe verdadera no cuestiona, y Noé no lo hizo. Entre los incontables santos fieles que aguantaron y persistieron en obediencia a Dios, Noé es el supremo, aunque sea solo por la magnitud y el lapso de tiempo de la labor que le encomendó el Señor.

Sin duda, Noé tenía muchas cosas personales por hacer. Entregar todo su tiempo y esfuerzo para construir un barco requería una clase especial de compromiso. Probablemente tenía poca idea de cómo funcionaba un barco para el océano. Con certeza, nunca había visto ni oído de un barco gigante como debía serlo el arca. No tenía ninguna experiencia en construcción naval, no tenía acceso fácil a los materiales de construcción ni ayuda más allá de la de sus hijos. Y ni siquiera ellos pudieron haberle ayudado durante muchos años después que comenzó la construcción, pues no nacieron sino hasta cuando Noé cumplió quinientos años (Gn. 5:32). Uno de los más grandes actos de fe prácticos en la toda historia fue cuando Noé cortó el primer árbol para la madera del arca.

Dios le advirtió a Noé **cosas que aún no se veían**. No había visto la lluvia porque probablemente no existía antes del diluvio. Nunca había visto un diluvio porque no podría ocurrir uno sin lluvia. Noé respondió por la fe al mensaje de Dios, "la certeza de lo que se espera, la convicción de lo que no se ve" (He. 11:1). Noé **preparó el arca** *por la fe*. No tenía nada para hacerlo más allá de la palabra de Dios, que para Él fue más que suficiente.

Noé construyó el arca **con temor**. La palabra griega (*eulabeia*) se puede traducir "cuidado, o preocupación, piadoso", donde *piadoso* ha de tomarse en el sentido de devoción espiritual auténtica. Trataba el mensaje de Dios con gran respeto y reverencia. "Noé, [fue] varón justo, era perfecto en sus generaciones; con Dios caminó Noé" (Gn. 6:9). Era un hombre de fe obediente, aun antes de que Dios lo llamara a construir el arca. Había sido fiel sobre cosas pequeñas y ahora el Señor le había dado una tarea grande.

El arca simbolizaba mucho del trato futuro de Dios con los hombres. Por ejemplo, la palabra hebrea para brea tiene la misma raíz (*kpr*) que la usada en la expiación. La brea evitaba que las aguas del juicio entraran al arca, tal como la sangre expiatoria de Cristo evita el juicio del pecador.

No sabemos con certeza la longitud de un codo en épocas de Noé, pero usando las menores y más conservadoras aproximaciones, sería casi medio metro. Sobre esta base, el arca tenía 133.5 metros de largo, poco más que 22 de ancho y 13 de alto. En otras palabras, medía de largo lo que mediría una cancha y media de fútbol americano, con más de 4 pisos de alto. Como tenía tres plataformas, el total de área de las plataformas era aproximadamente 892 metros cuadrados, y el total de volumen dentro de las plataformas era de aproximadamente 36.812 metros cúbicos. Los ingenieros navales han descubierto que las dimensiones y la forma del arca dan forma al diseño de barco más estable conocido. El arca no estaba diseñada para maniobrabilidad, sino para estabilidad, a fin de proteger mejor a quienes estaban en ella.

El arca es una imagen hermosa de la salvación ofrecida en Jesucristo. Era lo suficientemente grande para albergar todos los animales necesarios que aseguraran la sobrevivencia de cada especie. Tenía el espacio pleno para permitir el ingreso de toda persona que quisiera llegar a Dios para estar a salvo. Que

solamente entraran ocho personas al arca quiere decir que solo ocho querían
la salvación en los términos de Dios. Dios no desea "que ninguno perezca,
sino que todos procedan al arrepentimiento" (2 P. 3:9). La naturaleza de Dios
no cambia. Su voluntad en tiempos de Pedro era la misma que en tiempos de
Noé. Solamente quienes rechazaron el camino de la salvación perecieron en el
diluvio. Si más personas hubieran llegado a Él para estar a salvo, podemos estar
seguros de que el arca los habría acomodado. De igual forma, la sangre de Jesús
es más que suficiente para expiar los pecados que todos hemos cometido desde
la caída. Que no se salven más personas significa tan solo que quienes están salvos son los únicos que *quieren* ser salvos. Jesús declaró que no echa fuera a quien
llega a Él (Jn. 6:37).

Cuando Dios llamó a Noé para aquella tarea gigante, le mencionó el pacto
que haría con él (Gn. 6:18). Como explicó más adelante el Señor, el pacto también era con "todo ser viviente, con toda carne que hay sobre la tierra" (9:16)
que sobrevivió al diluvio, toda la humanidad inclusive, por supuesto. Pero el
pacto fue, primero de todo, con Noé, el hombre que "contaba con el favor
del Señor" (6:8, NVI).

Aunque Noé fue "perfecto en sus generaciones" y "con Dios caminó", seguía
siendo pecador. Era un hijo caído de Adán, como se ve claramente en su embria-
guez e inmodestia cuando las cosas comenzaron a salir bien después del diluvio
(9:20-21). Recibió la salvación por la "gracia" de Dios, que obró a través de su
fe. La justicia de Noé, como la de cualquier otro creyente antes y después de Él,
estaba en el Señor. Noé fue *contado* por justo, la pura gracia de Dios lo justificó,
aplicada por la fe. Ni siquiera la fe de Noé, tan sorprendente como era si se le
compara con la nuestra, lo salvó. Dios no estaría obligado a salvar a ninguna
persona ni siquiera por la fe si en su amor y misericordia no hubiera declarado
que esa es la condición para salvarlos. Dios tiene el derecho de salvar a quienes
quiera, y desea salvar a quienes crean en su Hijo. Él toma nuestra fe y, por su
gracia, la *cuenta* por justicia (Ro. 4:5).

La autenticidad de la fe de Noé queda demostrada por su obediencia a la
palabra de Dios. En la perspectiva divina, la confianza y la obediencia son
inseparables. Como nos gusta cantar, no hay otra opción más que "confiar y
obedecer". Tal como Noé confió y obedeció, Dios quiere que todos quienes le
pertenecen hagan lo mismo. Quiere que confiemos en Él en el juicio por la
prueba que vamos a pasar, la tentación que vamos a enfrentar, la decisión que
vamos a tomar. Quiere que le adoremos de la manera correcta, como Abel, y
que caminemos con Él, como Enoc. También quiere que le obedezcamos, como
Noé. El Señor tiene arcas para que todo creyente construya. Para nosotros, es
tan importante construir el arca que nos da como lo fue para Noé construir
la que Dios le asignó. Tal vez la nuestra no sea tan grande y sorprendente ni
nos tome tanto tiempo, como la de Noé, pero es la única que *nosotros* podemos

construir para agradar a Dios. Y, como la de Noé, cuando edificamos en la fe, de acuerdo al plan de Dios y por su poder, logrará lo que Él quiere. También, como la de Noé, nuestra obra para el Señor puede verse absurda o carente de propósito a los ojos del mundo. Pero si es su obra, le agradará a Él, el único a quien el creyente debe preocuparle agradar.

Mi padre solía contar la historia de un hombre que caminaba arriba y abajo por los andenes con una publicidad que decía en la parte delantera: "Soy tonto para Cristo". En la espalda decía: "¿Para quién es tonto usted?". En un sentido, toda persona es tonta para algo a los ojos de alguien. Muchos activistas políticos y sectarios están perfectamente dispuestos a verse tontos por su causa. ¿Cuánto más debe estar dispuesto un cristiano a verse tonto por la causa de Cristo?

Pedro y sus socios habían pescado toda la noche sin atrapar nada. Cuando estaban lavando sus redes en la playa, Jesús se subió a una de las barcas, predicó un rato a la multitud que se había reunido allí y luego le dijo a Pedro que fuera hasta la parte profunda y arrojara de nuevo las redes. Pedro le hizo saber al Señor que pensaba cuán inútil sería el esfuerzo, pero de cualquier forma obedeció. Atraparon tantos peces que tuvieron que pedir ayuda, y las dos barcas casi se hunden por la carga. La fe de Pedro era pequeña, pero obedeció y recibió una recompensa desproporcionada por su fe. Como Noé, obedeció con fidelidad a Dios y Dios honró su fe y su obediencia.

Noé creyó en la palabra de Dios sobre el juicio venidero, sobre el tamaño correcto y la forma de construir el arca, y sobre la promesa de salvarlo a él y su familia. No se puso a seleccionar qué creer y qué obedecer. Creyó y obedeció en todo lo que Dios le dijo.

NOÉ REPRENDIÓ AL MUNDO

y por esa fe condenó al mundo, (11:7*b*)

La obediencia de Noé incluyó la proclamación al resto del mundo del mensaje divino sobre el juicio venidero. En 2 Pedro 2:5 se le llama "pregonero de justicia". Dios llamó a Noé a predicar mientras construía el arca. Probablemente, la predicación fue más difícil que la construcción. Los trabajos difíciles siempre son más fáciles de manejar que las personas difíciles.

Los tiempos en los que creció Noé estuvieron entre los más malos y corruptos de la historia. "[Vio] el Señor que la maldad del ser humano en la tierra era muy grande, y que todos sus pensamientos tendían siempre hacia el mal" (Gn. 6:5, NVI). Si algún hombre tuvo razones para lamentarse por el tiempo en que vivió era Noé. Pero no se quejó del tiempo en que nació, su suerte en la vida o su llamado. Obedeció tal como él era y desde donde estaba.

El trabajo de Noé era advertir a las personas de su época que Dios les juzgaría pronto por su maldad e incredulidad. Habían tenido la misma oportunidad de conocer a Dios y su voluntad que Noé. La diferencia entre Noé y quienes le rodeaban no era en la cantidad de luz sino en la respuesta a ella.

La humanidad en su mayoría ha quedado poseída por el demonio. Creo que "los hijos de Dios" que vinieron y cohabitaron con "las hijas de los hombres" (Gn. 6:2) eran ángeles caídos, demonios (cp. 1 P. 3:19-20). Por esa cohabitación, la raza caída cayó incluso más. El mal de la naturaleza propia humana se mezcló y fue demasiado para que el Señor lo soportara. Debía venir el juicio. Donald Barnhouse dijo: "El infierno es tanto una historia de amor como lo es Dios en el cielo". La justicia y el pecado no pueden coexistir. Dios no puede establecer la justicia hasta que no se destruya el pecado.

Como siempre, el juicio del Señor se vio apaciguado por su misericordia. Él nunca está feliz con el juicio, sin importar cuán merecido sea. A Dios "le dolió en su corazón" (Gn. 6:6) la maldad del hombre y el hecho de tener que juzgarlos con tanta severidad. Dio 120 años para que recibieran las advertencias y se arrepintieran aplazando con ello el juicio (6:3). En realidad, cuando Noé nació hubo una clase de advertencia, 500 años antes de que él comenzara el arca. Cuando su padre, Lamec, le estaba poniendo nombre, dijo: "'Este niño nos dará descanso en nuestra tarea y penosos trabajos, en esta tierra que maldijo el Señor'" (5:29, NVI). Después, mientras Dios tenía a Noé construyéndole el arca —una imagen dramática del diluvio venidero— también puso a Noé por testigo ante los demás, para advertirles. "Esperaba la paciencia de Dios en los días de Noé, mientras se preparaba el arca" (1 P. 3:20). En otras palabras, al mismo tiempo que preparaba el juicio, también preparaba la vía de escape.

La gente recibió una advertencia amplia de juicio y conocimiento amplio de la verdad. Por un lado, tuvieron a la naturaleza de testigo. "Porque las cosas invisibles de él, su eterno poder y deidad, se hacen claramente visibles desde la creación del mundo, siendo entendidas por medio de las cosas hechas, de modo que no tienen excusa" (Ro. 1:20). También tenían el testimonio de Abel sobre la adoración apropiada a Dios y el testimonio de Enoc sobre la comunión apropiada con Dios. Además de toda esta luz, el castigo de Dios sobre Caín debería haber sido un recordatorio constante de lo que pensaba Él del pecado. El Espíritu mismo de Dios contendía con el del hombre (Gn. 6:3), buscando hacerlo volver a su Creador. Entonces tuvieron 120 años de predicación justa con Noé. ¿Qué más podía haber hecho Dios?

No tenían excusa por su pecado antes de que Noé comenzara a construir el arca, menos aun la tenían después que la terminó. Ciento veinte años, incluso cuando los hombres a veces vivían casi mil, era un tiempo más que prolongado para que quien *quisiera* arrepentirse lo hiciera.

C. H. Spurgeon dijo: "Quien no cree que Dios castigará el pecado, no cree que lo perdonará por medio de su sangre expiatoria". Muchos oyen felices las promesas de la gracia de Dios, pero no quieren oír nada sobre su juicio. Spurgeon siguió diciendo: "Encarezco a quienes profesan al Señor que no sean incrédulos con respecto a las amenazas terribles de Dios con los impíos. Crean la amenaza aunque se les hiele la sangre. Crean aunque la naturaleza se encoja por la condenación abrumadora. Porque si no creen, la incredulidad con Dios en un aspecto los llevara a no creer en otros aspectos de la verdad revelada".

Tal como las personas pueden haber inventado excusas para no arrepentirse o para aplazar la decisión, Noé debió sentirse también tentado a inventar excusas sobre sus capacidades para predicar y construir el arca. Con seguridad, Satanás le sugirió más de una vez que tenía todo el tiempo para construir el arca "después". Ciento veinte años dan una oportunidad muy amplia para procrastinar. Pero Noé no aplazó la tarea ni inventó excusas; simplemente predicó y construyó, tal como era su llamado. En medio del ridículo, la maldad, el exceso de años con poca evidencia de éxito y la abundancia de preguntas sin respuesta, Noé obedeció, obedeció y continuó obedeciendo.

La advertencia divina sobre el juicio no es solo un acto de misericordia, sino que incluso el juicio tiene un aspecto misericordioso. Por causa del remanente de creyentes sobre la Tierra en los días de Noé, el Señor tuvo que cortar el cáncer espiritual malicioso y destructivo que de otra forma habría abrumado al mundo.

La vida y el testimonio de Noé resplandecieron en iluminadora condenación contra el mundo malvado, cruel y oscuro. El negro nunca se ve tan negro como cuando se contrasta con el blanco. El hombre de fe reprende al mundo nada más con su vida, incluso si nunca pronuncia una palabra de reproche. Un joven ateniense le dijo a Sócrates: "Te odio, porque cada vez que me encuentro contigo me muestras lo que soy".

Tal vez la lección más triste de los días de Noé es que los hombres no han cambiado su actitud hacia Dios desde entonces, y no la cambiarán hasta que el Señor regrese. "Mas como en los días de Noé, así será la venida del Hijo del Hombre. Porque como en los días antes del diluvio estaban comiendo y bebiendo, casándose y dando en casamiento, hasta el día en que Noé entró en el arca, y no entendieron hasta que vino el diluvio y se los llevó a todos, así será también la venida del Hijo del Hombre" (Mt. 24:37-39).

Los paralelismos entre los días de Noé con los nuestros son aleccionadores. En los días de Noé rechazaron el mensaje de Dios, como hoy día. En su época, había maldad, inmoralidad, violencia, lascivia, vulgaridad, grosería, mentira, homicidio y blasfemia rampantes; como hoy día. En su época hubo un remanente que halló la gracia, tal como hay hoy un remanente creyente. En tiempos de Noé, o un poco antes, Dios traspuso a Enoc, describiendo así el rapto de los creyentes cuando regrese el Señor, algo que podría suceder en nuestro tiempo.

Podemos estar tan seguros como ellos de la inminencia del juicio, porque Dios lo ha prometido tan claramente como lo merece la humanidad. Alguien dijo: "Si Dios no destruye nuestro mundo, tendrá que disculparse con Sodoma y Gomorra". Sin embargo, el próximo juicio será diferente en dos formas. Primera, no habrá diluvio (Gn. 9:15), sino fuego (2 P. 3:10). Segunda, será el último. Y, una vez más, el único refugio seguro es el arca de Dios, Jesucristo.

NOÉ RECIBIÓ LA JUSTICIA DE DIOS

y fue hecho heredero de la justicia que viene por la fe. (11:7c)

La fe de Noé quedó demostrada porque recibió la justicia de Dios, que solo se otorga a quienes confían en Él. "Noé, varón justo, era perfecto en sus generaciones; con Dios caminó Noé" (Gn. 6:9). Fue la primera persona en las Escrituras a quien se le llamó justa.

Todos los que creen en Dios son justos, no siempre en la práctica, pero siempre en la posición. La justicia de Cristo se imparte a nosotros por la fe (Ro. 3:22). El Padre nos ve como ve al Hijo, santo y justo, porque por la fe estamos *en* el Hijo. Si usamos lentes de colores, todo lo que veamos parecerá de ese color. Dios mira a los creyentes por medio del lente de su Hijo, y nos ve como ve al Hijo. Miles de años antes de la encarnación, Dios miró a Noé y vio al Hijo, porque Noé creyó.

Abraham: La vida de la fe   29

Por la fe Abraham, siendo llamado, obedeció para salir al lugar que había de recibir como herencia; y salió sin saber a dónde iba. Por la fe habitó como extranjero en la tierra prometida como en tierra ajena, morando en tiendas con Isaac y Jacob, coherederos de la misma promesa; porque esperaba la ciudad que tiene fundamentos, cuyo arquitecto y constructor es Dios. Por la fe también la misma Sara, siendo estéril, recibió fuerza para concebir; y dio a luz aun fuera del tiempo de la edad, porque creyó que era fiel quien lo había prometido. Por lo cual también, de uno, y ése ya casi muerto, salieron como las estrellas del cielo en multitud, y como la arena innumerable que está a la orilla del mar. Conforme a la fe murieron todos éstos sin haber recibido lo prometido, sino mirándolo de lejos, y creyéndolo, y saludándolo, y confesando que eran extranjeros y peregrinos sobre la tierra. Porque los que esto dicen, claramente dan a entender que buscan una patria; pues si hubiesen estado pensando en aquella de donde salieron, ciertamente tenían tiempo de volver. Pero anhelaban una mejor, esto es, celestial; por lo cual Dios no se avergüenza de llamarse Dios de ellos; porque les ha preparado una ciudad. Por la fe Abraham, cuando fue probado, ofreció a Isaac; y el que había recibido las promesas ofrecía su unigénito, habiéndosele dicho: En Isaac te será llamada descendencia; pensando que Dios es poderoso para levantar aun de entre los muertos, de donde, en sentido figurado, también le volvió a recibir. (11:8-19)

Solo hay dos formas de vivir. Una, la más común por amplio margen, es vivir por vista, basar todo en lo que se puede ver. Es la forma empírica. La otra, mucho menos común, es vivir por fe, basando la vida en lo que no puede verse, en primeros y últimos términos. Por supuesto, la forma cristiana es la de la fe. Nunca hemos visto a Dios o a Jesucristo, ni el cielo, el infierno o al Espíritu Santo. Nunca hemos visto a ninguna de las personas que escribió la Biblia ni a un manuscrito original de la Biblia. Aunque vemos los resultados de las virtudes que Dios ordena o la gracia que otorga en sus múltiples facetas, nunca las hemos visto. Aun así, vivimos con la convicción de todas estas cosas por la fe. Apoyamos nuestra vida terrenal y nuestro destino eterno en cosas que nunca hemos visto. El pueblo del Señor ha vivido siempre de esa manera.

La vida de fe tiene algunos ingredientes específicos reflejados en la vida de Abraham y señalados por este texto. Abraham es un compuesto del patrón divino de fe. Revela la totalidad de la vida de fe verdadera con todos los ingredientes que la constituyen. Abraham fue el padre del pueblo judío, por tanto, se presenta a los judíos destinatarios de la carta a los hebreos como el ejemplo de fe más estratégico. Necesitaban darse cuenta de que Abraham era más que el padre de su raza; por su ejemplo también era el padre de quienes tienen fe, el padre de todo el que viva por la fe en Dios.

Los rabinos habían enseñado desde mucho antes, que Abraham complació a Dios por sus obras. Creían que Dios buscó por toda la Tierra hasta que finalmente encontró a un hombre justo, sobresaliente —Abraham—, y que por su bondad lo seleccionó Dios para ser el padre de su pueblo escogido. Tal enseñanza falsa necesitaba corregirse. Era necesario mostrar a partir del Antiguo Testamento que Abraham no era justo en sí mismo, sino que Dios lo contó por justo como resultado de su fe.

Cuando Esteban estaba predicando a los líderes judíos de Jerusalén, comenzó mostrándoles cómo Abraham había confiado en Dios con obediencia, dejando su tierra y creyendo las promesas de bendición divinas (Hch. 7:2-5). Pablo, en su poderoso argumento de Romanos sobre la justificación por la fe, usa a Abraham como la ilustración central (Ro. 4). Abraham es el ejemplo clásico de la vida de fe.

Para que un judío aceptara que la salvación es por fe, debía demostrársele que esta verdad fue válida para Abraham. Los judíos hacían lo correcto al considerar a Abraham como un gran ejemplo. El problema era que lo consideraban de la manera incorrecta. Sabían que agradó a Dios, pero debía demostrárseles que agradó a Dios porque confió en Él, no por sus buenas obras.

El Nuevo Testamento deja claro que Abraham fue un hombre de fe. Desde su época, quien confíe en Dios, sea judío o gentil, es un hijo espiritual de Abraham. "Sabed, por tanto, que los que son de fe, éstos son hijos de Abraham" (Gá. 3:7; cp. v. 29). Quienes confiaron en Dios antes del diluvio —como Abel, Enoc y Noé— eran solamente ejemplos parciales de la fe. Abraham fue el primer hombre de fe establecido; es el patrón, el prototipo, de la fe para los hombres de todas las épocas.

En este pasaje hay cinco características de la fe que nos muestran este patrón completo: el peregrinaje de la fe, la paciencia de la fe, el poder de la fe, el efecto positivo de la fe y la prueba de la fe.

EL PEREGRINAJE DE LA FE

Por la fe Abraham, siendo llamado, obedeció para salir al lugar que había de recibir como herencia; y salió sin saber a dónde iba. (11:8)

El plan de Abraham no era irse de Ur y de Harán para ubicarse a la larga en la tierra de Canaán. De hecho, cuando salió de Ur no tenía ni idea del lugar al cual iba. Dios lo llamó, y solamente Él sabía lo que le tenía preparado.

La expresión **siendo llamado** es participio presente. En otras palabras, cuando Abraham entendió lo que le dijo Dios, comenzó a preparar su equipaje. Fue obediencia instantánea. Puede haberle tomado varios días, tal vez semanas o meses, hacer los preparativos finales para el viaje, pero en su mente ya estaba en camino. Desde entonces, todo lo que hizo giró alrededor de obedecer el llamado de Dios.

Abraham fue un pagano pecador que creció en una sociedad incrédula e idólatra. No sabemos con exactitud cómo o cuándo Dios se dio a conocer a Abraham por primera vez, pero creció en un hogar pagano (Jos. 24:2). Ur, su ciudad natal, estaba en Caldea, en la región general llamada Mesopotamia, entre los ríos Tigris y Éufrates. Era una tierra fértil y culturalmente avanzada. Quedaba cerca del lugar donde estaba el huerto del Edén (cp. Gn. 2:14) y aproximadamente a doscientos veinticinco kilómetros de donde un día se construiría la gran ciudad de Babilonia.

Isaías se refiere a Abraham como "la piedra de donde [Israel fue cortado]" y "[el] hueco de la cantera de donde [fue arrancado]" (Is. 51:1-2), recordándoles a sus compatriotas judíos que Dios soberanamente se dignó a llamar a Abraham desde el paganismo y la idolatría para bendecirlo a él y al mundo a través de él. Tal vez haya tenido normas morales más altas que sus amigos y vecinos, pero no fue esta la razón por la cual Dios lo escogió. Dios lo escogió porque quiso escogerlo. Y cuando Dios le habló, él oyó; cuando Dios prometió, él confió; cuando Dios ordenó, él obedeció.

Cuando una persona llega a Jesucristo, Dios le exige un peregrinaje de su antiguo estilo de vida a uno nuevo, tal como la fe de Abraham lo separó del paganismo y la incredulidad para llevarlo a una tierra y una vida nueva. "De modo que si alguno está en Cristo, nueva criatura es; las cosas viejas pasaron; he aquí todas son hechas nuevas" (2 Co. 5:17). La salvación trae separación del mundo. El Señor obra en el corazón la voluntad total para dejar atrás todo lo que no le place. No nos puede guiar a nuevas formas de vivir hasta que nos saque de las viejas. Debemos responderle: "No sé lo que vas a hacer conmigo, Señor, pero voy a dejar todas las cosas. No sé con qué las sustituirás, pero las voy a dejar ir".

Tal es la actitud del peregrino fiel. La vida de fe comienza con la voluntad de dejar nuestro Ur, nuestro lugar propio de pecado e incredulidad; dejar el sistema del mundo. "No os conforméis a este siglo, sino transformaos por medio de la renovación de vuestro entendimiento, para que comprobéis cuál sea la buena voluntad de Dios, agradable y perfecta" (Ro. 12:2; cp. 2 Co. 6:14; Gá. 1:4).

Dejar la vieja vida es uno de los obstáculos más grandes para llegar a Cristo, y también es uno de los más grandes obstáculos para vivir fielmente una vez estamos en Cristo. Desde la perspectiva de la vieja vida y la vieja naturaleza, la nueva vida en Cristo puede parecer sosa y poco emocionante. Cuando pensamos así, no entendemos que, una vez nos hicimos cristianos, recibimos un nuevo conjunto de valores, intereses y deseos que no podemos experimentar con anterioridad. No podemos "ver" las bendiciones y la satisfacción de la vida en Cristo antes de confiar en Él como Señor y Salvador. Creemos y después experimentamos. Primero debemos estar dispuestos a "[salir], pues, a él, fuera del campamento, llevando su vituperio, porque no tenemos aquí ciudad permanente, sino que buscamos la por venir" (He. 13:13-14). A menudo, el vituperio es todo lo que vemos en principio. Anhelamos por fe la ciudad por venir.

A la fuerza que nos hace querer aferrarnos a la vieja vida se le llama a veces *mundanalidad*. La mundanalidad puede ser una acción, pero es principalmente una actitud. Es querer hacer las cosas que son pecaminosas, egoístas o sin valor, ya sea que las hagamos o no. Es querer la alabanza de los hombres, independiente de si la recibimos o no. Es aferrarse externamente a altas normas de conducta, pero desear internamente vivir como el resto del mundo. La peor clase de mundanalidad es la religiosa, porque tiene apariencia de piedad. Se aferra externamente a las normas divinas (añadiendo por lo general algunas propias), pero la motivan los deseos mundanos y egoístas. Es pretenciosa e hipócrita. Este era el gran pecado de los fariseos, como solía indicarlo Jesús.

La mundanalidad no es tanto lo que hacemos, sino lo que queremos hacer. No está tan determinada por nuestras acciones como por lo que hay en nuestro corazón. Hay quienes no cometen ciertos pecados solamente porque les asustan las consecuencias, otros por el qué dirán de los demás, otros por un sentido de superioridad moral al resistirse; pero en todas las instancias hay un deseo fuerte de cometer estos pecados. El deseo de pecar es la raíz de la mundanalidad, y el creyente debe separarse de ella. "No améis al mundo, ni las cosas que están en el mundo. Si alguno ama al mundo, el amor del Padre no está en él" (1 Jn. 2:15; cp. Stg. 4:4). El significado raíz de santidad es separación, estar apartado para Dios.

Una de las señales más claras de la muerte de la mundanalidad es el cambio en los deseos, en los amores. A medida que crecemos en Cristo y nos enamoramos más de Él, nuestro amor por las cosas del mundo disminuye. Tales cosas sencillamente pierden su atractivo. No *querremos* hacerlas como solíamos antes. El peregrinaje de la fe comienza separándonos del mundo, y cuando nos concentramos en Jesús y en nuestra comunión con Él, pronto dejamos de interesarnos por las cosas que antes amábamos tanto. Cuando tenemos un desliz y las hacemos, odiamos lo que hicimos en la debilidad de nuestra carne (cp. Ro. 7:14-25).

Paradójico como pueda resultar en principio, la señal más clara de madurez espiritual es ser capaces de hacer lo que queremos hacer. "Por la fe Moisés, hecho ya grande, rehusó llamarse hijo de la hija de Faraón, escogiendo antes ser maltratado con el pueblo de Dios, que gozar de los deleites temporales del pecado, teniendo por mayores riquezas el vituperio de Cristo que los tesoros de los egipcios; porque tenía puesta la mirada en el galardón" (He. 11:24-26). Moisés no se olvidó de Egipto porque debiera hacerlo o porque se sintiera obligado, sino porque quiso. Egipto había perdido su atractivo. No podía compararse con lo que Cristo le ofrecía. En este aspecto el cristiano maduro espiritualmente es como una persona mundana: hace lo que quiere. La gran diferencia es que el cristiano maduro quiere lo que Dios quiere.

LA PACIENCIA DE LA FE

Por la fe habitó como extranjero en la tierra prometida como en tierra ajena, morando en tiendas con Isaac y Jacob, coherederos de la misma promesa; porque esperaba la ciudad que tiene fundamentos, cuyo arquitecto y constructor es Dios. (11:9-10)

La segunda norma de fe aquí mencionada parece algo extraña en principio. Abraham, como peregrino, estuvo dispuesto a dejar su tierra, sus amigos, sus negocios, su religión… todo. No perdió tiempo dejando todas estas cosas atrás. Pero la fe también tiene un tiempo para esperar y ser paciente.

Morar **en tiendas** era típico de los viajeros y los nómadas. Ni siquiera en tiempos de Abraham se consideraba las tiendas como residencias permanentes. Y no solo Abraham, sino su hijo y su nieto, **Isaac y Jacob**, vivieron en tiendas. Estaban en la tierra que Dios les había prometido, pero no se habían asentado en ella. De hecho, aquellos grandes patriarcas *nunca* poseyeron la tierra, excepto por la fe. La tierra estaba a la vista pero no a mano. Por cercana que estuviera, la tierra seguía siendo una promesa. Abraham no construyó ninguna casa ni ciudad. **Habitó como extranjero en la tierra prometida como en tierra ajena**.

Como transeúnte en la tierra, tenía que ser paciente. La paciencia debió haber sido aún más difícil al considerar que la tierra le estaba prometida. También pudo haber necesitado paciencia en Harán. Pero nunca esperó poseer Harán; nunca se la prometieron. Sin embargo, todo el resto de su vida, Abraham caminó de lado a lado la tierra que Dios le había prometido, aunque nunca poseyó más que una pequeña parcela donde enterró a Sara (Gn. 23:9-20). Dios le prometió la tierra, pero nunca la poseyó. La fe de Abraham exigía una gran cantidad de paciencia para vivir sin refunfuñar como extranjero en su propia tierra.

Abraham esperó con paciencia las cosas realmente valiosas. Nunca vio cumplida la promesa de Dios; tan solo esperó, esperó y esperó. Suele ocurrir que los tiempos más duros para nosotros como creyentes son los momentos intermedios, los tiempos de espera. Estamos tentados a decirle a Dios: "¡Promesas, promesas!". Abraham pasó una gran cantidad de tiempo esperando. Esperó largos años al hijo de la promesa, hasta que llegó finalmente. Esperó toda su vida por la tierra de la promesa, que nunca recibió. No obstante, esperó, vio y obró en la creencia paciente de que Dios era fiel.

Si supiéramos que Cristo viene en un mes, concentraríamos nuestra atención en dejar el pecado, orar, dar testimonio, servir y ocuparnos de todos los demás asuntos del Padre celestial. Entregarse todo un mes al Señor no sería tan difícil si supiéramos que se acabaría tan pronto. Pero estar dedicados a los asuntos divinos mes tras mes, año tras año, con sus promesas en apariencia tan lejos de cumplirse como cuando por primera vez fuimos salvos, requiere paciencia.

William Carey pasó treinta y cinco años en India y solamente vio unos cuantos conversos. Sin embargo, todo misionero cristiano en India desde aquel entonces tiene una deuda con Carey. Él plantó para que ellos pudieran cosechar. Él tradujo la Palabra de Dios a los dialectos indios, de modo que prácticamente todo esfuerzo misionero en India ha tenido su base en algún grado en su obra pionera. La mayoría de los frutos de su labor solo los pudo ver por la fe. Tuvo la paciencia de la fe y no se cansó de "hacer el bien". "Por tanto, hermanos, tened paciencia hasta la venida del Señor. Mirad cómo el labrador espera el precioso fruto de la tierra, aguardando con paciencia hasta que reciba la lluvia temprana y la tardía. Tened también vosotros paciencia" (Stg. 5:7-8).

Es desalentador orar, confiar y obrar, y no ver los resultados. Una madre puede orar quince, veinte o treinta años por la salvación de su hijo y nunca verlo llegar a Cristo. Un ministro puede servir en una iglesia con fidelidad por diez años y ver poca evidencia de crecimiento espiritual. Noé trabajó más de cien años en el arca, predicando al mismo tiempo. El progreso con el arca era muy lento y el éxito en el testimonio, nulo. Pero continuó con la construcción y la predicación hasta que las dos estuvieron terminadas. La fe verdadera es sorda a la duda, muda ante el desaliento y ciega ante la imposibilidad. No importa lo que ella experimente, solo ve el éxito prometido.

El secreto de la paciencia de Abraham fue su esperanza en el cumplimiento final de la promesa divina. La tierra prometida final para él era el cielo, como para nosotros. Aun si hubiera poseído la tierra de Canaán mientras estaba vivo, no era esta su herencia final. Fue paciente porque sus ojos estaban en **la ciudad que tiene fundamentos, cuyo arquitecto y constructor es Dios**. Aunque la tierra en este mundo fuera importante para él y para la promesa de Dios, miró la Tierra celestial, de la cual sabía que era una herencia sin falta.

Hay un sentido en el cual es posible "tener tanta mentalidad celestial que no seamos de bien terrenal". Pero en un sentido mucho más profundo es imposible ser de bien terrenal si no *somos* de mentalidad celestial. Solo quienes tienen mentalidad celestial tendrán la paciencia para continuar siendo fieles en la obra de Dios cuando se haga difícil, despreciada y, aparentemente, no culmine. No hay mayor cura para el desaliento, la fatiga, la lástima personal, que pensar en estar un día en la presencia del Señor y pasar la eternidad con Él. No debemos excusarnos por ser de mentalidad celestial.

Cuando nos concentramos en las cosas de abajo es cuando vivimos y morimos con cada cosita que sale mal, que parece demorarse, que no tiene éxito o que los demás no aprecian. Por esa razón Pablo nos pide que pongamos nuestra mira "en las cosas de arriba, no en las de la tierra" (Col. 3:2). Cuando nuestros pensamientos estén en el cielo, seremos pacientes con lo que ocurra aquí abajo. Si miramos continuamente a las cosas del mundo —sus pruebas, problemas y dificultades, por un lado; o su dinero, fama y placeres, por el otro— no podremos evitar que los deseos impacientes de la carne nos absorban. Pero si mantenemos nuestro enfoque en el cielo, en Dios, en Jesucristo, no nos preocupará lo que suceda aquí. Pablo le dijo a Timoteo: "Tú, pues, sufre penalidades como buen soldado de Jesucristo. Ninguno que milita se enreda en los negocios de la vida, a fin de agradar a aquel que lo tomó por soldado" (2 Ti. 2:3-4).

La ciudad divina recibe muchos nombres en las Escrituras, pero quizás su nombre más alentador lo da Ezequiel: "AQUÍ HABITA EL SEÑOR" (Ez. 48:35, NVI). De todas las cosas allí que son hermosas y atractivas, con mucho, la más hermosa y atractiva es que el Señor está allí.

Los cuarenta años que pasó Moisés en el desierto llevando a Israel a la tierra prometida fueron los más exigentes de su vida. Pero los anteriores cuarenta años pudieron haber sido los más difíciles en cuanto a la paciencia se refiere. Había recibido su formación en la corte del faraón, había recibido tratamiento de hijo del faraón y luego se vio obligado a huir por su vida hacia el desierto, donde en estos cuarenta años intermedios cuidó las ovejas de su suegro. Debió sentirse tentado con frecuencia a creer que su talento, capacidades y formación habían quedado desperdiciados. Pero "se sostuvo como viendo al Invisible" (He. 11:27). Como con Abraham, los ojos de Moisés estaban en Dios, no en sus circunstancias.

EL PODER DE LA FE

Por la fe también la misma Sara, siendo estéril, recibió fuerza para concebir; y dio a luz aun fuera del tiempo de la edad, porque creyó que era fiel quien lo había prometido. Por lo cual también, de uno, y ése ya casi muerto, salieron como las estrellas del cielo en multitud, y como la arena innumerable que está a la orilla del mar. (11:11-12)

La fe es poderosa. La fe ve lo invisible, oye lo inaudible, toca lo intangible y alcanza lo imposible. Lamentablemente, la fe de algunos es solo hablada y nunca se convierte en acciones reales. La fe verdadera es activa, poderosamente activa.

La fe estuvo activa en el milagro del nacimiento de Isaac. Desde el punto de vista humano, era imposible que Abraham y Sara tuvieran un hijo. Además de que Sara había sido estéril toda la vida (Gn. 16:1), al momento del embarazo tenía noventa años y estaba muy **fuera del tiempo de la edad** para tener hijos. Con todo, a esa edad concibió y dio a luz al hijo prometido (Gn. 21:2).

El relato de Génesis no da mucha indicación de que Sara mostrara alguna vez fe en Dios. Tanto Abraham como Sara, en ocasiones diferentes, se rieron ante la promesa divina de tener un hijo a su edad (Gn. 17:17; 18:12), pero Sara incluso había tomado el asunto en sus manos y había persuadido a Abraham de que tuviera un hijo con Agar, su sierva (16:1-4). No confiaba en la promesa divina y se inclinó por hacer las cosas a su manera; un camino que, como pronto descubrió, no era el de la obediencia y la felicidad. Su idea y el consentimiento de Abraham produjeron un hijo, Ismael, cuyos descendientes han sido una molestia desde ese día para los descendientes del hijo de la promesa. Ismael se convirtió en el progenitor de los árabes, y cada judío se ha enfrentado al antagonismo del mundo árabe desde que nace, por la desobediencia de Abraham y Sara. La impaciencia de Sara fue costosa.

Aunque la fe de Sara fue débil en ocasiones, creció hasta confiar en la promesa de Dios, de modo que **recibió fuerza para concebir** (*katabolēn spermatos*). El significado literal de esta frase es "entregar la semilla". Sin embargo, una mujer no entrega la semilla que produce la concepción. Por tanto, esta frase ha de referirse a Abraham, haciéndolo el sujeto aludido de la frase. Parece que es mejor interpretar la frase *autē Sarra*, como dativo de acompañamiento o de asociación. En otras palabras, el versículo podría estar diciendo que Abraham, en asociación con Sara, recibió el poder de entregar la semilla. Creo que la fe era la de Abraham, no la de Sara. Por medio de la fe de Abraham, Dios cumplió milagrosamente su promesa.

Sin embargo, la declaración **creyó que era fiel quien lo había prometido** definitivamente se refiere a Sara y deja claro que ella llegó a confiar en Dios y, por consiguiente, le corresponde estar en la lista de los héroes de la fe.

Por lo cual también, de uno, y ése ya casi muerto, salieron como las estrellas del cielo en multitud, y como la arena innumerable que está a la orilla del mar. (11:12)

Abraham tuvo hijos sobre hijos, todo el pueblo de Israel. Todo judío nacido y por nacer es resultado de la fe de Abraham. Tal es el poder de la fe.

La fe de Abraham estaba en Dios. La promesa de Dios sobre un hijo especial y sobre los descendientes que no se podían contar fue la base de la fe de

Abraham. Jesús dijo: "Al que cree todo le es posible" (Mr. 9:23) y "para Dios todo es posible" (Mt. 19:26). El poder y la voluntad de Dios están en un lado, y la confianza del hombre en el otro. La fe tiene el poder para lograr todo lo que sepamos que es la voluntad de Dios.

Si Dios no está en capacidad de satisfacer alguna de nuestras necesidades, es sencillamente porque no confiamos en Él. Él nos da muchas cosas que nunca pedimos y de las cuales ni siquiera somos conscientes. Pero muchas otras cosas, especialmente las bendiciones espirituales que prometió, no las podemos recibir porque no nos abrimos a ellas. Pablo afirmó: "Todo lo puedo en Cristo que me fortalece" (Fil. 4:13), y nos recuerda "a Aquel que es poderoso para hacer todas las cosas mucho más abundantemente de lo que pedimos o entendemos, según el poder que actúa en nosotros" (Ef. 3:20). El poder de Dios es para que lo reclamemos conforme a su voluntad. Que las cosas pedidas parezcan imposibles no tiene la más mínima importancia. El único obstáculo para su cumplimiento es la falta de fe.

EL EFECTO POSITIVO DE LA FE

Conforme a la fe murieron todos éstos sin haber recibido lo prometido, sino mirándolo de lejos, y creyéndolo, y saludándolo, y confesando que eran extranjeros y peregrinos sobre la tierra. Porque los que esto dicen, claramente dan a entender que buscan una patria; pues si hubiesen estado pensando en aquella de donde salieron, ciertamente tenían tiempo de volver. Pero anhelaban una mejor, esto es, celestial; por lo cual Dios no se avergüenza de llamarse Dios de ellos; porque les ha preparado una ciudad. (11:13-16)

Ni Abraham ni Isaac ni Jacob poseyeron jamás la tierra prometida. De hecho, fue casi quinientos años después de la muerte de Jacob que Israel tomó posesión de Canaán por primera vez. **Conforme a la fe murieron todos éstos sin haber recibido lo prometido.** Sin embargo, lejos de ser un lamento, esta es una declaración positiva de que estos hombres murieron con la esperanza y seguridad perfectas del cumplimiento. Para una persona de fe, la promesa de Dios es tan buena como la realidad. Su promesa de la gloria venidera era tan alentadora y cierta para los patriarcas como la posesión real lo pudo haber sido.

No sabían estos hombres de fe qué estaba pasando. Dios no les había dado una información completa, no había dicho ni una palabra en cuanto a cuándo o cómo cumpliría las promesas. Tan solo dio las promesas, y eso fue suficiente. Tenían una muestra de la tierra prometida. Caminaron y pastaron sus rebaños sobre ella, criaron allí a sus hijos, pero no estaban impacientes por poseerla. Fue suficiente poseerla **de lejos**, porque su preocupación principal era una patria mejor, **esto es, celestial**.

Mientras tanto, estaban contentos con ser **extranjeros y peregrinos sobre la tierra**. En el mundo antiguo, solía considerarse a los **extranjeros** (*zenoi*) con odio, suspicacia y desdén. Tenían pocos derechos, incluso para lo normal de la época. También fueron **peregrinos** (*parepidēmoi*), exiliados o pasantes. Eran refugiados en su propia tierra prometida. Pero estos patriarcas fieles iban desde Canaán a un lugar mejor, y no les importaba.

Lo más positivo acerca de nuestra fe no es lo que podemos ver, sujetar o medir, sino la promesa de que un día estaremos para siempre con el Señor. Los cristianos cuya fe no se extiende hasta el cielo tendrán sus ojos en las cosas de este mundo y se preguntarán por qué no son más felices en el Señor. Nada en esta vida, ni siquiera las más abundantes bendiciones terrenas de Dios, le dará a un creyente la satisfacción y la alegría que vienen con la seguridad absoluta de la gloria futura.

David declaró: "Una sola cosa le pido al Señor, y es lo único que persigo: habitar en la casa del Señor todos los días de mi vida, para contemplar la hermosura del Señor y recrearme en su templo" (Sal. 27:4, nvi). Job, después de pasar por pruebas, destitución y enfermedad increíbles, pudo decir: "Yo sé que mi Redentor vive, y al fin se levantará sobre el polvo; Y después de deshecha esta mi piel, en mi carne he de ver a Dios" (Job 19:25-26). Esta es la esperanza y la seguridad del creyente: el efecto positivo de la fe.

Dios bendice a las personas con esta fe. **No se avergüenza de llamarse Dios de ellos**. Sin importar lo que seamos en nosotros mismos, Dios no se avergüenza de llamarse nuestro Dios. "Yo honraré a los que me honran" (1 S. 2:30). Los patriarcas honraron a Dios y Dios les honró a ellos. Nada honra más a Dios que la vida de fe; de hecho, nada honra a Dios, *sino* la vida de fe.

LA PRUEBA DE LA FE

Por la fe Abraham, cuando fue probado, ofreció a Isaac; y el que había recibido las promesas ofrecía su unigénito, habiéndosele dicho: En Isaac te será llamada descendencia; pensando que Dios es poderoso para levantar aun de entre los muertos, de donde, en sentido figurado, también le volvió a recibir. (11:17-19)

La prueba de la fe de Abraham fue su disposición a entregarle al Señor todo lo que tenía, inclusive el hijo de la promesa, a quien había recibido milagrosamente *por* su fe. Después de toda la espera y las preguntas, Dios le había dado al hijo. Entonces, antes de que el hijo fuera mayor, Dios le pidió que se lo entregara y Abraham obedeció. Abraham sabía que el pacto, que solo se podía cumplir por medio de Isaac, era incondicional. Por tanto, sabía que Dios haría lo necesario, resucitar a Isaac de los muertos inclusive, para mantener su pacto.

Pensó que Dios es poderoso para levantar aun de entre los muertos. La idea de sacrificar a Isaac debió de haberle dolido terriblemente a Abraham, pero sabía que tendría a su hijo de vuelta. Sabía que Dios no tomaría —de hecho, no podría— permanentemente a su hijo, o tendría que cambiar sus palabras, algo que es imposible.

Si Noé ilustra la duración de la fe, Abraham muestra la profundidad de la fe. Con una fe tremenda y monumental, Abraham llevó a Isaac hasta la cima del Monte Moriah y lo preparó para ofrecérselo a Dios. Creía en la resurrección de los muertos incluso antes de que Dios revelara la doctrina. Debía creer en la resurrección porque, si Dios le hubiera permitido ejecutar la orden de sacrificar a Isaac, la resurrección habría sido el único medio para que Dios cumpliera su promesa.

Como al final resultó que él no murió, Isaac solo se convirtió en un tipo de la resurrección. Abraham lo ofreció, pero no lo sacrificó. Dios proveyó un sustituto. El hecho de que Abraham ofreciera a Isaac probó su fe. Jesús ordena esto: "Si alguno quiere venir en pos de mí, niéguese a sí mismo, y tome su cruz, y sígame" (Mt. 16:24). "Así que, hermanos, os ruego por las misericordias de Dios, que presentéis vuestros cuerpos en sacrificio vivo, santo, agradable a Dios, que es vuestro culto racional" (Ro. 12:1).

Cuando John Bunyan estaba en la cárcel por predicar el evangelio, estaba profundamente preocupado por su familia. En particular, le afligía su hijita ciega, por la cual tenía un amor especial. Y escribió: "Vi en esta situación que era un hombre que estaba derribando su casa sobre la cabeza de su esposa e hijos. Sin embargo, pensaba: 'debo hacerlo, debo hacerlo'. Ayúdame a lanzar desde tu trono el ídolo más querido que he conocido —¡y qué equivocado que sea un ídolo!— y a adorarte solo a ti".

Por lo tanto, los patriarcas se reafirmaron en las cinco grandes características de la fe: su peregrinación, la separación del mundo; su paciencia en esperar que Dios obrara; su poder para hacer lo imposible; su efecto positivo al enfocarse en las promesas eternas de Dios; y su prueba en el sacrificio obediente.

La fe que derrota la muerte **30**

Por la fe bendijo Isaac a Jacob y a Esaú respecto a cosas venideras. Por la fe Jacob, al morir, bendijo a cada uno de los hijos de José, y adoró apoyado sobre el extremo de su bordón. Por la fe José, al morir, mencionó la salida de los hijos de Israel, y dio mandamiento acerca de sus huesos. (11:20-22)

Matthew Henry dijo: "Aunque la gracia de la fe es de uso universal durante toda la vida cristiana, especialmente lo es cuando morimos. La fe tiene su más grande obra por lograr al final, para ayudar a los creyentes a terminar bien, a morir de manera que honre al Señor, con paciencia, esperanza y gozo, de forma tal que dejemos un testimonio sobre la verdad de la Palabra de Dios y la excelencia de sus caminos".

El pueblo de Dios le glorifica cuando zarpa de este mundo con las banderas completamente izadas y ondeando. Si alguien debiera morir triunfalmente es el creyente. Cuando el Espíritu Santo triunfa sobre la carne, cuando dejamos consciente y felizmente atrás el mundo por el cielo, cuando hay expectativa y gloria en nuestros ojos mientras llegamos a la presencia del Señor, nuestra muerte agrada a Dios. "Mucho valor tiene a los ojos del Señor la muerte de sus fieles" (Sal. 116:15, NVI).

Los tres patriarcas mencionados en Hebreos 11:20-22 ilustran el poder de la fe para enfrentar la muerte. No siempre vivieron con fidelidad. Confiaron en Dios con imperfección, como nosotros. Los nombres de estos tres hombres aparecen frecuente y favorablemente en las Escrituras, y estamos inclinados a pensar en ellos como modelos de la vida de fe. En algunos aspectos lo fueron. José sobresale especialmente. Aunque sus hermanos le odiaron y lo vendieron como esclavo, confió y obedeció a Dios en medio de muchas tentaciones y dificultades, mientras estaba completamente separado de su familia en una tierra extraña y pagana.

Sin embargo, el énfasis de este pasaje está en la fe de Isaac, Jacob y José en el final de sus vidas. Cada uno de ellos enfrentó la muerte con una fe plena y confiada. Por ello están en la galería de héroes de Hebreos.

A muchos creyentes les parece difícil esperar y enfrentar la muerte. Sin embargo, el cristiano que en su mayor parte caminó con Dios en fidelidad suele encontrar que las últimas horas de su vida son las más dulces. Cualesquiera que hayan sido los altibajos en las vidas de Isaac, Jacob y José, se fueron disfrutando la luz de la fe verdadera.

La fe de estos tres hombres al morir es significativa porque, como Abraham, murieron sin ver el cumplimiento de las promesas divinas. Las pasaron a sus hijos por la fe. Habían recibido las promesas por la fe y las pasaron por la fe. Dios había prometido tres cosas en su pacto con Abraham: la posesión de la tierra de Canaán, la creación de una nación grande de sus descendientes y la bendición del mundo por medio de esos descendientes. Pero Abraham nunca vio ocurrir ninguna de estas tres cosas. Murió en fe diciendo: "Isaac, verás el inicio de estas promesas". Pero Isaac también murió en fe diciendo lo mismo a Jacob, y así también Jacob con José. Hebreos 11:13 es válido para los cuatro: "Conforme a la fe murieron todos éstos sin haber recibido lo prometido, sino mirándolo de lejos, y creyéndolo, y saludándolo, y confesando que eran extranjeros y peregrinos sobre la tierra". Sin embargo, tenían tanta confianza en la palabra de Dios que pasaron las promesas en herencia a sus hijos. Creían en lo que nunca habían visto, y pasaron a sus hijos lo que nunca habían visto. Esta es la seguridad de la fe. No tenían herencia que dejar, sino las promesas de Dios, y consideraban que eran un gran tesoro para legar a sus hijos. No vieron la posesión de la tierra, el establecimiento de la nación o la bendición para el mundo, pero vieron las promesas y eso era suficiente.

Nunca dudaron del cumplimiento de las promesas. No murieron desesperados ni con sueños por cumplir, sino en la paz perfecta de las promesas aún no cumplidas, confiados porque eran promesas divinas. Sabían por fe que Dios cumpliría las promesas porque sabían que era un Dios que cumplía los pactos y un Dios de verdad. Murieron diciendo: "Llegarán. En el tiempo de Dios llegará su cumplimiento". Murieron retando a la muerte, sabiendo que, aunque murieran, Dios les había prometido que no podían morir. Este tipo de fe es magnífico, es la clase de fe que Dios honra.

Tal como ocurrió con los santos mencionados en los versículos 4-19, estos tres hombres aparecen para mostrar que los principios de la salvación por la fe y de agradar a Dios por la fe no se originan con el nuevo pacto. La fe siempre ha sido el camino, nunca las obras. Sin una sola excepción, todo hombre de Dios ha sido un hombre de fe. Ni Abel ni Enoc ni Noé ni Abraham ni Isaac ni Jacob ni José se salvaron por las obras. Todos se salvaron por la fe. Sin fe *siempre* ha sido imposible agradar a Dios (He. 11:6).

LA FE DE ISAAC

Por la fe bendijo Isaac a Jacob y a Esaú respecto a cosas venideras. (11:20)

Tal como el padre de Isaac le pasó la bendición de la promesa de Dios, así lo hizo él con sus hijos **por la fe**. Tenía la certeza absoluta de que sí ocurrirían.

Para ese momento, las promesas *eran* la herencia, que los patriarcas valoraban tanto como la mayoría de personas valoran las posesiones materiales, la fama y el poder.

Isaac vivió más que el resto de los patriarcas; sin embargo, se le dedicó menos espacio en Génesis y en Hebreos que a los demás. Mientras que Abraham, Jacob y José tienen cada uno alrededor de doce capítulos en Génesis que se centran en ellos, Isaac tiene poco más de dos: los capítulos 26 y 27, y la mitad del 25. Fácilmente, Isaac fue el menos espectacular y el más común de los cuatro. Fue menos dinámico y colorido, y más tranquilo y pasivo. En general, probablemente tuvo la fe más débil. Sabemos más de sus errores que de sus éxitos.

Debido a la hambruna, Isaac trasladó su familia a Gerar. Mientras estaba allí, Dios le habló en una visión notable y alentadora. "Habita como forastero en esta tierra, y estaré contigo, y te bendeciré; porque a ti y a tu descendencia daré todas estas tierras, y confirmaré el juramento que hice a Abraham tu padre. Multiplicaré tu descendencia como las estrellas del cielo, y daré a tu descendencia todas estas tierras; y todas las naciones de la tierra serán benditas en tu simiente" (Gn. 26:3-4). En otras palabras, Dios le pasó directamente a Isaac las promesas del pacto con Abraham. Tan solo esas promesas deberían haber evitado que Isaac se preocupara y temiera, porque Dios no podría haberlas cumplido si Isaac no estuviera protegido. No solo eso, el Señor le dijo específicamente: "Estaré contigo, y te bendeciré".

Sin embargo, a la primera señal de peligro posible, Isaac demostró su falta de fe. Cuando los hombres de Gerar le preguntaron por Rebeca, dijo que era su hermana, no su esposa, por miedo a que los filisteos le mataran para quedarse con ella (v. 7). Por supuesto, con ello no hacía otra cosa que seguir los pasos de su padre, porque Abraham mintió dos veces sobre Sara de la misma manera (Gn. 12:13; 20:2). Rebeca era hermosa y los filisteos bien podrían haber hecho lo que Isaac temía. Pero en vez de confiar en el Señor para que le protegiera, mintió. No solo eso, sino que parece haberse preocupado más por él mismo que por Rebeca.

Dios le reveló al rey Abimelec la relación verdadera entre Rebeca e Isaac y el rey los puso a ambos bajo protección. Abimelec, un filisteo pagano, estaba más preocupado con la ética del asunto que Isaac, un hombre a quien Dios había escogido. Reprendió fuertemente a Isaac diciéndole: "¿Por qué nos has hecho esto? Por poco hubiera dormido alguno del pueblo con tu mujer, y hubieras traído sobre nosotros el pecado" (v. 10). La gracia de Dios prevaleció, aunque fuera por medio de un incrédulo, sin ayuda o previsión de Isaac.

El Señor continuó bendiciendo a Isaac, quien se hizo rico. La envidia de los filisteos los llevaba a cegar los pozos que él abría y terminó marchándose de aquella tierra, que parece haber sido lo que el Señor quería todo el tiempo. En ese punto Isaac reconoció la mano de Dios en el asunto. "El Señor nos ha dado espacio para que prosperemos en esta región" (v. 22, NVI). Aun así, esta declaración muestra poca fe porque parece estar diciendo: "¡Ya era hora!".

Entonces se trasladó a Beerseba, que era parte de la tierra prometida, y quizás el Señor dijo: "¡Ya era hora!". Tuvo que hacer que Isaac regresara a la tierra por la puerta trasera y casi por la fuerza. Una vez más el Señor le volvió a hablar a Isaac y le repitió las promesas del pacto, e Isaac "construyó un altar e invocó el nombre del SEÑOR" (26:24-25, NVI). Por su obra soberana, Dios llevó de vuelta a casa al hijo pródigo. Así funciona la gracia.

Isaac fue cobarde y espiritualmente débil en repetidas ocasiones, pero ya había creído en Dios y estaba establecido en el rollo de los fieles. Siguió el ejemplo de su padre en algunas cosas buenas y malas. Como Abraham, confió en que Dios le daría un hijo. Rebeca era estéril, como lo fue Sara, e Isaac oró con seriedad por un hijo. "El SEÑOR oyó su oración, y ella quedó embarazada" (Gn. 25:21, NVI).

Básicamente, Isaac era materialista. Vivía principalmente por vista y gusto. Tenía preferencia por Esaú, posiblemente porque este era un cazador y le daba a su padre buenas comidas. Aun siendo Isaac ya viejo y estando a punto de morir le pidió a Esaú que fuera a cazar y le hiciera "un guisado" para comerlo, antes de que le diera la bendición por ser el mayor (27:7). Estaba pensando más en su estómago que en la promesa de Dios. Debía saber por Rebeca que Dios pretendía que fuera Jacob quien recibiera la herencia y no Esaú (25:23), y debía haber sabido por sus dos hijos que Esaú le había vendido a Jacob los derechos de la primogenitura (25:33). Sin embargo, estaba determinado a bendecir a Esaú. La historia no habla bien de Isaac ni de Jacob ni de Esaú. Isaac insistió en dar la bendición al hijo que, sabía, no era el elegido de Dios. Esaú, el cual había despreciado y vendido su primogenitura, pensaba que podía comprarla de vuelta con la misma facilidad. Y Jacob, instigado por su madre, intentó asegurar la bendición con un engaño en vez de hacerlo por la fe. Toda la familia actuó de manera vergonzosa. Padre e hijo intentaron hacer lo incorrecto de manera incorrecta, y madre e hijo intentaron hacer lo correcto de forma incorrecta. Dios produjo el resultado que Rebeca y Jacob querían, pero no por las razones o los métodos de ellos. Él no honró lo que ellos hicieron más de lo que hicieron Isaac y Esaú. Dios solamente honra la fe, y ninguno de ellos obró con fe. El resultado correcto se dio por la fidelidad de Dios, no por la de ellos.

Cuando la irreversibilidad de la bendición se hizo obvia, Isaac comenzó a evidenciar su fe. Si Jonás fue un profeta reacio, Isaac fue un patriarca reacio. Solo consintió cuando se dio cuenta de que la bendición iba a ser para el hombre de Dios sin importar el resto. Finalmente dijo sí al camino del Señor. Dios lo tuvo que encerrar en una esquina antes de que creyera; pero lo hizo. Cuando enfrentaba la muerte, bendijo a Jacob con la bendición que ni su padre ni él poseyeron, y que ni Jacob ni sus hijos poseerían. Isaac bendijo a Jacob en fe, sabiendo que Dios cumpliría sus promesas a su manera y en su tiempo.

Isaac fue un mancha en el registro del Antiguo Testamento en algunos aspectos. Pero al final, era el hombre de Dios. Se sometió, creyó y obedeció.

LA FE DE JACOB

Por la fe Jacob, al morir, bendijo a cada uno de los hijos de José, y adoró apoyado sobre el extremo de su bordón. (11:21)

La vida de Jacob fue como la de su padre en muchos sentidos. Fue de altibajos espirituales. A veces caminaba por fe y a veces tropezaba por vista. Tuvo períodos de gran fe y períodos de gran miedo y ansiedad. En ocasiones negoció con Dios (Gn. 28:20-21) y en ocasiones reconoció con prontitud la bendición divina (31:5). Alabó al Señor con reverencia cuando tuvo el sueño de la escalera celestial (28:16-17) y en una oportunidad estaba tan dispuesto a recibir la bendición divina que peleó con Él toda la noche (32:24-26).

Jacob, a diferencia de su padre, no intentó evadir el plan de Dios para sus herederos. José, aunque era el más joven de los hermanos, excepto por Benjamín, fue el elegido para recibir la bendición, tal como Jacob había sido el elegido sobre Esaú, aunque fuera más joven. De hecho, José recibió una bendición doble porque a sus dos hijos, Efraín y Manasés, los **bendijo** Isaac; aunque, de nuevo, Efraín, el menor, recibió la bendición mayor (48:19). En consecuencia, en lugar de tener solo una tribu descendiente de José, como sí ocurrió con sus hermanos, descendieron de él dos tribus (por lo general conocidas como medias tribus).

Cuando José estaba muriendo, bendijo a su hijo a través de sus dos nietos. "Y dijo Israel [el nuevo nombre de Jacob] a José: He aquí yo muero; pero Dios estará con vosotros, y os hará volver a la tierra de vuestros padres. Y yo te he dado a ti una parte más que a tus hermanos" (48:21-22). Una vez más, lo que nunca se había poseído se heredó por la fe. Jacob murió como un hombre de fe.

LA FE DE JOSÉ

Por la fe José, al morir, mencionó la salida de los hijos de Israel, y dio mandamiento acerca de sus huesos. (11:22)

José pasó toda su vida adulta en Egipto. Aunque fue heredero de cuarta generación de la promesa, nunca pudo afirmar haber pasado por la tierra prometida, mucho menos haberla heredado. Debían haber pasado unos doscientos años desde que Dios hizo el pacto inicial con Abraham. Doscientos años de la promesa y el cumplimiento no estaba a la vista. De hecho, para el tiempo de la muerte de José, *ninguno* de los descendientes de Abraham (es decir, de los descendientes de la promesa) vivía en la tierra prometida. Por causa de la hambruna, José había llevado a su padre y sus hermanos a Egipto. A Jacob le llevaron de vuelta a Canaán cuando murió, y José quedaría satisfecho si tan solo enterraban allí **sus huesos**. Si él no podía heredar la tierra, que al menos la tierra lo "heredara". Solo hasta el éxodo pudieron llevar los huesos de José a Canaán (Éx. 13:19), pero su corazón y su esperanza siempre estuvieron allí.

Tuvo que mirar hacia el futuro para ver la promesa, pero la vio con claridad y confianza. "Yo voy a morir; mas Dios ciertamente os visitará, y os hará subir de esta tierra a la tierra que juró a Abraham, a Isaac y a Jacob" (Gn. 50:24). Mientras hacía que sus hermanos le juraran llevar sus huesos de vuelta a Canaán, repitió las palabras aseguradoras de fe: "Dios ciertamente os visitará" (v. 25).

Estos tres hombres creyeron en Dios cuando enfrentaban la muerte. Su fe flaqueó en ocasiones, pero fue fuerte y confiada en la muerte. La muerte es la prueba de fuego de la fe. Por cientos de años, quizás miles, los tribunales de justicia han tomado la palabra de un moribundo al pie de la letra. La necesidad de mentir y engañar se termina y, por lo general, es creíble lo que se dice en el lecho de muerte. Así es con nuestro testimonio de fe. No solo se acaba nuestra pretensión y nuestra necesidad de hipocresía, sino que es extremadamente difícil fingir la fe cuando usted sabe que se enfrenta a la eternidad. La fe de un moribundo es creíble porque no hay farsa que pueda pasar esta prueba.

El cristiano que teme a la muerte tiene una debilidad seria en su fe, porque morir en Cristo no es más que pasar a la presencia del Señor. Pablo dice: "Porque para mí el vivir es Cristo, y el morir es ganancia" (Fil. 1:21). Para quienes creen, "sorbida es la muerte en victoria" (1 Co. 15:54).

Moisés: Las decisiones de la fe

31

Por la fe Moisés, cuando nació, fue escondido por sus padres por tres meses, porque le vieron niño hermoso, y no temieron el decreto del rey. Por la fe Moisés, hecho ya grande, rehusó llamarse hijo de la hija de Faraón, escogiendo antes ser maltratado con el pueblo de Dios, que gozar de los deleites temporales del pecado, teniendo por mayores riquezas el vituperio de Cristo que los tesoros de los egipcios; porque tenía puesta la mirada en el galardón. Por la fe dejó a Egipto, no temiendo la ira del rey; porque se sostuvo como viendo al Invisible. Por la fe celebró la Pascua y la aspersión de la sangre, para que el que destruía a los primogénitos no los tocase a ellos. Por la fe pasaron el Mar Rojo como por tierra seca; e intentando los egipcios hacer lo mismo, fueron ahogados. (11:23-29)

La vida está hecha de decisiones. Algunas son sencillas y no tienen importancia, otras son complejas y sumamente importantes. Muchas se toman de manera casi inconsciente, mientras otras las pensamos cuidadosamente por largo tiempo. Algunas decisiones las tomamos por omisión. Cuando le damos largas a decidir, estamos tomando una decisión. Pero sigue siendo nuestra decisión, porque decidimos darle largas. El curso y la calidad de nuestras vidas están determinados mucho más por nuestras decisiones que por nuestras circunstancias.

La vida cristiana conlleva tomar decisiones correctas. Puede verse la madurez de un cristiano por las decisiones que toma. Santidad es tomar las decisiones correctas, carnalidad es tomar las equivocadas. Nuestra vida cristiana se levanta o cae en cuanto a madurez y santidad sobre la base de las decisiones que tomamos. Cuando Satanás nos tienta, decidimos decir sí o no. Cuando tenemos la oportunidad de testificar, sacamos ventaja de ello o no lo hacemos. Decidimos si dedicamos o no el tiempo para leer la Biblia y orar. No es un asunto de tener tiempo, sino de buscar el tiempo, y buscar ese tiempo exige una decisión. En los negocios, ocurre con frecuencia que debemos escoger entre hacer más dinero o ser honrados y éticos; o entre seguir avanzando o darle más tiempo a nuestra familia y a la obra del Señor. Prácticamente todo lo que hacemos requiere una decisión.

Shakespeare dijo:

> Hay una marea en los asuntos humanos,
> La cual, tomada en pleamar, nos lleva a la fortuna;
> Pero si la dejamos pasar, todo el viaje de la vida
> Queda varado en aguas poco profundas y en la miseria.

Napoleón creía que hay una crisis en cada batalla, un período de diez a quince minutos del cual depende el resultado. Sacar ventaja de este período es la victoria, perderlo es la derrota.

Todo en la vida del creyente es una oportunidad para glorificar a Dios. Los antiguos griegos tenían una estatua llamada Oportunidad. La figura tenía por delante un cabello largo y ondeante, pero por detrás estaba calva. Simbolizaba el hecho de que podemos aferrarnos a las oportunidades cuando vienen hacia nosotros, pero una vez pasan no hay nada a lo cual aferrarnos.

Desde el principio de los tiempos, Dios les ha dado oportunidades a los hombres que determinen sus vidas. El primer hombre con capacidad de escoger fue Adán. Hizo la elección errada e inició la cadena trágica de elecciones erradas que ha plagado a sus descendientes desde entonces.

Dios, hablándole a Israel en el desierto, dijo: "A los cielos y a la tierra llamo por testigos hoy contra vosotros, que os he puesto delante la vida y la muerte, la bendición y la maldición; escoge, pues, la vida, para que vivas tú y tu descendencia" (Dt. 30:19). En Siquem, Josué exhortó a su pueblo: "Escogeos hoy a quién sirváis" (Jos. 24:15). Y en el monte Carmelo, Elías les preguntó a los israelitas indecisos: "¿Hasta cuándo van a seguir indecisos? Si el Dios verdadero es el Señor, deben seguirlo; pero si es Baal, síganlo a él" (1 R. 18:21, NVI).

Abel escogió el camino de Dios al ofrecer un sacrificio apropiado, y Dios le bendijo. Caín rechazó el camino de Dios al ofrecer su propia clase de sacrificio, y Dios le maldijo. Enoc escogió el camino de Dios al caminar con Él toda su vida, y Dios le llevó directamente al cielo. Noé y su familia escogieron el camino de Dios al obedecerlo continuamente, y Dios les salvó del diluvio. Los demás rechazaron el camino divino y murieron ahogados. Abraham escogió el camino de Dios al creer en Él, sin importarle cómo se vieran las cosas desde su perspectiva, y Dios le contó por justo. Otras personas de su época rechazaron el camino de Dios y murieron en sus pecados. Isaac, Jacob y José escogieron el camino de Dios y exhibieron una fe que conquistó la muerte. Los pueblos incrédulos alrededor de ellos escogieron otro camino y la muerte los conquistó.

Las decisiones correctas se toman sobre la base de la fe correcta. A menudo no vemos las consecuencias de nuestras decisiones. Satanás intenta hacer que su camino parezca atractivo y bueno y que el camino de Dios parezca difícil y poco disfrutable. Cuando conocemos la voluntad de Dios en un asunto, la escogemos por fe. Sabemos que es la decisión correcta, porque es la voluntad de Dios, incluso antes de ver los resultados. La voluntad de Dios es la única razón que necesitamos. Cuando elegimos el camino de Dios, usamos el escudo de la fe para desviar las tentaciones y seducciones de Satanás (Ef. 6:16).

Lo opuesto a elegir el camino de Dios es siempre el camino de Satanás, y no creer en Dios es creer en Satanás. Cuando pecamos, creemos en Satanás; creemos que su camino es mejor que el de Dios. Creemos al padre de mentiras por encima del Padre de la verdad.

Moisés vivió la mayoría de su vida antes del Monte Sinaí, con su sistema de mandamientos y rituales. Pero antes y después del Monte Sinaí vivió por fe, no por obras. Ninguna otra persona en las Escrituras, excepto Jesús, ilustra el poder de las decisiones correctas mejor que Moisés. Como Moisés recibió el pacto de Dios en el Sinaí, siempre se le asocia con la ley divina. De hecho, a esta ley suele llamársele ley de Moisés. En la mente judía estaba asociado con mandamientos, rituales y ceremonias; con todas las exigencias y obras religiosas del antiguo pacto. Pero él fue un hombre que vivió por fe.

Debido a que, para los judíos, Moisés es uno de los personajes más respetados del Antiguo Testamento, mostrar que vivió por fe y no por legalismo es uno de los argumentos más poderosos posibles para convencer a los judíos de que el camino de Dios siempre ha sido la fe.

La vida de Moisés ilustra las decisiones positivas y negativas de la fe, las cosas que acepta y las cosas que rechaza. Hebreos 11:23-29 menciona tres cosas que la fe acepta y cuatro que rechaza.

LA FE ACEPTA LOS PLANES DE DIOS

Por la fe Moisés, cuando nació, fue escondido por sus padres por tres meses, porque le vieron niño hermoso, y no temieron el decreto del rey. (11:23)

Faraón, para cortar la explosión demográfica entre los esclavos hebreos en Egipto, promulgó un edicto según el cual todos los bebés varones debían morir ahogados en el Nilo. Amram y Jocabed escondieron primero al niño durante tres meses, luego lo pusieron en una canasta a prueba de agua en el Nilo, cerca del lugar donde la hija del faraón se bañaba. La princesa lo encontró y lo tomó para criarlo como su propio hijo. La hermana de Moisés, María, estaba viendo y persuadió a la princesa a tener una mujer hebrea que lo criara. Por supuesto, María buscó a su madre, quien pudo criar a su propio hijo casi como si hubiera estado en su casa.

Los padres de Moisés, Amram y Jocabed, **no temieron el decreto del rey**. Ignoraron las presiones y las amenazas del mundo cuando ellas entraron en conflicto con el camino divino. Esteban indica en el sermón ante el sanedrín que la preocupación de ellos era más que su **niño hermoso**: "Nació Moisés, y fue agradable a Dios" (Hch. 7:20). No solo los padres de Moisés, sino Dios, tenían un afecto especial por el niño. Creo que los padres de Moisés eran conscientes de alguna manera del interés especial de Dios, pues **por la fe** en Dios lo escondieron y se opusieron a la orden del faraón. Protegieron al bebé por el propósito de Dios, para el bien de Moisés y para el de ellos.

Los padres de Moisés estuvieron dispuestos a arriesgar sus vidas por seguir el camino de Dios. Su decisión era clara: salvar al niño sin importar las consecuencias. Salvar a Moisés era más que su propia voluntad, era también la voluntad divina. No tenemos forma de saber cuánto conocían ellos el plan de Dios para el destino de su hijo, pero les fue suficiente saber que Él tenía una razón especial para la protección de Moisés.

Requiere una fe considerable haber dejado a Moisés en una canasta y confiar en que la hija del faraón, entre todas las personas, tuviera compasión del bebé, a quien reconoció inmediatamente como hebreo. También requiere fe creer que, una vez adoptado por la princesa, crecería en el camino del Señor y no en el paganismo de Egipto. Desde la perspectiva humana, sus padres no tenían forma de saber si tan siquiera se perdonaría la vida del niño; mucho menos si, entre todas las posibilidades, volvería a ellos. Sin embargo, estuvieron dispuestos a dejarlo ir y lo confiaron al Señor.

Jocabed crió a Moisés y le enseñó las promesas de Dios para Israel: que heredarían la tierra de Canaán y serían una nación grande que bendeciría al mundo. Le inculcó la promesa de un gran libertador, la esperanza mesiánica en la cual Abraham se había regocijado (Jn. 8:56). Su madre ayudó a cultivar en él la fe que se volvería característica en su vida. No sabía por qué Dios permitió que su hijo se criara en la corte egipcia, dentro de la misma casa de aquel que quería muertos a todo el resto de bebés hebreos. Sin embargo, sabía que esto estaba en el plan de Dios y, a diferencia de Sara, no intentó ajustar el plan por su cuenta.

Intentar mejorar el plan de Dios es más pretencioso que tomar un marcador e intentar mejorar la Mona Lisa. Nuestros garabatos no harán más que arruinar la obra maestra. Dios necesita nuestra obediencia, no nuestra ayuda; nuestra confianza, no nuestro consejo. Él hace planes, nosotros caminamos en ellos por fe.

LA FE RECHAZA EL PRESTIGIO DEL MUNDO

Por la fe Moisés, hecho ya grande, rehusó llamarse hijo de la hija de Faraón, (11:24)

Durante cuarenta años, Moisés fue príncipe de Egipto, la sociedad más rica, culta y avanzada de la época. Por tanto, tenía un alto nivel de educación y habilidades, y era parte de la corte real. "Y fue enseñado Moisés en toda la sabiduría de los egipcios; y era poderoso en sus palabras y obras" (Hch. 7:22). Su educación formal debió haber incluido aprender a leer y escribir jeroglíficos, hierático y probablemente algunas lenguas cananeas. Por supuesto, aprendió el hebreo de su madre. Pudo haber aprendido todo lo que Egipto tenía para ofrecerle. Pero su formación en Egipto nunca embotó su conocimiento de la esperanza de Israel y de las promesas de Dios.

Cuando Moisés cumplió cuarenta años, se enfrentó a una decisión crucial. Tuvo que decidir entre hacerse un egipcio completo, con lealtad absoluta y sin reservas, o unirse a su pueblo, Israel.

El factor decisivo fue su fe en Dios. **Por la fe Moisés... rehusó llamarse hijo de la hija de Faraón.** En todos esos años no vaciló nunca en su devoción al Señor. De alguna manera, Dios también le indicó que lo había escogido para una servicio especial y que, de ahí en adelante sería única y exclusivamente un israelita. Una vez más, sabemos por Esteban que Moisés conocía que tenía una misión a realizar para Dios y su pueblo: "Él pensaba que sus hermanos comprendían que Dios les daría libertad por mano suya; mas ellos no lo habían entendido así" (Hch. 7:25). El pueblo de Israel no entendía la misión de Moisés, pero él sí. Eran esclavos en la tierra que alguna vez los había honrado por causa de José. Ahora Moisés estaba en una situación semejante a la de José, pero Dios tenía una obra bien diferente para él. José usó el poder de Egipto para el bien del pueblo escogido por Dios. Moisés tendría que oponerse al poder de Egipto para el mismo propósito.

En el mundo, la fama siempre trae cierta honra. Si usted nació en la familia correcta, o es un deportista o artista exitoso, el mundo creerá que usted es grande, sin importar si lo es o no. Si tiene mucho dinero, sin importar cómo lo obtuvo, el mundo le tendrá en alta estima. Si usted tiene suficientes títulos junto a su nombre, ciertas personas creerán que usted ha llegado lejos. Lo mismo ocurre con el poder político y muchas otras formas de éxito humano. Moisés tenía la mayoría de estas cosas y, sin embargo, las dejó de lado.

Desde el punto de vista del mundo, estaba sacrificando todo por nada. Pero desde el punto de vista espiritual, estaba sacrificando nada por todo. Renunció al poder, honra y prestigio del mundo por la causa de Dios, y sabía que ganaría por ello infinitamente más de lo que perdería, **porque tenía puesta la mirada en el galardón** (v. 26).

Lo que el mundo considera grande, nada tiene que ver con lo que Dios considera grande. Él honra a las personas sobre una base totalmente diferente. No está interesado en nuestra ascendencia, en cuánto dinero tenemos, qué educación tenemos o cuál posición tenemos. No son estas cosas las que le interesan principalmente en nosotros.

Jesús habla de un hombre que fue más grande que todos los faraones. Incluso fue más grande que Noé, Abraham, Moisés, David o Elías. Fue más grande que cualquier persona del Antiguo Testamento. Un ángel anunció su nacimiento y le dijo a su padre: "Será grande delante de Dios... y será lleno del Espíritu Santo, aun desde el vientre de su madre. Y hará que muchos de los hijos de Israel se conviertan al Señor Dios de ellos" (Lc. 1:15-16). Jesús dijo que no había nacido un hijo de mujer que fuera mayor que este hombre: Juan el Bautista (Mt. 11:11).

Juan nació en una familia sencilla. Zacarías, su padre, era un sacerdote, pero estaba lejos de ser famoso o influyente. Elisabet, su madre, era prima de María, la madre de Jesús; pero en aquella época esa relación difícilmente era una distinción. Quizás Juan no tuvo mucha educación. Pasó los primeros años de su vida adulta en el desierto, "estaba vestido de pelo de camello, y tenía un cinto de cuero alrededor de sus lomos; y comía langostas y miel silvestre" (Mr. 1:6). No tenía nada que lo calificara para la grandeza a los ojos del mundo. No obstante, a los ojos de Dios, era la persona más grande que había nacido antes de que naciera el Hijo de Dios.

Juan el Bautista fue grande porque obedeció a Dios, porque estaba lleno del Espíritu y porque ganó muchas de las personas escogidas por Dios para el Señor. Juan amaba al Señor, no al mundo. "No améis al mundo, ni las cosas que están en el mundo. Si alguno ama al mundo, el amor del Padre no está en él... pero el que hace la voluntad de Dios permanece para siempre" (1 Jn. 2:15, 17). En tanto que podamos romper con Dios para proteger nuestros intereses mundanos, no estamos viviendo por fe. La fuerza de la fe se demuestra en la negación propia.

El barón Justinian von Weltz renunció a su título, propiedades e ingresos, para irse como misionero a lo que en aquel entonces era la Guinea holandesa. Hoy día, su cuerpo yace allí en una tumba solitaria y el mundo lo olvidó. Pero podemos estar seguros de que Dios no le ha olvidado. Cuando se estaba preparando para ir al servicio misionero dijo: "¿Qué significa para mí ostentar el título de 'noble cuna' cuando nací de nuevo para Cristo? ¿Qué significa para mí tener el título de 'señor' cuando deseo ser siervo de Cristo? ¿Qué significa que me llamen 'su excelencia' cuando tengo necesidad de la gracia de Dios? Pondré todas estas vanidades y todo lo demás a los pies de mi querido Señor Jesús".

A Moisés no le importó su herencia ni ventajas egipcias. Las dos cosas eran paganas y mundanas, y él se había entregado a cosas mayores.

El mundo tiene poco para ofrecer comparado con las riquezas y la satisfacción de Cristo. Moisés se unió felizmente con el pueblo escogido por Dios, aunque eran esclavos, en lugar de sacar ventaja del prestigio y los privilegios de Egipto y ser infiel a Dios.

LA FE RECHAZA EL PLACER DEL MUNDO

escogiendo antes ser maltratado con el pueblo de Dios, que gozar de los deleites temporales del pecado, (11:25)

No se necesita convencer a nadie de que el pecado suele ser divertido. Puede alimentar nuestro orgullo, satisfacer nuestros deseos y apetitos físicos, y ofrecer muchos otros placeres. Pero tiene dos características que el mundo no nota: siempre es malo y siempre es temporal. Y, sin importar cuán satisfactorio pueda ser temporalmente, su satisfacción está destinada a desvanecerse. No hay bien en él y no puede traernos bien ni a nosotros ni a nadie más ni a Dios. Cualquier apariencia de bien es engañosa y fugaz.

A veces nos preguntamos por qué los incrédulos, las personas del mundo, los inmorales consumados, y a veces incluso delincuentes parecen salir tan bien. Son exitosos, famosos, ricos, sanos… solventes prácticamente en todo sentido. Por otra parte, muchos de los santos más fieles de Dios son pobres, enfermos, poco exitosos en los negocios y ridiculizados. Queremos preguntar como Job: "¿Por qué viven los impíos, y se envejecen, y aun crecen en riquezas? Su descendencia se robustece a su vista, y sus renuevos están delante de sus ojos. Sus casas están a salvo de temor, ni viene azote de Dios sobre ellos" (Job 21:7-9). Después procede a mencionar cuán exitosos son en la ganadería, cuán sanos y felices son sus hijos, y cómo viven tan despreocupados y siempre celebrando. "Pasan sus días en prosperidad", e incluso "dicen… a Dios: Apártate de nosotros, porque no queremos el conocimiento de tus caminos. ¿Quién es el Todopoderoso, para que le sirvamos? ¿Y de qué nos aprovechará que oremos a él?" (véase Job 21:10-15).

Queremos implorar con Jeremías: "¿Por qué es prosperado el camino de los impíos, y tienen bien todos los que se portan deslealmente?" (Jer. 12:1). El salmista tenía la misma pregunta: "He aquí estos impíos, sin ser turbados del mundo, alcanzaron riquezas. Verdaderamente en vano he limpiado mi corazón, y lavado mis manos en inocencia" (Sal. 73:12-13). Estaba preguntando: "¿Por qué son malos y ricos y yo soy puro pero pobre?".

Job responde la pregunta cuando dice: "En paz descienden al Seol" (21:13). Mueren y todo se termina, excepto por el juicio. Disfrutan y se las arreglan con el pecado por un momento, pero solo por un momento. Zofar, uno de los tres amigos consejeros de Job, estaba en lo correcto en un punto: "La alegría de los malos es breve, y el gozo del impío por un momento" (Job 20:5). Si tomamos seriamente a Santiago, no envidiaremos a los malvados, de los cuales escribe: "Habéis vivido en deleites sobre la tierra, y sido disolutos; habéis engordado vuestros corazones como en día de matanza. Habéis condenado y dado muerte al justo, y él no os hace resistencia" (Stg. 5:5-6). Pero precede estos comentarios con: "¡Vamos ahora, ricos! Llorad y aullad por las miserias que os vendrán. Vuestras riquezas están podridas, y vuestras ropas están comidas de polilla. Vuestro oro y plata están enmohecidos; y su moho testificará contra vosotros, y devorará del todo vuestras carnes como fuego. Habéis acumulado tesoros para los días postreros" (5:1-3). Los malvados heredarán un "tesoro" de juicio que no esperan. Como dijo Pablo en Romanos 2:5-6, atesoran ira que se soltará en el día del juicio divino.

David aprendió a las malas que el placer pecaminoso es breve y desastroso. Por el placer de tener a Betsabé, primero cometió adulterio y luego hizo matar a su esposo. Más adelante lloraba: "Porque yo reconozco mis rebeliones, y mi pecado está siempre delante de mí" (Sal. 51:3). Vio morir a su hijo pequeño, producto de la relación con Betsabé. Vio a otro hijo, Absalón, rebelarse contra él y morir ahorcado. El pecado de David fue de corta duración en el placer, pero de largas consecuencias en la vida.

Moisés sabía que Dios lo estaba llamando a dar su vida por su pueblo. Tenía una elección. Podría haber obedecido o desobedecido. Desobedecer tiene muchas atracciones. Entre otras, habría sido más fácil y se podría haber disfrutado más a corto plazo. Es muy difícil dejar de buscar las cosas terrenales. Es aun más difícil dejarlas una vez las tenemos. Y Moisés tenía muchas de esas cosas cuando tenía cuarenta años. No tenemos razones para creer que alguna vez participara en prácticas inmorales, pero disfrutaba los placeres de una vida muy cómoda. Tenía la mejor comida, las mejores habitaciones, la mejor recreación, lo mejor en todo lo que su época podía brindarle. Tales cosas no eran pecado en sí mismas. José había disfrutado los mismos placeres en el mismo lugar, mientras era completamente obediente a Dios. Pero habrían sido pecado para Moisés si hubiera decidido quedarse en la corte egipcia, y las olvidó por causa del llamado divino. Hizo la elección consciente de **ser maltratado con el pueblo de Dios,** antes **que gozar de los deleites temporales del pecado.** Eso fue un acto de fe. Creyó que si hacía lo que Dios quería, el final le resultaría infinitamente mejor.

Dios nos ha llamado a la santidad. Nos ha llamado a separarnos del pecado. La obediencia no siempre es fácil, pero al final el pecado es mucho, mucho, más duro. El camino de Dios no solamente es para honrarlo a Él, sino para nuestro propio bien. El camino de Satanás es para *su* honra y para nuestro mal.

LA FE RECHAZA LA PLENITUD DEL MUNDO

teniendo por mayores riquezas el vituperio de Cristo que los tesoros de los egipcios; porque tenía puesta la mirada en el galardón. (11:26)

Moisés tenía todo lo material que quisiera viviendo en el palacio del faraón. Tenía comida, posesiones y dinero más que suficientes. Descubrimientos como el de la tumba de Tutankamón, que vivió tan solo alrededor de cien años después de Moisés, han mostrado cuán inmensamente rico fue Egipto en todo su apogeo. Moisés tenía acceso a una inmensa riqueza y probablemente tenía mucha que era propia. Tenía todas las cosas que el mundo estimaría. Debió haberse sentido fuertemente tentado a no dejarlas; pero no lo hizo.

La palabra usada para **teniendo** en el griego (*hēgeomai*) requiere pensamiento cuidadoso, no decisión rápida. Moisés pensó meticulosamente su decisión, pesando los pros y los contras. Pesó lo que Egipto quería ofrecerle contra lo que Dios le ofrecía. Cuando llegó a una conclusión, estaba bien fundamentada y era segura. El ofrecimiento de Dios era infinitamente superior en todo sentido. A los ojos del mundo no vale la pena sacrificar las riquezas por **vituperio** (caer en ridiculización y persecución). Sin embargo, Moisés creía que lo peor que pudiera soportar por Cristo sería más valioso que lo mejor del mundo.

Es interesante que el escritor de Hebreos diga que Moisés tuvo **por mayores riquezas el vituperio de Cristo**, puesto que vivió aproximadamente mil quinientos años antes de Cristo. *Cristo* es la forma griega de *Mesías*, el Ungido. Se dice de muchas personas especiales en el Antiguo Testamento que estaban ungidas. La unción separaba a las personas para un servicio especial al Señor. Por tanto, es posible que Moisés estuviera pensando en sí mismo como un mesías, un libertador. Si es así, el versículo 26 podría leerse de esta forma: "teniendo por mayores riquezas el vituperio de su propio mesianismo como libertador de Dios...". También es posible que la referencia sea a Moisés como un tipo de Cristo, como lo fueron José y Josué.

Sin embargo, creo que el significado es tal cual aparece en la mayoría de las traducciones: con "Cristo" en mayúscula. Es decir, Moisés sufrió vituperio por causa de Cristo, el Mesías verdadero, porque se identificó con el pueblo y el propósito del Mesías mucho antes de que Cristo viniera a la Tierra. Desde la caída de Adán, todo creyente ha recibido la salvación por la sangre de Jesucristo, sin importar en qué época viviera. Por tanto, también es cierto que cualquier creyente en cualquier época que haya sufrido en nombre de Dios ha sufrido en nombre de Cristo. En un sentido, David sufrió tanto por Cristo como Pablo. David dice en uno de sus salmos: "Los denuestos de los que te vituperaban cayeron sobre mí" (Sal. 69:9). Pablo hizo una declaración semejante desde el otro lado de la cruz: "yo traigo en mi cuerpo las marcas del Señor Jesús" (Gá. 6:17). El Mesías siempre se ha identificado con su pueblo. En un sentido muy real, cuando Israel sufría, el Mesías sufría, y cuando Moisés sufría, Él sufría. En las aflicciones de ellos por Él, Él se afligía. Una comparación de Mateo 2:15 con Oseas 11:1 muestra que el Mesías se identificaba íntimamente con su pueblo. Oseas se refiere a Israel, Mateo se refiere a Jesucristo. Tanto Israel como Cristo son el hijo llamado de Egipto.

Todos los cristianos deberían cargar voluntariamente el mismo vituperio.

"Salgamos, pues, a él, fuera del campamento, llevando su vituperio" (He. 13:13). Todo el que se haya situado con Dios por la fe, que haya vivido por Él y le haya dado la espalda a las riquezas del mundo para ir por el camino que Dios le dicte ha recibido el vituperio de Dios y de su Ungido, su Cristo. Pertenece a todos los que han sufrido por Dios. La Iglesia carga el reproche de Cristo. Después que azotaran en el sanedrín a los apóstoles, "salieron de la presencia del concilio, gozosos de haber sido tenidos por dignos de padecer afrenta por causa del Nombre" (Hch. 5:41). Moisés habría estado de acuerdo con lo que Pedro escribió: "Si sois vituperados por el nombre de Cristo, sois bienaventurados, porque el glorioso Espíritu de Dios reposa sobre vosotros" (1 P. 4:14). Moisés rechazó los tesoros de Egipto y aceptó su posición con el Ungido de Dios.

No sabemos cuánto sabía Moisés del gran Libertador futuro divino. Pero tuvo mucha más luz que Abraham, y Jesús dice abiertamente que Abraham anheló y se alegró por ver el día de Jesús (Jn. 8:56). De la misma forma, Moisés anhelaba a Jesús.

El **galardón** de Dios es siempre mayor que el del mundo. "Mi Dios, pues, suplirá todo lo que os falta conforme a sus riquezas en gloria en Cristo Jesús" (Fil. 4:19). Él suple *de acuerdo a* sus riquezas, no *de* ellas. Un millonario que da diez dólares para ayudar a alguien en necesidad da de sus riquezas, pero no de acuerdo a ellas. Sin embargo, si diera cien mil dólares, estaría dando de acuerdo a sus riquezas. Con seguridad, Moisés vio el galardón de una vida bendecida, pero el énfasis se ve mejor en términos de estar en la recompensa eterna.

"Mejor es lo poco del justo, que las riquezas de muchos pecadores" (Sal. 37:16). No es pecado ser rico, pero es pecado querer ser rico. Si trabajamos con honradez y diligencia para la gloria de Dios, y nos hacemos ricos en el proceso, está bien. Pero si ponemos nuestra mente en hacernos ricos, tenemos la motivación errada. Pablo le dijo a Timoteo: "Porque raíz de todos los males es el amor al dinero, el cual codiciando algunos, se extraviaron de la fe, y fueron traspasados de muchos dolores. Mas tú, oh hombre de Dios, huye de estas cosas, y sigue la justicia, la piedad, la fe, el amor, la paciencia, la mansedumbre" (1 Ti. 6:10-11). En otras palabras, si Dios nos hace ricos en el camino, es maravilloso. Si en su sabiduría nos mantiene pobres, también es maravilloso. No debería afectarnos para nada, en tanto estemos en su voluntad. No afectó a Moisés. Disfrutó las riquezas de Egipto durante cuarenta años; pero se olvidó de ellas por el resto de su vida porque interferían con su obediencia a Dios y habrían evitado que recibiera las riquezas infinitamente superiores cuando llegara el tiempo de los galardones eternos.

Porcia, una heredera hermosa y rica, es la heroína de *El mercader de Venecia*. Tenía muchos pretendientes de familia noble que querían casarse con ella. Pero su padre había decretado que escogería a su esposo por medio de una prueba. Pertenecería a aquel que escogiera el cofre correcto, entre tres que él había preparado. Uno estaba hecho de oro. Tenía inscrito: "Quien me escoja habrá de obtener lo que muchos hombres desean" y en su interior tenía una calavera. El segundo cofre era de plata y tenía esta inscripción: "Quien me escoja obtendrá tanto como merezca" y adentro tenía la imagen de un bobo. El cofre ganador estaba hecho de plomo y tenía la foto de Porcia. En el exterior tenía la inscripción: "Quien me escoja debe dar y arriesgar todo lo que tiene". Todos sus pretendientes, excepto Bassanio escogieron uno de los dos primeros cofres, porque los metales preciosos y las inscripciones eran muy atractivas. Bassanio escogió el del plomo y obtuvo la mano de Porcia, porque estuvo dispuesto a dar todo lo que tenía por aquella a quien amaba.

Es esa la actitud que debería tener todo cristiano con Cristo. Debemos estar dispuestos a olvidar y arriesgar todo lo que tenemos por la voluntad de Dios, sabiendo, junto con Moisés y Pablo, que nuestra "leve tribulación momentánea produce en nosotros un cada vez más excelente y eterno peso de gloria" (2 Co. 4:17; cp. Ro. 8:18).

LA FE RECHAZA LA PRESIÓN DEL MUNDO

Por la fe dejó a Egipto, no temiendo la ira del rey; porque se sostuvo como viendo al Invisible. (11:27)

La primera vez que Moisés dejó Egipto, salió huyendo del faraón, quien quería matarlo por asesinar a un capataz de esclavos (Éx. 2:15). La segunda vez que dejó Egipto, otro faraón quería evitar que Moisés saliera con los hijos de Israel. En los dos casos estaba en problemas.

Además de sus problemas con los reyes, enfrentaba otras presiones. Por un lado, tenía la presión de conservar el prestigio, el placer y la plenitud que ya mencionamos. La perspectiva de vivir en el desierto no podrían haberle llamado mucho la atención. Cuando huyó por su vida, no tenía idea de que se casaría con una pastora y cuidaría el rebaño de su suegro durante los próximos cuarenta años en Madián. A lo sumo, sabía que la vida en el desierto no podría compararse ni medianamente con la vida en la corte real egipcia.

Sin embargo, la mayor presión para Moisés era el temor, dada **la ira del rey**. Es el mismo temor, aunque tal vez de clase y fuente diferente, que pueden enfrentar los creyentes en ocasiones. El temor es una de las armas más eficaces de Satanás, por lo tanto una de las más usadas. Nos atemoriza que piensen diferente de nosotros, que perdamos nuestro trabajo, reputación o popularidad. Nos atemoriza la crítica, con frecuencia de personas que ni siquiera respetamos.

Sin duda, Moisés estuvo tentado a temer, pero no lo hizo. **Dejó** Egipto con determinación total a seguir un camino mejor. En este contexto, la traducción de la Nueva Versión Internacional parece más apropiada: "Por la fe Moisés, ya adulto, renunció...". Hizo más que irse; le dio la espalda a Egipto y todo lo que representaba. Renunció permanentemente. Como Pedro, Santiago y Juan (Lc. 5:11), Moisés renunció a todo para seguir al Señor. El temor de Satanás no le frustró, atrasó o intimidó. Había puesto su mano en el arado y no iba a mirar atrás. En el Antiguo Testamento está unido a otro hombre de Dios que no temió: Daniel. Él tampoco comprometió sus principios e inspiró a sus tres amigos a hacer lo mismo (Dn. 1—2).

El temor había obrado en Abraham en varias ocasiones. También tuvo miedo de que el rey egipcio —y, unos años después, el rey filisteo— le matara por su bella esposa, Sara. Creyó que la podrían querer para ellos y por eso le matarían. En los dos casos mintió en lugar de confiar en Dios (Gn. 12:12; 20:2). Aarón tuvo miedo del pueblo y cedió a su insistencia de hacer un becerro de oro mientras Moisés estaba en el Monte Sinaí (Éx. 32:1-5). Diez de los doce espías enviados a Canaán dieron un informe negativo y exagerado sobre cuán peligrosos eran sus habitantes, y los israelitas tuvieron miedo (Nm. 13:32-33). El ejército de Gedeón tuvo miedo y él dejó ir a veintidós mil (Jue. 7:3). Los discípulos se asustaron con la tormenta en el mar y el Señor les reprendió por su falta de fe (Mr. 4:38-40). A Pedro le asustó que lo criticaran y lo arrestaran, y negó a Jesús tres veces (Jn. 18:17, 25, 27).

El temor es una presión muy grande y todos nos sentimos tentados a doblegarnos cuando estar firmes en el Señor requiere decir algo o hacer algo poco popular, o peligroso. Pero la fe verdadera no se dobla ante la presión del mundo.

El temor no obró en Moisés, no al menos cuando el Señor lo llamó en Egipto. Sabía que tenía un medio de apoyo invisible pero poderoso, **como viendo al Invisible**. Sabía que Dios lo sostendría, lo fortalecería y lo recompensaría, sin importar lo que pasara o tuviera que enfrentar. Creyó con David: "El Señor es mi luz y mi salvación; ¿a quién temeré? El Señor es el baluarte de mi vida; ¿quién podrá amedrentarme?" (Sal. 27:1, nvi).

Cuando Moisés quiso salir de Egipto la segunda vez llevando al pueblo de Israel con él, no solo se encontró con la resistencia del rey, sino de su propio pueblo. Cuando les contó por primera vez el plan de Dios para liberarlos, estaban agradecidos (Éx. 4:31). Pero cuando el faraón ponía las cosas peores para ellos cada vez que Moisés presentaba alguna exigencia, se descorazonaban y se volvían contra el liderazgo de Moisés (6:9; 14:11-12). Ahora tenía al rey y a su pueblo contra él. Pero tampoco estaba asustado. Continuó diciendo lo que Dios quería y haciendo lo que Dios quería.

Moisés era la clase de hombre que era porque decidió poner su mirada en Dios y no en el monarca egipcio. ¿Cuántas veces caemos o retrocedemos frente a amenazas mucho menores? Cuando el mundo nos asusta, cuando tememos lo que hagan o digan los demás, nos estamos exponiendo a no agradar a Dios y a que nos discipline por nuestra falta de fe. La fe rechaza la presión del mundo, sin importar cuál pueda ser.

LA FE ACEPTA LA PROVISIÓN DE DIOS

Por la fe celebró la Pascua y la aspersión de la sangre, para que el que destruía a los primogénitos no los tocase a ellos. (11:28)

Esta es la segunda de tres cosas que la fe acepta. Este es el lado positivo de tomar las decisiones correctas. La fe verdadera acepta la provisión y el plan del Señor (véase la explicación de 11:23).

La plaga décima y última que Dios envió a los egipcios fue la muerte de los primogénitos (Éx. 11:5). La Pascua, en la cual se rociaba sangre de un cordero en los dinteles de las casas, se instituyó para proteger a los israelitas de esta plaga (12:7). Obviamente, la sangre no tenía poder para alejar al ángel de la muerte, pero rociarla como había ordenado Dios era un acto de fe y obediencia, y la sangre era simbólica del sacrificio de Cristo mediante el cual conquistó la muerte para todos los que creen en Él. El pueblo de Israel, Moisés inclusive, no entendía el significado completo de la ceremonia, pero sabían que era parte del plan de Dios. Dios lo exigía y ellos obedecían. Moisés aceptó la provisión divina. La fe siempre acepta la provisión divina, no importa cuán extraña y sin sentido pueda parecer al entendimiento humano.

Cuando un creyente acepta a Jesucristo por la fe, acepta la provisión divina para la salvación. Para el mundo, las buenas obras parecen una forma mejor que la fe para agradar a Dios. Pero el camino del mundo no es el camino de Dios. Para Él, "todas nuestras justicias [son] como trapo de inmundicia" (Is. 64:6). La fe acepta la justicia de Cristo aplicada a nuestro favor. Es este el camino de Dios, y por lo tanto es el camino de la fe.

LA FE ACEPTA LA PROMESA DIVINA

Por la fe pasaron el Mar Rojo como por tierra seca; e intentando los egipcios hacer lo mismo, fueron ahogados. (11:29)

Finalmente, la fe acepta la promesa de Dios, además del plan y la provisión divina. Cuando Moisés y su pueblo llegaron al Mar Rojo, faraón y su ejército estaban muy cerca. Desde su perspectiva, estaban atrapados; no había escape. Al principio el pueblo se descorazonó y se quejó sarcásticamente ante Moisés. "¿No había sepulcros en Egipto, que nos has sacado para que muramos en el desierto?" (Éx. 14:11). Pero se animaron de nuevo cuando Moisés les dijo: "No tengan miedo... Mantengan sus posiciones, que hoy mismo serán testigos de la salvación que el Señor realizará en favor de ustedes. A esos egipcios que hoy ven, ¡jamás volverán a verlos! Ustedes quédense quietos, que el Señor presentará batalla por ustedes" (vv. 13-14). Al menos por un momento, confiaron en Dios y **por la fe pasaron el Mar Rojo como por tierra seca**.

Creyeron la promesa de Dios a Moisés y comenzaron a caminar por el fondo del mar tan pronto como las aguas se partieron. Esto requiere una fe considerable, pues las aguas acumuladas a cada lado debieron haber sido aterradoras. Si las aguas hubieran vuelto demasiado pronto, Israel se habría ahogado, no los egipcios. El pueblo no tenía más garantía que la palabra de Dios de que Él no cambiaría su mente ni los olvidaría. Pero su palabra era suficiente. Para los fieles, la palabra de Dios siempre es suficiente.

La fe le toma a Dios la palabra y es victoriosa. Suponer niega la palabra de Dios y causa destrucción. Los egipcios endurecieron sus corazones al Señor insistentemente, supusieron que podían confiar en sí mismos, y se ahogaron. La prueba de la fe es confiar en Dios cuando todo lo que tenemos son sus promesas. Cuando las aguas se apilan alrededor nuestro y los problemas están a punto de abrumarnos, es cuando se prueba la fe y cuando el Señor se deleita especialmente en mostrarnos su fidelidad, su amor y su poder. Cuando no tenemos más que su promesa para apoyarnos, su ayuda está más próxima y su presencia es la más estimada para quienes creen.

En cada coyuntura de la vida, o cumplimos la voluntad de Dios y su Espíritu nos llena, o hacemos nuestra voluntad y enfriamos al Espíritu. Cuando creamos en Dios verdaderamente, sabremos que Él está interesado en lo mejor para nosotros en *todo*, y siempre nos decidiremos por Él.

La valentía de la fe

32

Por la fe cayeron los muros de Jericó después de rodearlos siete días. Por la fe Rahab la ramera no pereció juntamente con los desobedientes, habiendo recibido a los espías en paz. ¿Y qué más digo? Porque el tiempo me faltaría contando de Gedeón, de Barac, de Sansón, de Jefté, de David, así como de Samuel y de los profetas; que por fe conquistaron reinos, hicieron justicia, alcanzaron promesas, taparon bocas de leones, apagaron fuegos impetuosos, evitaron filo de espada, sacaron fuerzas de debilidad, se hicieron fuertes en batallas, pusieron en fuga ejércitos extranjeros. Las mujeres recibieron sus muertos mediante resurrección; mas otros fueron atormentados, no aceptando el rescate, a fin de obtener mejor resurrección. Otros experimentaron vituperios y azotes, y a más de esto prisiones y cárceles. Fueron apedreados, aserrados, puestos a prueba, muertos a filo de espada; anduvieron de acá para allá cubiertos de pieles de ovejas y de cabras, pobres, angustiados, maltratados; de los cuales el mundo no era digno; errando por los desiertos, por los montes, por las cuevas y por las cavernas de la tierra. Y todos éstos, aunque alcanzaron buen testimonio mediante la fe, no recibieron lo prometido; proveyendo Dios alguna cosa mejor para nosotros, para que no fuesen ellos perfeccionados aparte de nosotros. (11:30-40)

La fe es confiar completamente en la Palabra de Dios. Es confianza incondicional en lo que Él dice, estrictamente sobre la base de que Él lo ha dicho. El hecho es que o confiamos en lo que Dios dice o nos queda confiar en nuestro propio intelecto, instinto y actitudes. Estas son las únicas dos opciones. Nuestro propio camino es el de la incredulidad; el camino de Dios es el camino de la fe.

La fe ilustrada en Hebreos 11 es la que toma la palabra de Dios como viene y actúa basada en ella, arriesgándolo todo. Es fe que no pregunta ni pide señales o dirección milagrosa. Buscar señales, maravillas y explicaciones que podamos entender o en las que podamos gloriarnos no es fe. Es duda que busca pruebas a su alrededor. Todo aquello que requiera más que la Palabra de Dios es duda, no fe. A veces Dios da explicaciones y razones para su Palabra, pero no está obligado a hacerlo y la fe no lo demanda. Como dijo Jesús a Tomás: "Bienaventurados los que no vieron, y creyeron" (Jn. 20:29). Por tanto, la fe está opuesta a la naturaleza humana, opuesta al sistema del mundo. Suele exigir que aceptemos de Dios aquello para lo cual no vemos lógica o razón.

A un judío del primer siglo casi siempre le salía costoso volverse cristiano. Solía costarle sus amigos, familia, privilegios en la sinagoga, trabajo, posición social y respeto comunitario. También le costaba las ceremonias, rituales y tradiciones que los judíos consideraban tan valiosas, inclusive algunas que Dios había instituido para un momento particular. Los judíos que recibieron esta epístola estaban tentados a mantener un pie en cada uno de los mundos, a aceptar el cristianismo mientras se aferraban tanto como pudieran al judaísmo. Algunos intentaban hacer el viaje del nuevo pacto mientras mantenían sus barcas bien amarradas al muelle del antiguo.

Este capítulo les muestra a aquellos judíos reacios que los seguidores fieles de Dios en el Antiguo Testamento no eran como ellos. Cuando los fieles del Antiguo Testamento se decidieron por Dios, le entregaron todo a Él, porque tenían la visión correcta de quién era Dios. La fe correcta tiene su base en la teología correcta. La fe cree y le obedece a Dios porque sabe que Dios no puede mentir, no puede equivocarse, no puede errar, no puede salir derrotado, no se le puede sobrepasar. Se puede confiar en un Dios como este. De hecho, con un Dios como este, no tiene sentido hacer algo diferente a confiar en Él y obedecerle. Por supuesto, la incredulidad es ciega a esta clase de Dios y, por tanto, considera locura la confianza y la obediencia. Camina por vista.

La fe, pues, tiene su base en la actitud de una persona hacia Dios. Como lo observa J. B. Phillips en su libro *Your God is Too Small* [Tu Dios es demasiado pequeño], si tenemos un dios minúsculo, no confiaremos en él. Solo el Dios verdadero, el gran Dios soberano, amoroso, fiel, omnisciente, omnipotente y santo de las Escrituras merece confianza. Por cuanto los héroes de Hebreos 11 conocían a *este* Dios, confiaban en Él completamente.

Tal vez la señal suprema de la fe verdadera sea la valentía. Creer y seguir a Dios no es tan difícil cuando las cosas van bien, cuando la mayoría a nuestro alrededor son creyentes y cuando nuestra fe nos cuesta poco. La fe se demuestra cuando enfrenta el desastre, la prueba, la persecución, el ridículo, y sigue sin vacilar. La fe es la fuente de la valentía. No tenemos una fe grande por ser muy valientes, somos muy valientes porque tenemos una fe grande. Ciertamente, Moisés demostró esta valentía al enfrentar al faraón. Pero el escritor escoge otros modelos de la valentía de la fe.

Hebreos 11:30-40 nos muestra tres formas en las cuales la valentía demuestra la fe: conquista en las luchas, continúa en el sufrimiento y cuenta con la salvación.

CONQUISTA EN LAS LUCHAS

La vida es siempre una lucha para el creyente. El camino de Dios no es el camino del hombre, y mientras el creyente esté en el mundo tendrá que luchar en ese conflicto. La única arma eficaz que posee en esta lucha es la fe. Precisamente por esa fe llegan muchas de nuestras luchas, y solamente por la fe podemos enfrentarlas y conquistarlas.

JOSUÉ Y LOS ISRAELITAS EN JERICÓ

Por la fe cayeron los muros de Jericó después de rodearlos siete días. (11:30)

Los **muros de Jericó** eran estructuras masivas. Algunos muros de ciudades en aquella época eran tan anchos que se podía conducir dos carros lado a lado en la parte superior. Jericó era una ciudad fronteriza que era una fortaleza, ubicada estratégicamente cerca de la desembocadura del río Jordán, y sus muros estaban diseñados para protegerla del más fuerte ataque enemigo. Para lo usual en la época, era prácticamente inexpugnable.

Habían pasado cuarenta años desde que Israel había cruzado el Mar Rojo por fe (v. 29) y era ese el último acto de fidelidad con implicaciones que habían exhibido colectivamente. El viaje por el desierto del Sinaí, que habría requerido poco menos de cuarenta semanas, tomó cuarenta años, porque Dios juzgó el pecado de la generación anterior obligándolos a desaparecer. Su grosera incredulidad se manifestó en sus continuas quejas e idolatría, haciéndolos indignos de entrar a la tierra prometida. No hay nada en esos cuarenta años digno de mencionarse en un capítulo sobre la fe. Solamente cuando Israel llegó a Jericó, volvió a mostrar fe en Dios.

Jericó era el primer obstáculo en Canaán, y desde la perspectiva humana parecía un obstáculo insuperable para aquella multitud heterogénea de antiguos esclavos que habían estado vagando en círculos por el desierto durante tantos años. Su ubicación era estratégica, sus muros eran altos y anchos, y sus soldados estaban entrenados y bien armados.

El informe negativo de los diez espías que habían ayudado a explorar la tierra no era impreciso. Era algo exagerado, pero básicamente era correcto: "Este pueblo es mayor y más alto que nosotros, las ciudades grandes y amuralladas hasta el cielo" (Dt. 1:28). Moisés no les reprendió porque el informe fuera erróneo, sino por la incredulidad y el miedo con que dieron la noticia y fue recibida. "'No se asusten ni les tengan miedo. El Señor su Dios marcha al frente y peleará por ustedes, como vieron que lo hizo en Egipto'" (vv. 29-30, NVI). El obstáculo real no era Canaán, sino la incredulidad. La única dificultad para Dios era hacer que su pueblo fuera con Él.

Después, Dios usaría el ejército de Israel para conquistar la tierra, pero su plan para Jericó era que el pueblo no hiciera más que unos cuantos actos simbólicos: para mostrarles, a ellos y a los cananeos, cuán poderoso es Él. Todo lo que los israelitas tenían que hacer era marchar alrededor de la ciudad una vez al día, durante seis días, con siete sacerdotes al frente que llevaban cuernos de carneros delante del arca. El séptimo día debían marchar siete veces alrededor mientras los sacerdotes hacían sonar los cuernos. Finalmente, cuando los sacerdotes dieran el último sonido, todo el pueblo debía gritar y entonces caería el muro de la ciudad (Jos. 6:3-5). El pueblo obedeció con fe y las murallas cayeron como estaba predicho.

Militarmente, los siete días de marcha no exigían nada. Pero psicológicamente exigían una gran cantidad de valor. El plan debió haber sido vergonzoso para Israel. Así no se conquistan las ciudades. Todo el esfuerzo parecía completamente absurdo para los habitantes de Jericó, y probablemente incluso para muchos israelitas. Suele ser más fácil pelear que tener fe. Si peleamos, al menos tendremos cierto respeto del mundo, incluso si perdemos. Pero la fe siempre parece necia a los ojos del mundo.

Una de las cosas más sorprendentes de Josué 6 es que no se registra ni una sola palabra de duda o queja. Los israelitas creyeron lo que el Señor les dijo por medio de Josué e inmediatamente comenzaron a prepararse para la marcha (v. 8). Durante toda una semana marcharon cuidadosa y fielmente. Fue una piedra angular de la fe en la vida de Israel.

Dios se deleita en matar el orgullo de los hombres. Y acabó con el orgullo de Jericó haciendo que los muros de la ciudad cayeran del modo más simple posible, tal como unos años después enviaría un muchacho para matar al gigante Goliat y hacer huir a los filisteos. Con la derrota de Jericó también demolió cualquier orgullo que los israelitas pudieran haber tenido. Era obvio que su parte fue meramente simbólica. Ellos no podían atribuirse el mérito. Todo lo que Dios quería de ellos era fe, y eso fue lo que dieron, **por la fe cayeron los muros de Jericó**.

Alguien ha dicho que hay cuatro clases de fe. Hay una fe *receptora*, como cuando llegamos con las manos vacías a Cristo por la salvación. Hay una fe *calculadora*, que cuenta con que Dios obre por nosotros. Hay una fe *arriesgada*, que se mueve en el poder de Dios, osando hacer lo imposible. Y hay una fe *reposada*, la clase de fe que, en medio del dolor, el sufrimiento y el rechazo, se sienta confiada en que Dios librará.

En la caída de Jericó vemos la fe que se arriesga. El pueblo de Israel estaba dispuesto a hacer todo, a arriesgarlo todo, porque creían en Dios. En conformidad exacta con la instrucción divina, marcharon, sonaron los cuernos y gritaron. No añadieron nada ni dejaron nada por fuera. Tan solo obedecieron.

El gran misionero Robert Moffatt trabajó por años en Bechuanalandia, África del Sur, sin ver un solo converso. Cuando algunos amigos ingleses le escribieron preguntándole qué podían enviarle de regalo, pidió un juego de bandejas y vasos para la comunión. Como no había más conversos allí, quedaron sorprendidos, pero accedieron a sus deseos. Varios meses después, cuando la vajilla llegó, más de una docena de nativos habían recibido a Cristo y tuvieron su primera Santa Cena. Tal es la belleza y la valentía de la fe.

Tanto si el obstáculo es oposición directa, apatía, ridículo o cualquier otra cosa, todo cristiano tiene su Jericó y su Bechuanalandia. Si confiamos en el Señor y demostramos nuestra confianza continuando valientemente haciendo aquello para lo cual el Señor nos ha llamado, en el tiempo de Dios caerán los obstáculos.

RAHAB

Por la fe Rahab la ramera no pereció juntamente con los desobedientes, habiendo recibido a los espías en paz. (11:31)

Rahab era una candidata improbable para el salón de la fama de los fieles. Por un lado, era una prostituta; por el otro, era una gentil, y además, una cananea. De hecho, era amorrea, una raza a la cual ya había señalado Dios para la destrucción desde mucho antes (Gn. 15:16). Sin embargo, así es como obra la gracia de Dios. Su misericordia está abierta a todo el que la reciba, y su gracia siempre ha sido más amplia que para solo Israel, incluso en los tiempos del Antiguo Testamento.

Rahab no tenía más luz que ningún otro habitante de Jericó; sin embargo, creyó mientras los demás fueron incrédulos. Fueron más que solo incrédulos, fueron **desobedientes**. La implicación es esta: no solo sabían que Dios estaba con Israel, también sabían que Él les había llamado de alguna forma (esto es, a los habitantes de Jericó). Sin embargo, rechazaron la palabra de Dios. Quisieron matar a los espías israelitas, pero Rahab recibió **a los espías en paz**. Estaban preparados para pelear con Israel cuando los atacara, pero Rahab de nuevo le dio la bienvenida al pueblo de Dios. Por su fe, su familia y ella quedaron a salvo. Por su incredulidad, todos los demás murieron.

La destrucción de los cananeos fue de gran ganancia social y espiritual para el bien de la humanidad. Eran un pueblo depravado, idólatra y malvado. Eran conocidos por sus prácticas groseras de perversión e inmoralidad sexual, además de su crueldad general. Entre otras cosas, solían poner a bebés vivos en jarrones y colocarlos dentro de los muros de la ciudad mientras los construían como sacrificio de los fundamentos. Estaban pidiendo el juicio.

En medio de esta incredulidad pagana, Rahab confesó y creyó: "Yo sé que el Señor y Dios es Dios de dioses tanto en el cielo como en la tierra" (Jos. 2:11, nvi). Y, en medio de tan bárbara crueldad, ella fue amable y recibió **a los espías en paz**. Ella aferró su vida al hecho de que Dios había dicho que Él salvaría y protegería a su pueblo, Israel, y ella quería estar del lado de Dios. Tuvo la valentía de la fe.

Rahab, por su fe, no solo logró salvarse, sino que recibió honra. Fue madre de Booz, quien se casó con Rut, la tatarabuela de David, con lo cual se convirtió en ascendiente de Jesús (Mt. 1:5).

MUCHOS OTROS

¿Y qué más digo? Porque el tiempo me faltaría contando de Gedeón, de Barac, de Sansón, de Jefté, de David, así como de Samuel y de los profetas; que por fe conquistaron reinos, hicieron justicia, alcanzaron promesas, taparon bocas de leones, apagaron fuegos impetuosos, evitaron filo de espada, sacaron fuerzas de debilidad, se hicieron fuertes en batallas, pusieron en fuga ejércitos extranjeros. (11:32-34)

Los seis hombres mencionados, quienes no aparecen en orden cronológico, fueron gobernantes en algún sentido. Varios son personajes bíblicos sobresalientes, mientras que otros son menos conocidos. Samuel fue juez y profeta, y David fue rey y profeta. Pero a ninguno se le exalta aquí por su oficio. A todos se les exalta por lo que lograron por la fe.

Gedeón fue un juez y líder militar, organizó un ejército de treinta y dos mil hombres para pelear contra los madianitas y los amalecitas. Para evitar que Israel creyera que la victoria vendría por la mano de ellos, Dios redujo el ejército a diez mil y luego a trescientos. Estos últimos fueron seleccionados sobre la única base de cómo bebían agua de una fuente. En oposición, los enemigos eran "como langostas en multitud, y sus camellos eran innumerables como la arena que está a la ribera del mar en multitud" (Jue. 7:12). Con todo, los hombres de Gedeón lo único que portaban eran trompetas y cántaros que contenían teas. Aun con menos hombres y menos esfuerzo que el usado para derrotar a Jericó, todo el ejército enemigo pagano quedó derrotado por completo (7:16-22). Solo un necio habría intentado una estrategia tan valiente sin la dirección y el poder divino. Desde la perspectiva de la fe, solo un necio *no* intentaría algo así cuando *tiene* la dirección y el poder de Dios.

Aparte del relato breve en Jueces 4—5 y la mención breve en Hebreos 12:32, **Barac** es desconocido en las Escrituras. Nada sabemos de su pasado o formación. Dios prometió a Israel por medio de Débora, la juez, que lo libraría de Jabín, el rey cananeo, cuyo gran comandante, Sísara, tenía un ejército numeroso y aguerrido que se ufanaba de contar con novecientos carros de hierro. De acuerdo con la instrucción del Señor, Débora le pidió a Barac que juntara un ejército israelita de tan solo diez mil hombres tomados de dos tribus: Neftalí y Zabulón. Al resto de las tribus no se les pidió participar, al parecer para mostrar a Israel y a los cananeos que Dios podía salir victorioso con tan solo un ejército simbólico de una porción pequeña de Israel. Barac reunió sus hombres en el monte Tabor y atacó a Sísara, como se lo había ordenado Dios. "Ante el avance de Barac, el SEÑOR desbarató a Sísara a filo de espada, con todos sus carros y su ejército" (Jue. 4:15, NVI). Barac y sus hombres hicieron su parte y probablemente pelearon con valentía, pero el éxito de la campaña fue del Señor. Sin su ayuda, Israel habría terminado fácilmente masacrado. Débora le había dicho a Barac con anterioridad que la gloria de la victoria no sería suya. El Señor no solamente peleó la batalla por su pueblo, sino que permitió que una mujer matara a Sísara, de modo que Barac tenía aun menos razones para atribuirse el mérito (4:9).

Barac creyó la promesa de victoria de Dios y no le preocupaba en lo más mínimo que una mujer obtuviera el mérito por haber matada a Sísara. De hecho, insistió en que Débora, una juez, fuera con él a la batalla (v. 8). Él quería su ayuda espiritual, no militar. Ella era la representante especial del Señor en aquellos tiempos y Barac quería a la persona del Señor con él. Que quisiera que ella lo acompañara era otra indicación de que confiaba en el Señor. Débora, como profetiza del Señor, era de mayor valor para él que sus diez mil hombres. A Barac no le preocupaba el poder de Sísara, porque tenía el poder de Dios. Con esa fe valiente conquistó **reinos**.

A **Sansón** no se le recuerda tanto por su fe como por su fuerza física y su credulidad personal. Fue inmaduro y egocéntrico en muchos aspectos, incapaz de sobrellevar el poder milagroso que Dios le había dado. Pero fue un hombre de fe. Nunca dudó que Dios era la fuente de su poder, del cual su cabello no era más que un símbolo.

Sansón fue juez de Israel y recibió la tarea especial de oponerse a los filisteos, quienes reinaron sobre Israel. Los motivos de Sansón para pelear contra los filisteos fueron en general mixtos, pero sabía que estaba haciendo la voluntad de Dios en el poder de Dios. Desde su temprana adultez el Espíritu del Señor había estado con él y se nos dice específicamente que era el Espíritu quien lo fortalecía en sus sorprendentes batallas de un solo hombre (Jue. 13:25; 14:19; 15:14; 16:28).

Sansón sabía que Dios le había llamado y le había dado poder para "salvar a Israel de mano de los filisteos", tal como le había dicho a la madre de Sansón antes de la concepción de su hijo (13:5). Dios le había prometido poder y Sansón confiaba en Dios para ese poder. Peleó contra los filisteos no con la valentía de la destreza física, sino con la de la fe.

Nos sentimos inclinados a juzgar a Sansón por su debilidad. Pero Dios lo elogia por su fe.

Jefté precedió a Sansón como juez de Israel. Su responsabilidad fue someter a los amonitas, uno de los enemigos de Israel. A pesar de la necedad de su voto (Jue. 11:30-31), la confianza de Jefté estaba en el Señor, y su poder provenía del Señor (vv. 29, 32). Hasta las personas de fe cometen errores, y Dios honró a Jefté por su fe.

David sobresale obviamente como uno de los personajes más grandes del

Antiguo Testamento. Su confianza en el Señor comenzó cuando era niño, cuidando el rebaño, matando osos y leones y derrotando a Goliat con una honda. David enfrentó a Goliat con plena confianza en que el Señor le daría el poder para derrotarlo. Mientras el resto de Israel, incluyendo al rey y a los hermanos de David, estaban achicados por el miedo, David caminó con decisión hacia Goliat y le anunció: "Hoy mismo el Señor te entregará en mis manos; y yo te mataré y te cortaré la cabeza" (1 S. 17:46, NVI). Al parecer, a David nunca se le pasó por la cabeza no confiar en el Señor.

Como los otros héroes de la fe, David no era perfecto, pero Dios dijo de él que era una persona conforme a su corazón y haría lo que Él quería (Hch. 13:22). Le agradó a Dios por la valentía de su fe para confiar en Él y hacer su voluntad.

Samuel aparece en esta lista de guerreros, aunque no lo era. Pero peleó una batalla igual a las que enfrentan los guerreros. Sus grandes enemigos fueron la idolatría y la inmoralidad. Tuvo que mantenerse firme en medio de una sociedad contaminada y hablar con osadía la verdad de Dios. Con frecuencia, sus oponentes más severos no fueron los filisteos, los amorreos o los amonitas, sino su propio pueblo. A veces requiere más valentía enfrentarse con los amigos que con los enemigos. La presión social puede ser más asustadora que el poder militar. Este profeta de Dios, que fue también el último juez de Israel, comenzó "sirviendo en la presencia del SEÑOR" (1 S. 2:18, NVI) y continuó siendo fiel a Dios toda su vida. En la valentía de la fe, gobernó y profetizó.

Excepto por Samuel, **los profetas** no se mencionan por su nombre. Como menciona el escritor al principio del versículo 32, no tiene tiempo para dar más detalles sobre muchas otras personas fieles del antiguo pacto, ni siquiera para llamarlos por su nombre. Estos profetas arriesgaron todo por el Señor, como Gedeón, Barac y los otros. Aceptaron con gozo, valentía y confianza los mandatos de Dios y enfrentaron la oposición que llegara, sin importar cuál fuera. No pelearon batallas, pero obtuvieron muchas victorias en el Señor porque creyeron en Él. También conquistaron por la valentía de la fe.

Las hazañas de 11:33-34 son generales y se refieren colectivamente a las personas en el versículo 32. Las **bocas de leones** puede referirse a Daniel, y la expresión **apagaron fuegos impetuosos** a Sadrac, Mesac y Abed-nego. La idea al mencionar estas obras es mostrar que, ya fuera una necesidad de victoria política, de ayudar a quienes lo requerían, de recibir promesas, de vencer a los enemigos naturales, de proteger de la guerra o la debilidad, o de ganar la guerra, el poder para alcanzarlas era de Dios y recibían tal poder por la fe en Él.

CONTINUIDAD EN EL SUFRIMIENTO

Las mujeres recibieron sus muertos mediante resurrección; mas otros fueron atormentados, no aceptando el rescate, a fin de obtener mejor resurrección.

Otros experimentaron vituperios y azotes, y a más de esto prisiones y cárceles. Fueron apedreados, aserrados, puestos a prueba, muertos a filo de espada; anduvieron de acá para allá cubiertos de pieles de ovejas y de cabras, pobres, angustiados, maltratados; de los cuales el mundo no era digno; errando por los desiertos, por los montes, por las cuevas y por las cavernas de la tierra. (11:35-38)

Elías devolvió a la vida al hijo de la viuda de Sarepta (1 R. 17:8-23), y su sucesor, Eliseo, hizo lo propio con el hijo de la mujer sunamita (2 R. 4:18-37). Estas madres y estos profetas creyeron en Dios para la resurrección, y Él la ejecutó.

Las **mujeres** sufrieron por un momento, pero el dolor pasó cuando sus hijos volvieron a la vida. Sin embargo, Dios no siempre obra de esta manera. Muchas de las aflicciones mencionadas en Hebreos 11:35-38 fueron de largo plazo, de toda una vida inclusive. Por medio de la fe, Dios les dio el poder a algunos en su pueblo de pasar por dificultades, no de escapar de ellas. Tal como a veces es la voluntad de Dios para su pueblo que conquisten en las luchas, también es su voluntad en ocasiones que su pueblo continúe en su sufrimiento. Él les dará la victoria también, pero puede ser solamente espiritual, la única clase de victoria que garantiza. A veces se requiere más valor para mantenerse que para pelear; cuando se necesita más valentía, se necesita más fe.

A veces la aflicción es ineludible; otras veces no lo es. Para la persona de fe, ninguna aflicción evitable requiere negar o comprometer la Palabra de Dios. Lo que puede resultar de fácil escape para la persona del mundo, no lo es para el fiel. Cuando sufrimos por la Palabra de Dios y nos mantenemos por Él, pasaremos por tortura, **no aceptando el rescate, a fin de obtener mejor resurrección**. Es este el pináculo de la fe, la disposición para aceptar lo peor que tenga el mundo para ofrecer —muerte— porque confiamos en lo mejor que tiene Dios para ofrecer: resurrección.

La palabra **atormentados** proviene del griego *tumpanizō*, de la misma raíz que la palabra timbal, un tambor. La tortura particular aquí referida requería estirar a la víctima sobre un instrumento largo, semejante a un tambor, golpeándolo con garrotes, generalmente hasta la muerte. Los fieles de Dios están dispuestos a recibir golpes hasta morir antes que comprometer su fe en Él. No sacrificarían el futuro en el altar de lo inmediato. Preferirían morir porque sabían por fe que Dios los resucitaría un día.

Soportaron angustia mental y física, **vituperios y azotes**. Jeremías padeció maltrato emocional mientras le maltrataban físicamente, no es extraño que se le haya denominado el profeta llorón. No lloraba tanto por sí mismo como por el pueblo que había rechazado a Dios al rechazarlo a él. Soportó y continuó soportando toda clase de dolores por la Palabra de Dios.

La tradición sostiene que Isaías fue aserrado. El pueblo terminó tan irritado por su predicación poderosa que le cortaron en dos. Sin embargo, como Abel (11:4), continúa hablando hasta después de muerto.

Las muchas formas de sufrimiento mencionadas en estos versículos, al igual que las conquistas mencionadas en los versículos precedentes, son válidas en general para los santos fieles. Son un resumen de las formas múltiples de aflicción que enfrenta el pueblo de Dios y que a veces está llamado a soportar por Él. Tanto si los mataban como si los desterraban, la idea es la misma: con valentía y sin concesiones sufrieron por el Señor por causa de su fe. Confiaron siempre en el Señor ya fuera para vencer en una lucha o para continuar en el sufrimiento.

El mundo no era digno de tener a tales personas, tal como estas personas no merecieron los sufrimientos que recibieron. El mundo sería juzgado y castigado, por haberles impuesto este sufrimiento; y los santos fieles, por haber resistido en el sufrimiento, recibirían resurrección y recompensa. Sabían junto con Pablo que "las aflicciones del tiempo presente no son comparables con la gloria venidera que en nosotros ha de manifestarse" (Ro. 8:18) y anhelaban junto con Pedro "una herencia incorruptible, incontaminada e inmarcesible, reservada en los cielos" (1 P. 1:4).

Dios no promete a sus santos liberación de todos los sufrimientos. Al contrario, Jesús nos dice que tomemos nuestra cruz y le sigamos (Mr. 8:34); y que si a Él lo persiguieron, a nosotros también nos perseguirían (Jn. 15:20). Tanto Pablo (Fil. 3:10) como Pedro (1 P. 4:13) nos aconsejan gozarnos en nuestros sufrimientos por cuenta de Cristo. Pablo dijo a los creyentes de Corinto: "Sobreabundo de gozo en todas nuestras tribulaciones" (2 Co. 7:4).

Sadrac, Mesac y Abed-nego confiaban perfectamente en que Dios les salvaría del horno ardiente. "He aquí nuestro Dios a quien servimos puede librarnos del horno de fuego ardiendo; y de tu mano, oh rey, nos librará" (Dn. 3:17). Pero la fe mayor de ellos no quedó demostrada por la certeza de su liberación. Continuaron diciendo: "Y si no, sepas, oh rey, que no serviremos a tus dioses, ni tampoco adoraremos la estatua que has levantado" (v. 18). Su preocupación fundamental no era la seguridad de sus vidas, sino la seguridad de su fe. Con liberación física o no, no dejarían de lado su confianza en Dios.

CONTAR CON LA SALVACIÓN

Y todos éstos, aunque alcanzaron buen testimonio mediante la fe, no recibieron lo prometido; proveyendo Dios alguna cosa mejor para nosotros, para que no fuesen ellos perfeccionados aparte de nosotros. (11:39-40)

La fe verdadera tiene la valentía de contar con la salvación. Estos santos fieles tuvieron que vivir en la esperanza. Sabían muy poco sobre la naturaleza, el tiempo o el medio para la salvación divina. Pero sabían que vendría y ahí radicaba la base de su confianza. Tenían la confianza permanente en que un día Dios haría lo necesario para redimirlos y recompensarles. Lo que sucediera con ellos antes de aquel momento no era relevante. **No recibieron lo prometido** pero **alcanzaron buen testimonio mediante la fe.** Su fe no estaba en algo que se cumpliera inmediatamente, sino en el cumplimiento definitivo de las promesas. Es ahí donde más se prueba la fe y donde más importa.

La promesa definitiva era sobre un redentor, el Mesías, y su pacto que traería justificación con Dios. "Los profetas que profetizaron de la gracia destinada a vosotros, inquirieron y diligentemente indagaron acerca de esta salvación, escudriñando qué persona y qué tiempo indicaba el Espíritu de Cristo que estaba en ellos, el cual anunciaba de antemano los sufrimientos de Cristo, y las glorias que vendrían tras ellos" (1 P. 1:10-11). Desde Enoc hasta los profetas, **todos éstos,** tuvieron sin reservas la fe valiente que cuenta con la salvación final.

Muchos de ellos nunca recibieron la tierra. En ocasiones obtuvieron la victoria terrenal; en otras no. En ocasiones su fe les salvó de la muerte, en otras les llevó a la muerte. No importa. Sabían que Dios les había provisto **alguna cosa mejor.**

Dios ha provisto "alguna cosa mejor" **para nosotros**; es decir, para quienes estamos bajo el nuevo pacto, la razón por la cual Dios no los iba a perfeccionar a ellos **aparte de nosotros.** Es decir, no se podía completar, perfeccionar, su salvación hasta nuestro tiempo, el del cristianismo. Sin importar cuánta fe hubiera tenido un creyente, su salvación solamente se completó con el cumplimiento de la expiación de Jesús en la cruz. Su salvación tenía su base en lo que haría Cristo; la nuestra la tiene en lo que Cristo hizo. Su fe esperaba la promesa; la nuestra recuerda el hecho histórico.

No eran creyentes de segunda categoría, aunque su salvación no se completó mientras vivieron. Eran creyentes del más alto orden. Lucharon, sufrieron y contaron con su salvación valientemente. Creyeron toda la Palabra de Dios que tenían, y es eso lo que cuenta para Él. ¡Cuánta menos fe solemos tener nosotros, a pesar de tener mejor luz! "Bienaventurados los que no vieron, y creyeron" (Jn. 20:29).

Corran por su vida 33

Por tanto, nosotros también, teniendo en derredor nuestro tan grande nube de testigos, despojémonos de todo peso y del pecado que nos asedia, y corramos con paciencia la carrera que tenemos por delante, puestos los ojos en Jesús, el autor y consumador de la fe, el cual por el gozo puesto delante de él sufrió la cruz, menospreciando el oprobio, y se sentó a la diestra del trono de Dios. Considerad a aquel que sufrió tal contradicción de pecadores contra sí mismo, para que vuestro ánimo no se canse hasta desmayar. (He 12:1-3)

La enseñanza eficaz usa figuras literarias. Muchas de ellas, especialmente las metáforas y los símiles, las encontramos en la Biblia. En el Nuevo Testamento, se compara repetidamente la vida cristiana con prácticas, situaciones y cosas cotidianas.

Por ejemplo, la vida cristiana se compara varias veces con una guerra. Pablo nos aconseja sufrir las penalidades como buenos soldados de Jesucristo (2 Ti. 2:3) y ponernos "toda la armadura de Dios" (Ef. 6:11). También usa la lucha para comparar. "De esta manera peleo, no como quien golpea el aire" (1 Co. 9:26; cp. 2 Ti. 4:7). Al cristiano se le llama generalmente esclavo de Jesucristo. Pablo se refiere a él con frecuencia como un esclavo, un siervo, de Cristo. En muchas de sus cartas se presenta como siervo (Ro. 1:1; Fil. 1:1; Tit. 1:1). Jesús se refirió a sus seguidores como sal y luz en el mundo (Mt. 5:13-16). Pedro se refiere a los cristianos como bebés y piedras vivas (1 P. 2:2, 5).

A Pablo le gustaban particularmente las ilustraciones con carreras. Usa frases como "corren en el estadio" (1 Co. 9:24), "vosotros corríais bien" (Gá. 5:7) y "no he corrido en vano" (Fil. 2:16). Esta ilustración también la usa el escritor de Hebreos 12:1-3.

En estos versículos vemos varios aspectos de la carrera comparados con la vida fiel en Cristo: la carrera como tal, el estímulo para correr, los obstáculos de la carrera, el Ejemplo a seguir, la meta u objetivo de la carrera y la exhortación final.

LA CARRERA

Por tanto, nosotros también, teniendo en derredor nuestro tan grande nube de testigos, despojémonos de todo peso y del pecado que nos asedia, y corramos con paciencia la carrera que tenemos por delante, (12:1)

La frase clave de este pasaje es **corramos con paciencia la carrera que tenemos por delante**. En la carta a los hebreos, como en muchos otros lugares del Nuevo Testamento, la primera persona del plural puede referirse a creyentes, incrédulos o ambos. Por cortesía y afecto, un autor suele identificarse con aquellos para quienes escribe, sean o no cristianos.

Por ejemplo, en Hebreos 4 (v. 1, 14, 16) creo que el autor se dirige a los incrédulos. De igual manera, en 6:1 le dice a los incrédulos que avancen a la madurez de la salvación. En 10:23-24 la referencia puede ser a creyentes y a incrédulos.

Creo que en 12:1 el plural en primera persona se refiere a los judíos que han confesado a Cristo, pero no han terminado de correr el camino hacia la fe completa. Aún no han comenzado la carrera cristiana, cuyo inicio es la salvación, y el autor los llama a ello. Sin embargo, las verdades son principalmente válidas para los cristianos que ya están corriendo.

Dice el escritor: "Si no eres cristiano, entra a la carrera; porque si quieres ganar, primero tienes que entrar. Si eres cristiano, corre con paciencia; no te rindas".

Lamentablemente, muchas personas ni siquiera están en la carrera, y difícilmente podría decirse que algunos cristianos la están corriendo. Algunos están trotando solamente, algunos caminan lentamente, algunos están sentados y otros incluso están recostados. Aun así, la norma bíblica para la vida en santidad es estar en la carrera, no en un paseo matutino. La palabra griega *agōn* se usa aquí para **carrera**, de la cual obtenemos agonía. Una carrera no es un lujo pasivo, sino algo exigente, a veces agotador y agonizante, y requiere nuestra más firme autodisciplina, determinación y perseverancia.

Dios advirtió a Israel: "¡Ay de los reposados en Sion, y de los confiados en el monte de Samaria...!" (Am. 6:1). El pueblo de Dios no está llamado a estar acostado sobre una cama de comodidades. Debemos correr una carrera agotadora y continua. En el ejército de Dios nunca vamos a oír: "¡Descansen!". Quedarse quieto o retroceder es renunciar al premio. Peor todavía, es quedarse en las graderías y no participar nunca, por lo cual renunciamos a todo, incluso al cielo eterno.

La **paciencia** (*hupomonē*) es la determinación constante de seguir andando. Quiere decir continuar cuando todo dentro de usted quiere bajar la velocidad o rendirse. Todavía puedo recordar la experiencia insoportable que tuve en la escuela secundaria cuando corrí por primera vez los seiscientos metros. Estaba acostumbrado a correr los cien metros, que requiere más velocidad pero se termina rápidamente. De modo que empecé bien; de hecho, iba el primero en los primeros cien metros; pero terminé último y casi creí que me moría. Mis piernas temblaban, mi pecho jadeaba, mi boca estaba seca y me desplomé en la línea de meta. Así viven muchas personas su vida cristiana. Comienzan rápido, pero en cuanto avanza la carrera van mermando la velocidad, se rinden o se caen. La carrera cristiana es un maratón, una carrera de larga distancia, no una carrera corta de velocidad. La Iglesia siempre ha tenido cristianos de carrera corta, pero el Señor quiere a quienes pueden "recorrer la distancia". Habrá obstáculos, debilidad y agotamiento, pero debemos tener paciencia si queremos ganar. Dios está interesado en la constancia.

Muchos de los cristianos hebreos a quienes está dirigida la carta comenzaron bien. Habían visto las señales y maravillas, y estaban emocionados con su nueva vida (He. 2:4). Pero cuando fue pasando la novedad y comenzaron a aparecer las dificultades, empezaron a perder su entusiasmo y confianza. Recordaron los caminos antiguos del judaísmo, al ver la persecución y el sufrimiento que vivían y les esperaba, y se debilitaron y flaquearon.

Pablo conocía a algunos cristianos en las mismas condiciones. A ellos escribió: "Para que seáis irreprensibles y sencillos, hijos de Dios sin mancha en medio de una generación maligna y perversa, en medio de la cual resplandecéis como luminares en el mundo" (Fil. 2:15) y "¿No sabéis que los que corren en el estadio, todos a la verdad corren, pero uno solo se lleva el premio? Corred de tal manera que lo obtengáis. Todo aquel que lucha, de todo se abstiene; ellos, a la verdad, para recibir una corona corruptible, pero nosotros, una incorruptible" (1 Co. 9:24-25).

Nada tiene menos sentido que correr una carrera que no se quiere ganar. Con todo, creo que la falta de deseo de ganar es un problema básico de muchos cristianos. Se conformaron con la salvación y esperan ir al cielo. Pero en una carrera, una guerra o la vida cristiana, la falta de deseo de ganar es inaceptable.

Pablo creía en este principio y tenía una determinación del estilo *hupomonē*. No buscaba comodidad, dinero, gran conocimiento, popularidad, respeto, posición, lujuria de la carne o cualquier otra cosa que no fuera la voluntad de Dios. "Así que, yo de esta manera corro, no como a la ventura; de esta manera peleo, no como quien golpea el aire, sino que golpeo mi cuerpo, y lo pongo en servidumbre, no sea que habiendo sido heraldo para otros, yo mismo venga a ser eliminado" (1 Co. 9:26-27). De eso se trata el compromiso cristiano.

Por supuesto, la competición en la vida cristiana es diferente de la carrea atlética, y al menos en dos formas. Primera, no competimos contra otros cristianos intentando vencerlos en justicia, reconocimiento o logros. Nuestra carrera no es de obras, sino de fe. Sin embargo, no competimos entre nosotros ni siquiera en la fe. Competimos *por* la fe, pero no entre nosotros. Nuestra competencia es contra Satanás, su sistema mundano y nuestra pecaminosidad, por lo general referida en el Nuevo Testamento como la carne. Segunda, nuestra fuerza no está en nosotros, sino en el Espíritu Santo; de otra manera, no lo podríamos soportar. No estamos llamados a tener paciencia en nosotros, sino en Él.

El cristiano solamente tiene una forma de permanecer: por fe. Solo pecamos o fallamos cuando no tenemos confianza. Por ello nuestra protección contra las tentaciones de Satanás es "el escudo de la fe" (Ef. 6:16). En tanto que confiemos en Dios y hagamos lo que Él quiere, Satanás y el pecado no tienen poder sobre nosotros. No tienen forma de llegar a nosotros o estorbarnos. Cuando corremos en el poder del Espíritu de Dios, corremos con éxito.

EL ESTÍMULO PARA CORRER

Por tanto, nosotros también, teniendo en derredor nuestro tan grande nube de testigos, (12:1*a*)

Todos somos criaturas de motivación. Necesitamos una razón para hacer las cosas, y estímulo mientras las estamos haciendo. Una de las mayores fuentes de motivación y estímulo para los judíos incrédulos y para los cristianos serían estos creyentes grandes del pasado, héroes suyos, que llevaron una vida de fe. La **nube de testigos** son todos esos santos fieles mencionados en el capítulo 11. Debemos correr la carrera de la fe como lo hicieron ellos, siempre confiando, dándolo todo, sin importar cuáles sean los obstáculos, las dificultades o el costo.

Ellos sabían cómo correr la carrera de la fe. Se opusieron al faraón; olvidaron los placeres y privilegios de su corte; atravesaron el Mar Rojo; derribaron las murallas de Jericó; conquistaron reinos; cerraron bocas de leones; apagaron el poder del fuego; recibieron muertos por resurrección; sufrieron torturas, burlas, escarmiento, prisiones, lapidaciones, que los cortaran en dos; tuvieron que vestirse con piel de animales; y padecieron destitución. Todo por su fe.

El escritor dice ahora: "Deben correr como ellos. Puede lograrse si lo hacen como ellos: en fe. Ellos corrieron, corrieron y corrieron, y tenían menos luz para hacerlo que ustedes. Con todo, cada uno de ellos salió victorioso".

No creo que la **nube de testigos** a nuestro alrededor esté parada en las graderías del cielo viendo cómo corremos. Aquí la idea no es que debamos ser fieles para no decepcionarlos ni que debamos intentar impresionarlos como un equipo deportivo lo hace con sus hinchas en la tribuna. Son testigos *para Dios*, no *para nosotros*. Son ejemplos, no observadores. Han probado con su testimonio que la única vida que vale la pena vivir es la de fe.

Esperar que unas graderías llenas de estas personas nos estén mirando no nos motiva, nos paraliza. No estamos llamados a agradarles. No nos están mirando, nosotros debemos mirarlos a ellos. Nada alienta más que el ejemplo exitoso de alguien que "ya lo ha hecho antes". Ver cómo fue Dios con ellos nos alienta a confiar en que será así con nosotros. El Dios de ellos es también nuestro Dios. El Dios de ayer es el Dios de hoy y el de mañana. No se ha debilitado ni perdido interés en su pueblo, tampoco ha menguado su amor y cuidado por ellos. Podemos correr como lo hicieron ellos. No tiene nada que ver con cómo nos comparamos con ellos, sino con cómo se compara nuestro Dios con el de ellos. Puesto que tenemos el mismo Dios, Él puede hacer las mismas cosas por medio de nosotros si confiamos en Él.

LOS PESOS QUE NOS OBSTACULIZAN

despojémonos de todo peso (12:1*b*)

Uno de los mayores problemas que puede enfrentar un corredor es el peso. Hace varios años vino a nuestro país el ganador de la medalla de oro en unos Juegos Olímpicos recientes para una carrera por invitación. Lo consideraban el ser humano más rápido del planeta. Pero cuando corrió en el calentamiento, no se clasificó. En una entrevista posterior dijo que la razón era simple: tenía sobrepeso. Había entrenado poco y comido mucho. No había ganado mucho peso, pero era suficiente para que no ganara, incluso que no se clasificara. Por unos cuantos kilos, dejó de ser un ganador. En esa carrera particular, ni siquiera podía competir.

Un **peso** (*onkos*) es un bulto de algo. No es necesariamente malo. A menudo es algo perfectamente inocente e inofensivo. Pero nos empuja hacia abajo, distrae nuestra atención, disminuye nuestra energía y enfría nuestro entusiasmo por las cosas divinas. No podemos ganar cuando llevamos exceso de equipaje. Cuando sobre cierto hábito o condición preguntamos "¿Qué pasa con eso?", la respuesta suele ser: "Con eso no pasa nada". El problema no radica en qué es el peso, sino en lo que produce. Evita que corramos bien y que ganemos.

En la mayoría de los deportes, especialmente en los que la velocidad y resistencia cuentan, pesarse es una rutina diaria. Es una de las pruebas más simples y confiables de estar en forma. Cuando un atleta sobrepasa su peso límite, entra en un programa de dieta y ejercicio estricto hasta que baje adonde debería estar... o pasa a la suplencia del equipo.

El exceso de ropa también es un obstáculo. Los uniformes elaborados son buenos para las comparsas, las sudaderas son buenas para calentar, pero cuando llega la carrera, la mínima cantidad de ropa que permita la decencia es la que debe usarse. Cuando nos preocupamos más por las apariencias que por la realidad y vitalidad espiritual, nuestra obra y testimonio de Jesucristo cargan con un peso serio.

No sabemos exactamente qué clase de cosas tenía en mente el escritor con respecto a los pesos espirituales, y los comentaristas han aventurado múltiples ideas. Desde el contexto de la carta como un todo, creo que el peso principal era el legalismo judío que se aferraba a las formas religiosas antiguas. La mayoría de aquellas cosas no eran malas en sí mismas. Dios había prescrito algunas de ellas para el tiempo del antiguo pacto. Pero ninguna tenía valor ahora, de hecho se habían convertido en obstáculos. Estaban absorbiendo la energía y la atención de la vida cristiana. El templo, las ceremonias y la pompa eran hermosos y llamativos. Y todas las regulaciones, los "esto se puede" y "esto no" del judaísmo eran agradables para la carne. Hacían más fácil llevar la cuenta de la vida religiosa. Pero todos eran pesos, algunos de ellos de verdad pesados. Eran como un mazo a la vida espiritual por fe. Los creyentes judíos, o los creyentes potenciales, no tenían posibilidad de correr la carrera cristiana con tanto exceso de equipaje.

Algunos creyentes de Galacia enfrentaron el mismo problema. Pablo les dice: "Con Cristo estoy juntamente crucificado, y ya no vivo yo, mas vive Cristo en mí; y lo que ahora vivo en la carne, lo vivo en la fe del Hijo de Dios, el cual me amó y se entregó a sí mismo por mí. No desecho la gracia de Dios; pues si por la ley fuese la justicia, entonces por demás murió Cristo" (Gá. 2:20-21). Y continúa diciendo: "¡Oh gálatas insensatos! ¿Quién os fascinó para no obedecer a la verdad, a vosotros ante cuyos ojos Jesucristo fue ya presentado claramente entre vosotros como crucificado? Esto solo quiero saber de vosotros: ¿Recibisteis el Espíritu por las obras de la ley, o por el oír con fe? ¿Tan necios sois? ¿Habiendo comenzado por el Espíritu, ahora vais a acabar por la carne?" (3:1-3). Para enfatizar su punto aun más, Pablo dice: "Mas ahora, conociendo a Dios, o más bien, siendo conocidos por Dios, ¿cómo es que os volvéis de nuevo a los débiles y pobres rudimentos, a los cuales os queréis volver a esclavizar?" (4:9). Dice: "Después que comenzaron la carrera cristiana, ¿por qué se ponen todos esos pesos antiguos encima?".

Los demás cristianos pueden ser otro tipo de peso. Debemos tener cuidado de no culpar a otros por nuestra faltas. Pero muchos cristianos, además de no estar corriendo, están evitando que otros lo hagan. Por así decirlo, se están sentando en la pista y quienes *están* corriendo tienen que saltarlos como obstáculos. Pasa con frecuencia que los obreros en la Iglesia tienen que saltar o desviarse por culpa de los que no hacen nada. El diablo no pone todos los obstáculos en el camino. A veces hacemos la obra por él.

despojémonos… del pecado que nos asedia, (12:1*c*)

El pecado es un obstáculo aun más importante para la vida cristiana. Obviamente, todo pecado es un obstáculo para la vida cristiana, y la referencia aquí puede ser para el pecado en general. Pero el uso del artículo definido (**del**

pecado) parece indicar uno particular. Si hay un pecado particular que obstaculice la carrera de la fe es la incredulidad, dudar de Dios. La duda y la vida de fe se contradicen mutuamente. La incredulidad **asedia** los pies del cristiano de forma tal que no puede correr. Nos envuelve para que tropecemos cada vez que intentamos acercarnos al Señor, si es que lo intentamos. **Nos asedia** fácilmente. Cuando permitimos el pecado en nuestras vidas, especialmente la incredulidad, es muy fácil que Satanás evite que corramos.

EL EJEMPLO A SEGUIR

puestos los ojos en Jesús, el autor y consumador de la fe, el cual por el gozo puesto delante de él sufrió la cruz, menospreciando el oprobio, y se sentó a la diestra del trono de Dios. (12:2)

En las carreras, como en la mayoría de deportes, es muy importante adónde estamos mirando. Nada le sacará a usted tan fácil de su carrera o aminorar su paso como mirarse los pies, mirar al corredor que viene de atrás o a la multitud en las tribunas. La carrera cristiana es muy semejante.

Algunos cristianos están preocupados consigo mismos. Tal vez no sean egoístas o egocéntricos, pero le prestan demasiada atención a lo que están haciendo, a la mecánica de la carrera. Hay un lugar para preocuparse por ello, pero si le prestamos mucha atención a lo que estamos haciendo, nunca correremos bien para el Señor. A veces nos preocupa lo que otros cristianos piensen o hagan, especialmente en relación con nosotros. La preocupación por los demás también tiene su lugar. No pasamos por alto a nuestros hermanos en Cristo o lo que piensan de nosotros. Lo que piensan de nosotros, incluyendo las críticas, puede resultarnos útil. Pero si nos enfocamos en los demás, vamos a tropezar. Ni siquiera debemos enfocarnos en el Espíritu Santo. Debemos estar *llenos* del Espíritu, y cuando lo estemos, nuestro enfoque estará en Jesucristo, porque es ahí donde está el enfoque del Espíritu (Jn. 16:14).

No es que nos esforcemos por *no* mirar esto o aquello, u otras cosas que puedan distraernos. Si nuestro enfoque está en Jesucristo, veremos todo lo demás en su perspectiva correcta. Cuando nuestros ojos están en el Señor, el Espíritu Santo tiene la oportunidad perfecta para usarnos, para mantenernos en la carrera y hacernos ganadores.

Debemos enfocarnos en Jesús porque Él es **el autor y consumador de la fe**. Es el ejemplo supremo de nuestra fe.

En 2:10 a Jesús se le llama el autor de la salvación. Aquí es el **autor** (*archēgos*) de la fe. Es el pionero y originador, quien comienza y lidera. Jesús es el autor, el originador, de toda la fe. Él originó la fe de Abel, de Enoc, de Noé, de Abraham, de David, de Pablo y la nuestra. El enfoque de la fe también es quien la origina. Pablo lo explica: "Nuestros padres... todos comieron el mismo alimento espiritual, y todos bebieron la misma bebida espiritual; porque bebían de la roca espiritual que los seguía, y la roca era Cristo" (1 Co. 10:1, 3-4). Miqueas había predicado la misma verdad cientos de años antes de Pablo. "Pero tú, Belén Efrata, pequeña para estar entre las familias de Judá, de ti me saldrá el que será Señor en Israel; y sus salidas son desde el principio, desde los días de la eternidad" (Mi. 5:2).

Pero creo que el significado principal de *archēgos* aquí es el de líder o ejemplo principal. Jesucristo es nuestro ejemplo preminente de fe. "Fue tentado en todo según nuestra semejanza, pero sin pecado" (He. 4:15). Jesús vivió la vida de fe suprema. Cuando el diablo le tentó en el desierto, cada una de las respuestas de Jesús fue una expresión de confianza en su Padre y su Palabra. Él no iba a pasar por alto la voluntad de Dios solo para obtener comida o para probar el señorío o protección del Padre (Mt. 4:1-10). Iba a esperar hasta que el Padre supliera, le protegiera o le dirigiera. Cuando la tentación terminó, su Padre le proveyó enviándole ángeles que le sirvieran. Confió en su Padre implícitamente, por todo y en todo. "No puedo yo hacer nada por mí mismo; según oigo, así juzgo; y mi juicio es justo, porque no busco mi voluntad, sino la voluntad del que me envió, la del Padre" (Jn. 5:30).

En el huerto de Getsemaní, justo antes del arresto, juicio y crucifixión, Jesús dijo al Padre: "Padre mío, si es posible, pase de mí esta copa; pero no sea como yo quiero, sino como tú" (Mt. 26:39). Cualquiera que fuera la probabilidad de dificultad o sufrimiento, Él confiaba en su Padre. La voluntad del Padre era para lo cual Él vivía y por lo que moriría. Fue lo único que Jesús consideró. La fe de todos los héroes juntos del capítulo 11 no podía igualarse a la del Hijo de Dios. Ellos fueron testimonios y ejemplos maravillosos de fe, pero Jesús es un ejemplo aun más maravilloso. La fe de aquellos fue verdadera y aceptable a Dios; la de Él era perfecta e incluso más aceptable. De hecho, sin la fidelidad de Jesús, la fe de ninguno contaría para nada. Porque si la fe perfecta de Jesús no le hubiera llevado a la cruz, nuestra fe sería en vano, pues no habría entonces sacrificio por nuestros pecados ni justicia que contara a nuestro crédito.

Además de que Jesús es el autor de la fe, también es su **consumador** (*teleiōtēs*) el que la completa. Continuó confiando en su Padre hasta que pudo decir: "Consumado es" (Jn. 19:30). Estas palabras, junto con "Padre, en tus manos encomiendo mi espíritu" (Lc. 23:46), fueron las últimas de Jesús antes de morir. Terminó su obra no solamente en el sentido de completarla, sino de hacerla perfecta. Si un compositor muere mientras escribe una obra maestra, su trabajo se acaba pero su obra no se finaliza. En la cruz, la obra de Jesús quedó consumada: se hizo perfecta. Su obra logró exactamente lo que debía lograr porque, desde el nacimiento hasta la muerte, entregó toda su vida en las manos de su Padre. Nadie ha caminado nunca en la fe como Jesús.

El mundo siempre se ha burlado de la fe, igual que se burlaron de la fe de

Jesús. "Confió en Dios; líbrele ahora si le quiere; porque ha dicho: Soy Hijo de Dios" (Mt. 27:43). Pero en la fe, Jesús **sufrió la cruz, menospreciando el oprobio.** ¿Por qué no debemos confiar también en Dios para todo, si no hemos comenzado a sufrir lo que Cristo sufrió? "Porque aún no habéis resistido hasta la sangre, combatiendo contra el pecado" (He. 12:4). Jesús nos ha dejado tan alto ejemplo de fe que es en este que debemos poner nuestros ojos en tanto que vivamos. Es bueno observar los ejemplos de la nube de testigos del Antiguo Testamento, pero es imperativo que *fijemos* nuestros ojos en Jesús (cp. 2 Co. 3:18).

EL FINAL DE LA CARRERA

el cual por el gozo puesto delante de él sufrió la cruz, menospreciando el oprobio, y se sentó a la diestra del trono de Dios. (12:2*b*)

En los antiguos juegos ístmicos de Grecia, había un pedestal al final de la línea y de él pendía una corona, el premio del ganador. Nadie corre una carrera sin la expectativa de la recompensa. Quizás la recompensa no sea más que una cinta, trofeo o corona de laurel. Quizás sea un premio de gran cantidad de dinero. A veces la recompensa es fama y reconocimiento. A veces es un cuerpo sano. Ocasionalmente, también se corre la carrera por pura euforia.

Sin embargo, las carreras ístmicas y la carrera referida en Hebreos 12 no se corrían por la euforia. Este es el tipo de carrera *agōn*, de agonía, maratón, que parece no terminar nunca. No es una carrera que se corra por el gusto de hacerlo. Si no tiene usted algo importante en lo que ponga la mirada al final de esta carrera, probablemente no la comenzará y ciertamente no la terminará.

Jesús no corrió su carrera de fe por el placer de la carrera como tal, aunque debió haber experimentado gran satisfacción al ver las personas sanadas, consoladas, acercándose a la fe y comenzando el camino de crecimiento espiritual. Pero no dejó la presencia de su Padre ni su gloria celestial, no soportó la tentación ni la oposición feroz de Satanás; no sufrió ridículo, desprecio, blasfemia, tortura y crucifixión por sus enemigos; no experimentó la incomprensión y la negación de sus propios discípulos; por los pocos placeres y satisfacciones, cualesquiera que fueran, que tuvo mientras estaba en la Tierra. Su motivación era infinitamente mayor.

Solo aquello al final de la carrera podría haber motivado a Jesús para dejar lo que dejó y soportar lo que soportó. Jesús corrió por dos cosas: **por el gozo puesto delante de él** y para sentarse **a la diestra del trono de Dios.** Corrió por el gozo de la exaltación. Jesús dijo esto en su oración sacerdotal al Padre: "Yo te he glorificado en la tierra; he acabado la obra que me diste que hiciese. Ahora pues, Padre, glorifícame tú al lado tuyo, con aquella gloria que tuve contigo antes que el mundo fuese" (Jn. 17:4-5). Jesús obtuvo su recompensa glorificando al Padre mientras estuvo en la Tierra, y glorificó a Dios exhibiendo totalmente los atributos del Padre y haciendo completamente la voluntad del Padre.

El premio por el cual deben correr los cristianos no es el cielo. Si somos cristianos verdaderamente, si pertenecemos a Dios por la fe en Jesucristo, el cielo ya es nuestro. Corremos por el mismo premio que corrió Jesús, lo alcanzamos de la misma forma en que Él lo alcanzó. Corremos por el gozo de la exaltación que Dios nos prometió si le glorificábamos en la Tierra como lo hizo su Hijo. Y glorificamos a Dios permitiendo que sus atributos brillen a través nuestro y obedeciendo su voluntad en todo lo que hacemos.

Cuando esperamos con ilusión la recompensa celestial al servicio fiel, la alegría será nuestra ahora. Pablo se refirió a sus conversos como su "gozo y corona" (Fil. 4:1) y su "esperanza, o gozo, o corona de que [se gloría]" (1 Ts. 2:19). Tenía alegría presente por causa de la promesa futura. Aquellos que había ganado para el Señor evidenciaban que había glorificado a Dios en su ministerio. El gozo en esta vida nos lo da la confianza de la recompensa en la siguiente.

Incluso si sufrimos para el Señor, debemos estar en capacidad de decir así con Pablo: "me gozo y regocijo con todos vosotros" (Fil. 2:17). Y aunque, como Pablo, aún no somos perfectos, también debemos olvidar lo que queda atrás y avanzar a lo que está adelante, continuando "al premio del supremo llamamiento de Dios en Cristo Jesús" (3:13-14). Deberíamos ser capaces de anhelar el día en que nuestro Señor nos diga: "Bien, buen siervo y fiel… entra en el gozo de tu señor" (Mt. 25:21). Dice el apóstol: "Por lo demás, me está guardada la corona de justicia, la cual me dará el Señor, juez justo, en aquel día; y no sólo a mí, sino también a todos los que aman su venida" (2 Ti. 4:8). Y cuando lleguemos al cielo, podemos unirnos a los veinticuatro ancianos, lanzando nuestras "coronas delante del trono, diciendo: Señor, digno eres de recibir la gloria y la honra y el poder" (Ap. 4:10-11).

Cuando Jesús fue a la cruz, soportó todo lo que aquella exigía. Despreció la vergüenza y la aceptó voluntariamente, por la recompensa del Padre y la alegría de anhelar que se la entregaran. A medida que corremos la carrera de la vida cristiana, podemos correr anhelando alegremente esa misma recompensa: la corona de justicia que un día lanzaremos a sus pies como evidencia de nuestro amor eterno por Él.

LA EXHORTACIÓN

Considerad a aquel que sufrió tal contradicción de pecadores contra sí mismo, para que vuestro ánimo no se canse hasta desmayar. (12:3)

Debemos leer este versículo cuando nos cansemos en la carrera, cuando nuestra fe se agote y creamos que Dios nos ha dado la espalda, cuando parezca que nunca saldremos del caos en que estamos y estemos seguros de que nuestra fe no aguantará mucho más. Parte del propósito de poner nuestros **ojos en Jesús** es el mismo de considerar la **grande nube de testigos**: nuestro estímulo. Aquellos santos fueron héroes de la fe; Él es el epítome de la fe. Nada de lo que estemos llamados a soportar se comparará a lo que Él tuvo que soportar. Él es el Hijo de Dios divino, pero cuando estaba en la Tierra no vivió en su propio poder y voluntad, sino en la del Padre. De otra manera, no podría ser nuestro ejemplo. Y a menos de que, por el Espíritu Santo, estemos *en capacidad* verdadera de vivir en la misma manera que Él lo hizo, su vida no será un ejemplo, sino un ideal imposible para que se mofen de nosotros y nos juzguen.

Nos regocijamos porque un día viviremos "juntamente con Él" (1 Ts. 5:10), pero también debemos regocijarnos porque vivimos *como* Él justo ahora. No vivimos en nuestro propio poder, sino en el suyo; tal como en la Tierra Él no vivió en su propio poder, sino en el del Padre. Podemos decir con Pablo: "Con Cristo estoy juntamente crucificado, y ya no vivo yo, mas vive Cristo en mí; y lo que ahora vivo en la carne, lo vivo en la fe del Hijo de Dios, el cual me amó y se entregó a sí mismo por mí" (Gá. 2:20).

La disciplina de Dios **34**

Porque aún no habéis resistido hasta la sangre, combatiendo contra el pecado; y habéis ya olvidado la exhortación que como a hijos se os dirige, diciendo: Hijo mío, no menosprecies la disciplina del Señor, ni desmayes cuando eres reprendido por él; porque el Señor al que ama, disciplina, y azota a todo el que recibe por hijo. Si soportáis la disciplina, Dios os trata como a hijos; porque ¿qué hijo es aquel a quien el padre no disciplina? Pero si se os deja sin disciplina, de la cual todos han sido participantes, entonces sois bastardos, y no hijos. Por otra parte, tuvimos a nuestros padres terrenales que nos disciplinaban, y los venerábamos. ¿Por qué no obedeceremos mucho mejor al Padre de los espíritus, y viviremos? Y aquéllos, ciertamente por pocos días nos disciplinaban como a ellos les parecía, pero éste para lo que nos es provechoso, para que participemos de su santidad. Es verdad que ninguna disciplina al presente parece ser causa de gozo, sino de tristeza; pero después da fruto apacible de justicia a los que en ella han sido ejercitados. (12:4-11)

Todos los judíos a quienes está dirigida la carta a los hebreos estaban sufriendo persecución por su ruptura con el judaísmo. Sus amigos y familiares, los cuales se ofendían porque le hubieran dado la espalda a las tradiciones y usos religiosos en que habían nacido y crecido, eran sus perseguidores. Le dice a los lectores que recuerden "los días pasados, en los cuales, después de haber sido iluminados, [sostuvieron] gran combate de padecimientos; por una parte, ciertamente, con vituperios y tribulaciones [fueron] hechos espectáculo; y por otra, [llegaron] a ser compañeros de los que estaban en una situación semejante" (10:32-33). Hasta los judíos incrédulos que estaban en la iglesia habían sufrido porque se les asociaba con los cristianos.

La aflicción en gran parte había tomado la forma de presión económica y social, aunque algunos de ellos terminaron encarcelados (10:34). Podemos imaginar los argumentos que oyeron para rechazar la nueva fe. "Miren en la que se metieron. Se hicieron cristianos y todo lo que han tenido son problemas, críticas, dificultades y sufrimiento. Han perdido a sus amigos, sus familias, sus sinagogas, sus tradiciones, su herencia… ¡todo!".

Como hemos visto, aquellos que habían hecho meras confesiones de fe, estaban en peligro de volver al judaísmo, de apostatar, por esta presión. Los creyentes verdaderos estaban en peligro de que su fe se debilitara seriamente practicando de nuevo rituales y ceremonias del antiguo pacto.

Tal vez algunos creyentes se preguntarían por qué estaban sufriendo tanto si su Dios era un Dios de poder y paz. "¿Por qué no estamos obteniendo la victoria sobre nuestros enemigos, en lugar de que sean ellos quienes parezcan llevar la delantera? ¿Dónde está el Dios que supuestamente supliría todas nuestras necesidades, nos respondería las preguntas y llenaría nuestras vidas? ¿Por qué cuando nos volvimos al Dios de amor todos empezaron a odiarnos?".

La última sección del capítulo 11 comienza a responder preguntas como estas y también aporta un fundamento para las exhortaciones de 12:4-11. Sufrir por Dios no era algo nuevo. Los santos del Antiguo Testamento habían conocido lo que era sufrir por su fe. Enfrentaron guerras, debilidades, torturas, azotes, prisiones, lapidaciones, destitución y toda clase de aflicción, todo por su confianza en el Señor (11:34-38). Y a pesar de todo esto, no recibieron la plenitud de la bendición prometida a los creyentes bajo el nuevo pacto, como que el Espíritu Santo habitara en ellos, el conocimiento del pecado completamente perdonado y las conciencias en paz. Estos héroes del pasado "no recibieron lo prometido" y aun así soportaron con valentía y "alcanzaron buen testimonio mediante la fe" (v. 39). Enfrentaron las aflicciones con la actitud correcta, lo cual se les aconseja hacer a los lectores de Hebreos: correr la carrera de la fe como sus antepasados lo hicieron (12:1).

Más importante, debían poner los ojos en Jesús, el cual había entregado más y había sufrido más que ningún otro. Una de la razones por las cuales "sufrió tal contradicción de pecadores contra sí mismo" fue para que sus seguidores no se cansen hasta desmayar (12:3). Podían mirar su ejemplo para obtener fuerzas.

Porque aún no habéis resistido hasta la sangre, combatiendo contra el pecado; (12:4)

Ninguno de los hebreos sufrientes a quienes iba dirigida esta carta había sufrido lo que Cristo sufrió. Ninguno había dado su vida por el evangelio. Ni había vivido alguno una vida absolutamente libre de pecado como lo había hecho Jesús, viviendo en obediencia perfecta al Padre y no mereciendo así ningún castigo. Por el contrario, algunos de sus sufrimientos eran merecidos y su objetivo era hacer crecer y disciplinarlos espiritualmente.

La palabra clave de 12:4-11 es **disciplina**, usada como nombre y como verbo. Viene del griego *paideia* que, a su vez, viene de *pais* ("niño") y denota la formación de un niño. La palabra es un término amplio cuyo significado es cualquier cosa que hagan los padres y los maestros para formar, corregir, cultivar y educar a los niños de modo que les ayuden a desarrollarse y a madurar como deben hacerlo. Se usa nueve veces en estos ocho versículos.

La ilustración cambia de una carrera a una familia. La vida cristiana requiere correr, trabajar, pelear y soportar. También forman parte de ella las relaciones, especialmente nuestra relación con Dios y con los creyentes. El énfasis de este pasaje está en el uso que da el Padre celestial a la disciplina en la vida de sus hijos.

PROPÓSITOS DE LA DISCIPLINA

Dios usa las dificultades como medio para disciplinar, para formar a sus hijos, para ayudarles a madurar en sus vidas espirituales. Él tiene tres propósitos específicos con su disciplina: castigo, prevención y educación.

Debemos darnos cuenta de que hay una gran diferencia entre la disciplina de Dios y su castigo de juicio. Como cristianos tenemos que sufrir con frecuencia las consecuencias dolorosas de nuestros pecados, pero nunca experimentaremos el juicio de Dios por ellos. Tal castigo lo tomó Cristo por completo en la crucifixión, y Dios no requiere doble pago por ningún pecado. Aunque *merecemos* el castigo airado de Dios por nuestros pecados, nunca tendremos que enfrentarlo, porque Jesús ya lo sufrió por nosotros. Ni el amor de Dios ni su justicia le permitirían exigir un pago por algo que su Hijo ya pagó por completo. En la disciplina, Dios no es un juez, sino un Padre (cp. Ro. 8:1).

CASTIGO

Experimentamos algo de la disciplina de Dios como resultado directo de nuestro pecado, pero el castigo es correctivo, no de juicio. Es castigo, claro que sí, pero no como el que reciben los incrédulos.

Dios castigó con severidad a David por su lujuria con Betsabé, y los resultantes adulterio y homicidio. La mayoría de los reyes hacía esta clase de cosas, y peores. Se consideraba un privilegio real. Pero, sin importar lo que alguna cultura tolerara, nadie en el pueblo de Dios tiene el derecho a pecar, ni siquiera su rey ungido, aquel de quien había dicho que era conforme a su corazón. De hecho, los bendecidos e iluminados por Dios tienen menos justificación para pecar. En consecuencia, Dios disciplinó a David no con ira, sino con amor. El pecado de David no le costó su salvación, aunque sí le resultara muy costosa por la pérdida de su hijo con Betsabé y los dolores incontables con varios de sus hijos. Pasó años de angustia que de otra manera no habría experimentado. Dios le dijo a David, por medio del profeta Natán lo siguiente por causa de su pecado (en realidad, serie de pecados): "Ahora no se apartará jamás de tu casa la espada, por cuanto me menospreciaste, y tomaste la mujer de Urías heteo para que fuese tu mujer" (2 S. 12:10). Puede ser que incluso la prohibición para que construyera el templo fuera resultado indirecto de este pecado, pues fue por las guerras que Dios le negó este privilegio (1 Cr. 22:8).

Con todo, David fue mejor por la disciplina de Dios. Dios tenía un propósito con la disciplina: que su siervo se acercara más a Él, convencerlo de no pecar de nuevo y ayudarlo a crecer y madurar.

La iglesia de Corinto era particularmente inmadura y carnal. Entre otras cosas, muchos creyentes abusaban de la Santa Cena. La estaban utilizando como excusa para hacer fiesta e incluso para embriagarse (1 Co. 11:20-22). Pablo los reprendió con fuerza y les dijo claramente que por su pecado algunos estaban débiles, enfermos y otros inclusive habían muerto (v. 30). El Señor les estaba disciplinando para que no resultaran condenados con el mundo (v. 32).

Cuando disciplinamos a nuestros hijos, aun por las cosas serias, no los expulsamos de la familia. Les disciplinamos para corregir su comportamiento, no para repudiarlos. Dios tampoco nos expulsa de su familia cuando nos disciplina a nosotros sus hijos. Quiere acercarnos más profundamente a la comunión con su familia.

Con frecuencia nos resulta tan difícil ver lo bueno cuando Dios nos castiga, tal como les resulta verlo a nuestros hijos cuando nosotros los castigamos a ellos. Pero por cuanto Él es nuestro Padre celestial amoroso, sabemos que no hará nada para lastimarnos. Su disciplina puede doler, pero no lastima. Es lo mejor que el Señor puede hacer por nosotros cuando pecamos. Evita que volvamos a pecar.

Dios dice lo siguiente: "Si dejaren sus hijos mi ley, y no anduvieren en mis juicios, si profanaren mis estatutos, y no guardaren mis mandamientos, entonces castigaré con vara su rebelión, y con azotes sus iniquidades" (Sal. 89:30-32). Pero el otro lado de la promesa del castigo es la promesa de la fidelidad a su pacto: "Mas no quitaré de él mi misericordia, ni falsearé mi verdad. No olvidaré mi pacto, ni mudaré lo que ha salido de mis labios" (vv. 33-34). Cuando Dios castiga, no está rechazando, sino corrigiendo.

PREVENCIÓN

A veces Dios disciplina para *prevenir* el pecado. Tal como nosotros ponemos restricciones y límites, y a veces cercas literales, alrededor de nuestros hijos para evitar que se lastimen, Dios también lo hace con nosotros. No permitimos que nuestros hijos jueguen en calles congestionadas, con fósforos o que se lancen a la piscina sin que alguien los esté viendo. Dios también pone cercas alrededor de sus hijos para protegerlos. Lo que puede parecernos terriblemente inconveniente o difícil puede ser la mano protectora y amorosa de Dios.

Si algo pudiera decirse del apóstol Pablo es que era disciplinado. También era genuinamente sencillo, siempre cuidadoso de dar el mérito al Señor por cualquier milagro o bondad que hubiera hecho. Aun así, Pablo nos dice que Dios le dio un aguijón en la carne para evitar que se exaltara (2 Co. 12:7). Dios permitió que este "mensajero de Satanás" abofeteara a Pablo no porque su amado y fiel apóstol *fuera* orgulloso, sino para evitar que *se volviera* orgulloso. El aguijón en la carne estaba ahí para proteger su bienestar espiritual. Pablo no disfrutaba el aguijón y rogó tres veces al Señor que se lo quitara. Pero cuando Dios le dijo: "Bástate mi gracia; porque mi poder se perfecciona en la debilidad", Pablo aceptó con alegría el aguijón y, de hecho, se gloriaba en este (vv. 8-9). Aprendió que Dios no solo usaba este aguijón, sino muchas otras aflicciones, para hacerle mejor. "Por lo cual, por amor a Cristo me gozo en las debilidades, en afrentas, en necesidades, en persecuciones, en angustias; porque cuando soy débil, entonces soy fuerte" (v. 10). Pablo estaba agradecido con el Señor porque su disciplina le había hecho mejor. Es una de las bendiciones de Dios, aunque no tan atractiva como otras.

Nuestra enfermedad, nuestra falta de éxito en los negocios u otros problemas, pueden ser la forma en la cual Dios nos guarda de algo mucho peor. Si los hijos de Dios aceptaran su disciplina preventiva con mayor disposición y agradecimiento, Él tendría menos necesidad de administrar su disciplina correctiva.

EDUCACIÓN

Además de castigar y prevenir, la disciplina de Dios también nos educa para un mejor servicio y una mejor vida. Esta nos enseñará, si escuchamos qué dice Él por medio de ella.

Primero de todo, la disciplina nos puede ayudar a conocer mejor el poder y la suficiencia de Dios. A veces Dios puede llamar nuestra atención más fácilmente por medio de la aflicción que a través de la bendición. La prosperidad tiene una forma de hacernos sentir satisfechos e independientes, mientras que los problemas nos suelen hacer más conscientes de nuestra necesidad del Señor. Le necesitamos tanto cuando las cosas van bien como cuando no van bien, pero suele ocurrir que no *sentimos* que lo necesitamos hasta que nos enfrentamos a nuestra propia indefensión.

Dios mismo declaró que Job era "hombre perfecto y recto, temeroso de Dios y apartado del mal" (Job 1:1). Aun así, Dios permitió que sufriera dolor, pérdida, pena, enfermedad y ridículo, de forma tal que el aguijón en la carne de Pablo, cualquiera que fuese, parece insignificante en comparación. Como el aguijón de Pablo, las aflicciones de Job eran mensajeros de Satanás y llegaron a Job por aprobación divina (1:12; 2:6). Job atravesó este sufrimiento horrible y "no pecó Job con sus labios" (2:10).

Claramente, la disciplina de Job no fue un castigo ni fue preventiva. Fue enviada para educar aun más a Job en los caminos y el carácter del Señor. Fue un proceso lento. Job no pecó durante todo su sufrimiento, pero no entendía el porqué del sufrimiento. Intentó descubrir por su propia cuenta por qué estaba pasando por tan difícil momento. Sabía que no era por su pecado, y sabía que Dios no era malvado ni caprichoso. Pero no estaba dispuesto a aceptar su sufrimiento. Job lo soportó, pero no lo aceptó hasta que, después de dos largas conversaciones con Dios, reconoció que no necesitaba saber las razones de todo lo que le ocurriera. Dios es soberano, omnisciente y omnipotente. Job no aprendió durante sus sufrimientos la razón para ellos, sino que Dios es supremamente grande y maravilloso. Aprendió "cosas demasiado maravillosas... que... no comprendía" y le confesó a su Señor: "De oídas te había oído; mas ahora mis ojos te ven. Por tanto me aborrezco, y me arrepiento en polvo y ceniza" (42:3, 5-6).

A través de su gran y, al parecer, interminable sufrimiento, Job obtuvo una perspectiva magnífica de Dios. Experimentó su majestad santa, su liberación, su cuidado, su poder, su consejo, su defensa... todo por medio de su disciplina. Job también aprendió una gran lección sobre sí mismo: que su sabiduría no era la de Dios. Aprendió a confiar en Dios por quien Él es, no por lo que pudiera ver o comprender. Cuando mejor vemos a Dios, mejor nos vemos a nosotros mismos.

La disciplina también puede enseñar compasión por los demás. Una vez más, la experiencia de Job es una ilustración perfecta. "Después de haber orado Job por sus amigos, el SEÑOR lo hizo prosperar de nuevo y le dio dos veces más de lo que antes tenía" (Job 42:10, NVI). Por medio de las dificultades Job vio a Dios más claramente, y también se vio a sí mismo y a otros más claramente. Se volvió más sensible y comprensivo. Aprendió bastantes cosas en la escuela de sufrimiento de Dios.

Cuando tenemos dificultades, problemas, angustias, deberíamos preguntarnos —mejor aún, pedirle a Dios que nos muestre— si nos está disciplinando como castigo, prevención o educación. Sin embargo, cuando preguntamos deberíamos recordar a Job y darnos cuenta de que Dios podría no mostrarnos la razón tan rápida o claramente como quisiéramos. Siempre podemos estar seguros de que su disciplina nos corregirá, protegerá o instruirá. Cualquiera que sea la razón, será para nuestro bien y debemos estar agradecidos.

Solo la fe puede llevarnos a apreciar la disciplina, sea del tipo que sea. Estamos en condiciones de ver lo que pasa detrás del escenario en el sufrimiento de Job, porque las Escrituras proporcionan un retrato vívido de la actuación tanto de Satanás como de Dios. Pero Job no tenía ese conocimiento. Hasta donde podemos decir por el relato bíblico, Job murió sin saber exactamente por qué había sufrido tanto. Cuando finalmente reconoció la soberanía, omnipotencia y bondad de Dios en todo, fue por la fe. Pudo ver a Dios con más claridad (42:5), pero no vio los porqués y los motivos con más claridad. Cuando entendemos y confiamos en Dios más profundamente, quedamos satisfechos con el conocimiento que nos da, sin importar cuán limitado sea.

OLVIDAR LA PALABRA DE DIOS

y habéis ya olvidado la exhortación que como a hijos se os dirige, diciendo: Hijo mío, no menosprecies la disciplina del Señor, ni desmayes cuando eres reprendido por él; (12:5)

El olvido produce una cantidad de problemas y angustias innecesarias. Nuestra mayor necesidad no es la de una nueva luz divina, sino de prestar atención a la que ya tenemos. Cuando la Palabra de Dios se rechaza, también se olvida. A veces la respuesta o ayuda que necesitamos está en una verdad que aprendimos tiempo atrás pero que se nos ha olvidado.

Los judíos del Nuevo Testamento habían olvidado muchas cosas del Antiguo. Habían olvidado que a Dios no le agradó nunca nada aparte de la fe, y habían olvidado que muchos de los santos que Él había escogido habían sufrido grandemente por su fe. Ahora se nos recuerda que también habían olvidado la enseñanza de Proverbios 3:11-12 sobre la disciplina divina.

Sufrir por Dios no era nada novedoso. Recibir la disciplina de Dios tampoco. Aquellos judíos estaban molestos por sus aflicciones, en parte porque habían olvidado la Palabra de Dios. En el Antiguo Testamento, no solo les había hablado Dios de sufrimientos y disciplina, sino que les había hablado **como a hijos**. Habían olvidado más que las verdades divinas, habían **olvidado la exhortación** de su Padre celestial. Volver a las Escrituras es escuchar a Dios, porque las Escrituras son su Palabra. Para los creyentes, es la Palabra del Padre.

Tal exhortación olvidada nos habla de dos peligros de la disciplina: menospreciarla y desmayar por causa de ella.

PELIGROS DE LA DISCIPLINA

Hijo mío, no menosprecies la disciplina del Señor, (12:5*b*)

MENOSPRECIARLA

Lo primero que puede evitar que Dios alcance lo que quiere que se cumpla en nuestras vidas es menospreciar su **disciplina**. Si no entendemos nuestros problemas como disciplina que el Señor envía para nuestro bien, no podemos beneficiarnos de ellos, como Él pretende. Nuestras reacciones no pueden ser correctas si nuestra perspectiva de lo que está ocurriendo no lo es. La debilidad espiritual que se menciona en este versículo no es que menospreciemos los problemas, sino que menospreciamos la disciplina del Señor por medio de ellos. Suele pasar que por darle mucho valor a los problemas terminamos menospreciando la disciplina del Señor. Nuestro enfoque está en la experiencia, no en nuestro Padre celestial y en lo que quiere hacer para nosotros a través de la experiencia.

Podemos menospreciar la disciplina de Dios en muchos sentidos. Podemos *insensibilizarnos* con Dios y su Palabra, de modo que cuando esté haciendo algo en nosotros o por nosotros, no reconozcamos su mano ello. Cuando nos insensibilizamos, la disciplina nos endurece, en lugar de suavizarnos. También podemos menospreciar la disciplina de Dios *quejándonos*. En este caso no nos olvidamos de Dios; de hecho, nuestra atención está en Él, pero de una manera equivocada. En lugar de soportar pacientemente, como los héroes santos, nos quejamos y refunfuñamos. No acusamos a Dios de nada equivocado, al menos no con muchas palabras. Pero quejarse ante Dios equivale a ello, a creer que no está haciendo algo bien. La preocupación no llega por nada que no sea la incredulidad, la falta de confianza en que Dios hará todo lo correcto, especialmente por sus hijos.

Arthur Pink comenta: "Recuérdese cuánta escoria queda aún entre el oro, vea la corrupción de su propio corazón y maravíllese de que Dios no le ha afligido con mayor severidad. Hágase al hábito de seguir sus pasos y será menos probable que reciba sus zarpazos".

Podemos evitar que Dios logre el resultado deseado de la disciplina por *estar cuestionando*. Como la queja, estar cuestionando muestra una clara falta de fe. Cuando un hijo le pregunta a sus padres: "¿Por qué?", por lo general no está buscando una razón, sino que está retándolos para que justifiquen lo que quieren que él haga. De la misma forma, cuestionar a Dios implica que Él no está justificado para hacer lo que quiera con nosotros.

Incluso cuando reconozcamos nuestra disciplina *como* disciplina, podemos preguntarnos si es de la clase correcta, de la severidad correcta, de la duración correcta o si llegó en el momento adecuado. Si le pegamos a nuestro hijo, quizás piense que quedarse sin cena hubiera sido mejor castigo. Si lo castigamos sin salir dos días, quizás crea que no haberle dado el dinero de una semana habría sido más apropiado. Por supuesto, la disciplina de un padre nunca es perfecta, pero lo más probable es que sea más apropiada de lo que el niño reconoce. Necesitamos reconocer que la disciplina de Dios siempre es la disciplina correcta, la perfecta. Exactamente la que necesitamos.

Tal vez el mayor peligro al menospreciar la disciplina de Dios es la *indiferencia*. Cuando no nos importa qué propósito tiene Dios con la disciplina o cómo podemos beneficiarnos de ella, su disciplina no puede ser eficaz. Se vuelve como una bendición que no usamos. Nos la da para nuestro beneficio y su gloria, pero no la usamos para ninguna de las dos cosas. Frustramos el propósito de la disciplina por la indiferencia espiritual.

DESMAYAR

ni desmayes cuando eres reprendido por él; (12:5*c*)

Algunos terminan tan agotados con sus problemas que se rinden; se desesperanzan, se deprimen, desmayan. Llegan a ser espiritualmente inertes, indiferentes a qué está haciendo Dios o a por qué lo está haciendo. No son insensibles, no se quejan, no cuestionan ni son indiferentes. Simplemente están inmovilizados. Se rinden y desploman. El salmista tuvo esta experiencia y clamó para sí: "¿Por qué te abates, oh alma mía, y por qué te turbas dentro de mí?". Conocía su problema y también conocía la cura, por lo que continúa diciendo: "Espera en Dios; porque aún he de alabarle, Salvación mía y Dios mío" (Sal. 42:11). La cura para la desesperanza es la esperanza en Dios. No es necesario que el hijo de Dios desmaye por la disciplina divina. Dios nos la dio para fortalecernos, no para debilitarnos; para animarnos, no para desalentarnos; para edificarnos, no para derribarnos.

Cuando la menospreciamos o nos insensibilizamos, no permitimos que la disciplina de Dios logre su propósito en nosotros y Satanás sale victorioso. El propósito de Dios se pierde, junto con nuestra bendición.

PRUEBAS EN LA DISCIPLINA

porque el Señor al que ama, disciplina, y azota a todo el que recibe por hijo. Si soportáis la disciplina, Dios os trata como a hijos; porque ¿qué hijo es aquel a quien el padre no disciplina? Pero si se os deja sin disciplina, de la cual todos han sido participantes, entonces sois bastardos, y no hijos. (12:6-8)

Para el cristiano que responde a la disciplina del Señor, esta prueba dos cosas: el amor de Dios y que somos sus hijos.

PRUEBA EL AMOR DE DIOS

En lo primero que debemos pensar cuando estamos sufriendo es en el amor de nuestro Padre, **porque el Señor al que ama, disciplina**. No le podemos probar esto a nadie, ni siquiera a nosotros mismos, sino por la fe. Por la razón o el entendimiento humano podemos probar aun menos que estamos recibiendo disciplina *por* el amor de Dios. Pero la fe lo prueba. La lógica de la fe es sencilla: "Somos hijos de Dios. Dios ama a sus hijos y, por su propia naturaleza y su propio pacto, está obligado a hacerles solamente el bien. Por lo tanto, recibamos lo que recibamos de la mano divina, su disciplina inclusive, proviene del amor de Dios". El Padre celestial, más que cualquier padre terrenal, quiere que sus hijos sean rectos, maduros, obedientes, competentes, responsables, capaces y confíen en Él. En tales formas, y muchas más, nos beneficiamos cuando aceptamos su disciplina.

Pablo nos dice que estemos "arraigados y cimentados en amor" (Ef. 3:17),

esto es, tener la plena confianza en que Dios no puede hacer nada sin su amor
por nosotros ni en contra de este. Dios ama continuamente, seamos conscientes
de ello o no. Sin embargo, cuando *somos* conscientes de ello, puede conseguir
infinitamente más bien en nosotros y por nosotros. En lugar de mirar nuestros
problemas, miramos el amor de nuestro Padre y le agradecemos porque incluso
las tribulaciones son prueba de su amor.

A alguien le preguntaron por qué miraba por encima de una pared y respondió: "Porque no puedo ver a través de ella". Cuando los cristianos no pueden
ver a través del muro del dolor, la confusión, la dificultad o el desespero, solo
necesitan mirar por encima de la pared, a la cara de su amoroso Padre celestial.

Tal como el amor de Dios nos predestinó (Ef. 1:4-5) y nos redimió (Jn. 3:16),
también nos disciplina.

Los niños siempre se han preguntado por qué los padres insisten en decirles: "Este castigo me duele más a mí que a ti". La idea es difícil de aceptar para
un niño hasta que se hace padre. A un padre amoroso de verdad *le duele* tener
que disciplinar a su hijo. El padre no recibe alegría ni gratificación alguna por
causa de la disciplina como tal, sino por el beneficio futuro para su hijo.

Dios es más amoroso que cualquier padre humano y sufre cuando debe disciplinar a sus hijos. "Porque el Señor no desecha para siempre; antes si aflige,
también se compadece según la multitud de sus misericordias; porque no aflige
ni entristece voluntariamente a los hijos de los hombres" (Lm. 3:31-33). El
Señor es tierno y cuidadoso en su disciplina. Nada es más sensible que el amor.
Como Dios ama con amor infinito, es infinitamente sensible a las necesidades
y sentimientos de sus hijos. Sufre cuando sufrimos. No le alegra la disciplina
dolorosa de sus hijos como no le alegra la muerte de los incrédulos (Ez. 18:32).
Tampoco nos disciplinará más de lo debido o de lo que soportemos como tampoco permitirá que seamos tentados más allá de lo que podemos resistir (1 Co.
10:13). No nos disciplina para acongojarnos, sino para mejorarnos.

Dios sufre cuando sufrimos, cualquiera que sea la razón. "En toda angustia
de ellos él fue angustiado" (Is. 63:9). Todo lo que Israel pasó, el Señor lo pasó
con él. Todo lo que sufrió, el castigo por sus pecados inclusive, también el Señor
lo sufrió con él. Dios no nos entiende tan solo por habernos creado, sino porque
se identifica con nosotros como nuestro Padre. Podemos estar seguros de que
nuestra disciplina le duele más a Él que a nosotros. Y si Él mismo está dispuesto
a sufrir por nuestro bien, ¿cómo no podemos estar dispuestos nosotros a soportar el sufrimiento felices y agradecidos?

PRUEBA QUE SOMOS SUS HIJOS

**y azota a todo el que recibe por hijo. Si soportáis la disciplina, Dios os trata
como a hijos; porque ¿qué hijo es aquel a quien el padre no disciplina? Pero si**

se os deja sin disciplina, de la cual todos han sido participantes, entonces sois bastardos, y no hijos. (12:6*b*-8)

Lo segundo que prueba la disciplina está relacionado con lo primero. Prueba que somos hijos. Todos los hombres están sujetos al castigo divino, pero solo sus hijos reciben su disciplina.

Hay ocasiones en las que todos hemos querido disciplinar a los hijos de alguien más, cuando nos interrumpen o nos irritan. Cuando vemos a un hijo rebelde haciendo pataleta en una tienda, pensamos: "Si me lo llegaran a dejar al menos una semana...". Pero no tenemos el deseo continuo de disciplinar a hijos que no son nuestros, porque no los amamos como a los nuestros. La relación no es la misma, por tanto, la preocupación no es la misma.

Además de la motivación del amor, la disciplina se da por obligación. Estamos obligados a disciplinar a nuestros hijos, pero no estamos obligados a disciplinar a los hijos de otros, porque nuestros hijos son nuestra responsabilidad especial y porque la disciplina es para su bien. Dios tiene una relación de pacto con los suyos y está obligado a redimirlos, protegerlos, y bendecirlos. "Aunque cambien de lugar las montañas y se tambaleen las colinas, no cambiará mi fiel amor por ti ni vacilará mi pacto de paz, —dice el Señor, que de ti se compadece" (Is. 54:10, NVI).

Podemos saber que somos hijos de Dios porque Él nos guía (Ro. 8:14) y por el testimonio de su Espíritu a nuestro espíritu (8:15-16). Sabemos que somos hijos de Dios por el hecho de haber confiado en Jesucristo. "Mas a todos los que le recibieron, a los que creen en su nombre, les dio potestad de ser hechos hijos de Dios" (Jn. 1:12). También por la disciplina sabemos que somos hijos suyos, porque **azota a todo el que recibe por hijo.** Un hijo indisciplinado es un hijo no amado e infeliz. El amor de Dios no le permitirá que no nos discipline, y su castigo es otra de muchas pruebas de su amor por nosotros y de que somos sus hijos.

El otro lado, el lado trágico, de esta verdad es que Dios no disciplina a quienes no son sus hijos. La frase **azota a todo el que recibe por hijo** es inclusiva. Ni uno solo de sus hijos se perderá su disciplina amorosa. Sin embargo, **a todo el que recibe** es exclusiva. Solo quien lo reciba por medio de la fe en Jesús es su hijo.

Azota (*mastigoō*) se refiere a flagelar con un látigo, una antigua práctica judía común (Mt. 10:17; 23:34). Era una paliza severa y muy dolorosa. La enseñanza de Hebreos 12:6*b*, y de Proverbios 3:12 (del cual está citando) es que la disciplina de Dios puede ser severa en ocasiones. Cuando nuestra desobediencia o apatía son grandes, su castigo será grande.

Los padres suelen desanimarse cuando la disciplina parece no tener efecto. A veces no queremos meternos en ello por nosotros mismos, aunque sabemos que nuestros hijos necesitan la disciplina para su propio bien. Pero si amamos a nuestros hijos, los disciplinaremos mientras estén bajo nuestro cuidado. "El que detiene el castigo, a su hijo aborrece; mas el que lo ama, desde temprano lo corrige" (Pr. 13:24; cp. 23:13-14). Los tribunales de menores son un testimonio constante de que "el muchacho consentido avergonzará a su madre" (Pr. 29:15), además del resto de la familia y la comunidad. Podemos tener la certeza de que Dios siempre nos disciplinará mientras estemos en esta vida, porque nos ama.

De modo que la disciplina en la vida cristiana no es a pesar de que seamos hijos, sino porque somos sus hijos. **Porque ¿qué hijo es aquel a quien el padre no disciplina?** Un padre que de verdad ama está absolutamente comprometido a ayudar a que su hijo esté a la mayor altura. ¡Cuánto más nuestro Padre celestial está comprometido con formarnos a su altura y a infligir el dolor para hacer de tal cosa una realidad!

Cuando vemos cómo van de bien algunos incrédulos y cuántos problemas estamos teniendo nosotros, debemos considerarlo una evidencia de que pertenecemos a Dios y ellos no. Si ellos se quedan **sin disciplina**, son **bastardos y no hijos**. Debemos lamentarnos por quienes no conocen a Dios; no envidiarlos por su prosperidad, salud, popularidad o atractivo. No deberíamos desearles nuestras pruebas o sufrimientos, sino que deberíamos desear para ellos lo que Pablo dijo a Agripa: "¡Quisiera Dios que por poco o por mucho, no solamente tú, sino también todos los que hoy me oyen, fueseis hechos tales cual yo soy, excepto estas cadenas!" (Hch. 26:29).

Jerónimo dijo algo paradójico que se ajusta a la idea de este pasaje de Hebreos: "La ira más grande de todas es cuando Dios ya no está airado con nosotros". La aflicción suprema es volverse incorregible o inalcanzable para Dios. Cuando el Señor nos disciplina, deberíamos decir: "Gracias, Señor. Has probado una vez más que me amas y que soy tu hijo".

PRODUCTOS DE LA DISCIPLINA

Por otra parte, tuvimos a nuestros padres terrenales que nos disciplinaban, y los venerábamos. ¿Por qué no obedeceremos mucho mejor al Padre de los espíritus, y viviremos? Y aquéllos, ciertamente por pocos días nos disciplinaban como a ellos les parecía, pero éste para lo que nos es provechoso, para que participemos de su santidad. Es verdad que ninguna disciplina al presente parece ser causa de gozo, sino de tristeza; pero después da fruto apacible de justicia a los que en ella han sido ejercitados. (12:9-11)

Los dos resultados de la disciplina mencionados en estos versículos están estrechamente relacionados con los tres propósitos de la disciplina sugeridos más arriba. La disciplina de Dios produce vida y santidad.

Es el hijo disciplinado quien respeta a los padres. La forma más segura en que un padre puede perder, o no ganar nunca, el respeto de su hijo es no corregirlo o castigarlo, sin importar cuán terrible sea el comportamiento de su hijo. Aun mientras los hijos están creciendo, saben instintivamente que un padre que los disciplina con justicia es un padre que los ama y se preocupa por ellos. También se dan cuenta de que un padre que siempre les deja hacer lo que quieran, no se preocupa por ellos. **Tuvimos a nuestros padres terrenales que nos disciplinaban, y los venerábamos**, por lo que aquella disciplina probaba y producía.

VIDA

Si respetábamos a nuestros padres terrenales aun cuando nos disciplinaban, **¿por qué no obedeceremos mucho mejor al Padre de los espíritus, y viviremos?** Nuestra respuesta a la disciplina divina no debería ser la resignación resentida, sino la sumisión agradecida y dispuesta. Deberíamos querer beneficiarnos tanto como sea posible de la disciplina de nuestro Padre celestial.

Bajo el antiguo pacto, un hijo que era totalmente rebelde con su padre, uno incorregible o indisciplinado, debía morir lapidado (Dt. 21:18-21). Tal castigo era severo hasta el extremo, pero nos muestra cuán seriamente se toma Dios la obediencia de los hijos a los padres. Creo que Hebreos 12:9 sugiere la misma severidad. La rebeldía persistente de un cristiano contra Dios le puede costar la vida. Pablo habla de creyentes que "duermen", es decir, que murieron, por participar indignamente de la Santa Cena (1 Co. 11:30). Juan nos dice que hay pecados "de muerte" (1 Jn. 5:16). Santiago implica la misma clase de muerte que resulta directamente del pecado: "Por lo cual, desechando toda inmundicia y abundancia de malicia, recibid con mansedumbre la palabra implantada, la cual puede salvar vuestras almas" (Stg. 1:21). Un cristiano que rechaza la disciplina de Dios, que se niega a beneficiarse de la corrección divina, puede perder la vida por su obstinación.

Sin embargo, más que esto, creo que la enseñanza aquí puede incluir la idea de que cuando obedecemos **al Padre de los espíritus**, tendremos una vida más rica y abundante. Usted no sabe qué es la victoria mientras no pelee una batalla. No sabe el significado de la libertad mientras no haya estado en prisión. No conoce la alegría del alivio mientras no haya sufrido, o de la sanidad mientras no haya estado enfermo. No sabe de qué se trata la vida mientras no haya experimentado algunos problemas y dificultades.

Una vez le pregunté a un misionero en Indochina si le gustaba vivir allí. La esencia de su respuesta fue: "No creo que pudiera volver a la existencia aburrida de Estados Unidos. Hemos visto a Dios obrando muchos milagros allí. ¿Por qué querríamos regresar a esta rutina monótona?". Había pasado por guerra, hambre, enfermedad, sublevaciones políticas y militares, e incontables experiencias adicionales que nosotros haríamos todo por evitar. Pero él sabía que estaba viviendo la plenitud de la presencia de Dios.

"Mucha paz tienen los que aman tu ley, y no hay para ellos tropiezo" (Sal. 119:165). Nadie vive mejor que el creyente que ama la ley y la voluntad de Dios, quien recibe con disposición y alegría todo lo que proviene de la mano de su Padre.

SANTIDAD

Y aquéllos, ciertamente por pocos días nos disciplinaban como a ellos les parecía, pero éste para lo que nos es provechoso, para que participemos de su santidad. (12:10)

Vivir para el Señor es vivir en santidad. El mayor deseo de Dios para nosotros es que seamos santos como Él es santo (1 P. 1:16), que **participemos de su santidad**.

La disciplina de Dios es siempre perfecta porque Él es perfecto. Los padres humanos nos disciplinan como les parece mejor, pero nuestro mejor intento suele estar errado y siempre es imperfecto. A veces castigamos más por enojo que con amor, y a veces castigamos más severamente de lo que la ofensa merecía. Incluso, a veces castigamos por equivocación a un hijo por algo que no hizo. Nunca voy a olvidar haber castigado a uno de mis hijos por algo que estaba seguro de que él hizo. Cuándo se quedó llorando más de lo usual, le pregunté qué le pasaba. Dijo: "Papi, yo no lo hice". Quedé deshecho y comencé a llorar. Pero el Señor no comete nunca esos errores con sus hijos. Su disciplina es siempre apropiada, siempre en el momento oportuno, de la clase correcta y en el grado correcto. Siempre nos es perfectamente provechosa, **para que participemos de su santidad**.

Solo hay una clase de santidad, la santidad de Dios. Él es la fuente y la medida de la santidad, que es la separación del pecado. Su mayor deseo para nosotros sus hijos es compartir su santidad con nosotros, que seamos "llenos de toda la plenitud de Dios" (Ef. 3:19). La única forma de estar separados del pecado, y así participar de su santidad y estar llenos de su plenitud, es conformarnos "a la imagen de su Hijo" (Ro. 8:29), lo cual requiere que aceptemos su disciplina como hijos. En cuanto a nuestra posición, ya somos santos, porque estamos justificados. Pero en la práctica nuestra santidad apenas está comenzando. Esa es la obra de la santificación: hacernos santos.

Es verdad que ninguna disciplina al presente parece ser causa de gozo, sino de tristeza; pero después da fruto apacible de justicia a los que en ella han sido ejercitados. (12:11)

La disciplina como tal no pretende ser agradable. Si lo fuera, tendría poco poder de corrección. Por su misma naturaleza, la disciplina no es agradable de administrar ni de soportar. La medicina, la cirugía, la terapia física y otros tratamientos por el estilo que estamos dispuestos a soportar, suelen ser dolorosos, incómodos e inconvenientes. Los soportamos por el resultado final: una mejor salud.

¿Cuánto más deberíamos estar dispuestos a soportar el tratamiento del Señor a nuestras necesidades espirituales, que **después da fruto apacible de justicia**? Debemos considerar nuestras dificultades como tratamientos espirituales que edifican nuestro carácter y nuestra fe, nuestro amor y nuestra justicia. Nunca parecerá así desde la perspectiva natural, pero, desde la perspectiva de la fe, vemos que la disciplina es una de las bendiciones más ricas y provechosas de Dios para sus hijos.

Alguien escribió: "¿Qué diré entonces? Diré que caigan las lluvias de la desilusión, si van a regar las plantas de la gracia espiritual. Que soplen los vientos de la adversidad, si van a servir para arraigar más fuertemente los árboles que Dios ha plantado. Diré que el sol de la prosperidad se eclipse, si ello ha de acercarme más a la luz verdadera de la vida. Bienvenida, disciplina dulce, disciplina diseñada para mi gozo, disciplina diseñada para hacerme lo que Dios quiere que sea".

No alcanzar la gracia de Dios

35

Por lo cual, levantad las manos caídas y las rodillas paralizadas; y haced sendas derechas para vuestros pies, para que lo cojo no se salga del camino, sino que sea sanado. Seguid la paz con todos, y la santidad, sin la cual nadie verá al Señor. Mirad bien, no sea que alguno deje de alcanzar la gracia de Dios; que brotando alguna raíz de amargura, os estorbe, y por ella muchos sean contaminados; no sea que haya algún fornicario, o profano, como Esaú, que por una sola comida vendió su primogenitura. Porque ya sabéis que aun después, deseando heredar la bendición, fue desechado, y no hubo oportunidad para el arrepentimiento, aunque la procuró con lágrimas. (12:12-17)

Nada en las Escrituras es más importante que la doctrina. Es fundamental para todo lo demás. La doctrina bíblica puede definirse simplemente como "la verdad de Dios" y, aparte de su verdad, no podemos saber nada sobre Él, nada sobre nosotros espiritualmente ni podemos saber cómo nos ve Dios o qué quiere que seamos o hagamos. Sin la doctrina no puede haber base para la obediencia, la fe en Dios o el amor a Dios, puesto que nada sabríamos sobre Él.

Pero las Escrituras contienen mucho más que doctrina, mucho más que información sobre Dios y sobre nosotros. También contiene información para que vivamos las verdades que aprendemos. Saber y creer son una cara de la moneda; vivir y obedecer son la otra. Pablo une las dos en su encargo a Timoteo: "Esto enseña y exhorta" (1 Ti. 6:2). "Exhortar" significa aquí amonestar. La tarea del pastor es enseñar la doctrina correcta y exhortar a la vida correcta, y la tarea de todo cristiano es conocer la doctrina correcta e ir en pos de la vida correcta.

En mi anterior ministerio me pidieron predicar en una universidad cristiana bien conocida del medio oeste de Estados Unidos. Hablé de 2 Corintios 5, intentando darle aplicación práctica a alguna de las ricas enseñanzas de Pablo en tal capítulo. Después del mensaje, me pasaron una nota escrita por uno de los estudiantes en la cual me reprochaba por la exhortación apasionada y me sugería que solo debía presentar los hechos de la Escritura como los veía y dejar que la audiencia —sobre todo esta tan sofisticada— "sacara sus propias conclusiones".

En principio, me tomó por sorpresa, pero después de pensar en lo que él había dicho, le escribí una nota de vuelta que decía: "Gracias por ayudarme a examinar mi ministerio, pero tenga la certeza de que estoy siguiendo un patrón establecido en las Escrituras". La enseñanza sin exhortación no es bíblica. Es no dar el consejo completo, o el propósito, de Dios (véase 2 Ti. 4:1-2).

La tendencia básica de Hebreos 12:12-17 es claramente una exhortación. **Levantad**, **haced sendas derechas**, **seguid** y **mirad bien** son todos términos de exhortación. El propósito aquí no es solo enseñar la verdad, sino animar para vivir de acuerdo a ella. A pesar de toda la doctrina que contiene la carta a los Hebreos, su propósito original no era enseñar, sino exhortar. "Os ruego, hermanos, que soportéis la palabra de exhortación, pues os he escrito brevemente" (13:22). Gran parte de la doctrina ya la habían oído antes los lectores. Tenían buen conocimiento del evangelio. Ahora el autor les urgía a seguir ese evangelio, confiar en este y obedecerlo.

La verdad que se conoce pero no se obedece se vuelve un juicio sobre nosotros, en lugar de una ayuda. La enseñanza y la exhortación son inseparables. La enseñanza de la sana doctrina que no se aplica no tiene valor, y la exhortación que no se basa en la sana doctrina es engañosa. El método de instrucción divina es sencillo: explique los principios espirituales y después ilustre y anime a su aplicación.

Muchas personas tienen conocimiento de las doctrinas de las Escrituras, pero no saben nada de la vida práctica cristiana. Como dijo alguien, entienden las doctrinas de la gracia, pero no experimentan la gracia de las doctrinas. Por ejemplo, una cosa es creer en la inspiración e inerrancia de las Escrituras; otra bien diferente es vivir bajo la autoridad de las Escrituras. Una cosa es creer que Jesucristo es el Señor; otra bien diferente es rendirse a su señorío. Una cosa es creer que Dios es omnipotente; otra bien diferente es apoyarse en su brazo poderoso cuando somos débiles o estamos en problemas.

Los "por lo cual", "por tanto" y "entonces" de la Biblia suelen ser transiciones de la enseñanza a la exhortación, de la verdad a la aplicación, del saber al hacer. En la carta a los romanos, quizás la carta más doctrinal de Pablo, él se enfoca principalmente en la doctrina. Pero no deja que sus lectores "saquen sus propias conclusiones". La doctrina debe llevar a algo. Debería afectar, producir un cambio en nuestras vidas. El capítulo 12 comienza con una especie de clímax a todo lo que se ha dicho anteriormente. "Así que, hermanos, os ruego por las misericordias de Dios, que presentéis vuestros cuerpos en sacrificio vivo, santo, agradable a Dios, que es vuestro culto racional" (v. 1). Después de establecer "las misericordias de Dios" durante once capítulos, nos exhorta a responder con compromiso. Después de la verdad "cada uno de nosotros dará a Dios cuenta de sí", dice: "Así que, ya no nos juzguemos más los unos a los otros, sino más bien decidid no poner tropiezo u ocasión de caer al hermano" (Ro. 14:12-13).

Después de enseñar que toda la comida es pura, dice: "No sea, pues, vituperado vuestro bien" (Ro. 14:14-16).

En la Epístola a los Gálatas, después que Pablo pasa varios capítulos estableciendo la verdad de que los cristianos están libres de la ley, exhorta: "Estad, pues, firmes... y no estéis otra vez sujetos al yugo de esclavitud" (Gá. 5:1). Tan pronto termina de explicar la doctrina de sembrar y segar, dice: "Así que, según tengamos oportunidad, hagamos bien a todos, y mayormente a los de la familia de la fe" (Gá. 6:7-10).

Hebreos 12 también comienza con una exhortación. Después que el autor ha explicado cuidadosamente la fe, la ha explicado y definido, lo que en efecto está diciendo es: "Ahora que saben de qué se trata la carrera de la fe, vayan a correrla". No es suficiente saber que el nuevo pacto es mejor; debemos aceptarlo para nosotros. No es suficiente saber que Cristo es el Sumo Sacerdote superior y perfecto; debemos confiar en su sacrificio expiatorio por nosotros. No es suficiente saber cómo debemos vivir; debemos vivir realmente lo que sabemos. El necio más grande de todos es quien conoce la verdad, pero no la aplica en su vida.

Los versículos 12-17 contienen tres exhortaciones: a continuar, a ser diligentes y a estar vigilantes. Primero de todo, están dirigidos a creyentes, aunque se aplican también a incrédulos. Lo que el escritor dice es: "Con base en que deben estar en la carrera de la fe para ganarla y en que su sufrimiento es parte de la disciplina amorosa de Dios para su bien, hay tres cosas aquí en las cuales deben concentrarse".

CONTINUIDAD

Por lo cual, levantad las manos caídas y las rodillas paralizadas; y haced sendas derechas para vuestros pies, para que lo cojo no se salga del camino, sino que sea sanado. (12:12-13)

Estos versículos retoman la metáfora de la carrera. Lo primero que le ocurre a un corredor cuando se cansa es que sus brazos caen. La posición y el movimiento de los brazos son muy importantes al correr para mantener la coordinación y el ritmo corporal adecuados. Sus brazos ayudan a impulsar su zancada, y son las primeras partes del cuerpo en mostrar fatiga. Después siguen las rodillas. Primero los brazos comienzan a caer y luego las rodillas a tambalearse. Pero si usted se concentra en la caída de los brazos o el tambaleo de las rodillas, hasta ahí llegó. La única forma mediante la cual cabe esperar continuar es enfocándose en el objetivo.

Cuando experimentamos **las manos caídas y las rodillas paralizadas** espiritualmente, nuestra esperanza está en poner "los ojos en Jesús, el autor y consumador de la fe" (12:2).

El escritor de Hebreos obtuvo su metáfora de Isaías. Los fieles en Israel habían pasado por muchas cosas. Tuvieron bastantes reyes malvados, algunos falsos profetas, compatriotas israelitas que en general eran desobedientes y tercos, enemigos poderosos que les amenazaban y al parecer ninguna posibilidad de vivir alguna vez en su propia tierra en paz. Estaban desanimados y abatidos, preparados para rendirse. Así que el profeta les recuerda el reino venidero, cuando "se alegrarán el desierto y el sequedal" y "ellos verán la gloria del Señor, el esplendor de nuestro Dios" (Is. 35:1-2, nvi). Luego les exhorta a que se aconsejen entre ellos: "Fortalezcan las manos débiles, afirmen las rodillas temblorosas; digan a los de corazón temeroso: 'Sean fuertes, no tengan miedo. Su Dios vendrá, vendrá con venganza; con retribución divina vendrá a salvarlos'" (vv. 3-4, nvi). En otras palabras: "No se rindan ahora. Mejores días están por venir. Pongan allá su mirada y tendrán el aliento y la fuerza que necesitan. ¡La victoria está adelante!".

El énfasis de Hebreos 12:12 es el mismo de Isaías 35:3-4. No se nos dice que fortalezcamos *nuestras* manos o *nuestras* rodillas débiles y paralizadas, sino *las* manos y *las* rodillas, sin importar de quién sean. En otras palabras, no debemos concentrarnos en nuestras propias debilidades, sino en ayudar a fortalecer a otros cristianos en las suyas. Una de las maneras más seguras de alentarnos a nosotros mismos es dar aliento a alguien más, exhortarnos "y tanto más, cuanto [vemos] que aquel día se acerca" (He. 10:25). Una de las mejores maneras de continuar es animar a otros a continuar.

La frase **y haced sendas derechas para vuestros pies** se refiere a quedarse en la propia línea de carrera. Cuando usted se sale de su línea, no solamente se descalifica solo, sino que interfiere con otros corredores. Un corredor nunca se sale intencionalmente de su línea; solo le ocurre cuando se distrae o se descuida, cuando pierde su concentración en la meta o cuando la fatiga le priva del deseo de ganar.

Proverbios 4:25-27 nos dice: "Tus ojos miren lo recto, y diríjanse tus párpados hacia lo que tienes delante. Examina la senda de tus pies, y todos tus caminos sean rectos. No te desvíes a la derecha ni a la izquierda; aparta tu pie del mal". Cuando comenzamos la carrera de la fe, nada debe distraernos ni causar un cambio de curso. Si lo hacemos, no solo tropezaremos nosotros, sino que haremos tropezar a otros.

La palabra **sendas** (*trochia*) se refiere a las huellas que dejaban las ruedas de los carros y carruajes que después seguían los viajeros. Cuando corremos, dejamos una huella detrás nuestro que guiará o desviará a otros. Deberíamos tener mucho cuidado en dejar huellas rectas. La única forma en que dejaremos huellas rectas es vivir con rectitud y correr una carrera recta.

para que lo cojo no se salga del camino, sino que sea sanado. (12:13*b*)

La palabra **cojo** puede usarse para los cristianos débiles y renqueantes que tropiezan o se desvían fácilmente. Es verdad que nuestros hermanos débiles serán los primeros en ser heridos por nuestro ejemplo pobre (cp. Ro. 14).

Pero creo que la referencia principal aquí es a los cristianos profesantes, quienes se han identificado con la iglesia pero no son salvos. Han dado un paso hacia Cristo, pero no han recorrido el camino completo. Tienen la apariencia de estar en la carrera de la fe, pero no lo están. Corren peligro de apostatar y son particularmente vulnerables a tropezar. Son los primeros candidatos de Satanás para echarles la zancadilla.

Estas son la clase de personas en el borde, que se sientan en la orilla, a las que Elías retó en el monte Carmelo. Claramente, Elías estaba del lado del Señor y los profetas de Baal estaban contra él. Sin duda, algunos israelitas estaban firmemente con Baal y unos pocos estaban con Elías. Pero la mayoría estaba indecisa, aunque fueran israelitas. Preferían no tomar partido si podían evitar hacerlo. En realidad, intentaron jugar en ambos bandos. Durante la semana se juntaban con las sacerdotisas inmorales de Baal y el sábado iban a adorar al templo. De modo que Elías los confrontó: "¿Hasta cuándo van a seguir indecisos? Si el Dios verdadero es el Señor, deben seguirlo; pero si es Baal, síganlo a él" (1 R. 18:21, NVI). La única respuesta fue silencio, pero el desafío había quedado planteado.

La LXX (la versión griega del Antiguo Testamento) usa la misma palabra (*chōlos*, "cojear, dudar") en 1 Reyes 18:21 que el escritor usa en Hebreos 12:13. Elías confrontó a los israelitas vacilantes y cojos para persuadirles de que asumieran una posición. El escritor de Hebreos advertía a los creyentes sobre el peligro de desviar a los incrédulos sin compromiso y a los cojos, y sobre hacerlos apostatar de modo que retrocedieran al judaísmo. Estos judíos que se decían cristianos pero eran incrédulos estaban comenzando a dudar y a debilitarse en su compromiso bajo la presión de la persecución. Los cristianos inconsecuentes que dejaban caminos torcidos no eran de ayuda.

Tristemente, a veces los cristianos son las más grandes piedras de tropiezo para el cristianismo. Un mal ejemplo de un creyente verdadero puede alejar a alguien del compromiso completo con Cristo y, por lo tanto, de la salvación. Un testimonio pobre puede causar daño irreparable, muchas veces sin saberlo. Puede provocar que un incrédulo renqueante **se salga del camino**, dejándole completamente dislocado espiritualmente.

Dios quiere que los incrédulos se sanen y se salven. Su voluntad es que nadie perezca (2 P. 3:9). Esta es de veras una exhortación seria: asegurarnos de que nuestra vida no cause que nadie rechace el evangelio. Jesús nos advierte:

Vosotros sois la sal de la tierra; pero si la sal se desvaneciere, ¿con qué será salada? No sirve más para nada, sino para ser echada fuera y hollada por los hombres. Vosotros sois la luz del mundo; una ciudad asentada sobre un monte no se puede esconder. Ni se enciende una luz y se pone debajo de un almud, sino sobre el candelero, y alumbra a todos los que están en casa. Así alumbre vuestra luz delante de los hombres, para que vean vuestras buenas obras, y glorifiquen a vuestro Padre que está en los cielos (Mt. 5:13-16).

Pedro da una ilustración práctica del principio, en el testimonio de una esposa que cree antes que su marido incrédulo: "Asimismo vosotras, mujeres, estad sujetas a vuestros maridos; para que también los que no creen a la palabra, sean ganados sin palabra por la conducta de sus esposas, considerando vuestra conducta casta y respetuosa" (1 P. 3:1-2). Directa e indirectamente, nuestro testimonio debe glorificar a Dios y, por lo tanto, ser la mejor influencia posible para todos a nuestro alrededor.

DILIGENCIA

Seguid la paz con todos, y la santidad, sin la cual nadie verá al Señor. (12:14)

Este versículo no es fácil de interpretar, y ha sido un problema para muchos cristianos sinceros. A primera vista, parece estar enseñando la salvación por obras: si perseguimos con éxito la paz y la santificación, recibiremos la salvación y veremos al Señor. Sin embargo, la verdad es que una persona no salva no puede seguir la paz o la santificación, no al menos con éxito. Solo los cristianos tienen la capacidad, por medio del Espíritu Santo, de vivir en paz y en santidad. "No hay paz, dijo mi Dios, para los impíos" (Is. 57:21) y cualquier cosa justa que los hombres intenten producir sin Dios es como "trapo de inmundicia" (Is. 64:6).

Creo que el autor está hablando de la paz y de la justicia prácticas. Los cristianos, en cuanto a su posición en Cristo, ya están en paz y son justos, pero en la práctica hay un camino largo por andar. Debemos ser hacedores de paz por cuanto estamos en paz con Dios. Debemos vivir una vida justa porque se nos cuenta por justos. Nuestra práctica debe hacerle justicia a nuestra posición. De otra forma, el incrédulo retrocederá y preguntará: "¿Por qué no practica lo que predica? Si no vive como dijo Cristo, ¿por qué debo aceptarlo como mi Señor y Salvador?" (cp. 1 Jn. 2:6).

Seguir la paz está relacionado principalmente con amar a los hombres, y seguir la justicia está relacionado principalmente con amar a Dios. Si amamos a los hombres, estaremos en paz con ellos; si amamos a Dios, viviremos justamente.

AMAR A LOS HOMBRES

La paz es una calle de dos vías. No es posible que dos personas, o dos naciones, vivan en paz la una con la otra si una de ellas es continuamente beligerante.

Jesús era pacífico con todos los hombres, pero no todos los hombres eran pacíficos con Él. Pablo aclara el principio: "Si es posible, en cuanto dependa de vosotros, estad en paz con todos los hombres" (Ro. 12:18). Solamente somos responsables por nuestro lado del proceso de la paz, pero no podemos usar la beligerancia del prójimo como excusa para responder de la misma manera. Tenemos la obligación de vivir pacíficamente, sin importar si aquellos que viven a nuestro alrededor nos tratan pacíficamente. Si no viven en paz, ese es su problema; nunca nuestra excusa.

Una vez fui testigo de una escena interesante en la calle. Al parecer, un personaje que conducía delante de mí iba en un carro tan nuevo que aún tenía la licencia del concesionario puesta. Otro conductor se fue por la derecha y aceleró en un barrizal, ansioso por pasar al primero. El carro nuevo quedó completamente sucio. Un tercer personaje, probablemente amigo de quien acababa de sacar el carro del concesionario, estaba en otro carro. Los dos forzaron al personaje impaciente a que se hiciera a un costado de la vía y le bloquearon. Entonces procedieron a derramar gaseosa sobre el vehículo de quien les ofendió. No fue una demostración de hacer la paz.

En otra ocasión, inadvertidamente cerré el paso a otro conductor. Aceleró para quedar a mi lado en el siguiente semáforo y comenzó a insultarme. Cuando terminó, bajé la ventana, admití que me había equivocado y le pedí que me perdonara. Obviamente, eso estuvo lejos de la respuesta que él esperaba, y siguió gritando enfadado. Pero yo había hecho un esfuerzo por la paz. Tanto como podía, intenté hacer la paz (cp. Stg. 3:13-18).

AMAR A DIOS

La **santidad** tiene que ver con amar a Dios. Habla de la vida pura, santa y obediente que vivimos, apartados para la gloria de Dios, porque le amamos. Cuando le amamos, queremos ser como Él, otros le verán en nosotros y se sentirán atraídos hacia Él. El amor a los hombres y el amor a Dios son inseparables.

La parte más difícil de interpretar del versículo es **sin la cual nadie verá al Señor**. Creo que la referencia es a los incrédulos que observan que seguimos la paz y la santidad, sin las cuales ellos no se sentirían atraídos a Cristo para aceptarlo. El pasaje no dice "sin la cual *usted* no verá al Señor", sino **sin la cual nadie verá al Señor**. En otras palabras, cuando los incrédulos ven la santidad y la paz del cristiano, se sienten atraídos al Señor. Jesús dijo: "En esto conocerán todos que sois mis discípulos, si tuviereis amor los unos con los otros" (Jn. 13:35). Y oró a su Padre por los discípulos así: "para que todos sean uno; como tú, oh Padre, en mí, y yo en ti, que también ellos sean uno en nosotros; para que el mundo crea que tú me enviaste" (Jn. 17:21). Nuestro amor por el prójimo es un testimonio del Padre y del Hijo. Es un medio para atraer a las personas a Cristo, sin quien **nadie verá al Señor**. A medida que corramos la carrera dejando una senda recta, mostrando amor por los hombres haciendo la paz y mostrando amor a Dios siendo santos, los demás verán al Señor.

Pablo sufrió por algunos de los cristianos inmaduros de Galacia, a quienes escribió: "Hijitos míos, por quienes vuelvo a sufrir dolores de parto, hasta que Cristo sea formado en vosotros" (Gá. 4:19). La oración de su corazón era que, sobre todas las cosas, crecieran a semejanza de Cristo. Asemejarnos a Cristo es nuestro testimonio más grande para el mundo.

VIGILANCIA

Mirad bien, no sea que alguno deje de alcanzar la gracia de Dios; que brotando alguna raíz de amargura, os estorbe, y por ella muchos sean contaminados; (12:15)

La expresión **mirad bien** traduce una palabra griega (*episkopeō*) que está relacionada cercanamente con *episkopos* (supervisor u obispo, sinónimo de anciano). Tenemos que supervisarnos unos a otros, ayudándonos a crecer en santidad y semejanza de Cristo. También debemos prestar atención, supervisar, a quienes están en medio de nosotros y no son creyentes, especialmente dentro de la iglesia. No debemos juzgar, sino ser sensibles, debemos buscar oportunidades para presentarles las afirmaciones de Jesucristo. Y como esta carta suele hablar de tales personas en la asamblea, este es un punto crítico.

PROCURAR QUE NINGUNO DEJE DE RECIBIR LA GRACIA DE DIOS

El primer propósito de nuestra supervisión debe ser que ganemos a quienes no son salvos para Cristo. La expresión **deje de alcanzar** significa llegar demasiado tarde, quedarse afuera. Si un incrédulo muere antes de confiar en Jesucristo, se perderá para siempre, no alcanzó para siempre la gracia de Dios. Trágicamente, cantidades de miles de personas han pasado su vida entera en las iglesias y nunca han obtenido la salvación. Otros tantos miles han llegado a la iglesia por un tiempo, no han visto evidencia de nada sobrenatural o atractivo y se han alejado en apostasía. Se nos exhorta a mirar bien, a estar pendientes, de que, en cuanto estemos en capacidad de influenciar a los demás, nadie alrededor nuestro viva bajo la ilusión de ser cristiano cuando no lo es, o que ninguno de aquellos a quienes se ha expuesto el evangelio se aleje de este (cp. Mt. 7:21-23; 1 Jn. 2:19).

Sentimos la tentación de no dar testimonio a quienes profesan ser cristianos, pero tenemos razones para saber que no lo son. Tememos ofenderlos. Aun así, ¿cuánto mayor es la ofensa para sus almas eternas si no les presentamos a

Cristo? Se nos exhorta, se nos *ordena*, hacer todos los esfuerzos para que nadie **deje de alcanzar la gracia de Dios.**

EVITAR LA AMARGURA

El segundo propósito de la vigilancia es evitar la amargura. Moisés advirtió a los israelitas en el desierto: "Ningún hombre ni mujer, ni clan ni tribu entre ustedes, aparte hoy su corazón del Señor nuestro Dios para ir a adorar a los dioses de esas naciones. Tengan cuidado de que ninguno de ustedes sea como una raíz venenosa y amarga". Y les dijo: "Si alguno de ustedes, al oír las palabras de este juramento, se cree bueno y piensa: 'Todo me saldrá bien, aunque persista yo en hacer lo que me plazca', provocará la ruina de todos" (Dt. 29:18-19, NVI). La "raíz venenosa" también conlleva la idea de amargura. La **raíz de amargura** se refiere a la persona que se identifica superficialmente con el pueblo de Dios, pero retrocede al paganismo. Sin embargo, no se trata de un apóstata común y corriente. Se trata de una persona arrogante y desafiante en lo relacionado con las cosas de Dios. Mira con altivez al Señor. La respuesta de Dios a tal incredulidad presuntuosa es ruda y definitiva. "El Señor no lo perdonará. La ira y el celo de Dios arderán contra ese hombre. Todas las maldiciones escritas en este libro caerán sobre él, y el Señor hará que desaparezca hasta el último de sus descendientes" (v. 20, NVI).

Un propósito importante de la vigilancia es estar en guardia contra los apóstatas, no sea que su apostasía **estorbe, y por ella muchos sean contaminados.** Algunos apóstatas simplemente se alejan de la iglesia y nunca volvemos a saber de ellos. Sin embargo, una persona con raíz de amargura es una influencia corrupta, una contaminación seria para el Cuerpo. Se queda dentro o cerca de la comunidad de la iglesia y esparce su maldad, duda y profanación general. No se contenta con apostatar sola.

EVITAR EL EGOÍSMO SUPERFICIAL

no sea que haya algún fornicario, o profano, como Esaú, que por una sola comida vendió su primogenitura. Porque ya sabéis que aun después, deseando heredar la bendición, fue desechado, y no hubo oportunidad para el arrepentimiento, aunque la procuró con lágrimas. (12:16-17)

Tal vez Esaú sea, aparte de Judas, la persona más profana y triste de las Escrituras. Superficialmente, sus acciones contra Dios no parecen tan malvadas como las de muchos paganos brutales y sin corazón. Pero la Biblia los condena fuertemente. Tuvieron una luz grande. Tuvieron toda oportunidad posible, como pocas personas en su época, de conocer y seguir a Dios. Conocían su Palabra, habían oído sus promesas, habían visto sus milagros y habían tenido comunión con el pueblo de Dios; aun así, con una voluntad determinada se volvieron contra Dios y sus asuntos.

Esaú no era solamente inmoral, sino **profano**. No tenía ética, fe, escrúpulos ni reverencia. No tenía en cuenta el bien, lo verdadero, lo divino. Era totalmente mundano, totalmente secular, totalmente profano. Los cristianos deben vigilar que no haya personas como Esaú que contaminen el cuerpo de Cristo. **Mirad bien... no sea que haya algún fornicario, o profano, como Esaú**.

Jacob, el hermano de Esaú, no era un modelo de ética o integridad, pero valoraba genuinamente los asuntos divinos. Los derechos de primogenitura eran preciosos para él, aunque los procurara por medios engañosos. Básicamente, confiaba y se apoyaba en Dios: su hermano no tuvo en cuenta a Dios y confió en sí mismo.

Finalmente, cuando Esaú despertó un poco y se dio cuenta de lo que había desechado, hizo un intento desganado por recuperarlo. Solo por haberlo procurado **con lágrimas** no quiere decir que hubiera sinceridad o remordimiento verdadero. **No hubo** en él **oportunidad para el arrepentimiento**. Se lamentó amargamente, pero no se arrepintió. De manera egoísta quería las bendiciones de Dios, pero no quería a Dios. Había apostatado por completo, y quedó para siempre fuera de la gracia de Dios. Continuó pecando "voluntariamente después de haber recibido el conocimiento de la verdad" y ya no quedó sacrificio por sus pecados (He. 10:26).

Debemos estar atentos a que ninguno se aleje de la verdad, se vuelva amargado o siga el curso del egoísta Esaú, el cual quería desesperadamente la bendición divina, pero no en los términos divinos (cp. Mr. 10:17-22).

El monte Sinaí y el monte de Sion

36

Porque no os habéis acercado al monte que se podía palpar, y que ardía en fuego, a la oscuridad, a las tinieblas y a la tempestad, al sonido de la trompeta, y a la voz que hablaba, la cual los que la oyeron rogaron que no se les hablase más, porque no podían soportar lo que se ordenaba: Si aun una bestia tocare el monte, será apedreada, o pasada con dardo; y tan terrible era lo que se veía, que Moisés dijo: Estoy espantado y temblando; sino que os habéis acercado al monte de Sion, a la ciudad del Dios vivo, Jerusalén la celestial, a la compañía de muchos millares de ángeles, a la congregación de los primogénitos que están inscritos en los cielos, a Dios el Juez de todos, a los espíritus de los justos hechos perfectos, a Jesús el Mediador del nuevo pacto, y a la sangre rociada que habla mejor que la de Abel. Mirad que no desechéis al que habla. Porque si no escaparon aquellos que desecharon al que los amonestaba en la tierra, mucho menos nosotros, si desecháremos al que amonesta desde los cielos. La voz del cual conmovió entonces la tierra, pero ahora ha prometido, diciendo: Aún una vez, y conmoveré no solamente la tierra, sino también el cielo. Y esta frase: Aún una vez, indica la remoción de las cosas movibles, como cosas hechas, para que queden las inconmovibles. Así que, recibiendo nosotros un reino inconmovible, tengamos gratitud, y mediante ella sirvamos a Dios agradándole con temor y reverencia; porque nuestro Dios es fuego consumidor. (12:18-29)

Además de las presiones de incredulidad, tradición, impaciencia y rechazo de la fe, evitando que muchos judíos confiaran plenamente en Cristo, también estaba la presión del miedo. Estaban asustados por la persecución: críticas, ridículos, pérdidas económicas, encarcelamientos e incluso martirios (véase He. 10:32-39). Algunos ya habían conocido la persecución por el solo hecho de estar asociados con la iglesia. Todos podían ver de primera mano el sufrimiento que estaban pasando muchos creyentes verdaderos y fieles. Era evidente que ser piadoso en una sociedad impía era algo costoso.

Este pasaje advierte sobre algo aun más asustador que cualquier persecución humana: el juicio de Dios. Él juzgará a todo hombre en una de dos bases. Por la ley o por la gracia, por las obras propias o por la de Cristo, por la provisión de Sinaí o por la provisión de Sion. Dios tiene dos libros. En uno están registrados los nombres de todos aquellos que rechazaron a Dios, en el otro están los nombres de quienes le han aceptado por medio de su Hijo, Jesucristo (Ap. 20:12). Los salvos están en el libro de la vida, a veces llamado el libro de la vida del Cordero (Ap. 13:8). A aquellos cuyo nombre aparece en este libro Dios les juzgará por lo que Cristo hizo por ellos. Dios les juzgará por la justicia de Cristo y no por la de ellos, por cuanto han confiado en Él por la fe. A quienes no confiaron en Él les juzgará y medirá por su propia justicia, que no tiene más valor para Dios que un "trapo de inmundicia" (Is. 64:6).

El miedo para quienes están a punto de aceptar a Cristo no debe ser la persecución que puedan recibir si creen en Él, sino el juicio que recibirán inevitablemente por rechazarlo. Su miedo no debería ser por ir al monte de Sion, sino por regresar al Sinaí. El contraste es vívido.

EL MONTE SINAÍ: EL MIEDO DE LA LEY

Porque no os habéis acercado al monte que se podía palpar, y que ardía en fuego, a la oscuridad, a las tinieblas y a la tempestad, al sonido de la trompeta, y a la voz que hablaba, la cual los que la oyeron rogaron que no se les hablase más, porque no podían soportar lo que se ordenaba: Si aun una bestia tocare el monte, será apedreada, o pasada con dardo; y tan terrible era lo que se veía, que Moisés dijo: Estoy espantado y temblando; (12:18-21)

El antiguo pacto estaba asociado con Sinaí porque fue allí donde Dios habló con Moisés cuando se instituyó el pacto. Era un pacto de la ley, y también era de juicio y temor. Decía: "Hagan esto, o no hagan aquello, o recibirán el juicio". En algunos casos decía: "No hagan esto o morirán". No es ese el lugar al cual nos lleva el nuevo pacto. A ese monte **no** nos hemos **acercado**.

Cuando Dios se estaba preparando para establecer aquel pacto, al pueblo incluso se le llegó a prohibir que pisara el monte, bajo pena de muerte. La expresión **que se podía palpar** no se refiere a permiso, sino a la posibilidad. Es decir, el Sinaí era una montaña física y, por lo tanto, se podía tocar, ver y caminar por ella. La montaña terrenal simbolizaba lo terreno del pacto, en contraste con **Jerusalén la celestial** (v. 22). El antiguo pacto era el pacto fundacional, el del jardín de infantes, el que daba los rudimentos y principios elementales de la naturaleza, voluntad y normas de Dios. Por tanto, se dio —y debía obedecérsele— de la manera más física, tangible, pintoresca y simbólica.

Éxodo 19 describe las restricciones y los requisitos que Dios dio en preparación para la entrega de la ley. El pueblo debía consagrarse lavando su ropa (v. 10), absteniéndose de relaciones sexuales (v. 15) y no tenían permiso de tocar ni siquiera el borde de la montaña (v. 12). Dios estaba tan preocupado con que nadie incumpliera alguna de aquellas restricciones que hizo bajar a Moisés del monte para darles una advertencia final (vv. 21-22). Dios iba a demostrar su asombrosa santidad, y ningún pecador contaminado podía acercarse, ver su santidad y seguir vivo. Iba a ser un día único en la historia humana. La demostración de poder se dio a través de medios físicos como rayos, truenos, nubes densas, sonidos fuertes de trompeta, fuego, humo y un temblor de tierra violento (vv. 16-18). El propósito principal de todas estas señales era convencer al pueblo de que era imposible acercarse a Dios. El hombre pecador no podía acercársele y seguir vivo.

Como cabe comprender, el pueblo estaba aterrorizado; estaban sobrecogidos por el miedo. "Viéndolo el pueblo, temblaron, y se pusieron de lejos. Y dijeron a Moisés: Habla tú con nosotros, y nosotros oiremos; pero no hable Dios con nosotros, para que no muramos" (20:18-19). A lo cual Moisés les aseguró que no tenían por qué aterrorizarse, a menos que desobedecieran. "No temáis; porque para probaros vino Dios, y para que su temor esté delante de vosotros, para que no pequéis" (v. 20). En otras palabras, si tenían el miedo apropiado hacia Dios, honrando su santidad y obedeciendo su ley, no tenían razones para temer su ira. Dios quería que todo su pueblo le tuviera temor reverente para que no pecaran.

El Dios del Sinaí es de veras un Dios para temerle, un Dios de juicio y de castigo. Sinaí, como representación del antiguo pacto, era una montaña de temor y juicio. El escritor de Hebreos dice a sus lectores: "Si se vuelven al judaísmo, vuelven al pacto de la ley, el temor, el juicio y la muerte". Pablo lo describió como "el ministerio de muerte grabado con letras en piedras" (2 Co. 3:7).

Estar al borde del Sinaí, incluso sin tocarlo, es estar bajo el juicio y la condenación. Exige y castiga. Puesto que nadie puede cumplir sus exigencias, nadie puede escapar al castigo. En Sinaí, el hombre pecador que no ha sido perdonado está frente a un Dios infinitamente santo y perfectamente justo. Culpable, vil y sin merecer perdón, no tiene nada que esperar del Sinaí, excepto condenación divina. Los símbolos del Sinaí son la oscuridad, el fuego, el temblor y las trompetas del juicio. Para un pecador no perdonado, "horrenda cosa es caer en manos del Dios vivo" (He. 10:31). Hay buenas razones para temer al pie del Sinaí.

Dios le dio a Israel el pacto de la ley en medio del desierto, lejos de las distracciones, de toda interferencia y de todo lugar oculto. No tenían nada en qué enfocarse sino en Dios, por ello se volvieron completamente conscientes de su propio pecado. Lo primero que lleva a una persona al arrepentimiento y dependencia de Dios para liberación es tener conciencia de su propio pecado. Si una persona no ve su pecado, no tiene razones para buscar su salvación. Solamente el hecho de ver nuestro pecado nos hace ver nuestra necesidad de salvación del pecado y del juicio que trae. Este era el propósito del Sinaí, confrontar a las personas cara a cara con su propio pecado, sin tener lugar para ocultarse.

La ley es el espejo grande de Dios. Cuando la miramos, nos vemos como somos: infinitamente lejos de la norma de justicia divina. No hay ni un solo mandamiento que hayamos cumplido a la perfección o que podamos cumplir perfectamente, ya sea en acción o actitud. La ley no permite ni excepciones ni concesiones, solo obediencia perfecta. La ley nos abruma, nos mata. Ningún pecador puede soportar el Sinaí. Todo pecador ubicado frente al Sinaí queda paralizado por el temor. **Tan terrible era lo que se veía, que Moisés dijo: Estoy espantado y temblando.** Incluso Moisés, a quien Dios le habló por medio de la zarza ardiente y por medio de quien Dios retó al faraón, no pudo estar frente al Sinaí sin temor.

El apóstol Pablo había sido un estudiante de la ley por muchos años. Conocía el Antiguo Testamento como pocos en su época. Con todo, solamente cuando Jesús lo confrontó en el camino a Damasco se confrontó él realmente con la ley de Moisés. La había estudiado, memorizado y, probablemente, enseñado. Pero nunca la había confrontado. Nunca la había contemplado directamente para verse a sí mismo. Creía que estaba vivo. De hecho, creía que estaba vivo por su obediencia a la ley. Pero al ver a Jesucristo, también vio la ley y se vio a sí mismo reflejado en el espejo de la ley. En consecuencia, dijo Pablo: "venido el mandamiento, el pecado revivió y yo morí. Y hallé que el mismo mandamiento que era para vida, a mí me resultó para muerte; porque el pecado, tomando ocasión por el mandamiento, me engañó, y por él me mató" (Ro. 7:9-11). Aunque había estado activo en el judaísmo toda su vida y era erudito del Antiguo Testamento, nunca había estado a los pies del Sinaí. Tenía ojos, pero no había visto; tenía oídos, pero no había oído (Jer. 5:21). No había entendido la declaración clara e inconfundible de Deuteronomio 27:26. Pero en Cristo la entendió y la cita a los gálatas, los cuales estaban comenzando a recaer en el judaísmo: "Porque todos los que dependen de las obras de la ley están bajo maldición, pues escrito está: Maldito todo aquel que no permaneciere en todas las cosas escritas en el libro de la ley, para hacerlas" (Gá. 3:10).

EL MONTE DE SION: LA GRACIA DEL EVANGELIO

sino que os habéis acercado al monte de Sion, a la ciudad del Dios vivo, Jerusalén la celestial, a la compañía de muchos millares de ángeles, a la congregación de los primogénitos que están inscritos en los cielos, a Dios el Juez de todos, a los espíritus de los justos hechos perfectos, a Jesús el Mediador del nuevo pacto, y a la sangre rociada que habla mejor que la de Abel. (12:22-24)

La montaña del nuevo pacto es el **monte de Sion** y representa a **Jerusalén la celestial**. Al antónimo de Sinaí, no se le puede tocar, pero sí es posible acercarse. Sinaí simboliza la ley, Sion simboliza la gracia. Nadie puede salvarse por la ley, pero cualquiera puede salvarse por la gracia. La ley nos confronta con los mandamientos, el juicio y la condenación. La gracia nos presenta el perdón, la expiación y la salvación.

Desde que David conquistó a los jebuseos y ubicó el arca en el monte de Sion, se ha considerado este lugar el sitio terrenal especial en que habita Dios. "El Señor ha escogido a Sion; su deseo es hacer de este monte su morada: 'Este será para siempre mi lugar de reposo; aquí pondré mi trono, porque así lo deseo'" (Sal. 132:13-14, NVI). Cuando Salomón trasladó el arca al templo, construido cerca al monte Moriah, el nombre Sion se extendió para incluir aquella área también. Al poco tiempo, Sion se volvió sinónimo de Jerusalén; por lo tanto, Jerusalén se volvió la ciudad de Dios y el lugar de los sacrificios. Isaías, el cual solía hablar de Sion con esperanza, dice que Dios pondrá salvación en Sion, y su gloria en Israel (46:13).

Mientras Sinaí era prohibitivo y aterrorizador, Sion era invitador y benevolente. Sinaí está cerrado para todos porque nadie es capaz de agradar a Dios en los términos del Sinaí: cumplimiento perfecto de la ley. Sion está abierto para todos porque Jesucristo ha satisfecho esos términos y se pondrá en el lugar de cualquiera que llegue a Dios a través de Él. Sion simboliza un Dios a quien es posible acercarse.

Sinaí estaba cubierto por nubes y oscuridad; Sion es la ciudad de la luz. "De Sion, perfección de hermosura, Dios ha resplandecido" (Sal. 50:2). Sinaí es juicio y muerte; Sion es perdón y vida, "Donde se da esta armonía, el Señor concede bendición y vida eterna" (Sal. 133:3, NVI).

Claramente, los judíos a los cuales habla Hebreos en este punto son creyentes, pues se les dice: **Os habéis acercado al monte de Sion**. Ya estaban en el monte misericordioso de Dios, en **la ciudad del Dios vivo, Jerusalén la celestial**. Como cristianos, somos ciudadanos del cielo, donde ahora vivimos espiritualmente (Fil. 3:20).

Al acercarse al monte de Sion —es decir, al hacernos cristianos— obtenemos siete bendiciones adicionales: **la ciudad celestial, la compañía de muchos millares de ángeles, la congregación de los primogénitos, Dios el Juez de todos, los espíritus de los justos hechos perfectos, Jesús, y la sangre rociada**.

LA CIUDAD CELESTIAL

La ciudad del Dios vivo, Jerusalén la celestial, es el cielo. Llegar a Cristo es llegar al cielo, es el único camino para llegar al cielo. Cuando llegamos al monte de Sion, llegamos por gracia a la ciudad que Abraham estaba buscando, "la ciudad que tiene fundamentos, cuyo arquitecto y constructor es Dios" (He. 11:10). Desde el momento de la salvación, el cielo es nuestra morada espiritual, donde están nuestro Padre celestial y nuestro Salvador, y donde está el resto de nuestra familia espiritual. Es allí donde está nuestro tesoro, nuestra herencia, nuestra esperanza. Todo lo que tenemos de valor está allí y todo lo que deberíamos querer está allí.

Sin embargo, mientras el Señor no nos lleve para estar con Él, no podemos disfrutar la ciudadanía total. Por ahora, somos embajadores en la Tierra. Como embajadores, tenemos ciudadanía completa de nuestro país, pero estamos lejos de este por un momento y no podemos disfrutar todas sus bendiciones. Mientras tanto, debemos ser emisarios fieles de nuestro Salvador y de nuestro Padre celestial, reflejando su naturaleza ante un mundo que no los conoce. Y Pablo nos anima a no perder nuestra perspectiva del valor incomparable de nuestra herencia celestial (Ro. 8:17-18).

Al igual que el escritor de Hebreos, Pablo utiliza el Sinaí y Jerusalén como imágenes de los pactos antiguo y nuevo, y por lo tanto, de las relaciones viejas y nuevas con Dios que estos representan. "Porque Agar es el monte Sinaí en Arabia, y corresponde a la Jerusalén actual, pues ésta, junto con sus hijos, está en esclavitud. Mas la Jerusalén de arriba, la cual es madre de todos nosotros, es libre… De manera, hermanos, que no somos hijos de la esclava, sino de la libre" (Gá. 4:25-26, 31). Sinaí es un monte de ataduras. Sion, la Jerusalén celestial, es un monte de libertad.

LA COMPAÑÍA DE MILLARES DE ÁNGELES

La compañía (*panēguris*, "reunión para un festival público") se refiere a los **millares de ángeles**, no a **la congregación de los primogénitos**. La traducción podría ser: "Sino que os habéis acercado a… una compañía innumerable de ángeles reunidos para festejar". Cuando nos acercamos a Cristo en el monte de Sion, llegamos a una gran reunión de ángeles que celebran, a quienes nos unimos en alabanza a Dios. Daniel nos da una idea de la cantidad de ángeles a quienes nos uniremos en el cielo: "Millares de millares le servían, y millones de millones asistían delante de él" (Dn. 7:10; cp. Ap. 5:11).

En el Sinaí también había innumerables ángeles como mediadores del pacto mosaico (Gá. 3:19), el pacto de la ley y el juicio. Pero los hombres no se les podían unir allí. Como el Dios a quien servían, en el Sinaí era imposible acercárseles. Los ángeles no estaban celebrando en el Sinaí; estaban haciendo sonar las trompetas del juicio.

Contrario a lo que algunas iglesias enseñan, no debemos adorar a los ángeles. Nos unimos a ellos en la adoración a Dios y solo a Dios. Pablo advierte: "Nadie os prive de vuestro premio, afectando humildad y culto a los ángeles" (Col. 2:18). Juan quedó tan impresionado con su visión de un ángel en la isla de Patmos que cayó a sus pies para adorarlo. Pero el ángel se lo prohibió diciéndole: "Mira, no lo hagas; yo soy consiervo tuyo, y de tus hermanos que retienen el testimonio de Jesús. Adora a Dios" (Ap. 19:10). En el cielo no adoraremos a los ángeles, sino *con* los ángeles. Nos uniremos a ellos en celebración eterna y alabanza a Dios.

LA CONGREGACIÓN DE LOS PRIMOGÉNITOS

La **congregación de los primogénitos que están inscritos en los cielos** es el cuerpo de Cristo. Los primogénitos son aquellos que recibieron la herencia. En cuanto a creyentes, somos "herederos de Dios y coherederos con Cristo", quien es "el primogénito entre muchos hermanos" (Ro. 8:17, 29).

Jesús nos dice que no debemos alegrarnos en la grandes obras que Dios puede hacer por medio de nosotros, sino de que nuestros "nombres están escritos en los cielos" (Lc. 10:20). Nuestros nombres **están inscritos en los cielos**, en "el libro de la vida del Cordero" (Ap. 21:27).

DIOS EL JUEZ DE TODOS

En el monte de Sion podemos acercarnos a la misma presencia de Dios, un concepto incomprensible para el judío, que solo conocía al Dios del Sinaí. Pero en la crucifixión de Jesús "el velo del templo se rasgó por la mitad" (Lc. 23:45), y el camino a la presencia de Dios quedó abierto para siempre para quienes confíen en la obra expiatoria de esta crucifixión. Llegar a la presencia de Dios en el Sinaí era morir; llegar a su presencia en Sion es vivir (cp. Sal. 73:25; Ap. 21:3).

LOS ESPÍRITUS DE LOS JUSTOS HECHOS PERFECTOS

Los espíritus de los justos hechos perfectos son los santos del Antiguo Testamento, quienes solo podían añorar en el futuro el perdón, la paz y la liberación. Cuando lleguemos al cielo, nos uniremos a Abel, Abraham, Moisés, David y todos los otros miembros de la gran casa de Dios (cp. Mt. 8:11).

Ellos tuvieron que esperar un tiempo largo para la perfección que nosotros recibimos al instante en que confiamos en Cristo. De hecho, tuvieron que esperarnos (He. 11:40), en el sentido de tener que esperar la muerte y resurrección de Cristo antes de que pudieran recibir la glorificación. En el cielo seremos uno con ellos en Jesucristo. No seremos inferiores a Abraham, Moisés o Elías, pues seremos iguales en justicia, porque nuestra única justicia será la justicia de nuestro Salvador.

JESÚS

Nos acercamos supremamente **a Jesús**, en la plenitud de su belleza y gloria como **Mediador del nuevo pacto**. Aquí se le llama a nuestro Señor por su nombre

419

redentor, Jesús, que recibió porque "[salvaría] a su pueblo de sus pecados" (Mt. 1:21). Cuando nos acercamos al Monte de Sion, nos acercamos a nuestro Salvador, nuestro Redentor, nuestro único Mediador con el Padre. 1 Juan 3:2 resume el punto de esta verdad: "Seremos semejantes a él".

LA SANGRE ROCIADA

Acercarse al cristianismo es acercarse **a la sangre rociada**, la sangre expiatoria, por medio de la cual tenemos redención, "tenemos redención por su sangre, el perdón de pecados según las riquezas de su gracia" (Ef. 1:7), y por la cual "[quienes] en otro tiempo [estaban] lejos, [han] sido hechos cercanos por la sangre de Cristo" (2:13).

La sangre rociada de Jesús sobrepasa con mucho el sacrificio de Abel (He. 11:4) y **habla mejor que la de Abel**. Dios aceptó el sacrificio de Abel porque él se lo ofreció con fe, pero no tenía poder expiatorio; ni siquiera para Abel, mucho menos para alguien más. Sin embargo, la sangre de Jesús fue suficiente para limpiar los pecados de todos los hombres por todos los tiempos, para hacer la paz con Dios para todo aquel que confíe en la sangre del sacrificio (Col. 1:20).

RESPUESTA AL EVANGELIO

Mirad que no desechéis al que habla. Porque si no escaparon aquellos que desecharon al que los amonestaba en la tierra, mucho menos nosotros, si desecháremos al que amonesta desde los cielos. La voz del cual conmovió entonces la tierra, pero ahora ha prometido, diciendo: Aún una vez, y conmoveré no solamente la tierra, sino también el cielo. Y esta frase: Aún una vez, indica la remoción de las cosas movibles, como cosas hechas, para que queden las inconmovibles. Así que, recibiendo nosotros un reino inconmovible, tengamos gratitud, y mediante ella sirvamos a Dios agradándole con temor y reverencia; porque nuestro Dios es fuego consumidor. (12:25-29)

Dice el escritor, después de contrastar el Sinaí con Sion: "Esto es lo que deben hacer. No deben ignorar **al que habla**". "Dios, habiendo hablado muchas veces y de muchas maneras en otro tiempo a los padres por los profetas, en estos postreros días nos ha hablado por el Hijo" (He. 1:1-2). Si a los hombres se les hizo responsables de hacerle caso cuando **los amonestaba en la tierra**, desde el Monte Sinaí, ¿cuánto más lo serán ahora que Él **amonesta desde los cielos**, desde el Monte de Sion?

Los israelitas incrédulos que ignoraron a Dios en Sinaí no entraron a la tierra prometida, y los incrédulos de hoy, judíos o gentiles, que ignoran al Dios que habla por medio de su Hijo desde el monte de Sion no entrarán en la tierra prometida celestial. Ya sea que hable Dios desde el Sinaí o desde Sion, ninguno de los que lo rechace escapará al juicio.

Las bendiciones de recibir el segundo pacto son infinitamente mayores que las de recibir el primero. Y las consecuencias por rechazar el segundo también son infinitamente mayores. "El que viola la ley de Moisés, por el testimonio de dos o de tres testigos muere irremisiblemente. ¿Cuánto mayor castigo pensáis que merecerá el que pisoteare al Hijo de Dios, y tuviere por inmunda la sangre del pacto en la cual fue santificado, e hiciere afrenta al Espíritu de gracia?" (He. 10:28-29).

En el Sinaí, Dios **conmovió la Tierra**. Desde Sion también conmoverá los mismos cielos, el universo completo. Si los incrédulos no escaparon cuando conmovió la Tierra, ¡cuánto menos lo harán cuando sacuda los cielos y la Tierra! El escritor cita de Hageo lo que el Señor predijo: "De aquí a poco yo haré temblar los cielos y la tierra, el mar y la tierra seca" (Hag. 2:6; cp. Is. 13:13). El sol se volverá negro, la luna se volverá como sangre, las estrellas caerán a la Tierra, el cielo se partirá como un rollo y todas las montañas e islas se moverán de su lugar (Ap. 6:12-14).

Comentando el pasaje de Hageo, Hebreos 12:27 explica que la expresión *aún una vez* **indica la remoción de las cosas movibles, como cosas hechas, para que queden las inconmovibles**. Todo lo físico (**las cosas movibles**) se destruirá. Solo permanecerán las cosas eternas.

Pedro nos dice que en aquel momento, que vendrá como ladrón en la noche, "los cielos pasarán con grande estruendo, y los elementos ardiendo serán deshechos, y la tierra y las obras que en ella hay serán quemadas" y "los cielos, encendiéndose, serán deshechos, y los elementos, siendo quemados, se fundirán" (2 P. 3:10, 12). Esto constituirá la conmoción **de las cosas movibles**, la destrucción total del universo físico por la ira de Dios.

Pero algunas de las cosas son inconmovibles, esas permanecerán. Dios ha preparado "un cielo nuevo y una tierra nueva" que incluirá "la santa ciudad, la nueva Jerusalén, [que descienda] del cielo, de Dios, dispuesta como una esposa ataviada para su marido" (Ap. 21:1-2). Ese es el reino que recibiremos, **un reino inconmovible**. Es eterno, inmutable, inamovible. Nunca nos lo quitarán y nunca nos quitarán de ahí. Por tal bendición maravillosa en Cristo, debemos tener **gratitud, y mediante ella** servirle **a Dios agradándole con temor y reverencia**. Entonces la respuesta correcta es una vida de adoración, ofreciéndole servicio santo a nuestro Dios digno y temible.

El versículo final del capítulo 12 es quizás la advertencia más severa de la Epístola a los Hebreos: **Porque nuestro Dios es fuego consumidor**. El escritor nos advierte de nuevo diciendo: "Algunos de ustedes han llegado al borde de la aceptación total de Cristo. No retrocedan al judaísmo ahora. En el Sinaí solo les espera juicio, un juicio aun peor por haber rechazado la oferta de Sion. No se consuman en el fuego del juicio de Dios, que es fiero e implacable".

Vivir bajo el judaísmo es acercarse al Sinaí y a su juicio, por el cual todo aquel que confíe en las obras de la ley, incluso la propia ley de Dios, recibirá condenación. Retroceder al judaísmo después de haber oído el evangelio, después de haber visto a Sion, trae aun más condenación. Los judíos que "fueron iluminados y gustaron del don celestial" e incluso "fueron hechos partícipes del Espíritu Santo" (He. 6:4) no podían volver al judaísmo así sin más. No podían retomar las cosas donde las habían dejado. Si regresaban ahora, estarían sujetos no solamente al juicio del Sinaí, sino al de Sion.

Todo hombre enfrenta la misma decisión. Seamos judíos o gentiles, intentar acercarnos a Dios por las obras es acercarnos al Sinaí solo para descubrir que nuestras obras se quedan cortas y no pueden salvarnos. Seamos judíos o gentiles, confiar en la sangre expiatoria de Cristo es acercarnos a Sion, donde nuestro Sumo Sacerdote celestial mediará por nosotros y nos llevará al Padre, donde encontraremos reconciliación, paz y vida eterna. Y si usted de verdad se ha acercado a Sion y recibido todas sus bendiciones, es inconcebible que quiera aferrarse de alguna manera al Sinaí.

El comportamiento cristiano: En relación con otros

37

Permanezca el amor fraternal. No os olvidéis de la hospitalidad, porque por ella algunos, sin saberlo, hospedaron ángeles. Acordaos de los presos, como si estuvierais presos juntamente con ellos; y de los maltratados, como que también vosotros mismos estáis en el cuerpo. (13:1-3)

Los primeros once capítulos de Hebreos no enfatizan mandamientos específicos a los cristianos. Hay una carencia obvia de explicaciones o exhortaciones prácticas. La sección es doctrina pura y está casi completamente dirigida a los judíos que habían recibido el evangelio, pero necesitaban ser afirmados en la superioridad del nuevo pacto.

Las exhortaciones del capítulo 12 que son válidas para los cristianos en general, les animan a correr la carrera de la fe con paciencia, y a seguir la paz y la santidad. Las exhortaciones específicas prácticas para los cristianos están en el capítulo 13. Tal cosa se ajusta al patrón de enseñanza del Nuevo Testamento, que es siempre doctrina y luego deber, posición y después práctica. El capítulo 13 no es un epílogo, sino parte integral del mensaje del libro. La fe verdadera exige vida verdadera.

Cuando en el siglo I, Plinio el Joven informó al emperador Trajano sobre los cristianos, escribió: "Se obligan por un juramento a no cometer ningún delito, a evitar el robo, el hurto o el adulterio, nunca rompen su palabra ni se niegan a entregar un depósito cuando les piden reembolso". Aunque estaba buscando una acusación contra ellos, se vio forzado a caracterizarlos como personas que no cometían delitos y que pagaban sus deudas.

Los cristianos de los primeros siglos fueron una represión a las sociedades paganas e inmorales en medio de las cuales vivieron, y esas sociedades solían buscar la manera de condenarlos. Pero cuanto más examinaban la vida de los creyentes, más obvio se hacía que los cristianos vivían a la altura de la norma moral de su doctrina.

Tal vez Pedro tuviera esas críticas en mente cuando escribió: "Porque esta es la voluntad de Dios: que haciendo bien, hagáis callar la ignorancia de los hombres insensatos" (1 P. 2:15). Pablo escribió unas palabras similares a Tito aconsejándole así: "Presentándote tú en todo como ejemplo de buenas obras; en la enseñanza mostrando integridad, seriedad, palabra sana e irreprochable, de modo que el adversario se avergüence, y no tenga nada malo que decir de vosotros" (Tit. 2:7-8).

Hebreos 13 aporta una ética práctica en algunos asuntos de la vida cristiana que ayudan a mostrar el evangelio verdadero al mundo, para animar a los hombres a confiar en Cristo y a darle gloria a Dios.

El filósofo Bertrand Russell escribió un ensayo famoso titulado "¿Por qué no soy cristiano?". En este y otros ensayos del mismo tipo, presentó lo que él consideraba argumentos irrefutables para rechazar el cristianismo. Se enfocó principalmente en las vidas de los cristianos que había conocido u oído y que vivían vidas menos que ejemplares. Escribió: "Creo que hay muchos puntos buenos en los cuales concuerdo con Cristo mucho más que los cristianos profesantes. No sé si puedo recorrer todo el camino con Él, pero podría ir con Él más lejos que la mayoría de cristianos profesantes. No profeso que viva a la altura de ellos (esto es, los puntos de Cristo), pero después de todo, no es así para un cristiano, ¿o sí?". Y prosiguió para decir: "Existe la idea de que todos seremos malvados si no nos aferramos a la religión cristiana. Me parece que las personas que se han acogido a esta han sido en su mayoría extremadamente malvados". Y así argumentaba en contra del cristianismo y la Biblia.

El hecho de que Russell escogiera solamente los ejemplos que respaldaban sus nociones preconcebidas, y de que racionalizara muchas de sus posiciones, no aminora el efecto de algunas de sus declaraciones. Lamentablemente, a lo largo de la historia de la iglesia, las vidas malvadas, inmorales y prejuiciosas de cristianos profesos le han dado al mundo la excusa para no sentirse atraídos por las afirmaciones de Cristo. El hecho de que los críticos suelan escoger los peores ejemplos hace necesario que nosotros vivamos a la altura de las normas más elevadas, que mantengamos los malos ejemplos al mínimo. Quienes somos verdaderos cristianos tenemos la responsabilidad seria de vivir sin mancha para la gloria de Dios, de modo que los incrédulos nunca tengan una razón justa para criticar nuestro estilo de vida, porque vivimos reflejando a nuestro Señor.

Una vez que estaba visitando una cárcel, conocí a un prisionero que hablaba mucho sobre ser cristiano. Cuando le pregunté si se había convertido mientras estaba en la prisión, dijo que no. Entonces le pregunté por qué estaba en la cárcel, pensando que tal vez lo habían encarcelado por no contradecir su conciencia en algún principio bíblico importante. Cuando me dijo que lo habían encarcelado por no pagar alrededor de treinta infracciones de tránsito, le sugerí fuertemente que dejara de promocionarse como cristiano. Su vida era un testimonio en contra de Cristo.

Alexander Maclaren dijo: "El mundo toma su noción de Dios en su mayor parte de quienes dicen pertenecer a la familia de Dios. Nos leen mucho más de lo que leen la Biblia. Nos ven; de Jesús apenas oyen". Nuestro Señor ordenó a sus seguidores: "Así alumbre vuestra luz delante de los hombres, para que vean vuestras buenas obras, y glorifiquen a vuestro Padre que está en los cielos" (Mt. 5:16).

Por supuesto, Jesús tenía en mente las obras buenas verdaderas, no la pretensión hipócrita. En una conferencia en que estaba presente el famoso evangelista D. L. Moody, algunos de los jóvenes más celosos decidieron pasar la noche orando. A la mañana siguiente uno de los jóvenes le dijo a Moody: "Acabamos de venir de una reunión maravillosa de oración durante toda la noche. ¡Mira cómo brillan nuestras caras!". El evangelista replicó: "Moisés no sabía que su cara brillaba". Las buenas obras artificiales e hipócritas no son difíciles de detectar. No impresionan a Dios ni a los incrédulos.

La ética tiene que ver con las normas de conducta (comportamiento) o juicio moral. No puede haber ética sin doctrina. La doctrina es el fundamento sobre el cual debe tener la base toda ética práctica. La llamada ética situacional no tiene nada de ética, en el sentido de no tener ningún patrón o norma de comportamiento. Cuando lo que usted hace tiene base solamente en lo que usted siente o desea en determinado momento, la sola idea de un principio o norma moral carece de sentido. No es posible tener *ningún* sistema de ética sin normas de bien y mal. No se puede requerir razonablemente cierto tipo de vida o moral de una persona sin principios morales, universales, subyacentes, aseguradores que determinen tales normas. De otra forma, usted no tiene ética alguna, solo una moral de libertad para todo, que es exactamente lo que hoy día se está defendiendo y ejemplificando.

La idea de que la doctrina es inútil y provoca divisiones, que todo lo que necesitamos es vivir en amor, es fantasía y necedad. El amor necesita una norma. Sin una norma, la idea de amor de una persona será diferente —y contradictoria— de la de alguien más. Desear a la mujer del prójimo puede parecer amor a quien está deseando, pero es algo muy diferente para el esposo. Intentar dejar de lado la doctrina mientras se mantiene la ética es como intentar mantener una casa intacta quitándole los cimientos.

La ética cristiana no solamente exige la doctrina correcta, sino la relación correcta con Jesucristo. Sin una relación salvadora con Él, una persona no tendrá ni el deseo sostenido ni la habilidad para vivir a la altura de las normas morales del Nuevo Testamento. Todo mandamiento moral del Nuevo Testamento presupone la fe en Cristo. No es posible vivir a la altura de las normas de Dios sin Dios.

Una vez me pidieron que hablara sobre la perspectiva cristiana del sexo en una clase de ética de una universidad estatal. Comencé mi charla con unas palabras para ese efecto: "No espero que nadie aquí crea lo que voy a decir. No creo que tengan la capacidad para entender o aceptar la perspectiva cristiana del sexo. Les resultará completamente ajena, porque no la pueden comprender o aceptar sin una relación personal con Jesucristo". Entonces, antes de presentar las cosas básicas del Nuevo Testamento sobre el sexo, pasé cerca de media hora explicando qué significaba una relación personal con Jesucristo.

Las normas del comportamiento cristiano establecidas en Hebreos 13 presuponen dos realidades básicas: que tales normas tienen la base en el fundamento doctrinal de los capítulos 1 al 12 y que son para los creyentes cristianos.

AMOR CONSTANTE

Permanezca el amor fraternal. (13:1)

La norma moral principal del cristianismo es el amor, y el amor particular al cual se exhorta aquí es el amor entre cristianos. **El amor fraternal** es una palabra (*philadelphia*) en el griego y se suele traducir como "amor fraterno". Está compuesta de dos raíces: *phileō* (afecto tierno) y *adelphos* (hermano o pariente cercano; literalmente, "del mismo vientre").

AMOR POR LOS HERMANOS

El amor fraterno puede tener dos aplicaciones fundamentales. En algunos lugares del Nuevo Testamento, se trata a los judíos incrédulos como hermanos. Físicamente, todos los judíos provienen del mismo vientre, son descendientes de Abraham y Sara. Son el pueblo escogido de Dios, con quienes Él aún no ha terminado. Entonces, la primera idea que viene a la mente aquí podría ser la de continuar amando a los judíos que no son cristianos. Los judíos cristianos estaban completamente separados del judaísmo; de los rituales, ceremonias, leyes y normas del antiguo pacto. Pero debían mantener un amor profundo por los judíos incrédulos. Por darle la espalda al judaísmo no debían darle la espalda a sus hermanos judíos. Debían tener el mismo amor que hizo a Pablo escribir: "Porque deseara yo mismo ser anatema, separado de Cristo, por amor a mis hermanos, los que son mis parientes según la carne; que son israelitas" (Ro. 9:3-4).

Sin embargo, la enseñanza principal es amar a los otros cristianos, nuestros hermanos espirituales. La admonición a continuar el amor fraterno indica que tal amor ya existe. El amor fraterno es el flujo natural de la vida cristiana. No puede generarse, pero sí puede ahogarse o alimentarse. Por lo tanto, no se nos dice que hagamos que suceda, sino que le permitamos continuar. Cuando una persona recibe la salvación, se siente atraída de forma natural a la comunión con otros creyentes. Lamentablemente, esta actitud suele cambiar, pero solo ocurre así si el amor que recibimos en la salvación (Ro. 5:5) se ahoga.

El amor de otros cristianos es vital para la vida espiritual. "Habiendo purificado vuestras almas por la obediencia a la verdad, mediante el Espíritu, para el amor fraternal no fingido, amaos unos a otros entrañablemente, de corazón puro; siendo renacidos, no de simiente corruptible, sino de incorruptible, por la palabra de Dios que vive y permanece para siempre" (1 P. 1:22-23). Uno de los resultados de obedecer la verdad de Dios es el amor creciente hacia los otros creyentes.

Puesto que recibimos amor fraterno cuando recibimos la vida espiritual, debemos ejercer ese amor. La tarea cristiana no es buscar las bendiciones de Dios, sino usarlas. Ya poseemos todas las bendiciones que son importantes: "Todas las cosas que pertenecen a la vida y a la piedad nos han sido dadas por su divino poder" (2 P. 1:3). Nuestra preocupación principal no debe ser buscar o pedir las bendiciones, sino usar nuestras bendiciones (cp. Ef. 1:3).

Pablo enseña una verdad estrechamente relacionada en Efesios, cuando apela a que los hermanos en Cristo deben ser "solícitos en guardar la unidad del Espíritu en el vínculo de la paz" (Ef. 4:3). Se les pide preservar, no fabricar, la unidad del Espíritu. De la misma manera, preservamos el amor fraterno expresándolo y alimentándolo, no contaminándolo o descuidándolo. "Pero acerca del amor fraternal no tenéis necesidad de que os escriba, porque vosotros mismos habéis aprendido de Dios que os améis unos a otros; y también lo hacéis así con todos los hermanos que están por toda Macedonia. Pero os rogamos, hermanos, que abundéis en ello más y más" (1 Ts. 4:9-10). No necesitamos tener más amor; necesitamos usar el amor que tenemos. No necesitamos tener más unidad o más paz; necesitamos usar la unidad y la paz que ya tenemos en Jesucristo.

Los creyentes a quienes iba dirigida la Epístola a los Hebreos tenían experiencia en mostrar amor. "Porque Dios no es injusto para olvidar vuestra obra y el trabajo de amor que habéis mostrado hacia su nombre, habiendo servido a los santos y sirviéndoles aún" (He. 6:10). Habían ejercido fielmente el amor por los hermanos en el pasado y se les animaba a continuar.

El principio básico del amor fraternal es sencillo. Pablo lo explica: "Amaos los unos a los otros con amor fraternal; en cuanto a honra, prefiriéndoos los unos a los otros" (Ro. 12:10). Dicho de la manera más básica, el amor fraterno es cuidar de los otros cristianos más de lo que nos cuidamos a nosotros mismos. Cuando nos preocupamos por nosotros, ahogamos el amor fraterno. "Nada hagáis por contienda o por vanagloria; antes bien con humildad, estimando cada uno a los demás como superiores a él mismo; no mirando cada uno por lo suyo propio, sino cada cual también por lo de los otros" (Fil. 2:3-4). El amor fraterno se alimenta de la humildad, y la humildad crece del conocimiento espiritual correcto. Cuando nos medimos con respecto a Jesucristo, quien es la norma para nuestra vida, nos vemos como en realidad somos y nos humillamos. Solo entonces somos verdaderamente capaces de amar como Dios quiere que amemos.

POR QUÉ ES IMPORTANTE EL AMOR FRATERNAL

El amor fraternal es importante por tres razones principales: revela al mundo que pertenecemos a Cristo, revela nuestra verdadera identidad y agrada a Dios.

Jesús dijo: "En esto conocerán todos que sois mis discípulos, si tuviereis amor los unos con los otros" (Jn. 13:35). En efecto, Dios ha dado al mundo el derecho de evaluarnos sobre la base de nuestro amor mutuo. Como testigos para el mundo y testimonios para nuestro Señor, es de gran importancia que consideremos genuinamente a los demás como superiores a nosotros mismos y que procuremos su interés por encima del nuestro. De esa manera nuestras vidas predicarán un sermón poderoso y elocuente.

El amor entre cristianos también revela la identidad verdadera: nos da seguridad adicional de nuestra vida espiritual en Cristo. "Nosotros sabemos que hemos pasado de muerte a vida, en que amamos a los hermanos. El que no ama a su hermano, permanece en muerte" (1 Jn. 3:14). La prueba segura de la salvación se encuentra en nuestros corazones. Es nuestro amor unos por otros. Si nos preguntamos por nuestra salvación, podemos preguntarnos: "¿Me preocupa en gran manera el bienestar de los cristianos que conozco? ¿Disfruto la comunión con ellos? ¿Muestro mi preocupación atendiendo a sus necesidades?". Si la respuesta es sí, no podemos tener mejor evidencia de que somos hijos de Dios: porque amamos a sus otros hijos, nuestros hermanos y hermanas en Cristo.

La tercera razón por la cual el amor fraternal es importante es porque agrada a Dios. Nada es más agradable para los padres que ver a sus hijos cuidándose unos a otros en sus necesidades. "¡Mirad cuán bueno y cuán delicioso es habitar los hermanos juntos en armonía!" (Sal. 133:1). Cuando sus hijos se cuidan mutuamente, se ayudan mutuamente y viven en armonía unos con otros, Dios se agrada y se glorifica. Cuando nos amamos al grado de estar dispuestos a ofrecer nuestras vidas unos por otros, somos ejemplo del mismo Hijo de Dios. "En esto hemos conocido el amor, en que él puso su vida por nosotros; también nosotros debemos poner nuestras vidas por los hermanos" (1 Jn. 3:16).

El amor fraternal del Nuevo Testamento no es un afecto superficial y sentimental. Es un afecto basado en la preocupación profunda y constante, y se caracteriza por el compromiso práctico. "Pero el que tiene bienes de este mundo y ve a su hermano tener necesidad, y cierra contra él su corazón, ¿cómo mora el amor de Dios en él?" (1 Jn. 3:17). En otras palabras, negarse a ayudar a otros creyentes cuando estamos en capacidad de hacerlo prueba que, en realidad, no les amamos; y si no les amamos, ¿cómo puede estar Dios en nuestros corazones? Y si su amor no está en nuestros corazones, no le pertenecemos. La lógica de Juan es poderosa y práctica. Continúa: "Hijitos míos, no amemos de palabra ni de lengua, sino de hecho y en verdad. Y en esto conocemos que somos de la verdad, y aseguraremos nuestros corazones delante de él" (vv. 18-19).

La causa obvia de la falta de amor entre cristianos es el pecado. Jesús predijo: "Y por haberse multiplicado la maldad, el amor de muchos se enfriará" (Mt. 24:12). Nada enfría más rápido el amor que el pecado, especialmente el orgullo egoísta. Contrario a las afirmaciones de muchas de las enseñanzas y escritos populares disfrazados de cristianismo, la autoestima, la glorificación propia y el orgullo no son solo grandes enemigos de Dios, sino del amor. "Igualmente, jóvenes, estad sujetos a los ancianos; y todos, sumisos unos a otros, revestíos de humildad; porque: Dios resiste a los soberbios, y da gracia a los humildes" (1 P. 5:5). Sin humildad, el llamado amor por los demás no es más que usarlos para fines egoístas, para nuestros propios propósitos y satisfacción. La preocupación por uno mismo y el amor fraternal son tan mutuamente excluyentes y contradictorios como la oscuridad y la luz. El amor solamente crece en el huerto de la humildad.

El autor de Proverbios describe la verdadera naturaleza del yo mediante un ejemplo excepcionalmente gráfico: "La sanguijuela tiene dos hijas que dicen: ¡Dame!, ¡dame!" (Pr. 30:15). La sanguijuela que aquí se menciona es probablemente una criatura especialmente repulsiva, tiene una bifurcación en su lengua con la cual chupa la sangre de sus víctimas. Se dice que se suele atiborrar hasta explotar. Espiritualmente, esta sanguijuela es el amor propio, y sus dos hijas son la santurronería y la autocompasión. Nunca está satisfecha y su apetito insaciable es el enemigo de todo lo que la rodea. Incluso es su peor enemigo, porque el amor propio nunca puede satisfacerse de verdad.

El amor propio lo pervierte todo. El ego debe morir si el amor fraternal ha de continuar. El orgullo y el amor propio son fatales para el amor fraternal. Jesús, el Hijo de Dios, no vino para ser servido, sino para servir; ni vino a hacer su voluntad, sino la del Padre. ¿Quién tenía más razones para ser orgulloso que Jesús, el Creador y Señor del universo? Con todo, dijo: "Llevad mi yugo sobre vosotros, y aprended de mí, que soy manso y humilde de corazón" (Mt. 11:29). La única fuente de amor fraternal es un corazón manso y humilde, como el corazón de Jesús.

AMOR A LOS EXTRAÑOS

No os olvidéis de la hospitalidad, porque por ella algunos, sin saberlo, hospedaron ángeles. (13:2)

Los desconocidos, como los hermanos en el versículo 1, pueden ser creyentes o incrédulos. Nuestra primera responsabilidad es con nuestros hermanos en Cristo, pero nuestra responsabilidad no termina aquí. "Así que, según tengamos oportunidad, hagamos bien a todos, y mayormente a los de la familia de la fe" (Gá. 6:10). Pablo es igualmente explícito en 1 Tesalonicenses: "Mirad que ninguno pague a otro mal por mal; antes seguid siempre lo bueno unos para con otros, y para con todos" (5:15). "Con todos" incluye aun a nuestros enemigos. "Oísteis que fue dicho: Amarás a tu prójimo, y aborrecerás a tu enemigo. Pero yo os digo: Amad a vuestros enemigos, bendecid a los que os maldicen, haced bien a los que os aborrecen, y orad por los que os ultrajan y os persiguen" (Mt. 5:43-44). Incluso las personas más mundanas aman a quienes les aman, continúa diciendo Jesús (v. 46).

El peligro de que "se aprovechen de nosotros" no es excusa para no ayudar a alguien en necesidad. Por definición, un desconocido es alguien a quien no conocemos personalmente. En consecuencia, es fácil sentirse decepcionado cuando estamos ayudando a un desconocido. Una persona que nos pide diez dólares para comprar comida para su familia puede gastárselos en alcohol o drogas. Debemos usar nuestro sentido común para determinar cuál es la mejor manera de ayudarla, pero nuestra preocupación principal debe ser ayudar, no evitar que se aprovechen de nosotros. Si ayudamos de buena fe, Dios honrará nuestro esfuerzo. Las personas suelen aprovecharse del amor, pero es un costo que no cuenta.

En el mundo antiguo, **la hospitalidad** solía incluir albergar a un invitado por una noche o más. Las posadas eran pocas, solían tener mala reputación y eran costosas. Entre los judíos y las personas del Oriente Medio en general, la hospitalidad, incluso con los desconocidos y extranjeros, era una virtud grande. Ciertamente, los cristianos no deben ser menos hospitalarios.

La hospitalidad es una norma bíblica para los supervisores u obispos (1 Ti. 3:2; Tit. 1:8). Los pastores y otros líderes de la iglesia deben tener las casas abiertas, estar listos para servir y satisfacer las necesidades de los demás. Mostrar hospitalidad con los desconocidos es la obra de una mujer espiritual (1 Ti. 5:10). En otras palabras, la hospitalidad debe ser una señal para todos los cristianos, una característica básica, no una práctica opcional o incidental.

No se dice que **por ella algunos, sin saberlo, hospedaron ángeles** para que sea la base o motivación de la hospitalidad. No debemos ser hospitalarios porque en algún momento podamos encontrarnos sirviendo a ángeles. Debemos servir con amor fraternal por el bien de aquellos a quienes ayudamos y para la gloria de Dios. El punto de la segunda mitad del versículo 2 es que nunca podremos saber cuán importante y de largo alcance puede ser un acto sencillo de ayuda. Servimos porque hay necesidad, no por las consecuencias que podamos prever. Abraham se salió del camino para ayudar a los tres hombres que iban pasando junto a su tienda. No esperó a que le pidieran ayuda, sino que se ofreció. Era una oportunidad más que un deber. De hecho, consideró que el mayor servicio era para sí mismo, diciendo: "Señor, si ahora he hallado gracia en tus ojos, te ruego que no pases de tu siervo" (Gn. 18:3). En aquel momento, no tenía idea de que dos de los hombres eran ángeles y el tercero era el mismo

Señor (18:1; 19:1). Y si hubiera sabido que no lo eran, no hubiera sido menos correcto que fuera hospitalario.

Hay un sentido en el cual siempre servimos al Señor cuando somos hospitalarios, especialmente con los demás creyentes. "De cierto os digo que en cuanto lo hicisteis a uno de estos mis hermanos más pequeños, a mí lo hicisteis" (Mt. 25:40). Alimentar al hambriento, albergar al desconocido, vestir al desnudo y visitar al prisionero en el nombre de Jesús es servirle. Darles la espalda a quienes necesitan de tales cosas es darle la espalda a Él (v. 45).

COMPASIÓN

Acordaos de los presos, como si estuvierais presos juntamente con ellos; y de los maltratados, como que también vosotros mismos estáis en el cuerpo. (13:3)

La compasión está relacionada estrechamente con el amor constante. Es más fácil ayudar a los demás cuando hemos tenido necesidades. Es más fácil apreciar el hambre cuando hemos tenido hambre, la soledad cuando hemos estado solos y la persecución cuando nos han perseguido. No es que un cristiano deba experimentar hambre, soledad extrema o encarcelamiento para poder comprender a quienes experimentan estas cosas. La idea es que debemos hacer lo posible para identificarnos con quienes están en necesidad, intentar ponernos en su lugar. Sabemos que si estuviéramos muriéndonos de hambre, querríamos que alguien nos alimentara; si estuviéramos en prisión, querríamos que alguien nos visitara. Debemos hacer por ellos lo que querríamos que hicieran por nosotros si estuviéramos **presos juntamente con ellos**. Este es el principio de la regla de oro de Jesús: "Así que, todas las cosas que queráis que los hombres hagan con vosotros, así también haced vosotros con ellos; porque esto es la ley y los profetas" (Mt. 7:12).

Entre otras cosas, Hebreos 13:3 es una advertencia contra la espiritualización de la vida cristiana. La Biblia no enseña, como lo hacen algunas religiones orientales, que la persona en contacto con Dios trascienda el dolor físico, las dificultades y otras realidades por el estilo. Nuestra casa verdadera es el cielo, pero aún estamos **en el cuerpo**. Aún sentimos hambre; aún nos sentimos solos y aún nos sentimos heridos, física y psicológicamente. Nuestra hambre y dolor deberían hacernos más sensibles a los de los demás. En lugar de ver nuestros problemas como excusa para no ayudar, debemos verlos como incentivos para ser de mayor utilidad. Nuestros problemas deben hacernos más sensibles, hospitalarios y amorosos, no menos. Una de las curas más seguras para la autocompasión es el servicio amoroso.

Tertuliano, un apologista de principios del cristianismo, escribió: "Si hubiera alguien en las mazmorras, alguien desterrado en una isla, o alguien arrojado a una prisión, entonces los cristianos se harían portadores de su confesión". Arístides, un orador pagano, dijo de los cristianos: "Si oyen que alguno de ellos está en prisión o en problemas por el nombre de Cristo, todos ofrecen ayuda para el necesitado; y si pueden redimirlo, lo hacen liberar". En otras palabras, si estaba en la cárcel, pagarían la fianza por su libertad, el precio de la redención. Las *Constituciones Apostólicas* declaran: "Si algún cristiano resulta por la causa de Cristo condenado... a las mazmorras por los impíos, no lo pases por alto, sino que de lo obtenido por tu trabajo y sudor, envíale algo para sustentarlo y para recompensar a los soldados". Y "todo el dinero recogido por el trabajo honrado dirígelo y destínalo para la redención de los santos, rescatando así a esclavos, cautivos, prisioneros, personas maltratadas o condenados por tiranos" (citado en Adolf von Harnack, *The Expansion of Christianity in the First Three Centuries* [La expansión del cristianismo en los primeros tres siglos], 2 vols., trad. J. Moffat (Nueva York: Putnam's, 1904) 1:203-5). Algunos de los primeros cristianos se vendieron a sí mismos en esclavitud para obtener el dinero para liberar a otro creyente.

Podemos mostrar compasión al menos en tres maneras importantes. Por una parte, sencillamente podemos "estar ahí" cuando otros están en dificultades. A veces la sola presencia de un amigo es el mejor estímulo y fortaleza.

Otra forma de mostrar compasión es con ayuda directa. Pablo agradeció a los filipenses por participar de su aflicción dándole dinero para realizar su ministerio en otras partes (Fil. 4:14-16). Respaldándolo económicamente, también lo animaron espiritualmente.

La tercera forma de mostrar compasión es por medio de la oración. De nuevo el ministerio de Pablo nos da un ejemplo. Sus palabras finales a los colosenses fueron un llamado a la oración: "Acordaos de mis prisiones" (Col. 4:18). No le podían visitar y el dinero no habría sido de ayuda en aquel momento, pero recordarlo en las oraciones podía sostenerle poderosamente.

Llevar las cargas de los demás cumple la ley de Cristo (Gá. 6:2), que es el amor. Si "no tenemos un sumo sacerdote que no pueda compadecerse de nuestras debilidades" (He. 4:15), ¿cuánto más debemos simpatizar nosotros con los demás, especialmente con los otros cristianos, que están en necesidad? Siguiendo el ejemplo de Jesús, quien no vino para ser servido, sino para servir, debemos perdernos a nosotros mismos en cuidado amoroso, continuo y compasivo por los demás.

El comportamiento cristiano: En relación con nosotros mismos

38

Honroso sea en todos el matrimonio, y el lecho sin mancilla; pero a los fornicarios y a los adúlteros los juzgará Dios. Sean vuestras costumbres sin avaricia, contentos con lo que tenéis ahora; porque él dijo: No te desampararé, ni te dejaré; de manera que podemos decir confiadamente: El Señor es mi ayudador; no temeré lo que me pueda hacer el hombre. Acordaos de vuestros pastores, que os hablaron la palabra de Dios; considerad cuál haya sido el resultado de su conducta, e imitad su fe. Jesucristo es el mismo ayer, y hoy, y por los siglos. No os dejéis llevar de doctrinas diversas y extrañas; porque buena cosa es afirmar el corazón con la gracia, no con viandas, que nunca aprovecharon a los que se han ocupado de ellas. (13:4-9)

La segunda gran área de ética tratada en el capítulo 13 tiene que ver con nuestra responsabilidad con nosotros mismos, y se enfoca principalmente en la pureza sexual, satisfacción con lo que tenemos, y firmeza en la fe.

PUREZA SEXUAL

HONREMOS EL MATRIMONIO

El matrimonio es honroso a los ojos de Dios. Él lo estableció en la creación y lo ha honrado desde ese momento. Por supuesto, hoy día en gran parte del mundo, el matrimonio es poco menos que honroso. Muchas parejas se casan por conveniencia temporal, no como requisito social, mucho menos divino, para vivir conjuntamente.

La frase **honroso sea en todos el matrimonio** puede haber sido una reacción a ciertas influencias ascéticas de la iglesia primitiva que sostenían que el celibato era un estado de mayor santidad que el matrimonio. Algunos hombres, como el famoso Orígenes del siglo III, se castraron bajo la noción errónea de que así servirían más devotamente a Dios. Pablo advierte que en los últimos días

433

los maestros apóstatas "prohibirán casarse" (1 Ti. 4:3). Pero Dios considera que el matrimonio no solamente es permisible, sino honroso, y nosotros debemos considerarlo de la misma manera.

Dios honró el matrimonio estableciéndolo. Jesús honró el matrimonio realizando su primer milagro en una boda. El Espíritu Santo honró el matrimonio usándolo para describir a la Iglesia del Nuevo Testamento. Toda la Trinidad testifica que el matrimonio es honroso. Por tanto, ninguna persona está justificada para menospreciar el matrimonio.

Las Escrituras dan al menos tres razones para el matrimonio. Una es la propagación de los hijos. En la creación, Dios comisionó a la humanidad así: "Fructificad y multiplicaos; llenad la tierra" (Gn. 1:28). El matrimonio también es un medio para prevenir el pecado sexual. "A causa de las fornicaciones, cada uno tenga su propia mujer, y cada una tenga su propio marido" (1 Co. 7:2). Pablo advierte, y luego pasa a aconsejar, a los solteros y viudas que se casen si no pueden controlarse (vv. 8-9). El matrimonio también es una provisión para la compañía. "Luego Dios el Señor dijo: 'No es bueno que el hombre esté solo. Voy a hacerle una ayuda adecuada'" (Gn. 2:18, NVI).

El matrimonio puede honrarse de muchas formas. Una es por el esposo siendo cabeza. Dios se glorifica en una familia en la cual el esposo dirige. "Cristo es la cabeza de todo varón, y el varón es la cabeza de la mujer" (1 Co. 11:3). "El marido es cabeza de la mujer, así como Cristo es cabeza de la iglesia" (Ef. 5:23). Otra forma es un corolario de la primera, a saber, que las esposas sean sumisas a sus esposos, como Sara lo fue con Abraham (1 P. 3:1, 6). Una tercera forma en la cual el matrimonio debe honrarse es regulándose por el amor y el respeto mutuo. "Vosotros, maridos, igualmente, vivid con ellas sabiamente, dando honor a la mujer como a vaso más frágil, y como a coherederas de la gracia de la vida, para que vuestras oraciones no tengan estorbo" (v. 7). La preocupación del esposo y la esposa debe centrarse en el bienestar y la felicidad del otro, en lo que puede darse en lugar de lo que puede obtenerse.

EL LECHO MATRIMONIAL NO DEBE MANCILLARSE

Dios se toma muy en serio la pureza sexual. Los hombres y las mujeres pueden jugar con el sexo ilícito y estar perfectamente en su derecho a los ojos de la mayoría de personas. Pero, a los ojos de Dios, siempre es un pecado y siempre recibirá juicio. Pablo advierte: "Nadie os engañe con palabras vanas, porque por estas cosas viene la ira de Dios sobre los hijos de desobediencia" (Ef. 5:6). El apóstol también nos dice que huyamos "de la inmoralidad sexual. Todos los demás pecados que una persona comete quedan fuera de su cuerpo; pero el que comete inmoralidades sexuales peca contra su propio cuerpo" (1 Co. 6:18, NVI). Aquí "inmoralidad" (*porneia*, "fornicación") proviene del mismo término básico griego que **fornicarios** (*pornos*). En otras palabras, el mismo pecado sexual participa en los dos pasajes. El pecado sexual no es solamente contra Dios y contra otras personas, también es contra nosotros mismos. Parte de nuestra responsabilidad moral con nosotros mismos es ser puros sexualmente.

El mundo está más obsesionado con el sexo hoy que nunca antes. La actividad sexual fuera del matrimonio se considera normal y aceptable por la mayoría de las personas. El editor de una de las revistas pornográficas más conocidas asegura que "el sexo es una función del cuerpo, un impulso que el hombre comparte con los animales, como comer, beber y dormir. Es una exigencia física que ha de satisfacerse. Si usted no la satisface, tendrá toda clase de neurosis y psicosis represivas. El sexo está aquí para quedarse; olvide la mojigatería que nos hace escondernos de él. Deshágase de esas inhibiciones, encuentre una chica que piense igual y disfrútelo".

Algunos de los resultados más obvios de tales perspectivas son embarazos extramaritales, violaciones, nacimientos ilegítimos (a pesar de los métodos anticonceptivos y los abortos) y las enfermedades venéreas de todo tipo. Todas son cosas que rompen el corazón. Billy Graham ha comentado que los escritos que salen de los autores contemporáneos son "como el líquido que sale de una cañería rota". Ya hay juicio en los hogares rotos, las enfermedades venéreas, los quebrantamientos físicos y psicológicos, y en los homicidios y otras formas de violencia que se generan cuando la pasión no se controla. No es posible vivir y actuar contra los principios morales del universo establecidos por Dios y no sufrir las terribles consecuencias.

Cuando los cristianos son inmorales, las consecuencias inmediatas pueden ser aun peores, porque el testimonio del evangelio se contamina. Nunca olvidaré a una estudiante joven que llegó a mi oficina obviamente conmovida. Dijo que era una cristiana nueva y que poco después de su conversión comenzó a asistir al grupo de jóvenes de una iglesia. El presidente del grupo la invitó a salir, y ella se sintió halagada y sorprendida de poder salir con un cristiano. Pensó: "¡Cuán diferente debe ser de aquello a lo que estoy acostumbrada!". Pero antes de terminar la noche, él había destrozado la pureza de ella, sacudido la fe de ella y arruinado su propio testimonio. Lo último que oí de aquella joven es que su vida aún era un desastre.

Dentro del matrimonio el sexo es bello, llena y crea; fuera del matrimonio, es feo, destructivo y maldito. "Pero fornicación y toda inmundicia, o avaricia, ni aun se nombre entre vosotros, como conviene a santos" (Ef. 5:3).

SATISFACCIÓN CON LO QUE TENEMOS

Sean vuestras costumbres sin avaricia, contentos con lo que tenéis ahora; porque él dijo: No te desampararé, ni te dejaré; de manera que podemos decir

confiadamente: El Señor es mi ayudador; no temeré lo que me pueda hacer el hombre. (13:5-6)

C. H. Spurgeon dijo: "He estado en muchas reuniones de testimonios y he oído a muchas personas decir que han pecado, y muchas personas han venido a mí para confesar sus pecados. Pero en toda mi vida nunca he tenido una persona que me confesara el pecado de la codicia". Tampoco yo he tenido quien me confiese codicia.

Una vez llegó un hombre a mi oficina pidiendo confesar un pecado. Obviamente, era serio y estaba quebrantado. Dijo que su pecado era la glotonería. Cuando comenté que no se veía con sobrepeso, respondió: "Lo sé. No es que coma mucho, sino que quiero. Continuamente quiero comida. Es una obsesión".

La codicia se parece mucho a la glotonería. Usted no tiene que adquirir mucho para ser codicioso. De hecho, no tiene que adquirir nada. La codicia es una actitud, es querer adquirir cosas, anhelarlas, poner nuestra atención y nuestros pensamientos en ello, sea que alguna vez las poseamos o no.

Cuenta la historia que cuando John D. Rockefeller era joven, un amigo le preguntó cuánto dinero quería. Respondió: "Un millón de dólares". Después de obtener un millón de dólares, el amigo le volvió a preguntar cuánto dinero quería. La respuesta esta vez fue: "Otro millón". La codicia y la avaricia siguen un principio de deseo creciente y satisfacción decreciente, una forma de ley de disminución de los rendimientos. "El que ama el dinero, no se saciará de dinero; y el que ama el mucho tener, no sacará fruto. También esto es vanidad" (Ec. 5:10). Cuanto más usted obtiene, más quiere. Cuando nos enfocamos en las cosas materiales, lo que tenemos nunca alcanzará lo que queremos. Es una de las leyes inquebrantables de Dios.

La **avaricia** es una de las formas más comunes de codicia, en parte porque el dinero puede usarse para asegurar muchas otras cosas que queremos. El amor al dinero es la lujuria de las riquezas materiales, cualquiera que sea la forma. El cristiano debe estar desprovisto de tal amor por las cosas materiales. El amor al dinero es un pecado contra Dios, una forma de desconfianza. **Porque él dijo: No te desampararé, ni te dejaré.** Sobre todas las demás cosas, el amor al dinero es confianza en las riquezas inciertas, y no en el Dios vivo (1 Ti. 6:17), buscar seguridad en las cosas materiales y no en el Padre celestial. Jesús advirtió: "Mirad, y guardaos de toda avaricia; porque la vida del hombre no consiste en la abundancia de los bienes que posee" (Lc. 12:15).

La avaricia de Acán le costó a Israel la derrota en Hai, la vida de treinta y seis compatriotas, la propia vida de Acán y la de su familia y sus rebaños (Jos. 7:1, 5, 25). Después que Naamán quedó limpio de la lepra por seguir la instrucción de Eliseo de lavarse siete veces en el río Jordán, el profeta rechazó cualquier forma de pago. Pero Giezi, el criado de Eliseo, corrió tras Naamán y lo engañó para sacar partida del capitán agradecido. Después de volver a mentir, Eliseo le maldijo con la lepra de Naamán (2 R. 5:15-27). Su avaricia lo llevó a la mentira, el engaño y la lepra. Judas también fue avaro y traidor, estuvo dispuesto a traicionar al Hijo de Dios por treinta monedas de plata. Ananías y Safira pagaron con sus vidas la avaricia y el intento de engaño (Hch. 5:1-10). La avaricia no es un pecado insignificante para Dios. Esta ha mantenido a muchos incrédulos alejados del reino y ha provocado que muchos creyentes pierdan la alegría del reino, o más.

Por supuesto, no es malo obtener riquezas. Abraham y Job fueron muy ricos. El Nuevo Testamento menciona a varios creyentes fieles que tenían riquezas considerables. Pero el amor al dinero, es la "raíz de todos los males… el cual codiciando algunos, se extraviaron de la fe, y fueron traspasados de muchos dolores" (1 Ti. 6:10). Es codiciarlo y confiar en el dinero lo que resulta pecado. David aconseja: "Si se aumentan las riquezas, no pongáis el corazón en ellas" (Sal. 62:10). Job planteó el principio claramente: "Si puse en el oro mi esperanza, y dije al oro: Mi confianza eres tú; si me alegré de que mis riquezas se multiplicasen, y de que mi mano hallase mucho… esto también sería maldad juzgada; porque habría negado al Dios soberano" (Job 31:24-25, 28). La confianza en el dinero es desconfianza en Dios.

Algunas personas aman el dinero, pero no lo adquieren nunca. El amor de otras personas por el dinero radica en adquirirlo. Viven por la emoción de aumentar sus cuentas bancarias, acciones o participaciones en fondos de inversión. Para otros, el amor al dinero es acapararlo. Al tacaño no le interesa tanto incrementar sus posesiones como aferrarse a ellas. Aman el dinero por lo que es. Otros están más interesados en las cosas que pueden comprar y alardear con su riqueza. El consumidor conspicuo es el gran derrochador que ostenta su riqueza. Sea cual sea la forma que toma el amor al dinero, el resultado espiritual es el mismo. A Dios no le agrada y nos separa de Él. Tener ropa más bonita, una casa más grande, otro automóvil y unas vacaciones mejores nos tienta a todos. Pero Dios nos dice que estemos satisfechos. **Contentos con lo que** tenemos **ahora**.

Muchos de los destinatarios de la carta a los Hebreos habían perdido gran parte —o todas— de sus posesiones materiales, porque sabían que tenían "una mejor y perdurable herencia en los cielos" (10:34). A algunos que podrían estar anhelando recuperar lo que perdieron, creyendo que el costo era muy alto, se les dice que no vuelvan a confiar en las cosas materiales. **Podemos decir confiadamente: El Señor es mi ayudador; no temeré lo que me pueda hacer el hombre**. Si tenemos al Señor, lo tenemos todo. La pérdida de algo más no puede ser peor que un mal inconveniente, un inconveniente que, rendido al Señor, siempre será para nuestro bien. De cualquier modo, las posesiones materiales son temporales. Vamos a perderlas tarde o temprano. Si el Señor decide que debemos perderlas antes, no debemos preocuparnos. Proverbios 23:5 dice que las riquezas "se harán alas".

Entre los requisitos bíblicos de los obispos (también llamados ancianos, Tit. 1:5-7) está no ser "codicioso de ganancias deshonestas" (1 Ti. 3:3). Ningún cristiano puede vivir con eficacia, mucho menos liderar con eficacia, si anhela el dinero. El amor al dinero debilita nuestra fe, nuestro testimonio y nuestro liderazgo. Cuando amamos el dinero, nuestra mira está en la clase incorrecta de ganancia. "Pero gran ganancia es la piedad acompañada de contentamiento; porque nada hemos traído a este mundo, y sin duda nada podremos sacar. Así que, teniendo sustento y abrigo, estemos contentos con esto" (1 Ti. 6:6-8). La falta de contentamiento es uno de los mayores pecados del hombre. El contentamiento es una de las más grandes bendiciones divinas.

¿Cómo disfrutamos el contentamiento? ¿Cómo nos satisfacemos con lo que tenemos? Primero, debemos darnos cuenta de la bondad de Dios. Si realmente creemos que Dios es bueno, sabemos que cuidará de nosotros, sus hijos. Sabemos con Pablo que "a los que aman a Dios, todas las cosas les ayudan a bien, esto es, a los que conforme a su propósito son llamados" (Ro. 8:28).

Segundo, debemos darnos cuenta —no solo reconocer, sino darnos cuenta de verdad— de que Dios es omnisciente. Él sabe lo que necesitamos mucho antes de que tengamos necesidad o le pidamos que la satisfaga. Jesús nos asegura: "pero vuestro Padre sabe que tenéis necesidad de estas cosas" (Lc. 12:30).

Tercero, debemos pensar qué nos merecemos. Lo que queremos, incluso lo que necesitamos, es una cosa; lo que merecemos es otra. Debemos confesar con Jacob: "Menor soy que todas las misericordias y que toda la verdad que has usado para con tu siervo" (Gn. 32:10). Hasta lo más pequeño que tenemos es más de lo que merecemos. Los menos bendecidos de los santos de Dios son ricos (véase Mt. 19:27-29).

Cuarto, debemos reconocer la supremacía de Dios, su soberanía. Dios no tiene el mismo plan para todos sus hijos. Lo que da amorosamente para uno, puede igualmente retenerlo amorosamente para otro. El Espíritu Santo da variedad de dones, ministerios y pertenencias, "pero todas estas cosas las hace uno y el mismo Espíritu, repartiendo a cada uno en particular como él quiere" (1 Co. 12:4-11). En lo relacionado con las bendiciones materiales, debemos escuchar la sabiduría de Ana: "El Señor da la riqueza y la pobreza" (1 S. 2:7, NVI). Si nos fuera a hacer ricos, tendríamos que ser de un servicio sobresaliente para Él. Por otra parte, hacernos ricos puede ser nuestra perdición espiritual. El Señor sabe qué necesitamos y no nos proveerá menos que eso.

Quinto, debemos recordar cuáles son nuestras verdaderas riquezas. Son los mundanos, entre ellos los mundanos ricos, los que son pobres; y son los creyentes, incluidos los creyentes pobres, los que son ricos. Nuestro tesoro está en nuestro hogar, en el cielo, y debemos poner nuestra mente "en las cosas de arriba, no en las de la tierra" (Col. 3:2).

Sin embargo, sobre todas las cosas, el contentamiento viene de la comunión con Dios. Cuanto más nos enfoquemos en Él, menos nos preocuparán las cosas materiales. Cuando usted está cerca a Jesucristo, termina abrumado por las riquezas que tiene en Él, y las posesiones terrenales no le importarán. El contentamiento es tener confianza en que **el Señor es** nuestro **ayudador; no** temeremos **lo que** nos **pueda hacer el hombre.**

FIRMEZA EN LA FE

Acordaos de vuestros pastores, que os hablaron la palabra de Dios; considerad cuál haya sido el resultado de su conducta, e imitad su fe. Jesucristo es el mismo ayer, y hoy, y por los siglos. No os dejéis llevar de doctrinas diversas y extrañas; porque buena cosa es afirmar el corazón con la gracia, no con viandas, que nunca aprovecharon a los que se han ocupado de ellas. (13:7-9)

Creo que el llamado principal de este mensaje es para que los judíos que oyeron y confesaron el evangelio no regresen al legalismo. El nuevo pacto en Jesucristo tiene normas, normas muy altas, pero no requiere ceremonias, rituales, días santos ni formalidades. Sus normas son internas, no externas.

Tal como nuestros **pastores,** los cuales nos **hablaron la palabra de Dios,** y tal como **Jesucristo es el mismo ayer, y hoy, y por los siglos,** así debemos ser en nuestra doctrina y práctica. No debemos dejarnos **llevar de doctrinas diversas y extrañas.** Una de las maneras más sutiles que tiene Satanás de acercarse al cristiano es alejarlo de la sana doctrina, atraparlo en creencias sin fundamentos, inciertas y cambiantes. La mala doctrina da como resultado la mala vida.

PUREZA DE LA DOCTRINA

Una de las cosas más tristes del mundo es que un cristiano se vea arrastrado a una doctrina falsa y termine siendo ineficaz; pierda el gozo, la recompensa y el testimonio. Sin embargo, cosas como estas han ocurrido desde los primeros días de la Iglesia. Pablo estaba sorprendido de que algunos creyentes gálatas se hubieran "alejado del que [los] llamó por la gracia de Cristo, para seguir un evangelio diferente. No que haya otro, sino que [había] algunos que [los perturbaban] y [querían] pervertir el evangelio de Cristo" (Gá. 1:6-7). A veces los falsos maestros son amables, nos caen bien y quizás hasta son sinceros. Es difícil creer que enseñarían algo falso o engañoso. Pero debemos juzgar la doctrina por la Palabra de Dios, no por la apariencia o personalidad de quien la enuncia. "Mas si aun nosotros, o un ángel del cielo, os anunciare otro evangelio diferente del que os hemos anunciado, sea anatema" (v. 8). En otras palabras, si el mismo Pablo cambiaba su enseñanza de las verdades reveladas que había estado predicando, no debían seguirlo. Ni siquiera a un ángel se le puede creer por encima de la Palabra de Dios. La idea es tan importante que Pablo la repite en el versículo siguiente: "Como antes hemos dicho, también ahora lo repito: Si alguno os predica diferente evangelio del que habéis recibido, sea anatema" (v. 9).

Estos gálatas habían comenzado en la gracia pero habían vuelto a la ley. Habían comenzado en el Espíritu, pero ahora intentaban continuar en la carne. Los judíos, a quienes les hablaba Hebreos 13, estaban en peligro de hacer lo mismo. Las **doctrinas diversas y extrañas** no eran enseñanzas nuevas necesariamente. No se les pone nombre, pero es probable que, como muchas de las enseñanzas, si no la mayoría, fueran creencias tradicionales judías. Pero eran ajenas al evangelio de la gracia.

Pablo también advirtió a los ancianos efesios de este peligro. "Yo sé que después de mi partida entrarán en medio de vosotros lobos rapaces, que no perdonarán al rebaño. Y de vosotros mismos se levantarán hombres que hablen cosas perversas para arrastrar tras sí a los discípulos" (Hch. 20:29-30). El apóstol los encomendó a la Palabra de Dios, el único recurso que tenían para permanecer verdaderos a la fe (v. 32). El llamado final de la Epístola a los Romanos es este: "Os ruego, hermanos, que os fijéis en los que causan divisiones y tropiezos en contra de la doctrina que vosotros habéis aprendido, y que os apartéis de ellos" (Ro. 16:17).

Los peores falsos maestros son quienes se disfrazan de ortodoxia. Un liberal declarado, sectario o ateo puede verse fácilmente por lo que es. Los mejores obreros de Satanás son los que engañan, quienes saben que les oirán más si cubren su herejía con ideas bíblicas. "Porque éstos son falsos apóstoles, obreros fraudulentos, que se disfrazan como apóstoles de Cristo. Y no es maravilla, porque el mismo Satanás se disfraza como ángel de luz" (2 Co. 11:13-14). El blanco principal de Satanás es la Iglesia. No necesita pervertir al mundo porque ya está pervertido, ya está de su lado. Por esa razón, el Nuevo Testamento está lleno de advertencias a los cristianos para que estén atentos a las enseñanzas falsas. Satanás desea destruir el poder de la verdad en la Iglesia.

Dios sabe que la batalla más grande de su Iglesia es por la pureza de la doctrina, porque esa es la base de todo lo demás. Cada mala práctica, mala acción, mala norma de conducta, puede ser debida a una mala creencia. El resultado de que los apóstoles, profetas, evangelistas, pastores, maestros y creyentes nos unamos en la fe y maduremos en Cristo es que "ya no seamos niños fluctuantes, llevados por doquiera de todo viento de doctrina, por estratagema de hombres que para engañar emplean con astucia las artimañas del error" (Ef. 4:14). Una iglesia que no tiene una doctrina sana es inestable y vulnerable.

Una de las cosas que distingue a los hijos pequeños es la falta de discernimiento. No tienen forma de diferenciar lo que es bueno o malo para ellos. Juzgan solo por sentimientos y caprichos. Si algo parece atractivo, quizás intenten agarrarlo, aun si es una serpiente venenosa. Si algo tiene la más mínima apariencia de comida, intentarán comerlo. Dejar que un niño de tres años seleccione su propia dieta no le permitiría llegar a los cuatro años. Comería dulce o veneno hasta morir.

Lamentablemente, algunos cristianos no muestran mucho más discernimiento en el reino espiritual. Han estado tan poco expuestos a la sana doctrina, o los han alejado tanto de ella, que juzgan completamente por las apariencias y los sentimientos. En consecuencia, la Iglesia está llena de niños que se tragan casi toda enseñanza que les pongan delante de ellos, siempre y cuando no sea una herejía flagrante y el maestro afirme que es evangélico. Como cuerpo y como cristianos individuales, no podemos estar firmes en Cristo a menos que nos nutramos "con las palabras de la fe y de la buena doctrina" (1 Ti. 4:6). En tanto los creyentes sean inmaduros, la falsa doctrina es un peligro importante (cp. Ef. 4:11-16).

RECHAZO DEL LEGALISMO

Los judíos estaban acostumbrados a tener regulaciones religiosas para todo, y era difícil para ellos ajustarse a la libertad en Cristo. Para ellos era difícil aceptar la idea que Pablo expresó en 1 Corintios 8:8, que "la vianda no nos hace más aceptos ante Dios; pues ni porque comamos, seremos más, ni porque no comamos, seremos menos". Toda su vida habían creído y les habían enseñado que lo que comieran o dejaran de comer era importante para Dios. Incluso la forma de preparar los alimentos y comerlos era importante. Ahora les decían que las comidas **nunca aprovecharon a los que se han ocupado de ellas**. La espiritualidad no depende de las **viandas**.

Preocuparse espiritualmente por la comida no es necesario en el Nuevo Testamento. De hecho, insistir en regulaciones dietéticas por razones religiosas va en *contra* del evangelio. Pablo usa las palabras más duras para describir a quienes propagan esas ideas.

> *Pero el Espíritu dice claramente que en los postreros tiempos algunos apostatarán de la fe, escuchando a espíritus engañadores y a doctrinas de demonios; por la hipocresía de mentirosos que, teniendo cauterizada la conciencia, prohibirán casarse, y mandarán abstenerse de alimentos que Dios creó para que con acción de gracias participasen de ellos los creyentes y los que han conocido la verdad. Porque todo lo que Dios creó es bueno, y nada es de desecharse, si se toma con acción de gracias; porque por la palabra de Dios y por la oración es santificado (1 Ti. 4:1-5).*

A Dios le costó trabajo convencer a Pedro de que las restricciones dietéticas y ceremoniales del judaísmo ya no eran válidas. Pedro llegó incluso a discutir con

Dios cuando Él le ordenó en una visión que matara y comiera varios animales impuros. El Señor le tuvo que decir tres veces: "Lo que Dios limpió, no lo llames tú común" (Hch. 10:15). Cristo ha hecho que toda observancia externa sea inválida e inútil. "Porque el reino de Dios no es comida ni bebida, sino justicia, paz y gozo en el Espíritu Santo" (Ro. 14:17). Pablo exhortó así a los colosenses: "Nadie os juzgue en comida o en bebida" (2:16). Como cristianos, nuestros corazones son afirmados solamente **con la gracia**.

El comportamiento cristiano: En relación con Dios

39

Tenemos un altar, del cual no tienen derecho de comer los que sirven al tabernáculo. Porque los cuerpos de aquellos animales cuya sangre a causa del pecado es introducida en el santuario por el sumo sacerdote, son quemados fuera del campamento. Por lo cual también Jesús, para santificar al pueblo mediante su propia sangre, padeció fuera de la puerta. Salgamos, pues, a él, fuera del campamento, llevando su vituperio; porque no tenemos aquí ciudad permanente, sino que buscamos la por venir. Así que, ofrezcamos siempre a Dios, por medio de él, sacrificio de alabanza, es decir, fruto de labios que confiesan su nombre. Y de hacer bien y de la ayuda mutua no os olvidéis; porque de tales sacrificios se agrada Dios. Obedeced a vuestros pastores, y sujetaos a ellos; porque ellos velan por vuestras almas, como quienes han de dar cuenta; para que lo hagan con alegría, y no quejándose, porque esto no os es provechoso. Orad por nosotros; pues confiamos en que tenemos buena conciencia, deseando conducirnos bien en todo. Y más os ruego que lo hagáis así, para que yo os sea restituido más pronto. Y el Dios de paz que resucitó de los muertos a nuestro Señor Jesucristo, el gran pastor de las ovejas, por la sangre del pacto eterno, os haga aptos en toda obra buena para que hagáis su voluntad, haciendo él en vosotros lo que es agradable delante de él por Jesucristo; al cual sea la gloria por los siglos de los siglos. Amén. (13:10-21)

En este pasaje veo al menos cuatro cosas que Dios quiere en nuestro comportamiento y que están relacionadas directamente con Él: separación, sacrificio, sumisión y súplica.

SEPARACIÓN

Los versículos 10-14 están entre los más difíciles de la carta a los Hebreos. Están sujetos a múltiples interpretaciones y aplicaciones, y no quiero ser dogmático en las perspectivas que presento.

Tenemos un altar, del cual no tienen derecho de comer los que sirven al tabernáculo. Porque los cuerpos de aquellos animales cuya sangre a causa del pecado es introducida en el santuario por el sumo sacerdote, son quemados fuera del campamento. Por lo cual también Jesús, para santificar al pueblo mediante su propia sangre, padeció fuera de la puerta. (13:10-12)

Muchos cristianos creen que el **altar** mencionado aquí es literal, y que se refiere a los altares en los cuales hoy adoran los creyentes. Estos intérpretes sostienen que el **derecho de comer** se refiere a la Santa Cena. Pero entonces, ¿quiénes serían **los que sirven al tabernáculo**, quiénes **no tienen derecho de comer**? Y el versículo 11 habla de **los cuerpos de aquellos animales cuya sangre a causa del pecado es introducida en el santuario por el sumo sacerdote**. Difícilmente puede esto describir la adoración cristiana.

Algunos creen que la referencia es a un altar celestial, como el referido en Apocalipsis 6. Pero, de nuevo, ¿quiénes son los que no tienen derecho a comer allí? Y, en cualquier caso, no hay sacrificio de animales —ni se comen— en el altar celestial.

Otros creen que el altar es Cristo en sentido figurado, cuyo cuerpo debemos comer y cuya sangre debemos beber (Jn. 6:53-58). Pero aún queda la pregunta de a quién no se le permite comer y de qué pasa con los sacrificios de animales.

Creo que la mejor explicación es considerar que con **tenemos** el autor se refiere a sus compatriotas judíos. Esto es: "Los judíos tenemos un altar. Los sacerdotes sirven en este altar en el tabernáculo o el templo. Comúnmente, se les permite comer lo que queda de los sacrificios. Pero en el día de la expiación no tienen permitido comer de la ofrenda. Los cuerpos de los animales usados para el sacrificio se sacan del campamento y se queman".

En esta perspectiva hay una analogía para los cristianos. Como el sacerdote de antiguo no podía tener parte en los pecados del pueblo, así también el creyente debería estar afuera de los pecados del mundo, pues ya no es parte de su sistema, normas y prácticas. Es eso lo que hizo Jesús, descrito de manera suprema en la crucifixión, que ocurrió a las afueras de la ciudad. **Por lo cual también Jesús, para santificar al pueblo mediante su propia sangre, padeció fuera de la puerta**. No creo que la analogía pueda llevarse más allá. Tan solo es una imagen de los cristianos siguiendo a su Señor y separándose del pecado. Como nuestro Señor fue crucificado a las afueras de Jerusalén, así también nosotros debemos estar espiritualmente a las afueras del pueblo pecador.

Salgamos, pues, a él, fuera del campamento, llevando su vituperio; (13:13)

El punto práctico es que como cristianos debemos estar dispuestos a salirnos del sistema, a cargar con el vituperio y la vergüenza que cargaron Cristo y el sacrificio por el pecado, a vivir el rechazo de los hombres. Esa fue la actitud de Moisés con el mundo. Tuvo "por mayores riquezas el vituperio de Cristo que los tesoros de los egipcios" (He. 11:26).

Pablo tuvo mucho que decir acerca de la separación. "No os unáis en yugo desigual con los incrédulos; porque ¿qué compañerismo tiene la justicia con la injusticia? ¿Y qué comunión la luz con las tinieblas? ¿Y qué concordia Cristo con Belial? ¿O qué parte el creyente con el incrédulo?" (2 Co. 6:14-15). Los cristianos no tienen nada en común con el sistema del mundo y deben separarse de este (cp. 2 Ti. 2:4).

Después del incidente con el becerro de oro en el desierto y antes de la edificación del tabernáculo, Moisés armó una tienda fuera del campamento, "la armó a cierta distancia fuera del campamento. La llamó 'la Tienda de la reunión con el Señor'. Cuando alguien quería consultar al Señor, tenía que salir del campamento e ir a esa tienda" (Éx. 33:7, NVI). Cuando Moisés entraba a la Tienda, "la columna de nube descendía y tapaba la entrada, mientras el Señor hablaba con Moisés" (v. 9). Quienes querían acercarse a Dios tenían que salir del campamento, porque Israel en su mayor parte, alineándose con el sistema del mundo, había rechazado a Dios.

Sin importar si la analogía es del sacrificio del Antiguo Testamento que se hacía fuera del campamento, de Cristo padeciendo la crucifixión en las afueras de Jerusalén, o de la tienda de reunión a distancia del campamento, el punto básico parece ser el de la separación.

Para los judíos a quienes estaba dirigido Hebreos, la separación del sistema del mundo significaba la separación del judaísmo. Dios, por así decirlo, ya no estaba en el campamento del judaísmo. Cualquiera que hubiera sido la importancia y significado del antiguo pacto, las ceremonias tradicionales, las regulaciones y las normas del judaísmo, ahora estaban invalidados. Dios hace ahora su pacto completamente fuera del campamento del judaísmo. Al momento en que Jesús murió en la cruz, el velo del templo se rasgó en dos; con ello el altar, los sacrificios y los rituales dejaron de ser parte del programa divino. Ahora eran parte del sistema del mundo, parte de las religiones humanas, los caminos humanos y la labor humana. Dios los dejó de lado y se volvieron tan paganos como los sacrificios en los templos de Baal o Diana. El cristiano judío no tiene más derecho para aferrarse al judaísmo del que tiene un gentil cristiano para adorar a Júpiter.

La separación del sistema no significa separación de los incrédulos en el sentido de no tener nunca contacto con ellos. Tampoco significa que intentemos escapar del mundo volviéndonos monásticos. En lo que a la separación concierne, el mundo es una actitud, una orientación, no un lugar. En tanto estemos en la carne, llevaremos algo del mundo dondequiera que vayamos. Paradójicamente, una actitud del estilo "soy más santo que tú" es la esencia de la mundanalidad, porque está centrada en el orgullo. Y es de estas actitudes y hábitos mundanos que debemos separarnos. Y podemos participar en muchas cosas del mundo tan fácilmente con cristianos como con no cristianos.

Jesús describió nuestra relación apropiada con el mundo en la oración sacerdotal. "No ruego que los quites del mundo, sino que los guardes del mal. No son del mundo, como tampoco yo soy del mundo. Santifícalos en tu verdad; tu palabra es verdad. Como tú me enviaste al mundo, así yo los he enviado al mundo" (Jn. 17:15-18). Dios nos envía al mundo físico, el mundo *donde* viven las personas. De lo que debemos separarnos es del sistema del mundo, de la *forma* en que las personas del mundo viven (cp. 1 Jn. 2:15-17).

Usted no tiene que participar activamente en el sistema para ser parte de este. Querer hacer las cosas del mundo es tan mundano como hacerlas. Querer las cosas del mundo es tener su corazón en el mundo, sin importar dónde esté su cuerpo. Si está sentado en la iglesia pensando qué impresión está causando en los otros adoradores, en ese momento y esa medida usted está en el mundo; no importa cuán espiritual pueda ser el servicio de adoración.

La separación verdadera es costosa. "Todos los que quieren vivir piadosamente en Cristo Jesús padecerán persecución" (2 Ti. 3:12). La razón por la cual no hay más cristianos perseguidos es porque muy pocos son verdaderamente piadosos y viven afuera del campamento del mundo. Pablo escribió así, refiriéndose sarcásticamente a algunos creyentes corintios mundanos: "Nosotros somos insensatos por amor de Cristo, mas vosotros prudentes en Cristo; nosotros débiles, mas vosotros fuertes; vosotros honorables, mas nosotros despreciados. Hasta esta hora padecemos hambre, tenemos sed, estamos desnudos, somos abofeteados, y no tenemos morada fija" (1 Co. 4:10-11). Es fácil ser distinguido a los ojos del mundo si comprometemos la vida piadosa. Pablo prefirió tener hambre, estar mal vestido y ser maltratado con Cristo, a ser distinguido y estar en buena posición con el mundo.

SACRIFICIO

Así que, ofrezcamos siempre a Dios, por medio de él, sacrificio de alabanza, es decir, fruto de labios que confiesan su nombre. Y de hacer bien y de la ayuda mutua no os olvidéis; porque de tales sacrificios se agrada Dios. (13:15-16)

El sacrificio era extremadamente importante para el judío. Era la provisión divina para limpiar el pecado bajo el antiguo pacto. Sin duda, muchos cristianos judíos se preguntaban si Dios requeriría algún tipo de sacrificio bajo el nuevo pacto. Sabían que Cristo había ofrecido el único sacrificio por el pecado. Pero estaban acostumbrados a muchos tipos de sacrificios y quizás Dios exigiera todavía alguna ofrenda, algún sacrificio, incluso de los cristianos.

Sí, el autor les dice que sí lo exige. Exige un sacrificio de alabanza y de buenas obras en su nombre. Exige un sacrificio no en la forma de un rito o ceremonia, sino de palabra y obra: con nuestra alabanza a Él y nuestro servicio a otros.

EN PALABRA

Dios ya no quiere sacrificios de granos o animales. Solamente quiere **sacrificio de alabanza, es decir, fruto de labios que confiesan su nombre**. Los salmistas conocían bien este tipo de sacrificio. Si sus escritos pudieran caracterizarse con una sola palabra, sería *alabanza*. "¡Alabaré al Señor por su justicia! ¡Al nombre del Señor altísimo cantaré salmos!" (Sal. 7:17, NVI). "¿Por qué te abates, oh alma mía, y por qué te turbas dentro de mí? Espera en Dios; porque aún he de alabarle, Salvación mía y Dios mío" (43:5). "Te alabaré, Señor, entre los pueblos; te cantaré salmos entre las naciones" (108:3). Los últimos cinco salmos comienzan todos con "¡Alabado sea el Señor!", que en hebreo es *aleluya*. El sacrificio que Dios desea es el clamor de nuestros labios en alabanza a Él.

El sacrificio de alabanza del cristiano debe ofrecerse **siempre**. No es una ofrenda porque las cosas salen bien, sino para toda circunstancia. "Dad gracias en todo, porque esta es la voluntad de Dios para con vosotros en Cristo Jesús" (1 Ts. 5:18).

EN OBRA

Juan nos advierte que "el que no ama a su hermano a quien ha visto, ¿cómo puede amar a Dios a quien no ha visto?" (1 Jn. 4:20). En otras palabras, si nuestra alabanza a Dios no está acompañada **de hacer bien y de la ayuda mutua**, entonces no es aceptable para Él. La adoración requiere acción que honre a Dios.

Isaías hizo una advertencia similar a Israel. Cuando el pueblo le preguntó a Dios: "¿Por qué... ayunamos y no hiciste caso?", el Señor les respondió: "¿No es más bien el ayuno que yo escogí, desatar las ligaduras de impiedad, soltar las cargas de opresión, y dejar ir libres a los quebrantados, y que rompáis todo yugo? ¿No es que partas tu pan con el hambriento, y a los pobres errantes albergues en casa; que cuando veas al desnudo, lo cubras, y no te escondas de tu hermano?" (Is. 58:3, 6-7).

La alabanza a Dios en palabra y obra son inseparables. El servicio de labios debe estar acompañado de una vida de servicio. "La religión pura y sin mácula delante de Dios el Padre es esta: Visitar a los huérfanos y a las viudas en sus tribulaciones, y guardarse sin mancha del mundo" (Stg. 1:27). El único sacrificio aceptable que podemos ofrecer a Dios con nuestras manos es hacernos bien unos a otros, compartir, servir en su nombre de cualquier forma que podamos a las necesidades de los otros. Juan dice: "Hijitos míos, no amemos de palabra ni de lengua, sino de hecho y en verdad" (1 Jn. 3:18).

SUMISIÓN

Obedeced a vuestros pastores, y sujetaos a ellos; porque ellos velan por vuestras almas, como quienes han de dar cuenta; para que lo hagan con alegría, y no quejándose, porque esto no os es provechoso. (13:17)

La tercera norma del comportamiento cristiano para con Dios es la sumisión. La sumisión más obvia vista en este texto es la debida a los líderes eclesiales. Pero Dios lleva a cabo su gobierno terrenal, espiritual y secular a través de varios hombres. Dios usa incluso a los líderes paganos que no le reconocen a Él. "Sométase toda persona a las autoridades superiores; porque no hay autoridad sino de parte de Dios, y las que hay, por Dios han sido establecidas" (Ro. 13:1). Pero para los creyentes, el gobierno más importante de Dios proviene de hombres controlados por el Espíritu. Un día Dios gobernará toda la Tierra a través de su Hijo, el Rey de reyes, pero mientras tanto gobierna su Iglesia a través de hombres fieles. Por tanto, la sumisión a estos hombres es sumisión a Dios.

LOS LÍDERES ECLESIALES REPRESENTAN A DIOS

A los líderes de la Iglesia se les llama ancianos (presbíteros) o supervisores (obispos), los títulos son intercambiables. El Espíritu de Dios ordena estos hombres maduros para gobernar su Iglesia en la Tierra hasta que Cristo regrese.

A medida que Pablo y Bernabé viajaban, nombraban ancianos en cada iglesia que establecían (Hch. 14:23). Pablo llamó a Tito a establecer ancianos "en cada ciudad" (Tit. 1:5). Cada congregación del Nuevo Testamento tenía a hombres como estos que la gobernaban. Ellos alimentaban y guiaban el rebaño (cp. Hch. 20:28).

En muchas iglesias de hoy, la congregación gobierna a los líderes. Esta clase de gobierno es ajena al Nuevo Testamento. Los líderes de la iglesia no deben ser tiranos, pues no gobiernan para sí mismos, sino para Dios. Pero el mandato no admite salvedades: **Obedeced a vuestros pastores, y sujetaos a ellos.** Bajo Dios y con mansedumbre y humildad, estos hombres tienen el derecho de determinar la dirección de la iglesia, de presidirla, de enseñar la Palabra en ella, de reprobar, reprender y exhortar (Tito 2:15). Deben apacentar "la grey de Dios que está entre [ellos], cuidando de ella, no por fuerza, sino voluntariamente; no por ganancia deshonesta, sino con ánimo pronto; no como teniendo señorío sobre los que están a [su] cuidado, sino siendo ejemplos de la grey" (1 P. 5:2-3). Los pastores y los ancianos son siervos que sirven bajo "el Príncipe de los pastores" (v. 4).

Tal como los líderes de la iglesia deben gobernar con amor y humildad, quienes están bajo su liderazgo deben someterse en amor y humildad. "Os rogamos, hermanos, que reconozcáis a los que trabajan entre vosotros, y os presiden en el Señor, y os amonestan; y que los tengáis en mucha estima y amor por causa de su obra" (1 Ts. 5:12-13).

Jesús dijo: "El que recibe al que yo enviare, me recibe a mí; y el que me recibe a mí, recibe al que me envió" (Jn. 13:20). Cuando un hombre es nombrado para dirigir una iglesia local, nuestra sumisión y obediencia a él es equivalente a someternos y obedecer a Cristo.

Cuando no hay líderes llenos del Espíritu que gobiernen bien o personas sumisas que sigan bien, hay caos y desunión en la iglesia y se abren las puertas a toda clase de problemas espirituales.

LOS LÍDERES ECLESIALES SON RESPONSABLES ANTE DIOS

La prioridad de todo pastor, todo anciano, todo líder eclesial, es cuidar del bienestar espiritual de la congregación, **porque ellos velan por** nuestras **almas, como quienes han de dar cuenta**. Ser líder de la Iglesia de Cristo es una responsabilidad muy seria.

Pablo tenía corazón de pastor, una preocupación permanente por el bienestar espiritual de quienes estaban bajo su cuidado. Podía decir a todos sus hijos espirituales lo que dijo a los corintios: "Yo con el mayor placer gastaré lo mío, y aun yo mismo me gastaré del todo por amor de vuestras almas" (2 Co. 12:15). Juan también podía decirlo: "No tengo yo mayor gozo que este, el oír que mis hijos andan en la verdad" (3 Jn. 4). La alegría más dulce de un pastor es ver a sus feligreses caminar con el Señor y dar fruto. Del lado contrario, una de las tragedias más tristes que puede sobrevenirle a un pastor es pasar años de su vida trabajando con quienes no crecen, no responden al liderazgo espiritual y no caminan en la verdad.

PARA QUE LOS LÍDERES ECLESIALES SIRVAN CON ALEGRÍA

La afirmación **para que lo hagan con alegría, y no quejándose** está dirigida al pueblo, no a los líderes. En otras palabras, es responsabilidad de la iglesia ayudar a que sus líderes les sirvan con alegría y satisfacción. Una forma de hacerlo es por medio de la sumisión bien dispuesta a su autoridad. La alegría de nuestros líderes en el Señor debe ser una motivación para la sumisión. No debemos someternos de mala gana o por compulsión, sino de buena voluntad, para que nuestros ancianos y pastores puedan experimentar alegría en su obra con nosotros.

Es un asunto serio (y muy común) que haya miembros tercos y caprichosos en las iglesias que priven a los pastores fieles de la alegría que Dios pretende darles. No someterse adecuadamente trae queja en lugar de **alegría** a los pastores, y en consecuencia le produce dolor y desagrado a Dios, quien los envía para ministrarnos. La palabra **quejándose** (*stenazontes*) quiere decir "gemido interno no expresado". Es una queja que solo suelen conocer el pastor, su familia y Dios. Debido a que la falta de sumisión es una expresión egoísta y voluntariosa, las congregaciones rebeldes probablemente no sean conscientes ni les interesa el dolor que causan a sus pastores y a otros líderes.

Jeremías, tal vez más que cualquier otro profeta, conocía la queja que causaba el pueblo rebelde y obstinado. Le llaman el profeta llorón por una buena razón. Cuando Dios le llamó, le prometió hacerlo "como ciudad fortificada, como columna de hierro, y como muro de bronce contra toda [la] tierra, contra los reyes de Judá, sus príncipes, sus sacerdotes, y el pueblo de la tierra". Y le dijo: "Pelearán contra ti, pero no te vencerán; porque yo estoy contigo... para librarte" (Jer. 1:18-19). Todos estos opositores juntos no pudieron silenciar a Jeremías ni frustrar su ministerio, porque Dios siempre estaba con él. Pero ni siquiera Dios pudo evitar que rompieran el corazón del profeta: "¡Oh, si mi cabeza se hiciese aguas, y mis ojos fuentes de lágrimas, para que llore día y noche los muertos de la hija de mi pueblo!" (9:1). Murieron por su maldad y rebelión, porque "todos ellos [eran] adúlteros, congregación de prevaricadores. Hicieron que su lengua lanzara mentira como un arco, y no se fortalecieron para la verdad en la tierra; porque de mal en mal procedieron" (9:2-3). Jeremías pasó toda su vida en angustia por causa del pueblo obstinado y pecador sobre el cual le había dado Dios liderazgo espiritual.

Ni siquiera el Hijo de Dios se libró de esta queja. Satanás no pudo conquistarlo y los escribas y fariseos no pudieron confundirlo, pero el pueblo le produjo queja. La dureza de sus corazones y el rechazo le hicieron exclamar: "¡Jerusalén, Jerusalén, que matas a los profetas, y apedreas a los que te son enviados! ¡Cuántas veces quise juntar a tus hijos, como la gallina a sus polluelos debajo de sus alas, y no quisiste!" (Lc. 13:34).

La mayoría de los creyentes corintios se preocupaba muy poco por la autoridad y los sentimientos de Pablo, a pesar de sus exhortaciones y represiones directas. No se puede decir cuántas lágrimas le causaron.

Pero hay otro tipo de respuesta: la que agrada a Dios y a los líderes. El apóstol pudo decir a los cristianos de Filipos esto: "Doy gracias a mi Dios siempre que me acuerdo de vosotros, siempre en todas mis oraciones rogando con gozo por todos vosotros" (Fil. 1:3-4). La razón no es que fueran un grupo inherentemente más agradable que los corintios (aunque tal vez sí lo fueran), sino que se aferraban a la sana doctrina y se sujetaban a sus líderes. La carta a los filipenses no refleja problemas doctrinales ni de rebeldía. La riña entre Evodia y Síntique es el único problema que se menciona. El sufrimiento de Pablo mientras les servía no lo provocaron ellos, sino sus críticos afuera de la iglesia. Esa clase de sufrimiento tan solo añadía a su alegría. "Y aunque sea derramado en libación sobre el sacrificio y servicio de vuestra fe, me gozo y regocijo con todos vosotros. Y asimismo gozaos y regocijaos también vosotros conmigo" (2:17-18).

La iglesia de Tesalónica también le produjo gran alegría a Pablo. "Porque ¿cuál es nuestra esperanza, o gozo, o corona de que me gloríe? ¿No lo sois vosotros, delante de nuestro Señor Jesucristo, en su venida? Vosotros sois nuestra gloria y gozo" (1 Ts. 2:19-20). Pablo estaba tan agradecido por estos creyentes queridos que casi no sabía cómo expresar sus sentimientos. "Por lo cual, ¿qué acción de gracias podremos dar a Dios por vosotros, por todo el gozo con que nos gozamos a causa de vosotros delante de nuestro Dios?" (3:9). Estas dos iglesias eran la alegría del pastor.

Por supuesto, los líderes espirituales no son infalibles ni perfectos. Hay ocasiones en que se justifica el desacuerdo de un miembro de la iglesia con un pastor o anciano, incluso al acusarle de pecado. Pero las Escrituras dan direcciones claras en cuanto a cuándo y cómo debe hacerse esto: "Contra un anciano no admitas acusación sino con dos o tres testigos. A los que persisten en pecar, repréndelos delante de todos, para que los demás también teman" (1 Ti. 5:19-20).

Dios quiere que su pueblo tenga la siguiente actitud con sus pastores y ancianos: "Que reconozcáis a los que trabajan entre vosotros, y os presiden en el Señor, y os amonestan" (1 Ts. 5:12).

PORQUE NOSOTROS RECIBIMOS ALEGRÍA

La rebelión constante de la Iglesia contra los líderes y ancianos evita que sus miembros aprendan y crezcan apropiadamente. Produce esterilidad y amargura espiritual. Quien nunca da alegría nunca tendrá alegría.

Provocar a queja a nuestros líderes es tan dañino para nosotros como para ellos, y para toda la iglesia. **Esto no** nos **es provechoso**. Cuando no tenemos un espíritu obediente y amoroso, Dios se desagrada, producimos queja en nuestros líderes y nosotros también perdemos la alegría. La alegría de Pablo con los creyentes fieles siempre estaba relacionada con la alegría de ellos. "Y asimismo gozaos y regocijaos también vosotros conmigo" (Fil. 2:18). Nunca encontrará un pastor verdaderamente feliz sin una congregación feliz, o una congregación feliz sin un pastor feliz.

SÚPLICA

Orad por nosotros; pues confiamos en que tenemos buena conciencia, deseando conducirnos bien en todo. Y más os ruego que lo hagáis así, para que yo os sea restituido más pronto. (13:18-19)

Nuestra cuarta obligación con Dios es la súplica. Orar por nuestros líderes en la iglesia es servir y agradar a Dios. La oración hace que las cosas sean posibles; mueve la mano de Dios.

Al parecer, el escritor de Hebreos era un líder de la iglesia o iglesias a las cuales escribía, y les pide respaldo de oración a quienes había ministrado. Todo siervo de Cristo necesita las oraciones de los creyentes a los que sirve. Los líderes eclesiales están hechos del mismo material que aquellos a quienes sirven. Tienen pecados, debilidades, limitaciones, puntos ciegos y necesidades de todos los estilos, igual que los demás. Necesitan y merecen las oraciones del pueblo de Dios, sin las cuales no pueden ser los más eficientes en su obra (cp. Stg. 3:1).

Los líderes de Dios enfrentan tentaciones a un nivel que la mayoría de los demás creyentes no enfrenta, porque Satanás sabe que si puede socavar a los líderes, otros caerán con ellos. Si puede hacer que comprometan o debiliten su posición, que aminoren sus esfuerzos, que estén abatidos y desesperanzados, entonces le ha hecho un gran daño a la obra de Cristo.

Pablo no titubeó para pedir oración. "[Oren] por mí, a fin de que al abrir mi boca me sea dada palabra para dar a conocer con denuedo el misterio del evangelio" (Ef. 6:19). ¡Cuánta más oración necesitarán del pueblo los ministros comunes y corrientes de Dios!

ES MERECIDA

El escritor pide oración porque confía en que tiene **buena conciencia** y desea conducirse **bien en todo**. No era egoísta o arrogante, simplemente estaba diciendo que, hasta donde él sabía, había ministrado al pueblo con fidelidad; no perfectamente, sino fielmente. No solamente necesitaba sus oraciones; también las merecía. Tenía el derecho ante Dios de esperar que ellos oraran por él.

No solo se imaginaba o suponía que había sido fiel. Tenía **buena conciencia** al respecto. Incluso las personas que no son salvas tienen conciencia, un sentido interno de lo que es bueno y malo, pero está corrompida (Tito 1:15). Como cristianos, nuestras conciencias están limpias, purificadas (He 9:14). No nos hacemos infalibles u omniscientes, pero bajo la dirección del Espíritu, podemos diferenciar lo bueno de lo malo de una manera que antes no se podía. La conciencia limpia no solo nos permite decir mejor si algo es bueno o malo, sino ser sinceros al respecto, con nosotros mismos y con los demás. El escritor de Hebreos podía decir sinceramente que había servido al pueblo que tenía a su cuidado. Por tanto, tenía derecho a esperar sus oraciones.

No creo que todos se merezcan nuestras oraciones. Ciertamente, no todo aquello por lo cual alguien nos pide orar merece nuestra oración. Un hombre vino a mí una vez para pedirme oración por un ministerio que acababa de comenzar. Era un ministerio telefónico en el cual las personas llamaban, dejaban un mensaje y luego este hombre, o alguno de sus colaboradores, devolvía la llamada. Invirtió cerca de veinte mil dólares en equipos electrónicos y seis meses de tiempo suyo y de sus colaboradores. Para todo este esfuerzo, vieron que dos personas tomaron "decisiones" que "consideraron" auténticas. Le sugerí que si vendía el equipo y comenzaba a dar testimonio puerta a puerta, probablemente él y sus compañeros verían más resultados en una semana de los que habían visto en seis meses.

Si una persona nos pide oración, deberíamos querer saber si lo que nos está pidiendo merece nuestro esfuerzo. El tiempo de oración es el más precioso que tenemos, y deberíamos usarlo cuidadosamente y con sabiduría.

ES NECESARIA

El escritor no pedía oración solo porque creyera que la merecía. La necesitaba. La necesidad más urgente que tenía en mente al momento de escribir la carta era que pudiera serles **restituido más pronto**. Cualquiera que fuera la razón para haberlos dejado, deseaba mucho poder regresar.

Pablo tampoco pidió oración frívolamente. Cerca del final de Romanos, suplica a los creyentes así: "Os ruego, hermanos, por nuestro Señor Jesucristo y por el amor del Espíritu, que me ayudéis orando por mí a Dios, para que sea librado de los rebeldes que están en Judea, y que la ofrenda de mi servicio a los santos en Jerusalén sea acepta" (Ro. 15:30-31). Les pedía a un grupo de creyentes fieles que oraran por la liberación de un grupo de creyentes infieles.

Dios es soberano, pero la oración hace posibles cosas que, de otra forma, serían imposibles.

EL EJEMPLO DE CRISTO

En todo nuestro comportamiento —en relación con los demás, con nosotros y con Dios— Jesucristo es nuestro ejemplo supremo. Si queremos ver amor continuo, ¿dónde podemos verlo mejor que en Jesús, quien "sabiendo... que su hora había llegado para que pasase de este mundo al Padre, como había amado a los suyos que estaban en el mundo, los amó hasta el fin" (Jn. 13:1)?

Si queremos aprender compasión, ¿dónde podemos aprenderla mejor que con nuestro Señor, quien lloró con María y Marta en la tumba de su hermano Lázaro (Jn. 11:35)?

Si queremos saber qué es la pureza sexual, ¿quién nos la puede mostrar mejor que Jesús, "que fue tentado en todo según nuestra semejanza, pero sin pecado" (He 4:15)?

Si queremos aprender satisfacción, ¿quién tenía más contentamiento que Jesús, que dijo: "Mi comida es que haga la voluntad del que me envió, y que acabe su obra" (Jn. 4:34) y "Las zorras tienen guaridas, y las aves del cielo nidos; mas el Hijo del Hombre no tiene dónde recostar su cabeza" (Mt. 8:20)?

Si necesitamos apreciar la firmeza, ¿quién más firme que Jesús que resistió a Satanás en el desierto (Mt. 4:1-10)?

Si queremos saber cómo separarnos del mundo, debemos oír la oración de Jesús: "No ruego que los quites del mundo, sino que los guardes del mal. No son del mundo, como tampoco yo soy del mundo" (Jn. 17:15-16).

Si queremos ver sacrificio, Jesús no solo hizo el sacrificio perfecto, Él *fue* el sacrificio perfecto, entregándose "a sí mismo por nosotros, ofrenda y sacrificio a Dios en olor fragante" (Ef. 5:2).

Si queremos aprender sumisión, ¿quién se ha sometido alguna vez al Padre como Jesús cuando oró en el huerto: "Abba, Padre, todas las cosas son posibles para ti; aparta de mí esta copa; mas no lo que yo quiero, sino lo que tú" (Mr. 14:36)?

Si queremos saber qué es la súplica, debemos escuchar la gran oración de Jesús por nosotros que constituye todo el capítulo 17 de Juan.

EL PODER DE DIOS

Y el Dios de paz que resucitó de los muertos a nuestro Señor Jesucristo, el gran pastor de las ovejas, por la sangre del pacto eterno, os haga aptos en toda obra buena para que hagáis su voluntad, haciendo él en vosotros lo que es agradable delante de él por Jesucristo; al cual sea la gloria por los siglos de los siglos. Amén. (13:20-21)

En realidad, estos versículos son una bendición y podrían no comentarse. Ni siquiera los propios ejemplos de Jesús, perfectos y poderosos como son, no pueden capacitarnos para seguir sus pisadas. Necesitamos más que un ejemplo. El escritor llama a Dios para hacer posible el resultado de esta verdad en las vidas de su pueblo. Intentar vivir la vida cristiana con la doctrina más pura y los mejores ejemplos, pero sin el poder directo de Dios, es construir con madera, heno y hojarasca (1 Co. 3:12). No solo necesitamos conocer la voluntad de Dios, necesitamos tener su poder. Necesitamos que **el Dios de paz** nos **haga aptos en toda obra buena para que** hagamos **su voluntad**.

De manera que Dios nos deja su ética y nos da el poder de seguirle, de vivir a la altura. El crecimiento y la obediencia cristianos no tienen nada que ver con nuestro poder. El crecimiento y la obediencia cristianos son por el poder de Dios, **haciendo él en** nosotros **lo que es agradable delante de él por Jesucristo**.

La mayor muestra de poder divino en la historia del universo fue la resurrección de Jesucristo, cuando Dios **resucitó de los muertos a nuestro Señor Jesucristo, el gran pastor de las ovejas, por la sangre del pacto eterno**. Dios es

el Dios de paz, porque estableció la paz con el hombre por medio de la sangre en la cruz (Col. 1:20). Por la cruz, Dios hizo un pacto eterno (cp. Zac. 9:11; Ez. 37:26). De modo que la sangre de **nuestro Señor Jesucristo** es eternamente poderosa (a diferencia de los viejos sacrificios del viejo pacto) y satisfactoria para Dios, de tal manera que lo **resucitó de los muertos**. Son el Dios de este poder y el poder de este Dios los que permiten que quienes le aman hagan su voluntad. "No que seamos competentes por nosotros mismos para pensar algo como de nosotros mismos, sino que nuestra competencia proviene de Dios" (2 Co. 3:5).

Lo que debemos contribuir a la vida cristiana es entrega. Todo lo que debemos hacer es abrir el canal de nuestra voluntad y permitir que el poder de Dios obre en nosotros. "Y el que da semilla al que siembra, y pan al que come, proveerá y multiplicará vuestra sementera, y aumentará los frutos de vuestra justicia" (2 Co. 9:10). Podemos ocuparnos en nuestra salvación porque Dios está produciendo en nosotros "el querer como el hacer, por su buena voluntad" (Fil. 2:12-13). Por cuanto Cristo hace la obra, merece la honra y la alabanza, **al cual sea la gloria por los siglos de los siglos. Amén.**

Un epílogo breve

40

Os ruego, hermanos, que soportéis la palabra de exhortación, pues os he escrito brevemente. Sabed que está en libertad nuestro hermano Timoteo, con el cual, si viniere pronto, iré a veros. Saludad a todos vuestros pastores, y a todos los santos. Los de Italia os saludan. La gracia sea con todos vosotros. Amén. (13:22-25)

EXHORTACIÓN

El escritor caracteriza su epístola. La llama **palabra de exhortación** (cp. Hechos 13:15, donde se usa esta frase para referirse a un sermón). La Epístola a los Hebreos es un gran tratado predicado con pluma. Es un llamado urgente a los líderes para que se vuelvan de una única mente en la devoción al Señor Jesucristo y para satisfacción completa en el nuevo pacto. Los temas doctrinales elevados y sublimes son el fundamento de esta exhortación principal.

Luego, casi de manera apologética, alienta a los lectores a soportar lo escrito, a recibir con mente abierta y corazón cálido lo que ha dicho; en contraste con aquellos en 2 Timoteo 4:3 (a quienes Pablo describe usando el mismo verbo, *anechō*), que "no sufrirán la sana doctrina".

El libro ha sido directo, confrontador, inflexible, algo complejo y difícil para la mente, las emociones y la voluntad. Aun así, fue **escrito brevemente.**

Brachus (**brevemente**) significa corto, o en pocas palabras. Toda la carta es más corta que Romanos o 1 Corintios, puede leerse en menos de una hora y tiene menos de diez mil palabras. Si el escritor hubiera tratado los temas grandes que explica, la carta habría sido bastante más larga. Pero es sorprendentemente corta en comparación con las verdades infinitas y eternas que contiene.

SEGUIMIENTO

Sabed que está en libertad nuestro hermano Timoteo, con el cual, si viniere pronto, iré a veros. (13:23)

Necesitaban saber que uno de los siervos escogidos por Dios, el **hermano Timoteo** (que debió haber sido bien conocido por ellos) estaba **en libertad.** Aunque el término *apoluō* (**en libertad**) tiene varios significados, en el Nuevo Testamento suele usarse más en relación con liberar a los prisioneros que estaban arrestados o en prisión. El detalle histórico de la prisión de Timoteo es desconocido. No nos sorprende que, como su maestro, Pablo, estuviera en la cárcel por predicar a Jesús. Timoteo parecía estar flaqueando en su fe cuando Pablo le escribió su segunda epístola. Por tanto, en 2 Timoteo 1:6—2:12 y 3:12-14, el apóstol le anima a soportar la persecución y no temerle. Es probable que Hebreos se escribiera poco después de 2 Timoteo, y vemos que este hombre de Dios había respondido bien a la exhortación previa de Pablo.

La esperanza del escritor era que Timoteo pronto se uniera a él, y que juntos visitaran a los lectores. Aquí vemos una ilustración clara de la importancia de hacer seguimiento con el ministerio personal a los discípulos. El apóstol Pablo solía expresar el deseo de este ministerio (véase Ro. 15:28-29).

SALUDO

Saludad a todos vuestros pastores, y a todos los santos. Los de Italia os saludan. (13:24)

Los lectores ya habían recibido la exhortación de obedecer a sus líderes (v. 17) y ahora se les pedía saludarles a ellos, **y a todos los santos** que eran parte de la comunión en Cristo. La mención a todos los líderes respalda otras enseñanzas del Nuevo Testamento acerca de la pluralidad de ancianos (cp. Hch. 20:17-38) que dirigen al pueblo de Dios.

La frase **los de Italia os saludan** puede indicar que el grupo que escribió estaba en Italia o, sencillamente, que algunos cristianos italianos estaban con el escritor y enviaron saludos.

BENDICIÓN

La gracia sea con todos vosotros. (13:25)

La epístola termina con una conclusión encantadora y sencilla en la forma de una oración a Dios para que les conceda **gracia** a los lectores (cp. Tit. 3:15), como lo hace con todos sus hijos por medio de Aquel que puede dar la gracia: el Señor Jesucristo.

Bibliografía

Barclay, William. *Carta a los Hebreos*. Barcelona: Editorial Clie, 1994.

Bruce, F. F. *La Epístola a los Hebreos*. *Buenos Aires*: Nueva Creación, 1987.

Griffith-Thomas, W. H. *Hebrews: A Devotional Commentary* [Hebreos: Un comentario devocional]. Grand Rapids: Eerdmans, 1970.

Hewitt, Thomas. *The Epistle to the Hebrews* [La Epístola a los Hebreos]. Tyndale New Testament Commentaries [Comentarios Tyndale del Nuevo Testamento]. Grand Rapids: Eerdmans, 1975.

Hughes, Philip Edgecumbe. *A Commentary on the Epistle to the Hebrews* [Un comentario de la Epístola a los Hebreos]. Grand Rapids: Eerdmans, 1977.

Kent, Homer A., Jr. *The Epistle to the Hebrews* [La Epístola a los Hebreos]. Grand Rapids: Baker, 1972.

Morris, Leon. *Hebrews: The Expositor's Bible Commentary* [Hebreos: Comentario bíblico del expositor], vol. 12. Ed. Frank C. Gaebelein. Grand Rapids: Zondervan, 1981.

Murray, Andrew. *The Holiest of All* [El Lugar Santísimo]. Old Tappan, N.J.: Revell, 1969.

Newell, William R. *Hebrews: Verse by Verse* [Hebreos: Versículo a versículo]. Chicago: Moody, 1947.

Pink, Arthur W. *Exposition of Hebrews* [Exposición de Hebreos]. Grand Rapids: Baker, 1968. Westcott, B. F. *The Epistle to the Hebrews* [La Epístola a los Hebreos]. Grand Rapids: Eerdmans, 1977.

Índice de palabras griegas y hebreas

Palabras griegas

adelphos, 426
adunatos, 167
agapē, 172
agapētos, 172
agenealogētos, 197
aiōn, 72, 302
aiōnas, 34
alēthinos, 273
allos, 210
ametathetos, 188
anamimnēskō, 293
anechō, 457
anistēmi, 210
aparabatos, 218
apaugasma, 35
apeiros, 153
aphiēmi, 156-157
apoluō, 458
apostolos, 98
archēgos, 86, 381-382
arrabōn, 187
athetēsis, 212

baptismos, 159
baptizō, 159
brachus, 457

chōlos, 407

chōris hamartia, 133

diathēkē, 249
diorthōsis, 243

eikōn, 36, 259
elphis, 277
epignōsis, 284
episkopeō, 410
episkopos, 410
euaresteō, 318
eulabeia, 144, 325

ginomai, 45
gnōsis, 284

hagiazō, 265
hagios, 176
hēgeomai, 357
hekousiōs, 284
heteros, 210
hilastērion, 239
hupostasis, 297
hupotassō, 72

katanoeō, 94
katapausis, 116
kephalaion, 223
kosmos, 34, 50, 72
kritikos, 125

mastigoō, 397
mesitēs, 229
metatithēmi, 208
metochos, 164
metriopatheō, 140

nōthros, 150, 177

oikos, 100
oikoumenē, 50, 72
onkos, 379

paideia, 388
pais, 388
panēguris, 418
panteles, 218
parabasis, 66
parabolē, 242
parakaleō, 112
parakoē, 66
pararheō, 63
parepidēmoi, 340
philadelphia, 426
phileō, 426
phōtizō, 162
pistis, 277
poieō, 45, 52
polumerōs, 23
polutropōs, 23
porneia, 434

461

Índice de temas

SANTIAGO

Contenido

Prólogo

Sigue siendo para mí una provechosa experiencia espiritual el predicar de forma expositiva a través del Nuevo Testamento. Mi propósito es tener siempre una profunda comunión con el Señor en el conocimiento de su Palabra, y con esa experiencia explicarle a su pueblo lo que un pasaje significa. Como dice Nehemías 8:8, me esfuerzo por "[ponerle] el sentido"de modo que puedan de veras oír a Dios hablar y, al hacerlo, le respondan.

Es obvio que el pueblo de Dios necesita comprenderlo, lo que exige conocer su Palabra de verdad (2 Ti. 2:15) y el permitir que esa Palabra more en abundancia en ellos (Col. 3:16). Por lo tanto, la fuerza propulsora dominante de mi ministerio es contribuir a que la Palabra viva de Dios se avive en su pueblo. Es una aventura placentera.

Esta serie de comentarios del Nuevo Testamento refleja este objetivo de explicar y aplicar las Escrituras a nuestra vida. Algunos comentarios son primordialmente lingüísticos, otros son mayormente teológicos y algunos son principalmente homiléticos. Este es esencialmente explicativo o expositivo. No es técnico desde el punto de vista lingüístico, pero trata acerca de la lingüística cuando eso parece útil a la interpretación apropiada. No es teológicamente expansivo, pero se concentra en las doctrinas principales de cada texto y cómo se relacionan con toda la Biblia. No es primordialmente homilético, aunque cada unidad de pensamiento por lo general se trata como un capítulo, con un claro bosquejo y un flujo lógico de pensamiento. Casi todas las verdades se ilustran y aplican con otros pasajes. Después de establecer el contexto de un pasaje, he tratado de seguir fielmente el desarrollo y el razonamiento del escritor.

Mi oración es que cada lector comprenda plenamente lo que el Espíritu Santo dice a través de esta parte de su Palabra, de modo que su revelación pueda morar en la mente de los creyentes dando como resultado una mayor obediencia y fidelidad, para la gloria de nuestro gran Dios.

Introducción

En la introducción a la primera edición de su Nuevo Testamento alemán (1522), Martín Lutero hizo el siguiente comentario, citado con frecuencia, acerca de la Epístola de Santiago:

> En resumen, el Evangelio según San Juan y su primera epístola, las epístolas de San Pablo, sobre todo las de Romanos, Gálatas y Efesios, y la primera epístola de Pedro, son los libros que le muestran a Cristo y le enseñan todo lo que es necesario y bendito que usted sepa, aunque nunca haya visto ni oído ningún otro libro o doctrina. Es por eso que la Epístola de Santiago es una epístola poco significativa en comparación con aquellas, ya que no tiene ninguna característica de evangelio. (Citado en James H. Ropes, *The Epistle of St. James, The International Critical Commentary* [La Epístola de Santiago, El comentario crítico internacional] [Edimburgo: T. & T. Clark, 1978], 106)

El gran reformador no estaba en modo alguno negando la inspiración de Santiago (como indica su frase "comparada con ellas"). No obstante, a lo largo de la historia de la Iglesia, muchos se han hecho eco de sus comentarios menospreciativos acerca de la epístola. En realidad, debido a su brevedad, el hecho de que se dirigiera específicamente a los judeocristianos, su falta de contenido doctrinal y porque no fue escrito por uno de los doce apóstoles ni por Pablo, Santiago fue uno de los últimos libros añadidos al canon neotestamentario.

Pero minimizar de esta manera el valor de Santiago es estar corto de vista. Para Lutero no fue muy útil Santiago porque la epístola tiene poca enseñanza acerca de las grandes doctrinas de la fe cristiana que él defendía tan apasionadamente. (En realidad, parte de su hostilidad hacia Santiago proviene del mal uso de sus adversarios católicos romanos de Santiago 2 para defender la justificación por las obras.) Es cierto que Santiago no es un tratado de doctrina, sino un profundo manual práctico para la vida cristiana. Pero eso no disminuye su valor, ya que no deben separarse la vida de santidad y la sana doctrina. Comentando acerca de la importancia de Santiago, D. Edmond Hiebert escribe:

> Esta epístola insiste con firmeza en la práctica cristiana consecuente con la fe, atesora un punzante desprecio hacia toda vana profesión de fe e imparte una punzante reprensión a la mundanalidad de los lectores. Su hincapié en el imperativo ético del evangelio hace que la epístola sea hoy tan importante como lo fue cuando se escribió. La presencia de esta epístola práctica en el canon del Nuevo Testamento es un magnífico monumento a la sensibilidad moral y al interés de la iglesia cristiana. (*The Epistle of James* [La Epístola de Santiago] [Chicago: Moody, 1979], 11)

Se ha comparado la Epístola de Santiago con los libros de sabiduría del Antiguo Testamento, en particular con el libro de Proverbios, debido a sus declaraciones directas y punzantes acerca del vivir sabiamente. También la aguda condenación de Santiago a la injusticia social (cp. caps. 2, 5) ha hecho que algunos lo llamen "el Amós del Nuevo Testamento". Pero Santiago también tuvo influencia profunda del Sermón del Monte; en realidad, como se observa en el capítulo 1 de este comentario, pudiera considerarse su epístola como un comentario práctico acerca del sermón de nuestro Señor. La influencia del Sermón del Monte en Santiago puede verse en sus muchas referencias y alusiones a ese sermón (vea la tabla).

	Santiago	Sermón del Monte		Santiago	Sermón del Monte
1.	1:2	5:10-12	12.	3:6	5:22
2.	1:4	5:48	13.	3:10-12	7:15-20
3.	1:5	7:7-12	14.	3:17-18	5:9
4.	1:9	5:3	15.	4:4	6:24
5.	1:12	7:14	16.	4:10	5:3-5
6.	1:20	5:22	17.	4:11-12	7:1-5
7.	1:22	7:21-27	18.	5:2-3	6:19-20
8.	2:5	5:3	19.	5:10	5:12
9.	2:13	5:7	20.	5:11	5:10
10.	2:13	6:14-15	21.	5:12	5:33-37
11.	2:14-16	7:21-23			

AUTOR

De los varios hombres llamados Jacobo en el Nuevo Testamento, solo dos fueron tan eminentes como para haber escrito una carta tan autorizada: Jacobo el hijo de Zebedeo y hermano de Juan y Jacobo el medio hermano del Señor. Pero la muerte de Jacobo el hijo de Zebedeo (Hch. 12:2) lo elimina como candidato, dejando a Jacobo el medio hermano del Señor como el autor. Jacobo, junto con los demás hermanos de Jesús, al principio lo rechazó (cp. Jn. 7:5). Sin embargo, después llegó a creer en Jesucristo como el Mesías de Israel. Tal fue su piedad y celo que pronto se convirtió en el reconocido pastor de la iglesia de Jerusalén (cp. Hch. 12:17; Gá. 2:9). Jacobo mantuvo ese puesto hasta su martirio alrededor de 62 d.C. (Para información biográfica adicional acerca de Jacobo, vea el cap. 1 de este libro.)

Evidencia adicional de que Jacobo escribió la epístola nos llega de los fuertes paralelos verbales entre la Epístola de Santiago y el discurso y la carta de Jacobo mencionados en Hechos 15. El verbo griego en infinitivo *chairein* ("salud") aparece en el Nuevo Testamento solo en Santiago 1:1 y Hechos 15:23 (salvo cuando lo emplea el romano Claudio Lisias en Hechos 23:26). Otros paralelos incluyen "amados" (Stg. 1:16, 19; 2:5; Hch. 15:25), "vuestras almas" (Stg. 1:21; Hch. 15:24), "visitar" (Stg. 1:27; el mismo verbo griego se traduce "visitó"en Hch. 15:14), y "volver"en el sentido de volverse del pecado a Dios (Stg. 5:19-20; Hch. 15:19).

El carácter claramente judío de la epístola está en armonía con la descripción de Jacobo dada en Hechos 15 y 21. La Epístola de Santiago tiene cuatro citas directas del Antiguo Testamento y más de cuarenta alusiones al Antiguo Testamento. Además, Santiago se expresa en términos del Antiguo Testamento, comenzando en el primer versículo con la alusión a "las doce tribus que están en la dispersión". Santiago describe el evangelio como la "ley de la libertad" (2:12). Describe el lugar de reunión de sus lectores empleando la palabra griega transliterada "*sunagōguē*" (2:2). En 4:4 emplea la figura del adulterio en el Antiguo Testamento para describir la apostasía espiritual. Judíos contemporáneos abusan con respecto a la condena del uso de juramentos en 5:12. La eminente figura del Antiguo Testamento Elías aparece como ejemplo del poder de la oración eficaz (5:17-18). Nombres tan importantes del Antiguo Testamento como Abraham (2:21), Rahab (2:25) y Job (5:11) también aparecen en la epístola. Santiago es también el único escritor neotestamentario que emplea el título del Antiguo Testamento para Dios, "Señor de los ejércitos". (Pablo alude a ese título solo en una cita de Isaías en Romanos 9:29.)

A pesar de la inspirada y específica identificación de Santiago en 1:1 y la convincente evidencia de que Jacobo el medio hermano del Señor escribió esta carta, presuntos eruditos incrédulos lo han rechazado como autor. Ellos citan varias líneas poco convincentes para probar el apoyo a esa dudosa conclusión. Por lo regular, no serían ni siquiera útiles como para considerarlas, pero sí proporcionan un trasfondo que sirva para mostrar características adicionales de la epístola, relacionadas con su autor.

Un sencillo campesino galileo como Jacobo, argumentan ellos, no era capaz de escribir en un griego tan excelente. Sin embargo, las investigaciones han mostrado que es probable que muchos judíos palestinos del primer siglo hablaran griego además de hebreo y arameo. Esto sería muy cierto en Galilea que era predominantemente gentil (cp. Mt. 4:15), en particular en Nazaret, que se hallaba en una concurrida ruta de comercio. De modo que es muy probable que Jacobo supiera griego desde la niñez. Y como pastor de la iglesia de Jerusalén, habría estado en comunicación diaria con los creyentes judíos que hablaban griego, y que habían formado parte de la iglesia de Jerusalén desde su inicio (Hch. 6:1). Esa comunicación le habría dado a Jacobo una gran oportunidad de pulir su conocimiento del griego.

Otros se refieren a la falta de énfasis en la exaltada posición de Jacobo como el hermano del Señor y pastor de la iglesia de Jerusalén como prueba que no escribió la epístola. Pero Santiago, como Pablo, reconoció que conocer a Jesús "según la carne" ya no tenía valor alguno (2 Co. 5:16; cp. Mt. 12:47-50). Irónicamente, muchos de esos mismos eruditos afirman que 2 Pedro es seudoepigráfica (es decir, una "ficción piadosa"), precisamente porque no tiene alusiones autobiográficas a Pedro. Ese tema difícil llevó a R. V. G. Tasker a comentar que:

> [si] los criterios de seudoepigrafía son tan inciertos, parece que estaremos sobre terreno más seguro si suponemos que, aun tratándose de libros que fueron aceptados en el canon del Nuevo Testamento comparativamente tarde, había un consenso general a favor de que eran realmente las obras del autor cuyos nombres llevan. (*The General Epistle of James, The Tyndale New Testament Commentaries* [La Epístola General de Santiago, Los comentarios del Nuevo Testamento de Tyndale] [Grand Rapids: Eerdmans, 1975], 20)

En realidad, el hecho de que el escritor de Santiago no destaca su autoridad personal, ofrece argumentos convincentes de que era tan conocido y respetado que no eran necesarios tales reclamos.

Aun otros señalan el poco énfasis de la epístola en los grandes temas doctrinales de la fe cristiana, en particular los que tienen que ver con la vida, el ministerio, la muerte y la resurrección de Jesucristo, como prueba de que Jacobo no fue su autor. Jacobo el hermano del Señor, que conocía bien esos acontecimientos trascendentales, con toda seguridad los habría mencionado, arguyen ellos. Pero tal afirmación pasa por alto el propósito de Santiago al escribir su epístola que, como se observó antes, era práctico, no doctrinal. Y la ausencia de contenido doctrinal hace difícil percibir motivo alguno para un falsificador.

Por último, algunos argumentan que las referencias de la epístola a la persecución (1:2ss; 2:6-7; 5:1-6) indica una fecha del escrito posterior a la muerte de Jacobo. "Pero no hay evidencia alguna de que las aflicciones sufridas por estos judeocristianos se debieran a persecuciones gubernamentales. Fueron más bien el resultado de las imposiciones de los ricos sobre los pobres, las injusticias de los empleadores con sus empleados" (D. Edmond Hiebert, *An Introduction to the Non-Pauline Epistles* [Una introducción a las epístolas no paulinas] [Chicago: Moody, 1962], 42).

Ninguno de esos argumentos es suficiente para darle un vuelco a la opinión tradicional de que Jacobo, el medio hermano de Jesús y pastor de la iglesia de Jerusalén, escribió la epístola que lleva el nombre de Santiago.

FECHA Y LUGAR DE REDACCIÓN

El que no haya ninguna referencia al concilio de Jerusalén mencionado en Hechos 15 (alrededor de 49 d.C.) indica una fecha de la redacción de Santiago antes de que se reuniera el concilio. Es improbable que, en una carta dirigida a los creyentes judíos de la diáspora, Santiago (Jacobo) dejara de mencionar el Concilio de Jerusalén si ya hubiera tenido lugar. Esta fecha temprana es apoyada por la falta de cualquier referencia a los gentiles, a las iglesias gentiles o a los temas relacionados con los gentiles (p. ej. la circuncisión o el comer carne sacrificada a los ídolos). El intervalo más probable en que debió escribir Santiago es del 44 al 49 d.C., convirtiéndolo en el primero de los libros a escribirse del Nuevo Testamento.

La Epístola de Santiago se escribió sin duda en Jerusalén, la ciudad donde su autor vivía y predicaba. Para información acerca de los destinatarios de la Epístola de Santiago, vea el capítulo 1.

Como se observará a lo largo de este comentario, Santiago escribió su epístola para exhortar a sus lectores a que examinaran su fe para ver si era una fe salvadora genuina. Por consiguiente, el bosquejo está estructurado alrededor de esa serie de pruebas.

BOSQUEJO

Introducción (1:1)
    I. La prueba de la perseverancia en el sufrimiento (1:2-12)
   II. La prueba de la culpa en la tentación (1:13-18)

El hombre y su mensaje

1

Santiago, siervo de Dios y del Señor Jesucristo, a las doce tribus que están en la dispersión: Salud. (1:1)

La falsificación es un gran problema en nuestra sociedad. Se falsifica el dinero, las tarjetas de crédito, las joyas, las obras de arte y prácticamente todo lo que tiene valor, tratando de hacerlos ver como genuinos para engañar a los incautos. Por consiguiente, se deben examinar los objetos valiosos a fin de determinar que son genuinos.

Eso también puede decirse de lo más valioso de todo, la fe salvadora. Una buena relación con el santo y vivo Dios del universo, con la promesa de la vida eterna, es algo incomparablemente valioso. Los que creen tenerla deben analizarse y probarse con mucho cuidado para determinar que en realidad es así. El ser engañado por una moneda falsa o por una obra de arte falsa, da por resultado una pérdida temporal solamente. El ser engañado por una fe falsa, resulta en una tragedia eterna.

El falsificador maestro de la fe salvadora es Satanás. Disfrazándose de "ángel de luz" (2 Co. 11:14-15), él y sus siervos engañan a los incautos mediante falsos sistemas de religión, entre ellos, las falsas formas de cristianismo. Piensan que se hallan en el estrecho camino que conduce al cielo, los que caen en la trampa de la religión fingida, o que simplemente confían en su concepto personal de la salvación, pero están en realidad en camino de la condenación y del castigo eterno.

Tal engaño se extiende a aquellos dentro del cristianismo bíblico que están engañados acerca de su salvación.

El estar engañados acerca de la relación de uno con Dios es el más alarmante y peligroso engaño. Casi al final del Sermón del Monte nuestro Señor resumió gráficamente esa tragedia:

> *No todo el que me dice: Señor, Señor, entrará en el reino de los cielos, sino el que hace la voluntad de mi Padre que está en los cielos. Muchos me dirán en aquel día: Señor, Señor, ¿no profetizamos en tu nombre, y en tu*

nombre echamos fuera demonios, y en tu nombre hicimos muchos milagros? Y entonces les declararé: Nunca os conocí; apartaos de mí, hacedores de maldad (Mt. 7:21-23).

Debido al peligro siempre presente de la fe falsa, la Palabra de Dios requiere que constantemente se pruebe la validez de la salvación que se confiesa. En el Salmo 17:3 David declaró los resultados de la prueba de Dios de su fe: "Tú has probado mi corazón, me has visitado de noche; me has puesto a prueba, y nada inicuo hallaste". En el Salmo 26:1-2 suplica: "Júzgame, oh Jehová, porque yo en mi integridad he andado; he confiado asimismo en Jehová sin titubear. Escudríñame, oh Jehová, y pruébame; examina mis íntimos pensamientos y mi corazón". Se hizo eco de esa súplica en las conocidas palabras del Salmo 139: "Examíname, oh Dios, y conoce mi corazón; pruébame y conoce mis pensamientos; y ve si hay en mí camino de perversidad, y guíame en el camino eterno" (vv. 23-24). En medio del caos y de la desolación que siguió a la destrucción de Jerusalén, Jeremías exhortó a sus conciudadanos israelitas: "Escudriñemos nuestros caminos, y busquemos, y volvámonos a Jehová" (Lm. 3:40).

Por medio de Ezequiel, el Señor dice del hombre genuinamente arrepentido: "Porque miró y se apartó de todas sus transgresiones que había cometido, de cierto vivirá; no morirá" (Ez. 18:28; cp. Sal. 119:59). Por medio del profeta Hageo, el Señor exhortó a su pueblo: "Meditad sobre vuestros caminos" (Hag. 1:5, 7).

El Nuevo Testamento también subraya reiteradas veces la necesidad de probar la fe. Juan el Bautista llamó a los guías religiosos de su época a que dieran "frutos dignos de arrepentimiento" (Mt. 3:8). Al describirle su ministerio al rey Agripa, Pablo contó cómo anunció "primeramente a los que están en Damasco, y Jerusalén, y por toda la tierra de Judea, y a los gentiles, que se arrepintiesen y se convirtiesen a Dios, haciendo obras dignas de arrepentimiento" (Hch. 26:20). Les aconsejó a los gálatas: "Cada uno someta a prueba su propia obra" (Gá. 6:4). Y a los corintios: "Examinaos a vosotros mismos si estáis en la fe; probaos a vosotros mismos. ¿O no os conocéis a vosotros mismos, que Jesucristo está en vosotros, a menos que estéis reprobados?" (2 Co. 13:5).

El resultado pretendido e inevitable de la fe salvadora es una vida de buenas obras, y fue por ese mismo propósito que Cristo redimió a la Iglesia. Después de afirmar que la salvación es por gracia solamente, el apóstol Pablo recuerda a los creyentes que "somos hechura suya, creados en Cristo Jesús para buenas obras, las cuales Dios preparó de antemano para que anduviésemos en ellas" (Ef. 2:8-10). "La gracia de Dios se ha manifestado", Pablo le escribió a Tito: "para salvación a todos los hombres, enseñándonos que, renunciando a la impiedad y a los deseos mundanos, vivamos en este siglo sobria, justa y piadosamente" (Tit. 2:11-12; cp. el v. 14). El escritor de Hebreos advirtió a sus lectores: "Temamos, pues, no sea que permaneciendo aún la promesa de entrar en su reposo, alguno de vosotros parezca no haberlo alcanzado" (He. 4:1; cp. 12:15). La temible posibilidad de perder la salvación requiere de un riguroso autoexamen. Cuando el escritor de Hebreos ilustraba la esencia de la fe salvadora, describió la intrépida obediencia de los creyentes del Antiguo Testamento que demostraron su salvación en una vida de lealtad y fidelidad a Dios (11:1-39).

La Primera Epístola de Juan menciona muchas características de la fe genuina. Debe ir más allá de la simple confesión verbal (1:6-10; 2:4, 9) y debe incluir obediencia a Dios (2:3, 5-6; 3:24; 5:2-3). Los redimidos se caracterizan por no amar al mundo (2:15), por llevar una vida recta (2:29), por abandonar y evitar el pecado (3:6, 9) y por amar a los demás creyentes (3:14; 4:7, 11).

Pero ningún pasaje bíblico presenta con tanta claridad las pruebas de la fe viva y verdadera como el Sermón del Monte. Aquí Jesús da a conocer una gran variedad de pruebas con el propósito de mostrar a los judíos que se autoproclamaban justos, tipificados por los orgullosos, jactanciosos y presumidos escribas y fariseos (vea 5:20), cuán lejos estaban de la genuina salvación. Al hacerlo desenmascaró su religión falsa, su hipocresía y la salvación falsificada.

El sermón comienza con las Bienaventuranzas (Mt. 5:3-12), que resumen las actitudes que deben acompañar a la verdadera fe salvadora. Esas actitudes incluyen mansedumbre, misericordia y gozo en la persecución, humildad, un sentido del carácter pecaminoso y un anhelo profundo por la justicia.

La sección siguiente (5:13-16) muestra el cumplimiento de las Bienaventuranzas en la vida de los verdaderamente redimidos, que son como "sal y luz" en el mundo malvado, oscuro y caído. En lugar de influir para el mal, deben influir en el mundo con la justicia de Dios.

La verdadera salvación se caracterizará por un compromiso genuino con la Palabra de Dios (5:17-20), por la conducta externa que resulta de la justicia interna del corazón (5:21-48), por una adoración apropiada (6:1-18), por una visión correcta del dinero y de los bienes materiales (6:19-34), y por adecuadas relaciones personales (7:1-12).

Jesús termina el sermón describiendo dos sendas hacia el destino eterno, la espaciosa, que lleva a la perdición, y la estrecha, que conduce a la vida, por la que exhortó a sus oyentes a que entraran (7:13). Les advirtió que evitaran a los falsos profetas, que trataban de desviarlos hacia la senda espaciosa que lleva a la destrucción (vv. 15-20), y describió las aterradoras consecuencias de una vana confesión de fe, en vista del seguro juicio venidero (vv. 21-27).

Parece evidente que el Sermón del Monte influyó mucho en Santiago, las verdades que sin duda oyó en persona de Jesús, ya fuera en esa oportunidad o en otras y muchos de sus temas tienen paralelos en su epístola. En realidad, la Epístola de Santiago pudiera muy bien considerarse un comentario práctico acerca de ese sermón. Al igual que el Señor antes que él, Santiago presenta una serie de pruebas por las cuales puede determinarse la autenticidad de la salvación.

SU BIOGRAFÍA

El primer versículo de esta epístola nos presenta al autor humano, **siervo de Dios y del Señor Jesucristo.** Como se explica en la Introducción, el Jacobo que escribió esta epístola era el medio hermano del Señor. En oposición al dogma católico romano, José y María tuvieron otros hijos después que nació Jesús. Esa verdad está implícita en la afirmación de Mateo de que José mantuvo virgen a María *hasta* el nacimiento de Jesús (Mt. 1:25) y es explícita en la descripción que hace Lucas de Jesús como el *hijo primogénito* de María (Lc. 2:7, cursivas añadidas). Esos niños eran sus medio hermanos y sus medio hermanas (cp. Mt. 12:46-47; Mr. 3:31-35; Lc. 8:19-21; Jn. 2:12). Mateo 13:55 y Marcos 6:3 mencionan a los medio hermanos de Jesús como Jacobo, José, Simón y Judas. Pablo de modo explícito llama a Jacobo "el hermano del Señor" (Gá. 1:19). Marcos también menciona a las medio hermanas de Jesús, aunque no por nombre. El que Mateo y Marcos mencionen a Jacobo primero da a entender que era el mayor de los medio hermanos de Jesús.

De modo sorprendente, aunque crecieron con Él y observaron su vida perfecta y sin pecado, los hermanos de Jesús no creyeron en Él al principio. Juan registra la incredulidad de ellos, que se hizo evidente cuando desafiaron a Jesús a darse a conocer públicamente:

> *Estaba cerca la fiesta de los judíos, la de los tabernáculos; y le dijeron sus hermanos: Sal de aquí, y vete a Judea, para que también tus discípulos vean las obras que haces. Porque ninguno que procura darse a conocer hace algo en secreto. Si estas cosas haces, manifiéstate al mundo. Porque ni aun sus hermanos creían en él (Jn. 7:2-5).*

La incredulidad de ellos resultó en un triste testimonio a la verdad de la declaración de Jesús de que "no hay profeta sin honra sino en su propia tierra, y entre sus parientes, y en su casa" (Mr. 6:4). Tan fuerte era la incredulidad de sus hermanos que incluso pensaban que Jesús estaba fuera de sí (Mr. 3:21). (Es digno de notar que la incredulidad de sus hermanos refuta el relato apócrifo de los presuntos milagros de Jesús en su niñez, como lo hace la afirmación de Juan 2:11 que convertir el agua en vino en Caná fue el *"principio* de señales" de Jesús, cursivas añadidas.) Su incredulidad, al parecer, se extendió durante la vida terrenal y el ministerio de Jesús.

Pero ya en el momento en el que los que creían en Él se reunieron en Jerusalén después de su resurrección, algo notable había ocurrido. Hechos 1:13 informa que los apóstoles estaban allí, y el versículo 14 añade: "Todos estos [los apóstoles] perseveraban unánimes en oración y ruego, con las mujeres, y con María la madre de Jesús, *y con sus hermanos*" (cursivas añadidas). ¿Qué ocurrió para convertir a sus hermanos escépticos e incrédulos en discípulos devotos? Pablo da la respuesta en 1 Corintios 15:7, al observar que después de la resurrección de Jesús, "apareció a Jacobo". Sin duda como resultado de esa aparición personal después de la resurrección, Jacobo aceptó la fe salvadora en el Señor Jesucristo.

La iglesia nació el día de Pentecostés, y Jacobo, aunque no era apóstol, pronto llegó a ser uno de sus pastores. Cuando Pablo visitó Jerusalén, descubrió que Jacobo, al igual que Pedro y Juan, eran columnas de la iglesia allí (Gá. 2:9-12). Como los apóstoles a menudo andaban fuera de la ciudad predicando el evangelio, con el tiempo Jacobo se convirtió en el líder más destacado de la iglesia de Jerusalén. Era algo así como su pastor principal. Después de su milagrosa liberación de la cárcel de Herodes, Pedro les dijo a los asombrados creyentes que les dieran la noticia "a Jacobo y a los hermanos" (Hch. 12:17), indicando claramente que Jacobo había llegado a ser la persona a quien primero se le debía informar la noticia.

Jacobo presidió el crucial Concilio de Jerusalén (Hch. 15), que se había convocado para decidir sobre un asunto trascendental: "Si la salvación requería de la obediencia a la ley mosaica o era solamente por la gracia obrando mediante la fe". Después de un gran debate, Pedro, Pablo y Bernabé informaron acerca de la salvación de los gentiles por la gracia de Dios mediante el ministerio de ellos (vv. 6-12). Entonces Santiago respaldó lo que dijo Pedro, decidió en el resultado del concilio (vv. 12-21), y lo más probable es que redactara la carta resultante a los creyentes gentiles (vv. 23-29). Muchos años después, cuando Pablo regresó a Jerusalén al final de su tercer viaje misionero, Jacobo vuelve a aparecer en su función de liderazgo. Lucas informa que después de llegar a "Jerusalén, los hermanos nos recibieron con gozo. Y al día siguiente Pablo entró con nosotros a ver a Jacobo, y se hallaban reunidos todos los ancianos" (Hch. 21:17-18). La presencia de muchos ancianos no niega el liderazgo principal de Jacobo, como la igualdad del oficio apostólico no niega el liderazgo de Pedro sobre los doce.

También conocido como Jacobo el Justo debido a su piedad, fue martirizado alrededor de 62 d.C., según Josefo.

SU CARÁCTER

siervo de Dios y del Señor Jesucristo, (1:1*b*)

A pesar de su importante cargo, lo que sobresale en el primer versículo de su epístola es la humildad de Jacobo. No se describe a sí mismo como hijo de María y hermano del Señor, ni alude a su posición como pastor de la iglesia de Jerusalén, ni menciona que el Cristo resucitado se le apareció personalmente. Más bien se describe a sí mismo sencillamente como **siervo de Dios y del Señor**

Jesucristo. *Doulos* (**siervo**) describe a un esclavo, una persona privada de toda libertad personal y totalmente bajo el dominio de su amo. Se requería de cada *doulos* absoluta obediencia y lealtad a su amo (quien le proporcionaba comida, vestido y un lugar donde estar). A diferencia del *andrapodon,* a quien hacían esclavo, el *doulos* nacía esclavo. Jacobo había llegado a ser un *doulos* por su nuevo nacimiento mediante la fe en Jesucristo.

El ser un *doulos* de Dios se consideraba un gran honor en la cultura judía. A lumbreras del Antiguo Testamento como Abraham (Gn. 26:24), Isaac (Gn. 24:14), Jacob (Ez. 28:25), Job (Job 1:8), Moisés (Éx. 14:31), Josué (Jos. 24:29), Caleb (Nm. 14:24), David (2 S. 3:18), Isaías (Is. 20:3) y Daniel (Dn. 6:20) se les describe como siervos de Dios. En el Nuevo Testamento, Epafras (Col. 4:12), Timoteo (Fil. 1:1), Pablo (Ro. 1:1), Pedro (2 P. 1:1), Judas (Jud. 1), Juan (Ap. 1:1) y nuestro Señor mismo (Hch. 3:13) llevaban todos el título de *doulos.* Al tomar ese título, Jacobo se incluía entre los que no eran honorables por lo que eran, sino por aquel a quien servían, el Dios vivo.

SU MINISTERIO

a las doce tribus que están en la dispersión: Salud. (1:1*c*)

Además de su importante función de liderazgo en la iglesia de Jerusalén, Jacobo también tenía un extenso ministerio. La frase **doce tribus** era un título, por lo general, empleado en el Nuevo Testamento para referirse a la nación de Israel (cp. Mt. 19:28; Hch. 26:7; Ap. 21:12). Aunque las doce tribus se dividieron en dos naciones (Israel, el reino del norte, y Judá, el reino del sur), el pueblo escogido de Dios siempre estuvo formado por los judíos de las doce tribus, que un día Dios reunirá de modo soberano (Ez. 37:15-22). Cuando el reino se dividió después del reinado de Salomón, diez tribus formaron el reino del norte de Israel, y Benjamín y Judá formaron el reino del sur de Judá. Después de la caída y la deportación de Israel a Asiria (722 a.C.), parte del remanente de las diez tribus se trasladaron al sur, manteniendo así las doce tribus en la tierra de Judá. Aunque no se podía establecer con certidumbre la identidad tribal después de que Judá fue conquistada y Jerusalén y el templo fueron destruidos por Babilonia (586 a.C.), Dios restauraría la nación y esbozaría la identidad tribal de cada persona en el futuro (Is. 11:12-13; Jer. 3:18; 50:19; Ez. 37; Ap. 7:5-8).

Por lo tanto, Santiago se estaba dirigiendo a todos los judíos **que [estaban] en la dispersión,** sin considerar el origen de su tribu. En este contexto, **en la dispersión** se refiere a cualquier lugar en el mundo fuera de Palestina. A lo largo de los siglos anteriores, varios conquistadores (entre ellos los romanos en 63 a.C.) habían deportado a los judíos de su país y los habían esparcido por todo el mundo conocido. Además, muchos otros judíos se habían trasladado voluntariamente a otros países por negocio u otras razones (cp. Hch. 2:5-11). Ya en la época del Nuevo Testamento, muchos judíos vivían en el extranjero. La palabra griega *diaspora* ("dispersión") se volvió un término técnico para identificar a los judíos que vivían fuera de Palestina (cp. 1 P. 1:1).

Por el mensaje de la carta misma, así como por el hecho de que Santiago se dirige a menudo a sus lectores como hermanos, es evidente que está escribiéndoles a los judeocristianos. Es probable que la mayoría de aquellos creyentes se convirtieran en Jerusalén o cerca de la ciudad, y hasta cierto punto pudieran haber estado alguna vez bajo el cuidado pastoral de Jacobo. El público principal de Santiago eran los judíos que habían huido debido a la persecución y que todavía estaban sufriendo pruebas por causa de su fe (1:2). Para darles confianza, esperanza y fortaleza para soportar aquellas pruebas, Santiago les dio una serie de pruebas (vea la Introducción) por las que podían determinar la autenticidad de su fe.

SU SALUDO

Salud. (1:1*d*)

Chairein (**salud**) significa "regocijarse" o "alegrarse" y era un saludo secular común. Sin embargo, para Santiago la palabra no era una simple formalidad. Esperaba que lo que escribió alegrara el corazón de sus lectores al ofrecerles medios para verificar la autenticidad de su salvación. Santiago sabía que eso les daría gran consuelo en sus pruebas, que Satanás usa de modo persistente para tratar de hacer que los cristianos duden que son hijos de Dios y coherederos con Jesucristo.

De la prueba al triunfo: Primera parte

2

Hermanos míos, tened por sumo gozo cuando os halléis en diversas pruebas, sabiendo que la prueba de vuestra fe produce paciencia. (1:2-3)

A fin de probar la autenticidad de un diamante, a menudo los joyeros lo ponen en agua clara, lo que hace que el verdadero diamante resplandezca con una brillantez especial. Una piedra de imitación, por otra parte, casi no resplandecerá. Cuando se ponen las dos una al lado de la otra, hasta un ojo no adiestrado puede fácilmente notar la diferencia.

De igual manera, aun el mundo puede a menudo observar las notables diferencias entre los cristianos genuinos y los que simplemente profesan la fe en Cristo. Como ocurre con las joyas, hay una notable diferencia en su brillantez, en especial cuando las personas pasan por tiempos difíciles. Muchos tienen gran confianza en su fe hasta que es sometida a pruebas difíciles por las adversidades y los desengaños. La forma en la que una persona enfrenta la prueba revelará si su fe está viva o muerta, si es genuina o una imitación, si es o no una fe salvadora.

En la parábola del sembrador, Jesús explicó que "[la semilla que cayó] sobre la piedra son los que habiendo oído, reciben la palabra con gozo; pero éstos no tienen raíces; creen por algún tiempo, y en el tiempo de la prueba se apartan", y que "la que cayó en buena tierra, éstos son los que con corazón bueno y recto retienen la palabra oída, y dan fruto con perseverancia" (Lc. 8:13, 15).

Todo el que vive en este mundo sufre en alguna medida las pruebas. Esa es la consecuencia de la caída, el resultado lógico de una naturaleza humana pecaminosa y de un mundo y una sociedad corrompidos por la iniquidad. El amigo de Job, Elifaz, comprendía bien esa verdad al decir: "Como las chispas se levantan para volar por el aire, así el hombre nace para la aflicción" (Job 5:7). Al responderle a otro amigo, Job mismo dijo: "El hombre nacido de mujer, corto de días, y hastiado de sinsabores" (14:1). David clamó al Señor: "No te alejes de mí, porque la angustia está cerca" (Sal. 22:11). Isaías declaró: "Y mirarán a la tierra, y he aquí tribulación y tinieblas, oscuridad y angustia" (Is. 8:22). Salomón escribió en tono menospreciativo: "Aborrecí, por tanto, la vida, porque la obra que se hace debajo del sol me era fastidiosa; por cuanto todo es vanidad y aflicción de espíritu.... Porque todos [los días del hombre] no son sino dolores, y sus trabajos molestias; aun de noche su corazón no reposa" (Ec. 2:17, 23).

Los hijos de Dios no están exentos de pruebas. Vendrán pruebas incluso relacionadas con las mejores cosas que Él nos da. En el matrimonio y la vida familiar (el mejor regalo que Él ha dado para la felicidad terrenal), las pruebas son inevitables (1 Co. 7:28). Jesús les aseguró a sus discípulos que "en el mundo tendréis aflicción" (Jn. 16:33). Aunque Él fue sin pecado, sintió dolor y lloró cuando vio a María y a los amigos de su hermano Lázaro afligidos por su muerte (Jn. 11:33). Se afligió por la traición de Judas (Jn. 13:21) y estuvo "muy triste, hasta la muerte" ante la realidad de que tendría que llevar sobre sí el pecado del mundo (Mt. 26:38; cp. Jn. 12:27). Pablo dio testimonio de que había sido "atribulado en todo" (2 Co. 4:8); y en grado diferente y por varios motivos, esta es la experiencia de cada uno. Aguardamos problemas ocasionales en nuestro trabajo, escuela, sociedad, aun en nuestra familia y en nuestra iglesia. Sabemos que no podemos escapar a la crítica, a la frustración, a la decepción, al dolor físico, a la angustia afectiva, a la enfermedad, a las heridas y al final a la muerte.

También los cristianos podemos esperar dificultades por causa de nuestra fe. Jesús dijo: "Si a mí me han perseguido, también a vosotros os perseguirán" (Jn. 15:20). Pablo le recordó a Timoteo que "todos los que quieren vivir piadosamente en Cristo Jesús padecerán persecución" (2 Ti. 3:12).

Como se ha dicho en la Introducción, el principal énfasis de Santiago en el texto en estudio y en toda la carta, es que si es genuina la fe de una persona, se probará a sí misma durante los tiempos de aflicción, cualquiera que sea el carácter o el origen del problema. Por esa razón, esta epístola es de mucho valor para los incrédulos, así como para los creyentes. Esto es verdad en especial para los incrédulos, que se consideran cristianos y necesitan reconocer que la fe que es confiable solo cuando las cosas están bien, no es una fe salvadora y no vale nada. Vale, en realidad, menos que nada, porque engaña a los que confían en ella. No solo los decepcionará cuando más necesiten ayuda, sino algo inmensurablemente peor, los llevará a pensar que van rumbo al cielo cuando, en realidad, van rumbo al infierno.

Santiago muestra que, cuando la fe no es más que una profesión vacía o un simple sentimiento sin que se fundamente en convicciones firmes e inteligentes de la verdad divina, la consumirá el fuego de la prueba. Pero donde hay fe verdadera, la aflicción conduce de forma natural a una reflexión más profunda de la verdadera condición en que nos hallamos que otras circunstancias, y por eso libra al corazón de decepción y de un falso concepto de rectitud. La fuente de debilidad nos lleva a una fervorosa lucha con Dios en oración; y la experiencia de la gracia sustentadora que obtenemos así, fortalece y estimula la esperanza.

Las Escrituras mencionan al menos ocho propósitos para que el Señor permitiera las pruebas en la vida de su pueblo. En primer lugar, es probar la fortaleza de nuestra fe. En muchos sentidos el Señor nos ayuda a tomar un inventario espiritual, al traer pruebas a nuestra vida para demostrarnos la fortaleza o debilidad de nuestra fe. Una persona que se vuelve resentida, amargada y que muestra compasión de sí misma cuando se enfrenta a los problemas, deja al descubierto de forma clara una fe débil. Por otra parte, una persona que se vuelve más y más al Señor en la medida que se intensifica la prueba y pide su ayuda para llevar la carga, demuestra también de forma clara, una fe robusta.

Dios le dijo a Moisés: "He aquí yo os haré llover pan del cielo; y el pueblo saldrá, y recogerá diariamente la porción de un día, para que yo lo pruebe si anda en mi ley, o no" (Éx. 16:4; cp. Dt. 13:3-4). Se nos dice del rey Ezequías que "Dios lo dejó, para probarle, para hacer conocer todo lo que estaba en su corazón" (2 Cr. 32:31). En su omnisciencia ya Dios sabía lo que había en el corazón de Ezequías, pero quería que el rey descubriera esa verdad por sí mismo. Jesús mencionó muchas pruebas de la fe verdadera, que incluían una advertencia para los que serían discípulos: "Si alguno viene a mí, y no aborrece a su padre, y madre, y mujer, e hijos, y hermanos, y hermanas, y aun también su propia vida, no puede ser mi discípulo" (Lc. 14:26).

Habacuc, al meditar en la devastadora advertencia de Dios que Él estaba enviando a los caldeos para conquistar y prácticamente diezmar a su pueblo, dijo lo siguiente: "Aunque la higuera no florezca, ni en las vides haya frutos, aunque falte el producto del olivo, y los labrados no den mantenimiento, y las ovejas sean quitadas de la majada, y no haya vacas en los corrales; con todo, yo me alegraré en Jehová, y me gozaré en el Dios de mi salvación" (Hab. 3:17-18). Después de poner en duda la sabiduría y la justicia de Dios al permitir que sufriera tales increíblemente terribles aflicciones, Job le confesó a su Señor: "De oídas te había oído; mas ahora mis ojos te ven. Por tanto me aborrezco, y me arrepiento en polvo y ceniza" (Job 42:5-6).

En segundo lugar, se nos dan las pruebas para hacernos humildes, para recordarnos que no dejemos que nuestra confianza en el Señor se vuelva arrogancia y autosatisfacción espiritual. Cuanto mayores son nuestras bendiciones, tanto más nos tentará Satanás para que las veamos como nuestros propios logros y no como obra del Señor o como nuestro merecido derecho, y que nos sintamos orgullosos en vez de humildes. Pablo da testimonio de que, "para que la grandeza de las revelaciones no me exaltase desmedidamente, me fue dado un aguijón en mi carne, un mensajero de Satanás que me abofetee, para que no me enaltezca sobremanera" (2 Co. 12:7).

En tercer lugar, Dios permite que suframos pruebas a fin de librarnos de nuestra dependencia de las cosas terrenales. Cuanto más bienes materiales y conocimiento, experiencia y reconocimiento terrenal acumulamos, tanto más tentados nos sentimos a confiar en eso en vez de confiar en el Señor. Esas cosas pueden incluir educación, éxito laboral, personas importantes a las que conocemos, honores que podamos haber recibido y muchos otros tipos de beneficios terrenales que muchas veces no son malos en sí, sino que pueden fácilmente convertirse en el centro de nuestra atención y el fundamento de nuestra confianza.

En una ocasión en la que una gran multitud siguió a Jesús y a los discípulos a un monte, Jesús le preguntó a Felipe: "¿De dónde compraremos pan para que coman éstos? Pero esto decía para probarle; porque él sabía lo que había de hacer" (Jn. 6:5-6). Felipe falló en la prueba al responderle: "Doscientos denarios de pan no bastarían para que cada uno de ellos tomase un poco" (v. 7). En vez de confiar en que el Señor proveería, Felipe vio solamente los recursos materiales que poseían, los que obviamente estaban muy lejos de suplir la necesidad que tenían.

Moisés se había criado en la casa de Faraón, había crecido como príncipe de Egipto, adiestrado con la más alta educación egipcia y había alcanzado la cima de la sociedad egipcia y del éxito personal. Luego, después de cuarenta años en Madián como pastor (Éx. 2:11-25), el Señor lo llamó para que sacara a su pueblo de Egipto. Y, aunque resistió y se opuso al principio, la obediencia al Señor y el interés por la difícil situación del pueblo escogido por el Señor, con el tiempo se volvieron su devoción. El escritor de Hebreos nos dice: "Por la fe Moisés, hecho ya grande, rehusó llamarse hijo de la hija de Faraón, escogiendo antes ser maltratado con el pueblo de Dios, que gozar de los deleites temporales del pecado, teniendo por mayores riquezas el vituperio de Cristo que los tesoros de los egipcios; porque tenía puesta la mirada en el galardón" (He. 11:24-26).

Un cuarto propósito de las pruebas es llamarnos a la esperanza eterna y celestial. Cuanto más duras sean nuestras pruebas y cuanto más tiempo duren, tanto más anhelamos estar con el Señor. Aunque Pablo sabía que su ministerio no había terminado, y que era importante que continuara su trabajo en la tierra por el nombre de Cristo, por causa de la iglesia, su anhelo personal, no obstante, era "partir y estar con Cristo, lo cual es muchísimo mejor" (Fil. 1:23). En su carta a la iglesia de Roma, dio este testimonio:

Pues tengo por cierto que las aflicciones del tiempo presente no son comparables con la gloria venidera que en nosotros ha de manifestarse. Porque el anhelo ardiente de la creación es el aguardar la manifestación de los hijos de Dios. Porque la creación fue sujetada a vanidad, no por su propia voluntad, sino por causa del que la sujetó en esperanza; porque también la creación misma será libertada de la esclavitud de corrupción, a la libertad gloriosa de los hijos de Dios. Porque sabemos que toda la creación gime a una, y a una está con dolores de parto hasta ahora; y no solo ella, sino que también nosotros mismos, que tenemos las primicias del Espíritu, nosotros también gemimos dentro de nosotros mismos, esperando la adopción, la redención de nuestro cuerpo. Porque en esperanza fuimos salvos; pero la esperanza que se ve, no es esperanza; porque lo que alguno ve, ¿a qué esperarlo? Pero si esperamos lo que no vemos, con paciencia lo aguardamos (Ro. 8:18-25; cp. 5:3-4).

Después de recordarles a los creyentes sin experiencia de Corinto las aflicciones, las persecuciones, los peligros y las traiciones que había sufrido, Pablo escribió las alentadoras palabras: "el que resucitó al Señor Jesús, a nosotros también nos resucitará con Jesús, y nos presentará juntamente con vosotros.... Por tanto, no desmayamos; antes aunque este nuestro hombre exterior se va desgastando, el interior no obstante se renueva de día en día. Porque esta leve tribulación momentánea produce en nosotros un cada vez más excelente y eterno peso de gloria; no mirando nosotros las cosas que se ven, sino las que no se ven; pues las cosas que se ven son temporales, pero las que no se ven son eternas" (2 Co. 4:14, 16-18; cp. los vv. 8-12).

Un quinto propósito de las pruebas es revelar lo que realmente amamos. La disposición de Abraham a sacrificar a su hijo Isaac no solo probó su fe, como se analiza más adelante en este capítulo, sino también su amor supremo al Señor. Nada ni nadie debe ser para nosotros más querido que el Señor.

En Deuteronomio, el Señor le dijo a su pueblo: "Ahora, pues, Israel, ¿qué pide Jehová tu Dios de ti, sino que temas a Jehová tu Dios, que andes en todos sus caminos, y que lo ames, y sirvas a Jehová tu Dios con todo tu corazón y con toda tu alma" (10:12; cp. 13:3). Ese, dijo Jesús, es el primero y el más importante de los mandamientos (Mt. 22:38). También dijo: "Si alguno viene a mí, y no aborrece a su padre, y madre, y mujer, e hijos, y hermanos, y hermanas, y aun también su propia vida, no puede ser mi discípulo" (Lc. 14:26). Desde luego que no estaba ordenando que se odiara a los demás, que sería contradictorio con muchos otros pasajes, entre ellos el segundo más grande mandamiento, "[amar al] prójimo como a [sí] mismo" (Mt. 22:39). Empleó una expresión metafórica para enseñar que nuestro amor a Dios debe sobrepasar al resto de los amores, incluso al amor a nuestros familiares.

En sexto lugar, se nos dan las pruebas para enseñarnos a valorar las bendiciones de Dios. Nuestra razón nos dice que valoremos el mundo y las cosas del mundo, y nuestros sentidos nos dicen que valoremos el placer y la comodidad. Pero a través de las pruebas, la fe nos dice que valoremos las cosas espirituales de Dios con las que nos ha bendecido abundantemente, entre ellas su Palabra, su cuidado, su provisión, su fortaleza, y, por supuesto, su salvación.

David se regocijaba diciendo:

Porque mejor es tu misericordia que la vida; mis labios te alabarán. Así te bendeciré en mi vida; en tu nombre alzaré mis manos. Como de meollo y de grosura será saciada mi alma, y con labios de júbilo te alabará mi boca, cuando me acuerde de ti en mi lecho, cuando medite en ti en las vigilias de la noche. Porque has sido mi socorro, y así en la sombra de tus alas me regocijaré (Sal. 63:3-7).

Todos los héroes de la fe en Hebreos 11 rechazaron el mundo por los dones de Dios, y así debemos hacer nosotros al poner "los ojos en Jesús, el autor y consumador de la fe, el cual por el gozo puesto delante de él sufrió la cruz, menospreciando el oprobio, y se sentó a la diestra del trono de Dios" (He. 12:2).

En séptimo lugar, el Señor usa las pruebas para desarrollar en sus santos fuerza perdurable para servicios mayores. El puritano Thomas Manton observó que "mientras todo está en calma y con comodidad vivimos por los sentidos y no por la fe. Pero nunca se conoce el valor de un soldado en tiempos de paz". Pablo confesó: "Por lo cual, por amor a Cristo me gozo en las debilidades, en afrentas, en necesidades, en persecuciones, en angustias; porque cuando soy débil, entonces soy fuerte" (2 Co. 12:10). El escritor de Hebreos se refiere a los hombres y mujeres de Dios "que por fe conquistaron reinos, hicieron justicia, alcanzaron promesas, taparon bocas de leones, apagaron fuegos impetuosos, evitaron filo de espada, sacaron fuerzas de debilidad" (He. 11:33-34; cp. Isaías 41:10).

En octavo y último lugar, el Señor usa las pruebas para capacitarnos para ayudar mejor a otros en sus pruebas. Jesús le dijo a Pedro: "Simón, Simón, he aquí Satanás os ha pedido para zarandearos como a trigo; pero yo he rogado por ti, que tu fe no falte; y tú, una vez vuelto, confirma a tus hermanos" (Lc. 22:31-32). Los sufrimientos de Pedro no fueron solo para fortalecer su fe para un mayor servicio, sino también a fin de prepararlo para que fortaleciera a los demás. Puede decirse eso de los sufrimientos y las pruebas de todo creyente, y puede decirse de nuestro Señor en su encarnación. "Pues en cuanto él mismo padeció siendo tentado, es poderoso para socorrer a los que son tentados" (He. 2:18; cp. 4:15).

Pablo resume este principio en su mensaje a los corintios:

Bendito sea el Dios y Padre de nuestro Señor Jesucristo, Padre de misericordias y Dios de toda consolación, el cual nos consuela en todas nuestras tribulaciones, para que podamos también nosotros consolar a los que están en cualquier tribulación, por medio de la consolación con que nosotros somos consolados por

Dios. Porque de la manera que abundan en nosotros las aflicciones de Cristo, así abunda también por el mismo Cristo nuestra consolación. Pero si somos atribulados, es para vuestra consolación y salvación; o si somos consolados, es para vuestra consolación y salvación, la cual se opera en el sufrir las mismas aflicciones que nosotros también padecemos (2 Co. 1:3-6).

Como las pruebas no son productivas, es necesario que respondamos a ellas como es debido. Santiago nos ayuda grandemente en esto en 1:2-12 al darnos cinco recursos clave para poder resistir en medio de las pruebas: una actitud gozosa (v. 2), una mente conocedora (v. 3), una voluntad dócil (v. 4), un corazón creyente (vv. 5-8), y un espíritu humilde (vv. 9-11). Después nos habla de la recompensa de la paciencia (v. 12).

LOS RECURSOS PARA RESISTIR

UNA ACTITUD GOZOSA

Hermanos míos, tened por sumo gozo cuando os halléis en diversas pruebas, (1:2)

El verbo griego *hēgeomai* (**tened**) es un imperativo porque el gozo no es la respuesta natural de los hombres ante la prueba. Los cristianos tenemos el mandato divino de no solo mostrar algo de gozo en nuestras pruebas, sino verlas con **sumo gozo.** Esa frase es interpretada por varios comentaristas como que significa gozo puro, gozo no adulterado o gozo completo y total. Por el contexto, parece que todos esos significados son correctos. Santiago se refiere a una excepcional plenitud de gozo que el Señor les da a sus hijos cuando de buena gana y sin quejarse soportan pruebas mientras confían en Él, a pesar de la causa, el tipo o la severidad de la aflicción. Él siempre las usará para nuestro beneficio y para su gloria. No es a causa de un tipo de masoquismo religioso, sino por una confianza sincera en la promesa y en la bondad de nuestro Señor, que podemos mirar a las pruebas como a un amigo bien recibido, sabiendo, al igual que José, que lo que se ha planificado para hacernos mal, Dios puede encaminarlo para bien (Gn. 50:20; cp. Ro. 8:28).

No debemos actuar con gozo, con un disimulo poco entusiasta, sino estar en realidad gozosos. Es cuestión de voluntad, no de sentimientos y debe ser el compromiso consciente y decidido de todo fiel creyente. Y como Dios lo ordena, está dentro de las posibilidades, bajo la provisión del Espíritu, de cada verdadero cristiano. Cuando la fe en Jesucristo es genuina, nos asegura Santiago, aun las peores pruebas pueden y deben ser motivos para acción de gracias y regocijo.

Cuanto más nos regocijemos en nuestras pruebas, tanto más comprenderemos que no son obligaciones, sino privilegios, que al final serán beneficiosos y no perjudiciales, sin que importe cuán destructiva y dolorosa pueda parecer la experiencia inmediata. Cuando nos enfrentamos a las pruebas con la actitud que aconseja Santiago, descubrimos que la mejor parte del gozo es estar cerca del Señor, la fuente de todo gozo, al ser más sensibles a su presencia, su bondad, su amor y su gracia. Nuestra vida de oración aumenta, como aumenta nuestro interés en la Palabra y en el estudio de ella y en cada una de estas sendas nuestro gozo aumenta aun más.

Como se ha observado, nuestro Señor mismo, "por el gozo puesto delante de él sufrió la cruz, menospreciando el oprobio" (He. 12:2). Él miró más allá de la prueba al gozo de que sabía que disfrutaría cuando la prueba terminara y hubiera finalizado la gloriosa obra que Dios le había mandado a cumplir. "Considerad a aquel que sufrió tal contradicción de pecadores contra sí mismo, para que vuestro ánimo no se canse hasta desmayar", sigue diciendo el escritor de Hebreos (v. 3). "Porque aún no habéis resistido hasta la sangre, combatiendo contra el pecado" (v. 4). Algunos versículos más adelante explican, con relación a la disciplina de los padres: "ninguna disciplina al presente parece ser causa de gozo, sino de tristeza; pero después da fruto apacible de justicia a los que en ella han sido ejercitados" (v. 11). Si nuestro Señor, perfecto en santidad, pudo soportar la indescriptible agonía de llevar inmerecidamente el pecado del mundo sobre sí mismo, ¿cómo no podremos soportar nosotros, de buena gana y con acción de gracias, los sufrimientos merecidos y mucho menores, que nos prueban de cuando en cuando?

Aunque estaba escribiendo desde la cárcel y soportando mucha incomodidad, frustración y dolor, Pablo podía decir con absoluta sinceridad: "He aprendido a contentarme, cualquiera que sea mi situación. Sé vivir humildemente, y sé tener abundancia; en todo y por todo estoy enseñado, así para estar saciado como para tener hambre, así para tener abundancia como para padecer necesidad" (Fil. 4:11-12). Luego de ser puesto en el calabozo de la cárcel de Filipos y de tener las piernas separadas por grilletes, lo que era en extremo doloroso, "a medianoche, orando Pablo y Silas, cantaban himnos a Dios" (Hch. 16:24-25). Pablo estaba afligido con "un aguijón en la carne, un mensajero de Satanás que [lo abofeteaba]" (2 Co. 12:7). Como rogó tres veces al Señor que lo quitara de él (v. 8), podemos estar seguros de que era en extremo doloroso, ya que había soportado muchas otras dolorosas situaciones de todo tipo sin quejarse ni pedir alivio. Pero cuando el Señor le dijo: "Bástate mi gracia; porque mi poder se perfecciona en la debilidad", Pablo dejó de pedir alivio y de inmediato comenzó a regocijarse por la misma prueba que ya le había causado, y le seguiría causando, tanto dolor (v. 9). Las pruebas llegaron a ser para Pablo de tanto regocijo como sus bendiciones. Sabía que ellas lo acercaban más al Señor, le permitían el privilegio de participar en el propio sufrimiento del Señor (Fil. 3:10), y eran medios divinos para mantenerlo humilde (2 Co. 12:7). "Pues ¿qué gloria es, si pecando sois abofeteados, y lo soportáis?", pregunta retóricamente Pedro. "Mas si haciendo lo bueno sufrís, y lo soportáis, esto ciertamente es aprobado delante de Dios" (1 P. 2:20). Jesús les recordó a los discípulos: "Acordaos de la palabra que yo os he dicho: El siervo no es mayor que su señor. Si a mí me han perseguido, también a vosotros os perseguirán" (Jn. 15:20; cp. Mt. 5:10-11; Lc. 6:22). Cuán maravilloso ha de ser un día oír al Señor decirnos lo que le dijo a los discípulos antes de que fuera arrestado en el huerto de Getsemaní: "Vosotros sois los que habéis permanecido conmigo en mis pruebas. Yo, pues, os asigno un reino, como mi Padre me lo asignó a mí, para que comáis y bebáis a mi mesa en mi reino" (Lc. 22:28-30). Él les promete a todos sus discípulos lo que les prometió a ellos: "De cierto, de cierto os digo, que vosotros lloraréis y lamentaréis, y el mundo se alegrará; pero aunque vosotros estéis tristes, vuestra tristeza se convertirá en gozo" (Jn. 16:20). Para hacer el asunto más entendible, Jesús presentó una comparación con el nacimiento. "La mujer cuando da a luz, tiene dolor, porque ha llegado su hora; pero después que ha dado a luz un niño, ya no se acuerda de la angustia, por el gozo de que haya nacido un hombre en el mundo" (v. 21).

Como se ha observado, no todo sufrimiento es físico. Algunos de los peores son mentales y emocionales. Mientras Pablo estaba preso, probablemente en Cesarea o Roma, lamentaba que algunos de los predicadores de Filipos anunciaran "a Cristo por contención, no sinceramente, pensando añadir aflicción a mis prisiones" (Fil. 1:16). Estaba profundamente afectado por el hecho de que algunos ministros, algunos de los cuales él había preparado y con los que había tenido cierta amistad, estuvieran difamando de él con envidia y celo enfermizo. No obstante, se gozaba en que el evangelio verdadero se estaba predicando y al final él sería vindicado (vv. 19-20). También tenía la satisfacción de saber que "la mayoría de los hermanos, cobrando ánimo en el Señor con mis prisiones, se atreven mucho más a hablar la palabra sin temor" (v. 14). "Y aunque sea derramado en libación sobre el sacrificio y servicio de vuestra fe", siguió diciendo:

> *me gozo y regocijo con todos vosotros.... Pero cuantas cosas eran para mí ganancia, las he estimado como pérdida por amor de Cristo. Y ciertamente, aun estimo todas las cosas como pérdida por la excelencia del conocimiento de Cristo Jesús, mi Señor, por amor del cual lo he perdido todo, y lo tengo por basura, para ganar a Cristo (2:17; 3:7-8).*

Casi al final de la carta, volvió a proclamar: "Regocijaos en el Señor siempre.

33

Otra vez digo: ¡Regocijaos!" (4:4). Pablo era un hombre que siempre estaba alegre.

En su comentario sobre Santiago, Warren Wiersbe escribe: "Nuestros valores determinan nuestras evaluaciones. Si le damos más valor al bienestar que al carácter, entonces las pruebas nos serán molestas. Si le damos más valor a lo material y físico que a lo espiritual, no podremos 'regocijarnos'. Si vivimos solo para el presente y olvidamos el futuro, las pruebas nos amargarán más, y no nos harán mejores" *(The Bible Exposition Commentary* [El comentario expositivo de la Biblia] [Wheaton, Ill.: Victor, 1989], 2:338).

Si un cristiano no puede regocijarse en sus pruebas, sus valores no son espirituales ni bíblicos.

Amy Carmichael, una misionera que estuvo durante muchos años en el sur de la India y para quien no fueron extrañas las adversidades de todo tipo, escribió:

> ¿No tienes cicatrices?
> ¿Alguna oculta en pie, mano o costado?
> Te oigo cantar altivo, y a tu lado
> te alaban por tus triunfos tan felices...
> ¿No tienes cicatrices?
>
> ¿No estás tampoco herido?
> Yo sí lo fui por hábiles arqueros.
> Rodeado de brutales cancerberos,
> sangrante hasta la cruz fui conducido.
> ¿Tampoco estás herido?
>
> ¿No hay "marcas del Señor"?
> Pues como Cristo el siervo habrá de ser,
> y han de herirse sus pies en el deber.
> ¿Exento estás? ¿Y eres mi servidor?
> ¿Cómo pruebas tu amor?
>
> *(Gold Cord* [El cordón dorado]
> [Fort Washington, Pa.: *Christian Literature Crusade,* 1996], 80).

Aunque conocía mucho menos de la revelación de Dios que Pablo, Job confió tácitamente en el Señor, dando testimonio a sus críticos amigos con absoluta confianza: "Aunque él me matare, en él esperaré", y: "Él conoce mi camino; me probará, y saldré como oro" (Job 13:15; 23:10). Aun en aquella época remota, comprendió, al igual que Pablo, que "las aflicciones del tiempo presente no son comparables con la gloria venidera que en nosotros ha de manifestarse" (Ro. 8:18).

Al dirigirse a sus lectores como **Hermanos míos,** Santiago pone en claro que está hablándoles primordialmente a los creyentes judíos, como lo hace en toda la carta (vea también 1:16, 19; 2:1, 5, 14; 3:1, 10, 12; 4:11; 5:7, 9, 10, 12, 19). Como se observa en la Introducción y al principio de este capítulo, las pruebas de la verdadera fe tienen evidentemente valor para los incrédulos (los que no son cristianos y los que piensan que lo son). Pero el público principal de Santiago está en los verdaderos creyentes, sus **hermanos** en Cristo. El llamarlos **Hermanos míos** añade una nota especial de identificación personal y amor. Él emplea la frase "amados hermanos" tres veces (1:16, 19; 2:5).

Hotan (**cuando**) está en el modo subjuntivo y encierra la idea no solo de lo posible, sino de lo inevitable. En otras palabras, de seguro vendrán **diversas pruebas** y debemos esperarlas como parte de nuestra vida en esta tierra actual. *Peripiptō* (**os halléis**) tiene el sentido literal de "caer en", por lo general inesperadamente. En la historia del buen samaritano, se emplea para referirse al hombre que "cayó en manos de ladrones" (Lc. 10:30), y en Hechos para referirse al barco en el que iba Pablo, que dio "en un lugar de dos aguas" (27:41).

Pruebas se traduce de *peirasmos,* que tiene el sentido esencial de examinar, probar, ensayar o comprobar. La palabra misma es neutra y puede tener connotaciones negativas o positivas, en dependencia del contexto, y a veces se traduce "tentación" (p. ej. Mt. 6:13; 26:41; 2 P. 2:9). En realidad, la forma verbal de la palabra se traduce "tentado" o "tienta" en Santiago 1:13, donde evidentemente la idea está relacionada con el mal. Sin embargo, en el texto en estudio es obvio que Santiago tiene en mente la idea de probar a través de la prueba provocada por cualquier tipo de adversidad, problema o dificultad.

Diversas se traduce de *poikilos,* que tiene el sentido literal de abigarrado o de muchos colores, y viene a usarse de forma figurada con relación a las cosas que son diversas o varias. Lo que quiere decir Santiago es que las **pruebas** que afrontamos vendrán de muchas formas, matices y grados. No es que cada creyente tendrá que sufrir todo tipo o grado de prueba, sino que los cristianos en general estamos sujetos a pruebas de cualquier tipo y de cualquier fuente. Cualquiera que sea su carácter o severidad, esas **diversas pruebas** tienen como propósito probar la fe del creyente.

Santiago no hace distinción entre pruebas internas y externas, sin duda porque típicamente no pueden distinguirse. Lo que comienza como un problema netamente externo inevitablemente llega a ser un problema interno. Y, por supuesto, es el efecto interno de las pruebas, la forma en la que reaccionamos ante ellas, lo que implica nuestra fe. Ya sea que la prueba comience como un problema económico o una enfermedad física, como una desilusión, crítica, temor o persecución, es nuestra actitud y respuesta hacia ella lo que refleja nuestra condición espiritual.

UNA MENTE CONOCEDORA

sabiendo que la prueba de vuestra fe produce paciencia. (1:3)

Un segundo recurso para resistir las pruebas de forma triunfante es una mente conocedora. *Ginōskō* (**sabiendo**) denota el concepto de pleno conocimiento de algo que está más allá de algo simplemente basado en hechos y que llega con frecuencia por experiencia propia. Jesús empleó esta palabra en la parábola de la higuera, diciendo: "Cuando ya su rama está tierna, y brotan las hojas, *sabéis* que el verano está cerca" (Mr. 13:28, cursivas añadidas). Pablo emplea una forma de la palabra dos veces en Romanos 1 ("se conoce", v. 19; "habiendo conocido", v. 21) al declarar que aun los paganos impíos tienen cierto conocimiento de Dios que Él ha revelado mediante su creación (Ro. 1:19-21).

Como cristianos, sabemos por experiencia propia, así como por la Palabra de Dios, **que la prueba de [nuestra] fe produce paciencia.** Hemos aprendido que su promesa es verdadera, porque, después de haber soportado el sufrimiento, la aflicción o las pruebas, hemos descubierto que nuestra confianza en el Señor no solo está intacta, sino que se ha fortalecido con las pruebas.

Prueba se traduce de *dokimion,* un término totalmente distinto de *peirasmos* (también traducido como **pruebas**), empleado en el versículo anterior, pero que tiene un significado muy parecido. Ambos términos tienen la idea fundamental de probar algo, a fin de comprobar o no si es genuina o válida.

Paciencia se traduce de *hupomonē,* que muchas veces se traduce de esta manera, pero aquí la connotación es más el producto, o la consecuencia, de la paciencia, y no la paciencia en sí. El soportar con paciencia las pruebas mientras se confía en el Señor desarrolla esta virtud que tiene cualidades duraderas. La paciencia se necesita solo mientras dura la aflicción o está presente el problema, ya que, cuando este termina, la paciencia no tiene razón de ser. Pero de lo que habla el pasaje es una característica interior permanente y de fortaleza, que aumenta cada vez que se soporta con paciencia y confianza una prueba.

David dio testimonio diciendo: "Pacientemente esperé a Jehová, y se inclinó a mí, y oyó mi clamor. Y me hizo sacar del pozo de la desesperación, del lodo cenagoso; puso mis pies sobre peña, y enderezó mis pasos" (Sal. 40:1-2). Pablo nos asegura que "no os ha sobrevenido ninguna tentación que no sea humana; pero fiel es Dios, que no os dejará ser tentados más de lo que podéis resistir, sino que dará también juntamente con la tentación la salida, para que podáis soportar" (1 Co. 10:13). El Señor no permitirá que sus hijos afronten algo que no logren, en su poder y provisión, soportar. Ningún nuevo creyente, en realidad casi ningún creyente, pudiera soportar muchas de las pruebas a las que se enfrentó el apóstol Pablo. Pero nunca se nos llamará a afrontar tales pruebas a menos que el Señor nos haya preparado como preparó a Pablo.

Cuando Jesús fue arrestado en Getsemaní, los soldados venían preparados para arrestar a los discípulos con Él, pero Él les preguntó: "¿A quién buscáis? Y ellos dijeron: A Jesús nazareno. Respondió Jesús: Os he dicho que yo soy; pues si me buscáis a mí, dejad ir a éstos" (Jn. 18:7-8). Juan explica que Jesús dijo que "para que se cumpliese aquello que había dicho: De los que me diste, no perdí ninguno" (v. 9; cp. 17:12). El Señor sabía que los discípulos aun no estaban lo bastante fuertes para soportar una ruda experiencia, y misericordiosamente los protegió de eso.

Aunque no sabemos todos los detalles, cuando Pablo escribió su primera carta a la iglesia de Tesalónica, estaba muy preocupado por la fe de ellos (1 Ts. 3:5, 10). Sin embargo, menos de un año después pudo decirles:

Debemos siempre dar gracias a Dios por vosotros, hermanos, como es digno, por cuanto vuestra fe va creciendo, y el amor de todos y cada uno de vosotros abunda para con los demás; tanto, que nosotros mismos nos gloriamos de vosotros en las iglesias de Dios, por vuestra paciencia y fe en todas vuestras persecuciones y tribulaciones que soportáis... Y el Señor encamine vuestros corazones al amor de Dios, y a la paciencia de Cristo (2 Ts. 1:3-4; 3:5).

Fue por las pruebas que afrontaron que se incrementó y fortaleció su paciencia, su fe en Dios y su amor por Él.

Hebreos 11 no es otra cosa que una larga serie de testimonios de hombres y mujeres de Dios cuya fe les permitió soportar aflicciones por causa del Señor, y por esa razón dicha fe se incrementó y fortaleció. "Fueron apedreados, aserrados, puestos a prueba, muertos a filo de espada; anduvieron de acá para allá cubiertos de pieles de ovejas y de cabras, pobres, angustiados, maltratados; de los cuales el mundo no era digno; errando por los desiertos, por los montes, por las cuevas y por las cavernas de la tierra. Y todos éstos... alcanzaron buen testimonio mediante la fe" (vv. 37-39). Entonces el escritor aconseja: "Por tanto, nosotros también, teniendo en derredor nuestro tan grande nube de testigos, despojémonos de todo peso y del pecado que nos asedia, y corramos con paciencia la carrera que tenemos por delante" (12:1).

Esos hombres y mujeres de Dios manifestaron de forma conmovedora la verdadera fe salvadora, por lo que se llama comúnmente la perseverancia de los santos. Desde una perspectiva diferente, se le llama la seguridad de los creyentes. El primer punto de vista es desde el lado del hombre, el segundo desde el de Dios, y la parte de Dios en esta maravillosa realidad siempre antecede a la del hombre. Es la provisión de Dios, de seguridad, que posibilita la perseverancia de su pueblo.

La Biblia pone en claro que ninguna persona que acude a Dios con fe salvadora será jamás separada del Salvador. Ante todo, estamos seguros gracias al poder de Dios. "Yo les doy vida eterna", les dice Jesús a sus ovejas; "y no perecerán jamás, ni nadie las arrebatará de mi mano" (Jn. 10:28; cp. 6:39). Como si su propia seguridad divina no fuera suficiente, añadió: "Mi Padre que me las dio, es mayor que todos, y nadie las puede arrebatar de la mano de mi Padre" (10:29).

En segundo lugar, estamos seguros gracias a la promesa y a las oraciones de Cristo. En su oración como Sumo Sacerdote, poco antes de su arresto, le dijo a su Padre: "Cuando estaba con ellos en el mundo, yo los guardaba en tu nombre; a los que me diste, yo los guardé, y ninguno de ellos se perdió, sino el hijo de perdición, para que la Escritura se cumpliese" (Jn. 17:12; cp. 18:9). Le dijo a Pedro: "Simón, Simón, he aquí Satanás os ha pedido para zarandearos como a trigo; pero yo he rogado por ti, que tu fe no falte" (Lc. 22:31-32). Como Jesucristo intercede por nosotros en el cielo, los creyentes tenemos "abogado para con el Padre, a Jesucristo el justo" (1 Jn. 2:1), nuestro gran sumo sacerdote, que "puede también salvar perpetuamente a los que por él se acercan a Dios, viviendo siempre para interceder por ellos" (He. 7:25).

En tercer lugar, estamos seguros, gracias a la presencia del Espíritu Santo. Él es "el Espíritu Santo de la promesa, que es las arras de nuestra herencia hasta la redención de la posesión adquirida, para alabanza de su gloria... [Él es el] Espíritu Santo de Dios, con el cual fuisteis sellados para el día de la redención" (Ef. 1:13-14; 4:30). Él es el otro Consolador, a quien Cristo enviaría para que estuviera "con [nosotros] para siempre" (Jn. 14:16) después de ascender al Padre.

Toda la Trinidad asegura a los creyentes, para que nadie que crea en el Señor se pierda jamás. Dios guarda a su pueblo de la apostasía, del abandono de la fe. Por muy graves que sean los pecados en los que hayan caído, nunca estos pecados los excluirán del reino de Dios. Aun los santos del Antiguo Testamento tuvieron esa promesa. David escribió: "Jehová ama la rectitud, y no desampara a sus santos. Para siempre serán guardados" (Sal. 37:28); y: "Jehová lo guardará, y le dará vida" (41:2). Otro salmista dijo: "Los que amáis a Jehová, aborreced el mal; él guarda las almas de sus santos" (97:10; cp. 116:6).

Gustosamente y sin sentir vergüenza Pablo soportó grandes sufrimientos por su Señor, porque dijo: "Yo sé a quién he creído, y estoy seguro que es poderoso para guardar mi depósito para aquel día" (2 Ti. 1:12). "El Señor me librará de toda obra mala", afirmó al terminar esa carta, "y me preservará para su reino celestial" (4:18; cp. 1 P. 1:5; Jud. 1, 24).

Como se observó antes, la seguridad eterna posibilita la paciencia y perseverancia de los creyentes. "El que persevere hasta el fin, éste será salvo", dijo Jesús (Mt. 24:13); y en otra ocasión dijo: "Si vosotros permaneciereis en mi palabra, seréis verdaderamente mis discípulos" (Jn. 8:31). Pablo le explicó a la iglesia de Corinto: "Además os declaro, hermanos, el evangelio que os he predicado, el cual también recibisteis, en el cual también perseveráis; por el cual asimismo, si retenéis la palabra que os he predicado, sois salvos, si no creísteis en vano" (1 Co. 15:1-2). En otras palabras, si la fe de ellos no era en vano, si era genuina, se probaría por su firme sujeción al Señor. Por su naturaleza misma y por la divina provisión de Dios, la fe salvadora es fe permanente. La paciencia o la perseverancia, es el medio por el cual se desarrolla la seguridad y es una evidencia segura de esto.

Por otra parte, si una persona abandona la fe en Cristo, sencillamente prueba que nunca tuvo fe salvadora alguna. Al hablar de falsos cristianos, a los que él llama anticristos y que abandonaron la comunión con el pueblo de Dios, Juan explica: "Salieron de nosotros, pero no eran de nosotros; porque si hubiesen sido de nosotros, habrían permanecido con nosotros; pero salieron para que se manifestase que no todos son de nosotros" (1 Jn. 2:19). "Porque somos hechos participantes de Cristo", explica el escritor de Hebreos, "con tal que retengamos firme hasta el fin nuestra confianza del principio" (He. 3:14).

La perseverancia es inseparable de la santidad. Una vida que regularmente es inmoral y no espiritual, no puede perseverar, porque no pertenece a Dios, no cuenta con su protección divina y no tiene un deseo real de perseverar en la fe. Por esa razón el escritor de Hebreos no solo dice, tal como se ha citado, que los verdaderos participantes de Cristo retendrán firme hasta el fin la confianza, sino también que los creyentes han de seguir "la paz con todos, y la santidad, sin la cual nadie verá al Señor" (12:14). El piadoso Job entendió que "proseguirá el justo su camino, y el limpio de manos aumentará la fuerza" (Job 17:9). La búsqueda de santidad es casi sinónimo de perseverancia.

La Confesión de Fe de Westminster incluye estas profundas palabras:

> Quienes Dios aceptó en su Amado Hijo, los llamó y eficazmente los santificó por medio de su Espíritu, no pueden caer del estado de gracia de manera total y definitiva, sino que perseverarán hasta el fin para ser salvos por la eternidad.
>
> Tal perseverancia de los santos no depende de su propia y libre voluntad o de su libre albedrío, sino de la firmeza del decreto de elección. Este decreto nace del amor gratuito y firme de Dios el Padre, de la eficacia del mérito y la intercesión de Jesucristo, la permanencia del Espíritu, de la simiente de Dios en ellos y de la naturaleza del pacto de la gracia. De todo lo cual surge también la seguridad e infalibilidad de la perseverancia.

Sin embargo, los creyentes pueden caer en gravísimos pecados, permaneciendo en ellos por algún tiempo, a causa de las tentaciones de Satanás y del mundo, la permanencia de la corrupción restante en ellos, y del descuido de los medios para preservarse. De esa manera atraen el disgusto de Dios, y entristecen al Espíritu Santo. Además, se privan en cierta medida de sus consuelos y de sus gracias; el corazón de cada uno de ellos se endurece y queda herida su conciencia; lastiman y escandalizan a otros y ocasionan juicios temporales sobre ellos (cap. 12, párrafos 1, 2, 3).

De la prueba al triunfo: Segunda parte

3

Mas tenga la paciencia su obra completa, para que seáis perfectos y cabales, sin que os falte cosa alguna. Y si alguno de vosotros tiene falta de sabiduría, pídala a Dios, el cual da a todos abundantemente y sin reproche, y le será dada. Pero pida con fe, no dudando nada; porque el que duda es semejante a la onda del mar, que es arrastrada por el viento y echada de una parte a otra. No piense, pues, quien tal haga, que recibirá cosa alguna del Señor. El hombre de doble ánimo es inconstante en todos sus caminos. El hermano que es de humilde condición, gloríese en su exaltación; pero el que es rico, en su humillación; porque él pasará como la flor de la hierba. Porque cuando sale el sol con calor abrasador, la hierba se seca, su flor se cae, y perece su hermosa apariencia; así también se marchitará el rico en todas sus empresas. Bienaventurado el varón que soporta la tentación; porque cuando haya resistido la prueba, recibirá la corona de vida, que Dios ha prometido a los que le aman. (1:4-12)

Reconociendo que las pruebas son un medio esencial que Dios emplea para perfeccionar el carácter cristiano, Santiago ofrece cinco recursos clave para poder resistir en medio de las pruebas. El último capítulo analizó las primeras dos, una actitud gozosa y una mente conocedora. En este capítulo analizaremos las otras tres.

UNA VOLUNTAD DÓCIL

Mas tenga la paciencia su obra completa, para que seáis perfectos y cabales, sin que os falte cosa alguna. (1:4)

Un tercer recurso para resistir en medio de las pruebas es una voluntad dócil. Esta es la única forma de salir de ellas. El Señor no promete ninguna salida adicional, solo que Él siempre velará por sus hijos cuando estén en medio de las pruebas, para que no sufran daños espirituales. Pero Dios no puede hacer su **obra completa** en nosotros y por medio de nosotros si no somos dóciles. Cuando aprendemos a regocijarnos en nuestras pruebas y llegamos a comprender que nuestro misericordioso Padre celestial las usa, no para dañarnos, sino para fortalecernos y perfeccionarnos, nos sentimos motivados a aceptarlas como algo beneficioso.

Elifaz, uno de los amigos de Job, sabiamente dijo: "Ciertamente yo buscaría a Dios, y encomendaría a él mi causa; el cual hace cosas grandes e inescrutables, y maravillas sin número; que da la lluvia sobre la faz de la tierra, y envía las aguas sobre los campos; que pone a los humildes en altura, y a los enlutados levanta a seguridad" (Job 5:8-11).

David dio testimonio en la oración: "Jehová, no se ha envanecido mi corazón, ni mis ojos se enaltecieron; ni anduve en grandezas, ni en cosas demasiado sublimes para mí. En verdad que me he comportado y he acallado mi alma como un niño destetado de su madre; como un niño destetado está mi alma" (Sal. 131:1-2). David había crecido y madurado a través de los problemas y aflicciones que había soportado, desde que mamaba, por decirlo así, hasta que lo destetaron. Pero él siguió viviendo en intimidad con el Señor, así como el niño destetado sigue aferrado a su mamá.

Perfectos se traduce de *teleios*, que no tiene la connotación de perfección moral o espiritual o de pureza, sino más bien de lo que está totalmente desarrollado. Más adelante en esta carta Santiago reconoce con toda claridad que "todos ofendemos muchas veces" (3:2; cp. 1 Jn. 1:10). Por lo tanto, sería mejor traducir la palabra como "maduro", aludiendo a la madurez espiritual que tiene su cumplimiento en la semejanza a Cristo y que es la meta de la paciencia y la perseverancia. "Así que, todos los que somos perfectos", dice Pablo, "esto mismo sintamos" (Fil. 3:15), aludiendo a nuestro compromiso con "la meta, al premio del supremo llamamiento de Dios en Cristo Jesús" (v. 14). Pablo expresa de una manera hermosa el concepto de la madurez espiritual en su carta a los creyentes en Galacia, a quienes describe como "hijitos míos, por quienes vuelvo a sufrir dolores de parto, *hasta que Cristo sea formado en vosotros*" (Gá. 4:19, cursivas añadidas).

Cabales traduce una forma de *holoklēros*, que denota el concepto de estar completo, entero. El prefijo *holo* es el término del que proviene la palabra *hológrafo*, una descripción tridimensional y de 360 grados de un objeto. Para no dejar lugar a una mala interpretación, Santiago añade **sin que os falte cosa alguna,** reforzando la comprensión de este asunto. Ese es el resultado final de las pruebas: perfección, plenitud, no carecer de nada que sea espiritualmente importante y de valor. "Después que hayáis padecido un poco de tiempo", nos asegura Pedro, "el Dios de toda gracia... os perfeccione, afirme, fortalezca y establezca" (1 P. 5:10).

Moab era una nación pagana al sureste de Israel, de la que Jeremías escribió: "Quieto estuvo Moab desde su juventud, y sobre su sedimento ha estado reposado, y no fue vaciado de vasija en vasija, ni nunca estuvo en cautiverio; por tanto, quedó su sabor en él, y su olor no se ha cambiado" (Jer. 48:11). El buen vino debía ser reiteradamente "vaciado de vasija en vasija"a fin de que se volviera dulce y se pudiera beber. En ese proceso los desechos o sedimentos permanecerían en el fondo de cada vasija, hasta que, después de varias operaciones de este tipo, el vino quedara puro y claro. Lo que quiso decir Jeremías es que la vida de Moab, sin disturbios ni pruebas, había dejado impuro a su pueblo. Este fue también el problema de Esaú. No se interesaba por las cosas de Dios, se contentaba con satisfacer solamente sus apetitos físicos. Era tan inmoral e impío, que "por una sola comida vendió su primogenitura" (He. 12:16).

Pero David escribe con certeza:

Guarda silencio ante Jehová, y espera en él. No te alteres con motivo del que prospera en su camino, por el hombre que hace maldades. Deja la ira, y desecha el enojo; no te excites en manera alguna a hacer lo malo. Porque los malignos serán destruidos, pero los que esperan en Jehová, ellos heredarán la tierra. Pues de aquí a poco no existirá el malo; observarás su lugar, y no estará allí. Pero los mansos heredarán la tierra, y se recrearán con abundancia de paz (Sal. 37:7-11).

Aparte de la prueba excepcional que Jesús sufrió en la cruz, quizá la prueba más severa que haya afrontado hombre alguno fue la de Abraham cuando Dios le dijo que ofreciera a su hijo Isaac. El Señor le ordenó: "Toma ahora tu hijo, tu único, Isaac, a quien amas, y vete a tierra de Moriah, y ofrécelo allí en holocausto sobre uno de los montes que yo te diré" (Gn. 22:2). Abraham tenía varias razones para estar totalmente desconcertado por el mandato de Dios. No solo era Isaac su muy amado hijo, sino que era su único hijo con Sara, y por tanto el hijo de la promesa de Dios, por medio del cual "[serían benditas] todas las familias de la tierra" (Gn. 12:3; cp. 17:1-8, 19-21; 18:10-14).

Desde la perspectiva humana, la muerte de Isaac impediría que se cumpliera la promesa y, por lo tanto, anularía el pacto. No solo eso, sino que el sacrificio humano era una costumbre pagana, la antítesis de todo lo que Abraham sabía del santo y justo Dios a quien servía. Y, como para añadir mayor crueldad, Abraham iba a matar a Isaac con su propia mano, aunque la ley de Dios lo prohibía. Cada aspecto de la petición de Dios era inconcebible. Si alguna vez el Señor le ordenó a uno de sus santos hacer algo en lo que se justificara alguna discusión o por lo menos una cuidadosa explicación, fue en esta oportunidad. Pero Abraham no discutió ni pidió explicación alguna. Como se ha observado, no hay otro ejemplo de sumisión voluntaria al Señor, salvo la de Jesús a su Padre, que sobrepase al de Abraham en esa oportunidad.

Sin titubeo, resentimientos ni dudas, Abraham hizo los preparativos necesarios y comenzó el viaje al amanecer del día siguiente. Siguió cumpliendo las órdenes del Señor hasta el momento en el que Dios intervino diciendo: "No extiendas tu mano sobre el muchacho, ni le hagas nada; porque ya conozco que temes a Dios, por cuanto no me rehusaste tu hijo, tu único" (Gn. 22:12). Aunque antes le había dicho a Isaac: "Dios se proveerá de cordero para el holocausto, hijo mío" (v. 8), Abraham estuvo a punto de hundir el cuchillo en el corazón de Isaac cuando no vio animal alguno por ahí. El escritor de Hebreos nos dice que Abraham pensó que "Dios es poderoso para levantar aun de entre los muertos, de donde, en sentido figurado, también le volvió a recibir" (He. 11:19).

Pero cualquiera que haya sido la comprensión humana que haya tenido Abraham, tenemos el propio testimonio de Dios de que "por la fe Abraham, cuando fue probado, *ofreció a Isaac*; y el que había recibido las promesas ofrecía su unigénito" (v. 17, cursivas añadidas). Abraham no contaba con que hubiera alguna salida; contó solamente con la justicia, la fidelidad y el poder de Dios para levantar a los muertos, lo cual creía que Dios haría para cumplir su pacto (vea He. 11:17-19). Y gracias a la fe incondicional y sin reserva por la que Abraham estuvo dispuesto a sacrificar a su hijo, Dios lo contó por justicia (Gn. 15:6; Ro. 4:3; Gá. 3:6). No hay que maravillarse entonces de que se convirtiera en "padre de todos los creyentes" (Ro. 4:11; cp. el v. 16; Gá. 3:7), y que "los de la fe son bendecidos con el creyente Abraham" (Gá. 3:9).

Aunque nunca seremos probados en la forma o con la crudeza con la que fue probado Abraham, no obstante podemos estar seguros de que afrontaremos pruebas. Nuestro Señor nos asegura que "en el mundo [tendremos] aflicción" (Jn. 16:33), y aun de modo más explícito que "el siervo no es mayor que su señor. Si a mí me han perseguido, también a vosotros os perseguirán" (15:20). Reflexionando sobre esa verdad, el teólogo puritano John Trapp escribió: "Dios tiene un hijo sin pecado, pero ninguno sin sufrimiento" (citado en I. D. E. Thomas, *A Puritan Golden Treasury* [Tesoro de un puritano] [Edimburgo: Banner of Truth, 1977], 11).

UN CORAZÓN CREYENTE

Y si alguno de vosotros tiene falta de sabiduría, pídala a Dios, el cual da a todos abundantemente y sin reproche, y le será dada. Pero pida con fe, no dudando nada; porque el que duda es semejante a la onda del mar, que es arrastrada por el viento y echada de una parte a otra. No piense, pues, quien tal haga, que recibirá cosa alguna del Señor. El hombre de doble ánimo es inconstante en todos sus caminos. (1:5-8)

Un cuarto recurso para resistir en medio de las pruebas es un corazón creyente, una frase amplia que resume esos cuatro versículos.

El primer requisito para tal fe es una comprensión piadosa. Sobre todo cuando van a pasar por pruebas, los creyentes necesitan una medida especial de comprensión para ayudarles a enfrentarlas, y esta necesidad debe impulsarlos a **[pedir] a Dios** que les dé esa comprensión y **sabiduría**. La fe fuerte y sana no se basa en las emociones, sino en el conocimiento y la comprensión de las promesas de la verdad de Dios, que es la **sabiduría** espiritual.

Cuando los creyentes afrontamos tiempos de prueba, sea física, emocional, moral o espiritual, tenemos mucha necesidad de la **sabiduría** de Dios. En tales momentos uno debiera recordar las palabras de Salomón: "Fíate de Jehová de todo tu corazón, y no te apoyes en tu propia prudencia. Reconócelo en todos tus caminos, y él enderezará tus veredas. No seas sabio en tu propia opinión; teme a Jehová, y apártate del mal" (Pr. 3:5-7). Él sigue diciendo de la sabiduría divina que "sus caminos son caminos deleitosos, y todas sus veredas paz" (v. 17). Más adelante, en la Epístola de Santiago, se describirá la sabiduría celestial de Dios como "primeramente pura, después pacífica, amable, benigna, llena de misericordia y de buenos frutos, sin incertidumbre ni hipocresía" (3:17).

En la última respuesta de Job a sus amigos y presuntos consejeros, que le habían dado tantos consejos insensatos, él comenta:

> *Mas ¿dónde se hallará la sabiduría? ¿Dónde está el lugar de la inteligencia? No conoce su valor el hombre, ni se halla en la tierra de los vivientes. El abismo dice: No está en mí; y el mar dijo: Ni conmigo. No se dará por oro, ni su precio será a peso de plata. No puede ser apreciada con oro de Ofir, ni con ónice precioso, ni con zafiro. El oro no se le igualará, ni el diamante, ni se cambiará por alhajas de oro fino. No se hará mención de coral ni de perlas; la sabiduría es mejor que las piedras preciosas. No se igualará con ella topacio de Etiopía; no se podrá apreciar con oro fino. ¿De dónde, pues, vendrá la sabiduría? ¿Y dónde está el lugar de la inteligencia? Porque encubierta está a los ojos de todo viviente, y a toda ave del cielo es oculta. El Abadón y la muerte dijeron: Su fama hemos oído con nuestros oídos* (Job 28:12-22).

Entonces, después de descontar todas estas falsas e inútiles fuentes de sabiduría, Job sencillamente dice: "Dios entiende el camino de ella, y conoce su lugar" (v. 23). Dios, y solamente Dios, es la fuente de la sabiduría. Fue esa verdad la que hizo que Pablo le pidiera a Dios que diera a los creyentes espíritu de sabiduría y de revelación en su conocimiento (Ef. 1:17-18) y conocimiento (Fil. 1:9; cp. Col. 1:9-10). Eso es también lo que quiere decir Santiago.

No hace falta mencionar que las pruebas deben enriquecer nuestra vida de oración, cuando nos volvemos al Señor en busca de dirección, fortaleza, paciencia y **sabiduría.** Y **cuando le** [pedimos] a Dios, **nuestro Padre celestial, su sabiduría,** Santiago nos asegura que, lejos de ser mezquino al dar ese don misericordioso a sus hijos, Él da a todos abundantemente y sin reproche. Es el deseo amoroso del Señor impartir conocimiento divino en abundancia a sus santos fieles. Esa es sin duda una de las más hermosas y alentadoras promesas en toda la Biblia.

Pídala traduce un verbo imperativo del griego. Santiago no está dando un consejo personal, sino una orden divina y por lo tanto, nuestro clamor al Señor por sabiduría no es una opción. Es un mandato. Y si un creyente sometido a prueba no se acerca al Señor y desarrolla una vida de oración más profunda, es probable que el Señor mantenga la prueba o incluso la intensifique, hasta que su hijo acuda al trono de la gracia, hasta que haga "estar atento [su] oído a la sabiduría"e incline su "corazón a la prudencia" (Pr. 2:2). Y "si clamares a la inteligencia", continúa Salomón, "si como a la plata la buscares, y la escudriñares como a tesoros, entonces entenderás el temor de Jehová, y hallarás el conocimiento de Dios" (vv. 3-5; cp. Job 28:12-23; Mt. 13:44-46).

Aunque Dios tiene sabiduría en abundancia (Ro. 11:33) y está infinitamente más dispuesto a impartir su sabiduría que nosotros a pedirla, no obstante Él espera que se lo pidamos. No es algo que el Señor imprimirá en un corazón o una mente no dispuesta. "Yo sé los pensamientos que tengo acerca de vosotros, dice Jehová, pensamientos de paz, y no de mal, para daros el fin que esperáis. Entonces me invocaréis, y vendréis y oraréis a mí, y yo os oiré; y me buscaréis y me hallaréis, porque me buscaréis de todo vuestro corazón" (Jer. 29:11-13). Jesús nos pide que le roguemos, prometiendo que "todo lo que pidiereis al Padre en mi nombre, lo haré, para que el Padre sea glorificado en el Hijo" (Jn. 14:13). A fin de ratificar la promesa, repite: "Si algo pidiereis en mi nombre, yo lo haré" (v. 14).

Abundantemente traduce *haplōs,* que denota el concepto de sinceridad de corazón, de hacer algo incondicionalmente, sin regateos. La única condición es que le pidamos. Cuando sencillamente acudimos a Dios en nuestras pruebas, pidiéndole ayuda y sabiduría, de inmediato y con firmeza, nos las da **abundantemente.** Esa generosidad divina se expresa en la hermosa promesa de Jesús:

> *Pedid, y se os dará; buscad, y hallaréis; llamad, y se os abrirá. Porque todo aquel que pide, recibe; y el que busca, halla; y al que llama, se le abrirá. ¿Qué hombre hay de vosotros, que si su hijo le pide pan, le dará una piedra? ¿O si le pide un pescado, le dará una serpiente? Pues si vosotros, siendo malos, sabéis dar buenas dádivas a vuestros hijos, ¿cuánto más vuestro Padre que está en los cielos dará buenas cosas a los que le pidan? (Mt. 7:7-11).*

Reproche traduce una forma de participio de un verbo que significa "reprochar, reprender severamente". En Mateo 5:11 se traduce "vituperen". Se emplea el término en Mateo 11:20 para referirse a la reconvención del Señor a las ciudades de Corazín y Betsaida, de las que dijo: "Será más tolerable el castigo para Tiro y para Sidón, que para vosotras" (v. 22); y de Capernaum, a la que advirtió: "Hasta el Hades serás abatida; porque si en Sodoma se hubieran hecho los milagros que han sido hechos en ti, habría permanecido hasta el día de hoy" (v. 23).

Pero el Señor nunca lanzará el mínimo **reproche** sobre un hijo suyo que acude en busca de sabiduría en tiempo de aflicción y prueba. Él no nos recordará cuán indignos somos, por obvio que sea. Ni nos regañará por no haberlo pedido antes, comprendiendo plenamente que "el espíritu a la verdad está dispuesto, pero la carne es débil" (Mr. 14:38). Sin titubeo alguno, renuncias o reservas, nos **dará** su divina sabiduría con generosa abundancia. Él nos dirá, en efecto, lo que le dijo a su pueblo Israel por medio del salmista: "Yo soy Jehová tu Dios, que te hice subir de la tierra de Egipto; abre tu boca, y yo la llenaré" (Sal. 81:10).

Santiago entonces cambia del Padre deseoso al hijo que espera, poniendo en claro que el Señor requiere que le pidamos correctamente, **con fe, no dudando nada** (cp. el v. 8). En otras palabras, debe ser una solicitud respaldada por una verdadera confianza en el carácter, el propósito y las promesas de Dios.

Algunos cristianos sencillamente dudan que Dios les dé lo que necesitan, y justifican su duda de muchas maneras. Creen que no lo merecen, lo que es cierto; sin embargo, como se ha señalado, es irrelevante. O pudieran pensar que sus necesidades no merecen la atención de Dios, lo cual también es verdad pero irrelevante, porque, en su inmensurable gracia y amor, Él decide soberanamente tomar gran interés en cosas que, en el gran plan general, parecen del todo insignificantes. Otros cristianos tienden a disputar con Dios, preguntándole en primer lugar por qué permite que la calamidad toque a sus puertas o por qué no les proporciona una salida.

Una petición que no considera lo que Dios ha dicho en su Palabra, que duda de su capacidad o su fidelidad, es arrogante y sin valor y es una afrenta. "Sin fe es imposible agradar a Dios", nos recuerda el escritor de Hebreos, "porque es necesario que el que se acerca a Dios crea que le hay, y que es galardonador de los que le buscan" (He. 11:6). Como aconseja Pablo, debemos orar "levantando manos santas, sin ira ni contienda" (1 Ti. 2:8). Debemos recordar la promesa de Jesús: "De cierto os digo, que si tuviereis fe, y no dudareis, no sólo haréis esto de la higuera, sino que si a este monte dijereis: Quítate y échate en el mar, será hecho. Y todo lo que pidiereis en oración, creyendo, lo recibiréis" (Mt. 21:21-22). Reforzando estas palabras de Jesús, Pablo nos asegura que "mi Dios, pues, suplirá todo lo que os falta conforme a sus riquezas en gloria en Cristo Jesús" (Fil. 4:19).

Sin embargo, el creyente **que duda es semejante a la onda del mar, que es**

arrastrada por el viento y echada de una parte a otra. Su petición no es en realidad una petición, porque necia y despectivamente no cree que Dios la atenderá. Entre otras cosas, tal persona es considerablemente inmadura, como un niño, echado "de una parte a otra"por las olas. Trágicamente, esta inmadurez conduce a un peligro aun mayor de ser "llevados por doquiera de todo viento de doctrina, por estratagema de hombres que para engañar emplean con astucia las artimañas del error" (Ef. 4:14). Cuando no hay confianza en Dios, el único rumbo es ir de mal en peor.

Tal persona no puede esperar **que recibirá cosa alguna del Señor.** Es como el antiguo Israel, a quien Elías reprendió diciéndole: "¿Hasta cuándo claudicaréis vosotros entre dos pensamientos? Si Jehová es Dios, seguidle; y si Baal, id en pos de él" (1 R. 18:21). Se vuelve un laodiceo, un cristiano falso que no es "frío ni caliente", a quien el Señor "[vomitará] de [su] boca" (Ap. 3:16).

Digámoslo de una manera sencilla: es **un hombre de doble ánimo... inconstante en todos sus caminos.** Aunque afirma ser creyente, su conducta muestra que es un incrédulo. Cuando pasa por una prueba dura, acude a los recursos humanos en vez de confiar en que el Señor lo ayudará y le dará la solución. O se vuelve amargado y resentido y no busca ayuda alguna. No abandona a Dios, pero actúa como si Dios no existiera, no se interesara o no pudiera librarlo del problema. Conoce algo de la Palabra de Dios y del amor, de la gracia y de la provisión de Dios; pero se niega a aprovecharse de esos recursos divinos. Como señala Santiago más adelante en la carta, el problema de esa persona, por supuesto, es el pecado. Él aconseja: "Acercaos a Dios, y él se acercará a vosotros. Pecadores, limpiad las manos; y vosotros los de doble ánimo, purificad vuestros corazones" (4:8). Allí se les llama "pecadores"a los de "doble ánimo", y es un término empleado solamente para los incrédulos (vea los comentarios sobre 4:8).

Sin que importe cómo se considere a sí misma, la persona **de doble ánimo** está tratando de servir a dos dioses, que, como dice el Señor, es imposible. "Ninguno puede servir a dos señores; porque o aborrecerá al uno y amará al otro, o estimará al uno y menospreciará al otro" (Mt. 6:24). En su clásica alegoría, *El progreso del peregrino,* Juan Bunyan llama a tal hombre Señor Doscaras. Esto es tan imposible espiritualmente como lo es físicamente. "[Un] amigo del mundo, se constituye enemigo de Dios" (Stg. 4:4); y, por el contrario, alguien que es de veras amigo de Dios es enemigo del mundo. "Y amarás a Jehová tu Dios de *todo* tu corazón, y de *toda* tu alma, y con *todas* tus fuerzas" (Dt. 6:5, cursivas añadidas). No hay otra manera de amarlo, confiar en Él y servirle verdaderamente.

UN ESPÍRITU HUMILDE

El hermano que es de humilde condición, gloríese en su exaltación; pero el

que es rico, en su humillación; porque él pasará como la flor de la hierba. Porque cuando sale el sol con calor abrasador, la hierba se seca, su flor se cae, y perece su hermosa apariencia; así también se marchitará el rico en todas sus empresas. (1:9-11)

Un quinto recurso para resistir en medio de las pruebas es un espíritu humilde.

Santiago primero se dirige al **hermano que es de humilde condición,** es decir, el santo que era económicamente pobre y que representaba la mayoría de los creyentes judíos, perseguidos y dispersos, a quienes les escribía. Es indudable que muchos de ellos habían disfrutado alguna vez, al menos en cierto sentido, de una buena posición económica, pero se les habían confiscado las casas y otras posesiones o las habían tenido que abandonar al huir de sus perseguidores. En este momento el común denominador era la pobreza.

Sin embargo, a pesar de esto, tal creyente debía **[gloriarse] en su exaltación.** *Kauchaomai* (**gloria**) a menudo se traduce "gloriarse" o "jactarse". Santiago se refiere a una legítima forma de enorgullecerse que aun los cristianos más desamparados pueden tener **en su exaltación** como hijos de Dios, y a las incontables bendiciones que ofrece esta posición. Se le puede considerar "la escoria del mundo, el desecho de todos" (1 Co. 4:13) ante los ojos del mundo, pero ante los ojos de Dios es exaltado. Pudiera tener hambre, pero tiene el pan de vida. Pudiera tener sed, pero tiene el agua de vida. Pudiera ser pobre, pero tiene riquezas eternas. Los hombres pueden rechazarlo, pero Dios lo ha recibido por la eternidad. Pudiera no tener una morada en la tierra, pero tiene una gloriosa en el cielo. Cuando Dios, en su sabiduría y soberanía, quita cualquier posesión física de algunos de sus hijos, es con el objetivo de perfeccionarlos espiritualmente, una bendición infinitamente más valiosa que cualquier cosa que hayan perdido o hayan deseado pero que nunca tuvieron. El creyente que tiene necesidades en esta vida, puede aceptar esta escasez temporal e insignificante porque tiene una divina herencia futura que es eterna y segura.

"Bendito el Dios y Padre de nuestro Señor Jesucristo",
se regocijaba Pedro,

que según su grande misericordia nos hizo renacer para una esperanza viva, por la resurrección de Jesucristo de los muertos, para una herencia incorruptible, incontaminada e inmarcesible, reservada en los cielos para vosotros, que sois guardados por el poder de Dios mediante la fe, para alcanzar la salvación que está preparada para ser manifestada en el tiempo postrero. En lo cual vosotros os alegráis, aunque ahora por un poco de tiempo, si es necesario, tengáis que ser afligidos en diversas pruebas (1 P. 1:3-6).

Juan ofrece un incentivo similar y un motivo para regocijarse. "Mirad cuál amor nos ha dado el Padre, para que seamos llamados hijos de Dios", dice él.

Por esto el mundo no nos conoce, porque no le conoció a él. Amados, ahora somos hijos de Dios, y aún no se ha manifestado lo que hemos de ser; pero sabemos que cuando él se manifieste, seremos semejantes a él, porque le veremos tal como él es. Y todo aquel que tiene esta esperanza en él, se purifica a sí mismo, así como él es puro (1 Jn. 3:1-3).

En su encarnación, el Señor prometió: "Bienaventurados los pobres en espíritu, porque de ellos es el reino de los cielos", y "Bienaventurados los mansos, porque ellos recibirán la tierra por heredad" (Mt. 5:3, 5).

Por todas esas razones Pablo podía decir: "El Espíritu mismo da testimonio a nuestro espíritu, de que somos hijos de Dios. Y si hijos, también herederos; herederos de Dios y coherederos con Cristo, si es que padecemos juntamente con él, para que juntamente con él seamos glorificados. Pues tengo por cierto que las aflicciones del tiempo presente no son comparables con la gloria venidera que en nosotros ha de manifestarse" (Ro. 8:16-18).

Luego Santiago presenta el otro aspecto del principio. De la misma forma en la que el creyente pobre debía gloriarse en su riqueza espiritual, **el hombre** materialmente **rico [debía gloriarse] en su humillación.** La idea es que un creyente que tiene riquezas materiales, y por otra parte físicamente bendecido, debe gozarse cuando llegan las pruebas, ya que ellas le enseñan el carácter transitorio de esas cosas materiales y su incapacidad para dar satisfacción interior y perdurable o ayuda alguna, en especial ayuda espiritual. Tanto él como sus posesiones son **como la flor de la hierba** y **pasará.** "Toda carne es como hierba", nos recuerda Pedro, citando a Isaías, "Y toda la gloria del hombre como flor de la hierba. La hierba se seca, y la flor se cae" (1 P. 1:24; cp. Is. 40:6-7).

Como los hombres, incluso los creyentes, tenemos una tendencia natural a confiar en las cosas materiales, Santiago presta especial atención a los peligros de la riqueza. Al desarrollar la transitoriedad de las cosas físicas y dar énfasis al peligro de confiar en ellas, añade: **Porque cuando sale el sol con calor abrasador, la hierba se seca, su flor se cae, y perece su hermosa apariencia; así también se marchitará el rico en todas sus empresas.** Esta es una descripción de las flores y la hierba de Israel, que florecen en febrero y se marchitan antes de mayo. Santiago toma esta imagen de Isaías 40:6-8 (cp. Sal. 102:4, 11; 103:15).

La pérdida de las cosas materiales tiene el propósito de llevar al rico al Señor y a mayor perfección espiritual, bendición y satisfacción. Y al llegar a ese punto, los ricos y los pobres son exactamente iguales. Ni los bienes materiales ni la falta de ellos es de consecuencia fundamental alguna. Lo importante es una relación de confianza con el Señor, que da en abundancia a todos sus hijos la riqueza espiritual, que nunca disminuirá ni dejará de satisfacer.

La fe en Cristo para suplir sus necesidades, eleva al creyente humilde más allá de sus pruebas a la grandeza de una posición en el reino eterno de Cristo, donde, como hijo de Dios, él es rico y puede regocijarse y gloriarse. La fe en Cristo constituye algo de igual bendición para el creyente que es rico, cuyas riquezas son temporales; lo llena del espíritu de verdadera humildad. Como el hermano pobre olvida toda su pobreza terrenal, así el hermano rico olvida todas sus riquezas terrenales. Los dos son iguales por la fe en Cristo.

Cuando usted pierde una hermana, un hijo, una esposa o un esposo u otra persona amada, la riqueza no produce consuelo. Cuando usted pierde su salud, un amigo lo traiciona o alguien difama de usted injustamente, el dinero no puede comprar paz mental o aliviar el dolor. Las pruebas son el gran compensador, que lleva a todos los hijos de Dios a depender de Él. La riqueza no acerca más a Dios, ni la pobreza lo mantiene más lejos. En vista de esa verdad y del texto en estudio, pudiera modificarse el hermoso y muy conocido pasaje de Hebreos: "Acerquémonos, pues, confiadamente al trono de la gracia, para alcanzar misericordia y hallar gracia para el oportuno socorro" (He. 4:16; cp. Fil. 4:19).

LA RECOMPENSA DE LA PACIENCIA

Bienaventurado el varón que soporta la tentación; porque cuando haya resistido la prueba, recibirá la corona de vida, que Dios ha prometido a los que le aman. (1:12)

Makarios (**bienaventurado**) es la misma palabra con la que comienza cada una de las Bienaventuranzas de Mateo 5, haciendo de este versículo una bienaventuranza. **Bienaventurado** significa mucho más que la simple felicidad de una vida sin preocupaciones, con escasos conflictos y problemas. Más bien denota el concepto de un gozo y una satisfacción interior muy profundos, un gozo que solo el Señor mismo puede impartir a aquellos que, por causa de Él y en su poder, soportan y conquistan fiel y pacientemente las pruebas. Pedro dice: "En lo cual vosotros os alegráis, aunque ahora por un poco de tiempo, si es necesario, tengáis que ser afligidos en diversas pruebas, para que sometida a prueba vuestra fe, mucho más preciosa que el oro, el cual aunque perecedero se prueba con fuego, sea hallada en alabanza, gloria y honra cuando sea manifestado Jesucristo" (1 P. 1:6-7).

El **varón que soporta la tentación** es el que nunca abandona su plena confianza en Dios. Es un creyente genuino, que persevera y llega a ser el hombre que [ha] **resistido la prueba** (al pasar por ella con su fe intacta). El principio es sencillo, claro y maravillosamente consolador: "La perseverancia trae como resultado la aprobación de Dios, y su aprobación trae como resultado **la corona de vida**". El término para "corona"se toma prestado de los deportistas y no de la realeza. Era la corona que se ponía en la cabeza del vencedor en los eventos deportivos y simbolizaba la perseverancia en el triunfo. Una traducción más literal pudiera ser "la corona que es vida", es decir, vida eterna. Por consiguiente, una enunciación más exacta del principio es este: "La perseverancia confirma la aprobación de Dios, porque da evidencia de vida eterna (salvación)". En otras palabras, la perseverancia no trae como resultado salvación y vida eterna, pero sí es el resultado y la evidencia de salvación y vida eterna.

Pablo nos asegura con autoridad divina: "Por lo demás, me está guardada la corona de justicia, la cual me dará el Señor, juez justo, en aquel día; y no sólo a mí, sino también a todos los que aman su venida" (2 Ti. 4:8; cp. Ap. 2:10). En su carta anterior, el apóstol aconseja a su amado hijo en la fe: "Pelea la buena batalla de la fe, echa mano de la vida eterna, a la cual asimismo fuiste llamado" (1 Ti. 6:12). Otro gran apóstol da a los creyentes la misma promesa: "Cuando aparezca el Príncipe de los pastores, vosotros recibiréis la corona incorruptible de gloria" (1 P. 5:4). Esta corona, mencionada como "la corona de vida", "la corona de justicia"o "la corona de gloria", es la misma corona y será recibida por todos los creyentes. No es una de las varias recompensas que recibirá el creyente por su fidelidad (como se ha dicho en 1 Co. 3:12-15), sino que es el "galardón"común de salvación que se le otorgará a todos los creyentes gracias a su fe salvadora en Jesucristo.

Santiago asocia claramente la perseverancia fiel del que **soporta la tentación** con un verdadero amor por Dios, la perseverancia es una de las evidencias más seguras de **los que le aman**. En realidad, esa frase es una definición bíblica de un creyente genuino, una persona que de veras ama a Dios. Reiteradas veces Juan relaciona el amor de Dios con la fe genuina. "El que no ama, no ha conocido a Dios; porque Dios es amor" (1 Jn. 4:8); "Dios es amor; y el que permanece en amor, permanece en Dios, y Dios en él" (v. 16); y: "Pues este es el amor a Dios, que guardemos sus mandamientos" (5:3). Pedro escribe: "A quien amáis sin haberle visto, en quien creyendo, aunque ahora no lo veáis, os alegráis con gozo inefable y glorioso" (1 P. 1:8). Pablo escribió que cualquier persona que no ama al Señor es anatema (1 Co. 16:22).

Un cristiano genuino no es alguien que en determinado momento hizo una profesión de fe en Cristo, sino que es una persona que muestra verdadera fe por un progresivo amor por Dios, que las pruebas y aflicciones no lo pueden dañar y mucho menos destruir, no importa cuán severas sean o cuánto puedan durar. Como la obediencia a la voluntad de Dios (Jn. 14:15; 15:9-10; 1 Jn. 2:5-6; 4:16; 5:1-3), el amarlo es sin duda prueba de la fe verdadera.

Gardiner Spring, un conocido pastor evangélico de la ciudad de Nueva York, a principios del siglo XIX, escribió respecto al poder preservador del amor genuino al Señor:

> Hay una gran diferencia entre tal sentimiento y la amistad con Dios egoísta y no consagrada que termina con nuestra propia felicidad como su supremo propósito y fin. Si un hombre, en su presunto amor a Dios, no tiene como interés final otra cosa que no sea su propia felicidad; si se deleita en Dios, no por lo que Él es, sino por lo que Él es para él; en tal sentimiento no hay virtud moral. Sin duda hay un gran amor por sí, pero no verdadero amor por Dios. Pero donde se asesina la enemistad de la mente carnal, el alma se reconcilia con el carácter divino. Dios mismo, en la plenitud de su gloria manifiesta, se convierte en el objeto de contemplación devota y encantadora. En sus horas más favorecidas la perspectiva de buen hombre se desvía en gran manera de sí mismo; mientras sus pensamientos viajan hacia la diversa excelencia de la deidad, apenas se detiene para indagar si el Ser cuyo carácter llena su mente y quien hace parecer todas las cosas como átomos y vanidad al compararlas con su dignidad y belleza, extenderá su misericordia hacia él... Su alma se adhiere a Dios, y en el entusiasmo y el afecto devoto, solo puede decir con frecuencia: "¿A quién tengo yo en los cielos sino a ti? Y fuera de ti nada deseo en la tierra. Como el ciervo brama por las corrientes de las aguas, así clama por ti, oh Dios, el alma mía" (Sal. 73:25; 42:1). (*The Distinguishing Traits of Christian Character* [Los rasgos distintivos del carácter cristiano] (Phillipsburg, N.J.: Presbyterian and Reformed, s.f.], 25-26)

La culpa de la tentación

4

Cuando alguno es tentado, no diga que es tentado de parte de Dios; porque Dios no puede ser tentado por el mal, ni él tienta a nadie; sino que cada uno es tentado, cuando de su propia concupiscencia es atraído y seducido. Entonces la concupiscencia, después que ha concebido, da a luz el pecado; y el pecado, siendo consumado, da a luz la muerte. Amados hermanos míos, no erréis. Toda buena dádiva y todo don perfecto desciende de lo alto, del Padre de las luces, en el cual no hay mudanza, ni sombra de variación. (1:13-17)

Como se explicó en el capítulo 2 de este libro, *peirasmos* (la forma nominal del verbo traducido "tentado") tiene el sentido esencial de probar, examinar, analizar o comprobar y puede tener connotaciones positivas o negativas, dependiendo del contexto. En 1:12, se emplea la palabra en el sentido de pruebas o exámenes. Pero en el texto en estudio (vv. 13-14), la idea es claramente la de tentación, de invitación al mal. Aquí Santiago trata sobre un concepto totalmente distinto.

La misma palabra (en forma nominal o verbal) se emplea para ambas ideas porque la diferencia principal no está en el *peirasmos* mismo, sino en la respuesta de una persona a él. Si un creyente responde con fiel obediencia a la Palabra de Dios, soporta debidamente una prueba; si sucumbe ante ella en la carne, dudando de Dios y desobedeciendo, se siente **tentado** a pecar. Una respuesta correcta conduce a una firme posición espiritual, a justicia, sabiduría y a otras bendiciones (vv. 2-12). Una respuesta incorrecta conduce al pecado y a la muerte (v. 15).

En su primera carta a la iglesia de Corinto, Pablo pone en claro que la tentación es algo humano (1 Co. 10:13). Ninguna persona, ni siquiera el cristiano más espiritual, puede escapar de la tentación. Aun el Señor en su encarnación, quien no tenía carne pecaminosa, fue "tentado por el diablo" (Mt. 4:1). Un escritor de la antigüedad dijo mofándose, que el bautismo de un cristiano no ahoga la carne.

Así como es algo humano el ser tentado, también lo es que culpe a alguien o algo, no solo por ser **tentado,** sino también por sucumbir a la tentación. Desde el principio, una de las principales características del pecado ha sido la tendencia a pasar la culpa, y cada padre sabe que los niños nacen con esta clara tendencia.

Cuando Dios confrontó a Adán con su pecado en el Huerto del Edén, la respuesta de Adán fue: "La mujer que me diste por compañera me dio del árbol, y yo comí" (Gn. 3:12). Cuando el Señor le preguntó a Eva: "¿Qué es lo que has hecho?", ella respondió: "La serpiente me engañó, y comí" (v. 13). Eva culpó a Satanás; pero algo peor fue que Adán culpó a Dios.

Es evidente que Santiago no está de acuerdo con el fatalismo insensato por el cual un hombre pobre culpa a su pobreza de haberlo convertido en un ladrón y por lo tanto justifica sus robos, o por el cual un borracho culpa a los problemas y presiones del trabajo o de la casa de conducirlo a tomar y en consecuencia a manejar imprudentemente, que puede herir seriamente o matar a alguien. Tampoco permite la idea de que "el diablo me obligó a hacerlo".

Aun con más vehemencia, Santiago se opone a la intolerable idea de culpar a Dios, cuando declara: **Cuando alguno es tentado, no diga que es tentado de parte de Dios. No diga** traduce la forma presente activa e imperativa del verbo *legō* (**Diga**), combinada con el imperativo negativo *mēdeis* (**nadie**). La idea es: "Que nadie se diga", es decir, se trate de convencer, "que, cuando es tentado, está siendo tentado por Dios". La idea misma es anatema.

Por traduce la preposición *apo,* que veces se traduce "de", y tiene las connotaciones de lejanía, distancia y tortuosidad. Otra preposición (*hupo*), que a menudo se traduce con esas mismas palabras castellanas (por, de), denota agencia directa. Lo que dice Santiago, por lo tanto, es que nadie debe decir que Dios es siquiera responsable indirecto de la tentación a hacer el mal. Él no es de ninguna manera y en ningún grado responsable, directa o indirectamente, de que seamos **tentados.**

Robert Burns, el notable poeta escocés, escribió: "Usted sabe que me ha formado con pasiones indomables y fuertes, y el escuchar su cautivante voz muchas veces me condujo por el mal". Él decía ser "guiado por la pasión: Pero a pesar de eso, la luz que me llevó por mal camino era luz del cielo". Algunos rabinos de la antigüedad enseñaban lo que se llamaba *yetzher ha'ra,* que significa "malos impulsos", y se consideraba parte de la naturaleza original con la que se creó al hombre. Un dicho rabínico era: "Dios dijo: Me arrepiento de haber creado la tendencia hacia el mal en el hombre; porque si no lo hubiera hecho así, él no se hubiera rebelado contra mí. Yo creé la tendencia al mal; yo creé la ley como un medio de cura. Si usted se ocupa de la ley, no caerá en su poder. Dios puso la tendencia al bien en la mano derecha del hombre y la tendencia al mal en su mano izquierda". Otro escritor judío de la antigüedad, el filósofo Filón de Alejandría, contemporáneo de Cristo, tenía mucho mejor entendimiento y escribió: "Cuando la mente ha pecado y se ha alejado de la virtud, pone la culpa en causas divinas". Reflejó la verdad de Salomón, que dijo: "La insensatez del hombre tuerce su camino, y luego contra Jehová se irrita su corazón" (Pr. 19:3).

En su ardiente oposición a la racionalización impía de culpar a Dios por enviar la atracción por el mal, Santiago presenta cuatro pruebas bien fundamentadas de que Él no es responsable por nuestras tentaciones, y aun menos responsable, si eso fuera posible, por nuestro sucumbir ante el pecado. Lo hace al explicar la naturaleza del mal (1:13b), la naturaleza del hombre (v. 14), la naturaleza de la concupiscencia (vv. 15-16) y la naturaleza de Dios (v. 17). En el versículo 18, presenta una quinta prueba, la naturaleza de la regeneración, que se analizará aparte en el capítulo 5 de este comentario.

LA NATURALEZA DEL MAL

porque Dios no puede ser tentado por el mal, ni él tienta a nadie. (1:13*b*)

no puede ser tentado traduce el adjetivo *apeirastos,* que se emplea solamente aquí en el Nuevo Testamento y denota el concepto de alguien sin la capacidad para la tentación. Es lo mismo que ser invencible a los ataques del mal. En otras palabras, la naturaleza del mal la hace intrínsecamente extraña a Dios (vea el análisis del v. 17). Los dos se excluyen mutuamente en el sentido más completo y profundo. Dios y el mal existen en dos reinos distintos que nunca se encuentran. Él es invulnerable al mal y es del todo impenetrable a sus acometidas. Está consciente del mal pero el mal no lo puede tocar, al igual que la basura no puede tocar a un rayo de sol brillando sobre un basurero.

Esa verdad, presentada tan a menudo en las Escrituras, acerca del único Dios vivo y verdadero, no se encuentra en otras religiones. Como son hechos por los hombres e inspirados por los demonios, los dioses paganos siempre reflejan las debilidades y los defectos de quienes los crearon. Los dioses de la mitología griega y romana, por ejemplo, son por lo general inmaduros, caprichosos, mezquinos y hasta malvados. Se les describe como poseedores de un poder sobrenatural, pero sin la sabiduría o la virtud sobrenatural que debe corresponder a tal poder. No solo cometen pecados abominables, sino que inducen a sus súbditos mortales al pecado y al vicio de todo tipo. Estas presuntas deidades pecan contra y entre ellos mismos, y pecan contra los seres humanos sobre quienes ejercen un control arbitrario, injusto e inmoral. Como han salido de mentes corruptas y caídas, no pueden sino manifestar las características caídas y corruptas de sus creadores pecadores. Un arroyo no puede subir más alto que su fuente.

Mientras Isaías permanecía paralizado delante del Señor, uno de los serafines exclamó: "Santo, santo, santo, Jehová de los ejércitos; toda la tierra está llena de su gloria" (Is. 6:3). Poco después de que instituyera el pacto en el Sinaí, el Señor le dijo a Moisés que le recordara a su pueblo Israel: "Santos seréis, porque santo soy yo Jehová vuestro Dios" (Lv. 19:2). Dios repite ese mandato a la iglesia: "Sed santos, porque yo soy santo" (1 P. 1:16). Su santidad es eternamente pura, solo mezclada con la justicia pura y perfecta. Con plena comprensión de que Dios es absolutamente invulnerable al mal o incluso a la tentación al mal, el profeta Habacuc afirmó: "Muy limpio eres de ojos para ver el mal, ni puedes ver el agravio" (Hab. 1:13). Al Señor Jesucristo, que era Dios en forma humana, se le describe como "santo, inocente, sin mancha, apartado de los pecadores" (He. 7:26).

En el segundo libro de Samuel, leemos: "Volvió a encenderse la ira de Jehová contra Israel, e incitó a David contra ellos a que dijese: Ve, haz un censo de Israel y de Judá" (2 S. 24:1), un acto pecaminoso que traicionó la confianza en los recursos de Dios al ponerla en los propios recursos militares de la nación. En realidad Dios incitó a pecar a David, "un varón conforme a su corazón". Pero en el pasaje paralelo en Crónicas, la Palabra pone en claro que fue "Satanás [quien] se levantó contra Israel, e incitó a David a que hiciese censo de Israel" (1 Cr. 21:1). Así como Dios permitió que Satanás afligiera y tentara a Job, permitió que tentara a David.

En la prueba de Jesús en el desierto después de cuarenta días y cuarenta noches de ayuno, puede verse claramente la diferencia entre *peirasmos* como prueba y como tentación, la misma distinción vista en este primer capítulo de Santiago (entre los vv. 2-3, 12 y el vv. 13-14). Mateo informa que "Jesús fue llevado por el Espíritu al desierto, para ser tentado por el diablo" (Mt. 4:1). Pero el resto del relato (vv. 2-11) pone en claro que, mientras que desde la perspectiva de Satanás, la experiencia tenía como intención ser tentación (inducir a pecar), para Jesús la experiencia fue una prueba, que Él pasó sin el mínimo titubeo. A pesar del mañoso empleo de Satanás de la Palabra de Dios, no tuvo éxito alguno ni siquiera en penetrar ligeramente la impenetrabilidad de Jesús al pecado.

Para algunos cristianos, las enseñanzas de Jesús respecto a la oración, por lo general llamada el Padrenuestro, sugiere que Dios puede, si quiere, "[meternos] en tentación", y que por tanto debemos pedirle que "[nos libre] del mal" (Mt. 6:13). Pero la idea allí es que debemos pedirle a nuestro Padre celestial que no nos lleve a una prueba de nuestra fe que, debido a nuestra inmadurez y debilidad, pudiera convertirse en una tentación insoportable hacia el mal. Reafirmando lo que dice Santiago al final de Santiago 1:13 ("[Dios no] tienta a nadie"), Pablo les asegura a los creyentes que "no os ha sobrevenido ninguna tentación que no sea humana; pero fiel es Dios, que no os dejará ser tentados más de lo que podéis resistir, sino que dará también juntamente con la tentación la salida, para que podáis soportar" (1 Co. 10:13). Dios permite las pruebas en las que pueden ocurrir las tentaciones, no para hacer que los creyentes pequen, sino para conducirlos a una mayor paciencia (cp. Stg. 1:2-4).

LA NATURALEZA DEL HOMBRE

sino que cada uno es tentado, cuando de su propia concupiscencia es atraído y seducido. (1:14)

Una segunda evidencia de que Dios no es responsable de nuestras tentaciones de pecar es nuestra propia naturaleza, esa disposición espiritual caída que nos hace susceptible a la tentación.

Cada uno hace énfasis en la universalidad de la tentación. Todos los seres humanos somos **tentados;** no hay excepción alguna. El tiempo presente subraya realidad continua, repetida e ineludible del proceso, que ocurre **cuando** alguien **de su propia concupiscencia es atraído y seducido. atraído y seducido** traducen participios que describen aspectos muy estrechamente relacionados pero diferentes del proceso de tentación. El primer término es del verbo *exelkō,* que significa quitar arrastrando, como compulsado por un deseo interior. Se emplea a menudo como un término de cacería para referirse a una trampa tentadora destinada a atraer hacia ella a algún ingenuo animal. El segundo vocablo (**seducido**) es de *deleazō,* que por lo general se empleaba como un término de pesca para referirse a la carnada, cuyo propósito era también el de atraer a la presa de la seguridad a la captura y la muerte.

Pedro emplea *deleazō* dos veces en su segunda carta, primero refiriéndose a "los ojos llenos de adulterio, no se sacian de pecar, seducen a las almas inconstantes, tienen el corazón habituado a la codicia, y son hijos de maldición", y más adelante a "palabras infladas y vanas, seducen con concupiscencias de la carne y disoluciones a los que verdaderamente habían huido de los que viven en error" (2 P. 2:14, 18).

Los animales y los peces se atraen con muy buenos resultados a las trampas y a los anzuelos porque el cebo que se emplea es muy atractivo y no lo pueden resistir. Luce bien y huele bien, y apela a sus sentidos. Su deseo por el cebo es tan intenso que los hace perder su precaución y pasar por alto la trampa o el anzuelo hasta que es demasiado tarde.

Exactamente del mismo modo, sucumbimos a la tentación cuando nuestra **propia concupiscencia** nos atrae a las cosas malas que apelan a nuestros deseos carnales. Aunque en el uso contemporáneo, la **concupiscencia** se ha asociado mucho, casi exclusivamente, con los deseos sexuales ilícitos, el término griego *epithumia* que traduce se refiere a un deseo fuerte y profundo o anhelo de cualquier tipo, bueno o malo.

El pecado puede parecer atractivo y deleitoso, y por lo general lo es, al menos por algún tiempo. De lo contrario, tendría poco poder sobre nosotros. Satanás trata de mostrar el pecado lo más atrayente posible, como hacen los hombres y mujeres malos y seductores, tal y como lo describió anteriormente Pedro. Pero no habría atracción alguna del pecado de no ser por la **propia concupiscencia** pecaminosa del hombre, que hace que el mal parezca más atrayente que la justicia. La falsedad más atrayente que la verdad. La inmoralidad más atrayente que la pureza moral. Las cosas del mundo más atrayentes que las cosas de Dios. No podemos culpar a Satanás, a sus demonios, a los impíos o al mundo en general por nuestra **propia concupiscencia.** Sin duda alguna, no podemos culpar a Dios. El problema no es un tentador desde afuera, sino el traidor que está dentro.

La preposición que aquí se traduce **de** viene de *hupo,* que denota el concepto de agencia directa. No somos tentados ni siquiera indirectamente "de parte de (*apo*) Dios" (v. 13), sino que somos directamente **atraídos y seducidos** por (*hupo*) nuestra **propia concupiscencia.** El fallo está completamente dentro de nosotros, en nuestra carne no redimida.

Hablando de sí mismo como cristiano y como apóstol, Pablo confesó a todos los creyentes:

> *Y yo sé que en mí, esto es, en mi carne, no mora el bien; porque el querer el bien está en mí, pero no el hacerlo. Porque no hago el bien que quiero, sino el mal que no quiero, eso hago. Y si hago lo que no quiero, ya no lo hago yo, sino el pecado que mora en mí. Así que, queriendo yo hacer el bien, hallo esta ley: que el mal está en mí. Porque según el hombre interior, me deleito en la ley de Dios; pero veo otra ley en mis miembros, que se rebela contra la ley de mi mente, y que me lleva cautivo a la ley del pecado que está en mis miembros. ¡Miserable de mí! ¿quién me librará de este cuerpo de muerte? Gracias doy a Dios, por Jesucristo Señor nuestro. Así que, yo mismo con la mente sirvo a la ley de Dios, mas con la carne a la ley del pecado (Ro. 7:18-25).*

Jeremías dio testimonio: "Engañoso es el corazón más que todas las cosas, y perverso; ¿quién lo conocerá?" (Jer. 17:9). Jesús dijo que "lo que sale de la boca, del corazón sale; y esto contamina al hombre. Porque del corazón salen los malos pensamientos, los homicidios, los adulterios, las fornicaciones, los hurtos, los falsos testimonios, las blasfemias" (Mt. 15:18-19). Sabiendo que sus apóstoles estarían sujetos a la tentación de hacer lo malo, por lo que permanece de su carne no redimida, aconsejó: "Velad y orad, para que no entréis en tentación; el espíritu a la verdad está dispuesto, pero la carne es débil" (Mt. 26:41).

Aunque hemos sido salvados gloriosamente, hechos "participantes de la naturaleza divina" (2 P. 1:4), y tenemos al Espíritu Santo en nosotros; no obstante, retenemos a un enemigo dentro de nosotros, en la forma de anhelos, pasiones y concupiscencias que siguen siendo pecaminosos. Aun las cosas que en sí mismas son buenas y honorables, pueden codiciarse por razones pecaminosas. La comida y el dormir son dones maravillosos y necesarios del Señor, sin los cuales no podemos vivir. Pero cuando los deseamos y codiciamos en forma extrema, se vuelven glotonería por una parte e indolencia por la otra. El amor sexual es el don supremo que Dios ha dado a hombres y mujeres para el mutuo placer físico; pero a fin de que se disfrute exclusivamente, y sin excepción alguna, en el matrimonio. Hay pocos pecados que la Palabra de Dios condene con más severidad que la relación sexual fuera del matrimonio.

Aunque todos somos susceptibles a los pecados que prohíbe la Biblia, cada persona tiene sus propios deseos o concupiscencias. La conducta, que es algo muy poderoso para una persona, pudiera no ser tan atrayente para otra. Por ejemplo, los legalistas religiosos y los libertinos sacrílegos tienen deseos diferentes. Unos son atraídos por los pecados secretos y la hipocresía, los otros al mal abierto y evidente. Así como un tipo de cebo o señuelo funciona bien con un tipo de pez, pero no con otros, así la pasión de una persona es la repulsión de otra. Es, por lo tanto, su **propia concupiscencia** la que debe preocupar a cada creyente, ya que en eso es en lo que es susceptible a la tentación. Lo que tenemos en común no son las concupiscencias particulares, sino el hecho de que todos las tenemos, somos susceptibles a ellas y tenemos la responsabilidad personal de responder a ellas.

LA NATURALEZA DE LA CONCUPISCENCIA

Entonces la concupiscencia, después que ha concebido, da a luz el pecado; y el pecado, siendo consumado, da a luz la muerte. Amados hermanos míos, no erréis. (1:15-16)

Una tercera prueba de que Dios no es la fuente de tentación se ve en la naturaleza de la **concupiscencia.** Habiendo identificado la concupiscencia en la naturaleza del hombre, entonces Santiago la analiza desde el punto de vista práctico. Aquí está el meollo de su enseñanza acerca de la tentación.

Cambiando de las metáforas de la caza y la pesca, ahora emplea el proceso del nacimiento para ilustrar su opinión. Se describe la **concupiscencia** como una madre que concibe y da a luz un hijo, el **pecado,** y cuyo destino final es la **muerte.** Por medio de Santiago, aquí el Señor pone en claro que el pecado no es un acto aislado o ni siquiera una serie de actos aislados, sino más bien el resultado de un proceso específico, que se explica brevemente.

La primera es "deseo", una traducción sustituta de **concupiscencia.** Antes de la salvación, todos son esclavos de la **concupiscencia** (Ef. 2:1-3; 4:17-19; 1 Ts. 4:5). Como se observó antes, *epithumia* (**concupiscencia**) es en sí misma moralmente y espiritualmente neutral, que sea correcta o incorrecta se determina, en parte por el objeto que se desea y en parte por cómo y con qué propósitos se desea. Comienza, en primer lugar, como una emoción, un sentimiento, un anhelo por algo que, al principio, pudiera estar muy en el subconsciente. Se desarrolla desde algo profundo dentro de nosotros, expresando un deseo de adquirir, lograr o poseer algo que no tenemos. Cualquier cantidad o tipo de cosas puede dar inicio a esto. El mirar en la vidriera de una joyería puede dar inicio a un deseo inmediato y fuerte de obtener un anillo, un reloj, una pulsera o un jarrón de cristal. Pasando en nuestro automóvil por delante de algún modelo de casa, pudiéramos sentir de repente un intenso anhelo de tener una como esa. El pasar frente a una agencia de venta de automóviles, puede de pronto dar inicio a un deseo por un auto nuevo, quizás incluso una marca o modelo en el que ni siquiera habías pensado antes. El deseo puede desarrollarse y conquistar toda nuestra atención. La **concupiscencia** del pecado llega de la misma manera. Algo que vemos u oímos capta de repente nuestra atención y hace aparecer en nosotros un fuerte deseo o **concupiscencia,** de tenerlo o hacerlo.

El paso siguiente es el engaño, que está más estrechamente relacionado con la mente que con las emociones. Cuando pensamos en el objeto deseado, nuestra mente comienza a elaborar una justificación para conseguirlo. Esta es prácticamente una parte automática del proceso de la tentación. No tenemos que decirle a nuestra mente que justifique nuestra concupiscencia, porque ya está muy predispuesta producto de nuestra naturaleza caída. Como los animales o peces que van tras el cebo, el deseo de tener lo que deseamos es tan fuerte, que tenemos la tendencia a pasar por alto los peligros o daños posibles. Simplemente desearlo justifica el esfuerzo de tenerlo. Es al llegar a ese punto, dice Santiago, que la **concupiscencia ha concebido.** La "vida de pecado", por decirlo así, ha comenzado a formarse y crecer.

El tercer paso es el del planeamiento, cuando se comienzan a hacer los planes para llevar a cabo el deseo emocional que hemos concebido en nuestra mente. Esta etapa implica nuestra voluntad, nuestra decisión consciente de complacer la **concupiscencia** hasta que se satisfaga. Y como está implicada la voluntad, esta es la etapa en la que radica la mayor culpabilidad. Lo que se ha anhelado y racionalizado ahora se busca conscientemente como un asunto de elección.

El cuarto paso y final es la desobediencia. Si permitimos que el proceso continúe, el designio inevitablemente produce desobediencia a la ley de Dios, por medio de la cual **da a luz el pecado.** Lo que se desea, racionaliza y se le entrega la voluntad, de hecho se hace y se consuma. El deseo conduce al engaño, el engaño al designio y el designio a la desobediencia, que es **pecado.**

No hace falta mencionar que cuanto más pronto en el proceso nos proponemos resistir, tanto mayor es la probabilidad de que evitemos **el pecado.** Por el contrario, cuanto más demoramos en resistir, tanto mayor es la probabilidad de que se produzca el **pecado.** Solo el cristiano que es capaz de controlar sus respuestas emocionales ante la tentación cuando aparece por primera vez, será capaz de enfrentarla sin pecar en su vida. El principio de "cortar el mal de raíz" no tiene mejor aplicación que aquí. La lucha debe librarse en la mente, donde se **concibe el pecado**. La verdad de Dios que activa la conciencia, el sistema de aviso del alma, debe escucharse y no pasarse por alto. Nadie puede pelear en esa batalla en la mente o en la imaginación, salvo el creyente de modo individual. Perderla allí nos mueve a la etapa del designio, en el que se planea la ejecución del pecado. (El Nuevo Testamento tiene mucho que decir sobre la importancia de la mente.)

Pero como ninguno de nosotros logra resistir cada tentación con solo rechazar de inmediato los malos deseos, necesitamos entender vías para tratar con el pecado en cada etapa. Es obvio que podemos evitar muchas tentaciones sencillamente evadiendo lugares y situaciones donde sabemos que es más probable que ocurran. No leemos revistas ni libros, no vamos al cine ni vemos programas de televisión, no nos asociamos con amigos, ni vamos a lugares donde sabemos que nuestras emociones serán incitadas a todo tipo de atracción a pecar. En vez de esto, debemos asegurarnos de estar en contacto con cosas que alimentarán nuestras emociones de forma piadosa. No solo ganamos directa y positivamente de los beneficios espirituales de estas cosas, sino que el gozo santo que recibimos de ellas, logra que las cosas impías nos sean menos atractivas y hasta repulsivas. Por ejemplo, la música apropiada, que edifica y honra a Dios, es una de las mayores bendiciones emotivas y protecciones que ofrece el Señor.

Debemos también estar en guardia en lo que a nuestra mente se refiere. Adiestramos nuestra mente para vigilar nuestros deseos emotivos. En vez de justificar las tentaciones, nos preparamos de antemano para oponernos a ellas con la Palabra de Dios, tal como hizo Jesús en el desierto. Por lo tanto, Pablo aconseja: "No os conforméis a este siglo, sino transformaos por medio de la renovación de vuestro entendimiento, para que comprobéis cuál sea la buena voluntad de Dios, agradable y perfecta" (Ro. 12:2). Una ayuda especial en este sentido es el consejo del apóstol a la iglesia de Filipos: "Todo lo que es verdadero, todo lo honesto, todo lo justo, todo lo puro, todo lo amable, todo lo que es de buen nombre; si hay virtud alguna, si algo digno de alabanza, en esto pensad" (Fil. 4:8; cp. Col. 3:2). No es casual que el primero y más importante mandamiento incluya el amar a Dios, no solo con nuestro corazón y nuestra alma, sino también con nuestra mente (Mt. 22:37). El escritor del Salmo 119 memorizaba la verdad de la Biblia a fin de fortalecer su mente contra la tentación (vv. 9-11).

Si se completa el ciclo de la tentación, [**se consume el pecado**], y **este da a luz la muerte**. El "hijo" concebido por la concupiscencia nace como un asesino. Para emplear otra figura, "la paga del pecado es muerte" (Ro. 6:23). El **pecado... da a luz la muerte** física, que separa el alma del cuerpo; **muerte** espiritual, que separa el alma de Dios; y **muerte** eterna, que separa por siempre el cuerpo y el alma de Dios.

Por su fe en Jesucristo, un cristiano es salvo de la muerte espiritual y eterna. Pero si persiste en pecar, pudiera pagar el castigo de la **muerte** física. Como algunos creyentes de Corinto estaban participando de la Cena del Señor indignamente, trajeron juicio sobre ellos y "por lo cual", dice Pablo, "hay muchos enfermos y debilitados entre vosotros, y muchos duermen" (1 Co. 11:30), es decir, habían muerto. Juan también nos recuerda que, aun para los creyentes, "hay pecado de muerte" (1 Jn. 5:16).

A la luz de esas solemnes verdades, Santiago implora: **Amados hermanos míos, no erréis.** Lo que quiere decir es que dejen de culpar a los demás, a las circunstancias o a Satanás por las tentaciones y los pecados de ustedes. Sobre todo, no culpen a Dios. Tomen ustedes toda la culpa, que es a quienes les pertenece. Comprenda que el enemigo de usted, su naturaleza caída, sus concupiscencias, sus debilidades, sus justificaciones mentales y sus pecados, está dentro y hay que enfrentarse a él desde dentro. Cuando el creyente gana la batalla en el interior, puede decir, al igual que Pablo: "Porque nuestra gloria es esta: el testimonio de nuestra conciencia, que con sencillez y sinceridad de Dios, no con sabiduría humana, sino con la gracia de Dios, nos hemos conducido en el mundo, y mucho más con vosotros" (2 Co. 1:12).

LA NATURALEZA DE DIOS

Toda buena dádiva y todo don perfecto desciende de lo alto, del Padre de las luces, en el cual no hay mudanza, ni sombra de variación. (1:17)

Por último, Santiago afirma que Dios no es responsable de nuestra tentación a pecar porque, como ya ha puesto en claro (v. 13), su naturaleza misma es incompatible con la naturaleza del pecado. Como Dios es totalmente recto y justo, por definición Él no puede tener parte en el pecado, en ninguna forma o grado.

Lo que viene de Dios no es pecado, sino solo **toda buena dádiva y todo don perfecto.** La perfección y santa bondad de Dios trae como resultado que su obrar y su dar solo reflejan su perfecta santidad y verdad. Sus obras reflejan su carácter. De forma negativa, Santiago está diciendo que, desde la tentación hasta la comisión, Dios no tiene ninguna responsabilidad por el pecado. Positivamente, está diciendo que Dios tiene total responsabilidad por **toda buena dádiva,** y que **todo don perfecto** que hay ha descendido **de lo alto.**

El Padre de las luces era un antiguo título judío para Dios, aludiendo a Él como Creador, como el gran Dador de la luz, en la forma del sol, de la luna y de las estrellas (cp. Gn. 1:14-19). A diferencia de estas fuentes de luz, las cuales, a pesar de lo espléndidas que son, pueden no obstante variar y con el tiempo desvanecerse, el carácter, el poder, la sabiduría y el amor de Dios no tienen **sombra de variación** alguna. Por medio de Malaquías el Señor declara: "Yo Jehová no cambio" (Mal. 3:6); por medio de Juan, se nos dice que "Dios es luz, y no hay ningunas tinieblas en él" (1 Jn. 1:5); y por medio el escritor de Hebreos se nos asegura que "Jesucristo es el mismo ayer, y hoy, y por los siglos" (He. 13:8). Los cuerpos celestes que Dios creó tienen varias fases de movimiento y rotación, cambiando de hora en hora y variando en intensidad y penumbra. Sin embargo, Dios es inmutable.

Nuestro Señor promete:

> *Pedid, y se os dará; buscad, y hallaréis; llamad, y se os abrirá. Porque todo aquel que pide, recibe; y el que busca, halla; y al que llama, se le abrirá. ¿Qué hombre hay de vosotros, que si su hijo le pide pan, le dará una piedra? ¿O si le pide un pescado, le dará una serpiente? Pues si vosotros, siendo malos, sabéis dar buenas dádivas a vuestros hijos, ¿cuánto más vuestro Padre que está en los cielos dará buenas cosas a los que le pidan? (Mt. 7:7-11).*

Aun más que esas cosas, mucho más que todo eso, Él promete que nuestro Padre celestial nos dará su Espíritu Santo (Lc. 11:13).

Lo que significa este pasaje es que, cuando nosotros, como hijos de Dios, recibimos de forma abundante y continua las bendiciones más valiosas, gratas y bondadosas que nuestro Padre celestial puede conceder, ¿por qué debiera alguna cosa mala tener la más leve atracción sobre nosotros?

Nacidos para santidad

5

El, de su voluntad, nos hizo nacer por la palabra de verdad, para que seamos primicias de sus criaturas. (1:18)

En este versículo Santiago añade otra evidencia (a las que están en los vv. 13-17) de que Dios no es responsable, directa o indirectamente, de nuestras tentaciones, mucho menos de nuestro pecado, es decir, la prueba de la naturaleza misma de la regeneración. La vida nueva que el Señor da a los creen en Jesucristo es una vida piadosa, santa, que imita a Cristo. Es la vida de Dios en el alma del hombre. Por el nuevo nacimiento, el Señor vuelve a crear al creyente, le da una naturaleza completamente nueva que no tiene parte en el pecado o en el mal. Nuestra propia concupiscencia engendra muerte (v. 15); el don de Dios en Cristo engendra vida.

En su carta a la iglesia de Roma, Pablo citó el Salmo 14, al decir: "Como está escrito: No hay justo, ni aun uno; no hay quien entienda. No hay quien busque a Dios. Todos se desviaron, a una se hicieron inútiles; no hay quien haga lo bueno, no hay ni siquiera uno" (Ro. 3:10-12; cp. Sal. 14:1-3). Aparte de Jesucristo, ningún ser humano desde la caída ha nacido justo o ha llegado a ser justo, es decir, moralmente puro y justificado ante Dios, con sus propios esfuerzos. En toda la historia humana, no ha existido uno solo; ni lo habrá nunca en la época actual. "Sepulcro abierto es su garganta", sigue diciendo Pablo. "Con su lengua engañan. Veneno de áspides hay debajo de sus labios; su boca está llena de maldición y de amargura. Sus pies se apresuran para derramar sangre; quebranto y desventura hay en sus caminos; y no conocieron camino de paz. No hay temor de Dios delante de sus ojos" (Ro. 3:13-18). Esa es la condición de todo pecador no redimido, de toda persona separada de Dios. La condición del hombre es resultado de la decisión propia y de su naturaleza, como explica Juan: "La luz vino al mundo, y los hombres amaron más las tinieblas que la luz, porque sus obras eran malas. Porque todo aquel que hace lo malo, aborrece la luz y no viene a la luz, para que sus obras no sean reprendidas" (Jn. 3:19-20).

Pablo escribió a los cristianos: "Y él os dio vida a vosotros, cuando estabais muertos en vuestros delitos y pecados, en los cuales anduvisteis en otro tiempo, siguiendo la corriente de este mundo, conforme al príncipe de la potestad del aire, el espíritu que ahora opera en los hijos de desobediencia, entre los cuales también todos nosotros vivimos en otro tiempo en los deseos de nuestra carne, haciendo la voluntad de la carne y de los pensamientos, y éramos por naturaleza hijos de ira, lo mismo que los demás" (Ef. 2:1-3; cp. 4:17-19). Antes de la salvación, nuestra conducta estaba dictada por el sistema pecaminoso en el que vivíamos, porque nuestra naturaleza pecaminosa respondía de buena gana a él. Éramos sin saberlo, pero voluntariamente, súbditos de Satanás, "el príncipe de la potestad del aire, el espíritu que ahora opera en los hijos de desobediencia" (2:2). Él fue, por decirlo así, nuestro padre espiritual (Jn. 8:44).

Como el problema del hombre caído es interior, la solución a su problema debe ser interior. No hay un ritual externo, ceremonia, profesión o acción que pueda cambiar su naturaleza esencialmente pecaminosa. Él no puede llegar a ser justo tratando de actuar justamente o de hablar rectamente. Necesita un corazón totalmente nuevo, una nueva naturaleza, un nuevo ser. Necesita que lo vuelvan a crear, cambiar de su antigua naturaleza de pecado a una nueva naturaleza de santidad y vida, ya que sin santidad o santificación, "nadie verá al Señor" (He. 12:14).

En 1:18, Santiago responde a cuatro preguntas acerca de la regeneración, del nuevo nacimiento, que dan luz a la prueba de que Dios no es responsable de nuestras tentaciones ni de los pecados que resultan por sucumbir a ellas. Más bien, Él es responsable de nuestra rectitud.

¿QUIÉN LO HACE?

El, de su voluntad (1:18a)

La regeneración es el acto, y enteramente el acto, de Dios, el "Padre de las luces" (v. 17), realizado por **su voluntad**. Por **su** soberana **voluntad,** Dios limpia el pecado, concede el perdón y planta una vida nueva, una naturaleza totalmente nueva dentro de cada persona que confía en Jesucristo como Señor y Salvador. Él incluso mora en esa vida mediante la presencia interior de su Espíritu (Jn. 14:17; Ro. 8:9). Como el Señor prometió por medio de Ezequiel: "Seréis limpiados de todas vuestras inmundicias; y de todos vuestros ídolos os limpiaré. Os daré corazón nuevo, y pondré espíritu nuevo dentro de vosotros; y quitaré de vuestra carne el corazón de piedra, y os daré un corazón de carne" (Ez. 36:25-26).

La frase **Él, de su voluntad** pudiera traducirse sencillamente "por su voluntad". Pero traduce el participio aoristo pasivo del verbo *boulomai*, que expresa la idea de un ejercicio de la voluntad deliberado y específico. La frase está también en la posición enfática del griego, reforzando la verdad de que la soberanía de Dios y su voluntad no influenciada es la fuente y el fundamento de la vida nueva.

Desde el punto de vista teológico y lógico, esa es la única forma en la que la vida pueda darse a los muertos. Los muertos no tienen conciencia o comprensión de pecado, ni deseos de volverse de él (Jn. 3:19-20), y no tienen poder o recursos para cambiar, si lo quisieran hacer. Ni siquiera saben, desde luego, que están muertos. La regeneración puede solo ocurrir por la soberana **voluntad** y el poder de Dios, la Fuente y el Dador de la vida espiritual. Juan dice: "Mas a todos los que le recibieron [a Jesucristo], a los que creen en su nombre, les dio potestad de ser hechos hijos de Dios; los cuales no son engendrados de sangre, ni de voluntad de carne, ni de voluntad de varón, *sino de Dios*" (Jn. 1:12-13, cursivas añadidas).

Ningún niño ha venido al mundo por su propia voluntad o plan. Su concepción, gestación y nacimiento están totalmente fuera de su conciencia y control. Es simplemente el receptor pasivo de la voluntad y de la acción de sus padres. De igual manera, ninguna persona tiene la voluntad de crear, y mucho menos crea, una nueva naturaleza espiritual dentro de sí misma. Jeremías preguntó retóricamente: "¿Mudará el etíope su piel, y el leopardo sus manchas? Así también, ¿podréis vosotros hacer bien, estando habituados a hacer mal?" (Jer. 13:23). Por medio de ese mismo profeta el Señor declaró la única forma en la que puede y debe hacerse el cambio necesario.

> *He aquí que vienen días, dice Jehová, en los cuales haré nuevo pacto con la casa de Israel y con la casa de Judá. No como el pacto que hice con sus padres el día que tomé su mano para sacarlos de la tierra de Egipto; porque ellos invalidaron mi pacto, aunque fui yo un marido para ellos, dice Jehová. Pero este es el pacto que haré con la casa de Israel después de aquellos días, dice Jehová: Daré mi ley en su mente, y la escribiré en su corazón; y yo seré a ellos por Dios, y ellos me serán por pueblo. Y no enseñará más ninguno a su prójimo, ni ninguno a su hermano, diciendo: Conoce a Jehová; porque todos me conocerán, desde el más pequeño de ellos hasta el más grande, dice Jehová; porque perdonaré la maldad de ellos, y no me acordaré más de su pecado (Jer. 31:31-34).*

El hombre natural no solo es incapaz de hacer tal cambio por sí mismo, sino que, sin la revelación de Dios, no puede ni siquiera saber que necesita tal cambio. No obstante, si piensa que necesita cambio alguno, no puede valorar lo que de veras necesita y supone que puede hacerlo por sí mismo de forma satisfactoria. "El hombre natural no percibe las cosas que son del Espíritu de Dios", explica Pablo, "porque para él son locura, y no las puede entender, porque se han de discernir espiritualmente" (1 Co. 2:14).

"Pero Dios, que es rico en misericordia", nos asegura Pablo, "por su gran amor con que nos amó, aun estando nosotros muertos en pecados, nos dio vida juntamente con Cristo (por gracia sois salvos)" (Ef. 2:4-5). La única forma en la que una persona espiritualmente muerta (todos los incrédulos) puede tener vida espiritual, es recibiéndola como un don de Dios mediante la fe en Jesucristo. Por lo tanto, el cristiano puede decir como Pablo: "Porque somos sepultados juntamente con él para muerte por el bautismo, a fin de que, como Cristo resucitó de los muertos por la gloria del Padre, así también nosotros andemos en vida nueva" (Ro. 6:4). "Ninguno puede venir a mí, si el Padre que me envió no le trajere", dijo Jesús (Jn. 6:44), añadiendo después: "No me elegisteis vosotros a mí, sino que yo os elegí a vosotros" (15:16).

La más hermosa y gráfica explicación de la regeneración está en el encuentro de Jesús con Nicodemo, un devoto y muy respetado fariseo y maestro, que "vino a Jesús de noche, y le dijo: Rabí, sabemos que has venido de Dios como maestro; porque nadie puede hacer estas señales que tú haces, si no está Dios con él" (Jn. 3:2). El líder solo hizo una declaración acerca de Jesús y no dijo nada de sí mismo ni le hizo pregunta alguna al Señor. Pero el Señor sabía lo que había en su mente y le dijo: "De cierto, de cierto te digo, que el que no naciere de nuevo, no puede ver el reino de Dios" (v. 3). Lógicamente desconcertado, Nicodemo respondió: "¿Cómo puede un hombre nacer siendo viejo? ¿Puede acaso entrar por segunda vez en el vientre de su madre, y nacer?" (v. 4). Nicodemo no se estaba refiriendo al renacimiento físico, ya que sabía que Jesús estaba hablando acerca de la vida espiritual, no de la vida física. Él simplemente estaba usando la figura que Jesús acababa de emplear. Pero estaba, no obstante, confundido por lo que oyó. Siendo un maestro preparado de la ley mosaica, suponía, como suponían casi todos los judíos, que los hombres agradaban a Dios y eran justos ante Él mediante la obediencia a esa ley y de ninguna otra manera. También suponía que cualquier cosa que fuera necesaria para ser justificado ante Dios, debía hacerlo él mismo, con sus propios esfuerzos, talentos y bondad. Así que su pregunta era, en efecto: "¿Cómo puedo lograr por mí mismo nacer de nuevo y ganar la vida nueva?"

El Señor siguió explicando: "De cierto, de cierto te digo, que el que no naciere de agua y del Espíritu, no puede entrar en el reino de Dios. Lo que es nacido de la carne, carne es; y lo que es nacido del Espíritu, espíritu es. No te maravilles de que te dije: Os es necesario nacer de nuevo. El viento sopla de donde quiere, y oyes su sonido; mas ni sabes de dónde viene, ni a dónde va; así es todo aquel que es nacido del Espíritu" (vv. 5-8). El Espíritu de Dios se mueve soberanamente hacia donde Él quiere y ofrece el nuevo nacimiento a los que ha predestinado para salvación. "Nos escogió en él antes de la fundación del mundo, para que fuésemos santos y sin mancha delante de él, en amor habiéndonos predestinado para ser adoptados hijos suyos por medio de Jesucristo, según el puro afecto de su voluntad" (Ef. 1:4-5). "Porque por gracia sois salvos por medio de la fe", dice Pablo más adelante en esa carta, "y esto no de vosotros, pues es don de Dios" (2:8; cp. Fil. 1:29).

La fuente de vida nueva no estaba en poder de Nicodemo, como no está en poder de ningún hombre. Viene de Dios, por medio de su Espíritu Santo, el único que imparte la nueva vida espiritual. El Señor prometió hace tiempo esa verdad por medio de Jeremías, diciendo: "Y les daré corazón para que me conozcan que yo soy Jehová; y me serán por pueblo, y yo les seré a ellos por Dios; porque se volverán a mí de todo su corazón" (Jer. 24:7). El nuevo nacimiento es un don soberano de Dios, dado por medio de su Espíritu Santo a los que han acudido a Él por la fe en su Hijo. "De modo que si alguno está en Cristo, nueva criatura es; las cosas viejas pasaron; he aquí todas son hechas nuevas" (2 Co. 5:17).

El nuevo nacimiento es resultado de que, en su soberanía, Dios llega a un pecador y por su gracia lo limpia, poniendo en él su Espíritu y dándole una naturaleza espiritual completamente nueva. Entonces se ha vestido "del nuevo hombre, creado según Dios en la justicia y santidad de la verdad" (Ef. 4:24).

Después que Agustín se convirtió, una mujer con la que había vivido en otro tiempo, lo llamó mientras caminaba por una calle, pero él no respondió. Ella insistió y finalmente corrió hacia él y le dijo: "Agustín, soy yo". A lo cual él respondió: "Lo sé, pero ya no soy yo".

Nuestra experiencia consciente de conversión, al creer en Jesucristo, en su muerte y su resurrección a favor nuestro, y al rendir nuestra vida a Él, es todo consecuencia de la soberana voluntad de Dios. Juan dice: "En esto consiste el amor: no en que nosotros hayamos amado a Dios, sino en que él nos amó a nosotros, y envió a su Hijo en propiciación por nuestros pecados" (1 Jn. 4:10). En realidad, nunca pudiéramos amar de verdad, ni siquiera a Dios o a otros creyentes, si Él no nos hubiera amado "primero" (v. 19). "Porque a los que antes conoció, también los predestinó para que fuesen hechos conformes a la imagen de su Hijo, para que él sea el primogénito entre muchos hermanos. Y a los que predestinó, a éstos también llamó; y a los que llamó, a éstos también justificó; y a los que justificó, a éstos también glorificó" (Ro. 8:29-30).

¿QUÉ ES ESO?

nos hizo nacer (1:18*b*)

hizo nacer es la misma forma verbal traducida "da a luz" en el versículo 15. En la regeneración, Dios da a luz una nueva vida espiritual. La regeneración es un milagro de Dios por el cual se implanta el principio de la vida nueva en el hombre y se hace santa la disposición que gobierna su alma. Este es el nuevo nacimiento, el nacer de nuevo (cp. Jn. 3:3-8; Ef. 2:5-6; 1 P. 1:23; cp. Ez. 36:25-27).

En Cristo los creyentes llegamos a ser "participantes de la naturaleza divina" (2 P. 1:4). El nuevo nacimiento no lo ve ningún ojo humano, pero puede experimentarse por cualquier corazón humano que acude a Dios mediante la fe en Cristo. Se evidencia en una vida transformada. "Yo he venido", dijo Jesús, "para que tengan vida, y para que la tengan en abundancia... y yo les doy vida eterna; y no perecerán jamás, ni nadie las arrebatará de mi mano" (Jn. 10:10, 28).

¿CÓMO OCURRE ESO?

por la palabra de verdad, (1:18*c*)

por la palabra de verdad pudiera traducirse literalmente "por la palabra de la verdad", es decir, por la Palabra de Dios, por la Biblia. Los creyentes nacen de nuevo, se regeneran, por el poder de la Palabra de Dios.

Pablo emplea varias veces la frase *logō aletheias* (**palabra de verdad**). En su segunda carta a la iglesia de Corinto, habla de recomendarse a sí mismo como siervo de Dios "en palabra de verdad, en poder de Dios" (2 Co. 6:7). Les recordó a los creyentes de Colosas "la esperanza que os está guardada en los cielos, de la cual ya habéis oído por la palabra verdadera del evangelio" (Col. 1:5); y aconseja a su amado Timoteo: "Procura con diligencia presentarte a Dios aprobado, como obrero que no tiene de qué avergonzarse, que usa bien la palabra de verdad" (2 Ti. 2:15). Por lo tanto, en su más amplio sentido, **la palabra de verdad** es toda la Palabra de Dios, y en su sentido más restringido es el evangelio, como también Pablo afirma en Efesios: "En él también vosotros, habiendo oído la palabra de verdad, el evangelio de vuestra salvación, y habiendo creído en él, fuisteis sellados con el Espíritu Santo de la promesa" (Ef. 1:13).

Por lo cual, escribió Pablo a la iglesia de Tesalónica, "también nosotros sin cesar damos gracias a Dios, de que cuando recibisteis la palabra de Dios que oísteis de nosotros, la recibisteis no como palabra de hombres, sino según es en verdad, la palabra de Dios, la cual actúa en vosotros los creyentes" (1 Ts. 2:13). En su carta a Tito, presentó la misma verdad con estas palabras: "[Dios] nos salvó, no por obras de justicia que nosotros hubiéramos hecho, sino por su misericordia, por el lavamiento de la regeneración y por la renovación en el Espíritu Santo" (Tit. 3:5). Hablando de la iglesia en su totalidad, les explicó a los creyentes de Éfeso que Cristo "se entregó a sí mismo por [la iglesia], para santificarla, habiéndola purificado en el lavamiento del agua por la palabra" (Ef. 5:25-26).

"¿Cómo, pues, invocarán a aquel en el cual no han creído?", pregunta retóricamente Pablo "¿Y cómo creerán en aquel de quien no han oído? ...Así que la fe es por el oír, y el oír, por la palabra de Dios" (Ro. 10:14, 17). La regeneración ocurre cuando Dios soberanamente reconoce la fe de una persona en el evangelio, es decir, la creencia en Jesucristo como Señor y Salvador y le acredita con toda la justicia de su Hijo (2 Co. 5:21). Como explica Pedro: "Siendo renacidos, no de simiente corruptible, sino de incorruptible, por la palabra de Dios que vive y permanece para siempre. Porque: Toda carne es como hierba, y toda la gloria del hombre como flor de la hierba. La hierba se seca, y la flor se cae; mas la palabra del Señor permanece para siempre. Y esta es la palabra que por el evangelio os ha sido anunciada" (1 P. 1:23-25; cp. Is. 40:6-8).

¿POR QUÉ SE HACE?

para que seamos primicias de sus criaturas. (1:18*d*)

Por último, Santiago explica por qué Dios regenera a quienes ponen su confianza en Jesucristo. Aunque la salvación es la mayor bendición posible que un ser humano pueda recibir, su objetivo fundamental no es beneficiar al hombre, sino cumplir el propósito soberano de Dios de que los cristianos lleguen a ser, por decirlo así, **primicias de sus criaturas.**

El Señor le ordenó a Moisés: "Habla a los hijos de Israel y diles: Cuando hayáis entrado en la tierra que yo os doy, y seguéis su mies, traeréis al sacerdote una gavilla por primicia de los primeros frutos de vuestra siega. Y el sacerdote mecerá la gavilla delante de Jehová, para que seáis aceptos; el día siguiente del día de reposo la mecerá" (Lv. 23:10-11; cp. Éx. 23:19; Dt. 18:4). Las **primicias** eran el primero y el mejor de los cultivos que se estaban cosechando y eran por lo general un indicador de cómo sería el resto de la cosecha. Un campesino pudiera sentirse tentado a tomar para sí esa cosecha temprana y guardarla, en caso de que el resto se perdiera por alguna sequía, plaga de langostas u otra calamidad. Pero el Señor exigía que lo primero y lo mejor debía ofrecerse a Él.

Cuando Santiago escribe "**seamos**", está aplicando el término a los creyentes de aquella época, tal vez en especial a los creyentes judíos que fueron las primicias del evangelio de Jesucristo. Ellos fueron los primeros de muchos otros en la cosecha espiritual que Dios estaba comenzando. Pablo se refirió a la familia de Estéfanas como "las primicias de Acaya" (1 Co. 16:15).

Cuando habla de personas, el uso de "**sus criaturas**" es para referirse a todos los que serán salvos (cp. Hch. 15:14-15). El término griego se emplea varias veces para referirse a la creación material, de modo que Santiago pudiera también haber tenido eso en cuenta. En una forma inconmensurablemente mayor, aquellos regenerados por medio de Cristo en la época actual serán **las primicias de sus criaturas** en su postrer creación del cielo nuevo y de la tierra nueva, después que el cielo y la tierra actuales hayan sido destruidos (Ap. 21:1; 2 P. 3:10). "Estos fueron redimidos de entre los hombres como primicias para Dios y para el Cordero" (Ap. 14:4). Jesús dijo a los apóstoles: "De cierto os digo que en la regeneración, cuando el Hijo del Hombre se siente en el trono de su gloria, vosotros que me habéis seguido también os sentaréis sobre doce tronos, para juzgar a las doce tribus de Israel" (Mt. 19:28). Pablo nos dice que:

> *el anhelo ardiente de la creación es el aguardar la manifestación de los hijos de Dios. Porque la creación fue sujetada a vanidad, no por su propia voluntad, sino por causa del que la sujetó en esperanza; porque también la creación misma será libertada de la esclavitud de corrupción, a la libertad gloriosa de los hijos de Dios. Porque sabemos que toda la creación gime a una, y a una está con dolores de parto hasta ahora (Ro. 8:19-22).*

Los creyentes son la primicia de la nueva creación de Dios que está por venir (cp. 2 P. 3:10-13).

Creencia que se refleja en la conducta: Primera parte

6

Por esto, mis amados hermanos, todo hombre sea pronto para oír, tardo para hablar, tardo para airarse; porque la ira del hombre no obra la justicia de Dios. Por lo cual, desechando toda inmundicia y abundancia de malicia, recibid con mansedumbre la palabra implantada, la cual puede salvar vuestras almas. (1:19-21)

Aquí Santiago presenta una tercera prueba de un verdadero creyente. La primera fue su respuesta a las pruebas (1:2-12). La segunda fue su respuesta a la tentación (1:13-18). La tercera es su respuesta a la verdad revelada en la Palabra de Dios (1:19-27).

Cuando el verdadero discípulo oye la Palabra de Dios, siente algo especial por su verdad y un deseo en su corazón de obedecerla. Una de las evidencias más confiables de la salvación genuina es ese anhelo por la Palabra de Dios (cp. Sal. 42:1). En 1:19-27, Santiago fija su atención en dos verdades principales relacionadas con esta evidencia. En primer lugar, la fe salvadora se caracteriza por una debida aceptación de la Biblia como la Palabra de Dios (vv. 19-21). En segundo lugar, se evidencia por una correcta reacción a la Palabra, que se refleja en una vida de obediencia. El presente capítulo trata acerca del primer elemento; el capítulo 7, acerca del segundo.

Así como a un niño recién nacido no hay que enseñarle su necesidad de la leche materna, al niño recién nacido de Dios no hay que enseñarle su necesidad de la Palabra de Dios, su comida y bebida espiritual. Este es el impulso natural de su nueva vida espiritual, de su nueva creación. Para usar otra metáfora, su sintonizador está ajustado a la frecuencia de la Biblia.

Nuestro Señor afirma: "Si vosotros permaneciereis en mi palabra, seréis verdaderamente mis discípulos" (Jn. 8:31). El genuino discipulado se evidencia por una obediencia constante a las Escrituras.

Jesús advirtió: "Mirad lo que oís; porque con la medida con que medís, os será medido" (Mr. 4:24; cp. Lc. 8:18). Los verdaderos discípulos de Jesucristo deben prestar atención a lo que oyen y leen, analizando cada idea, cada principio y cada norma a la luz de la infalible y soberana autoridad de la Palabra de Dios. Sin embargo, los creyentes no estamos abandonados solo a los límites de nuestra propia diligencia y comprensión, sino que estamos capacitados por la presencia interior del Espíritu Santo de Dios para interpretar acertadamente lo que oímos a la luz de la Palabra. "A vosotros", nos asegura el Señor, "os es dado saber los misterios del reino de los cielos.... Bienaventurados vuestros ojos, porque ven; y vuestros oídos, porque oyen" (Mt. 13:11, 16; cp. 19:11). Pablo también nos asegura que "no hemos recibido el espíritu del mundo, sino el Espíritu que proviene de Dios, para que sepamos lo que Dios nos ha concedido... el espiritual juzga todas las cosas" (1 Co. 2:12, 15; cp. los vv. 9-10). Cuando nuestra fe es verdadera, estamos relacionados con el Dios vivo, de quien fluye hacia nosotros la vida y el poder sobrenatural que nos hace sensibles a su Palabra.

El salmista afirmó: "Bienaventurados los perfectos de camino, los que andan en la ley de Jehová... Con todo mi corazón te he buscado; no me dejes desviarme de tus mandamientos... Me he gozado en el camino de tus testimonios más que de toda riqueza" (Sal. 119:1, 10, 14). Los verdaderos creyentes aman la Palabra de Dios, y su mayor gozo es comprenderla y cumplirla y en consecuencia agradar a su Señor.

También dijo Jesús:

> *El que tiene mis mandamientos, y los guarda, ése es el que me ama; y el que me ama, será amado por mi Padre, y yo le amaré, y me manifestaré a él. Le dijo Judas (no el Iscariote): Señor, ¿cómo es que te manifestarás a nosotros, y no al mundo? Respondió Jesús y le dijo: El que me ama, mi palabra guardará; y mi Padre le amará, y vendremos a él, y haremos morada con él. El que no me ama, no guarda mis palabras; y la palabra que habéis oído no es mía, sino del Padre que me envió (Jn. 14:21-24; cp. 15:7; 17:6, 17).*

La persona que está relacionada con Cristo mediante la fe salvadora, responde gozosa a su Palabra. Por el contrario, la persona que no tiene interés en escuchar, mucho menos de obedecer a la Palabra de Dios, muestra evidencia de que no pertenece a Él.

"Si permanecéis en mí", prometió Jesús, "y mis palabras permanecen en vosotros, pedid todo lo que queréis, y os será hecho. En esto es glorificado mi Padre, en que llevéis mucho fruto, y seáis así mis discípulos" (Jn. 15:7-8). En su primera carta, Juan escribe: "En esto se manifiestan los hijos de Dios, y los hijos del diablo: todo aquel que no hace justicia, y que no ama a su hermano, no es de Dios" (1 Jn. 3:10; cp. 2:24; 3 Jn. 11).

Así como es el deseo íntimo del creyente conocer y obedecer la Palabra de Dios, es el deseo natural de los incrédulos hacer caso omiso de ella y desobedecerla. Aunque inconversos a veces hagan referencia a algunos pasajes bíblicos para apoyar sus propias creencias, normas y objetivos, ellos no valoran ni se someten a la Palabra autorizada de Dios. En el mejor de los casos, es simplemente un recurso, entre muchos otros, con el que pueden o no estar de acuerdo y que usan para su provecho cuando parece ser algo noble o parece ser útil. Debido a la profundidad de la Biblia y sus convincentes verdades, ellos por naturaleza se rebelan contra ella, ya que pone al descubierto su carácter pecaminoso, su naturaleza perdida y su condenación por parte de Dios. "Y de la manera que Janes y Jambres resistieron a Moisés, así también éstos resisten a la verdad; [porque son] hombres corruptos de entendimiento, réprobos en cuanto a la fe" (2 Ti. 3:8). Son como Alejandro el calderero, que se opuso a la enseñanza de Pablo en Éfeso (vea 2 Ti. 4:14-15). Como los malos terrenos en la parábola de Jesús, los del camino, los de los pedregales y los que estaban entre espinos (Mt. 13:18-23), los incrédulos rechazan finalmente el evangelio junto con el resto de la Palabra de Dios. Rechazan su verdad con la mente y con el corazón. Por consiguiente: "Lejos está de los impíos la salvación, porque no buscan tus estatutos" (Sal. 119:155).

Los judíos que rechazaron a Jesús como el Mesías, lo hicieron porque se negaron a creer las inspiradas Escrituras que Dios les había dado. Jesús dejó bien claro para ellos que:

> *el Padre que me envió ha dado testimonio de mí. Nunca habéis oído su voz, ni habéis visto su aspecto, ni tenéis su palabra morando en vosotros; porque a quien él envió, vosotros no creéis. Escudriñad las Escrituras; porque a vosotros os parece que en ellas tenéis la vida eterna; y ellas son las que dan testimonio de mí; y no queréis venir a mí para que tengáis vida (Jn. 5:37-40).*

Poco más adelante dijo: "Escrito está en los profetas: Y serán todos enseñados por Dios. Así que, todo aquel que oyó al Padre, y aprendió de él, viene a mí" (Jn. 6:45). Aun después, Jesús atacó a sus enemigos, diciéndoles sin ambigüedad: "Procuráis matarme, porque mi palabra no halla cabida en vosotros... ¿Por qué no entendéis mi lenguaje? Porque no podéis escuchar mi palabra... El que es de Dios, las palabras de Dios oye; por esto no las oís vosotros, porque no sois de Dios" (Jn. 8:37, 43, 47; cp. 10:26-27). La creencia en la Palabra de Dios y la fe en Jesucristo son inseparables. El creer en una es creer en el otro; y el no creer en una es no creer en el otro.

De modo que la mente y el corazón del creyente reciben la verdad de Dios y se someten a ella. No es que los creyentes podamos sencillamente sentarnos y pasivamente comprender, apreciar y aplicar estas verdades sin una determinación y esfuerzo sinceros. Así como el Señor no nos salvó sin que primero confiáramos en Él, tampoco bendice nuestra vida como creyentes y nos da desarrollo espiritual sin nuestra constante confianza en Él. Y como la Palabra fue el poder de nuestro nuevo nacimiento, así es ella el poder de nuestra vida nueva. Por consiguiente, Santiago revela tres actitudes necesarias para que el creyente reciba de forma adecuada la Palabra de Dios: disposición de recibirla con obediencia (Stg. 1:19-20), con pureza (v. 21a) y con mansedumbre (v. 21b).

DISPOSICIÓN A RECIBIR LA PALABRA CON OBEDIENCIA

Por esto, mis amados hermanos, todo hombre sea pronto para oír, tardo para hablar, tardo para airarse; porque la ira del hombre no obra la justicia de Dios. (1:19-20).

Por esto alude a las verdades expresadas: En primer lugar, la verdad general del poder de la Palabra para regenerar a los creyentes en la iglesia primitiva y convertirlos en criaturas totalmente nuevas; y, en segundo lugar, la verdad adicional y maravillosa de que aquellos creyentes llegaron a ser, en realidad, "primicias de sus criaturas" (v. 18). Gracias a la enseñanza del apóstol, así como por su experiencia propia, sabían lo que era ser transformados por la incorruptible simiente de la Palabra y recibir vida eterna en la propia familia de Dios, como sus propios hijos (cp. 1 P. 1:23-25).

En este punto, Santiago hace una clara transición en el énfasis. Como hemos experimentado el poder transformador de Dios y hemos llegado a ser nuevas criaturas, debemos someternos siempre a su Palabra, permitiéndole que continúe su obra divina en nuestra vida y a través de nuestra vida. En Santiago 1:18, a las Escrituras se les llama "la palabra de verdad"; en el versículo 21, "la palabra implantada"; en el versículo 22, sencillamente "la palabra"; en el versículo 23, de forma figurada, como "espejo"; y en el versículo 25, "la perfecta ley, la de la libertad".

La Biblia no solo se les da a los hombres para salvación, sino que también es "inspirada por Dios, y útil para enseñar, para redargüir, para corregir, para instruir en justicia, a fin de que el hombre de Dios sea perfecto, enteramente preparado para toda buena obra" (2 Ti. 3:16-17). Por el escuchar continuo y fiel de la Palabra, que da y sustenta la vida, nuestro corazón, que es morada de Dios, se siente estimulado a obedecer la Palabra con una entrega voluntaria a sus enseñanzas y verdades. Exclamamos al igual que David que "la ley de Jehová es perfecta, que convierte el alma; el testimonio de Jehová es fiel, que hace sabio al sencillo. Los mandamientos de Jehová son rectos, que alegran el corazón; el precepto de Jehová es puro, que alumbra los ojos" (Sal. 19:7-8). "Por heredad he tomado tus testimonios para siempre", escribe otro salmista, "porque son el gozo de mi corazón" (Sal. 119:111).

Al dirigirse a sus lectores como **mis amados hermanos**, Santiago indica claramente su profunda compasión y preocupación por ellos. Como todo maestro cristiano prudente, no está simplemente tratando de convencer la mente de ellos de forma simplemente intelectual, sino que también está tratando de alcanzar el corazón de ellos. El afecto que siente por ellos y la obligación que tiene hacia ellos, son igualmente fuertes. Pocas cosas pueden hacer el trabajo de un maestro más eficaz que un amor genuino por aquellos a quienes enseña. El amor puede derribar barreras, intelectuales y espirituales, que no derribarían hechos y razones. Y sin que importe cuán bien pueda la mente entender y reconocer una verdad, será de muy poco beneficio espiritual al creyente o al reino si el corazón no se siente motivado a abrazarla y someterse a ella personalmente.

En la segunda parte del versículo 19, Santiago da tres mandatos importantes para el creyente que está dispuesto a recibir la Palabra de Dios con obediencia. Con los tres pudiéramos engañarnos pensando que son sencillos. En primer lugar, debemos ser **[prontos] para oír,** es decir, ser oyentes atentos, asegurándonos de prestar atención a fin de captar bien el mensaje. "Aun el necio, cuando calla, es contado por sabio", observa el escritor de Proverbios, "el que cierra sus labios es entendido" (Pr. 17:28). En otra parte pregunta retóricamente: "¿Has visto hombre ligero en sus palabras? Más esperanza hay del necio que de él" (Pr. 29:20). En cualquier campo del conocimiento aprendemos escuchando, no hablando (cp. Sal. 119:11; 2 Ti. 2:15).

La exhortación de Santiago es a que los creyentes aprovechen cualquier oportunidad de aumentar el tiempo en el que están en contacto con las Escrituras, para aprovechar cada ocasión privilegiada de leer la Palabra de Dios o escucharla fielmente predicada o enseñada. El deseo sincero y anhelante por tal aprendizaje es una de las señales más seguras de un verdadero hijo de Dios. Cuando es especialmente bendecido, acude a la Palabra para buscar pasajes de acción de gracias y alabanza. Cuando está en problemas, busca palabras de aliento, bienestar y fortaleza. En tiempos de confusión, busca palabras de sabiduría y dirección. Cuando es tentado, busca las normas de Dios de pureza y justicia, por poder para resistir. La Palabra es la fuente de liberación de las tentaciones y las pruebas. Llega a ser el amigo más bien recibido, no solo por las situaciones de las que nos libra, sino también por la bendición que nos presenta: "Una comunión gloriosa, íntima y amorosa con nuestro Señor celestial".

De forma periódica, cada cristiano debe hacer un inventario personal con relación a su hambre y sed por la Palabra de Dios. Debe preguntarse con sinceridad: "¿Está de veras mi delicia, como la del salmista, en la ley del Señor; y medito en ella de día y de noche?" (cp. Sal. 1:2); y: "¿Si dejamos de leer la Biblia antes que comience el día, notamos la diferencia en el día y en nosotros mismos?"

J. A. Motyer ha escrito:

Pudiéramos preguntarnos por qué el siempre práctico Santiago no procede a bosquejar esquemas de lectura bíblica diaria o algo semejante, porque de seguro esas son las formas en las que ofrecemos un oído presto a escuchar la voz de Dios. Pero él no nos ayuda de esta manera. Más bien, él profundiza más, porque hay poco valor en los esquemas y en el tiempo que dediquemos, si no tenemos un espíritu dispuesto. Es posible ser indefectiblemente puntuales en la lectura bíblica, pero lograr solamente haber quitado el marcador de libros: esta es una lectura desligada de un espíritu dispuesto. Se lee la Palabra, pero no se escucha. Por otra parte, si podemos desarrollar un espíritu dispuesto, esto nos incitará a crear tales condiciones, un método adecuado para leer la Biblia, una disciplina con relación al tiempo y así sucesivamente, por las cuales el espíritu se encontrará satisfecho al escuchar la Palabra de Dios. (J. A. Motyer, *The Message of James* [El mensaje de Santiago] [Downers Grove, Ill.: InterVarsity, 1985], 64-65)

El verdadero creyente se caracterizará por tal espíritu dispuesto que encontrará la forma de estar en contacto con las Escrituras regularmente, no con el objetivo de cumplimentar un tiempo designado para el devocional, sino para crecer en el conocimiento, comprensión y amor de la verdad, y a través de esto y por encima de esto, crecer en el conocimiento, comprensión y amor del Señor mismo. Se sentirá deseoso de asistir a las predicaciones y estudios de la Biblia, para que su mente y corazón puedan una vez más estar en contacto con la verdad de Dios. Estará deseoso, en el día del Señor, de tener comunión con sus hermanos en Cristo y de adorarlo a Él.

En segundo lugar, el creyente que voluntariamente recibe la Palabra con obediencia, debe ser **tardo para hablar.** Esta característica acompaña a la primera. Usted no puede escuchar cuidadosamente mientras está hablando o incluso mientras está pensando lo que va a decir. Muchos debates no rinden fruto alguno por la sencilla razón de que todas las partes están prestando mayor atención a lo que quieren decir que a lo que los otros están diciendo.

En este contexto, por lo tanto, parece que **tardo para hablar** incluye el concepto de ser cuidadoso de no estar pensando en nuestras propias ideas, mientras otra persona está tratando de expresar las de Dios. No podemos en realidad escuchar la Palabra de Dios cuando nuestra mente está concentrada en nuestros propios pensamientos. Necesitamos guardar silencio, tanto en nuestro interior como en nuestro exterior.

Sin embargo, la idea fundamental aquí es que, cuando llega el tiempo apropiado para **hablar,** se debe considerar cuidadosamente lo que se dice.

Cuando hablamos para el Señor, debemos tener la gran preocupación de que lo que digamos no solo sea verdad, sino que lo digamos de forma tal que edifique a los que escuchan y glorifique al Señor para quien hablamos. Debemos procurar cada oportunidad de leer la Palabra, de escucharla cuando se predica o se enseña y de analizarla con otros creyentes que aman, honran y buscan obedecerla. Al mismo tiempo, debemos ser cautelosos, pacientes y cuidadosos cuando tenemos la oportunidad de predicarla, enseñarla o explicarla a otros. Sin duda por esa razón Santiago advierte después: "Hermanos míos, no os hagáis maestros muchos de vosotros, sabiendo que recibiremos mayor condenación" (Stg. 3:1).

Después de muchos años de predicar y enseñar la Palabra, debo confesar que, aunque el ejercicio de la predicación es la manifestación de mi don espiritual y sin duda da gran satisfacción, no puedo sinceramente decir que saboreo el predicar y el enseñar, o que me complazco con eso. No me precipito al púlpito con todo tipo de euforia o gozo personal. Siempre hay cierta resistencia en mi corazón, no una resistencia a cumplir mi llamamiento, sino una basada en el gran peso de responsabilidad de usar acertadamente y proclamar la verdad de Dios (2 Ti. 2:15).

Según uno de sus biógrafos, cuando al gran reformador y teólogo escocés Juan Knox se le llamó por primera vez a predicar, "se deshizo en abundantes lágrimas y se retiró a su cámara. Su semblante y comportamiento desde aquel día hasta el día que tuvo que presentarse ante el lugar público de predicación, declaraban de forma suficiente el aprieto en el que se hallaba su corazón" (William Barclay, *The Letters to Timothy, Titus, and Philemon* [Las cartas a Timoteo, Tito y Filemón] [Filadelfia: Westminster, 1975], 50).

Cuando un joven le pidió a un famoso orador romano que le enseñara el arte de hablar en público, el joven continuó con un incesante caudal de vana palabrería que no dio oportunidad al gran maestro de interponer una palabra. Cuando finalmente llegaron al punto en el que iban a hablar de los honorarios, el orador le dijo: "Joven, a fin de darte clases de oratoria, tendré que cobrarte el doble". Al preguntarle por qué, le explicó: "Porque tendré que enseñarte dos técnicas: La primera, cómo sujetar tu lengua; la segunda, cómo usarla".

Es trágico cuando a los nuevos convertidos, sobre todo a personas de renombre, se les anima de inmediato a que comiencen a hablar en público, no simplemente para dar testimonio de su salvación, sino para que comiencen a dar consejos acerca de otros aspectos de la doctrina y la práctica cristiana, para lo cual no están bíblicamente preparados ni tienen experiencia alguna. Esto no solo tiende a fomentar el orgullo y una falsa confianza en el nuevo creyente, sino que casi inevitablemente ofrece ideas superficiales y a menudo erróneas y espiritualmente peligrosas, a aquellos que los escuchan. Muy consciente de ese peligro, Pablo le advirtió a Timoteo que un obispo, o anciano, no debía ser un "neófito, no sea que envaneciéndose caiga en la condenación del diablo" (1 Ti.

3:6). Más adelante en esa carta añade: "No impongas con ligereza las manos a ninguno, ni participes en pecados ajenos" (5:22; cp. Ez. 3:17-18; Hch. 20:26-28; He. 13:17).

A juzgar por Santiago 1:26 y 3:1, algunos creyentes de las iglesias a los que Santiago escribió acostumbraban a decir y a enseñar lo primero que les viniera a su mente, sin pensar cuidadosamente en eso o comprobarlo con las Escrituras. Muchos de los presuntos maestros quizás eran sinceros pero con pobre enseñanza y preparación. Algunos eran orgullosos y arrogantes (vea 4:6) y disfrutaban al escuchar su propia voz y cuando los consideraban maestros y líderes. Algunos, que estaban descontentos, eran dados a criticar y pleitear unos con otros (vea 3:14; 4:1-2, 11; 5:9). Y, aunque Santiago no menciona específicamente el problema, parece que también había falsos maestros incrédulos que estaban engañosamente socavando la doctrina y la fe de los miembros de la iglesia, causando gran confusión y daño.

El hombre de Dios a quien Dios ha ungido para predicar su Palabra es compelido a hacerlo con disposición y gozo. Pero también ha de hacerlo con una sensación de temor reverente, asegurándose siempre, por medio de un estudio cuidadoso y paciente, preparación y oración, que no dice nada en el nombre de Dios que no refleje exactamente su Palabra.

En tercer lugar, el creyente que voluntariamente recibe la Palabra con obediencia debe ser **tardo para airarse.** El enojo es una emoción muy natural que es casi una respuesta automática, incluso para los creyentes que no están preparados espiritualmente, a casi cualquier cosa o persona que causa daño o desagrada. *Orgē* (**ira**) no se refiere a un arranque explosivo de nuestro temperamento, sino a un resentimiento interior y profundo que se agita y arde, muchas veces sin que otros lo noten. Por consiguiente es una ira de la que solo conocen el Señor y el creyente, y un peligro extraordinario, ya que puede hospedarse privada y secretamente.

En este contexto, Santiago parece estar refiriéndose en particular a **airarse** ante una verdad en la Palabra que disgusta, que confronta el pecado o entra en conflicto con una creencia personal, norma o conducta muy apreciada. Se refiere a una disposición hostil a la verdad de las Escrituras cuando esta no se corresponde con nuestras propias convicciones, manifestadas, aun cuando solo interiormente, contra aquellos que enseñan fielmente la Palabra.

Como se ha observado, el **airarse** se refleja también en el descontento y contienda general en algunas de las congregaciones a las que escribió Santiago. "¿De dónde vienen las guerras y los pleitos entre vosotros?", pregunta él. "¿No es de vuestras pasiones, las cuales combaten en vuestros miembros? Codiciáis, y no tenéis; matáis y ardéis de envidia, y no podéis alcanzar; combatís y lucháis" (4:1-2). Las personas deseaban que los demás confirmaran sus propias opiniones, aprobaran sus caminos y aceptaran sus propios gustos y aversiones por otros. La terquedad era suprema, la hostilidad personal, incontrolada y el daño espiritual, enorme. En vez de trabajar juntos con amor a favor de los demás, luchaban unos contra otros para seguir en sus caminos, a pesar de las consecuencias para la Iglesia de Cristo o para su propio bienestar espiritual.

Pero aquí el énfasis de Santiago parece estar en aquellos que escuchan la verdad y se resienten cuando esta pone al descubierto sus falsas ideas y su modo impío de vivir. Pablo les preguntó a los creyentes de Galacia: "¿Me he hecho, pues, vuestro enemigo, por deciros la verdad?" (Gá. 4:16). En la mente de algunos miembros de la iglesia, la respuesta si dudas era "sí". En realidad, el que Pablo les dijera constantemente la verdad de Dios, sin hacer concesiones ni omisiones, era la cosa mejor y de más ayuda que pudiera hacer por ellos. Es la cosa mejor y de más ayuda que alguien puede hacer por otros.

Pero a lo largo de la historia de la iglesia, en realidad, a lo largo de la historia de la humanidad caída, incluso los creyentes se han ofendido por la verdad de Dios y con el mensajero que la trajo. Por lo tanto, a veces un pastor debe ser estricto al desafiar y reprender ese resentimiento. "Mas algunos están envanecidos", le dijo Pablo a la iglesia de Corinto, "como si yo nunca hubiese de ir a vosotros. Pero iré pronto a vosotros, si el Señor quiere, y conoceré, no las palabras, sino el poder de los que andan envanecidos. Porque el reino de Dios no consiste en palabras, sino en poder. ¿Qué queréis? ¿Iré a vosotros con vara, o con amor y espíritu de mansedumbre?" (1 Co. 4:18-21).

De una forma similar, pero de algún modo menos específica, Santiago estaba tratando de contener y anular el resentimiento personal y la hostilidad que plagaban a algunas, tal vez a todas, las iglesias adonde con el tiempo llegaría su carta. Muchos de los creyentes en esas iglesias habrían estado bajo su cuidado pastoral en Jerusalén antes de que la iglesia fuera esparcida luego del martirio de Esteban (vea Hch. 8:1; 11:19).

Por supuesto que hay una ira justa, una indignación santa contra el pecado, Satanás y todo lo que deshonra al Señor o arremete contra su gloria. Jesús estaba intensamente enojado cuando vio la casa de su Padre, el santo templo en Jerusalén, convertido en "casa de mercado"y expresó su ira dos veces al expulsar a los responsables por la profanación (Jn. 2:14-16; cp. Mt. 21:12-13).

Pero el **airarse,** el amargarse y el resentirse nunca pueden servir a la causa de Cristo, ya que **la ira del hombre no obra la justicia de Dios,** es decir, no logra lo que es bueno ante los ojos de Dios. Eso es sobre todo cierto cuando la hostilidad es contra la verdad de la Palabra de Dios, ya que en realidad es contra Dios mismo.

DISPOSICIÓN A RECIBIR LA PALABRA CON PUREZA

Por lo cual, desechando toda inmundicia y abundancia de malicia, (1:21*a*)

Como se analizará ampliamente en la sección siguiente, el verbo principal de esta oración es **recibid.** Y como este verbo (*dechomai*), así como el participio relacionado (de *apotithēmi,* **desechando**), están en tiempo aoristo, se sobreentiende que la acción del participio precede la del verbo principal. En otras palabras, **desechando** [más literalmente, "habiendo puesto a un lado"] **toda inmundicia y abundancia de malicia,** es una condición por recibir **la palabra implantada.** Antes que la Palabra de Dios pueda producir su justicia en nosotros, debemos desechar el pecado de nuestra vida que está entre nosotros y esa justicia.

Pablo emplea la misma figura varias veces en sus cartas. Exhorta a los creyentes de Éfeso: "En cuanto a la pasada manera de vivir, despojaos del viejo hombre, que está viciado conforme a los deseos engañosos, y renovaos en el espíritu de vuestra mente, y vestíos del nuevo hombre, creado según Dios en la justicia y santidad de la verdad" (Ef. 4:22-24). A los cristianos de Colosas les dice: "Ahora dejad también vosotros todas estas cosas: ira, enojo, malicia, blasfemia, palabras deshonestas de vuestra boca. No mintáis los unos a los otros, habiéndoos despojado del viejo hombre con sus hechos, y revestido del nuevo, el cual conforme a la imagen del que lo creó se va renovando hasta el conocimiento pleno" (Col. 3:8-10). El escritor de Hebreos dice: "Por tanto, nosotros también, teniendo en derredor nuestro tan grande nube de testigos, despojémonos de todo peso y del pecado que nos asedia, y corramos con paciencia la carrera que tenemos por delante" (He. 12:1). De igual manera, Pedro escribe: "Desechando, pues, toda malicia, todo engaño, hipocresía, envidias, y todas las detracciones, desead, como niños recién nacidos, la leche espiritual no adulterada, para que por ella crezcáis para salvación" (1 P. 2:1-2).

Inmundicia traduce *rhuparia,* que se refiere a cualquier tipo de profanación o impureza moral. Está estrechamente relacionada con un término empleado para describir la cerilla en el oído, la que deteriora la audición y es por lo tanto, muy apropiado en este contexto. La **inmundicia** moral es una barrera muy seria para poder escuchar claramente y comprender la Palabra de Dios.

Malicia viene de *kakia,* que denota maldad moral y corrupción en general, en especial en cuanto a la intención. Pertenece al pecado que es deliberado y determinado. Puede residir en el corazón durante mucho tiempo antes de que se exprese exteriormente, y en realidad pudiera nunca expresarse exteriormente. Incluye, por lo tanto, los muchos pecados "ocultos"que solo conocen el Señor y la propia persona.

En este contexto *perisseria* tiene la idea de **abundancia** o "predominio" **de**

malicia. La idea es de confesar, arrepentirse y eliminar todo vestigio y rasgos de maldad que corrompen nuestra vida, disminuyen el hambre por la Palabra y oscurecen nuestra comprensión. Cuando esto ocurre, podemos realmente recibir "la palabra de Dios,... no como palabra de hombres, sino según es en verdad, la palabra de Dios, la cual actúa en [nosotros] los creyentes" (1 Ts. 2:13).

DISPOSICIÓN A RECIBIR LA PALABRA CON MANSEDUMBRE

recibid con mansedumbre la palabra implantada, la cual puede salvar vuestras almas. (1:21*b*)

Por último, Santiago afirma que los verdaderos creyentes voluntariamente reciben la Palabra de Dios **con mansedumbre. Mansedumbre** traduce *prautēs*, que a menudo se traduce como "humildad". La forma adjetival se traduce por lo general "manso", como en la tercera bienaventuranza (Mt. 5:5). Pero aquí no parece apropiada la humildad, ya que la idea es claramente la de receptividad desinteresada, de echar a un lado tanto a sí mismo como al pecado. El eminente erudito en griego W. E. Vine describe *prautēs* como "una gracia incrustada del alma; y el ejercicio de la misma es ante todo y principalmente hacia Dios. Es ese temperamento del espíritu en el que aceptamos su trato con nosotros como bueno y por lo tanto sin disputar o resistir" *(An Expository Dictionary of New Testament Words* [Diccionario expositivo de las palabras del Nuevo Testamento] [Nueva York: Revell, 1940], 3:55).

Entre otras cosas, la **mansedumbre** incluye la muy importante cualidad de la docilidad, que obviamente es de suma importancia en cuanto a oír y entender la Palabra de Dios. El fiel cristiano debe recibir **la palabra implantada** con un espíritu obediente, manso y dócil, libre de orgullo, resentimiento, ira y toda forma de corrupción moral.

Implantada viene de *emphutos,* que tiene el sentido literal de sembrar una semilla en la tierra. Aquí se emplea metafóricamente para referirse a la Palabra de Dios que se ha [**plantado**] y que ha echado raíces en el corazón de un creyente (la "buena tierra"de Mt. 13:8, 23) en el momento de la salvación. Con el Espíritu Santo para interpretarla y dar poder, se vuelve un elemento esencial en la nueva vida espiritual del hijo de Dios, ya que "la palabra de Dios es viva y eficaz, y más cortante que toda espada de dos filos; y penetra hasta partir el alma y el espíritu, las coyunturas y los tuétanos, y discierne los pensamientos y las intenciones del corazón" (He. 4:12). La Palabra de Dios es el evangelio en su plenitud y "es poder de Dios para salvación a todo aquel que cree" (Ro. 1:16).

Sin embargo, a pesar de que ya está dentro de nosotros, debemos [**recibirla**] continuamente, en el sentido de permitirle dirigir y controlar nuestra vida. Fue de esa manera que los nobles judíos de Berea "recibieron la palabra con toda solicitud, escudriñando cada día las Escrituras para ver si estas cosas [predicadas por Pablo y Silas] eran así" (Hch. 17:11).

puede salvar vuestras almas mira hacia atrás, hacia nuestra salvación inicial, cuando la Palabra trajo la verdad del evangelio a un corazón perdido, mostrándonos el camino de salvación y salvándonos de la paga del pecado (cp. 1 P. 1:23). También **puede salvar** al ser un recurso constante de la verdad de Dios que el Espíritu Santo emplea para evitar que el [**alma**] de los creyentes sea arrebatada de la familia de Dios, al protegernos del poder y del dominio del pecado. Por último, puede guiarnos a la definitiva y total salvación, cuando seamos glorificados con Cristo en el cielo, separados para siempre de la presencia del pecado. Es esa verdad la que Pablo declara al asegurarnos que "ahora está más cerca de nosotros nuestra salvación que cuando creímos" (Ro. 13:11). Es el poder divino que respalda la verdad de la Biblia el que puede comenzar la salvación, mantenerla viva y creciendo, y a la postre llevarla a la gloria final, completa y perfecta. Hemos sido salvos (justificados) por el poder de la Palabra de Dios; nos mantiene salvos (santificados) el poder de la Palabra; y seremos definitiva, completa y eternamente salvos (glorificados) por el poder de la Palabra.

Creencia que se refleja en la conducta: Segunda parte

7

Pero sed hacedores de la palabra, y no tan solamente oidores, engañándoos a vosotros mismos. Porque si alguno es oidor de la palabra pero no hacedor de ella, éste es semejante al hombre que considera en un espejo su rostro natural. Porque él se considera a sí mismo, y se va, y luego olvida cómo era. Mas el que mira atentamente en la perfecta ley, la de la libertad, y persevera en ella, no siendo oidor olvidadizo, sino hacedor de la obra, éste será bienaventurado en lo que hace. Si alguno se cree religioso entre vosotros, y no refrena su lengua, sino que engaña su corazón, la religión del tal es vana. La religión pura y sin mácula delante de Dios el Padre es esta: Visitar a los huérfanos y a las viudas en sus tribulaciones, y guardarse sin mancha del mundo. (1:22-27)

Tan importante como es la debida atención a la Palabra de Dios, sin la obediencia a sus verdades no solo deja de tener beneficios, sino que se convierte en un juicio adicional contra sus lectores. Es indispensable oír la Palabra con una actitud de obediencia, pero ni siquiera eso es suficiente. La obediencia a la Palabra es el requisito espiritual más esencial y es el común denominador de todos los creyentes. La realidad ineludible de la verdadera vida espiritual no es un sentimiento momentáneo de conformidad o compromiso, sino una obediencia a largo plazo a las Escrituras (cp. Jn. 8:31).

Cuando los judíos comenzaron a volver a su país después de setenta años de cautiverio en Babilonia, encontraron su amada ciudad de Jerusalén, incluso el templo, en ruinas. Su primer deseo fue reconstruir el templo, y ese trabajo comenzó bajo la dirección de Zorobabel. Pero los muros de la ciudad también estaban en muy mal estado, dejando al pueblo vulnerable al ataque de cualquier enemigo. Un judío llamado Nehemías, que había sido copero del rey Artajerjes de Babilonia, consiguió el permiso del rey para ir a Jerusalén y ayudar a su pueblo a reconstruir el muro. Bajo este extraordinario liderazgo y a través de la dirección y el poder del Espíritu de Dios, el pueblo llevó a cabo la imponente tarea de reconstrucción en solo cincuenta y dos días (vea Neh. 1:1-6:15).

Una vez que se hizo eso, el pueblo reconoció con toda claridad que la mano de Dios los había llevado de vuelta a su país y a su ciudad santa, y que les había dado poder mientras reconstruían el templo y los muros de la ciudad. Nehemías informa que:

> se juntó todo el pueblo como un solo hombre en la plaza que está delante de la puerta de las Aguas, y dijeron a Esdras el escriba que trajese el libro de la ley de Moisés, la cual Jehová había dado a Israel. Y el sacerdote Esdras trajo la ley delante de la congregación, así de hombres como de mujeres y de todos los que podían entender, el primer día del mes séptimo. Y leyó en el libro delante de la plaza que está delante de la puerta de las Aguas, desde el alba hasta el mediodía... y los oídos de todo el pueblo estaban atentos al libro de la ley... Abrió, pues, Esdras el libro a ojos de todo el pueblo, porque estaba más alto que todo el pueblo; y cuando lo abrió, todo el pueblo estuvo atento. Bendijo entonces Esdras a Jehová, Dios grande. Y todo el pueblo respondió: ¡Amén! ¡Amén! alzando sus manos; y se humillaron y adoraron a Jehová inclinados a tierra... Y leían en el libro de la ley de Dios claramente, y ponían el sentido, de modo que entendiesen la lectura (Neh. 8:1-3, 5-6, 8).

Esdras y otros se turnaron en la lectura y la interpretación de la ley para el pueblo, teniendo a veces que traducir del hebreo, ya que muchos del pueblo no lo habían aprendido mientras estuvieron cautivos en Babilonia. El escuchar la lectura de la Palabra preparó el escenario para un avivamiento espiritual en Israel. Con eso es que comienza siempre el avivamiento, con la palabra: "[Traigan] el libro".

Desde el principio, el pueblo mostró espontáneamente su hambre espiritual, permaneciendo de pie en reverencia apenas Esdras comenzó a leer la ley, y luego se inclinaron y adoraron a Dios con el rostro hacia el suelo, en señal de humildad, cuando hubo terminado. Cuando se convencieron de corazón, también comenzaron a "[llorar] oyendo las palabras de la ley" (v. 9). Pero al final de la lectura, Nehemías declaró el día santo y le ordenó al pueblo que dejara de llorar, y les dijo: "Id, comed grosuras, y bebed vino dulce, y enviad porciones a los que no tienen nada preparado; porque día santo es a nuestro Señor; no os entristezcáis, porque el gozo de Jehová es vuestra fuerza" (v. 10).

El verdadero avivamiento implica también confesión de pecados. Esta fue la respuesta del pueblo. Nehemías informa que unas tres semanas después:

> El día veinticuatro del mismo mes se reunieron los hijos de Israel en ayuno, y con cilicio y tierra sobre sí. Y ya se había apartado la descendencia de Israel de todos los extranjeros; y estando en pie, confesaron sus pecados, y las iniquidades de sus padres. Y puestos de pie en su lugar, leyeron el libro de la ley de Jehová

su Dios la cuarta parte del día, y la cuarta parte confesaron sus pecados y adoraron a Jehová su Dios (9:1-3).

Hubo una muestra de dolor por los pecados, que los condujo a confesión, junto con el conocimiento del perdón del Señor de esos pecados, que fue causa de celebración.

Después de la confesión y de la celebración vino un pacto con el Señor. En nombre del pueblo, los levitas y otros líderes declararon delante del Señor:

A causa, pues, de todo esto, nosotros hacemos fiel promesa, y la escribimos, firmada por nuestros príncipes, por nuestros levitas y por nuestros sacerdotes... Y el resto del pueblo, los sacerdotes, levitas, porteros y cantores, los sirvientes del templo, y todos los que se habían apartado de los pueblos de las tierras a la ley de Dios, con sus mujeres, sus hijos e hijas, todo el que tenía comprensión y discernimiento, se reunieron con sus hermanos y sus principales, para protestar y jurar que andarían en la ley de Dios, que fue dada por Moisés siervo de Dios, y que guardarían y cumplirían todos los mandamientos, decretos y estatutos de Jehová nuestro Señor (9:38; 10:28-29).

Bajo la dirección del piadoso Esdras y de Nehemías, el pueblo reaccionó adecuadamente ante la Palabra de Dios: Confesión de pecados, celebración por el perdón y pacto de obedecerla.

Quienes de modo constante desobedecen la Palabra de Dios dan prueba que no tienen su vida en ellos. Los que constantemente obedecen la Palabra, dan testimonio de la vida de Dios en su alma. Como se observa varias veces en los primeros capítulos, ese es el tema principal de la Epístola de Santiago, que se repite brevemente al comienzo del presente texto: **Pero sed hacedores de la palabra, y no tan solamente oidores, engañándoos a vosotros mismos.**

Una traducción más literal del tiempo presente medio imperativo de *ginomai* (**sed**) es "sean continuamente" o "sigan esforzándose por ser", **hacedores de la palabra.** Cuando las personas reciben bendición por un la predicación o el estudio regular y profundo de la Biblia, pueden llegar a apasionarse tanto por su conocimiento de la Palabra de Dios, que pueden sentirse satisfechos con tal conocimiento y dejar de esforzarse por vivir las profundas verdades que ha comprendido. Pero un verdadero creyente no estará interiormente satisfecho con solamente conocer la Palabra. Su conciencia y el llamado de la presencia interior del Espíritu Santo seguirán convenciéndolo de sus errores hasta que llegue a ser obediente.

La forma sustantiva de *poiētē* (**hacedores**) lleva la caracterización de la personalidad total, todo el ser interior de una persona: Mente, alma, espíritu y emociones. Una cosa es tener que batallar durante algunos días o semanas en un conflicto armado; y otra diferente es ser un soldado profesional, cuya vida está dedicada por completo a los asuntos de guerra. Una cosa es hacer reparaciones ocasionales en la casa; y otra muy diferente es ser un constructor profesional. Una cosa es enseñar ocasionalmente una clase en la escuela dominical; y otra muy diferente es tener un llamado divino y un don divino como maestro de la Palabra. Aquí Santiago se refiere al cristiano **[hacedor] de la palabra,** subrayando lo que es y no lo que hace. Hay personas cuya vida está dedicada, no solo a aprender de la Palabra de Dios, sino también a una continua y fiel obediencia a ella. Un comentarista dice que Santiago tiene en mente "a una persona cuya vida se caracteriza por tener energía santa".

La palabra griega *akroatēs* (**oidores**) se empleaba para referirse a quienes se sentaban pasivamente en un lugar y escuchaban a un cantante o a un orador. Hoy puede emplearse para los que participan como oyentes en una clase de la universidad, a quienes se les exige que asistan y presumiblemente que escuchen, pero sin que se les pida ningún estudio adicional, alguna tarea por escrito o el hacer algún examen. En otras palabras, no se les hace responsables por lo que escuchan. Trágicamente, la mayoría de las iglesias tienen muchos "oyentes", miembros que de buena gana entran en contacto con la enseñanza y con la predicación de la Palabra, pero no tienen ningún interés en que ese conocimiento cambie su conducta diaria de vida. Se aprovechan del privilegio de escuchar la Palabra de Dios, pero no tienen deseo de obedecerla. Cuando se les observa regularmente, se hace evidente por su actitud que no son cristianos, sino que solo fingen serlo. Tales personas, que son **solamente oidores** y no también hacedores, piensan que pertenecen a Dios, cuando, en realidad, no es así. Proclamar e interpretar la Palabra de Dios nunca son fines en sí mismos, sino medios para un fin, es decir, la aceptación verdadera de la verdad divina por lo que es y el aplicarla fielmente.

Es muy clara la línea que establece la Biblia entre santo y pecador. "En esto se manifiestan los hijos de Dios, y los hijos del diablo: todo aquel que no hace justicia, y que no ama a su hermano, no es de Dios" (1 Jn. 3:10). Pedro aconseja a los creyentes que procuren "hacer firme [su] vocación y elección; porque *haciendo* estas cosas, no [caerán] jamás" (2 P. 1:10, cursivas añadidas). No es cuestión de lo que uno dice haber experimentado, sino de cómo uno vive a la luz de la Palabra de Dios.

Al examinar la dinámica de su propia naturaleza humana contra su nueva naturaleza en Cristo, Pablo dice:

Porque lo que hago, no lo entiendo; pues no hago lo que quiero, sino lo que aborrezco, eso hago. Y si lo que no quiero, esto hago, apruebo que la ley es buena. De manera que ya no soy yo quien hace aquello, sino el pecado que mora en mí. Y yo sé que en mí, esto es, en mi carne, no mora el bien; porque el

querer el bien está en mí, pero no el hacerlo. Porque no hago el bien que quiero,
sino el mal que no quiero, eso hago (Ro. 7:15-19).

Lo que el apóstol quiere decir aquí es que, cuando cae en pecado, es en contra de su nueva naturaleza que se expresa en su deseo espiritual interior, y por lo tanto, lo aborrece. Esta es una señal segura de una vida transformada y redimida en Cristo. El anhelo fundamental de un verdadero creyente es hacer la voluntad de Dios, manifestada en su Palabra. Más adelante en esa epístola, Pablo dice que "la justicia de la ley se [cumple] en nosotros, que no andamos conforme a la carne, sino conforme al Espíritu" (8:4). En otras palabras, una vida recién creada, regenerada y salva se manifestará en el deseo de una conducta que corresponda con las normas de Dios en su Palabra. La vida que se cuenta como justa en Cristo, se hará evidente en una forma justa de vivir. Expresando esa misma verdad, Juan escribe: "Y en esto sabemos que nosotros le conocemos, si guardamos sus mandamientos. El que dice: Yo le conozco, y no guarda sus mandamientos, el tal es mentiroso, y la verdad no está en él" (1 Jn. 2:3-4).

A la larga, la forma en la que nos comportamos es una muestra de nuestra salvación o de nuestra condición perdida. En vista de esa verdad, hay una buena razón para creer que hay innumerables hombres, mujeres y niños que asisten con regularidad a la iglesia y confiesan con firmeza ser cristianos, pero cuya vida dan testimonio que no lo son. Ellos escuchan con regularidad la predicación de la Palabra, dicen creer en ella y la analizan correctamente con los demás miembros. Pero el corazón de ellos está carente de la gracia salvadora y transformadora de Dios. Jesús declaró inequívocamente:

No todo el que me dice: Señor, Señor, entrará en el reino de los cielos, sino
el que hace la voluntad de mi Padre que está en los cielos. Muchos me
dirán en aquel día: Señor, Señor, ¿no profetizamos en tu nombre, y en tu
nombre echamos fuera demonios, y en tu nombre hicimos muchos milagros?
Y entonces les declararé: Nunca os conocí; apartaos de mí, hacedores de
maldad (Mt. 7:21-22).

En su clásica alegoría *El progreso del peregrino*, el predicador y escritor puritano Juan Bunyan describe el espléndido espejo que los pastores de las montañas de las Delicias mostraron a Cristiana y a Misericordia:

El espejo era único en su especie. Mirándolo por un lado, veía uno fielmente reproducidas sus propias facciones. Mirándolo por el opuesto, reflejaba el mismo rostro e imagen del Príncipe de los peregrinos. He tratado con los que son capaces de hablar sobre el asunto y me han dicho que mirando en aquel espejo han visto la misma corona de espinas coronando su frente, lo mismo que las heridas en sus manos, en sus pies y en su costado. Además de lo cual, tal excelencia posee dicho espejo, que representará al Príncipe de la manera que uno quiera verlo, en la tierra o en el cielo, en su humillación o en su exaltación, viniendo al mundo a sufrir o viniendo a reinar.

Lo que Bunyan quiere decir es que, cuando una persona busca en la Palabra de Dios con sinceridad y humildad, verá dos cosas: Su propio pecado y el inmaculado Salvador y Señor. Cuando tal persona mira y responde a Cristo y luego vive la Palabra, recibe bendición al hacerlo. Por medio de Josué, el Señor dijo: "Nunca se apartará de tu boca este libro de la ley, sino que de día y de noche meditarás en él, para que guardes y hagas conforme a todo lo que en él está escrito; porque entonces harás prosperar tu camino, y todo te saldrá bien" (Jos. 1:8). Los hacedores de la Palabra la ponen en práctica en su vida. Disfrutar de la Palabra es más que una experiencia momentánea; es la aplicación de por vida de sus verdades. Otra respuesta a la Palabra que no sea la obediencia a ella es autoengañarnos.

El carácter de los hombres se evidencia primordialmente por su conducta. Con el paso del tiempo, la conducta siempre es una prueba confiable de la persona interior, ya que inevitablemente el genuino carácter de la persona se expresará externamente. "Por sus frutos los conoceréis", dijo Jesús. "¿Acaso se recogen uvas de los espinos, o higos de los abrojos? Así, todo buen árbol da buenos frutos, pero el árbol malo da frutos malos" (Mt. 7:16-17). "Porque de la abundancia del corazón habla la boca. El hombre bueno, del buen tesoro del corazón saca buenas cosas; y el hombre malo, del mal tesoro saca malas cosas" (Mt. 12:34b-35; cp. Pr. 4:23). Según el mismo principio, como después Santiago ilustra en su carta, ninguna fuente puede dar agua salada y dulce (3:11).

La conducta es la forma visible de medir el verdadero discipulado. Jesús preguntó:

> *¿Por qué me llamáis, Señor, Señor, y no hacéis lo que yo digo? Todo aquel que viene a mí, y oye mis palabras y las hace, os indicaré a quién es semejante. Semejante es al hombre que al edificar una casa, cavó y ahondó y puso el fundamento sobre la roca; y cuando vino una inundación, el río dio con ímpetu contra aquella casa, pero no la pudo mover, porque estaba fundada sobre la roca. Mas el que oyó y no hizo, semejante es al hombre que edificó su casa sobre tierra, sin fundamento; contra la cual el río dio con ímpetu, y luego cayó, y fue grande la ruina de aquella casa (Lc. 6:46-49).*

En otra ocasión declaró de forma inequívoca: "Vosotros sois mis amigos, si hacéis lo que yo os mando" (Jn. 15:14); y: "El que me ama, mi palabra guardará;

y mi Padre le amará, y vendremos a él, y haremos morada con él" (14:23). Repitiendo esta verdad fundamental, el apóstol Juan escribe: "Y en esto sabemos que nosotros le conocemos, si guardamos sus mandamientos" (1 Jn. 2:3). Por el contrario, "el que no me ama, no guarda mis palabras" (Jn. 14:24; cp. Lc. 6:46); y: "el que dice: Yo le conozco, y no guarda sus mandamientos, el tal es mentiroso, y la verdad no está en él" (1 Jn. 2:4).

Los judíos a quienes les estaba escribiendo Santiago, "a las doce tribus que están en la dispersión" (Stg. 1:1), conocían tales principios. Un rabino de la antigüedad había dicho: "Deben no solo leer [las leyes de Moisés], sino también poner en práctica lo que ellas le ordenan". Otro rabino escribió: "No es la exposición [de la ley lo que] es la cosa principal, sino el hacerla". La mayoría de los judíos de la época de Cristo escuchaban regularmente la ley y los profetas que se leían y explicaban en sus sinagogas, pero se contentaban solo con escuchar y obedecer de forma superficial y no en el deseo verdadero de obedecer a plenitud esas palabras.

Al igual que hay tres elementos para escuchar y recibir la Palabra (con obediencia, pureza y mansedumbre), también hay tres elementos para obedecer la Palabra. De modo que el verdadero creyente, el oidor y hacedor de la Palabra, prueba su fe de tres maneras: Con relación a sí mismo, está dispuesto a aplicar la Palabra sin engaño (1:22*b*-26); con relación a los demás, está dispuesto a aplicarla sin egoísmo (v. 27a); y con relación al mundo, está dispuesto a aplicar la Palabra sin hacer concesiones (v. 27b).

DISPOSICIÓN A APLICAR LA PALABRA SIN ENGAÑO

engañándoos a vosotros mismos. Porque si alguno es oidor de la palabra pero no hacedor de ella, éste es semejante al hombre que considera en un espejo su rostro natural. Porque él se considera a sí mismo, y se va, y luego olvida cómo era. Mas el que mira atentamente en la perfecta ley, la de la libertad, y persevera en ella, no siendo oidor olvidadizo, sino hacedor de la obra, éste será bienaventurado en lo que hace. Si alguno se cree religioso entre vosotros, y no refrena su lengua, sino que engaña su corazón, la religión del tal es vana. (1:22*b*-26)

Cualquier respuesta a la palabra que no sea la obediencia fiel es autoengaño. *Paralogizomai* (**engañándoos**) literalmente significa razonar fuera de y por lo tanto, se refiere a una apreciación o un razonamiento erróneo y muchas veces implica la idea de un falso razonamiento deliberado con el propósito de engañar. En matemáticas, el significado es el de un cálculo erróneo. Los que profesan ser cristianos y oyen la Palabra sin obedecerla, cometen un serio error de cálculo espiritual, que hace que se **[engañen a sí] mismos**. Son ilusos. Una antigua expresión escocesa se refiera a tales cristianos falsos como "probadores de sermones que nunca han probado la gracia de Dios". Cualquier respuesta al evangelio que no incluya la obediencia, es engaño de sí mismo. Si una profesión de fe en Cristo no da por resultado una vida transformada, que siente hambre y sed de la Palabra de Dios y que desea obedecer esa Palabra, profesar es solo eso, una simple profesión. Satanás, por supuesto, ama tales profesiones, porque les dan a los miembros de la iglesia la idea irrebatible de que son salvos cuando en realidad no lo son. Siguen perteneciendo a él, no a Dios.

A fin de explicar este engaño de sí mismo, Santiago emplea una analogía sencilla: **Si alguno es oidor de la palabra y no hacedor de ella, éste es semejante al hombre que considera en un espejo su rostro natural. Porque él se considera a sí mismo, y se va, y luego olvida cómo era.**

Katanoeō (**considera**) es la forma fuerte del verbo *noeō,* que significa simplemente percibir o mirar algo. Sin embargo, el verbo compuesto que Santiago emplea aquí lleva la idea adicional de una consideración cuidadosa y meticulosa de lo que se está mirando. El **oidor de la palabra** y que no es **hacedor,** es como una persona que observa atentamente **en un espejo su rostro natural,** pero que tan pronto termina de mirar **olvida cómo era.**

En la época del Nuevo Testamento, se hacían los espejos típicamente de latón o bronce muy bruñidos, aunque una persona rica podía comprar uno de plata o de oro. Pero aun los espejos más costosos eran primitivos, comparados con los de cristal, que no se fabricaron hasta el siglo XIV. Por consiguiente, aquellos primeros espejos dieron un reflejo oscuro y distorsionado de la persona que los usaba. Pero cambiando de posición el espejo cuidadosamente y buscando la mejor iluminación, con el tiempo una persona podía ver una imagen bastante correcta de su rostro, y esa es la idea que Santiago tiene en mente. Mediante una observación cuidadosa y paciente, como lo indicaba *katanoeō,* con el tiempo podía descubrir cómo lucía realmente en la actualidad. Sin embargo, por la razón que sea, cuando deja de verse y se va, de inmediato se olvida lo que acaba de ver. El punto principal de la analogía está en ese olvido. Ya sea por distracción, porque no le agradó lo que vio o sencillamente por mala memoria, de repente se pierde todo el esfuerzo por mirarse atentamente. Cualquiera que haya sido el propósito original al mirarse, lo que se vio se olvidó rápidamente.

Una persona que mira a la Palabra de Dios, aun cuando lo haga cuidadosa y acertadamente, y a pesar de eso no aplique en su propia vida las verdades que ha descubierto, es como alguien que olvida de inmediato lo que acaba de mirar en el espejo, salvo que las consecuencias son inconmensurablemente peores. Esa persona ve su pecado descrito con todo su horrible mal y ve también la misericordiosa provisión de Dios en Cristo como remedio. Sin embargo, sigue su camino como si nunca hubiera conocido esas verdades.

Sin embargo, por el contrario, **el que mira atentamente en la perfecta ley,**

la de la libertad, y persevera en ella, no siendo oidor olvidadizo, sino hacedor de la obra, éste será bienaventurado en lo que hace. Aquí Santiago usa un verbo aun más fuerte para mirar que en el versículo 23. *Parakuptō* (**mira atentamente**) significa inclinarse y examinar cuidadosamente algo desde el punto más ventajoso y claro posible. Es el verbo empleado por Lucas para describir el hecho de que Pedro mirara dentro del sepulcro vacío después de la resurrección de Jesús (Lc. 24:12), y por Juan al contar que Pedro y María miraron dentro del mismo sepulcro (Jn. 20:5, 11). La persona que **mira atentamente** a la Palabra de Dios, **la perfecta ley, la de la libertad,** la examina para descubrir su significado más profundo y completo. Para él no es un simple ejercicio de curiosidad, como ocurre con la persona olvidadiza que acaba de mencionarse. Cuando descubre una verdad, **persevera en ella,** entendiendo que este es el propósito por el que el Señor la reveló a los hombres. Dios no reveló su Palabra sencillamente para que la aprendiéramos, sino para que la obedeciéramos y la aplicáramos. La clave de la analogía de Santiago es esta: El que es fiel y oye y hace lo que dice la Palabra, no estudia el espejo en sí, sino más bien lo que el espejo revela, es decir, la voluntad y la verdad revelada de Dios.

La perfecta ley, así llamada porque las Escrituras son infalibles, suficientes y comprensibles (cp. Sal. 19:7-9), abarca toda la Palabra revelada de Dios. Pero al referirse a ella como **ley,** Santiago dio particular énfasis a los mandamientos del Señor a los hombres, sus requisitos para una respuesta genuina y positiva de obediencia a esos mandamientos. Y al referirse a la Palabra como **la ley de la libertad,** Santiago concentra su atención en su poder redentor para librar a los creyentes de la esclavitud del pecado y entonces hacerlos libres para una correcta obediencia (Jn. 8:34-36). Nos permite servir a Dios, no por temor o un simple sentido del deber, sino por gratitud y amor. Un día también nos librará de este mundo y su corrupción, de nuestra naturaleza caída, de nuestra carne. De nuestras tentaciones y de las maldiciones del pecado, de la muerte y del infierno.

Algunos consideran que **la ley** de Dios esclaviza; pero en realidad ella da gran **libertad.** Esa verdad la expresa clara y brevemente Pablo en su carta a la iglesia de Roma.

> *¿No sabéis que si os sometéis a alguien como esclavos para obedecerle, sois esclavos de aquel a quien obedecéis, sea del pecado para muerte, o sea de la obediencia para justicia? Pero gracias a Dios, que aunque erais esclavos del pecado, habéis obedecido de corazón a aquella forma de doctrina a la cual fuisteis entregados; y libertados del pecado, vinisteis a ser siervos de la justicia (Ro. 6:16-18).*

Más adelante en esa carta, el apóstol se regocija: "Porque todos los que son guiados por el Espíritu de Dios, éstos son hijos de Dios. Pues no habéis recibido el espíritu de esclavitud para estar otra vez en temor, sino que habéis recibido el espíritu de adopción [y de libertad], por el cual clamamos: ¡Abba, Padre!" (8:14-15).

El ser salvo únicamente por la gracia de Dios mediante la fe salvadora no anula ni disminuye en lo más mínimo los requisitos de su **ley.** El perdón por los quebrantamientos de la **ley** en el pasado no nos libra de la obligación de obedecerla en el presente. "No penséis que he venido para abrogar la ley o los profetas", declaró Jesús:

> *no he venido para abrogar, sino para cumplir. Porque de cierto os digo que hasta que pasen el cielo y la tierra, ni una jota ni una tilde pasará de la ley, hasta que todo se haya cumplido. De manera que cualquiera que quebrante uno de estos mandamientos muy pequeños, y así enseñe a los hombres, muy pequeño será llamado en el reino de los cielos; mas cualquiera que los haga y los enseñe, éste será llamado grande en el reino de los cielos. Porque os digo que si vuestra justicia no fuere mayor que la de los escribas y fariseos, no entraréis en el reino de los cielos (Mt. 5:17-20).*

La ley de Dios sigue reflejando su santa voluntad y sus normas de la conducta humana. Proporciona toda la verdad y dirección que necesitamos para vivir en santidad. Es perfecta, sin tacha, sin error u omisión y satisfará cada necesidad, tocará cada aspecto de la vida, cumplirá cada deseo piadoso de los verdaderos creyentes, los hijos de Dios. Al mirar a esa ley, nos da libertad para abandonar el pecado y buscar la justicia. El verdadero creyente **persevera en la perfecta ley** de Dios... **de la libertad,** porque esa es la voluntad de su Padre celestial, y por encima de todo él busca agradarle y honrarle. Por lo tanto, voluntariamente y con entusiasmo **persevera en** su divina y santa **ley,** capacitado por el Espíritu Santo (Ro. 8:4).

Implícita en Santiago 1:23-25 está la idea de que nuestra motivación y actitud al estudiar la Palabra de Dios se hace evidente en nuestra respuesta a lo que se aprende. Una persona que no presta atención a lo que aprende de la Biblia, muestra que su motivación al estudiarla no es correcta. En el mejor de los casos, está interesada en un simple conocimiento, que incluso llega pronto a olvidar. De esa manera trae aun mayor juicio para sí que el que recibe una persona que nunca ha escuchado la Palabra. También es evidencia de que, a pesar de profesar creer en Cristo, él no es realmente salvo.

Uno de los más graves obstáculos para la salvación es la aversión natural del hombre caído a pensar seriamente en las cosas espirituales. Pudiera gustarle estudiar filosofía y religiones y teología hechas por los hombres. Pero no se inclina a investigar seriamente la verdad de Dios, comprendiendo, aun en su subconsciente, que su vida no alcanza las normas divinas y que Dios exigirá más de lo que está dispuesto a dar. Los hombres no tienen una tendencia natural a mirarse a sí mismos con sinceridad, para realizar una autoevaluación bajo la luz perfecta de la Palabra de Dios. Saben instintivamente que su orgullo, terquedad y amor por el pecado quedarán al descubierto bajo las normas de justicia del Señor.

Por otra parte, la persona que se humilla, inclinándose figuradamente para poder mirar mejor a la Palabra, muestra su correcta motivación y actitud espiritual. Su preocupación no son los hechos en sí, sino la verdad divina y por lo tanto, obedece a lo que aprende. Al hacerlo, es bendecida y Dios es glorificado. Esa persona también aborrece el reflejo de sí misma que ve en el espejo de la Palabra, y su mayor deseo es quitar de su vida cada pecado, cada mancha moral y espiritual y remplazarlos con la justicia de Dios. Al verse tal y como es, dice: "Señor, continúa mostrando mi imperfección, mi desesperación sin ti. Atráeme hacia ti y límpiame de mis pecados y lléname con tu verdad, tu amor y tu pureza". Tal persona **no es un... oidor olvidadizo, sino hacedor de la obra_ será bienaventurado en lo que hace.** El creyente genuino ve las cosas tal y como son en realidad, y su voluntad se une a la voluntad de Dios. Le gusta hacer lo que la Biblia le dice que haga, ya que es la voluntad de su Padre celestial.

La bendición de Dios resulta de la obediencia del creyente. Por medio de Josué el Señor ordenó y prometió: "Nunca se apartará de tu boca este libro de la ley, sino que de día y de noche meditarás en él, para que guardes y *hagas conforme a todo lo que en él está escrito;* porque entonces harás prosperar tu camino, y todo te saldrá bien" (Jos. 1:8, cursivas añadidas). La única forma de tener una vida espiritualmente bendecida y próspera es mediante el fiel estudio y aplicación de la Palabra de Dios, la meditación en ella "de día y de noche"y "[guardar] y [hacer] conforme a todo lo que en [ella] está escrito". El que escucha y hace lo que dice la Palabra, descubre en sus exigencias que, tal y como dijo Jesús: el "yugo es fácil"y "ligera [la] carga" (Mt. 11:30).

Es obvio que las distinciones entre las actitudes buenas y malas acerca de Dios y su Palabra no están siempre bien definidas, al menos para la vida y el entendimiento humano. Algunos incrédulos se esfuerzan mucho por actuar como creyentes, reconociendo que la Biblia es inspirada y verdadera, asistiendo a la iglesia con regularidad, adorando con sus labios a Dios y actuando moralmente. En forma similar, pero opuesta, los verdaderos creyentes no siempre viven de acuerdo con lo que entienden de la Biblia, cayendo a veces en un grave pecado. Pero Santiago se refiere al compromiso de corazón con la Palabra de Dios o la falta de tal compromiso. El inconverso no puede mantener una fachada espiritual indefinidamente y el verdadero creyente no puede contentarse con permanecer en pecado indefinidamente.

Apartándose de la analogía del espejo, Santiago pone en claro que el hacedor de la Palabra no es simplemente uno que participa en la actividad religiosa. **Si alguno se cree religioso entre vosotros, y no refrena su lengua, sino que engaña su corazón, la religión del tal es vana.**

Religioso se traduce de *thrēskos*, que se refiere a ceremoniales religiosos, liturgias, tradiciones y rituales externos. El famoso historiador judío Josefo empleó la palabra para describir la adoración en el templo de Jerusalén. Pablo empleó la forma nominal de este término cuando habló de su vida anterior como celoso fariseo (Hch. 26:5). Por el contrario, la palabra empleada por lo general en el Nuevo Testamento para una adoración genuina, que agrada y honra a Dios es *eusebeia*, cuyo significado principal es el de piedad y santidad.

Tales cosas como asistir a los cultos y a las actividades de la iglesia, hacer trabajo voluntario, cumplir con varios rituales y ceremonias, cantar alabanzas y hasta tener una teología correcta no tienen valor espiritual en sí mismas sin la verdadera fe salvadora y motivaciones honrosas para glorificar al Señor. La persona que confía en estas cosas externas, tarde o temprano dará a conocer su infidelidad con su boca, porque no tiene el poder interior que **refrena su lengua.** La confianza en esas cosas para agradar a Dios y recibir su bendición, es engañosa y **vana.** Aun cuando un ritual o liturgia sea bíblica en su redacción, es tan inútil como la idolatría pagana, a menos que el corazón sea recto para con el Señor. Un corazón corrompido e impío finalmente quedará al descubierto por una forma de hablar corrupta e impía.

La lengua no es el único indicador de la genuina espiritualidad, sino que es uno de los más confiables. Se ha calculado que la persona promedio hablará unas 18,000 palabras al día, suficientes para un libro de cincuenta y cuatro páginas. ¡En un año eso llega a sesenta y seis volúmenes de ochocientas páginas! Claro que muchas personas hablan mucho más que eso. Una persona promedio dedica hasta un quinto de su vida a hablar.

Si la lengua no está controlada por Dios, es un indicador seguro de que tampoco el corazón lo está. Jesús les dijo a los fariseos que se creían muy justos: "De la abundancia del corazón habla la boca... por tus palabras serás justificado, y por tus palabras serás condenado" (Mt. 12:34, 37). La religión que no transforma el corazón, y por lo tanto, la lengua, es totalmente **vana** ante los ojos de Dios.

DISPOSICIÓN A APLICAR LA PALABRA SIN EGOÍSMO

La religión pura y sin mácula delante de Dios el Padre es esta: Visitar a los huérfanos y a las viudas en sus tribulaciones, (1:27*a*)

La segunda reacción apropiada a la Palabra de Dios es la disposición de aplicarla a la vida de uno sin egoísmo, con genuino interés por el bienestar de los demás, sobre todo los que tienen gran necesidad. **La religión pura y sin mácula delante de Dios el Padre es** servirles con amor y compasión. Jesús dijo: "En esto conocerán todos que sois mis discípulos, si tuviereis amor los unos con los otros" (Jn. 13:35).

Katharos (**pura**) y *amiantos* (**sin mácula**) son sinónimos, la primera subraya la limpieza, la segunda denota libertad de la contaminación. Santiago no se está refiriendo a lo que pudiera parecer mejor para nosotros, mejor para nuestro mundo, o ni siquiera mejor para los demás creyentes, sino de lo que es mejor **delante de Dios el Padre.** La autenticidad de la **religión** de alguien no está determinada por sus propias normas, sino por las normas de Dios. Los más grandes errores espirituales de los escribas, fariseos y otros líderes judíos que se oponían a Jesús, fueron en ese mismo aspecto. Habían sustituido las normas de Dios en la ley con sus propias tradiciones humanas. De tales hombres Jesús dijo: "Así habéis invalidado el mandamiento de Dios por vuestra tradición. Hipócritas, bien profetizó de vosotros Isaías, cuando dijo: Este pueblo de labios me honra; mas su corazón está lejos de mí" (Mt. 15:6b-8).

Episkeptomai (**visitar**) significa mucho más que una visita aislada para conversar. Conlleva las ideas de preocupación por otros, poner en práctica la provisión y ayuda para ellos en cualquier forma que se necesite. Es de la misma raíz que *episkopos*, que significa "supervisor"y a veces se traduce "obispo" (vea los textos de Hch. 20:28; Fil. 1:1; 1 Ti. 3:2; Tit. 1:7; 1 P. 2:25). *Episkeptomai* se emplea a menudo en el Nuevo Testamento para referirse a la visita de Dios a su pueblo a fin de ayudarlo, fortalecerlo y animarlo (vea, p. ej. Lc. 1:68, 78; 7:16; Hch. 15:14).

Al hablar de la separación de las ovejas de los cabritos en el día del juicio, Jesús empleó la palabra para describir a los que realmente pertenecen a Él y lo aman, diciendo: "Tuve hambre, y me disteis de comer; tuve sed, y me disteis de beber; fui forastero, y me recogisteis; estuve desnudo, y me cubristeis; enfermo, y me *visitasteis;* en la cárcel, y vinisteis a mí" (Mt. 25:35-36, cursivas añadidas). En realidad, todas estas formas de ministrar pueden incluirse en general bajo *episkeptomai.* **Visitar** de una forma que es agradable a **nuestro Dios y Padre** es satisfacer lo mejor que podamos todas las necesidades **[de] los huérfanos y [de] las viudas** y de cualquiera que se encuentre **en sus tribulaciones.**

Por lo general, las personas más necesitadas en la iglesia primitiva eran **los huérfanos y las viudas.** No había programa alguno de seguro de vida o bienestar social que los apoyara. Eran escasos los trabajos para ambos grupos y si no tenían algún pariente cercano, o al menos alguno que los ayudara, estaban en un grave aprieto. Pero el principio se aplica a cualquier necesitado. Como tales personas sin padres ni cónyuges no pueden dar nada a cambio, cuidarlos revela un verdadero y sacrificial amor.

Dios siempre ha tenido mucho interés por **los huérfanos y las viudas,** y ha ordenado a su pueblo que muestre ese mismo interés. David afirmó que "Padre de huérfanos y defensor de viudas es Dios en su santa morada" (Sal. 68:5). La ley mosaica incluía la enseñanza: "A ninguna viuda ni huérfano afligiréis" (Éx. 22:22), y:

> *Al fin de cada tres años sacarás todo el diezmo de tus productos de aquel año, y lo guardarás en tus ciudades. Y vendrá el levita, que no tiene parte ni heredad contigo, y el extranjero, el huérfano y la viuda que hubiere en tus poblaciones, y comerán y serán saciados; para que Jehová tu Dios te bendiga en toda obra que tus manos hicieren... Maldito el que pervirtiere el derecho del extranjero, del huérfano y de la viuda. Y dirá todo el pueblo: Amén (Dt. 14:28-29; 27:19).*

Por medio de Jeremías, el Señor le dijo a Israel: "Si mejorareis cumplidamente vuestros caminos y vuestras obras; si con verdad hiciereis justicia entre el hombre y su prójimo, y no oprimiereis al extranjero, al huérfano y a la viuda, ni en este lugar derramareis la sangre inocente, ni anduviereis en pos de dioses ajenos para mal vuestro, os haré morar en este lugar, en la tierra que di a vuestros padres para siempre" (Jer. 7:5-7).

El servicio abnegado y amoroso a los demás, en especial a los otros creyentes, es también un tema frecuente en el Nuevo Testamento. Pablo dio la orden: "Honra a las viudas que en verdad lo son" (1 Ti. 5:3), que incluye ofrecer ayuda económica y de cualquier tipo que se necesitara. Juan afirma que:

> *El que ama a su hermano, permanece en la luz, y en él no hay tropiezo. Pero el que aborrece a su hermano está en tinieblas, y anda en tinieblas, y no sabe a dónde va, porque las tinieblas le han cegado los ojos... En esto se manifiestan los hijos de Dios, y los hijos del diablo: todo aquel que no hace justicia, y que no ama a su hermano, no es de Dios. Porque este es el mensaje que habéis oído desde el principio: Que nos amemos unos a otros... Nosotros sabemos que hemos pasado de muerte a vida, en que amamos a los hermanos. El que no ama a su hermano, permanece en muerte... En esto hemos conocido el amor, en que él puso su vida por nosotros; también nosotros debemos poner nuestras vidas por los hermanos (1 Jn. 2:10-11; 3:10-11, 14, 16).*

Más adelante en 1 Juan, dice:

> *Amados, amémonos unos a otros; porque el amor es de Dios. Todo aquel que ama, es nacido de Dios, y conoce a Dios. El que no ama, no ha conocido a Dios; porque Dios es amor. En esto se mostró el amor de Dios para con nosotros, en que Dios envió a su Hijo unigénito al mundo, para que vivamos por él. En*

> *esto consiste el amor: no en que nosotros hayamos amado a Dios, sino en que él nos amó a nosotros, y envió a su Hijo en propiciación por nuestros pecados. Amados, si Dios nos ha amado así, debemos también nosotros amarnos unos a otros. Nadie ha visto jamás a Dios. Si nos amamos unos a otros, Dios permanece en nosotros, y su amor se ha perfeccionado en nosotros (1 Jn. 4:7-12).*

El verdadero cristianismo se manifiesta con un corazón puro y amoroso, por la forma en la que los creyentes hablan y por el modo en el que actúan. Se manifiesta por la forma en la que aman y se preocupan por quienes están en necesidad, no por cómo aman y se preocupan por quienes prefieren, aquellos que les son cercanos, o aquellos con quienes comparten rasgos e intereses comunes. El amor ha de ser la manifestación central y más visible de la salvación. Y, como pone en claro Juan, el amor a Dios no puede separarse del amor a los demás, sobre todo a los otros creyentes y en especial a quienes están **en ... tribulaciones.** El que dice ser cristiano y no muestre tal compasión, tiene razón para dudar que haya nacido de nuevo. Un corazón verdaderamente redimido se extiende para alcanzar a otros (cp. Mt. 5:43-48; Jn. 13:34-35).

DISPOSICIÓN A APLICAR LA PALABRA SIN HACER CONCESIONES

y guardarse sin mancha del mundo. (1:27b)

La tercera reacción apropiada a la Palabra de Dios es la disposición de aplicarla a la vida de uno, sin hacer concesiones morales o espirituales.

Guardarse traduce una forma del verbo griego *tēreō,* que indica una acción regular y continua. En otras palabras, **guardarse sin mancha del mundo** es la obligación constante de los cristianos, no dando lugar a excepciones o salvedades. Los que pertenecemos a Dios debemos caracterizarnos por pureza moral y espiritual, por una santidad **sin mancha** y sin tacha. Pedro aconseja a los cristianos que se conduzcan "en temor todo el tiempo de vuestra peregrinación; sabiendo que fuisteis rescatados de vuestra vana manera de vivir, la cual recibisteis de vuestros padres, no con cosas corruptibles, como oro o plata, sino con la sangre preciosa de Cristo, como de un cordero sin mancha y sin contaminación" (1 P. 1:17b-19).

Ni Santiago ni Pedro se están refiriendo a la perfección sin pecado, una condición espiritual únicamente manifestada por Jesucristo en su encarnación. "Ciertamente no hay hombre justo en la tierra", nos asegura el escritor de Eclesiastés, "que haga el bien y nunca peque" (Ec. 7:20). Aunque Pablo podía decir sinceramente: "Con toda buena conciencia he vivido delante de Dios hasta el día de hoy" (Hch. 23:1; cp. 24:16), también confesaba: "Porque aunque de nada tengo mala conciencia, no por eso soy justificado; pero el que me juzga es el Señor" (1 Co. 4:4), y "yo sé que en mí, esto es, en mi carne, no mora el bien; porque el querer el bien está en mí, pero no el hacerlo. Porque no hago el bien que quiero, sino el mal que no quiero, eso hago. Y si hago lo que no quiero, ya no lo hago yo, sino el pecado que mora en mí" (Ro. 7:18-19).

Ningún cristiano alcanza las normas del Señor. Al igual que Pablo, nos encontramos haciendo cosas que sabemos que son incorrectas y no haciendo cosas que sabemos son correctas (cp. Ro. 7:14-25). Ni siquiera el creyente más fiel y amoroso muestra siempre tanta compasión, tanto amor a sus hermanos en la fe y tanto amor a Dios como debiera. Santiago se refiere a la orientación esencial de nuestra vida, a nuestro principal compromiso y a nuestra lealtad. Si esa lealtad es correcta, entonces nuestros más profundos deseos serán amar y cuidar a los demás y confesar nuestro pecado al Señor cuando no lo hacemos. El cristiano genuino no puede sentirse feliz o contento cuando no muestra compasión por los demás. No es nuestra perfección la que evidencia nuestra salvación, sino el aborrecer nuestras imperfecciones y el buscar, con la ayuda y el poder de Dios, el enmendarlas. En la intimidad de su corazón, el verdadero cristiano anhela hablar y hacer solo aquellas cosas que son santas, puras, amorosas, honestas, veraces y rectas, cosas estas que no puede corromper ni [manchar el] mundo.

Por otra parte, una persona que no tiene compasión por los demás, que no se preocupa por vivir rectamente y cuya satisfacción se halla en su pecado, no puede ser un verdadero discípulo de Cristo ni hijo de Dios.

Kosmos (mundo) tiene el sentido esencial de orden, disposición y a veces de decoración. En el Nuevo Testamento se emplea en lenguaje figurado para referirse a la tierra (vea Mt. 13:35; Jn. 21:25) y al universo (vea 1 Ti. 6:7; He. 4:3; 9:26). Pero la mayoría de las veces se emplea para representar a la humanidad caída en general y sus impíos sistemas espirituales, filosóficos, morales y de valores (vea Jn. 7:7; 8:23; 14:30; 1 Co. 2:12; Gá. 4:3; Col. 2:8). Ese es el sentido en que Santiago emplea el término en el texto en estudio. (Vea el análisis más adelante sobre 4:4.)

Con este significado de mundo en mente, Juan advierte: "No améis al mundo, ni las cosas que están en el mundo. Si alguno ama al mundo, el amor del Padre no está en él. Porque todo lo que hay en el mundo, los deseos de la carne, los deseos de los ojos, y la vanagloria de la vida, no proviene del Padre, sino del mundo" (1 Jn. 2:15-16). El amor a Dios y el amor al mundo y a las cosas del mundo son totalmente incompatibles y mutuamente excluyentes. La frase "las cosas que están en el mundo"no se refiere a cosas como participar en negocios, en actividades sociales o comprar y dar uso a las cosas materiales de la vida. Es el amor incontrolado y la lealtad a esas cosas lo que es impío y se interpone entre los hombres y Dios.

La **religión** pura, es decir, el cristianismo bíblico, es un asunto de obediencia santa a la Palabra de Dios, que se refleja, entre otras formas, por nuestra sinceridad en cuanto a nosotros mismos, por nuestro desprendimiento en cuanto a las necesidades de los demás y por nuestra forma de permanecer sin hacer concesiones morales y espirituales en cuanto al mundo.

El mal del favoritismo en la iglesia: Primera parte

8

Hermanos míos, que vuestra fe en nuestro glorioso Señor Jesucristo sea sin acepción de personas. Porque si en vuestra congregación entra un hombre con anillo de oro y con ropa espléndida, y también entra un pobre con vestido andrajoso, y miráis con agrado al que trae la ropa espléndida y le decís: Siéntate tú aquí en buen lugar; y decís al pobre: Estate tú allí en pie, o siéntate aquí bajo mi estrado; ¿no hacéis distinciones entre vosotros mismos, y venís a ser jueces con malos pensamientos? (2:1-4)

Cuando pensamos en los atributos de Dios, su naturaleza y sus características divinas, por lo regular pensamos en cosas como su santidad, su justicia, su omnipotencia, omnisciencia y omnipresencia. Pensamos en su inmutabilidad, su eternidad, su soberanía, su justicia y en lo perfecto de su gracia, amor, fidelidad y bondad. Pero otro atributo de Dios en el que no se piensa ni se menciona a menudo es su imparcialidad. Pero este es un tema importante y recurrente a lo largo de las Escrituras. Dios es absolutamente imparcial al tratar con las personas. Y en eso, como ocurre con sus otros atributos, Él es distinto de nosotros. Los seres humanos, aun los cristianos, no tendemos por naturaleza a ser imparciales. Tendemos a encasillar a las personas en categorías predeterminadas, clasificándolas por lo que parecen, por sus ropas, su raza o etnia, su condición social, su personalidad, su inteligencia, su riqueza y poder, por el tipo de auto que maneja y por el tipo de casa y el vecindario en el que vive.

Pero todas estas cosas no tienen significado alguno con Dios. Moisés declaró: "Porque Jehová vuestro Dios es Dios de dioses y Señor de señores, Dios grande, poderoso y temible". Luego añadió que ese gran y poderoso Dios, que tiene el derecho de ser como Él quiera ser, "no hace acepción de personas, ni toma cohecho" (Dt. 10:17), y Él espera que su pueblo refleje la misma imparcialidad. El gran legislador advirtió: "No hagáis distinción de persona en el juicio; así al pequeño como al grande oiréis; no tendréis temor de ninguno, porque el juicio es de Dios; y la causa que os fuere difícil, la traeréis a mí, y yo la oiré" (Dt. 1:17); y:

Cuando haya en medio de ti menesteroso de alguno de tus hermanos en alguna de tus ciudades, en la tierra que Jehová tu Dios te da, no endurecerás tu corazón, ni cerrarás tu mano contra tu hermano pobre, sino abrirás a él tu mano liberalmente, y en efecto le prestarás lo que necesite. Guárdate de tener en tu corazón pensamiento perverso, diciendo: Cerca está el año séptimo, el de la remisión, y mires con malos ojos a tu hermano menesteroso para no darle; porque él podrá clamar contra ti a Jehová, y se te contará por pecado. Sin falta le darás, y no serás de mezquino corazón cuando le des; porque por ello te bendecirá Jehová tu Dios en todos tus hechos, y en todo lo que emprendas. Porque no faltarán menesterosos en medio de la tierra; por eso yo te mando, diciendo: Abrirás tu mano a tu hermano, al pobre y al menesteroso en tu tierra (Dt. 15:7-11; cp. 16:19; Lv. 19:15).

El rey Josafat de Judá les recordó a los jueces que acababa de nombrar: "Sea, pues, con vosotros el temor de Jehová; mirad lo que hacéis, porque con Jehová nuestro Dios no hay injusticia, ni acepción de personas, ni admisión de cohecho" (2 Cr. 19:7). Es obvio que significa que los jueces debían cuidadosa y reverentemente reflejar la santidad y la imparcialidad del Señor.

El escritor de Proverbios dice: "También estos son dichos de los sabios: Hacer acepción de personas en el juicio no es bueno" (Pr. 24:23), y: "Hacer acepción de personas no es bueno; hasta por un bocado de pan prevaricará el hombre" (28:21). Por medio de Malaquías, el Señor reprendió al infiel Israel, diciendo: "Por tanto, yo también os he hecho viles y bajos ante todo el pueblo, así como vosotros no habéis guardado mis caminos, y en la ley hacéis acepción de personas" (Mal. 2:9).

El Nuevo Testamento es igualmente claro acerca del pecado de la parcialidad. A Cornelio, el gentil recién convertido, y a su familia que había creído, Pedro confesó que finalmente se había despojado de su hostilidad hacia los gentiles cuando comprendió "que en toda nación se agrada del que le teme y hace justicia" (Hch. 10:35). Pablo pone en claro que la imparcialidad de Dios se extiende también a su juicio: "Habrá tribulación y angustia sobre todo ser humano que hace lo malo, el judío primeramente y también el griego, pero gloria y honra y paz a todo el que hace lo bueno, al judío primeramente y también al griego; porque no hay acepción de personas para con Dios" (Ro. 2:9-11). Toda persona será juzgada únicamente por la condición de su alma.

A una multitud de incrédulos en el templo, Jesús dijo: "No juzguéis según las apariencias, sino juzgad con justo juicio" (Jn. 7:24). Pablo específicamente subraya que Dios es imparcial con relación a la condición social, la ocupación o el hecho de que una persona sea libre o esclava. Les dijo a los creyentes de Éfeso:

Siervos, obedeced a vuestros amos terrenales con temor y temblor, con sencillez de vuestro corazón, como a Cristo; no sirviendo al ojo, como los que quieren agradar a los hombres, sino como siervos de Cristo, de corazón haciendo la voluntad de Dios; sirviendo de buena voluntad, como al Señor y no a los hombres, sabiendo que el bien que cada uno hiciere, ése recibirá del Señor, sea siervo o sea libre. Y vosotros, amos, haced con ellos lo mismo, dejando las amenazas, sabiendo que el Señor de ellos y vuestro está en los cielos, y que para él no hay acepción de personas (Ef. 6:5-9; cp. Col. 3:25; 4:1).

Al igual que el Señor, los creyentes debemos tratar al obrero que recibe menor salario con el mismo respeto con el que tratamos al presidente de un banco o a alguien de la más alta sociedad, y tratar a los que pudieran trabajar bajo nosotros con la misma imparcialidad y dignidad que le damos a nuestros jefes.

La imparcialidad también se expresa en la forma en la que ayudamos a otros, en especial a los demás creyentes. "En esto hemos conocido el amor", dice el apóstol Juan:

en que él puso su vida por nosotros; también nosotros debemos poner nuestras vidas por los hermanos. Pero el que tiene bienes de este mundo y ve a su hermano tener necesidad, y cierra contra él su corazón, ¿cómo mora el amor de Dios en él? Hijitos míos, no amemos de palabra ni de lengua, sino de hecho y en verdad. Y en esto conocemos que somos de la verdad, y aseguraremos nuestros corazones delante de él (1 Jn. 3:16-19).

Si no tratamos a los que están en necesidad de la forma en la que Dios los trata, entonces su amor no está en nosotros. Más adelante en esa carta el apóstol escribe: "En esto consiste el amor: no en que nosotros hayamos amado a Dios, sino en que él nos amó a nosotros, y envió a su Hijo en propiciación por nuestros pecados. Amados, si Dios nos ha amado así, debemos también nosotros amarnos unos a otros. Nadie ha visto jamás a Dios. Si nos amamos unos a otros, Dios permanece en nosotros, y su amor se ha perfeccionado en nosotros" (4:10-12). "Si alguno dice: Yo amo a Dios, y aborrece a su hermano", sigue diciendo Juan, "es mentiroso. Pues el que no ama a su hermano a quien ha visto, ¿cómo puede amar a Dios a quien no ha visto? Y nosotros tenemos este mandamiento de él: El que ama a Dios, ame también a su hermano" (vv. 20-21).

Por lo tanto, los pastores y los miembros de la iglesia debemos ser disciplinados según las instrucciones de Jesús en Mateo 18. Si un creyente es aconsejado en privado por una persona, y luego por dos o más, pero se niega a arrepentirse, "dilo a la iglesia", ordena Él; y "si no oyere a la iglesia, tenle por gentil y publicano" (Mt. 18:15-17).

Debe aplicarse la disciplina de la iglesia con total imparcialidad. Pablo aconseja a los cristianos que tengan especial cuidado antes de acusar a un líder de la iglesia, diciendo: "Contra un anciano no admitas acusación sino con dos o tres testigos" (1 Ti. 5:19). Pero luego dice que, si a un pastor se le encuentra culpable y sigue pecando, se le debe reprender "delante de todos, para que los demás también teman. Te encarezco delante de Dios y del Señor Jesucristo, y de sus ángeles escogidos, que guardes estas cosas sin prejuicios, no haciendo nada con parcialidad" (vv. 20-21).

Por lo tanto, ya sea en lo que tiene que ver con la salvación, o con juicio, con disciplina de los líderes de la iglesia o de miembros sencillos, las normas de Dios son las mismas. Él trata únicamente con el alma, la persona interior y con absoluta imparcialidad. Pedro confirma esa imparcialidad divina, recordando a los creyentes que "escrito está: Sed santos, porque yo soy santo. Y si invocáis por Padre a aquel que sin acepción de personas juzga según la obra de cada uno, conducíos en temor todo el tiempo de vuestra peregrinación" (1 P. 1:16-17). En otras palabras, si queremos que Dios sea justo e imparcial con nosotros, debemos ser justos e imparciales con los demás, al igual que debemos perdonar a los demás si queremos que Dios nos perdone (Mt. 6:14).

Como se ha mencionado varias veces en este comentario, la Epístola de Santiago es muy práctica, y trata mucho más sobre asuntos cotidianos que sobre teología y doctrina en el sentido corriente. En este pasaje, él subraya que nuestra parcialidad y la falta de ella es otra prueba de vivir la fe. La primera prueba se relaciona con cómo reaccionamos ante las pruebas (1:3-12); la segunda con cómo respondemos a la tentación (1:13-18); la tercera con cómo reaccionamos ante la Palabra de Dios (1:19-27); y la cuarta ante la parcialidad y el favoritismo (2:1-13). En la cuarta, concentra su atención fundamentalmente en la parcialidad con relación a la condición social o económica, sin duda porque esos eran los problemas a los que se enfrentaba la iglesia primitiva y obviamente eran problemas con algunos de los creyentes judíos "que [estaban] en la dispersión" (1:1).

En 2:1-13, Santiago presenta cinco características de la imparcialidad genuina, como la de Dios: el principio (v. 1), el ejemplo (vv. 2-4), la incongruencia (vv. 5-7), la violación (vv. 8-11), y la apelación (vv. 12-13).

EL PRINCIPIO

Hermanos míos, que vuestra fe en nuestro glorioso Señor Jesucristo sea sin acepción de personas. (2:1)

Santiago prologa su mandato al dirigirse a los lectores como **Hermanos míos,** indicando que está hablando por amor y como un hermano en la fe y hermano en Cristo. La mayoría de las veces, como un prefacio a una amonestación o advertencia, Santiago emplea esta o la frase "mis amados hermanos"unas quince veces en la carta (p. ej. 1:2, 16, 19; 2:5, 14; 4:11; 5:7).

Se expresa brevemente el principio fundamental en el versículo 1, indicando que el tener genuina **fe en** el evangelio de **nuestro glorioso Señor Jesucristo** mientras se muestra **acepción de personas,** es algo contradictorio e incompatible.

La frase **nuestro glorioso Señor Jesucristo** es, más literalmente, "nuestro Señor Jesucristo de la gloria", tal vez refiriéndose a la Shekiná de Dios (vea Éx. 40:34; 1 R. 8:11), la historia que los lectores judíos de Santiago debían de conocer bien. La idea es que no podemos poseer la fe de Jesucristo, que es la presencia y la gloria misma de Dios, y ser parciales. Jesucristo mismo fue imparcial (Mt. 22:16), como lo indica su humilde nacimiento, su familia, su formación en Nazaret y su disposición a servir en Samaria y Galilea, regiones despreciadas por los líderes judíos.

En el texto griego, la frase **sin acepción de personas** está en la posición enfática, precediendo **vuestra fe en nuestro glorioso Señor Jesucristo** y por lo tanto, dando una fuerza especial a la amonestación, que denota el concepto de continuación, de *no convertir en práctica la* **acepción de personas,** lo que no puede ocurrir en la vida de un fiel cristiano. Algunos versículos más adelante (2:9), Santiago pone en claro que la **acepción de personas** no es simplemente descortés e irrespetuosa, sino que es un grave pecado.

Ser parcial está en total conflicto con nuestra salvación y con lo que la Biblia enseña (cp. Lv. 19:15; Pr. 24:23; 28:21). Si somos salvos, somos hijos de Dios; y si somos sus hijos, debemos imitarlo. Pablo afirma categóricamente que "no hay acepción de personas para con Dios" (Ro. 2:11; cp. Lv. 19:15; Job 34:19; Pr. 24:23; 28:21; Ef. 6:9; Col. 3:25; 1 P. 1:17).

Desde luego que hay un respeto debido que debe mostrase a los ancianos y a todos lo que tienen alguna autoridad, tanto en la iglesia como en la sociedad en general. Por medio de Moisés, el Señor ordenó: "Delante de las canas te levantarás, y honrarás el rostro del anciano, y de tu Dios tendrás temor. Yo Jehová" (Lv. 19:32). Pablo escribió a los tesalonicenses que "reconocieran"y "tuvieran en gran estima"a sus pastores (1 Ts. 5:12-13). "Los ancianos que gobiernan bien, sean tenidos por dignos de doble honor", le dijo Pablo a Timoteo, "mayormente los que trabajan en predicar y enseñar" (1 Ti. 5:17). Citando Éxodo 22:28, Pablo pidió disculpas porque, sin saberlo, había llamado al sumo sacerdote "pared blanqueada" (Hch. 23:3- 5). De igual manera:

Sométase toda persona a las autoridades superiores; porque no hay autoridad sino de parte de Dios, y las que hay, por Dios han sido establecidas. De modo que quien se opone a la autoridad, a lo establecido por Dios resiste; y los que resisten, acarrean condenación para sí mismos. Porque los magistrados no están para infundir temor al que hace el bien, sino al malo. ¿Quieres, pues, no temer la autoridad? Haz lo bueno, y tendrás alabanza de ella; porque es servidor de Dios para tu bien. Pero si haces lo malo, teme; porque no en vano lleva la espada, pues es servidor de Dios, vengador para castigar al que hace lo malo. Por lo cual es necesario estarle sujetos, no solamente por razón del castigo, sino también por causa de la conciencia (Ro. 13:1-5).

Pedro reitera ese consejo, diciendo: "Temed a Dios. Honrad al rey" (1 P. 2:17).

La frase **acepción de personas** traduce la palabra griega *prosōpolēmpsia*, que tiene el sentido literal de "levantar el rostro de alguien", con la idea de juzgar por las apariencias y sobre tales bases dar favor y respeto especial. Corresponde a un juicio puramente sobre un nivel superficial, sin considerar los verdaderos méritos, habilidades o el carácter de una persona. Es interesante y significativo que esta palabra, junto con el sustantivo relacionado *prosōpolēmptēs* (vea Hch. 10:34, "parcialidad") y el verbo *prosōpolēmpteō* (vea Stg. 2:9, "acepción de personas") aparezcan únicamente en los escritos cristianos. Tal vez es porque el favoritismo era una parte tan aceptada en las antiguas sociedades, que se asumía y no se identificaba, como lo es aun hoy en muchas culturas.

Durante su encarnación, Jesús fue la gloria y la imagen de Dios en forma humana (2 Co. 3:18; 4:4, 6; Fil. 2:6) y, como su Padre, Él no mostró favoritismo, una virtud que incluso sus enemigos reconocieron. A Jesús no le importaba si a quien hablaba o servía era un rico líder judío o un mendigo, una mujer virtuosa o una prostituta, un sumo sacerdote o un sencillo adorador, bien parecido o feo, educado o ignorante, religioso o no, respetuoso de las leyes o delincuente. Su mayor preocupación era la condición del alma. Juan asegura que un día "seremos semejantes a él, porque le veremos tal como él es" (1 Jn. 3:2). Y mientras estemos en la tierra, debemos actuar como Él lo hizo cuando estaba en la tierra.

La imparcialidad de Dios se refleja incluso en la genealogía de su Hijo, Jesucristo. En Mateo y Lucas, se nos muestran entre aquellos de quienes Jesús descendió a notables y santos creyentes como Abraham, David, Salomón y Ezequías (Mt. 1:1-2, 5-7, 10; Lc. 3:31-32, 34). Pero también se incluyen muchas personas desconocidas y sencillas, entre ellas la incestuosa Tamar, la antigua prostituta Rahab y Rut, de los menospreciados moabitas (Mt. 1:3, 5). Jesús no nació en la gran ciudad santa de Jerusalén, sino en Belén, de importancia histórica para los judíos como la ciudad de David, pero nada comparable con la Jerusalén gloriosa y de absoluta insignificancia para el resto del mundo.

Jesús creció en la ciudad galilea de Nazaret, cuya mala reputación entre la mayoría de los judíos se refleja en la pregunta que le hizo Natanael a Felipe: "¿De Nazaret puede salir algo de bueno?" (Jn. 1:46). En otra ocasión algunos se preguntaban acerca de Jesús: "¿De Galilea ha de venir el Cristo?" (Jn. 7:41). Y otros llegaron a decir: "Escudriña y ve que de Galilea nunca se ha levantado profeta" (Jn. 7:52). Los que estaban mirando el día de Pentecostés "estaban atónitos y maravillados, diciendo: Mirad, ¿no son galileos todos estos que hablan?" (Hch. 2:7).

El hacendado que contrató a los trabajadores, en la parábola de Jesús, los envió para que comenzaran a trabajar a distintas horas durante todo el día. Al terminar el día los hombres descubrieron que a todos se les iba a pagar lo mismo. Pero los que trabajaron todo el día se quejaron de que a los que comenzaron a trabajar casi al final del día se les pagó lo mismo que a ellos. El padre de familia "respondiendo, dijo a uno de ellos: Amigo, no te hago agravio; ¿no conviniste conmigo en un denario? Toma lo que es tuyo, y vete; pero quiero dar a este postrero, como a ti. ¿No me es lícito hacer lo que quiero con lo mío? ¿O tienes tú envidia, porque yo soy bueno?" Reconociendo el derecho del hombre a hacer lo que hizo, Jesús añadió: "Así, los primeros serán postreros, y los postreros, primeros" (Mt. 20:13-16). Los que se salvan en los últimos minutos de su vida disfrutarán de las mismas glorias en el cielo que los que han conocido y servido fielmente al Señor durante muchos años. El tiempo de su salvación, al igual que sus riquezas, fama, inteligencia, condición social y otras cosas por las que el mundo mide, no serán factores en sus bendiciones celestiales. Esta maravillosa historia muestra la imparcialidad de Dios al darles a todos la misma vida eterna.

En otra parábola, cuando algunos de los invitados no se molestaron en asistir al banquete de bodas que ofreció para su hijo, el rey ordenó a sus siervos que fueran "a las salidas de los caminos, y [llamaran] a las bodas a cuantos [hallaran]. Y saliendo los siervos por los caminos, juntaron a todos los que hallaron, juntamente malos y buenos; y las bodas fueron llenas de convidados" (Mt. 22:9-10). La imparcialidad de Jesús llama a todas las personas; y si tienen fe salvadora en Él, no interesa que sea rico o pobre, educado o ignorante, en esencia moral o groseramente inmoral, religioso o no, judío o gentil (cp. Gá. 3:28). Fue sin duda por esa razón, al menos parcialmente, que "gran multitud del pueblo le oía de buena gana" (Mr. 12:37). Jesús siguió ilustrando que no es la cantidad de dinero que una persona da para la obra del Señor lo que Dios juzga, sino la intención del corazón del dador. Cuando Él y los discípulos se sentaron en el templo delante del arca de las ofrendas, "vino una viuda pobre, y echó dos blancas, o sea un cuadrante. Entonces llamando a sus discípulos, les dijo: De cierto os digo que esta viuda pobre echó más que todos los que han echado en el arca; porque todos han echado de lo que les sobra; pero ésta, de su pobreza echó todo lo que tenía, todo su sustento" (Mr. 12:42-44).

El evangelio está disponible con absoluta igualdad para todo el que cree en el Salvador que proclama. La promesa de Jesucristo a todos los que confían en Él es: "Llevad mi yugo sobre vosotros, y aprended de mí, que soy manso y humilde de corazón; y hallaréis descanso para vuestras almas; porque mi yugo es fácil, y ligera mi carga" (Mt. 11:29-30).

Es trágico que muchas iglesias hoy día, que de otra manera serían bíblicas y fieles, no tratan igual a sus miembros. A menudo, a quienes tienen orígenes étnicos distintos, pertenecen a una raza diferente o tienen condiciones económicas distintas no se les da acogida en el grupo. Eso no debe ser así. No es solo una transgresión de la ley divina, sino que también es una burla del carácter de Dios.

EL EJEMPLO

Porque si en vuestra congregación entra un hombre con anillo de oro y con ropa espléndida, y también entra un pobre con vestido andrajoso, y miráis con agrado al que trae la ropa espléndida y le decís: Siéntate tú aquí en buen lugar; y decís al pobre: Estate tú allí en pie, o siéntate aquí bajo mi estrado; ¿no hacéis distinciones entre vosotros mismos, y venís a ser jueces con malos pensamientos? (2:2-4)

A fin de apreciar mejor el énfasis de Santiago en este pasaje, es necesario comprender que la inmensa mayoría de los primeros convertidos al cristianismo eran judíos y pobres. Si no lo eran ya, muchos llegarían a serlo de repente cuando, por causa de su fe, fueron desterrados y separados de la familia y la sociedad de cada uno de ellos, de forma que un esposo y padre perdió su trabajo o una esposa y madre fue arrancada de su hogar sin otra cosa que las ropas en su espalda. Había un intenso odio hacia los judíos que se convirtieron al cristianismo. En su primera carta a la iglesia de Corinto, Pablo pide a los creyentes que consideren el hecho de que entre ellos no había "muchos sabios según la carne, ni muchos poderosos, ni muchos nobles" (1 Co. 1:26).

En una diatriba contra los cristianos, escrita en 178 d.C., el filósofo romano Celsus atacó a los cristianos en gran parte sencillamente porque la mayoría de ellos eran pobres y sin mucha educación. Criticó severamente la mediocridad de los creyentes, describiéndolos como tan vulgares, "como una gran cantidad de murciélagos u hormigas saliendo lentamente de sus nidos, ranas celebrando un simposio en medio de un pantano, o gusanos en una convención en una esquina entre el fango".

Inmediatamente después de Pentecostés, la ausencia de parcialidad fue evidente: "Todos los que habían creído estaban juntos, y tenían en común todas las cosas; y vendían sus propiedades y sus bienes, y lo repartían a todos según la necesidad de cada uno" (Hch. 2:44-45). Estas necesidades sobrevinieron porque los judíos de Jerusalén estaban separados por la fe en Cristo de los nuevos creyentes, y como peregrinos que habían ido para la Pascua y el Pentecostés y se quedaron, no tenían forma de ganar dinero. Poco más adelante, Lucas informa: "Así que no había entre ellos ningún necesitado; porque todos los que poseían heredades o casas, las vendían, y traían el precio de lo vendido, y lo ponían a los pies de los apóstoles; y se repartía a cada uno según su necesidad. Entonces José, a quien los apóstoles pusieron por sobrenombre Bernabé (que traducido es, Hijo de consolación), levita, natural de Chipre, como tenía una heredad, la vendió y trajo el precio y lo puso a los pies de los apóstoles" (Hch. 4:34-37).

Aun después, como la persecución hizo que muchos judíos creyentes perdieran sus trabajos y fueran separados de sus familiares y amigos, la necesidad de comida, ropa, abrigo y otras necesidades se incrementaron hasta un punto crítico. Una consecuencia fue que, "como creciera el número de los discípulos, hubo murmuración de los griegos contra los hebreos, de que las viudas de aquéllos eran desatendidas en la distribución diaria" (Hch. 6:1). Esta necesidad práctica condujo a la iglesia a seleccionar hombres santos que supervisaran la distribución de alimentos. Eso permitió que los apóstoles se dedicaran a "la oración y [al] ministerio de la palabra" (v. 4).

Hubo, desde luego, algunos cristianos de los primeros tiempos que eran ricos. Uno fue José de Arimatea, miembro del sanedrín, el tribunal supremo judío, y discípulo secreto de Jesús, que obtuvo la aprobación de Pilato para sepultar a Jesús en su sepulcro nuevo. Nicodemo, otro discípulo secreto, y también eminente y rico miembro del sanedrín, ayudó a José al proporcionarle mirra y áloes para ungir a Jesús para la sepultura (Jn. 19:38-40). El etíope eunuco que se convirtió bajo el ministerio de Felipe, era un funcionario y tesorero de la corte de la reina de Etiopía, y por consiguiente muy rico (vea Hch. 8:26-38). El centurión romano Cornelio fue otro gentil importante convertido, y es obvio que era hombre de dinero (vea Hch. 10), como lo era Sergio Paulo, un procónsul (13:7, 12). También en buena situación económica estaban Lidia, "vendedora de púrpura" (16:14), muchos de los "griegos piadosos"y de las "mujeres nobles" (17:4) convertidos en Tesalónica (v. 1), los judíos fabricantes de tiendas Aquila y Priscila (18:1-3), así como el gentil Ticio Justo (v. 7) y Crispo, el principal de la sinagoga en Corinto (v. 8). Escribiéndole a Timoteo en Éfeso, Pablo dijo: "A los ricos de este siglo manda que no sean altivos, ni pongan la esperanza en las riquezas, las cuales son inciertas, sino en el Dios vivo, que nos da todas las cosas en abundancia para que las disfrutemos" (1 Ti. 6:17).

Sin embargo, como se ha observado, la mayoría de los primeros cristianos eran pobres, sobre todo los de Judea; una condición que empeoraría por una hambruna. Lucas informa que "los discípulos, cada uno conforme a lo que tenía, determinaron enviar socorro a los hermanos que habitaban en Judea; lo cual en efecto hicieron, enviándolo a los ancianos por mano de Bernabé y de Saulo [Pablo]" (Hch. 11:29-30). Aun los creyentes pobres daban con generosidad para ayudar a sus hermanos en Cristo, que tal vez estuvieran en peores condiciones que ellos. Pablo escribe de "la gracia de Dios que se ha dado a las iglesias de Macedonia; que en grande prueba de tribulación, la abundancia de su gozo y su profunda pobreza abundaron en riquezas de su generosidad" (2 Co. 8:1-2). A lo largo de las Escrituras, los pobres son objeto del especial interés de Dios (Lv. 25:25, 35-37, 39; Sal. 41:1; 68:10; 72:4, 12; Pr. 17:5; 21:13; 28:27; 29:7; 31:9, 20; Is. 3:14-15; 10:1-2; 25:4; Gá. 2:10).

Resulta obvio de este pasaje que al menos algunas de las iglesias a las que Santiago escribió tenían miembros ricos, o al menos algún visitante rico algunas veces. De otro modo, no hubiera tenido sentido la advertencia sobre mostrar favor a **un hombre con anillo de oro y con ropa espléndida** que entra en la **congregación.**

Congregación se traduce *sunagōgē,* que tiene el sentido esencial de reunirse juntos y por lo general se traduce "sinagoga". Como se ha dicho en la Introducción, el hecho de que Santiago emplee aquí *sunagōgē* en lugar de *ekklēsia,* que tiene el mismo significado y se traduce por lo general "iglesia" (como en 5:14), da evidencia adicional de que las iglesias a las que escribió estaban compuestas fundamentalmente por judíos y que se escribió la carta en fecha cercana de la vida de la iglesia neotestamentaria. Al igual que *ekklēsia,* tampoco el término *sunagōgē* es un nombre propio, como no lo son sus equivalentes castellanos, sinagoga e iglesia. En el Nuevo Testamento, ambos términos se empleaban para cualquier tipo de reunión o lugar de reunión. Ese es el sentido en el que Santiago emplea aquí *sunagōgē* y en el que Lucas emplea *ekklēsia* en Hechos 19:32, 39, 41.

Chrusodaktulios (**con anillo de oro**) literalmente significa "con anillo (o anillos) de oro en el dedo". Era una práctica común entre las personas acomodadas de aquel tiempo, tanto judíos como gentiles, usar varios anillos en sus dedos como señales de riqueza y posición social. El estadista romano y filósofo Séneca escribió: "Adornamos nuestros dedos con anillos y distribuimos gemas en cada articulación" (citado en William Barclay, *The Letters of James and Peter* [Las cartas de Santiago y de Pedro] [Filadelfia: Westminster, 1960], 75). Fue sin duda porque esa práctica era común en algunas iglesias, que el padre de la iglesia del segundo siglo, Clemente de Alejandría, aconsejó a los cristianos que usaran no más de un anillo y que debía tener una paloma, un pez, un ancla o algún otro símbolo cristiano (Barclay, 75).

La palabra **espléndida** traduce *lampros,* que literalmente significa "brillante". Se emplea para referirse a la "ropa espléndida" que Herodes y sus soldados pusieron burlonamente sobre Jesús antes de enviarlo a Pilato (Lc. 23:11), y al "vestido resplandeciente"del ángel que apareció a Cornelio mientras estaba orando (Hch. 10:30).

Del contexto, parece probable que el **hombre** imaginario en la ilustración de Santiago es un visitante incrédulo. De todos modos, el pecado no estaba en que el hombre usara un **anillo de oro** y **ropa espléndida,** ni en que se le diera un **buen lugar** para sentarse. Tampoco el pecado estaba en el **hombre pobre,** tal vez también un visitante, por estar vestido con **vestido andrajoso,** que debió parecer repulsivo y oler horrible. Aunque las ropas limpias y el cuerpo limpio son por cierto deseables, una persona pobre solo puede permitirse el tipo de ropa más barato, probablemente ropa usada; y, sobre todo en aquel tiempo, tenía menos oportunidades de lavarse él mismo y sus ropas.

En casi todas las sinagogas de aquella época, había pocos bancos para sentarse, tal vez uno o dos en el frente, "las primeras sillas en las sinagogas"que les gustaba a los escribas y a los fariseos (Mt. 23:6) y es posible que algunos otros lugares alrededor de las paredes. La mayoría de las personas permanecían de pie o se sentaban con las piernas cruzadas en el suelo. Ocasionalmente, alguno tendría también un banco. Pedirle a otra persona, en especial a un visitante, que se sentara junto a su banco era por consiguiente una doble muestra de falta de respeto. La persona en un banco o en una silla, no solo no daría ese asiento a un visitante, sino que ni siquiera le permitiría sentarse en el **estrado** de sus pies.

En ambos casos, el pecado es parcialidad, haciendo **distinciones entre [ellos] mismos,** mostrando favores especiales al hombre bien vestido y mostrando falta de cortesía, si no desprecio, por el hombre pobre. Hacer cualquiera de las dos cosas es un grave pecado, y quienes son culpables de ese pecado se vuelven **jueces con malos pensamientos.** En cada caso, el tratamiento al visitante tenía como base motivaciones superficiales, interesadas y terrenales. Entre los cristianos, tal discriminación es mucho más que poca hospitalidad; es claramente maldad. De las tres palabras que Santiago emplea para lo **malo** (vea 1:21, *kakia,* "malicia"; y 3:16, *phaulos,* "perversa"), la empleada aquí y en 4:16 (*ponēros*) es la más fuerte y lleva la idea de propósitos depravados, que tienen un efecto destructivo y perjudicial.

En su carta a la iglesia de Roma, Pablo dice: "El Dios de la paciencia y de la consolación os dé entre vosotros un mismo sentir según Cristo Jesús, para que unánimes, a una voz, glorifiquéis al Dios y Padre de nuestro Señor Jesucristo. Por tanto, recibíos los unos a los otros, como también Cristo nos recibió, para gloria de Dios" (Ro. 15:5-7). Al principio de esa carta, el apóstol les recuerda a los creyentes que "Dios muestra su amor para con nosotros, en que *siendo aún pecadores,* Cristo murió por nosotros" (5:8, cursivas añadidas). Cuánto más obligados, entonces, estamos nosotros, como hijos de Dios aun manchados por el pecado e imperfectos, de amar a todos los demás, incrédulos así como a los hermanos en la fe. El único "favoritismo"que el Señor acepta es el que, "con humildad, [estimemos] cada uno a los demás como superiores a [nosotros mismos]" (Fil. 2:3). Este tipo de parcialidad desinteresada favorece las necesidades de los demás sobre las nuestras, su bienestar sobre el nuestro.

Debe hacerse hincapié en que, aunque los ricos estén sujetos a tentaciones e inclinaciones especiales (vea Stg. 2:6-7), su riqueza como tal no es pecaminosa, siempre que la hayan adquirido con justicia y la usen sabia y generosamente como fieles mayordomos del Señor. Tampoco, por supuesto, hay pecado alguno en ser pobre, a menos que la persona lo sea por estar malgastando locamente lo que una vez tuvo o haya sido castigado por Dios por algún pecado. Pero tanto ricos como pobres son iguales ante los ojos de Dios y no se debe mostrar parcialidad con ninguno.

El mal del favoritismo en la iglesia: Segunda parte

9

Hermanos míos amados, oíd: ¿No ha elegido Dios a los pobres de este mundo, para que sean ricos en fe y herederos del reino que ha prometido a los que le aman? Pero vosotros habéis afrentado al pobre. ¿No os oprimen los ricos, y no son ellos los mismos que os arrastran a los tribunales? ¿No blasfeman ellos el buen nombre que fue invocado sobre vosotros? Si en verdad cumplís la ley real, conforme a la Escritura: Amarás a tu prójimo como a ti mismo, bien hacéis; pero si hacéis acepción de personas, cometéis pecado, y quedáis convictos por la ley como transgresores. Porque cualquiera que guardare toda la ley, pero ofendiere en un punto, se hace culpable de todos. Porque el que dijo: No cometerás adulterio, también ha dicho: No matarás. Ahora bien, si no cometes adulterio, pero matas, ya te has hecho transgresor de la ley. Así hablad, y así haced, como los que habéis de ser juzgados por la ley de la libertad. Porque juicio sin misericordia se hará con aquel que no hiciere misericordia; y la misericordia triunfa sobre el juicio. (2:5-13)

Dios es imparcial y así debe ser su pueblo. Para ayudar a los creyentes a desarrollar la imparcialidad, Santiago presenta cinco características de la imparcialidad divina. El último capítulo presentó el principio y el ejemplo. Este capítulo presenta la inconstancia, la violación y la apelación.

LA INCONSTANCIA

Hermanos míos amados, oíd: ¿No ha elegido Dios a los pobres de este mundo, para que sean ricos en fe y herederos del reino que ha prometido a los que le aman? Pero vosotros habéis afrentado al pobre. ¿No os oprimen los ricos, y no son ellos los mismos que os arrastran a los tribunales? ¿No blasfeman ellos el buen nombre que fue invocado sobre vosotros? (2:5-7)

En este pasaje Santiago está señalando la inconsistencia entre el carácter de Dios y la actitud de un creyente que no respeta a los pobres.

117

Su primer consejo es para sus lectores, sus **hermanos... amados,** de que simplemente escuchen. Es una amorosa exhortación, dirigida al corazón y a la mente, dada no solo desde el punto de vista de la verdad, sino también desde el punto de vista del afecto. Tan directa, práctica y aguda como es esta carta, Santiago no es una persona de corazón duro ni abastecedor desinteresado de la verdad de Dios. Él claramente tiene un corazón de pastor, una pasión no solo por corregir, sino también por edificar a los demás creyentes.

En realidad aquí Santiago está diciendo: "Piensen en esto por un momento. Parcializarse con los ricos y volver la espalda a los pobres no puede corresponderse con el carácter de Dios o con su Palabra y voluntad". En primer lugar, la parcialidad no es compatible con el hecho de que Dios haya elegido a **los pobres;** y en segundo lugar, **los ricos,** a quienes están favoreciendo, no solo por lo general no respetan la fe de ustedes, sino que se inclinan a **blasfemarla.** Cuando se actúa contra los pobres y los menospreciados, se actúa contra aquellos a quienes el Señor ha escogido; y cuando se actúa a favor de **los ricos,** a menudo se está poniendo de parte de los blasfemos.

LA DIVINA ELECCIÓN DE LOS POBRES

Hermanos míos amados, oíd: ¿No ha elegido Dios a los pobres de este mundo, para que sean ricos en fe y herederos del reino que ha prometido a los que le aman? Pero vosotros habéis afrentado al pobre. (2:5-6a)

Santiago no está refiriéndose a los humildes, los "pobres en espíritu" (Mt. 5:3), sino a los económicamente **pobres,** los que viven en la pobreza y a quienes el mundo los considera inferiores. A lo largo de la historia de la redención, Dios ha mostrado especial interés en llamar a los desprovistos de recursos económicos. Por medio de Moisés, le dijo al antiguo Israel:

> *No por ser vosotros más que todos los pueblos os ha querido Jehová y os ha escogido, pues vosotros erais el más insignificante de todos los pueblos; sino por cuanto Jehová os amó, y quiso guardar el juramento que juró a vuestros padres, os ha sacado Jehová con mano poderosa, y os ha rescatado de servidumbre, de la mano de Faraón rey de Egipto (Dt. 7:7-8).*

Como se ha dicho en el capítulo anterior, hay varias notables excepciones, pero los elegidos por Dios son, en su mayoría, de **los pobres de este mundo.** David declara: "Bienaventurado el que piensa en el pobre; en el día malo lo librará Jehová" (Sal. 41:1). Y: "Por tu bondad, oh Dios, has provisto al pobre" (Sal. 68:10; cp. 113:7). En otras palabras, si usted se preocupa por los pobres, Dios tendrá cuidado de usted, porque usted refleja su corazón. Salomón aconsejaba a los reyes que imitaran el interés del Señor para "[juzgar] a los afligidos del pueblo, [salvar] a los hijos del menesteroso, y [aplastar] al opresor... [y librar] al menesteroso que clamare, y al afligido que no tuviere quien le socorra" (Sal. 72:4, 12). También advierte que "el que escarnece al pobre afrenta a su Hacedor" (Pr. 17:5) y "el que cierra su oído al clamor del pobre, también él clamará, y no será oído" (21:13; cp. 28:27; 31:9). Si menospreciamos a los pobres y no ayudamos a satisfacer sus necesidades, menospreciamos a Dios mismo. Si nuestras oraciones no tienen respuesta, haremos bien en repasar nuestro trato hacia los que nos rodean, que están en aprietos económicos.

Isaías advirtió a los gobernantes: "Jehová vendrá a juicio contra los ancianos de su pueblo y contra sus príncipes; porque vosotros habéis devorado la viña, y el despojo del pobre está en vuestras casas. ¿Qué pensáis vosotros que majáis mi pueblo y moléis las caras de los pobres? dice el Señor, Jehová de los ejércitos" (Is. 3:14-15; cp. 10:1-3). El profeta Amós repitió esa advertencia: "Así ha dicho Jehová: Por tres pecados de Israel, y por el cuarto, no revocaré su castigo; porque vendieron por dinero al justo, y al pobre por un par de zapatos. Pisotean en el polvo de la tierra las cabezas de los desvalidos, y tuercen el camino de los humildes" (Am. 2:6-7; cp. 4:1; 5:11-12).

En el sistema expiatorio del Antiguo Testamento, Dios proveyó de forma especial para aquellos que eran demasiado pobres para traer la ofrenda reglamentada. Si no podían ofrecer un becerro, un carnero o una oveja, podían ofrecer una tórtola o un palomino (Lv. 1:5, 10, 14). Además de eso, cada siete años todas las deudas serían canceladas, a fin de que una persona no cayera de forma permanente en una deuda que no pudiera nunca pagar (Dt. 15:1-2). Cada cincuenta años, se celebraba un jubileo, en el que los esclavos podían optar por ser libres de sus amos (Lv. 25:8-13). Las cosechas en los campos y los viñedos no debían recogerse por completo, a fin de que los pobres pudieran recoger alguna comida para ellos (19:9-10). A los pobres nunca se les debía imponer intereses en algún préstamo (25:35-37); si tenían que vender toda su propiedad, un pariente debía redimirla por ellos (25:25); y si tenían que venderse a sí mismos a un compatriota, no debían ser tratados como a esclavos (25:39). Dios estableció para su pueblo Israel las reglas para cuidadosamente proteger y ayudar a los pobres.

Debido a que, como creyentes, hemos nacido de nuevo, con la propia naturaleza de Dios, debemos reflejar su gran amor y cuidado por los que están en necesidad. Esa es la esencia de quienes somos. Ser de otra manera es contrario, no solo a nuestra propia nueva naturaleza, sino a la naturaleza de Dios, y por lo tanto conlleva su juicio. Jesús le dijo al joven rico: "Si quieres ser perfecto, anda, vende lo que tienes, y dalo a los pobres, y tendrás tesoro en el cielo; y ven y sígueme" (Mt. 19:21). El propósito fundamental de aquel encuentro era probar la disposición de aquel hombre de seguir a Jesús a toda costa. Pero los requisitos que Jesús le hizo también reflejan la continua preocupación del Señor por el bienestar de los pobres. Tan pronto como Zaqueo se convirtió, el Espíritu Santo lo convenció de su necesidad de restituir a aquellos a quienes había defraudado, muchos de los cuales pudieran haber empobrecido por su poder y avaricia (Lc. 19:8). Jesús entonces le dijo: "Hoy ha venido la salvación a esta casa; por cuanto él también es hijo de Abraham" (v. 9). El nuevo corazón redimido de Zaqueo se evidenció por su preocupación por los que estaban en necesidad. Todo el espíritu opuesto caracterizaba a Judas. Su impío corazón se puso de manifiesto al objetar que María ungiera los pies de Jesús con un perfume caro, sugiriendo que se vendiera y que el dinero se diera a los pobres, "no porque se cuidara de los pobres, sino porque era ladrón, y teniendo la bolsa, sustraía de lo que se echaba en ella" (Jn. 12:6).

Pablo informó que, cuando él y Bernabé estuvieron en Antioquía, los pastores de la iglesia, Jacobo, Pedro y Juan "nos pidieron que nos acordásemos de los pobres; lo cual también procuré con diligencia hacer" (Gá. 2:10). Algunos años después, elogió a las iglesias de Macedonia y Acaya por su generosidad al hacer "una ofrenda para los pobres que hay entre los santos que están en Jerusalén" (Ro. 15:26).

En su misericordioso amor, nos dice Santiago, **Dios [elige] a los pobres... para que sean ricos en fe y herederos del reino.** Pablo dijo:

Pues mirad, hermanos, vuestra vocación, que no sois muchos sabios según la carne, ni muchos poderosos, ni muchos nobles; sino que lo necio del mundo escogió Dios, para avergonzar a los sabios; y lo débil del mundo escogió Dios, para avergonzar a lo fuerte; y lo vil del mundo y lo menospreciado escogió Dios, y lo que no es, para deshacer lo que es, a fin de que nadie se jacte en su presencia (1 Co. 1:26-29).

Aunque la mayoría de su pueblo nunca será rico en bienes materiales, **Dios les asegura que serán** ricos en fe, es decir, tendrían la fe necesaria para creer el evangelio y ser salvos, así como para perseverar hasta tener la vida eterna. Todo el que es de Cristo ha sido bendecido "con toda bendición espiritual en los lugares celestiales en Cristo" (Ef. 1:3), "porque no hay diferencia entre judío y griego, pues el mismo que es Señor de todos, es rico para con todos los que le invocan" (Ro. 10:12).

Las riquezas espirituales del Señor sobreabundan para nosotros. Más adelante en Romanos, Pablo exclama: "¡Oh profundidad de las riquezas de la sabiduría y de la ciencia de Dios! ¡Cuán insondables son sus juicios, e inescrutables sus caminos!" (11:33). Les dijo a los creyentes de Corinto que, como apóstol, era pobre en las cosas materiales, pero había tenido el privilegio de "[enriquecer] a muchos" en las cosas espirituales, y que, "no teniendo nada", poseía todas las cosas (2 Co. 6:10).

En segundo lugar, **Dios elige a los pobres de este mundo para que sean... herederos del reino que ha prometido.** El **reino** representa toda la esfera de la salvación, todo lo que esta incluye e implica. Aquí Santiago describe el reino en su sentido presente de la esfera de la salvación, aquellos sobre los que Cristo gobierna, así como en su futura, milenaria y eterna gloria. Es una verdad bíblica fundamental que llamar a alguien al **reino** es llamarlo a salvación, y viceversa. Cuando el joven rico le preguntó a Jesús: "Maestro bueno, ¿qué bien haré para tener la vida eterna?", Él le respondió: "¿Por qué me llamas bueno? Ninguno hay bueno sino uno: Dios. Mas si quieres entrar en la vida, guarda los mandamientos" (Mt. 19:16-17). Entonces Jesús les explicó a sus discípulos:

> *De cierto os digo, que difícilmente entrará un rico en **el reino de los cielos**. Otra vez os digo, que es más fácil pasar un camello por el ojo de una aguja, que entrar un rico **en el reino de Dios**... De cierto os digo que en la regeneración, cuando el Hijo del Hombre se siente en el trono de su gloria, vosotros que me habéis seguido también os sentaréis sobre doce tronos, para juzgar a las doce tribus de Israel. Y cualquiera que haya dejado casas, o hermanos, o hermanas, o padre, o madre, o mujer, o hijos, o tierras, por mi nombre, recibirá cien veces más, y heredará **la vida eterna**. Pero muchos primeros serán postreros, y postreros, primeros (Mt. 19:23-24, 28-30, énfasis añadido).*

Como lo indican las palabras en cursiva, Jesús muestra la unidad del reino de los cielos, el reino de Dios, y la vida eterna. Reflejando esa misma realidad, cada uno de estos pertenecen a **los que le aman,** los que han puesto su fe en Él, quienes por ese modo son salvos y quienes heredarán la plenitud de eterno cielo de Dios.

No habrá pobres en el cielo en ningún sentido, ni ciudadanos de segunda clase. Todos serán ricos en las cosas que tienen valor eterno. Todos los creyentes recibirán la misma vida eterna, la misma ciudadanía celestial en el reino de Dios, y la misma justicia perfecta de Cristo atribuida a ellos por el Padre. Cada uno de sus hijos vivirá en su casa y se alegrará en su presencia y su amor (Jn. 14:1-3).

Pero vosotros, sigue diciendo Santiago, a diferencia de Dios, **habéis afrentado al pobre,** despreciando y rechazando a aquellos a quienes el Señor ha escogido. "¿Cómo pueden afirmar ustedes", pregunta en realidad, "que son hijos de Dios y siguen pensando y actuando de manera tan diferente de Él?"

LA BLASFEMIA DE LOS RICOS

¿No os oprimen los ricos, y no son ellos los mismos que os arrastran a los tribunales? ¿No blasfeman ellos el buen nombre que fue invocado sobre vosotros? (2:6b-7)

¿No os oprimen los ricos, continúa preguntando, y no son ellos los mismos que os arrastran a los tribunales? oprimen es del término griego *katadunasteuō*, que significa tiranizar, ejercer un poder desmedido sobre otros. ¿No son los ricos los que se aprovechan económicamente de ustedes y los arrastran a los tribunales civiles para demandarlos y quitarles todo lo que tienen? ¿No son ellos los que los menosprecian y no valoran su valía como seres humanos?

Aun peor, ¿No blasfeman ellos el buen nombre que fue invocado sobre vosotros, despreciando la fe religiosa de ustedes? el buen nombre, por supuesto, se refiere al nombre de Cristo, que fue difamado y blasfemado por los enemigos de la iglesia. "No entienden que los ricos profanan el nombre de su Señor, fomentan la hostilidad civil y religiosa y les causan increíbles penas y miserias?"

Como los saduceos eran ricos, aristocráticos y muy secularizados, y como perseguían activamente a la iglesia primitiva, Santiago pudiera haber estado haciendo referencia específica a ellos. Aunque decían estar estrictamente apegados a la ley mosaica, no creían en los ángeles ni en otros seres espirituales, ni en la resurrección, ni en la inmortalidad del alma, ni por lo tanto en el cielo, el infierno o el juicio venidero. Y, al igual que los fariseos, los saduceos se opusieron furiosamente a Jesús cuando estaba vivo, vituperaron su nombre (vea Mt. 16:1-12; 22:23-32), y difamaron y persiguieron a la iglesia primitiva (vea Hch. 4:1-3; 5:17-18). que fue invocado sobre vosotros subraya la relación personal del creyente y su identidad con Jesucristo. Cada referencia en las epístolas del Nuevo Testamento a la palabra invocar se refiere al llamado eficaz de salvación de Dios, por el cual Él salva a los pecadores (cp. Ro. 8:28-30). El propio nombre "cristianos" significa "los de Cristo", aquellos que pertenecen a Cristo, se identifican con Él y tienen el gran privilegio de expresar su amorosa imparcialidad.

LA VIOLACIÓN

Si en verdad cumplís la ley real, conforme a la Escritura: Amarás a tu prójimo como a ti mismo, bien hacéis; pero si hacéis acepción de personas, cometéis pecado, y quedáis convictos por la ley como transgresores. Porque cualquiera que guardare toda la ley, pero ofendiere en un punto, se hace culpable de todos. Porque el que dijo: No cometerás adulterio, también ha dicho: No

matarás. Ahora bien, si no cometes adulterio, pero matas, ya te has hecho transgresor de la ley. (2:8-11)

La parcialidad, el favoritismo, no solo es contraria al carácter de Dios, incompatible con la fe cristiana y con la elección de Dios a los pobres (y, por el contrario, compatible con la persecución de los ricos a los pobres y a los justos), es también contraria a **la ley real** de Dios. En sí, es pecado, una transgresión de **la ley** divina.

El versículo 8 tiene gran alcance y va más allá del asunto del favoritismo. En el griego, la cláusula que se introduce por un **Si** es condicional primera clase, lo que significa que **Si** pudiera traducirse "Dado que"o "Como". Tal cláusula representa una realidad que se supone y se hace evidente de por sí. Por lo tanto, el sentido es: **Si en verdad cumplís la ley real, conforme a la Escritura,** y ustedes lo hacen, entonces, como lo requiere la ley: **"Amarás a tu prójimo como a ti mismo". real** lleva la idea de supremo y soberano, indica la autoridad absoluta y obligatoria de la ley. Cuando un rey soberano lanza un edicto, es incuestionablemente obligatorio para todos sus súbditos. No hay tribunal de apelación o arbitraje. **conforme a la Escritura, la ley real** y soberana de Dios y sus mandamientos bíblicos son sinónimos. Lo que Santiago llama **la ley real** es, en esencia, la suma y sustancia de toda la Palabra de Dios, resumida en Mateo 22:37-40 como un perfecto amor a Dios y al prójimo. Pablo dice: "El cumplimiento de la ley es el amor" (Ro. 13:10; cp. vv. 8-9). Cuando se ama a Dios con devoción perfecta, no se quebranta ninguno de sus mandamientos. Cuando se ama al prójimo, no se viola a otra persona. De modo que el perfecto amor guarda todos los mandamientos, cumpliendo así toda la ley.

"Un mandamiento nuevo os doy", dijo Jesús: "Que os améis unos a otros; como yo os he amado, que también os améis unos a otros" (Jn. 13:34). Con el mismo tono, explica Pablo que "el que ama al prójimo, ha cumplido la ley. Porque: No adulterarás, no matarás, no hurtarás, no dirás falso testimonio, no codiciarás, y cualquier otro mandamiento, en esta sentencia se resume: Amarás a tu prójimo como a ti mismo. El amor no hace mal al prójimo; así que el cumplimiento de la ley es el amor" (Ro. 13:8-10). Juan aconseja: "Amados, amémonos unos a otros", recordándonos que "el amor es de Dios"y que "todo aquel que ama, es nacido de Dios, y conoce a Dios" (1 Jn. 4:7).

La **ley real** particular en la que Santiago se concentra es "amarás a tu prójimo como a ti mismo", que se encuentra en Levítico 19:18 y es lo que Jesús mismo dijo que era el segundo más grande mandamiento, después de "Amarás al Señor tu Dios con todo tu corazón, y con toda tu alma, y con toda tu mente" (Mt. 22:37-39; Dt. 6:5; Lv. 19:18). También Jesús pone en claro quién es nuestro **prójimo.** Es cualquiera cuya necesidad podamos satisfacer, tal como el buen samaritano desinteresada y generosamente satisfizo la necesidad del hombre con el que se encontró en el camino a Jericó, al que habían robado y golpeado (Lc. 10:30-37). El samaritano le sirvió personalmente y también proveyó para su posterior cuidado por otros, hasta que estuviera totalmente restablecido.

El propósito detrás de esta **ley** es obvio. Como nos amamos a nosotros mismos, no queremos que nos maten, que se nos mienta, que nos roben o que abusen de nosotros. Y si amamos a los demás con ese mismo grado de amor e interés, nunca les haremos esas cosas, cumpliendo así **la ley real** de Dios. Más importante, amar a otros de esta forma refleja la naturaleza misma y el carácter de nuestro Padre celestial. "Amados, amémonos unos a otros; porque el amor es de Dios", dice Juan. "Todo aquel que ama, es nacido de Dios, y conoce a Dios. El que no ama, no ha conocido a Dios, porque Dios es amor" (1 Jn. 4:7-8; cp. v. 11).

En contra de lo que afirman hoy día muchos maestros, la Biblia no enseña que debemos aprender a amarnos antes de poder amar debidamente a otros. Por el contrario, sencillamente reconoce que es parte esencial de la naturaleza humana el amarse a sí mismo, ya que "nadie aborreció jamás a su propia carne, sino que la sustenta y la cuida" (Ef. 5:29). Como naturalmente nos amamos tanto, nos preocupamos por alimentarnos, por vestir nuestro cuerpo, por nuestra apariencia, por nuestros trabajos y carreras, y por hacer feliz y placentera nuestra vida, esta es la misma preocupación que debemos tener por otros. Y cuando decidimos ocuparnos en este tipo de amor por otros, cumpliendo así la ley soberana de Dios, no tendremos problema con la parcialidad (cp. Fil. 2:3-4).

La imparcialidad amorosa y piadosa no está asociada a la muy popular autoestima ni a la narcisista admiración de uno mismo que tanto se fomenta hoy, presuntamente en nombre del cristianismo bíblico. El cristiano que conoce, entiende y acepta plenamente las Escrituras comprende que, en sí mismo, es un vil y miserable pecador que solo merece la condenación y el infierno, y que es solo por la inmensurable gracia de Dios que obtiene la salvación, seguridad, bendición y su destino eterno en los cielos con el Señor. El amor del que hablan Moisés, Jesús y Santiago tiene que ver con un amor dado por Dios y bendito por Dios, que se interesa en suplir las verdaderas necesidades humanas de otros. Sus necesidades físicas, su protección, su crecimiento en la gracia, santidad y semejanza a Cristo, en la misma forma práctica y benefactora en la que de forma natural y legítima buscamos suplir nuestras propias necesidades. **bien hacéis** pudiera tal vez traducirse mejor: "Lo están haciendo de forma excelente". Amar a los demás como nos amamos a nosotros mismos es hacer más que solo amar satisfactoriamente. Es amar como ama nuestro Padre celestial y como quiere que sus hijos amen. El escritor de Hebreos nos dice que, al mostrar hospitalidad "algunos, sin saberlo, hospedaron ángeles" (He. 13:2). Pero sean ángeles o no, cuando de manera imparcial ayudamos a otros creyentes, el Señor nos dirá, "en cuanto lo hicisteis a uno de estos mis hermanos más pequeños, a mí lo hicisteis" (Mt. 25:40). Y si un día el Señor nos dice, "Bien, buen siervo y fiel" (Mt. 25:21, 23), no será por nuestros talentos, por nuestro dar generoso, por nuestra capacidad de liderazgo, o por alguna otra cosa, sino por nuestro amor a Él y a otros, en especial a otros creyentes, mostrando nuestra fidelidad y obediencia a su Palabra.

Como el anterior, el versículo 9 de Santiago 2 comienza con una cláusula condicional griega de primera clase: **pero si hacéis acepción de personas,** lo que significa: "Si usted muestra parcialidad, y usted lo hace, [**está cometiendo**] **pecado, y [es] [convicto] por la ley como [transgresor].** Como se ha dicho, algunos creyentes de las iglesias a las que Santiago escribió, obviamente eran culpables de tal **acepción de personas.** Pero como se verá a continuación, aquí la arremetida principal es contra los incrédulos de la iglesia, los seudocristianos que estaban disfrazados de creyentes.

hacéis acepción de personas es una forma verbal (empleada solo aquí en el Nuevo Testamento) del sustantivo traducido "acepción de personas" en el versículo 1. La forma indica que Santiago no está hablando de un favoritismo ocasional, sino de algo habitual, de una patente **acepción de personas.** Quienes la practicaban estaban cometiendo un serio **pecado** y por lo tanto, eran hallados culpables por la ley como **transgresores** (cp. Dt. 1:17; 16:19). La vida de ellos se caracterizaba por quebrantar la ley de Dios, dando testimonio de su incredulidad. Y tal como amar al prójimo como a uno mismo cumple "la ley real, conforme a la Escritura" y da testimonio de ser un hijo de Dios, así mismo la **acepción de personas** habitual quebranta esta ley divinamente revelada y ofrece una segura evidencia de lo contrario.

La **acepción de personas** no es simplemente un asunto de desconsideración o falta de cortesía, sino que es un grave **pecado.** En este versículo Santiago habla de esto en dos formas o aspectos. *Hamartia,* traducido simplemente **pecado,** se aplica al no cumplimiento de la norma de justicia de Dios, mientras que *parabatēs* (**transgresores**) se refiere a alguien que deliberadamente va más allá de los límites establecidos por Dios. En el primer caso, la persona no llega; en el otro, va más allá. Ambos son pecadores, tanto por añadir como por sustraer de la Palabra revelada de Dios ambos son pecadores (Ap. 22:19).

Más que eso, **cualquiera que guarda toda la ley, pero ofende en un punto, se hace culpable de todos.** Para llegar a ser un quebrantador de la ley y un pecador, solo es necesario desobedecer un mandamiento, ya que estamos obligados a guardar **toda la ley** de Dios, no simplemente parte de ella. Si fallamos, como todos fallamos, somos **culpables de** quebrantar **toda la ley.** Incumplir uno de sus mandamientos es desafiar su voluntad y su autoridad, que es el fundamento de todo pecado. La **ley** de Dios está unida y es inseparable. Es como golpear una ventana con un martillo. Pudiera darle una sola vez, y más bien ligeramente, pero toda la ventana se hace añicos. De igual manera, algunos pecados son relativamente ligeros y algunos son viles en extremo. Pero quebrantar incluso "uno de estos mandamientos muy pequeños" (Mt. 5:19) hace añicos la unidad de la santa ley de Dios y hace de la persona culpable un transgresor.

Pablo escribió acerca de esta misma verdad en Gálatas 3:10-13:

> *Porque todos los que dependen de las obras de la ley están bajo maldición, pues escrito está: Maldito todo aquel que no permaneciere en todas las cosas escritas en el libro de la ley, para hacerlas. Y que por la ley ninguno se justifica para con Dios, es evidente, porque: El justo por la fe vivirá; y la ley no es de fe, sino que dice: El que hiciere estas cosas vivirá por ellas. Cristo nos redimió de la maldición de la ley, hecho por nosotros maldición (porque está escrito: Maldito todo el que es colgado en un madero).*

Como ilustración, Santiago citó de Éxodo 20:13-14 y de Deuteronomio 5:17-18: **Porque el que dijo: No cometerás adulterio, también ha dicho: No matarás. Ahora bien, si no cometes adulterio, pero matas, ya te has hecho transgresor de la ley.** Santiago escogió dos de los pecados sociales más graves, en ambos casos el incumplimiento exigía el castigo de muerte. Tal vez los escogiera a fin de ilustrar el carácter sumamente pecaminoso de la parcialidad. Pero pudo haber empleado cualquiera de las leyes de Dios para llegar al mismo punto. Para hacerse **transgresor de la ley** solo se necesita incumplir un mandamiento, cualquiera de ellos. "Porque de cierto os digo que", dijo Jesús:

> *hasta que pasen el cielo y la tierra, ni una jota ni una tilde pasará de la ley, hasta que todo se haya cumplido. De manera que cualquiera que quebrante uno de estos mandamientos muy pequeños, y así enseñe a los hombres, muy pequeño será llamado en el reino de los cielos; mas cualquiera que los haga y los enseñe, éste será llamado grande en el reino de los cielos (Mt. 5:18-19; cp. 23:23; Gá. 5:3).*

Los judíos tendían a observar a la ley como una serie de mandamientos aislados. Obedecer alguno de esos mandamientos era ganar crédito. Incumplir uno era incurrir en deuda. Por lo tanto, un hombre podía sumar los que cumplía y restar los que quebrantaba y, por decirlo así, tener un balance de crédito o débito moral.

Desde luego que esa filosofía es común para cualquier sistema religioso en el que la justicia sea por obras. La idea es que la aceptación o el rechazo por parte de Dios depende esencialmente de la situación moral de la persona misma. Si hace más bien que mal, Dios lo acepta. Si la balanza se inclina hacia el otro lado, lo rechaza.

Muchas personas, entre ellas muchas que usan el nombre de Cristo, creen firmemente en esta idea totalmente antibíblica. Sin embargo, la norma de Dios es la perfección. Jesús declaró: "Sed, pues, vosotros perfectos, como vuestro Padre que está en los cielos es perfecto" (Mt. 5:48). Dios no aceptará nada menos. Pero como ningún ser humano pecador tiene la posibilidad de alcanzar esa perfección, Dios ha provisto que misericordiosamente le sea atribuido a través del sacrificio vicario de su Hijo, que no cometió pecado.

Justificados, pues, por la fe, tenemos paz para con Dios por medio de nuestro Señor Jesucristo... Porque Cristo, cuando aún éramos débiles, a su tiempo murió por los impíos... Mas Dios muestra su amor para con nosotros, en que siendo aún pecadores, Cristo murió por nosotros... Porque si siendo enemigos, fuimos reconciliados con Dios por la muerte de su Hijo, mucho más, estando reconciliados, seremos salvos por su vida. Y no solo esto, sino que también nos gloriamos en Dios por el Señor nuestro Jesucristo, por quien hemos recibido ahora la reconciliación (Ro. 5:1, 6, 8, 10-11).

Muchos líderes judíos en la época del Nuevo Testamento habían tratado de usar la verdad de la gracia de Dios para pervertir su ley. Al reconocer que ninguna persona puede cumplir cada mandamiento durante toda la vida, ellos llegan a la conclusión de que por esta razón, la gracia de Dios le hace pasar por alto la mayoría de las desobediencias. Algunos rabinos incluso enseñaban que la obediencia a solo un mandamiento fundamental era suficiente para satisfacer a Dios. Tal tergiversado e impío razonamiento quita el carácter perverso del pecado y corrompe no solamente la ley de Dios, sino también su gracia. El creerse justos les impedía ver su necesidad de un Salvador, y esta es la razón por la que aquellos líderes judíos se opusieron tan vehementemente a Jesucristo y al evangelio del sacrificio expiatorio que Él proclamó y cumplió.

Sin embargo, ambos testamentos afirman claramente que no hay gracia alguna en la ley de Dios. Sin excepción, quebrantar su ley implica juicio y el castigo correspondiente. No hay tal cosa como un pecado pequeño, intrascendente o exento de castigo.

LA APELACIÓN

Así hablad, y así haced, como los que habéis de ser juzgados por la ley de la libertad. Porque juicio sin misericordia se hará con aquel que no hiciere misericordia; y la misericordia triunfa sobre el juicio. (2:12-13)

Como la parcialidad es un pecado tan grave, Santiago concluye esta sección con un llamado a los creyentes a que consideren plenamente el peligro del juicio divino. Y es obvio que significa que debían abandonar el pecado de la parcialidad, pidiendo el perdón y la limpieza del Señor.

La amonestación a **así [hablar], y así [hacer], como los que habéis de ser juzgados por la ley de la libertad** es equivalente a decir: "Vivan y obren como verdaderos creyentes que han sido salvos por la gracia de Dios y que serán juzgados sobre la base de la justicia de Cristo que les ha sido imputada". Esta justicia libra al creyente de la ley de esclavitud y lo juzga según la redentora **ley de libertad,** la Palabra de Dios del evangelio, el Nuevo Testamento en Jesucristo, que libera al pecador arrepentido de la esclavitud del pecado (cp. Jn. 8:31-32).

Dios "pagará a cada uno conforme a sus obras", afirma Pablo:

> *vida eterna a los que, perseverando en bien hacer, buscan gloria y honra e inmortalidad, pero ira y enojo a los que son contenciosos y no obedecen a la verdad, sino que obedecen a la injusticia; tribulación y angustia sobre todo ser humano que hace lo malo, el judío primeramente y también el griego, pero gloria y honra y paz a todo el que hace lo bueno, al judío primeramente y también al griego; porque no hay acepción de personas para con Dios (Ro. 2:6-11).*

Uno de los temas principales de Santiago es que la verdadera fe de una persona se manifestará en sus obras y por medio de ellas, "porque como el cuerpo sin espíritu está muerto, así también la fe sin obras está muerta" (2:26). Si Dios mira nuestra vida y ve que hemos pasado por pruebas y tentaciones de una forma piadosa, que recibimos y obedecimos su Palabra y que no hemos vivido con favoritismos, esto será prueba de nuestra salvación. Pablo declara inequívocamente que "somos hechura suya, creados en Cristo Jesús para buenas obras, las cuales Dios preparó de antemano para que anduviésemos en ellas" (Ef. 2:10). Las buenas obras no pueden producir redención; pero la genuina redención produce una vida obediente y santa que se caracterizará por las buenas obras. La fe viva se mostrará en una vida santa.

El evangelio es **la ley de la libertad,** porque libera a los que ponen su fe en Jesucristo, de la esclavitud, del juicio y del castigo del pecado, y finalmente les ofrece libertad y gloria eternas. Nos libra a nosotros, pecadores, de la falsedad y el engaño y de la maldición de la muerte y el infierno. Aun más maravilloso es que nos hace libres para obedecer y servir a Dios, para vivir fiel y justamente conforme a su Palabra y por el poder de la presencia interior de su Espíritu. Y nos hace libres para seguir a nuestro Señor voluntariamente por amor, y no de mala gana o por temor. En todo sentido, es la "ley real"de Dios (v. 8), la divina y maravillosa **ley de la libertad.**

Como una palabra adicional de advertencia, Santiago dice que **juicio sin misericordia se hará con aquel que no hiciere misericordia.** En este contexto, el que no ha mostrado misericordia obviamente se refiere a los incrédulos. La vida de ellos se caracteriza por la parcialidad, dureza, egoísmo y desinterés por los demás; en resumen, falta de amor. Están lejos de amar a los demás como se aman a sí mismos, no reflejando nada del amor de Dios y del interés por los necesitados. No recibirán bendición ni misericordia, porque ellos no han sido misericordiosos (Mt. 5:7).

Cuando un hombre vive sin compasión por los demás en el mundo de Dios, sencillamente da evidencia de que él mismo nunca ha respondido acertadamente a la inmensurable misericordia de Dios. La misericordia que un hombre muestra a otros como fruto de una vida alcanzada por la misericordia salvadora de Dios, triunfará sobre el juicio. Sus propios pecados, dignos de juicio, son quitados por la obra de Dios en su vida, eliminando todas las acusaciones que la justicia rigurosa pudiera tener en su contra. Así que el mostrar misericordia no es una manera de acumular méritos personales para merecer la salvación por sus propias buenas obras. La misericordia que muestra es en sí misma una obra de Dios por la que no podemos obtener mérito alguno.

Santiago nos lleva al punto culminante de su gran argumento. La parcialidad es incompatible con la fe cristiana, porque la fe cristiana es compatible con el carácter de Dios, y Dios es completamente imparcial. La parcialidad es incompatible con el propósito y el plan de Dios al escoger a los pobres de este mundo para que sean espiritualmente ricos. La parcialidad no es compatible con el amar al prójimo como a sí mismo. Aun cuando este fuera el único pecado que una persona cometiera, la parcialidad, como el resto de los pecados, quebranta toda la ley de Dios y hace que una persona sea transgresora, condenada al infierno para siempre. Si usted llega ante el tribunal de Dios y Él ve que usted ha vivido haciendo misericordia a los demás, Él le mostrará misericordia, porque su misericordia dará testimonio de su fe salvadora. Será realidad en su caso que **la misericordia triunfa sobre el juicio.** Por el contrario, una persona que ha vivido carente de misericordia hacia los demás, mostrará que no tiene la fe salvadora.

La fe muerta

10

Hermanos míos, ¿de qué aprovechará si alguno dice que tiene fe, y no tiene obras? ¿Podrá la fe salvarle? Y si un hermano o una hermana están desnudos, y tienen necesidad del mantenimiento de cada día, y alguno de vosotros les dice: Id en paz, calentaos y saciaos, pero no les dais las cosas que son necesarias para el cuerpo, ¿de qué aprovecha? Así también la fe, si no tiene obras, es muerta en sí misma. Pero alguno dirá: Tú tienes fe, y yo tengo obras. Muéstrame tu fe sin tus obras, y yo te mostraré mi fe por mis obras. Tú crees que Dios es uno; bien haces. También los demonios creen, y tiemblan. ¿Mas quieres saber, hombre vano, que la fe sin obras es muerta? (2:14-20)

Una verdad que Santiago subraya en este texto y que se enseña en toda la Palabra de Dios, es que lo que hacemos muestra lo que somos. Esa verdad, desde luego, está en el nivel más profundo e importante posible. Santiago no está hablando sencillamente de creencias e intenciones en general, sino de una firme creencia de fe salvadora. La autenticidad de una confesión de Jesucristo como Salvador y Señor se hace más evidente por lo que una persona hace que por lo que dice. Una persona que profesa a Cristo, pero no vive una vida que honra a Cristo y le obedece, es un fraude. En el capítulo 2, dos veces Santiago describe tal fe como muerta (2:17, 26). Una persona con fe muerta no puede producir, y no produce, obras que son verdaderamente rectas y buenas, y la ausencia de tales obras es prueba de la ausencia de fe salvadora.

El Nuevo Testamento presenta muchos ejemplos de tal fe muerta. Cuando Juan el Bautista vio "que muchos de los fariseos y de los saduceos venían a su bautismo, les decía: ¡Generación de víboras! ¿Quién os enseñó a huir de la ira venidera? Haced, pues, frutos dignos de arrepentimiento, y no penséis decir dentro de vosotros mismos: A Abraham tenemos por padre; porque yo os digo que Dios puede levantar hijos a Abraham aun de estas piedras" (Mt. 3:7-9). "Ustedes no pueden confiar en su herencia para la salvación, no importa cuán grande pueda ser", estaba diciendo. "Si ustedes confían realmente en Dios y pertenecen a Él, darán evidencia al arrepentirse de sus pecados y vivir justamente". Al llamarlos víboras daba a entender que la vida de ellos era cualquier cosa menos justa y que, por lo tanto, la fe que profesaban estaba muerta.

En el Sermón del Monte, Jesús dijo: "Así alumbre vuestra luz delante de los hombres, para que vean vuestras buenas obras, y glorifiquen a vuestro Padre que está en los cielos" (Mt. 5:16). La luz interior que el Señor da a su pueblo siempre brillará exteriormente en la forma de buenas obras. Más adelante en el mensaje, Jesús se extendió en esa verdad, explicando que "no todo el que me dice: Señor, Señor, entrará en el reino de los cielos, sino el que hace la voluntad de mi Padre que está en los cielos" (7:21).

Jesús comenzó a encontrarse con creyentes superficiales al comienzo de su ministerio. "Estando en Jerusalén en la fiesta de la pascua, muchos creyeron en su nombre, viendo las señales que hacía. Pero Jesús mismo no se fiaba de ellos, porque conocía a todos, y no tenía necesidad de que nadie le diese testimonio del hombre, pues él sabía lo que había en el hombre" (Jn. 2:23-25). No se confiaba de ellos porque no pertenecían a Él. Su creencia equivalía al reconocimiento de ciertas verdades acerca de Jesús, pero ellos no confiaban en Él como Salvador, ni se sometían a Él como Señor.

Nicodemo, un líder fariseo, "vino a Jesús de noche, y le dijo: Rabí, sabemos que has venido de Dios como maestro; porque nadie puede hacer estas señales que tú haces, si no está Dios con él. Respondió Jesús y le dijo: De cierto, de cierto te digo, que el que no naciere de nuevo, no puede ver el reino de Dios" (Jn. 3:2-3). Nicodemo creía que Jesús era un profeta de Dios, que hablaba la verdad y que hacía milagros por el poder divino; y tal vez creyera incluso que era el Mesías. Pero el Señor puso en claro que, sin que importe cuán sinceros seamos, el simple reconocimiento de las verdades acerca de Él no constituye renacimiento espiritual.

Después Jesús dijo con toda claridad: "Si no creéis que yo soy, en vuestros pecados moriréis... muchos creyeron en él" (Jn. 8:24, 30). Sin embargo, la fe que profesaban no era fe salvadora, y les dijo a "los judíos que habían creído en él: Si vosotros permaneciereis en mi palabra, seréis verdaderamente mis discípulos; y conoceréis la verdad, y la verdad os hará libres" (vv. 31-32). Un verdadero discípulo de Cristo obedecerá su Palabra. Una vida de continua desobediencia es prueba del falso discipulado y de la fe muerta (cp. Jn. 14:21, 23; 15:16).

Jesús repetidamente subrayó la verdad fundamental del evangelio, de que simplemente aceptar de modo intelectual la verdad divina, no produce la salvación. "¿Acaso se recogen uvas de los espinos, o higos de los abrojos?", preguntó retóricamente. "Así, todo buen árbol da buenos frutos, pero el árbol malo da frutos malos. No puede el buen árbol dar malos frutos, ni el árbol malo dar frutos buenos. Todo árbol que no da buen fruto, es cortado y echado en el fuego. Así que, por sus frutos los conoceréis" (Mt. 7:16-20). Empleando una figura similar, dijo:

> *Yo soy la vid, vosotros los pámpanos; el que permanece en mí, y yo en él, éste lleva mucho fruto; porque separados de mí nada podéis hacer. El que en mí no permanece, será echado fuera como pámpano, y se secará; y los recogen, y los echan en el fuego, y arden... En esto es glorificado mi Padre, en que llevéis mucho fruto, y seáis así mis discípulos (Jn. 15:5-6, 8).*

Terminó la parábola del sembrador diciendo: "El que fue sembrado en buena tierra, éste es el que oye y entiende la palabra, y da fruto; y produce a ciento, a sesenta, y a treinta por uno" (Mt. 13:23).

Por medio del escritor de Hebreos, Dios ordena: "Seguid la paz con todos, y la santidad, sin la cual nadie verá al Señor" (He. 12:14). Una profesión de fe que no produce santificación alguna, es fe muerta. Los verdaderos creyentes no solo son hechura de Dios, dice Pablo, sino que son, en realidad, "creados en Cristo Jesús para *buenas obras, las cuales Dios preparó de antemano para que anduviésemos en ellas*" (Ef. 2:10, cursivas añadidas).

Juan escribió acerca de esta misma verdad:

> *Hijitos, nadie os engañe; el que hace justicia es justo, como él es justo. El que practica el pecado es del diablo; porque el diablo peca desde el principio. Para esto apareció el Hijo de Dios, para deshacer las obras del diablo. Todo aquel que es nacido de Dios, no practica el pecado, porque la simiente de Dios permanece en él; y no puede pecar, porque es nacido de Dios. En esto se manifiestan los hijos de Dios, y los hijos del diablo: todo aquel que no hace justicia, y que no ama a su hermano, no es de Dios (1 Jn. 3:7-10).*

Como en muchos otros momentos de su historia, la iglesia actual necesita con urgencia reconocer y tratar acerca de la idea destructora del alma de que el simple reconocimiento de que los hechos del evangelio son verdaderos es suficiente para la salvación. Debemos oponernos clara y enérgicamente al engaño y falsa ilusión de que conocer y aceptar la verdad acerca de Jesucristo equivale a tener fe salvadora en Él. En algunos círculos eclesiásticos, incluso parece sostenerse la idea de que sencillamente no negar a Dios es equivalente a confiar en Él.

Santiago no permitirá que tal falsedad no se cuestione. Como se observa varias veces en los capítulos anteriores de este comentario, la Epístola de Santiago presenta una serie de pruebas por las cuales los cristianos podemos evaluar la autenticidad de nuestra fe. Todas las pruebas se basan en la verdad fundamental de que la persona que no haga un irrevocable compromiso a abandonar el pecado y a obedecer y servir al Señor Jesucristo, no tiene nada que reclamarle y debe ser confrontada con la realidad de su condición perdida. Cómo vivimos prueba quiénes somos, o no somos, ante los ojos de Dios. Como expresó Santiago en el capítulo anterior, los creyentes genuinos somos "hacedores de la palabra, y no tan solamente oidores, [engañándose a sí] mismos" (1:22).

No puede destacarse con demasiada frecuencia que nadie puede salvarse por obras. La salvación es totalmente "por gracia... por medio de la fe; y esto no de vosotros, pues es don de Dios; no por obras, para que nadie se gloríe" (Ef. 2:8-9). Si las obras pudieran tener parte alguna en la salvación, dejaría de ser por la gracia de Dios. Pero esto tampoco puede destacarse con demasiada frecuencia, ya que, como declara Santiago en el pasaje que estamos analizando, "la fe, si no tiene obras, es muerta en sí misma" (Stg. 2:17). La fe genuina y transformadora no solo debe producir, sino que producirá genuinas buenas obras, arrepentimiento evidente y obediente sumisión al señorío de Cristo. Esta es la expresión de la nueva naturaleza, creada en el nuevo nacimiento (2 Co. 5:17). No habrá perfecta obediencia y arrepentimiento si no hay buenas obras.

Pudiéramos decir que no nos cuesta nada ser cristiano, pero nos cuesta todo para poder vivir plenamente como tal. Daremos fruto y debemos dar mucho fruto. Nada que poseamos merece ni siquiera la menor parte de la salvación; pero una vez que somos salvos, todo lo que tenemos le pertenece al Señor. Eso, desde luego, es lo que quiere decir señorío y fue lo que Jesús indicó en las parábolas del tesoro escondido y la perla de gran precio. "El reino de los cielos es semejante a un tesoro escondido en un campo", dijo Él, "el cual un hombre halla, y lo esconde de nuevo; y gozoso por ello va y vende todo lo que tiene, y compra aquel campo. También el reino de los cielos es semejante a un mercader que busca buenas perlas, que habiendo hallado una perla preciosa, fue y vendió todo lo que tenía, y la compró" (Mt. 13:44-46).

Sin embargo, para los ilusos la salvación equivale a nada más que un eventual reconocimiento de los hechos de Cristo, sin idea o intención de un compromiso permanente, irrevocable con Él y con su Palabra y voluntad.

El predicador inglés del siglo XVII Thomas Brooks escribió:

> Cristo lo ha librado de todos sus enemigos, de la maldición de la ley, el predominante y maldito poder del pecado, la ira de Dios, el aguijón de la muerte y los tormentos del infierno; pero ¿cuál es el fin y el propósito de Cristo al hacer estas cosas grandes y maravillosas a favor de su pueblo? No es que deban renunciar a la obligación de rectitud y santidad, sino que su corazón pueda ser más libre y dulce en todas las santas obligaciones y servicios celestiales... ¡Oh, almas! No conozco otros argumentos para llevarlas a un entusiasta y constante cumplimiento de

todos los servicios celestiales, como los que se derivan de la consideración de las grandes y gloriosas cosas que Cristo ha hecho por ustedes. (*Precious Remedies Against Satan's Devices* [Valiosos recursos contra los artificios de Satanás] [Edimburgo: Banner of Truth, 1984], 123-24)

Como se mencionó en el capítulo 1, el principal público de Santiago era el pueblo judío, "las doce tribus que están en la dispersión" (Stg. 1:1; cp. 2:21). Esos judíos se habían identificado con la fe cristiana, muchos de ellos, sin duda, a un considerable costo. Sin embargo, como en la mayoría de las congregaciones cristianas, algunos de ellos eran creyentes genuinos y otros no lo eran. Esa fue la razón de que Santiago presentara tantas pruebas de la fe. Por eso Pablo también aconseja: "Examinaos a vosotros mismos si estáis en la fe; probaos a vosotros mismos" (2 Co. 13:5).

Algunos judíos habían ido de un judaísmo en extremo legalista al extremo opuesto del cristianismo antinómico. Remplazaron el sistema basado en obras de justicia con uno que no reconocía obra alguna. Los judíos que eran sinceros se habían dado cuenta hacía tiempo de que no podían cumplir todos los mandamientos de Dios, ni satisfacer sus normas de justicia. La ley era una severa carga que no ofrecía esperanzas y que ellos no podían llevar. En los siglos anteriores, los rabinos habían añadido aun más cargas en forma de tradiciones, que ponían "sobre los hombros de los hombres" (Mt. 23:4). Por consiguiente, cuando escucharon el evangelio de salvación solo a través de la gracia y de la fe, muchos judíos se sintieron atraídos. Algunos dieron por sentado que esta nueva religión lo daba todo y no exigía nada. Tales personas harían una profesión de creer en Cristo, pero con la falsa idea de que, como las obras no son eficaces para la salvación, no eran necesarias para nada. El resultado inevitable fue una fe no salvadora y un estilo de vida que se diferenciaba un poco, si algo, del que tenían anteriormente. Pudo incluso haber conducido a una conducta peor.

En Santiago 2:14-20, se presentan tres características de la fe falsa, muerta y vana. Se hace evidente por una vana confesión (v. 14); una falsa compasión (vv. 15-17); y una convicción superficial (vv. 18-20).

VANA CONFESIÓN

Hermanos míos, ¿de qué aprovechará si alguno dice que tiene fe, y no tiene obras? ¿Podrá la fe salvarle? (2:14)

Tal vez **Hermanos míos** se refiera en especial a los compatriotas judíos de Santiago, pero también se está dirigiendo a la iglesia en general. **si alguno dice** es la frase que rige la interpretación de todo el pasaje. Santiago no dice que esta persona tiene realmente una fe salvadora, sino que dice tenerla.

No se menciona ninguna clase particular de **fe,** pero el contexto indica que se refiere al reconocimiento de que uno cree las verdades fundamentales del evangelio. Una persona que afirma eso creería en cosas como la existencia de Dios, la Biblia como la Palabra de Dios, y presuntamente en la condición de Mesías de Cristo y en su muerte expiatoria, en su resurrección y en su ascensión. En todo caso, no está en duda la ortodoxia teológica de la **fe** de tal persona; el asunto es que **no tiene obras.** La forma verbal en esta frase describe a alguien que nunca da evidencia de apoyar la fe que habitualmente dice tener.

De igual modo, no se especifican tipos particulares de **obras;** pero el significado obvio es que la conducta recta, en conformidad con la Palabra revelada de Dios, es la que le agrada y Él acepta. Algunas de las **obras** rectas y piadosas que Santiago ya ha mencionado son paciencia (1:3), soportar las tentaciones (1:12), pureza de vida (1:21), obediencia a las Escrituras (1:22-23), compasión por los necesitados (1:27), e imparcialidad (2:1-9). Más adelante menciona tales cosas como obras de piedad (2:15), dominio de la lengua (3:2-12), humildad (4:6, 10), veracidad (4:11) y paciencia (5:8).

La pregunta **¿Podrá la fe salvarle?** No se plantea para considerar la importancia de la fe, sino la idea opuesta de que cualquier tipo de fe puede salvar (cp. Mt. 7:16-18). La forma gramatical de la pregunta exige una respuesta negativa: "No, no puede salvar". Una profesión de **fe** carente de buenas **obras** no puede **salvar** a una persona, no importa con cuánta vehemencia se proclame. Como se ha observado, no es que algunas buenas **obras** añadidas a la verdadera **fe** puedan **salvar** a una persona, sino más bien que la **fe** que es genuina y salvadora inevitablemente *producirá* buenas **obras.**

Ningún escritor del Nuevo Testamento es más inflexible que Pablo en cuanto a que la salvación es únicamente por la gracia de Dios obrando por la fe del hombre, y ningún escrito de Pablo resalta esto de forma más evidente que su carta a la iglesia de Roma. Pero en esa carta inequívocamente afirma que Dios:

pagará a cada uno conforme a sus obras: vida eterna a los que, perseverando en bien hacer, buscan gloria y honra e inmortalidad, pero ira y enojo a los que son contenciosos y no obedecen a la verdad, sino que obedecen a la injusticia; tribulación y angustia sobre todo ser humano que hace lo malo, el judío primeramente y también el griego, pero gloria y honra y paz a todo el que hace lo bueno, al judío primeramente y también al griego_ no son los oidores de la ley los justos ante Dios, sino los hacedores de la ley serán justificados. Porque cuando los gentiles que no tienen ley, hacen por naturaleza lo que es de la ley, éstos, aunque no tengan ley, son ley para sí mismos, mostrando la obra de la ley escrita en sus corazones, dando testimonio su conciencia, y acusándoles o defendiéndoles sus razonamientos, en el día en que Dios juzgará por Jesucristo los secretos de los hombres, conforme a mi evangelio (Ro. 2:6-10, 13-16).

Por lo tanto, es obvio que Santiago no está en conflicto con Pablo acerca del fundamento de la salvación, como han sostenido algunos intérpretes. No están frente a frente en confrontación, sino que están combatiendo a dos enemigos comunes. Pablo se opone al legalismo de las buenas obras; Santiago se opone a la creencia fácil. Pero ambos hombres ponen en claro que vamos a ser juzgados sobre la base de lo que hayamos hecho, ya que eso es un indicador seguro de la salvación genuina. "No os maravilléis de esto", dijo Jesús; "porque vendrá hora cuando todos los que están en los sepulcros oirán su voz; y los que hicieron lo bueno, saldrán a resurrección de vida; mas los que hicieron lo malo, a resurrección de condenación" (Jn. 5:28-29).

En un pasaje ya citado, Pablo resume de la forma más clara posible la correcta relación entre la fe y las obras. Después de afirmar que "por gracia sois salvos por medio de la fe; y esto no de vosotros, pues es don de Dios; no por obras, para que nadie se gloríe", inmediatamente añade: "Porque somos hechura suya, creados en Cristo Jesús para buenas obras, las cuales Dios preparó de antemano para que anduviésemos en ellas" (Ef. 2:8-10). En otro lugar, dice que los creyentes deben "[presentarse] en todo como ejemplo de buenas obras" (Tit. 2:7). Dicho negativamente: "Apártese de iniquidad todo aquel que invoca el nombre de Cristo" (2 Ti. 2:19b), y los que "profesan conocer a Dios, pero con los hechos lo niegan, siendo abominables y rebeldes, reprobados en cuanto a toda buena obra" (Tit. 1:16).

Donde hay verdadera salvación, donde se extiende para alcanzar, regenerar y transformar a una persona de pecador a santo, Dios creará en el alma de esa persona nuevos anhelos de abandonar el pecado y de servir gozosa al Señor Jesucristo y obedecer sus normas divinas de justicia. En el momento que Zaqueo creyó en Jesús, dijo: "He aquí, Señor, la mitad de mis bienes doy a los pobres; y si en algo he defraudado a alguno, se lo devuelvo cuadruplicado" (Lc. 19:8). Cuando los paganos de Éfeso confiaron en Cristo y estaban "confesando y dando cuenta de sus hechos... muchos de los que habían practicado la magia trajeron los libros y los quemaron delante de todos; y hecha la cuenta de su precio, hallaron que era cincuenta mil piezas de plata" (Hch. 19:18-19). Por la presencia interior del Espíritu obrando en su nueva naturaleza, sabían instintivamente que las prácticas ocultas eran malas y no tenían lugar alguno en su vida redimida. De igual manera, muchos antiguos paganos en Tesalónica se habían convertido "de los ídolos a Dios, para servir al Dios vivo y verdadero" (1 Ts. 1:9).

No es que los recién convertidos comprendan de inmediato todas las implicaciones del evangelio y sepan todo lo que tienen que creer y todo lo que deben y no deben hacer. Esas cosas vienen con el conocimiento siempre progresivo, en la medida en que se crece en el conocimiento de la Palabra y en la comunión con el Señor. Pero hay una inmediata y nueva orientación espiritual y moral que el Señor da a cada hijo que nace en su familia y su reino. Nadie es salvo sin llegar a ser una nueva criatura, y, por el poder de la presencia interior del Espíritu Santo, la nueva creación produce tales buenas obras como el arrepentimiento, sumisión, obediencia y amor a Dios y a los demás creyentes. La salvación no produce perfección inmediata, sino una nueva dirección. La nueva disposición que odia el pecado, ama al Señor y procura conocerlo y obedecer su voluntad, comienza a manifestarse en la conducta.

FALSA COMPASIÓN

Y si un hermano o una hermana están desnudos, y tienen necesidad del mantenimiento de cada día, y alguno de vosotros les dice: Id en paz, calentaos y saciaos, pero no les dais las cosas que son necesarias para el cuerpo, ¿de qué aprovecha? Así también la fe, si no tiene obras, es muerta en sí misma. (2:15-17)

En segundo lugar, Santiago ilustra su punto de vista al comparar la fe sin obras con las palabras de compasión sin las correspondientes obras de piedad. Esta es una analogía apropiada, ya que puede caracterizarse la fe muerta por la falsa compasión, por un interés verbal por los necesitados, que no es más que una impostura hipócrita.

La construcción griega indica una necesidad de parte de tales creyentes que era de mucho tiempo, no temporal. **desnudos** no significa literalmente eso, sino más bien con ropas pobres e insuficientes, sugiriendo que tenían frío y se sentían desdichados por la falta de ropas apropiadas. De igual manera, **necesidad del mantenimiento de cada día** no indica necesariamente inanición, sino más bien nutrición insuficiente para una vida saludable normal. La referencia es a aquellos que están privados de las cosas indispensables de la vida. Al proclamar la misma verdad, Juan pregunta retóricamente: "El que tiene bienes de este mundo y ve a su hermano tener necesidad, y cierra contra él su corazón, ¿cómo mora el amor de Dios en él?" (1 Jn. 3:17).

Id en paz, calentaos y saciaos es una declaración notablemente despiadada y necia por medio de la cual Santiago indica una actitud de total desinterés por el bienestar de los demás. Las personas no dicen realmente estas palabras, pero a menudo manifiestan tal sentimiento por el desinterés egoísta que no da a los necesitados **las cosas que son necesarias para el cuerpo. Id en paz** es el equivalente del automático: "Dios le bendiga"; y **calentaos y saciaos** es equivalente a decir: "Que Dios te cuide", pero sin tener intención alguna de ser un canal para tal cuidado.

La voz media y pasiva de los verbos griegos traducidos **calentaos y saciaos** sugiere una actitud aun más indiferente, cruel y sarcástica, que dice realmente, "caliéntate y aliméntate tú mismo", como si esa persona necesitada no hubiera hecho ya todo lo posible por hacerlo si fuera capaz.

La pregunta ¿**de qué aprovecha?** implica la respuesta. El vergonzoso y fatuo comentario **Id en paz, calentaos y saciaos** no tiene **provecho** ni valor alguno.

Al igual que la compasión profesada sin bondad y preocupación es falsa, así también lo es la fe que es nada más que un vacío reclamo. Esta es una analogía bien escogida, ya que la compasión es una de las señales de la verdadera regeneración.

Se cuenta la historia de una reina europea de hace siglos que dejó a su cochero fuera durante el invierno, mientras asistía al teatro. El drama fue tan conmovedor, que la reina sollozó durante toda la puesta en escena. Pero cuando regresó al coche y descubrió al cochero muerto de frío, ¡no derramó una lágrima! Se conmovió profundamente con una tragedia ficticia, pero permaneció inconmovible por una real, en la que estaba directamente implicada y de la cual era responsable.

Es asombroso que tantas personas puedan motivarse emocionalmente con una película, una obra teatral, una canción popular, un programa de televisión, llorando por las tragedias y encolerizándose por las cosas mal hechas y por las injusticias. Sin embargo, no muestran preocupación o compasión por la situación difícil de un vecino o conocido que está realmente en necesidad. En nuestro mundo artificial, centrado en nosotros mismos, las fantasías a menudo llegan a ser más significativas que la realidad.

Cuán totalmente diferente de esa fue la reacción de los creyentes ante la necesidad de los santos en Jerusalén, después de Pentecostés. Los nuevos creyentes espontáneamente "vendían sus propiedades y sus bienes, y lo repartían a todos según la necesidad de cada uno" (Hch. 2:45). Poco más adelante se evidenció el mismo espíritu abnegado.

> *Y la multitud de los que habían creído era de un corazón y un alma; y ninguno decía ser suyo propio nada de lo que poseía, sino que tenían todas las cosas en común. Y con gran poder los apóstoles daban testimonio de la resurrección del Señor Jesús, y abundante gracia era sobre todos ellos. Así que no había entre ellos ningún necesitado; porque todos los que poseían heredades o casas, las vendían, y traían el precio de lo vendido, y lo ponían a los pies de los apóstoles; y se repartía a cada uno según su necesidad (Hch. 4:32-35).*

Jesús habló de este asunto en varias ocasiones, empleando palabras e imágenes que se pueden entender. En la historia del buen samaritano, puso en claro que los que somos de Él estamos obligados a ayudar a cualquier necesitado; amigo o extraño, conciudadano o extranjero, admirado o menospreciado. Y, hasta donde seamos capaces, debemos velar porque la necesidad de esa persona sea totalmente cubierta (vea Lc. 10:30-35).

Con palabras aun más fuertes, Jesús enseñó que su pueblo tiene una obligación especial de ayudarse unos a los otros. En realidad, dijo Él, ayudar a los demás creyentes es servirle a Él; y no servirles es abandonarlo a Él. En el día del juicio, ese servicio, o la ausencia del mismo, será lo que hará la distinción para separar las ovejas de los cabritos; los que tienen fe verdadera y viva, de los que tienen fe falsa y muerta. Los que entran en el reino no serán los que simplemente confesaban el nombre de Jesucristo, sino aquellos cuya vida de obediencia y servicio a Dios mostraron que eran sinceros.

Cuando el Hijo del Hombre venga en su gloria, y todos los santos ángeles con él, entonces se sentará en su trono de gloria, y serán reunidas delante de él todas las naciones; y apartará los unos de los otros, como aparta el pastor las ovejas de los cabritos. Y pondrá las ovejas a su derecha, y los cabritos a su izquierda.

Entonces el Rey dirá a los de su derecha: Venid, benditos de mi Padre, heredad el reino preparado para vosotros desde la fundación del mundo. Porque tuve hambre, y me disteis de comer; tuve sed, y me disteis de beber; fui forastero, y me recogisteis; estuve desnudo, y me cubristeis; enfermo, y me visitasteis; en la cárcel, y vinisteis a mí. Entonces los justos le responderán diciendo: Señor, ¿cuándo te vimos hambriento, y te sustentamos, o sediento, y te dimos de beber? ¿Y cuándo te vimos forastero, y te recogimos, o desnudo, y te cubrimos? ¿O cuándo te vimos enfermo, o en la cárcel, y vinimos a ti? Y respondiendo el Rey, les dirá: De cierto os digo que en cuanto lo hicisteis a uno de estos mis hermanos más pequeños, a mí lo hicisteis.

Entonces dirá también a los de la izquierda: Apartaos de mí, malditos, al fuego eterno preparado para el diablo y sus ángeles... De cierto os digo que en cuanto no lo hicisteis a uno de estos más pequeños, tampoco a mí lo hicisteis (Mt. 25:31-41, 45).

CONVICCIÓN SUPERFICIAL

Pero alguno dirá: Tú tienes fe, y yo tengo obras. Muéstrame tu fe sin tus obras, y yo te mostraré mi fe por mis obras. Tú crees que Dios es uno; bien haces. También los demonios creen, y tiemblan. ¿Mas quieres saber, hombre vano, que la fe sin obras es muerta? (2:18-20)

Una tercera característica de la fe muerta es una convicción superficial, un reconocimiento de ciertos hechos con relación a Dios y a su Palabra, sin someterse a ninguno de ellos.

Al parecer lo más probable es que **alguno** se refiera a Santiago mismo, hablando de sí mismo al emplear la tercera persona por modestia. Él no se estaba jactando, tratando de mostrar que su vida cristiana era más ejemplar que la de otros. Él no estaba hablando de lealtad *en* la fe, sino de la **fe** misma. Él estaba diciendo a todo el que se oponía a la verdad, que estaba declarando sobre la verdadera salvación: "Ustedes dicen que tienen **fe** y que nada más es necesario, que su **fe** puede mostrarse por sí misma ante Dios y producir salvación. Pero la verdad es que ustedes *no me pueden* [**mostrar su**] **fe sin obras,** sin una evidencia práctica, porque la verdadera **fe** *siempre* da una evidencia práctica. Ustedes no pueden demostrar el tipo de **fe** que tienen, porque no tienen con qué demostrarlo". Tal como se declara en el versículo anterior: "Así también la fe, si no tiene obras, es muerta en sí misma". Tal fe en realidad no es fe en absoluto, y sin duda no es fe salvadora. Como se observó antes, la fe viva produce buen fruto, ya que esa es su naturaleza y propósito. La fe muerta no, porque no puede.

Por esa razón una experiencia recordada de entregar la vida a Jesucristo, incluso con una fecha y un lugar específicos, no es en sí misma prueba de salvación. La única prueba cierta es lo que se vive después de hacer tal profesión.

Jesús muchas veces advirtió contra la falsa confianza en la salvación. "¿Por qué me llamáis, Señor, Señor, y no hacéis lo que yo digo?", Él preguntaba.

Todo aquel que viene a mí, y oye mis palabras y las hace, os indicaré a quién es semejante. Semejante es al hombre que al edificar una casa, cavó y ahondó y puso el fundamento sobre la roca; y cuando vino una inundación, el río dio con ímpetu contra aquella casa, pero no la pudo mover, porque estaba fundada sobre la roca. Mas el que oyó y no hizo, semejante es al hombre que edificó su casa sobre tierra, sin fundamento; contra la cual el río dio con ímpetu, y luego cayó, y fue grande la ruina de aquella casa (Lc. 6:46-49).

En otra ocasión, dijo: "Vosotros me llamáis Maestro, y Señor; y decís bien, porque lo soy. Pues si yo, el Señor y el Maestro, he lavado vuestros pies, vosotros también debéis lavaros los pies los unos a los otros. Porque ejemplo os he dado, para que como yo os he hecho, vosotros también hagáis. De cierto, de cierto os digo: El siervo no es mayor que su señor, ni el enviado es mayor que el que le envió. Si sabéis estas cosas, bienaventurados seréis si las hiciereis" (Jn. 13:13-17).

Tal vez su más severa advertencia se encuentra en el Sermón del Monte: "No todo el que me dice: Señor, Señor, entrará en el reino de los cielos, sino *el que hace la voluntad de mi Padre* que está en los cielos. Muchos me dirán en aquel día: Señor, Señor, ¿no profetizamos en tu nombre, y en tu nombre echamos fuera demonios, y en tu nombre hicimos muchos milagros? Y entonces les declararé: *Nunca os conocí;* apartaos de mí, hacedores de maldad" (Mt. 7:21-23, cursivas añadidas).

Pablo declara que "en Cristo Jesús ni la circuncisión vale algo, ni la incircuncisión, sino la fe *que obra por el amor*" (Gá. 5:6, cursivas añadidas). Pedro dice:

> *Como todas las cosas que pertenecen a la vida y a la piedad nos han sido dadas por su divino poder, mediante el conocimiento de aquel que nos llamó por su gloria y excelencia, por medio de las cuales nos ha dado preciosas y grandísimas promesas, para que por ellas llegaseis a ser participantes de la naturaleza divina, habiendo huido de la corrupción que hay en el mundo a causa de la concupiscencia; vosotros también, poniendo toda diligencia por esto mismo, añadid a vuestra fe virtud; a la virtud, conocimiento; al conocimiento, dominio propio; al dominio propio, paciencia; a la paciencia, piedad; a la piedad, afecto fraternal; y al afecto fraternal, amor. Porque si estas cosas están en vosotros, y abundan, no os dejarán estar ociosos ni sin fruto en cuanto al conocimiento de nuestro Señor Jesucristo. Pero el que no tiene estas cosas tiene la vista muy corta; es ciego, habiendo olvidado la purificación de sus antiguos pecados. Por lo cual, hermanos, tanto más procurad hacer firme vuestra vocación y elección; porque haciendo estas cosas, no caeréis jamás. Porque de esta manera os será otorgada amplia y generosa entrada en el reino eterno de nuestro Señor y Salvador Jesucristo (2 P. 1:3-11).*

Juan nos asegura que:

> *El que dice: Yo le conozco, y no guarda sus mandamientos, el tal es mentiroso, y la verdad no está en él; pero el que guarda su palabra, en éste verdaderamente el amor de Dios se ha perfeccionado; por esto sabemos que estamos en él. El que dice que permanece en él, debe andar como él anduvo. Hermanos, no os escribo mandamiento nuevo, sino el mandamiento antiguo que habéis tenido desde el principio; este mandamiento antiguo es la palabra que habéis oído desde el principio. Sin embargo, os escribo un mandamiento nuevo, que es verdadero en él y en vosotros, porque las tinieblas van pasando, y la luz verdadera ya alumbra. El que dice que está en la luz, y aborrece a su hermano, está todavía en tinieblas. El que ama a su hermano, permanece en la luz, y en él no hay tropiezo. Pero el que aborrece a su hermano está en tinieblas, y anda en tinieblas, y no sabe a dónde va, porque las tinieblas le han cegado los ojos (1 Jn. 2:4-11).*

Juan estaba escribiendo aquí de lo que Jesús llamó el segundo más grande mandamiento: "Amarás a tu prójimo como a ti mismo" (Mt. 22:39).

Todo cristiano verdadero tiene momentos de infidelidad, pecado y esterilidad. Es durante esos tiempos que está en peligro de perder la promesa de la salvación, ya que se pierde la bendición de paz y confianza del Espíritu. La seguridad de la salvación es eterna y permanente, está basada en el poder soberano del Señor para guardar a los que le pertenecen. Pero la promesa de la salvación es temporal y puede fluctuar, ya que es una bendición dada a quienes son obedientes al Señor.

Tú crees que Dios es uno, sigue diciendo Santiago; **bien haces. También los demonios creen, y tiemblan. bien haces** tiene un toque de sarcasmo, lanzado contra una ortodoxia imaginaria, pero universalmente común, que está carente de fe salvadora. La doctrina ortodoxa no es garantía alguna de salvación, insiste Santiago. Aun **los demonios** son ortodoxos en el sentido de conocer y reconocer la verdad acerca de Dios.

La ortodoxia judía siempre estuvo concentrada en la creencia en el único Dios verdadero, expresado brevemente en el Shemá: "Oye, Israel: Jehová nuestro Dios, Jehová uno es" (Dt. 6:4). En lo que muchos judíos fallaban era en no obedecer el versículo siguiente, que ordena: "Amarás a Jehová tu Dios de todo tu corazón, y de toda tu alma, y con todas tus fuerzas" (v. 5).

Lo que plantea Santiago, por decirlo así, es que creer en la verdad de Deuteronomio 6:4 sin obedecer a 6:5 es una creencia vana, como la que tienen **los demonios.** En lo que a doctrina objetiva se refiere, los demonios son monoteístas, todos ellos saben y creen que hay un solo Dios verdadero. También están más que conscientes de que las Escrituras son la Palabra de Dios, que Jesucristo es el Hijo de Dios, que la salvación es por gracia mediante la fe, que Jesús murió, fue sepultado y resucitó para expiar los pecados del mundo, y que ascendió al cielo y ahora está sentado a la diestra de su Padre. Saben muy bien que hay un cielo verdadero y un infierno verdadero. Sin duda tienen un conocimiento más lúcido del milenio y de sus verdades relacionadas, que la que tiene incluso el más devoto erudito bíblico. Pero todo ese conocimiento ortodoxo, por muy significativo divina y eternamente que sea, no puede salvarlos. Conocen la verdad acerca de Dios, de Cristo y del Espíritu, pero odian la verdad y aborrecen a Dios.

La doctrina ortodoxa es inconmensurablemente mejor que la herejía, por supuesto, ya que es verdad y apunta hacia Dios y el camino de salvación. Pero la simple aceptación de esta verdad no conduce a una persona a Dios y a la salvación.

Phrissō (**tiemblan**) significa erizarse y estremecerse, y se empleaba por lo general para referirse al temblor asociado con un gran miedo. Los demonios, al menos, **tiemblan** ante la verdad de Dios con temor, ya que saben que les aguarda el tormento eterno en el infierno (Mt. 8:29-31; Mr. 5:7; Lc. 4:41; Hch.

143

19:15). En ese sentido, son mucho más realistas y sensibles que los que tienen fe falsa, que piensan que escaparán del juicio de Dios por su fe superficial.

El teólogo puritano Thomas Manton describió la fe no salvadora en términos impresionantes:

[Es] un simple asentir con la cabeza a las cosas como se plantean en la Palabra de Dios, y hace a los hombres conocer más, pero no mejor; no los hace más santos o celestiales. Quienes la tienen pudieran creer las promesas, las doctrinas, los preceptos, así como las historias... y a pesar de eso, no es fe viva y salvadora, ya que quien tiene esta siente su corazón comprometido con Cristo y sí cree las promesas del evangelio con relación al perdón de pecados y a la vida eterna que Él puso delante de ellos como su felicidad. Y sí cree los misterios de nuestra redención en Cristo, ya que toda su esperanza y paz y confianza descansa en Él, y también cree las amenazas, sean de plagas temporales o de condenación a castigo eterno, y en comparación con ellas son como nada todas las terribles cosas del mundo. (*Las obras completas de Thomas Manton* [Londres: James Nisbet, 1874], 17:113-14)

Continúa hablando de un tipo de fe de algún modo más profunda, la cual, está más cerca de la fe completa y genuina, es más engañosa y peligrosa:

[Este tipo de fe] se distingue de la fe temporal, que es un asentimiento a la verdad bíblica o de los evangelios, acompañada con un toque ligero e insuficiente al corazón, llamado "[gustar] del don celestial de la buena palabra de Dios y los poderes del siglo venidero", Hebreos 6:4-6. Por este tipo de fe, la mente no solo se ilumina, sino que el corazón siente cierto gozo y la vida hasta cierto punto se reforma, al menos, de los pecados groseros, llamado esto, "[escapar] de las contaminaciones del mundo", 2 Pedro 2:20; pero la impresión no es lo bastante profunda, ni tampoco el gozo y el deleite están lo bastante arraigados como para encontrar en todas las tentaciones lo contrario. Por lo tanto, este sentido de religión puede ahogarse o desaparecer, por el afán de este siglo, por una vida voluptuosa, por grandes y amargas persecuciones y problemas por causa de la justicia. Es un engaño común: Muchos son convencidos de que Jesús es el Cristo, el unigénito Hijo de Dios, y por lo tanto, se sienten movidos a aceptar su persona y, hasta cierto punto, a obedecer sus preceptos, y a depender de sus promesas y temer sus amenazas, y como consecuencia tener sus corazones desligados del mundo en parte, y parecen preferir a Cristo y sus responsabilidades con Él, por encima de las cosas del mundo, siempre y cuando no haya tentaciones que asalten sus decisiones, o no haya objetos sensuales delante de ellos con suficiente fuerza como para seducirlos; pero al fin, cuando hallan sus leyes demasiado estrictas y espirituales, y contrarias a la inclinación de sus afectos o a los intereses materiales, ellos caen y pierden todo lo que gustaron y saborearon de las esperanzas del evangelio, y por lo tanto, declaran explícitamente que no estuvieron arraigados y fundados en la fe y la esperanza. (*Ibíd.*, 114)

Además de eso, Santiago pregunta: **¿Mas quieres saber, hombre vano, que la fe sin obras es muerta? vano** tiene la idea de "vacío"o "defectuoso"e identifica a cualquiera que se opone a la verdad de que la verdadera fe salvadora produce obras de justicia.

Argos (**muerta**) denota el concepto de sin fruto, falto de productividad. "Todo árbol que no da buen fruto", dijo Jesús, "es cortado y echado en el fuego" (Mt. 7:19). Una vida sin fruto es sin duda prueba de que no es de Dios y que no es aceptable a Dios, ya que no tiene la vida divina en ella.

Lucas informa que varias personas de Samaria, entre ellas un mago llamado Simón, "creyeron a Felipe, que anunciaba el evangelio del reino de Dios y el nombre de Jesucristo, [y] se bautizaban hombres y mujeres" (Hch. 8:12; cp. los vv. 9, 13). Pero después de ser testigo de varios milagros y de ver:

> que por la imposición de las manos de los apóstoles se daba el Espíritu Santo, [Simón] les ofreció dinero, diciendo: Dadme también a mí este poder, para que cualquiera a quien yo impusiere las manos reciba el Espíritu Santo. Entonces Pedro le dijo: Tu dinero perezca contigo, porque has pensado que el don de Dios se obtiene con dinero. No tienes tú parte ni suerte en este asunto, porque tu corazón no es recto delante de Dios. Arrepiéntete, pues, de esta tu maldad, y ruega a Dios, si quizá te sea perdonado el pensamiento de tu corazón (vv. 18-22).

Es obvio que la fe de Simón no era para salvación, sino que era un simple reconocimiento de que lo que predicaba Felipe era cierto. Su conocimiento acerca de Dios era correcto, pero Pedro le advirtió que su "corazón no [era] recto delante de Dios" y que, por lo tanto, no tenía parte alguna en la obra del Espíritu que había visto y aclamado. Su fe estaba muerta y era vana.

La fe viva

11

¿No fue justificado por las obras Abraham nuestro padre, cuando ofreció a su hijo Isaac sobre el altar? ¿No ves que la fe actuó juntamente con sus obras, y que la fe se perfeccionó por las obras? Y se cumplió la Escritura que dice: Abraham creyó a Dios, y le fue contado por justicia, y fue llamado amigo de Dios. Vosotros veis, pues, que el hombre es justificado por las obras, y no solamente por la fe. Asimismo también Rahab la ramera, ¿no fue justificada por obras, cuando recibió a los mensajeros y los envió por otro camino? Porque como el cuerpo sin espíritu está muerto, así también la fe sin obras está muerta. (2:21-26)

Aquí Santiago compara la fe viva con lo que acaba de describir como fe muerta (vv. 14-20), la fe salvadora con la fe no salvadora, la fe productiva con la fe improductiva, la fe santa con un tipo de fe que incluso la practican los demonios. Al hacerlo, hace lo que sería de esperarse, dando ejemplos vivientes de la fe viva. El primero es Abraham, reverenciado patriarca y padre del pueblo hebreo (vv. 21-24). La segunda es Rahab, una prostituta gentil (v. 25).

ABRAHAM

¿No fue justificado por las obras Abraham nuestro padre, cuando ofreció a su hijo Isaac sobre el altar? ¿No ves que la fe actuó juntamente con sus obras, y que la fe se perfeccionó por las obras? Y se cumplió la Escritura que dice: Abraham creyó a Dios, y le fue contado por justicia, y fue llamado amigo de Dios. Vosotros veis, pues, que el hombre es justificado por las obras, y no solamente por la fe. (2:21-24)

Como se observa en la Introducción, la primera frase del versículo 21 era una piedra de tropiezo para Martín Lutero. Fue tan inflexible en su oposición al dogma de la Iglesia Católica de salvación por obras, y tan firme defensor de la verdad de la salvación solo por gracia mediante la fe, que no entendió lo que quiso decir Santiago aquí, refiriéndose a todo el escrito como "una epístola bastante floja". Sin embargo, como se explicó en el capítulo anterior del comentario, Santiago no estaba contradiciendo la doctrina de la salvación por la fe. No estaba tratando acerca del medio de salvación, sino más bien de su resultado, la evidencia de que genuinamente había ocurrido. Después de establecer que la ausencia de buenas obras muestra que la fe profesada no es real y salvadora, sino que es más bien engañosa y está muerta, subraya entonces la verdad que se deriva, que la genuina salvación, que es siempre y solo por la gracia de Dios obrando a través de la fe del hombre, inevitablemente se mostrará exteriormente en la forma de obras de justicia.

Aunque los principales lectores de Santiago eran judíos (vea 1:1), el contexto sugiere que su alusión a **Abraham nuestro padre** no es racial. Más bien parece escribir de Abraham en el mismo sentido espiritual que lo hace Pablo en varios lugares. En su carta a la iglesia de Roma, el apóstol se refiere a Abraham como "padre de todos los creyentes" (Ro. 4:11), y en su carta a las iglesias de Galacia declara que "los que son de fe, estos son hijos de Abraham" (Gá. 3:7). Abraham es el modelo de la fe salvadora, tanto para judíos como para gentiles, un hombre cuya fe era viva y agradable delante de Dios.

Como el hombre caído está en bancarrota moral y espiritual, sin méritos redentores delante de Dios, nada que él pueda hacer en sí mismo y por su propio poder, puede hacerlo justo y aceptable delante del Señor. Por esa razón la salvación siempre ha sido posible únicamente mediante la pura misericordia de Dios obrando a través de una respuesta fiel a su gracia. No es que en el Antiguo Testamento los hombres se salvaran mediante las leyes, y que en el Nuevo solo se salvan por fe. En cualquier punto de la revelación de la obra de Dios que los seres humanos puedan haber vivido y vivan alguna vez, Dios no les exige nada para la salvación, sino verdadera fe en Él. Hebreos 11 deja bien claro que tanto antes como después que la ley fue dada en el Sinaí, la salvación era por medio de la fe. Abraham "creyó a Jehová", nos dice Moisés, "y le fue contado por justicia" (Gn. 15:6).

Pero Santiago dice que el **padre** de los fieles, cuya fe misma fue un don de Dios (Ef. 2:8), fue no obstante **justificado por las obras.** Esa aparente contradicción, que ha frustrado y confundido a los creyentes a lo largo de la historia de la iglesia, se aclara al entender que la justificación por la fe tiene que ver con la posición de una persona ante Dios, mientras que la justificación **por las obras,** a la que Santiago se refiere en este versículo, tiene que ver con la posición de la persona ante los hombres.

Algunos han imaginado una contradicción entre la declaración de Santiago de que Abraham fue justificado por obras y la enseñanza clara de Pablo de que él fue justificado únicamente por gracia mediante la fe (Ro. 4:1-25; Gá. 3:6-9). Sin embargo, ese no es el caso. Santiago ya ha subrayado que la salvación es el don misericordioso de Dios (1:17-18), y en el versículo 23 del capítulo 2 cita

Génesis 15:6, que afirma que Dios atribuyó justicia a Abraham exclusivamente sobre la base de su fe. Además, el acontecimiento específico que Santiago dijo que justificó a Abraham por obras fue el ofrecer a Isaac (v. 21; cp. Gn. 22:9-12), un suceso que ocurrió muchos años después que Dios lo hubiera declarado justo (Gn. 12:1-7; 15:6). De modo que Santiago está enseñando que la disposición de Abraham de ofrecer a Isaac hizo valer su fe delante de los hombres; una enseñanza con la que el apóstol Pablo estaba de acuerdo con todo el corazón (Ef. 2:10). De modo que no hay conflicto alguno entre los dos inspirados escritores.

Es importante comprender que el verbo griego *dikaioō* (**justificado**) tiene dos significados generales. El primero está relacionado con absolución, es decir, declarar y tratar a una persona como justa. Ese es su significado con relación a la salvación y es el sentido en el que Pablo casi siempre emplea el término. Él declara, por ejemplo, que somos "justificados gratuitamente por su gracia, mediante la redención que es en Cristo Jesús" (Ro. 3:24), "justificado por fe sin las obras de la ley" (3:28), y que, "justificados, pues, por la fe, tenemos paz para con Dios por medio de nuestro Señor Jesucristo" (5:1; cp. el v. 9). En otra carta dice: "Sabiendo que el hombre no es justificado por las obras de la ley, sino por la fe de Jesucristo, nosotros también hemos creído en Jesucristo, para ser justificados por la fe de Cristo y no por las obras de la ley, por cuanto por las obras de la ley nadie será justificado" (Gá. 2:16; cp. 3:11, 24). Le recuerda a Tito que "justificados por su gracia, [somos] herederos conforme a la esperanza de la vida eterna" (Tit. 3:7).

El segundo significado de *dikaioō* está relacionado con vindicación, o prueba de justicia. Se emplea varias veces con ese sentido en el Nuevo Testamento, con relación a Dios y también a los hombres. Pablo dice: "Sea Dios veraz, y todo hombre mentiroso; como está escrito: Para que seas justificado en tus palabras, y venzas cuando fueres juzgado" (Ro. 3:4). Le escribe a Timoteo y le dice que Dios "fue manifestado en carne, justificado [de *dikaioō*] en el Espíritu, visto de los ángeles, predicado a los gentiles, creído en el mundo, recibido arriba en gloria" (1 Ti. 3:16). Jesús comentó que "la sabiduría es justificada por todos sus hijos" (Lc. 7:35).

Es el segundo sentido en el que Santiago emplea *dikaioō* en 2:21, preguntando retóricamente **¿No fue justificado por las obras Abraham?** Explica que la suprema demostración de esa justificación por parte de Abraham ocurrió **cuando ofreció a su hijo Isaac sobre el altar,** lo cual, como se observó antes, ocurrió muchos años después de su justificación *por la fe* que registra Génesis 15:6. Fue cuando **ofreció a su hijo Isaac** que todo el mundo pudo percibir la realidad de su fe, que era genuina y no ficticia, obediente y no engañosa, viva y no muerta. Aunque el mandato de Dios para Abraham de sacrificar a **Isaac su hijo** amenazaba con invalidar su promesa de bendecir al mundo específicamente por medio de **Isaac,** y también estaba en contradicción con lo que Abraham sabía sobre la prohibición de Dios de sacrificios humanos (una forma de crimen), el patriarca confió tácitamente en Dios. Sin duda ni incertidumbre: "Abraham se levantó muy de mañana, y enalbardó su asno, y tomó consigo dos siervos suyos, y a Isaac su hijo; y cortó leña para el holocausto, y se levantó, y fue al lugar que Dios le dijo" (Gn. 22:3). No sabemos todas las cosas que pasaron por la mente de Abraham en ese momento, pero él le dijo a los jóvenes que los acompañaban: "Esperad aquí con el asno, y yo y el muchacho *iremos hasta allí y adoraremos, y volveremos a vosotros*" (v. 5, cursivas añadidas). Abraham sabía que, a pesar de lo que ocurriera en el Monte Moriah, él e Isaac volverían vivos. Aunque nada semejante había sucedido antes, él sabía que, si era necesario, Dios levantaría a Isaac "aun de entre los muertos" (He. 11:19). Él creyó inmutablemente en el carácter justo de Dios, que Él nunca violaría ni su pacto divino ni sus normas santas.

Abraham no era un hombre perfecto, ni en su fe ni en sus acciones. Después que habían pasado muchos años sin que Sara tuviera al heredero prometido, se hizo cargo del asunto y tuvo un hijo, Ismael, de Agar, la criada de su esposa. Su vacilante confianza en el Señor lo llevó a cometer adulterio. Eso, a su vez, llevó a la creación de los pueblos árabes, que, desde entonces, han sido una espina constante en el costado de los judíos, el pueblo escogido de Dios por medio de Isaac. En esos y otros casos, como las dos veces que mintió diciendo que Sara era su hermana (Gn. 12:19; 20:2), es obvio que sus acciones no lo justificaban delante de los hombres.

Pero lo que Santiago quiere decir es que, mirando como un todo su vida, Abraham vindicó fielmente su fe salvadora mediante sus muchas buenas obras, por encima de todo al ofrecer a Isaac. Cuando un hombre es justificado ante Dios, él siempre mostrará tal justificación ante el resto de los hombres. Un hombre que ha sido declarado y hecho justo vivirá rectamente. La justicia imputada manifestará justicia práctica. Como dice Juan Calvino: "La fe sola justifica; pero la fe que justifica nunca está sola". Y como dice un poeta desconocido:

> Quien mantenga esta fe y esta esperanza,
> en santos hechos su alma esté abrigada;
> así la fe sinceridad alcanza,
> por activas virtudes coronada.

¿No ves que la fe actuó juntamente con sus obras sigue explicando Santiago, **y que la fe se perfeccionó por las obras?** No es que la salvación requiera **la fe** *más* **las obras,** sino que las obras son la consiguiente consumación y consecuencia de **la fe** genuina. Como señaló Jesús en varias ocasiones, el propósito de una planta es crecer y dar fruto; el fruto representa su producción natural, ya sean higos, aceitunas, nueces, flores o cualquier otra cosa. Por consiguiente, "todo árbol que no da buen fruto, es cortado y echado en el fuego. Así que, por sus frutos los conoceréis" (Mt. 7:19-20). El dar fruto no es una función añadida a la planta, sino que es parte integral de su plan y propósito. Aun antes de que se siembre, una semilla tiene la estructura genética para producir su propia clase de fruto. Cuando una persona nace de nuevo mediante **la fe** salvadora y Dios le da una nueva naturaleza, se le da la estructura genética, por decirlo así, para que produzca buenas **obras** morales y espirituales. Ese es el sentido en que **se [perfecciona] la fe.** Produce los frutos piadosos para los cuales fue diseñada (Ef. 2:10). De la misma forma en la que un árbol frutal no ha cumplido su meta hasta que produce fruto, la fe no ha alcanzado su propósito hasta que no se demuestra en una vida recta.

Ese es el sentido en el que Abraham fue justificado por las obras. Su disposición sin reservas a sacrificar a Isaac, el único hijo de la promesa, fue la obra por la que se mostró su justificación por la fe y se hizo manifiesta a los hombres. Citando el pasaje de Génesis 15:6, ya mencionado antes, Santiago dice que "se cumplió la Escritura que dice: Abraham creyó a Dios, y le fue contado por justicia". **se cumplió** no se refiere a un cumplimiento de la profecía, sino más bien al cumplimiento del principio de que la justificación por la fe resulta en justificación por obras. Aquí Santiago cita el mismo texto que Pablo emplea en su potente defensa de la justificación por la fe:

> *Porque si Abraham fue justificado por las obras, tiene de qué gloriarse, pero no para con Dios. Porque ¿qué dice la Escritura? Creyó Abraham a Dios, y le fue contado por justicia. Pero al que obra, no se le cuenta el salario como gracia, sino como deuda; mas al que no obra, sino cree en aquel que justifica al impío, su fe le es contada por justicia (Ro. 4:2-5).*

Abraham no tenía ninguna revelación divina escrita para leerla, y sabía muy poco acerca del Señor. Pero respondió positivamente a todo lo que Dios le dijo, y fue entonces cuando su fe **le [fue] contada por justicia.**

Pero cómo, nos preguntamos, pudo Dios haber justificado y salvado a Abraham, que vivió unos dos mil años antes de Cristo, cuando nadie puede salvarse sin Jesucristo (Mt. 10:32; Jn. 8:56; Ro. 10:9-10; 1 Co. 1:30; 2 Co. 5:21; y más). "Porque Cristo para esto murió y resucitó, y volvió a vivir, para ser Señor así de los muertos como de los que viven" (Ro. 14:9). Jesús dijo: "Abraham vuestro padre se gozó de que había de ver mi día; y lo vio, y se gozó" (Jn. 8:56). A pesar de su limitado conocimiento teológico, la confianza de Abraham en el Señor fue suficiente, y era equivalente a creer en el Señor Jesucristo, el Mesías venidero y Salvador del mundo. Como todos los verdaderos creyentes que vivieron antes de Cristo, que "conforme a la fe murieron todos éstos sin haber recibido lo prometido", no obstante Dios permitió a Abraham entender que un Salvador vendría para cumplir todas las promesas de Dios, y lo saludó "mirándolo de lejos" (He. 11:13).

Debido a esa fe y su obediencia resultante, **Abraham fue llamado amigo de Dios.** ¡Qué dignidad, honor y gozo! Como su fe fue genuina y por lo tanto, se manifestó y se mostró, él entró en el maravilloso compañerismo de aquellos a los que Dios llama sus amigos. El escritor de 2 Crónicas se regocija: "Dios nuestro, ¿no echaste tú los moradores de esta tierra delante de tu pueblo Israel, y la diste a la descendencia de Abraham tu amigo para siempre?" (2 Cr. 20:7). Por medio de Isaías el Señor mismo se refirió a Abraham como "mi amigo" (Is. 41:8). El fundamento de esa amistad divina fue la obediencia de Abraham, su justificación por obras. Así como fue el padre de los fieles (Ro. 4:11; Gá. 3:7), pudieran también llamarle el padre de los obedientes, porque estas dos características son inseparables. "Vosotros sois mis amigos", dijo Jesús, "si hacéis lo que yo os mando" (Jn. 15:14).

RAHAB

Asimismo también Rahab la ramera, ¿no fue justificada por obras, cuando recibió a los mensajeros y los envió por otro camino? Porque como el cuerpo sin espíritu está muerto, así también la fe sin obras está muerta. (2:25-26)

La segunda persona que Santiago usa para ilustrar la justificación por obras se presenta en marcado contraste con Abraham. Era una mujer, una gentil y una prostituta. Abraham era un hombre moral; ella era una mujer inmoral. Él era un noble caldeo; ella era una corrompida cananea. Él era un gran líder; ella era una ciudadana común. Él estaba en la cima en el orden económico y social; ella estaba en lo más bajo. Pero Rahab la ramera aparece en la lista junto con Abraham en la ilustre galería de los fieles (He. 11:8, 17, 31) e incluso está en el linaje humano de Jesús, al ser la bisabuela de David (Mt. 1:5).

Como se informa en Josué 2, Rahab era una posadera en Jericó. Cuando Josué envió a dos hombres a la ciudad para que espiaran, su posada era un lugar lógico a donde ir, porque estaba en el muro y no habría necesidad de adentrarse mucho en la ciudad. Cuando el rey de Jericó se enteró de su presencia, envió funcionarios a la casa de Rahab para arrestarlos, pero ella informó falsamente que los espías habían abandonado la ciudad antes de que oscureciera y sugirió que enviaran soldados para capturarlos. Ella había escondido los dos hombres detrás de los manojos de lino que tenía en el terrado y después que los funcionarios se fueron, ella les dijo a los israelitas:

Sé que Jehová os ha dado esta tierra; porque el temor de vosotros ha caído sobre nosotros, y todos los moradores del país ya han desmayado por causa de vosotros. Porque hemos oído que Jehová hizo secar las aguas del Mar Rojo delante de vosotros cuando salisteis de Egipto, y lo que habéis hecho a los dos reyes de los amorreos que estaban al otro lado del Jordán, a Sehón y a Og, a los cuales habéis destruido. Oyendo esto, ha desmayado nuestro corazón; ni ha quedado más aliento en hombre alguno por causa de vosotros, porque Jehová vuestro Dios es Dios arriba en los cielos y abajo en la tierra. Os ruego pues, ahora, que me juréis por Jehová, que como he hecho misericordia con vosotros, así la haréis vosotros con la casa de mi padre, de lo cual me daréis una señal segura (Jos. 2:9-12).

Rahab no solo reconoció que el Dios de Israel era el verdadero Señor, sino que es obvio que confiaba en Él. Aunque sin duda no sabía nada de la salvación como la entienden los cristianos, o aun como la entendían los israelitas de la antigüedad, su corazón era recto delante del Señor, y Él por su gracia aceptó la fe de ella por justicia. También la protección que brindó a los espías, como un acto de obediencia a Él y por lo tanto, ella fue **justificada por obras cuando recibió a los mensajeros y los envió de regreso por otro camino**. Al igual que con Abraham y con cualquier otro creyente verdadero, la justicia imputada, que tiene como base la fe, resultó en justicia práctica reflejada en buenas obras. Su vida exterior manifestó su vida interior de fe.

Sin embargo, al igual que Abraham, ella no era perfecta. Su profesión era despreciable y su mentira, pecaminosa. Ella no honró al Señor con ninguna de las dos. Había nacido y se había criado en una corrupta sociedad pagana que el Señor estaba a punto de destruir, en la que las mentiras y todo tipo de pecados eran la norma. Pero cuando ella tuvo la oportunidad de demostrar su fe en el Señor, puso su vida a su disposición. Si el rey descubría lo que estaba haciendo, ella y su familia serían ejecutadas por traición. En su inmensurable gracia, Dios aceptó su fe en Él y su servicio a Él, rescató su familia y la usó para sus propósitos divinos, convirtiéndola en un ejemplo de fe y un antepasado del Mesías.

La justificación de Abraham y de Rahab por las obras no se demostró por su profesión de fe, su adoración, ritual o por ninguna otra actividad religiosa. En ambos casos se demostró al poner todo lo que les era querido a disposición del Señor, encomendándolo a Él sin salvedades ni reservas. Estaban totalmente comprometidos con el Señor, costara lo que costara. Es en el vórtice de los grandes planes, decisiones y encrucijadas de la vida, donde están en juego ambiciones, esperanzas, sueños, destinos y la propia vida, donde la verdadera fe se revela indefectiblemente. Mucho antes de la crucifixión de Jesús, Abraham y Rahab estuvieron dispuestos a tomar su cruz, por decirlo así, y seguirlo (Mr.

8:34). Aborrecieron su vida en este mundo a fin de conservarla en el mundo venidero (Jn. 12:25).

Es también en ese mismo vórtice que se revela la fe falsa y engañosa. Santiago subraya que **como el cuerpo sin espíritu está muerto, así también la fe sin obras está muerta.** Él compara la fe muerta, que se profesa pero no tiene obras, con un cuerpo sin espíritu. Ambos son inútiles, carentes del poder que da la vida.

Es una seria realidad que no todos los que dicen tener fe en el Señor Jesucristo serán salvos. Como advirtió en Mateo 7:21-23:

> No todo el que me dice: Señor, Señor, entrará en el reino de los cielos, sino el que hace la voluntad de mi Padre que está en los cielos. Muchos me dirán en aquel día: Señor, Señor, ¿no profetizamos en tu nombre, y en tu nombre echamos fuera demonios, y en tu nombre hicimos muchos milagros? Y entonces les declararé: Nunca os conocí; apartaos de mí, hacedores de maldad.

Consciente de tal aterradora verdad, Pablo exhortó: "Examinaos a vosotros mismos si estáis en la fe; probaos a vosotros mismos" (2 Co. 13:5). Abraham y Rahab permanecen para todos los tiempos como ejemplos de aquellos cuya fe viva pasó la prueba.

El dominio de la lengua

12

Hermanos míos, no os hagáis maestros muchos de vosotros, sabiendo que recibiremos mayor condenación. Porque todos ofendemos muchas veces. Si alguno no ofende en palabra, éste es varón perfecto, capaz también de refrenar todo el cuerpo. He aquí nosotros ponemos freno en la boca de los caballos para que nos obedezcan, y dirigimos así todo su cuerpo. Mirad también las naves; aunque tan grandes, y llevadas de impetuosos vientos, son gobernadas con un muy pequeño timón por donde el que las gobierna quiere. Así también la lengua es un miembro pequeño, pero se jacta de grandes cosas. He aquí, ¡cuán grande bosque enciende un pequeño fuego! Y la lengua es un fuego, un mundo de maldad. La lengua está puesta entre nuestros miembros, y contamina todo el cuerpo, e inflama la rueda de la creación, y ella misma es inflamada por el infierno. Porque toda naturaleza de bestias, y de aves, y de serpientes, y de seres del mar, se doma y ha sido domada por la naturaleza humana; pero ningún hombre puede domar la lengua, que es un mal que no puede ser refrenado, llena de veneno mortal. Con ella bendecimos al Dios y Padre, y con ella maldecimos a los hombres, que están hechos a la semejanza de Dios. De una misma boca proceden bendición y maldición. Hermanos míos, esto no debe ser así. ¿Acaso alguna fuente echa por una misma abertura agua dulce y amarga? Hermanos míos, ¿puede acaso la higuera producir aceitunas, o la vid higos? Así también ninguna fuente puede dar agua salada y dulce. (3:1-12)

La lengua es usted de una manera excepcional. Es una chismosa que dice lo que hay en el corazón y muestra a la persona verdadera. No solo eso, sino que el mal uso de la lengua es tal vez la manera más fácil de pecar. Hay algunos pecados que tal vez una persona no cometa sencillamente porque no tiene la oportunidad. Pero no hay límite alguno a lo que uno puede decir; no hay restricciones o límites inmanentes. En las Escrituras, a la lengua se le describe como malvada, engañosa, perversa, inmunda, corrupta, aduladora, difamante, chismosa, blasfema, insensata, jactanciosa, amargada, maldiciente, contenciosa, sensual y vil. Y esta lista no es exhaustiva. "¡No es de extrañar que Dios la haya puesto en una jaula detrás de los dientes, cercada por la boca! Empleando otra figura, alguien ha observado que como la lengua está en un lugar húmedo, puede escurrirse fácilmente.

La lengua es una gran preocupación para Santiago, mencionándola en cada capítulo de su carta (vea 1:19, 26; 2:12; 3:5, 6 [dos veces], 8; 4:11; 5:12). En 3:1-12 emplea la lengua como una prueba más de la fe viva, ya que la autenticidad de la fe de una persona inevitablemente se mostrará por su manera de hablar. Santiago personifica la lengua y la boca como agentes de la corrupción y la miseria del ser interior. La lengua solo produce lo que el corazón le dice que produzca, allí donde se origina el pecado (cp. 1:14-15). "Porque del corazón salen los malos pensamientos, los homicidios, los adulterios, las fornicaciones, los hurtos, los falsos testimonios, las blasfemias", declaró Jesús (Mt. 15:19).

Los científicos sostienen que una vez que se pone una onda de sonido en movimiento, continúa en un viaje que no tiene fin, y que, si tuviéramos instrumentos lo bastante complejos, cada onda pudiera ser captada y reproducida en cualquier momento. Si eso es cierto, ¡pudiera recuperarse cada palabra hablada por cualquier persona que haya vivido antes! Desde luego que Dios no necesita de tal instrumento, y Jesús afirma claramente que "de toda palabra ociosa que hablen los hombres, de ella darán cuenta en el día del juicio. Porque por tus palabras serás justificado, y por tus palabras serás condenado" (Mt. 12:36-37).

En ninguna otra parte es más evidente la relación entre la fe y las obras que en la manera de hablar de una persona. Lo que usted dice revelará inevitablemente lo que usted es. Pudiera decirse que la manera de hablar de una persona es una medida confiable de su temperatura espiritual, una imagen de su condición humana interior. Los rabinos se referían a la lengua como una flecha y no como una daga o espada, porque puede herir y matar a larga distancia. Puede causar gran daño aun cuando esté lejos de su víctima.

El primer pecado cometido después de la caída fue un pecado de la lengua. Cuando Dios le preguntó a Adán, en cuanto a que había comido del fruto prohibido, Adán culpó a Dios al sugerir que Él era indirectamente responsable, diciendo: "La mujer que me diste por compañera me dio del árbol, y yo comí" (Gn. 3:12). Al describir la total depravación del hombre, Pablo dice: "Sepulcro abierto es su garganta; con su lengua engañan. Veneno de áspides hay debajo de sus labios; su boca está llena de maldición y de amargura" (Ro. 3:13-14; cp. Sal. 5:9; 140:3). Al vislumbrar la gloria y la santidad de Dios, Isaías, convencido de su propio carácter pecaminoso, lo relacionó con su boca, exclamando: "¡Ay de mí! que soy muerto; porque siendo hombre inmundo de labios, y habitando en medio de pueblo que tiene labios inmundos, han visto mis ojos al Rey, Jehová de los ejércitos" (Is. 6:5). Las Escrituras se refieren bastante al mal de la lengua (Sal. 34:13; 39:1; 52:4; Pr. 6:17; 17:20; 26:28; 28:23; Is. 59:3).

Por otra parte, que una manera recta de hablar manifiesta un corazón recto en ninguna otra parte se describe de un modo más hermoso que en los Salmos. David se regocijó: "¡Oh Jehová, Señor nuestro, cuán glorioso es tu nombre en toda la tierra! Has puesto tu gloria sobre los cielos" (Sal. 8:1). Él declaró: "La ley de Jehová es perfecta, que convierte el alma; el testimonio de Jehová es fiel, que hace sabio al sencillo" (19:7); y dio testimonio: "Los mandamientos de Jehová son rectos, que alegran el corazón; el precepto de Jehová es puro, que alumbra los ojos" (19:8). Sin duda una de las razones por las que David fue un hombre conforme al corazón de Dios (1 S. 13:14) fue su posibilidad de decir con sinceridad: "Mi lengua hablará de tu justicia y de tu alabanza todo el día" (Sal. 35:28).

Cuando una persona recibe a Jesucristo como Señor y Salvador, se vuelve una nueva criatura. Todo su ser es transformado y se convierte en habitación del Espíritu Santo. Por consiguiente, Pablo dice:

Si, pues, habéis resucitado con Cristo, buscad las cosas de arriba, donde está Cristo sentado a la diestra de Dios. Poned la mira en las cosas de arriba, no en las de la tierra... Haced morir, pues, lo terrenal en vosotros: fornicación, impureza, pasiones desordenadas, malos deseos y avaricia, que es idolatría... Pero ahora dejad también vosotros todas estas cosas: ira, enojo, malicia, blasfemia, palabras deshonestas de vuestra boca... Y la paz de Dios gobierne en vuestros corazones, a la que asimismo fuisteis llamados en un solo cuerpo; y sed agradecidos. La palabra de Cristo more en abundancia en vosotros, enseñándoos y exhortándoos unos a otros en toda sabiduría, cantando con gracia en vuestros corazones al Señor con salmos e himnos y cánticos espirituales. Y todo lo que hacéis, sea de palabra o de hecho, hacedlo todo en el nombre del Señor Jesús, dando gracias a Dios Padre por medio de él (Col. 3:1-2, 5, 8, 15-17).

Una naturaleza transformada producirá una conducta transformada. Y la nueva conducta implica una nueva forma de hablar, hablar que corresponde con una vida salva y santificada y que refleja la naturaleza santa del que ha dado la nueva vida.

La Biblia tiene muchas verdades inescrutables que, a primera vista parecen ser contradictorias o inconsecuentes, y que no se pueden reconciliar entre sí por mentes finitas. Por ejemplo, los creyentes son escogidos para salvación por la gracia soberana de Dios, antes de la fundación del mundo. Sin embargo, ellos deben ejercer la fe a fin de ser salvos. Como creyentes, somos guardados seguros en Cristo por el decreto soberano de Dios, pero debemos perseverar. Podemos vivir en santidad solo gracias al poder del Espíritu Santo; sin embargo, se nos manda a obedecer. Como ha señalado Santiago en el primer capítulo de su carta, padeceremos pruebas y debemos soportarlas. Recibiremos la Palabra;

sin embargo, debemos recibirla. Seremos amables con los necesitados sin mostrar parcialidad; sin embargo, debemos ser amables con ellos sin mostrar parcialidad. Produciremos buenas obras; sin embargo, debemos producirlas. Donde hay fe viva genuina y transformación espiritual, esas cosas, y muchas otras, serán el resultado y deben ser el resultado.

Aquí Santiago menciona otra de esas incomprensibles realidades: Los verdaderos creyentes poseerán una lengua santificada; sin embargo, deben mantener una lengua santificada. En 3:1-12, presenta cinco razones apremiantes para controlar la lengua: su potencialidad para condenar (vv. 1-2a); su poder para controlar (vv. 2b-5a); su propensión para corromper (vv. 5b-6); su carácter primitivo para combatir (vv. 7-8); y su perfidia para que hagamos concesiones (vv. 9-12).

SU POTENCIALIDAD PARA CONDENAR

Hermanos míos, no os hagáis maestros muchos de vosotros, sabiendo que recibiremos mayor condenación. Porque todos ofendemos muchas veces. (3:1-2a)

Didaskaloi (**maestros**) se empleaba a menudo para referirse a los rabinos y a cualquiera que desempeñaba funciones en la enseñanza o la predicación (cp. Jn. 3:10), sugiriendo que Santiago se estaba refiriendo al oficio de enseñanza de la iglesia (cp. 1 Co. 12:28; Ef. 4:11). Por encima de todo, los rabinos eran maestros expertos, y sus compatriotas judíos les conferían gran honor y respeto. Como se refleja en los Evangelios, muchos rabinos se complacían en este prestigio y privilegio. Jesús dijo de los escribas y de los fariseos, muchos de los cuales eran rabinos, que se sentaban "en la cátedra de Moisés... Antes, hacen todas sus obras para ser vistos por los hombres. Pues ensanchan sus filacterias, y extienden los flecos de sus mantos; y aman los primeros asientos en las cenas, y las primeras sillas en las sinagogas, y las salutaciones en las plazas, y que los hombres los llamen: Rabí, Rabí" (Mt. 23:2, 5-7).

En algunos círculos judíos, a los rabinos se les respetaba tanto, que el deber de una persona con su rabino se consideraba mayor que el que debía a sus propios padres, porque sus padres solo lo traían a la vida de este mundo, mientras que su rabino lo traía a la vida del mundo venidero. Se escribió que si un enemigo capturaba al padre de un hombre y a su rabino, el rabino debía rescatarse primero. Aunque a los rabinos no se les permitía recibir dinero por sus servicios, sino que debían sostenerse a sí mismos con un empleo, se consideraba un acto muy piadoso que alguien llevara a alguno a su casa y lo sostuviera en todo lo que le fuera posible.

Las motivaciones egoístas que caracterizaban a muchos rabinos eran anatema para Jesús y no tienen lugar alguno en la vida de su pueblo. Pero es obvio que había algunos entre aquellos a quienes Santiago escribió, que tenían tales motivaciones y que deseaban convertirse en **maestros** por una razón equivocada.

Además de los rabinos oficiales, a cualquier judío respetable podía dársele la oportunidad de hablar en el culto de una sinagoga. Aunque Jesús no era un rabino oficial, a menudo leía las Escrituras y daba una interpretación en el día de reposo, al menos una vez en su pueblo natal de Nazaret (Lc. 4:15-21, 31; Mt. 4:23; 9:35). De igual manera, Pablo y Bernabé, que tampoco tenían la categoría de rabinos, hablaban con frecuencia en las sinagogas cuando visitaban una ciudad (p. ej. Hch. 13:5, 14-15; 14:1). Al parecer era también común en la iglesia primitiva que un cristiano de experiencia tuviera la oportunidad de hablar en un culto. Pablo dictó normas para la iglesia de Corinto al escribir: "Cuando os reunís, cada uno de vosotros tiene salmo, tiene doctrina, tiene lengua, tiene revelación, tiene interpretación. Hágase todo para edificación" (1 Co. 14:26). A lo largo de la historia de la Iglesia, y sin duda en las iglesias actuales, hay muchas personas, como consejeros, maestros de escuela dominical, líderes de estudio bíblico y otros que no son llamados y ordenados al ministerio, pero que tienen una legítima contribución que hacer en la enseñanza de la Palabra de Dios.

Al advertirles **no os hagáis maestros muchos de vosotros,** Santiago por supuesto no quiere desalentar a tales personas de que transmitan su conocimiento de las Escrituras. Ni tampoco desea entorpecer de manera alguna a aquellos que Dios había realmente llamado para que fueran maestros oficiales de su Palabra. Más bien estaba diciendo que aquellos que creían tener ese llamamiento divino, debían probar primero su fe para estar seguros de ser salvos. Él ha puesto en claro que, "Si alguno se cree religioso entre vosotros, y no refrena su lengua, sino que engaña su corazón, la religión del tal es vana" (1:26). Si ese principio se aplica a todo el mundo en la iglesia, ¿cuánto más se aplica a los maestros que presumen estar delante del pueblo de Dios para interpretar y explicar la Palabra de Dios?

Es la voluntad de Dios que todo su pueblo presente su verdad tan exacta y meticulosamente como le sea posible. Cuando Josué puso objeciones a la profecía por el Espíritu de Eldad y Medad, Moisés suavemente le reprendió, diciendo: "Ojalá todo el pueblo de Jehová fuese profeta, y que Jehová pusiera su espíritu sobre ellos" (Nm. 11:29). En la Gran Comisión, todos los cristianos son llamados a "[ir] y [hacer] discípulos a todas las naciones, bautizándolos en el nombre del Padre, y del Hijo, y del Espíritu Santo; enseñándoles que guarden todas las cosas que os he mandado" (Mt. 28:19-20). Pablo dijo: "Palabra fiel: Si alguno anhela obispado [predicador y maestro], buena obra desea" (1 Ti. 3:1). De sí mismo escribió: "¡Ay de mí si no anunciare el evangelio!" (1 Co. 9:16).

Lo que Santiago quiere decir es que ningún creyente debe comenzar alguna forma de enseñanza de la Palabra de Dios sin un sentido profundo de la seriedad de esta responsabilidad. Pecar con la lengua cuando estamos solos o con o tres personas es bastante malo; pero pecar con la lengua en público, sobre todo cuando estamos en función de hablar de parte de Dios, es inmensurablemente peor. Hablar por Dios tiene grandes implicaciones, tanto para bien como para mal.

La seria responsabilidad de predicar la Palabra de Dios se presenta dos veces en el libro de Ezequiel. Por medio de ese profeta, el Señor dijo:

Hijo de hombre, yo te he puesto por atalaya a la casa de Israel; oirás, pues, tú la palabra de mi boca, y los amonestarás de mi parte. Cuando yo dijere al impío: De cierto morirás; y tú no le amonestares ni le hablares, para que el impío sea apercibido de su mal camino a fin de que viva, el impío morirá por su maldad, pero su sangre demandaré de tu mano. Pero si tú amonestares al impío, y él no se convirtiere de su impiedad y de su mal camino, él morirá por su maldad, pero tú habrás librado tu alma (Ez. 3:17-19).

Esa advertencia se repite en 33:7-9. El escritor de Hebreos se refiere a predicadores, maestros y otros líderes de la iglesia que "velan por vuestras almas, como quienes han de dar cuenta" (He. 13:17). Con santa satisfacción, Pablo pudo decir a los ancianos de Éfeso que se reunieron con él en Mileto: "Yo os protesto en el día de hoy, que estoy limpio de la sangre de todos; porque no he rehuido anunciaros todo el consejo de Dios" (Hch. 20:26-27).

La enseñanza de teología errónea, engañosa y confusa fue un problema en la iglesia de Éfeso mientras Timoteo estuvo predicando allí. Por lo tanto, Pablo le dijo:

Como te rogué que te quedases en Efeso, cuando fui a Macedonia, para que mandases a algunos que no enseñen diferente doctrina, ni presten atención a fábulas y genealogías interminables, que acarrean disputas más bien que edificación de Dios que es por fe, así te encargo ahora. Pues el propósito de este mandamiento es el amor nacido de corazón limpio, y de buena conciencia, y de fe no fingida, de las cuales cosas desviándose algunos, se apartaron a vana palabrería, queriendo ser doctores de la ley, sin entender ni lo que hablan ni lo que afirman (1 Ti. 1:3-7).

Algunos estaban incluso enseñando una blasfemia y habían naufragado "en cuanto a la fe" (vv. 19-20).

Pedro y Judas ofrecen las advertencias más severas posibles contra los maestros heréticos. Pedro dijo:

Pero hubo también falsos profetas entre el pueblo, como habrá entre vosotros falsos maestros, que introducirán encubiertamente herejías destructoras, y aun negarán al Señor que los rescató, atrayendo sobre sí mismos destrucción repentina. Y muchos seguirán sus disoluciones, por causa de los cuales el camino de la verdad será blasfemado, y por avaricia harán mercadería de vosotros con palabras fingidas. Sobre los tales ya de largo tiempo la condenación no se tarda, y su perdición no se duerme (2 P. 2:1-3).

Judas escribió:

No obstante, de la misma manera también estos soñadores mancillan la carne, rechazan la autoridad y blasfeman de las potestades superiores... Pero éstos blasfeman de cuantas cosas no conocen; y en las que por naturaleza conocen, se corrompen como animales irracionales... Estos son murmuradores, querellosos, que andan según sus propios deseos, cuya boca habla cosas infladas, adulando a las personas para sacar provecho (Jud. 8, 10, 16).

La advertencia de Pablo a la iglesia de Éfeso, dada por medio de Timoteo, es aplicable a los maestros de todas las iglesias:

Si alguno enseña otra cosa, y no se conforma a las sanas palabras de nuestro Señor Jesucristo, y a la doctrina que es conforme a la piedad, está envanecido, nada sabe, y delira acerca de cuestiones y contiendas de palabras, de las cuales nacen envidias, pleitos, blasfemias, malas sospechas, disputas necias de hombres corruptos de entendimiento y privados de la verdad (1 Ti. 6:3-5).

No solamente los falsos maestros, sino también los que descuidadamente interpretan la Palabra a fin de impresionar a los demás con su conocimiento, son un gran peligro para la iglesia, y corren peligro de ser condenados por Dios. Muchos maestros de la iglesia actual están muy poco arraigados en las Escrituras y mal preparados para enseñarla. Tales maestros que tergiversan la Palabra de Dios pueden hacer más daño espiritual y moral al pueblo de Dios que un centenar de ateos o librepensadores que atacan desde afuera. Por eso es tan insensato y espiritualmente peligroso tener a personas de renombre recién convertidas, o cualquier otro recién convertido, así como maestros irresponsables y no preparados, hablando y enseñando. Pablo advirtió que un obispo no debía ser "un neófito, no sea que envaneciéndose caiga en la condenación del diablo" (1 Ti. 3:6). Cuando el propio apóstol se convirtió, el Señor lo preparó en el Desierto Arábigo de Nabatea por unos tres años antes de comenzar su ministerio apostólico (Gá. 1:17-18; vea también Hch. 9:19-22).

Santiago no intenta refrenar a los que tienen el llamado de Dios para enseñar, aquellos que están realmente calificados, que conocen y están preparados, pero aconseja a cualquiera que tenga la oportunidad de enseñar, que con toda seriedad consideren la enseñanza de la Palabra de Dios y que estén seguros de tener una comprensión correcta de cualquiera de las verdades que intentan enseñar. Al igual que Moisés, debe esforzarse por estar seguro de que lo que dice corresponde con "lo que habló Jehová" (Lv. 10:3). Aun después de cuidadoso estudio, debe orar con suma sinceridad: "Señor, permíteme decir solo lo que Tú estás diciendo en este pasaje, y ayúdame a presentar esta verdad de forma clara para los que me escuchen".

El gran reformador escocés Juan Knox estaba tan atemorizado y cargado por la responsabilidad de declarar la Palabra de Dios fielmente que, antes de su primer sermón, lloró incontrolablemente y tuvo que salir, junto a algunos hermanos, del púlpito hasta que pudo controlarse. Se comenta que un pastor dijo de la predicación lo que puede decirse también de la enseñanza: "No hay honor especial en la predicación. Solo hay un quebrantamiento especial. El púlpito llama a quienes están consagrados a él, al igual que el mar llama a sus marineros; y como el mar, maltrata y lastima y no descansa... Predicar, realmente predicar, es morir un poco cada vez, y saber cada vez que lo haces, que debes hacerlo nuevamente".

Hermanos míos indica que Santiago se está dirigiendo a los que invocan el nombre de Cristo, entre ellos a quienes tienen una fe indudablemente genuina, exhortándoles a que estén seguros de que su deseo de enseñar está en concordancia con la voluntad del Señor, no simplemente de la suya. Como un hablar correcto es una forma tan evidente de mostrar la fe verdadera, a los **maestros** se les exige un alto nivel en lo que dicen, por la obvia razón de que lo que dicen ejerce una poderosa influencia en otros. Los **maestros** se enfrentan al especial peligro de usar mal su lengua y, en consecuencia, recibir una **mayor condenación** por parte de Dios. Como Santiago ha advertido antes, deben ser "[prontos] para oír [y tardos] para hablar" (1:19). En ese contexto, se está refiriendo en especial a oír y hablar acerca de la Palabra de Dios.

Es importante observar que Santiago se incluye [**recibiremos**] con los que han de recibir **mayor condenación.** Ni siquiera los apóstoles y escritores de la Biblia estaban exentos. Todo maestro, sin excepción, debe ser diligente en presentarse "a Dios aprobado, como obrero que no tiene de qué avergonzarse, que usa bien la palabra de verdad" (2 Ti. 2:15; cp. 1 Ti. 4:6-16).

El sustantivo griego *krima* (**condenación**) es neutro y puede ser tanto positivo como negativo. Pero en el Nuevo Testamento se emplea la mayoría de las veces de forma negativa, como una advertencia, y es claro que este es el tipo de **condenación** que Santiago tiene en mente aquí. Para los inconversos, el tiempo futuro (**recibiremos**) se refiere al juicio ante el gran trono blanco de que nos habla Juan en Apocalipsis 20:11-15. Los creyentes, por otra parte, recibiremos juicio en la forma de castigo en esta vida, y en el tribunal de Cristo para recompensa eterna, cuando "cada uno de nosotros [dé] a Dios cuenta de sí" (Ro. 14:12), y

> *la obra de cada uno se hará manifiesta; porque el día la declarará, pues por el fuego será revelada; y la obra de cada uno cuál sea, el fuego la probará. Si permaneciere la obra de alguno que sobreedificó, recibirá recompensa. Si la obra de alguno se quemare, él sufrirá pérdida, si bien él mismo será salvo, aunque así como por fuego (1 Co. 3:13-15).*

La recompensa eterna del maestro reflejará la fidelidad de su enseñanza (Hch. 20:26-27; He. 13:17).

La declaración de Santiago de que **todos ofendemos muchas veces** refuerza la verdad de que nadie está exento en cuanto a los peligros de la lengua y a otras formas de pecado contra Dios. **ofendemos** se refiere a cualquier falta moral, el no hacer lo que está correcto. **muchas veces** se explica por sí mismo. El escritor de Proverbios pregunta retóricamente: "¿Quién podrá decir: Yo he limpiado mi corazón, limpio estoy de mi pecado?" (Pr. 20:9), y el cronista declara categóricamente que "no hay hombre que no peque" (2 Cr. 6:36), anticipándose a la declaración muy conocida y a menudo citada de que "todos pecaron y están destituidos de la gloria de Dios" (Ro. 3:23), y la de Juan que "si decimos que no tenemos pecado, nos engañamos a nosotros mismos, y la verdad no está en nosotros" (1 Jn. 1:8; cp. v. 10).

SU PODER PARA CONTROLAR

Si alguno no ofende en palabra, éste es varón perfecto, capaz también de refrenar todo el cuerpo. He aquí nosotros ponemos freno en la boca de los caballos para que nos obedezcan, y dirigimos así todo su cuerpo. Mirad también las naves; aunque tan grandes, y llevadas de impetuosos vientos, son gobernadas con un muy pequeño timón por donde el que las gobierna quiere. Así también la lengua es un miembro pequeño, pero se jacta de grandes cosas. (3:2*b*-5*a*)

La lengua tiene extraordinario poder para controlar, hasta el punto de que **Si alguno no ofende en palabra, éste es varón perfecto.** *Teleios* (**perfecto**) tiene dos posibles significados. Uno denota el concepto de perfección absoluta, de ser sin defecto o error alguno. Si eso es lo que Santiago quiere decir aquí, es obvio que está hablando hipotéticamente, ya que ningún ser humano, salvo Jesús, calificaría para tal grado de perfección al hablar.

Pero el término también puede significar completo, o maduro. Si ese es el sentido que se pretende aquí, la idea es que una persona que **no ofende en palabra** da prueba de un corazón puro y maduro, que es la fuente de un hablar correcto. Parece probable que Santiago tuviera en mente ese segundo significado. Nunca podremos ser **perfectos** en el sentido en que Jesús es perfecto, en el hablar o en otro aspecto, pero podemos, en el poder del Espíritu Santo, tener madurez espiritual y corazón santificado, que se expresa mediante un hablar y enseñar que sea maduro, santo y honre a Dios. La idea es que solo los creyentes espiritualmente maduros pueden controlar su lengua. En el mismo grado en el que nuestra santidad se acerque a la de Cristo, seremos espiritualmente **perfectos** o maduros. Como en todo lo demás, Él es nuestro ejemplo supremo y glorioso. "Pues para esto fuisteis llamados", nos recuerda Pedro, "porque también Cristo padeció por nosotros, dejándonos ejemplo, para que sigáis sus pisadas; el cual no hizo pecado, ni se halló engaño en su boca; quien cuando le maldecían, no respondía con maldición; cuando padecía, no amenazaba, sino encomendaba la causa al que juzga justamente" (1 P. 2:21-23).

Luego Santiago hace una afirmación notable al declarar que un cristiano que puede refrenar su lengua es **capaz también de refrenar todo el cuerpo.** En este contexto, **cuerpo** parece referirse a la persona en general, a todo su ser. En otras palabras, si podemos controlar nuestra lengua, que responden tan fácil e ilimitadamente al pecado, entonces podremos controlar todo lo demás. Si el Espíritu Santo tiene control de la parte más inestable e indomable de nuestro ser, ¿cuánto más susceptible a su control será el resto de nuestra vida? Ese principio también apoya el segundo significado de **perfecto** (maduro, completo), el cual, si llevara la idea de perfección absoluta, no tendría significado práctico aquí. Cuando la manera de hablar de una persona exalta a Cristo, honra a Dios y edifica, se puede estar seguro de que el resto de su vida está espiritualmente saludable, y viceversa.

Warren Wiersbe cuenta la historia de un pastor amigo que le habló de una mujer de su congregación, que era una terrible chismosa. Un día le dijo: "Pastor, el Señor me ha hecho sentir la culpa de mi pecado por tanto chisme. Mi lengua me está metiendo a mí y a otros en problemas". Cuando él con cautela preguntó: "Bueno, ¿qué piensa usted hacer al respecto?", ella respondió: "Quiero poner mi lengua en el altar". Como ya había dicho lo mismo muchas veces y nunca había cambiado, él le dijo: "No hay un altar lo bastante grande" (*The Bible Exposition Commentary* [El comentario expositivo de la Biblia] [Wheaton, Ill.: Victor, 1989], 2:358).

Hay, por supuesto, un altar que es lo bastante grande, porque nuestro Señor nos asegura que: "Si confesamos nuestros pecados, él es fiel y justo para perdonar nuestros pecados, y limpiarnos de toda maldad" (1 Jn. 1:9). Pero la frustración subyacente del pastor es comprensible. El problema estaba en la no disposición de la mujer de realmente poner su lengua en el altar. Ella sabía muy bien cuál era su pecado y lo que necesitaba hacer para su remisión. Sencillamente ella no estaba dispuesta a pagar el precio. Le gustaba el chisme más que la justicia. No estaba dispuesta a decidir junto con David: "Atenderé a mis caminos, para no pecar con mi lengua; guardaré mi boca con freno, en tanto que el impío esté delante de mí" (Sal. 39:1).

Santiago emplea dos analogías para mostrar el poder de la lengua para controlar. Primero señala que **ponemos freno en la boca de los caballos para que nos obedezcan, y dirigimos así todo su cuerpo.** Esta ilustración es muy apropiada, ya que el freno se pone en la parte superior de la lengua del caballo y cuando se une a las bridas y riendas, le es posible al jinete usar ese freno para hacer que el caballo le obedezca. Al controlar **la boca de los caballos,** se controla su cabeza, la que, a su vez, dirige **todo su cuerpo.**

Aun los caballos mansos, que han sido montados durante muchos años, no se pueden controlar sin un **freno** en la **boca.** Mientras se quiera que rindan un servicio, ya sea para montarlos o para que tiren de un vagón o arado, requieren de ese control. Es lo mismo con los creyentes. Para ser útiles para Dios, necesitaremos controlar nuestra lengua, y con esto, todo lo demás en sumisión a Él.

La segunda ilustración es la de una nave. **Mirad también las naves;** continúa Santiago, **aunque tan grandes, y llevadas de impetuosos vientos, son gobernadas con un muy pequeño timón por donde el que las gobierna quiere.** Las más grandes **naves** de aquel tiempo eran pequeñas comparadas con los gigantescos trasatlánticos y buques de guerra de los tiempos modernos. Pero la nave en la que hizo Pablo su viaje a Roma tenía un total de doscientas setenta y seis personas a bordo, entre la tripulación, los soldados y los presos (Hch. 27:37), lo que indica que era un navío bastante grande. En todo caso, lo que quiere decir Santiago es que, comparado con el tamaño total, el timón de una nave es muy pequeño, no obstante puede fácilmente dirigir la nave **por donde el que las gobierna quiere.**

Así también la lengua es un miembro pequeño, pero se jacta de grandes cosas. Como el freno en la boca de los caballos y el timón de un barco, **la lengua** tiene poder para controlar el resto de nosotros. Es un control maestro para todo el **cuerpo,** dirigiendo prácticamente cada aspecto de la conducta. El comentarista J. A. Motyer escribe:

> Si nuestra lengua estuviera tan bien controlada que se negara a expresar las palabras de autocompasión, las imágenes de concupiscencia, los pensamientos de enojo y de resentimiento, entonces estas cosas serían cortadas antes de que tengan la oportunidad de vivir: el interruptor maestro las ha privado de todo poder para "encender" esa parte de nuestra vida. El dominio de la lengua es más que una prueba de madurez

espiritual; es el medio hacia ella. (*The Message of James* [El mensaje de Santiago] [Downers Grove, Ill.: InterVarsity, 1985], 121)

Santiago no da detalles específicos al decir que **la lengua... se jacta de grandes cosas.** Pero es obvio que tiene en mente la tendencia natural del hombre a jactarse, a estar centrado en sí mismo, y en contra de lo que dice la psicología popular, tener una elevada imagen propia. Cada vez y de cualquier manera que **la lengua se jacte,** deja una estela de destrucción. Arruina a otros; destruye iglesias, familias, matrimonios y relaciones personales. Puede incluso conducir al asesinato y a la guerra.

A fin de que la lengua controle nuestra vida de forma correcta, debemos resistir la tendencia y la tentación, siempre presentes, a jactarse y alardear. Debemos hablar solo palabras amables, afables, palabras que edifiquen y no palabras que arruinen, que motiven, consuelen, bendigan y alienten. Deben ser palabras de humildad, gratitud, paz, santidad y sabiduría. Tales palabras, por supuesto, solo pueden proceder de un corazón donde no solo more el Espíritu Santo, sino que también esté completamente sometido a su control.

SU PROPENSIÓN A CORROMPER

He aquí, ¡cuán grande bosque enciende un pequeño fuego! Y la lengua es un fuego, un mundo de maldad. La lengua está puesta entre nuestros miembros, y contamina todo el cuerpo, e inflama la rueda de la creación, y ella misma es inflamada por el infierno. (3:5b-6)

El siguiente punto de Santiago se concentra en el tremendo poder de la lengua para corromper y destruir. Dado que el poder de la lengua para controlar es neutral, capaz de obrar para bien o para mal, aquí el énfasis es totalmente negativo. No se mencionan aspectos problemáticos específicos, pero como la lengua es capaz de hablar de cualquier asunto que podamos imaginar, tiene el poder de corromper cada asunto que podamos imaginar. Puede dañar y pervertir cualquier asunto de que hable.

Aunque el verbo *eidon* literalmente significa simplemente **He aquí,** el modo imperativo y voz media que se emplea aquí (*idou*) le da casi la fuerza de un mandamiento. Por consiguiente, a menudo se traduce esta forma "he aquí", sobre todo en las narraciones dramáticas, a fin de llamar la atención a lo que se va a decir o a lo que va a suceder (vea, p. ej. Mt. 1:20, 23; 25:6; Jn. 4:35; Ap. 1:7, 18; 22:7, 12). La idea es "presten mucha atención".

Aquí Santiago está llamando la atención al gran poder destructivo de las palabras odiosas, falsas, heréticas, o simplemente descuidadas. Como los comerciales que producen hoy los servicios forestales, llama la atención al muy conocido axioma de ¡**cuán grande bosque enciende un pequeño fuego**! La chispa más pequeña puede crecer exponencialmente y llegar a ser un gran incendio que destruye miles de acres de bosques, matando infinidad de animales y a menudo destruyendo vidas humanas y sus propiedades.

El **fuego** tiene la capacidad asombrosa y prácticamente única de reproducirse de forma casi ilimitada mientras tiene combustible que quemar. Como la inmensa mayoría de las cosas, el agua no puede multiplicarse. Cuando se vierte, dondequiera que sea o en lo que sea, nunca se expande hasta inundarse. Pero el **fuego** se alimenta él mismo. Si hay suficiente material inflamable y oxígeno para sostener la combustión, arderá indefinidamente.

El 8 de octubre de 1871, alrededor de las ocho y treinta de la noche, un farol en el establo de la señora O'Leary, presumiblemente pateado por su vaca, puso en marcha el gran fuego de Chicago. Antes de que pudiera contenerse, se destruyeron 17 500 edificios, murieron 300 personas y otras 125 000 quedaron sin casas. En 1903, una olla de arroz se derramó sobre un fuego, esparciendo carbón por la habitación e iniciando una llamarada que finalmente consumió cerca de dos kilómetros cuadrados de una ciudad coreana, quemando por completo unos tres mil edificios.

El escritor de Proverbios observó que "el corazón del justo piensa para responder; mas la boca de los impíos derrama malas cosas" (Pr. 15:28); que "el hombre perverso cava en busca del mal, y en sus labios hay como llama de fuego" (16:27); y que "el carbón para brasas, y la leña para el fuego; y el hombre rencilloso para encender contienda" (26:21). También destaca que "sin leña se apaga el fuego, y donde no hay chismoso, cesa la contienda" (26:20).

David se lamentó: "Mi vida está entre leones; estoy echado entre hijos de hombres que vomitan llamas; sus dientes son lanzas y saetas, y su lengua espada aguda" (Sal. 57:4). De los hombres malos y alardosos, escribió: "Agravios maquina tu lengua; como navaja afilada hace engaño. Amaste el mal más que el bien, la mentira más que la verdad. Has amado toda suerte de palabras perniciosas, engañosa lengua" (Sal. 52:2-4). Job le preguntó a Bildad, su presunto consolador: "¿Hasta cuándo angustiaréis mi alma, y me moleréis con palabras?" (Job 19:2).

Hace algunos años, Morgan Blake, un cronista deportivo del *Atlanta Journal*, escribió la sátira siguiente:

> Soy más mortífero que el estridente proyectil de un obús. Yo gano sin matar. Destruyo casas, quebranto corazones y arruino vidas. Viajo en las alas del viento. No hay inocencia lo bastante fuerte para intimidarme, ni pureza lo bastante pura para desalentarme. No me importa la verdad, no respeto la justicia, ni tengo misericordia con los indefensos. Mis víctimas son tantas como la arena del mar, y a menudo son también inocentes. Nunca olvido y casi nunca perdono. Me llamo Chisme. (Citado

en George Sweeting, *Faith That Works* [La fe que obra] [Chicago: Moody, 1983], 76-77)

En el versículo 6, Santiago ofrece lo que es sin dudas la declaración más fuerte en las Escrituras acerca del peligro de la lengua: **Y la lengua es un fuego, un mundo de maldad. La lengua está puesta entre nuestros miembros, y contamina todo el cuerpo, e inflama la rueda de la creación, y ella misma es inflamada por el infierno.** Empleando la figura del **fuego,** esta abrumadora declaración presenta cuatro elementos principales del peligro de la lengua.

En primer lugar, es **un mundo de maldad.** *Kosmos* (**mundo**) aquí no se refiere a la tierra o al universo, sino más bien a un sistema, esquema, u orden. En este caso, es un sistema de **maldad,** rebelión, anarquía y toda otra forma de pecado. Es la fuente de la conducta injusta e impía dentro del hombre pecador. Él engendra y ofrece salida a todo tipo de pasiones y deseos pecaminosos. Un comentarista lo describe como el microcosmo de maldad entre nuestros miembros. Es un esquema vil, miserable y malvado de humanidad carnal. Ninguna otra parte del cuerpo tiene tal potencialidad de largo alcance para provocar desastres y destrucción como la lengua.

En segundo lugar, **la lengua está puesta entre nuestros miembros, y contamina todo el cuerpo.** El sistema de maldad se dispersa y contamina el resto del **cuerpo.** Para modificar un poco la metáfora, la capacidad destructora de la lengua es como el humo que penetra y contamina permanentemente a todo el que está expuesto a él. Cualquier cosa que el propio fuego no destruya, su humo lo invadirá y arruinará.

Cuando estaba en la universidad, aproveché una venta en una tienda que se había incendiado, al comprar una chaqueta deportiva por solo nueve dólares. Estaba seguro de que después de algunos días al aire fresco, se le quitaría el olor a humo. Como tenía poco espacio en mi armario, la usaba a menudo, pero nunca perdió su olor distintivo, y es probable que muchas personas pensaran que yo era un fumador empedernido. De igual manera, las malas palabras, que simbolizan **la lengua,** mancharán y dañarán lo que no consuman por completo. Una **lengua** impura e inmunda mancha toda la persona.

Jesús dijo:

Lo que del hombre sale, eso contamina al hombre. Porque de dentro, del corazón de los hombres, salen los malos pensamientos, los adulterios, las fornicaciones, los homicidios, los hurtos, las avaricias, las maldades, el engaño, la lascivia, la envidia, la maledicencia, la soberbia, la insensatez. Todas estas maldades de dentro salen, y contaminan al hombre (Mr. 7:20-23; cp. Jud. 23).

En tercer lugar, la lengua **inflama la rueda de la creación.** Como el **fuego** físico, los efectos destructivos del hablar incorrectamente, no solo nos contaminan a nosotros, sino también todo sobre lo que tenemos influencia en **la rueda de la creación.**

En gran parte se nos conoce por el modo de hablar. Lo que decimos ofrece a los demás una buena idea de lo que somos en realidad. Este principio se aplica a los cosas buenas así como a las pecaminosas, pero aquí el énfasis de Santiago es únicamente en los aspectos negativos de nuestro hablar, como chisme, calumnia, acusaciones falsas, mentiras, lenguaje grosero, cuentos vulgares y otros pecados de la lengua, que pueden destruir la vida de personas, familias, escuelas, iglesias y comunidades.

En cuarto lugar, y el más horrible, la lengua **es inflamada por el infierno.** La forma activa del verbo *phlogizō* (**es inflamada**) indica un estado continuo. Esta idea se refuerza por el término que Santiago emplea para **infierno.** Con excepción de su uso aquí, *gehenna* (**infierno**) no se encuentra en el Nuevo Testamento fuera de los Evangelios sinópticos, donde, en cada caso, es Jesús quien lo usa. La palabra literalmente significa "valle de Hinom", un profundo barranco al sudoeste de Jerusalén, donde se lanzaban y quemaban continuamente la basura, los desperdicios, los cuerpos de animales muertos y los criminales ejecutados. El lugar lo usaron originalmente los cananeos y también algunos israelitas que adoraban ofreciendo sus hijos como holocaustos al dios pagano Moloc. Cuando el piadoso rey Josías de Judá detuvo por completo esta práctica atroz (vea 2 R. 23:10), se consideró el lugar impuro y completamente inadecuado para cualquier uso decente. Por lo tanto, vino a convertirse en un basurero, donde se llevaba toda la inmundicia de la ciudad de Jerusalén y de las zonas colindantes para ser quemada. Como el fuego ardía todo el tiempo y siempre había gusanos, el Señor empleó *gehenna* para representar el tormento eterno del **infierno,** "[el] fuego que no puede ser apagado, donde el gusano de ellos no muere, y el fuego nunca se apaga" (Mr. 9:43-44; cp. Is. 66:24; Mt. 5:22). El **infierno** es el lugar de Satanás, preparado para él y sus ángeles (Mt. 25:41). Como tal, se emplea aquí como sinónimo de Satanás y los demonios.

Al decir que es **inflamada por el infierno,** indica que la lengua puede ser instrumento de Satanás, cumpliendo su propósito de corromper, contaminar y destruir. Es increíblemente peligrosa y dañina. Empleando otra figura de muerte y destrucción, el salmista dice de los que hacen mal uso de su lengua: "Los dichos de su boca son más blandos que mantequilla, pero guerra hay en su corazón; suaviza sus palabras más que el aceite, mas ellas son espadas desnudas" (Sal. 55:21); "He aquí proferirán con su boca; espadas hay en sus labios" (59:7); y como los "que afilan como espada su lengua; lanzan cual saeta suya, palabra amarga" (64:3).

Aun los creyentes de experiencia saben que en el remanente de su humanidad carnal, su lengua todavía tiene gran poder para devastar, y por eso necesita permanente custodia y control.

SU CARÁCTER PRIMITIVO PARA COMBATIR

Porque toda naturaleza de bestias, y de aves, y de serpientes, y de seres del mar, se doma y ha sido domada por la naturaleza humana; pero ningún hombre puede domar la lengua, que es un mal que no puede ser refrenado, llena de veneno mortal. (3:7-8)

Lo que quiere decir Santiago en estos dos versículos es sencillamente que la lengua humana es incontrolable e indomable por naturaleza. Es rebelde, irresponsable, irrefrenable y salvaje. En lo que pudiera llamarse su maldad primitiva o intrínseca, combate cada esfuerzo por controlarla y dirigirla.

La frase **toda naturaleza** incluye animales que caminan y vuelan, **de bestias, y de aves,** así como los que se arrastran y nadan, las **serpientes, y... los seres del mar.** Animales de cada una de estas categorías **se [doman] y [han] sido [domados] por la naturaleza humana.** Los más salvajes, los más rápidos y los más escurridizos están sujetos a que el hombre los domestique. Aun después de la caída, Noé fue capaz de llevar a cada especie de animal dentro del arca, en parejas, sin serios incidentes. Aunque la tarea de Noé y su familia de cuidar de miles de criaturas fue de seguro en extremo atemorizante, no hay registro alguno de que algún animal atacara o dañara a los que los cuidaban, o entre sí. Durante siglos, la mayor atracción de los circos ha sido las actuaciones de los animales salvajes, en las cuales leones, tigres y otras poderosas y peligrosas fieras actúan bajo las órdenes de un ser **humano** que las entrena. En ese sentido son menos primitivos y más civilizados y controlables que las profanas y no regeneradas lenguas de sus amos.

Decir **pero ningún hombre,** es decir, ningún ser humano por sí mismo, **puede domar la lengua.** Aun en los creyentes, **la lengua** puede deslizarse fácilmente de su santificada jaula, por decirlo así, y ocasionar grandes daños. Su trabajo puede ser tan sutil, que a veces no se nota hasta que el daño está hecho. Muy consciente de ese peligro, David oró: "Pon guarda a mi boca, oh Jehová; guarda la puerta de mis labios" (Sal. 141:3). Aun el piadoso Pablo confesó: "Y yo sé que en mí, esto es, en mi carne, no mora el bien; porque el querer el bien está en mí, pero no el hacerlo" (Ro. 7:18). No podía confiar en sí mismo para guardar su lengua, o alguna otra parte de su carne no redimida. "Porque el deseo de la carne es contra el Espíritu, y el del Espíritu es contra la carne", les recordó a los creyentes de Galacia; "y éstos se oponen entre sí, para que no hagáis lo que quisiereis" (Gá. 5:17).

Como se observó antes en este capítulo, el primer pecado de Adán después de la caída no solo fue difamación, sino difamación contra Dios, al echar indirectamente sobre el Señor la culpa por su desobediencia, por haberle dado a Eva, quien lo tentó a comer del fruto prohibido (Gn. 3:12). Por el contrario, el primer acto de las nuevas criaturas en Cristo, que llegaron a ser la iglesia, fue alabar a Dios con sus lenguas purificadas, hablando "las maravillas de Dios" (Hch. 2:11).

Decir **que no puede ser refrenado** traduce *akatastatos,* la misma palabra traducida "inconstante"en 1:8. En este contexto, el significado va mucho más allá de **que no puede ser refrenado,** sugiriendo la idea de un animal salvaje que lucha ferozmente contra las limitaciones del cautiverio. Esta fiera malvada se irrita por el confinamiento, siempre buscando una vía para escapar y esparcir su **veneno mortal.** Su veneno es más mortífero que el de las serpientes, porque puede destruir moral, social, económica y espiritualmente.

David era soldado entre los soldados, un hombre de renombre militar que había peleado contra poderosos enemigos, pero se daba cuenta de que los más peligrosos enemigos son los que atacan con palabras. Por lo tanto, oraba:

Escucha, oh Dios, la voz de mi queja; guarda mi vida del temor del enemigo. Escóndeme del consejo secreto de los malignos, de la conspiración de los que hacen iniquidad, que afilan como espada su lengua; lanzan cual saeta suya, palabra amarga, para asaetear a escondidas al íntegro; de repente lo asaetean, y no temen. Obstinados en su inicuo designio, tratan de esconder los lazos, y dicen: ¿Quién los ha de ver? Inquieren iniquidades, hacen una investigación exacta; y el íntimo pensamiento de cada uno de ellos, así como su corazón, es profundo. Mas Dios los herirá con saeta; de repente serán sus plagas. Sus propias lenguas los harán caer; se espantarán todos los que los vean. Entonces temerán todos los hombres, y anunciarán la obra de Dios, y entenderán sus hechos. Se alegrará el justo en Jehová, y confiará en él; y se gloriarán todos los rectos de corazón (Sal. 64:1-10).

Las venenosas mentiras de los hijos de Labán contra Jacob, lo incitaron a él y a su familia a salir de la tierra y devastada vida familiar de Labán (Gn. 31). La venenosa lengua de Doeg el edomita, mintiendo al rey Saúl acerca de David y de Ahimelec el sacerdote, trajo como resultado la brutal masacre de ochenta y cinco sacerdotes, así como de toda la ciudad sacerdotal de Nob (1 S. 22:9-19). Los engañosos príncipes de Amón también mintieron contra David, acusándolo de hipocresía al honrar a Nahas su rey y a Hanún, su hijo y sucesor. Por creer las mentiras, Hanún preparó una fuerza enorme de sus propios soldados, junto con arameos mercenarios, de los cuales las fuerzas de David mataron innecesariamente unos setecientos de los que iban en carros, cuarenta mil hombres de a caballo y a su general de ejército, ¡todo por una mentira! (2 S. 10). Cuando Nabot se negó a venderle su viña al rey Acab, la reina Jezabel conspiró para hacer que dos hombres acusaran falsamente a Nabot de blasfemia, lo que dio como resultado que lo mataran a pedradas (1 R. 21:1- 13). Como lo presenta el libro de Ester, Satanás intentó usar las mentiras de Amán para exterminar a los judíos exiliados en el Imperio Medopersa, pero sus planes fueron frustrados por Ester y su primo, Mardoqueo. Nuestro propio Señor fue llevado a la muerte por causa de mentiras (Mt. 26:57-60). Esteban, el primer mártir cristiano, fue asesinado a pedradas por una falsa acusación de blasfemar contra Moisés y contra Dios (Hch. 6:8–7:60).

SU PERFIDIA PARA QUE HAGAMOS CONCESIONES

Con ella bendecimos al Dios y Padre, y con ella maldecimos a los hombres, que están hechos a la semejanza de Dios. De una misma boca proceden bendición y maldicion. Hermanos míos, esto no debe ser así. ¿Acaso alguna fuente echa por una misma abertura agua dulce y amarga? Hermanos míos, ¿puede acaso la higuera producir aceitunas, o la vid higos? Así también ninguna fuente puede dar agua salada y dulce. (3:9-12)

Por último, la lengua se caracteriza por lo que pudiera llamarse su perfidia para que hagamos concesiones. La perfidia se refiere a la traición deliberada, y la lengua desenfrenada es culpable a menudo de tal maldad. La lengua no es precisamente salvaje y rabiosa como un animal, sino mañosa, maquinadora y sutilmente engañosa. Es hipócrita y fraudulenta, deseando ansiosamente engañar a fin de lograr su beneficio propio.

Cada creyente debe usar su lengua para **[bendecir]** a nuestro **Señor y Padre,** que es lo que Dios desea y espera de los que le pertenecen. Los judíos a quienes escribió Santiago estaban acostumbrados a pronunciar bendiciones a Dios al final de cada uno de los elogios o bendiciones que hacían tres veces al día, diciendo: "Bendito seas, oh Dios".

Luego de recoger los generosos presentes y ofrendas de las personas para construir el templo, "el rey David... bendijo a Jehová delante de toda la congregación; y dijo David: Bendito seas tú, oh Jehová, Dios de Israel nuestro padre, desde el siglo y hasta el siglo" (1 Cr. 29:10). Al final de la oración "dijo David a toda la congregación: Bendecid ahora a Jehová vuestro Dios. Entonces toda la congregación bendijo a Jehová Dios de sus padres, e inclinándose adoraron delante de Jehová y del rey" (v. 20).

Pero con la misma lengua con la que bendecimos a Dios, continúa Santiago, **maldecimos a los hombres, que están hechos a la semejanza de Dios.** Esa es su perfidia, su traición. Aun la humanidad irredenta retiene **la semejanza de Dios,** que, aunque totalmente dañada por la caída, no obstante es indestructible. Los hombres siguen siendo como **Dios** en muchos aspectos: en inteligencia, conciencia propia, razonamiento, naturaleza moral, emociones y voluntad.

Cuán trágicamente inconsecuente e hipócrita, por lo tanto, es que **de una misma boca [procedan] bendición y maldición.** No obstante, cada creyente ha sido culpable de tal hipocresía en cierto modo. No fueron solo los malvados escribas y fariseos que decían bendecir a Dios y sin embargo, pidieron la crucifixión de su Hijo, al acusarlo de blasfemia. Pedro confesó que Jesús era "el Cristo, el Hijo del Dios viviente" (Mt. 16:16); pero cuando su Señor estaba en el juicio ante el sumo sacerdote, "él comenzó a maldecir, y a jurar: No conozco al hombre. Y en seguida cantó el gallo. Entonces Pedro se acordó de las palabras de Jesús, que le había dicho: Antes que cante el gallo, me negarás tres veces. Y saliendo fuera, lloró amargamente" (Mt. 26:74-75). En cierta ocasión, aun la lengua del apóstol Pablo se deslizó y le llamó al sumo sacerdote "pared blanqueada" (Hch. 23:3). Aunque no sabía que estaba hablando con el sumo sacerdote (v. 5), pronunció palabras que no son apropiadas en la boca de un siervo de Dios.

Hermanos míos, ruega Santiago, **esto no debe ser así.** *Ou chrē* (**no debe**) es una negación fuerte, empleada solo aquí en el Nuevo Testamento. La idea es que no debe haber lugar alguno en la vida de un cristiano para tales cosas. Es inadmisible e intolerable hacer concesiones en nuestra vida de rectitud y santidad. Cuando Dios nos transformó, nos dio la capacidad de hablar de forma nueva, redimida y santa, y espera de nosotros, como hijos suyos, que hablemos solo lo que es santo y recto. Nuestro "sí" y nuestro "no" deben ser sinceros (Mt. 5:37).

Santiago explica esta verdad empleando tres ilustraciones. En primer lugar, pregunta retóricamente: **¿Acaso alguna fuente echa por una misma abertura agua dulce y amarga?** Es claro que la respuesta es negativa. La misma fuente, o manantial, no produce dos tipos de **agua** tan diferentes.

Aludiendo sin duda a las palabras del Señor, "¿Acaso se recogen uvas de los espinos, o higos de los abrojos?" (Mt. 7:16), Santiago pregunta: **Hermanos míos, ¿puede acaso la higuera producir aceitunas, o la vid higos?** En este caso también la respuesta obvia y esperada es que no puede. Tal cosa es totalmente contraria a la naturaleza y no puede ocurrir. Luego afirma categóricamente: **Así también ninguna fuente puede dar agua salada y dulce.** Esto también es claramente imposible, y ninguna persona racional pensaría dos veces en cuanto a creer algo opuesto.

Un corazón lleno de odio no puede producir palabras o acciones amorosas. Un corazón impío no puede producir palabras o acciones rectas. "No puede el buen árbol dar malos frutos", explicó Jesús, "ni el árbol malo dar frutos buenos... Así que, por sus frutos los conoceréis" (Mt. 7:18, 20).

173

Como se ha dicho, hay una tensión casi constante en la Epístola de Santiago entre lo que es y lo que debe ser. En determinado momento él dice: "Así será si usted es verdadero creyente"; y en otro punto dice: "Así es también como debe ser si usted es verdadero creyente". Como hemos sido justificados por Jesucristo, debemos vivir y hablar rectamente, conforme a su voluntad y con su poder.

Sabiduría terrenal y celestial **13**

¿Quién es sabio y entendido entre vosotros? Muestre por la buena conducta sus obras en sabia mansedumbre. Pero si tenéis celos amargos y contención en vuestro corazón, no os jactéis, ni mintáis contra la verdad; porque esta sabiduría no es la que desciende de lo alto, sino terrenal, animal, diabólica. Porque donde hay celos y contención, allí hay perturbación y toda obra perversa. Pero la sabiduría que es de lo alto es primeramente pura, después pacífica, amable, benigna, llena de misericordia y de buenos frutos, sin incertidumbre ni hipocresía. Y el fruto de justicia se siembra en paz para aquellos que hacen la paz. (3:13-18)

Tanto las Escrituras como los filósofos antiguos le daban gran importancia a la sabiduría que, definida en forma general, no es simplemente un asunto de poseer conocimientos objetivos, sino de aplicar adecuada y eficazmente la verdad a la vida diaria. Salomón escribió: "Sabiduría ante todo; adquiere sabiduría; y sobre todas tus posesiones adquiere inteligencia" (Pr. 4:7). Unos nueve siglos después, el filósofo romano del primer siglo a.C., Cicerón, declaró que la sabiduría es "el mejor regalo de los dioses"y es "la madre de todas las cosas buenas". Ambos consideraban la sabiduría como la más alta, noble y valiosa de todas las posesiones. Pero fueron los hebreos los que claramente comprendieron que la verdadera sabiduría no era intelectual, sino de conducta. De ese modo, el tonto más grande es el que conoce la verdad y no la aplica. Para los judíos, la sabiduría era la habilidad para vivir rectamente.

Pero tanto el Antiguo como el Nuevo Testamento ponen en claro que hay dos clases de sabiduría, la sabiduría del hombre y la sabiduría de Dios, la sabiduría de abajo y la sabiduría de lo alto. En el Antiguo Testamento, las palabras "sabiduría" y "sabio" aparecen unas trescientas veces, cien de ellas solamente en Proverbios.

El rey Salomón buscó sabiduría por encima de todo:

> Y se le apareció Jehová a Salomón en Gabaón una noche en sueños, y le dijo
> Dios: Pide lo que quieras que yo te dé. Y Salomón dijo: Tú hiciste gran

*misericordia a tu siervo David mi padre, porque él anduvo delante de ti en
verdad, en justicia, y con rectitud de corazón para contigo; y tú le has reservado
esta tu gran misericordia, en que le diste hijo que se sentase en su trono, como
sucede en este día.... Da, pues, a tu siervo corazón entendido para juzgar a tu
pueblo, y para discernir entre lo bueno y lo malo; porque ¿quién podrá gobernar
este tu pueblo tan grande? Y agradó delante del Señor que Salomón pidiese
esto. Y le dijo Dios: Porque has demandado esto, y no pediste para ti muchos
días, ni pediste para ti riquezas, ni pediste la vida de tus enemigos, sino que
demandaste para ti inteligencia para oír juicio, he aquí lo he hecho conforme
a tus palabras; he aquí que te he dado corazón sabio y entendido, tanto que no
ha habido antes de ti otro como tú, ni después de ti se levantará otro como tú
(1 R. 3:5-6, 9-12; cp. 4:29-31; 5:12; 10:23-24).*

Aunque la sabiduría espiritual de Dios estaba a disposición de todos, incluso
de Salomón, la sabiduría que pidió y recibió del Señor en ese momento estaba
sin dudas relacionada principalmente con la extraordinaria capacidad para
gobernar a Israel en la vida práctica diaria. Salomón necesitaba sabiduría para
resolver los problemas económicos, militares y sociales, así como para otras
decisiones, a fin de solucionar los asuntos que continuamente se presentarían
en la relación del rey con su propio pueblo y con las naciones vecinas.

El libro de Eclesiastés, que casi todos los investigadores creen que fue escrito
por Salomón (vea 1:1, 12, 16; 2:4-9), se clasifica entre los libros de sabiduría del
Antiguo Testamento, junto con Job, Salmos, Proverbios y Cantar de los Cantares.
Pero la sabiduría de la que habla Salomón en Eclesiastés es evidentemente
humana en su perspectiva. Describe cómo el hombre ve el mundo a través de
sus ojos pecaminosos y centrados en sí mismos. Muestra la inutilidad, la
insensatez, la frustración y la futilidad de la humana sabiduría sin Dios.

Salomón dijo de sí mismo: "Hablé yo en mi corazón, diciendo: He aquí yo
me he engrandecido, y he crecido en sabiduría sobre todos los que fueron
antes de mí en Jerusalén; y mi corazón ha percibido mucha sabiduría y ciencia.
Y dediqué mi corazón a conocer la sabiduría, y también a entender las locuras
y los desvaríos; conocí que aun esto era aflicción de espíritu. Porque en la
mucha sabiduría hay mucha molestia; y quien añade ciencia, añade dolor" (Ec.
1:16-18). En otras palabras, la sabiduría es un fracaso total.

El rey se entregó a toda clase de placeres, riquezas, extravagancias,
conocimiento humano, risas, vino, grandes edificaciones, posesiones diversas,
entretenimientos musicales, satisfacción sexual, logros personales y aun locuras
y cosas insensatas (2:1-11). Y aunque reconoció que la sabiduría humana
sobrepasa la necedad, concluyó que el hombre sabio y el tonto han de sufrir la
misma suerte final, ¡la muerte (vv. 12-16)! También pone en claro que el
fundamento y la motivación de la sabiduría humana es ella misma. El capítulo

2 está lleno de referencias a sí mismo. En ese omento de su vida, Salomón mismo era el centro de todo aquello que hacía y por lo que se esforzaba; y descubrió que nunca había satisfacción. Su recompensa es siempre desesperación, aborrecimiento a la vida, desesperanza y vanidad (2:17-23).

Salomón comprendía que las bendiciones materiales que buscaba y disfrutaba brevemente eran "de la mano de Dios" (2:24-25); y cuando veía "todas las obras de Dios, [comprendía] que el hombre no puede alcanzar la obra que debajo del sol se hace; por mucho que trabaje el hombre buscándola, no la hallará; aunque diga el sabio que la conoce, no por eso podrá alcanzarla" (8:17). Sabía que la sabiduría humana, los logros y los placeres eran callejones sin salida, y que la única fuente de verdadera realización y felicidad se hallaba en conocer y amar a Dios (12:1-14). Pero parece obvio que cuando escribió Eclesiastés, no se había entregado al Dios que sabía que era la solución para sus necesidades más profundas. Si la sabiduría humana era todo lo que había, tenía razón cuando cínicamente alabó "a los finados, los que ya murieron, más que a los vivientes, los que viven todavía. Y tuvo pro más feliz que unos y otros al que no ha sido aún, que no ha vistso las malas obras que debajo del sol se hacen" (4:2-3). Es decir, sería mejor no haber nacido.

Esta no es la sabiduría que el Señor desea y proporciona a su pueblo. Cuando conducía a los israelitas desde Egipto a la Tierra Prometida, se lamentaba de ellos: "¡Ojalá fueran sabios, que comprendieran esto, y se dieran cuenta del fin que les espera!" (Dt. 32:29). Su preocupación era por su sabiduría espiritual, que les haría volverse de la apostasía a Él.

El salmista declaró: "Ahora, pues, oh reyes, sed prudentes; admitid amonestación, jueces de la tierra. Servid a Jehová con temor, y alegraos con temblor" (Sal. 2:10-11). Después que Nabucodonosor llevó a Judá cautiva a Babilonia, Dios les dio a Daniel y a sus tres amigos "conocimiento e inteligencia en todas las letras y ciencias; y Daniel tuvo entendimiento en toda visión y sueños" (Dn. 1:17; cp. 5:14). Ese joven de Dios declaró:

Sea bendito el nombre e Dios de siglos en siglos, porque suyos son el poder y la sabiduría. Él muda los tiempos y las edades; quita reyes, y pone reyes; da la sabiduría a los sabios, y la ciencia a los entendidos. Él revela lo profundo y lo escondido; conoce lo que está en tinieblas, y con él mora la luz. A ti, oh Dios de mis padres, te doy graicas y te alabo, porque me has dado sabiduría y fuerza, y ahora me has revelado lo que te pedimos (Dn. 2:20-23).

Job declaró que Dios es "sabio de corazón, y poderoso en fuerzas; ¿Quién se endureció contra él, y le fue bien?" (Job 9:4). Más adelante pregunta retóricamente: "Mas ¿dónde se hallará la sabiduría? ¿Dónde está el lugar de la inteligencia?"y luego responde: "He aquí que el temor del Señor es la sabiduría, y el apartarse del mal, la inteligencia" (28:12, 28). La verdadera sabiduría, la sabiduría de lo alto, no es cuestión de cuánto se sabe, sino de cuánto se confía, ama y obedece al Señor.

El salmista se regocijaba: "¡Cuán innumerables son tus obras, oh Jehová! Hiciste todas ellas con sabiduría" (Sal. 104:24), y el escritor de Proverbios expresó: "Jehová con sabiduría fundó la tierra; afirmó los cielos con inteligencia... Mejor es adquirir sabiduría que oro preciado; y adquirir inteligencia vale más que la plata" (Pr. 3:19; 16:16; cp. 4:5-6). Quizás el más poderoso llamado a la verdadera sabiduría en el Antiguo Testamento está en Proverbios 8. Los primeros veintiún versículos tratan acerca de la excelencia de la sabiduría. Los versículos 1-3 se refieren a su excelencia en la súplica. Los versículos 4-12 a su excelencia en la verdad; los versículos 13-16 a su excelencia en lo que ama y odia; y los versículos 17-21 a la excelencia de sus dones para quienes la poseen. La siguiente sección, y en muchos sentidos la más importante, trata sobre la fuente y el origen de la sabiduría, declarando que

Jehová me poseía en el principio, ya de antiguo, antes de sus obras. Eternamente tuve el principado, desde el principio, antes de la tierra... Cuando formaba los cielos, allí estaba yo; cuando trazaba el círculo sobre la faz del abismo... Cuando ponía al mar su estatuto, para que las aguas no traspasasen su mandamiento; cuando establecía los fundamentos de la tierra, con él estaba yo ordenándolo todo, y era su delicia de día en día, teniendo solaz delante de él en todo tiempo (8:22-23, 27, 29-30).

Jeremías dio testimonio: "¿Quién no te temerá, oh Rey de las naciones? Porque a ti es debido el temor; porque entre todos los sabios de las naciones y en todos sus reinos, no hay semejante a ti... El que hizo la tierra con su poder, el que puso en orden el mundo con su saber, y extendió los cielos con su sabiduría" (Jer. 10:7, 12). Como dice Oseas: "Y conoceremos, y proseguiremos en conocer a Jehová; como el alba está dispuesta su salida, y vendrá a nosotros como la lluvia, como la lluvia tardía y temprana a la tierra" (Os. 6:3).

En el Antiguo Testamento, la frase "temor del Señor" era equivalente a "confianza en el Señor", y se refería a la fe salvadora, como se pone en claro en Hebreos 11. Moisés escribió: "Guardarás, pues, los mandamientos de Jehová tu Dios, andando en sus caminos, y temiéndole... Ahora, pues, Israel, ¿qué pide Jehová tu Dios de ti, sino que temas a Jehová tu Dios, que andes en todos sus caminos, y que lo ames, y sirvas a Jehová tu Dios con todo tu corazón y con toda tu alma?" (Dt. 8:6; 10:12; cp. 14:23; 17:19).

Incluso en la época del Nuevo Testamento, la frase "temeroso de Dios"se empleaba para referirse a los gentiles convertidos al judaísmo, que confiaban en el Señor hasta el punto que les permitía su conocimiento y comprensión de la revelación de Dios. Lucas se refiere al centurión romano Cornelio como "varón justo y temeroso de Dios, y que tiene buen testimonio en toda la nación de los judíos" (Hch. 10:22). En Atenas, Pablo "discutía en la sinagoga con los judíos y piadosos" (17:17). Como los judíos cuya fe era en Dios, los gentiles que temían de veras a Dios inevitablemente reconocían la verdad del evangelio cuando la oían y recibían a Jesucristo como Salvador y Señor.

El Nuevo Testamento es aun más explícito acerca de la fuente de la verdadera sabiduría. Pablo declaró que Cristo es "poder de Dios, y sabiduría de Dios... el cual nos ha sido hecho por Dios sabiduría, justificación, santificación y redención" (1 Co. 1:24, 30). Le recordó a la iglesia de Colosas que en Cristo "están escondidos todos los tesoros de la sabiduría y del conocimiento" (Col. 2:3). En su epístola a la iglesia de Roma escribió: "¡Oh profundidad de las riquezas de la sabiduría y de la ciencia de Dios! ¡Cuán insondables son sus juicios, e inescrutables sus caminos!" (Ro. 11:33; cp. Job 5:9; 9:10; 11:7; Salmo 145:3). Él suplicaba:

> *que la multiforme sabiduría de Dios sea ahora dada a conocer por medio de la iglesia a los principados y potestades en los lugares celestiales... para que os dé, conforme a las riquezas de su gloria, el ser fortalecidos con poder en el hombre interior por su Espíritu; para que habite Cristo por la fe en vuestros corazones, a fin de que, arraigados y cimentados en amor, seáis plenamente capaces de comprender con todos los santos cuál sea la anchura, la longitud, la profundidad y la altura, y de conocer el amor de Cristo, que excede a todo conocimiento, para que seáis llenos de toda la plenitud de Dios (Ef. 3:10, 16-19; cp. Ap. 7:12).*

La sumisión al Espíritu Santo es la señal segura de la sabiduría de un cristiano. Al dar las instrucciones para elegir a los diáconos, los apóstoles ordenaron: "Buscad, pues, hermanos, de entre vosotros a siete varones de buen testimonio, llenos del Espíritu Santo y de sabiduría, a quienes encarguemos de este trabajo" (Hch. 6:3). Cuando Esteban, uno de aquellos hombres, estaba predicando, sus adversarios "no podían resistir a la sabiduría y al Espíritu con que hablaba" (6:10).

En 3:13-18 Santiago presenta la sabiduría como una prueba más de la fe viva. La clase de sabiduría que una persona tiene se revelará por la clase de vida que lleva (v. 13). Quienes tienen la sabiduría del hombre, la sabiduría de abajo, mostrarán con su vida que no tienen relación salvadora con Jesucristo ni deseo alguno de adorarlo, servirle y obedecerlo (vv. 14-16). Por otra parte, los que tienen la genuina fe salvadora manifestarán la sabiduría de Dios, la sabiduría de lo alto (vv. 17-18).

LA PRUEBA DE LA SABIDURÍA

¿Quién es sabio y entendido entre vosotros? Muestre por la buena conducta sus obras en sabia mansedumbre. (3:13)

Algunos intérpretes creen que la frase **¿Quién es sabio y entendido entre vosotros?** se refiere solo a los maestros, o a quienes serían maestros, a quienes se habla en el versículo 1. Pero parece más probable que, al igual que la sección intermedia sobre la lengua (vv. 2-12), esta sección acerca de la sabiduría (vv. 13-18) se aplica a todos los de las iglesias a quienes Santiago estaba escribiendo, verdaderos creyentes y otros que decían ser creyentes. Santiago está buscando identificar quién es verdaderamente diestro en el arte de una vida recta. "¿En qué sentido son ustedes **sabios**?" está diciendo, en efecto, "y en qué sentido son ustedes **entendidos**?" La respuesta revelará no solo su carácter interior, sino la condición espiritual de su alma.

Es difícil encontrar a uno que se autodenomine tonto. Casi todo el mundo tiene una alta y poco realista opinión de su sabiduría, aunque no lo digan. Creen que son tan "eruditos"como la persona que tiene a su lado, y que su opinión es por lo general mejor que la de ningún otro. En esta época de relativismo, tal percepción es prácticamente universal.

Aunque los dos términos parecen emplearse aquí como sinónimos, **sabio** y **entendido** tienen una pequeña diferencia de significado. *Sophos* (**sabio**) es una palabra general, a menudo empleada por los griegos para designar erudición, teoría o filosofía especulativas. Para los judíos, como se observó antes, tenía un significado más profundo de cuidadosa aplicación del conocimiento a la vida personal. *Epistēmōn* (**entendido**) aparece solo aquí en el Nuevo Testamento y denota el concepto de conocimiento especializado, como el de un muy diestro comerciante o profesional.

Muestre traduce un aoristo imperativo, haciendo del verbo una orden. "¿Quién es sabio y entendido entre vosotros?", dice él, "Muestre por la **buena conducta** sus obras en sabia mansedumbre". Como ocurre con la fe (2:17), la sabiduría y la inteligencia que no se demuestran en una vida recta y piadosa están carentes de valor espiritual.

En segundo lugar, y algo más específicamente, Santiago aconseja a los lectores que muestren su sabiduría e inteligencia por sus (implícitas) buenas **obras,** por todas las actividades y esfuerzos particulares en los que están implicadas.

En tercer lugar, los creyentes deben mostrar sabiduría e inteligencia con una actitud de **mansedumbre.** Las personas que son sabias en su propia opinión por lo general se jactan de eso, lo que es de esperarse, ya que una alta opinión de sí mismo se basa en el orgullo. Como se pone en claro en el versículo siguiente, la contención es una acompañante común de la arrogancia.

Prautēs (**mansedumbre**) y su adjetivo relacionado *praus* (afable) llevan la idea de ternura y amabilidad, y pueden traducirse acertadamente "mansedumbre"y "manso", respectivamente. Pero a diferencia de esas palabras castellanas, los términos griegos no tienen una connotación de debilidad, sino más bien de poder bajo control. El adjetivo se empleaba a menudo para referirse a un caballo salvaje que ha sido vencido y hecho provechoso para su dueño. Para los creyentes, la **mansedumbre** es estar voluntariamente bajo el soberano control de Dios. Números 12:3 describe a Moisés como "muy manso, más que todos los hombres que había sobre la tierra". Sin embargo, el mismo Moisés actuó de forma tajante y ardiendo en ira cuando lo provocaron.

La **mansedumbre** es un rasgo del carácter que da honra a Dios, un fruto del Espíritu (Gá. 5:23). Nunca es amarga, maliciosa, buscadora de lo suyo, arrogante o vengativa. Santiago ha aconsejado antes a los creyentes: "Por lo cual, desechando toda inmundicia y abundancia de malicia, recibid con mansedumbre (*prautēs*) la palabra implantada, la cual puede salvar vuestras almas" (1:21). La **mansedumbre** debe caracterizar a todos en el reino de Dios. En el Sermón del Monte, Jesús dijo: "Bienaventurados los mansos, porque ellos recibirán la tierra por heredad" (Mt. 5:5). Nuestro Señor la empleó para referirse a sí mismo, diciendo: "Llevad mi yugo sobre vosotros, y aprended de mí, que soy manso y humilde de corazón" (Mt. 11:29; cp. 21:5).

En su excelente comentario del siglo XIX acerca de Santiago, Robert Johnstone escribió:

> No conozco que en ningún momento la oposición entre el espíritu del mundo y el Espíritu de Cristo sea más marcada, más evidentemente diametral, que respecto a este rasgo del carácter. Decir que "los mansos"deben recibir "la tierra por heredad", los que soportan agravios y ejemplifican el amor que "no busca lo suyo", a un mundo que cree en el despotismo y en hacer valer lo suyo, y que empuja a los más débiles contra la pared, es una declaración del Señor del cielo que no puede menos que parecer una absoluta paradoja. El hombre del mundo desea que le consideren cualquier cosa menos "manso"o "pobre en espíritu", y vería una descripción como esta equivalente a una acusación de poca virilidad. Ah, hermanos, esto es porque hemos tomado el concepto de virilidad de Satanás y no el de Dios. Dios nos ha mostrado uno en quien está personificado su ideal de hombre; y Él, "cuando lo maldecían, no respondía con maldición. Cuando padecía, no amenazaba, sino encomendaba la causa al que juzga justamente". Él, que oró por quienes lo clavaron al madero: "Padre, perdónalos, porque no saben lo que hacen". Entonces el espíritu de ira del mundo, debe ser absurdo; mientras que un espíritu de mansedumbre como el de Él, en medio de

controversias, oposiciones, juicios de todo tipo, nos ofrece la evidencia más segura de que "Cristo Jesús... nos ha sido hecho por Dios sabiduría"...

Aquí tenemos otra vez lo que pudiera describirse como el pensamiento principal de esta epístola, que donde la religión [el evangelio] tiene realmente un dominio salvador sobre mente y corazón, no puede por su naturaleza sino ejercer una poderosa influencia en la vida exterior; y cuanto más tenga un cristiano una verdadera visión y una comprensión espiritual, tanto más a todas luces será su vida gobernada en todos los aspectos por su religión [fe]. Hablar de ortodoxia y experiencia cristiana, aunque sea de forma fluida, animada y acertada, no prueba que haya sabiduría; el verdadero hombre sabio mostrará sus obras". (*A Commentary on James* [Comentario acerca de Santiago] [reimpreso; Edimburgo: Banner of Truth, 1977], 261-62; 259)

FALSA SABIDURÍA

Pero si tenéis celos amargos y contención en vuestro corazón, no os jactéis, ni mintáis contra la verdad; porque esta sabiduría no es la que desciende de lo alto, sino terrenal, animal, diabólica. Porque donde hay celos y contención, allí hay perturbación y toda obra perversa. (3:14-16)

La sabiduría que es del mundo, que se basa en la comprensión propia del hombre, sus normas y objetivos, es falsa e impía. En la falsa sabiduría, el hombre es supremo. La falsa sabiduría no reconoce la soberanía de Dios, la voluntad de Dios ni la verdad de Dios. En esos tres versículos Santiago analiza brevemente la motivación (v. 14), las características (v. 15) y los resultados (v. 16) de la falsa sabiduría.

LA MOTIVACIÓN DE LA FALSA SABIDURÍA

Pero si tenéis celos amargos y contención en vuestro corazón, no os jactéis, ni mintáis contra la verdad. (3:14)

La motivación se determina siempre en el **corazón**. Esto es donde se origina el creer y el no creer, el pecado y la rectitud. Jesús les dijo a los discípulos en el camino a Emaús: "¡Oh insensatos, y tardos de corazón para creer todo lo que los profetas han dicho!" (Lc. 24:25). Felipe le dijo al etíope eunuco: "Si crees de todo corazón, bien puedes [ser salvo]" (Hch. 8:37), y Pablo declara: "Si confesares con tu boca que Jesús es el Señor, y creyeres en tu corazón que Dios le levantó de los muertos, serás salvo" (Ro. 10:9). También el Señor puso en claro que "del corazón salen los malos pensamientos, los homicidios, los adulterios, las fornicaciones, los hurtos, los falsos testimonios, las blasfemias" (Mt. 15:19). Por esa razón Salomón advirtió: "Sobre toda cosa guardada, guarda tu corazón; porque de él mana la vida" (Pr. 4:23).

De las varias motivaciones pecaminosas detrás de la sabiduría humana, Santiago menciona solo dos aquí: La primera es **celos amargos.** *Pikros* (**amargos**) tiene el sentido esencial de puntiagudo, afilado, espinoso o cortante, y Santiago lo ha empleado en ese sentido literal con relación a un agua amarga que sale de una fuente (v. 11). Aquí lo emplea de forma metafórica para describir el peor tipo de **celos,** ese que es áspero, con filo, cortante y destructivo, que no se preocupa por los sentimientos ni el bienestar de los que son blancos de él.

Aquellos cuya vida se basa en la sabiduría humana, y son motivados por ella, son inevitablemente egoístas, viviendo en un mundo en el que sus propias ideas, deseos y normas son la medida para todo. Cualquier cosa o persona que sirve a esos fines se considera buena y amiga; si amenaza a esos fines, se considera mala y enemiga. Los que se apropian de esta sabiduría terrenal y egoísta se resienten de cualquiera o cualquier cosa que se interponga entre ellos y sus propios objetivos.

Una segunda y muy relacionada motivación detrás de la sabiduría humana es la **contención,** que es típicamente la causa en la que se basa el celo amargo. **contención** traduce la palabra griega *eritheia,* que tiene la connotación de disputa, agresividad y egoísmo extremo. El término se empleaba originalmente para arrendar los servicio de hilado, luego más ampliamente de costura y luego de forma general para arrendar cualquier tipo de trabajo o tarea que se realizaba para provecho personal. El concepto de ambición está implícito aquí por el contexto.

Comprensiblemente, la palabra llegó a estar estrechamente asociada con los que buscaban altos puestos en la política u otras posiciones de influencia y poder. Se usa para la satisfacción personal y autorrealización a toda costa, que son las metas supremas de todo empeño carnal. No tenía lugar para otros, mucho menos para la genuina humildad. Es este incontrolable encumbramiento del yo en el mundo actual que es la antítesis del llamamiento de un humilde, desinteresado, dador, amoroso y obediente hijo de Dios.

Una persona cuya motivación tiene como base la sabiduría del mundo es inevitablemente [**jactanciosa**]. *Katakauchaomai,* traducido aquí **no os jactéis,** es una forma reforzada e intensificada de un verbo que significa jactarse. En casi todo el mundo pagano de la época del Nuevo Testamento, la palabra tenía una connotación positiva. Al igual que hoy día, la jactancia y la gloria de sí mismo era lo que se aceptaba y esperaba de un héroe militar, deportivo o de cualquiera que tenían grandes éxitos en alguna actividad o empresa.

Pero el fiel cristiano **no** debe jactarse, lo que caracteriza la ausencia de la sabiduría divina. Cuando la arrogancia es la actitud normal y desenfadada de una persona, muestra la ausencia de una relación salvadora con Dios.

Alguien que diga ser cristiano y que sea orgulloso, egoísta, sin amor y **jactancioso** es un fraude. Decir lo contrario es [**mentir**] **contra la verdad**, contradecir absolutamente el evangelio de Jesucristo y la clara enseñanza de todo el Nuevo Testamento. Casi al principio de esta carta, Santiago se refiere a la salvación como que Dios "nos hizo nacer por la palabra de *verdad*", y al final dice: "Hermanos, si alguno de entre vosotros se ha extraviado de la *verdad*" (1:18; 5:19, cursivas añadidas), identificando de forma clara la verdad como sinónimo del evangelio, donde comienza la verdadera sabiduría.

No hay otra cosa más característica de la humanidad caída e irredenta que el ser dominada por el ego. Por lo tanto, Santiago está diciendo que, si una persona dice que es de Dios y que tiene la sabiduría de Dios, pero su vida está motivada y caracterizada por la contención y los celos amargos, simplemente está [**mintiendo**] **contra la verdad.** Sin importar lo que diga, esa persona no puede ser salva. Es una **mentira** viviente.

LAS CARACTERÍSTICAS DE LA FALSA SABIDURÍA

Esta sabiduría no es la que desciende de lo alto, sino terrenal, animal, diabólica. (3:15)

Aquí Santiago presenta brevemente tres de las características fundamentales y más distintivas de la **sabiduría** falsa e impía, que **no es la que desciende de lo alto,** de Dios, por revelación y por su Espíritu. Los tres grandes enemigos del creyente son el mundo, la carne y el diablo, que se corresponden con las tres características de la sabiduría falsa que Santiago menciona aquí. Es **terrenal** (del mundo), **animal** (de la carne) y **diabólica** (del diablo).

En primer lugar, tal **sabiduría** es **terrenal.** Está limitada al presente mundo material de tiempo y espacio. Por definición, está restringida a cosas que el hombre puede descubrir, teorizar sobre ellas y lograr por sí mismo. No tiene lugar alguno para Dios ni para las cosas de Dios. No tiene lugar alguno para la verdad o la iluminación espiritual. Es un sistema limitado, una caja cerrada, por decirlo así, de hechura y elección del propio hombre bajo instigación satánica.

Como ha observado Santiago, esta sabiduría es motivada por el orgullo, la contención, la jactancia, el egoísmo, el interés personal y el engrandecimiento propio. Se engendra en sociedades cuyos lemas son "Haz tus propias cosas", "Tenlo a tu manera", y "Busca lo más importante". Impregna la filosofía, la educación, la política, la economía, la sociología, la psicología y todas las demás dimensiones y aspectos de la vida humana contemporánea.

En segundo lugar, la falsa sabiduría es **animal,** sensual, carnal. Se vincula solo con el hombre caído e irredento, que está totalmente corrupto por la caída y separado de Dios. Se origina en "el hombre natural [que] no percibe las cosas que son del Espíritu de Dios, porque para él son locura, y no las puede entender, porque se han de discernir espiritualmente" (1 Co. 2:14). Los que descansan en esta sabiduría son "los sensuales, que no tienen al Espíritu" (Jud. 19). Todos sus sentimientos, deseos, apetitos, conductas e impulsos tienen como base una forma humanista de ver el mundo y al hombre, quien, como es de suponer, llega a ser la medida de todas las cosas. Tal sabiduría no solo alimenta la carne sino que también está enloquecida (1 Co. 1:20).

En tercer lugar, la falsa sabiduría es **diabólica.** Aunque sea humana, terrenal y carnal, su raíz está en Satanás mismo, obrando a través de sus ángeles caídos, quienes se rebelaron con él contra Dios en otro tiempo. Satanás siempre ha prometido sabiduría a los que tienta, asegurando que se debe dudar de la Palabra de Dios y aceptar la suya, que fue la esencia de su tentación a Eva en el huerto del Edén. Contradiciendo lo que el Señor le había dicho a Adán, Satanás le dijo a ella: "Sabe Dios que el día que comáis de él, serán abiertos vuestros ojos, y seréis como Dios, sabiendo el bien y el mal" (Gn. 3:5). En otras palabras, le dijo que si ella hacía lo que Dios había prohibido, no solo no moriría, sino que realmente llegaría a ser como Dios. De esa manera nació la mentira de que el hombre puede ser su propio dios. Para los filósofos del mundo, la religión en general y el cristianismo bíblico específicamente son vestigios de una época supersticiosa y precientífica que dependía de la fantasía para explicar lo que no se había descubierto por los propios esfuerzos del hombre.

Preocupado por los falsos maestros en Corinto, Pablo les advirtió a los creyentes allí:

> *Pero temo que como la serpiente con su astucia engañó a Eva, vuestros sentidos sean de alguna manera extraviados de la sincera fidelidad a Cristo. Porque si viene alguno predicando a otro Jesús que el que os hemos predicado, o si recibís otro espíritu que el que habéis recibido, u otro evangelio que el que habéis aceptado, bien lo toleráis... Porque éstos son falsos apóstoles, obreros fraudulentos, que se disfrazan como apóstoles de Cristo. Y no es maravilla, porque el mismo Satanás se disfraza como ángel de luz. Así que, no es extraño si también sus ministros se disfrazan como ministros de justicia; cuyo fin será conforme a sus obras (2 Co. 11:3-4, 13-15).*

El apóstol le advirtió a Timoteo que "el Espíritu dice claramente que en los postreros tiempos algunos apostatarán de la fe, escuchando a espíritus engañadores y a doctrinas de demonios" (1 Ti. 4:1). La sabiduría de abajo no es otra cosa que la "insensatez"de los demonios. Apelando a la naturaleza caída de los hombres y a la tendencia pecaminosa al egoísmo jactancioso, esa sabiduría los engaña para hacerles creer las mentiras de Satanás y no la verdad de Dios. Lo que creen que es su propia sabiduría, es en realidad la del diablo.

Solamente el poder del Espíritu Santo y la presencia de los justos protegen al mundo de una existencia absolutamente satánica y animal. Pero cuando sean quitados de la tierra en el arrebatamiento, Satanás y sus agentes harán que literalmente se libere el infierno (vea Mt. 24:15-31; 1 Ts. 4:13-5:11; 2 Ts. 2:1-5). Pablo explica:

Y ahora vosotros sabéis lo que lo detiene, a fin de que a su debido tiempo se manifieste. Porque ya está en acción el misterio de la iniquidad; sólo que hay quien al presente lo detiene, hasta que él a su vez sea quitado de en medio. Y entonces se manifestará aquel inicuo, a quien el Señor matará con el espíritu de su boca, y destruirá con el resplandor de su venida; inicuo cuyo advenimiento es por obra de Satanás, con gran poder y señales y prodigios mentirosos, y con todo engaño de iniquidad para los que se pierden, por cuanto no recibieron el amor de la verdad para ser salvos. Por esto Dios les envía un poder engañoso, para que crean la mentira, a fin de que sean condenados todos los que no creyeron a la verdad, sino que se complacieron en la injusticia (2 Ts. 2:6-12).

El gran engaño diabólico que incidirá en la humanidad remanente e incrédula de aquel tiempo, no será algo nuevo, sino la liberación total del engaño **diabólic[o]** que ha cautivado a la humanidad irredenta desde la caída. La infección maligna que comenzó entonces, continuará hasta que vuelva el Señor en juicio al final de la gran tribulación para establecer su reino milenario. Hasta entonces, "los malos hombres y los engañadores irán de mal en peor, engañando y siendo engañados" (2 Ti. 3:13).

En su segunda epístola, Pedro les asegura a los creyentes que "sabe el Señor librar de tentación a los piadosos, y reservar a los injustos para ser castigados en el día del juicio" (2 P. 2:9). Empleando muchos de los términos usados por Santiago en este pasaje, describe entonces con algunos detalles a "los malos hombres", los que propagan la sabiduría terrenal y viven por ella.

[Los] que, siguiendo la carne, andan en concupiscencia e inmundicia, y desprecian el señorío. Atrevidos y contumaces, no temen decir mal de las potestades superiores, mientras que los ángeles, que son mayores en fuerza y en potencia, no pronuncian juicio de maldición contra ellas delante del Señor. Pero éstos, hablando mal de cosas que no entienden, como animales irracionales, nacidos para presa y destrucción, perecerán en su propia perdición, recibiendo el galardón de su injusticia, ya que tienen por delicia el gozar de deleites cada día. Estos son inmundicias y manchas, quienes aun mientras comen con vosotros,

se recrean en sus errores. Tienen los ojos llenos de adulterio, no se sacian de pecar, seducen a las almas inconstantes, tienen el corazón habituado a la codicia, y son hijos de maldición. Han dejado el camino recto, y se han extraviado siguiendo el camino de Balaam hijo de Beor, el cual amó el premio de la maldad, y fue reprendido por su iniquidad; pues una muda bestia de carga, hablando con voz de hombre, refrenó la locura del profeta. Estos son fuentes sin agua, y nubes empujadas por la tormenta; para los cuales la más densa oscuridad está reservada para siempre. Pues hablando palabras infladas y vanas, seducen con concupiscencias de la carne y disoluciones a los que verdaderamente habían huido de los que viven en error. Les prometen libertad, y son ellos mismos esclavos de corrupción. Porque el que es vencido por alguno es hecho esclavo del que lo venció (2 P. 2:10-19).

El juicio será aun mayor para los que han profesado a Cristo y se identifican exteriormente con su iglesia, pero que no han confiando en Él para salvación. "Ciertamente, si habiéndose ellos escapado de las contaminaciones del mundo, por el conocimiento del Señor y Salvador Jesucristo", continúa Pedro, "enredándose otra vez en ellas son vencidos, su postrer estado viene a ser peor que el primero" (2 P. 2:20). Tales personas se han enfrentado a la sabiduría divina del evangelio y al camino de la vida eterna, pero al fin y al cabo regresan a su propia sabiduría humana, terrenal y diabólica y al camino de la muerte eterna (cp. Mt. 7:21-23).

LOS RESULTADOS DE LA FALSA SABIDURÍA

Porque donde hay celos y contención, allí hay perturbación y toda obra perversa. (3:16)

Reiterando los dos motivos de la falsa sabiduría, es decir, **celos y contención,** Santiago dice que dondequiera que los hay, también **hay perturbación y toda obra perversa.** Es obvio que la **perturbación** y **toda obra perversa** son términos generales que cubren una gran multitud de malos resultados concretos, que no hay necesidad de detallar. Pero sin duda incluyen la ira, la amargura, el resentimiento, las demandas, el divorcio, las divisiones raciales, étnicas, económicas y una multitud de otros desórdenes sociales y personales. También incluyen la ausencia de amor, intimidad, confianza, compañerismo y armonía.

Akatastasia (**perturbación**) tiene el sentido esencial de inestabilidad, y por lo tanto se emplea para referirse a un estado de confusión, sedición, desorden, tumulto, a veces incluso de rebelión y anarquía. Advirtiendo a sus discípulos acerca de los futuros informes falsos de su Segunda Venida y del fin de los tiempos, Jesús dijo: "Y cuando oigáis de guerras y de sediciones [*akatastasia*], no os alarméis; porque es necesario que estas cosas acontezcan primero; pero el fin no será inmediatamente" (Lc. 21:9).

Santiago ya ha puesto en claro que la **perturbación** no caracteriza al pueblo de Dios, sino más bien al "hombre de doble ánimo... inconstante [*akatastasia*]" (Stg. 1:8) y la lengua no redimida, que "es un mal que no puede ser refrenado [*akatastasia*], llena de veneno mortal" (3:8). Como "Dios no es Dios de confusión, sino de paz" (1 Co. 14:33), la sabiduría bíblica, por otra parte, produce armonía, unidad, paz y amor. Todos los conflictos, crímenes, luchas y guerras del mundo son prueba de la devastación causada por la sabiduría humana. **toda obra perversa** es la categoría más amplia posible para los malos resultados que produce la sabiduría humana. En su mejor sentido, *phaulos* (perversa) significa sin valor; en su peor significado, quiere decir vil y despreciable. El eminente erudito R. C. Trench comenta que la palabra "contempla el mal... no desde el aspecto de su malignidad activa o pasiva, sino más bien desde el punto de vista de que no es bueno para nada, la total imposibilidad de que ningún verdadero logro provenga de él" (*Sinónimos del Nuevo Testamento* [Grand Rapids: Eerdmans, 1983], 317). Se emplea varias veces en el Nuevo Testamento para contrastar las obras de los salvos y obedientes con las de los que no son salvos y son desobedientes (vea Jn. 5:29; Ro. 9:11; 2 Co. 5:10).

Pragma (**obra**), de la que derivamos la palabra "pragmático", se traduce indistintamente "trabajo", "obra", "suceso", "acontecimiento" y cosas semejantes. La idea es que absolutamente nada que tenga al final algo bueno resulta de la sabiduría humana.

Si una persona dice tener fe salvadora en Jesucristo y afirma que tiene la sabiduría de Dios, pero tiene un corazón orgulloso, jactancioso y egoísta, y lleva una vida mundana, sensual y centrada en sí misma, sus reclamos de tener la salvación son falsos. Está mintiendo contra la verdad (v. 14).

LA VERDADERA SABIDURÍA

Pero la sabiduría que es de lo alto es primeramente pura, después pacífica, amable, benigna, llena de misericordia y de buenos frutos, sin incertidumbre ni hipocresía. Y el fruto de justicia se siembra en paz para aquellos que hacen la paz. (3:17-18)

Pero la sabiduría que es de lo alto se refiere, desde luego, a la propia sabiduría de Dios, que Él da por gracia a los que confían en su Hijo, Jesucristo. El Antiguo Testamento iguala la sabiduría con el amar a Dios (Pr. 9:10). El Nuevo Testamento vincula la fe salvadora con la sabiduría espiritual. En el Sermón del Monte Jesús dijo: "Cualquiera, pues, que me oye estas palabras, y las hace, le comparé a un hombre prudente, que edificó su casa sobre la roca" (Mt. 7:24). Las "palabras"a las que se refiere tienen que ver con la salvación, con tomar la puerta estrecha y el camino angosto que conduce a la vida eterna (v. 14) y con tener una relación personal con Él (v. 23). Los que son salvos serán los únicos que estarán listos para la venida del Señor; y una vez más, se refieren a los que son verdaderamente sabios y sensibles. "Por tanto", dijo Jesús, "también vosotros estad preparados; porque el Hijo del Hombre vendrá a la hora que no pensáis. ¿Quién es, pues, el siervo fiel y prudente, al cual puso su señor sobre su casa para que les dé el alimento a tiempo? Bienaventurado aquel siervo al cual, cuando su señor venga, le halle haciendo así" (Mt. 24:44-46). Hizo una advertencia parecida en la parábola de las diez vírgenes (25:1-13). No puede haber **sabiduría que es de lo alto** sin una relación salvadora con Jesucristo, que es "poder de Dios, y sabiduría de Dios" (1 Co. 1:24; cp. v. 30; Col. 2:3) y que lleva a los pecadores a la eterna comunión con Dios.

Los versículos 17-18 de Santiago 3, que se concentran en **la sabiduría que es de lo alto,** divina, son un contraste alentador y acogedor de los versículos precedentes. Siguiendo la misma norma fundamental de la falsa sabiduría, aquí Santiago da la motivación (v. 17a), las características (v. 17b) y los resultados (v. 18) de la **sabiduría** divina.

LA MOTIVACIÓN DE LA VERDADERA SABIDURÍA

es primeramente pura, (3:17*a*)

Hagnos (**pura**) denota el concepto de ser libre de contaminación o mancilla y la empleaban los antiguos griegos para referirse a una ceremonia de limpieza por medio de la cual un adorador se purificaba y llegaba a ser merecedor de acercarse a los dioses. En el templo de Esculapio en Pérgamo hay la inscripción siguiente: "El que entre en el divino templo debe estar puro [*hagnos*]". Aun los paganos comprendían que solo se podían acercar a la deidad con un corazón puro. El escritor de Hebreos nos recuerda que, sin tal pureza o "santidad... nadie verá al Señor" (He. 12:14). Esto se refiere a la integridad espiritual y a la sinceridad moral.

Hagnos se deriva de la misma raíz que *hagios,* que por lo general se traduce "santo". Por lo tanto, no es una interpretación forzada decir que la sabiduría **pura** es sabiduría santa. Al venir **de lo alto,** es decir, de Dios, no podía ser de otra manera. La sexta bienaventuranza es "Bienaventurados los de limpio corazón, porque ellos verán a Dios" (Mt. 5:8). David buscó la pureza de corazón, al decir en su oración: "Purifícame con hisopo, y seré limpio; lávame, y seré más blanco que la nieve... Crea en mí, oh Dios, un corazón limpio, y renueva un espíritu recto dentro de mí" (Sal. 51:7, 10). Juan nos asegura que "todo aquel que tiene esta esperanza en él [Jesucristo], se purifica a sí mismo, así como él es puro" (1 Jn. 3:3). Aun cuando un verdadero creyente caiga en pecado, puede decir como Pablo:

> *Porque lo que hago, no lo entiendo; pues no hago lo que quiero, sino lo que aborrezco, eso hago. Y si lo que no quiero, esto hago, apruebo que la ley es buena. De manera que ya no soy yo quien hace aquello, sino el pecado que mora en mí. Y yo sé que en mí, esto es, en mi carne, no mora el bien; porque el querer el bien está en mí, pero no el hacerlo. Porque no hago el bien que quiero, sino el mal que no quiero, eso hago. Y si hago lo que no quiero, ya no lo hago yo, sino el pecado que mora en mí. Así que, queriendo yo hacer el bien, hallo esta ley: que el mal está en mí. Porque según el hombre interior, me deleito en la ley de Dios (Ro. 7:15-22).*

El apóstol Juan nos recuerda: "Amados, ahora somos hijos de Dios, y aún no se ha manifestado lo que hemos de ser; pero sabemos que cuando él se manifieste, seremos semejantes a él, porque le veremos tal como él es. Y todo aquel que tiene esta esperanza en él, se purifica a sí mismo, así como él es puro" (1 Jn. 3:2-3).

LAS CARACTERÍSTICAS DE LA VERDADERA SABIDURÍA

después pacífica, amable, benigna, llena de misericordia y de buenos frutos, sin incertidumbre ni hipocresía. (3:17*b*)

El adverbio de tiempo con el que se relaciona *epeita* (**después**) es el fundamento de tomar la "pureza" para que sea una motivación para la sabiduría divina, en vez de una característica, de la cual Santiago prosigue dando una relación de unas siete.

En primer lugar, esta sabiduría es **pacífica.** Una vez más Santiago refleja las Bienaventuranzas, esta vez la séptima: "Bienaventurados los pacificadores, porque ellos serán llamados hijos de Dios" (Mt. 5:9). La verdadera sabiduría no ocasiona conflicto por su egoísmo, sino que produce paz por su humildad (cp. Fil. 2:1-4).

En segundo lugar, la sabiduría divina es **amable.** *Epieikēs* (**amable**) no tiene equivalente satisfactorio en castellano, pero encierra las ideas de equitativo, decoroso, apropiado, justo, moderado, cortés y considerado. Una persona **amable** es humildemente paciente, se somete al deshonor y al abuso, a los maltratos y la persecución, sabiendo que "bienaventurados los mansos, porque ellos recibirán la tierra por heredad" y "bienaventurados los que padecen persecución por causa de la justicia, porque de ellos es el reino de los cielos. Bienaventurados sois cuando por mi causa os vituperen y os persigan, y digan toda clase de mal contra vosotros, mintiendo. Gozaos y alegraos, porque vuestro galardón es grande en los cielos; porque así persiguieron a los profetas que fueron antes de vosotros" (Mt. 5:5, 10-12). Los verdaderamente **amables** saben que "el siervo del Señor no debe ser contencioso, sino amable para con todos, apto para enseñar, sufrido" (2 Ti. 2:24), que con humildad y "con mansedumbre corrija a los que se oponen, por si quizá Dios les conceda que se arrepientan para conocer la verdad" (2 Ti. 2:25).

En tercer lugar, la sabiduría divina es **benigna,** dispuesta a ceder sin rencor o discusiones. Es dócil, obediente y no obstinada. Se decía de un hombre que voluntariamente se sometía a la disciplina militar, aceptando y cumpliendo con todo lo que se le exigía, y de una persona que fielmente cumple las reglas legales y morales. Esta característica refleja la primera bienaventuranza: "Bienaventurados los pobres en espíritu, porque de ellos es el reino de los cielos" (Mt. 5:3).

En cuarto lugar, la sabiduría divina es **llena de misericordia,** una vez más correspondiendo claramente con una bienaventuranza: "Bienaventurados los misericordiosos, porque ellos alcanzarán misericordia" (Mt. 5:7). El creyente **[lleno] de misericordia** evidencia su fe salvadora y su vida transformada, no solo al perdonar a los que le han hecho mal, sino extendiéndoles su mano para ayudarlos en cualquier necesidad. Como el buen samaritano (Lc. 10:30-37), se preocupa y siente compasión por todo el que encuentra que está sufriendo, o que necesita cualquier tipo de apoyo o asistencia. Tiene interés especial por los demás creyentes, por sus hermanos y hermanas en Cristo. Juan nos implora:

En esto hemos conocido el amor, en que él puso su vida por nosotros; también nosotros debemos poner nuestras vidas por los hermanos. Pero el que tiene bienes de este mundo y ve a su hermano tener necesidad, y cierra contra él su corazón, ¿cómo mora el amor de Dios en él? Hijitos míos, no amemos de palabra ni de lengua, sino de hecho y en verdad... Amados, amémonos unos a otros; porque el amor es de Dios. Todo aquel que ama, es nacido de Dios, y conoce a Dios. El que no ama, no ha conocido a Dios; porque Dios es amor... Amados, si Dios nos ha amado así, debemos también nosotros amarnos unos a otros (1 Jn. 3:16-18; 4:7-8, 11).

En quinto lugar, la sabiduría que es de lo alto está **llena de... buenos frutos,** que se refiere a toda clase de **buenas** obras. La fe genuina se demuestra con verdaderas buenas obras (Stg. 2:14-20). Un creyente se conoce por hacer el **bien** y dar muestras del fruto del Espíritu (Gá. 5:22-23). En todo esto refleja su "hambre y sed de justicia" (Mt. 5:6).

En sexto lugar, la sabiduría que es de lo alto es **sin incertidumbre.** *Adiakritos* (**sin incertidumbre**) se emplea solo aquí en el Nuevo Testamento y literalmente significa que no se parte o divide, por consiguiente sin incertidumbre, indecisión, inconsecuencia, vacilación o duda. La palabra se empleaba a veces para indicar imparcialidad, el tratar a todos por igual, sin favoritismos, una importante cualidad espiritual que Santiago ya había destacado (2:1-9).

En séptimo y último lugar, la sabiduría divina es **sin hipocresía**. La **hipocresía** es uno de los pecados que más condenó Jesús, cuatro veces solo en el Sermón del Monte (Mt. 6:2, 5, 16; 7:5). Repetidamente Él reprendía a los escribas, fariseos y otros líderes judíos por su grosera hipocresía y falta de sinceridad. Advirtió a sus discípulos: "Guardaos de la levadura de los fariseos, que es la hipocresía" (Lc. 12:1). Cuando un grupo de fariseos conspiró para engañarlo, a fin de que criticara el pagar impuestos a César, "Jesús, conociendo la malicia de ellos, les dijo: ¿Por qué me tentáis, hipócritas?" (Mt. 22:18). Un rato después le dijo a un grupo parecido: "¡Ay de vosotros, escribas y fariseos, hipócritas! porque sois semejantes a sepulcros blanqueados, que por fuera, a la verdad, se muestran hermosos, mas por dentro están llenos de huesos de muertos y de toda inmundicia. Así también vosotros por fuera, a la verdad, os mostráis justos a los hombres, pero por dentro estáis llenos de hipocresía e iniquidad" (Mt. 23:27-28). Terminó la parábola del siervo fiel y el siervo infiel con estas solemnes palabras: "Vendrá el señor de aquel siervo en día que éste no espera, y a la hora que no sabe, y lo castigará duramente, y pondrá su parte con los hipócritas; allí será el lloro y el crujir de dientes" (Mt. 24:50-51). Pedro cataloga la hipocresía como malicia, engaño, envidia y detracciones (vea 1 P. 2:1).

Todas estas son virtudes de la sabiduría divina que se enseñan en las Sagradas Escrituras y que el Espíritu Santo produce en los creyentes (Gá. 5:22-23).

LOS RESULTADOS DE LA VERDADERA SABIDURÍA

Y el fruto de justicia se siembra en paz para aquellos que hacen la paz. (3:18)

Es difícil traducir esta oración del griego, ya que no es el fruto mismo el que se siembra, sino la semilla del fruto. Ese semilla representa la sabiduría divina, cuyo **fruto** es la justicia.

Es posible que Santiago tuviera en mente la idea del fruto que se cosecha y que, en parte, se convierte en semilla, que a la vez se siembra en paz, por decirlo así, y produce aun más fruto, y así sucesivamente, en el conocido ciclo de cultivar y cosechar.

De todos modos, la idea fundamental es clara: Hay una inexorable relación causal entre sabiduría divina, **justicia** verdadera y **paz**. La sabiduría divina produce un ciclo continuo de justicia, que se siembra y se cosecha en una apacible y armoniosa relación entre Dios y los fieles, y entre esos fieles mismos.

Como declaró Isaías: "El efecto de la justicia será paz; y la labor de la justicia, reposo y seguridad para siempre" (Is. 32:17).

Como sigue Santiago subrayando, la persona que dice ser cristiana debe probarlo con sus obras, con su vida diaria. Si cree verdaderamente tendrá la sabiduría de su Señor, y esa sabiduría se manifestará en una vida recta, abnegada y apacible. Tiene la revelación de la sabiduría de Dios en las Escrituras y al maestro y al intérprete de la sabiduría de Dios en la presencia interior del Espíritu Santo. Por lo tanto, Pablo oraba por la iglesia de Éfeso "que el Dios de nuestro Señor Jesucristo, el Padre de gloria, os dé espíritu de sabiduría y de revelación en el conocimiento de él" (Ef. 1:17). Más adelante los exhortaba: "Mirad, pues, con diligencia cómo andéis, no como necios sino como sabios" (5:15). "El que da semilla al que siembra, y pan al que come", nos asegura el apóstol en otro pasaje, "proveerá y multiplicará vuestra sementera, y aumentará los frutos de vuestra justicia" (2 Co. 9:10), la justicia que es "por medio de Jesucristo, para gloria y alabanza de Dios" (Fil. 1:11).

El peligro de ser amigo del mundo

14

¿De dónde vienen las guerras y los pleitos entre vosotros? ¿No es de vuestras pasiones, las cuales combaten en vuestros miembros? Codiciáis, y no tenéis; matáis y ardéis de envidia, y no podéis alcanzar; combatís y lucháis, pero no tenéis lo que deseáis, porque no pedís. Pedís, y no recibís, porque pedís mal, para gastar en vuestros deleites. ¡Oh almas adúlteras! ¿No sabéis que la amistad del mundo es enemistad contra Dios? Cualquiera, pues, que quiera ser amigo del mundo, se constituye enemigo de Dios. ¿O pensáis que la Escritura dice en vano: El Espíritu que él ha hecho morar en nosotros nos anhela celosamente? Pero él da mayor gracia. Por esto dice: Dios resiste a los soberbios, y da gracia a los humildes. (4:1-6)

Otro indicador clave de la verdadera fe salvadora es la actitud de uno hacia el mundo. Santiago presentó este asunto en el primer capítulo, diciendo: "La religión pura y sin mácula delante de Dios el Padre es esta: Visitar a los huérfanos y a las viudas en sus tribulaciones, y guardarse sin mancha del mundo" (1:27).

La verdad esencial de este pasaje es: "La amistad con el mundo es enemistad contra Dios" (vea 4:4). La genuina vida espiritual y la vida cristiana fiel implica separación del mundo y todas sus incontables contaminaciones. Como ha observado Santiago, "la sabiduría que es de lo alto es primeramente pura, después pacífica, amable, benigna, llena de misericordia y de buenos frutos, sin incertidumbre ni hipocresía. Y el fruto de justicia se siembra en paz para aquellos que hacen la paz" (3:17-18). La amistad continua y habitual con el mundo, por otra parte, tiene como fundamento la sabiduría humana y es prueba de incredulidad. Tal amistad impía inevitablemente resultará en conflictos personales: con otros (4:1a), con uno mismo (vv. 1b-3), y, más importante, con Dios (vv. 4-6).

CONFLICTO CON LOS DEMÁS

¿De dónde vienen las guerras y los pleitos entre vosotros? (4:1a)

El texto griego de esta oración no tiene verbo, y dice más literalmente: "¿De dónde guerras y de dónde pleitos entre vosotros?" *Polemos* (**guerras**), de la que se deriva la palabra "polémica", se relaciona con disputas o combates frecuentes, prolongadas y serias, y se traduce a menudo "guerra" (p. ej. Mt. 24:6; Ap. 11:7). **pleitos** traduce *machē*, que se refiere a una lucha o batalla específica. Ambos términos se usan aquí metafóricamente para referirse a las relaciones personales violentas, las cuales, en extremo, pueden resultar incluso en asesinato (v. 2). **entre vosotros** indica que había estas relaciones violentas entre los miembros de las iglesias a las que escribió Santiago. Como analizaremos bajo el versículo 4, es obvio que algunos de esos miembros no eran salvos. Y por lo tanto, como había enemigos de Dios, también había enemigos entre ellos y de los verdaderos creyentes en las iglesias.

Un pastor amigo me dijo una vez que había descubierto que la causa original de las guerras y pleitos entre los líderes de su iglesia era que la mitad de esos hombres eran salvos y la otra mitad no. En tal situación, el conflicto es inevitable.

Pablo comprendía esto cuando escribió:

> No os unáis en yugo desigual con los incrédulos; porque ¿qué compañerismo tiene la justicia con la injusticia? ¿Y qué comunión la luz con las tinieblas? ¿Y qué concordia Cristo con Belial? ¿O qué parte el creyente con el incrédulo? ¿Y qué acuerdo hay entre el templo de Dios y los ídolos? Porque vosotros sois el templo del Dios viviente, como Dios dijo: Habitaré y andaré entre ellos, y seré su Dios, y ellos serán mi pueblo. Por lo cual, salid de en medio de ellos, y apartaos, dice el Señor, y no toquéis lo inmundo; y yo os recibiré, y seré para vosotros por Padre, y vosotros me seréis hijos e hijas, dice el Señor Todopoderoso (2 Co. 6:14-18).

A veces resulta difícil hacer tal separación, ya que la separación del trigo y la cizaña solo puede hacerla el Señor (Mt. 13:24-30, 36-43).

Pero el conflicto dentro de la iglesia no es la voluntad ni el propósito de Dios. Jesús les dijo a los discípulos: "Un mandamiento nuevo os doy: Que os améis unos a otros; como yo os he amado, que también os améis unos a otros. En esto conocerán todos que sois mis discípulos, si tuviereis amor los unos con los otros" (Jn. 13:34-35), y más adelante, en su oración como sumo sacerdote, le pidió a su Padre que todos los creyentes "sean uno; como tú, oh Padre, en mí, y yo en ti, que también ellos sean uno en nosotros; para que el mundo crea que tú me enviaste" (17:21). Después del Pentecostés, "la multitud de los que habían creído era de un corazón y un alma; y ninguno decía ser suyo propio nada de lo que poseía, sino que tenían todas las cosas en común" (Hch. 4:32). Pablo les decía a los miembros de los grupos en la iglesia de Corinto: "por el nombre de nuestro Señor Jesucristo, que habléis todos una misma cosa, y que no haya entre vosotros divisiones, sino que estéis perfectamente unidos en una misma mente y en un mismo parecer" (1 Co. 1:10), y llamó a los creyentes de Filipos a comportarse "como es digno del evangelio de Cristo, para que, o sea que vaya a veros, o que esté ausente, oiga de vosotros que estáis firmes en un mismo espíritu, combatiendo unánimes por la fe del evangelio" (Fil. 1:27; cp. 2:1-4).

El conflicto fue un problema frecuente en la iglesia primitiva. Después de hacer la exhortación antes mencionada a los creyentes de Corinto, Pablo los reprendió, diciendo: "Yo, hermanos, no pude hablaros como a espirituales, sino como a carnales, como a niños en Cristo. Os di a beber leche, y no vianda; porque aún no erais capaces, ni sois capaces todavía, porque aún sois carnales; pues habiendo entre vosotros celos, contiendas y disensiones, ¿no sois carnales, y andáis como hombres?" (1 Co. 3:1-3). Y más adelante les escribió: "Pues me temo que cuando llegue, no os halle tales como quiero, y yo sea hallado de vosotros cual no queréis; que haya entre vosotros contiendas, envidias, iras, divisiones, maledicencias, murmuraciones, soberbias, desórdenes" (2 Co. 12:20).

Pablo le aconseja a Tito que les diga a los creyentes bajo su cuidado que recuerden su vida anterior sin Dios:

> *Recuérdales que se sujeten a los gobernantes y autoridades, que obedezcan, que estén dispuestos a toda buena obra. Que a nadie difamen, que no sean pendencieros, sino amables, mostrando toda mansedumbre para con todos los hombres. Porque nosotros también éramos en otro tiempo insensatos, rebeldes, extraviados, esclavos de concupiscencias y deleites diversos, viviendo en malicia y envidia, aborrecibles, y aborreciéndonos unos a otros (Tit. 3:1-3).*

Tal conflicto normal entre los inconversos lamentablemente también entra en la iglesia.

CONFLICTO CONSIGO MISMO

¿No es de vuestras pasiones, las cuales combaten en vuestros miembros? Codiciáis, y no tenéis; matáis y ardéis de envidia, y no podéis alcanzar; combatís y lucháis, pero no tenéis lo que deseáis, porque no pedís. Pedís, y no recibís, porque pedís mal, para gastar en vuestros deleites. (4:1*b*-3)

La amistad con el mundo no solo crea conflicto con otras personas, sino que también lo crea dentro de la propia persona mundana. Las fuentes de los conflictos externos entre las personas invariablemente surgen de conflictos internos dentro de cada persona.

Las evidencias del conflicto interior son muchas en la sociedad actual. La proliferación de psicólogos y psiquiatras, de consejeros y terapeutas de todo tipo; clínicas para el tratamiento de muchos desórdenes emocionales y psicológicos. Los crecientes problemas de drogadicción, violencia doméstica, maltratos, crímenes horrendos, del alcoholismo y del suicidio, ofrecen abundante evidencia de que los desórdenes personales han llegado a un nivel crítico. El incremento de la impaciencia, la frustración, la ira y la hostilidad, no solo se ve en los callejones donde abunda el delito, sino también en las modernas autopistas, donde los conductores usan gestos obscenos, peligrosos actos de intimidación y a veces hasta disparos de armas de fuego para descargar su disgusto por lo que otro conductor hizo o dejó de hacer.

En estos versículos, Santiago señala tres causas del conflicto interior: el deseo incontrolado (4:1b), el deseo incumplido (v. 2a), y el deseo egoísta (vv. 2b-3).

EL DESEO INCONTROLADO

¿No es de vuestras pasiones, las cuales combaten en vuestros miembros? (4:1b)

En primer lugar, Santiago afirma que el origen de las luchas internas está en las **pasiones.** La palabra **pasiones** se traduce *hēdonōn,* de la que se derivan "hedonista"y "hedonismo". Tiene la connotación de la satisfacción de los deseos sensuales, naturales, carnales. En el Nuevo Testamento se emplea siempre la palabra en un sentido negativo y pagano. Hedonismo es el deseo personal incontrolado de satisfacer cada pasión y antojo que promete satisfacción y disfrute sensual. El deseo de satisfacer esas **pasiones** viene, por supuesto, del egoísmo, que es opuesto a Dios y a su Palabra. Los hedonistas, incrédulos e impíos, son "amadores de sí mismos, avaros, vanagloriosos, soberbios, blasfemos, desobedientes a los padres, ingratos, impíos, sin afecto natural, implacables, calumniadores, intemperantes, crueles, aborrecedores de lo bueno, traidores, impetuosos, infatuados, *amadores de los deleites más que de Dios"* (2 Ti. 3:2-4, cursivas añadidas; cp. Jud. 16-18).

Las personas no regeneradas son esclavas de sus deseos y están tiranizadas por sus pasiones (cp. 1 Tesalonicenses 4:3-5). Por consiguiente, cuando la semilla del evangelio cae entre los espinos de su corazón, "son ahogados por los afanes y las riquezas y los placeres de la vida, y no llevan fruto" (Lc. 8:14). Hablando de los miembros no salvados en la iglesia, Pedro los describe mordazmente en detalle como aquellos que:

siguiendo la carne, andan en concupiscencia e inmundicia, y desprecian el señorío. Atrevidos y contumaces, no temen decir mal de las potestades superiores, mientras que los ángeles, que son mayores en fuerza y en potencia, no pronuncian juicio de maldición contra ellas delante del Señor. Pero éstos, hablando mal de cosas que no entienden, como animales irracionales, nacidos para presa y destrucción, perecerán en su propia perdición, recibiendo el galardón de su injusticia, ya que tienen por delicia el gozar de deleites cada día. Estos son inmundicias y manchas, quienes aun mientras comen con vosotros, se recrean en sus errores. Tienen los ojos llenos de adulterio, no se sacian de pecar, seducen a las almas inconstantes, tienen el corazón habituado a la codicia, y son hijos de maldición... Estos son fuentes sin agua, y nubes empujadas por la tormenta; para los cuales la más densa oscuridad está reservada para siempre. Pues hablando palabras infladas y vanas, seducen con concupiscencias de la carne y disoluciones a los que verdaderamente habían huido de los que viven en error. Les prometen libertad, y son ellos mismos esclavos de corrupción. Porque el que es vencido por alguno, es hecho esclavo del que lo venció. Ciertamente, si habiéndose ellos escapado de las contaminaciones del mundo, por el conocimiento del Señor y Salvador Jesucristo, enredándose otra vez en ellas son vencidos, su postrer estado viene a ser peor que el primero. Porque mejor les hubiera sido no haber conocido el camino de la justicia, que después de haberlo conocido, volverse atrás del santo mandamiento que les fue dado (2 P. 2:10-14, 17-21).

Cuando las personas se rinden a sus **pasiones** carnales, entregándose a los pecados antes mencionados, lo hacen, como afirma Pedro, bajo el engaño de expresar "libertad"personal, sin comprender que, en realidad, solo están manifestando que son "esclavos de corrupción". Son conducidos por los deseos sobre los cuales perdieron el control, y que con el tiempo llegan a controlarlos a ellos. Y como le vuelven las espaldas a Dios, "detienen con injusticia la verdad", y "no le glorificaron como a Dios, ni le dieron gracias, sino que se envanecieron en sus razonamientos", Dios "los entregó a la inmundicia, en las concupiscencias de sus corazones, ...a pasiones vergonzosas; [y] ...a una mente reproba, para hacer cosas que no convienen" (Ro. 1:18, 21, 24, 26, 28).

A pesar de las numerosas advertencias del Ministro de Salud Pública y otros acerca de los peligros de las relaciones sexuales sin protección, los adúlteros, fornicarios y homosexuales a menudo hacen caso omiso de esos peligros, ya que sus pecados se han vuelto obsesiones, y sus decisiones no dependen de su mente, sino de sus emociones y sus deseos sexuales, que han llegado a ser sus amos. Tal escandalosa conducta refleja "una mente reproba" (Ro. 1:28).

Esas **pasiones** pecaminosas, en realidad, **combaten en vuestros miembros,** dice Santiago, refiriéndose no a los miembros de la iglesia, sino a los elementos físicos y mentales del cuerpo, que encierran la humanidad o naturaleza caída del hombre (cp. Ro. 1:24; 6:12-13; 7:18, 23). Es el **combate** de la carne del incrédulo con su alma y conciencia, que, a pesar de la corrupción de la caída, tiene suficiente percepción de Dios y su verdad (Ro. 1:18-19) para sentirse intranquilo cuando peca. A pesar de rechazar a Dios y sus normas de justicia, no puede huir fácilmente del sentido de culpa; la ley de Dios escrita en su corazón activa su conciencia acusadora (Ro. 2:14-15).

La caída del hombre corrompió la raza, afectando cada aspecto del ser humano. Pero como el hombre está hecho a la imagen de Dios, retiene cierta nobleza y dignidad que puede reflejarse en aquellos que no son salvos. Muchos inconversos son amables y generosos, amantes de la paz y altruistas. Muchos son en extremo talentosos, crean músicas maravillosas y otras obras de arte, hacen grandes descubrimientos científicos e inventan asombrosas máquinas y tecnología. Pero sin Dios, sus pasiones e impulsos carnales combaten contra esos residuos de nobleza. Y los deseos por los tipos erróneos de **pasiones,** los tipos erróneos de satisfacción y la realización egoísta, inevitablemente libran una guerra interna, un **combate** dentro de sus **miembros,** contra todo lo que se interponga en su camino.

EL DESEO INCUMPLIDO

Codiciáis, y no tenéis; matáis y ardéis de envidia, y no podéis alcanzar; combatís y lucháis. (4:2*a*)

Cuando los deseos por los tipos erróneos de placer se frustran y no se realizan, inician, además, una guerra externa.

El verbo *epithumeō* (**codiciáis**) se refiere a tener un deseo o anhelo de cualquier tipo, pero el contexto pone en claro que el deseo mencionado aquí es desmedido, mal encaminado y pecaminoso. Santiago no menciona un objeto de deseo específico, sin duda porque el objeto en particular no tiene que ver en lo que respecta al asunto que está tratando aquí. Cuando no se complace *alguna* **codicia** fuerte y pecaminosa, la persona terrenal tiende a arremeter en colérica frustración, a veces incluso llegando a **matar.** Aun los fariseos, que codiciaban la satisfacción personal de tener una reputación de virtud y santidad, mataron al Salvador que desenmascaró su hipocresía.

La palabra **matáis** traduce el verbo *phoneuō*, el que en este contexto pudiera incluir un odio sanguinario, una conducta destructiva en extremo e incluso el suicidio. Cuando la persona codiciosa no puede lograr sus anheladas metas, ya sea por reputación, prestigio, satisfacción sexual, dinero, poder, escapar a través de las drogas o el alcohol, éxito, posesiones, el afecto de otra persona, o cualquier otra cosa, el resultado es a menudo catastrófico para otros y siempre destructivo para uno mismo. Aun cuando los ángeles en la casa de Lot hirieron con ceguera a los hombres de Sodoma, estos estaban tan obsesionados con sus pervertidos deseos que, pasando por alto su ceguera, continuaron a tientas hacia la puerta, en un vano intento de entrar y satisfacer sus implacables pasiones (Gn. 19:11).

Absalón estaba tan obsesionado con gobernar a Israel, que estaba dispuesto hasta matar a su padre, David, para lograrlo. Ahitofel, consejero de David y de Absalón, fue también el abuelo de Betsabé (cp. 2 Samuel 11:3; 23:34), con quien David cometió adulterio y con quien luego se casó, después que había conseguido que mataran a su esposo Urías en la batalla. Ahitofel se enfureció tanto por esta injusticia, que se unió a las fuerzas de Absalón en su rebelión contra David. Pero cuando Absalón no hizo caso de su consejo, Ahitofel se sintió tan frustrado e indignado, que se ahorcó y así murió (vea 2 Samuel 15-17).

Aquí *zeloō* se traduce "**ardéis de envidia**", es sinónimo de *epithumeō*, y tiene una connotación aun más fuerte, de un deseo o sentimiento más urgente. Es la palabra de la que se derivan "celoso"y "zelote". La forma nominal se traduce "celos"en Santiago 3:14,16. Cuando las personas albergan deseos tan impetuosos, pero **no pueden alcanzar** lo que codician, **combaten y luchan.** Los conflictos conyugales, familiares, laborales y nacionales; todos estos son resultado de codicia y envidia personal no satisfecha.

El texto griego en el versículo 2 dice literalmente: "Codician y no tienen, matan y son envidiosos y no pueden obtener, combaten y luchan". Pero lo añadido por los traductores indica correctamente la relación causal entre codiciar y matar, y entre envidia y combates y luchas.

Como pone en claro Juan: "Si alguno ama al mundo, el amor del Padre no está en él. Porque todo lo que hay en el mundo, los deseos de la carne, los deseos de los ojos, y la vanagloria de la vida, no proviene del Padre, sino del mundo" (1 Jn. 2:15-16). La codicia y la envidia que Santiago menciona en 4:2, son reflejos de "la vanagloria de la vida", que caracteriza la pasión terrenal que busca la satisfacción personal.

EL DESEO EGOÍSTA

no tenéis lo que deseáis, porque no pedís. Pedís, y no recibís, porque pedís mal, para gastar en vuestros deleites. (4:2*b*-3)

Como sería de esperarse, el deseo mundano e impío no solo no se controla ni se cumple, sino que también es egoísta.

Conduciendo a su tema sobre el egoísmo, Santiago dice primeramente que los incrédulos **no tienen porque no piden.** Muchos de ellos ni siquiera pensaban en pedirle a Dios ayuda alguna, porque se consideraban a sí mismos autosuficientes, completamente capaces de cuidar de ellos mismos. Ellos creían que todas sus necesidades y deseos podían suplirse por medios humanos, a través de su propia sabiduría, poder y diligencia. No creían que "toda buena dádiva y todo don perfecto desciende de lo alto, del Padre de las luces, en el cual no hay mudanza, ni sombra de variación" (Stg. 1:17). Por consiguiente, nunca se les ocurría **pedir** a Dios alguna cosa.

Muchos incrédulos sí piden cosas a Dios, todo tipo de cosas. Sin embargo, continúa explicando Santiago, **piden y no reciben porque piden con motivos incorrectos,** para **gastar en sus deleites.** No piden cosas para magnificar la bondad y la gracia de Dios, o para su gloria y honra. No piden a fin de poder cumplir su perfecta y divina voluntad, sino para cumplir su propia pecaminosa y egoísta voluntad.

Aiteō (**pedís**) es el mismo verbo empleado en 1:5-6 y denota el concepto de suplicar, rogar, o implorar. Pero en el pasaje anterior es obvio que Santiago está dirigiéndose a los creyentes genuinos, a los que aconseja: "Si alguno de vosotros tiene falta de sabiduría, pídala a Dios, el cual da a todos abundantemente y sin reproche, y le será dada. Pero pida con fe, no dudando nada; porque el que duda es semejante a la onda del mar, que es arrastrada por el viento y echada de una parte a otra". En 4:2-3, el pedir o el no pedir es por parte de los que no son de Dios y no tienen parte con Él. **mal** traduce la palabra griega *kakōs*, que tiene el sentido esencial de malo, pecaminoso, o perverso, como a veces se traduce. **pedís mal** se refiere al deseo de usar el regalo de Dios para **deleites** personales. *Dapanaō* (**gastar**) significa consumir o malgastar por completo, y la empleó Jesús para describir la forma en la que el hijo pródigo malgastó su herencia (Lc. 15:13). Los **deleites** que se mencionan aquí son del mismo tipo que los mencionados en el versículo 1, los que provocan conflictos internos, **deleites** que Dios no aprueba. Sin embargo, las personas del mundo viven para tales **deleites,** por la emoción del momento, tratando inútilmente de satisfacer sus deseos carnales.

CONFLICTO CON DIOS

¡Oh almas adúlteras! ¿No sabéis que la amistad del mundo es enemistad contra Dios? Cualquiera, pues, que quiera ser amigo del mundo, se constituye enemigo de Dios. ¿O pensáis que la Escritura dice en vano: El Espíritu que él ha hecho morar en nosotros nos anhela celosamente? Pero él da mayor gracia. Por esto dice: Dios resiste a los soberbios, y da gracia a los humildes. (4:4-6)

En estos versículos, Santiago señala tres características de los que están en conflicto con Dios: enemistad con Dios, no prestar atención a las Escrituras y orgullo.

ENEMISTAD CON DIOS

¡Oh almas adúlteras! ¿No sabéis que la amistad del mundo es enemistad contra Dios? Cualquiera, pues, que quiera ser amigo del mundo, se constituye enemigo de Dios. (4:4)

Adulterio es el pecado de violar un pacto matrimonial al tener relación sexual con alguien que no sea el cónyuge. Al referirse a **almas adúlteras,** Santiago usa el término metafóricamente en forma tal que sus lectores judíos puedan entender claramente (cp. Mt. 12:39; 16:4; Mr. 8:38), que se refiere a hombres al igual que a mujeres. No está hablando de infidelidad sexual, sino espiritual, tal y como el término se emplea a menudo en el Antiguo Testamento para referirse al pueblo infiel de Dios, Israel. Por medio de Jeremías, el Señor dijo: "Ella vio que por haber fornicado la rebelde Israel, yo la había despedido y dado carta de repudio; pero no tuvo temor la rebelde Judá su hermana, sino que también fue ella y fornicó" (Jer. 3:8; cp. 2 Cr. 21:11, 13; Sal. 73:27). De igual manera, Ezequiel habló de Judá como una "mujer adúltera, que en lugar de su marido recibe a ajenos" (Ez. 16:32). Como una demostración práctica, el Señor le ordenó a Oseas: "Ve, tómate una mujer fornicaria, e hijos de fornicación; porque la tierra [es decir, Israel] fornica apartándose de Jehová" (Os. 1:2).

En ninguna parte la Biblia emplea los términos adúltero o adúltera haciendo referencia a los gentiles, porque solo Israel tenía una relación de pacto con Dios, al que podían ser infieles, así como los esposos y esposas tienen el pacto del matrimonio. Los gentiles podían ser fornicarios espirituales, por decirlo así, pero no adúlteros; una distinción despreciable reservada para Israel, la esposa infiel. Ya sea que se volvieran a los dioses e ídolos paganos o que simplemente se volvieran al mundo como su amor supremo, hacerlo sería ser infiel al Señor y cometer adulterio espiritual, un nombre alegórico para la apostasía.

Jesús se refirió al incrédulo Israel de su época como una "generación mala y adúltera" (Mt. 12:39; cp. 16:4; Mr. 8:38). Fue debido a que la mayoría de los judíos, aun los religiosos, se habían apartado del Señor y de su Palabra revelada y se había vuelto a dioses que habían hecho y a sus propias tradiciones humanas, que no recibieron a Jesús como su Mesías. Usan sus tradiciones para interpretar las Escrituras, y de esa manera se apartan de las Escrituras, y a menudo la contradicen, volviéndose ciegos ante la verdad de Dios, e incluso de su propio Hijo (Mt. 15:1-9; Mr. 7:1-13; Col. 2:8; cp. Jn. 5:39-40). A pesar de ardientes reclamos de fidelidad al judaísmo y al Dios del judaísmo, eran adúlteros y apóstatas.

Lo mismo puede decirse de los que dicen ser cristianos y se unen a la iglesia, pero no tienen relación salvadora con Dios ni amor a Él ni a su Palabra. Los había incluso en la iglesia primitiva, y Santiago les llama **almas adúlteras.** No hay avenimiento posible. Como se analizará a continuación, no se puede tener espiritualmente dos dioses, como no se puede tener legalmente dos cónyuges.

Amistad traduce el sustantivo *philia*, que se emplea solamente aquí en el Nuevo Testamento. Su forma verbal, *phileō*, a menudo se traduce "amor" (p. ej. Mt. 6:5; 10:37; 1 Co. 16:22) y se usa incluso para el amor del Padre por el Hijo (Jn. 5:20) y para el amor del Padre y del Hijo por los que tienen fe salvadora (Jn. 11:3; 16:27; Ap. 3:19). Aunque se emplean a menudo como sinónimos en el Nuevo Testamento, el verbo más común y más fuerte para referirse al amor (*agapaē*) parece ser más volitivo, mientras que *phileō* es más emocional. Santiago emplea *philia* para describir un afecto intenso y profundo por el malvado sistema mundial.

El sustantivo relacionado *philos* (amigo) se empleaba para referirse a íntimas relaciones personales. Tal vez la más clara definición de esta palabra se refleje en la enseñanza de Jesús en Juan 15:13-19, donde ambos, el más elevado amor volitivo (*agapē*) y el más elevado amor emocional y afectivo (*philos*) están dispuestos al sacrificio supremo por aquellos que son amados. "Nadie tiene mayor amor [*agapē*] que este, que uno ponga su vida por sus amigos [*philos*]", aquellos a quienes tiene amor *philos* (v. 13). Luego explica que el amor a Él se prueba por la obediencia a su palabra: "Vosotros sois mis amigos [*philos*] si hacéis lo que yo os mando" (v. 14). En su forma superior de verlos, ambos implican lazos de abnegación y obediencia. También implican intimidad personal.

> *Ya no os llamaré siervos, porque el siervo no sabe lo que hace su señor; pero os he llamado amigos, porque todas las cosas que oí de mi Padre, os las he dado a conocer. No me elegisteis vosotros a mí, sino que yo os elegí a vosotros, y os he puesto para que vayáis y llevéis fruto, y vuestro fruto permanezca; para que todo lo que pidiereis al Padre en mi nombre, él os lo dé (vv. 15-16).*

Los verdaderos amigos de Jesucristo son quienes lo han recibido como Señor y Salvador, quienes comparten una causa común, intereses comunes y objetivos comunes. Y aquellos quienes verdaderamente le aman también se "[aman] unos a otros" (v. 17). Por último, explica que los que le aman verdaderamente no amarán al mundo o serán amados por el mundo, ya que el mundo es el hostil enemigo de Dios. Jesús confirmó esa realidad cuando dijo: "Si el mundo os aborrece, sabed que a mí me ha aborrecido antes que a vosotros. Si fuerais del mundo, el mundo amaría lo suyo; pero porque no sois del mundo, antes yo os elegí del mundo, por eso el mundo os aborrece" (vv. 18-19; cp. 17:14). De esta manera ordenó el apóstol Juan a los creyentes:

> *No améis al mundo, ni las cosas que están en el mundo. Si alguno ama al mundo, el amor del Padre no está en él. Porque todo lo que hay en el mundo,*

los deseos de la carne, los deseos de los ojos, y la vanagloria de la vida, no proviene del Padre, sino del mundo. Y el mundo pasa, y sus deseos; pero el que hace la voluntad de Dios permanece para siempre (1 Jn. 2:15-17).

Por otra parte, los que no son de Cristo son **del mundo.** Tienen el anhelo de participar en los impulsos y las atracciones del mundo, y de relacionarse con las personas mundanas, por las que sienten un apego decidido y habitual. Por esa razón, Santiago no puede referirse a los cristianos que son temporalmente atraídos por las cosas **del mundo** y caen en pecado por algún tiempo. Él no está hablando de debilidad espiritual ocasional en los cristianos, sino de los impulsos continuos, deliberados y placenteros de los inconversos. A un creyente nunca se le llamaría enemigo de Dios.

Kosmos (**mundo**) no se refiere a la tierra o el universo físico, sino más bien a la realidad espiritual del sistema de esta época, dirigido por Satanás y enfocado en el hombre, y que es enemigo de Dios y del pueblo de Dios. Se refiere al egoísta e impío sistema de valores y costumbres de la humanidad caída. La meta **del mundo** es su propia gloria, su propia realización, sus propios vicios, la autosatisfacción y todas las demás formas de servicio a sí mismo, todas las cuales equivalen a **enemistad contra Dios.**

Cualquiera, pues, continúa Santiago, **que quiera ser amigo del mundo, se constituye enemigo de Dios.** *Boulomai* (**quiera**) tiene una connotación que va más allá de querer o desear que algo se cumpla. Tiene la idea más fuerte de escoger una cosa antes que otra. De igual manera, *kathistēmi* (**se constituye**) significa designar, hacer, u ordenar, indicando también una idea consciente. Ya sea que lo reconozca en su mente o no, una persona que **quiera ser amiga [del sistema] del mundo,** ha optado por hacerse **enemiga de Dios.** En lo más recóndito de su corazón, su deseo por **el mundo** sustituye cualquier presunta idea positiva que pueda tener acerca de **Dios.** No tiene una relación con Dios neutral, como un curioso imparcial o uno que contempla a la distancia, sino que es en toda la extensión de la palabra su **enemigo.** Y ser enemigo de Dios es permanecer en tinieblas espirituales, que a diario se hacen más apropiadas para la muerte eterna, y tener al soberano Rey del universo como su enemigo.

Todo el que no es de Dios es **del mundo,** y todo el que es **del mundo,** no es ni puede ser de **Dios.** Los amigos **del mundo** son controlados por el espíritu del mundo y no tienen parte con el Espíritu de Dios. Por otra parte, Pablo pone en claro que los creyentes "no hemos recibido el espíritu del mundo, sino el Espíritu que proviene de Dios" (1 Co. 2:12).

La amistad con el mundo y la amistad con Dios se excluyen mutuamente. Pablo pregunta retóricamente: "No os unáis en yugo desigual con los incrédulos;

porque ¿qué compañerismo tiene la justicia con la injusticia? ¿Y qué comunión la luz con las tinieblas?" (2 Co. 6:14).

> *¿Y qué concordia Cristo con Belial? ¿O qué parte el creyente con el incrédulo? ¿Y qué acuerdo hay entre el templo de Dios y los ídolos? Porque vosotros sois el templo del Dios viviente, como Dios dijo: Habitaré y andaré entre ellos, y seré su Dios, y ellos serán mi pueblo. Por lo cual, salid de en medio de ellos, y apartaos, dice el Señor, y no toquéis lo inmundo; y yo os recibiré (vv. 15-17).*

Los cristianos tienen una naturaleza tan distinta de los que aman el mundo, los seguidores de Satanás, que nunca deben disfrutar de ninguno de los caminos de los incrédulos, ni mostrar lealtad a las cosas que los caracterizan.

Los creyentes no solo deben estar separados del mundo, sino también muertos al mundo. Como Pablo, deben decir: "Lejos esté de mí gloriarme, sino en la cruz de nuestro Señor Jesucristo, por quien el mundo me es crucificado a mí, y yo al mundo" (Gá. 6:14). A diferencia de Demas, que amó "este mundo"y abandonó a Pablo y a la iglesia (2 Ti. 4:10), debemos renunciar "a la impiedad y a los deseos mundanos, [para que] vivamos en este siglo sobria, justa y piadosamente" (Tit. 2:12).

Para los creyentes, el buscar las cosas del mundo va en contra de su nueva naturaleza, y no pueden sentirse bien ni satisfechos hasta que abandonen esas cosas y vuelvan a su primer amor. Es debido a que los creyentes son susceptibles temporalmente a la mundanalidad, que Pablo advierte: "No os conforméis a este siglo, sino transformaos por medio de la renovación de vuestro entendimiento, para que comprobéis cuál sea la buena voluntad de Dios, agradable y perfecta" (Ro. 12:2; cp. 1 P. 1:14-16), y, "Poned la mira en las cosas de arriba no en las de la tierra" (Col. 3:2). Los cristianos no debemos "vivir el tiempo que resta en la carne, conforme a las concupiscencias de los hombres, sino conforme a la voluntad de Dios. Baste ya el tiempo pasado para haber hecho lo que agrada a los gentiles, andando en lascivias, concupiscencias, embriagueces, orgías, disipación y abominables idolatrías" (1 P. 4:2-3).

Por otra parte, cuando los incrédulos se identifican externamente con Cristo y con su Iglesia, pero realmente no son de Él, con el tiempo se sienten incómodos. Son como "el que fue sembrado entre espinos", quien, como explica Jesús, "éste es el que oye la palabra, pero el afán de este siglo y el engaño de las riquezas ahogan la palabra, y se hace infructuosa" (Mt. 13:22). Como lo aclara Santiago, no pueden dar fruto, las buenas obras, que son pruebas necesarias de la fe salvadora (Stg. 2:17-20). "¿Acaso alguna fuente echa por una misma abertura agua dulce y amarga?"Pregunta después: "Hermanos míos, ¿puede acaso la higuera producir aceitunas, o la vid higos? Así también ninguna fuente puede dar agua salada y dulce" (3:11-12).

El Antiguo Testamento tiene mucho que decir respecto al **enemigo de Dios.** David dio testimonio: "Ciertamente Dios herirá la cabeza de sus enemigos, la testa cabelluda del que camina en sus pecados" (Sal. 68:21). Y Salomón expresó: "Ante él se postrarán los moradores del desierto, y sus enemigos lamerán el polvo" (Sal. 72:9). Isaías proclamó: "Jehová saldrá como gigante, y como hombre de guerra despertará celo; gritará, voceará, se esforzará sobre sus enemigos" (Is. 42:13). Y Nahum dijo: "Jehová es Dios celoso y vengador; Jehová es vengador y lleno de indignación; se venga de sus adversarios, y guarda enojo para sus enemigos" (Nah. 1:2, cp. el v. 8).

También el Nuevo Testamento tiene mucho que decir acerca del **enemigo de Dios.** Lucas informa que cuando Pablo, Bernabé y Juan Marcos:

Y habiendo atravesado toda la isla hasta Pafos, hallaron a cierto mago, falso profeta, judío, llamado Barjesús, que estaba con el procónsul Sergio Paulo, varón prudente. Este, llamando a Bernabé y a Saulo, deseaba oír la palabra de Dios. Pero les resistía Elimas, el mago (pues así se traduce su nombre), procurando apartar de la fe al procónsul. Entonces Saulo, que también es Pablo, lleno del Espíritu Santo, fijando en él los ojos, dijo: ¡Oh, lleno de todo engaño y de toda maldad, hijo del diablo, enemigo de toda justicia! ¿No cesarás de trastornar los caminos rectos del Señor? (Hch. 13:6-10).

Elimas era un mago, un brujo que se comunicaba con espíritus demoníacos, entonces tenía el pretexto de evocar a los muertos. Bajo la influencia de Satanás, trataba de socavar la fe de Sergio Paulo, y por eso fue reprendido y condenado por Pablo. Para todos los incrédulos, "¡horrenda cosa es caer en manos del Dios vivo!" (He. 10:31).

Declarando las bendiciones y beneficios que reciben los creyentes gracias a su salvación y justificación ante Dios, Pablo les dijo a los creyentes de Roma: "Porque si siendo enemigos, fuimos reconciliados con Dios por la muerte de su Hijo, mucho más, estando reconciliados, seremos salvos por su vida" (Ro. 5:10). Más adelante en esa carta explicó algo más:

Porque el ocuparse de la carne es muerte, pero el ocuparse del Espíritu es vida y paz. Por cuanto los designios de la carne son enemistad contra Dios; porque no se sujetan a la ley de Dios, ni tampoco pueden; y los que viven según la carne no pueden agradar a Dios. Mas vosotros no vivís según la carne, sino según el Espíritu, si es que el Espíritu de Dios mora en vosotros. Y si alguno no tiene el Espíritu de Cristo, no es de él (Ro. 8:6-9).

El **enemigo de Dios** es carnal y por definición carente del Espíritu Santo (Jud. 19).

Esperando con ansias la resurrección futura de los creyentes, cuando el Señor Jesucristo tome a los suyos y los lleve con Él, Pablo escribe: "Pero cada uno en su debido orden: Cristo, las primicias; luego los que son de Cristo, en su venida. Luego el fin, cuando entregue el reino al Dios y Padre, cuando haya suprimido todo dominio, toda autoridad y potencia. Porque preciso es que él reine hasta que haya puesto a todos sus enemigos debajo de sus pies" (1 Co. 15:23-25; cp. He. 1:13; 10:13; Nah 1:2). Luego Jesucristo reinará durante el milenio, después del cual, en el juicio final, los enemigos que queden, demoníacos y humanos, serán lanzados para siempre en el lago de fuego y azufre (Ap. 20:8-10).

Es sin dudas cierto que la mayoría de los incrédulos no se consideran a sí mismos enemigos de Dios. Muchos creen que, porque no son abiertamente enemigos de Dios, son en realidad amistosos con Él. Pueden incluso tener conocimiento de su existencia y su bondad, veracidad y poder, pero los sentimientos y pensamientos afables sobre una divinidad soberana están muy distantes de una relación salvadora con el Dios verdadero.

La mayoría de los inconversos dicen estar buscando sinceramente a Dios y que simplemente no lo han encontrado todavía. Pero Pablo, citando a David, aclara que tal reclamo no es cierto, diciendo: "No hay quien busque a Dios" (Ro. 3:11; cp. Sal. 14:2). Tales personas pudieran muy bien estar buscando lo que pueden obtener de Dios, su amor, provisión, seguridad, esperanza y otras bendiciones, pero no quieren a Dios mismo. Quieren un dios confeccionado por ellos mismos, que cumpla sus deseos, que tolere sus pecados y que los lleve al cielo de todas maneras. No quieren su perdón, su justicia ni su señorío y, por consiguiente, no lo quieren a Él.

Muchos incrédulos que dicen conocer a Dios y ser de Cristo son exteriormente morales, serviciales y amistosos. Como el joven rico que le dijo a Jesús que había guardado todos los mandamientos desde su juventud (Lc. 18:21), ellos piensan que han vivido vidas buenas y aceptables. Y por esa misma razón, no sienten necesidad de la salvación o de la justicia perfecta de Cristo, que Dios confiere a los que confían en su Hijo.

Algunos incrédulos que se disfrazan de cristianos tienen bastante conocimiento del evangelio y hablan bien de él; pero, como se citó antes, Pedro dice de tales personas que "mejor les hubiera sido no haber conocido el camino de la justicia, que después de haberlo conocido, volverse atrás del santo mandamiento que les fue dado" (2 P. 2:21).

Pueden participar regularmente en los cultos de adoración de los cristianos y en otras actividades. Incluso pueden sentirse mal cuando pecan, reconocer sus imperfecciones y, como el gobernador Félix, tener cierta preocupación por su reputación ante Dios, pero nunca desean abandonar sus pecados o reconocer a Cristo como Señor y Salvador (Hch. 24:25). A pesar de lo que parezcan y digan, los "enemigos de la cruz de Cristo" (Fil. 3:18) son todos los que no son redimidos ni regenerados, los que se oponen a Jesucristo, su evangelio y su iglesia, "el fin de los cuales será perdición, cuyo dios es el vientre, y cuya gloria es su vergüenza; que sólo piensan en lo terrenal" (Fil. 3:19).

Antes de la salvación, todos los cristianos fueron "en otro tiempo extraños y enemigos en [su] mente, haciendo malas obras" (Col. 1:21). Pero su salvación los hizo cambiar, de enemigos de Dios, a sus amigos. Las Escrituras no dicen en ninguna parte que los creyentes sean enemigos de Dios. Al principio de esta carta Santiago identificó con toda claridad la fe en Dios con la amistad de Dios, diciendo: "se cumplió la Escritura que dice: Abraham creyó a Dios, y le fue contado por justicia, y fue llamado amigo de Dios" (Stg. 2:23; cp. Gn. 15:6; 2 Cr. 20:7; Is. 41:8).

Jesús dijo: "Ninguno puede servir a dos señores; porque o aborrecerá al uno y amará al otro, o estimará al uno y menospreciará al otro. No podéis servir a Dios y a las riquezas" (Mt. 6:24; cp. Am. 3:3). Usted no puede, por supuesto, servir a Dios y a otro señor. Por lo tanto, no es posible que un **enemigo de Dios** sea creyente, ni siquiera un creyente infiel que, a pesar de su infidelidad, será eternamente amigo de Dios. Como creyentes, a menudo tropezamos y hacemos cosas que sabemos no debemos hacer, y dejamos de hacer cosas que sabemos que debemos hacer. Pero al igual que Pablo, aborrecemos los pecados que cometemos y deseamos que nuestra vida sea pura y santa (vea Ro. 7:15-25). Los cristianos podemos ser atraídos por el mundo de formas diferentes, pensar cosas mundanas y hacer cosas del mundo, pero nunca podemos estar contentos o felices allí.

NO PRESTAR ATENCIÓN A LAS ESCRITURAS

¿O pensáis que la Escritura dice en vano: El Espíritu que él ha hecho morar en nosotros nos anhela celosamente? (4:5)

Este versículo es difícil de entender, y no todos los eruditos evangélicos están de acuerdo en su sentido preciso. Es arbitrario el escribir con mayúscula "Espíritu", ya que los manuscritos del original griego no ponían con mayúsculas las palabras. Además de eso, no hay pasaje alguno del Antiguo o del Nuevo Testamento que corresponda con **El Espíritu que él ha hecho morar en nosotros nos anhela celosamente.** Cualquier alusión que Santiago esté haciendo a las Escrituras, está refiriéndose a su enseñanza en general, no a un pasaje específico. Y si él estaba hablando a inconversos, como parece ser aquí, está diciendo que **el Espíritu que Él ha hecho morar en nosotros** no se aplica en el caso de ellos, porque en ellos no mora el Espíritu Santo.

Santiago estaría diciendo en realidad: "¿No saben que ustedes son prueba viva de la veracidad de la Biblia, que enseña con toda claridad que el hombre natural tiene un espíritu de envidia?" Esa interpretación es compatible con el énfasis de Santiago en todo el pasaje.

Es también totalmente compatible con la enseñanza del Antiguo Testamento. Ya en los primeros capítulos de Génesis, leemos que Dios le dijo a Caín: "El pecado está a la puerta; con todo esto, a ti será su deseo, y tú te enseñorearás de él" (Gn. 4:7). En algunos capítulos posteriores se nos dice que "vio Jehová que la maldad de los hombres era mucha en la tierra, y que todo designio de los pensamientos del corazón de ellos era de continuo solamente el mal" (Gn. 6:5) y que "dijo Jehová en su corazón: No volveré más a maldecir la tierra por causa del hombre; porque el intento del corazón del hombre es malo desde su juventud" (8:21). Como Isaac "tuvo hato de ovejas, y hato de vacas, y mucha labranza; ...los filisteos le tuvieron envidia" (26:14), y "viendo Raquel que no daba hijos a Jacob, tuvo envidia de su hermana, y decía a Jacob: Dame hijos, o si no, me muero" (30:1). El escritor de Proverbios declara que "el alma del impío desea el mal; su prójimo no halla favor en sus ojos" (21:10). Por medio de Jeremías el Señor nos asegura que "engañoso es el corazón más que todas las cosas, y perverso; ¿quién lo conocerá?" (Jer. 17:9).

Sin embargo, en cualquier forma que se interprete el versículo, Santiago parece estar diciendo que los incrédulos, que están en permanente estado de conflicto espiritual con Dios, no solo son sus enemigos, sino que también reflejan tal enemistad al no confiar ni obedecer su Palabra. Ellos no quieren reconocer su enemistad natural contra el Dios soberano y su separación de Él. Además, a pesar de lo que tal persona afirme, es imposible tener las Escrituras en su propia y alta consideración como la Palabra de Dios y no confiar en Jesucristo para salvación. El Señor mismo dice de tales personas: "Escudriñad las Escrituras; porque a vosotros os parece que en ellas tenéis la vida eterna; y ellas son las que dan testimonio de mí; y no queréis venir a mí para que tengáis vida" (Jn. 5:39-40).

ORGULLO

Pero él da mayor gracia. Por esto dice: Dios resiste a los soberbios, y da gracia a los humildes. (4:6)

A pesar del corazón natural, incrédulo y terrenal de los hombres, Dios no obstante **da mayor gracia;** pero no la da a sus enemigos impíos y soberbios.

Aquí Santiago cita del Antiguo Testamento, específicamente Proverbios 3:34 de la Septuaginta (la traducción griega del Antiguo Testamento hebreo), como hace Pedro en 1 Pedro 5:5, diciendo: **"Dios resiste a los soberbios, y da gracia a los humildes".** En otras palabras, si una persona está llena de los deseos, ambiciones, orgullo y amor del mundo, no puede pretender esta mayor **gracia.**

Antitossomai (**resiste**) se empleaba como un término militar que describe a todo un ejército dispuesto para la batalla. **Dios** está en pleno orden de batalla, por decirlo así, contra **los soberbios,** porque el orgullo es el pecado fundamental del que los demás emanan. No siempre se manifiesta de manera que los demás puedan verlo, pero nunca está oculto de los ojos de Dios. **soberbios** traduce el nombre compuesto *huperēphanos,* compuesto de *huper* (arriba) y *phainomai* (aparecer, o manifestarse). La idea es la del que despectiva y arrogantemente se cree estar por encima de los demás. El término se traduce también "soberbios"en Romanos 1:30 y en 2 Timoteo 3:2, y en ambos lugares está asociado directamente a jactancia.

De *huperēphanos* William Barclay escribe:

> Esta palabra literalmente significa *uno que se muestra a sí mismo superior a otras personas.* Hasta a los griegos les disgustaba este orgullo. Teofrasto lo describía como "un cierto desprecio por todas las otras personas". Teofilacto, el escritor cristiano, lo llamó "la ciudadela y cúspide de todos los males". El verdadero terror de este orgullo es que es algo del corazón. Sin duda significa *arrogancia,* pero el hombre que sufre de él bien pudiera parecer estar caminado en absoluta humildad, aunque todo el tiempo haya en su corazón un inmenso desprecio por todos sus semejantes. Este orgullo lo separa de Dios por tres razones. (i) *No conoce su propia necesidad...* camina en orgullosa autosuficiencia. (ii) *Aprecia mucho su propia independencia.* No sentirá gratitud por ningún hombre; ni siquiera sentirá gratitud hacia Dios... (iii) *No reconoce su propio pecado...* Un orgullo como ese no puede recibir ayuda, ya que no sabe que necesita ayuda, y, por lo tanto, no puede pedirla. No ama a Dios, sino a sí mismo. (*The Letters of James and Peter* [Las cartas de Santiago y de Pedro] [Filadelfia: Westminster, 1960], 124; cursivas en el original)

"Seis cosas aborrece Jehová", dice el escritor de Proverbios, "y aun siete abomina su alma: Los ojos altivos, la lengua mentirosa, las manos derramadoras de sangre inocente" (Pr. 6:16-17). Dios clasifica a los soberbios junto con los asesinos, y dice que "abominación es a Jehová" (16:5; cp. el v.18).

La descripción que Santiago presenta aquí es la de un pecador atrevido y **soberbio,** que se autoproclama su dios verdadero, no simplemente centrándolo todo en sí, sino rindiéndose adoración. Es un enemigo del Dios verdadero y no tiene lugar en su **gracia.** Por consiguiente, y finalmente, por lo tanto, el conflicto de la persona mundana con Dios implica la pérdida del perdón divino. Dios no lo necesita para los **soberbios,** porque se ponen a sí mismos más allá de su **gracia.**

Sin embargo, **Dios** sí **da gracia a los humildes.** Siempre lo ha hecho. Por medio de Isaías, le aseguró a su antiguo pueblo Israel: "Miraré a aquel que es pobre y humilde de espíritu, y que tiembla a mi palabra" (Is. 66:2). La primera y fundamental bienaventuranza es: "Bienaventurados los pobres en espíritu", es decir, los humildes, "porque de ellos es el reino de los cielos" (Mt. 5:3). Al igual que el orgullo es la raíz de todos los pecados, la humildad es la raíz de toda justicia. Es solo cuando las cosas del mundo ya no se admiran ni se buscan, cuando el interés en sí mismo se sustituye con el interés por la gloria de Dios, que el Espíritu de Dios puede hacer su soberana y misericordiosa voluntad en un corazón, convirtiéndolo de enemigo en amigo.

Destacando la misma verdad que Santiago subraya en este versículo, Jesús dijo: "El que se enaltece será humillado, y el que se humilla será enaltecido" (Mt. 23:12). En la historia del fariseo y del publicano, el Señor elogió al último porque "se golpeaba el pecho, diciendo: Dios, sé propicio a mí, pecador" (Lc. 18:13). "Os digo que éste descendió a su casa justificado antes que el otro", continuó, repitiendo la verdad de que "cualquiera que se enaltece, será humillado; y el que se humilla será enaltecido" (v. 14).

Los verdaderos cristianos no forman parte del malvado sistema mundial (Jn. 17:14, 16), habiendo sido escogidos fuera de él (Jn. 15:19). En vez de conformarse al mundo (Ro. 12:2), son enviados al mundo por Jesús (Jn. 17:18) para dar luz en sus tinieblas morales y espirituales (Mt. 5:14). Han sido crucificados para el mundo (Gá. 6:14), lo han vencido (1 Jn. 5:4-5) y permanecen sin mancha por él (Stg. 1:27). El ser amigo del mundo mientras se afirma ser cristiano, es la mayor de las insensateces.

Cómo acercarse a Dios **15**

Someteos, pues, a Dios; resistid al diablo, y huirá de vosotros. Acercaos a Dios, y él se acercará a vosotros. Pecadores, limpiad las manos; y vosotros los de doble ánimo, purificad vuestros corazones. Afligíos, y lamentad, y llorad. Vuestra risa se convierta en lloro, y vuestro gozo en tristeza. Humillaos delante del Señor, y él os exaltará. (4:7-10)

Esos cuatro versículos tienen diez mandatos, dados todos en la forma del verbo imperativo aoristo del griego. Juntos forman uno de los más claros llamados a la salvación en toda la Biblia. Lamentablemente, muchos comentaristas han considerado que este pasaje se refiere a los cristianos, y que es un llamado para que regresen de la mundanalidad a la fidelidad a Dios. Por consiguiente, muchas veces se pierde esta gran invitación.

El propósito de Santiago en toda la epístola es que, quienes se dicen cristianos, prueben su fe para saber si es genuina o falsa. No quiere que a ninguno lo engañen. Al igual que su Señor, él quiere descubrir la cizaña entre el trigo (vea Mt. 13:24-30). Su objetivo fundamental se declara en los versículos finales de Santiago: "Hermanos, si alguno de entre vosotros se ha extraviado de la verdad, y alguno le hace volver, sepa que el que haga volver al pecador del error de su camino, salvará de muerte un alma, y cubrirá multitud de pecados" (5:19-20). Salvar el alma de una persona de la muerte es traerla a la salvación en Jesucristo.

Comenzando en 3:13, Santiago advierte contra la sabiduría terrenal de los incrédulos, que "no es la que desciende de lo alto, sino terrenal, animal, diabólica" (v. 15). Produce "celos amargos y contención, ...perturbación y toda obra perversa" (v. 16) y da testimonio de que el que la posee es "enemigo de Dios" (4:4). Aquí les ofrece a los incrédulos una invitación a la fe salvadora. Este texto, como la epístola en su totalidad, incluye exhortaciones a los creyentes para que aparten de sí cualquier vestigio que quede de su antigua forma de vivir, que sigue dañando su vida espiritual. Pero el énfasis primordial está claramente en los que dicen ser salvos pero no lo son. La clave de interpretación para identificar a los destinatarios de la represión de Santiago como incrédulos, es el término "pecadores", un término empleado solo para describir a los inconversos (vea el análisis del v. 8 más adelante; cp. 5:20).

La Palabra de Dios dice con toda claridad que Él escogió a los hombres para salvación "en él [Cristo] antes de la fundación del mundo... [y nos predestinó] para ser adoptados hijos suyos por medio de Jesucristo, según el puro afecto de su voluntad" (Ef. 1:4-5) y que "a los que antes conoció, también los predestinó para que fuesen hechos conformes a la imagen de su Hijo" (Ro. 8:29). Sin embargo, también es evidente que el Señor "manda a todos los hombres en todo lugar, que se arrepientan" (Hch. 17:30), "no queriendo que ninguno perezca, sino que todos procedan al arrepentimiento" (2 P. 3:9), y que Él por su gracia "quiere que todos los hombres sean salvos y vengan al conocimiento de la verdad" (1 Ti. 2:4). Por consiguiente, en toda su Palabra, Dios lanza repetidos llamados a los hombres pecadores para que se arrepientan y regresen a Él y sean salvos.

Por medio de Moisés, el Señor declaró:

> he puesto delante la vida y la muerte, la bendición y la maldición; escoge, pues, la vida, para que vivas tú y tu descendencia; amando a Jehová tu Dios, atendiendo a su voz, y siguiéndole a él; porque él es vida para ti, y prolongación de tus días; a fin de que habites sobre la tierra que juró Jehová a tus padres, Abraham, Isaac y Jacob, que les había de dar (Dt. 30:19-20).

Por medio de Isaías, exhortó: "Buscad a Jehová mientras puede ser hallado, llamadle en tanto que está cercano. Deje el impío su camino, y el hombre inicuo sus pensamientos, y vuélvase a Jehová, el cual tendrá de él misericordia, y al Dios nuestro, el cual será amplio en perdonar" (Is. 55:6-7).

Jesús prometió: "Venid a mí todos los que estáis trabajados y cargados, y yo os haré descansar. Llevad mi yugo sobre vosotros, y aprended de mí, que soy manso y humilde de corazón; y hallaréis descanso para vuestras almas" (Mt. 11:28-29), y que "Si alguno quiere venir en pos de mí, niéguese a sí mismo, y tome su cruz, y sígame. Porque todo el que quiera salvar su vida, la perderá; y todo el que pierda su vida por causa de mí, la hallará" (16:24-25).

Jesús les ordenó a sus apóstoles que fueran "por todo el mundo y [predicaran] el evangelio a toda criatura" (Mr. 16:15), "y que se predicase en su nombre el arrepentimiento y el perdón de pecados en todas las naciones" (Lc. 24:47).

Pablo y Silas le aseguraron al carcelero de Filipos: "Cree en el Señor Jesucristo, y serás salvo, tú y tu casa" (Hch. 16:31). En su carta a la iglesia de Roma, Pablo escribió: "Si confesares con tu boca que Jesús es el Señor, y creyeres en tu corazón que Dios le levantó de los muertos, serás salvo. Porque con el corazón se cree para justicia, pero con la boca se confiesa para salvación" (Ro. 10:9-10). Ya en los finales de su Palabra, el Señor hace un llamado final a los inconversos al decir, "el Espíritu y la Esposa dicen: Ven. Y el que oye, diga: Ven. Y el que tiene sed, venga; y el que quiera, tome del agua de la vida gratuitamente" (Ap. 22:17).

La "mayor gracia"que Santiago acaba de mencionar (4:6) es la gracia justificadora, santificadora, glorificadora de Dios para salvación, este favor divino, soberano y amoroso, que otorga gratuitamente a pecadores indignos que confían en su Hijo Jesucristo como Salvador y Señor. Su gracia redentora es mayor que el poder del pecado, mayor que el poder de la carne y del mundo, mayor que el poder de Satanás. No importa cuán pecadora pueda ser una persona, no importa cuánto pueda amar al mundo y seguirlo, no importa cuán esclavizado pueda estar a la lujuria y a las pasiones por las cosas del mundo, la gracia de Dios tiene poder más que suficiente para salvar, redimir, purificar y santificar.

J. A. Motyer escribe:

> ¡Qué contraste hay en este versículo! Nos dice que Dios está incansablemente de nuestro lado. Nunca titubea respecto a nuestras necesidades, siempre tiene *más gracia* a la mano para nosotros. Él nunca es menos que suficiente, siempre tiene más y aun más para dar. Sin importar las cosas a las que perdimos el derecho cuando pusimos el ego en primer lugar, no podemos perder el derecho a nuestra salvación, porque siempre hay *mayor gracia*. Sin que importe lo que le hagamos, Él nunca es derrotado. Podemos engañar la gracia de elección, contradecir la gracia de reconciliación, pasar por alto la presencia interior de la gracia; pero da *mayor gracia*. Aun cuando nos volvamos a Él y le digamos: "Lo que he recibido hasta aquí es mucho menos que lo suficiente", Él replicaría: "Bien, puedes tener más". Sus recursos nunca llegan al fin, su paciencia nunca se agota, su iniciativa nunca se detiene, su generosidad no conoce límites: *Él da mayor gracia*. (*The Message of James* [El mensaje de Santiago] [Downers Grove, Ill.: InterVarsity, 1985], 150; cursivas en el original)

Los diez imperativos que Santiago ofrece aquí no están en orden soteriológico. Esto es, la salvación no viene por seguir estos pasos en este orden. La misericordiosa salvación de Dios es un gran misterio y no puede reducirse a una fórmula. Santiago sencillamente enumera los elementos de lo que Dios pide de los hombres en respuesta a su soberano llamado de gracia. La provisión divina del Señor exige una respuesta del hombre.

Santiago exige de los creyentes, en respuesta al llamamiento divino, sumisión, resistencia, comunión, limpieza, purificación, aflicción, lamento, lágrimas, seriedad y humildad.

SUMISIÓN

Someteos, pues, a Dios. (4:7*a*)

El primero de los diez mandatos viene de *hupotassō* (**someteos**), que es primordialmente un término militar que significa literalmente "estar por debajo en rango". La forma pasiva indica que la sumisión ha de ser voluntaria.

Se emplea a menudo el verbo en el Nuevo Testamento. Lucas lo emplea para referirse la obediencia de Jesús a sus padres cuando era niño (Lc. 2:51). Pablo lo emplea para indicar la responsabilidad de un cristiano ante el gobierno humano (Ro. 13:1), la responsabilidad de una esposa ante su esposo (Ef. 5:21-24), y de un siervo ante su amo (Tit. 2:9; cp. 1 P. 2:18).

Nadie puede ser salvo sin someterse **a Dios**, viviendo voluntariamente bajo su autoridad soberana como Señor, para seguir su voluntad a pesar de todo. Someterse a Dios es obedecer su Palabra sobre Cristo y la plenitud del "evangelio de Dios" (Ro. 1:1), así como someterse a Jesús como Señor y Dios (Ro. 10:9-10). Jesús dijo: "El que halla su vida, la perderá; y el que pierde su vida por causa de mí, la hallará" (Mt. 10:39), y "Y el que no lleva su cruz y viene en pos de mí, no puede ser mi discípulo" (Lc. 14:27). En contra de lo que se enseña en algunos círculos evangélicos en la actualidad, sencillamente no se puede confiar en Cristo como Salvador si en el mismo momento uno no se somete a Él como Señor. Como el creyente estuvo una vez bajo el señorío de Satanás, ahora, mediante la fe salvadora, él con entusiasmo se pone a sí mismo bajo el señorío de Jesucristo. Como fue una vez enemigo de Dios y esclavo del pecado, ahora es un leal súbdito de su Señor y Maestro.

RESISTENCIA

resistid al diablo, y huirá de vosotros. (4:7*b*)

Prácticamente por definición, el someterse a Dios, su nuevo Señor, es **[resistir] al diablo,** su viejo señor. **resistid** se traduce *anthisētmi,* que significa literalmente "levantarse en contra", "oponerse". No hay avenimiento posible, ni neutralidad alguna. Como Santiago acaba de poner en claro, "la amistad con el mundo [el dominio de Satanás] es enemistad contra Dios. Cualquiera, pues, que quiera ser amigo del mundo, se constituye enemigo de Dios" (4:4; cp. 1 Jn. 2:15-17). Levantarse con el Señor es levantarse en contra de todo lo pecaminoso y mundano que anteriormente estaba atrayendo, corrompiendo y esclavizando. Como Pablo les recordó a los creyentes de Éfeso:

Y él os dio vida a vosotros, cuando estabais muertos en vuestros delitos y pecados, en los cuales anduvisteis en otro tiempo, siguiendo la corriente de este mundo, conforme al príncipe de la potestad del aire, el espíritu que ahora opera en los hijos de desobediencia, entre los cuales también todos nosotros vivimos en otro tiempo en los deseos de nuestra carne, haciendo la voluntad de la carne y de los pensamientos, y éramos por naturaleza hijos de ira, lo mismo que los demás (Ef. 2:1-3; cp. He. 2:14-15).

Diabolos (**diablo**) significa calumniador o acusador, uno de los títulos más comunes de Satanás en las Escrituras. Cualquiera que no sea de Cristo es un hijo del diablo (Jn. 8:44), y "el que practica el pecado es del diablo" (1 Jn. 3:8). El que es de Cristo es un hijo de Dios. La salvación trae un cambio de amo, un cambio de lealtad y un cambio de familia. La vida del creyente deja de servir **al diablo** para servir a Dios, y deja de ser esclavo del pecado y de Satanás para ser esclavo de la justicia y de Dios (Ro. 6:16-22).

Al igual que el **diablo** dejó a Jesús después de las tentaciones en el desierto (Mt. 4:11), también **huirá** de los que lo resistan. Aquí hay una garantía de que el diablo puede ser vencido, a pesar de lo poderoso que es. Aun los que están sujetos en su poder (1 Jn. 5:19) pueden triunfar. El Señor Jesucristo lo venció en sus tentaciones y en la cruz (Jn. 12:31-33) y lo dejó vulnerable. No puede sostener a un pecador en contra de su voluntad. Incluso no puede conducir a un creyente al pecado sin el consentimiento de la voluntad de ese creyente. Cuando se le confronta y se le resiste con la verdad del evangelio, huye, suelta su agarre, mientras que el pecador arrepentido que cree, es sacado de las tinieblas a la luz. Después de la salvación, él viene una y otra vez mediante la obra de la carne del sistema del mundo, pero puede derrotarlo reiteradas veces el creyente que tiene la "espada del Espíritu" y el resto de la armadura (Ef. 6:10-17).

COMUNIÓN

Acercaos a Dios, y él se acercará a vosotros. (4:8*a*)

Acercaos es el tercer mandato, es acercarse en íntima comunión al **Dios** vivo, eterno y Todopoderoso. La salvación incluye el someterse a Dios como Señor y Salvador, pero también da el deseo de una verdadera relación con Él. Buscar la salvación es buscar a Dios (cp. Sal. 42:1; Mt. 7:7-11).

Una de las funciones principales de los sacerdotes del Antiguo Testamento era "[acercarse] a Jehová, para que Jehová no [hiciera] en ellos estrago" (Éx. 19:22; cp. Lv. 10:3; Ez. 43:9; 44:13). Nuestro gran Sumo Sacerdote, Jesucristo, que nos lleva a Dios, oró a su Padre: "Esta es la vida eterna: que te conozcan a ti, el único Dios verdadero, y a Jesucristo, a quien has enviado" (Jn. 17:3), y después confirmó y definió a los que creen en Él, pidiendo que "todos sean uno; como tú, oh Padre, en mí, y yo en ti, que también ellos sean uno en nosotros; para que el mundo crea que tú me enviaste" (v. 21). Por encima de todo, el apóstol Pablo procuraba "conocerle [a Cristo], y el poder de su resurrección y la participación de sus padecimientos, llegando a ser semejante a él en su muerte" (Fil. 3:10).

Acercaos a Dios era en el Antiguo Testamento una expresión común para el que sinceramente se acercaba a Dios con contrición y humildad. Por medio de Isaías, el Señor dijo de los que se le acercaban hipócrita y superficialmente: "Este pueblo se acerca a mí con su boca, y con sus labios me honra, pero su corazón está lejos de mí, y su temor de mí no es más que un mandamiento de hombres que les ha sido enseñado" (Is. 29:13). Pero el salmista declaró: "En cuanto a mí, el acercarme a Dios es el bien; he puesto en Jehová el Señor mi esperanza, para contar todas tus obras" (Sal. 73:28).

David nos asegura que "Cercano está Jehová a todos los que le invocan, a todos los que le invocan de veras" (Sal. 145:18). Aconsejó a su propio hijo Salomón: "Reconoce al Dios de tu padre, y sírvele con corazón perfecto y con ánimo voluntario; porque Jehová escudriña los corazones de todos, y entiende todo intento de los pensamientos. Si tú le buscares, lo hallarás" (1 Cr. 28:9; cp. 2 Cr. 15:1-2; Zac. 1:3). Por medio de Jeremías, el Señor prometió: "me buscaréis y me hallaréis, porque me buscaréis de todo vuestro corazón" (Jer. 29:13).

Como son impulsados por el propio Espíritu de Dios y aceptados por el Señor Jesús (Jn. 6:44, 65), los que tratan de conocer, adorar y tener comunión con Dios serán satisfechos. Como se observó antes, esa fue la voluntad del Padre mucho antes de que fuera la de ellos (Ro. 8:29: Ef. 1:4-5). Cuando vuelven a Él al igual que el hijo pródigo, con humildad, contrición y quebrantamiento por su pecado, el Padre celestial dice, en realidad, lo que aquel padre terrenal dijo para su hijo: "Sacad el mejor vestido, y vestidle; y poned un anillo en su mano, y calzado en sus pies. Y traed el becerro gordo y matadlo, y comamos y hagamos fiesta; porque este mi hijo muerto era, y ha revivido; se había perdido, y es hallado" (Lc. 15:22-24).

Jesús le dijo a la mujer samaritana de Sicar: "La hora viene, y ahora es, cuando los verdaderos adoradores adorarán al Padre en espíritu y en verdad; porque también el Padre tales adoradores busca que le adoren. Dios es Espíritu; y los que le adoran, en espíritu y en verdad es necesario que adoren" (Jn. 4:23-24; cp. Fil. 3:3). El escritor de Hebreos aconseja a los creyentes: "Acerquémonos, pues, confiadamente al trono de la gracia, para alcanzar misericordia y hallar gracia para el oportuno socorro... acerquémonos con corazón sincero, en plena certidumbre de fe, purificados los corazones de mala conciencia, y lavados los cuerpos con agua pura" (He. 4:16; 10:22).

En su mensaje a los filósofos paganos en la colina de Marte, Pablo dijo:

porque pasando y mirando vuestros santuarios, hallé también un altar en el cual estaba esta inscripción: AL DIOS NO CONOCIDO. Al que vosotros adoráis, pues, sin conocerle, es a quien yo os anuncio. El Dios que hizo el mundo y todas las cosas que en él hay, siendo Señor del cielo y de la tierra, no habita en templos hechos por manos humanas, ni es honrado por manos de hombres, como si necesitase de algo; pues él es quien da a todos vida y aliento y todas las cosas. Y de una sangre ha hecho todo el linaje de los hombres, para que habiten sobre toda la faz de la tierra; y les ha prefijado el orden de los tiempos, y los límites de su habitación; para que busquen a Dios, si en alguna manera, palpando, puedan hallarle, aunque ciertamente no está lejos de cada uno de nosotros. Porque en él vivimos, y nos movemos, y somos (Hch. 17:23-28).

El corazón redimido busca la comunión con Dios (Sal. 27:8; 63:1-2; 84:2; 143:6; Mt. 22:37).

LIMPIEZA

Pecadores, limpiad las manos; (4:8*b*)

El cuarto mandato en esta invitación a la salvación es **Pecadores, limpiad las manos.** El origen de este concepto estaba en la prescripción ceremonial judía para los sacerdotes, antes de que vinieran delante del Señor a ofrecer sacrificios en el tabernáculo o en el templo. Dios le ordenó a Moisés:

Harás también una fuente de bronce, con su base de bronce, para lavar; y la colocarás entre el tabernáculo de reunión y el altar, y pondrás en ella agua. Y de ella se lavarán Aarón y sus hijos las manos y los pies. Cuando entren en el tabernáculo de reunión, se lavarán con agua, para que no mueran; y cuando se acerquen al altar para ministrar, para quemar la ofrenda encendida para Jehová, se lavarán las manos y los pies, para que no mueran. Y lo tendrán por estatuto perpetuo él y su descendencia por sus generaciones (Éx. 30:18-21; cp. Lv. 16:4).

Isaías empleó la misma figura para representar el pecado no arrepentido de los que presumían adorar a Dios. Por medio de ese profeta el Señor advirtió a su pueblo: "Cuando extendáis vuestras manos, yo esconderé de vosotros mis ojos; asimismo cuando multipliquéis la oración, yo no oiré; llenas están de sangre vuestras manos. Lavaos y limpiaos; quitad la iniquidad de vuestras obras de delante de mis ojos; dejad de hacer lo malo" (Is. 1:15-16; cp. 59:2). David se regocijó al pensar que "Jehová me ha premiado conforme a mi justicia; conforme a la limpieza de mis manos me ha recompensado" (Sal. 18:20).

Pablo también empleó la condición de las manos para representar la conducta externa de la vida, diciendo: "Quiero, pues, que los hombres oren en todo lugar, levantando manos santas, sin ira ni contienda" (1 Ti. 2:8). "Manos santas" representa una vida espiritual y moralmente pura, sin la cual nadie puede acercarse a Dios. Es el pecado el que separa al hombre depravado del Dios santo. Por lo tanto, "Todo aquel que permanece en él, no peca", afirma Juan; "todo aquel que peca, no le ha visto, ni le ha conocido" (1 Jn. 3:6). Aunque podemos resistir el pecado, la tentación y al diablo, no está en poder de ninguna persona, ni siquiera el poder de un creyente, el limpiarse espiritualmente. Por eso nuestro misericordioso Señor promete que "si confesamos nuestros pecados, él es fiel y justo para perdonar nuestros pecados, y limpiarnos de toda maldad" (1 Jn. 1:9). Por lo tanto, el mandato a **limpiar las manos** es una orden de someterse (vea Stg. 4:7a) a la divina purificación espiritual de Dios.

El hecho de que la orden se dirige específicamente a **pecadores,** es una evidencia adicional de que Santiago está hablando a inconversos, llamándolos al arrepentimiento y a una relación salvadora con Dios. A lo largo del Nuevo Testamento, *hamartōlos* (**pecadores**) se usa solo para los inconversos (vea los textos mencionados más adelante). Los intérpretes que insisten en que todo este pasaje (4:7-10) se escribe a creyentes, deben por tanto sostener que el uso del de *hamartōlos* en el versículo 8 es la única excepción. Pero decir esto, en especial respecto a una palabra tan significativa y tan empleada, no se justifica sin una evidencia convincente en el contexto. Sencillamente no hay aquí tal evidencia convincente.

De sus antiguas Escrituras, los judíos a quienes les escribía Santiago habrían entendido que **pecadores** se refería a inconversos. Los corruptos e impíos "hombres de Sodoma eran malos y pecadores contra Jehová en gran manera" (Gn. 13:13). El libro de Salmos comienza con estas palabras: "Bienaventurado el varón que no anduvo en consejo de malos, ni estuvo en camino de pecadores, ni en silla de escarnecedores se ha sentado" (1:1). El versículo 5 de ese salmo deja aun más claro que "pecadores" se refiere a no salvos: "No se levantarán los malos en el juicio, ni los pecadores en la congregación de los justos". David habló de enseñar a los transgresores los caminos de Dios a fin de que "los pecadores se [conviertan] a ti" (Sal. 51:13). Isaías declara que "los rebeldes y pecadores a una serán quebrantados, y los que dejan a Jehová serán consumidos" (Is. 1:28) y que "el día de Jehová viene, terrible, y de indignación y ardor de ira, para convertir la tierra en soledad, y raer de ella a sus pecadores" (Is. 13:9; cp. Am. 9:10).

También en la época del Nuevo Testamento, como se refleja claramente en los Evangelios, *hamartōlos* se empleaba para referirse a los que estaban endurecidos en el pecado, no se habían arrepentido y eran a todas luces inmorales. Jesús aconsejó a sus oyentes: "Id, pues, y aprended lo que significa: Misericordia quiero, y no sacrificio. Porque no he venido a llamar a justos, sino a pecadores" (Mt. 9:13). En otra ocasión dijo: "No he venido a llamar a justos, sino a pecadores al arrepentimiento" (Lc. 5:32; cp. Mt. 9:13; Mr. 2:17). Antes de que fuera salva, Lucas llama a María de Betania "pecadora" (Lc. 7:37; cp. Jn. 12:3). Mientras estaba con pesar en el templo, "el publicano, estando lejos, no quería ni aun alzar los ojos al cielo, sino que se golpeaba el pecho, diciendo: Dios, sé propicio a mí, pecador" (Lc. 18:13). Pablo les recuerda a los creyentes que "Dios muestra su amor para con nosotros, en que siendo aún pecadores, Cristo murió por nosotros" (Ro. 5:8) y que "así como por la desobediencia de un hombre los muchos fueron constituidos pecadores, así también por la obediencia de uno, los muchos serán constituidos justos" (5:19). En su primera carta a Timoteo, el apóstol clasifica a los pecadores con "los transgresores y desobedientes,... los impíos ...los irreverentes y profanos" (1 Ti. 1:9). Algunos versículos más adelante identifica de modo aun más explícito a los pecadores con los inconversos, al decir: "Palabra fiel y digna de ser recibida por todos: que Cristo Jesús vino al mundo para salvar a los pecadores" (v. 15).

Por consiguiente, parece estar fuera de toda duda que, al igual que el Antiguo Testamento y el resto del Nuevo, Santiago igualó los **pecadores** a los inconversos, los no salvos.

PURIFICACIÓN

y vosotros los de doble ánimo, purificad vuestros corazones. (4:8*c*)

En este paralelismo hebraico, **purificad vuestros corazones** corresponde a "limpiad las manos" y **vosotros los de doble ánimo** corresponde a "pecadores", las segundas frases añaden una dimensión más específica. Al igual que David, Santiago asocia los pecados externos de las manos con los pecados internos del corazón. "¿Quién subirá al monte de Jehová?", pregunta David. "¿Y quién estará en su lugar santo? El limpio de manos y puro de corazón; el que no ha elevado su alma a cosas vanas, ni jurado con engaño" (Sal. 24:3-4; cp. 51:10). El inconverso no solo debe volverse de sus pecados externos, sino, aun más importante, de sus pecados internos del corazón, de donde brotan todos los pecados externos. "Del corazón", dijo Jesús, "salen los malos pensamientos, los homicidios, los adulterios, las fornicaciones, los hurtos, los falsos testimonios, las blasfemias" (Mt. 15:19).

"Lava tu corazón de maldad, oh Jerusalén", proclamó Jeremías, "para que seas salva. ¿Hasta cuándo permitirás en medio de ti los pensamientos de iniquidad?" (Jer. 4:14). "Echad de vosotros todas vuestras transgresiones con que habéis pecado", implora Ezequiel a sus conciudadanos israelitas, "y haceos un corazón nuevo y un espíritu nuevo" (Ez. 18:31). Cuando eso ocurre, el Señor promete:

Esparciré sobre vosotros agua limpia, y seréis limpiados de todas vuestras inmundicias; y de todos vuestros ídolos os limpiaré. Os daré corazón nuevo, y pondré espíritu nuevo dentro de vosotros; y quitaré de vuestra carne el corazón de piedra, y os daré un corazón de carne. Y pondré dentro de vosotros mi Espíritu, y haré que andéis en mis estatutos, y guardéis mis preceptos, y los pongáis por obra (36:25-27).

El evangelista del siglo XVIII George Whitefield dijo: "Cada hombre por su propia naturaleza aborrece a Dios. Pero cuando se vuelve a Dios por medio de un arrepentimiento evangélico, cambia su voluntad; entonces su conciencia, ahora endurecida y embotada, será vivificada y debilitada; su duro corazón será ablandado y sus rebeldes afecciones serán crucificadas. Así, por ese arrepentimiento, toda el alma cambiará, tendrá nuevas inclinaciones, nuevos deseos y nuevos hábitos".

Dipsuchos (**de doble ánimo**) literalmente significa "doble alma", y solamente Santiago la emplea en el Nuevo Testamento (vea también 1:8). Esta es la persona carente de integridad, que dice ser una cosa y vive otra. Este es el hipócrita en la congregación de los creyentes, que por lo general es confrontado en Santiago. He aquí una prueba más de que Santiago está hablando de y a los incrédulos. El Señor mismo puso en claro que "ninguno puede servir a dos señores; porque o aborrecerá al uno y amará al otro, o estimará al uno y menospreciará al otro" (Mt. 6:24) y que "el que no es conmigo, contra mí es; y el que conmigo no recoge, desparrama" (12:30). Por lo tanto, una persona **de doble ánimo** no puede ser cristiana.

Isaías estaba llamando al pecador de doble ánimo a que purificara su corazón cuando imploró: "Buscad a Jehová mientras puede ser hallado, llamadle en tanto que está cercano. Deje el impío su camino, y el hombre inicuo sus pensamientos, y vuélvase a Jehová, el cual tendrá de él misericordia, y al Dios nuestro, el cual será amplio en perdonar" (Is. 55:6-7).

AFLICCIÓN

Afligíos (4:9a)

Los tres mandatos siguientes son una serie de verbos simples, sin modificadores. El primero es *talaipōreō* (**afligíos**), que se emplea solo aquí en el Nuevo Testamento, aunque las formas nominales y adjetivales se emplean en otras partes (vea Ro. 3:16 {desventura}; 7:24 {miserable}; Stg. 5:1 {miserias}; Ap. 3:17 {miserable}). Denota el concepto de estar quebrantado y sentirse miserable por las circunstancias propias; en este caso, el de un pecador, perdido y separado de Dios. Este es exactamente el sentimiento que expresó el publicano del que habló Jesús que "no quería ni aun alzar los ojos al cielo, sino que se golpeaba el pecho, diciendo: Dios, sé propicio a mí, pecador" (Lc. 18:13).

Carlos Spurgeon escribió: "Hay una relación esencial entre la agonía del alma y la sana doctrina. La gracia soberana está cerca de los que han gemido profundamente al ver lo terriblemente pecadores que son".

La aflicción a la que se refiere aquí Santiago no tiene nada que ver con estar afligido por las circunstancias desfavorables de la vida y desear que Dios nos ayude para tener circunstancias mejores. No se relaciona con ascetismo religioso, o una autorrenuncia extrema o gran sacrificio que se supone haga a una persona humilde y más digna ante los ojos de Dios. Pablo rechaza abiertamente tal tipo de aflicción impuesta por la propia persona, advirtiendo que:

> *el Espíritu dice claramente que en los postreros tiempos algunos apostatarán de la fe, escuchando a espíritus engañadores y a doctrinas de demonios; por la hipocresía de mentirosos que, teniendo cauterizada la conciencia, prohibirán casarse, y mandarán abstenerse de alimentos que Dios creó para que con acción de gracias participasen de ellos los creyentes y los que han conocido la verdad (1 Ti. 4:1-3).*

Como el apóstol explica a los creyentes de Colosas: "Tales cosas tienen a la verdad cierta reputación de sabiduría en culto voluntario, en humildad y en duro trato del cuerpo; pero no tienen valor alguno contra los apetitos de la carne" (Col. 2:23). Esta aflicción tiene que ver con el quebrantamiento por los pecados de uno y la violación de la santa ley de Dios y el temor al juicio.

LAMENTO

y lamentad (4:9*b*)

Junto con afligirse, el pecador contrito ha de **lamentarse** por su pecado. La idea es la de una profunda aflicción y compunción, un total desespero que se lamenta por el pecado, de la misa forma que uno se acongoja por la muerte de un miembro de la familia o un amigo cercano. Es uno de los requisitos que establece el Señor mismo durante su encarnación: "Bienaventurados los que lloran, porque ellos recibirán consolación" (Mt. 5:4). Junto con la aflicción y el llanto, define la emoción del arrepentimiento (cp. 2 Co. 7:9-11).

Francis Fuller sabiamente observó:

> Arrepentirse es acusarse y condenarse a sí mismo; cargar sobre nosotros el desamparo del infierno; ponernos de parte de Dios en contra nuestra, y justificarlo en todo lo que hace contra nosotros; avergonzarnos y

confundirnos por nuestros pecados; tenerlos siempre delante de nosotros, y en todo momento sobre nuestro corazón, de forma que estemos en diaria aflicción por ellos; renunciar a aquellos pecados que producen placer y que nos han sido tan queridos como nuestra vida, de forma que nunca más tengamos que ver con ellos, los aborrezcamos y los destruyamos como cosas para las que, por naturaleza, estemos totalmente desmotivados. Como por naturaleza nos amamos y pensamos muy bien de nosotros mismos, ocultamos nuestras imperfecciones, disminuimos y justificamos nuestras faltas, nos complacemos en las cosas que nos agradan, nos desenfrenamos con nuestras lujurias y las seguimos, aunque para nuestra propia destrucción. (Citado en Spiros Zodhiates, *The Behavior of Belief* [El comportamiento de la fe) [Grand Rapids: Eerdmans, 1973], 2:286)

LÁGRIMAS

y llorad (4:9*c*)

Llorar es la manifestación externa de la aflicción y el lamento antes mencionados. Eso es lo que el profeta Isaías le dijo que hiciera a la infiel Israel, recordándole: "Por tanto, el Señor, Jehová de los ejércitos, llamó en este día a llanto y a endechas, a raparse el cabello y a vestir cilicio" (Is. 22:12). Es lo que Pedro hizo después de comprender que, tal como predijo el Señor, lo había negado. "Y el gallo cantó la segunda vez. Entonces Pedro se acordó de las palabras que Jesús le había dicho: Antes que el gallo cante dos veces, me negarás tres veces. Y pensando en esto, lloraba" (Mr. 14:72). Es el llanto de "la tristeza que es según Dios [el que] produce arrepentimiento para salvación, de que no hay que arrepentirse" (2 Co. 7:10).

En un perspicaz poema, H. Caunter escribió:
Una lágrima mancha la mejilla
y habla más que la lengua que mancilla,
sus palabras sin nombre hábil entrenza
mostrando las angustias interiores
de pecados inmundos y de horrores;
es la lágrima vil de la vergüenza.
(Citado en Zodhiates, *The Behavior of Belief*
[El comportamiento de la fe], 2:287)

SERIEDAD

Vuestra risa se convierta en lloro, y vuestro gozo en tristeza. (4:9*d*)

El noveno mandato, como el cuarto y el quinto (4:8b-c), está en la forma de un dístico hebreo, expresando la misma verdad fundamental en dos formas diferentes pero paralelas. Santiago no está condenando la **risa** o el **gozo** legítimos, sino la risa y el gozo frívolos, mundanos, egoístas y sensuales que muestran los inconversos, a pesar de, y a menudo debido a, sus placeres pecaminosos. Corresponde con la advertencia de Jesús: "¡Ay de vosotros, los que ahora reís! porque lamentaréis y lloraréis" (Lc. 6:25), y es lo opuesto de una bienaventuranza dada algunos versículos antes, que solo aparece en Lucas: "Bienaventurados los que ahora lloráis, porque reiréis" (v. 21). En ambos versículos Jesús empleó una forma verbal del sustantivo que en el texto en estudio se traduce **risa.**

Al confesar los pecados de su pueblo, Jeremías se lamentaba: "Cesó el gozo de nuestro corazón; nuestra danza se cambió en luto. Cayó la corona de nuestra cabeza; ¡Ay ahora de nosotros! porque pecamos" (Lm. 5:15-16). Santiago está llamando a los incrédulos a lamentarse y angustiarse por "los deseos de la carne, los deseos de los ojos y la vanagloria de la vida" (1 Jn. 2:16) que había caracterizado su vida anterior y los había hecho enemigos de Dios (Stg. 4:4).

HUMILDAD

Humillaos delante del Señor, y él os exaltará. (4:10)

Como se ha observado varias veces en este comentario, la humildad es en realidad el punto de partida y resumen de la salvación, en lo que tiene que ver con la respuesta humana. La primera bienaventuranza es: "Bienaventurados los pobres en espíritu [los humildes], porque de ellos es el reino de los cielos" (Mt. 5:3). Ya en este pasaje Santiago ha declarado que "Dios resiste a los soberbios, y da gracia a los humildes" (4:6).

Tapeinoō (**humillaos**) significa literalmente "hacer bajo". Aquí significa empequeñecerse uno mismo, no con la falsa humildad que muchos emplean a fin de inducir a otros a engrandecerlos, sino en una genuina realización de completa indignidad por causa del pecado. Cuando el pecador arrepentido se somete a Dios y trata de estar cerca de Él, clama como Isaías: "¡Ay de mí! que soy muerto; porque siendo hombre inmundo de labios, y habitando en medio de pueblo que tiene labios inmundos, han visto mis ojos al Rey, Jehová de los ejércitos" (Is. 6:5). Cuanto más ve un inconverso a Dios como en realidad es, glorioso y santo, con tanta mayor claridad se ve a sí mismo como en realidad es, pecador y corrompido. Aun Pedro se quedó consternado y espantado cuando vio que Jesús milagrosamente llenó su red, gritando: "Apártate de mí, Señor, porque soy hombre pecador" (Lc. 5:8). Después los discípulos tuvieron más temor de Jesús por calmar la tormenta, que el temor que habían sentido por la tormenta misma, "y se decían unos a otros: ¿Quién es éste, que aun a los vientos y a las aguas manda, y le obedecen?" (8:25).

Dios siempre ha exaltado a los que son espiritualmente humildes. El Señor dio testimonio a Salomón: "Si se humillare mi pueblo, sobre el cual mi nombre es invocado, y oraren, y buscaren mi rostro, y se convirtieren de sus malos caminos; entonces yo oiré desde los cielos, y perdonaré sus pecados, y sanaré su tierra" (2 Cr. 7:14). El salmista alabó al Señor diciendo: "El deseo de los humildes oíste, oh Jehová; tú dispones su corazón, y haces atento tu oído" (Sal. 10:17). Por medio de Isaías Dios prometió: "Yo habito en la altura y la santidad, y con el quebrantado y humilde de espíritu, para hacer vivir el espíritu de los humildes, y para vivificar el corazón de los quebrantados" (Is. 57:15).

Jesús puso en claro que "el que se enaltece será humillado, y el que se humilla será enaltecido" (Mt. 23:12). En este caso también el hijo pródigo es el ejemplo perfecto de contrita humildad. Cuando volvió en sí en aquel país lejano, se dijo: "Me levantaré e iré a mi padre, y le diré: Padre, he pecado contra el cielo y contra ti. Ya no soy digno de ser llamado tu hijo; hazme como a uno de tus jornaleros" (Lc. 15:18-19). Cuando regresó a su casa y expresó esta sincera contrición, "el padre dijo a sus siervos: Sacad el mejor vestido, y vestidle; y poned un anillo en su mano, y calzado en sus pies. Y traed el becerro gordo y matadlo, y comamos y hagamos fiesta; porque este mi hijo muerto era, y ha revivido; se había perdido, y es hallado" (Lc. 15:22-24).

Este es un cuadro de la forma en la que Dios da su "mayor gracia" (Stg. 4:6) a los que llegan **delante del Señor** arrepentidos y humillados. Él **los exaltará** espléndidamente.

Es de esta exaltación por gracia que Pablo habla en su carta a la iglesia de Éfeso:

> *Bendito sea el Dios y Padre de nuestro Señor Jesucristo, que nos bendijo con toda bendición espiritual en los lugares celestiales en Cristo, según nos escogió en él antes de la fundación del mundo, para que fuésemos santos y sin mancha delante de él, en amor habiéndonos predestinado para ser adoptados hijos suyos por medio de Jesucristo, según el puro afecto de su voluntad, para alabanza de la gloria de su gracia, con la cual nos hizo aceptos en el Amado, en quien tenemos redención por su sangre, el perdón de pecados según las riquezas de su gracia (Ef. 1:3-7).*

Aun más que eso, nuestro amoroso Padre celestial "juntamente con él nos resucitó, y asimismo nos hizo sentar en los lugares celestiales con Cristo Jesús" (2:6).

El terrible pecado de difamar a los demás

16

Hermanos, no murmuréis los unos de los otros. El que murmura del hermano y juzga a su hermano, murmura de la ley y juzga a la ley; pero si tú juzgas a la ley, no eres hacedor de la ley, sino juez. Uno solo es el dador de la ley, que puede salvar y perder; pero tú, ¿quién eres para que juzgues a otro? (4:11-12)

Cuando los monjes medievales compilaron una lista de los siete pecados capitales, incluyeron el orgullo, la codicia, la lujuria, la envidia, la gula, la ira y la pereza. Notoriamente ausente de esa lista estuvo el pecado de difamar a los demás. Con toda probabilidad, la difamación tampoco estaría en los primeros lugares de alguna lista de graves pecados que se hiciera en nuestra época. Está tan generalizada que apenas parecemos notarla.

A pesar de nuestra despreocupada actitud hacia él, el difamar es un pecado muy destructivo. La difamación ataca la dignidad de las personas, denigra su personalidad y destruye su reputación; su más preciado bien terrenal (Pr. 22:1; Ec. 7:1). La sociedad humana reconoce la gravedad de la difamación y aprueba leyes que permiten a aquellos cuyo buen nombre es calumniado, demandar por difamación de su persona.

La difamación no es solamente un pecado devastador, es también ubicuo. Mientras otros pecados requieren una serie de circunstancias particulares antes de que se cometan, la difamación solo necesita una lengua maliciosa manejada por el odio (cp. Sal. 41:7-8; 109:3). Al ser tan fácil de cometer, la difamación está muy extendida, casi ineludible. Como Hamlet advirtió a Ofelia: "aunque vos seáis casta como el hielo y tan pura como la nieve, no escaparás de la calumnia [difamación]" (Shakespeare, *Hamlet*, acto 3, escena 1).

La Biblia tiene mucho que decir acerca de la difamación. El Antiguo Testamento denuncia el pecado de calumniar a Dios, o a los hombres, muchas veces más que lo hace de otro pecado. En Levítico 19:16, Dios le ordena a su pueblo: "No andarás chismeando entre tu pueblo". Es la característica de un hombre santo que "no calumnia con su lengua" (Sal. 15:3); es la característica

227

de los malvados que ellos calumnian a los demás (Sal. 50:19-20; Jer. 6:28; 9:4; Ro. 1:30). La seriedad de la calumnia hizo que David jurara: "Al que solapadamente infama a su prójimo, yo lo destruiré" (Sal. 101:5), y que dijera: "El hombre deslenguado no será firme en la tierra" (Sal. 140:11). Salomón sabiamente aconsejó sobre el peligro de asociarse a un calumniador (Pr. 20:19).

El Nuevo Testamento también condena la difamación. El Señor Jesús identificó que su fuente es un corazón malo (Mt. 15:19) y enseñó que contamina a la persona (Mt. 15:20). Pablo temía encontrar difamaciones [maledicencias] entre los corintios cuando los visitara (2 Co. 12:20), y ordenó a los efesios (Ef. 4:31) y a los colosenses (Col. 3:8) que la evitaran. Pedro también exhortó a sus lectores a no difamar a otros (1 P. 2:1).

Las Escrituras recogen las consecuencias devastadoras de la difamación. Proverbios 16:28 y 17:9 advierten que destruye las amistades. Proverbios 18:8 y 26:22 hablan de las profundas heridas que inflige en el calumniado, mientras Proverbios 11:9 y Isaías 32:7 advierten que la difamación puede a la postre destruir personas. Los calumniadores avivan la contienda (Pr. 26:20), siembran discordias (6:19), y se hacen necios (10:18).

La Biblia presenta muchos ejemplos de difamación. Los hijos de Labán difamaron a Jacob, diciendo de él: "Jacob ha tomado todo lo que era de nuestro padre, y de lo que era de nuestro padre ha adquirido toda esta riqueza" (Gn. 31:1). Siba, el siervo de Saúl, difamó al hijo de Jonatán, Mefi-boset, ante David, acusándolo falsamente de un complot para usurpar su trono (2 S. 16:3); una acusación que Mefi-boset negó con vehemencia (2 S. 19:25-27). Ante la instigación de la malvada reina Jezabel, dos hombres indignos difamaron del justo Nabot, lo que causó su ejecución (1 R. 21:13). Los enemigos de los judíos que regresaron del exilio difamaron de ellos ante los jefes de Persia (Esd. 4:6-16), provocando la detención de la reconstrucción de Jerusalén (Esd. 4:17-24). El rey árabe, Gasmu, difamó a los que regresaron del exilio y a Nehemías, diciendo que tramaban rebelarse y hacer a Nehemías su rey (Neh. 6:5-7). Amán, el genocida adversario de los judíos, habló mal de ellos a Asuero, el rey persa (Est. 3:8). David (1 S. 24:9; Sal. 31:13), Juan el Bautista (Mt. 11:18), nuestro Señor (Mt. 11:19; 26:59; Jn. 8:41, 48), y el apóstol Pablo (Ro. 3:8) fueron también blanco de la difamación.

Una de las ilustraciones más impresionantes del daño catastrófico que el pecado de la difamación puede causar se encuentra en la guerra de David con los amonitas y sus aliados arameos. La historia se desarrolla en 2 Samuel 10:

Después de esto, aconteció que murió el rey de los hijos de Amón, y reinó en lugar suyo Hanún su hijo. Y dijo David: Yo haré misericordia con Hanún hijo de Nahas, como su padre la hizo conmigo. Y envió David sus siervos para consolarlo por su padre (vv. 1-2a).

Buscando mostrar buena voluntad al rey amonita, cuyo padre le había mostrado a él buena voluntad (tal vez cuando David había estado fugitivo de Saúl cerca de Moab; cp. 1 S. 22:3-4), David envió una delegación para consolarlo. Sin embargo, los consejeros de Hanún envenenaron su mente contra David:

Mas llegados los siervos de David a la tierra de los hijos de Amón, los príncipes de los hijos de Amón dijeron a Hanún su señor: ¿Te parece que por honrar David a tu padre te ha enviado consoladores? ¿No ha enviado David sus siervos a ti para reconocer e inspeccionar la ciudad, para destruirla? Entonces Hanún tomó los siervos, de David les rapó la mitad de la barba, les cortó los vestidos por la mitad hasta las nalgas, y los despidió. Cuando se le hizo saber esto a David, envió a encontrarles, porque ellos estaban en extremo avergonzados; y el rey mandó que les dijeran: Quedaos en Jericó hasta que os vuelva a nacer la barba, y entonces volved (vv. 2b-5).

Conscientes de que esa humillación pública a los enviados de David resultaría inevitablemente en guerra con Israel, los amonitas contrataron mercenarios (v. 6). Al enterarse de la movilización de los amonitas, David envió su ejército, comandado por Joab, para enfrentarlos en la batalla (v. 7). La guerra resultante finalizó con una desastrosa derrota para los amonitas y sus aliados:

Y saliendo los hijos de Amón, se pusieron en orden de batalla a la entrada de la puerta; pero los sirios de Soba, de Rehob, de Is-tob y de Maaca estaban aparte en el campo. Viendo, pues, Joab que se le presentaba la batalla de frente y a la retaguardia, entresacó de todos los escogidos de Israel, y se puso en orden de batalla contra los sirios. Entregó luego el resto del ejército en mano de Abisai su hermano, y lo alineó para encontrar a los amonitas. Y dijo: Si los sirios pudieren más que yo, tú me ayudarás; y si los hijos de Amón pudieren más que tú, yo te daré ayuda. Esfuérzate, y esforcémonos por nuestro pueblo, y por las ciudades de nuestro Dios; y haga Jehová lo que bien le pareciere. Y se acercó Joab, y el pueblo que con él estaba, para pelear contra los sirios; mas ellos huyeron delante de él. Entonces los hijos de Amón, viendo que los sirios habían huido, huyeron también ellos delante de Abisai, y se refugiaron en la ciudad. Se volvió, pues, Joab de luchar contra los hijos de Amón, y vino a Jerusalén. Pero los sirios, viendo que habían sido derrotados por Israel, se volvieron a reunir. Y envió Hadad-ezer e hizo salir a los sirios que estaban al otro lado del Éufrates, los cuales vinieron a Helam, llevando por jefe a Sobac, general del ejército de Hadad-ezer. Cuando fue dado aviso a David, reunió a todo Israel, y pasando el Jordán vino a Helam; y los sirios se pusieron en orden de batalla contra David y pelearon contra él. Mas los sirios huyeron delante de Israel; y David mató de los sirios a la gente de setecientos carros, y cuarenta mil hombres de a caballo; hirió también a Sobac general del ejército, quien murió allí. Viendo, pues, todos los reyes que ayudaban a Hadad-ezer, cómo habían sido derrotados delante de Israel, hicieron paz con Israel y le sirvieron; y de allí en adelante los sirios temieron ayudar más a los hijos de Amón. Aconteció al año siguiente, en el tiempo que salen los reyes a la guerra, que David envió a Joab, y con él a sus siervos y a todo Israel, y destruyeron a los amonitas, y sitiaron a Rabá; pero David se quedó en Jerusalén (10:8–11:1).

Una guerra en la que participaron varias naciones, ocasionó más de cuarenta mil muertos solo en el grupo de los perdedores (entre ellos el general de las fuerzas arameas), así como la pérdida de la ciudad capital de Amón (2 S. 12:26-29), fue el resultado de las difamantes mentiras de los príncipes amonitas con relación a los motivos de David (2 S. 10:3).

La difamación se originó en el Huerto del Edén, perpetrada por Satanás (cuyo otro título común, "diablo", apropiadamente significa "calumniador"; cp. Ap. 12:10). La clave para su éxito al tentar a Eva estuvo en las difamadoras tergiversaciones del carácter y de los motivos de Dios:

Pero la serpiente era astuta, más que todos los animales del campo que Jehová Dios había hecho; la cual dijo a la mujer: ¿Conque Dios os ha dicho: No comáis de todo árbol del huerto? Y la mujer respondió a la serpiente: Del fruto de los árboles del huerto podemos comer; pero del fruto del árbol que está en medio del huerto dijo Dios: No comeréis de él, ni le tocaréis, para que no muráis. Entonces la serpiente dijo a la mujer: No moriréis; sino que sabe Dios que el día que comáis de él, serán abiertos vuestros ojos, y seréis como Dios, sabiendo el bien y el mal. Y vio la mujer que el árbol era bueno para comer, y que era agradable a los ojos, y árbol codiciable para alcanzar la sabiduría; y tomó de su fruto, y comió; y dio también a su marido, el cual comió así como ella (Gn. 3:1-6).

En el versículo 1 Satanás difamó la integridad de Dios ("¿Conque Dios os ha dicho...."); en el versículo 5 lo hizo con relación a los motivos de Dios ("sabe Dios que el día que comáis de él, serán abiertos vuestros ojos, y seréis como Dios..."), insinuando que Dios estaba ocultando egoístamente algo bueno para Adán y Eva. Así que, el primer acto de difamación en la historia humana llevó directamente al primer pecado. La difamación es un pecado muy grave que Dios aborrece (Pr. 6:16-19) y juzgará (Sal. 52:1-5).

Antes de analizar el texto de Santiago 4:11-12, debe tratarse sobre una interpretación errónea común. Los mandatos bíblicos contra la difamación no prohíben, como muchos creen erróneamente en la iglesia actual, el reprender a los que persisten en no arrepentirse de algún pecado. Por el contrario, tal exposición pública del pecado se ordena en las Escrituras. En Mateo 18:15-17, Jesús estableció parámetros para tratar con los cristianos que pecan:

> *Si tu hermano peca contra ti, ve y repréndele estando tú y él solos; si te oyere, has ganado a tu hermano. Mas si no te oyere, toma aún contigo a uno o dos, para que en boca de dos o tres testigos conste toda palabra. Si no los oyere a ellos, dilo a la iglesia; y si no oyere a la iglesia, tenle por gentil y publicano.*

Esos que se niegan a arrepentirse después de exhortaciones privadas, deben ser reprendidos en público ante la iglesia. Pablo repitió el mandato del Señor en Tito 3:10, diciéndole a Tito que deseche "al hombre que cause divisiones, después de una y otra amonestación", y él mismo reprendió a tales personas (1 Co. 5:1-5). De modo que las palabras de Santiago de **no murmuréis los unos de los otros** no prohíbe la denuncia del pecado con un propósito justo, sino la mentira con un propósito malicioso. *Katalaleō* (**murmuréis**) aparece solo aquí y en 1 Pedro 2:12 y 3:16. Junto con los sustantivos relacionados *katalalia* (2 Co. 12:20 "maledicencias"; 1 P. 2:1 "detracciones") y *katalalous* ("detractores"; Ro. 1:30), se refiere al hablar en contra de otros de forma irreflexiva, desconsiderada, descuidada, crítica, despectiva y falsa.

Como se ha observado a lo largo de este comentario, Santiago escribió su epístola a fin de presentar pruebas de una fe viva, genuina y salvadora. Habiendo mostrado que la característica de un verdadero creyente es la humildad (Stg. 4:10), muestra entonces una forma práctica en la que se viola la humildad y se revela el orgullo, a través de la murmuración de otros. Una persona cuya vida se caracteriza por una habitual difamación y condena a los demás, deja ver un corazón malvado, no amoroso y no regenerado (1 Jn. 2:9-10; 4:20). Su boca se convierte en un túnel a través del cual escapa la corrupción de su corazón. Por otra parte, una manera santa de hablar distingue al creyente (Ef. 4:25, 29; Col. 4:6). El tema de la murmuración, entonces, se convierte en una prueba de la genuina salvación, y para los creyentes, una medida de madurez espiritual.

Para ayudar a los creyentes a controlar su lengua y evitar la murmuración, Santiago nos exhorta a examinar cuatro aspectos de nuestro pensamiento: "Lo que pensamos de los demás, de la ley, de Dios y de nosotros mismos".

LO QUE PENSAMOS DE LOS DEMÁS

Hermanos, no murmuréis los unos de los otros. El que murmura del hermano y juzga a su hermano, (4:11*a*)

La triple repetición **hermanos... hermano... hermano** nos recuerda la relación familiar que tenemos con otros cristianos. Murmurar es la antítesis de lo que se espera y es aceptable en una familia, cuyos miembros deben amarse, apoyarse y protegerse mutuamente. Aunque los cristianos deben esperar murmuraciones de los que no están en la iglesia (1 P. 2:12; 3:16), la murmuración dentro de la iglesia es inaceptable. "Pero si os mordéis y os coméis unos a otros", advirtió Pablo a los gálatas, "mirad que también no os consumáis unos a otros" (Gá. 5:15).

La solemne advertencia de nuestro Señor que aparece en Mateo 18:6 refleja la seriedad de murmurar de otros creyentes: "Cualquiera que haga tropezar a alguno de estos pequeños que creen en mí, mejor le fuera que se le colgase al cuello una piedra de molino de asno, y que se le hundiese en lo profundo del mar". Mejor sufrir una muerte horrenda, dijo Jesús, que ofender a otro creyente. Los cristianos deben tomar medidas radicales para evitar tales ofensas (vv. 8-9), sabiendo que el Padre se interesa en cómo se trata a sus hijos (v. 10).

Muy asociado con el pecado de la murmuración está el de ser condenatorio. Así que, después de advertir a sus lectores que **no murmuraran los unos de los otros,** Santiago con autoridad advierte a los que juzgan al hermano, que lo dejen de hacer. *Krinō* (**juzga**) no se refiere a evaluación, sino a condenación. Su advertencia es semejante a la de nuestro Señor:

> *No juzguéis, para que no seáis juzgados. Porque con el juicio con que juzgáis, seréis juzgados, y con la medida con que medís, os será medido. ¿Y por qué miras la paja que está en el ojo de tu hermano, y no echas de ver la viga que está en tu propio ojo? ¿O cómo dirás a tu hermano: Déjame sacar la paja de tu ojo, y he aquí la viga en el ojo tuyo? ¡Hipócrita! saca primero la viga de tu propio ojo, y entonces verás bien para sacar la paja del ojo de tu hermano (Mt. 7:1-5).*

Si a los demás creyentes se les ve como los escogidos por Dios antes de la fundación del mundo, por quienes Cristo murió, que son amados y exaltados por Dios, y con quienes pasaremos la eternidad en el cielo, buscaremos honrarlos, amarlos y protegerlos. El primer paso para evitar el pecado de la murmuración no es mantener sellados nuestros labios, sino tener pensamientos correctos sobre los demás.

LO QUE PENSAMOS DE LA LEY

murmura de la ley y juzga a la ley; pero si tú juzgas a la ley, no eres hacedor de la ley, sino juez. (4:11*b*)

Este es el próximo paso lógico en la línea de pensamiento de Santiago. Como el amar a los demás es la quintaesencia de la ley (Ro. 13:8; Stg. 2:8), y la murmuración muestra falta de amor por otros, entonces la murmuración es una violación de la ley. La ley es el amor codificado; es la expresión de cómo amar a los demás.

Un examen de los Diez Mandamientos muestra que son diez características del amor expresado. El primer mandamiento: "No tendrás dioses ajenos delante de mí" (Éx. 20:3), muestra que el amor no es inconstante, sino resuelto, consagrado, leal. El segundo mandamiento: "No te harás imagen, ni ninguna semejanza de lo que esté arriba en el cielo, ni abajo en la tierra, ni en las aguas debajo de la tierra" (v. 4), describe, por otra parte, la fidelidad del amor. El amor no solo es leal en actitud, sino fiel en la práctica. El tercer mandamiento: "No tomarás el nombre de Jehová tu Dios en vano; porque no dará por inocente Jehová al que tomare su nombre en vano" (v. 7), revela que el amor debe ser respetuoso. El cuarto mandamiento: "Acuérdate del día de reposo para santificarlo" (v. 8), describe la intimidad del amor o su consagración. El quinto mandamiento: "Honra a tu padre y a tu madre, para que tus días se alarguen en la tierra que Jehová tu Dios te da" (v. 12), revela que el amor debe ser sumiso a la autoridad, representada aquí por la autoridad de los padres. Los creyentes deben, por supuesto, someterse a Dios. También deben, como escribió Pablo, "[someterse] unos a otros en el temor de Dios" (Ef. 5:21). El sexto mandamiento: "No matarás" (Éx. 20:13), expresa el valor que el amor le da a los demás. En el Nuevo Testamento, Jesús reveló que la intención real de este mandamiento no era simplemente prohibir el asesinato, sino también la ira que puede llevar al asesinato (Mt. 5:21-22). El séptimo mandamiento: "No cometerás adulterio" (Éx. 20:14), muestra que el amor debe ser puro y que debe esperar pureza. El amor nunca mancharía a otra persona. El octavo mandamiento: "No hurtarás" (v. 15), manifiesta la naturaleza desinteresada del amor. El amor busca dar, no tomar. El noveno mandamiento: "No hablarás contra tu prójimo falso testimonio" (v. 16), demuestra la veracidad del amor. El amor nunca mentiría, sino más bien buscaría que se conociera la verdad. Por último, el décimo mandamiento: "No codiciarás la casa de tu prójimo, no codiciarás la mujer de tu prójimo, ni su siervo, ni su criada, ni su buey, ni su asno, ni cosa alguna de tu prójimo" (v. 17), expresa la satisfacción no egoísta del amor. El amor se contenta con lo que tiene y desea solo lo mejor para los otros.

Como la ley es una conexión de principios sobre el amor, Jesús, cuando se le pidió que mencionara el mandamiento más importante en la ley, respondió: "Amarás al Señor tu Dios con todo tu corazón, y con toda tu alma, y con toda tu mente. Este es el primero y grande mandamiento. Y el segundo es semejante: Amarás a tu prójimo como a ti mismo. De estos dos mandamientos depende toda la ley y los profetas" (Mt. 22:37-40). Dios dio su ley para regular el amor de las personas a Él y a los demás seres humanos. De modo que Santiago no condena la murmuración solo como una violación del afecto personal o de la elemental bondad humana, sino de la santa ley de Dios.

Como murmurar es una violación de la ley del amor, el calumniador habla en contra de **la ley** y desaprueba **la ley,** mostrando así un desinterés total por las normas divinas. Y si usted se pone por encima de la ley de Dios, advierte Santiago, usted **no es hacedor de la ley, sino juez.** Lo que significa eso es que el que hace caso omiso de la ley de Dios, en realidad afirma ser superior a la ley de Dios, no estar sometido a ella ni a su autoridad. Por medio de esta horrible falta de respeto, los pecadores juzgan la ley como indigna de su atención, afecto, obediencia, sumisión; todo lo cual es blasfemia contra Dios.

Experimentar la victoria sobre la murmuración requiere que tomemos nuestro propio lugar bajo la autoridad de la ley.

LO QUE PENSAMOS DE DIOS

Uno solo es el dador de la ley, que puede salvar y perder; (4:12*a*)

Al ponerse por encima de la ley, los calumniadores también tratan de ponerse por encima del **solo** verdadero **dador de la ley,** Dios mismo. Tal insensatez pone al pecador a la par de Satanás, que procuró sin éxito usurpar el trono de Dios. Los cinco verbos en tiempo futuro de Isaías 14:13-14 expresaban su deseo del lugar de supremacía: "Subiré al cielo; en lo alto, junto a las estrellas de Dios, levantaré mi trono, y en el monte del testimonio me sentaré, a los lados del norte; sobre las alturas de las nubes subiré, y seré semejante al Altísimo".

El deseo de usurpar el lugar de Dios ha sido la esencia de todos los pecados que se hayan cometido. El pecado procura destronar a Dios, quitarlo como supremo **dador de la ley,** y gobernar en su lugar. Al afirmar que el pecador está por encima de la ley de Dios, como se observó en el punto anterior, el pecado intenta dar un golpe asesino a la persona de Dios mismo.

Las Escrituras enseñan que todo pecado es, en definitiva, contra Dios. El israelita que pecaba bajo la ley mosaica, debía ofrecer una expiación porque "ciertamente delinquió contra Jehová" (Lv. 5:19). A quienes estafaban a otros, por ejemplo, se les consideraba que habían cometido "prevaricación contra Jehová" (Lv. 6:2). Después de sus terribles pecados de adulterio con Betsabé y el subsiguiente asesinato de su esposo, David clamó a Dios: "Contra ti, contra ti solo he pecado, y he hecho lo malo delante de tus ojos" (Sal. 51:4). El profeta Natán confirmó que el pecado de David había sido contra el Señor, al preguntar: "¿Por qué, pues, tuviste en poco la palabra de Jehová, haciendo lo malo delante de sus ojos?" (2 S. 12:9). Cada pecado es al final contra Dios, porque cada pecado, en efecto, menosprecia y desaprueba su ley, así como usurpa su autoridad.

Santiago señala la blasfemia e insensatez del intento del pecador de usurpar el lugar de Dios, subrayando que **Uno solo es el dador de la ley.** El texto griego literalmente dice "uno es el legislador y juez", subrayando que solo Dios es el gobernante y juez soberano del universo. *Nomothetēs* (**dador de la ley**) aparece solo aquí en el Nuevo Testamento. Se refiere a alguien que pone la ley en su lugar. Dios, y solamente Dios, insiste Santiago, es el legislador y el que aplica la ley (cp. Is. 33:22); Él dio la ley y juzgará a los hombres por su ley. Solamente Él, porque conoce el corazón y los motivos de los hombres (1 S. 16:7; 1 R. 8:39; Pr. 15:11), puede perfectamente aplicar la ley que ha dado.

Dios, continúa Santiago, **puede salvar** a los que ponen su fe en Cristo, y destruir [**perder**] a los pecadores incontritos; así es como aplica su ley (cp. Dt. 32:39; 1 Co. 1:18). El ángel le dijo a José que Jesús salvaría "a su pueblo de sus pecados" (Mt. 1:21), mientras que Jesucristo mismo describió su misión como de venir "a buscar y a salvar lo que se había perdido" (Lc. 19:10). Pablo escribió que el evangelio "es poder de Dios para salvación a todo aquel que cree" (Ro. 1:16). El escritor de Hebreos dice del Señor Jesucristo: "Puede también salvar perpetuamente a los que por él se acercan a Dios, viviendo siempre para interceder por ellos" (He. 7:25). Sin embargo, Dios destruirá [perderá] a los que no quieren arrepentirse. **perder** viene de *apollumi,* y no se refiere a aniquilación, sino a destrucción eterna en el infierno (cp. Mt. 10:28; 25:46; 2 Ts. 1:9).

El pecado de la murmuración, advierte Santiago, no es un asunto trivial. Es una traición desvergonzada y temeraria contra el soberano legislador y juez del universo. Nadie ha expresado con más claridad la gravedad del pecado, que el puritano inglés del siglo XVII Ralph Venning, que escribió las siguientes palabras solemnes en su libro *The Sinfulness of Sin* [La perversidad del pecado]:

La perversidad del pecado no solo surge por ser contraria a Dios, sino que consiste en eso. En realidad, es en sí misma oposición y enemistad. A los hombres carnales, o pecadores, se les llama enemigos de Dios (Ro. 5:8 con 10; Col. 1:21); pero a la mente carnal o al pecado se les llama enemigos (Ro. 8:7). Por consiguiente, el pecado y sus actos se expresan por nombres de enemistad y actos de hostilidad, tales como: andar en oposición a Dios (Lv. 26:21), rebelarse contra Dios (Is. 1:2), levantarse como su enemigo (Mi. 2:8), pleitear con Dios (Is. 45:9), y menospreciar a Dios (Nm. 11:20). Hace que los hombres sean aborrecedores de Dios (Ro. 1:30), resistan a Dios (Hch. 7:51), luchen contra Dios (Hch. 5:39), incluso que blasfemen a Dios, y sean en resumen muy ateos, que digan que no hay Dios (Sal. 14:1). Se ocupa en hacer que Dios no sea Dios, y es llamado por algunos de los antiguos Deicidium, asesino de Dios o aniquilador de Dios. (Edimburgo: Banner of Truth, 1993; 29-30)

A fin de controlar el pecado de la murmuración contra los demás, debemos reconocer la gravedad de pecar contra el supremo legislador y juez.

LO QUE PENSAMOS DE NOSOTROS MISMOS

pero tú, ¿quién eres para que juzgues a otro? (4:12*b*)

Los que murmuran de otros revelan una exagerada perspectiva de su propia importancia. En una punzante reprensión, Santiago exige: **¿quién eres para que juzgues a otro?** En nuestro lenguaje contemporáneo Santiago estaría diciendo: "¿Quién te has creído para juzgar a los demás?"En Romanos 12:3, Pablo exhortó a los creyentes de Roma, "por la gracia que me es dada, a cada cual que está entre vosotros, que no tenga más alto concepto de sí que el que debe tener". Mientras que en Romanos 14:4 exige con palabras que nos recuerdan las de Santiago, "¿Tú quién eres, que juzgas al criado ajeno? Para su propio señor está en pie, o cae; pero estará firme, porque poderoso es el Señor para hacerle estar firme".

Juzgar a los demás o murmurar de ellos, es la antítesis de la humildad, que Santiago manda que manifiesten sus lectores (4:10). Los que regularmente se ocupan en tales conductas hacen que se dude de la autenticidad de su fe.

El estrago que puede ocasionar una lengua difamadora se ilustra gráficamente con la historia trágica siguiente:

> Había una familia feliz que vivía en un pueblo pequeño en Dakota del Norte, aunque la joven madre no había estado muy bien desde el nacimiento de su segundo hijo.
>
> Pero cada atardecer los vecinos se daban cuenta del amor que había en el corazón de ellos, cuando veían al esposo y padre encontrarse en la puerta con su esposa y sus dos pequeños hijos. Había risas también por la noche, y cuando el tiempo lo permitía, padre e hijos retozaban juntos en el césped trasero, mientras la madre los contemplaba con una feliz sonrisa.
>
> Pero un día un chismoso del pueblo comenzó a difundir una historia, diciendo que el padre le estaba siendo infiel a la esposa, una historia sin fundamento alguno. Pero con el tiempo llegó a oídos de la joven esposa, y eso era más de lo que podía soportar.
>
> La razón abandonó su trono, y aquella noche, cuando el esposo llegó al hogar, no había nadie que se encontrara con él en la puerta, ni hubo risas en la casa, no hubo un aroma saliendo de la cocina. Solo frialdad y algo que helaba de miedo su corazón.

Y abajo en el sótano encontró a los tres colgando de una viga. Enferma y desesperada, la joven madre se había quitado la vida después de dar muerte a sus dos hijos.

En los días siguientes, salió a la luz la verdad de lo que había sucedido: "La lengua de un chismoso, una historia falsa, una tragedia terrible".

Cómo responder a la voluntad de Dios

17

¡**Vamos ahora! los que decís: Hoy y mañana iremos a tal ciudad, y estaremos allá un año, y traficaremos, y ganaremos; cuando no sabéis lo que será mañana. Porque ¿qué es vuestra vida? Ciertamente es neblina que se aparece por un poco de tiempo, y luego se desvanece. En lugar de lo cual deberíais decir: Si el Señor quiere, viviremos y haremos esto o aquello. Pero ahora os jactáis en vuestras soberbias. Toda jactancia semejante es mala; y al que sabe hacer lo bueno, y no lo hace, le es pecado.** (4:13-17)

Las Escrituras dan muchas características de un cristiano verdadero, como el amor a Dios, el arrepentimiento del pecado, la humildad, la devoción a la gloria de Dios, la oración, el amor a los demás, la separación del mundo, el crecimiento y la obediencia. Pero nada resume con mayor claridad el carácter de un creyente genuino, que un deseo de hacer la voluntad de Dios. En el Salmo 40:8 David escribió: "El hacer tu voluntad, Dios mío, me ha agradado, y tu ley está en medio de mi corazón"; en el Salmo 143:10 añadió: "Enséñame a hacer tu voluntad, porque tú eres mi Dios". Jesús enseñó que "todo aquel que hace la voluntad de Dios, ése es mi hermano, y mi hermana, y mi madre" (Mr. 3:35), mientras que en Juan 7:17 declaró: "El que quiera hacer la voluntad de Dios, conocerá si la doctrina es de Dios, o si yo hablo por mi propia cuenta". En Mateo 7:21 hizo la solemne advertencia: "No todo el que me dice: Señor, Señor, entrará en el reino de los cielos, sino el que hace la voluntad de mi Padre que está en los cielos". Pedro exhortó a los cristianos a que no vivan "el tiempo que resta en la carne, conforme a las concupiscencias de los hombres, sino conforme a la voluntad de Dios" (1 P. 4:2). El apóstol Juan describió a los creyentes como que "[los que hacen] la voluntad de Dios [permanecen] para siempre" (1 Jn. 2:17).

El mejor ejemplo de alguien que sí cumplió la voluntad de Dios fue el Señor Jesús. En Juan 6:38 definió su misión mesiánica cuando dijo: "He descendido del cielo, no para hacer mi voluntad, sino la voluntad del que me envió" (cp. Jn.

5:30). Para sus discípulos, cortos de vista, que solo miraban las cosas terrenales, Jesús explicó: "Mi comida es que haga la voluntad del que me envió, y que acabe su obra" (Jn. 4:34). En la agonía en Getsemaní, afrontando la horrible realidad de la cruz, el Señor, no obstante, oró: "Padre mío, si es posible, pase de mí esta copa; pero no sea como yo quiero, sino como tú" (Mt. 26:39; cp. el v. 42; Mr. 14:36; Lc. 22:42). El Señor Jesús modeló perfectamente el elemento fundamental de una relación con Dios: "La obediencia a su voluntad".

Para Santiago, el hacer la voluntad de Dios es otra prueba de la genuina fe salvadora. Los verdaderos cristianos se caracterizan por hacer "de corazón... la voluntad de Dios" (Ef. 6:6). Gozosamente, de buena gana oran: "Venga tu reino. Hágase tu voluntad" (Mt. 6:10). El deleite del apóstol Pablo en la ley de Dios (Ro. 7:22) es otra forma de expresar la misma actitud. La letra del conocido himno "Haz lo que quieras de mí, Señor" refleja el deseo de todo verdadero cristiano:

> ¡Haz lo que quieras de mí, Señor!
> Tú el alfarero; yo el barro soy.
> Dócil y humilde anhelo ser,
> Cúmplase siempre en mí, tu querer.
>
> *Adelaide A. Pollard*

Por otra parte, un constante rechazo o desinterés por la voluntad de Dios, es una señal segura de la presencia del orgullo; bajo el desagradable pecado también hay conflictos, mundanalidad y murmuración (4:1-12). Hacer caso omiso de la voluntad de Dios es equivalente a decir: "Soy el gobernante soberano de mi vida". Tal orgullosa actitud es contraria a la fe salvadora; como ya ha señalado Santiago, "Dios resiste a los soberbios, y da gracia a los humildes" (4:6). Quienes se niegan a someterse a la voluntad de Dios, dan prueba de que su vida no ha sido transformada por la divina gracia salvadora (cp. Tit. 2:11-12).

Fiel al modelo que ha seguido a lo largo de su epístola, Santiago ofrece una forma práctica con relación al asunto de responder a la voluntad de Dios. En un pasaje fascinante alrededor de lo que, al parecer, era una ilustración mundana de los planes de los hombres de negocio, Santiago ofrece ideas significativas de cómo las personas responden a la voluntad de Dios. Al hacerlo así, presenta tres respuestas negativas y una respuesta positiva.

LA INSENSATEZ DE NO HACER CASO A LA VOLUNTAD DE DIOS

¡Vamos ahora! los que decís: Hoy y mañana iremos a tal ciudad, y estaremos allá un año, y traficaremos, y ganaremos; cuando no sabéis lo que será mañana. Porque ¿qué es vuestra vida? Ciertamente es neblina que se aparece por un poco de tiempo, y luego se desvanece. (4:13-14)

240

La primera respuesta negativa a la voluntad de Dios es no hacerle caso con actitud presuntuosa, viviendo como si Dios no existiera o fuera indiferente al comportamiento de los hombres y en exceso generoso con ellos. Santiago se dirigió a esas personas con el estilo profético conocido del Antiguo Testamento (cp. Is. 1:18); sus palabras **vamos ahora** eran un insistente, incluso impetuoso, llamado de atención. También indican una condena a la conducta que expresaban. Santiago está en realidad diciendo: "¡Escuchen bien!" u "¡Oigan esto!" La frase **vamos ahora** aparece en el Nuevo Testamento solo aquí y en 5:1.

El blanco de la reprensión de Santiago son **los que [dicen]: Hoy y mañana iremos a tal ciudad, y estaremos allá un año, y traficaremos, y ganaremos.** El texto griego literalmente dice "los que están diciendo", lo que indica las personas que viven habitualmente haciendo caso omiso de la voluntad de Dios. El fundamental verbo griego, *legō,* significa decir algo teniendo como base la razón o la lógica. Santiago reprende a los que regularmente consideran muy bien y articulan sus planes como si Dios no existiera, ni se interesara por eso (cp. 4:11-12).

La ilustración específica que escogió Santiago fue una que habría sido muy conocida de sus lectores. Muchos judíos esparcidos por todo el mundo antiguo eran comerciantes de éxito, mercaderes itinerantes que naturalmente buscaban los florecientes centros de comercio para hacer sus negocios. Una planificación sabia y la búsqueda de las mejores estrategias en los negocios no son, por supuesto, cosas malas, sino encomiables. No se viola ningún principio espiritual en nada de lo que dijeron los hombres de negocio. El problema radica en lo que no hicieron. Hicieron grandes planes; pero en el transcurso de los mismos pasaron por alto por completo a Dios; Dios no formaba parte de su agenda.

Al igual que los cinco verbos expresados en tiempo futuro del egoísmo de Satanás (Is. 14:13-14) que causó su caída, las afirmaciones de los hombres de negocio contenían cinco elementos arrogantes que mostraban su imprudente confianza. En primer lugar, escogieron su propio tiempo, **hoy y mañana.** En segundo lugar, escogieron su propio lugar para hacer sus negocios, **tal ciudad.** En tercer lugar, escogieron su propia duración, decidiendo pasar **un año** allí. En cuarto lugar, escogieron su propia empresa, para **traficar** (literalmente, "viajar a una región para comerciar"). Por último, escogieron su propia meta u objetivo, **ganar** dinero. Santiago no está atacando su intención de obtener ganancias, sino la exclusión de Dios. Planificaron como para que no hubiera casualidad, como si fueran omniscientes, omnipotentes e invulnerables.

En Lucas 12:16-21 el Señor Jesús contó una parábola que ilustra la insensatez de dejar fuera a Dios, presuntuosamente, de nuestros planes:

> *También les refirió una parábola, diciendo: La heredad de un hombre rico había producido mucho. Y él pensaba dentro de sí, diciendo: ¿Qué haré, porque no tengo dónde guardar mis frutos? Y dijo: Esto haré: derribaré mis graneros,*

y los edificaré mayores, y allí guardaré todos mis frutos y mis bienes; y diré a mi
alma: Alma, muchos bienes tienes guardados para muchos años; repósate, come,
bebe, regocíjate. Pero Dios le dijo: Necio, esta noche vienen a pedirte tu alma;
y lo que has provisto, ¿de quién será? Así es el que hace para sí tesoro, y no es
rico para con Dios.

En el versículo 14, Santiago presenta dos razones importantes que muestran que los que presuntuosamente dejan a Dios fuera de sus planes son insensatos. En primer lugar, Santiago dice a tales personas: **no sabéis lo que será mañana.** Como el rico insensato en la parábola de nuestro Señor, ellos ignoraban el futuro. Proverbios 27:1 expresa el mismo principio: "No te jactes del día de mañana, porque no sabes lo que el día traerá". La vida no es algo simple. Es una compleja matriz de fuerzas, sucesos, personas, eventualidades y circunstancias sobre las que tenemos muy poco o ningún control, haciendo imposible que alguien pueda cerciorarse, planificar o asegurar el futuro. A pesar de eso, algunas personas imaginan neciamente que tienen el control de su vida. Lamentablemente, tales personas pasan por alto no solo la existencia de la voluntad de Dios, sino también su beneficio. Los cristianos tienen el consuelo de saber que el soberano, omnisciente y omnipotente Dios del universo controla cada suceso y circunstancia de su vida y los entreteje en su perfecto plan para ellos (Ro. 8:28). David escribió: "Confía en Jehová, y haz el bien; y habitarás en la tierra, y te apacentarás de la verdad. Deléitate asimismo en Jehová, y él te concederá las peticiones de tu corazón. Encomienda a Jehová tu camino, y confía en él; y él hará" (Sal. 37:3-5). Con el mismo tono, Salomón escribió: "Fíate de Jehová de todo tu corazón, y no te apoyes en tu propia prudencia. Reconócelo en todos tus caminos, y él enderezará tus veredas" (Pr. 3:5-6).

Santiago dio a los que son tentados a hacer esto una segunda razón de por qué se actúa neciamente cuando se deja a Dios fuera de los planes: "La brevedad de la vida". La vida es **neblina que se aparece por un poco de tiempo, y luego se desvanece,** les recuerda Santiago. La vida es tan transitoria como el humo que sale de una hoguera; el vapor que sale de una taza de café; o nuestra respiración, brevemente visible en un día frío. Cuán insensato es, en vista de la brevedad y fragilidad de la vida terrenal, hacer planes y vivir sin considerar la voluntad de Dios.

La Biblia subraya reiteradas veces la brevedad de la vida humana. Job, posiblemente el primer libro de la Biblia que se escribió, dice mucho acerca del carácter efímero de la vida. En 7:6 Job se lamentaba: "Y mis días fueron más veloces que la lanzadera del tejedor, y fenecieron sin esperanza"; mientras que en 7:9 añadió: "Como la nube se desvanece y se va, así el que desciende al Seol [la morada de los muertos] no subirá". "Nosotros somos de ayer, y nada sabemos", dijo el amigo de Job, Bildad el suhita, ya que son "nuestros días sobre la tierra como sombra" (8:9). Siguiendo con su lamento, Job dijo: "Mis días han sido más ligeros que un correo; huyeron, y no vieron el bien. Pasaron cual naves veloces; como el águila que se arroja sobre la presa" (9:25-26). La queja de Job a Dios en 14:1-2 resume debidamente la fragilidad y brevedad de la existencia humana: "El hombre nacido de mujer, corto de días, y hastiado de sinsabores, sale como una flor y es cortado, y huye como la sombra y no permanece".

También los Salmos subrayan el carácter transitorio de la vida humana. "Los días de nuestra edad son setenta años", escribió Moisés; "y si en los más robustos son ochenta años, con todo, su fortaleza es molestia y trabajo, porque pronto pasan, y volamos" (Sal. 90:10). "Mis días son como sombra que se va", se lamentó el salmista, "y me he secado como la hierba" (Sal. 102:11). Resumiendo la enseñanza bíblica acerca de la brevedad de la vida humana, David escribió: "El hombre, como la hierba son sus días; florece como la flor del campo, que pasó el viento por ella, y pereció, y su lugar no la conocerá más" (Sal. 103:15-16; cp. Is. 40:6-8; 1 P. 1:24).

Su ignorancia del futuro y la fragilidad y brevedad de la vida humana debiera dar una señal de alerta a los que de forma insensata hacen caso omiso de la voluntad de Dios.

LA ARROGANCIA DE RECHAZAR LA VOLUNTAD DE DIOS

Pero ahora os jactáis en vuestras soberbias. Toda jactancia semejante es mala; (4:16)

La primera respuesta negativa a la voluntad de Dios es no hacerle caso con actitud presuntuosa, viviendo como si no existiera Dios ni su voluntad. Pero hay también quienes, aunque reconocen que Dios existe y tiene una voluntad, no obstante con arrogancia la rechazan. Los del primer grupo son ateos prácticos, que viven como si Dios no existiera. Los de la segunda categoría son teístas por sí mismos; al rechazar el someter las incertidumbres de la vida a Dios, establecen ellos mismos sus propias metas y su propia voluntad por encima de Dios. La voluntad de Dios, aunque la aceptan, simplemente no es importante para ellos en sus planes. Aunque tal desdén no caracteriza la vida de un creyente por lo general, aun los cristianos cometen con frecuencia el error de echar a un lado la voluntad de Dios en favor de sus propios planes.

Los que rechazan la voluntad de Dios, dice Santiago, se **jactan** en su **soberbia.** *Kauchaomai* (**jactáis**) puede significar "ser bullicioso"o "hablar alto", ambos en legítimo regocijo (p. ej. Ro. 5:2-3, 11 [gloriamos]) o haciendo alarde de sus propios logros (p. ej. 1 Co. 1:19). El contexto indica que Santiago en este pasaje tiene en mente este último significado. *Alazoneia* (**soberbias**) viene de una raíz que significa "vagar" y refleja ausencia de pretensiones. Se usaba a veces para describir a los charlatanes que viajaban por esos lugares vendiendo artículos falsos. Tomados en conjunto, las dos palabras retratan a alguien que alardea con ostentación de algo que no tiene y no puede obtener. Tal es la soberbia, dice Santiago, de los que niegan la voluntad de Dios.

Tal vez nadie haya expresado esta desafiante actitud hacia Dios con más claridad que William Ernest Henley en su famoso poema "Invictus" [Invicto]:

> Más allá de la noche que me cubre,
> negra como el abismo imponderable,
> agradezco a cualquier dios que exista
> por mi alma del todo inconquistable.
>
> En circunstancias crueles no he gritado
> ni he vuelto atrás, pues nada me intimida;
> duros lances mi sangre han derramado,
> pero mi cabeza ensangrentada sigue erguida.
>
> Más allá de este sitio de ira y lágrimas
> solo asoma lo horrible de las sombras;
> la amenaza del tiempo no me espanta,
> y la muerte me hallará siempre sin miedo.
>
> No importa cuán angosta sea la puerta,
> cuán cargado de castigos esté el rollo;
> soy el dueño de mi propio destino,
> soy el capitán exclusivo de mi alma.

Este poema refleja claramente la actitud de quienes saben que Dios existe, pero que con arrogancia desafían su autoridad.

Isaías 47:7-10 da otro ejemplo de rechazo arrogante de la voluntad de Dios, registrando las palabras desafiantes y orgullosas de Babilonia:

> [Babilonia dijo] Para siempre seré señora;
> y no has pensado en esto,
> ni te acordaste de tu postrimería.
> Oye, pues, ahora esto, mujer voluptuosa,
> tú que estás sentada confiadamente,
> tú que dices en tu corazón:
> Yo soy, y fuera de mí no hay más;
> no quedaré viuda, ni conoceré orfandad.

> Estas dos cosas te vendrán de repente en un mismo día,
> orfandad y viudez;
> en toda su fuerza vendrán sobre ti,
> a pesar de la multitud de tus hechizos
> y de tus muchos encantamientos.
> Porque te confiaste en tu maldad, diciendo:
> Nadie me ve.
> Tu sabiduría y tu misma ciencia te engañaron,
> y dijiste en tu corazón:
> Yo, y nadie más.

Toda jactancia vana, arrogante y necia como esta, advierte Santiago, **es mala.** La Biblia emplea *ponēros* (malo) como título para Satanás (Mt. 13:38; Jn. 17:15; Ef. 6:16; 2 Ts. 3:3; 1 Jn. 2:13-14; 3:12; 5:18-19), el jactancioso pecador original (cp. Is. 14:13-14). Los que de forma arrogante rechazan la voluntad de Dios, imitan el pecado de Satanás, y pueden sufrir su condena.

EL PECADO DE DESOBEDECER LA VOLUNTAD DE DIOS

y al que sabe hacer lo bueno, y no lo hace, le es pecado. (4:17)

Los que son culpables del tercer enfoque negativo a la voluntad de Dios, afirman la existencia de Dios y reconocen la supremacía de su voluntad, pero entonces proceden a desobedecerla. Santiago reprende a tales personas con la axiomática declaración de que **al que sabe hacer lo bueno, y no lo hace, le es pecado.** Los del tercer grupo conocen la voluntad de Dios, y afirman que es **buena.** *Kalos* (**bueno**) describe lo que es cualitativamente bueno, moralmente excelente, digno de honor y honesto.

En el más amplio sentido, se expresa la voluntad de Dios en todos los mandamientos y principios bíblicos. De forma específica, la Biblia dice que la voluntad de Dios es que se salven las personas (1 Ti. 2:4; 2 P. 3:9), que sean llenas del Espíritu (Ef. 5:17-18), santificadas (1 Ts. 4:3-8), sumisos (1 P. 2:13-15), y sufridos (1 P. 3:17). A la persona que obedece esos cinco aspectos de la voluntad de Dios, la Biblia le dice: "Deléitate asimismo en Jehová, y él te concederá las peticiones de tu corazón" (Sal. 37:4), es decir, Él pondrá los deseos y luego los cumplirá.

Los que conocen la voluntad de Dios tienen la responsabilidad de obedecerla, y si no lo hacen, **pecan.** No encontrarán alivio en el hecho de que no hayan cometido pecado de forma activa. El hecho de dejar a Dios fuera es, en sí, pecado. El pecado de rechazar y desobedecer la voluntad de Dios es de omisión, de no hacer lo que es bueno (cp. Lc. 12:47). Los pecados de omisión están rara vez aislados de los pecados de comisión.

El pecado de este tercer grupo es en realidad más grave que el de los primeros dos grupos. Al final de la parábola del siervo infiel (Lc. 12:41-48) Jesús advirtió:

> *Aquel siervo que conociendo la voluntad de su señor, no se preparó, ni hizo conforme a su voluntad, recibirá muchos azotes. Mas el que sin conocerla hizo cosas dignas de azotes, será azotado poco; porque a todo aquel a quien se haya dado mucho, mucho se le demandará; y al que mucho se le haya confiado, más se le pedirá. (vv. 47-48)*

El desobediente profeta Jonás presenta un ejemplo típico de alguien que conocía la voluntad de Dios, pero se negaba a hacerla. Llamado por Dios a fin de que le predicara a Nínive, el poco dispuesto profeta, en vez de hacerlo, trató de huir a Tarsis, en una dirección tan contraria como le fue posible. Solo luego de haber recibido una severa disciplina de Dios, Jonás se sometió a su voluntad. Quienes desobedecen la voluntad de Dios sufren del mismo modo las consecuencias (cp. Ro. 1:21-23).

LA BENDICIÓN DE RECONOCER LA VOLUNTAD DE DIOS

En lugar de lo cual deberíais decir: Si el Señor quiere, viviremos y haremos esto o aquello. (4:15)

En contraste con las respuestas negativas y pecaminosas a la voluntad de Dios, analizadas antes, Santiago presenta el aspecto positivo. **En lugar del** ateísmo práctico, el teísmo propio, o la flagrante desobediencia de las primeras tres respuestas, Santiago exhorta a sus lectores a que digan: **Si el Señor quiere, viviremos y haremos esto o aquello.** Esta cuarta alternativa y respuesta positiva a la voluntad de Dios, que la reconoce y la obedece, por lo general distingue a los verdaderos creyentes. La forma del verbo en infinitivo presente, traducido **decir,** muestra que la sumisión a la voluntad de Dios debe ser habitual y constante. En todos los aspectos de su vida y en cada decisión que afronte, la respuesta del creyente es decir **Si el Señor quiere.** Digámoslo de una manera sencilla: La voluntad de Dios es fundamental para todos sus planes (cp. Hch. 18:21; Ro. 1:10; 15:32; 1 Co. 4:19; 16:7; Fil. 2:19, 24; He. 6:3).

El reconocimiento de la voluntad de Dios afirma su soberanía sobre todos los aspectos de la vida. **Vivimos** solo porque Dios así lo quiere, porque Él controla la vida y la muerte (Dt. 32:39; Job 12:9-10; Sal. 39:4-5; 104:29; He. 9:27; Ap. 1:18). Dios también controla todo lo que las personas **hacen** y todas las circunstancias de la vida.

Para el cristiano, el hacer la voluntad de Dios es un acto de adoración (Ro. 12:1-2). Es algo que debe hacerse con el corazón (Ef. 6:6), como una forma de vida (Col. 1:9-10; 4:12), al reconocer que Él debe capacitarnos para hacerlo (He. 13:20-21). En Juan 13:17 el Señor Jesús pronunció la recompensa dada a los que hacen la voluntad de Dios: "Si sabéis estas cosas, bienaventurados seréis si las hiciereis".

El responder a la voluntad de Dios no es, sino otra prueba de una fe viva y verdadera en el Señor Jesucristo. Un deseo ferviente de hacer la voluntad de Dios es una señal segura de una vida transformada.

Juicio de los ricos opresores

18

¡Vamos ahora, ricos! Llorad y aullad por las miserias que os vendrán. Vuestras riquezas están podridas, y vuestras ropas están comidas de polilla. Vuestro oro y plata están enmohecidos; y su moho testificará contra vosotros, y devorará del todo vuestras carnes como fuego. Habéis acumulado tesoros para los días postreros. He aquí, clama el jornal de los obreros que han cosechado vuestras tierras, el cual por engaño no les ha sido pagado por vosotros; y los clamores de los que habían segado han entrado en los oídos del Señor de los ejércitos. Habéis vivido en deleites sobre la tierra, y sido disolutos; habéis engordado vuestros corazones como en día de matanza. Habéis condenado y dado muerte al justo, y él no os hace resistencia. (5:1-6)

En Lucas 16:13 el Señor Jesús presentó un importante principio espiritual: "Ningún siervo puede servir a dos señores; porque o aborrecerá al uno y amará al otro, o estimará al uno y menospreciará al otro. No podéis servir a Dios y a las riquezas". Debido a eso, Jesús exhortó: "No os hagáis tesoros en la tierra, donde la polilla y el orín corrompen, y donde ladrones minan y hurtan; sino haceos tesoros en el cielo, donde ni la polilla ni el orín corrompen, y donde ladrones no minan ni hurtan. Porque donde esté vuestro tesoro, allí estará también vuestro corazón" (Mt. 6:19-21).

Nada revela más claramente el estado del corazón de una persona que el punto de vista que ella tenga del dinero y los bienes materiales. Muchos que profesan la fe en Cristo, invalidan su proclamada genuina fe salvadora por su estilo de vida opulento, indulgente y materialista; una clara indicación de que sirven a las riquezas, no a Dios (Mt. 6:24).

Como se ha observado a lo largo de este comentario, Santiago estaba presentando pruebas de la genuina fe salvadora, pruebas que confirman o invalidan el decir que se es cristiano. Teniendo como fundamento la enseñanza de nuestro Señor, como hace con frecuencia, Santiago presenta otra de estas pruebas en el capítulo 5, la de cómo se ve el dinero. Los primeros seis versículos del capítulo 5 conforman una fuerte represión, la más fuerte en toda la epístola. La cruda denuncia de Santiago condena a los que dicen adorar a Dios pero en realidad adoran al dinero. Los llama a examinar el verdadero estado de su corazón, en vista de cómo se sienten en cuanto a sus riquezas.

La Biblia no enseña que poseer riquezas sea pecaminoso en sí. En realidad, todos poseemos riquezas y bienes materiales de alguna manera. Moisés les recordó a los israelitas cuando estaban al entrar en la Tierra Prometida que "Jehová tu Dios él te da el poder para hacer las riquezas" (Dt. 8:18), una verdad confirmada en Proverbios 10:22: "La bendición de Jehová es la que enriquece, y no añade tristeza con ella". Lo que es incorrecto es el mal uso de las riquezas. "El amor al dinero", escribió Pablo en 1 Timoteo 6:10, es "raíz de todos los males"; pero luego escribió que es Dios el que "nos da todas las cosas en abundancia para que las disfrutemos" (v. 17). Santiago, al igual que Pablo, advierte contra el amor al dinero, que guía a las personas al mal uso, para sus propósitos egoístas y pecaminosos, de las riquezas con las que Dios las ha bendecido.

La aguda represión de Santiago a los ricos opresores está en armonía con la tradición de los profetas del Antiguo Testamento. Isaías repetidamente denunció a estas personas ricas que hacían mal uso de las riquezas o abusaban de los pobres. En el capítulo 3 advirtió: "Jehová vendrá a juicio contra los ancianos de su pueblo y contra sus príncipes; porque vosotros habéis devorado la viña, y el despojo del pobre está en vuestras casas. ¿Qué pensáis vosotros que majáis mi pueblo y moléis las caras de los pobres? dice el Señor, Jehová de los ejércitos" (vv. 14-15; cp. 5:8-10). En Isaías 10:1-4 el profeta continuó su pronunciamiento de juicio de los ricos opresores de Israel:

> ¡Ay de los que dictan leyes injustas, y prescriben tiranía,
> para apartar del juicio a los pobres,
> y para quitar el derecho a los afligidos de mi pueblo;
> para despojar a las viudas, y robar a los huérfanos!
> ¿Y qué haréis en el día del castigo?
> ¿A quién os acogeréis para que os ayude,
> cuando venga de lejos el asolamiento?
> ¿En dónde dejaréis vuestra gloria?
> Sin mí se inclinarán entre los presos,
> y entre los muertos caerán.
> Ni con todo esto ha cesado su furor,
> sino que todavía su mano está extendida.

El profeta Amós describió gráficamente a los ricos opresores de su época, como ganado gordo, listo para la devastadora matanza del juicio de Dios:

Oíd esta palabra, vacas de Basán, que estáis en el monte de Samaria,
que oprimís a los pobres y quebrantáis a los menesterosos,
que decís a vuestros señores: Traed, y beberemos.
Jehová el Señor juró por su santidad:
He aquí, vienen sobre vosotras días
en que os llevarán con ganchos,
y a vuestros descendientes con anzuelos de pescador;
y saldréis por las brechas una tras otra,
y seréis echadas del palacio, dice Jehová (Am. 4:1-3).

En Amós 8:4-10 el profeta continuó su profecía de condena contra los ricos opresores:

Oíd esto, los que explotáis a los menesterosos,
y arruináis a los pobres de la tierra, diciendo:
¿Cuándo pasará el mes, y venderemos el trigo;
y la semana, y abriremos los graneros del pan,
y achicaremos la medida, y subiremos el precio,
y falsearemos con engaño la balanza,
para comprar los pobres por dinero,
y los necesitados por un par de zapatos,
y venderemos los desechos del trigo?
Jehová juró por la gloria de Jacob:
No me olvidaré jamás de todas sus obras.
¿No se estremecerá la tierra sobre esto?
¿No llorará todo habitante de ella?
Subirá toda, como un río,
y crecerá y mermará como el río de Egipto.
Acontecerá en aquel día, dice Jehová el Señor,
que haré que se ponga el sol a mediodía,
y cubriré de tinieblas la tierra en el día claro.
Y cambiaré vuestras fiestas en lloro,
y todos vuestros cantares en lamentaciones;
y haré poner cilicio sobre todo lomo,
y que se rape toda cabeza;
y la volveré como en llanto de unigénito,
y su postrimería como día amargo.

Job (Job 24:2-4), Jeremías (Jer. 5:27-29), Miqueas (Mi. 2:1-5) y Malaquías (Mal. 3:5) también condenaron a los ricos opresores.

Tan fuerte es la represión de Santiago, que algunos han afirmado que él tenía en mente a los que no eran de la iglesia. Pero el que Santiago se dirija a sus lectores en segunda persona, indica que estaba dirigiéndose a los que oirían la lectura de su carta en las iglesias. Entonces, Santiago tenía en mente en su reprensión a las personas que estaban de alguna manera asociadas con la iglesia. Era lo bastante sabio como para darse cuenta de que, como en cualquier parte, algunos en las iglesias a las que escribía decían ser cristianos, pero no lo eran. Aunque exteriormente habían profesado la fe en Cristo, el hecho de tener la mira puesta en los tesoros terrenales revelaba la falsedad de tal profesión (Mt. 6:21; cp. 13:22; 19:21-22). Lamentablemente, muchos en la iglesia actual son aceptados como cristianos porque hablan de Jesucristo y manifiestan una lealtad superficial a Él. Pero un examen de su estilo de vida, manifiesta que ellos no caminan en obediencia a sus mandamientos. Su deseo de tener dinero y posesiones, dejaba ver su verdadera lealtad (Mt. 6:24; cp. Stg. 4:4; 1 Jn. 2:15-17).

Aunque está dirigida principalmente a los ricos impostores en la iglesia, que profesaban lealtad a Cristo pero que en realidad anhelaban las riquezas, la advertencia de Santiago es muy oportuna también para los cristianos. Los creyentes debemos tener cuidado de no caer en los mismos pecados que caracterizan a los inconversos. Santiago nos muestra a todos el pecado de amar el dinero, para que nadie caiga en él.

Santiago comienza su denuncia con un enérgico anuncio del juicio inminente. En vista del juicio inevitable que viene contra los ricos opresores, Santiago advierte: **¡Vamos ahora, ricos! Llorad y aullad por las miserias que os vendrán.** Como se observó en el capítulo anterior de este comentario, la frase **vamos ahora** es un insistente llamado de atención. En nuestro lenguaje contemporáneo sería "Escuchen bien!", "Oigan esto!"o "Presten atención!"Aquí también sirve para presentar a un nuevo grupo; en 4:13 se dirige a aquellos arrogantes y necios que planificaban su vida como si Dios no existiera.

Santiago ordenó a los ricos opresores que lloraran y aullaran. **Llorad** viene de *klaiō,* que significa "sollozar con fuerza"o "lamentar". Se empleaba para describir los lamentos que tenían lugar cuando alguien moría (p. ej. Mr. 5:38-39; Lc. 7:13; 8:52; Jn. 11:31, 33; 20:11; Hch. 9:39). También representaba la reacción exterior que a veces acompañaba un intenso bochorno o culpabilidad (p. ej. Mt. 26:75; Lc. 7:38). Santiago empleó la palabra en 4:9 para describir el lamento que acompaña al arrepentimiento. Pero donde no hay lamento de arrepentimiento, no hay gracia de perdón, de modo que Santiago añade otra palabra, aullad. *Ololuzō* (**aullad**) aparece solo aquí en el Nuevo Testamento. Esta palabra va más allá de un simple lamento, y se refiere a dar alaridos o gritar. Tomadas en conjunto, **llorar y aullar** reflejan un intenso ataque de desesperada, violenta e incontrolable amargura. Los profetas del Antiguo Testamento a menudo describieron tal lamento por los efectos del pecado (p. ej. Is. 13:6; 15:3; 16:7; 23:1; Jer. 48:20; Ez. 21:12; Am. 8:3; Zac. 11:2; cp. Mt. 5:4).

Santiago luego ofrece la razón por la que los ricos deben responder con tan abrumador dolor: **las miserias que os vendrán.** *Talaipōria* (**miserias**) aparece solo aquí y en Romanos 3:16 en el Nuevo Testamento. Describe adversidad, problema, sufrimiento o aflicción abrumadora. Problemas abrumadores vendrían sobre los ricos opresores cuando estén delante del Señor en juicio. En Lucas 6:24-25, Jesús les advirtió: "¡Ay de vosotros, ricos! porque ya tenéis vuestro consuelo. ¡Ay de vosotros, los que ahora estáis saciados! porque tendréis hambre. ¡Ay de vosotros, los que ahora reís! porque lamentaréis y lloraréis".

Más adelante en Lucas, Jesús contó una conmovedora historia que ilustra gráficamente el juicio terrible que vendrá sobre los malvados ricos:

Había un hombre rico, que se vestía de púrpura y de lino fino, y hacía cada día banquete con esplendidez. Había también un mendigo llamado Lázaro, que estaba echado a la puerta de aquél, lleno de llagas, y ansiaba saciarse de las migajas que caían de la mesa del rico; y aun los perros venían y le lamían las llagas. Aconteció que murió el mendigo, y fue llevado por los ángeles al seno de Abraham; y murió también el rico, y fue sepultado. Y en el Hades alzó sus ojos, estando en tormentos, y vio de lejos a Abraham, y a Lázaro en su seno. Entonces él, dando voces, dijo: Padre Abraham, ten misericordia de mí, y envía a Lázaro para que moje la punta de su dedo en agua, y refresque mi lengua; porque estoy atormentado en esta llama. Pero Abraham le dijo: Hijo, acuérdate que recibiste tus bienes en tu vida, y Lázaro también males; pero ahora éste es consolado aquí, y tú atormentado (Lc. 16:19-25; cp. Sof. 1:18).

Santiago destaca cuatro pecados que precipitan el severo juicio pronunciado contra los ricos opresores. Están condenados debido a que su riqueza fue acumulada inútilmente, ganada de manera injusta, gastada en placeres y adquirida despiadadamente.

SU RIQUEZA FUE INÚTILMENTE ACUMULADA

Vuestras riquezas están podridas, y vuestras ropas están comidas de polilla. Vuestro oro y plata están enmohecidos; y su moho testificará contra vosotros, y devorará del todo vuestras carnes como fuego. Habéis acumulado tesoros para los días postreros. (5:2-3)

Es trágico que la acumulación sea uno de los pecados más difundidos de nuestro tiempo. Dios pone bienes materiales en las manos de los creyentes, para que puedan usarlos para su gloria. Es obvio que los cristianos deben proveer para sus familias (1 Ti. 5:8). Pero además de eso, los recursos de los cristianos deben usarse para el progreso del reino de Dios (cp. 1 Cr. 29:3; Mr. 12:42-44; Lc. 6:38;

1 Co. 16:2- 3; 2 Co. 8:2; 9:6-7). Específicamente, los creyentes deben usar sus riquezas para ganar a los perdidos (Lc. 16:9), cuidar de los necesitados (Gá. 2:10; 1 Jn. 3:16-18), y apoyar a los que están en algún ministerio (1 Co. 9:4-14; Gá. 6:6). Los que invocan el nombre de Cristo no deben acumular fortunas que sean amontonadas inútilmente sin hacer caso de la voluntad de Dios (cp. Job 27:13-17; Sal. 39:6; Ec. 5:10-11, 13).

En su condenación de la acumulación, Santiago describió las tres formas principales en las que se valoraba la riqueza en su época (aparte de la tierra y de las casas). *Ploutos* (**riquezas**) puede referirse a riquezas en general (cp. Mt. 13:22; 1 Ti. 6:17). Pero el uso que hace Santiago de **podridas** sugiere una referencia más estrecha a productos alimenticios. *Sēpō* (el verbo del que se deriva **podridas**) aparece solo aquí en el Nuevo Testamento. En griego extrabíblico, *Sēpō* se empleaba para describir madera podrida, carne descompuesta y frutos podridos. Santiago acusa a los ricos opresores por la acumulación inútil de alimentos (carne, granos, frutos, y más.) que inevitablemente se pudrirían. Como el rico insensato en la parábola de nuestro Señor (Lc. 12:16-21), ellos creían que comida amontonada les permitiría decir a su alma "repósate, come, bebe, regocíjate" (Lc. 12:19) durante los años venideros. Pero al final solo se pudriría y nadie más pudiera utilizarla.

La riqueza en los tiempos bíblicos se medía también desde el punto de vista de las **ropas** (cp. Gn. 45:22; Jos. 7:21; Jue. 14:12; 2 R. 5:5, 22; Hch. 20:33; 1 Ti. 2:9; 1 P. 3:3). *Himitia* (**ropas**) se refiere a los vestidos externos, como túnicas, mantos o capas. A veces ricamente bordados (Jue. 5:30; Sal. 45:14; Ez. 16:10, 13, 18; 26:16; 27:16, 24) y embellecidos con joyas, tales **ropas** se dejaban en herencia como reliquias familiares. Pero acumularlos era tan insensato e inútil como acumular alimentos, ya que tales **ropas** estaban en peligro de ser **comidas de polillas** (Job 13:28; Is. 50:9; 51:8; Mt. 6:19-20). "Santiago ve todo esto [acumulación] como algo absurdo; ¿para qué alimentar las polillas" (J. A. Motyer, *The Message of James* [El mensaje de Santiago] [Downers Grove, Ill.: InterVarsity, 1985], 165).

Por último, la riqueza en la época de Santiago podía medirse en metales preciosos, sobre todo **oro y plata.** Aun las que parecen cosas indestructibles como esas, observó Santiago, pueden **enmohecerse. Enmohecidos** (*katioō*) es una palabra compuesta que significa "oxidar o corroer completamente". Santiago tal vez quiso decir que **el oro** y la plata **podían literalmente enmohecerse;** algunas evidencias sugieren que el sistema monetario de su época no era tan puro, sino que contenía aleaciones que podían corroerse bajo algunas circunstancias. O tal vez estaba hablando en sentido figurado, declarando que en el día del juicio de Dios, **el oro** y **la plata** serán inútiles, como si estuvieran enmohecidos. La total imposibilidad de las riquezas para librar a un individuo del juicio de Dios es un tema frecuente en las Escrituras (p. ej. Pr. 11:4; Is. 2:20-21; Ez. 7:19; Sof 1:18; Mt. 16:26).

Amontonar posesiones, ya sea comida, ropa o dinero, es algo tonto. Todos estos tesoros terrenales son fugaces y transitorios. "No te afanes por hacerte rico", advirtió Salomón; "Sé prudente, y desiste. ¿Has de poner tus ojos en las riquezas, siendo ningunas? Porque se harán alas como alas de águila, y volarán al cielo" (Pr. 23:4-5). Los que dedican su vida a tan inútil persecución no pueden adorar a Dios.

Habiendo expresado la pecaminosa inutilidad de acumular riquezas, Santiago prosigue a describir el juicio pronunciado sobre los acaparadores. Personificando el **moho** que representa lo inútil de acumular riquezas, Santiago declaró que este **será testigo** del enjuiciamiento **contra** los ricos opresores. En el juicio, sus tesoros acumulados, enmohecidos, comidos por la polilla y carcomidos, darán testimonio gráfico del estado no redimido de su corazón. El enfoque ambicioso, egoísta, inmisericorde y terrenal que tienen de la vida, será la causa de su condenación.

No solo Santiago menciona al **moho** como testigo, sino también como verdugo; **devorará** la **carne** de los ricos opresores **como fuego**. El **fuego** simboliza el juicio rápido, ineludible, fatal y final. Esa es una vívida imagen del infierno. Que el **fuego devorará** la **carne** de los ricos malvados revela que el infierno es un lugar de tormento físico. Una de las realidades más atemorizantes en toda la Biblia es la verdad de que el infierno es un lugar donde habrá conciencia (Lc. 16:23-24), cuerpo (Mt. 5:29; 10:28; 13:42, 50; Ap. 14:9-10; 19:20; 20:15), que será eterno (Mt. 3:12; 25:41; Mr. 9:43-48; 2 Ts. 1:9; Ap. 14:11) y donde habrá castigo. La palabra griega traducida **carne** es plural, indicando que Santiago se estaba dirigiendo a los ricos opresores, no de manera colectiva, sino de modo individual; su advertencia era filosa y personal.

Complicando su pecado de acumulación, estaba el hecho de que era para **los días postreros** que estos ricos necios **acumulaban** sus **tesoros**. Los **días postreros** abarcan el período entre la primera y la segunda venida de Cristo (Hch. 2:16-17; He. 1:1-2; 9:26; 1 P. 1:20; 4:7; 1 Jn. 2:18; Jud. 18). Santiago los reprendió por acumular su riqueza sin hacer caso del plan de Dios, el curso de la historia de la redención o la realidad de la eternidad. ¡Cuán absolutamente inconcebible es acumular y amontonar riquezas mientras se acerca el día del juicio! Quienes lo hacen "[atesoran para sí mismos] ira para el día de la ira y de la revelación del justo juicio de Dios, el cual pagará a cada uno conforme a sus obras" (Ro. 2:5-6). Se debe disfrutar de la riqueza como una bendición de Dios y se debe emplear para cumplir su voluntad, satisfaciendo las necesidades y anunciando el evangelio. Los que no lo hacen así, sufren el juicio.

SU RIQUEZA FUE GANADA DE MANERA INJUSTA

He aquí, clama el jornal de los obreros que han cosechado vuestras tierras, el cual por engaño no les ha sido pagado por vosotros; y los clamores de los que habían segado han entrado en los oídos del Señor de los ejércitos. (5:4)

Los ricos opresores no solo eran culpables de acumular incorrectamente su riqueza; también las habían adquirido de forma incorrecta. En vez de ser generosos con los pobres, como lo ordenan las Escrituras (Dt. 15:9-11; Mt. 6:2-4; Gá. 2:10), los explotaban. Específicamente, se habían quedado con **el jornal de los obreros que [habían] cosechado** sus **tierras;** una práctica tan ofensiva que Santiago introdujo la afirmación con la frase **He aquí.** El tiempo perfecto del verbo que se traduce con la frase **por engaño no les ha sido pagado** sugiere que los ricos opresores se quedaban al menos con una parte del pago de sus **obreros;** no era simplemente que se les demoraba el pago.

Los jornaleros eran parte esencial de la economía agraria de Israel (cp. Mt. 20:1-16), y quitarles parte de su salario estaba estrictamente prohibido por el Antiguo Testamento. Levítico 19:13 ordenaba a los israelitas: "No oprimirás a tu prójimo, ni le robarás. No retendrás el salario del jornalero en tu casa hasta la mañana". Deuteronomio 24:14-15 repite ese mandato: "No oprimirás al jornalero pobre y menesteroso, ya sea de tus hermanos o de los extranjeros que habitan en tu tierra dentro de tus ciudades. En su día le darás su jornal, y no se pondrá el sol sin dárselo". El versículo 15 explica por qué no pagar un día de trabajo es un asunto serio ("pues es pobre, y con él sustenta su vida") y advierte de las consecuencias de tal conducta injusta ("para que no clame contra ti a Jehová, y sea en ti pecado"). Carentes de la seguridad de una estable fuente de ingresos, los pobres jornaleros dependían del pago diario para alimentar y abrigar a su familia. Tan grave era el asunto de no pagar un día de trabajo, que Jeremías pronunció una maldición sobre aquellos que lo hacían: "¡Ay del que... [se sirve] de su prójimo de balde, y no dándole el salario de su trabajo!" (Jer. 22:13; cp. Mal. 3:5).

Como había hecho antes con el moho que actuaría tanto como testigo y verdugo, Santiago personifica el **jornal** que injustamente no se pagaba (para ejemplos de personificación de otros objetos inanimados en las Escrituras, vea Gn. 4:10; 18:20; 19:13; Job 31:38; Sal. 65:13; 98:8; Is. 55:12; Hab. 2:11). Ese jornal, advierte Santiago a los ricos opresores, **clama** contra ustedes. *Krazō* (**clama**) se traduce "dar voces" (Mt. 15:23), "gritar" (Hch. 19:32, 34) "alta voz" (Hch 24:21), y "da voces" (Lc. 9:39). Se emplea en Marcos 9:26 para describir el clamor del demonio que Jesús hizo salir de su víctima; en Mateo 21:9 para describir los gritos entusiastas de la multitud durante la entrada triunfal de

Jesús en Jerusalén, y en Mateo 27:23 para describir los gritos llenos de odio de la turba sedienta de sangre, pidiendo la ejecución de Jesús.

Luego Santiago añadió la solemne advertencia de que **los clamores de los que habían segado han entrado en los oídos del Señor de los ejércitos** (cp. Dt. 24:15). Los clamores de dolor de los obreros robados y estafados habían llegado a los oídos de Dios, y los harían repetir hasta que Él actuara con justo juicio. **ejércitos** es una traducción de *sabaoth,* palabra griega que se deriva de la palabra hebrea *tsaba,* que significa "huestes" o "ejércitos". La frase **Señor de los ejércitos** describe a Dios como Comandante de los ejércitos del cielo (cp. 1 S. 17:45). Él es el que oye el clamor de los pobres estafados y alistará a sus huestes angelicales para actuar en juicio (cp. Mt. 13:41-42; 16:27; 25:31; Mr. 8:38; 2 Ts. 1:7-8).

Les espera un juicio aterrador a los que acumulan injustamente la riqueza que robaron a los pobres. Sus víctimas clamarán por justicia al Juez justo y Él no los defraudará.

SU RIQUEZA ERA GASTADA EN PLACERES

Habéis vivido en deleites sobre la tierra, y sido disolutos; habéis engordado vuestros corazones como en día de matanza. (5:5)

Habiendo aumentado su riqueza por el robo y la acumulación, los ricos opresores añadieron a su pecado, al usar su riqueza para sus propios motivos egoístas. Santiago describió esto al emplear tres verbos. *Truphaō* (**vivido en deleites**) aparece solo aquí en el Nuevo Testamento. El sustantivo relacionado *truphē* tiene el sentido esencial de "suavidad". Santiago condenó a los ricos opresores por vivir en lujos extravagantes a expensas de los demás. Lejos de ser Robin Hoods del primer siglo, robando a unos para darles a otros, robaban para llenar sus bolsillos.

La palabra **disolutos** se deriva de un verbo griego simple, *spatalaō,* empleado solo aquí y en 1 Timoteo 5:6. Tiene la connotación de entregarse uno a la búsqueda del placer o hundirse por completo en el libertinaje. Los que buscan el placer y los lujos a menudo caen en vicios y en un vano intento de satisfacer sus insaciables deseos. Una vida sin abnegación pronto está fuera de control en todos los aspectos. Pablo describió a tales personas como muertas, aunque estén viviendo (1 Ti. 5:6) porque, como el hijo pródigo en la parábola de nuestro Señor, derrochan todo en una vida libertina (Lc. 15:13). Los que tienen dinero a menudo cierran los ojos a las necesidades de los demás y de la obra de Dios, viviendo solo para complacer sus deseos egoístas y pecaminosos. Y, sin la fe en Cristo, enfrentan ruina y pérdida eternas.

Por último, Santiago acusó a los ricos opresores de haber **engordado** sus **corazones**. *Trephō* (**engordado**) significa "alimentar, sustentar o engordar". La

Septuaginta (la traducción griega del Antiguo Testamento) la empleó en Jeremías 46:21 para referirse a becerros engordados. El cuadro impresionante que presenta Santiago es de ladrones opresores y buscadores de placer, que se han saciado del botín que tomaron de sus víctimas. El deseo por el lujo conduce al vicio, que a su vez guía a los acaparadores injustos a buscar complacer de forma egoísta cada deseo de sus **corazones.**

Irónicamente, uno de los hombres más ricos y sabios que haya vivido jamás, ofrece una ilustración de lo inútil de esta actitud. Eclesiastés 2:4-10 revela que Salomón hizo todo lo que estuvo a su alcance en su búsqueda desesperada de placer:

> *Engrandecí mis obras, edifiqué para mí casas, planté para mí viñas; me hice huertos y jardines, y planté en ellos árboles de todo fruto. Me hice estanques de aguas, para regar de ellos el bosque donde crecían los árboles. Compré siervos y siervas, y tuve siervos nacidos en casa; también tuve posesión grande de vacas y de ovejas, más que todos los que fueron antes de mí en Jerusalén. Me amontoné también plata y oro, y tesoros preciados de reyes y de provincias; me hice de cantores y cantoras, de los deleites de los hijos de los hombres, y de toda clase de instrumentos de música. Y fui engrandecido y aumentado más que todos los que fueron antes de mí en Jerusalén; a más de esto, conservé conmigo mi sabiduría. No negué a mis ojos ninguna cosa que desearan, ni aparté mi corazón de placer alguno, porque mi corazón gozó de todo mi trabajo; y esta fue mi parte de toda mi faena.*

Pero la evaluación que hizo Salomón de su búsqueda atestigua de lo inútil de esta forma de vivir: "Miré yo luego todas las obras que habían hecho mis manos, y el trabajo que tomé para hacerlas; y he aquí, todo era vanidad y aflicción de espíritu, y sin provecho debajo del sol" (v. 11).

Pero abundar en esta búsqueda de placer puede conducir a algo peor que la vanidad. En armonía con la metáfora de los ricos opresores que habían engordado su corazón, Santiago advierte de un venidero **día de matanza,** una aterradora descripción del juicio. En vívido lenguaje, compara a estos acaparadores con becerros engordados, encaminados al matadero del juicio divino. Y, sin la fe salvadora en Cristo, esa es la realidad que les espera.

A menudo la Biblia emplea esta metáfora de la matanza de animales para describir la realidad espantosa del juicio de Dios. Por medio de Isaías, Dios dictó sentencia contra Edom:

> *Porque en los cielos se embriagará mi espada;*
> *he aquí que descenderá sobre Edom en juicio,*
> *y sobre el pueblo de mi anatema.*

Llena está de sangre la espada de Jehová,
engrasada está de grosura,
de sangre de corderos y de machos cabríos,
de grosura de riñones de carneros;
porque Jehová tiene sacrificios en Bosra,
y grande matanza en tierra de Edom.
Y con ellos caerán búfalos, y toros con becerros;
y su tierra se embriagará de sangre,
y su polvo se engrasará de grosura.
Porque es día de venganza de Jehová,
año de retribuciones en el pleito de Sion
(Is. 34:5-8).

Jeremías empleó un lenguaje parecido para describir el juicio de Babilonia: "Venid contra ella desde el extremo de la tierra; abrid sus almacenes, convertidla en montón de ruinas, y destruidla; que no le quede nada. Matad a todos sus novillos; que vayan al matadero. ¡Ay de ellos! pues ha venido su día, el tiempo de su castigo" (Jer. 50:26-27; cp. 51:40; Ez. 39:17-19).

Ciegos al cielo, sordos a las advertencias del infierno, insensibles al día de matanza y juicio, los acaparadores no arrepentidos, egoístas y amadores de placeres, tropiezan ciegamente con su condena. A menos que se arrepientan, advierte Santiago, sufrirán la condenación al castigo eterno.

SU RIQUEZA ERA ADQUIRIDA DESPIADADAMENTE

Habéis condenado y dado muerte al justo, y él no os hace resistencia. (5:6)

Este es el final de la espiral descendente seguida por los ricos a los que Santiago reprendía. Habiendo acumulado injustamente el dinero que se robaban de los pobres jornaleros, y gastado en sus placeres, fueron más allá y **[condenaron] y [dieron] muerte al justo.** Literalmente matarían para mantener su estilo de vida opulento. **Condenado** viene de *katadikazō*, que significa "dictar sentencia sobre"o "condenar". El verbo griego traducido **dado muerte** (*phoneuō*) se traduce matar en otros pasajes en los que aparece en el Nuevo Testamento (Mt. 5:21; 19:18; 23:31, 35; Mr. 10:19; Lc. 18:20; Ro. 13:9; Stg. 2:11; 4:2). Lo que significa es que los ricos opresores estaban aprovechando los tribunales para asesinar judicialmente a algunos de los pobres maltratados.

Dios estableció tribunales para impartir justicia justa e imparcialmente (Dt. 17:8-13). Los jueces no debían ser ambiciosos (Éx. 18:21-22), mostrar parcialidad (Lv. 19:15), tolerar falsos testimonios (Dt. 19:16-20), o recibir soborno (Mi. 3:11; 7:3). Pero hasta en Israel había una terrible corrupción. Amós denunció la perversión de la justicia que tenía lugar en los tribunales de su época: "Porque yo sé de vuestras muchas rebeliones, y de vuestros grandes pecados; sé que afligís al justo, y recibís cohecho, y en los tribunales hacéis perder su causa a los pobres" (Am. 5:12). "Aborreced el mal, y amad el bien, y estableced la justicia en juicio", exhortó Amós. Entonces "quizá Jehová Dios de los ejércitos tendrá piedad del remanente de José" (v. 15). También en la época de Santiago los ricos opresores buscaban pervertir el sistema judicial y usarlo contra los pobres (cp. Stg. 2:6).

El término **justo** denota a alguien moralmente recto (p. ej. Gn. 6:9; 2 S. 4:11; Mt. 1:19; 10:41; Hch. 10:22), como lo era el propio escritor, como lo prueba su apodo "el Justo". Santiago dio a entender que las víctimas de los ricos opresores eran inocentes de cualquier delito. La mejor identificación del que **hace resistencia** al rico es el inocente, el pobre del que abusaban y a quien arrastraban a los tribunales. Esto pudiera indicar que las víctimas eran creyentes estafados, que se encomendaban, como lo hizo el Señor Jesucristo, al cuidado de Dios cuando los acusaban falsamente (1 P. 2:23). Pero al no resistir a sus opresores, vivieron las verdades enseñadas por nuestro Señor en Mateo 5:39-42:

> *Pero yo os digo: No resistáis al que es malo; antes, a cualquiera que te hiera en la mejilla derecha, vuélvele también la otra; y al que quiera ponerte a pleito y quitarte la túnica, déjale también la capa; y a cualquiera que te obligue a llevar carga por una milla, ve con él dos. Al que te pida, dale; y al que quiera tomar de ti prestado, no se lo rehúses.*

La riqueza puede ser una bendición, un don de Dios que da la oportunidad de hacer el bien. Pero eso puede decirse solamente de los que también son "ricos en fe" (Stg. 2:5) y ricos "para con Dios" (Lc. 12:21). Si la riqueza ha de ser fuente de bendición y no de condenación, no debe acumularse en vano, ganarse injustamente, gastarse en placeres y adquirirse de forma despiadada.

La orientación de Pablo a Timoteo muestra cómo Dios espera que los ricos usen sus riquezas. Forma un apropiado contraste con el abuso de los ricos que condenaba Santiago.

> *A los ricos de este siglo manda que no sean altivos, ni pongan la esperanza en las riquezas, las cuales son inciertas, sino en el Dios vivo, que nos da todas las cosas en abundancia para que las disfrutemos. Que hagan bien, que sean ricos en buenas obras, dadivosos, generosos; atesorando para sí buen fundamento para lo por venir, que echen mano de la vida eterna (1 Ti. 6:17-19).*

Cómo afrontar con paciencia las pruebas

19

Por tanto, hermanos, tened paciencia hasta la venida del Señor. Mirad cómo el labrador espera el precioso fruto de la tierra, aguardando con paciencia hasta que reciba la lluvia temprana y la tardía. Tened también vosotros paciencia, y afirmad vuestros corazones; porque la venida del Señor se acerca. Hermanos, no os quejéis unos contra otros, para que no seáis condenados; he aquí, el juez está delante de la puerta. Hermanos míos, tomad como ejemplo de aflicción y de paciencia a los profetas que hablaron en nombre del Señor. He aquí, tenemos por bienaventurados a los que sufren. Habéis oído de la paciencia de Job, y habéis visto el fin del Señor, que el Señor es muy misericordioso y compasivo. (5:7-11)

En los primeros seis versículos del capítulo 5, Santiago reprendió con aspereza a los ricos opresores que abusaban de los justos pobres. En los versículos 7-11 cambia el centro de su atención de los perseguidores a los perseguidos, moviéndose, de la condena a los infieles ricos opresores, a consolar a los fieles pobres maltratados. Santiago también instruye a los pobres que sufren, mostrándoles la actitud que deben tener en medio de la persecución. El tema de esta sección es definir cómo ser paciente en las pruebas.

Las pruebas son parte inevitable de la vida, y la experiencia universal de esto refleja la realidad de que vivimos en un mundo caído y maldecido. Job declara temprano en la historia de la redención que: "como las chispas se levantan para volar por el aire, así el hombre nace para la aflicción" (Job 5:7). Jesús dijo en Juan 16:33: "En el mundo tendréis aflicción", mientras que Pablo advirtió a los nuevos creyentes en Galacia: "Es necesario que a través de muchas tribulaciones entremos en el reino de Dios" (Hch. 14:22). Pablo también les escribió a los romanos de la certeza del sufrimiento en este mundo (Ro. 8:18), y le dijo a Timoteo que participara "de las aflicciones por el evangelio" (2 Ti. 1:8), porque "todos los que quieren vivir piadosamente en Cristo Jesús padecerán persecución" (2 Ti. 3:12). "Amados", aconsejó Pedro, "no os sorprendáis del fuego de prueba que os ha sobrevenido, como si alguna cosa extraña os aconteciese, sino gozaos por cuanto sois participantes de los padecimientos de Cristo, para que también en la revelación de su gloria os gocéis con gran alegría" (1 P. 4:12-13).

Además de las pruebas normales de la vida, los creyentes afrontan una prueba no sufrida por los inconversos: persecución por la causa de Cristo. El que la Iglesia se enfrente al rechazo del mundo hostil que menosprecia el evangelio, es un tema que se repite en el Nuevo Testamento. En el Sermón del Monte, Jesús dijo:

> *Bienaventurados los que padecen persecución por causa de la justicia, porque de ellos es el reino de los cielos. Bienaventurados sois cuando por mi causa os vituperen y os persigan, y digan toda clase de mal contra vosotros, mintiendo. Gozaos y alegraos, porque vuestro galardón es grande en los cielos; porque así persiguieron a los profetas que fueron antes de vosotros (Mt. 5:10-12).*

"Si a mí me han perseguido", les dijo a sus discípulos en Juan 15:20, "también a vosotros os perseguirán". Hechos 8:1-2 y 11:19 describen la persecución devastadora de la iglesia de Jerusalén dirigida por Saulo de Tarso. Después de su conversión en el camino hacia Damasco, Pablo elogió a los cristianos de Tesalónica "por [su] paciencia y fe en todas [sus] persecuciones y tribulaciones que [soportaban]" (2 Ts. 1:4).

Ya en el capítulo 5, Santiago describió la persecución sufrida por algunos de sus lectores a manos de los ricos opresores (5:1-6; cp. 2:6). Él los encomió por no ofrecer resistencia (5:6), pero más por mantener un espíritu de humildad y mansedumbre. Al hacerlo, manifestaban la misma actitud de Cristo, "quien cuando lo maldecían, no respondía con maldición; cuando padecía, no amenazaba, sino encomendaba la causa al que juzga justamente" (1 P. 2:23).

Pero Santiago era lo bastante inteligente para darse cuenta de que los creyentes podían reaccionar desacertadamente a la persecución. Incluso el apóstol Pablo, indignado al ser golpeado injustamente por orden del sumo sacerdote, dijo violentamente: "¡Dios te golpeará a ti, pared blanqueada!" (Hch. 23:3). Esta desmedida observación fue una respuesta inadecuada a la persecución, como el propio Pablo reconoció (Hch. 23:4-5). Los que afrontan pruebas y persecuciones, corren el riesgo de perder la paciencia con sus circunstancias, con otras personas, incluso con Dios mismo.

Reconociendo ese peligro, Santiago exhortó a sus lectores a que tuvieran **paciencia** en medio de su persecución. Paciencia se deriva de *makrothumeō*, una palabra compuesta de *makros*, "largo", y *thumos*, "ira"; en el castellano "longanimidad" (cp. Éx. 34:6; Sal. 86:15; Pr. 15:18; 16:32; Ro. 2:4). Es una palabra diferente de la traducida "paciencia" en Santiago 1:3-4. Esa palabra, *hupomonē*, se refiere a soportar con paciencia las circunstancias penosas; *makrothumeō* se refiere a soportar con paciencia a las personas difíciles (cp. Mt. 18:26, 29; 1 Ts. 5:14). Ambas son esenciales; la paciencia con las personas es tan importante como la paciencia en circunstancias difíciles. La paciencia es la norma de justicia que Dios espera que todos los creyentes sigan a pesar de todas las pruebas que sufran. Así que, la paciencia bajo la persecución se convierte, para Santiago, en otra prueba de la genuina fe salvadora. Él también exhorta a los verdaderos cristianos a permanecer pacientes, no importa cuán severos o implacables sean sus sufrimientos.

Santiago ofrece seis enfoques prácticos que capacitan a los creyentes para soportar con paciencia las pruebas: esperar la venida del Señor, reconocer el juicio del Señor, seguir al siervo del Señor, entender la bendición del Señor, comprender el propósito del Señor y considerar el carácter del Señor.

ESPERAR LA VENIDA DEL SEÑOR

Por tanto, hermanos, tened paciencia hasta la venida del Señor. Mirad cómo el labrador espera el precioso fruto de la tierra, aguardando con paciencia hasta que reciba la lluvia temprana y la tardía. Tened también vosotros paciencia, y afirmad vuestros corazones; porque la venida del Señor se acerca. (5:7-8)

Tres veces en esta sección (vv. 7, 8, 9) Santiago se refiere a la gran esperanza del creyente, la segunda venida del Señor Jesucristo. El entendimiento de que las cosas no siempre iban a ser como lo eran ahora, que los creyentes se dirigen a "la ciudad cuyo arquitecto y constructor es Dios" (He. 11:10), proporciona una gran esperanza para los que están sufriendo persecución. Por esa razón, cuanto más perseguida es una iglesia, con tanto más ansias espera la venida de Jesucristo; por el contrario, una iglesia acaudalada, indulgente y mundanal, tiene poco interés en la venida del Señor.

Parousia (**venida**) es un importante término escatológico neotestamentario. Es el término comúnmente más empleado en las epístolas del Nuevo Testamento para referirse a la segunda venida de Cristo (cp. 1 Co. 15:23; 1 Ts. 2:19; 3:13; 4:15; 5:23; 2 Ts. 2:1, 8; 2 P. 1:16; 3:4; 1 Jn. 2:28; cp. Mt. 24:3, 27, 37, 39). *Parousia* se refiere más que a la simple venida; incluye el concepto de "presencia". Tal vez la mejor traducción castellana sería "llegada". La gran esperanza de la Iglesia es la llegada de Jesucristo, cuando venga a bendecir a su pueblo con su presencia. Esa gloriosa verdad aparece en más de quinientos versículos a lo largo de la Biblia.

Nuestro Señor dijo mucho acerca de su venida, en especial en su sermón profético en el Monte de los Olivos (Mt. 24-25; Mr. 13; Lc. 21). Enseñó entonces que su venida estaría precedida de señales definidas (Mt. 24:5-26). Describió su venida como un acontecimiento espectacular y culminante, tan impresionante e inconfundible como la luz del relámpago en el cielo (Mt. 24:27-30). Será un tiempo de separación, cuando los ángeles reúnan a los escogidos para que disfruten de la presencia de Jesús (Mt. 24:31) y reúnan a los incrédulos para alejarlos por completo de ella (Mt. 24:39-41).

Cada cristiano debe vivir con la esperanza de la certeza de la venida de Cristo. "El fin de todas las cosas se acerca", escribió Pedro; "sed, pues, sobrios, y velad en oración" (1 P. 4:7). Con su propia muerte inminente, Pablo pudo decir confiadamente: "Por lo demás, me está guardada la corona de justicia, la cual me dará el Señor, juez justo, en aquel día; y no sólo a mí, sino también a todos los que aman su venida" (2 Ti. 4:8). La segura esperanza de la venida de Cristo consuela en especial a los que están soportando pruebas y persecuciones. A los romanos escribió Pablo: "Pues tengo por cierto que las aflicciones del tiempo presente no son comparables con la gloria venidera que en nosotros ha de manifestarse" (Ro. 8:18). Les recordó a los corintios que "esta leve tribulación momentánea produce en nosotros un cada vez más excelente y eterno peso de gloria" (2 Co. 4:17). Pedro también alentó a los creyentes que sufrían a que recordaran la venida de su Señor:

En lo cual vosotros os alegráis, aunque ahora por un poco de tiempo, si es necesario, tengáis que ser afligidos en diversas pruebas, para que sometida a prueba vuestra fe, mucho más preciosa que el oro, el cual aunque perecedero se prueba con fuego, sea hallada en alabanza, gloria y honra cuando sea manifestado Jesucristo (1 P. 1:6-7).

El concentrarse en la venida de Cristo también motiva a los creyentes a vivir en santidad. En 1 Juan 3:3 Juan escribe: "Todo aquel que tiene esta esperanza [la Segunda Venida, v. 2] en él, se purifica a sí mismo, así como él es puro". El estudio de los acontecimientos de fin de los tiempos, no debiera producir sistemas escatológicos especulativos, sino santidad de vida. Después de analizar la destrucción del universo actual, Pedro exhortó a sus lectores: "Por lo cual, oh amados, estando en espera de estas cosas, procurad con diligencia ser hallados por él sin mancha e irreprensibles, en paz" (2 P. 3:14; cp. Fil. 3:16-21; 1 Ts. 1:9-10; Tit. 2:11-13).

Para reforzar aun más su idea de que los creyentes necesitan esperar con paciencia la Segunda Venida, Santiago describió una escena conocida, empleando una ilustración sencilla y directa. Señala que **el labrador espera el precioso fruto de la tierra, aguardando con paciencia hasta que reciba la lluvia temprana y la tardía.** El **labrador** pudiera haber sido un campesino arrendatario o un pequeño propietario de tierras. Al sembrar las semillas, **espera** a que llegue **el precioso fruto de la tierra,** su cosecha. Esto depende de algo que está fuera de su control, que Dios providencialmente reúna todos los elementos que necesita el cultivo para crecer. Esos cultivos son **preciosos** o valiosos para él, porque depende de ellos para su existencia. Lo único que puede hacer es tener **paciencia** (de *makrothumeō,* la misma palabra empleada antes en el versículo) mientras espera anhelante la llegada de la cosecha.

La alusión de Santiago a **la lluvia temprana y la tardía,** muestra justo cuán paciente tiene que ser el labrador. Las lluvias **tempranas** en Palestina llegan en la época de las siembras del otoño (octubre y noviembre), las lluvias **tardías** justo antes del tiempo de la cosecha (marzo y abril).

Aplicando la analogía a sus lectores, Santiago los exhortó: **tened paciencia.** Al igual que el labrador espera pacientemente todo el tiempo de crecimiento de los cultivos, así también los creyentes deben esperar pacientemente la venida del Señor Jesucristo. El apóstol Pablo dirigió una exhortación parecida a los gálatas: "No nos cansemos, pues, de hacer bien; porque a su tiempo segaremos, si no desmayamos" (Gá. 6:9). Tal vez los lectores de Santiago, como los descritos en Apocalipsis 6:9-11, se estaban impacientando por la venida de Cristo. Ellos tal vez estaban siendo asediados por burladores que negaban la realidad de la Segunda Venida (cp. 2 P. 3:3-4).

Santiago además exhortó a sus lectores a que **afirmaran** sus **corazones. Afirmad** viene de *stērizō,* una palabra que significa "asegurar", "establecer"o "confirmar". En Lucas 9:51 se emplea este término para describir la determinación de Jesús de ir a Jerusalén, aunque sabía que afrontaría la muerte cuando llegara allí. Es una palabra que denota resolución, valor inconmovible, una actitud de compromiso a permanecer en el rumbo, no importa cuán severa pueda ser la prueba. *Stērizō* se deriva de una raíz que significa "hacer estar erguido"o "apoyar". Santiago insta a los que están a punto de derrumbarse bajo el peso de persecución, que se apoyen en la esperanza de la venida del Salvador.

Se ve el fortalecimiento espiritual en cualquier pasaje bíblico como la obra misericordiosa del Espíritu Santo (p. ej. Ef. 3:14-19; 1 Ts. 3:12-13; 2 Ts. 2:16-17; 1 P. 5:10), pero aquí se presenta como la responsabilidad del creyente. Este es otro ejemplo de la profunda tensión entre la provisión divina y la responsabilidad humana que trasciende la verdad doctrinal. Los cristianos no deben vivir "a la buena de Dios" ni tampoco deben ver la vida cristiana como algo que exija un esfuerzo propio legalista. En vez de esto, deben vivir como si todo dependiera de ellos, sabiendo que todo depende de Dios (cp. Fil. 2:12-13).

Santiago no tolera a las personas de doble ánimo, inconstantes. En 1:6 observó que "el que duda es semejante a la onda del mar, que es arrastrada por el viento" y advirtió: "No piense, pues, quien tal haga, que recibirá cosa alguna del Señor. El hombre de doble ánimo es inconstante en todos sus caminos" (vv. 7-

8). En 2:4 el inspirado escritor denunció a los que estaban equivocados al hacer "distinciones entre [ellos mismos]", y convirtiéndose así en "jueces con malos pensamientos", mientras que en 3:8-12 señaló lo incongruente de los que bendicen a Dios mientras que, al mismo tiempo, maldicen a sus conciudadanos. Santiago también reprendió a quienes decían amar a Dios, pero seguían enamorados del mundo (4:4), exhortándoles: "Vosotros los de doble ánimo, purificad vuestros corazones" (v. 8). No es entonces sorprendente que Santiago exhortara a sus lectores a tener una profunda convicción de que el Señor Jesucristo volvería y de esa forma afirmar su corazón.

La idea evidente de esta exhortación era que los creyentes deben comprender que sus pruebas son temporales. Terminarán cuando Jesucristo vuelva. Aunque Jesús no regresaría en vida de los destinatarios de esta epístola, ni en la vida de millones de otros creyentes que han vivido y muerto desde aquel entonces, nadie sabe cuándo lo hará, todos pudieran vivir con la expectación de que puede venir de un momento a otro. Esto da argumentos para la inminencia, la idea de que el suceso en el programa de Dios para Cristo es la liberación de los creyentes de este mundo con todas sus pruebas. Este es el mensaje de consoladora esperanza para la Iglesia en todos los tiempos (cp. 1 Ts. 4:13-18).

Santiago subraya la inminencia, al recordarles a sus lectores la esperanza de que **la venida del Señor se acerca.** El verbo traducido **se acerca** (*eggizō*) significa "acercarse"o "aproximarse". La venida de Cristo es el próximo suceso en el calendario profético de Dios, y puede ocurrir de un momento a otro. Él demora su venida porque Dios sigue redimiendo a los que Él "escogió en él antes de la fundación del mundo" (Ef. 1:4). Pero desde la perspectiva humana, la venida de Cristo ha sido inminente desde que ascendió al cielo (Hch. 1:9-11). Esa realidad ha sido siempre la esperanza de la Iglesia. "La noche está avanzada, y se acerca el día", escribió el apóstol Pablo a los romanos (Ro. 13:12). El escritor de Hebreos exhortó a sus lectores a que no dejaran de "[congregarse]... sino [que se exhortaran]; y tanto más, cuanto [ven] que aquel día se acerca" (He. 10:25). "El fin de todas las cosas se acerca", escribió Pedro (1 P. 4:7), mientras que el apóstol Juan añadió: "Hijitos, ya es el último tiempo; y según vosotros oísteis que el anticristo viene, así ahora han surgido muchos anticristos; por esto conocemos que es el último tiempo" (1 Jn. 2:18). Y las últimas palabras de Jesús registradas en las Escrituras son: "Ciertamente vengo en breve" (Ap. 22:20). Es el privilegio y la responsabilidad de todos los cristianos estar constantemente "aguardando la esperanza bienaventurada y la manifestación gloriosa de nuestro gran Dios y Salvador Jesucristo" (Tit. 2:13; cp. Jn. 14:1-3; 1 Co. 1:7; Fil. 3:20-21; 1 Ts. 1:9-10; 4:16- 18). Cualquier forma de ver la escatología que elimine la inminencia (los creyentes de todos los tiempos que viven con la esperanza de que Cristo pudiera venir de un momento a otro) está en conflicto con todos estos pasajes, que proporcionan esperanza para los cristianos que sufren al esperar con ansias la venida del Señor.

RECONOCER EL JUICIO DEL SEÑOR

Hermanos, no os quejéis unos contra otros, para que no seáis condenados; he aquí, el juez está delante de la puerta. (5:9)

Santiago describe al Señor Jesucristo como el Juez que está a punto de entrar a la sala del juicio. Esta es la otra cara de su primer punto. La esperanza de la Segunda Venida sí proporciona consuelo en las pruebas. Sin embargo, la seria realidad de que Cristo vendrá para juzgar "a los vivos y a los muertos" (2 Ti. 4:1; 1 P. 4:5; cp. Hch. 10:42) advierte a los que se sienten tentados a **quejarse** en medio de sus pruebas.

Vivir con las circunstancias difíciles puede hacer que los creyentes se sientan frustrados, pierdan la paciencia, se **quejen... unos contra otros,** en especial contra los que parecen estar sufriendo menos que ellos, o contra los que parecen estar añadiendo a sus problemas. *Stenazō* (**quejéis**) también significa "gemir dentro de uno" o "suspirar". Describe una actitud interna y que no se expresa (cp. Mr. 7:34; Ro. 8:23). Es un espíritu amargado y resentido que se manifiesta en las relaciones de uno con los demás.

Luego Santiago dio a sus lectores un sencillo pero poderoso motivo para evitar semejante queja amarga: **para que** no fueran **condenados** (cp. La exhortación de Pablo a los filipenses de que no se quejaran, teniendo en cuenta el día de la venida de nuestro Señor [Fil. 2:14-16]). Los que no conocen al Señor, enfrentarán el juicio final y su resultante sentencia de condenación a castigo eterno. Pero incluso los creyentes serán juzgados. "Porque es necesario que todos nosotros comparezcamos ante el tribunal de Cristo", escribió el apóstol Pablo, "para que cada uno reciba según lo que haya hecho mientras estaba en el cuerpo, sea bueno o sea malo" (2 Co. 5:10; cp. Ro. 14:10; 2 Ti. 4:7-8). En aquel tiempo:

> *la obra de cada uno se hará manifiesta; porque el día la declarará, pues por el fuego será revelada; y la obra de cada uno cuál sea, el fuego la probará. Si permaneciere la obra de alguno que sobreedificó, recibirá recompensa. Si la obra de alguno se quemare, él sufrirá pérdida, si bien él mismo será salvo, aunque así como por fuego (1 Co. 3:13-15).*

Entonces "el Señor... aclarará también lo oculto de las tinieblas, y manifestará las intenciones de los corazones; y entonces cada uno recibirá su alabanza de Dios" (1 Co. 4:5). "He aquí yo vengo pronto", dijo Jesús, "y mi galardón conmigo, para recompensar a cada uno según sea su obra" (Ap. 22:12). La *parousia* del Señor Jesucristo es tanto un tiempo de esperanza como un tiempo de juicio de nuestras obras con miras a la recompensa eterna. No será un juicio por los pecados del creyente, ya que esto tuvo lugar en la cruz (Ro. 8:1, 31-34). Aunque no tenemos que temer a un juicio por los pecados, amamos a nuestro Señor y no deseamos perder nuestro galardón (2 Jn. 8), sino escuchar su elogio "Bien, buen siervo y fiel" (Mt. 25:21, 23) cuando nos recompense por una vida de oro, plata y piedras preciosas.

Haciendo aun más énfasis en lo inminente de la venida de Cristo para juzgar nuestras obras, Santiago advirtió: **he aquí, el juez está delante de la puerta.** A Cristo, el divino juez, se le describe como listo para entrar por las puertas y aparecer en la escena del juicio. Hará una espectacular entrada en su *parousia* que, como se observó antes, es el próximo suceso en su agenda histórica personal. Tanto la alentadora esperanza de la venida de Cristo, como el fin del sufrimiento y el reconocimiento del juicio venidero para las obras de los creyentes, deben producir paciencia en el sufrimiento.

SEGUIR AL SIERVO DEL SEÑOR

Hermanos míos, tomad como ejemplo de aflicción y de paciencia a los profetas que hablaron en nombre del Señor. (5:10)

A fin de alentar a los creyentes para que soportaran el sufrimiento injusto, Santiago señaló el **ejemplo** de **los profetas** que habían sufrido con **paciencia** su **aflicción.** Aflicción viene de *kakopatheia,* una palabra compuesta de *kakos* ("malo") y *pathos* ("sufrir"); **paciencia** se traduce *makrothumia,* que se refiere a paciencia con las personas (cp. el análisis del v. 7 citado anteriormente). Los **profetas** (los profetas del Antiguo Testamento, entre ellos Juan el Bautista) sirven de **ejemplo** apropiado de quienes con paciencia soportan maltratos de las personas, porque **hablaron en nombre del Señor.** Hablar así era su función (cp. Jer. 20:9), como lo prueba la frase con frecuencia repetida en el Antiguo Testamento "Así ha dicho Jehová". El **nombre del Señor** representa todo lo que es, hace y desea. Los **profetas** eran los voceros de Dios.

El rechazo al vocero de Dios es un conocido y trágico tema en la historia de Israel. Jesús denunció a los fariseos como los "hijos de aquellos que mataron a los profetas" (Mt. 23:31). Más adelante en ese capítulo, Jesús describió a Jerusalén (que simboliza toda la nación de Israel) como la ciudad "que [mata] a los profetas, y [apedrea] a los que [le] son enviados" (v. 37). Esteban, en el juicio ante el sanedrín, les preguntó: "¿A cuál de los profetas no persiguieron vuestros padres? Y mataron a los que anunciaron de antemano la venida del Justo, de quien vosotros ahora habéis sido entregadores y matadores" (Hch. 7:52; cp. Neh. 9:26; Dn. 9:6).

La persecución sufrida por los profetas de Israel es una triste letanía de rechazo y de ultraje. Moisés tuvo que tolerar a los rebeldes y duros de cerviz israelitas que salieron de Egipto (Éx. 17:4). David fue cazado por Saúl tan implacablemente como uno caza una perdiz en el monte (1 S. 18:5-26:25). Elías se enfrentó a la hostilidad del malvado rey Acab (1 R. 18:17; 21:20) y su inicua esposa, Jezabel (1 R. 19:1-2). Jeremías soportó la oposición durante todo su ministerio (cp. Jer. 18:18; 20:1-2; 26:8; 32:2; 37:13-16; 38:1-6; 43:1-4; 44:15-19), y esto le trajo tanta tristeza que se le conoce como el profeta llorón. Ezequiel sufrió la muerte de su esposa durante su ministerio (Ez. 24:15-18). Daniel fue arrancado de su tierra siendo un muchacho y luego lanzado al foso de leones por su fidelidad a Dios (Dn. 6:1ss). Oseas sufrió un desgarrador matrimonio (Os. 1:2), Amós se enfrentó a las mentiras y al escarnio (Am. 7:10-13), y Juan el Bautista fue encarcelado y decapitado por su testimonio de la verdad de Dios (Mt. 14:10). Hebreos 11 encomia a una multitud de profetas quienes, aunque no tan conocidos como los mencionados antes, no fueron menos fieles. La paciencia bajo las pruebas que mostraron estos fieles profetas, debe servir de aliento a los creyentes que corren la carrera de la vida cristiana con diligencia y fidelidad (He. 12:1), a pesar de lo severo de la persecución.

ENTENDER LA BENDICIÓN DEL SEÑOR

tenemos por bienaventurados a los que sufren. (5:11*a*)

El verbo "**tenemos** (creyentes en general)"en primera persona del plural presenta un cuarto motivo para sufrir con paciencia las pruebas: es de conocimiento general que Dios ha tenido por **bienaventurados** a **los que** han **sufrido.** Sufren traduce una forma del verbo *hupomenō,* que está relacionada con el sustantivo traducido "paciencia"en 1:3-4. Como se observa en el anterior análisis del versículo 7, esa palabra se refiere a soportar con paciencia circunstancias difíciles. Las personas que sufren son objeto del favor divino. Pablo comprendía esto y lo reveló en las ricas palabras de 2 Corintios 12:7-10:

> *Y para que la grandeza de las revelaciones no me exaltase desmedidamente, me fue dado un aguijón en mi carne, un mensajero de Satanás que me abofetee, para que no me enaltezca sobremanera; respecto a lo cual tres veces he rogado al Señor, que lo quite de mí. Y me ha dicho: Bástate mi gracia; porque mi poder se perfecciona en la debilidad. Por tanto, de buena gana me gloriaré más bien en mis debilidades, para que repose sobre mí el poder de Cristo. Por lo cual, por*

amor a Cristo me gozo en las debilidades, en afrentas, en necesidades, en
persecuciones, en angustias; porque cuando soy débil, entonces soy fuerte.

Pablo fue bendecido aun en esta vida con humildad, dependencia de Dios, gracia y fortaleza espiritual; todo por estar injustamente agredido por Satanás. La bendición de Dios no es para las personas que hacen grandes cosas, sino para las personas que padecen con paciencia. Los que recibirán las mayores bendiciones en la vida venidera son los que han soportado grandes sufrimientos en este mundo (cp. Mt. 20:20-23). La esperanza de bendición ahora y en la gloria futura, debe motivar a los cristianos que sufren a soportarlo con paciencia.

COMPRENDER EL PROPÓSITO DEL SEÑOR

Habéis oído de la paciencia de Job, y habéis visto el fin del Señor, (5:11*b*)

El quinto motivo de Santiago para sufrir pacientemente las pruebas, proviene de una historia conocida por los lectores judíos de Santiago. La increíble historia de **la paciencia de Job** en medio de sus pruebas, era uno de los relatos más populares en la historia judía. **Job** soportó sufrimientos inimaginables e inexplicables: los furiosos ataques de Satanás, la pérdida de sus hijos, de su riqueza, de su salud, de su reputación, y, lo peor de todo, la pérdida de su sentido de la presencia de Dios. Es cierto que **Job** expresó su aflicción (3:1-11), lamentó el consejo de sus presuntos consoladores desorientados (16:2ss), y clamó confundido a Dios (7:11-16). Pero "en todo esto no pecó Job, ni atribuyó a Dios despropósito alguno" (Job 1:22; cp. 2:10). La triunfal declaración de Job "Aunque él me matare, en él esperaré" (13:15) ejemplifica su paciente aceptación de sus pruebas (cp. 1:21; 19:25-27). **el fin** o propósito de la relación **del Señor** con Job, da esperanza para todos los que sufren con paciencia. Había al menos cuatro importantes propósitos divinos para el sufrimiento de Job: probar su fe y que esta era genuina. Frustrar el intento de Satanás de destruir esa fe. Fortalecer la fe de Job y capacitarlo para ver a Dios más claramente e incrementar las bendiciones de Job. Todos estos propósitos se cumplieron porque, a pesar de todas sus pruebas, Job siguió siendo fiel a Dios. El libro de Job termina enumerando la bendición de Dios para su fiel y leal siervo:

Y quitó Jehová la aflicción de Job, cuando él hubo orado por sus amigos; y
aumentó al doble todas las cosas que habían sido de Job. Y vinieron a él todos
sus hermanos y todas sus hermanas, y todos los que antes le habían conocido, y
comieron con él pan en su casa, y se condolieron de él, y le consolaron de todo
aquel mal que Jehová había traído sobre él; y cada uno de ellos le dio una
pieza de dinero y un anillo de oro. Y bendijo Jehová el postrer estado de Job más

que el primero; porque tuvo catorce mil ovejas, seis mil camellos, mil yuntas de bueyes y mil asnas, y tuvo siete hijos y tres hijas. Llamó el nombre de la primera, Jemima, el de la segunda, Cesia, y el de la tercera, Keren-hapuc. Y no había mujeres tan hermosas como las hijas de Job en toda la tierra; y les dio su padre herencia entre sus hermanos. Después de esto vivió Job ciento cuarenta años, y vio a sus hijos, y a los hijos de sus hijos, hasta la cuarta generación. Y murió Job viejo y lleno de días (Job 42:10-17).

El ejemplo de Job alienta a los que sufren pruebas, para que las soporten con paciencia, conocedores de que el propósito del Señor es fortalecerlos, perfeccionarlos, y, finalmente, bendecirlos ricamente. Como dijo el apóstol Pablo, "a los que aman a Dios, todas las cosas les ayudan a bien, esto es, a los que conforme a su propósito son llamados" (Ro. 8:28).

CONSIDERAR EL CARÁCTER DEL SEÑOR

el Señor es muy misericordioso y compasivo. (5:11c)

Santiago terminó debidamente su exhortación a soportar con paciencia las pruebas, con un recordatorio del carácter santo de Dios. No es nada raro para los que están pasando por severas pruebas, cuestionarse si Dios realmente cuida de ellos. Pero en todas sus tribulaciones, los creyentes pueden hallar consuelo en la innegable verdad de que **el Señor es muy misericordioso y compasivo.** Ese es el claro testimonio del Antiguo Testamento (p. ej. Éx. 33:18-19; 34:6; Nm. 14:18; 2 Cr. 30:9; Neh. 9:17; Sal. 86:15; 103:8; 111:4; 112:4; 116:5; 145:8; Is. 30:18; Lm. 3:22-23; Jl. 2:13; Jon. 4:2).

El vocablo **misericordioso** se traduce *polusplagchnos,* una palabra empleada solo aquí en el Nuevo Testamento y tal vez acuñada por Santiago mismo. Literalmente significa "de muchos vientres"y refleja una frase hebrea que habla del vientre o estómago como la sede de las emociones. Decir que Dios es "de muchos vientres"es afirmar que tiene una enorme capacidad de compadecerse.

El que Dios es **compasivo** es la inequívoca enseñanza de la Biblia (cp. Sal. 86:15; Ez. 39:25; Lc. 1:78; Ro. 9:16; 11:30, 32; 12:1; 15:9; 2 Co. 1:3; Ef. 2:4; He. 2:17; 1 P. 1:3; 2:10). Por causa de la gran compasión de Dios, Pedro exhortó a los creyentes: "[Echad] toda vuestra ansiedad sobre él, porque él tiene cuidado de vosotros" (1 P. 5:7; cp. Sal. 55:22; Fil. 4:6). El sufrimiento de los creyentes produce una respuesta misericordiosa y compasiva de su Padre celestial (Sal. 103:13).

Cualquier prueba, sufrimiento o persecución que afronten los cristianos, puede soportarse con paciencia por medio de la esperanza de la venida del

Señor, el reconocimiento de su juicio, el seguir el ejemplo de los fieles seguidores del Señor, la comprensión de las bendiciones de Dios, el entendimiento del propósito del Señor y la consideración de su compasión y su carácter misericordioso. Los que hacen esto podrán decir triunfalmente, al igual que el salmista: "Porque un momento será su ira, pero su favor dura toda la vida. Por la noche durará el lloro, y a la mañana vendrá la alegría" (Sal. 30:5).

No se debe jurar

20

Pero sobre todo, hermanos míos, no juréis, ni por el cielo, ni por la tierra, ni por ningún otro juramento; sino que vuestro sí sea sí, y vuestro no sea no, para que no caigáis en condenación. (5:12)

Los hombres caídos son esencialmente mentirosos empedernidos. Los hijos mienten a los padres y los padres mienten a sus hijos. Los esposos mienten a sus esposas y las esposas mienten a sus esposos. Las personas mienten a sus empleadores, quienes a su vez les mienten a ellas y al público. Los políticos mienten para ser elegidos, y continúan mintiendo una vez que están en función. Las personas le mienten al gobierno, tal vez más que todo en sus declaraciones de impuesto sobre la renta. Mienten los educadores, mienten los científicos y mienten los medios informativos. Nuestra sociedad se construye sobre una armazón de mentiras. Esto hace que uno se pregunte si nuestra estructura social sobreviviría si a cada uno se le obligara a decir la verdad, al menos un día.

El que vivamos en un mundo de mentiras no debe sorprender a nadie que conozca las Escrituras, que identifica a la humanidad no redimida como hijos del diablo, el padre de la mentira (Jn. 8:44). Esa falta de honradez ha hecho que los hombres hagan jurar a los demás por casi cualquier cosa, en un vano intento de obligarlos a ser veraces y cumplir sus promesas. Se hacen necesarios tanto los juramentos sencillos de los niños, como los complicados juramentos que muchas veces se requieren en diferentes organizaciones, y en todo lo que tiene que ver con contratos legales y tratados de paz.

Manifestando esa misma falta de sinceridad, los judíos no solo juraban conforme a la ley del Antiguo Testamento por el nombre del Señor (y a veces violaban tales juramentos), sino que también habían desarrollado la práctica de hacer falsos, evasivos y engañosos juramentos por todo, menos por el Señor (que era lo único que se consideraba obligatorio). Ellos juraban por cualquier cosa que no fuera el Señor, por el mismo propósito de fingir una veracidad que no tenían intención de mantener. Jesús también condenó esta práctica (Mt. 5:33-36; 23:16-22).

La costumbre de hacer juramentos era una parte importante de la vida en los tiempos bíblicos y se había hecho presente en la iglesia, particularmente en las congregaciones predominantemente judías a las que escribió Santiago. Como los juramentos eran parte integral de la cultura judía, los creyentes judíos trajeron esa práctica a la iglesia. Pero el decir juramentos es algo innecesario entre los cristianos, cuyo hablar debe ser sincero (Ef. 4:25; Col. 3:9), y cuya vida debe mostrar integridad y credibilidad. Para los creyentes, un simple "sí"o "no"debe bastar, porque son fieles para cumplir su palabra.

Para animar a los creyentes a diferenciarse, en lo que a hablar la verdad se refiere, Santiago da la orden de dejar de jurar. Hay cuatro rasgos de esta orden que se deben considerar: "La distinción, la restricción, la instrucción y la motivación".

LA DISTINCIÓN

Pero sobre todo, hermanos míos, (5:12*a*)

La frase **Pero sobre todo** indica la diferencia entre la exhortación que sigue y las otras en la epístola, y la ubica en primer lugar. La partícula griega *de* (**Pero**) marca una transición del pasaje anterior, que analiza el asunto de afrontar las pruebas con paciencia (5:7-11). Como no hay contraste alguno con la sección anterior, es mejor traducir *de* "ahora"o "y", al reconocer que expone un nuevo tema. Ese nuevo tema no está totalmente separado del contexto precedente, ya que el versículo 12, como el versículo 9, se refiere al juicio venidero.

La orden del versículo 12 es la primera de varias que cierran la epístola. Al ir finalizando su carta, el autor ofrece un resumen final de sus ideas y toca varios asuntos importantes y concluyentes, algo característico en las epístolas del Nuevo Testamento (cp. 1 Ts. 5:11-27). Como solo aparece en un versículo, algunos pudieran sentirse tentados a desechar la prohibición de Santiago contra los juramentos y considerarla relativamente insignificante. Pero la frase **sobre todo** la distingue como una orden relevante y vigente.

No es sorprendente que Santiago analice el hablar al terminar su epístola; lo hizo también en todos los demás capítulos. En 1:26 escribió: "Si alguno se cree religioso entre vosotros, y no refrena su lengua, sino que engaña su corazón, la religión del tal es vana". Los que no controlan su lengua dan evidencia de un corazón no regenerado, a pesar de una fachada externa de actividades religiosas. En 2:12 exhortó: "Así hablad, y así haced, como los que habéis de ser juzgados por la ley de la libertad". Quienes son liberados de la ley del pecado y de la muerte por medio de Jesucristo (Ro. 8:2), darán testimonio de esa liberación en su manera de hablar. En un largo pasaje en 3:2-11, Santiago observó lo difícil que es dominar la lengua y luego exhortó a los creyentes a que lo hicieran. En

4:11 prohibió que se hablara contra un hermano en la fe, igualando eso con hablar contra la santa ley de Dios.

Santiago estaba muy preocupado por cómo hablaban los creyentes, ya que esto manifiesta lo que hay en su corazón; es una prueba de la fe viva (cp. Mt. 12:34-37; Lc. 6:43-45). La prohibición contra el falso juramento en el versículo 12 refleja la verdad de que un corazón transformado por el Espíritu, se mostrará en un hablar correcto. Cómo hablan las personas es la prueba más manifiesta de su verdadero estado espiritual. Las personas pecan más con su lengua que de alguna otra forma; uno no puede hacer cualquier cosa, pero uno sí puede decir cualquier cosa. No es de extrañarse entonces de que Jesús dijera: "De la abundancia del corazón habla la boca" (Mt. 12:34). El corazón es un almacén, y las palabras de las personas muestran lo que se guarda allí.

La alusión de Santiago a sus lectores como **hermanos,** muestra que su actitud no era de condescendencia, sino de compasión. Él se identificaba con ellos como alguien que también necesitaba guardar su propia boca y hablar la verdad. También para él era de suma importancia el asunto de hablar correctamente.

LA RESTRICCIÓN

o juréis, ni por el cielo, ni por la tierra, ni por ningún otro juramento; (5:12*b*)

El asunto específico relacionado con el hablar, en el que Santiago concentra su atención, es el de jurar. En este contexto **juréis** no quiere decir (como a menudo significa en castellano) decir malas palabras o pronunciar palabras obscenas; la manera de hablar malsana y no edificante que el apóstol Pablo prohíbe en Efesios 4:29 (cp. Ef. 5:4). Más bien se refiere a hacer juramentos. Los judíos de la época de Santiago habían desarrollado un complejo sistema de juramentos, cuyas influencias llevaron consigo los judeocristianos a la iglesia. Es contra los abusos de ese sistema que escribe Santiago.

El sistema judío de juramentos tenía sus raíces en el Antiguo Testamento. En una época en la que no había contratos escritos, los juramentos servían para establecer acuerdos entre las personas. Hacer un juramento era atestiguar que lo que uno decía era verdad, llamar a Dios para que fuera testigo de eso, e invocar su castigo si la palabra de uno se violaba. Llamar a Dios para que fuera testigo de la verdad del compromiso de alguien e invocar su juicio si alguno incumplía tal promesa, era un asunto muy serio.

La Biblia no prohíbe hacer juramentos, admitiendo que en un mundo lleno de mentirosos hay veces en las que se hace necesario. Claro que no es nada incorrecto prestar juramento cuando damos testimonio ante un tribunal, cuando se nos ordena, o al casarnos. Los juramentos son algo incorrecto cuando se usan mal, con la intención de engañar a otros o cuando se emplean precipitadamente o con petulancia. La Biblia da ejemplos de hombres santos que hicieron juramentos, enumera los mandamientos de Dios para que se hagan votos y registra ejemplos en los que Dios mismo juró.

El primer caso de alguien que hizo un juramento está en Génesis 21. En el transcurso de una discusión con el gobernante filisteo Abimelec y el príncipe de su ejército Ficol:

> *Y Abraham reconvino a Abimelec a causa de un pozo de agua, que los siervos de Abimelec le habían quitado. Y respondió Abimelec: No sé quién haya hecho esto, ni tampoco tú me lo hiciste saber, ni yo lo he oído hasta hoy. Y tomó Abraham ovejas y vacas, y dio a Abimelec; e hicieron ambos pacto. Entonces puso Abraham siete corderas del rebaño aparte. Y dijo Abimelec a Abraham: ¿Qué significan esas siete corderas que has puesto aparte? Y él respondió: Que estas siete corderas tomarás de mi mano, para que me sirvan de testimonio de que yo cavé este pozo. Por esto llamó a aquel lugar Beerseba; porque allí juraron ambos (vv. 25-31).*

Abraham juró para validar su reclamo de que él había cavado el pozo en disputa. Luego Isaac hizo un juramento similar con los filisteos (Gn. 26:26-31). En Génesis 24:2-4, Abraham pidió a su siervo que le jurara:

> *Y dijo Abraham a un criado suyo, el más viejo de su casa, que era el que gobernaba en todo lo que tenía: Pon ahora tu mano debajo de mi muslo, y te juramentaré por Jehová, Dios de los cielos y Dios de la tierra, que no tomarás para mi hijo mujer de las hijas de los cananeos, entre los cuales yo habito; sino que irás a mi tierra y a mi parentela, y tomarás mujer para mi hijo Isaac.*

Josué 2:12-20 registra el juramento que hicieron a Rahab los dos espías israelitas:

> *[Rahab dijo:] Os ruego pues, ahora, que me juréis por Jehová, que como he hecho misericordia con vosotros, así la haréis vosotros con la casa de mi padre, de lo cual me daréis una señal segura; y que salvaréis la vida a mi padre y a mi madre, a mis hermanos y hermanas, y a todo lo que es suyo; y que libraréis nuestras vidas de la muerte. Ellos le respondieron: Nuestra vida responderá por la vuestra, si no denunciareis este asunto nuestro; y cuando Jehová nos haya dado la tierra, nosotros haremos contigo misericordia y verdad. Entonces ella los hizo descender con una cuerda por la ventana; porque su casa estaba en el muro de la ciudad, y ella vivía en el muro. Y les dijo: Marchaos al monte, para que los que fueron tras vosotros no os encuentren; y estad escondidos allí tres días, hasta que los que os siguen hayan vuelto; y después os iréis por*

vuestro camino. Y ellos le dijeron: Nosotros quedaremos libres de este juramento con que nos has juramentado. He aquí, cuando nosotros entremos en la tierra, tú atarás este cordón de grana a la ventana por la cual nos descolgaste; y reunirás en tu casa a tu padre y a tu madre, a tus hermanos y a toda la familia de tu padre. Cualquiera que saliere fuera de las puertas de tu casa, su sangre será sobre su cabeza, y nosotros sin culpa. Mas cualquiera que se estuviere en casa contigo, su sangre será sobre nuestra cabeza, si mano le tocare. Y si tú denunciares este nuestro asunto, nosotros quedaremos libres de este tu juramento con que nos has juramentado.

David le juró a Jonatán (1 S. 20:12-17; 2 S. 21:7), a Saúl (1 S. 24:21-22), a Simei (2 S. 19:23), y a Dios (2 S. 3:35). El pueblo de Israel bajo Josué hizo un juramento (Jos. 6:26), como lo hizo el pueblo de Judá durante el reinado del rey Asa (2 Cr. 15:14), y los exiliados que volvieron (Esd. 10:5; Neh 10:28-30). El apóstol Pablo hizo voto a Dios (Hch. 18:18), e hizo un juramento de veracidad al escribir a los corintios: "El Dios y Padre de nuestro Señor Jesucristo, quien es bendito por los siglos, sabe que no miento" (2 Co. 11:31; cp. 1:23; Ro. 9:1). Hasta un ángel hizo un juramento (Ap. 10:5-6).

Hubo ocasiones en el Antiguo Testamento en las que Dios exigió a las personas que juraran. Los que perdían un animal que les había sido confiado tenían que jurar que no lo habían robado:

Si alguno hubiere dado a su prójimo asno, o buey, u oveja, o cualquier otro animal a guardar, y éste muriere o fuere estropeado, o fuere llevado sin verlo nadie; juramento de Jehová habrá entre ambos, de que no metió su mano a los bienes de su prójimo; y su dueño lo aceptará, y el otro no pagará (Éx. 22:10-11).

Números 5:19-22 registra el juramento que se le exigía a una mujer de la que había sospecha de infidelidad conyugal:

Y el sacerdote la conjurará y le dirá: Si ninguno ha dormido contigo, y si no te has apartado de tu marido a inmundicia, libre seas de estas aguas amargas que traen maldición; mas si te has descarriado de tu marido y te has amancillado, y ha cohabitado contigo alguno fuera de tu marido (el sacerdote conjurará a la mujer con juramento de maldición, y dirá a la mujer): Jehová te haga maldición y execración en medio de tu pueblo, haciendo Jehová que tu muslo caiga y que tu vientre se hinche; y estas aguas que dan maldición entren en tus entrañas, y hagan hinchar tu vientre y caer tu muslo. Y la mujer dirá: Amén, amén.

Números 6:2ss menciona el voto nazareo, que aparta a las personas para Dios.

Dios espera que se cumplan los votos. Como los juramentos invocan el santo nombre de Dios (Dt. 6:13), no deben tomarse a la ligera. Números 30:2 declara que "cuando alguno hiciere voto a Jehová, o hiciere juramento ligando su alma con obligación, no quebrantará su palabra; hará conforme a todo lo que salió de su boca" (cp. Sal. 15:1-4). También se esperaba que las mujeres cumplieran sus votos (cp. Nm. 30:3ss). El no hacerlo era tomar el nombre de Dios en vano (Éx. 20:7; Lv. 19:12).

La seriedad de hacer juramentos se destaca por las consecuencias de hacerlo de forma apresurada e insensata. El Antiguo Testamento presenta varios ejemplos de personas que neciamente hicieron votos precipitadamente. Engañado por los gabaonitas (Jos. 9:3-14), Josué y los dirigentes israelitas juraron permitir que vivieran (9:15), solo para descubrir después (9:16) que eran uno de los pueblos de Canaán que se suponía que Israel destruyera (Dt. 20:17). De no ser por el juramento apresurado de Saúl (1 S. 14:24), los hombres de Israel hubieran infligido una gran derrota a los filisteos (v. 30). El juramento insensato de Herodes le costó la vida a Juan el Bautista (Mt. 14:7-9). Pero el ejemplo más vergonzoso de un voto precipitado en las Escrituras es sin duda el de Jefté:

> *Jefté hizo voto a Jehová, diciendo: Si entregares a los amonitas en mis manos, cualquiera que saliere de las puertas de mi casa a recibirme, cuando regrese victorioso de los amonitas, será de Jehová, y lo ofreceré en holocausto. Y fue Jefté hacia los hijos de Amón para pelear contra ellos; y Jehová los entregó en su mano. Y desde Aroer hasta llegar a Minit, veinte ciudades, y hasta la vega de las viñas, los derrotó con muy grande estrago. Así fueron sometidos los amonitas por los hijos de Israel. Entonces volvió Jefté a Mizpa, a su casa; y he aquí su hija que salía a recibirle con panderos y danzas, y ella era sola, su hija única; no tenía fuera de ella hijo ni hija. Y cuando él la vio, rompió sus vestidos, diciendo: ¡Ay, hija mía! en verdad me has abatido, y tú misma has venido a ser causa de mi dolor; porque le he dado palabra a Jehová, y no podré retractarme. Ella entonces le respondió: Padre mío, si le has dado palabra a Jehová, haz de mí conforme a lo que prometiste, ya que Jehová ha hecho venganza en tus enemigos los hijos de Amón (Jue. 11:30-36).*

El insensato juramento de Jefté le costó la vida a su única hija.

Evidencia adicional de que hacer juramentos sabiamente no es malo bajo las circunstancias apropiadas, nos llega del hecho de que Dios ha jurado. No lo hizo porque haya alguna duda sobre su veracidad, sino por condescendencia, para dejar un ejemplo de integridad que sigan los hombres. Hebreos 6:13-17 dice que:

cuando Dios hizo la promesa a Abraham, no pudiendo jurar por otro mayor, juró por sí mismo, diciendo: De cierto te bendeciré con abundancia y te multiplicaré grandemente. Y habiendo esperado con paciencia, alcanzó la promesa. Porque los hombres ciertamente juran por uno mayor que ellos, y para ellos el fin de toda controversia es el juramento para confirmación. Por lo cual, queriendo Dios mostrar más abundantemente a los herederos de la promesa la inmutabilidad de su consejo, interpuso juramento.

La frase con frecuencia repetida en el Antiguo Testamento "vivo yo", ofrece evidencias adicionales de Dios jurando por sí mismo (Nm. 14:21, 28; Dt. 32:40; Is. 49:18; Jer. 22:24; 46:18; Ez. 5:11; 14:16, 18, 20; 16:48; 17:16, 19; 18:3; 20:3, 31, 33; 33:11, 27; 34:8; 35:6, 11; Sof. 2:9; Ro. 14:11). Dios le dijo a Abraham:

Por mí mismo he jurado, dice Jehová, que por cuanto has hecho esto, y no me has rehusado tu hijo, tu único hijo; de cierto te bendeciré, y multiplicaré tu descendencia como las estrellas del cielo y como la arena que está a la orilla del mar; y tu descendencia poseerá las puertas de sus enemigos. En tu simiente serán benditas todas las naciones de la tierra, por cuanto obedeciste a mi voz (Gn. 22:16-18).

Lucas 1:73 también se refiere al "juramento que [Dios] hizo a Abraham nuestro padre". Hechos 2:30 destaca el juramento de Dios a David (cp. 2 S. 7:11-15; 1 Cr. 17:11-14; Sal. 89:3-4; 132:11-12). Éxodo 6:8 menciona el juramento de Dios de que le daría la tierra de Israel a Abraham, Isaac, Jacob y a sus descendientes (cp. Éx. 13:5, 11). Deuteronomio 28:9 menciona el juramento de Dios a los israelitas de separarlos como pueblo santo para sí. Puesto bajo juramento por el sumo sacerdote, Jesús respondió, en efecto, jurando Él mismo (Mt. 26:63-64). A la luz de la evidencia bíblica, el mandato de Santiago de **no juréis** debe considerarse como una prohibición general de todo juramento. Se permitían los juramentos en ocasiones solemnes, pero solo en el nombre de Dios.

Por lo tanto, Santiago no prohíbe el jurar en el nombre del Señor, sino que no se haga **ni por el cielo, ni por la tierra, ni por ningún otro juramento.** La fuente de la prohibición de Santiago es la enseñanza de nuestro Señor respecto a los juramentos en Mateo 5:33-37:

Además habéis oído que fue dicho a los antiguos: No perjurarás, sino cumplirás al Señor tus juramentos. Pero yo os digo: No juréis en ninguna manera; ni por el cielo, porque es el trono de Dios; ni por la tierra, porque es el estrado de sus pies; ni por Jerusalén, porque es la ciudad del gran Rey. Ni por tu cabeza jurarás, porque no puedes hacer blanco o negro un solo cabello. Pero sea vuestro hablar: Sí, sí; no, no; porque lo que es más de esto, de mal procede.

La frase "habéis oído que fue dicho a los antiguos"no se refiere a la enseñanza del Antiguo Testamento, sino a la tradición rabínica. La declaración "No perjurarás, sino cumplirás al Señor tus juramentos"parece a primera vista estar en armonía con la enseñanza del Antiguo Testamento respecto al carácter sagrado de jurar. Pero había un detalle adicional en esto: La enseñanza rabínica sostenía que solo eran obligatorios los votos al Señor. En su modo de pensar, Dios era parte de un juramento solo si se invocaba su nombre. Todos los demás juramentos, enseñaban ellos, podían ser (y tenían la intención de ser) violados sin cometer perjurio; al igual que muchas personas en nuestra cultura invalidan sus votos al decir: "Tenía los dedos cruzados". Con el ánimo de engañar a otros, muchos judíos jurarían por el cielo, Jerusalén, el templo, el altar del templo, el velo del templo, sus propias cabezas. Cualquier cosa menos el nombre del Señor. Tal forma evasiva de jurar tenía como propósito ocultar su mentiroso corazón. En Mateo 23:16-22, Jesús condenó a los guías religiosos judíos por esa práctica hipócrita:

> *¡Ay de vosotros, guías ciegos! que decís: Si alguno jura por el templo, no es nada; pero si alguno jura por el oro del templo, es deudor. ¡Insensatos y ciegos! porque ¿cuál es mayor, el oro, o el templo que santifica al oro? También decís: Si alguno jura por el altar, no es nada; pero si alguno jura por la ofrenda que está sobre él, es deudor. ¡Necios y ciegos! porque ¿cuál es mayor, la ofrenda, o el altar que santifica la ofrenda? Pues el que jura por el altar, jura por él, y por todo lo que está sobre él; y el que jura por el templo, jura por él, y por el que lo habita; y el que jura por el cielo, jura por el trono de Dios, y por aquel que está sentado en él.*

Jurar por cualquier cosa en el dominio de Dios, declaró Jesús, lo hace parte del juramento. A pesar de lo que hayan pensado o intentado los engañadores hipócritas, Dios consideraba sus juramentos como obligatorios y los juzgaba por no cumplirlos.

LA INSTRUCCIÓN

sino que vuestro sí sea sí, y vuestro no sea no. (5:12*c*)

Repitiendo las palabras de Jesús (cp. Mt. 5:37), Santiago pide una forma de hablar honrada, sencilla y sincera. Los cristianos han de ser aquellos en los que su **sí sea sí** y su **no sea no.** Las personas íntegras no tienen necesidad de hacer complicados juramentos para convencer a los demás de su veracidad. Ni tampoco jurarán falsamente para engañar a las personas. Por eso Jesús declaró que "lo que es más de esto, de mal procede" (Mt. 5:37). Debe recordarse, como se observó antes, que ni Jesús ni Santiago prohibieron jurar bajo circunstancias especiales. Pero en circunstancias normales son innecesarios para el creyente, quien se destaca por su honradez.

Jesús dio carácter sagrado a toda conversación en su iglesia. Los creyentes deben ser conocidos como personas que cumplen su palabra, teniendo tal integridad que un simple **sí** y **no** sea suficiente para las personas. Como dice Pablo: "Por lo cual, desechando la mentira, hablad verdad cada uno con su prójimo" (Ef. 4:25). Hablar la verdad en cada situación hará que los creyentes brillen en las tinieblas de un mundo de mentiras.

LA MOTIVACIÓN

para que no caigáis en condenación. (5:12*d*)

Como motivación contra los falsos juramentos, Santiago señala las consecuencias de violarlos. Quienes lo hacen, advierte él, **[caerán] en condenación.** La ley mosaica advertía: "No tomarás el nombre de Jehová tu Dios en vano; porque no dará por inocente Jehová al que tomare su nombre en vano" (Éx. 20:7). Una forma de tomar el nombre de Dios en vano es jurar falsamente. Como se observó en el punto anterior, Jesús pronunció "ayes" (maldiciones, juicios) sobre los fariseos por sus falsos juramentos (Mt. 23:16).

La **condenación** que Santiago tiene aquí en mente no es el castigo de Dios a los creyentes. *Krisis* (condenación) nunca se emplea en el Nuevo Testamento para referirse al castigo de los creyentes (se emplea una palabra distinta, *paideuō;* cp. 1 Co. 11:32; He. 12:6-7). Santiago empleó *krisis* en 2:13 para describir la condena inmisericorde de Dios al destinar al infierno a todos los que con su falta de misericordia mostraban un corazón no redimido. Los Evangelios la emplearon más de veinticinco veces con la idea de dictar sentencia (p. ej. Jn. 5:22, 24, 27, 29, 30). En Hechos 8:33 describió el juicio de Cristo a manos de Pilato. Pablo la empleó dos veces para referirse al juicio de Dios de los pecadores (2 Ts. 1:5; 1 Ti. 5:24), como hizo el escritor de Hebreos (He. 9:27; 10:27). Pedro la empleó para referirse a la condenación de los pecadores el día del juicio (2 P. 2:9; cp. 2:4, 11; 3:7), como lo hizo Judas (Jud. 6, 15) y el apóstol Juan (1 Jn. 4:17).

Sin duda, Santiago no enseña que los creyentes nunca errarán con la lengua (cp. 3:2). Los cristianos pueden caer a veces en la mentira, aunque mentir no será la constante en su vida.

Pero eso no es lo que quiere decir aquí Santiago. La solemne advertencia que da en el versículo 12 es que los que continuamente blasfemen el santo nombre de Dios con juramentos mentirosos, enfrentan la condenación a castigo eterno; así que, esta es otra prueba de la fe viva. Aquellos cuya vida se caracteriza por una norma de mentiras, dan evidencia de tener un corazón no regenerado. Y la Biblia enseña que los mentirosos, hijos espirituales del padre de la mentira (Jn. 8:44), serán sentenciados al infierno (Ap. 21:8, 27; 22:15).

El poder de la oración eficaz

21

¿Está alguno entre vosotros afligido? Haga oración. ¿Está alguno alegre? Cante alabanzas. ¿Está alguno enfermo entre vosotros? Llame a los ancianos de la iglesia, y oren por él, ungiéndole con aceite en el nombre del Señor. Y la oración de fe salvará al enfermo, y el Señor lo levantará; y si hubiere cometido pecados, le serán perdonados. Confesaos vuestras ofensas unos a otros, y orad unos por otros, para que seáis sanados. La oración eficaz del justo puede mucho. Elías era hombre sujeto a pasiones semejantes a las nuestras, y oró fervientemente para que no lloviese, y no llovió sobre la tierra por tres años y seis meses. Y otra vez oró, y el cielo dio lluvia, y la tierra produjo su fruto. (5:13-18)

Este pasaje ha sido un campo de batalla para los intérpretes a través de los siglos, ya que varios grupos lo han usado como texto que prueba sus propias creencias. Los católicos romanos encuentran en él apoyo bíblico para el sacramento de la extremaunción. Los sanadores de fe de toda índole lo han usado para enseñar que a todos los cristianos enfermos se les garantiza la sanidad mediante la oración. Incluso otros ven en él un precedente para la unción con aceite de los enfermos.

El pasaje da lugar a varias preguntas de difícil interpretación. ¿Qué clase de sufrimiento tiene Santiago en mente en el versículo 13? ¿Qué tipo de enfermedad se presenta en el versículo 14? ¿Por qué son las oraciones de los ancianos diferentes de la de los demás creyentes (vv. 14-15)? ¿Qué es la unción con aceite descrita en el versículo 14? ¿Siempre sana al enfermo la oración de fe (v. 15)? ¿Cómo se relaciona la enfermedad con el pecado (v. 15)? ¿Qué tipo de sanidad se presenta en el versículo 16? ¿Por qué inserta Santiago una ilustración acerca de la lluvia (vv. 17-18) en medio de un análisis de la sanidad?

La clave para responder estas preguntas e interpretar correctamente el pasaje radica en comprenderlo en su contexto. La Biblia no es una colección fortuita de versículos que puedan interpretarse aisladamente. A fin de entender debidamente cualquier pasaje, se debe interpretar a la luz de los párrafos que lo anteceden y lo siguen, el capítulo o la sección en el que se encuentra y el libro que lo contiene. El contexto proporciona la línea de pensamiento en la que cada pasaje dado de la Biblia existe. Pasar por alto el contexto es sacrificar una adecuada interpretación; se ha dicho muy bien que un texto sin contexto es un pretexto. Por lo tanto, antes de tratar de interpretar este desafiante pasaje, es esencial y útil un repaso del contexto en el que se escribió.

Santiago escribió su epístola a los judíos creyentes que se habían visto obligados a huir de Palestina por la persecución mencionada en Hechos 8:1-4. En 1:1 se refirió a ellos como "las doce tribus que están en la dispersión". Siendo tanto judíos como cristianos, ellos enfrentaron la hostilidad de la cultura pagana en la que vivían. Sabiendo eso, Santiago comenzó su epístola con una exhortación a soportar con paciencia las pruebas (1:2ss). En el capítulo 5 volvió a ese tema. Los primeros seis versículos describieron la persecución que sus lectores pobres estaban sufriendo a manos de los ricos opresores, incluso hasta el punto de la muerte (v. 6). Los versículos 7-11 piden soportar con paciencia las pruebas y las persecuciones (cp. el cap. 19 de este libro). Santiago exhortó a los que estaban a punto de derrumbarse por el peso de su aflicción, que apuntalaran su corazón y perseveraran resueltamente y con determinación.

En vista del contexto total de la epístola, en particular el capítulo 5, no es sorprendente que Santiago mencione el sufrimiento en 5:13. El llama a todos los que están sufriendo la persecución analizada en 5:1-11 que oren, ya que la oración llega hasta la fuente de la paciencia espiritual. Habría sido sorprendente si, en una carta a los cristianos perseguidos que sufrían, Santiago no hubiera mencionado la oración. Un fuerte compromiso con la oración es un requisito previo para soportar con paciencia el sufrimiento y la aflicción.

De modo que el tema de los versículos 13-18 es la oración, que se menciona en cada uno de esos versículos. La exhortación de Santiago a la oración abarca la vida de oración de toda la iglesia. A los creyentes se les llama a orar en el versículo 13, a los ancianos en los versículos 14-15, y a la congregación en el versículo 16. Esta sección también refleja el cuidado pastoral compasivo de Jacobo por sus ovejas que sufren; su centro de atención está en las víctimas de la batalla espiritual, los perseguidos, débiles y derrotados creyentes.

Como ponen en claro el contexto y el contenido de esta sección, el tema no es la enfermedad o la sanidad física. Más bien, su preocupación es con la sanidad de la debilidad espiritual, la fatiga espiritual, el agotamiento espiritual y la depresión espiritual, mediante la oración, así como tratar con el sufrimiento y el pecado que lo acompaña. Sería incoherente insertar aquí un análisis acerca de la sanidad física. Nada en el contexto precedente y siguiente está preparando a los lectores de Santiago para eso. Pero una sección acerca de cómo ayudar a las víctimas de la persecución mediante la oración encaja perfectamente en la línea de pensamiento de Santiago. Santiago analiza específicamente la relación que tiene la oración con el consuelo, restauración, compañerismo y poder.

ORACIÓN Y CONSUELO

¿Está alguno entre vosotros afligido? Haga oración. ¿Está alguno alegre? Cante alabanzas. (5:13)

Los objetos del cuidado pastoral de Jacobo se identifican primero como los desanimados y afligidos creyentes. **afligido** viene de *kakopatheō,* la forma verbal del sustantivo traducido "aflicción"en el versículo 10. Como se observa en el análisis de ese versículo en el capítulo 19 de este libro, la palabra se refiere a soportar maltratos de las personas, no enfermedades físicas (cp. sus otros únicos usos en el Nuevo Testamento en 2 Timoteo 2:9; 4:5). Santiago no se dirige a los que sufren de enfermedades físicas, sino a los que están siendo perseguidos, encarcelados y tratados inicuamente.

Como antídoto a su sufrimiento, Santiago los exhorta a que **oren.** Como se observó antes, la oración es indispensable para soportar la aflicción. Dios es la suprema fuente de consuelo, llevando al apóstol Pablo a describirlo como el "Padre de misericordias y Dios de toda consolación, el cual nos consuela en todas nuestras tribulaciones" (2 Co. 1:3-4). De igual manera, Pedro escribió: "echando toda vuestra ansiedad sobre él, porque él tiene cuidado de vosotros" (1 P. 5:7). Desde el estómago de un gran pez, Jonás, el profeta desobediente, oró: "Cuando mi alma desfallecía en mí, me acordé de Jehová, y mi oración llegó hasta ti en tu santo templo" (Jon. 2:7). El tiempo presente del verbo traducido **haga oración** sugiere una súplica continua a Dios en oración; pudiera traducirse "que permanezcan en oración". Cuando la vida es difícil, cuando los creyentes estamos débiles en la fe, abrumados por la persecución y aplastados por la aflicción, debemos rogar continuamente a Dios para que nos consuele. Esa es una verdad espiritual fundamental, pero a veces olvidada. Como dice el conocido himno "Oh, qué amigo nos es Cristo":

> ¡Oh, qué amigo nos es Cristo!
> Él llevó nuestro dolor,
> y nos manda que llevemos
> todo a Dios en oración.

> ¿Vive el hombre desprovisto
> de paz, gozo y santo amor?
> Esto es porque no llevamos,
> todo a Dios en oración.

¿Vives débil y cargado
de cuidados y temor?
A Jesús, refugio eterno,
dile todo en oración.

Los que logran mantener una actitud **alegre** en su sufrimiento, deben **cantar alabanzas**. Alegre viene de *euthumeō* y describe a los que están bien en espíritu, o que tienen una actitud alegre; no los que están físicamente bien. El que sufre y el que está contento, el de espíritu herido y quebrantado y el de espíritu pleno y gozoso, ambos deben orar. Uno para rogar a Dios por consuelo, el otro para **cantar alabanzas** a Dios por el consuelo que han recibido. *Psallō* (**cante alabanzas**) es la forma verbal del cual se deriva el sustantivo traducido "salmo" (cp. Hch. 13:33; 1 Co. 14:26; Ef. 5:19). Alabanza y oración están estrechamente relacionadas; la alabanza es, de hecho, una forma de orar (Fil. 4:6; Col. 4:2). Ambas son esenciales para la fortaleza espiritual de los que padecen persecución.

ORACIÓN Y RESTAURACIÓN

¿Está alguno enfermo entre vosotros? Llame a los ancianos de la iglesia, y oren por él, ungiéndole con aceite en el nombre del Señor. Y la oración de fe salvará al enfermo, y el Señor lo levantará; y si hubiere cometido pecados, le serán perdonados. (5:14-15)

He aquí la parte peor interpretada y más debatida de este pasaje. A primera vista parece estar enseñando que los creyentes enfermos pueden esperar la sanidad física mediante las oraciones de los ancianos. Pero tal interpretación no tiene armonía con el contexto. Y como se observó en el punto anterior, el sufrimiento que Santiago tiene en mente es el maltrato, no la enfermedad física.

Es cierto que, además de aparecer en este versículo, *astheneō* se traduce **enfermo** unas dieciocho veces en el Nuevo Testamento (p. ej. Mt. 10:8; 25:36, 39; Mr. 6:56; Lc. 4:40; Jn. 4:46; Hch. 9:37). Pero también se emplea unas catorce veces para referirse a debilidad emocional o espiritual (Hch. 20:35; Ro. 4:19; 8:3; 14:1-2; 1 Co. 8:11-12; 2 Co. 11:21, 29; 12:10; 13:3-4, 9). De manera significativa en todas menos en tres (Fil. 2:26-27; 2 Ti. 4:20) de las ocurrencias de *astheneō* en las epístolas no se refiere a enfermedad física. El empleo de Pablo de *astheneō* en 2 Corintios 12:10 es digno de notar, ya que allí describe debilidad producida por los sufrimientos de la vida, en un contexto similar al de su uso en el versículo que estamos analizando.

El traducir aquí *astheneō* "enfermo", en armonía con su uso predominante en las epístolas, nos permite considerar este versículo desde otro punto de vista. Santiago va más allá del sufrimiento de los creyentes del punto anterior, a referirse específicamente a aquellos que se han debilitado por tal sufrimiento. Los débiles son los que han sufrido derrota en la batalla espiritual, los que han perdido la capacidad de soportar su sufrimiento. Son los guerreros espirituales caídos, los cristianos exhaustos, agotados, deprimidos y derrotados. Han tratado de recurrir al poder de Dios mediante la oración, pero han perdido la motivación, cayendo incluso en actitudes pecaminosas. Estando en tan lamentable condición, no pueden orar eficazmente por sí mismos. En tal condición, el débil espiritualmente necesita la ayuda de los espiritualmente más fuertes (cp. 1 Ts. 5:14).

Dice Santiago que esa ayuda debe hallarse en **los ancianos de la iglesia.** Ellos son los espiritualmente fuertes, los espiritualmente maduros, los espiritualmente victoriosos. Los creyentes débiles y derrotados deben ir a ellos y servirse de su poder. Deben **llamar** (de *proskaleō,* "llamar al lado de") a los ancianos para que vayan y los levanten. Es el mismo pensamiento que el apóstol Pablo expresó en Gálatas 6:1: "Hermanos, si alguno fuere sorprendido en alguna falta, vosotros que sois espirituales, restauradle con espíritu de mansedumbre". Las ovejas cansadas, lastimadas y quebrantadas, deben ir a los pastores, quienes intercederán por ellas y pedirán a Dios nuevas fuerzas espirituales para ellas.

Este es un importante y muy descuidado ministerio de los pastores y los ancianos de la iglesia. Los apóstoles reconocieron su prioridad cuando dijeron: "Nosotros persistiremos en la oración y en el ministerio de la palabra" (Hch. 6:4). Pero en la iglesia actual, se entrega a los creyentes débiles y en luchas a los así llamados expertos consejeros profesionales, los que muchas veces tienen poco poder en la oración. Los que han sufrido derrotas espirituales, no necesitan escuchar palabras de sabiduría humana; necesitan ser fortalecidos por el poder de Dios mediante las oraciones de sus líderes.

El **[ungir] con aceite en el nombre del Señor,** hecho por los ancianos, no es una alusión a alguna ceremonia pública. *Aleiphō* (la raíz del verbo traducido **ungir**) no se emplea en el Nuevo Testamento para referirse a una unción ceremonial. El erudito griego A. T. Robertson comenta: "No es en modo alguno cierto que aquí *aleiphō* signifique 'ungir' de un modo ceremonial en vez de 'frotar' como por lo general se hace en tratamientos médicos" (*Word Pictures in the New Testament* [Las ilustraciones verbales en el Nuevo Testamento] [reimpreso, 1933; Grand Rapids: Baker, s.f.], 6:65). Richard C. Trench asiente: "[*aleiphō*] es la palabra mundana y profana, [*chriō*] la sagrada y religiosa" (*Sinónimos del Nuevo Testamento* [Grand Rapids: Eerdmans, 1983], 136-37). *Aleiphō* en el Nuevo Testamento describe la unción de la cabeza con aceite (Mt. 6:17; cp. Lc. 7:46), la unción por las mujeres del cuerpo de Jesús (Mr. 16:1), la unción por parte de María de los pies del Señor (Jn. 11:2; 12:3), y la unción de los enfermos con aceite (Mr. 6:13). Tal vez la mejor manera de traducir la frase sería "frotándole con aceite en el nombre del Señor"; literalmente dice "después de haberle ungido con aceite".

Bien pudiera haber sido que los ancianos literalmente frotaban aceite en los creyentes que habían sufrido lesiones físicas, producto de la persecución (cp. Lc. 10:34). La ciencia médica estaba con certeza en un estado primitivo y había pocos médicos confiables. Habría sido un acto amable y bondadoso, de parte de los ancianos, frotar aceite en las heridas de los que habían sido golpeados o en los adoloridos músculos de los que tenían que trabajar muchas horas bajo un rudo trato.

Metafóricamente, el **ungir con aceite** por parte de los ancianos a los creyentes débiles y abatidos, expresa la responsabilidad que tienen los ancianos de estimular, animar, fortalecer y renovar (cp. Lc. 7:46) a estas personas. Hablando de Israel, escribió Isaías: "Desde la planta del pie hasta la cabeza no hay en él cosa sana, sino herida, hinchazón y podrida llaga; no están curadas, ni vendadas, ni suavizadas con aceite" (Is. 1:6). Al carecer de guías espirituales, a las personas de la nación no se les habían tratado las heridas espirituales. David expresó la restauración espiritual compasiva de parte de Dios con estas conocidas palabras: "Unges mi cabeza con aceite" (Sal. 23:5).

El ministerio de intercesión y restauración de los ancianos debe hacerse **en el nombre del Señor.** Cualquier consuelo verdaderamente bíblico tiene que ser compatible con quién es Dios (que es lo que su nombre representa). Hacer algo en el nombre de Cristo es hacer lo que Él habría hecho en esa situación. Orar en el nombre de Cristo es pedir lo que Él desearía. Ministrar en el nombre de Cristo es servir a otros en nombre de Él (cp. Jn. 14:13-14).

El bendito resultado del consuelo y del ministerio de intercesión de los ancianos es que su **oración de fe salvará al enfermo.** Este es otro caso en que **enfermo** pudiera confundir, y no es la mejor traducción de *kamnō,* que en su único otro empleo en el Nuevo Testamento (He. 12:3) es evidente que no se refiere a una enfermedad física. Como se ha observado, aquí Santiago se refiere a una restauración espiritual de los creyentes débiles y abatidos. Ni tampoco *sōzō* (**salvará**) necesariamente se refiere a la sanidad física; por lo general se traduce "salvar"en el Nuevo Testamento. Aquí la idea es que las oraciones de los ancianos librarán a estos creyentes de su debilidad espiritual y los restaurará a una plenitud espiritual. Estas oraciones, por supuesto, no son sino un canal para el poder de Dios; es **el Señor** quien **levanta** al débil. *Egeirō* (**levantará**) puede significar también "despertar". Mediante la oración eficaz de los hombres santos, Dios restaurará su maltratado entusiasmo.

La observación de Santiago, de que **si** uno de los creyentes espiritualmente débiles **ha cometido pecados, le serán perdonados,** proporciona evidencia adicional de que este pasaje no se refiere a la sanidad física. En ninguna parte la Biblia enseña que todas las enfermedades sean resultado directo de los pecados de la persona. Sin embargo, la derrota espiritual es a menudo la causa y el resultado del pecado. Cuando esa es la cuestión, el antídoto es confesar esos pecados a Dios y obtener su perdón. "Mi pecado te declaré", escribió David, "y no encubrí mi iniquidad. Dije: Confesaré mis transgresiones a Jehová; y tú perdonaste la maldad de mi pecado" (Sal. 32:5). Salomón, hijo de David, se hizo eco de esta alentadora verdad: "El que encubre sus pecados no prosperará; mas el que los confiesa y se aparta alcanzará misericordia" (Pr. 28:13). En las conocidas palabras de 1 Juan 1:9: "Si confesamos nuestros pecados, él es fiel y justo para perdonar nuestros pecados, y limpiarnos de toda maldad". Si el pecado ha contribuido a la debilidad espiritual de ese creyente, o es el resultado de ella, ese pecado **le será perdonado** cuando él clame a Dios en busca de perdón. Los ancianos pueden animarlo a confesar, ayudarlo a distinguir sus pecados y unir sus oraciones por el perdón de los mismos. Ese es un elemento esencial de su ministerio de restauración.

ORACIÓN Y COMPAÑERISMO

Confesaos vuestras ofensas unos a otros, y orad unos por otros, para que seáis sanados. (5:16*a*)

Cambiando su atención de los pecados de esos creyentes derrotados en batallas espirituales, Santiago se dirige a la congregación en su totalidad, exhortando a los creyentes a que **confiesen** sus **ofensas unos a otros** y a que no esperen hasta que esos pecados los arrastren a las profundidades de una derrota espiritual completa. El escritor inspirado estaba muy consciente de que el pecado es más peligroso para un cristiano aislado. El pecado busca permanecer en secreto, pero Dios quiere que sea descubierto y que se trate con él en el amoroso compañerismo de otros creyentes. Por lo tanto, Santiago pide sinceridad recíproca y confesión recíproca al **orar los creyentes unos por otros.**

Mantener relaciones abiertas, de confianza y de oración con otros cristianos, librará a los creyentes de descender en su vida espiritual. Tal relación ayuda a dar la fortaleza espiritual que proporciona victoria sobre el pecado. Y también proporciona una presión santa para confesar y abandonar pecados, antes de que estos aplasten hasta el punto de una derrota espiritual total.

El propósito de la oración recíproca que Santiago pide, es que los creyentes **sean sanados.** *Iaomai* (**sanados**) no se refiere necesariamente a la sanidad física. En Mateo 13:15 simbolizaba la negativa de Dios a perdonar los pecados de Israel (cp. Jn. 12:40; Hch. 28:27). El escritor de Hebreos también la empleó en forma metafórica para referirse a la restauración espiritual (He. 12:12-13), mientras que Pedro la empleó para describir la sanidad del pecado que Cristo compró para los creyentes en la cruz (1 P. 2:24). Santiago la emplea para referirse al perdón de Dios, que restaura espiritualmente al creyente que se arrepiente.

ORACIÓN Y PODER

La oración eficaz del justo puede mucho. Elías era hombre sujeto a pasiones semejantes a las nuestras, y oró fervientemente para que no lloviese, y no llovió sobre la tierra por tres años y seis meses. Y otra vez oró, y el cielo dio lluvia, y la tierra produjo su fruto. (5:16b-18)

Como para alentar, tanto a los ancianos como a los cristianos, a esa clase de intercesión por los débiles espirituales, Santiago les recuerda que tal **oración** es **eficaz. Eficaz** traduce *energeō*, del que se deriva nuestra palabra castellana "energía". La **oración** del **justo** (cp. 4:3; Sal. 66:18; Pr. 15:8; 28:9), subraya Santiago, **puede mucho** (literalmente "es muy poderosa"). Las oraciones débiles provienen de personas débiles; las oraciones poderosas, de personas poderosas. Las oraciones "con energía"de un hombre justo, son una poderosa fuerza para invocar el poder de Dios para restaurar al creyente débil a una saludable vida espiritual.

A fin de mostrar el poder de la oración eficaz y presentar una ilustración que capte la esencia de su análisis, Santiago se refiere a una de las figuras más populares del Antiguo Testamento. Les recuerda a sus lectores que **Elías,** aunque profeta y hombre de Dios, era un **hombre sujeto a pasiones semejantes a las nuestras.** La Biblia menciona que tuvo hambre (1 R. 17:11), sintió miedo (1 R. 19:3) y que se deprimió (1 R. 19:3, 9-14). Pero cuando **oró fervientemente** (lit. "oró con oración"), sucedieron cosas increíbles: **No llovió sobre la tierra por tres años y seis meses. Y otra vez oró, y el cielo dio lluvia, y la tierra produjo su fruto.** Las oraciones de Elías crearon y terminaron una devastadora sequía de tres años y medio (cp. Lc. 4:25). Aunque 1 Reyes 17 menciona la sequía, solo Santiago ofrece su duración y la vincula a las oraciones de Elías.

La historia de Elías y la sequía, sería sin duda una ilustración extraña, si Santiago hubiera presentado la enfermedad y la sanidad física en todo este pasaje. Sin duda hay muchísimos ejemplos bíblicos de sanidad que pudo haber empleado. Pero la figura de la lluvia cayendo torrencialmente sobre el sediento suelo, ilustra perfectamente el derramamiento de las bendiciones espirituales de Dios sobre las almas sedientas y secas de los debilitados creyentes. Y Él hace ambas cosas en respuesta a la oración eficaz de los creyentes.

El significado y aplicación de este urgente llamado a la oración intercesora de parte de los ancianos a favor de los creyentes débiles, se ha puesto de manifiesto repetidamente en mi ministerio a través de los años, con grandes bendiciones. Los ancianos de nuestra iglesia están disponibles para la congregación cada domingo, en la mañana y en la tarde, antes y después de los cultos, así como en cualquier momento en el que sean necesarios, para reunirse con los débiles y lastimados y orar por fortaleza para ellos.

Una de las experiencias más memorables de este ministerio ocurrió cuando un estudiante fue a verme. Había estado estudiando para el ministerio, venía de una buena familia cristiana, era un buen estudiante y tenía todas las características para el liderazgo y el servicio eficaz al Señor. Pero había perdido muchas veces la batalla con repetidas tentaciones y había sufrido algún rechazo y críticas injustas. Se sentía vencido. Me confesó que había pedido el deseo de leer las Escrituras y que no se sentía motivado a orar. Por último, me buscó para que orara con y por él, para que a través de mis oraciones Dios pudiera concederle el poder y la victoria que anhelaba, pero que no tenía fuerzas para buscar.

Le pedí que se arrodillara junto a mí, usando dos sillas. Jamás olvidaré lo que hizo. Mientras me arrodillaba, con mis manos y cabeza hacia abajo en la silla, él se colocó, no en su silla, sino sobre mi espalda, colocando todo su peso sobre mí. Este era un gesto de humildad, mostrando la dependencia que estaba poniendo en mí para que fuera su fortaleza. A la oración llorosa y a la confesión siguió un gran gozo, cuando el Señor escuchó mi oración y en los días posteriores él dio testimonio de la gracia que lo fortaleció. Terminó su curso noblemente y siguió sirviendo al Señor.

Cómo salvar a un alma de la muerte

22

Hermanos, si alguno de entre vosotros se ha extraviado de la verdad, y alguno le hace volver, sepa que el que haga volver al pecador del error de su camino, salvará de muerte un alma, y cubrirá multitud de pecados. (5:19-20)

Esos dos versículos forman una apropiada conclusión a la Epístola de Santiago. Expresan el primordial objetivo de Santiago al escribir su epístola: Confrontar a los que en la congregación de los creyentes tenían fe falsa y muerta. Como se ha observado, la epístola sí tiene un énfasis evangelístico, pero principalmente dirigido hacia los que profesan ser creyentes en la iglesia. Santiago escribió, como lo hizo Juan en su primera epístola, a quienes se decían ser creyentes, para que examinaran su fe y se aseguraran que era verdadera. Él estaba profundamente interesado en que nadie estuviera engañado con relación a su salvación.

El origen de esta preocupación está en el Señor Jesucristo. En Mateo 7:21-23 Él advirtió:

> *No todo el que me dice: Señor, Señor, entrará en el reino de los cielos, sino el que hace la voluntad de mi Padre que está en los cielos. Muchos me dirán en aquel día: Señor, Señor, ¿no profetizamos en tu nombre, y en tu nombre echamos fuera demonios, y en tu nombre hicimos muchos milagros? Y entonces les declararé: Nunca os conocí; apartaos de mí, hacedores de maldad.*

Repitiendo las palabras de Jesús, Santiago pide una fe verdadera, genuina y salvadora. Es una aterradora y trágica realidad, que en toda la historia de la Iglesia ha habido siempre cizaña entre el trigo. Suelos rocosos, poco profundos y llenos de espinos que no producen frutos espirituales; los que se acercan a Dios con sus palabras, mientras que su corazón está lejos de Él (Is. 29:13); aquellos para quienes Dios está "cercano en sus bocas, pero lejos de sus corazones" (Jer. 12:2); los que son oidores de la Palabra, pero no hacedores de ella (Stg. 1:22). Para ayudar a las personas a evitar ser engañadas, Santiago ha dado una serie de pruebas, por las cuales se puede evaluar la fe de uno. La verdadera fe salvadora se caracteriza por su adecuada respuesta a las pruebas, tentaciones, a la Palabra de Dios y a las normas de Dios para una vida de santidad (cap. 1); su respuesta a las personas de diferentes clases sociales y el mostrar buenas obras (cap. 2); por un correcto hablar, sabiduría, y por no ser amigo del mundo (cap. 3); por la humildad y sumisión a la voluntad de Dios (cap. 4); por un apropiado punto de vista del dinero y por la veracidad (cap. 5). Estas pruebas conforman la norma de comparación contra la cual puede medirse la fe de una persona.

En el meollo mismo de la epístola hay una invitación evangelística a aquellos cuya fe no ha pasado la prueba. En 4:7-10 Santiago exhortó a quienes tienen una fe falsa:

> *Someteos, pues, a Dios; resistid al diablo, y huirá de vosotros. Acercaos a Dios, y él se acercará a vosotros. Pecadores, limpiad las manos; y vosotros los de doble ánimo, purificad vuestros corazones. Afligíos, y lamentad, y llorad. Vuestra risa se convierta en lloro, y vuestro gozo en tristeza. Humillaos delante del Señor, y él os exaltará.*

Esos versículos son un llamado evangelístico bien definido a la genuina salvación (cp. el cap. 15 de este libro).

Al terminar su epístola, Santiago tiene un último llamado a la salvación que hacer. Sin embargo, a diferencia de su llamado en 4:7-10, él no está aquí llamando a los no salvos a la salvación. En vez de esto, él llama a los creyentes a evangelizar a los inconversos. La hipótesis en toda la Epístola de Santiago es que hay quienes se identifican con la iglesia, pero tienen fe muerta, no salvadora. Aquí el escritor hace un llamado a los que tienen verdadera fe salvadora, para que salgan a buscar a esas personas. Esto es nada menos que un llamado a la evangelización dentro de la iglesia.

Esos versículos finales proporcionan cuatro puntos para capacitar a los cristianos a identificar y ayudar a los que, en medio de ellos, no tienen una genuina fe salvadora: la evidencia, la amenaza, el instrumento y la meta.

LA EVIDENCIA

Hermanos, si alguno de entre vosotros se ha extraviado de la verdad... el que haga volver al pecador del error de su camino. (5:19*a*; 5:20*b*)

Santiago emplea la palabra **hermanos** en sentido general a lo largo de su epístola (cp. 1:2; 16, 19; 2:1, 5, 14; 3:1, 10, 12; 4:11; 5:7, 9, 10, 12). Su uso es "suficientemente amplio"para incluir a los judíos, con los que compartía una herencia racial común, así como a todos aquellos que se identifican con la iglesia. Aquí, como en 2:1 (donde también inicia la oración), la palabra **hermanos** se refiere a genuinos creyentes y, como en 2:1, señala una marcada ruptura en la línea de pensamiento. No hay vínculo con la sección anterior (5:13-18); más bien Santiago se vuelve a una nueva idea final y concluyente. Los últimos dos versículos describen un grupo diferente de los creyentes débiles, cansados y perseguidos que necesitan ser ministrados por los ancianos. Al ministerio de restaurar a los creyentes abatidos, Santiago añade el ministerio de reconciliar a los que no son salvos dentro de la iglesia.

La frase **si alguno de entre vosotros** introduce esta tercera categoría de personas. En el versículo 13 esta frase describió a los sufrientes cristianos que necesitaban orar. En el versículo 14 describió a los débiles y derrotados cristianos que necesitaban el cuidado de los ancianos. Aquí describe a los que dicen ser creyentes, pero que necesitan un llamado a la verdadera salvación por el resto de los hermanos. Lamentablemente, tales personas se encuentran en cada iglesia; Jesús lo prometió en Mateo 13:20-23, 24-30, 37-43, 47-50. **entre vosotros** indica que están en la iglesia creyente, profesando ser salvos. Y cada pastor conoce la angustia que provocan los que dicen ser cristianos. Sin embargo, le vuelven las espaldas a Él, viven en evidente pecado o se reúnen con alguna secta. Incluso Jesús tuvo su Judas, y Pablo su Demas. Tales personas aparecen al final en la relación de Santiago, porque tienen la mayor necesidad y, como estaremos viendo a continuación, están en el más grave peligro.

La estructura gramatical griega de la frase **si alguno de entre vosotros se ha extraviado de la verdad** indica que es posible que eso ocurra. Extraviado se deriva de *planaō,* que significa "vagar", "ir descarriado", "apostatar". Se emplea para describir el deambular físico, tanto en la Septuaginta (p. ej. Gn. 37:15; Éx. 14:3; 23:4; Dt. 22:1; 27:18; Job 38:41) como en el Nuevo Testamento (p. ej. Mt. 18:12-13; He. 11:38). Pero se emplea a menudo para describir el apartarse de la verdad espiritual, tanto en la Septuaginta (p. ej. Dt. 11:28; 30:17; Pr. 14:22; Is. 9:16; Ez. 14:11), como en el Nuevo Testamento (p. ej. Lc. 21:8; He. 3:10; 2 P. 2:15). A menudo describe la condición de los no salvos. En Mateo 22:29 Jesús les dijo a los saduceos que trataban de atraparlo: "Erráis [de *planaō*], ignorando las Escrituras y el poder de Dios". "Porque nosotros también éramos en otro tiempo insensatos", escribió Pablo en Tito 3:3, "rebeldes, extraviados [de *planaō*], esclavos de concupiscencias y deleites diversos, viviendo en malicia y envidia, aborrecibles, y aborreciéndonos unos a otros". Antes de ser salvos, observó Pedro, éramos "como ovejas descarriadas [de *planaō*], pero ahora [hemos] vuelto al Pastor y Obispo de [nuestras] almas" (1 P. 2:25).

La **verdad** se refiere a la Palabra de Dios, fundamentalmente el evangelio de salvación (cp. 1:18; 3:14). Una señal segura en aquellos que no tienen una fe genuina es que rechazan la **verdad** de la salvación y se apartan doctrinalmente de "la fe que ha sido una vez dada a los santos" (Jud. 3). "¿Quién es el mentiroso, sino el que niega que Jesús es el Cristo?", escribió el apóstol Juan. "Este es el anticristo [engañador, maestro falso], el que niega al Padre y al Hijo" (1 Jn. 2:22). Más adelante, en su primera epístola, añadió: "todo espíritu que no confiesa que Jesucristo ha venido en carne no es de Dios; este es el espíritu del anticristo" (4:3). Por otra parte, Jesús enseñó que la característica de sus verdaderos discípulos es que permanezcan en la Palabra (Jn. 8:31).

Cuando el falso creyente se extravía de la verdad salvadora de Dios, cae en el **error de su camino** [estilo de vida, norma de conducta]. *Planē* (**error**) es la forma nominal del verbo *planaō*, que se traduce "extraviado"en el versículo 19; la fe falsa trae como resultado no solo una teología errada, sino también un estilo de vida errado. Quienes rechazan la Palabra de Dios también rechazan los principios de vida santa que ella enseña y eluden el único poder para la obediencia. La verdad y la virtud van juntas, al igual que la falsedad y la mala conducta. A pesar de cualquier profesión de fe exterior que hagan, los que viven en un abierto desafío a la revelación de Dios en las Escrituras no son de Él. Lo vemos en las conmovedoras palabras de Jesús, "¿Por qué me llamáis, Señor, Señor, y no hacéis lo que yo digo?" (Lc. 6:46). Si no se arrepienten, tales personas un día escucharán de Jesús las estremecedoras palabras: "Nunca os conocí; apartaos de mí, hacedores de maldad" (Mt. 7:23).

Santiago califica de **pecador** al que se extravía de la sana doctrina y de una santa manera de vivir (vea los comentarios sobre su uso en 4:8), una palabra que se usa en las Escrituras para los no regenerados (cp. Pr. 11:31; 13:6, 22; Mt. 9:13; Lc. 7:37, 39; 15:7, 10; 18:13; Ro. 5:8; 1 Ti. 1:9, 15; 1 P. 4:18), inconversos. A menudo el término **pecador** describe a inconversos endurecidos, que de una manera clara hacen caso omiso de la ley de Dios; aquellos cuyo carácter perverso es evidente a todos; aquellos cuya maldad es del conocimiento de todos. Génesis 13:13 describió a los hombres de Sodoma como "malos y pecadores contra Jehová en gran manera". El primer versículo de Salmos declara: "Bienaventurado el varón que no anduvo en consejo de malos, ni estuvo en camino de pecadores, ni en silla de escarnecedores se ha sentado" (Sal. 1:1). El versículo 5 de ese mismo Salmo añade: "No se levantarán los malos en el juicio, ni los pecadores en la congregación de los justos". Se define a los pecadores en el Salmo 51:13 como los que tienen que convertirse a Dios, mientras Proverbios 11:31 contrasta al malvado pecador con el justo.

En el Nuevo Testamento el vocablo "pecador"invariablemente describe a los que no pertenecen al reino de Dios. Jesús dijo en Mateo 9:13: "No he venido a llamar a justos, sino a pecadores". Pecadores son aquellos cuyo arrepentimiento causa gozo en el cielo (Lc. 15:7, 10); fue cuando clamó "Dios, sé propicio a mí, pecador"que el publicano "descendió a su casa justificado" (Lc. 18:13-14). Fue "siendo aún pecadores"que "Cristo murió por nosotros" (Ro. 5:8); en realidad, "Palabra fiel y digna de ser recibida por todos: que Cristo Jesús vino al mundo para salvar a los pecadores" (1 Ti. 1:15).

De modo que un **pecador** es alguien que está sin Dios y sin Cristo, y por lo tanto necesita salvación; es una palabra de caracterización. El apóstol Juan escribe: "El que practica el pecado es del diablo... Todo aquel que es nacido de Dios, no practica el pecado" (1 Jn. 3:8, 9). Aunque los cristianos pueden pecar, el pecado no será su práctica continua e ininterrumpida; no caracterizará su vida. Por otra parte, un **pecador** es el que continua y habitualmente practica el pecado. A tales personas Juan las cataloga como hijos del diablo, no de Dios.

En todas las iglesias hay quienes naufragan en su fe por apartarse de la verdad de Dios. "Salieron de nosotros", escribió Juan en 1 Juan 2:19, "pero no eran de nosotros; porque si hubiesen sido de nosotros, habrían permanecido con nosotros; pero salieron para que se manifestase que no todos son de nosotros". Los verdaderos creyentes deben buscar a aquellos cuyas falsas doctrinas y vida pecaminosa dan evidencia de haberse apartado de la verdadera fe. Tales desertores de la fe que dicen tener, deben ser advertidos inexorablemente, como se ilustra en la Epístola a los Hebreos (2:3-4; 3:7-15; 4:1, 6-7; 5:12-6:9; 10:26-29).

LA AMENAZA

salvará de muerte un alma, y cubrirá multitud de pecados. (5:20c)

Comprender el terrible destino que les aguarda a los pecadores incontritos, debe motivar a los creyentes a hacer un llamado a la salvación a los que se extravían de la verdad. Está en peligro nada menos que el **alma** eterna de cada persona, su más inapreciable posesión (cp. Mr. 8:36-37). *Psuchē* (**alma**) se refiere a toda la persona (la Septuaginta la emplea en Gn. 2:7), particularmente a la persona interior e inmortal que vive en el cuerpo mortal.

La amenaza que afronta el **alma** es la **muerte;** el infierno eterno, la segunda muerte, el estado final del pecador incontrito (cp. Mt. 13:40, 42, 50; 25:41, 46; Mr. 9:43-49; 2 Ts. 1:8-9; Ap. 20:11-15; 21:8). Dios dijo en Ezequiel 18:4: "El alma que pecare, esa morirá" (cp. el v. 20), mientras que Jesús advirtió a los judíos incrédulos: "Yo me voy, y me buscaréis, pero en vuestro pecado moriréis; a donde yo voy, vosotros no podéis venir" (Jn. 8:21; cp. 8:24). El resultado final del pecado, como observó Santiago en el capítulo 1 de su epístola, es que "da a luz la muerte" (1:15). En las palabras con frecuencia citadas del apóstol Pablo, "la paga del pecado es muerte" (Ro. 6:23). En uno de los aterradores pasajes en las Escrituras, el apóstol Juan escribió: "Pero los cobardes e incrédulos, los abominables y homicidas, los fornicarios y hechiceros, los idólatras y todos los mentirosos tendrán su parte en el lago que arde con fuego y azufre, que es la muerte segunda [siendo la muerte física la muerte primera]" (Ap. 21:8; cp. 20:11-15; Is. 66:24; Dn. 12:2; 2 Ts. 1:8-9). Es una verdad que a menudo se pasa por alto que Jesús habló más del infierno que del cielo. (Solo en Mateo habló acerca del infierno en 5:22, 29-30; 7:19; 8:12; 10:28; 13:40-42; 18:8-9; 22:13; 23:33; 25:41, 46.)

Los que tienen una fe falsa, los que han escogido su propio camino aparte del de Dios, deben prestar atención a la advertencia de Proverbios 14:12, o ser condenados: "Hay camino que al hombre le parece derecho; pero su fin es camino de muerte". La profundamente seria amenaza que afronta el pecador es la muerte espiritual; la eterna separación de Dios en el infierno.

Los pecadores incontritos se enfrentan a la muerte eterna agobiados por **multitud de pecados.** Como un solo pecado condena al pecador al infierno, el empleo que hace Santiago de la palabra **multitud** subraya la condición sin esperanza de los pecadores. A través de su vida acumulan una carga de pecado que finalmente los llevará al infierno. En el Salmo 5:10 David escribió acerca de los impíos: "Castígalos, oh Dios; caigan por sus mismos consejos; por la multitud de sus transgresiones échalos fuera, porque se rebelaron contra ti" (cp. Is. 59:12; Jer. 5:5-6). "Por [su] dureza y por [su] corazón no arrepentido, [atesoran para sí mismos] ira para el día de la ira y de la revelación del justo juicio de Dios" (Ro. 2:5). No hay ni siquiera un inconverso que esté libre del aplastante peso del pecado:

> No hay justo, ni aun uno; no hay quien entienda. No hay quien busque a Dios. Todos se desviaron, a una se hicieron inútiles; no hay quien haga lo bueno, no hay ni siquiera uno. Sepulcro abierto es su garganta; con su lengua engañan. Veneno de áspides hay debajo de sus labios; su boca está llena de maldición y de amargura. Sus pies se apresuran para derramar sangre; quebranto y desventura hay en sus caminos; y no conocieron camino de paz. No hay temor de Dios delante de sus ojos (Ro. 3:10-18).

Pero los pecadores incontritos en la iglesia tendrán mayor culpa que los peores pecadores que nunca dijeron ser de Cristo:

> Porque si pecáremos voluntariamente después de haber recibido el conocimiento de la verdad, ya no queda más sacrificio por los pecados, sino una horrenda expectación de juicio, y de hervor de fuego que ha de devorar a los adversarios. El que viola la ley de Moisés, por el testimonio de dos o de tres testigos muere irremisiblemente. ¿Cuánto mayor castigo pensáis que merecerá el que pisoteare al Hijo de Dios, y tuviere por inmunda la sangre del pacto en la cual fue santificado, e hiciere afrenta al Espíritu de gracia? (He. 10:26-29).

EL INSTRUMENTO

Alguno... le... el que (5:19*b*; 5:20*b*)

El empleo de Santiago de estos pronombres o variantes pronominales define los agentes que Dios usa para recuperar a los pecadores extraviados; es la tarea de todos los creyentes, no simplemente del pastor y de los diáconos. El apóstol Pablo repitió esa verdad en 2 Corintios 5:18: "Y todo esto proviene de Dios, quien nos reconcilió consigo mismo por Cristo, y nos dio el ministerio de la reconciliación". El mismo "nos"que Dios reconcilió es el "nos"que tiene el ministerio de la reconciliación; llevar a los pecadores errantes a Dios es la tarea de todo creyente. El conocer que los que conscientemente rechazan a Cristo enfrentan un juicio más severo (cp. Lc. 12:47-48), debe estimular a los creyentes a evangelizar a los perdidos dentro de la iglesia.

En Lucas 19:10 el Señor Jesús definió su misión mesiánica cuando dijo: "El Hijo del Hombre vino a buscar y a salvar lo que se había perdido", y su iglesia debe seguir su ejemplo (Mt. 28:19-20). La salvación de los pecadores perdidos y condenados lleva regocijo al cielo (Lc. 15:7, 10). Los creyentes tienen el gran privilegio de participar en el ministerio de la reconciliación que produce este gozo eterno.

LA META

alguno le hace volver... el que haga volver al pecador del error de su camino, salvará de muerte un alma, y cubrirá multitud de pecados. (5:19*b*; 5:20*c*)

La meta de alcanzar a los falsos creyentes en la iglesia es sencilla: **[hacerle] volver.** *Epistrephō* (**le hace volver; vuelve**) se emplea a menudo en el Nuevo Testamento para referirse a la conversión del pecador a Dios (p. ej. Lc. 1:16, 17; Hch. 9:35; 14:15; 26:18, 20; 2 Co. 3:16; 1 P. 2:25). Mateo 18:3 emplea un verbo griego afín cuando registra las palabras de Jesús: "De cierto os digo, que si no os volvéis y os hacéis como niños, no entraréis en el reino de los cielos". En Hechos 3:19 Pedro exhortó a sus oyentes a que "[se arrepintieran y convirtieran], para que [fueran] borrados [sus] pecados". Pablo elogió a los tesalonicenses porque se habían convertido "de los ídolos a Dios, para servir al Dios vivo y verdadero" (1 Ts. 1:9). Santiago emplea *epistrephō* en este pasaje para referirse a hacer volver a las personas, de la fe falsa y de la conducta pecaminosa, a la fe salvadora. **salvará** traduce *sōzō*, el término neotestamentario más común para la salvación (p. ej. Mt. 1:21; 18:11; 19:25; Lc. 8:12; 9:56; 19:10; Jn. 3:17; 5:34; 10:9; Hch. 2:21, 40, 47; 11:14; 16:31; Ro. 5:9-10; 10:9, 13; 1 Co. 1:18, 21; 2 Co. 2:15; Ef. 2:5, 8; 1 Ti. 1:15; 2:4; Tit. 3:5). En cuatro de sus cinco empleos en

Santiago, se refiere a la salvación (cp. 1:21; 2:14; 4:12; en 5:15 se refiere a restaurar a los cristianos débiles y abatidos). El volverse a Dios arrepentido resulta en salvación; entonces Él **cubrirá** la **multitud de pecados** que haya cometido el pecador arrepentido. En el Salmo 32:1 David exclamó: "Bienaventurado aquel cuya transgresión ha sido perdonada, y cubierto su pecado". El escritor del Salmo 85 expresó las palabras siguientes de alabanza a su Dios perdonador: "Perdonaste la iniquidad de tu pueblo; todos los pecados de ellos cubriste" (v. 2). Como dice el conocido himno "Gracia admirable del Dios de amor":

> ¡Gracia admirable del Dios de amor,
> que excede a todo nuestro pecar!
> Cristo en la cruz por el pecador,
> su vida ha dado ¡Qué amor sin par!
>
> ¡Gracia de Dios,
> que Él nos ofrece en su gran bondad!
> ¡Gracia de Dios,
> que excede a toda mi maldad!

Como observa correctamente el escritor del himno, solamente la muerte de Cristo puede proporcionar el perdón del pecado (Ef. 1:7; 2:8-9). Dios echa los pecados de los creyentes en lo profundo del mar (Mi. 7:19), alejándolos cuanto está lejos el oriente del occidente (Sal. 103:12).

Dios ha concedido a todos los creyentes el ministerio de reconciliar a las almas errantes con Él. Cuando la evidencia indica que la fe del creyente no es genuina, los verdaderos cristianos, conociendo la terrible amenaza de la muerte eterna que afronta la persona, deben hacer su meta el regresarla de su pecado a la genuina fe salvadora en Dios.

Al hacerlo mostrarán verdadera sabiduría, ya que "el que gana almas es sabio" (Pr. 11:30).

Índice de palabras griegas y hebreas

Índice de palabras hebreas

Índice temático